GUOJIA SHEKE JIJIN HOUQI ZIZHU XIANGMU
后期资助项目

国际汉藏语研究译丛

《萨维纳的临高语词汇》整理与研究

辛世彪 著

上海教育出版社
SHANGHAI EDUCATIONAL PUBLISHING HOUSE

国家社科基金后期资助项目
出版说明

后期资助项目是国家社科基金设立的一类重要项目，旨在鼓励广大社科研究者潜心治学，支持基础研究多出优秀成果。它是经过严格评审，从接近完成的科研成果中遴选立项的。为扩大后期资助项目的影响，更好地推动学术发展，促进成果转化，全国哲学社会科学工作办公室按照“统一设计、统一标识、统一版式、形成系列”的总体要求，组织出版国家社科基金后期资助项目成果。

全国哲学社会科学工作办公室

出 版 说 明

为了方便国内学者了解国际汉藏语研究领域的进展情况，促进中外语言学研究之间的交流、沟通，相互借鉴，共同提高，本社拟出版“国际汉藏语研究译丛”。这个想法得到了梅祖麟先生的赞许，并给予了实际指导和推动。同时，也得到各位编委的热情支持和大力帮助。

“国际汉藏语研究译丛”所收是近些年来出版或发表的，以汉藏语及相关语言为研究对象的专著，当然还有论文，相关论文以专题研究的形式结集编译出版。

“国际汉藏语研究译丛”将是开放的丛书，既没有出版时间的限定，也不规定具体的品种数，希望随着国际汉藏语研究不断取得新的进展，我们的这套译丛也能常出常新。

上海教育出版社

2004 年 10 月

目　录

上篇　研究部分

下篇 整理部分

上篇
研 究 部 分

第一章　萨维纳及《萨维纳的临高语词汇》

萨维纳是享誉国际的杰出学者，他在短暂的一生中，调查并熟练掌握了越南与中国的众多语言和方言，出版了十多种重要著作，两次获得欧洲学术大奖。他对越南北部山区和海南岛语言以及对东亚苗人的调查研究，给他带来了国际性声誉，他的著作有永久的价值。

《萨维纳的临高语词汇》是公认的临高语研究的经典著作，国际学术界有关临高人及临高语的定名就来自萨维纳，萨维纳也是第一个把临高语正确地归入“大台语”（le thai grand）的学者，他的原始记录很有价值。萨维纳采用越南“国语”（quốc ngữ）拉丁字母记音，不仅记录声母、韵母，也记录了声调，这在早期临高语研究著作中绝无仅有，弥足珍贵。《萨维纳的临高语词汇》的整理编辑者奥德里古尔（A. G. Haudricourt）是著名语言学家，他在萨维纳调查材料的基础上加入了大量的多语言比较表，涉及的语言材料多达 8 种，使得此书不仅仅是单一语言（方言）的记录，更有比较语言学的价值。

《萨维纳的临高语词汇》是关于中国语言研究的专著，但我国学者大多只闻其名，未见其书，对此书的真实情况以及所涉及的方言知之甚少。2005 年，笔者开始调查临高语，恰好也调查了萨维纳记录的这个方言点。后来我得到《萨维纳的临高语词汇》，开始研究整理这部著作，将此书内容与涉及的临高语方言呈现给海内外学术界。

1.1　萨维纳其人

弗朗索瓦·马利·萨维纳（François Marie Savina）[①]，1876 年 3 月 20 日生于法国西部布列塔尼大区最西部菲尼斯泰尔省（département du Finistère）

---

① 有关萨维纳的生平资料，参看巴黎外方传教会网站的相关条目。

的马哈龙镇(Mahalon-en-Cornouaille)。他在马哈龙读完小学后,被送往布列塔尼岛蓬克鲁瓦县(Pont-Croix)的修道院上中学,又通过主教区大修道院的学习,于1897年7月26日行剃发礼,献身做传道人。同年9月14日,萨维纳进入"外方传教会"(Missions Etrangères)神学院。1901年6月23日萨维纳被授予神父职,然后启程奔赴位于越南北部山区的上东京(Haut Tonkin)教区,总部在兴化(Hung Hoa)。

萨维纳一到达,就急切地学习越南语以及汉字。上东京地区和中国南部众多的语言、方言让他痴迷。为了学会这些语言,他就在这些多民族聚居的地方住下来,并且观察记录。从1906年10月到1907年3月,萨维纳跑遍了北部高原地区从宣光到河江的所有地方,在位于清江(Rivière Claire)右岸永绥的岱人(Tays)中间建立了教堂,并熟练掌握了当地语言。

1908年,萨维纳穿越宣光与中国交界处的森林地带,跑遍了芒人(Muongs)、土人(Thôs)和侬人(Nungs)居住区,并于次年编辑完成了800页的《岱语—越南语—法语词典》(*Dictionnaire Tày-Annamite-Français*)①,1910年在越南出版。他计划于1911年增订,加入汉字。这部著作于1912年获法兰西金石与美文学院(l'Académie des Inscriptions et des Belles-Lettres)汉学奖,也就是儒莲奖(Prix Stanislas Julien)。

从1903年到1925年,萨维纳在越南西北部各种部落都住过,并学习掌握了他们的语言和方言——先是永绥、摆刹(Pai-Xat)和莱州的岱人,然后是老街和沙巴(Chapa)的苗人,同登和高平的侬人,芒街和先安的僈人(Mans),也就是苗瑶语族的瑶人,或称勉人。最后又到云南和贵州学习汉语官话和福佬语(Hoklo),也就是闽南话②。

1924年,萨维纳的《法语—侬语—汉语词源词典》(*Dictionnaire Etymologique Français-Nung-Chinois*,528页)③在香港出版,并于1925年获得金石与美文学院的翟理斯奖(prix Gilles)。1924年出版了《苗人史》(*Histoire des Miao*,304页),1930年再版。

1925年,中国政府勘察海南岛,聘请萨维纳做官方翻译。同时,在河内的法国远东学院(l'Ecole Française d'Extrême-Orient)交给萨维纳一项任务,

① F. M. Savina, *Dictionnaire Tày-Annamite-Frnaçais*, *précédé d'un précis de grammaire Tày et suivi d'un Vocabulaire Français-Tày*. Hanoi-Haiphong: Imprimerie d'Extême-Orient, 1910.

② 这里原文说法有误,萨维纳不可能在云贵一带学习福佬语(闽南话),而是到海南岛以后才学习闽南话(海南话)。参看下页。

③ F. M. Savina, *Dictionnaire Étymologique Français-Nung-Chinois*. Nazareth, Hong-Kong, 1924.

即调查海南岛的民族与语言。萨维纳在海南岛住了4年多，走遍了海南岛各个地方，带回来大量资料和珍贵文献，包括一幅百万分之一的彩色山体形态图①，以及《福佬语—法语》（Hoklo-Français）②、《临高语—法语》（Bê-Français）和《黎语—法语》（Đai-Français）③三本词典的手稿。另有"粤语—侬语—福佬语"（Cantonnais-Nung-Hoklo）词汇，以及关于海南岛腹地部落风俗习惯、信仰行为、丧葬礼俗的笔记等。此后萨维纳在老街—沙巴地区，专心对他曾经写过历史的苗人传教，并继续编撰他的几部重要词典。直到1930年6月生病，1931年9月回国治病。由于他出版过好几本语言学与民族学著作，1931年7月2日，他被法国远东学院选为通讯院士。

1929年，萨维纳的《海南岛志》（*Monographie de Haïnan*）在河内出版④。1931年，萨维纳的《黎语—法语词汇》（*Lexique Đay-Français*）在河内出版⑤。

1934年初，萨维纳返回香港，整理出版他的巨著《法属印度支那语言学指南》（大16开，两卷本，正文2 516页，1939年）。这是一部不朽的单音节语言比较著作，被称为"萨维纳八种语言集"（Octaples Savina）。该著共有大约2万条词汇和短语，以法语词条开头，与7种语言和方言对照，分别是：越南语、土语（岱语）、傻语（瑶语）、苗语、粤语、福佬语、官话。其中的福佬语就是海南闽语（海南话）。

1939年，萨维纳又回到中越边境一带传教。1941年萨维纳染上肺病且逐渐恶化，住进了河内的圣保罗私家诊所（la Clinique St. Paul à Hanoï）。1941年7月22日萨维纳去世，终年65岁。

---

① 这幅百万分之一的海南岛彩色地图收录在萨维纳1929年的《海南岛志》中（François Marie Savina. *Monographie de Haïnan*. Cahiers de la Société de Géographie de Hanoï no. 17. Hanoi：Imprimerie d'Extrême-Orient，59p.，1929.）。另参看中译本《西人黎区日志三种》（辛世彪译注，海南出版社，2020年12月版）。

② 《福佬语—法语词典》（*Dictionnaire Hoklo-Français*）：这部词典没有单独出版，词典内容收录在1939年的巨著《印度支那语言学指南》（F. M. Savina. *Guide Linguistique de l'Indochine*. Imprimerie de la Société des Missions Étrangères，Nazareth，Hongkong，1939）中。

③ 《黎语—法语词典》（Dictionnaire Đai-Français）：这部词典也没有单独出版，主要内容以《黎语—法语词汇》为题发表在1931年的《法国远东学院学报》。参看：F. M. Savina. "Lexique Đày-français：accompagné d'un petit lexique français-dày et d'un tableau des différences dialectales". *Bulletin de l'Ecole française d'Extrême-Orient*，Année 1931，Volume 31，Numéro 1，pp. 103－200.

④ 参看中译本《西人黎区日志三种》（辛世彪译注，海南出版社，2020年12月版）。

⑤ F. M. Savina. "Lexique Đày-Français：accompagné d'un petit lexique français-dày et d'un tableau des différences dialectales". *Bulletin de l'Ecole française d'Extrême-Orient*，Année 1931，Volume 31，Numéro 1，pp. 103－200.

1.2 《萨维纳的临高语词汇》简介

萨维纳的《临高语—法语词典》(*Dictionnaire Bê-Français*)在他生前并没有出版。将近40年后,著名学者奥德里古尔将这本词典编辑整理,题名为《萨维纳的临高语词汇》(*Le Vocabulaire Bê de F. M. Savina*)①,作为法国远东学院专刊第57本,于1965年在巴黎出版。

《萨维纳的临高语词汇》包括六个部分:(1) 篇首语"萨维纳和他的著作";(2) 萨维纳的原序以及奥德里古尔的评注;(3) 临高语—法语词典(包括音系说明和词典正文);(4) 临高语声母和声调特点介绍;(5) 临高语词汇表;(6) 两个索引(汉字索引和例词韵母索引)。

但是按照奥德里古尔的说法,该书内容有四部分,也就是上面(2)、(3)、(4)、(5)这四项内容。以下叙述时将奥德里古尔所说的四项内容分别称作第一、二、三、四章,以方便与原书对照。

篇首语"萨维纳和他的著作"简介了萨维纳的8部重要著作,包括《临高语—法语词汇》(Lexique Ongbê-français,法国远东学院图书馆编号第83号)。最后交代了书中四项内容的标题。

第二部分(第一章)是萨维纳的原序以及奥德里古尔的评注(用小号字体随文附注)。主要介绍了几个比较特别的声母和元音的发音、声调、数词、量词、比较级与最高级以及临高人(Ong Bê)族群和系属的说明。萨维纳说:"汉人把临高人(村人)称作黎人(Lòi, Lì 或 Lài),临高人的语言证明他们属于大台族(la grande race thai)。"(第10页)又说:"我不知道海南临高人的数量有多少;他们至少有10万人,也许超过20万人。"②

第三部分(第二章)是《临高语—法语词典》。首先是临高语音系说明,这部分奥德里古尔做了大量工作。他先对标音符号做了整齐划一的规范工

---

① *Le vocabulaire bê de F. M. Savina*. présenté par A. G. Haudricourt. Publications de l'École Française d'Extrême-Orient, v. 57. Dépositaire, Adrien-Maisonneuve, 1965.

② 但是在1929年出版的《海南岛志》中,萨维纳说海南岛临高人估计有40万:"1925年,我告诉现今仍住在海南的欧洲人,海南岛西北部至少有40万土族(Thổ)或台人(Tai),我用大陆台人的语言跟他们沟通,他们听懂了我的话,这些欧洲人听了大为惊讶。"(参看:《西人黎区日志三种》,辛世彪译注,海南出版社2020年12月版,第10页)《临高语词汇》中萨维纳原始材料收集的时间虽然早于《海南岛志》中材料收集的时间,但是对临高语人口的估计却比较合理。根据有关材料,20世纪50年代临高语人口约30万,20世纪80年代为50多万,海南临高人目前为60多万。

作，然后援引易家乐（Søren Egerod）《隆都方言》按韵排列的先例，说"海南岛的语言经历了声母上的重大变化，我们就按照韵母顺序排序"。接下来是声母表和韵母表、萨维纳声调标注的简单说明、词典汉字拟音的依据、用于比较的侗台语材料来源，其中有李方桂的壮语、莫话及水语资料，Esquirol 和 G. Williatte 的册亨语资料，奥德里古尔自己调查的石家语资料，萨维纳的黎语资料①以及王力的黎语资料②。最后是一张华南（包括海南岛）及东南亚侗台语分布图。

接下来就是词典正文，按临高语韵母排列顺序，每一韵下按声母排列，每一声母下再按声调排列顺序，跟我们现行的同音字表有些相似。有汉语来源的注明汉字，并注上根据蒲立本（E. G. Pulleyblank）的中古汉语系统拟音。③ 其中来自海南话（即海南闽语，萨维纳称之为"福佬语"）的也特别标明，跟泰语相同的词注上泰文。但是泰文应该是奥德里古尔加上去的。每一韵的例词末尾还附上一个临高语、台语、壮语、石家语、莫语、水语、侗语、黎语（萨维纳）、黎语（王力）九种语言的比较词表，④这肯定是奥德里古尔最喜欢也最拿手的工作。但是这一部分收录的词多数是汉语借词，作为韵目的例词尤其如此。奥德里古尔在篇首语中介绍说："事实上萨维纳一直要求将传教必需的所有抽象词语都翻译出来，他的词汇十分之九来自汉语，以便对比较语言学有兴趣的人对词汇来源一目了然。"

第四部分（第三章）介绍临高语声母和声调的特点。声母部分比较详细，同样用对比的形式将临高语的各个声母与以上九种语言加以对比，以见其异同。声调部分则简单介绍了临高语的 6 个调（其中一个调是奥德里古尔加上的）及其特征。

第五部分（第四章）的临高语词汇表收录的是临高语本族词汇，也就是

---

① 黎语（萨维纳）是指萨维纳 1931 年发表的材料（Lexique Đay-Français, BEFEO, XXXI (1931), Hanoi, pp. 103－199），该材料也见于萨维纳 1929 年出版的《海南岛志》的附录部分。

② 黎语（王力）指王力先生在他的论文《海南岛白沙黎语初探》（《岭南学报》第 11 期，广州，1951 年）中发表的材料。

③ 所据蒲立本系统的材料来源为"中古汉语的声母系统"（The Consonantal System of Old Chinese, *Asia major*, 1962(9), p. 1, 58－144, p. 2, 206－265）。

④ 奥德里古尔对用于比较的泰语材料和壮语材料作了如下说明：在比较词表中，泰语（Thai）栏表示重建的共同台语（le Thai commun restitué），壮语栏里是根据三本词典重建的音：《册亨语—法语词典》（*Dictionnaire Dioi-français*，J. Esquirol 和 G. Williatte 著，香港，1908 年），《武鸣土语》（*Wou-ming t'ou-yu*，李方桂著，"中央研究院"单刊第 19 种，台北，1956 年）和《壮汉词典》（*Tchoung-Han sseu-tien*，南宁，1958 年）。因此他说的泰语实际上是共同台语。马伯乐 1912 年论文中 Thai 的含义也是"台语"而非"泰语"，两者之间是一脉相承的。

非汉语来源的词汇，共计 359 条词，按照肢体、排泄物、属性、动物、植物、亲属、世界（自然界）、居住、时间、武器、农事、手工、动作、数字的分类排序。

第六部分是两个索引，先是汉字索引，按照材料中出现汉字的部首排列，共分 213 个部首。然后是按韵母字母顺序排列的索引。根据蒲立本构拟的中古音系统，将材料中出现的汉字按照中古韵母顺序排列。

1.3 《萨维纳的临高语词汇》所依据的方言点

《萨维纳的临高语词汇》在国际上影响很大，萨维纳对临高语的命名（Bê 或 Be）成了国际学术界的通用名称。奇怪的是，萨维纳原序中并没有说明他所调查的临高语具体是哪个方言点，整个《萨维纳的临高语词汇》都没有提及调查材料所依据的具体方言点。由于《萨维纳的临高语词汇》中所记词汇的语音与中外学者所调查的临高语相差很大，萨维纳调查的方言点究竟在哪里，这个问题一直困扰着学术界。

国际学术界把临高语称作 Be language/langue Bê，把临高人称作 Ong-Be/Ong-Bê，这都来自萨维纳的著作，国内把前者译作"贝语"，把后者译作"翁贝"，这两个称呼在中外学者中引起不少疑惑。梁敏教授在 1981 年的《临高人——百粤子孙的一支》一文"引言"中说："萨维纳神甫在半个世纪前曾把他们称之为 Ong-Be'翁贝'人。奥德里古尔和桥本万太郎等人也一直沿用 Be'贝'这个名称。但德国民族学者 H. 史图博却声称他在海南岛的实地调查中从来没有听到过这个称呼。我们 1957 年和 1958 年在临高、澄迈、琼山等地的实地调查中与当地领导、干部和群众座谈时，都没有人知道'翁贝'或'贝'这个名称，甚至在国家民委调查组为确定这部分人的民族成分和民族称谓的调查中，当地干部、群众也不承认有过这种称谓。"①

我在海南岛调查汉语方言和民族语言，恰好也调查了萨维纳调查过的这个临高语方言点。我用《萨维纳的临高语词汇》材料中临高语固有词汇的语音、词汇特征跟我调查过的临高语 12 个方言仔细对比，确信该方言是海口市西郊秀英区的长流话，属于侗台语族临高语东部方言②。萨维纳调查所说的 Ong-Bê 意思是"村人"（翁村），Bê 是"村"，临高语各方言中，也只有

① 梁敏《临高人——百粤子孙的一支》，《民族研究》1981 年第 4 期，第 7—17 页。

② 参看辛世彪（2008b）《海口临高语长流方言》，此文介绍了长流方言口语音系（本族音系统）与汉字音系（读书音系统）。据我调查，长流方言有长流、荣山、新海博养三种口音，在萨维纳的记录中三种口音都有不同程度的反映。

长流话的读音与之一致①。

萨维纳在他的《海南岛志》中说他的村人(Ong-Bê)朋友在那流(No-Liu),那流就是长流,这段描述颇具史料价值:

> 有一天我乘坐公共汽车,去临高边界的几个村人(Ong-Bê)朋友家做客,同车有几个海南人。那是在海防(Haiphong)的安南人发生令人遗憾的暴乱后不久,那事件人们称作'海防人的晚祷'(Vêpres Haiphonnaises)。同车的几个人绘声绘色地谈论这件事,向我投来令人不安的目光。突然,有个人从口袋里掏出一张孙逸仙画像,粗暴地举到我眼前,问我是否认识这个人。我回答说,当然了,我认识他！他是我的朋友,他在澳门(Ô-mun/Macao)流亡时,我们常在一起吃饭,我们谈得很投机。他告诉我总有一天他要报仇,但我从来不相信他会变成制造你们刚才谈论的那种残酷屠杀事件的罪犯。这时候车正好到了那流(No-Liu)村,这是我要下车的地方,我急忙从这几个人面前消失,他们也许好长时间以后才从惊讶中回过神来。②

梁敏教授的记述表明,当时参加座谈的没有一个是长流人或者了解长流话。近年来有江湖学者称 Ong-Bê 就是"翁伯",可见也没有认真调查过长流话。长流地名的沿革是:烈楼→那流→长流,1946 年以后才叫长流③。长流话 Bê 是"村",Ong-Bê 是"村人"(翁村),临高语各方言中,也只有长流话的读音与之一致。因此可以直接用长流话来称述萨维纳所调查的临高语。

1.4　奥德里古尔所做的工作

奥德里古尔(A. G. Haudricourt, 1911—1996)是法国杰出的语言学家,

① 萨维纳所称 Ong-Bê 中 ong 的读音实际是[ɑŋ],不是[oŋ];ê 的读音,并非法语字母 ê 表示的[ɛ],而是[e]。萨维纳无论记录临高语还是黎语,都用越南"国语"字母标音,字母 ê 表示的音就是[e],字母 e 表示的却是[ɛ],跟越南语中一样。Ong-Bê ([$ɑŋ_3^{33}$ $ʔbe_3^{33}$]"村人")读如"昂贝",而不是"翁贝";[$ɑŋ_3^{33}$]是"人(翁)",[$ʔbe_3^{33}$]是"村",与西部方言的[$vɔ_3^{33}$](村)对应。le Bê 原意是村语、村话,但是目前我们已经把东方、昌江一带的哥隆话称作村语、村话,因此把 le Bê 直接译为临高语。

② Savina, M. 1929, *Monographie de Hainan*, p. 8. 另参看中译本《西人黎区日志三种》(辛世彪译注,海南出版社,2020 年 12 月版),第 13 页。

③ 参看吴国礼《海口长流地区村落的变迁》,《海口文史资料》1987 年第 4 辑,第 191—204 页,政协海口市委文史委员会编。

对人类学、遗传学也有研究。1948—1949 年间，奥德里古尔曾在河内的法国远东学院图书馆工作。他调查过东南亚的语言，对汉语与东南亚语言间的历史关系印象深刻。萨维纳 1925—1929 年在海南岛的调查受到法国远东学院资助，他的《黎语—法语词汇》（*Lexique Ðay-Français*）刊登于 1931 年的《法国远东学院学报》。他的福佬语（海南话）材料刊登于 1939 年出版的《法属印度支那语言学指南》（*Guide Linguistique de l'Indochine*）。他的《临高语—法语词典》（*Dictionnaire Bê-Français*）在他生前没有发表，手稿收藏在远东学院图书馆。不清楚奥德里古尔何时接手萨维纳的临高语词典，他花了很大工夫整理这个材料，于 1965 年在巴黎出版了《萨维纳的临高语词汇》。此书一出版即享誉世界，成为临高语研究的经典著作，国际学术界对临高语的认识，以及把临高语称作"贝语"（Be language/langue Bê），把临高人称作"翁贝"（Ong-Bê），就来自奥德里古尔整理的这部书。

《萨维纳的临高语词汇》一书，除了第三部分的词典正文，其他都是奥德里古尔编写的。即便是词典正文部分，奥德里古尔也是花了大功夫，首先"把原书法语—临高语的排列顺序转变为临高语—法语的排列顺序，以便把每一个单音节词离析出来，并指出其可能的词源"（第 6 页），然后给汉字注上中古音，将临高语本族词跟同族语言对比。以下从四个方面来说明奥德里古尔所做的工作。

1.4.1 对标音和音系的处理

奥德里古尔把萨维纳原稿中的部分越南"国语"（quốc ngữ）拉丁字母改为通行的拉丁字母，又增加一个调类，总共做了三方面的改进。

1.4.1.1 把 tx 改为 ts

萨维纳原稿中有 tx，可是越南语有 x[s]与 s[ʂ]的对立，临高语无此对立，而且临高语各方言中 ch[tɕ]、tx[ts]都不对立，因此奥德里古尔把萨维纳记录的 tx 改为 ts。例如：

txố, ancêtre 改为 *tsố* "祖" $ts^ho_3^{33}$

txảm, indigo 改为 *tsảm* "靛青" $ts^ham_2^{24}$

txàu, balayer 改为 *txàu* "扫（帚）" $ts^hɔu_2^{24}$

txũc, bouillir 改为 *txũc* "煮" $ts^huk_7^{55}$

1.4.1.2 把 d 改为 z

萨维纳原稿中有 đ 和 d，与越南语拼写完全一致，前者表示内爆音[ɗ]（即音系学所称的先喉浊塞音[ʔd]），后者表示浊擦音[z]。[ɗ]和[z]这两个音在临高语中都很常见，但[ɗ]并没有与之对立的普通浊塞音[d]，因此

奥德里古尔把 đ 改为 d,把 d 改为 z,这样化简了原稿中的拼写,即使不熟悉越南语字母的人也容易读出来。但因手工操作,这部分转换不彻底,常有词条声母应该改为 z,却没有改。读者若非实地调查对比,根本看不出来。

1.4.1.3　增加一个调类

萨维纳说:"临高语有 5 个声调: 平调(a)、降调(à)、升调(á)、钝低调(ạ)和钝升调(a̰),钝升调仅见于以 c, p, t 收尾的词。"这 5 个声调包括 3 个舒声调和 2 个促声调(钝升调和钝低调)。奥德里古尔根据记音材料分出来一个问调(ả),因此共有 6 个调类。贯彻到调值,萨维纳所记的临高语有 3 种调型: 平调(33)、降调(21)、升调(35/24),升调有两种调值,其中一个是用越南语"问声"(hỏi/le ton interrogatif)表示的中升调(ả),这是奥德里古尔增加的调类,也正是临高语的第 2 调。萨维纳所记的临高语有两个促调: 一个是钝升调(55),另一个是钝低调(21)。这就是奥德里古尔确定的临高语 6 个声调。但是,萨维纳所记的舒声中还有一个高平调(55),混在升调(á)中,因此这个临高语方言点实际上有 7 个声调。

其他如将表示入声(钝升调)的 c, k 尾合并为 k 尾,把 r 合并到 z 声母。但奥德里古尔对于萨维纳 a/o 不分,i/e 相混等,无能为力,一仍其旧。

1.4.2　对词条的编排

1.4.2.1　将词条顺序由法语—临高语改为临高语—法语

萨维纳的《临高语—法语词典》手稿中,每一词条以法语开头,后面是临高语记音,奥德里古尔将所有词条逐一改为以临高语开头,法语解释在后,在手工操作的时代,工作量不小。

1.4.2.2　词条按韵母排列,韵母内按声母排列

萨维纳《临高语—法语词典》中的词表,应该是一个分类词表,如同我们现在所用的各语言调查词表。奥德里古尔将其改为按韵排列,先列阴声韵(28 个),次列阳声韵(24 个),最后列入声韵(24 个),共有 76 个韵母。每一韵中又按声母顺序排列,共 14 个(不包括零声母)。声母顺序如下(上栏为词典音标,下栏为国际音标):

b	p'	m	d	t	n	l	ts	s	z	k	k'	ng	h
ɓ/ʔb	pʰ	m	ɗ/ʔd	t	n	l	ts	s	z	k	kʰ	ŋ	h

1.4.2.3　同一个多音节词条分置于不同韵母处

萨维纳的《临高语—法语词典》原稿中,同一条记录应该只出现在一个

地方,除非不同词条的说法一样,这也是我们现在的调查词表应有的样子。奥德里古尔将同一个多音节词条分置于所出现的不同韵母处,一个多音节词条中包含几个韵母,该词条就在这几个韵母中分别出现,因此我们查到任何一个词条,都会看到完整的词条记录。例如:*nói mo ziảng kơi bêáu*, comment vous appelez-vous? 你叫什么名字?(名你样几叫) nɔi$_1^{35-21}$ mɔ$_3^{33}$ ziaŋ$_4^{21-24}$kəi$_3^{33}$ʔbeu$_1^{35}$就分别出现 5 次。这在手工操作的年代,需要花费大量工夫。

1.4.2.4 离析出临高语本族词汇

奥德里古尔说过,萨维纳"词汇十分之九来自汉语,以便对较语言学有兴趣的人对词汇来源一目了然"。因此,萨维纳不会开列一个临高语本族词表。但是,《萨维纳的临高语词汇》第四部分单独列出了一个临高语分类词表,共有 359 条非汉语来源的词(n'est pas d'origine chinoise),也就是临高语本族词,按照肢体、排泄物、属性、动物、植物、亲属、世界(自然界)、居住、时间、武器、农事、手工、动作、数字的分类排序。这显然是奥德里古尔做的工作。由于临高语受汉语的深度影响,这 359 条临高语本族词中仍有一些汉借词。参看 § 6.1.1 节。

1.4.3 制作多语言比较表

多语言比较,这是奥德里古尔的拿手工作。在《萨维纳的临高语词汇》中,奥德里古尔做了两类多语言比较:一是在词典开头论述声母的部分,对萨维纳所记的临高语 14 声母,逐个用临高语、台语、壮语、石家语、莫语、水语、侗语、黎语(萨维纳)、黎语(王力)九种语言进行比较。二是在词典正文内,对遇到的任何一条词,用这九种语言进行对比。其中的台语(Thai)是重建的共同台语(Thai commun),石家语(Shek)是奥德里古尔 1960 年在老挝他曲(Thakhek)的调查所得,但未标声调。

由于奥德里古尔卓有成效的工作和别出心裁的安排,使得《萨维纳的临高语词汇》不仅是一部单语词典,还有多语言比较,这也是本书出名的原因之一。

1.4.4 识别汉源词的本字

推求本字是研究汉语方言以及深受汉语影响的南方民族语言时常用的方法,也是东亚比较语言学必需的。《萨维纳的临高语词汇》中的一些汉源词,大都写出了本字,但原书并没有标明哪些是萨维纳认出的,哪些是奥德里古尔认出的。考虑到考本字需要汉语音韵学功底,相信大多数本字出自奥德里古尔之手。这部分做得很专业，但也有很多本字认错。

奥德里古尔在本书中，不仅将有汉语来源的词条写出汉字，还注上根据蒲立本 1962 年的中古汉语系统拟音。其中来自海南话（即海南闽语，萨维纳称之为“福佬语”）的也特别标明，跟台语相同的词并注上共同台语的音。

从以上几端可以看出，奥德里古尔对萨维纳临高语词典材料的整理不仅仅是做了编辑工作，更有学术行家的研究功夫在内，这使得此书不仅仅是单一语言（方言）的记录，更有比较语言学的价值，因而此书学术分量很重，给后人的研究提供了重要的参考。

第二章　临高语海口长流方言音系

长流方言是通行于海口西郊长流地区的土话。长流地区原包括“一镇三乡”，即长流镇、荣山乡、新海乡和丰南乡，2002 年三乡合并为西秀镇。因此，广义的长流话包括今长流、西秀两镇的方言。当地人语感是长流话内部基本一致，各村均有小异，主要有长流、荣山两种口音，分别叫上村话和下村话。但是据调查，长流话内部荣山、新海博养和长流声韵母方面都有差异，还有一些词的说法各不相同，在调值和变调方面一致。长流地区也通行海南话（海南闽语）。

2.1　长流本族词音系及连读变调

2.1.1　声母（15 个，包括零声母）

ʔb　p^{h}　m　ʔd　t　n　l　k　k^{h}　ŋ　h　ts^{h}（ts）　s　z　Ø（ʔ）

声母例词：

ʔb	ʔba$_4^{21}$云，ʔbe$_4^{21}$糠	k^{h}	k^{h}o$_3^{33}$裤，k^{h}ɔm$_2^{24}$螃蟹
p^{h}	p^{h}e$_4^{21}$归还，p^{h}ɑi$_4^{21}$篦子	ŋ	ŋa$_1^{35}$江，ŋɑi$_3^{33}$哭
m	me$_2^{24}$手，ma$_1^{35}$狗	h	haŋ$_1^{35}$生铁，hɑi$_1^{35}$梳子
ʔd	ʔdai$_1^{35}$死，ʔdei$_3^{33}$灯、像、值	ts^{h}（ts）	ts^{h}im$_4^{21}$坏，ts^{h}ən$_4^{21}$腻
t	tɯ$_3^{33}$引诱，taŋ$_1^{35}$沙子	s	sau$_1^{35}$声音，so$_3^{33}$汤
n	na$_3^{33}$脸，nai$_3^{33}$借	z	zun$_1^{35}$站立，ziau$_2^{24}$笑
l	la$_3^{33}$秧苗，liau$_4^{21}$多	Ø（ʔ）	ɑŋ$_3^{33}$男人，ɛ$_4^{21}$拿、持、提
k	kɔm$_2^{24}$痒，kɔn$_1^{35}$吃		

说明：

① ［ts^{h}］可以自由变读为［ts］［t^{h}］，这三个音发音人不能区别，以读送气音为常。倾

向读[ts^h]或[t^h],但也因村而异,有的村(如美李村)都读[ts^h],有的村(如美德村)都读[t^h]。长流话的[t]从不读为[ts^h]或[t^h],借词中与汉语[t^h]对应的音都读为[h]。

② [ts^h][s][z]在细音[i][e]前有时读为[$tɕ^h$][ɕ][ʑ]。

2.1.2　韵母(103 个)

韵尾 / 元音	阴声韵			阳声韵			入声韵				统计
	-ø	-i	-u	-m	-n	-ŋ	-p	-t	-k	-ʔ	10
i	i	/	iu	im	in	iŋ	ip	it	ik	iʔ	9
e	e	ei	eu	em	en	eŋ	ep	et	ek	eʔ	10
ɛ	ɛ	ɛi	ɛu	/	ien	ɛŋ	/	iet	ɛk	ɛʔ	8
a	a	ai	au	am	an	aŋ	ap	at	ak	/	9
ɑ	ɑ	ɑi	ɑu	ɑm	ɑn	ɑŋ	ɑp	ɑt	ɑk	ɑʔ	10
ɔ	ɔ	ɔi	ɔu	ɔm	ɔn	ɔŋ	ɔp	ɔt	ɔk	ɔʔ	10
o	o	oi	ou	om	on	oŋ	op	ot	ok	oʔ	10
u	u	ui	/	um	un	uŋ	up	ut	uk	uʔ	9
ɯ	ɯ	ɯi	/	/	ɯn	/	/	ɯt	/	ɯʔ	5
ə	ə	əi	/	/	ən	əŋ	/	ət	ək	əʔ	7
-i-	ia	/	iau	iam	ian	iaŋ	iap	iat	iak	iaʔ	9
-u-	ua	uai	/	/	uan	uaŋ	/	uat	uak	uaʔ	7
统计	12	10	8	8	12	11	8	12	11	11	103

长流话有主元音 10 个,包括 8 个标准元音、1 个央元音[ə]和 1 个后高不圆唇元音[ɯ]。这 10 个元音都可以单独作韵母。元音构型(vowel configuration)如下:

i				ɯ-u
	e			o
	ɛ		ə	ɔ
		a		ɑ

韵母例词:

i	ts^{h}i$_{1}^{35}$ 米糊，mai$_{4}^{21-24}$zi$_{4}^{21}$老鼠
e	ʔbe$_{3}^{33}$村，he$_{2}^{24}$河
ɛ	lɛ$_{1}^{35}$蹄，mɛ$_{3}^{33}$藏
a	ʔda$_{3}^{33}$p^{h}a$_{3}^{33}$天空，na$_{3}^{33}$脸
ɑ	k^{h}ɑ$_{3}^{33}$lək$_{7}^{55}$壁虎，nɑ$_{3}^{33}$nɑ$_{3}^{33}$刚才
ɔ	kɔ$_{3}^{33}$歌，mɔ$_{3}^{33}$你
o	ko$_{3}^{33}$哥（锯子、九、救），mo$_{3}^{33}$想
u	ʔdu$_{3}^{33}$ʔda$_{1}^{35}$估计，su$_{5}^{55}$坏（事）
ə	tə$_{4}^{21}$是，tə$_{4}^{21}$就
ɯ	tɯ$_{3}^{33}$四、初四，tɯ$_{3}^{33}$引诱、逗
ia	nia$_{2}^{24}$田，ŋia$_{2}^{24}$蛇
ua	zua$_{1}^{35}$老虎，zua$_{2}^{24}$船
ai	ʔdai$_{4}^{21}$虹，nai$_{3}^{33}$借
ɑi	sɑi$_{1}^{35}$月亮，p^{h}ɑi$_{2}^{24}$扇子
ɔi	zɔi$_{1}^{35}$苦胆，nɔi$_{1}^{35}$名字
oi	hoi$_{1}^{35}$石灰，k^{h}oi$_{5}^{55}$缺少
ui	tui$_{3}^{33}$岁，ŋui$_{1}^{35}$影子
ei	tei$_{3}^{33}$水牛，lei$_{1}^{35}$梯子
ɛi	ʔbɛi$_{2}^{24}$火，ŋɛi$_{4}^{21}$二
əi	ʔbəi$_{1}^{35}$去，həi$_{2}^{24}$绳子
ɯi	zɯi$_{1}^{35}$空疏的，tia$_{4}^{21-24}$ zɯi$_{1}^{35}$大米稀饭
au	ŋau$_{4}^{21}$水稻，sau$_{1}^{35}$声音
ɑu	ʔbɑu$_{2}^{24}$牛角，zɑu$_{1}^{35}$藤
ɔu	ŋɔu$_{2}^{24}$黄牛，lɔu$_{4}^{21}$进来
ou	mou$_{1}^{35}$猪，ŋou$_{1}^{35}$坐
iu	ziu$_{4}^{21}$睡席，niu$_{3}^{33}$闻、嗅
eu	ʔdeu$_{4}^{21}$草木灰，keu$_{4}^{21}$东西
ɛu	lɛu$_{4}^{21}$颜色，ʔdɛu$_{2}^{24}$逃跑
iau	ŋiau$_{4}^{21}$露，ziau$_{2}^{24}$笑
uai	nuai$_{3}^{33}$累，ts^{h}ɑu$_{3}^{33}$zuai$_{2}^{24}$锄地
am	ham$_{1}^{35}$抬、扛，nam$_{1}^{35}$玩
ɑm	nɑm$_{4}^{21}$水，kɑm$_{2}^{24}$苦、辣
ɔm	kɔm$_{2}^{24}$痒，nɔm$_{1}^{35}$蛋
om	zom$_{2}^{24}$摸，kom$_{2}^{24}$饱
um	kum$_{3}^{33}$被子，ʔdum$_{1}^{35}$关（门）
im	im$_{1}^{35}$乞讨，lim$_{3}^{33}$瓣儿
em	hem$_{4}^{21}$垫，hem$_{2}^{24}$和
iam	liam$_{2}^{24}$甜，tiam$_{3}^{33}$淡
an	nan$_{4}^{21}$肉，zan$_{2}^{24}$房屋
ɑn	p^{h}ɑn$_{1}^{35}$雨，zɑn$_{3}^{33}$酒
ɔn	ʔdɔn$_{3}^{33}$树，kɔn$_{1}^{35}$吃（喝）
on	ʔdon$_{1}^{35}$阉，ʔdon$_{4}^{21}$松（绑得松）
un	un$_{1}^{35}$刺，kun$_{5}^{55}$骗
in	in$_{1}^{35}$完了，ŋin$_{1}^{35}$衔（叼）
ien	hien$_{1}^{35-21}$ hɛi$_{4}^{21}$天地，ʔdien$_{1}^{35}$骂
en	nen$_{1}^{35}$狐狸，en$_{3}^{33}$甜
ən	ʔbən$_{4}^{21}$鹅，ʔbən$_{2}^{24}$柴
ɯn	zɯn$_{3}^{33}$兔子，zɯn$_{1}^{35}$口水
ian	zian$_{1}^{35}$果核，ʔbian$_{1}^{35}$买
uan	kuan$_{2}^{24}$竹子，luan$_{4}^{21}$瓶子
aŋ	maŋ$_{1}^{35}$水沟，laŋ$_{3}^{33}$斗笠
ɑŋ	zɑŋ$_{1}^{35}$井，sɑŋ$_{1}^{35}$山
ɔŋ	ʔbɔŋ$_{2}^{24}$肺，zɔŋ$_{2}^{24}$筛子
oŋ	koŋ$_{3}^{33}$海，zoŋ$_{3}^{33}$簸箕
uŋ	muŋ$_{4}^{21}$稻草，ʔduŋ$_{1}^{35}$凸出
iŋ	miŋ$_{2}^{24}$虫子，ziŋ$_{3}^{33}$吊
eŋ	tei$_{3}^{33}$keŋ$_{1}^{35}$耕牛，tsiu$_{3}^{33}$teŋ$_{1}^{35}$燕子
ɛŋ	ʔbɛŋ$_{4}^{21}$池塘，mɛŋ$_{3}^{33}$美好
əŋ	nəŋ$_{4}^{21}$靠着，ʔbəŋ$_{3}^{33}$闲聊
iaŋ	miŋ$_{2}^{24-21}$niaŋ$_{2}^{24}$蚕，ʔbiaŋ$_{1}^{35}$薄

uaŋ	zuaŋ$_2^{24}$虾,ŋuaŋ$_3^{33}$傻
ap	sap$_8^{21}$篱笆,nap$_7^{55}$谷壳
ɑp	hɑp$_8^{21}$布,zɑp$_8^{21}$米
ɔp	kɔp$_8^{21}$青蛙,zɔp$_7^{55}$生的
op	hop$_8^{21}$nɑm$_4^{21}$捧水,zop$_8^{21}$摸
up	ʔbup$_7^{55}$白蚁,mɑk$_8^{21}$kup$_7^{55}$冬瓜
ip	lip$_8^{21}$秕,ʔdip$_7^{55-33}$ʔda$_1^{35}$闭眼
ep	k^{h}ep$_8^{21}$藏,hep$_7^{55}$hep$_7^{55}$刚刚
iap	ziap$_8^{21}$me$_2^{24}$指甲,ʔdiap$_8^{21}$sɑŋ$_1^{35}$打猎
at	ʔbat$_8^{21}$扔掉,ʔbat$_7^{55}$八(八十)
ɑt	mɑt$_8^{21}$土地,nɑt$_7^{55}$韧
ɔt	sɔt$_7^{55}$七,zɔt$_8^{21}$紧(塞紧)
ot	ot$_7^{55}$粽子,ʔdot$_7^{55}$啄
ut	ʔdut$_7^{55}$屁,kut$_7^{55}$搂抱
it	mit$_8^{21}$刀,zit$_7^{55}$阳光
et	et$_7^{55}$米糕,ts^{h}i$_1^{35-21}$nuŋ$_4^{21-24}$et$_7^{55}$糨糊
iet	ziet$_7^{55}$蛔虫,ʔbiet$_7^{55}$八(十八)
ət	zuaŋ$_2^{24-21}$mət$_8^{21}$小虾,tət$_7^{55}$告诉
ɯt	ʔdɯt$_7^{55-33}$sau$_2^{24}$裂缝,it$_7^{55}$mɯt$_8^{21}$发愣
iat	ziat$_8^{21}$臭虫,ke$_2^{24}$siat$_7^{55}$嘴馋
uat	k^{h}uat$_7^{55}$渴,hoi$_4^{21-24}$kuat$_7^{55}$火柴
ak	nuak$_8^{21}$hak$_7^{55}$猴子,ʔbak$_8^{21}$床
ɑk	sɑk$_7^{55}$蔬菜,ʔbɑk$_7^{55-33}$me$_4^{21}$屁股
ɔk	zɔk$_7^{55}$浸,zɔk$_8^{21}$偷
ok	kok$_7^{55}$腿、脚,ʔbok$_7^{55}$浅埋
uk	muk$_8^{21}$鼻涕,uk$_7^{55}$出去
ik	ʔbik$_7^{55}$翅膀,ʔbik$_7^{55}$扛
ek	lek$_7^{55}$舔,ek$_7^{55}$拿
ɛk	lɛk$_8^{21}$子女,zan$_2^{24-21}$ʔdɛk$_8^{21}$织布机
ək	zək$_7^{55}$骨头,ʔbək$_7^{55-33}$ʔbɛi$_2^{24}$烧火
iak	ziak$_7^{55}$篱笆,miak$_8^{21}$滑
uak	nuak$_8^{21}$鸟,luak$_7^{55}$脏
ɑʔ	ʔbɑʔ$_7^{55}$血,ŋɑʔ$_8^{21}$针
ɔʔ	zɔʔ$_8^{21}$漏,zoŋ$_3^{33}$ʔbɔʔ$_8^{21}$簸箕(小)
oʔ	p^{h}oʔ$_7^{55}$渣子,p^{h}oʔ$_8^{21}$掏
uʔ	tuʔ$_7^{55}$尾巴,kuʔ$_7^{55}$韭菜
iʔ	ʔbiʔ$_7^{55}$鳖,hoŋ$_4^{21-24}$niʔ$_7^{55}$小肠
eʔ	ʔbeʔ$_7^{55}$伯父,keʔ$_7^{55}$解开
ɛʔ	lɛʔ$_7^{55}$嗑(嗑瓜子),sɛʔ$_8^{21}$来回踩
əʔ	ʔbəʔ$_8^{21}$伸(脖子),zəʔ$_8^{21}$抬
ɯʔ	lɯʔ$_7^{55-33}$ʔba$_1^{35}$鱼鳞,lɯʔ$_7^{55}$咽
iaʔ	kok$_7^{55-33}$siaʔ$_7^{55}$跛子,k^{h}iaʔ$_7^{55}$挑(刺)
uaʔ	ʔbuaʔ$_7^{55}$瓦锅,zuaʔ$_7^{55}$硬

说明:

① 长流话的[e][o]比临高语其他方言的[e][o]位置高,也比海南闽语的[e][o]位置高,相当于[ɪ][ʊ]。长流的[ɔ]比临高语西部方言的[ɔ]位置高。

② [ien][iet]这两个韵分别来自[ian][in]和[iat][it]韵,发音人有时也很难分辨,甚至王录尊的[en/et],孔庆葳读为[ien/iet]。但部分词有对立,因此独立出来。如:

tien$_1^{35}$交换、闩(闩门)≠tin$_1^{35}$新/鲜,ʔbien$_1^{35}$磨(磨刀)≠ʔbin$_1^{35}$鞭子

hien$_1^{35}$天≠hin$_1^{35}$膻,ziet$_7^{55}$蛔虫≠zit$_7^{55}$阳光,ʔbiet$_7^{55}$扒、八≠ʔbit$_7^{55}$哨子

kiaŋ$_{1}^{35-21}$ zin$_{1}^{35}$ 吝啬 ≠ zien$_{1}^{35}$ 沉（石头沉）≠ zian$_{1}^{35}$ 核（果核）。另外 ziet$_{7}^{55}$ 蛔虫 ≠ ziat$_{8}^{21}$ 臭虫，韵母明显不同。

部分[im][ip] 也带有过渡音[e]，读成[iem][iep]，但未构成对立。

③ 元音[e]中的多数词跟临高语其他方言的[ɔ]或[ɔi]对应。

④ 长流话[eu]音近[ieu]，这个韵的部分词与临高语其他方言部分[ɔu]韵的词对应。

2.1.3 声调(7 个)

舒声调	促声调
第 1 调：35	第 7 调：55
第 2 调：24	第 8 调：21
第 3 调：33	
第 4 调：21	
第 5 调：55	

说明：

① 有连读变调，都是前字变调。规律为：第 1 调 35→21，第 2 调 24→21，第 4 调 21→24，第 7 调 55→33。

② 量词与数词“一”搭配、数词与“个”（mɔʔ$_{8}^{21}$）搭配时，逢舒声调，不管本调的调值是多少，一律变为 55 调。

③ 主谓结构与述补结构不变调。

2.1.4 长流方言三种口音的差别

荣山无[kʰ]，都读[x]；长流、博养的[e]韵，荣山多读[ɔ]，跟大多数临高语方言一致。荣山除了没有[v]外，声韵母与澄迈的老城、马村、白莲一致。“傻”“望”“鸟”“鹿”等词的读法，荣山、博养等下村话是[oŋ/ok]，与临高语其他方言一致，唯独上村长流是[uaŋ/uak]。荣山、博养、长流声调与变调一致。“公禽”，荣山、博养多为 hɔk$_{8}^{21}$，长流多为 hau$_{4}^{21}$。“壁虎”上村多说 kʰɑ$_{3}^{33}$ lək$_{7}^{55}$，下村多说 kuan$_{3}^{33}$ kʰək$_{7}^{55}$。“单脚跳（跳房子）”，长流是 kʰɛʔ$_{8}^{21}$ kʰɑŋ$_{3}^{33}$，博养另说 tɑʔ$_{7}^{55-33}$ kʰa$_{3}^{33}$ laŋ$_{3}^{33}$，荣山另说 xeʔ$_{8}^{21}$ kok$_{7}^{55}$ ʔdak$_{7}^{55}$，等等。

2.2 长流方言的音系特征

2.2.1 有送气音

长流方言有送气音[pʰ][kʰ]，[ts][tsʰ][tʰ]为自由变体。（[t]从不读为[ts^h][t^h],借词中与汉语[t^h]对应的音都读为[h],因此从语音对应看,没有[t^h]。)

同样的词在临高、澄迈境内则分别读为[f][x][ts]。

	天	螃蟹	儿子	鹿
临高临城	fa$_3^{33}$	xum$_2^{55}$	lək$_8^{55}$xiaŋ$_4^{21}$	tsok$_8^{55}$
临高新盈	p^{h}a$_3^{33}$	k^{h}um$_2^{55}$	lək$_8^{55}$ʔda$_3^{33}$k^{h}iaŋ$_4^{21}$	ts^{h}ok$_8^{55}$
临高马袅	fa$_3^{33}$	xum$_2^{55}$	lək$_8^{55}$xiaŋ$_4^{21}$	tsok$_8^{55}$
临高皇桐	fa$_3^{33}$	xum$_2^{53}$	lək$_8^{55}$xiaŋ$_4^{21}$	tsok$_8^{55}$
澄迈桥头	fa$_3^{31}$	xum$_2^{35}$	lek$_8^{55}$xiaŋ$_4^{55}$	tsok$_8^{55}$
澄迈马村	fa$_3^{24}$	xɔm$_2^{33}$	lək$_8^{21}$xiaŋ$_4^{31}$	tsok$_8^{21}$
琼山龙塘	fa$_3^{24}$	xɔm$_2^{33}$	lek$_8^{33}$xiaŋ$_4^{21}$	tsok$_8^{21}$
海口长流	ʔda$_3^{33}$p^{h}a$_3^{33}$	k^{h}ɔm$_2^{24}$	lɛk$_8^{21}$k^{h}iaŋ$_4^{21}$	ts^h/t^h/tsuak$_8^{21}$

长流周边澄迈、海口一带的海南话都没有送气音。①

2.2.2　没有轻唇音

与临高语其他方言[f][v]相对应的音,长流话都读为[p^h][ʔb]。荣山、博养也与此同。

	鹅	风	火	村子
临高临城	fun$_4^{11}$	van$_3^{33}$	vəi$_2^{55}$	vɔ$_3^{33}$
临高新盈	p^{h}un$_4^{21}$	van$_3^{33}$	vəi$_2^{55}$	vɔ$_3^{33}$
临高马袅	fun$_4^{21}$	van$_3^{33}$	vəi$_2^{55}$	vɔ$_3^{33}$
临高皇桐	fun$_4^{21}$	van$_3^{33}$	vəi$_2^{53}$	vɔ$_3^{33}$
澄迈桥头	fun$_4^{53}$	van$_3^{31}$	vəi$_2^{35}$	vɔ$_3^{31}$

① 详情参看辛世彪《海南闽语送气音的消失及其相关问题》,《语言研究》2005 年第 3 期,第 102—111 页。

续 表

	鹅	风	火	村子
澄迈马村	fun_{4}^{31}	van_{3}^{24}	vɛi_{2}^{33}	vɔ_{3}^{24}
琼山龙塘	fun_{4}^{21}/ʔbun_{4}^{21}	van_{3}^{24}	vɛi_{2}^{33}	vɔ_{3}^{24}
海口荣山	ʔbun_{4}^{21}	ʔbɔn_{3}^{33}	ʔbɛi_{2}^{24}	ʔbɔ_{3}^{33}
海口长流	ʔbən_{4}^{21}	ʔban_{3}^{33}	ʔbɛi_{2}^{24}	ʔbe_{3}^{33}

2.2.3 有[ɯ]类韵母

共5个韵：[ɯ][ɯi][ɯn][ɯt][ɯʔ]。这个特征不见于周边任何方言。相对应的词，临高语其他方言中读为[ə]/[i]类韵。韵母[ɯi]如$\text{tia}_{4}^{21-24}\text{zɯi}_{1}^{35}$"白稀饭（无菜无肉）"，找不到对应的词。个别词[ɯ]与[ə]相混，如"他"，有[kə]也有[kɯ]。

	他	兔子	裂开	鱼鳞	四（四十）
临高临城	kə_{2}^{55}	lən_{3}^{33}	ʔdət_{7}^{33}	liʔ_{7}^{33}	tə_{3}^{33}
临高新盈	kə_{2}^{53}	lən_{3}^{33}	ʔdət_{7}^{33}	liʔ_{7}^{33}	tə_{3}^{33}
临高马袅	kə_{2}^{53}	ʑən_{3}^{33}	ʔdət_{7}^{33}	liʔ_{7}^{33}	tə_{3}^{33}
临高皇桐	kə_{2}^{53}	ʑən_{3}^{33}	ʔdət_{7}^{33}	liʔ_{7}^{33}	tə_{3}^{33}
澄迈桥头	kə_{2}^{35}	zən_{3}^{31}	ʔdət_{7}^{33}	liʔ_{7}^{33}	tə_{3}^{33}
澄迈马村	kə_{2}^{33}	zin_{3}^{24}	ʔdət_{7}^{55}	liʔ_{7}^{55}	tə_{5}^{55}
澄迈白莲	kə_{2}^{33}	zən_{3}^{13}	ʔdət_{7}^{55}	liʔ_{7}^{55}	tə_{3}^{13}
海口石山	kə_{4}^{21}	zən_{3}^{33}	$\text{ʔdət}_{7'}^{13}$	liʔ_{7}^{55}	tə_{3}^{33}
海口永兴	kə_{2}^{33}	zin_{3}^{24}	ʔdit_{7}^{13}	$\text{liʔ}_{7'}^{44}$	ti_{3}^{24}
琼山龙塘	kə_{2}^{33}	zin_{3}^{24}	ʔdit_{7}^{13}	$\text{liʔ}_{7'}^{44}$	ti_{3}^{24}
海口荣山	kə_{4}^{21}	zən_{3}^{33}	ʔdət_{7}^{55}	liʔ_{7}^{55}	tə_{5}^{55}
海口长流	kə_{4}^{21}/kɯ_{4}^{21}	zɯn_{3}^{33}	ʔdɯt_{7}^{55}	lɯʔ_{7}^{55}	tɯ_{3}^{33}

2.2.4　有[ɑ]类韵母

长流方言有前[a]与后[ɑ]对立。这个特征也不见于周边任何方言，包括海南闽语和临高语。前[a]后[ɑ]共有 9 组对立：[a]-[ɑ][ai]-[ɑi][au]-[ɑu][am]-[ɑm][an]-[ɑn][aŋ]-[ɑŋ][ap]-[ɑp][at]-[ɑt][ak]-[ɑk]。只有[ɑʔ]韵目前没有找到与之相对立的[aʔ]韵。以下尽量从最小对立举一些例子。

na$_3^{33}$脸≠nɑ$_3^{33}$人（不单用，如：kak$_8^{21}$ nɑ$_3^{33}$别人，ʔbun$_5^{55}$ nɑ$_3^{33}$两个人，ʔbɑn$_4^{21-24}$ nɑ$_3^{33}$谁）

kai$_4^{21}$屎—kɑi$_1^{35}$鸡，mai$_4^{21}$母亲—mɑi$_1^{35}$线，ŋai$_2^{24}$干饭—ŋɑi$_3^{33}$哭

ʔbau$_1^{35}$席子（粗席）≠ʔbɑu$_1^{35}$浮，ŋau$_4^{21}$稻子—ŋɑu$_3^{33}$熟的，sau$_1^{35}$声音—sɑu$_3^{33}$吠（狗吠）

ham$_1^{35}$抬≠hɑm$_1^{35}$精液，kam$_3^{33}$间苗—kɑm$_2^{24}$苦、辣，nam$_1^{35}$玩—nɑm$_4^{21}$水

ʔban$_2^{24}$扁担≠ʔbɑn$_2^{24}$毛，kan$_1^{35}$苎麻—kɑn$_4^{21}$捏、卡，zan$_2^{24}$房屋（家）—zɑn$_3^{33}$酒

ʔdaŋ$_4^{21}$旱≠ʔdɑŋ$_4^{21-24}$ʔbɛi$_2^{24}$烟囱，ʔbaŋ$_1^{35}$亮—ʔbɑŋ$_3^{33}$干净，laŋ$_1^{35}$黄—nɑŋ$_1^{35}$皮

sap$_7^{55-33}$ʔbak$_7^{55}$插话≠sɑp$_7^{55-33}$ mou$_1^{35}$猪笼，hap$_7^{55}$挑（水）—hɑp$_8^{21}$布，nap$_7^{55}$谷壳≠zɑp$_7^{55}$补苗

ʔbat$_7^{55}$ŋit$_8^{21}$八月≠ʔbɑt$_7^{55-33}$ tia$_2^{24}$茅草，ʔbat$_8^{21}$扔≠ʔbɑt$_8^{21}$袜子，tat$_7^{55}$鸟落在树上—nɑt$_7^{55}$韧

sak$_7^{55}$芋头≠sɑk$_7^{55}$菜，mak$_8^{21}$果子≠mɑk$_8^{21}$聋，lak$_7^{55}$脱≠lɑk$_7^{55}$瞎子，nak$_8^{21}$水獭—zɑk$_7^{55}$饿

[ɑʔ]韵的词如 mɑʔ$_8^{21}$马、ʔbɑʔ$_7^{55}$血、ŋɑʔ$_8^{21}$针、tɑʔ$_7^{55}$跳（向上跳）、ʔdɑʔ$_8^{21}$直等，还没有找到对立的[aʔ]韵。

长流话[ɑ]系列的韵母在琼山龙塘方言读为[ɐ]（有些词[ɐi]并入[ɛi]）系列或[ɔ]系列，在临高语其他方言中读为[a][ɔ]或其他元音。似乎暗示长流的这个[ɑ]比较古老，在其他方言中向两个方向变化：向前合并于[a]元音，或向上合并于[ɔ]元音，甚至进一步高化、央化。

	月亮	菜	雨	日/天	线	扇子	飞
临高临城	mai$_4^{11}$ sai$_1^{213}$	sak$_7^{33}$	fun$_1^{213}$	vən$_2^{55}$	mɔi$_1^{213}$	fɔi$_2^{55}$	vin$_1^{213}$
临高新盈	sai$_1^{13}$ leŋ$_3^{33}$	sak$_7^{33}$	pʰun$_1^{13}$	vən$_2^{55}$	mɔi$_1^{13}$	pʰəi$_2^{53}$	vin$_1^{13}$

续　表

	月亮	菜	雨	日/天	线	扇子	飞
临高马袅	mai$_4^{21}$ sai$_1^{13}$	sak$_7^{33}$	fun$_1^{13}$	vən$_2^{55}$	mɔi$_1^{13}$	fɔi$_2^{55}$	vin$_1^{13}$
临高皇桐	mai$_4^{21}$ sai$_1^{213}$	sak$_7^{33}$	fun$_1^{213}$	vən$_2^{53}$	mɔi$_1^{213}$	fɔi$_2^{55}$	vin$_1^{213}$
澄迈桥头	sai$_1^{21}$	sak$_7^{33}$	fun$_1^{21}$	vən$_2^{35}$	mɔi$_1^{21}$	fɔi$_2^{35}$	vin$_1^{21}$
澄迈马村	sai$_1^{35}$	sak$_7^{55}$	fɔn$_1^{35}$	vɔn$_2^{33}$	mɔi$_1^{35}$	fɔi$_2^{33}$	vɔn$_1^{35}$
澄迈白莲	sai$_1^{35}$	sak$_7^{55}$	fɔn$_1^{35}$	vɔn$_2^{33}$	mɔi$_1^{35}$	fɔi$_2^{33}$	vɔn$_1^{35}$
琼山龙塘	sɐi$_{1'}^{44}$	sak$_{7'}^{44}$	fɐn$_{1'}^{44}$	vɔn$_2^{33}$	mɛi$_{1'}^{44}$	fɔi$_2^{33}$	ʔbɐn$_1^{44}$
海口长流	sɑi$_1^{35}$	sɑk$_7^{55}$	pʰɑn$_1^{35}$	ʔban$_2^{24}$	mai$_1^{35}$	pʰɑi$_2^{24}$	ʔban$_1^{35}$

2.2.5　[e]类韵母的问题

长流方言韵母有一种特殊变化：与临高语其他方言[ɔ]相对应的音，长流多读为[e]；其他方言的部分[ɔu]长流也读为[eu]。

	客人	糠(细)	叶子	村子	东西
临高临城	mɔ$_1^{213}$	vɔ$_4^{11}$	ʔbɔ$_2^{55}$	vɔ$_3^{33}$	kɔu$_4^{11}$
临高新盈	mɔ$_1^{13}$	vɔ$_4^{21}$	ʔbɔ$_2^{55}$	vɔ$_3^{33}$	kɔu$_4^{21}$
临高马袅	mɔʔ$_1^{13}$	vɔ$_4^{21}$	ʔbɔ$_2^{55}$	vɔ$_3^{33}$	kɔu$_4^{21}$
临高皇桐	mɔ$_1^{213}$	vɔ$_4^{21}$	ʔbɔ$_2^{53}$	vɔ$_3^{33}$	kɔu$_4^{21}$
澄迈马村	mɔ$_1^{35}$	vɔ$_4^{31}$	ʔbɔ$_2^{33}$	vɔ$_3^{24}$	kɔu$_4^{31}$
澄迈桥头	mɔ$_1^{21}$	vɔ$_4^{55}$	ʔbɔ$_2^{35}$	vɔ$_3^{31}$	kɔu$_4^{55}$
澄迈白莲	mɔ$_1^{35}$	vɔ$_4^{31}$	ʔbɔ$_2^{33}$	vɔ$_3^{13}$	kɔu$_4^{31}$
琼山龙塘	(kʰɛk$_7^{13}$)	vɔ$_4^{21}$	ʔbɔ$_2^{33}$	vɔ$_3^{24}$	kɔu$_4^{21}$
海口石山	mɔ$_1^{24}$	vɔ$_4^{21}$	ʔbɔʔ$_{10}^{33}$	vɔ$_3^{33}$	kɔu$_4^{21}$
海口永兴	mɔ$_1^{13}$	vɔ$_4^{21}$	ʔbɔ$_2^{33}$	vɔ$_3^{24}$	kɔu$_4^{21}$
海口荣山	mɔ$_1^{35}$	ʔbɔ$_4^{21}$	ʔbɔ$_2^{24}$	ʔbɔ$_3^{33}$	kɔu$_4^{21}$
海口长流	me$_1^{35}$	ʔbe$_4^{21}$	ʔbe$_2^{24}$	ʔbe$_3^{33}$	keu$_4^{21}$

这个[e]位置很高，听觉上很像[ɪ]或[ɨ]。因此导致两种结果：

一是长流话[e]韵的个别词可以读成[i]韵。如“舅父（母之弟）、弟弟（姐之弟）”ʔdi$_1^{35-21}$ k^{h}ɔu$_4^{21}$ 与 ʔde$_1^{35-21}$ k^{h}ɔu$_4^{21}$ 无别。很可能 nim$_2^{24}$“南”、ʔda$_3^{33}$ kim$_4^{21}$“夜晚”、nim$_4^{21}$“箭”、ʔbin$_4^{21}$“粉末”这些词中的[i]元音，原本也是[e]（与其他方言的[o]或[ɔ]对应）。

二是长流话[eu]韵听感上接近[ieu]。但这个[eu]不是[iu]，neu$_3^{33}$ 蔫≠niu$_3^{33}$ 闻、嗅，leu$_1^{35}$ 箩筐≠liu$_1^{35}$ 看。[eu]与海南闽语的[io]也不同，来自海南闽语的借词，也读[eu]不读[io]，如“枪”seu$_1^{33}$（文读调）。

2.2.6　主谓结构与述补结构不变调

长流方言有严整的变调规律，第1、2、4、7调在前字位置都要变调。如：

kɔm$_1^{35-21}$ kua$_1^{35}$ 南瓜（金瓜），nɔm$_1^{35-21}$ nɔm$_1^{35}$ 下蛋，ʔbɛi$_2^{24-21}$ ze$_2^{24}$ 后年

ʔbɛi$_2^{24-21}$ hɯn$_1^{35}$ 前年，mai$_4^{21-24}$ ʔbən$_4^{21}$ 母鹅，mai$_4^{21-24}$ zi$_4^{21}$ 老鼠，ŋɛi$_4^{21-24}$ ŋit$_8^{21}$ 二月

huk$_7^{55-33}$ ʔbɑt$_7^{55}$ 除草，ŋup$_7^{55-33}$ ʔbak$_7^{55}$ 闭嘴，ʔbe$_4^{21-24}$ zɑp$_8^{21}$ 米糠，zom$_1^{35-21}$ nia$_2^{24}$ 插秧

但是在主谓结构与述补结构中不变调。

主谓结构不变调。

sɔn$_1^{35}$ ʔdɑʔ$_8^{21}$ 路直，hien$_1^{35}$ nit$_7^{55}$ 天冷，ʔdan$_2^{24}$ um$_1^{35}$ 天阴，ke$_2^{24}$ ts^{h}ən$_1^{35}$ 恶心

ʔdan$_2^{24}$ ʔbaŋ$_1^{35}$ 天亮（hien$_1^{35}$ ʔbaŋ$_1^{35}$ 也可），ke$_2^{24}$ siat$_7^{55}$ 嘴馋（ke$_2^{24}$ sok$_7^{55}$ 也可）

kuŋ$_1^{35}$ tɯʔ$_7^{55}$ 打闪（雷闪），sau$_1^{35}$ zɔk$_7^{55}$ 声音响，tɔm$_1^{35}$ kɔn$_3^{33}$ 心急

sa$_1^{35}$ mɑk$_8^{21}$ 耳聋，比较：ɑŋ$_3^{33}$ sa$_1^{35-21}$ mɑk$_8^{21}$ 聋子

ʔda$_1^{35-21}$ ʔbɑn$_2^{24}$ kun$_3^{33}$ 日升/日出，比较：ʔda$_1^{35-21}$ ʔbɑn$_2^{24-21}$ kun$_3^{33}$ 日出之地

ʔda$_1^{35-21}$ ʔbɑn$_2^{24}$ ʔdok$_7^{55}$ 日落，比较：ʔda$_1^{35-21}$ ʔbɑn$_2^{24-21}$ ʔdok$_7^{55}$ 日落之地

hun$_4^{21}$ ts^{h}uan$_5^{55}$ 讲故事（训传），比较：hun$_4^{21-24}$ mɔ$_3^{33}$ 告诉你（训你）

述补结构不变调。

ɛ$_4^{21}$ lɔu$_2^{24}$ 拿起，ɛ$_4^{21}$ nia$_3^{33}$ 拿来（ou$_1^{35}$ nia$_3^{33}$ 也可），ts^{h}iu$_1^{35}$ ʔdɛu$_2^{24}$ 赶走

suan$_1^{35}$ ɑŋ$_1^{35}$ 睡醒，lɔu$_2^{24}$ nia$_3^{33}$ 起来，suan$_1^{35}$ hɔm$_4^{21}$ 睡着（比较：睡觉 lɑp$_7^{55-33}$ suan$_1^{35}$）

k^{h}oi$_4^{21}$ zɔŋ$_2^{24}$ 跪下，hok$_7^{55}$ zɔŋ$_2^{24}$ 放下，suaŋ$_4^{21}$ ʔdien$_3^{33}$ 碰到，ut$_7^{55}$ zɔt$_8^{21}$ 塞紧

ts^h/t^{h}ua$_1^{35}$ zɔt$_8^{21}$ 抓紧，k^{h}ia$_1^{35}$ lian$_3^{33}$ 绊倒，miak$_8^{21}$ lian$_3^{33}$ 滑倒

另外，个别联合结构中的前字也不变调，例子较少。如：zom$_2^{24}$ la$_4^{21}$ 抚摸，ze$_1^{35}$ uk$_7^{55}$ 里外。

2.3 长流方言汉字音系

跟绝大多数临高语方言一样，长流方言有一套完整的汉字读音系统。它的基础来自旧私塾相沿的文读音，又加进海南话读音。以下例字都经同音字表检验过。

2.3.1 声母 15 个，与口语音完全相同

ʔb 疤布尾包文	p^h肥票芬方法	m 眉莽务买矛	
ʔd 猪岛雕胆端	t 岁税注总纵	n 拿鸟纳孽能	l 旅罗料陵粮
k 具家狗舅军	k^h丘口快坤屈	ŋ 蚁鹅谚顽昂	h 希替图厅台
ts/ts^h酒蕉袖静忠	s 三村泉唱情	z 也油然染勇	Ø(ʔ) 偶温渊湾影

这个声母系统的特点是：t-声母字缺乏，而且都来自海南话。中古清、昌、初等读为 s-。中古透母读为 h-。

2.3.2 韵母 61 个

a 把霸麻茶牙	ɿ 资自字史次	e 尼举奇题姐	ɛ 爹茄假借谢
i 比备批米居			
o 无坡符午湖	ɔ 波罗可助拖	u 舞夫姑秋酒	ə 之子嘴师此
ai 排买苔矮奶	ɑi 败代来界海	ui 葵雷垂伟最	əi 杯位眉内退
au 稻劳桃巢凹			
ɑu 包毛岛高遭	eu 枪九韭求朽	ou 浮狗酬斗由	iu 牛舅臭寿右
ia 加霞价惹野			
ua 瓜果花货蛙	iau 表雕交焦潮	uai 乖拐快坏歪	
am 凡南蓝潭三	ɑm 担甘坎岩贪	im 林金吟心音	ɔm 范犯泛
iam 点廉兼尖盐			
an 班潘坦拦安	ɑn 般伴肝岸产	in 宾民斤津神	on 滚裙魂存稳
un 军坤春顺云			
ən 文分轮根吞	ian 变典展先烟	uan 端官顽团川	
aŋ 亡王方芳	ɑŋ 房帮糖浪桑	eŋ 顶宁警整情	iŋ 兵明钉京声
oŋ 懂总龙统荣			
uŋ 丰蒙空中翁	əŋ 冰彭登耕生	iaŋ 娘姜强章赏	uaŋ 光狂荒壮枉

ap 答纳腊杂鸭　ip 立急习十入　ɔp 合盒　iap 猎甲业接叶

at 八发达察压　ɑt 拔末渴割　it 笔匹鼻质日　ut 没律骨窟卒

ət 物不勃佛

iat 别灭列结血　uat 括活绝说月

ik 碧特力直食　ɔk 博莫诺落恶　uk 朴木陆国肃　ək 百得格黑策

iak 脚弱略学雀

uak 啄琢角错

这个韵母系统的特点是：-p、-t、-k 尾俱全，没有喉塞尾-ʔ 韵。前[a]与后[ɑ]对立存在，但是单元音中已经没有[ɑ]。多出一个舌尖元音[ɿ]。除了单元音外，[e][ɛ]系列不对立，[o][ɔ]系列不对立。[on][oŋ][eŋ][aŋ]没有相应的入声韵。[ɑŋ]韵与[ɔk]韵相配。没有[ɯ]系列韵。

由于年代久远，又不是口头常说，汉字音中前[a]与后[ɑ]系列以及[on][un]韵的一些字，发音人也有些分辨不清。另外，有些[in]韵字，发音人读成[ien]韵，如“钱陈辰晨臣唇勤”。

2.3.3　声调 5 个

阴平　˧^{33}天边飞升高　上声　˨˩^{21}好酒老有/动是待妇

入声　˥^{5}答发没活学　阳平　˨˦^{24}平常才能人

去声　˥^{55}快放洞事旧

这个汉字音声调系统的特点是：阴阳上合并，阴阳去合并，阴阳入合并。但是部分浊上字归去声。去声字有˥˧^{53}调变体。

汉字音声调与口语音声调的对应关系如下：

调类与调值	同调值的口语音调类	对应的口语音调类
阴平：33	第 3 调	第 1 调
阳平：24	第 2 调	第 2 调
上声：21	第 4 调	第 3 调、第 4 调
去声：55	第 5 调	第 3 调、第 4 调、第 5 调
入声：55	第 7 调	第 7 调、第 8 调

我们用数字 1、2、3、5、7 分别表示长流方言汉字音的阴平、阳平、上声、去声、入声 5 个调类。

长流方言汉字音一般没有连读变调，如：

ŋe$_3^{21}$ʔbən$_2^{24}$语文，ŋe$_3^{21}$ȵian$_2^{24}$语言，ŋe$_2^{24}$kuŋ$_1^{33}$zi$_2^{24}$san$_1^{33}$愚公移山

lɔk$_7^{55}$səŋ$_1^{33}$花生（落生，口语音 mɑk$_8^{21}$heu$_4^{21}$），tsiap$_7^{55}$suk$_7^{55}$接触

但是一些早期的汉语借词已经变为口语常用词，调类也与口语调类一

致,清平对应第 1 调,浊平对应第 2 调,清上对应第 3 调,浊上对应第 4 调等。因此早期借词也随口语词一同变调。如:

hien$_{1}^{35-21}$ hεi$_{4}^{21}$ 天地, sun$_{1}^{35-21}$ hien$_{1}^{35}$ 春天, ʔdap$_{7}^{55-33}$ zan$_{2}^{24}$ 搭棚, k^{h}o$_{1}^{35-21}$ hoŋ$_{3}^{33}$ 箍桶

kɔm$_{1}^{35-21}$ kua$_{1}^{35}$南瓜(金瓜),lau$_{4}^{21-24}$ʔde$_{1}^{35}$官(老爹)

kuŋ$_{1}^{35-21}$ ŋɔi$_{4}^{21-24}$ka$_{1}^{35}$外祖父(外家公),kuŋ$_{1}^{35-21}$ʔda$_{4}^{21}$岳父

se$_{1}^{35-21}$ ɔt$_{7}^{55}$初一, sim$_{1}^{35-21}$ sim$_{1}^{35}$ 抽签(签签), tɔn$_{2}^{24-21}$ tin$_{1}^{35}$ 神仙, tɔk$_{7}^{55-33}$ tɯ$_{1}^{35}$ 识字

因此,长流汉字音也有历史层次,有文白读。这跟临高语其他方言汉字音的情况相似。以下例字斜线前是文读,斜线后都是白读:

鸡 kɑi$_{1}^{33}$/kɑi$_{1}^{35}$, 西 si$_{1}^{33}$/tɔi$_{1}^{35}$, 衰 suai$_{1}^{33}$/tuai$_{1}^{35}$, 飞 p^{h}əi$_{1}^{33}$/ʔbɑn$_{1}^{35}$, 收 siu$_{1}^{33}$/tou$_{1}^{35}$

签 siam$_{1}^{33}$/sim$_{1}^{35}$, 仙 sian$_{1}^{33}$/tin$_{1}^{35}$, 冬 ʔduŋ$_{1}^{33}$/ʔdoŋ$_{1}^{35}$, 排 p^{h}ai$_{2}^{24}$/bɑi$_{2}^{24}$, 犁 li$_{2}^{24}$/le$_{2}^{24}$

时 se$_{2}^{24}$/tεi$_{2}^{24}$, 郎 lɑŋ$_{2}^{24}$/le$_{2}^{24}$, 姐 ts^{h}e$_{3}^{21}$/ts^{h}e$_{3}^{33}$, 也 za$_{3}^{21}$/a$_{5}^{55}$, 礼 li$_{3}^{21}$/le$_{3}^{33}$, 老 lɑu$_{3}^{21}$/lau$_{4}^{21}$

祭 ts^{h}i$_{5}^{55}$/s^{h}ai$_{4}^{21}$, 岁 səi$_{5}^{55}$/tui$_{3}^{33}$, 外 ŋuai$_{5}^{55}$/ŋɔi$_{4}^{21}$, 利 li$_{5}^{55}$/lai$_{5}^{53}$/lεi$_{4}^{21}$, 认 zin$_{5}^{55}$/nɔn$_{4}^{21}$

八 ʔbat$_{7}^{55}$/ʔbiet$_{7}^{55}$, 雪 siat$_{7}^{55}$/tit$_{7}^{55}$, 笔 ʔbit$_{7}^{55}$/ʔbɑt$_{7}^{55}$, 漆 sit$_{7}^{55}$/sɔt$_{7}^{55}$, 失 sit$_{7}^{55}$/tiet$_{7}^{55}$

百 ʔbək$_{7}^{55}$/ʔbek$_{7}^{55}$, 识 sik$_{7}^{55}$/tɔk$_{7}^{55}$, 蜡 lap$_{7}^{55}$/lap$_{8}^{21}$, 猎 ʔdiap$_{7}^{55}$/ʔdiap$_{8}^{21}$ (ʔdiap$_{8}^{21}$ sɑŋ$_{1}^{35}$打猎)

立 lip$_{7}^{55}$/lɔp$_{8}^{21}$, 十 sip$_{7}^{55}$/tɔp$_{8}^{21}$, 历 lik$_{7}^{55}$/lek$_{8}^{21}$ (zit$_{8}^{21}$ lek$_{8}^{21}$ 日历), 日 zit$_{7}^{55}$/zit$_{8}^{21}$ 日

番 p^{h}ɑn$_{1}^{33}$kiam$_{3}^{21}$肥皂(番碱)/ʔbɑt$_{7}^{55-33}$p^{h}an$_{1}^{35}$铅笔(番笔)

由于受汉语影响的历史较长,长流方言不少词的表达方面文白夹杂,变调的情况也比较复杂,需要仔细分辨。如:

hɔi$_{1}^{33}$hɑu$_{3}^{33}$剃头("剃"文读,"头"白读),tui$_{2}^{24-21}$ nau$_{3}^{21}$脑髓("髓"白读,"脑"文读),hiaŋ$_{1}^{33}$liau$_{3}^{33}$香料("香"文读,"料"白读),tun$_{3}^{21}$ tiet$_{7}^{55}$损失("损"文读,"失"白读),ts^{h}ai$_{4}^{21}$ kuŋ$_{1}^{35}$祭祖(都用白读,但不变调),nɔn$_{4}^{21}$tɔk$_{7}^{55}$认识(都用白读,但不变调),ŋe$_{3}^{21}$ʔbən$_{2}^{24}$语文("语"声韵母是白读,声调是文读;"文"文白同形),ŋiŋ$_{2}^{24-21}$tsiap$_{7}^{55}$迎接("迎"白读,"接"文读)。

由于海南话词语借入,大多数词依照原来的声、韵或调来读,也造成不少混乱。长流话汉字音中的 33 调,可以是文读音的阴平,也可以是毗邻的北部西片海南话的阳上。如:

$ʔdeu_4^{33}$ $tiau_5^{55}$ 合算(“着数”,来自海南话北部西片,“数”阴去调,“着”阳上调,北部西片读为 $ʔdio_4^{33}$),ta_4^{21-24} seu_1^{33} 背枪(“背”口语调,“枪”文读调),$k^hiu_2^{21}$ 球,$kiaŋ_1^{33}$ 弓,siu_1^{33} ni_2^{21} $kiaŋ_1^{33}$ 弹弓(树泥弓,也就是橡胶弓)。

更多的表达是临高语词与汉语词混合出现,因此声调上也混合运用。如:

ia_2^{24-21} me_2^{24} 招手(ia_2^{24} 是汉语词“扬”,白读调,me_2^{24} 是临高语词),$zɔŋ_2^{24-21}$ $k^hiaŋ_1^{33}$ 粗孔筛($zɔŋ_2^{24}$ 是临高语词,$k^hiaŋ_1^{33}$ 是汉语“筐”,文读调),$ts^hiŋ_3^{21}$ zan_2^{24} 修房子(zan_2^{24} 是临高语词,$ts^hiŋ_3^{21}$ 是汉语“整”,文读调),$hɔt_8^{21}$ sin_1^{33} 鲜菇($hɔt_8^{21}$ 是临高语词“蘑菇”,sin_1^{33} 是汉语“鲜”,文读调)。

但是,长流话有时直接借入海南话的调值,多出来一个阳入调,如:$ʔbiet_8^{33}$ 别($ʔbən^{33}$ $ʔbiet_8^{33}$ 分别),lot_8^{33} 律,$ʔdek_8^{33}$ 特($\neq$ $ʔdek_8^{21}$ 特),$ʔdɑk_8^{33}$ 毒。这类汉借词的声调需要仔细分辨。

需要特别指出的是,由于长流话的汉借词的层次有早晚之分,汉字音的声调系统至少可以区分出两套,详情参看 § 6.2.2 晚期汉借词的声调。

2.4　对长流话标调法的规定

由于长期受汉语影响,临高语海口长流方言的语音呈现出多层次叠加,在韵母和声调上表现尤为明显。由于声调系统是封闭的,同一个方言只能用一种标调法,用同一尺度给不同来源的字音标调,就会带来混乱。这里对《萨维纳的临高语词汇》中本人记录的长流话现代读音的标调法做一些规定。

一是临高语口语音(包括本族词和早期汉借词),用调值调类全标法标注调值、调类和连读变调。如:

$nɔm_1^{35-21}$ $nɔm_1^{35}$ 下蛋,huk_7^{55-33} $ʔbɑt_7^{55}$ 除草

$kɔm_1^{35-21}$ kua_1^{35} 南瓜(金瓜),$hien_1^{35-21}$ $hɛi_4^{21}$ 天地

二是对于晚期汉借词(包括来自海南话和普通话的词),没有连读变调时,只标注调值,不标调类,这些词大多来自海南话阳平、阴上(调值 21)和阴平、阳上(调值 33)。如:

k^{h}i^{21}p^{h}au$_{3}^{33}$起泡，ŋin^{21}haŋ^{21}银行

hoŋ^{33}hɔu$_{4}^{21}$通知，huk$_{7}^{55-33}$p^{h}an^{21}兵变/造反(做反)

这种区分非常重要。例如调值为 33 的词，可以是早期汉借词的上声或阴去(折合为临高语第 3 调)，也可以是晚期汉借词的阴平和阳上(汉语用数字标调的第 1 调或第 4 调)，有 4 种来源。调值为 21 的词，可以是长流话口语音(本族词和早期汉借词)的第 4 调，也可以是第 1 调和第 2 调的变调，还可以是晚期汉借词(主要来自海南话)的阳平或阴上(汉语用数字标调的第 2 调和第 3 调)，有 5 种来源。如果把这些同调值不同调类的声调用同一套标调法标注，则会造成混乱，因此只是将包括长流话本族词和早期汉借词的口语音标注调类，晚期汉借词中的以上调类的单字调只标调值，不标调类。

但是，如果晚期汉字音参与了连读变调，则按照本族词或口语音标注调类。如：

ts^{h}e$_{4}^{21-24}$ʔdɔk$_{8}^{21}$止痛，ts^{h}e$_{4}^{21-24}$zak$_{7}^{55}$止饿；信筒，ʔdaŋ$_{4}^{21-24}$tien$_{5}^{55}$(长流话)

“止”早期借词读为 ts^{h}ei$_{3}^{33}$(与“纸/指”同音)，晚期借词是 ts^{h}e^{21}，这是文读上声(比较：kim$_{5}^{55}$ts^{h}e^{21}/kɔm$_{3}^{33}$ts^{h}ei$_{3}^{33}$)，但调值与第 4 调相同，随第 4 调发生连读变调，这时候就标为第 4 调。

“信筒”，本来按海南话读为 tien$_{5}^{55}$ʔdaŋ^{21}，但又按长流话变调规律读为 ʔdaŋ$_{4}^{21-24}$tien$_{5}^{55}$，因此后一个“筒”按第 4 调来标。

关于早期汉借词与晚期汉借词，参看 § 6.2 节。

第三章　萨维纳所记临高语的声母

在《萨维纳的临高语词汇》第一章，萨维纳对于临高语个别声母做了描写。他从与越南语对比的角度，指出临高语有送气的 p'[p^h]和 k'[k^h]（方括弧中的国际音标是笔者所加，下同）。但萨维纳认为临高语中的 p'、k' 与越南语字母中的 ph、kh 并不相同，他说："越南语的 ph 临高语里不存在，代之以送气音，写成 p'"，"越南语的 kh 有的临高人用，但大多被送气的 k' 取代。"（第 7 页）越南语字母 ph 读为[f]，字母 kh 读为[x]，但奥德里古尔小注说："越南语的 kh 是送气的 x。"又说："以 d（读如 z）开头的词数量惊人。"奥德里古尔小注说："d 被系统地替换成 z，使横杠 d 显得经济。"横杠 d 就是 đ，它的音值是内爆音[ɗ]，或写作先喉塞音 ʔd。越南语的[z]用字母 d 表示，先喉浊塞音或内爆音[ɗ]则用字母 đ 表示。

萨维纳说临高语没有 r 这个读音，而且"越南语的 ch 临高语里不存在，代之以 tx"。越南语的 ch 有人认为是[c]，有人认为是[ȶ]①，而临高语的 tx 就是[ts]。奥德里古尔小注说："由于 x 被 s 系统地替换成 s，少数几个 ch 声母的词跟 ts 声母的词相混。"越南语的 x 表示[s]，s 表示[ʂ]，而临高语的[tɕ][ts]在各方言都不对立。

《萨维纳的临高语词汇》第二章列出了长流话的声母，并说明发音部位：

双唇音	b		p'	m		
舌尖-齿音	d	t		n		l
硬腭音		ts-ch			s	z
软腭音		k		ng	k'-kh	

---

① 西方学者大多把 ch 的音值记为[c]，如著名的汤普森（Thompson 1965, reprinted 1984—1985）的《越南语语法》（*A Vietnamese Grammar*）第 4 页说 ch 是"不送气硬腭音"（unaspirated palatal），第 25 页又说它"除阻时有轻微的塞擦"（with slightly affricated release）；又将越南语 ch 跟英语的 ch 比较，认为越南语 ch 摩擦不如英语 chop 中的大。韦树关《汉越语关系词声母系统研究》（广西民族出版社，2004 年）则认为 ch 的音值是[ȶ]。国际音标中不列"前硬腭"（Pre-palatal）这一组音，即便越南语中真的有[ȶ][ȶɕ][ɕ][ȵ]，西方人也会把它们处理为硬腭音；与 ch 同部位的 nh，西方人也标作[ɲ]。

喉音 h

这个声母表其实是奥德里古尔改制过的，将萨维纳的 c, q 改为 k，d 改为 z，đ 改为 d，x 改为 s，就是把原来的越南“国语”（quốc ngữ）罗马字母改为通行的音标字母，所代表的音值并没有改变。奥德里古尔还在声母 b, d 下加了注释：

> 注意 b, d 这两个浊塞音可能是先喉塞音（préglottalisées），因为它们来自 p 和 t，如同在越南语和高棉语中一样。但是我们在第三部分（辛按：即第三章）会看到，台语的 ʔd 变成了 z，台语的 ʔb 似乎保留为 b 了。因此很可能萨维纳把这两个音位搞混了，ʔb 来自 p，而 b 来自古代的 ʔb。（第 11—12 页）

萨维纳的长流话声母系统用通行的国际音标表示，就是如下 14 个（不包括零声母）：

b p^h m d t n l k k^h-x ŋ h ts-tɕ s z

我自己调查的长流话声母系统为以下 15 个，包括零声母（辛世彪 2008b）：

ʔb p^h m ʔd t n l k k^h ŋ h ts^h(ts) s z Ø(ʔ)

这两个声母系统几乎一模一样！萨维纳不计零声母，我们现在习惯上把零声母算作一个音位，而且海南岛语言的零声母大多有喉塞音。这是列声母表的习惯不同。以下分析和论述两个声母表不同之处，对奥德里古尔有关萨维纳长流话声母的评价也一并加以讨论和评价。

3.1 关于［b］［d］

奥德里古尔已经指出［b］［d］就是先喉浊塞音［ʔb］［ʔd］，长流话并没有先喉浊塞音与普通浊塞音的对立，可见萨维纳的［b］［d］就是［ʔb］［ʔd］，写法不同，音值完全一样。

问题是，萨维纳认为这两个音是什么？奥德里古尔说：“我们在第三部分会看到，台语的 ʔd 变成了 z，台语的 ʔb 似乎保留为 b 了。因此很可能萨维纳把这两个音位搞混了，ʔb 来自 p，而 b 来自古代的 ʔb。”在第三章又说：“萨维纳并没有说明 b 的发音，我们担心他可能把 ʔb（越南语中）与 b（法语中）搞混了，因为冶基善（Jeremiassen）区分出 b（bit 鸭子）和 v（van 风、von 天/日、via 肩膀、voe 火）。”

奥德里古尔说得未必对。萨维纳最熟悉的越南语里并没有普通浊塞音［b］［d］，长流话也没有这两个浊音。在越南语里，字母 b 表示［ʔb］，但是字母 d 表示[z],字母 đ 表示的音才是[ʔd]。萨维纳记录长流话时也是这么对应的,是奥德里古尔把 d 改为 z,把 đ 改为 d,可见萨维纳并没有搞错。至于冶基善所记录的临高语西部方言的 b,其实就是[ʔb](辛世彪 2007)。

与侗台语族语言的共时比较可以看出长流话声母的历时演变情况。奥德里古尔指出,长流话 ʔb-的来源至少有五大类:古代清塞音 p-类,古代唇化软腭音 k^w-,古代普通浊塞音 b-,古代先喉浊塞音 ʔb-,古代唇化音 w-、hw-。

临高语没有清塞音 p-,古代清塞音 p-类(包括普通清塞音 p-和复辅音 pl-)在临高语东部方言中都变为 ʔb-,西部方言中变为 ʔb-或 v-。古代唇化软腭音 k^w-变为 ʔb-的例子,奥德里古尔举了"bỏn 毛"($ʔbɑn_2^{24}$,同太阳)、"bảu 角(牛羊)"($ʔbɑu_2^{24}$)和"bả 大腿"(mak_8^{21} $ʔba_2^{24}$)三个词,长流话都是第 2 调。例如"角",长流话今读 $ʔbɑu_2^{24}$,共同台语(Thai commun)和册亨语(C.-D.)读 k^hau(เขา),南部泰语读 pau。又如"毛",共同台语读 k^hon(ขน),册亨语读 pwn,石家语读 pul。实际上,泰语中"头发"已读为 p^hom(ผม)。再如"腿",泰语是 k^ha(ขา),册亨语是 k^ha,南部泰语是 pa,临高语东部方言长流话是 $ʔba_2^{24}$,西部方言大多是 va_2^{53}。在读到奥德里古尔论述之前,我也曾经推测侗台语言中存在 kw->p-(包括 gw->b-)的音变,我举过"甜""柴""做""毛""腿",以及仫佬语"手掌、云、雨"有 kw-读法的例子(辛世彪 2006)。梁敏、张均如(1996)认为侗台语言中与 kw-(ku-)对应的词来自 pw-、bw-,与我们的观点相反。奥德里古尔说长流话另一部分 ʔb-来自古代先喉浊塞音 ʔb-,这也是对的。至于 ʔb-是否来自所谓古代唇化软腭音 w-、hw-,还需要进一步确认。

古代普通浊塞音 b-变为长流的 ʔb-,这把奥德里古尔搞糊涂了。他根据冶基善(Carl C. Jeremiassen, 1847—1901)的记音材料中 b-与 v-有别的事实(其实也有误解),怀疑萨维纳听错记错,把古代普通浊塞音 b-也混入了 ʔb-。奥德里古尔不知道,临高语东西部方言之间有重大差异。冶基善记录的是临高语西部方言,在这一片方言中,古代的普通浊塞音 b-变为 v-,只有个别词例外(如"叶子"$ʔbɔ^2$)。长流话属于临高语东部方言,长流话没有 v-,古代的 b-都读成 ʔb-,萨维纳并没有记错。奥德里古尔把冶基善记录的跟萨维纳记录的看成同质的方言,说台语的 ʔb-临高语保留为 b-,这不是事实;台语的 ʔb-长流仍读 ʔb-,长流没有 b-,萨维纳也没有记错。①

---

① 奥德里古尔所说的"台语"跟"泰语"同字,都是 thai,但他说:"在比较词表中,泰语栏表示重建的共同泰语(le thai commun restitué)。"(Le Vocabulaire Bê, p13)因此我把这个"共同泰语"译为"台语"。

长流话的 ʔd-,奥德里古尔认为来自古代的清塞音 t-:"我们确信 ʔd-就是古代 t-的正常读音,无论来自汉语借词还是台语词。"又说:"很像是 t- > ʔd-的变化引起了 s- > t-的变化,如同越南语中一样,但是这一音变只能从汉语借词得到印证,这些借词在台语里都是共同的。"这两种音变,奥德里古尔说得都对。但是奥德里古尔说,台语的 ʔd-临高语变成了 z-,似乎有问题。长流方言(以及其他临高语东部方言)中与台语 ʔd-对应的 z-,应该是从 l-变来的,并非直接从 ʔd-变来。临高语中有明显的"l-音化"现象,同族语言中的许多音在临高语中对应为 l-,其演变方式可以表述为 kl-/pl-> l-,ʔd-/ʔb-> l-,其中一部分词在东部方言又发生"z-音化",也就是 l- > z-。①

由于越南字母 d 表示[z]的音,因此奥德里古尔把萨维纳的字母 d 直接转换为 z,但是有些词因转换不彻底而出错。如: zản nè kán tờ dểi dea"这间房是我的(房这间是属我)",dea 是 zea 之误;âú dêa liú"让我看(要我看)",dêa 是 zêa 之误;uẵt dóng"挖井",dóng 是 zóng 之误;hỏa zỗk"花谢了",zỗk 是 dỗk 之误;dóng bòi tóm"不留心",dóng 是 zóng 之误;k'iền dẻng hũk kống"勤力做工",dẻng 是 zẻng 之误。另外,ziàng-bỏn dịt tóm nèm kíng"热心念经的人(人热心念经)",dịt 是 zịt 之误;p'ăt nĩt p'ăt diệt"发冷发热",diệt 也是 ziệt 之误。不过这两条也许是萨维纳的原始记录有问题,因为奥德里古尔已经看出问题了;很可能这两处的 d 看起来像横杠 đ,因此奥德里古尔没有把它们转换成 z,仍按照 đ 来排列,又加注指出其误。但是也有矫枉过正、转换错误的情况,如: ngá ziêm tsúng"五点钟",ziêm 是 diêm 之误;ká zôm"低价",zôm 是 dôm 之误;mô zóng zóng"想不到",后一个 zóng 是 dóng 之误。显然是萨维纳原文记录中 diêm、dôm 和 dóng 中的 d 没有加横杠(也就是把 đ 误作 d),奥德里古尔也粗心没有看出来,径直把 d 转换成 z。

记音中的其他声母错误如: lek king zóng mướn mói"无名指(指头没有名)",mói 是 nói 之误;dềi mải mến"找老婆",mến 是 nến 之误;bêáu siàng-bỏn lứng"叫人回来",siàng 是 ziàng 之误;loàn tam loàn nuk"胡来(乱走乱做)",nuk 是 hũk 之误;nõp soán biển haù"睡觉梦见",nõp 是 lõp 之误;liêu kô mềng"叫救命",liêu 是 biêu 之误。其中 lõp soán 误作 nõp soán 比较特别,临高语所有方言中前一个音节都没有读 n-的,萨维纳所熟悉的越南语方言中也只有北部一些地方如海防、广宁等地 n-/l-不分,这条词萨维纳记错耐人寻味。

---

① 关于临高语中的 l > z 音变,参看辛世彪(2006)《临高语声母的特殊音变及其与同族语言的关系》,《东方语言学》创刊号。

3.2　送 气 音 问 题

萨维纳所记的长流话声母中有两个送气音 p^h-、k^h-(分别写作 p' 和 k'),其中 k^h-有变体 x-(写成 kh-)。奥德里古尔说“越南语的 kh 是送气的 x”,可是我调查的长流话没有这样的音(送气的 x),类似的音大概混入[h]了。关于 p^h-,奥德里古尔说:“临高语中的 p' 声母主要来自汉语借词,但是它跟台语中的唇齿音声母对应。”举的例子是 p'on“雨”(p^{h}ɑn$_1^{35}$)、p'ả“天空”(ʔda$_3^{33}$p^{h}a$_3^{33}$,长流 p^{h}a$_3^{33}$ 不单说)、p'ai“棉”(min$_2^{24-21}$ p^{h}ai$_3^{33}$)、p'oi“扇子”(p^{h}ɑi$_2^{24}$)。又说“台语中的 p' 声母词只有下面这一个:p'êạk 白”。关于 k^h-,奥德里古尔说:“k' 这个声母几乎只见于汉语借词,这些词在台语里都可见到。”他举的例子是“k'ươi 骑”“k'ếi 开”“k'ẽk 客”“k'iến 重”。

这一条奥德里古尔说得也未必对。p^h-、k^h-不仅见于汉语借词,也见于长流话中的临高语本族词,只是由于萨维纳收集的词汇中汉语借词多(占绝大多数),因此给人这种印象。以下举一些长流话本族词中读为 p^h-、k^h-的例子。

长流话中读 p^h-的词,如:nuak$_8^{21}$ p^{h}ε$_1^{35-21}$ kok$_7^{55}$鸽子,p^{h}u$_2^{24-21}$ ʔde$_2^{24}$肚脐(或作 p^{h}u$_2^{24-21}$le$_2^{24}$),p^{h}ɑŋ$_2^{24-21}$ kɔp$_8^{21}$ zua$_3^{33}$衣袋,p^{h}aŋ$_2^{24-21}$ lei$_2^{24}$锣,p^{h}eu$_3^{33}$ zan$_2^{24}$看家、守家,suk$_7^{55-33}$p^{h}ɑk$_8^{21}$呛住了(或作 suk$_7^{55-33}$k^{h}ɑk$_8^{21}$),p^{h}oʔ$_8^{21}$掏(掏口袋、钱),p^{h}ɑk$_8^{21}$ nɑm$_4^{21}$舀水,p^{h}ε$_1^{35-21}$ʔbɔŋ$_2^{24}$甩泥涂墙,p^{h}e$_4^{21}$还(还钱),p^{h}iak$_8^{21}$白,p^{h}ok$_7^{55}$灰。

长流话读 k^h-的词,如:k^{h}ɔm$_2^{24}$螃蟹,nuak$_8^{21}$k^{h}ok$_7^{55}$癞蛤蟆,k^{h}ɑ$_3^{33}$lək$_7^{55}$壁虎(也叫 kuan$_3^{33}$ k^{h}ək$_7^{55}$),miŋ$_2^{24-21}$ k^{h}ɑ$_2^{24-21}$ lien$_4^{21}$ 蜻蜓,miŋ$_2^{24-21}$ k^{h}ɑ$_2^{24-21}$ lɔt$_8^{21}$ 蟋蟀,miŋ$_2^{24-21}$k^{h}ɑ$_2^{24-21}$lap$_7^{55}$蟑螂,miŋ$_2^{24-21}$k^{h}ɑ$_3^{33}$lim$_3^{33}$蜘蛛,k^{h}ɑi$_3^{33}$ na$_3^{33}$从前(或作 k^{h}ɑn$_3^{33}$ na$_3^{33}$),ɑŋ$_3^{33}$k^{h}εk$_8^{21}$跛子,k^{h}ip$_8^{21}$牲口交配,k^{h}iaʔ$_7^{55-33}$ un$_1^{35}$挑刺,k^{h}εʔ$_8^{21}$k^{h}ɑŋ$_3^{33}$跳房子(或作 tɑʔ$_7^{55-33}$k^{h}a$_3^{33}$laŋ$_3^{33}$),k^{h}ei$_3^{33}$轻,k^{h}ien$_1^{35}$重,k^{h}ut$_8^{21}$钝(刀钝),k^{h}ɔk$_8^{21}$贵(价钱贵)。这些都是临高语词,尤其是常见昆虫及爬行动物名称,不需要从汉语借入;就连奥德里古尔举过的“雨、天空、棉、扇子、重”,也是临高语词。

3.3　塞 擦 音 问 题

长流话只有一个塞擦音,萨维纳记为 ts-。我将长流话的塞擦音定为送气音,但这个[ts^h]可以自由变读为[ts][t^h],这三个音发音人不能区别,以读送气音为常;我后来发现,有的村倾向于读[ts^h],有的村倾向于读[t^h]。[t]从不读为[ts^h][t^h],借词中与汉语[t^h]对应的音都读为[h]。萨维纳把塞擦音定为[ts],可能有两个原因:一是当时塞擦音本身不送气,二是萨维纳把可以自由变读的[ts^h]和[ts]处理为一个音位[ts]。后一个原因的可能性要大一些。梁敏、张均如已经证明,早期侗台语言没有塞擦音,当然就更不会存在送气塞擦音。从方言比较看,长流话的这个[ts^h]显然是后起的,绝大多数临高语方言并没有送气的[ts^h];就连不送气的[ts]也大多是汉语借词,属于本族语的词很少。另外我调查发现,长流年轻人塞擦音读送气的反而比老年人多。而且长流话与海南话共有的读为塞擦音的词,往往是海南话为[ts],长流话为[ts^h]。可见这个送气塞擦音[ts^h]是长流话的特殊读法。

萨维纳记录的一些词中,往往有[ts][s]两读,[ts^h]>[s]音变的蛛丝马迹可寻,都是汉语借词。如:"随你(随便你)"萨维纳既作 tsói mo,也作 sói mo;"枕头"既作 tsom hêảu,也作 som hêảu;"签名"既作 tsìm nói,也作 siểm nói;"针"是 tsêăm,"楔子"是 sím,两者之间可能是同源关系;"中午"既作 dà bỏn tsing hau(太阳正头),也作 da bỏn sing hau;"催逼"既作 tsúi bĭk,也作 sối bĭk;"烤(烤地瓜)"既作 tsịk,也作 sịk;"窄"既作 tsĕk,也作 sĕk;"足"既作 tsŭk,也作 sŭk;"鹿"既作 tsoạk,也作 soạk。这些例子说明,两种说法中前一种说法的 ts-应该是送气的,而 s-是从 ts^h-变来的,[ts^h]>[s]是海南闽语和临高语共有的音变。此外,"久等/久候"萨维纳记录是 don-tsón p'ong,现在读音是 ʔdɔŋ$_3^{33}$sɔn$_1^{35}$p^{h}ɔŋ$_3^{33}$(等路久);"交叉路"记为 tsón kọp kỏn(相咬路<路咬相),sɔn$_1^{35}$跟 tsón 应该是同一个词;"曲柄钻"萨维纳记录是 tsềa tsoan,现在读音是 sia$_1^{35-21}$ts^{h}uan$_3^{33}$(车钻),可见早期是送气的。还有"打仗"说 kĭt sòn(击阵),"手镯"说 soạk mể(镯手),"戳鱼"说 tsoạk bá。因此,萨维纳时代的塞擦音应该有[ts]和[ts^h]两种读法,萨维纳处理为[ts],现在个别词中变为[s],多数词中逐渐变为只有送气一种读法,或大多倾向于送气,不仅如此,[ts^h]还常常读为[t^h],都是自由变体。

长流话的[ts^h][s][z]在细音[i][e]前有时读为[$tɕ^h$][ɕ][ʑ],但是二者没有对立,是互补的关系。这一点萨维纳也注意到了,他把少数词标为 ch,作为 ts 的变体而不是独立的音位,写成 ts-ch(即[ts-tɕ])。他说:"越南语的 ch 临高语里不存在。"越南语的 ch 音值就是[tɕ],萨维纳处理得很准确。ch-实际上是汉语借词中的 ts-拼细音时的读法,如萨维纳记的 tì tiền chiang sể i 钟慢，今读 ti_2^{24-21} $tien_2^{24-21}$ $tsiaŋ_1^{33}$ sei_2^{24}（时辰钟迟），$tsiaŋ_1^{33}$ 是文读调，来自海南话。用连字符表示音位变体，马伯乐在 1912 年“越南语音韵研究”一文中就已经使用了，例如他用符号 č-tś 表示同一个音，有时也把另一个符号用括弧括起来。[①] 萨维纳也用此方法，二者之间显然是一脉相承的。

因此我们看到，虽然是不同的时代，不同的调查者，但是各自整理出来的长流方言声母高度一致！主要区别只在于：萨维纳不计零声母，他的塞擦音不送气。有些地方的问题应该出在奥德里古尔身上，萨维纳并没有错。从记音材料看，萨维纳的声母记得相当精准！

---

① 参看马伯乐（H. Maspéro, 1912）《越南语历史音韵研究》（Études sur la phonétique historique de la langue annamite: les initiales），p. 10。

第四章　萨维纳所记临高语的韵母

临高语的韵母系统比较复杂，东部方言尤其复杂，主元音和韵母数量都比西部方言多。属于东部方言的长流话更有一些韵母因发音接近难以区分，自萨维纳时代直到如今都是如此。相比声母系统，萨维纳所记的长流话韵母问题较多。

4.1　萨维纳所记临高语的韵母系统

《萨维纳的临高语词汇》第二章列出了长流话的韵母表，按照阴声韵、阳声韵、入声韵的顺序，首尾相连排成3列。这里为了节省篇幅，将它们横排，顺序一仍其旧：

i　ê　e　êa(ia)　ư　ơ　a　u　ô　o
oa　êi　ưi　ơi　ươi　ai　ui　ôi　oi
oai-uai　iu　êu　êo　eɔ　êao-iao　êau-iau　âu-au　ao

im-iêm-em　êam-iam　um-ôm　om
in-iên　en　êan-ian　ưn-ươn　ân　an　un-uôn-ôn　on　oan-uăn
ing　êng　eng　êang-iang　ưng-ương　âng　ang　ung　ông　ong　oang-uang

ip-iêp-ep　êap-iap　ap　up　ôp-op
it-iêt　êat-iat　ơt　at　ut-ưt　ot-ôt　oat-uat
ik-iêk　êk　ek　êak　ưk-ươk　âk　ak　uk　ôk　ok　oak-uak

这个韵母表漏掉了常见韵母am，在词典正文里这个am是有的，排在êam-iam之后。词典正文里还有个单独的em韵，只有一个例词nèm kíng（念经）。韵母表与词典正文韵目还有一些不一致之处。例如表中êan-ian韵在词典正文里写成êan-ân-ian，an韵在词典正文里写成ân-an，êak韵在词

典正文里写成 êak-êâk，这里的 oat-uat 韵在词典正文里写成 oat，这里的 ôk ok 顺序在词典正文里刚好相反。还有其他不一致的地方，如带-ă-的韵在词典正文里很多，这里只有一个。

用小横线连接起来的韵母，萨维纳认为是同一个音的不同变体，他说："把我们看来是同一个音素不同变体的词形（les graphies）排在一起，比如 êa-ia。"（第 11 页）这些韵母之间有的可能是处理方法不同，如 oai-uai 之间不可能存在对立；有的可能是听觉上实有不同，当时最小对立（minimal pair）的方法还没有出现，萨维纳无法分辨，如 in-iên 之间很难分辨；有的不排除是编者奥德里古尔凑在一起的，因为它们在词典正文的例词中是分开记录的。

综上，算上 am 韵和 em 韵，萨维纳调查的长流话共有 76 个韵母，其中阴声韵 28 个，阳声韵 25 个，入声韵 23 个。

4.2　对萨维纳长流话韵母系统的讨论

萨维纳记录的长流话有 76 个韵母，共 9 个主元音，全部用越南"国语"字母表示，具体音值应该与越南字母表示的音完全一致，可以据此转换成国际音标。我自己调查的长流话韵母 103 个，主元音 10 个。韵母数量相差不小，但主元音相差无几。

4.2.1　主元音数量

萨维纳的 9 个主元音相应的国际音标音值以及元音构型（vowel configuration）如下：

i[i]			ư[ɯ]	u[u]
ê[e]				ô[o]
e[ɛ]		ơ[ə]		o[ɔ]
a[a]				

我调查的长流话 10 个主元音，包括 8 个标准元音、1 个央元音[ə]和 1 个后高不圆唇元音[ɯ]。这 10 个元音都可以单独作韵母。元音构型如下：

i		ɯ-u
e		o
ɛ	ə	ɔ
a		ɑ

两者表面的差别是萨维纳没有后元音[ɑ]。关于元音的描写出现在该书第二部分(第一章)。萨维纳只介绍了 2 个元音的发音:“a 和 o 的使用在大量词中没有区别。”奥德里古尔敏锐地注意到这一点,加小注说:“似乎这个简单的 a 是一个很靠后的元音,因此萨维纳听起来像个开的 o。”不过萨维纳和奥德里古尔都不明白,与开的 o([ɔ])相混的其实不是 a,而是后元音[ɑ]。长流话区分前[a]与后[ɑ]。如: na_3^{33}脸≠$\text{nɑ}_3^{33}\text{nɑ}_3^{33}$刚刚≠$\text{nɑ}_5^{55}\text{nɑ}_3^{33}$人人,$\text{a}_3^{33}$张(张开口)≠$\text{ɑ}_5^{55}$也(我也去)。

虽然前[a]后[ɑ]在长流话中有对立,但在例词中单凭听觉区分[ɑ]与[ɔ](写成 o)并不容易,往往要靠找最小对立的方法解决。可是在萨维纳的时代,音位学中的最小对立之法还没有产生;不依靠最小对立,现代人也常常会听错记错。萨维纳的 o 实际上包括[ɔ]和[ɑ],a 实际上包括[a]和[ɑ]。详见下文的讨论。

长流话的[e][o]比临高语其他方言的[e][o]位置高,也比海南闽语的[e][o]位置高,相当于[ɪ][ʊ]。长流话的[ɔ]比临高语西部方言的[ɔ]位置高。萨维纳的调查记录反映的情况也与此非常一致。

萨维纳所用的越语字母 ư 的音值有人处理为[ɨ],也有人记为[ɯ]①,以及韦树关(2004),王力(1980)处理为[ʉ]。因此[ɨ]和[ɯ]在越南语里实际上是同一个音,也未必是方言差异,只是处理方法不同而已。我认为越南语字母 ư 表示的就是[ɯ],跟长流话一样。萨维纳一定也认为长流话中的这个音跟越南语中 ư 表示的音一样,都是[ɯ]。

4.2.2 韵母数量

根据对主元音的确认,萨维纳调查的长流话 76 个韵母用国际音标转换标写如下:

单元音 9 个: i[i] ê[e] e[ɛ] a[a] ư[ɯ] ơ[ə] u[u] ô[o] o[ɔ]

复元音 19 个: ai[ai] ui[ui] ôi[oi] oi[ɔi] êi[ei] ưi[ɯi] ơi[əi] iu[iu] êu[eu] êo[eo] eo[ɛo] ao[ao] âu-au[ou-au] êa(ia)[ia] oa[ua] oai-uai[uai] ươi[uəi] êao-iao[eao-iao] êau-iau[eau-iau]

阳声韵 25 个: im-iêm-em[im-iem-em] am[am] um-ôm[um-om] om[ɔm] êam-iam[eam-iam] in-iên[in-ien] en[en] êan-ian[ean-ian]

① 参看 Wikipedia 中 Vietnamese phonology 条。

ưn-ươn[ɯn-ɯən]　ân[ən]　an[an]　un-uôn-ôn[un-uon-on]　on[ɔn]　oan-uăn[uan]　ing[iŋ]　êng[eŋ]　eng[ɛŋ]　êang-iang[eaŋ-iaŋ]　ưng-ương[ɯŋ-ɯəŋ]　âng[əŋ]　ang[aŋ]　ung[uŋ]　ông[oŋ]　ong[ɔŋ]　oang-uang[uaŋ]

入声韵 23 个：ip-iêp-ep[ip-iep-ep]　ap[ap]　up[up]　ôp-op[op-ɔp]　êap-iap[eap-iap]　it-iêt[it-iet]　êat-iat[eat-iat]　ơt[ət]　at[at]　ut-ưt[ut-ɯt]　ot-ôt[ɔt-ot]　oat-uat[uat]　ik-iêk[ik-iek]　êk[ek]　ek[ɛk]　êak[eak]　ưk-ươk[ɯk-ɯək]　âk[ək]　ak[ak]　uk[uk]　ôk[ok]　ok[ɔk]　oak-uak[uak]

说明：

① 带长音符(accent circonflexe)的字母 â 在越南语里代表短[ə]，跟字母 ơ 代表的长[əː]不同，它不单独出现，后面必须带韵尾，如 ây, âu。但是长流话元音并没有长短对立，萨维纳也用了 â，有 âu, ân, âng, âk 四个韵。ân 显然是跟 ơt 阳入相配。不过 âu 却表示[ou]的音，如：mâú“猪”(今读 mou_1^{35})、ngấu“坐”(今读 $ŋou_1^{35}$)、dọ zấu“撒尿”(今读 $ʔdɔʔ_8^{21}zou_1^{35}$)、hâú“墟市”(今读 hou_1^{35})等。âng 韵和 âk 韵表示[əŋ]和[ək]，如：tsâng mể“烤手”，今读 $ts^həŋ_3^{33}me_2^{24}$；tâng kơi = tương kơi“什么”，今读 $təŋ_3^{33}kəi_3^{33}$。âng 和 ưng 韵今读相同，如：ứng“高兴”，今读 $əŋ_1^{35}$。

另外，韵母[ei]一般用 êi 表示，但是个别地方也用 ây，如：ngềi 二，又作 ngầy。韵母[oi]一般作 ôi，有时也作 ôy，如：k'ồi 柜，又作 k'ồy。-y 这种拼写在越南语里有，萨维纳在长流话记音中使用，显然是参照马伯乐对越南语方言中韵母的处理方式。①

② 带短音符(signe de la brèv)的字母ă在越南语里表示短[a]，长流话韵母表里只有一个韵 uăn，也许萨维纳认为这里的ă是个过渡音(glide)，因此用了越南语里的短元音符号。但是在词典正文的韵目中以及实际记音中，带有ă的韵母很多，只出现在阳声韵和入声韵中。阳声韵如：iăm(êăm)、iăn(êăn)、ăn、oăn(uăn)。入声韵中的例词声调高低相对。如：iẳp-iặp、ẳt-ặt、êẳt(iẳt)-êặt、oẳt(uẳt)-oặt、ẳk-ặk、êẳk-êặk。

---

① 例如马伯乐说：“至于复元音 *ai*, *ay*, *ây* 和 *ao*, *au*, *âu*，它们代表闭的 *a* 和 *i* 在三个位置上的两套平行系列：(1) 元音 *a*，半元音 *i*, *u*；(2) 组成两个双元音的短元音 *ă*, *ĭ*, *ŭ*，地位明显相同(写成 *ai*, *au*)；(3) 半元音 *a*，元音 *i*, *u*；它们写成 *ay*, *ai*, ^{a}i 和 *aw*, *au*, ^{a}u。需要指出的是，在 *ay*, *aw* 中，韵尾成分差不多是 *ê*, *ô* 的音；在 *ew*, *êw*, *iw* 中，尾音接近 *o* 和 *u*。”(参看 Maspéro 1912：12)

4.2.3 两个韵母系统对比

我调查的长流话 103 个韵母如下(辛世彪 2008b):

韵尾 / 元音	阴声韵			阳声韵			入声韵				统计
	-Ø	-i	-u	-m	-n	-ŋ	-p	-t	-k	-ʔ	10
i	i	/	iu	im	in	iŋ	ip	it	ik	iʔ	9
e	e	ei	eu	em	en	eŋ	ep	et	ek	eʔ	10
ɛ	ɛ	ɛi	ɛu	/	ien	ɛŋ	/	iet	ɛk	ɛʔ	8
a	a	ai	au	am	an	aŋ	ap	at	ak	/	9
ɑ	ɑ	ɑi	ɑu	ɑm	ɑn	ɑŋ	ɑp	ɑt	ɑk	ɑʔ	10
ɔ	ɔ	ɔi	ɔu	ɔm	ɔn	ɔŋ	ɔp	ɔt	ɔk	ɔʔ	10
o	o	oi	ou	om	on	oŋ	op	ot	ok	oʔ	10
u	u	ui	/	um	un	uŋ	up	ut	uk	uʔ	9
ɯ	ɯ	ɯi	/	/	ɯn	/	/	ɯt	/	ɯʔ	5
ə	ə	əi	/	/	ən	əŋ	/	ət	ək	əʔ	7
-i-	ia	/	iau	iam	ian	iaŋ	iap	iat	iak	iaʔ	9
-u-	ua	uai	/	/	uan	uaŋ	/	uat	uak	uaʔ	7
统计	12	10	8	8	12	11	8	12	11	11	103

这两个系统表面看来相差 27 个韵母,但是有些韵母之间有参差,我有的萨维纳没有,或者萨维纳有的我没有。

① 萨维纳缺少的韵:由于萨维纳的主元音少了[ɑ],因此少了[ɑ]系列的 10 个韵母,另少 10 个喉塞尾韵([ɑʔ]韵重出,算一个),in-iên 不分、it-iêt 不分少了 2 个,im(-iêm)-em 不分、ip(-iêp)-ep 不分少了 2 个,um-ôm[um-om]不分少了 1 个,ôp-op[op-ɔp]不分少了 1 个,un-uôn-ôn[un-uon-on]不分少了 1 个,ut-ưt[ut-ɯt]不分、ot-ôt[ɔt-ot]不分少了 2 个,还少了[ɛi]韵、[ou]韵、[et]韵,ao[ao]相当于[ɔu],共少了 32 个韵。

② 萨维纳多出的韵:êu[eu]、êo[eo]分开多出 1 个,êao-iao[eao-iao]、

êau-iau[eau-iau]分开多出 1 个,另外多出 ươi[uəi]、ưng-ương[ɯŋ-ɯəŋ]、ưk-ươk[ɯk-ɯək]3 个韵,共多出 5 个韵。

除此以外,一些韵母在音系中有别,但萨维纳在实际记音当中却混用。如:

êu[eu]与 êau-iau[eau-iau]是两个韵,但 tểi hêầu = tểi hều = tểi hêàu(时候);词目是 tsiêủ,但词条中是 tsêủ(dản tsêủ 下午),又作 tsiảu(dản tsiảu);noạk sêú = noak sêáu(八哥,萨维纳的解释误为乌鸦);“叫”既作 bêú,也作 bêáu;“会(能说会道)”是 ʔdiau$_{1}^{35}$,萨维纳误作 déo。ưng-ương[ɯŋ-ɯəŋ]与 âng[əŋ]是两个韵,但 tương kơi = tâng kơi“什么”,现在读 təŋ$_{3}^{33}$ kəi$_{3}^{33}$。ơi[əi]与 ươi[uəi]是两个韵,但 k’ời mọ = k’ười mọ“骑马”。

之所以出现这些问题,显然因为这些材料不是同一个时期记的音,也不是先整理一个大致的音系然后记音,而是边记音边整理音系,音系整理好以后,却没有时间一一核对。

另外有一点特别的是,有些现在读 ou 韵或 ɔu 韵的词,萨维纳记为 au 韵或 âu 韵(他认为这两个韵是变体关系)。如:saú“粗”(今读 sou$_{1}^{35}$),taú“收”(今读 tou$_{1}^{35}$),laủ“起来”(今读 lɔu$_{2}^{24}$),saủ sêàng“立刻”(今读 sou$_{4}^{21-24}$ siaŋ$_{4}^{21}$),zau“在/活的”(今读 zou$_{3}^{33}$),dọ záu“直爽”(今读 ʔdɑʔ$_{8}^{21}$ zou$_{2}^{24}$),zaú“尿”(今读 zou$_{1}^{35}$)又作 zâú 还作 zấu,ngáu“坐”(今读 ŋou$_{1}^{35}$)又作 ngấu,hâú“墟/市”(今读 hou$_{1}^{35}$),daú“锅”(今读 ʔdou$_{1}^{35}$),aú“要”(今读 ou$_{1}^{35}$)。照理讲,ou 与 au 听感上差别很大,韵母处理不该有这个大分别。根据对比分析,发现这其实是音变造成的,这些现今读为 ou 的词,萨维纳时代是读成 ɔu 的。参看 § 7.2“语音方面的变化”。

不过,有一些韵可以两读,很难判然分开。如[un]-[on]两个韵,很少有最小对立的对子(minimal pairs),一些词发音人读法不同。例如“断(绳子断)”,我的发音人一个读成 hon$_{4}^{21}$(王录尊,1931 年生),另三个读成 hun$_{4}^{21}$(孔庆葳,1941 年生;二李,1947 年生),萨维纳记成 huồn。萨维纳认为 un-uôn-ôn 无别,并非没有道理。当然,也有一些词是萨维纳听错记错的,如“阉”本是 ʔdon$_{1}^{35}$,萨维纳认为 dún 与 dốn 两可。

4.3　萨维纳韵母记音中的其他问题

由于长流话本身的复杂性,一些元音和韵母之间难以区分;萨维纳也受当时的学术水平所限,他记录的音系中,主元音和韵母数量都缺少一些成分,导致他的韵母记音中出现一些系统性问题和混乱。

4.3.1 [ɑ]类韵母问题

长流方言有前[a]与后[ɑ]对立。前[a]后[ɑ]现在共有9组对立:[a]-[ɑ][ai]-[ɑi][au]-[ɑu][am]-[ɑm][an]-[ɑn][aŋ]-[ɑŋ][ap]-[ɑp][at]-[ɑt][ak]-[ɑk]。只有[ɑʔ]韵目前没有找到与之相对立的[aʔ]韵。这个特征不见于周边任何方言,包括海南闽语和临高语其他方言。长流话[ɑ]系列的韵母在琼山龙塘方言读为[ɐ](有些词[ɐi]并入[ɛi])系列或[ɔ]系列,在临高语其他方言中读为[a][ɔ]或其他元音。这似乎暗示长流的[ɑ]比较古老,在临高语其他方言中向两个方向变化:向前合并于[a]元音,或向上合并于[ɔ]元音,甚至进一步高化、央化。越南语中没有后[ɑ],但是法语中却有这个音,不知道为什么萨维纳把[ɑ]元音以及带[ɑ]的韵母,分别归入后元音[ɔ]系列和前元音[a]。连奥德里古尔都看出问题来,认为这部分与o([ɔ])相混的[a]是个"很靠后的元音"。

由于不能确定这个元音,萨维纳记音中自己也犯难。如:"得/够"zai和zoi都可以,zai tềang téng=zoi tềang téng,意思是"得永生(得常生)";"针"既作ngạ,又作ngọ;"假的"既作bọk kẻ,又作bak kẻ;汉语词"安排"既作on p'ải,又作ỏn p'ói;bọk dêi mọ aù是"一盏灯",但"灯芯"却成了tóm bạk dêi(心灯),"灯不亮"又成了bõk dêi zóng báng,不仅韵母[ɔ][a]两可,连声调都出现问题了。由于把"记号/胎记"(zɔi$_{3}^{33}$)也记为zoi,跟"得/能"(zɑi$_{3}^{33}$)完全同音了。"不/无/没"多数是zóng,个别地方也作záng,如:zú záng kêảu"决不是"。"皮"多数地方是nóng,个别地方是nang,如:nàng hòn"竹皮"。另外,"鸡蛋"记成nòm kói,而且前字记变调,"蛋"(nɔm$_{1}^{35}$)跟"水"(nɑm$_{4}^{21}$)也变为同音了。dọ zâú"撒尿"与dọ záu"直爽"用了同一个dọ,实际上前一个是ʔdɔʔ$_{8}^{21}$,后一个是ʔdɑʔ$_{8}^{21}$。"腋下"一处记作sạp lẽk,另一处记作sọp lẽk,现在实际读音是sɑp$_{7}^{55-33}$ lik$_{7}^{55}$。zọp"米"=zọp"蜈蚣",实际上zɑp$_{8}^{21}$"米"≠zɔp$_{8}^{21}$"蜈蚣"。họp"合"=họp"布",实际上hɔp$_{8}^{21}$"合"≠hɑp$_{8}^{21}$"布"。萨维纳记录"笔、鸭子、草"和"拧"都是bõt,实际上ʔbɑt$_{7}^{55}$笔、鸭子、草≠ʔbɔt$_{7}^{55}$拧(拧螺丝)①。"洗(洗衣)"和"痛"都是dọk,实际上ʔdɑk$_{8}^{21}$"洗"≠ʔdɔk$_{8}^{21}$"痛"。"钥匙"的"钥"和"偷"都是zọk,实际上zɑk$_{8}^{21}$tɛi$_{2}^{24}$"钥

---

① 这是依照2005年调查时美德村王录尊(1931年生)的发音,我后期调查的两个发音人——美李村的李经任、李焕才夫妇(1947年生)"拧"与"笔、鸭子、草"已经分不清了。

匙”≠zɔk$_8^{21}$“偷”。“饿、响、浸”都是 zõk，实际上 zɑk$_7^{55}$“饿”≠zɔk$_7^{55}$“响/浸”。

由于[ɑ]类韵母多用 o([ɔ])来表示，真正的[ɔ]类韵母却与 ô([o])类韵相混，导致萨维纳处理音系时 ôp-op 不分、ot-ôt 不分，相应的阳声韵却有区分。不过，阳声韵中高元音 ôm-um、on-un 又各自相混了。-k 尾入声韵在实际记音中也有[ɔ]混入[o]者，如“浸(浸种)”是 zɔk$_7^{55}$，萨维纳一处记为 zõk，另一处记为 zỗk；“谷(稻谷)”是 mɔk$_8^{21}$，萨维纳记为 mộk，与“木、墨”同音。“偷”是 zɔk$_8^{21}$，萨维纳既作 zọk，也作 zộk。ʔdɔk$_8^{21}$痛≠ʔdok$_8^{21}$毒，但萨维纳都记为 dọk，因此 tóm dọk(心毒)也可以是心痛。

实际记音中把[o]混入[u]的也很多，如“鸡圈”记为 zộk koí，应该是 zuk$_8^{21}$kɑi$_1^{35}$；“瘦”是 súm，“祭拜”记为 sùm 和 sốm，认为二者无别，实际上，sum$_1^{35}$瘦≠som$_1^{35}$祭拜。“做”一处记为 hũk，另一处记为 hỗk，这样就跟“放下”同音了，实际上 huk$_7^{55}$“做”≠hok$_7^{55}$“放下”；“国”一处记为 kũk，另一处记为 kỗk。不过有些词的确很难分，如：萨维纳记的 kổm 饱，我的发音人一个读 kum$_2^{24}$(王录尊)，另三个却读 kom$_2^{24}$(孔庆葳、二李)，跟萨维纳记的一样。ông-ong[oŋ-ɔŋ]在音系中虽然区分，但由于 ong 多表示[ɑŋ]的音，因此不少真正的[ɔŋ]韵却记成 ông[oŋ]。我们自然不能说，萨维纳用 ông 表示[oŋ]和[ɔŋ]，用 ong 表示[ɔŋ]和[ɑŋ]，这绝非他的本意，出现这种错误，实在是拙于方法。

奇怪的是，在词典正文的韵目以及例词中，似乎又有专门表示[ɑ]类韵母的元音ă，尤其在入声韵中比较接近[ɑ]。如：bạt 扔≠bặt 袜(今读 ʔbat$_8^{21}$扔≠ʔbɑt$_8^{21}$袜)，kặt 破(今读 kɑt$_8^{21}$)。个别词还用 át，如：nát 韧(今读 nɑt$_7^{55}$韧)。但是这种区分并不是确定的。首先，短音ăt 韵未必表示后[ɑ]。如：萨维纳记录 p'ãt 发≠p'ẵt 法，今读同音；dăk 晒，今读 ʔdak$_7^{55}$；zặk 锈，今读 zak$_8^{21}$。其次，带有介音的入声韵 iăp(êăp)、iăt(êăt)、êăk、oăt(uăt)等，实际读音跟带正常的-a-元音的韵没有区别。第三，在阳声韵中带-ă-元音的韵往往实际读音是前[a]。如：nằn 肉，今读 nan$_4^{21}$，萨维纳另标为 nàn；soằn-p'ộ 儿媳(新妇)，今读 suan$_1^{35-21}$p^{h}u$_4^{21}$或 suan$_1^{35-21}$p^{h}oʔ$_8^{21}$；hoắn 闲，今读 huan$_1^{35}$，萨维纳另标为 hoán。由此可见，萨维纳并不是把全部[ɑ]元音混入 o([ɔ])，他也试图用字母 a 来表示[ɑ]的读音，又必须对前[a]和后[ɑ]做出区别，因此就用字母ă，但是具体操作中往往搞混，甚至弄反。如：zọp naú“糯米”，今音 zɑp$_8^{21}$nɑu$_1^{35}$；nau“盐”，今音 nɑu$_3^{33}$。至于 ŭt，表示的却是 ot，如：nòm mạk lũt 水泡(今读 nɑm$_4^{21-24}$mɑk$_8^{21}$lut$_7^{55}$)≠sêá lũt 纺车线圈(今读 sia$_1^{35-21}$lot$_7^{55}$)；don nồng kũt 仙人掌(今读：ʔdɔn$_3^{33}$noŋ$_2^{24-21}$kot$_7^{55}$)≠kũt mể 抱手/两臂交叉抱(今

读 kut$_7^{55-33}$me$_2^{24}$）。

4.3.2　复元音韵母中 i-ê 不分的问题

萨维纳记录中有 7 对复元音韵母 i（[i]）-ê（[e]）不分，多出在介音位置：êa（ia）、êao-iao、êam-iam、êan-ian、êang-iang、êap-iap、êat-iat。

这些并非萨维纳听错，确实很难分辨，连单元音也有此问题。长流话的[e][o]比临高语其他方言的[e][o]位置高，也比海南闽语的[e][o]位置高，相当于[ɪ][ʊ]。长流话[e]韵的个别词甚至可以读成[i]韵。如"舅父（母之弟）、弟弟（姐之弟）"读 ʔdi$_1^{35-21}$k^{h}ɔu$_4^{21}$与 ʔde$_1^{35-21}$k^{h}ɔu$_4^{21}$无别，"鬼"hi$_2^{24-21}$haŋ$_1^{35}$与 he$_2^{24-21}$haŋ$_1^{35}$无别，"女人"有的发音人 p^{h}e$_2^{24-21}$nin$_1^{35}$与 p^{h}i$_2^{24-21}$nin$_1^{35}$无别。就连 nim$_2^{24}$南、ʔda$_3^{33}$kim$_4^{21}$"夜晚"、nim$_4^{21}$"箭"、ʔbin^{21}"粉末"这些词中的[i]元音，原本也是[e]（长流的[e]与其他方言的[ɔ]对应）①。"牵牛"美德村的王录尊读 ʔdiu$_2^{24-21}$ŋɔu$_2^{24}$，长德村的孔庆葳和美李村的二李夫妇都读 ʔdeu$_2^{24-21}$ŋɔu$_2^{24}$，萨维纳记为 dềô ngảu，dềô 与孔、二李一致。因此从方言比较看，长流话存在以下音变关系：[ɔ]>[e]>[i]②。当缺乏最小对立时，连发音人有时也无法分辨 i-ê。萨维纳记录的[i]-[e]不分的事实，至今犹然。不过萨维纳的处理有些不统一，如有 êang-iang 韵不分，相应的入声韵却没有这个问题。

不仅如此，由于[e]的位置高，长流话[e]与[ei]往往很难分辨，有时需要用最小对立解决。萨维纳记录反映的情况完全一样，如"止痛药"一处记为 tsê zêá dọk，另一处记为 tsêi zêá dọk；慢（迟）一处记为 sể，另一处记为 sểi。可见长流话[i]-[e]相混由来已久。

笔者以前调查长流话时，发现单元音[i]韵的词很少，而且大多数是汉语借词。萨维纳的记录也印证了这一点。奥德里古尔小注说："这个-i 韵只

① "南"发音人有 nim$_2^{24}$和 nem$_2^{24}$两读，"箭"有 nim$_4^{21}$和 nem$_4^{21}$两读，"粉末"有 ʔbin$_4^{21}$和 ʔbien$_4^{21}$两读。

② 有一条词令人疑惑：k'êi din 气喘吁吁（气短），现在读音是 k^{h}ei$_3^{33}$/dɔn$_3^{33}$，"短"的读法，现在是[ɔ]，萨维纳的记录反而是[i]，我的发音人不认同 ʔdin$_3^{33}$这样的读音。不过，这个词萨维纳在另一处又记作 k'êi don，"短"多数情况都是 don，与今音完全相同。也许前一例是萨维纳记错，也许当时确有其音，后来消失了。同样的例子如"蟒蛇"，萨维纳记为 ng'ềa niểm（南蛇，早期汉语借词，海南话也叫"南蛇"nam tua），现在读音是 ŋia$_2^{24-21}$nom$_2^{24}$，发音人不认为这个结构中的"南"有 nim$_2^{24}$或 nem$_2^{24}$的读法，可是"南"本身却读为 nim$_2^{24}$，显然有问题。我们知道长流话辅音韵尾韵母中 i-iê-e 不分，niểm 和 nim$_2^{24}$声韵调都是一致的，这说明萨维纳的记录是正确的，现在发音人的读法可能是受临高语其他方言影响所致。不过，萨维纳记录的 kom tsêi（禁止），现在读为 kim$_5^{55}$ts^{h}ei$_4^{21}$，这个读法来自海南话。

见于汉语借词，不见于台语来源的词。”他说得有些绝对，即便萨维纳的记录中也有临高语本族词的-i 韵，如表示“每一、逐一”的 di，是临高语和海南闽语共有的常用词，很可能来自临高语本身。不过临高语本族词里-i 韵的词极少却是事实，不仅长流话如此，临高语其他方言也有类似情况。一种语言的基础词汇里面竟然会缺乏前高元音[i]，这不符合语言类型学的通则。临高语的这一特征值得深究。

4.3.3 辅音尾韵母中 i-iê-e 不分的问题

萨维纳列出 5 对辅音尾韵母 i-iê-e 不分：im-iêm-em、ip-iêp-ep、in-iên、it-iêt、ik-iêk。

从方言比较可以看出，长流话的[ien][iet]这两个韵分别来自[ian][in]和[iat][it]韵，发音人有时也很难分辨，甚至一个发音人的[en/et]，另一个发音人读为[ien/iet]。但部分词有对立，因此我把它们独立出来。如：$tien_1^{35}$“交换、闩(闩门)”≠tin_1^{35}“鲜/新”，$ʔbien_1^{35}$“磨(磨刀)”≠$ʔbin_1^{35}$“鞭子”，$hien_1^{35}$“天”≠hin_1^{35}“膻”，$ziet_7^{55}$“蛔虫”≠zit_7^{55}“阳光”，$ʔbiet_7^{55}$“扒、八”≠$ʔbit_7^{55}$“哨子”，$kiaŋ_1^{35-21}zin_1^{35}$“吝啬”≠$zien_1^{35}$“沉(石头沉)”≠$zian_1^{35}$“核(仁)”。另外 $ziet_7^{55}$“蛔虫”≠$ziat_8^{21}$“臭虫”，韵母明显不同。但是多数词很难分辨，一个发音人读为[in]的，另一个发音人可能读为[ien]，有时同一个词同一个发音人不同时期读的也不同，如：$ʔbien^{21}$/$ʔbin^{21}$“粉”。萨维纳的 in-iên 是互为变体，但是实际记音当中又有区别，如：bín“鞭”、biến“磨(磨刀)”并没有混用或者两可，说明他知道这两个词明显不同。

部分[im][ip]也带有过渡音[e]，读成[iem][iep]，但未构成对立，有些甚至跟[em]也难分别，例如“追赶(撵)”，两个发音人读出三个音：王录尊是 nim_1^{35} 或 $niem_1^{35}$，孔庆葳是 nem_1^{35}；后期的二李也同王录尊。萨维纳的记录 im-iêm-em 全然不分，如：k'iềm tsai =k'im tsai 欠债，hẹp laů=hiệp laů 堆起来；“南”记为 niểm，“念”却是 nèm。

这 4 对韵母的区别确实很难，它们之间的对立有的实际上是文白对立，如 tin_1^{35}“鲜/新”、$hien_1^{35}$“天”、$ʔbiet_7^{55}$“八”、$zian_1^{35}$“核(仁)”都来自汉语，是早期的文读词，但是声母和声调已经整合到长流话音系中了，韵母还保留文读层的痕迹。有些词的读音与其他方言的[ɔ]类韵母对应，则属于[ɔ]>[e]>[i]音变，有的词并不属于此类音变。很可能在萨维纳的时代 i-iê-e 本身不分，后来才逐渐产生对立，按照词汇扩散的方式，有些已经完成了，有些迄今还没有完成。因此，要把长流话 i-iê-e 系列的韵母在每一条词中区分得清清楚楚，几乎是不可能的；对于有些词来说，似乎萨维纳的处理方法更好。

有些词萨维纳 i-ê 两个元音同时记录，如：“应该”同时记为 ỉng kởi 和 êng koi。有些词萨维纳记为[e]元音，现在读[i]元音。如：“虫(螟)”我记为 miŋ$_2^{24}$，萨维纳一般稳定地记为 mểng，但是“苍蝇”(miŋ$_2^{24-21}$ maŋ$_4^{21}$)萨维纳却记为 mìng màng(螟蠓)。萨维纳所记 ing-êng 不分的例子很多，如“本性”既作 bưởn ting，也作 bưởn tểng；“圣”既作 tíng，也作 tếng；“成”既作 tỉng，也作 tểng。-k 尾也有同样情况。如：zệk bau mạk hềô 剥花生壳，zệk(剥)现在读为 zik$_8^{21}$；“逼”我记为 ʔbik$_7^{55}$，萨维纳既作 bĩk，也作 bễk。不过，萨维纳记录的 ik-iêk 不分，现在的调查中似乎没有遇到过。

4.3.4　喉塞尾韵的问题

笔者调查的长流话有 11 个喉塞尾韵母：iʔ、eʔ、ɛʔ、ɑʔ、ɔʔ、oʔ、uʔ、ɯʔ、əʔ、iaʔ、uaʔ，将来也许还会有新的发现。萨维纳列出的韵母表中没有任何喉塞尾韵，把它们都并入相应的阴声韵，却用声调符号(越南语的重声符)把入声特征标志出来，如：tụ“末尾/尾巴”，mọ“个(一个)”，kộ“挖(挖红薯)”，mọ“马”，等等。这跟就越南语一样了，越南语重声音节不仅包括[p t ch k]等塞音尾韵，也包括喉塞尾韵。① 奥德里古尔又把其中带高调的韵，加上鼻音符(越南语的跌声符)，以便跟低调的韵区分，如：nĩ“小/细”，tsĩ“少/一点儿”，bẽ“撕/擘”，lũ“咽”。由于前者叫钝升调，后者叫钝低调，因此尽管喉塞尾韵列在阴声韵里面，但是声调上仍属于入声，跟-p、-t、-k 尾韵的声调特征一样，并且调值的高低对立也体现出来。

萨维纳记录的相当于喉塞尾的韵母有 11 个：i、ê、e、êa、ư、ơ、a、u、ô、o、oa。其中 i 只配高调(ĩ)，ơ 只配低调(ợ)，ê、e、êa、ư、ơ、a、u、ô、o、oa 可以配高调和低调(ễ-ệ、ẽ-ẹ、êã-êạ、ữ-ự、ã-ạ、ũ-ụ、ỗ- ộ、õ-ọ、zõa-zoạ)。这些喉塞尾韵母虽然数量上与笔者调查整理的结果相同，但实际情况需要分辨。o 韵(õ-ọ)在多数例词中实际上是 ɑʔ，只有一个词 mọ“个”(mɔʔ$_8^{21}$)与实际读音相合，kọ“挖”又作 kộ，后一个音才与实际读音 koʔ$_8^{21}$ 相合，前一个读音为萨维纳记错。a 韵(ã-ạ)仅见于三个例词：nã“奶”、sã-aù“自己”和 ngạ“针”，其中 nã 又作 nõ，ngạ 又作 ngọ，只有一个 sã-aù，实际读音却没有喉塞尾，可见喉塞尾 aʔ 韵并不存在。另外 oa 韵(zõa-zoạ)高调和低调的例词都是“硬”，实际读音是 zuaʔ$_7^{55}$，没有低调一读。

我们只能说，萨维纳对于喉塞尾入声韵的处理方法与我们通行的做法不同，但也并非不合理。海南闽语以及我国东南地区有些方言的上声带有

---

① 参看 Thompson (1965), reprinted (1984—1985), p16, 41。

喉塞尾，我们处理音系时往往并不把这些上声来源的喉塞尾字列为入声，甚至有时连韵母表里也不列出这部分字，仅在音系描写中加以说明。萨维纳对喉塞尾韵听得很准，很少有听错记错的，有时候还能提示和纠正现在的记音错误。① 只是喉塞尾韵的调值有高有低，由于连读变调等复杂因素，很多词条萨维纳在记录当中高低区分并不严格，实际上抹杀了它们之间的声调对立，详见后文声调部分的讨论。

萨维纳调查的例词多为来自汉语的文读词，记录的长流方言本族词比例偏低。第四章单列了359条临高语本族词，再就是词典正文零星出现的本族词汇。尽管如此，萨维纳归纳的长流话韵母却已经相当齐全。除了整体缺少[ɑ]类韵和喉塞尾韵，还有[ɔ]—[o]—[u]之间未区分清楚外，韵母系列大体完整。当然，并不是音系正确记音就准确，由于缺乏用最小对立辨别的方法，萨维纳很多词汇的韵母记录还是有错误。最集中的问题出现在四个系列的韵母之间：[ɑ]—[ɔ]，[ɔ]—[o]，[o]—[u]，[ɑ]—[a] 以及 [e]—[ɛ]，此类例子很多。如：

bểi nềi“今年”，应该是 ʔbɛi$_2^{24-21}$ nɛi$_4^{21}$。mềi dá“眉毛”，应该是 mɛi$_2^{24-21}$ ʔda$_1^{35}$。dểi“腐烂”，应该是 ʔdɛi$_2^{24}$。“虫”，既作 mểng，也作 mẻng；“命”，既作 mềng，也作 mèng；“成”既作 tểng，也作 tẻng，等等。

p’on dỗk dệ hàu hể tsọk“被雨淋湿了（雨落滴身体湿）”，应该是 p^{h}ɑn$_1^{35}$ ʔdok$_7^{55-33}$ ʔdeʔ$_8^{21}$ hɔu$_2^{24-21}$ he$_2^{24}$ ts^{h}ɑk$_8^{21}$，“雨”是 p^{h}ɑn$_1^{35}$，“身体”是 hɔu$_2^{24-21}$ he$_2^{24}$（≠ hɑu$_3^{33}$ he$_4^{21}$ 胃），“湿”是 ts^{h}ɑk$_8^{21}$。

kê zêá dọk“解毒药（解药毒）”，tsêi zêá dọk“止痛药”，实际上“毒” ʔdok$_8^{21}$ ≠“痛（疼）”ʔdɔk$_8^{21}$，萨维纳搞错了。

mọ“蚂蚁”= mọ“马”，实际上 muʔ$_8^{21}$“蚂蚁”≠ mɑʔ$_8^{21}$“马”。kỏm“苦/辣”= kỏm“痒”，实际上 kɑm$_2^{24}$“辣/苦”≠ kɔm$_2^{24}$“痒”。

zống“焦（烧焦）”= zống“鼻”，实际上 zoŋ$_1^{35}$“焦”≠ zɔŋ$_1^{35}$“鼻”，萨维纳所记都读“焦”的音。dóng“到”= dóng“粘贴”，实际上这里有四个最小对立：ʔdɑŋ$_1^{35}$“粘贴”≠ ʔdɔŋ$_1^{35}$“到”≠ ʔdoŋ$_1^{35}$“东”≠ ʔduŋ$_1^{35}$“凸出”。

tỗk“识/懂”= tỗk“弟（兄弟，不是姐弟）”，实际上，tɔk$_7^{55}$“识/懂”≠ tok$_7^{55}$“弟（兄弟）”。

萨维纳将“筛子”和“簸箕”放在同一个韵目 zong 里，如：zòng zọp“筛

① 例如“伸舌头”，我根据发音人的不同读法，记为 tɛ$_4^{21-24}$ lien$_4^{21}$ 和 tɛ$_4^{21}$ lien$_4^{21}$ 两个音，后一读音不合连读变调规律。我后来看到萨维纳记为 tẹ liền，再找发音人核对，后一个读法果然是 tɛʔ$_8^{21}$ lien$_4^{21}$。

米”,zỏng mộk“簸谷”。实际上“筛子”是 zɔŋ$_2^{24}$,“簸箕”是 zoŋ$_3^{33}$,“米筛”是 zɔŋ$_2^{24-21}$zɑp$_8^{21}$,“簸谷”是 zoŋ$_3^{33}$mɔk$_8^{21}$,可能萨维纳一直都没有弄清楚这两个词的区别,韵母和声调都搞错了。

还有因形似而误的。如:zèi zảu“搬家(移家)”、k'êi zảu“盖房子(起屋)”,tsiễt zảu“屋脊(脊屋)”,zảu 都是 zản 之误;dọ zán“直爽(直油)”,zán 是 záu 之误;ban kúi“龟壳”,ban 是 bau 之误;kók tán“鸡叫/鸡鸣”,kók 是 kói 之误;kò zau zản“他在家”,kò 是 kờ 之误;zan zổng tèi kán“在阴间(在别世间)”,zan 是 zau 之误;k'ẽk ka mấn“屠夫(杀猪客)”,mấn 是 mấu 之误;noạk ạk bến“乌鸦叫”,bến 是 bếu 之误;lảu sỗk“懒”,lảu 是 lản 之误;tsin dá“耀眼”,tsin 是 tsiu 之误;tẫk kiêủ maú“猪肝色”,kiêủ 是 kiên 之误;sáo nê bêán“大声叫”,bêán 是 bêáu 之误;bói dóm“树梢”,dóm 是 don 之误。这些 u～n之误、n～m 之误,很可能是奥德里古尔读手稿时辨认不清而出错,zản、záu、mấu(另一处作 máu)、bếu 等都是常用词,lản 就是汉字“懒”,tsiu 就是汉字“照”,萨维纳肯定不会搞错。不过,“牙疼”记为 tóng dọk,tóng 是 tón 之误;“久等”记为 don-tsón p'ong,don 是 dong 之误;kói dống“阉鸡(鸡阉)”,dống 是 dốn 之误。另外“打赌”萨维纳记为 hom tấu zẻng,今读 hɔp$_8^{21}$ tou$_1^{35-21}$zeŋ$_2^{24}$(合输赢),这是较文的说法,更为口语的说法是 hɔp$_8^{21}$kɑp$_8^{21}$(合咬)。两种说法都有 hɔp$_8^{21}$,应该记成 họp 才对。这些应该是萨维纳忙中听错记错,又没有办法核对,奥德里古尔也粗心照抄。还有,长流话“女人/妻子”是 p^{h}e$_2^{24-21}$nin$_1^{35}$(婆姩),可是萨维纳都记为 p'ườn nién,前一音节显然有问题。不过,这个词长流人实际读音很像是 p^{h}ɪn$_2^{24-21}$nin$_1^{35}$或 p^{h}ɨn$_2^{24-21}$nin$_1^{35}$,也许是这个原因使萨维纳把它误记成了-n 尾。至于 hồn dọk dọ kài nòm“拉肚子(肚痛拉屎水)”,hồn 是 hồng 之误,则是印刷之误,这条词明明就排在词目 hồng 下。

长流话的 ʔdo$_3^{33}$“我”和 to$_3^{33}$“你”在前字位置韵母不变化,如:ʔdo$_3^{33}$ ʔban$_1^{35}$“我们”,mɔ$_3^{33}$ʔban$_1^{35}$“你们”。但在词组末尾时有读成 ʔdou$_3^{33}$和 tou$_3^{33}$的倾向,如:mai$_4^{21-24}$ʔdo$_3^{33}$(ʔdou$_3^{33}$)“我妈”,mai$_4^{21-24}$to$_3^{33}$(tou$_3^{33}$)“你妈”。萨维纳的记录中有一条例词,oí zổng dêi dâu“爱人如己(爱别人像我们)”,这里的 dâu 相当于 ʔdou$_3^{33}$,这仅有的一条记录证明这一现象由来已久。

汉语借词“色”,现在发音人一般读为 tek$_7^{55}$,这个音来自海南话。萨维纳的记录都是 tẫk(相当于 tək$_7^{55}$),如:k'êi tẫk“气色”、dêù tẫk“灰色”、tọ tẫk“杂色”、ngê tẫk“五色”、tẫk meng“美色(色美)”。tẫk 是旧文读,是另一个层次,来自旧官话。我的发音人也认为 tək$_7^{55}$是更老的读法。

总体来看,萨维纳的韵母虽然看起来数量较多,韵类齐全,但实际记音当中问题很多,错误也不少,这主要是拙于方法所致。萨维纳的时代,音位学中的"最小对立"方法还没有产生,尽管萨维纳的母语法语元音区分已经足够细致,但是临高语长流方言韵母间的细微差别还是给他的记音带来了很大的麻烦。不过,我用"最小对立"区别开来的一些韵,萨维纳虽然无法区分清楚,但他用变体的方式记录下来,保留了其间的差别,这是比较稳妥也难能可贵的。

第五章　萨维纳所记临高语声调

在萨维纳之前，已经有西方传教士和外交官调查记录过海南临高语。1892 年，英国驻琼州领事庄延龄(E. H. Parker, 1849—1926)在香港出版的《中国评论》(副名《远东释疑报》)杂志上，发表了《琼山的土著黎人》①一文，有大约 300 条词和短语的记录。1893 年，美国长老会海南差会传教士、丹麦人冶基善(Carl C. Jeremiassen, 1847—1901)在《中国评论》上发表了《海南土著黎人和他们的语言》一文，列出了 7 个方言点的语言资料，其中就有临高语②。这两篇文章都只记录了临高语的声母和韵母，没有记录声调。萨维纳是早期临高语调查研究中唯一记录声调的人。

5.1　萨维纳所记临高语声调系统

萨维纳在《临高语词汇》第一章原序中的“声调”一节说：

> 临高语有 5 个声调：平调(a)、降调(à)、升调(á)、钝低调(ạ)和钝升调(a̰)，钝升调仅见于以 c, p, t 收尾的词。(第 7 页)

奥德里古尔小注说：“根据此描述，第 5 个声调应该是个扩展调位(architonème)，应该只有 4 个声调。”奥德里古尔说的 4 个声调实际上是 4 种调值，西方人习惯于把相同调值的舒促调合并为一个调类；越南语中的 6

---

① E. H. Parker. “The Li Aborigines of K’iung Shan”, *The China Review, or Notes & Queries on the Far East*, Vol. 19 No. 6(1892), pp.383 – 387. 参看辛世彪：《临高语第二调在海口石山方言中的促化》，《广西民族大学学报》2011 年第 2 期。

② Carl C. Jeremiassen. “Loi Aborigines of Hainan and their Speech”, *The China Review, or Notes & Queries on the Far East*, Vol. 20 No. 5(1893), pp. 296 – 305. 有关冶基善调查的评价，参看辛世彪：《十九世纪传教士记录的海南临高语》，《语言研究》2007 年第 4 期。

个声调如果按中国人的习惯舒促分开,也是 8 个调类。

但是在第三章,奥德里古尔归纳出的长流话声调却是 6 个,多出了一个问调(le ton interrogatif),如同越南语的问声(Hỏi)。由于第三章前面的部分已经比较了声母,因此奥德里古尔指出长流话 6 个声调与古代声母的对应关系:

① 平调(le ton plan)与古代高声母组的升调相对应。如:

ka, la, lê, nê, p'ai, nai, toi, moi, nga, kân, dươn, kang, bing, ngoi, dêi, don, bon, zoa.

② 升调(le ton montant)与古代高声母组的平调相对应。如:

bá, dé, dái, sá, lếi, bói, bái, lói, áu, líu, zế, zóm, zốm, súm, són, dón, zếa, niến, núng, kón, dóng, nóng, sún, zống, zíng, ói, ấn, ún.

③ 降调(le ton descendant)与古代低声母组的升调相对应。如:

nòm, liền, nềi, lềao, kù, nàn.

④ 问调(le ton interrogatif)与古代低声母组的平调相对应。如:

bểi, bưởn, bỏn, mể, mểi, mải, nểa, nổng, zản, zỏa, zể, zẻng, zỏng, kỏn, kuản, kỏm, kiểm, ngảng.

⑤ 钝升调(le ton grave montant)与古代以塞音结尾的高声母组的词相对应。如:

bãk, bõk, bĩt, dũk, dỗk, dỗt, nĩt, sỗk, sãk, sõt, zôp, zỗp, zõk, k'ẽk, ẽk, õt, ũt.

⑥ 钝低调(le ton grave bas)与古代以塞音结尾的低声母组的词相对应。如:

bộk, mụk, miệt, mêạk, doạk, dọk, dạk, noạk, lọk, lêạk, zêạt, zọk, ziạp. (第 146 页)

这 6 个声调就是 4 个舒声调和 2 个促声调,在萨维纳归纳的平调、升调、降调之外增加了一个问调。

5.2　对萨维纳所记临高语声调系统的讨论

西方传教士和外交官调查中国语言,最大的难点恐怕在声调方面。我们看到 19 世纪冶基善调查的西部临高语和庄延龄调查的东部临高语,都不标注声调。①

萨维纳采用越南"国语"罗马字母给长流话标音,由于越语字母本身是可以标声调的,因此萨维纳就把自己熟悉的越南语6个声调的调值,与听到的长流话声调的调值比照对应,并据此给长流话标注声调。根据前面的引述,奥德里古尔对长流话的6个声调描述如下:

> 平调(le ton plan)与古代高声母组的升调相对应,升调(le ton montant)与古代高声母组的平调相对应,降调(le ton descendant)与古代低声母组的升调相对应,问调(le ton interrogatif)与古代低声母组的平调相对应,钝升调(le ton grave montant)与古代以塞音结尾的高声母组的词相对应,钝低调(le ton grave bas)与古代以塞音结尾的低声母组的词相对应。

我调查的长流话声调是7个,舒声调5个,促声调2个(辛世彪2008b):

舒声调	促声调
第1调:35	第7调:55
第2调:24	第8调:21
第3调:33	
第4调:21	
第5调:55	

长流话有连读变调,都是前字变调。规律为:第1调35→21,第2调24→21,第4调21→24,第7调55→33。主谓结构、述补结构与联合结构不变调。

前面说过,萨维纳归纳的长流话声调是5个,问调是奥德里古尔根据萨维纳材料中的实际记音增加的,萨维纳的声调表中其实少了2个调类。现在根据奥德里古尔的描述,把萨维纳调查的长流话声调与我调查的长流话声调加以对比:

① 平调与古代高声母组的升调相对应。高声母组(la série haute)就是清声母系列,一般是单数调,因此平调相当于现在长流话的第3调(33)、第5调(55)。这个调与越南语平声(Ngang)一样,不加任何附加声调符号。

越南语平声的调值多数人认为是55,也有人标作33。长流话实际上有两个平调,55和33,萨维纳只有一个平调,对应的是第3调。

---

① 冶基善的调查结果见 Carl C. Jeremiassen(1893), Loi Aborigines of Hainan and their Speech。

② 升调与古代高声母组的平调相对应。相当于清声母的升调，也就是长流话第 1 调（35）。这个调的调值与越南语锐声（Sắc）一样，因此萨维纳用了跟锐声相同的符号，也就是法语的闭音符（l'accent aigue）。但是越南语的锐声可兼表舒声和促声，这里的升调只表舒声。

③ 降调与古代低声母组的升调相对应。低声母组（la série basse）就是浊声母系列，一般是双数调，因此降调相当于现在长流的第 4 调（21）。这个调的调值与越南语弦声（Huyền）差不多一样（越南语弦声有的标 22，有的标 21，有的标 211，有的标 31），因此萨维纳用了跟弦声相同的符号，也就是法语的开音符（l'accent grave）。

④ 问调与古代低声母组的平调相对应。越南语的问声（Hỏi）相当于中古汉语清上，其调型一般描写是降升（Dipping-rising），调值大致为 213（也有人标为 313 或 323），但萨维纳这里的问调却是浊声母，相当于现在长流的第 2 调（24）。这个调萨维纳觉得跟越南语问声的调值接近，因此用了跟问声相同的符号，也就是上加问号。

⑤ 钝升调与古代以塞音结尾的高声母组的词相对应。也就是清入，相当于现在长流的第 7 调（调值 55）。这是个入声调，照理应该用跟越南语锐声（Sắc）相同的符号，但是这个钝升调却用了跟越南语跌声（Ngã）相同的符号，也就是加了鼻音符。

在第一章萨维纳原序的“声调”一节中说：

> 在“国语”（quốc ngữ）里带鼻音符（ã）叫跌声 Ngã 的声调，临高语里不存在，然而这个声调在福佬语（hoclo）里常见。（第 8 页）

这里的“国语”指越南语，福佬语就是海南闽语。奥德里古尔在此句下面加了按语：

> 因此没有人害怕搞混了。从今往后我把鼻音符放在萨维纳所写的字母上面，如同越南语里一样。

看来这个鼻音符并不是萨维纳所加，而是奥德里古尔加上去的，目的是把有塞音尾读为高调入声的词单列出来，这跟中国语言学界的习惯做法一致。越南语的锐声相当于汉语的清去和清入，调值一般认为是 35，其舒声跟长流话第 1 调的调值相同，于是这个声调符号（锐声符）分配给了升调（第 1 调）。长流话的第 7 调是 55 调，奥德里古尔用相当于越南语跌声的调来对应这个入声调。越南语跌声的调值有人标 315，有人标 435，是典型的中塞调（mid rising glottalized or creaking-rising），因此有人标作 3’5 或 4’5，①它与长流话第 7 调并不相同，唯一相同之处可能是它们共同具有的高调促声性质。并不是所有越南语方言里都有跌声这个调。

⑥ 钝低调与古代以塞音结尾的低声母组的词相对应。也就是浊入，相当于现在长流的第 8 调（调值 21）。这个调的调值与越南语重声（Nặng）接近（越南语重声有人标 11，有人标 21），因此萨维纳用了跟重声相同的符号，元音下加小圆点。

以下将萨维纳材料中的 6 个调跟本人调查的长流话 7 个调作对比。为了还原萨维纳基于越南语声调标写符号反映的调值，也附上对应的越南语声调材料：

越南语			萨维纳（长流）	辛世彪（长流）	
调类	调号	调值	调类	调类	调值
平声 Ngang	不标	55/33	平调	第 3 调	33
				第 5 调	55
锐声 Sắc	´锐音符	35	升调	第 1 调	35
问声 Hỏi	ˀ左钩	213/313	问调	第 2 调	24
弦声 Huyền	` 钝音符	22/21/31	降调	第 4 调	21
跌声 Ngã	˜鼻音符	415/4’5	钝升调	第 7 调	55
重声 Nặng	. 下圆点	11/21/32	钝低调	第 8 调	21

由此可见，除了钝升调以外，萨维纳比照越南语声调的调值给长流话标注的声调，跟本人调查的长流话声调的调值已经非常接近，几乎可以说是一个系统。至于钝升调（对应越南语的跌声）的调值差异，萨维纳早说过：“在

① 参看 Wikipedia 中 Vietnamese phonology 条。Nguyễn Van Loi & Edmondson（1998）通过实验研究得出的河内、南定、永富等北部越南语 6 个调的调值为：平声（Ngang）33，弦声（Huyền）21，锐声（Sắc）35，重声（Nặng）32，跌声（Ngã）为中塞调 4’5，问声（Hỏi）313（南定、永富）或 31（河内）。该实验的结论支持了 Thompson（1965）《越南语语法》（*A Vietnamese Grammar*）中对北部声调的描述。不过，Thompson 描述越南北部的平声是高平，该实验结果是中平；Thompson 描述河内的问声结尾处上升，恰好与该实验中的南定、永富一致，与河内反倒不若（共 6 个发音人：3 男 3 女，3 河内 2 南定 1 永富）。

国语(quốc ngữ)里带鼻音符(ã)叫跌声 Ngã 的声调,临高语里不存在。”因为这个钝升调的调值是55,在萨维纳听来跟越南语的跌声相差很大,当然就不能用上加鼻音符叫跌声的符号来表示。奥德里古尔给它加上鼻音符,则是为了把舒促分开。

5.3　萨维纳长流话声调记录中的问题

以下就《萨维纳的临高语词汇》所列临高语本族词的标调情况与本人的调查结果做一番对比,以评价萨维纳对长流话声调处理的得失。

① 萨维纳的平调(le ton plan)相当于长流话第3调,调值33:

	近	风	上衣	灯	卖	浅	咸	甘蔗
萨维纳	lê	bon	zoa	dêi	ing	dɯn	zong	moi
辛世彪	le_3^{33}	$ʔbɑn_3^{33}$	zua_3^{33}	$ʔdei_3^{33}$	$iŋ_3^{33}$	$ʔdɯn_3^{33}$	$zɑŋ_3^{33}$	$mɑi_3^{33}$

② 萨维纳的升调(le ton montant)相当于长流话第1调,调值35:

	眼睛	尿	猪	耳朵	吃	流	看	井
萨维纳	dá	zấu	mấu	sá	kón	lếi	liú	zóng
辛世彪	$ʔda_1^{35}$	zou_1^{35}	mou_1^{35}	sa_1^{35}	kon_1^{35}	lei_1^{35}	liu_1^{35}	$zɑŋ_1^{35}$

③ 萨维纳的降调(le ton descendant)相当于长流话第4调,调值21:

	软	水	饭	他	云	话	二	地
萨维纳	mề	nòm	têà	kờ	bà	kòa	ngềi	hềi
辛世彪	me_4^{21}	$nɑm_4^{21}$	tia_4^{21}	$kə_4^{21}/kɯ_4^{21}$	$ʔba_4^{21}$	kua_4^{21}	$ŋɛi_4^{21}$	$hɛi_4^{21}$

这个调的例词在第四章所列359条临高语本族词中合适的例子只有“水”,有一条 soàn-p’ộ“媳妇”(即汉语借词“新妇”,长流话读 $suan_1^{35-21}p^hu_4^{21}$ 或 $suan_1^{35-21}p^ho ʔ_8^{21}$ 都可)只记了连读调,尽管调值一样,但不是本调。

④ 萨维纳的问调(le ton interrogatif)相当于长流话第2调,调值24:

	叶子	根	门	船	梦	年/火	捕捉	水田
萨维纳	bể	nả	dảu	zỏa	biển	bểi	hể	*nêả*
辛世彪	ʔbe$_{2}^{24}$	na$_{2}^{24}$	ʔdou$_{2}^{24}$	zua$_{2}^{24}$	ʔbien$_{2}^{24}$	ʔbɛi$_{2}^{24}$	he$_{2}^{24}$	nia$_{2}^{24}$

⑤ 萨维纳的钝升调(le ton grave montant)相当于长流话第 7 调,调值 55:

	嘴	舔	跳蚤	掉落	菜	生的	骨头	拥抱
萨维纳	bãk	lễk	mõt	dỗk	sõk	zõp	zâk	kũt
辛世彪	ʔbak$_{7}^{55}$	lek$_{7}^{55}$	mɑt$_{7}^{55}$	ʔdok$_{7}^{55}$	sɑk$_{7}^{55}$	zɔp$_{7}^{55}$	zək$_{7}^{55}$	kut$_{7}^{55}$

⑥ 萨维纳的钝低调(le ton grave bas)相当于长流话第 8 调,调值 21:

	孵(卵)	刀	鼻涕	果子	谷子	洗(衣)	深	土地
萨维纳	bộk	miệt	mụk	mạk	mộk	dọk	lọk	mọt
辛世彪	ʔbɑk$_{8}^{21}$	mit$_{8}^{21}$	muk$_{8}^{21}$	mak$_{8}^{21}$	mɔk$_{8}^{21}$	ʔdɑk$_{8}^{21}$	lɑk$_{8}^{21}$	mɑt$_{8}^{21}$

这 6 个声调看起来分得很细,标注也很清楚,很多词的声调标注跟现代调查结果一致。但实际上这 6 个声调在词典正文中却不能贯彻到底,常常搞混。如同韵母一样,萨维纳的声调记错的也不少,调类系统的处理也有问题,而且萨维纳显然对长流方言的连读变调束手无策。以下从三个方面来讨论。

5.3.1 喉塞尾入声调的处理

跟其他临高语方言一样,长流话有喉塞尾入声调,调值有高有低,分属第 7 调(55)和第 8 调(21)。萨维纳用钝低调表示第 8 调的喉塞尾韵入声。萨维纳说:"钝升调仅见于以 c, p, t 收尾的词。"因此,萨维纳的钝升调里没有喉塞尾入声的位置,喉塞尾似乎只能放进钝低调中。但是奥德里古尔说:"钝升调(le ton grave montant)与古代以塞音结尾的高声母组的词相对应,钝低调(le ton grave bas)与古代以塞音结尾的低声母组的词相对应。"于是,他把读为高调的喉塞尾入声韵加上一个鼻音符(相当于越南语的跌声),前面说过,鼻音符并不是萨维纳所加,而是奥德里古尔加上去的。由于越南语的跌声和重声都是阴入同调的,因此奥德里古尔把萨维纳仅以-p、-t、-k 结尾的钝升调看成扩展调位(architonèmes)。

令人不解的是,如果萨维纳对读高调的喉塞尾入声韵未作任何标志,或者把它们都标作钝低调,奥德里古尔如何知道那些字原本是高调喉塞尾韵?因为无论萨维纳还是奥德里古尔,他们对于长流话喉塞尾韵,只标调类,不标喉塞尾,声调上是钝低调和钝升调,韵母却归阴声韵,词典正文中这两类喉塞尾韵也排在阴声韵内。如:

	蚂蚁	马	针	淋(滴)	咽	撕(擘)	羊	跳/蹦
萨维纳	mọ	mọ	ngạ/ngọ	dệ	lữ	bẽ	mẽ	tõ
辛世彪	muʔ$_{8}^{21}$	mɑʔ$_{8}^{21}$	ŋɑʔ$_{8}^{21}$	ʔdeʔ$_{8}^{21}$	lɯʔ$_{7}^{55}$	ʔbɛʔ$_{7}^{55}$	mɛʔ$_{7}^{55}$	tɑʔ$_{7}^{55}$

尽管喉塞尾韵按照声调高低标志出来,似乎分得很清楚,但还是有把高调标为低调的情况,出现了以下错误:

	末尾	脱(解)	挑(挑刺)	鱼鳞	血	滴水	博(赌博)
萨维纳	tụ	kệ	k'êạ	lự	bọ	tsự	bọ
辛世彪	tuʔ$_{7}^{55}$	keʔ$_{7}^{55}$	k^{h}iaʔ$_{7}^{55}$	lɯʔ$_{7}^{55}$	ʔbɑʔ$_{7}^{55}$	ts^{h}ɯʔ$_{7}^{55}$	ʔbɔʔ$_{7}^{55}$

其中一部分错误实际上与连读变调有关,也就是把前字的钝升调记为钝低调,详见下文有关连读变调的讨论。

还有一些喉塞尾入声词,萨维纳连钝低调也没有标出来,直接记为阴声韵。如:bẽ dểi"撕烂",应该是 ʔbɛʔ$_{7}^{55}$ ʔdɛi$_{2}^{24}$(述补结构不变调)。

5.3.2　高平调问题

长流话有一个中平第 3 调(33)和一个高平第 5 调(55),萨维纳只有一个平调,从材料对比看是中平(33)。那么,长流话的高平调去哪里了?是萨维纳只看调型不看调值,把两个平调合并处理为一个调类吗?或者萨维纳时代没有高平调吗?应该都不是。

长流话的高平 55 调有两个来源:一是来自本族词,单音节词如 ɑ$_{5}^{55}$"也",zɑŋ$_{5}^{55}$"没、不",kou$_{5}^{55}$"什么",su$_{5}^{55}$"差",ʔbəi$_{5}^{55}$"那",zien$_{5}^{55}$"恨",后跟量词的数词如 ku$_{5}^{55}$ ʔdoŋ$_{4}^{21-24}$ ʔbɛi$_{2}^{24}$"九堆火",ŋa$_{5}^{55}$ mɔʔ$_{8}^{21}$"五个",重叠式的前字如 ŋo$_{5}^{55}$ŋo$_{3}^{33}$"句句";二是来自汉语词,主要是海南话或文读调的去声,如 tien$_{5}^{55}$"信",tui$_{5}^{55}$"算",hai$_{5}^{55}$"太",ts^{h}ɑi$_{5}^{55}$"再"等。我们看到萨维纳的记录中,

这两类来源的都记为升调，也就是 35 调：

	四方	没有	哪里	信	也	再	更
萨维纳	tí bong	zóng mưởn	zé hé	tiến	á	tsói	kếng
辛世彪	ti$_{5}^{55}$ ʔbaŋ$_{3}^{33}$	zaŋ$_{5}^{55}$ mən$_{2}^{24}$	zɛ$_{5}^{55}$ hɛ$_{1}^{35}$	tien$_{5}^{55}$	ɑ$_{5}^{55}$	ts^{h}ɑi$_{5}^{55}$	keŋ$_{5}^{55}$

看来，萨维纳是把长流话中的高平调也处理为升调了，无论本族词还是汉语借词都是如此。的确，从本族词看高平调的来源，很多现在读为 55 调的词原本是第 1 调（调值 35），如：tam$_{5}^{55}$ nɑ$_{3}^{33}$"三个人"（tam$_{1}^{35}$ 三）、ʔbəi$_{5}^{55}$ hɛ$_{1}^{35}$"那里"（ʔbəi$_{1}^{35}$ 去）。单看这些第 1 调的例子，似乎萨维纳调查的时代这些词仍旧读为高升调，后来才读为高平调，但是高平调 55 来自其他声调的也有，如：ti$_{5}^{55}$ ʔbek$_{7}^{55}$"四百"（tɯ$_{3}^{33}$ 四）、ku$_{5}^{55}$ tɔp$_{8}^{21}$"九十"（ko$_{3}^{33}$ 九）。尤其是名词、形容词的重叠式，无论单字是什么调类，前字都读为 55 调，如：nɑ$_{5}^{55}$ nɑ$_{3}^{33}$"人人/个个"、zan$_{5}^{55}$ zan$_{2}^{24}$"家家"、heu$_{5}^{55}$ heu$_{1}^{35}$"绿绿"、zɯi$_{5}^{55}$ zɯi$_{2}^{24}$"空空"。因此我们可以说 55 调是一个单独的调类，尤其单音节词和 hɔu$_{5}^{55}$ hɔu$_{3}^{33}$"户户"、ʔbɑn$_{5}^{55}$ ʔbɑn$_{2}^{24}$"天天"这类重叠式中最为明显。只有第 1 调（35）的词重叠式前字变 55，听感上是最自然的，但这不是连读变调，因为第 1 调连读变调规律是 35→21。动词重叠前字一般不变 55，如：maŋ$_{2}^{24-21}$ maŋ$_{2}^{24}$"恾恾"、tam$_{3}^{33}$ tam$_{3}^{33}$"走走"、mo$_{3}^{33}$ mo$_{3}^{33}$"想想"，但是第 1 调的动词重叠时前字听起来也是 55，如 liu$_{5}^{55}$ liu$_{1}^{35}$"看看"、zun$_{5}^{55}$ zun$_{1}^{35}$"站站"、ŋou$_{5}^{55}$ ŋou$_{1}^{35}$"坐坐"等。由于萨维纳没有 55 调，他把"人人/个个"记为 no no，不仅韵母记错，而且两个平调如同 nɑ$_{3}^{33}$ nɑ$_{3}^{33}$，意思是"刚刚"。"恨"既作 ziên，又作 ziến。

如果这些词在萨维纳时代是高升调（35），那么本族词中的"没有、哪里"等必定按照第 1 调的连读变调规律变化，就是 35→21，可实际上却没有如此变调，可见原来的读法必然有别。其次，如果它们原本都是高升调，如同现在的第 1 调，那么后来分化为高平调就没有道理，为什么第 1 调中别的单音节词不变高平？再次，这一类的汉语借词都是中古去声字，不可能读成长流话第 1 调；长流话汉字音文读系统古去声字就是 55 调，阴平是 33 调，早期借词的清平字是第 1 调，清上字清去字是第 3 调，浊上字浊去字是第 4 调，毫不相犯，因此把去声字处理为第 1 调肯定有问题，可是在萨维纳的记录中，ká"加家枷"=ká"价"，kố"钩"=kố"告"，kúi"龟"=kúi"贵"，等等。很显然，这个调类应该是萨维纳听错而漏掉了；他可能无法区分 55 和 35，尤其是无法区分前字位置的 55 和 35，就把它们统一处理成 35 调。也许是萨维纳对越南语声调的印象影响他对长流话声调的判断,因为越南语的锐声(35)快读时恰恰是高平调(Thompson 1984—1985, p. 16, p. 40)。从方言比较看,临高语西部方言重叠式也是55调,但是西部方言的55调正好是第2调,东部方言长流话的55调却是新的调类(第5调)。

5.3.3　连读变调问题

萨维纳对于长流话中的连读变调显然束手无策。萨维纳在来海南岛前,也许从来没有调查过有连调变化的语言,对语言中的连调变化现象浑然不觉,因为在原书第二章论及声调的部分,萨维纳说:

> 我不知道有哪一种单音节语言的重音、声调跟临高语一样容易变化。同一个词在每一个句子中声调都要变化。

奥德里古尔在此句下加的小注说:

> 这无疑是存在连读变调(sandhi tonal),但是萨维纳肯定声调听得比较差,有可能是6个调位(tonèmes),他只记了4个: a à á ả,还有另外两种重音。在他的记音材料中,塞音或者喉塞音前的扩展调位(architonèmes)未加标志。

长流方言有连读变调,奥德里古尔单凭看材料就悟出其中的缘由,但萨维纳当时还无法理解,于是他就前一字记变调,后一字记本调,如: tềi hải "尸骸"($\text{tei}_1^{35-21}\text{hai}_2^{24}$),tềi tểi"时时"($\text{tɛi}_2^{24-21}\text{tɛi}_2^{24}$)。由于根据真实听感得来,有些词记得很准。如:

	人	米糠	流汗	心里	喉咙
萨维纳	ziàng bỏn	bể zọp	lềi hiền	zề tóm	dổn kể
辛世彪	$\text{ziaŋ}_2^{24-21}\,\text{ʔbɑn}_2^{24}$	$\text{ʔbe}_4^{21-24}\,\text{zɑp}_8^{21}$	$\text{lei}_1^{35-21}\,\text{hien}_4^{21}$	$\text{ze}_1^{35-21}\,\text{tɔm}_1^{35}$	$\text{ʔdɔn}_4^{21-24}\,\text{ke}_2^{24}$

主谓结构不变调,他记出来也不变调,如: nòm lếi"水流"($\text{nɑm}_4^{21}\text{lei}_1^{35}$),比较: $\text{nɑm}_4^{21-24}\text{ŋin}_2^{24}$"泉水"。另有: kói tán"鸡鸣"($\text{kɑi}_1^{35}\text{tan}_1^{35}$),比较 $\text{kɑi}_1^{35-21}\text{tan}_1^{35}$"鸡鸣(下半夜)";zản dom"屋倒"($\text{zan}_2^{24}\text{ʔdɔm}_3^{33}$),hiến báng"天亮"($\text{hien}_1^{35}\text{ʔbaŋ}_1^{35}$),zống ũt"鼻塞"($\text{zɔŋ}_1^{35}\text{ut}_7^{55}$)。

并列结构不变调,他记出来也不变调,如 tuổn nám"巡玩"(tun_2^{24}

nam_1^{35})。又如 bới lướng“来去”(ʔbəi$_1^{35}$ləŋ$_1^{35}$)、k’ếi lêẵt“开裂”(k^{h}ei$_1^{35}$liet$_7^{55}$)。“开”“裂”都是借词,“开”是早期借词,比较:k^{h}ei$_1^{35-21}$ ʔda$_1^{35}$ 睁眼(开眼);“裂”是晚期文读词,“裂”本族词说 ʔdɯt$_7^{55}$。

述补结构不变调,萨维纳的记录也不变调,如 lứng nêa“回来”(ləŋ$_1^{35}$ nia$_3^{33}$)。另有 bòi zỏng“留下”(ʔbɑi$_4^{21}$zɔŋ$_2^{24}$)、ziến zỏng“沉下”(zien$_1^{35}$zɔŋ$_2^{24}$)、moí tỏk“教会/教懂”(mɑi$_1^{35}$tɔk$_7^{55}$)、zuốn laủ“站起”(zun$_1^{35}$lɔu$_2^{24}$)、zuốn dọ“站直”(zun$_1^{35}$ʔdɑʔ$_8^{21}$)、biến kón“磨快/磨锋利”(ʔbien$_1^{35}$kɔn$_1^{35}$)、zũt zíng“烧红”(zut$_7^{55}$ziŋ$_1^{35}$)。就连按照规律应该变调而实际读音不变调的,他记出来也不变调,如 p’ề ngỏn 还钱(p^{h}e$_4^{21}$ŋɔn$_2^{24}$)。见下表:

	水流	开裂	来去(去回)	回来	还钱
萨维纳	nòm lếi	k’ếi lêẵt	bới lướng	lứng nêa	p’ề ngỏn
辛世彪	nɑm$_4^{21}$ lei$_1^{35}$	k^{h}ei$_1^{35}$ liet$_7^{55}$	ʔbəi$_1^{35}$ ləŋ$_1^{35}$	ləŋ$_1^{35}$ nia$_3^{33}$	p^{h}e$_4^{21}$ ŋɔn$_2^{24}$

但是也有不少词是前字不记变调而记了本调,这种情况尤其在以单音节常用词构成的复合词中最为突出,大概因为中心词单说的时候都是本调,在词中的连调变化萨维纳无法理解,就不顾听感,硬按本调记录了(前面提到的 bểi nềi 今年,也是如此)。此类例子也很多。如:

	左	鳏夫	回村	吃饭	鲜鱼(新鱼)
萨维纳	mể mải	dế têi	lứng bê	kón têà	bá tín
辛世彪	me$_2^{24-21}$ mai$_2^{24}$	ʔde$_1^{35-21}$ tei$_3^{33}$	ləŋ$_1^{35-21}$ ʔbe$_3^{33}$	kɔn$_1^{35-21}$ tia$_4^{21}$	ʔba$_1^{35-21}$ tin$_1^{35}$

另外,长流话第 7 调有变调,55→33,个别词萨维纳用钝低调来表示钝升调的变调,例如前面讨论韵母时提到的“灯”(bõk dêi 和 bạk dêi),但这是不自觉的,更多词的变调他没办法表现出来,因此绝大多数词仍旧记成钝升调。如:

	软骨	鱼骨	漱口	洗手	屁股
萨维纳	zẫk mề	zậk bá	tụk bẵk	tụk mể	bẵk mề
辛世彪	zək$_7^{55-33}$ me$_4^{21}$	zək$_7^{55-33}$ ʔba$_1^{35}$	tuk$_7^{55-33}$ ʔbak$_7^{55}$	tuk$_7^{55-33}$ me$_2^{24}$	ʔbɑk$_7^{55-33}$ me$_4^{21}$

注:但是 tũk p’ệạk(洗白/漂白)述补结构不变调,萨维纳没有记错。

有时候萨维纳自己也拿不准，就把两种形式都记下来，如“革职”既作 kẹk lảu dế，又作 kẽk làu dé，前者记变调，后者记本调，实际读音是 kɛk$_{7}^{55-33}$ lau$_{4}^{21-24}$ ʔde$_{1}^{35}$（革老爹）。

第 7 调的前字，有的用钝低调表示其变调，有的却仍用钝升调表示，这样一来不免造成混乱，读者不知道这个前字音节到底是哪个调类，尤其是当本字不明的时候。如：soạk mể 可以是手镯（suak$_{8}^{21}$ me$_{2}^{24}$）也可以是扎手（suak$_{7}^{55-33}$ me$_{2}^{24}$）。由于萨维纳有时用钝低调表示钝升调的变调，因此就有可能把原本是钝低调的词认为是钝升调的变调。如：zõp 熄灭，zõp dêi 熄灯，bêảu dêi zõp 吹灯灭，但是 mểng zọp lề 萤火虫，也放在词目 zõp 下。显然萨维纳认为 mểng zọp lề 中的 zọp 是 zõp 的变调，其实两者没有关系。①

另外，长流话“尾巴、末尾”都是 tuʔ$_{7}^{55}$，但萨维纳的记音却将“末尾”（bout）记作 tụ，“尾巴”（queue）记作 tũ。很可能萨维纳将一部分词按变调记成钝低调，出现了 tụ，如：tụ bểi“年末”、tụ kéo“月末”、tụ liên“舌根（舌末尾）”等，另一部分则按本调记成钝升调，仍旧是 tũ，如：tũ zỏa“船尾”、tũ bõt“笔尖（笔尾）”等，奥德里古尔又把两类读音分开。“伤疤、鳞片、吞咽”都是 lɯʔ$_{7}^{55}$，萨维纳就把处于前字的按变调记成钝低调 lự，如：lự bá“鱼鳞”，把处于后字位置或述补结构的按本调记成钝升调 lữ，如：dung lữ“伤疤（疮痂）”、tèng lữ“痂皮（剩皮）”、lữ zỏng“咽下”（述补结构不变调）。“解、脱”都是 keʔ$_{7}^{55}$，但不知道为什么，萨维纳将一部分词按变调记成钝低调 kệ，如：kệ mói“解线”、kệ kỗk“赤脚（解脚）”、kệ hải“脱鞋（解鞋）”、kệ mạk mà“解纽扣”，另一部分词按本调记成钝升调 kễ，如：kễ mọ“解开马”、kễ k’ô zoa“脱衣服（解衣服）”。

---

① 这个词王录尊等读为 miŋ$_{2}^{24-21}$ ziap$_{8}^{21}$ le$_{4}^{21}$，孔庆葳等读为 miŋ$_{2}^{24-21}$ zɑp$_{8}^{21}$ le$_{4}^{21}$，萨维纳的记录跟孔庆葳近；连同本文中提到的其他例词证据，这几条例词似乎显示，萨维纳记录的有些词接近新海、博养口音。长流部分词中的 uak，新海、博养读为 ok，如“鸟”“鹿”等词，萨维纳也记为 uak，但是“太阳很热”，现在长流读为 zit$_{7}^{55}$ huak$_{8}^{21}$，萨维纳记为 zịt họk。不过，萨维纳的记录中仍有个别常用词与今天的长流话有别。如：“猫”，萨维纳记为 niú，现在读 miu$_{1}^{35}$；“从（介词）”，萨维纳记录是 zựt，现在读 luk$_{8}^{21}$；“将要”，萨维纳记录是 ní，现在读 ʔdi$_{5}^{55}$；“都”，萨维纳记录是 zú，现在几乎都是 tsʰuŋ$_{5}^{55}$，只有一个例子中是 zu$_{5}^{55}$：ʔbɑn$_{4}^{21-24}$ nɑ$_{3}^{33}$ zu$_{5}^{55}$ zai$_{3}^{33}$“谁都可以（谁都得）”，这条词萨维纳记为 mỏn no zú zoi，“谁”记为 mỏn no，是又一不同。另外，萨维纳有一个 lói lòi tam 慢慢走，应该不是 lɑi$_{5}^{55}$ lɑi$_{4}^{21}$ tam$_{3}^{33}$，而是 lai$_{5}^{55}$ lai$_{4}^{21}$ tam$_{3}^{33}$ 之误，这也不是长流话说法，而是从石山、马村以西直到临高县的说法，“慢慢”长流话是 siaŋ$_{4}^{21}$ siaŋ$_{4}^{21}$。还有“上/升”萨维纳记为 kân，相当于 kən$_{3}^{33}$，这也是石山、荣山、马村一直到临高县的说法，长流是 kun$_{3}^{33}$。由此可见，萨维纳的发音人不止一个，所记口音也不止一种，在长流话三种口音中，应该是以长流口音为主，另两种口音也有反映。

由于萨维纳没有连读变调的概念，这给他记录多音节词带来不少困难，为了稳妥起见，一部分多音节词他干脆不标调，或者其中一个词标调别的词不标调或标本调（单说时的调）。例如："膝盖"记为 kõ̂k da hêố（今读 kok$_7^{55-33}$ ʔda$_1^{35-21}$ heu$_2^{24}$），da 不变调，但是"肘"记为 mể dà hêỏ（今读 me$_2^{24-21}$ ʔda$_1^{35-21}$heu$_2^{24}$），da 变调。这样做势必出现混乱。在词目 k'êi 下，"气（汽）、开、轻、起"都混在一起，实际上"气（汽）、轻、起"是 k'êi（k^{h}ei$_3^{33}$），"开"是 k'ếi（k^{h}ei$_1^{35}$）。在词目 k'ếi 下，k'ếi dá"睁眼（开眼）"、k'ếi dảu"开门"、k'ếi bã̆k"张嘴（开口）"等前字不记变调，但 k'ềi k'oang"挖矿（开矿）"、k'ềi zỏa"开船"、k'ềi ká"开价"等前字记变调，k'êi kống"开工"、k'êi bểi"点火（开火）"又用平调，相当于第 3 调（33）。长流话 lɔu$_4^{21}$"进"≠lɔu$_2^{24}$"起来"，lɔu$_2^{24}$出现在述补结构的后字位置，lɔu$_4^{21}$出现在动宾结构的前字位置，必须变调，而且变调后两者同音，因此萨维纳把这两个词误认作一个词。如：haú laủ"挂起来"（hau$_1^{35}$lɔu$_2^{24}$）与 laủ zản"进屋"（lɔu$_4^{21-24}$zan$_2^{24}$），萨维纳都放在词目 laủ 下，认为词目意思是"进"，其实不如说词目意思是"起来"，它才是本调。由于一些词前字不标调，本来不同音的变成同音的，如：p'on số"大雨（雨大）"和 p'on dõ̂k"下雨（雨下）"，前一条是偏正结构要变调（p^{h}ɑn$_1^{35-21}$so$_1^{35}$），后一条是主谓结构保持原调（p^{h}ɑn$_1^{35}$ʔdok$_7^{55}$），萨维纳都没有记对，估计是感到困惑，干脆前字都不标注声调，但这又让人误会"雨"是平调（33）。另外，nòm lọk 也很难判定是水深还是深水，前者是 nɑm$_4^{21}$lɑk$_8^{21}$，后者是 nɑm$_4^{21-24}$lɑk$_8^{21}$；按萨维纳的记录像是水深，但法语解释却像是深水（eau profonde）。

有时候同一个词出现在前一个音节，有时按变调记录，有时按本调记录。如：lếi lảu"楼梯"（lei$_1^{35-21}$lau$_2^{24}$）前字按本调记录，但是 lềi lảu bái aù"一排楼梯"（lei$_1^{35-21}$ lau$_2^{24}$ ʔbɑi$_2^{24}$ hɔu$_4^{21}$）和 hõ̂k lềi lảu"放（放下）楼梯"（hok$_7^{55-33}$ lei$_1^{35-21}$lau$_2^{24}$）按变调记录。而且萨维纳自己归纳出来的"梯子"的本调是 lềi（用这个音作词目），降调相当于第 4 调，这也是错的；"梯子"今读为 lei$_1^{35}$，是第 1 调。大概萨维纳自己也觉得这样做不妥，但对连读变调又无法理出个头绪来，有些词干脆两种方式同时采用。如："母羊"（mai$_4^{21-24}$tuaŋ$_2^{24}$），记为 mải toảng 和 mài toảng 两种，前者前字记变调，后者前字记本调；"开心"（k^{h}ei$_1^{35-21}$tɔm$_1^{35}$），一处记为 k'ếi tóm，另一处记为 k'ềi tóm，前者前字记本调，后者前字记变调。还有的词干脆把前字变调的和前字不变调的两种形式都记下来，如：hồng im＝hổng im 同音，kiảu nám＝kiàu nám 玩物，hồng dòng＝hống dòng 同党。实际上这些词的前字都是要变调的，都变为 21 调，也就是萨维纳的降调。长流话主谓结构前字不变调，偏正结构前字变调，因此如果形容词作谓语，按照萨维纳的记录就看不出到底是主谓结构还是偏正结构。如：sói báng 看不出是“明月”（sɑi$_1^{35-21}$ʔbaŋ$_1^{35}$）还是“月明”（sɑi$_1^{35}$ʔbaŋ$_1^{35}$）；tóm zóm 看不出是“心黑”（tɔm$_1^{35}$zɑm$_1^{35}$）还是“黑心”（tɔm$_1^{35-21}$zɑm$_1^{35}$）；tóm nãp 看不出是“心粗”（tɔm$_1^{35}$nap$_7^{55}$）还是“粗心”（tɔm$_1^{35-21}$nap$_7^{55}$），这个词的法语解释误作“内疚、悔恨”（remords）。

由于长流话第 1 调（35）和第 2 调（24）调型一致，调值接近，因此即便前字按变调记录，稍不留意也会搞错。如：mải zệ“老鼠”、mải bíng“水蚂蟥”、mải ãk“鼻涕虫”的前字记为问调，相当于第 2 调，但 mái zệ tụ don“短尾老鼠”、mái zệ laù“蝙蝠”、mái mọ“蚂蚁”的前字却记为升调，相当于第 1 调，实际上第一个音节是第 4 调（mai$_4^{21}$），变调后调值为 24。báng láng（黄米）两个音节都记成升调，相当于第 1 调，实际上是 ʔbaŋ$_4^{21-24}$laŋ$_2^{24}$。不仅如此，这两个调在后字位置也常搞错，把两个调记成一个调，如：“尸骸”同时记为 tềi hải 与 tềi hái，实际应该是 tei$_1^{35-21}$hai$_2^{24}$；“船沉”（主谓结构）同时记为 zỏa hóm 与 zỏa hỏm，实际应该是 zua$_2^{24}$hɔm$_2^{24}$（“沉船”是 zua$_2^{24-21}$hɔm$_2^{24}$）；“抄书/抄字”一作 sào tứ，一作 sào tử，实际上“字/书”是 tɯ$_1^{35}$。

由于长流话第 1 调（35）和第 2 调（24）变调后的调值相同（都是 21），萨维纳都按变调记录时，就把本来有别的记得无别了。如：ziàng-bỏn lềi nểa“犁田人”（ziaŋ$_2^{24-21}$ʔbɑn$_2^{24-21}$lei$_2^{24-21}$nia$_2^{24}$）和 lềi nểa lềi mọt“犁田犁土/耕作”（lei$_2^{24-21}$nia$_2^{24}$lei$_2^{24-21}$mɑt$_8^{21}$）中的“犁”跟“梯子”（lei$_1^{35}$）变调一致，因此萨维纳归纳出“犁”的本调也是 lềi（也用这个音作词目），实际上“犁”是第 2 调。萨维纳知道“犁”是个汉语借词，知道这样做不妥，因此“犁田人”在另一处又记为 ziàng-bỏn lểi nểa，用 lểi 作词目，问调相当于第 2 调。

长流话第 1 调和第 2 调变调后的调值与第 4 调相同（都是 21），因此，如果萨维纳将第 1 调和第 2 调按变调记录，第 4 调的词又按本调记录，则这三个调类也完全混同了。如：hồng tềa“煮饭”=hồng kỏn“相同”=hồng dọk“肚子痛”，三个词中第一个音节同音，实际上它们分别是 hoŋ$_1^{35-21}$tia$_4^{21}$“煮饭”≠hoŋ$_2^{24-21}$kɔn$_2^{24}$“相同”≠hoŋ$_4^{21}$ʔdɔk$_8^{21}$“肚子痛”。“肚子痛”是主谓结构不变调，长流话“肚子、肠子”同音，比较：hoŋ$_4^{21-24}$ne$_3^{33}$“大肠”、hoŋ$_4^{21-24}$niʔ$_7^{55}$“小肠”。

一些词有明显的变调，萨维纳却记本调。如：dế tếi“鳏夫”（ʔde$_1^{35-21}$tei$_3^{33}$），niến tếi“寡妇”（nin$_1^{35-21}$tei$_3^{33}$），连读调没有记不说，连 tei 这个音节的声调也记错。dế 就是“爹”（如：lau$_4^{21-24}$ʔde$_1^{35}$“官员”，即“老爹”），niến 是海南话的“姩”（p^{h}e$_2^{24-21}$nin$_1^{35}$“女人”，即“婆姩”），萨维纳是知道的，因此当遇上变

调拿不定主意时,就按单字调记音。长流话 tei_3^{33} 跟“水牛、问”同音,萨维纳记成升调,相当于第 1 调,难以理解。

在多音节词中出现的各种问题,肯定是萨维纳记错了,而不是语音面貌本该如此,因为不管实际的调值如何变化,临高语本族词的调类在各方言都相当一致,通过方言比较可以看出,其间的对应规律非常明显。

奇怪的是,我调查的长流话 $ʔda_3^{33}lei_2^{24}$“脊背” ≠ $ʔda_1^{35-21}lei_2^{24}$“今后”,但是萨维纳却明明记着: da-lẻi = tẻi dóng dà-lẻi(时到今后),意思都是“今后”。我不相信萨维纳时代这两个词相同,到现在又变得不同,很可能是发音人因为懈怠而敷衍萨维纳,导致记录出错。dà-lẻi“今后”在另一处记为 dà-lếi,后字为升调,相当于第 1 调;还有一处记成 dà-lêi,后字平调,相当于第 3 调,意思也是“今后”。这个词的记音肯定有问题。

除了以上问题,应该说萨维纳的声调记得还是相当准的。萨维纳记录的长流话声调,虽然没有标调值,但根据他的标调符号还原出来的调值大致不差,跟我调查的结果已经非常接近。根据萨维纳的材料分析得来的变调情况与现在实际的情况的一致,说明长流话连读变调的类型,在 20 世纪初就已经齐备。

《萨维纳的临高语词汇》一书中同一个词前后文标写不一致的情况很多,尤其是第四章所列 359 条临高语本族词,很多该标调的没有标调。这些问题,有的是萨维纳疏漏,有的是发音人敷衍,还有的可能是奥德里古尔搞错,甚至是印刷手民之误。

第六章　萨维纳所记的临高语词汇

《萨维纳的临高语词汇》共有 7 605 条词和短语，但将同一个多音节词分置不同韵母处，因此实际词和短语数量只有一半。从词典内容看，萨维纳所记录的临高语本族词汇少，绝大多数是汉源词，包括汉借词（白读与文读）和汉语词（普通话与海南话），阳声韵的词尤其明显，这与萨维纳的指导思想有关，是他刻意为之。奥德里古尔在篇首语里说："萨维纳一直要求将传教必需的所有抽象词语都翻译出来，他的词汇十分之九来自汉语，以便对较语言学有兴趣的人对词汇来源一目了然。"但这并不是问题的全部，萨维纳的发音人只读汉字、不说口语甚至生造词语，也是汉源词多的原因之一。

6.1　萨维纳所记的临高语本族词

临高语本族词，本来应该是非汉语来源的基本词，但因临高语长期受汉语影响，一些汉语词很早就进入临高语，成为其基本词汇的一部分，已经几乎分辨不出来了。或许临高语所属的台语支本与汉语同源，有些关系词本来就是汉台同源词也未可知。《萨维纳的临高语词汇》中有两类本族词，一类是原书中单独开列出来的，另一类是原书中有却没有单独列出，笔者根据萨维纳的记录整理出来的。

6.1.1　原书中列出的临高语本族词

《萨维纳的临高语词汇》第四部分列出了一个临高语分类词表，共有 359 条非汉语来源的词（n'est pas d'origine Chinoise），也就是临高语本族词，按照肢体、排泄物、属性、动物、植物、亲属、世界（自然界）、居住、时间、武器、农事、手工、动作、数字的分类排序。临高语是深受汉语影响的少数民族语言；口语中有大量汉借词，离开了汉借词，临高语无法交流。前面说过，这个词表应该是奥德里古尔做的。以下给每条词配上我调查的现代长流话读法，另列“形容”类别，把形容词、代词等从“动作”中分出来。

1. Parties du corps：肢体

bon, cheveux, poil. 头发/毛 $ʔbɑn_2^{24-21}so_3^{33}$

dá, œil. 眼睛 $ts^hian_4^{21-24}ʔda_1^{35}$

sá, oreille. 耳朵 $ʔbɑi_2^{24-21}sa_1^{35}$

zông, nez. 鼻子 $hɑu_3^{33}zɔŋ_1^{35}$

bãk, bouche. 嘴 $ʔbak_7^{55}$

ton, dent. 牙 $tɔn_1^{35}$

nêng, lèvres. 嘴唇 $niŋ_2^{24-21}ʔbak_7^{55}$

liên, langue. 舌头 $lien_4^{21}$

na, visage, devant. 脸/前 na_3^{33}

mak-lêng, cou. 脖子 $mɑk_8^{21}liŋ_4^{21}$

ka-loa, front. 额头 $hɑu_3^{33}k^hua_3^{33}lua_3^{33}$

ngak, joue. 脸颊/腮 $ŋak_8^{21}$

ngươk, palais. 腭 $ŋək_7^{55}$

don-kê, gorge. 喉咙 $ʔdɔn_4^{21-24}ke_2^{24}$

ngang, menton. 下巴 $ŋaŋ_2^{24}$

bêa, épaule. 肩膀/臂 $ʔbak_8^{21}ʔbia_3^{33}$

ba, cuisse. 大腿 $mak_8^{21}ʔba_2^{24}$

kiên, membre. 肢 $kien_1^{35}$（肝）

mê, main. 手 me_2^{24}

kôk, pied. 脚/腿 kok_7^{55}

dan, paume-plante. 掌心 $ʔdan_3^{33}$

lek-king, doigt. 手指 $kiŋ_3^{33}me_2^{24}$

ziap, ongle. 指甲 $ziap_8^{21}me_2^{24}$

sop-lêk, aisselle. 腋窝 $sɑp_7^{55-33}lik_7^{55}$

da-hêô, coude-genou. 膝盖 $ʔda_1^{35-21}heu_2^{24}$

tseng, talon. 脚后跟 $t^h/s^hɛŋ_1^{35-21}kok_7^{55}$

da-lêi, dos. 脊背 $ʔda_3^{33}lei_2^{24}$

hông, ventre, intestin. 肚子/肠子 $hoŋ_4^{21}$

p'ô-dê, nombril. 肚脐 $p^hu_2^{24-21}le_2^{24}/ʔde_2^{24}$

dap, foie. 肝

$kien_1^{35}$（长流）≠kin_1^{35}瓶子

$ʔdap_7^{55}$（龙塘等其他东部方言）

bak-oak, poitrine. 胸脯 $ʔbak_7^{55-33}uak_7^{55}$

no, mamelle. 乳房 $noʔ_7^{55}$

mak-leo, mollet. 腿肚子 $mak_8^{21}lɛu_3^{33}$

bik, ailes. 翅膀 $ʔbik_7^{55}$

bau, corne. 角（动物的）$ʔbɑu_2^{24}$

tseng, sabot. 木屐/蹄 $lɛ_1^{35}$

zâk, os. 骨 $zək_7^{55}$

nan, chair, viande. 肌肉/肉 nan_4^{21}

nong, peau, écorce. 皮/果皮 $nɑŋ_1^{35}$

lô, rognons. 腰 lo_3^{33}；腰子（肾）$zian_1^{35}$

tek, côte. 肋 $zək_7^{55-33}tek_7^{55}$

tũ, queue. 尾巴 $tuʔ_7^{55}$

lự, écaille. 鳞 $lɯʔ_7^{55}$

2. Excrétions：排泄物

kai, excréments. 屎 kai_4^{21}

zẩu, pisse. 尿 zou_1^{35}

dut, pet. 屁 ʔdut$_7^{55}$

mai, salive. 唾沫 nam$_4^{21-24}$mai$_2^{24}$

3. Qualités：属性

bẵk, fou. 疯 p^{h}at$_7^{55-33}$ʔbək$_7^{55}$

ngop, muet. 哑 ŋɔp$_7^{55}$

lok, aveugle. 瞎 ʔda$_1^{35-21}$lɑk$_7^{55}$

4. Animaux：动物

mai, femelle. 雌性/母的 mai$_4^{21}$

hôk, mâle. 雄性/公的 hɔk$_8^{21}$

ngau, bovidé. 牛（黄牛）ŋɔu$_2^{24}$

mẽ, ovin. 羊 mɛʔ$_7^{55}$

toang, chèvre. 山羊 tuaŋ$_2^{24}$

mấu, porc. 猪 mou$_1^{35}$

má, chien. 狗 ma$_1^{35}$

niu, chat. 猫 miu$_1^{35}$

zê, rat. 老鼠 mai$_4^{21-24}$zi$_4^{21}$

zê-lau, chauve-souris. 蝙蝠 mai$_4^{21-24}$zi$_4^{21}$lau$_4^{21}$

zươn, lapin. 兔子 zɯn$_3^{33}$

niên, civette. 狸猫/麝猫 nien$_1^{35}$

noak, oiseau. 鸟 nuak$_8^{21}$

nà-hẵk, singe. 猴子 nɑʔ$_8^{21}$hak$_7^{55}$ =nuak$_8^{21}$hak$_7^{55}$

ming, *ning*, *mêng*, insecte. 虫（螟）miŋ$_2^{24}$

bíng, sangsue. 水蚂蟥 mai$_4^{21-24}$ʔbiŋ$_1^{35}$

k'o-leng, lézard. 壁虎/蜥蜴 k^{h}ɑ$_2^{24-21}$lɛŋ$_2^{24}$（坡马）
//k^{h}ɑŋ$_3^{33}$k^{h}ək$_7^{55}$壁虎
//=k^{h}ɑ$_3^{33}$lək$_7^{55}$壁虎

koi, crasse. 污垢 kɔi$_2^{24}$

muk, morve. 鼻涕 muk$_8^{21}$

ṁôk, sourd. 聋 sa$_1^{35-21}$mɑk$_8^{21}$

be, engourdi. 麻痹 ʔbɛ$_1^{35}$

ngêa, serpent. 蛇 ŋia$_2^{24}$

ngêa-niêm, boa. 蟒蛇 ŋia$_2^{24-21}$nom$_2^{24}$

ba, poisson. 鱼 ʔba$_1^{35}$

ba-lum-bot, seiche. 墨鱼/乌贼 ʔba$_1^{35-21}$lum$_3^{33}$ʔbɑt$_7^{55}$

khom, crabe. 蟹 k^{h}ɔm$_2^{24}$

hoi, coquillage. 贝类 hɔi$_1^{35}$（蚌）

âk, escargot. 蜗牛 mai$_4^{21-24}$ak$_7^{55}$

mang, mouche. 苍蝇 miŋ$_2^{24-21}$maŋ$_4^{21}$

nông, moustique. 蚊子 miŋ$_2^{24-21}$nuŋ$_2^{24}$

mot, puce. 跳蚤 mai$_4^{21-24}$mɑt$_7^{55}$

kot, pou de tête. 头虱 kɑt$_7^{55}$

diên, pou d'habit. 衣虱 ʔdien$_2^{24}$

zêat, punaise. 臭虫 ziat$_8^{21}$

k'a-lap, cancrelat. 蟑螂 miŋ$_2^{24-21}$k^{h}ɑ$_2^{24-21}$lap$_7^{55}$

zop, millepattes. 蜈蚣 zɔp$_8^{21}$

hit, sauterelle. 蚂蚱/蝗虫 miŋ$_2^{24-21}$hit$_7^{55}$

k'a-liêm, araignée. 蜘蛛 miŋ$_2^{24-21}$k^{h}ɑ$_3^{33}$lim$_3^{33}$

mo, fourmi. 蚂蚁 mai$_4^{21-24}$muʔ$_8^{21}$

k'o-liên, libellule. 蜻蜓 miŋ$_2^{24-21}$k^{h}ɑ$_2^{24-21}$lien$_4^{21}$

hoa-hep, papillon. 蝴蝶

miŋ$_2^{24-21}$hua$_2^{24-21}$hep$_8^{21}$

nêang, ver à soie. 蚕 miŋ$_2^{24-21}$niaŋ$_2^{24}$

nom, œuf. 蛋/卵 nɔm$_1^{35}$

zoang, crevette. 虾 zuaŋ$_2^{24}$

koi, poulet. 小鸡 lɛk$_8^{21}$hau$_4^{21-24}$kai$_1^{35}$

bot, canard. 鸭 ʔbat$_7^{55}$

bươn, oie. 鹅 ʔbən$_4^{21}$

ku, hibou. 猫头鹰(鸟咕猫)

nuak$_8^{21}$ku^{21}miu$_1^{35}$猫头鹰

nuak$_8^{21}$ku$_5^{55}$ku$_4^{21}$(斑鸠)

5. Végétaux：植物

bể, feuille. 叶子 ʔbe$_2^{24}$

nả, racine. 根 na$_2^{24}$

don, arbre. 树 ʔdɔn$_3^{33}$

bot, herbe. 草 ʔbat$_7^{55}$同"鸭"

ngung, épi. 穗子

zəŋ$_1^{35-21}$ŋau$_4^{21}$(稻穗)

mông, paille. 稻草 muŋ$_4^{21}$

mak, fruit. 果子 mak$_8^{21}$

zêán, graine. 种子/核 zian$_1^{35}$(仁)

hau$_3^{33}$ʔbien$_2^{24}$(种子)

ngenq, branche. 树枝 nɛŋ$_3^{33}$ʔdon$_3^{33}$

mũk-lồ, champignon. 蘑菇

hɔt$_8^{21}$sin$_4^{21}$(蘑菇)

ngao, riz-plante. 稻子 ŋau$_4^{21}$

môk, paddy. 谷子 mɔk$_8^{21}$

zop, riz décortiqué. 米 zap$_8^{21}$

têa, riz cuit. 熟米(饭) tia$_4^{21}$(稀饭)

nau, gluant. 糯米(米糯) zap$_8^{21}$ nau$_1^{35}$

bang, millet. 黍(黄米)

ʔbaŋ$_4^{21-24}$laŋ$_1^{35}$黄米(狗尾黍)

mɔk$_8^{21}$tei$_3^{33}$(小米)

moi, canne à sucre. 甘蔗 mai$_3^{33}$

boi, rotin. 白藤 ʔbai$_1^{35}$

zau$_1^{35}$/zɔu$_1^{35}$黄藤

muân, bananier. 香蕉树 mak$_8^{21}$ mən$_2^{24}$

kan, chanvre. 麻 kan$_1^{35}$

mak-kup, citrouille. 冬瓜 mak$_8^{21}$ kup$_7^{55}$

sok, légume. 菜 sak$_7^{55}$

sak, taro. 芋头 sak$_7^{55}$

bêang, carambole. 杨桃(薄果酸)

mak$_8^{21}$ʔbiaŋ$_1^{35}$hua$_3^{33}$

p'ai, cotonnier. 棉 min$_2^{24-21}$p^{h}ai$_3^{33}$

bong, sésame. 芝麻 mak$_8^{21}$ʔboŋ$_2^{24}$

6. Famille：亲属

dê, père-mari. 父/夫

ʔdɛ$_3^{33}$(父)/ʔde$_1^{35}$(夫)

mai, mère-femme. 母/妻 mai$_4^{21}$(母)/nin$_1^{35}$(妻)

hak, oncle maternel. 叔父/姨父

hak$_7^{55}$

lê, gendre. 女婿 lɛk$_8^{21}$le$_1^{35}$

soàn-p'ộ, bru. 媳妇 suan$_1^{35-21}$p^{h}u$_4^{21}$ = suan$_1^{35-21}$p^{h}oʔ$_8^{21}$

ne, aïeule-belle-mère. 祖母 nɛ$_2^{24}$

hai, tante paternelle. 姑 hai$_4^{21}$

khau, frère cadet. 舅 k^{h}ɔu$_4^{21}$

êng-nê, frère aîné. 哥哥 eŋ$_1^{35-21}$ne$_3^{33}$

lek-k'iang, fils. 儿子 lɛk$_8^{21}$k^{h}iaŋ$_4^{21}$

le-lek, fille. 女儿 lɛ$_4^{21-24}$lɛk$_8^{21}$

lan, petit-fils. 孙子 lan$_1^{35}$(男女均可)

7. Monde：世界/自然界

p'a, ciel. 天空 ʔda$_3^{33}$p^{h}a$_3^{33}$

da-bon, soleil. 太阳(天眼) ʔda$_1^{35-21}$ʔbɑn$_2^{24}$

soi, lune. 月亮 sɑi$_1^{35}$

mak-hot, étoile. 星星 mɑk$_8^{21}$hɔt$_7^{55}$

bon, vent. 风 ʔbɑn$_3^{33}$

ba, nuage. 云 ʔba$_4^{21}$

doi, arc-en-ciel. 虹 ʔdai$_4^{21}$

mọt, terre. 大地 mɑt$_8^{21}$

tang, sable. 沙子 taŋ$_1^{35}$

bong, boue. 泥 ʔbɔŋ$_2^{24}$

song, montagne. 山 sɑŋ$_1^{35}$

nòm, eau. 水 nɑm$_4^{21}$

kông, la mer. 海 koŋ$_3^{33}$

beng, lac. 湖 ʔbɛŋ$_4^{21}$(小水坑)

da-p'ê, friche. 荒地(当坡) ʔda$_3^{33}$p^{h}e$_1^{35}$

zóng, puits. 井 zɑŋ$_1^{35}$

lêi, échelle. 梯子 lei$_1^{35}$

dảu, porte. 门 ʔbak$_7^{55-33}$ʔdɔu$_2^{24}$

hề-háng, esprits. 鬼 hi$_2^{24-21}$haŋ$_1^{35}$/he$_2^{24-21}$haŋ$_1^{35}$

p'on, pluie. 雨 p^{h}ɑn$_1^{35}$

8. Habitat：居住

bê, village. 村子 ʔbe$_3^{33}$

zan, maison. 房屋 zan$_2^{24}$

tsiêt, toit. 屋顶(屋脊) ts^{h}ik$_7^{55}$

zêau, natte. 席子 ziu$_4^{21}$(睡席)

zôk, étables.(牲口)圈 zuk$_8^{21}$

long, écurie. 笼 lɔŋ$_2^{24}$

la, ville. 城 la$_1^{35}$(府城)

9. Temps：时间

bêi, année. 年 ʔbɛi$_2^{24}$

kéo, mois. 月 kɛu$_2^{24}$(几个月) ŋit$_8^{21}$(月份)

bon, jour. 日 ʔbɑn$_2^{24}$(日/天)

kiêm, nuit. 夜里 ʔda$_3^{33}$kim$_4^{21}$ ʔda$_5^{55}$kim$_4^{21}$半夜

ba, hier. 昨天 ʔbɑn$_2^{24-21}$ʔba$_2^{24}$

hươn, avant-hier. 前天 $ʔban_2^{24-21}$ $hɯn_1^{35}$

zưng, avant-avant-hier. 大前天 $ʔban_2^{24-21}zəŋ_3^{33}$

k'iak, il y a 4 jours. 大大前天(4天前)

tsek, demain. 明天 $ʔban_2^{24-21}$ $ts^hɛk_8^{21}$

zê, après-demain. 后天 $ʔban_2^{24-21}$ ze_2^{24}

lô, après-après-demain. 大后天 $ʔban_2^{24-21}lo_3^{33}$

p'ong, longtemps. 久 $p^hɔŋ_3^{33}$

10. Armes：武器

soán, lance. 矛/枪 seu_3^{33}(枪,海南音)/$suŋ_3^{33}$(炮) 按：*soán* 是 *seáu* 之误。

11. Agriculture：农事

nêa, champ. 田(水田) nia_2^{24}

bươn, jardin：园子 $ʔbun_3^{33}$

kuak, houe. 锄头 $kuak_7^{55}$

seng, sarcler. 清理草

$siŋ_1^{35-21}ʔbat_7^{55}$(清草)

$huk_7^{55-33}ʔbat_7^{55}$(除草)

dê, arroser. 滴/淋 $ʔdeʔ_8^{21}$ $tian_1^{35-21}nam_4^{21}$(浇水)

sôi, pioche. 镐/锤 sui_2^{24}

sá, planter. 栽种 sa_1^{35}

biển, semer. 播种 $ʔbien_2^{24}$

bak, couver. 孵蛋 $ʔbak_8^{21}nɔm_1^{35}$

dun, châtrer. 阉割 $ʔdon_1^{35}$

miêt, couteau. 刀 mit_8^{21}

12. Métier：手工

hop, étoffe. 布 hap_8^{21}

zoa, veste. 上衣 zua_3^{33}

bê, jupe. 裙子 $ʔbe_1^{35}$

lươn, doublure. 里子/衬里 $lɯn_3^{33}$

dọp, ourler. 缲边(折边布)

$ʔdap_8^{21}niŋ_2^{24-21}hap_8^{21}$

do, coudre. 缝(缝衣服/做新衣)

$ʔdaʔ_7^{55-33}k^ho_3^{33}zua_3^{33}$

kat, déchiré. 破的 kat_7^{55}

ba-lô, ceinture. 腰带(把腰) $ʔba_3^{33}lo_3^{33}$

p'ong-kop, poche. 衣袋/口袋

$p^haŋ_2^{24-21}kɔp_8^{21}zua_3^{33}$(衣袋)

$p^haŋ_2^{24-21}kɔp_8^{21}k^ho_3^{33}$(裤袋)

mok, bouton. 纽扣 $mak_8^{21}ma_4^{21}$

moi, fil. 线 mai_1^{35}

nga, aiguille. 针 $ŋaʔ_8^{21}$

biên, anneau. 圆圈/戒指 $ʔbien_2^{24}$

têa, paillotte. 茅 tia_2^{24}

soi, filet. 网 sai_3^{33}

tin, hameçon. 钓鱼钩 tin_3^{33}

bêi, feu. 火 $ʔbɛi_2^{24}$

dêu，cendre. 灰 $ʔdeu_{4}^{21}$

sot，allumer. 点火（擦）$sɔt_{7}^{55}$

zop，éteindre. 熄灭 $zɑp_{7}^{55}$

zưt，brûler. 焚烧 zut_{7}^{55}

hung，cuire. 煮饭 $hoŋ_{2}^{24-21}ŋai_{2}^{24}$

tsik，rôtir. 烘烤（炙）$ts^{h}ik_{7}^{55}$（烤地瓜）

zêan，bouilli. 沸的/沸 $zian_{1}^{35}$

nom，piler. 舂/去壳 $nɑm_{2}^{24-21}mɔk_{8}^{21}$（去壳）

tsop，décortiquer. 舂米（斩米）$ts^{h}ɑp_{7}^{55-33}zɑp_{8}^{21}$

zôk，macérer. 浸泡 $zɔk_{7}^{55-33}ʔbien_{2}^{24}$（浸种）

bing，gâteau. 饼 $ʔbiŋ_{3}^{33}$

bươn，bois à brûler. 柴 $ʔbən_{2}^{24}$

dêi，lampe. 灯 $ʔdei_{3}^{33}$

p'oi，éventail. 扇子 $p^{h}ɑi_{2}^{24}$

lông，tambour. 鼓 $loŋ_{1}^{35}$

zon，alcool. 酒 $zɑn_{3}^{33}$

zỏa，bateau. 船 zua_{2}^{24}

mot，gaffe.（一）根 $mɑt_{7}^{55}$

13. Actions：动作

kón，manger. 吃 $kɔn_{1}^{35}$

doak，vomir. 呕吐 $ʔduak_{8}^{21}$

dai，mourir. 死 $ʔdai_{1}^{35}$

ka，tuer. 杀 ka_{3}^{33}

lẽk，lécher. 舔 lek_{7}^{55}

líu，regarder. 看 liu_{1}^{35}

zau，être là. 在（在那儿）zou_{3}^{33}

kân，monter. 升/上 kun_{3}^{33}

zong，descendre. 降/下 $zɔŋ_{2}^{24}$

léi，couler. 流 lei_{1}^{35}

bón，voler. 飞（奋）$ʔbɑn_{1}^{35}$

bơi，aller. 去 $ʔbəi_{1}^{35}$

nêa，venir. 来 nia_{3}^{33}

lưng，revenir. 回 $ləŋ_{1}^{35}$

uk，sortir. 出 uk_{7}^{55}

lau，entrer. 入 $lɔu_{4}^{21}$

dum，fermer. 关 $ʔdum_{1}^{35}$

k'êi，ouvrir. 开 $k^{h}ei_{1}^{35}$

ngau，s'asseoir. 坐 $ŋou_{1}^{35}$

k'iêp，éviter. 躲避 $k^{h}ip_{8}^{21}$

tiên，échanger. 换 $tien_{1}^{35}$

zok，dérober. 偷 $zɔk_{8}^{21}$

bêan，acheter. 买 $ʔbian_{1}^{35}$

ing，vendre. 卖 $iŋ_{3}^{33}$

nai，dette. 借 nai_{3}^{33}

lêak，choisir. 挑选 $liak_{8}^{21}$

âu，prendre. 要/拿 ou_{1}^{35}

hê，prendre au filet. 用网抓 he_{2}^{24}（捉）

huk，faire. 做 huk_{7}^{55}

mươn，avoir. 有 $mən_{2}^{24}$ $zɑŋ_{5}^{55}mən_{2}^{24}$（没有）

nế，remuer. 移动（挪）

ngao，branler. 摇晃 $ŋau_{2}^{24}$

lêan，tomber. 跌倒/倒下 $lian_{3}^{33}$

dom，s'effondrer. 塌/垮 $ʔdɔm_{3}^{33}$

dôk，tomber. 掉落 $ʔdok_{7}^{55}$

bưi，couper. 割 $ʔbui_{1}^{35-21}ŋau_{4}^{21}$（割稻）

mut, cueillir. 摘/采 mut$_{7}^{55-33}$mak$_{8}^{21}$

ñiap, égratigner. 搔伤/抓伤

zôm, palper. 摸 zom$_{2}^{24}$/zop$_{8}^{21}$

kĩk, chiquenaude. 弹手指

kit, frapper. 打(击) kit$_{7}^{55}$

kê, ôter. 解/脱 keʔ$_{7}^{55}$

kọt, attacher. 捆 kɑt$_{8}^{21}$

kop, unir. 连接 kop$_{7}^{55}$

dưt, éclater. 裂开 ʔdɯt$_{7}^{55}$

sôm, adorer. 崇拜 som$_{1}^{35}$

mang, craindre. 怕(恾) maŋ$_{2}^{24}$

zếao, rire. 笑 ziau$_{2}^{24}$

kang, parler. 讲 kaŋ$_{3}^{33}$

ong, éveiller. 醒 ɑŋ$_{1}^{35}$

hɔi$_{2}^{24}$从昏迷中醒

suaŋ$_{1}^{35}$ɑŋ$_{1}^{35}$睡醒

tsʰiŋ$_{3}^{33}$siaŋ$_{2}^{24}$酒醒

soan, dormir. 睡 suan$_{1}^{35}$

lop/nop, se coucher. 躺 lɑp$_{7}^{55}$

mêi, ivre. 醉(迷) mɛi$_{2}^{24}$

biển, rêver. 做梦 ʔbien$_{2}^{24}$(梦)

dong, se lever. 起　按：记音有误。

lɔu$_{2}^{24}$起

zun, debout. 站立 zun$_{1}^{35}$

14. Adjectiv：形容

lê, près. 近 le$_{3}^{33}$

loi, loin. 远 lɔi$_{1}^{35}$

hang, grand. 高 haŋ$_{1}^{35}$

dom, nain. 矮/低 ʔdom$_{3}^{33}$

sô, énorme. 粗 sou$_{3}^{33}$

nê, grand. 大 ne$_{3}^{33}$/so$_{1}^{35}$

nao, nouveau. 新 nau$_{4}^{21}$

bong, pur. 干净 ʔbaŋ$_{3}^{33}$

zoa, dur. 硬 zuaʔ$_{7}^{55}$

mê, mou. 软 me$_{4}^{21}$/nɔm$_{5}^{55}$

lok, profond. 深 lɑk$_{8}^{21}$

dưn, peu profond. 浅 ʔdɯn$_{3}^{33}$

luôn, chaud. 热 lun$_{3}^{33}$

ñit, froid. 冷 nit$_{7}^{55}$

k'ut, émoussé. 钝 kʰut$_{8}^{21}$

biên, aiguisé. 锋利　按：解释有误。

kɔn$_{1}^{35}$锋利

ʔbien$_{1}^{35}$kɔn$_{1}^{35}$磨快/磨锋利

ngau, mûr. 熟的 ŋɑu$_{3}^{33}$

zop, pas mûr. 生的 zɔp$_{7}^{55}$

dêi, pourri. 腐烂的 ʔdɛi$_{2}^{24}$(腐烂了)

bêang, mince. 薄 ʔbiaŋ$_{1}^{35}$

ná, épais. 厚 na$_{1}^{35}$

don, court. 短 ʔdɔn$_{3}^{33}$

loi, long. 长 lɔi$_{1}^{35}$

kom, acide. 酸　按：解释有误。

hua$_{3}^{33}$(酸)/kɑm$_{2}^{24}$(苦/辣)

zong, salé. 咸 zɑŋ$_{3}^{33}$

nap, âpre. 涩/不光滑 nap$_{7}^{55}$

zom, noir. 黑 zɑm$_{1}^{35}$

zing, rouge. 红 ziŋ$_{1}^{35}$

lang, jaune. 黄 laŋ$_{1}^{35}$

tsam, indigo. 靛蓝/靛青 tsʰam$_{2}^{24}$

lam$_{2}^{24}$(蓝)

p'êak, blanc. 白 pʰiak$_{8}^{21}$

no, là-bas. 那　按：解释有误。

na$_{3}^{33}$谁/哪个/人

ʔbəi$_5^{55}$(那)

leng, plus loin. 较远 按：解释有误。

lɛŋ$_1^{35}$(地方)

zê, dans. 里面 p^{h}iaŋ$_4^{21-24}$ze$_1^{35}$

dau, dessous. 下面 p^{h}iaŋ$_4^{21-24}$ʔdɑu$_2^{24}$

zau-zung, dessus. 上面 p^{h}iaŋ$_4^{21-24}$zuŋ$_1^{35}$

zưt, depuis.(从)到 ʔdɔŋ$_5^{55}$

zêa, moi. 我 zia$_3^{33}$

mo, toi. 你 mɔ$_3^{33}$

kờ, soi. 他/她(其) kə$_4^{21}$/kɯ$_4^{21}$

sa-au, soi-même. 自己 sa$_5^{55}$ɔu$_4^{21}$

ziang-bỏn, homme. 人 ziaŋ$_2^{24-21}$ʔbɑn$_2^{24}$

tở-hoi, affaire. 事情 tə$_4^{21-24}$hoi$_3^{33}$

15. Nombres：数字

àu, un. 一 ɔu$_4^{21}$/ɔt$_7^{55}$

bưởn, deux. 二 ʔbun$_5^{55}$ mɔʔ$_8^{21}$(两个) ŋɛi$_4^{21}$(第二)

这359条临高语本族词中，其实仍有一些是汉语词。如：

long, écurie. 笼 lɔŋ$_2^{24}$

ngươk, palais. 腭 ŋək$_7^{55}$

be, engourdi. 麻痹(痹) ʔbɛ$_1^{35}$

da-p'ê, friche. 荒地(当坡) ʔda$_3^{33}$p^{h}e$_1^{35}$

tsiêt, toit. 屋顶(脊) ts^{h}ik$_7^{55}$

toang, chèvre. 羊 tuaŋ$_2^{24}$

seng, sarcler. 清理草 siŋ$_1^{35-21}$ʔbɑt$_7^{55}$(清草)

sôi, pioche. 镐/锤 sui$_2^{24}$

sot, allumer. 点火(刷) sɔt$_7^{55}$

k'êi, ouvrir. 开 k^{h}ei$_1^{35}$

kê, ôter. 解/脱(解) keʔ$_7^{55}$

nế, remuer. 移动(挪)

kang, parler. 讲 kaŋ$_3^{33}$

mêi, ivre. 醉(迷) mɛi$_2^{24}$

mang, craindre. 怕(恾) maŋ$_2^{24}$

don, court. 短 ʔdɔn$_3^{33}$

p'êak, blanc. 白 p^{h}iak$_8^{21}$

dun, châtrer. 阉割(驐) ʔdon$_1^{35}$

hôk, mâle. 雄性(特) hɔk$_8^{21}$

niu, chat. 猫 miu$_1^{35}$

bin, voler. 飞(奋) ʔbɑn$_1^{35}$

ming, *ning*, *mêng*, insecte. 虫(螟) miŋ$_2^{24}$

kờ, soi. 他/她(其) kə$_4^{21}$/kɯ$_4^{21}$

原书词表中的 *mũk-lồ*, champignon. 法语解释是“蘑菇”，实际上是海南话“木耳”muk$_7^{55}$lo^{21}的近似音。

dốn, châtrer. 阉割。这是临高语常用词，今音 ʔdon$_1^{35}$，本字应该是“驐”。《集韵》：“驐，都昆切。《字林》：去畜势也。”这是古端母变先喉浊塞音：t->ʔd-。

mang, craindre. 怕，临高语常用词，今音 maŋ$_2^{24}$，本字是“恾”，《广韵》：

“忙,怖也。莫郎切。”

hồng, ventre, intestin. 肚子/肠子。临高语常用词,今音 hoŋ_4^{21},本字是“胴”。《玉篇·肉部》:“胴,徒栋切,大肠也。”《广韵》《集韵》都是“大肠,徒弄切。”古定母清化后变送气音: d->t^h->h-。①

hộk, mâle. 雄性。临高语常用词,今音 hɔk_8^{21},本字是“特”。《说文·牛部》:“朴特,牛父也。”《玉篇·牛部》:“特,牡牛也。”牡牛即公牛。《说文》:“牡,畜父也。”《广韵·德韵》:“特,徒得切。”这也是古定母清化后变送气音: d->t^h->h-。

6.1.2 原书中未单列临高语的本族词

萨维纳的记录中,临高语本族词并非只有 359 条,很多本族词并没有列入这个分类词表。以下列出《萨维纳的临高语词汇》中有而词表中没有的临高语本族词 288 条,而且尽量列出可以单说的词,除非万不得已,不列出词组,顺序与《萨维纳的临高语词汇》中的词表一致。

1. *hảu hể*, corps. 身体 $\text{hɔu}_2^{24-21}\text{he}_2^{24}$
2. *bõk mề* anus (bouche tendre)/cul. 肛门/屁股(软的) $\text{ʔbɑk}_7^{55-33}\text{me}_4^{21}$
3. *mể mải*, main droite. 右手 $\text{me}_2^{24-21}\text{mai}_2^{24}$
4. *mể dõk*, main gauche. 左手 $\text{me}_2^{24-21}\text{ʔdɑk}_7^{55}$
5. *lẹk mể*, auriculaire. 小指(小手) $\text{lɛk}_8^{21}\text{me}_2^{24}$
6. *mạk mể*, avant-bras. 胳膊(果手) $\text{mak}_8^{21}\text{me}_2^{24}$胳臂
7. *kể súng*, bronche, pomme d'adam. 喉管/气管(喉囱) $\text{ke}_2^{24-21}\text{suŋ}_1^{35}$
8. *dung lữ*, croûte de plaie. 伤疤(疮鳞) $\text{ʔduŋ}_3^{33}\text{lɯʔ}_7^{55}$
9. *lữ ng'êả*, dépouille de serpent. 蛇皮(鳞蛇) $\text{lɯʔ}_7^{55-33}\text{ŋia}_2^{24}$
10. *lự bá*, écaille de poisson. 鱼鳞 $\text{lɯʔ}_7^{55-33}\text{ʔba}_1^{35}$
11. *bõ nả*, veine (sang racine). 血管(血根) $\text{na}_2^{24-21}\text{ʔbɑʔ}_7^{55}$
12. *ô kói*, jabot de poule. 鸡嗉子 $\text{o}_3^{33}\text{kɑi}_1^{35}$
13. *huốn*, un chignon. 发髻 hun_1^{35}
14. *dung* abcès 脓肿/疮 ʔduŋ_3^{33}
15. *sọp lẽk*, aisselle. 腋下/腋窝 $\text{sɑp}_7^{55-33}\text{lik}_7^{55}$ $\text{sɑp}_7^{55} \neq \text{sap}_7^{55}$插
16. *tsọt*, bourbouille, gale. 痱子/瘊子 $\text{ts}^\text{h}\text{ɔt}_8^{21}$
17. *zậk tẽk*, côtes (os). 肋骨(骨肋) $\text{zək}_7^{55-33}\text{tek}_7^{55}$

① 有关临高语声母的音变规律,参看辛世彪(2006):《临高语声母的特殊音变及其与同族语言的关系》,《东方语言学》创刊号,上海教育出版社,第 213—245 页。

18. *dọ bõ*, dysenterie. 拉痢疾(便血/拉血) ʔdɔʔ$^{21}_{8}$ʔbɑʔ$^{55}_{7}$

19. *kọ*, puer (fétide) 臭味/臭 kɔʔ$^{21}_{8}$

20. *nòm mải*, salive. 唾沫 nɑm$^{21-24}_{4}$mai$^{24}_{2}$

21. *ní* (presque) 几乎/差不多/将要　ʔdi$^{55}_{5}$(“将要”都是 ʔdi$^{55}_{5}$)

22. *nĩ*, (faible, petit, sans forces) 细/小 niʔ$^{55}_{7}$

23. *tsĩ*, peu. 少/一点 tsit$^{55}_{7}$

24. *lêào*, beaucoup. 多 liau$^{21}_{4}$

25. *kí lêào*, combien. 多少(几多) ki$^{55}_{5}$liau$^{21}_{4}$

26. *dểi zêa*, mon. 我的(隶我) ʔdɛi$^{24}_{2}$zia$^{33}_{3}$

27. *nả*, plus 越/更加 na$^{24}_{2}$

28. *dọ*, droit. 直 ʔdɑʔ$^{21}_{8}$

29. *k'êi*, léger. 轻 k^{h}ei$^{33}_{3}$

30. *k'iến* (grave), lourd, pesant, aggravé. 重/严重 k^{h}ien$^{35}_{1}$

31. *mải*, bien. 好 mai$^{24}_{2}$/mɛŋ$^{33}_{3}$

32. *na p'ói*, contorsion du visage. 脸歪 na$^{33}_{3}$p^{h}ɑi$^{35}_{1}$

33. *lói* aller doucement, ajourner. 慢 lɑi$^{21}_{4}$

34. *mều*, stérile (sans pousses). 欠收/坏 meu$^{21}_{4}$

35. *nêu*, fanée. 蔫(花蔫) neu$^{33}_{3}$

36. *sêú*, sec. 干(枯干/干燥) seu$^{35}_{1}$

37. *zau*, vive. 生/鲜/活 zou$^{33}_{3}$(与“在”同音)

38. *kau*, ancien. 旧(古) kɑu$^{33}_{3}$

39. *súm*, maigre. 瘦 sum$^{35}_{1}$　按：sum$^{35}_{1}$瘦(人瘦)≠som$^{35}_{1}$祭拜。

40. *iên* doux (affable). 好吃 ien$^{33}_{3}$(≠in$^{33}_{3}$怨)

41. *ín*, (au temps) passé. 完了 in$^{35}_{1}$

42. *luôn* (nu) 裸/光着 lon$^{33}_{3}$

43. *un*, *ún* fin, ténu. 年轻/嫩 un$^{33}_{3}$

44. *meng*, beau, joli. 美/好 mɛŋ$^{33}_{3}$

45. *zêang*, aride. 干 ziaŋ$^{33}_{3}$

46. *ứng* plaisir, délectation, allégresse. 高兴 əŋ$^{35}_{1}$

47. *báng* clair, lumineux. 光/亮 ʔbaŋ$^{35}_{1}$

48. *dàng*, temps sec. 天旱 ʔdaŋ$^{21}_{4}$

49. *zong*, salé. 咸的 zɑŋ$^{33}_{3}$

50. *zóng* 焦 $zoŋ_1^{35}$

51. *nãp*，âpre au goût. 粗糙/表面粗 nap_7^{55}

52. *zõp*，vert（pas sec）. 生的/青的 $zɔp_7^{55}$

53. *nát*，coriace.（肉）韧 $nɑt_7^{55}$

54. *kǎ̃t*，déguenillé. 破/褴褛 kat_7^{55}

55. *k'ụt*，émoussé. 钝 $k^hut_8^{21}$

56. *zọt* dru 密/紧 $zɔt_8^{21}$

57. *mêạk* poli lisse 滑 $miak_8^{21}$

58. *p'õk* 灰/灰色 $p^hok_7^{55}$

59. *tsọk* humide 湿 $ts^hɑk_8^{21}$

60. *k'ọk* cher，coûteux 贵 $k^hɔʔ_8^{21}$

61. *họk* 强烈 $huak_8^{21}$ 按：与"白、读、刮（风）"同音。

62. *zịt họk*，chaleur accablante. 高温（阳光烈） $zit_8^{21}huak_8^{21}$

63. *loãk* sordide，sale（paroles），immonde，crasseux，malpropre. 脏 $luak_7^{55}$

64. *bá zế*，brochet，carpe. 梭鱼，鲤鱼 $ʔba_1^{35-21}ze_2^{24}$鲤鱼

65. *mềng zọp lề*，ver luisant. 萤火虫 $miŋ_2^{24-21}zɑp_8^{21}le_4^{21}$（$zɑp_8^{21}$同"米"）

66. *kọp nẻa*，grenouille. 青蛙/田鸡（蛤田） $kɔp_8^{21}nia_2^{24}$

67. *zóa*，tigre. 虎 zua_1^{35}

68. *niến*，civette. 狸猫 $nien_1^{35}$（$\neq nin_1^{35}$姩）

69. *mải bíng*，sangsue. 水蚂蟥 $mai_4^{21-24}ʔbiŋ_1^{35}$

70. *song*（abeille）蜂 $sɑŋ_3^{33}$

71. *lẹk* 子/小 $lɛk_8^{21}$

72. *noạk ạk*，corbeau. 乌鸦（鸟鸦） $nuak_8^{21}ak_8^{21}$

73. *dộk*，belette. 松鼠 $ʔdok_8^{21}$ 按：$ʔdok_8^{21} \neq ʔdɔk_8^{21}$痛（疼）。

74. *sọk* 贼 $sɔk_8^{21}$ 按：$sɔk_8^{21}$贼$\neq zɔk_8^{21}$偷。

75. *noạk k'õk hảu aù*，un crapaud. 癞蛤蟆 $nuak_8^{21}k^hok_7^{55}$

76. *tsoạk soạk*，cerf. 鹿 $ts^huak_8^{21}$ 按：萨维纳记录"鹿"有 $suak_8^{21}$ 音，今无。

77. *mạk zêá*，coco（fruit coco）. 椰子（果椰） $mak_8^{21}zia_2^{24}$

78. *kán*，lin（sic）（chanvre）. 麻 kan_1^{35}

79. *ún*（épine）刺 un_1^{35}

80. *kuản*，bambou. 竹子 $kuan_2^{24}$

81. *ngeng*, branche. 枝丫 ŋɛŋ$_3^{33}$

82. *nàng*, pousse de bambou. 笋 naŋ$_2^{24}$

83. *mạk bóng*, sésame. 芝麻（果肺/泥）mɑk$_8^{21}$ ʔbɔŋ$_2^{24}$

84. *nỏng kõk*, patate douce. 红薯/地瓜 nɑŋ$_4^{21-24}$kɔk$_7^{55}$红薯（长流墟以南说 p^{h}an$_1^{35}$番）

85. *mak* 果/果实 mak$_8^{21}$

86. *mể*（convive）宾客 me$_1^{35}$

87. *dể niến*（époux）夫妻（爹姩/丈夫妻子）ʔde$_1^{35-21}$nin$_1^{35}$

88. *dế tếi*, veuf. 鳏夫/光棍 ʔde$_1^{35-21}$tei$_3^{33}$（死了老婆）

89. *lẹk-lế*, gendre. 女婿（小郎）lɛk$_8^{21}$le$_1^{35}$

90. *lẹk-lế nao*, nouveau marié. 新郎（小郎新）lɛk$_8^{21}$le$_1^{35}$nau$_4^{21}$

91. *ba*, vieille femme. 伯母 ʔba$_3^{33}$

92. *sá mọk*, sourd, dur d'oreilles. 耳聋 sa$_1^{35}$mɑk$_8^{21}$

93. *sã-aù*, lui-même. 自己 sa$_5^{55}$ɔu$_4^{21}$

94. *ha*（marier）嫁 ha$_3^{33}$

95. *nói* nom 名 nɔi$_1^{35}$

96. *zổng* gens. 人/别人 zoŋ$_1^{35}$

97. *hãk* oncle（maternel）伯父/姨夫 hak$_7^{55}$

98. *ngá*（rivière）江 ŋa$_1^{35}$

99. *sáo*, voix. 声音 sau$_1^{35}$

100. *ng'éaù* brouillard. 露 ŋiau$_4^{21}$　按：法语意思是"雾"，错误。

101. *diển*, pierrer. 石 mɑk$_8^{21}$ʔdien$_2^{24}$

102. *nèng*, berge. 边/江 niŋ$_2^{24}$

103. *léng*（là-bas）地方/处 lɛŋ$_1^{35}$　按：法语解释是"那儿"，误。

104. *dêạp hêẫt*, acier. 钢铁 ʔdiap$_8^{21}$hiat$_7^{55}$

105. *hũt* nœud 结/结节（突）hut$_7^{55}$

106. *lèng-zế*, autrefois. 从前/古代 lɛŋ$_1^{35-21}$ze$_1^{35}$

107. *bểi zể*（dans deux ans），[année]. 后年 ʔbɛi$_2^{24-21}$ze$_2^{24}$

108. *dóng zể*（dans deux jours），après demain. 后天 ʔdɔŋ$_5^{55}$ze$_2^{24}$（常说）

109. *dà-lếi*, après 以后/后面（眼后）ʔda$_1^{35-21}$lei$_2^{24}$

110. *k'oai na*, antérieurement. 以前/先 k^{h}ai$_3^{33}$na$_3^{33}$

111. *bềi na*, l'an prochain. 明年 ʔbɛi$_2^{24-21}$na$_3^{33}$

112. *hôi*, un bol, une tasse à riz. 碗 hoi$_4^{21}$

113. *hòm tẽ*, glaner. 拾落穗 hɔm$_1^{35-21}$tɛʔ$_7^{55}$

114. *têà*, herbe à paillette. 茅草 tia$_2^{24}$

115. *la*, plants de riz, semis de riz. 秧苗 la$_3^{33}$

116. *lềi*, échelle 梯子 lei$_1^{35}$

117. *zối*, une rangée. 列/行 zoi$_2^{24}$

118. *tiền* (verrou) 闩/门闩 tien$_1^{35}$

119. *kuẩn*, fumée. 烟(火烟) ʔbɛi$_2^{24}$kuan$_2^{24}$

120. *nìng nểa*, digues de rizière. 田埂/田堤 niŋ$_2^{24-21}$nia$_2^{24}$

121. *bèng*, étang 池塘 ʔbɛŋ$_4^{21}$

122. *hẻng*, hampe. 杆/篙 hɛŋ$_4^{21}$

123. *lêang* (sucre) 糖 liaŋ$_1^{35}$

124. *tàng*, lit. 床 taŋ$_2^{24}$

125. *bạk*, lit. 床 ʔbak$_8^{21}$(有顶有围的旧式床)

126. *ngùng ngào*, épi de riz. 稻芒 ŋuŋ$_1^{35-21}$ŋau$_4^{21}$

127. *bổng* boue. 泥 ʔbɔŋ$_2^{24}$/ʔboŋ$_2^{24}$

128. *mồng* barbe, chaume, paille. 胡子/稻草 muŋ$_4^{21}$

129. *dổng aù*, un monceau. 一堆 ʔdoŋ$_2^{24}$

130. *doàng mâú*, auge à porcs. 猪槽/猪食槽(食槽猪) ʔduaŋ$_2^{24-21}$mou$_1^{35}$

131. *nãp* ordures, immondices. 谷壳/垃圾 nap$_7^{55}$

132. *zêãk* 篱笆 ziak$_7^{55}$

133. *kêạk* 沉淀物/沉渣 kiak$_7^{55}$

134. *dạk*, corde, ficelle. 绳子 ʔdak$_8^{21}$

135. *mọk* 聋/果状物/块状物/粒状物 mɑk$_8^{21}$

136. *nể* (aiguiser) 磨(动词) ne$_2^{24}$

137. *lũt* (bobine) 绕线轴 lot$_7^{55}$ 按：lot$_7^{55}$绕线轴≠lut$_7^{55}$松脱≠lut$_8^{21}$捋。

138. *mà* (*mọk-mà*, bouton). 纽扣 mak$_8^{21}$ma$_4^{21}$ = mɑk$_8^{21}$ma$_4^{21}$

139. *k'à-hề*, bourse (poche, porte-monnaie). 荷包/钱包 k^{h}ɑ$_2^{24-21}$he$_4^{21}$

140. *p'ai*, coton, ouate. 棉 p^{h}ai$_3^{33}$

141. *hói*, peigne. 梳子 hɑi$_1^{35}$

142. *daú*, chaudron, marmite, casserole. 锅 ʔdou$_1^{35}$

143. *nau*, sel. 盐 nɑu$_3^{33}$

144. *kùm*, une couverture. 被子(衾) kum$_{3}^{33}$

145. *nóm*, œuf. 蛋/卵 nɔm$_{1}^{35}$(≠nom$_{1}^{35}$毛竹)

146. *biển*, farine. 粉/尘 ʔbien$_{4}^{21}$/ʔbin$_{4}^{21}$

147. *lang*, chapeau. 斗笠/草帽 laŋ$_{3}^{33}$

148. *lồng*, un tambour. 鼓 loŋ$_{1}^{35}$

149. *zống mọ aù*, un tamis.→*zóng*. 一个筛(筛个一) zɔŋ$_{2}^{24}$(≠zoŋ$_{3}^{33}$簸箕)

150. *dổng kuẩn*, tubes en bambou. 一个竹管(筒竹个一) ʔdɑŋ$_{4}^{21-24}$kuan$_{2}^{24}$

151. *zổng*, van. 簸箕 zoŋ$_{3}^{33}$

152. *p'òng kọp*, poche d'habit. 口袋/衣服口袋 p^{h}ɑŋ$_{2}^{24-21}$kɔp$_{8}^{21}$

153. *k'ŏt* 段 k^{h}ɑt$_{7}^{55}$//k^{h}o$_{3}^{33}$k^{h}ɑt$_{7}^{55}$短裤(裤段)//ɑk$_{7}^{55-33}$k^{h}ɑt$_{7}^{55}$折成一段一段

154. *zạk* 锈 zak$_{8}^{21}$

155. *tam*, marcher 走 tam$_{3}^{33}$

156. *sê* diviser, partager (séparer). 分 se$_{1}^{35}$

157. *hế*, cacher. 藏起来 he$_{3}^{33}$

158. *bẹ dá liú*, écarquiller les yeux. 睁眼看(擘眼看) ʔbɛʔ$_{8}^{21}$ʔda$_{1}^{35}$liu$_{1}^{35}$

159. *mìng zộk dàu té*, dard d'abeille. 黄蜂蜇人 miŋ$_{2}^{24-21}$zuk$_{8}^{21}$ʔdɑu$_{4}^{21}$tɛ$_{3}^{33}$

160. *tẹ liền*, tirer la langue. 伸出舌头 tɛʔ$_{8}^{21}$lien$_{4}^{21}$

161. *kỗk sẹ*, glisser du pied. 脚滑(脚来回踩) kok$_{7}^{55}$sɛʔ$_{8}^{21}$

162. *è* (prendre) 拿/持/提 ɛ$_{4}^{21}$

163. *p'êà-lảu*, se lever (sortir du lit). 起来(起床) p^{h}ia$_{4}^{21}$lɔu$_{2}^{24}$

164. *kỗk sẹ*, glisser du pied. 脚滑(脚来回踩)

165. *p'ư nòm mái*, expectorer. 吐唾沫/吐口水 p^{h}uʔ$_{7}^{55-33}$nɑm$_{4}^{21-24}$mai$_{2}^{24}$

166. *tư hoang zống*, tromper. 欺骗人(诱谎别人) tɯ$_{3}^{33}$huaŋ$_{3}^{33}$zoŋ$_{1}^{35}$

167. *tọ lữ*, avoir le hoquet. 打嗝儿(跳咽) tɑʔ$_{7}^{55-33}$lɯʔ$_{7}^{55}$

168. *lữ zỏng*, avaler. 吞下/咽下 lɯʔ$_{7}^{55}$zɔŋ$_{2}^{24}$

169. *ká kể*, ronfler. 打鼾/打呼噜(卡喉) ka$_{3}^{33}$ke$_{2}^{24}$

170. *sợ k'êi*, aspirer. 吸气 səʔ$_{8}^{21}$k^{h}ei$_{3}^{33}$

171. *há*, tirer 拉 ha$_{1}^{35}$

172. *tộ*, caresser, cajoler. 抚摸/爱抚 tuʔ$_{8}^{21}$=toʔ$_{8}^{21}$

173. *dô bểi*, allumer le feu. 点火/生火 ʔdo$_{3}^{33}$ʔbɛi$_{2}^{24}$

174. *kộ*, creuser. 挖 koʔ$_{8}^{21}$

175. *mọ*, sucer. 吸/吮 mɑʔ$_{7}^{55}$

176. *tõ*, bondir, sauter 跳/蹦 tɑʔ$_{7}^{55}$

177. *sọ kõt*, écraser un pou avec l'ongle. 掐虱子(掐头虱) sɑʔ$_{8}^{21}$kɑt$_{7}^{55}$

178. *zọ hau*, hocher la tête affirmativement. 点头同意(点头) zɑʔ$_{8}^{21}$hɑu$_{3}^{33}$

179. *dóa*, fendre. 劈/断 ʔdua$_{4}^{21}$

180. *loa*, couper. 掰掉 lua$_{1}^{35}$

181. *kòa*, draguer. 捞 kua$_{1}^{35}$

182. *dêi*, chercher. 找 ʔdei$_{1}^{35}$

183. *têi*, interpeller. 问 tei$_{3}^{33}$

184. *zai* assez 够/得 zai$_{3}^{33}$

185. *ngoi* pleurer 哭 ŋɑi$_{3}^{33}$

186. *p'iụ nòm mái*, cracher. 吐唾沫 p^{h}uʔ$_{7}^{55-33}$nɑm$_{4}^{21-24}$mai$_{2}^{24}$

187. *niù ởi*, flairer (sentir). 闻一下 niu$_{3}^{33}$ əi$_{1}^{35}$

188. *liù*, retrousser. 捲/挽 liu$_{3}^{33}$

189. *bêú*, crier 叫 ʔbeu$_{1}^{35}$

190. *bêù*, souffler. 吹 ʔbeu$_{4}^{21}$

191. *p'êù*, cuire. 煮(地瓜等) p^{h}eu$_{4}^{21}$

192. *dềo*, traîner. 牵 ʔdeu$_{2}^{24}$

193. *kêảu*, oui. 是/对 keu$_{2}^{24}$

194. *laủ* (apparaître) 起 lɔu$_{2}^{24}$≠lɔu$_{4}^{21}$进

195. *sau*, le chien aboie. 吠 sɑu$_{3}^{33}$

196. *kaù*, baisser la tête. 低(头)/弯(头) kɑu$_{4}^{21}$

197. *siểm*, arracher, épiler. 拔(毛/钉子) sim$_{2}^{24}$

198. *tam*, marcher. 走 tam$_{3}^{33}$

199. *nám*, se promener 玩/逛 nam$_{1}^{35}$

200. *hám*, porter à deux. 抬 ham$_{1}^{35}$

201. *dum*, fermer. 关/闭 ʔdum$_{1}^{35}$

202. *tôm*, trop cuit. 朽/烂 tom$_{4}^{21}$

203. *zốm*, agriculteur. 插秧 zom$_{1}^{35}$

204. *kổm*, plein, manger à satiété. 饱 kom$_{2}^{24}$

205. *um*, couvrir. 捂/蒙/掩 um$_{3}^{33}$

206. *dom*, s'ébouler, s'effondrer. 倒/塌 ʔdɔm$_{3}^{33}$(≠ʔdom$_{3}^{33}$低/矮)

207. *dỏm*, couper. 砍(斜砍/劈) $ʔdɑm_{4}^{21}$

208. *dỏm*, enfouir. 埋(深埋) $ʔdɑm_{2}^{24}$

209. *kỏm*, démanger. 痒 $kɔm_{2}^{24}$

210. *k'óm*, couvrir. 罩/盖 $k^{h}ɔm_{3}^{33}$

211. *k'òm*, curer. 刮 $k^{h}ɔm_{2}^{24}$

212. *ngom*, bougonner. 咕哝/抱怨 $ŋɔm_{2}^{24}$

213. *ỏm*, enlacer dans ses bras. 抱 $ɑm_{2}^{24}$

214. *hóm*, prendre avec la main. 拾/捡 $hɔm_{1}^{35}$

215. *biến*, affiler, affûter, aiguiser. 磨(磨刀) $ʔbien_{1}^{35}$

216. *biển*, rêver. 梦/做梦 $ʔbien_{2}^{24}$

217. *diến*, réprimander. 骂 $ʔdien_{1}^{35}$

218. *ziến*, affaisser. 沉(石头沉) $zien_{1}^{35}$

219. *kân*, monter. 升/登/上 kun_{3}^{33}

220. *tán*, répondre. 答/(鸡)叫 tan_{1}^{35}

221. *p'on*, tordre. 拧(拧干水) $p^{h}ɑn_{3}^{33}$

222. *non*, grelotter de froid. 抖(冷得发抖) $nɑn_{3}^{33}$($nɑn_{3}^{33}$ 抖 ≠ $nɔn_{3}^{33}$ 忍 ≠ non_{3}^{33} 暖)

223. *ngòn*, fermer la majn. 攥 $ŋɔn_{1}^{35}$

224. *dìng*, mettre. 穿/戴 $ʔdiŋ_{1}^{35}$

225. *zing*, secouer. 吊 $ziŋ_{3}^{33}$

226. *tsâng* (se chauffer au feu). 烤 $ts^{h}əŋ_{3}^{33}$

227. *hang* (jeter). 扔/投/掷 $haŋ_{3}^{33}$

228. *ngúng*, (les oreilles) tintent. 嗡/耳鸣 $ŋuŋ_{1}^{35}$

229. *hung sể*, funérailles. 丧事(送材) $hoŋ_{3}^{33}se_{2}^{24}$

230. *zống*, flamber. 焦(烧焦) $zoŋ_{1}^{35}$

231. *hông*, présenter (offrir). 送 $hoŋ_{3}^{33}$

232. *dóng*, suffisant, parvenir, arriver. 到 $ʔdɔŋ_{1}^{35}$

233. *dóng*, adhérer. 粘/贴 $ʔdɑŋ_{1}^{35}$

234. *dỏng hau*, lever la tête. 举头 $ʔdɔŋ_{2}^{24-21}hɑu_{3}^{33}$

235. *ong mụk*, se moucher. 擤鼻涕 $ɔŋ_{3}^{33}muk_{8}^{21}$

236. *dịp dá*, cligner des yeux, fermer les yeux. 闭眼 $ʔdip_{7}^{55-33}ʔda_{1}^{35}$

237. *k'iệp lứng*, en embuscade. 躲起来(藏住) $k^{h}ep_{8}^{21}ləŋ_{1}^{35}$

238. *dụp* emballer 包/裹 ʔdup$_{7}^{55}$

239. *tõp*, essouflé. 喘 tɑp$_{7}^{55}$

240. *tsọp* fouler aux pieds 斩/剁 ts^{h}ɑp$_{7}^{55}$

241. *zõp dêi*, éteindre la lampe. 熄灯/灭灯 zɑp$_{7}^{55-33}$ʔdei$_{3}^{33}$

242. *kọp tón*, grincer des dents. 咬牙 kɑp$_{8}^{21}$tɔn$_{1}^{35}$

243. *ngọp lõk*, bégayer. 结巴 ŋɔp$_{7}^{55-33}$lɑk$_{7}^{55}$

244. *tịp* caler 垫 tip$_{7}^{55}$

245. *ñiặp* égratigner. 抠(用指甲抠) ɲiap$_{7}^{55}$

246. *hãp* porter à la palanche 用扁担挑 hap$_{7}^{55}$

247. *k'õp kêi*, mettre le couvercle. 盖盖子 k^{h}ɔp$_{7}^{55-33}$kei$_{3}^{33}$

248. *p'ĩt*, ébrancher. 砍/斜砍(劈)p^{h}it$_{7}^{55}$

249. *hĩt* 跳 hit$_{7}^{55}$

250. *bạt*, jeter. 丢/弃 ʔbat$_{8}^{21}$(ʔbat$_{8}^{21}$丢弃≠ʔbɑt$_{8}^{21}$袜)

251. *ãt*, obstruer. 阻/塞 ut$_{7}^{55}$

252. *mụt* pincer 掐(掐花)/摘 mut$_{7}^{55}$

253. *lũt*, décrocher. 松脱 lut$_{7}^{55}$

254. *zũt*, brûler, chauffer (au feu), embraser. 烧(烧山、成堆地烧) zut$_{7}^{55}$

255. *bõt* (tourner) 拧(螺丝) ʔbɔt$_{7}^{55}$/ʔbɑt$_{7}^{55}$

256. *kọt* se tuméfier. 肿 kɔt$_{8}^{21}$

257. *kọt* attacher 扎/捆/绑 kɑt$_{8}^{21}$

258. *dĩk* complet, plein 满/溢 ʔdik$_{7}^{55}$

259. *tsịk* (frire) 炸/煎/烤(炙) ts^{h}ik$_{7}^{55}$

260. *tệk* lancer des cailloux. 扔/掷 tek$_{7}^{55}$

261. *zệk*, décoller. 剥/揭 zik$_{8}^{21}$

262. *ẽk*, soulever. 拿 ek$_{7}^{55}$

263. *tẹk* 丢下/放下 tek$_{7}^{55}$

264. *lêạk* choisir, trier 挑/选(掠) liak$_{8}^{21}$

265. *dẵk* (chauffer au soleil) 晒 ʔdak$_{7}^{55}$

266. *tũk* (laver) 洗 tuk$_{7}^{55}$

267. *bộk nóm*, couver des œufs. 孵蛋 ʔbɑk$_{8}^{21}$nɔm$_{1}^{35}$

268. *tỗk* 识/懂 tɔk$_{7}^{55}$　按：tɔk$_{7}^{55}$懂≠tok$_{7}^{55}$弟。

269. *tõk* connaître, savoir. 识/懂 tɔk$_{7}^{55}$

270. *zộk* 偷 $zɔk_8^{21}$

271. *zõ̆k* macérer 浸/泡 $zɔk_7^{55}$

272. *hõ̆k*（faire）放下 hok_7^{55}

273. *dọk* souffrir, douleur 疼/痛 $ʔdɔk_8^{21}$（$ʔdɔk_8^{21}$ 痛 ≠ $ʔdɑk_8^{33}$ 毒）

274. *zõ̆k*（faim）饿 $zɑk_7^{55}$

275. *zõ̆k* retentir 声音大/响 $zɔk_7^{55}$

276. *boạk*, arracher, extirper. 拔 $ʔbuak_8^{21}$

277. *doạk*, vomir, dégobiller. 吐/呕 $ʔduak_8^{21}$

278. *toạk*, dégager des rizières. 踩 $tuak_8^{21}$　按：与"熟（熟悉）"同音。

279. *hoạk* souffler 吹/刮 $huak_8^{21}$

280. *di dí*（fois）次/趟/回　按：意思应该是"一"。$ʔdi_5^{55}$ … $ʔdi_5^{55}$ 一……一

281. *di bỏn di sêáu*, diurne. 一天一次 $ʔdi_5^{55}ʔbɑn_2^{24}ʔdi_5^{55}siau_1^{35}$

282. *mạk mưởn hói aù*, un régime de bananes. 一串香蕉（香蕉串一）$hɑi_5^{55}ɔu_4^{21}mak_8^{21}mən_2^{24}$

283. *né ẩn*, ceux-ci. 这里 $nɛ_1^{35-21}ən_1^{35}$

284. *bới ẩn*, ceux-là. 那里 $ʔbəi_5^{55}ən_1^{35}$

285. *tưng kơi*, quoi? 什么 $təŋ_3^{33}kəi_3^{33}$

286. ziàng bỏn, homme 人 $ziaŋ_2^{24-21}ʔbɑn_2^{24}$

287. *zựt*（dès）从 luk_8^{21}　按：萨维纳的 zựt 现在都读为 luk_8^{21}。

288. *kặk no*, un autre individu. 别人 $kak_8^{21}nɑ_3^{33}$

以上补充的288条临高语本族词中，未必没有汉借词，只因借入时间太早，已经在口语中固化，成为临高语常用的基本词。例如：

sêú, sec. 干（枯干/干燥）今读 seu_1^{35}，本字应该是"熷"。《集韵》："臧曹切。《说文》：焦也。"

kộ, creuser. 挖，今读 $koʔ_8^{21}$，本字或为"掘"。《集韵》月韵："其月切，穿也。"又没韵："胡骨切，穿也。"

hêì ziang, terrain aride. 旱地/干地（地干），今说 $mɑt_8^{21}ziaŋ_3^{33}$，后字应该是"炀"，《集韵》去声"漾"韵："炀，弋亮切。《说文》：'爍也。'"

hẻng k'ểi, hampe du drapeau. 旗杆（杆旗），今读 $hɛŋ_4^{21-24}k^hɛi_2^{24}$。*hẻng* 杆/篙 $hɛŋ_4^{21}$，本字是"梃"。《广韵》："梃，木片。徒鼎切。"《广雅·释器》："梃，杖也。"《说文》："梃，一枚也。"段注："凡条直者曰梃，梃之言挺也。"《说文通训定声》："竹曰竿，艸曰莛，木曰梃。"

hông, présenter (offrir) 送，今音 hoŋ$_3^{33}$，本字就是“送”，这是临高语中的 s->h-音变。同样例子如：*kaù hau bới*, baisser la tête. 低头去(低首去) kɑu$_4^{21}$hɑu$_3^{33}$ʔbəi$_1^{35}$，“头(首)”读 hɑu$_3^{33}$。又如：*zoả haủ aù*, un navire. 一艘船(船艘一) zua$_2^{24}$hɑu$_5^{55}$ɔu$_4^{21}$，“艘”读 hɑu$_1^{35}$，zua$_2^{24}$ʔbun$_5^{55}$hɑu$_1^{35}$两艘船。

ăt, obstruer. 阻/塞 ut$_7^{55}$，本字当为“遏”。《尔雅·释诂》：“遏，止也。”郭璞注：“以逆相止曰遏。”《广韵》：“遏，遮也，绝也，止也。乌割切。”

tsịk (frire) 炸/煎/烤(炙) ts^{h}ik$_7^{55}$，本字是“炙”。《说文》：“炙，炮肉也。从肉在火上。”《广韵·昔韵》：“炙，之石切。”

lẹk kói siêú aù, couvée de poussins. 一窝小鸡 lɛk$_8^{21}$kɑi$_1^{35}$seu$_5^{55}$ɔu$_4^{21}$，窝的本字应该是“岫”seu$_3^{33}$，lɛk$_8^{21}$kɑi$_1^{35}$ʔbun$_5^{55}$seu$_3^{33}$两窝小鸡(小鸡两岫)。

hiểm-kỏn, conjointement. 大家(添互相)，今音 hem$_1^{35-21}$kɔn$_2^{24}$，hem$_1^{35}$本字是“添”，这是临高语中的 t^h->h-音变。同样例子如：*há nêa*, attirer. 拉来 ha$_1^{35}$nia$_3^{33}$，ha$_1^{35}$本字是“拖”。又如：*hẻng k'ẻi*, hampe du drapeau. 旗杆(梃旗) hɛŋ$_4^{21-24}$k^{h}ɛi$_2^{24}$，hɛŋ$_4^{21}$本字是“梃”。《广韵》：“梃，木片。徒鼎切。”《广雅·释器》：“梃，杖也。”

kêạk zon, lie de vin. 酒渣 kiak$_7^{55-33}$zɑn$_3^{33}$，kiak$_7^{55}$本字是“脚”。同样例子如：hɑk$_8^{21}$kiak$_7^{55}$沉淀(降脚)，ts^{h}ɑŋ$_3^{33}$kiak$_7^{55}$打夯(撞脚)。

另外长流话的“旧”kɑu$_3^{33}$，本字是“古”，如：*k'ô-zoa kau*, vieux habits. 旧衣服(裤衣古)，今读 k^{h}o$_3^{33}$zua$_3^{33}$kɑu$_3^{33}$，与 k^{h}o$_3^{33}$zua$_3^{33}$nau$_4^{21}$新衣服(裤衣新)对应，也是早就进入口语的汉借词。海南话“旧”读作 ku^{33}(闽南话浊去字归阴平的例)。

有些组合词应该是“合璧词”，其中一个音节是汉语，另一个音节是临高语。如：“*tưng kơi*, quoi? 什么”，今音 təŋ$_3^{33}$kəi$_3^{33}$，后字应该是“几”；“ziàng bỏn, homme 人”今音 ziaŋ$_2^{24-21}$ʔbɑn$_2^{24}$，后字或许是“本”；“*kí lêào*, combien. 多少”，今音 ki$_5^{55}$liau$_4^{21}$，前字是“几”。另有一些词更明显，如“女婿”萨维纳记为“*lẹk-lế*, gendre”，今音 lɛk$_8^{21}$le$_1^{35}$(小郎)，已经成为临高语常用词，le$_1^{35}$应该是 le$_2^{24}$(郎)的强调式，在临高语各方言中都读第 1 调。以下是“女婿”在临高语 12 个方言点中的读法：

临高临城	lək$_8^{55}$lɔ$_1^{213}$	澄迈白莲	lək$_8^{21}$lɔ$_1^{35}$
澄迈桥头	lək$_8^{55}$lo$_1^{21}$	琼山龙塘	lek$_8^{33-21}$lɔ$_1^{13}$
临高新盈	lək$_8^{55}$lɔ$_1^{13}$	海口石山	lek$_8^{21}$lɔ$_1^{24}$

续　表

临高马袅	$lək_8^{55}lɔ_1^{13}$	海口永兴	$lek_8^{33}lɔ_1^{13}$
临高皇桐	$lək_8^{55}lɔ_1^{213}$	海口荣山	$lek_8^{21}lɔ_1^{35}$
澄迈马村	$lək_8^{21}lɔ_1^{35}$	海口长流	$lɛk_8^{21}le_1^{35}$

6.2　萨维纳所记临高语汉借词

临高语中的汉借词，中上古近现代的词汇都有。如："公牛（特）、虫子（螟）、他（其）、飞（奋）、闭嘴（合）、补（缝）、打（击）、青蛙（蛤）、糠（麸）、抢（劫）、粉末（粉）、池塘（潭）、脱（解）、种子（蕃）、剪（铰）、葱、姜、蒜、瓜、猫、鸡、鳖、象、心、脚、腿（骹）、裙、帽、犁、斧、锯、秤、轭牛轭、伞、客、石磨、瓦、篾、街、钱、金、银、镯、笔、信、歌、敢、听、学、骑、踢、跳、退、切切菜、少、旧、软、假的、肥、喉脖子、女婿（郎）"以及整套数词。一些上古汉语借词也有人认为是汉台同源词，如"飞（奋）、种子（蕃）、喉脖子、糠（麸）、公牛（特）、池塘（潭）"。萨维纳记录的临高语汉借词非常多，有的是继承以前的读法，有的是根据当时的汉语官话来读，也有的直接用海南话来读。

萨维纳所记临高语的汉借词，大体可分为早期汉借词和晚期汉借词。早期汉借词有上古层次的，也有中古层次的，它们进入临高语口语，成为汉借词的白读音；晚期汉借词主要来自明清南系官话，成为汉借词的文读音。另外有一些词语直接采用现代海南话和现代普通话，当地人自己也知道，实际上是现代的汉语词，也笼统归入晚期汉借词。从声母来看，除了个别声母有音变，无论文白读基本上都是读同一套声母，无法区分早晚期层次；韵母方面有文白读的词比较多，但因萨维纳的记录覆盖面的关系也比较零散，不够系统；早晚期层次最完整、最系统地表现在声调上。

6.2.1　早期汉借词的声调

就长流话中汉借词的声调折合情况来说，早期汉借词一般都依照汉语声母的四声清浊，分别并入相应的本族词口语音的单数调和双数调，并与本族词一同发生连读变调。实际上，早期汉借词已经成为临高语的口语词，若不通过语言比较和考本字的音韵论证，不容易分辨。也有人认为台语中有些上古汉语层次的词属于汉台同源词。

长流话早期汉借词中，古清去字与清上字发生合并，都归入口语音第3调。长流话另有第5调(55)，所属的词包括本族词的特殊用法以及晚期汉借词中的清去字。

以下例字将萨维纳的记录配上我的记音，略去法语解释。萨维纳无法对付长流话中的连读变调，舒声第1、2、4调在前字位置有连读变调时，有的记录本调，有的记录变调；促声第7调在前字位置有连读变调时，几乎都按变调记录(钝低调也即第8调)。为清楚起见，这里只举与实际调类标写一致的单字调的例子，不举连调变化的例子。有关连读变调问题，参看§5.3.3。

1. 古清平字读第1调。如：

dế 爹 ʔde$_1^{35}$；*k'ếi* 开 k^{h}ei$_1^{35}$；*tói* 西 tɔi$_1^{35}$；*hóa* 花 hua$_1^{35}$；*kói* 鸡/街 kɑi$_1^{35}$；

kúi 龟 kui$_1^{35}$；*hấu/hâú* 集市(墟) hou$_1^{35}$；*kúa* 瓜 kua$_1^{35}$；*k'ố* 箍/估 k^{h}o$_1^{35}$；

tsím 尖 ts^{h}im$_1^{35}$；*kóm* 金 kɔm$_1^{35}$；*tóm* 心 tɔm$_1^{35}$；*sám* 掺 sam$_1^{35}$；*tám* 三 tam$_1^{35}$；

bín 鞭 ʔbin$_1^{35}$；*tín* 鲜 tin$_1^{35}$；*zêắn* 核(仁) zian$_1^{35}$；*hiến* 天 hien$_1^{35}$；*kiến* 肝 kien$_1^{35}$；

bán 班 ʔban$_1^{35}$；*tsón* 真 ts^{h}ɔn$_1^{35}$；*oắn* 弯 uan$_1^{35}$；*són* 穿/伸/亲；*tsóan* 砖 ts^{h}uan$_1^{35}$；

dếng 钉子 ʔdɛŋ$_1^{35}$；*béng* 拉(绷) ʔbɛŋ$_1^{35}$；*tếng* 生 teŋ$_1^{35}$；*kếng* 更 keŋ$_1^{35}$；

bíng 兵 ʔbiŋ$_1^{35}$；*tíng* 腥 tiŋ$_1^{35}$；*kíng* 经 kiŋ$_1^{35}$；*tsúng* 钟 ts^{h}uŋ$_1^{35}$；*kúng* 公 kuŋ$_1^{35}$；

kống 工 koŋ$_1^{35}$；*hống* 通 hoŋ$_1^{35}$；*dống* 冬 ʔdoŋ$_1^{35}$；*hêáng* 香/乡 hiaŋ$_1^{35}$；*têáng* 伤 tiaŋ$_1^{35}$；

kiáng 姜 kiaŋ$_1^{35}$；*sóang* 窗 suaŋ$_1^{35}$；*kuáng* 缸 kuaŋ$_1^{35}$；*tóang* 双/霜 tuaŋ$_1^{35}$

2. 古浊平字读第2调。如：

sả 茶 sa$_2^{24}$；*lểi* 犁 lei$_2^{24}$；*tểi* 时 tɛi$_2^{24}$；*sểi* 迟 sɛi$_2^{24}$；*zểi* 移 zɛi$_2^{24}$；*k'ểi* 旗 k^{h}ɛi$_2^{24}$；

ngảu 牛 ŋɔu$_2^{24}$；*déo* 逃 ʔdɛu$_2^{24}$；*k'iểu* 桥 k^{h}eu$_2^{24}$；*hêỏ* 头 heu$_2^{24}$；*k'aủ* 求 k^{h}ɔu$_2^{24}$；

lảm 蓝 lam$_2^{24}$；*niểm* 南 nem$_2^{24}$；*liểm* 镰 lim$_2^{24}$；*k'iểm* 钳 k^{h}im$_2^{24}$；*lêảm* 甜 liam$_2^{24}$；

ngỏn 银 ŋɔn$_2^{24}$；*sẻn* 钱 sɛn$_2^{24}$；*nẻn* 年 nɛn$_2^{24}$；*tỏn* 神 tɔn$_2^{24}$；*k'iển* 权 k^{h}ian$_2^{24}$；

p'ểng 平 p^{h}eŋ$_2^{24}$；*mểng* 明 meŋ$_2^{24}$；*mểng* 虫(螟) miŋ$_2^{24}$；*tểng* 成 teŋ$_2^{24}$；*hẻng* 停 hɛŋ$_2^{24}$；

nổng 脓 noŋ$_{2}^{24}$；*lổng* 龙 loŋ$_{2}^{24}$（≠lɔŋ$_{2}^{24}$笼）；*hổng* 同/铜 hoŋ$_{2}^{24}$；*sổng* 从 soŋ$_{2}^{24}$；

lêảng 梁 liaŋ$_{2}^{24}$；*nêảng* 娘（蚕娘）niaŋ$_{2}^{24}$；*siảng* 墙 siaŋ$_{2}^{24}$；*p'oảng* 房 p^{h}uaŋ$_{2}^{24}$

3. 古清上字、次浊上字、清去字读第3调，造成部分上去声字同音。

上声字：

tsô 主 ts^{h}o$_{3}^{33}$；*p'ô* 斧 p^{h}o$_{3}^{33}$；*bô* 补 ʔbo$_{3}^{33}$；*dêi* 底/似（抵）ʔdei$_{3}^{33}$；*tsêi* 纸 ts^{h}ei$_{3}^{33}$；

kơi 几 kəi$_{3}^{33}$；*k'au* 考 k^{h}au$_{3}^{33}$；*hau* 好 hɑu$_{3}^{33}$；*diêm* 点 ʔdem$_{3}^{33}$；*dam* 胆 ʔdam$_{3}^{33}$；

tom 婶 tɔm$_{3}^{33}$；*non* 暖 non$_{3}^{33}$；*kon* 赶 kɔn$_{3}^{33}$；*zon* 引 zɔn$_{3}^{33}$；*don* 短 ʔdɔn$_{3}^{33}$；keu$_{3}^{33}$剪（铰）；

bươn 本 ʔbun$_{3}^{33}$；*hiên* 显 hien$_{3}^{33}$；*p'ê ă n* 扁 p^{h}ian$_{3}^{33}$；*bing* 饼 ʔbiŋ$_{3}^{33}$；*ling* 岭 liŋ$_{3}^{33}$；

kang 讲 kaŋ$_{3}^{33}$；*hông* 桶 hoŋ$_{3}^{33}$；*p'óng* 捧 p^{h}ɑŋ$_{3}^{33}$；*long* 朗 lɑŋ$_{3}^{33}$；*hoang* 谎 huaŋ$_{3}^{33}$

去声字：

tui 岁 tui$_{3}^{33}$；*kui* 季 kui$_{3}^{33}$；*kêi* 盖 kei$_{3}^{33}$；*ka* 价 ka$_{3}^{33}$；*tsiu* 照 ts^{h}iu$_{3}^{33}$；*hê* 替 he$_{3}^{33}$；

kom 禁 kɔm$_{3}^{33}$；*in* 怨 in$_{3}^{33}$；*p'an* 叛 p^{h}an$_{3}^{33}$；*han* 碳 han$_{3}^{33}$；*tuôn* 顺 tun$_{3}^{33}$；*zuôn* 熨 zon$_{3}^{33}$；

p'ỏn 粪 p^{h}ɑn$_{3}^{33}$；*biên* 便 ʔbien$_{3}^{33}$；*biên* 板 ʔbien$_{3}^{33}$；*tuan* 蒜 tuan$_{3}^{33}$；*on* 印（印章）ɔn$_{3}^{33}$；

ting 姓 tiŋ$_{3}^{33}$；*tsing* 正 ts^{h}iŋ$_{3}^{33}$；*king* 胫/敬 kiŋ$_{3}^{33}$；*bêang* 放 ʔbiaŋ$_{3}^{33}$；*tsong* 撞 ts^{h}ɑŋ$_{3}^{33}$

上去声字同音：

ko 九/锯救 ko$_{3}^{33}$；*k'o* 苦/裤 k^{h}o$_{3}^{33}$；*tia* 写/泻 tia$_{3}^{33}$，*ding* 顶/订 ʔdiŋ$_{3}^{33}$；*tsau* 早/灶 ts^{h}au$_{3}^{33}$；

k'êi 起/气 k^{h}ei$_{3}^{33}$；*băn* 板/办 ʔban$_{3}^{33}$；*tan* 伞/散（散开）tan$_{3}^{33}$；*dong* 等/凳 ʔdɔŋ$_{3}^{33}$

4. 部分古全浊上字与全部浊去字读第 4 调。如：

k'aù 舅 k^{h}ɔu$_4^{21}$；*p'ài* 坏（败） p^{h}ai$_4^{21}$；*hèi* 地（天地） hɛi$_4^{21}$；*bèi* 味 ʔbɛi$_4^{21}$；

kuà 话 kua$_4^{21}$；*hòa* 画 hua$_4^{21}$；*hềô* 豆 heu$_4^{21}$；*tàu* 受 tou$_4^{21}$；*p'aù* 步 p^{h}ɑu$_4^{21}$；

p'àm 犯 p^{h}am$_4^{21}$；*mèn* 面 men$_4^{21}$；*hiền* 汗/现 hien$_4^{21}$；*mườn* 闷 mən$_4^{21}$；*loàn* 乱 luan$_4^{21}$；

p'ìng 病 p^{h}iŋ$_4^{21}$；*mìng* 命 miŋ$_4^{21}$；*siàng* 匠 siaŋ$_4^{21}$；*ziàng* 样 ziaŋ$_4^{21}$；*nêàng* 让 niaŋ$_4^{21}$；

hồng 肚/肠（胴） hoŋ$_4^{21}$。

5. 古清入字读第 7 调。如：

dãp 搭 ʔdap$_7^{55}$；*siẽp* 湿 sip$_7^{55}$；*hỗp* 塔 hop$_7^{55}$；*kỗp* 合（佮） kop$_7^{55}$；*kõp* 急 kɔp$_7^{55}$；

p'ãt 发 p^{h}at$_7^{55}$；*siẽt* 惜 sit$_7^{55}$；*hêẵt* 铁 hiat$_7^{55}$；*kiẵt* 结 kiat$_7^{55}$；*hũt* 结节（突） hut$_7^{55}$；

k'oãt 渴/阔 k^{h}uat$_7^{55}$；*sĩk* 戚 sik$_7^{55}$；*bễk* 百 ʔbek$_7^{55}$；*p'ẽk* 魄 p^{h}ɛk$_7^{55}$；*kẽk* 革/隔/kek$_7^{55}$；

têẵk 削 tiak$_7^{55}$；*k'ẫk* 刻 k^{h}ək$_7^{55}$；*tỗk* 弟（叔） tok$_7^{55}$；*kỗk* 谷 kok$_7^{55}$；*sũk* 畜 suk$_7^{55}$；

tsũk 粥/足/筑 ts^{h}uk$_7^{55}$；*kũk* 国 kuk$_7^{55}$；*soãk* 错 suak$_7^{55}$；*koãk* 角/锄（镬） kuak$_7^{55}$。

6. 古浊入字读第 8 调。如：

lạp 蜡 lap$_8^{21}$；*tsiệp* 习 sip$_8^{21}$；*hẹp* 叠 hep$_8^{21}$；*tạp* 十 tɔp$_8^{21}$；*hạp* 合 hɔp$_8^{21}$；*ọp* 盒 ɑp$_8^{21}$；

p'ạt 罚 p^{h}at$_8^{21}$；*bọt* 袜 ʔbɑt$_8^{21}$；*ngiệt* 月 ŋit$_8^{21}$；*tọt* 实 tɔt$_8^{21}$；*zọt* 日 zɔt$_8^{21}$；*tiẽt* 失 tiet$_7^{55}$；

tsễk 值 ts^{h}ek$_8^{21}$；*kệk* 极 kek$_8^{21}$；*k'ệk* 屐 k^{h}ek$_8^{21}$；*ngệk* 逆 ŋek$_8^{21}$；*tẹk* 石 tek$_8^{21}$；

mẹk 脉/麦 mɛk$_8^{21}$；*p'ẹk* 白 p^{h}ɛk$_8^{21}$；*nêạk* 弱 niak$_8^{21}$；*lêạk* 挑/选（掠） liak$_8^{21}$；

zêạk 药 ziak$_8^{21}$；*p'ụk* 服/袱 p^{h}uk$_8^{21}$；*tộk* 赎/俗 tuk$_8^{21}$；*lộk* 绿 luk$_8^{21}$；*k'ộk* 局 k^{h}uk$_8^{21}$；

hộk 公/雄（特） hɔk$_8^{21}$；*mọk* 墨 mɔk$_8^{21}$；*lọk* 乐 lak$_8^{21}$；*p'oạk* 仆/伏 p^{h}uak$_8^{21}$；

toạk 熟（熟悉） tuak$_8^{21}$；*soạk* 镯 suak$_8^{21}$；*hoạk* 学 huak$_8^{21}$。

6.2.2　晚期汉借词的声调

晚期汉借词主要来自明清南系官话文读系统，与海南话、儋州话中的文读音一致。为简便起见，我们把来自普通话和海南话的词语也列进去。晚期汉借词一般不发生连读变调，但因类推作用，也有例外。海南话中的阴入调（55）与长流话第 7 调同调值，阳入调（33）与长流话第 8 调接近，因此从海南话中借入的词也依照汉字声母清浊之别，并入相应的口语音调类，但个别浊入字依然保留海南话阳入调的调值。为了避免发生混乱，标调时只能用一个系统，那就是临高语本族词的系统，晚期汉借词只标调值，不标调类。但如果发生连读变调，就按照本族词的变调规律标注调类。晚期汉借词的去声与本族词第 5 调同调，容易分辨，也标调类。文读入声阴阳入合并，也标调类。参看 § 2.3 长流方言汉字音系。

1. 古清平字读如第 3 调，调值 33（海南话阴平）。如：

kɔ^{33}歌（≠ko^{33}哥），kiaŋ^{33}弓，sɑi^{33}猜，kau^{33}教（教书），sɔu^{33}粗（大），siam^{33}nɔi$_{1}^{35}$签名，suŋ^{33}炮（铳），suŋ^{33}冲（用水冲），ɑŋ^{33}人（翁），tien^{33}新（新闻），kuŋ^{33}公，hiaŋ^{33}乡。

同一个清平字有早期和晚期不同层次，如：

恭：uk$_{7}^{55-33}$koŋ$_{1}^{35}$如厕/解手（出恭），kuŋ^{33}hei$_{3}^{33}$恭喜

爹：ʔde$_{1}^{35-21}$nin$_{1}^{35}$夫妻（爹姩），ʔdɛ^{33}tiaŋ^{21}养父（爹养）

公：kuŋ$_{1}^{35-21}$ts^{h}o$_{3}^{33}$祖公（公祖），kuŋ^{33}ʔdɑu^{33}公道

添：hem$_{1}^{35-21}$kɔn$_{2}^{24}$大家（添相），hiam^{33}ka^{33}添加

乡：ləŋ$_{1}^{35-21}$hiaŋ$_{1}^{35}$回乡，hiaŋ^{33}ts^{h}iaŋ^{21}乡长

当我们区分清楚早晚汉借词以后，就会发现，萨维纳所记“村人”（Ong-Bê［ɑŋ$_{3}^{33}$ʔbe$_{3}^{33}$］）的“人（翁）”，实际上是晚期汉借词，来自海南话阴平的“翁”（［aŋ^{33}］），“村人”实际上应该标为［ɑŋ^{33}ʔbe$_{3}^{33}$］，晚期汉借词与本族词的声调一目了然。

“翁”在长流话中有一个早期的读音 oŋ$_{1}^{35}$，如：ʔdia$_{1}^{35-21}$oŋ$_{1}^{35}$家公（爹翁），比较：mai$_{4}^{21-24}$p^{h}a$_{2}^{24}$家婆（母婆）。“爹”在长流话中有 ʔdia$_{1}^{35}$/ʔde$_{1}^{35}$/ʔdɛ^{33}三读，ʔdɛ^{33}是晚期借词音，来自海南话，ʔdia$_{1}^{35}$/ʔde$_{1}^{35}$是早期借词音。ʔdia$_{1}^{35}$比 ʔde$_{1}^{35}$早，对应的 p^{h}a$_{2}^{24}$也比 p^{h}e$_{2}^{24}$早，相当于东汉魏晋时期的读法。

2. 古浊平字与清上字、次浊上字相混（一如海南话），读如本族词第 4 调（调值 21），如：

ni^{21}泥，k^{h}əi^{21}骑，tiaŋ^{21}tiaŋ^{21}常常，teŋ^{21}省，kit$_{7}^{55-33}$ʔba^{21}枪毙（击靶），ŋua^{21}

瓦，lau^{21}老（人老），tiaŋ^{21}养。

还有一些清上字、次浊上字读如第 2 调，调值 24。如：

kua^{24}ʔdɔŋ$_{1}^{35}$赶到/赶上，ziau^{24}爪，ʔbo^{24}保，ʔdam^{33}ʔbo^{24}担保，to^{33}ts^{h}eŋ^{24}装整，to^{24}zi^{24}所以，ʔbɛ^{24}hɑu^{21}码头，kɛ^{24}假，kiam^{24}减，liu$_{1}^{35}$ton^{24}瞄准（看准）≠巡tun$_{2}^{24}$，sai$_{2}^{24-21}$tu^{24}财主，hɑu$_{3}^{33}$nau^{24}头脑，hoi^{24}火，hɔu^{33}k^{h}ɑu^{24}户口，ŋeŋ^{24}仰，ʔbiu^{24}表，hien^{24}捲，hon^{24}粉，ts^{h}ɔu^{24}扫，tui^{24}水，hon^{24}粉（hon^{24}ʔbit$_{7}^{55}$粉笔），ʔban^{24}扁（ʔban^{24}mɑt$_{7}^{55}$ɔu$_{4}^{21}$一根扁担），ts^{h}eŋ^{24}整，ʔdeŋ^{24}顶，keŋ^{24}景，ziaŋ^{24}养，siŋ^{33}so^{24}清楚。

这实际上是受海口话上声（调值 213）的影响，然后整合到长流话口语音第 2 调中。

3. 少数古浊去字读如阴平，一如大多数海南话。如：siu^{33}树（siu^{33}ni^{21}kiaŋ^{33}树泥弓，即弹弓）。但是，海口话阴平是 23 调，阳上调是 33，因此有些海口话阳上调的字，被借入后也是 33 调。如：ʔdeu^{33}对/中/得（着）。这样，长流话读为 33 调的词，实际上有 5 个来源，可以是本族词的第 3 调，也可以是早期汉借词中的清上字、清去字，还可以是晚期汉借词中的清平字、浊上字。

4. 古去声字调值 53/55（阴阳去合并），在前字位置与本族词第 5 调（调值 55）没有区别，单念或在后字位置时也不对立，我们将二者合并。如：ts^{h}ɑi$_{5}^{55}$/t^{h}ɑi$_{5}^{55}$再，ts^{h}ui$_{5}^{55}$/t^{h}ui$_{5}^{55}$最，tiu$_{5}^{55}$绣（tiu$_{5}^{55}$hua$_{1}^{35}$绣花），hɔp$_{8}^{21}$tiau$_{5}^{55}$合算（合数），hia$_{5}^{55}$ʔdəŋ^{21}下等，tɯ$_{5}^{55}$/ti$_{5}^{55}$四，tien$_{5}^{55}$信，səŋ^{33}i$_{5}^{55}$生意，kop$_{7}^{55-33}$tiau$_{5}^{55}$合算（合数），tiau$_{5}^{55}$数。

萨维纳无法区分高升调与高平调，为了表明它是个高调，萨维纳将高平调与第 1 调的标法一致。如：

hói 坏 huai$_{5}^{55}$；*hón* 赚（趁） hɑn$_{5}^{55}$；*kuắn* 惯/灌/罐 kuan$_{5}^{55}$；*tíng*，*tếng* 圣 teŋ$_{5}^{55}$；

téng 胜 teŋ$_{5}^{55}$；*lêáng* 亮/辆 liaŋ$_{5}^{55}$；*tsiáng* 酱 tsiaŋ$_{5}^{55}$；*hêáng* 向 hiaŋ$_{5}^{55}$；

cáu 什么 kou$_{5}^{55}$；*zóng* 不 zɑŋ$_{5}^{55}$；*á* 也 ɑ$_{5}^{55}$。

个别去声字有早晚借词不同层次，如：

禁：lɔu$_{4}^{21-24}$kɔm$_{3}^{33}$加入禁止规约（入禁），kim$_{5}^{55}$ts^{h}e$_{4}^{21}$禁止。

另外，一些晚期汉借词中的清去字读为第 1 调，萨维纳记音的时代就是如此。这实际上是由于海口话的阴去调（调值 35），恰与长流话第 1 调同调值，清去字借入后直接整合到本族词第 1 调中，有些字且按第 1 调的规律参与变调。如：

破：*p'é p'ẻng*, pot cassé. 破罐子（破瓶），今读 p^{h}ε$_{1}^{35-21}$p^{h}εŋ$_{2}^{24}$，实际意思是瓦罐。比较：p^{h}ε$_{1}^{35-21}$ʔdɑŋ$_{3}^{33}$（玻璃瓶）。

正：*kông tsếa*, équitable. 公正，今读 kuŋ^{33}ts^{h}ia$_{1}^{35}$。

烫：*hoàng kói*, ébouillanter un poulet. 烫鸡 huaŋ$_{1}^{35-21}$kɑi$_{1}^{35}$。

药：*zêá*, remède, médicament. 药/医，今读 zia$_{1}^{35}$，应该是变为去声以后借入临高语的。

挂：*kỏa tóm*, préoccupation. 挂心，今读 kua$_{1}^{35-21}$tɔm$_{1}^{35}$，应该是类推造成的连读变调。

翘：*k'iù k'a*, croiser les jambes. 翘腿，今读 k^{h}iu$_{1}^{35-21}$k^{h}a^{33}或 k^{h}iu$_{1}^{35-21}$kεŋ$_{4}^{21}$（翘小腿）。

撩：*lêáo bới zóng áu*, se défaire de. 丢弃不要（撩去不要），今读 liau$_{1}^{35}$ ʔbəi$_{1}^{35}$zɑŋ$_{5}^{55}$ɔu$_{1}^{35}$ = ʔbat$_{8}^{21}$ʔbəi$_{1}^{35}$zɑŋ$_{5}^{55}$ɔu$_{1}^{35}$（丢去不要）。

碰：*p'ống kỏn*, se heurter, se rencontrer, choc. 相碰，今读 p^{h}uŋ$_{1}^{35-21}$ kɔn$_{2}^{24}$，类推变调。

hun mềng, tirer l'horoscope. 算命（训命），今读 hun$_{1}^{35-21}$miŋ$_{4}^{21}$。

但是，"飞"读为 ʔbɑn$_{1}^{35}$（萨维纳记为 *bón*, voler），一般认为本字是"奋"，很像是清去字读为第 1 调，却不属于晚期汉借词；从声母看，"奋"是汉语轻重唇音未分化时借入的早期汉借词，如果是分化以后借入，非母字在长流话中读[p^{h}]不读[ʔb]。

5. 古入声字调值 55（阴阳入合并），同本族词第 7 调，因此，古浊入字文读都是第 7 调。

由于晚期汉借词及海南话文读只有一个入声（阳入合并到阴入），因此，浊入字也有文白读，文读为第 7 调，白读为第 8 调。如：立 lip$_{7}^{55}$/lɔp$_{8}^{21}$，物 ʔbət$_{7}^{55}$/ʔbɑt$_{8}^{21}$，失 tiet$_{7}^{55}$/tiet$_{8}^{21}$，物 ʔbət$_{7}^{55}$/ʔbɑt$_{8}^{21}$，协 hep$_{7}^{55}$/hiap$_{7}^{55}$，失 tiet$_{7}^{55}$/tiet$_{8}^{21}$，日 zit$_{7}^{55}$/zɔt$_{8}^{21}$。还有一些浊入字只有文读，也读第 7 调，如：邋 lɔp$_{7}^{55}$，裂 liat$_{7}^{55}$，木 muk$_{7}^{55}$，烛 ts^{h}uk$_{7}^{55}$，灭 miet$_{7}^{55}$，裂 liat$_{7}^{55}$。

关于长流话汉借词中的古浊入字，另有一点变化需要注意：个别从海南话中借入的浊入字，完全按海南话阳入调来读，调值 33。如：别 ʔbiet$_{8}^{33}$（ʔbən^{33}ʔbiet$_{8}^{33}$分别），律 lot$_{8}^{33}$（p^{h}ap$_{7}^{55}$lot$_{8}^{33}$法律），毒 ʔdɑk$_{8}^{33}$（ʔdɔk$_{8}^{21}$痛≠ʔdɑk$_{8}^{33}$毒≠ʔdɑk$_{7}^{55}$断了），乐 lok$_{8}^{33}$（k^{h}uai$_{3}^{33}$lok$_{8}^{33}$快乐）。"特"今音有 hɔk$_{8}^{21}$/ʔdek$_{8}^{33}$两读，hɔk$_{8}^{21}$是早期汉借词，萨维纳记为 hộk；萨维纳另记有 ʔdek$_{8}^{21}$（dệk êi 特意），今读只有海南话读法 ʔdek$_{8}^{33}$（ʔdek$_{8}^{33}$ei$_{3}^{33}$特意）。"白"有 p^{h}iak$_{8}^{21}$/p^{h}εk$_{8}^{21}$/ʔbεʔ$_{8}^{33}$三个读音，前两者是早期借词音，ʔbεʔ$_{8}^{33}$是晚期借词音，来自海南话。

无论进入临高语口语系统的早期汉借词，还是进入临高语文读系统的晚期汉借词，或者直接采用普通话和海南话的汉语词，统称为汉源词。

从调类系统看，临高语汉借词的文读音（晚期汉借词）与海南闽语、儋州话的文读音是一致的，都是阴平、阳平、上声、去声（阴阳去合并）和入声（阴阳入合并）5 个调类，这是明代南系官话影响所致①。

6.2.3 认错的汉语本字

《萨维纳的临高语词汇》中的汉源词基本都写出了本字。原书没有标明这些汉语本字是谁识读出来的，有一部分应该是萨维纳写出来的，因为附有法语解释。但有相当多的本字应该是奥德里古尔写出来的，而且全书材料是经过奥德里古尔编辑的，他也做过语言比较的工作，即使是萨维纳写出的汉语本字，也一定是奥德里古尔研究后确认的。原书中的汉源词，有不少本字认得很准，很见功夫，令人佩服，但也有一些本字认错了，甚至把临高语本族词认成汉语。以下列出原书中认错的本字（包括把临高语本族词认成汉语的例子）：

萨维纳记音及解释	辛世彪记音及释义	原书写出的本字	正确的本字或意思
sô nĩ (grand, petit), étendue.	so$_{1}^{35}$ niʔ$_{7}^{55}$ 大小/粗细	儿	小/细，临高语
tủ-í, avis.	tu^{21}i^{55} 主意	义	意
têi tán, demande et réponse.	tei$_{3}^{33}$ tan$_{1}^{35}$ 问答	谛	问，临高语
hải zõk, sonore.	hai$_{2}^{24}$ zɔk$_{7}^{55}$ 还响	哙	还
chiệp tứ, apprendre à lire.	sip$_{8}^{21}$ tɯ$_{1}^{35}$ 习字（习书）	字	书
dổn kể, gorge, gosier.	ʔdɔn$_{4}^{21-24}$ke$_{2}^{24}$ 喉咙（洞喉）	颈	喉
bô bõ, fortifier.	ʔbo$_{3}^{33}$ ʔbaʔ$_{7}^{55}$ 补血	保	补
soằn-p'ồ, belle-fille.	suan$_{1}^{35-21}$ p^{h}u$_{4}^{21}$ // = suan$_{1}^{35-21}$ p^{h}oʔ$_{8}^{21}$ 儿媳（新妇）	袍	妇
hoà k'ố, cercle.	k^{h}o$_{1}^{35-21}$ hua$_{1}^{35}$ 花圈（花箍）	圈	箍

① 参看辛世彪《海南闽语比较研究》，§ 6.5“海南闽语的文读音”，商务印书馆 2013 年版。

续　表

萨维纳记音及解释	辛世彪记音及释义	原书写出的本字	正确的本字或意思
têà, herbe à paillette.	tia$_2^{24}$茅	舍	茅,临高语
êả biển, ensemencer.	ia$_3^{33}$ʔbien$_2^{24}$扬种	下	扬,海南话
êà bu, camp.	ia$_2^{24-21}$ʔbu^{33}营部	盘	部,海南话
p'ồ-dế, nombril.	p^{h}u$_2^{24-21}$ʔde$_2^{24}$肚脐	脖	肚脐,临高语
tềi hải, cadavre.	tei$_1^{35-21}$hai$_2^{24}$尸骸	死	尸
dêi zỏa, cales de navire.	ʔdei$_3^{33}$zua$_2^{24}$船舱(底船)	低	底
zóng dêi sẻn, déprécier.	zaŋ$_5^{55}$ ʔdei$_3^{33}$ sɛn$_2^{24}$ 不值钱(不抵钱)	低	抵
k'ếi k'ẻi, déployer un drapeau.	k^{h}ei$_1^{35-21}$ k^{h}ɛi$_2^{24}$ 展开旗(开旗)	起	旗
sí ởi, essayer, tenter.	si$_5^{55}$əi$_2^{24}$试推(试挨)	为	推(挨),海口话
bỏi k'ẽk, accueillir un visiteur.	ʔbɑi$_4^{21-24}$k^{h}ek$_7^{55}$留客 =ʔbɑi$_4^{21-24}$me$_1^{35}$	陪	留,临高语
tsói mo, cela dépend de vous	ts^{h}ɑi$_5^{55}$ mɔ$_3^{33}$ 随便你/由你(在你)	随	在(在你)
kủi kuái, astucieux.	kui^{21}kuai$_5^{55}$诡怪	佹	怪
tiu ka, subir un affront.	tiu$_3^{33}$ka$_3^{33}$受辱(受杀) =tɔu$_4^{21-24}$ka$_3^{33}$被杀	丢	受
tsiu báng, éclairer.	ts^{h}iu$_3^{33}$ʔbaŋ$_1^{35}$照亮	焦	照
bêú crier	ʔbeu$_1^{35}$叫/喊	表	叫/喊,临高语
mêù (*pousses*)	meu$_4^{21}$欠收/坏	苗	欠收/坏,临高语
tsiảo ngỏn, échanger de l'argent.	ts^{h}iau$^{21-24}$ ŋɔn$_2^{24}$ 找钱(找银)	掉	找

续 表

萨维纳记音及解释	辛世彪记音及释义	原书写出的本字	正确的本字或意思
sêáu (herbe)	seu$_1^{35}$干(柴干)	草	熷
kiaù kón, aliment pitance, nourriture.	keu$_4^{21-24}$kɔn$_1^{35}$吃的东西(物吃)	交	东西/物,临高语
ng'êàu k'ỏm, se gratter.	ŋiau$_1^{35-21}$kɔm$_2^{24}$挠痒	拗	挠
kĩt khòn héảu, boxer.	kit$_7^{55-33}$k^{h}ɔn$_2^{24-21}$heu$_2^{24}$ 打拳(击拳头)	敲	头
bìng naù, conscrit.	ʔbiŋ$_1^{35-21}$nau$_4^{21}$新兵(兵新)	奴	新,临高语
zuốn laủ, être debout.	zun$_1^{35}$lɔu$_2^{24}$站起	露	起,临高语
laủ (entrer)	lɔu$_4^{21}$进≠lɔu$_2^{24}$起	搂	进,临高语
nóng sau, peau ratatinée.	nɑŋ$_1^{35}$sɔu^{33}皮粗	燥	粗,海南话
zóng saú zoi, insondable.	zɑŋ$_5^{55}$siau^{21}zɑi$_3^{33}$不晓得	修	晓。模仿"烧"的汉字音
sào zọp mesurer le riz.	sau$_1^{35-21}$zɑp$_8^{21}$舀米(抄米)	筹	抄
kaù hau bới, baisser la tête.	kɑu$_4^{21}$ hɑu$_3^{33}$ ʔbəi$_1^{35}$ 低头去(低首去)	叩;头	低/弯,临高语;首
ngau, mûr	ŋɑu$_3^{33}$熟	熬	熟,临高语
liú haù, apercevoir.	liu$_1^{35}$hɔu$_4^{21}$看见	透	知道/见,临高语
p' ố haù, boutique.	p^{h}o$_3^{33}$hɔu$_3^{33}$商铺(铺户)	头	户
kông dao, équitable.	kuŋ^{33}ʔdau^{33}公道	导	道
kõ̃k ao, se démettre le pied.	kok$_7^{55}$ ɑu$_3^{33}$ 扭脚/崴脚(脚拗)	踜	拗
hào k'ếi, geindre.	hau$_2^{24-21}$k^{h}ei$_3^{33}$叹气(嚎气)	透	嚎
hào k'êi, haleine.	hau$_2^{24-21}$k^{h}ei$_3^{33}$叹气(嚎气)	口	嚎

续　表

萨维纳记音及解释	辛世彪记音及释义	原书写出的本字	正确的本字或意思
diêm diêm tsữ tsữ, suinter goutte a goutte.	ʔdem$_{3}^{33}$ ʔdem$_{3}^{33}$ ts^{h}ɯʔ$_{7}^{55}$ ts^{h}ɯʔ$_{7}^{55}$ 点点滴滴	渐	点
diếm bới, emporter.	ʔdem$_{1}^{35}$ ʔbəi$_{1}^{35}$ 端去（掂去）	担	掂
tsiềm (mauvais)	ts^{h}im$_{4}^{21}$ 坏	诡	坏，临高语
sim lứng, cheviller.	sim$_{1}^{35}$ ləŋ$_{1}^{35}$ 楔住/钉住（签住）	针	签（櫼）
k'iềm lứng, comprimer.	k^{h}im$_{4}^{21}$ ləŋ$_{1}^{35}$ 按住（揿住）	钳	揿
hiểm-kỏn, conjointement.	hem$_{1}^{35-21}$ kɔn$_{2}^{24}$ 大家（添相）	谈	添
na lảm tẫk p'ẽặk, visage pâle.	na$_{3}^{33}$ lam$_{2}^{24}$ tek$_{7}^{55-33}$ p^{h}iak$_{8}^{21}$ 面色苍白（脸蓝色白）	脸	蓝
sốm nẻn, souhaiter la bonne année.	som$_{1}^{35-21}$ nen$_{2}^{24}$ 拜年	忱	拜，临高语
sòm hêáng, clou de girofle.	som$_{2}^{24-21}$ hiaŋ$_{1}^{35}$ 沉香	针	沉
zóm obscure, sombre.	zɑm$_{1}^{35}$ 黑/暗	阴	黑/暗，临高语
hòm sảu, animosité.	hɑm$_{2}^{24-21}$ sɔu$_{2}^{24}$ 含恨（含仇）	咸	含
biên hiển aù, une planche.	ʔbien$_{3}^{33}$ hien$_{4}^{21-24}$ ɔu$_{4}^{21}$ 一块板（板块一）	扁	板
biển zọp, farine de riz.	ʔbien$_{4}^{21-24}$ zɑp$_{8}^{21}$ 米粉（粉米）	面（麵）	粉/尘，临高语
k'iển bểng, autorité.	k^{h}ian$_{2}^{24-21}$ ʔbiŋ$_{3}^{33}$ 权柄	拳	权
tsêi hiển aù, une feuille de papier.	ts^{h}ei$_{3}^{33}$ hien$_{4}^{21-24}$ ɔu$_{4}^{21}$ 一张纸（纸张一）	片	块/片/张（量词），临高语
bêán mọt nêả, acquérir des terres.	ʔbian$_{1}^{35-21}$ mɑt$_{8}^{21}$ nia$_{3}^{33}$ 买土地	办	买，临高语
tiễt miên, déshonorer.	tiet$_{7}^{55}$ mien^{33} 丢面子（失面）	矢	失
mưởn bướn tóm, désaccoutumé.	mən$_{2}^{24-21}$ ʔbun$_{5}^{55}$ tɔm$_{1}^{35}$ 有二心/有贰心	半	两/二，临高语

续 表

萨维纳记音及解释	辛世彪记音及释义	原书写出的本字	正确的本字或意思
bưởn biệt, distinction.	ʔbən^{33}ʔbiet$_{8}^{33}$分别	辨	分，海南话
p'ươn ming, hasarder sa vie.	p^{h}ən$_{3}^{33}$meŋ$_{4}^{21}$拼命(奋命)	拌	奋
mảng tsứn, trembler de peur.	maŋ$_{2}^{24-21}$ts^{h}ɯn$_{1}^{35}$ 怕胳肢(恾震)	颤	震
ngểa zưởn bới, le serpent rampe.	ŋia$_{2}^{24}$zən$_{2}^{24}$ʔbəi$_{1}^{35}$ 蛇爬行(蛇蜒去)	蜿	蜒
kông hũk hói kon, travail absorbant.	koŋ$_{1}^{35-21}$ huk$_{7}^{55}$ hɑi$_{5}^{55}$ kɔn$_{3}^{33}$ 工作太赶	干	赶
p'an-lan, déconcerté.	p^{h}an$_{3}^{33}$luan$_{4}^{21}$混乱(叛乱)	频	叛
p'án (numéral)	p^{h}an$_{1}^{35}$幡(量词)	编	幡
hẳn siền, basse condition.	han$_{2}^{24-21}$ts^{h}ien$_{3}^{33}$寒贱 =han$_{2}^{24}$sien^{21}	闲	寒
huốn mọ aù, un chignon.	hun$_{1}^{35}$mɔʔ$_{8}^{21}$ɔu$_{4}^{21}$一个发髻	粉	发髻，临高语
tuốn kẩn, rejaillir.	tun$_{1}^{35}$kun$_{3}^{33}$泼上(一盆水)	顺	泼，临高语
hoắn tuổn, flâner.	huan$_{2}^{24-21}$tun$_{2}^{24}$闲逛(闲巡)	准	巡
p'ỏn số, la généralité.	p^{h}ɑn$_{4}^{21-24}$so$_{1}^{35}$大份(份大)	判	份
don-tsón p'ong, attendre longtemps.	ʔdɔŋ$_{3}^{33}$sɔn$_{1}^{35}$p^{h}ɔŋ$_{3}^{33}$等路久	阵	路，临高语
kĩt sòn, livrer bataille.	kit$_{7}^{55-33}$sɔn$_{4}^{21}$打仗(击阵)	战	阵
iên bĩt k'ốn aù, un crayon.	ien^{21}ʔbit$_{7}^{55}$k^{h}ɑn$_{5}^{55}$ɔu$_{4}^{21}$ 一杆铅笔(铅笔杆一)	竿	杆
kuắn dồ, andouille.	kuan$_{5}^{55}$ʔdo^{21}香肠(灌肠)	贯	灌，海南话
hoẳn kêẳm, savon.	huan$_{2}^{24}$kiam^{21}肥皂(番碱)	碗	番，海南话
kẽ bỏn p'ing, déraciner un vice.	keʔ$_{7}^{55-33}$mɑu$_{2}^{24}$ʔbiŋ$_{5}^{55}$戒毛病 (解毛病)	本	毛，临高语

续　表

萨维纳记音及解释	辛世彪记音及释义	原书写出的本字	正确的本字或意思
dìng ká, porter la cangue.	ʔdiŋ$_1^{35-21}$ka$_1^{35}$戴枷	顶	戴，临高语
nòm síng, eau claire	nɑm$_4^{21}$siŋ$_1^{35}$水清	净	清
zing lảu, accrocher, pendre.	ziŋ$_3^{33}$lɔu$_2^{24}$吊起	磬	吊，临高语
zóng ti hing, démodé.	zɑŋ$_5^{55}$ti^{21}hiŋ^{33}不时兴	行	兴
têng grade	teŋ^{33}升	登	升
sềng zỏa, appareiller.	sɛŋ$_1^{35-21}$zua$_2^{24}$撑船	成	撑
téng p'ải, médaille.	teŋ$_5^{55}$p^{h}ai$_2^{24}$奖牌（胜牌）	乘	胜
kón tèng, reste de repas.	kɔn$_1^{35}$tɛŋ$_4^{21}$吃剩	圣	剩
nòm lèng, eau froide.	nɑm$_4^{21-24}$lɛŋ^{21}冷水	京（凉）	冷
tsèng kỗk, talon du pied.	ts^{h}ɛŋ$_1^{35-21}$kok$_7^{55}$ 脚后跟（踭脚）	睁	踭
hẻng dọk, apaiser la douleur.	hɛŋ$_2^{24-21}$ʔdɔk$_8^{21}$ 不痛（停痛）	亭	停
p'êàng kái, confins.	p^{h}iaŋ$_2^{24-21}$kai$_3^{33}$边界（旁界）	方	旁
lêang k'oãt, généreux.	liaŋ$_4^{21}$k^{h}uat$_7^{55}$大量（量阔）	谅	量
bỏn sêáng, poils hérissés.	ʔbɑn$_2^{24}$siaŋ$_1^{35}$毛发竖起（毛枪）	松（鬆）	枪
mỏng-déau, moustiquaire.	mɑŋ$_2^{24}$ʔdiau$_5^{55}$蚊帐（蠓帐）	蚊	蠓
dẵk ziang, sécher au soleil.	ʔdak$_7^{55}$ziaŋ$_3^{33}$晒干（晒炀）	阳	炀
hồng hêang, compagnon d'études.	hoŋ$_2^{24-21}$hiaŋ^{33}同乡	行	乡
lòng p'ói sẻn lêào, prodigue.	lɑŋ$_5^{55}$p^{h}əi$_5^{55}$sɛn$_2^{24}$liau$_4^{21}$浪费钱多	通	浪
sói siển k'oang p'ỏn nĩ dỗk, quand la lune a un halo il est près de pleuvoir.	sɑi$_1^{35}$sien$_2^{24}$k^{h}uaŋ^{33}p^{h}ɑn$_1^{35}$ʔdi$_5^{55}$ʔdok$_7^{55}$月亮有晕要下雨（月旋框雨要下）	圈	框

续 表

萨维纳记音及解释	辛世彪记音及释义	原书写出的本字	正确的本字或意思
hoang laù, poêle.	$huaŋ^{33}\ lɔu^{21}$ 风炉(铁匠用的,有风箱)	炕	风,海南话
dụp emballer.	$ʔdup_7^{55}$ 包/裹	縶	包/裹,临高语
êi lõp, dossier d'une chaise.	$ei_3^{33}\ lap_7^{55}$ 躺椅(椅躺)	衲	躺,临高语
biễt nòm, nager.	$ʔbiet_7^{55-33}\ nam_4^{21}$ 游水/划水(拨水)	必	拨
p'ĩt don ngeng, ébrancher.	$p^hit_7^{55-33}\ ʔdɔn_3^{33}\ ŋɛŋ_3^{33}$ 砍树枝(剺树枝)	撇	剺
tiệt bươn, perdre le capital.	$tiet_8^{21}\ ʔbun_3^{33}$ 折本	賠	折(食列切,shé)
ói siễt, affectionner, chérir.	$ai_3^{33}\ sit_7^{55}$ 爱惜	恤	惜
bạt bới zóng aú, se défaire de.	$ʔbat_8^{21}\ ʔbəi_1^{35}\ zaŋ_5^{55}\ ou_1^{35}$ 丢弃不要	拔	弃,临高语
sạt nòm dá, essuyer des larmes.	$sat_7^{55-33}\ nam_4^{21-24}\ ʔda_1^{35}$ 擦眼泪(擦水眼)	刷	擦
ngạt dểi, broyer.	$ŋat_8^{21}\ ʔdɛi_2^{24}$ 轧碎(轧烂)	压	轧
toãt mọ aù, une brosse.	$tuat_7^{55}\ mɔʔ_8^{21}\ ɔu_4^{21}$ 一把刷子(刷个一)	擦	刷
tẹk tóm, antipathie.	$tek_7^{55-33}\ tɔm_1^{35}$ 省心/放心	謫	丢/放,临高语
boạk ũk, arracher, extirper.	$ʔbuak_8^{21}\ uk_7^{55}$ 拔出	剥	拔

sí ởi, essayer, tenter. 试推(试挨) $si_5^{55}\ əi_2^{24}$,“推”是海南话“挨”的训读字,本是阴平,海口话阴平为中升调(有人记 23 有人记 24),整合进长流话成为第 2 调。

还有一个常见的量词,用于飞机、风筝、船的量词 hau_1^{35},音同“挂”,奥德里古尔没有标出本字。王录尊读为 hau_1^{35},二李读为 hau_1^{35},本字应该就是“艘”,发生了 s->h-音变,如同“首”hau_3^{33}。

长流话中还有一些常见词来源不明。如：ziàng bỏn“人”[$ziaŋ_2^{24-21}$ $ʔban_2^{24}$]，后字原文认为是汉字“本”，未必对；前字不明，或许本来就是第 4 调，那不成了 $ziaŋ_4^{21}$ $ʔban_2^{24}$“样本”？又如：tưng kơi“什么”[$təŋ_3^{33}$ $kəi_3^{33}$]，后字应该是“几”，前字不明。

临高人在中国古文献中被称为“熟黎”，临高语是深受汉语影响的语言，无论古代层次还是近现代层次，大量汉借词已经深深扎根于临高人的日常生活中，离开汉借词，临高人完全无法交流。只是《萨维纳的临高语词汇》中所列举的汉借词比例更高，阳声韵的词尤其明显，这既有萨维纳的问题，也有发音人的问题。参看 § 8.1“发音人造成的问题”。

第七章　近百年来临高语长流话演变

《萨维纳的临高语词汇》为我们呈现了近百年前临高语东部方言长流话语音和词汇的基本面貌，也使我们得以了解近百年来临高语长流话在这两方面演变的大致情况。

7.1　词汇方面的变化

萨维纳记录的有一些词汇现在不说，或者发音人听过但少说，排除发音人错误的部分，大致上都属于语言变化造成的差异。词汇方面最常见的变化是用海南话说法代替旧有说法，或用普通话代替旧文读。也有一些说法与萨维纳记录有异，但不能证明萨维纳的发音人是错的，长流话在词汇方面有时因村而异。

萨维纳记录中就有一些词语是用海南话或普通话来说的。如：

tsè tsêô-iù, tremper dans la sauce de soja. 蘸酱油，今读 $ts^hɛ_2^{24-21}$ $tseu_5^{55}$ iu^{21}，其中的 $tseu_5^{55}$ iu^{21} 是海南话，而且不送气；这个词现在也说 $ts^hɛ_2^{24-21}$ $ts^hiaŋ_5^{55}$ $zɔu_2^{24}$，这里的“酱油”是按照普通话发音的。

kit ba-tsiang, gifle, gifler, donner un soufflet. 鼓掌（击巴掌），今读 kit_7^{55-33} $ʔba^{33}$ $tsiaŋ^{21}$，“巴掌”是按照普通话发音的，长流话口语“鼓掌”要说 tat_8^{21} me_2^{24}（拍手）。

但是，也有的词本来应该用文读，萨维纳的发音人却用了白读。

niểm kệk, pôle austral. 南极，实际上是 $nam_2^{24}$$kek_8^{21}$，而且不变调。

以下列出长流话在词汇方面的变化，但是与萨维纳所记相同，或同时有海南话或普通话说法的例子不包括在内。

7.1.1　大量使用海南话

dá toáng aù, les deux yeux. 一双眼（眼双一）。现在不说 $ʔda_1^{35}$ $tuaŋ_5^{55}$

ɔu$_4^{21}$（一双眼<眼双一），而说 ʔda$_1^{35}$ʔdoi$_5^{55}$ɔu$_4^{21}$（一对眼<眼对一），只有鞋袜筷子之类说"一双"。注意：tuaŋ$_1^{35}$/tuaŋ$_5^{55}$并不是海南话，海南话"双"说 tiaŋ^{33}；ʔdoi$_3^{33}$/ʔdoi$_5^{55}$是海南话。

né ziàng, ainsi, comme ceci. 这样。现在不说 nɛ$_1^{35-21}$ziaŋ$_4^{21}$，而说 nɛ$_1^{35-21}$eu^{33}，后字来自海南话 io^{33}（样）。

ko ké (demander congé). 请假（告假）。"告假"是文雅的说法，现在不说 ko$_3^{33}$kɛ$_5^{55}$（告假），直接说 siŋ^{21}kɛ$_5^{55}$（请假）这是海南话。

na tsúng, cadran d'horloge. 钟面盘（面钟）。na$_3^{33}$是长流话，ts^{h}uŋ$_1^{35}$是官话。现在不说 na$_3^{33}$ts^{h}uŋ$_1^{35}$，而说 na$_3^{33}$ts^{h}iaŋ$_3^{33}$，ts^{h}iaŋ$_3^{33}$是海南话"钟"。

bê dêi, exemple. 比如（比抵）。ʔbe$_3^{33}$是汉语"比"，ʔdei$_3^{33}$长流话表示"似/值"，本字是汉语"抵"。现今不说 ʔbe$_3^{33}$ʔdei$_3^{33}$（比抵），而说 bi^{21}sin$_5^{55}$，这是海南话"比如"，"如"是"信"的训读，北部海南话连人名中的"如"也读成"信"。

bê dêi, supposé que. 假如（比抵）。这与"比如"相同了，现今说 ʔbe$_3^{33}$sien$_5^{55}$或 kɛ$_2^{24-21}$sien$_5^{55}$，这也是海南话说法，前者本字是"比信"，后者本字是"假信"。"假如/如果"长流话口语说 ʔdaʔ$_8^{21}$ʔdi$_5^{55}$，但并不常说。

p'ìng tểi communément. 平时。现在不说 p^{h}eŋ$_2^{24-21}$tɛi$_2^{24}$，而说 p^{h}eŋ$_2^{24-21}$tiaŋ^{21}（平常），海南话发音。

hoạk nào (étudier nouveau) novice. 新手（学新）。现在不说 huak$_8^{21}$nau$_4^{21}$，而说//tin^{33}siu^{21}（新手），这是海南话。

hải zếang, forme de cordonnier. 鞋样。现在不说 hai$_2^{24-21}$ziaŋ$_5^{55}$甚至 hai$_2^{24-21}$ziaŋ$_4^{21}$，而说 io$_3^{33}$hai$_2^{24}$（鞋样），这是海南话。

bỏn siễp, rhumatisme. 风湿病（风湿）。bỏn 是长流话"风"，但声调标错；估计也是生造的合璧词。现在不说 ʔban$_3^{33}$sip$_7^{55}$，而说 huaŋ^{33}sip$_7^{55}$，直接用海南话。

ziàng aù lêào, autant. 一样多（样一多）。现在不说 ziaŋ$_4^{21}$ɔu$_4^{21}$liau$_4^{21}$，而说 ziak$_8^{21}$eu^{33}liau$_4^{21}$（一样多），"一样"用了海南话。长流话口语"一样"是 sɛŋ$_4^{21-24}$kɔn$_2^{24}$相称（称相），比较：zaŋ$_5^{55}$sɛŋ$_4^{21}$不如（不称）。

zóng tông-zồng, inutile. 不中用。现在不说 zaŋ$_5^{55}$toŋ^{33}zoŋ$_4^{21}$，而说 zaŋ$_5^{55}$toŋ^{33}zoŋ^{33}，zoŋ$_4^{21}$是旧文读，zoŋ^{33}是海南话读法。

họp hổng, accommodement. 合同。现在不说 hɔp$_8^{21}$hoŋ$_2^{24}$，这是而说 hɔp$_8^{21}$ʔdaŋ^{21}，这是海南话说法。

p'êạk p'êạk p'ài, dilapider. 浪费（白白败）。现在不说 $p^hiak_8^{21}$ $p^hiak_8^{21}$ $p^hai_4^{21}$，而说 $ʔbɛ^{33}$ $ʔbɛ^{33}$ $p^hai_4^{21}$，三个字都是海南话。$p^hai_4^{21}$ 是海南话"坏（败）"，读送气了。比较：$meŋ_2^{24-21}meŋ_2^{24-21}p^hai_4^{21}$ 任其坏掉（明明败）。

kỏn kõp hũk, agir avec précipitation. 赶紧做（紧急做）。现在不说 $kɔn_3^{33}$ $kɔp_7^{55}huk_7^{55}$，而说 $kɔn_3^{33}kep_7^{55}huk_7^{55}$，更常见的说法是 $kua^{21}kin^{21}huk_7^{55}$（赶紧做），"赶紧"是海南话。

7.1.2 说法有异

tsáu ngòa, four à tuiles. 瓦灶（灶瓦）。现在不说 $ts^hau_3^{33}ŋua^{21}$（瓦灶），而说 $ts^hau_3^{33}mɑt_8^{21}$（土灶）。

zẫk hóa, tige de fleur. 花茎（花骨<骨花）。现在不说 $zək_7^{55-33}hua_1^{35}$（花骨）$kɛŋ_3^{33}hua_1^{35}$（花茎）。

tsao sểi, tôt ou tard. 迟早（早迟）。估计读汉字了。现在不说 $ts^hau_3^{33}$ $sɛi_2^{24}$（迟早），而说 $k^huai_3^{33}sɛi_2^{24}$（快迟），更口语化。

p'ềang kái, confins. 边界（旁界）。现在不说 $p^hiaŋ_2^{24-21}kai_3^{33}$（旁界），而说 $niŋ_2^{24-21}kai_3^{33}$（边界）。

p'êảng ngá, berge du fleuve, bord d'une rivière. 江边（旁江）。现在不说 $p^hiaŋ_2^{24-21}ŋa_1^{35}$，这指的是"半边江/一半江"，而说 $niŋ_2^{24-21}ŋa_1^{35}$。

zêáo mui, sourire (v.). 微笑（笑微）。估计也读汉字了。现在不说 $ziau_2^{24}mui^{33}$（笑微），而说 $ziau_2^{24-21}mi^{33}$（笑咪），也说 $ziau_2^{24-21}nɛʔ_8^{21}$ 微笑（笑细），更口语。

kủi lêi, discipline, usage, formalité. 规律。现在不说 kui^{33} lei^{33}，而说 $kui^{33}lot_8^{33}$，这是海南话读音。

hoi tóm, blessant. 心坏（害心）。发音人表示没有听过 $hɑi_5^{55}tɔm_1^{35}$ 这个说法。"心坏"是 $tɔm_1^{35}p^hai_4^{21}$（心败），$p^hai_4^{21-24}tɔm_1^{35}$ 却是"费心"（败心）。

haù tọt, certitude, assurance. 眼见为实（知实/见实）。现在不说 $hɔu_4^{21}$ $tɔt_8^{21}$（知实），而说 $hɔu_4^{21}ts^hɔn_1^{35}$（知真/见真）。

hỏi kang, aborder une question. 开讲。"开"应该是粤语读音，但声调不对。现在不说 $hɔi_2^{24}kaŋ_3^{33}$，而说 $k^hei_1^{35}kaŋ_3^{33}$。

kao tưng, avancement. 高升。萨维纳又记录 *kau têng*, anoblir, avancer en grade. 高升。现在不说 $kɑu^{33}təŋ^{33}$ 而说 $kɑu^{33}teŋ^{33}$，只保留后一读法。

nêăm tsón, véracité. 老实（念真）。现在不说 $nem_4^{21-24}ts^hɔn_1^{35}$，而说 $kaŋ_3^{33}$ $ts^hɔn_1^{35}$（讲真）。

hoản kêầm, savon. 肥皂(番碱)。现在少说 huan^{33} kiam^{21},多说 pʰɑn^{33} kiam^{21}(番碱)。

tam p'òn ót, tiers. 三分之一(三份一)。现在不说 tam^{33} pʰɑn$_{4}^{21}$ ɔt$_{7}^{55}$,而说 tam^{33} pʰɑn$_{4}^{21}$ ou$_{1}^{35}$ pʰɑn$_{4}^{21-24}$ ɔu$_{4}^{21}$(三份要一份)。萨维纳记录的说法很简洁,不知道为何现在不说了。

zóng hăn zóng lêang, illimité. 无限量(无限无量)。现在不说 zɑŋ$_{5}^{55}$ han^{33} zɑŋ$_{5}^{55}$ liaŋ^{33},而直接说 zɑŋ$_{5}^{55}$ han^{33} liaŋ^{33}(无限量)。

tuổn mươn léng, vagabonder. 流浪/漂流(巡有地)。现在不说 tun$_{2}^{24}$ mən$_{2}^{24-21}$ lɛŋ$_{1}^{35}$,而说 mən$_{2}^{24-21}$ lɛŋ$_{1}^{35}$ tun$_{2}^{24}$(有地方巡),"游玩/游逛"说 tun$_{2}^{24}$ min$_{5}^{55}$ lɛŋ$_{1}^{35}$(巡遍地)。比较:min$_{5}^{55}$ lɛŋ$_{1}^{35}$ mən$_{2}^{24-21}$ ziaŋ$_{2}^{24-21}$ ʔbɑn$_{2}^{24}$(到处有人)。

kỏn kõp, exigeant, pressé. 紧急(赶急)。现在不说 kɔn$_{3}^{33}$ kɔp$_{7}^{55}$,而说 kɔn$_{3}^{33}$ kep$_{7}^{55}$ 或 kɔn$_{3}^{33}$ kip$_{7}^{55}$,kɔp$_{7}^{55}$ 与 kep$_{7}^{55}$/kip$_{7}^{55}$ 既是文白读,也有音变关系。

tsón kọp kỏn, carrefour. 十字路口/岔路口(路咬相)。现在不说 sɔn$_{1}^{35-21}$ kɑp$_{8}^{21}$ kɔn$_{2}^{24}$(路咬相),而说 sɔn$_{1}^{35-21}$ a^{33} sa^{33}(路桠杈)或 sɔn$_{1}^{35-21}$ kiau^{33} sa^{33}(路交叉)。

p'ìng tểi, communément. 平时。现在不说 pʰeŋ$_{2}^{24-21}$ tɛi$_{2}^{24}$(平时),而说 pʰeŋ$_{2}^{24-21}$ tiaŋ^{21}(平常)。

mìng lìng, décret. 命令。现在不说 miŋ$_{4}^{21}$ liŋ$_{4}^{21}$,而说 meŋ^{33} leŋ^{33},这是海南话文读。

têang kùng mểng, décerner une récompense. 论功行赏(赏功名)。现在不说 tiaŋ$_{3}^{33}$ kuŋ$_{1}^{35-21}$ miŋ$_{2}^{24}$,而说 tiaŋ$_{3}^{33}$ kuŋ^{33} miŋ$_{2}^{24}$,"公"用了新文读。

zoi zểng, triompher. 得胜(得赢)。现在不说 zai$_{3}^{33}$ zeŋ$_{2}^{24}$,而说 zeŋ$_{2}^{24}$ la$_{4}^{21}$(赢了),接近普通话了。但是"打得赢"要说 kit$_{7}^{55}$ zɑi$_{3}^{33}$ zeŋ$_{2}^{24}$。

báng lêáng, brillant. 光亮。báng 是长流话"光",lêáng 是汉语词"亮"。现在不说 ʔbaŋ$_{1}^{35}$ liaŋ$_{5}^{55}$,而说 ʔbaŋ$_{1}^{35}$ tɯʔ$_{7}^{55}$(光闪)。比较:tɯʔ$_{7}^{55-33}$ ʔdian$_{5}^{55}$(闪电),tɯʔ$_{7}^{55-33}$ ʔbɛi$_{2}^{24}$ 火一闪一闪(闪火)。

mạ díng, étrier. 马灯。这是一个官话词,现在已经不说 mɑʔ$_{8}^{21}$ ʔdiŋ$_{1}^{35}$(马灯),只说 ʔbɑk$_{7}^{55-33}$ ʔdei$_{3}^{33}$(灯)。

liên lứng, unir d'amitié. 交朋友(链住)。现在不说 lien$_{3}^{33}$ ləŋ$_{1}^{35}$(链住),而说 lien$_{2}^{24}$ ləŋ$_{1}^{35}$(联住/连住)。

zóng sế ngiệp, déshériter. 剥夺继承权(不分业)。现在不说 zɑŋ$_{5}^{55}$ se$_{1}^{35-21}$ ŋip$_{8}^{21}$(不分业),而说 zɑŋ$_{5}^{55}$ se$_{1}^{35-21}$ zan$_{2}^{24-21}$ zou$_{3}^{33}$(不分家住/不分家在),或者借

用海南话“家规”，说成 zaŋ$_{5}^{55}$se$_{1}^{35-21}$kɛ^{33}kui^{33}（不分家规）。

hổng zêàng hũk, faire de la même manière. 同样做。现在不说 hoŋ$_{2}^{24-21}$ziaŋ$_{4}^{21}$huk$_{7}^{55}$，而说 hoŋ$_{2}^{24-21}$ziaŋ$_{5}^{55}$huk$_{7}^{55}$，“样”用新文读。

k'iệp năn, éviter le malheur. 避难。现在不说 k^{h}ep$_{8}^{21}$nɑn$_{5}^{55}$，而说 ʔdɛu$_{2}^{24-21}$nɑn$_{5}^{55}$（逃难）。

k'iệp sề, éviter le péché. 避罪/逃罪。现在不说 k^{h}ep$_{8}^{21}$ se$_{4}^{21}$，而说 ʔdɛu$_{2}^{24-21}$se$_{4}^{21}$（逃罪）。

mọk mẹk, blé. 小麦（谷麦）。现在不说 mɔk$_{8}^{21}$mɛk$_{8}^{21}$，而说 men$_{4}^{21}$（面），长流人“麦/面”不分。但是“种麦”要说 sa$_{1}^{35-21}$mɛk$_{8}^{21}$。

hẹk kỗk aù, donner un coup de pied. 踢一脚（踢脚一）。现在不说 hɛk$_{7}^{55-33}$kok$_{7}^{55}$ɔu$_{4}^{21}$，而说 hɛk$_{7}^{55-33}$kok$_{7}^{55}$p^{h}əi$_{2}^{24}$ɔu$_{4}^{21}$踢一脚（踢脚回一）。

zảu tsũk, chandelle de suif. 油烛，现在不说 zɔu$_{2}^{24}$ts^{h}uk$_{7}^{55}$，只说 ts^{h}uk$_{7}^{55}$（烛）。

mể dà hêỏ, coude. 肘（手眼头），现在说 ʔda$_{1}^{35-21}$me$_{2}^{24}$（手眼），但“膝盖”是 kok$_{7}^{55-33}$ʔda$_{1}^{35-21}$heu$_{2}^{24}$（腿眼头），与萨维纳所记一致（*kỗk da hêố*, genou.），可见“肘”以前应该说 me$_{2}^{24}$ʔda$_{1}^{35-21}$heu$_{2}^{24}$（手眼头）的。

从《萨维纳的临高语词汇》中的大量例词来看，长流话在词汇方面的变化不大，很多差异实际上是萨维纳发音人自身原因造成的。

7.2 语音方面的变化

与萨维纳的记录相比较，临高语长流方言在语音方面不存在系统性变化，但有不少零散的非系统性音变。音系方面的今昔差异主要是萨维纳的例词语音覆盖面不全造成的，含有某个语音成分的语词在萨维纳的词表中没有出现。一个看似明显的变化是，萨维纳记录的 ts-声母，在现在长流方言中读为 ts^{h}-或 t^{h}-，但这有可能是萨维纳音系处理的问题，不一定是原来的 ts-变为现在的 ts^{h}-或 t^{h}-，因为长流话原来的 p^{h}-、t^{h}-、k^{h}-中，t^{h}-消失了，已经变为 h-，按照邻近的海南话送气音消失先塞擦音、后塞音的顺序（辛世彪 2005），临高语不可能原来塞擦音不送气，后来变为送气的道理。长流话至今仍有个别词读为 ts-，如 *kòm tsiố*, piment. 辣椒，今读 kɑm$_{2}^{24-21}$tsiu$_{1}^{35}$。应该是 ts-/ts^{h}-不对立，多数倾向于送气，萨维纳处理为不送气。这个不属于音变。

1. ts^h-变为-s

长流话的 ts^h-与-s 是对立的音位，萨维纳的记录在今天的读音中两者也基本分而不混。但有个别词萨维纳记录中存在 ts^h-/s-两读现象，今音只有 s-一读。例如：

1）"迟"，记为 tsẻi 和 sẻi，今音 $sɛi_2^{24}$

tsẻi kí bỏn, différer de quelques jours. 迟几天，在另一处记为 *sẻi kí bỏn*, (sous peu) dans peu de jours，今音 $sɛi_2^{24}ki_5^{55}ʔbɑn_2^{24}$（迟几天）。并且"迟"多数时候记为 sêi，如：*sẻi sẻ*, lentement (?). 迟迟 $sɛi_2^{24-21}sɛi_2^{24}$；*tam sẻi tsĩ*, modérer le pas. 慢些走/走慢点（走迟些）$tam_3^{33}sɛi_2^{24}ts^hit_7^{55}$；*tsao sẻi*, tôt ou tard. 迟早（早迟）$ts^hau_3^{33}sɛi_2^{24}$。

2）"枕"，记为 tsom 和 som，今音 $ts^hɔm_3^{33}$

tsom hêảu, oreiller. 枕头，又记为 *som hêảu*, traversin (chevet)，今音 $ts^hɔm_3^{33}heu_2^{24}$。

3）"路"，记为 tsón 和 són，今音 $sɔn_1^{35}$

don tsón k'ưới aù, attendre un instant. 等一会儿（等路期一），今音 $ʔdɔŋ_3^{33}sɔn_1^{35}k^hɔi_5^{55}ɔu_4^{21}=ʔdɔŋ_3^{33}sɔn_1^{35}k^hək_7^{55}ɔu_4^{21}$（等路刻一）。

tsón kọp kỏn, carrefour. 十字路口/交叉路口（路咬相），相当于 $ts^hɔn_1^{35-21}kɑp_8^{21}kɔn_2^{24}$路咬相（现今不说）。

但多数时候记为 són。如：*tam són bới*, aller à pied. 步行（走路去），今音 $tam_3^{33}sɔn_1^{35}ʔbəi_1^{35}$；*són êú êú*, sinueux en parlant d'un chemin. 弯弯曲曲的路（路弯弯），今音 $sɔn_1^{35}eu_5^{55}eu_1^{35}$。

4）"阵"，记为 sòn，今音 $sɔn_4^{21}$

本来应该是 tsòn，即 $ts^hɔn_4^{21}$，但今音都读为 $sɔn_4^{21}$。

kĩt sòn, livrer bataille. 打仗（击阵），今音 $kit_7^{55-33}sɔn_4^{21}$；*p'ón sỏn aù*, une averse. 一阵雨（雨阵一），今音 $p^hɑn_1^{35}sɔn_4^{21-24}ɔu_4^{21}$；*taú sỏn*, défaite. 败阵（输阵）$tou_1^{35-21}sɔn_4^{21}$。

另外"习"字，萨维纳记为 ts^h-，现在读为 s-，如：*hoạk tsiệp*, s'exercer. 学习，今音 $huak_8^{21}sip_8^{21}$。

以上记音并非萨维纳记错，可能是 ts^h->s-变化的痕迹。

另外从汉借词来说，似乎是早期借词中的 ts^h-不变，晚期借词中 ts^h->s-。例如：

$ts^hək_7^{55-33}mɛk_8^{21}$摸脉/号脉（测脉），$sək_7^{55-33}zan_2^{24}$屋旁（屋侧）。

早期汉借词已经成为临高语的一部分，晚期汉借词来自海南话，本身就

是 ts^h->s-后的结果(参看：辛世彪 2005)。

也有一些词萨维纳记录 ts^h-/s-两读，今音也是 ts^h-/s-两读。如：

5)"签"，记为 tsìm 和 siểm，今音也有别，但意思不同

tsìm nói, signer. 签名，今音 $ts^him_1^{35-21}nɔi_1^{35}$(长流话意思是核对名单)。

siểm nói, apposer sa signature. 签名，今音 $siam^{33}nɔi_1^{35}$签名(在已有的名单表格上签名)。参考：$ʔdɑʔ_7^{55-33}nɔi_1^{35}$签名(在空白纸上写名字，如婚宴上送礼的人签名)。

6)"催"，记为 tsúi 和 sối，今音 $ts^hui_5^{55}$和 soi_1^{35}

tsúi bĩk hũk kống, activer les travaux. 催逼做工，今读 $ts^hui_5^{55}$ $ʔbik_7^{55-33}$ $huk_7^{55-33}koŋ_1^{35}$或 $soi_1^{35}ʔbik_7^{55-33}huk_7^{55-33}koŋ_1^{35}$。

sối bĩk, dépêche. 催逼，今音 $soi_1^{35}ʔbik_7^{55}$(= $ts^hui_5^{55}ʔbik_7^{55}$)。

也有个别词萨维纳记录 ts^h-/s-两读，今音只有送气音一读。如：

7)"枕"，记为 tsom 和 som，今读 $ts^hɔm_3^{33}$

tsom hêổ, traversin. 枕头，*tsom hêảu*, oreiller. 枕头，又 *som hêảu*, traversin (voir chevet). 枕头，今读 $ts^hɔm_3^{33}heu_2^{24}$。

8)"鹿"，记为 tsoạk 和 soạk，今读 $ts^huak_8^{21}$

mải tsoạk, biche. 母鹿，今读 $mai_4^{21-24}ts^huak_8^{21}$。

soạk háu aù, un cerf. 一只鹿(鹿只一)，今读 $ts^huak_8^{21}hɔu_2^{24}ɔu_4^{21}$。

9)"窄"，记为 tsẽk 和 sẽk，今音 $ts^hek_7^{55}$

són tsẽk, chemin étroit. 路窄，今读 $sɔn_1^{35}ts^hek_7^{55}$。

hồng tỏm sẽk, mesquin. 心胸窄/气量小(胴心窄)，今读 $hoŋ_4^{21-24}tɔm_1^{35}$ $ts^hek_7^{55}$。

另外，萨维纳记录的"随你(随便你)"(comme vous voudrez)既作 tsói mo，也作 sói mo，如今发音人说：两者意思一样，但前者是"在你"$ts^hɑi_5^{55}$ $mɔ_3^{33}$，后者是"随你"$sui_2^{24-21}mɔ_3^{33}$。

还有一些词，萨维纳时代已经读为 s-声母，今音相同。如"匠人"的"匠"：*mộk sêàng*, charpentier, menuisier. 木匠，今读 $mɔk_8^{21}siaŋ_4^{21}$木匠(墨匠)；*tsỗk siàng*, maçonner. 砌墙(筑墙)，今读 $ts^hok_7^{55-33}siaŋ_2^{24}$。

没有见到萨维纳记为 s-，今音读 ts^h-的例子，也就是没有逆转。ts^h->-s 是临高语和海南闽语共同的音变，由于长流地区各个村子语音发展不平衡，读音有差异，但 ts^h->-s 的趋势未变，这个过程在长流话中仍在持续，但也限于老一辈人群。长流 75 岁以上的老一辈人[ts^h]可以自由变读为[ts][t^h]，中年以下及年轻人反而读送气音的更多，ts^h->-s 的音变或许会终止于年轻一代。

但是，ts->ts^h-/t^h-的现象非常突出，ts-、ts^h-、t^h-这三个音是自由变体，以读送气音为常，有的村都读为 ts^h-，有的村都读为 t^h-，这显然是后来的变化。

2. $niʔ_7^{55}$ 变为 $ʔdiʔ_7^{55}$（将要）

ní huồn k'ếi, agoniser. 临终/临死（将断气）$ʔdiʔ_7^{55}hon_4^{21-24}k^hei_3^{33}$　按：*ní* 应该是喉塞尾 *nĩ* 之误，今音都读 $ʔdiʔ_7^{55}$；*p'on nĩ dỗk*, il va pleuvoir. 要下雨（雨要下）$p^hɑn_1^{35}ʔdi_5^{55}ʔdok_7^{55}$。

3. $mɑn_2^{24}$ 变为 $ʔbɑn_2^{24}$（谁）

萨维纳记录的 *mởn*，今发音人一律读为 $ʔbɑn_2^{24}$（音同"天"）。如：*mởn no*, lequel. 哪个/谁人（音同"天人"）$ʔbɑn_2^{24}\ nɑ_3^{33}$；*mởn no zú zoi*, sans distinction de personne, n'importe qui. 不偏待人（谁人都得）$ʔbɑn_2^{24}nɑ_3^{33}zu_5^{55}zɑi_3^{33}$；*nè no tờ mởn no*, quel est cet homme? 这人是谁（这人是天人）$nɛ_1^{35-21}nɑ_3^{33}tə_4^{21}ʔbɑn_2^{24}nɑ_3^{33}$。

4. -au 变为-ɔu/-ou

萨维纳记录中，有一些词的韵母记为-au 或 âu，现在一部分读为-ou，另一部分读为-ɔu。如：

táu—tou_1^{35} 输/收，áu—ou_1^{35} 要/给，zấu—zou_1^{35} 尿，máu—mou_1^{35} 猪，cáu—kou_5^{55} 什么；

saủ sêàng—$sou_4^{21-24}siaŋ_4^{21}$ 立刻，hâú —hou_1^{35} 市（墟），taù—tou_4^{21} 受，ngau—$ŋou_1^{35}$ 坐；

dọ zâú—$ʔdɔʔ_8^{21}zou_1^{35}$ 撒尿，dâu—$ʔdou_3^{33}$ 我们；

haủ—$hɔu_2^{24}$ 身体，haù—$hɔu_4^{21}$ 知道/见，ngaủ—$ŋɔu_2^{24}$ 牛（黄牛），zảu—$zɔu_2^{24}$ 油；

tsàu zản—$ts^hɔu_2^{24-21}zan_2^{24}$ 扫屋（帚屋），àu—$ɔu_4^{21}$ 一，p'aù—$p^hɔu_4^{21}$ 步，laù—$lɔu^{21}$ 炉；

haú—$hɔu_2^{24}$ 只（动物），daủ—$ʔdɔu_2^{24}$ 门。

长流话存在-au、-ɑu、-ɔu、-ou 的对立，萨维纳的韵母系统中整体缺少-ɑ-系列元音，他把-ɑ-类混入-o-类甚至-a-类，个别用-ă-或-á-表示，参看 § 4.3.1"[ɑ]类韵母问题"。推断这一系列韵母原来是-ɔu，后来一部分高化变为-ou，另一部分仍然读为-ɔu，处于词汇扩散当中。或许以后-ɔu 韵母会逐渐合并到-ou 韵母中。我现在的发音人中有两位 75 岁的发音人，比起 2005 年的发音人只差了 15 岁，但李焕才（女）很多词中的-ɔŋ 韵母已经与-oŋ 分不清了，但她的丈夫（李经任）仍然能分清。

5. $zɑi_3^{33}$ 变为 zai_3^{33}

长流话表示实义"够/得"以及表示"应该"的动词与结果补语"得"或

“不可以”之类意思的词，是有区别的，前者是 zai$_3^{33}$，后者是 zɑi$_3^{33}$，但如今 zɑi$_3^{33}$倾向于混为 zai$_3^{33}$。

萨维纳记音中，表示动词“够/得/应该”意思的多数是 zai，表示补语“得”的都是 zoi。今音前者不可以读为 zɑi$_3^{33}$，后者却可以读为 zai$_3^{33}$。如：

zoi, *zai* obtenir, pouvoir. 得/能，这里记音有两读，今音只有 zai$_3^{33}$一读。

zai tóm ziàng-bỏn, capter les cœurs. 得人心（得心人），今音 zai$_3^{33}$tɔm$_1^{35-21}$ ziaŋ$_2^{24-21}$ʔbɑn$_2^{24}$。zai$_3^{33}$不可以读为 zɑi$_3^{33}$。同样的如：zai$_3^{33}$kia$_3^{33}$liau$_4^{21}$得多少（= zai$_3^{33}$ki$_5^{55}$liau$_4^{21}$）。

zóng zai kón, pas assez à manger. 不够吃，今音 zɑŋ$_5^{55}$zai$_3^{33}$kɔn$_1^{35}$不够吃。比较：zai$_3^{33}$zɑŋ$_5^{55}$zai$_3^{33}$够不够；zɑŋ$_5^{55}$kɔn$_1^{35}$zɑi$_3^{33}$不能吃（不吃得），zɑŋ$_5^{55}$ʔbəi$_1^{35}$ zɑi$_3^{33}$去不了（不去得）。

zai sế zống, désobliger. 得罪别人，另一处记为 *zoi sè zông*, mécontenter les gens. 得罪别人。今音 zai$_3^{33}$se$_4^{21}$zoŋ$_1^{35}$。（zɑi$_3^{33}$不可以）

zoi hoán, avoir le temps, avoir des loisirs. 有空（得闲），今音 zai$_3^{33}$ huan$_2^{24}$。（zɑi$_3^{33}$不可以）

zoi lứng, récupérer. 应该回（得回），今音 zai$_3^{33}$ləŋ$_1^{35}$。（zɑi$_3^{33}$不可以）

miển zóng zai, obligatoire. 必需的（免不得），今音 mian^{21} zɑŋ$_5^{55}$zai$_3^{33}$。（zɑi$_3^{33}$不可以）

kang zai liú lí, parler couramment. 讲得流利。今音 kaŋ$_3^{33}$zɑi$_3^{33}$liu$_2^{24}$li$_5^{55}$。

nêa zoi sểi, arriver en retard. 来得迟，今音 nia$_3^{33}$zɑi$_3^{33}$sɛi$_2^{24}$。

zóng sế zoi k'ếi, confondre. 分不开（不分得开），今音 zɑŋ$_5^{55}$se$_1^{35}$zai$_3^{33}$ kɔn$_2^{24}$。

bới zoi dóng, abordable. 去得了（去得到），今音 ʔbəi$_1^{35}$zɑi$_3^{33}$ʔdɔŋ$_1^{35}$。

tẻng zoi p'ưởi, engraisser. 长得肥（生得肥），今音 teŋ$_1^{35}$zɑi$_3^{33}$p^{h}əi$_2^{24}$。

zóng p'ài zoi, incorruptible. 坏不掉（不败得），今音 zɑŋ$_5^{55}$p^{h}ai$_4^{21}$zɑi$_3^{33}$。

zóng noi zoi, pas tenable. 忍不住/耐不住（不耐得），今音 zɑŋ$_5^{55}$nɑi$_3^{33}$ zɑi$_3^{33}$。

lói zoi lêào, trop loin. 远得多，今音 lɔi$_1^{35}$zɑi$_3^{33}$liau$_4^{21}$。

tsói zoi sã aù, libre. 由你自己（在得自己），今音 ts^{h}ɑi$_5^{55}$zɑi$_3^{33}$sa$_5^{55}$ɔu$_4^{21}$。

zóng nòn zoi, méconnaître. 不认得，今音 zɑŋ$_5^{55}$nɔn$_4^{21}$zɑi$_3^{33}$。

tõk zoi, connu (célèbre). 懂得，今音 tɔk$_7^{55}$zɑi$_3^{33}$。

hũk zoi, admissible. 可以做/可行（做得），今音 huk$_7^{55}$zɑi$_3^{33}$。

zau zoi, habitable. 可以住（住得），今音 zou$_{3}^{33}$zɑi$_{3}^{33}$。

p'ìng zoi k'iến, le mal s'est aggravé. 病得重，今音 pʰiŋ$_{4}^{21}$zɑi$_{3}^{33}$kʰien$_{1}^{35}$。

liú zoi hàu, visible, perceptible. 看得见，今音 liu$_{1}^{35}$zɑi$_{3}^{33}$hɔu$_{4}^{21}$。

taù zoi, acceptable. 受得了（受得），今音 tou$_{4}^{21}$zɑi$_{3}^{33}$。

zóng soắn zoi, insomnie. 睡不着（不睡得），今音 zɑŋ$_{5}^{55}$suan$_{1}^{35}$zɑi$_{3}^{33}$。

以上表示结果补语"得"的 zɑi$_{3}^{33}$，今音都可以读为 zai$_{3}^{33}$，但"得人心"、"不够吃"、"得罪"（其实是读汉字）、"得回"等的 zai$_{3}^{33}$，却不能读为 zɑi$_{3}^{33}$，显示 zɑi$_{3}^{33}$倾向于合并到 zai$_{3}^{33}$，而不是相反。萨维纳的记音中，表示结果补语"得"的很少记为 zai，除了"讲得流利"，却把"有空（得闲）"和"应该回（得回）"误为 zoi，把"得/能"和"得罪人"记为两读，不像是萨维纳听不出分别，而可能是发音人已经开始混乱了。

6. -ɔ 与-e 交涉

各地临高语的-ɔ，在长流话中一部分变为-e，如：

	后面	蚯蚓	村子	深箩筐	种子	手
临高临城	ʔdau$_{3}^{33}$lɔi$_{2}^{55}$	nɔu$_{2}^{55}$	vɔ$_{3}^{33}$	la$_{2}^{55}$	vɔn$_{2}^{55}$	mɔ$_{2}^{55}$
澄迈马村	lɔi$_{2}^{33}$	san$_{2}^{33-31}$nɔu$_{2}^{33}$	vɔ$_{3}^{24}$	lɔ$_{2}^{33}$	vɔn$_{2}^{33}$	mɔ$_{2}^{33}$
澄迈白莲	ʔda$_{3}^{13-33}$lɔi$_{2}^{33}$	san$_{2}^{33-31}$nɔu$_{2}^{33}$	vɔ$_{3}^{13}$	lɔ$_{2}^{33}$	vɔn$_{2}^{33}$	mɔ$_{2}^{33}$
海口石山	ʔda$_{3}^{33}$lɔiʔ$_{10}^{33}$	san$_{3}^{33}$nɔuʔ$_{10}^{33}$	vɔ$_{3}^{33}$	lɔʔ$_{10}^{33}$	vɔt$_{10}^{33}$	mɔʔ$_{10}^{33}$
海口永兴	lɔi$_{2'}^{44}$	sɔn$_{2}^{33}$nɔu$_{2'}^{44}$	vɔ$_{3}^{24}$	lɔ$_{2}^{33}$	vɔn$_{2}^{33}$	mɔʔ$_{7'}^{44}$
琼山龙塘	lɔi$_{2}^{33}$	sɐn$_{2}^{33-21}$nɔu$_{2}^{33}$	vɔ$_{3}^{24}$	lɔ$_{2}^{33}$	vɔn$_{2}^{33}$	mɔ$_{2}^{33}$
海口荣山	lɔi$_{2}^{24}$	san$_{2}^{24-21}$nɔu$_{2}^{24}$	ʔbɔ$_{3}^{33}$	lɔ$_{2}^{24}$	ʔbɔn$_{2}^{24}$	mɔ$_{2}^{24}$
海口长流	ʔdɑŋ$_{2}^{24-21}$lei$_{2}^{24}$	san$_{2}^{24-21}$neu$_{2}^{24}$	ʔbe$_{3}^{33}$	le$_{2}^{24}$	ʔben$_{2}^{24}$/ ʔbien$_{2}^{24}$	me$_{2}^{24}$

由于这个-e 位置较高，有韵尾时听起来像是-ie 或-i，从萨维纳到现在都不易分辨。参看：§4.3.3"辅音尾韵母中 i-iê-e 不分的问题"。似乎-ɔ>-e 过程还继续。

nắn nỏ =*nỏ nắn*, crispation des nerfs. 神经抽搐（肉动），今读 nan$_{4}^{21}$ne$_{1}^{35}$肉动，不说 ne$_{1}^{35-21}$nan$_{4}^{21}$（动肉）。

huồn-p'ẽk tan, s'affoler. 魂魄散，今读 hen$_{2}^{24-21}$pʰɛk$_{7}^{55}$tan$_{3}^{33}$。萨维纳把很

多-un/-on 韵母的词记为 uon 韵母，如：*hau luôn*, calvitie. 光头/秃头，今读 hɑu$^{33}_{3}$lon$^{33}_{3}$；*ủi huổn*, trancher. 割断，今读 ʔbui$^{35}_{1}$hon$^{21}_{4}$。汉借词"魂"的韵母应该是 hon$^{24}_{2}$，通过类推方式读为 hen$^{24}_{2}$。

sư kon, affaire. 事件，这个记音代表的读音可能是 sɯ$^{33}_{3}$kɑn$^{33}_{3}$或 sɯ$^{33}_{3}$ kɔn$^{33}_{3}$，今读 sɯ$^{55}_{5}$ken$^{33}_{3}$或 sɯ$^{55}_{5}$kien$^{33}_{3}$，反证以前"件"读 kɔn$^{33}_{3}$，后来变为 ken$^{33}_{3}$/kien$^{33}_{3}$。

ngỏn p'ái, médaille en argent. 银牌，其实有两种：ŋɔn$^{24-21}_{2}$ pʰai$^{24}_{2}$和 ŋin$^{24}_{2}$ pʰai$^{24}_{2}$，前者是祖宗的银质牌位，后者是运动员的奖牌。文白读之间存在音变关系：ŋɔn$^{24}_{2}$>ŋen$^{24}_{2}$>ŋin$^{24}_{2}$。

tếng zọt, anniversaire de la naissance. 生日，今读 teŋ$^{35-21}_{1}$ zɔt$^{21}_{8}$；但是 *dêa zọt tsư*, fixer un jour précis. 定日子，今读 ʔdia$^{33}_{3}$zit$^{55-33}_{7}$tsi^{21}，参考：zit$^{55}_{7}$ʔbaŋ$^{35}_{1}$ kua$^{33}_{3}$ka$^{33}_{3}$kiŋ$^{33}_{3}$阳光透过玻璃窗（阳光光过架镜）。

hồn-p'ẽk, âme. 魂魄，今读 hen$^{24-21}_{2}$ pʰek$^{55}_{7}$，实际上"魂"今读 hon$^{24}_{2}$或 hun$^{24}_{2}$，但当地人将 hon$^{24}_{2}$按照 hɔn$^{24}_{2}$类推成 hen$^{24}_{2}$了。

kỏn kõp, exigeant, pressé. 紧急（赶急），今读 kɔn$^{33}_{3}$kep$^{55}_{7}$，也可以读为 kip$^{55}_{7}$，显然是 kɔp$^{55}_{7}$>kep$^{55}_{7}$>kip$^{55}_{7}$。

kom tsêi, interdire, défendre. 禁止，今读 kim$^{55}_{5}$ tsʰe^{21}，应该是从 kem$^{55}_{5}$ tsʰe^{21}变来，kɔm$^{33}_{3}$ tsʰei$^{33}_{3}$>kem$^{33}_{3}$ tsʰe$^{33}_{3}$。长流话中的-i-与-e-有时很难区分，例如：ʔdi$^{35-21}_{1}$kʰɔu$^{21}_{4}$=ʔde$^{35-21}_{1}$kʰɔu$^{21}_{4}$小舅子（爹舅），姐姐叫弟弟、姐夫叫小舅子、外甥叫舅舅都是"爹舅"，跟着孩子叫；"鬼"hi$^{24-21}_{2}$haŋ$^{35}_{1}$=he$^{24-21}_{2}$haŋ$^{35}_{1}$鬼。参看：§4.2.2 复元音韵母中 i-ê 不分。

niểm, sud. 南，今读 nem$^{24}_{2}$或 nim$^{24}_{2}$，比较：ʔdoŋ$^{35}_{1}$tɔi$^{35}_{1}$nem$^{24}_{2}$ʔbək$^{55}_{7}$（东西南北）。但是，*ng'ềa niểm*, boa. 蟒蛇/南蛇（蛇南），今读 ŋia$^{24-21}_{2}$ nom$^{24}_{2}$，似乎有些奇怪。"蟒蛇"在现今临高语西部方言中读 ȵəm$^{55}_{2}$（临城）、ȵəm$^{35}_{2}$（桥头）或 ʑəm$^{55}_{2}$（新盈），在东部方言中读 nom$^{24}_{2}$（长流、荣山）、nom$^{33}_{2}$（永兴）或 nop$^{33}_{10}$（石山）。很显然，nom$^{24}_{2}$的读法来自长流周边临高语方言的影响。

一些解释为-ɔ>-e>-i 的变化以文白读的形式出现，也可以解释为文白读本来就有不同的来源，几个音之间是对应关系，而非演变关系，但是从长流方言本身看，就成了语音变化，尤其是-e/-i 相混，是个长流话中的客观事实，从萨维纳到现在都是如此。

7. 韵母［ɯŋ］变为［əŋ］

萨维纳记音中还有韵母［ɯŋ］，记为 ưng 或 ương，现今变为［əŋ］。如：

bêáu ziàng-bỏn lứng, rappeler quelqu'un. 叫人回，今读 $ʔbeu_1^{35-21}$ $ziaŋ_2^{24-21}$ $ʔbɑn_2^{24}$$ləŋ_1^{35}$。

bới lướng, aller et venir. 来去（去回），今读 $ʔbəi_1^{35}$$ləŋ_1^{35}$（≠$ʔbəi_1^{35-21}$$ləŋ_1^{35}$ 来往）。

bưng mể, poignet. 手柄（柄手），今音 $ʔbəŋ_3^{33}$$me_2^{24}$。

p'ường tón p'ó aù, un dentier. 补一副牙（缝牙副一），今读 $p^həŋ_2^{24-21}$ $tɔn_1^{35}$$p^ho_5^{55}$$ɔu_4^{21}$。

tưng kơi, quoi? 什么，今读 $təŋ_3^{33}$$kəi_3^{33}$。

sưng p'ểng, balance à deux plateaux. 天平称（秤平），今读 $səŋ_3^{33}$$p^heŋ_2^{24}$。

tóm ứng, content. 心里高兴，今读 $tɔm_1^{35}$$əŋ_1^{35}$。

萨维纳的韵母表中也有[ɯk]，记为 ưk 或 ươk，但是词典正文记音材料中却没有这个韵母，或许这部分材料已经丢失，或许入声韵[ɯk]其实已经率先消失了。

另外萨维纳时代读[ək]韵母（他记为 ẫk）的词，现今一部分仍读[ək]，一部分只有[ek]一读。如：

p'ãt bẫk, aliéné, atteint de folie. 发疯（发北），今读 $p^hat_7^{55-33}$$ʔbək_7^{55}$。

buôn tẫk, capital et intérêt. 本息，今读 $ʔbun_3^{33}$$tek_7^{55}$。

tẫk na, expression du visage. 脸色（色脸），今读 $tek_7^{55-33}$$na_3^{33}$。

tsẫk mẹk, tâter le pouls. 摸脉/号脉（测脉），今读 $ts^hək_7^{55-33}$$mɛk_8^{21}$。

zậk bá, arête de poisson. 鱼骨（骨鱼），$zək_7^{55-33}$$ʔba_1^{35}$。

其实[ɯŋ]韵也不是全变为[əŋ]，有的今音也只有[eŋ]一读。如：

kao tưng, avancement (voir têng). 高升（参看 *têng*），今音不说 $kɑu^{33}$ $təŋ^{33}$，而说 $kɑu^{33}$$teŋ^{33}$。

8. 其他零星变化

与萨维纳记音相比，长流话还有一些零星的变化，与系统无关，算不得音变，有些可能是各村本来就有的读音差异。

萨维纳记音	现在读音	意　思
k'oai na[$k^huai_3^{33}$$na_3^{33}$]	$k^hai_3^{33}$$na_3^{33}$	先/以前
kó[ko_5^{55}]	$kɑu_5^{55}$	早
nĩ[$niʔ_7^{55}$]	$ʔdi_5^{55}$	将要/即将

续 表

萨维纳记音	现在读音	意 思
tsĩ[$ts^hiʔ_7^{55}$]	$ts^hit_7^{55}$	少/一点
p'õt[$p^hɯt_7^{55}$]	$p^hut_7^{55}$	突然(不然)
k'ọk[$k^hɔk_8^{21}$]	$k^hɔʔ_8^{21}$	贵(价钱贵)
p'ăt[$p^hat_7^{55}$]	$p^hap_7^{55}$(≠ $p^hat_7^{55}$发)	法
ʔbiên luôn[$ʔbien_3^{33}lun_3^{33}$]	$ʔbien_3^{33}lən_3^{33}$	辩论
zóng luôn[$zaŋ_5^{55}lun_3^{33}$]	$zaŋ_5^{55}lin_4^{21}$	不论

9. 晚期汉借词中的浊平字、清上字、次浊上字读如第 4 调,且跟随第 4 调变调

晚期汉借词一般不变调,但浊平字、清上字、次浊上字读如第 4 调,其中一部分字就通过类推,跟随第 4 调变调。这实际上是按海口话阴上调(213)读法,但没有曲折,因而与海南话阳平同调值(21),如:$p^hien^{21}ʔdək_7^{55}$品德。但是这样一来与长流话本族词第 4 调也同调值了,一些字进一步跟随第 4 调变调。如:

kòm tóm zống, attendrir les cœurs. 感动人心(感心别人),萨维纳记录和今音“感”都是 kam^{21},读作 $kam^{21}tɔm_1^{35-21}zoŋ_1^{35}$,但是,*kỏm bon*, enrhumé. 伤风感冒(感风),萨维纳记录和今音都是 $kam_4^{21-24}ʔban_3^{33}$(感风)。

biển zọp, farine de riz. 米粉(粉米),本该读 $ʔbien^{21}$或 $ʔbin^{21}$,萨维纳记为 $ʔbien_2^{24}$,这是按变调记音,今读 $ʔbien_4^{21-24}zap_8^{21}$(粉米)。*biển kiáng láng*, poudre de safran. 姜黄粉(粉姜黄),今读 $ʔbien_4^{21-24}kiaŋ_1^{35-21}laŋ_1^{35}$(粉姜黄)。

hêảng p'ũk, jouir du bonheur. 享福,萨维纳记音是 $hiaŋ_2^{24}p^huk_7^{55}$,“享”读第 2 调。今读 $hiaŋ_4^{21-24}p^hok_7^{55}$,实际上是 $hiaŋ^{21}p^hok_7^{55}$类推而来。“享受”却不变调,读为 $hiaŋ^{21}tiu_3^{33}$。

kiển êáo, nécessaire. 紧要,萨维纳记音是 $kien_2^{24}iau_5^{55}$,“紧”读第 2 调,今读 $kien^{21}iau_5^{55}$。但“紧”有另外一读 $kɛn^{21}$,且随第 4 调变调。如:$kɛn_4^{21-24}kɔn_2^{24}$口细(紧吃,指动物或人吃东西很挑剔),$mou_1^{35}kɛn^{21}$口细的猪/不肯吃的猪。

siủ-kiên, mouchoir. 手巾,萨维纳按变调记音,今读 $siu_4^{21-24}kin^{33}$,与萨维

纳完全一样。但是，*siủ-p'é*, serviette de toilette. 手帕，今读 $siu^{21}p^h\varepsilon_5^{55}$，却不变调，完全按照海南话。

"止"萨维纳记为 $ts^hei_3^{33}$，今读 ts^he^{21}。如：*kom tsêi*, interdire, défendre. 禁止，又 *kím tsêi*, défendre, empêcher. 禁止，今读 $kim_5^{55}ts^he^{21}$。*zóng tsêi*, incessant, sans désemparer. 不止，今读 $za\eta_5^{55}ts^he^{21}$。但"止"在前字位置时，要随第 4 调变调。如：*tsêi dọk*, apaiser la douleur. 止痛，今读 $ts^he_4^{21-24}$ʔ$d\text{ɔ}k_8^{21}$。*tsêi zõk*, apaiser la faim. 止饿，今读 $ts^he_4^{21-24}zak_7^{55}$。比较：$ts^he_4^{21-24}$ʔ$ba$ʔ$_7^{55}$止血。

têàng zoi toạk, apprivoiser. 驯养（养得熟），今读 $tia\eta^{21}zai_3^{33}tuak_8^{21}$，*têàng zoi téng*, viable. 养得活（养得成），今读 $tia\eta^{21}zai_3^{33}te\eta_2^{24}$（指动物），与萨维纳一样。*têáng noạk*, élever des oiseaux. 养鸟，今读 $tia\eta_4^{21-24}nuak_8^{21}$；*têáng máu*, élever des porcs. 养猪，今读 $tia\eta_4^{21-24}mou_1^{35}$。养 $tia\eta^{21}$，本是从海口话上声折合而来（调值 213→21），也随第 4 调参与连读变调了。

zởm, boire. 饮，萨维纳记音是 $z\text{ɔ}m_2^{24}$，部分晚期汉借词清上字读第 2 调，这是长流话特点。但是"饮"《广韵》"於锦切"，上声；又"於禁切"，去声。萨维纳所记应该是去声（第 4 调）的变调，如：$z\text{ɔ}m_4^{21-24}nam_4^{21}$饮水，$z\text{ɔ}m_4^{21-24}zan_3^{33}$饮酒。

tiến dòng, enveloppe de lettre. 信筒，今读，$tien_5^{55}$ʔ$da\eta^{21}$，这是海南话读法。但是，*dỏng ín nòm*, pipe à eau. 水烟筒（筒烟水），今读 ʔ$da\eta_4^{21-24}in_1^{35-21}nam_4^{21}$，"筒"也变调了。新的例子，如"紧"本是 $k\varepsilon n^{21}$，也跟随第 4 调变调，$mou_1^{35}k\varepsilon n^{21}$是猪口细或猪不肯吃（猪紧），$k\varepsilon n_4^{21-24}k\text{ɔ}n_1^{35}$指口细（紧吃）。"本"读 ʔ$b\text{ə}n^{21}$，ʔ$b\text{ə}n_4^{21-24}si^{33}$（本事），与第 4 调一同变调。

长流话量词"个"单念或在后字位置时是 $m\text{ɔ}$ʔ$_8^{21}$，在连读中失去喉塞尾，变得与第 4 调一样，因而随第 4 调变调。在所有例词中都是如此。如：

mà mộ aù, une meule. 一个磨（磨一个），$ma_4^{21}m\text{ɔ}$ʔ$_8^{21}\text{ɔ}u_4^{21}$，实际读为 $ma_4^{21}m\text{ɔ}_4^{21-24}\text{ɔ}u_4^{21}$。

sa mọ aù, fourchette. 一个杈（杈个一），$sa^{33}m\text{ɔ}$ʔ$_8^{21}\text{ɔ}u_4^{21}$，实际读为 $sa^{33}m\text{ɔ}_4^{21-24}\text{ɔ}u_4^{21}$。

ka mọ aù, un cadre. 一个架子（架个一），$ka_3^{33}m\text{ɔ}$ʔ$_8^{21}\text{ɔ}u_4^{21}$，实际读为 $ka_3^{33}m\text{ɔ}_4^{21-24}\text{ɔ}u_4^{21}$。

p'ồ mọ aù, une hache. 一个斧（斧个一），$p^ho_3^{33}m\text{ɔ}$ʔ$_8^{21}\text{ɔ}u_4^{21}$，实际读为 $p^ho_3^{33}m\text{ɔ}_4^{21-24}\text{ɔ}u_4^{21}$。

与之相同的还有一个 zaʔ$_8^{21}$，在连读中随第 4 调变调，但也可以保留原调。如：

nêả dọ aù, une rizière. 一块稻田 nia_{2}^{24} $zaʔ_{8}^{21}$ $ɔu_{4}^{21}$ // = nia_{2}^{24} za_{4}^{21-24} $ɔu_{4}^{21}$。

按：*dọ* 是 *zọ* 之误，未转换彻底。

这是一种类推式变化，凡是前字调值类似口语音第 4 调的，无论晚期汉借词还是临高语口语常用词的促声调，都有一部分词类推成第 4 调，然后随第 4 调变调。

另有一些字词并不稳定，变调或不变调两可，显示这个过程仍在继续，如：k^hai^{21} / k^hai^{21-24} $maʔ_{8}^{21}$ 骑马，lau^{21} / lau^{21-24} $ʔde_{1}^{35}$ 官员（老爹），$maŋ^{21}$ / $maŋ^{21-24}$ $ʔdiau_{5}^{55}$ 蚊帐。

7.3 长流方言几个特殊之处

7.3.1 古上声字读喉塞尾

长流方言汉字音在声韵调方面都有保留古音现象，因而在语音的三方面都呈现出不同的历史层次，成为语言活化石，不仅有助于研究临高语本身，对研究汉语史也很有价值。

长流话汉借词中，个别古上声字读为喉塞尾，清上字读阴调，浊上字读阳调。从萨维纳的记音到现在读音，都是如此。如：

韭 $kuʔ_{7}^{55}$：*kũ*, poireau. 韭菜（韭），今读 $kuʔ_{7}^{55}$，与萨维纳记音一样。

拄 $ʔduʔ_{7}^{55}$：*dũ lô lùng*, le poing sur la hanche. 以手拄腰（拄腰住），今读 $ʔduʔ_{7}^{55-33}$ lo_{3}^{33} $ləŋ_{1}^{35}$，这个"拄"有变调，萨维纳没有记变调。*dụ lứng*, étayer. 支撑住（拄住），今读 $ʔduʔ_{7}^{55}$ $ləŋ_{1}^{35}$，述补结构不变调，萨维纳却按变调记音。"拄"也有后期汉借词读法，依然是喉塞音，如：$ts^huʔ_{7}^{55-33}$ $hɛŋ_{4}^{21-24}$ $ts^ho_{3}^{33}$ 拄拐杖（拄棍祖）。

解 $keʔ_{7}^{55}$：*kễ bới*, détacher. 解开（解去），今读 $keʔ_{7}^{55}$ $ʔbəi_{1}^{35}$ = *kễ k'ẻi*, délier, défaire. 解开/松开 $keʔ_{7}^{55}$ $k^hei_{1}^{35}$。还有 *kễ k'ô zoa*, se dénuder. 脱衣服（解衣服），今读 $keʔ_{7}^{55-33}$ $k^ho_{3}^{33}$ zua_{3}^{33} = lak_{7}^{55-33} $k^ho_{3}^{33}$ zua_{3}^{33} 脱衣服；*kễ ming*, décommander. 解命（算命的帮人改命运），今读 $keʔ_{7}^{55-33}$ $miŋ_{4}^{21}$。这些例子，除了动补结构，一律变调，萨维纳都按本调记录。另外，*kệ mạk mà*, déboutonner. 解纽扣，今读 $keʔ_{7}^{55-33}$ mak_{8}^{21} ma_{4}^{21}；*kệ k'oãt*, étancher la soif. 解渴，今读 $keʔ_{7}^{55-33}$ $k^huat_{7}^{55}$；*kệ hải*, déchausser. 脱鞋（解鞋），今读 $keʔ_{7}^{55-33}$ hai_{2}^{24}。萨

维纳都按变调记录。

马 mɑʔ$_{8}^{21}$：*mọ hau lỏng*, licou. 马笼头，今读 mɑʔ$_{8}^{21}$ hɑu$_{3}^{33}$ lɔŋ$_{2}^{24}$ = hɑu$_{3}^{33}$ lɔŋ$_{2}^{24-21}$mɑʔ$_{8}^{21}$。*mọ tsiềm*, cheval vicieux. 驽马（马坏），今读 mɑʔ$_{8}^{21}$ ts^{h}im$_{4}^{21}$。*hau mọ*, débarcadère. 码头，这是误解，今读 hɑu$_{3}^{33}$ mɑʔ$_{8}^{21}$，是“马的头”（首马）。

妇 p^{h}oʔ$_{8}^{21}$：*don soẳn-p'ộ*, se marier, prendre femme. 娶亲（等新妇），今读 ʔdɔŋ$_{3}^{33}$suan$_{1}^{35-21}$p^{h}oʔ$_{8}^{21}$ = ʔdei$_{1}^{35-21}$suan$_{1}^{35-21}$p^{h}oʔ$_{8}^{21}$找老婆（找新妇）。

撸 luʔ$_{8}^{21}$：*lộ nõ ngảu p'án*, traire une vache. 挤牛奶（撸番牛奶<撸奶牛番），今读 luʔ$_{8}^{21}$ noʔ$_{7}^{55-33}$ ŋɔu$_{2}^{24-21}$ p^{h}an$_{1}^{35}$ = kɑn$_{4}^{21-24}$ noʔ$_{7}^{55-33}$ ŋɔu$_{2}^{24-21}$ p^{h}an$_{1}^{35}$（攥奶牛番）= kɑn$_{4}^{21-24}$noʔ$_{7}^{55-33}$ŋɔu$_{2}^{24}$（攥奶牛）。ŋɔu$_{2}^{24-21}$p^{h}an$_{1}^{35}$番牛<（牛番），指外国牛。

奶/乳房 noʔ$_{7}^{55}$：*nõ mọ aù*, une mamelle. 一个乳房（奶枚一），今读 noʔ$_{7}^{55}$ mɔ$_{4}^{21-24}$ɔu$_{4}^{21}$。*tón nõ*, dent de lait. 乳牙（牙奶），今读 tɔn$_{1}^{35-21}$ noʔ$_{7}^{55}$。*mọ nõ*, téter, sucer le sein. 吃奶，今读 mɑʔ$_{7}^{55-33}$noʔ$_{7}^{55}$吃奶（小孩吃奶），比较：zɔm$_{4}^{21-24}$ noʔ$_{7}^{55}$喝奶（饮奶）。“奶”读高调应该是小称读法，表示强调；这个词长流话没有低调读法。

长流话中的汉语古清上字读喉塞尾属于上古音遗留。将“拖”读为 ha$_{1}^{35}$ 是汉代读音。如：

há nêa, attirer. 拉来（拖来）ha$_{1}^{35}$nia$_{3}^{33}$；

há bới, écarter, entraîner. 拉走（拖去）ha$_{1}^{35}$ʔbəi$_{1}^{35}$；

ha mể bới, traîner, mener par la main. 手拉手（拖手去）ha$_{1}^{35-21}$ me$_{2}^{24}$ʔbəi$_{1}^{35}$。

7.3.2 “给/要”同音，都是 ou$_{1}^{35}$

长流话中还保留“施受同音”现象，从萨维纳的记音到现在都是如此。如：

zêa aú mo = *zêa sê mo*, je vous attribue, je vous donne. 我要你 = 我给你。今读 zia$_{3}^{33}$ou$_{1}^{35-21}$mɔ$_{3}^{33}$ = zia$_{3}^{33}$ se$_{1}^{35-21}$ mɔ$_{3}^{33}$。ou$_{1}^{35}$是“给/要/拿”，se$_{1}^{35}$是“给/分”，但在很多情况下，施受都用 ou$_{1}^{35}$来表示。ou$_{1}^{35}$zɑŋ$_{5}^{55}$ou$_{1}^{35}$要不要/给不给

1）表示“给”

âú zêa liú, laissez-moi voir. 让我看（给我看），今读 ou$_{1}^{35}$zia$_{3}^{33}$liu$_{1}^{35}$。

aù nõ lẹk kón, allaiter un enfant. 给小孩喂奶（给奶小孩吃），今读 ou$_{1}^{35-21}$ noʔ$_{7}^{55}$lɛk$_{8}^{21}$kɔn$_{1}^{35}$。

âú zống liú, montrer (le chemin). 指路（给别人看），今读 ou$_{1}^{35-21}$

zoŋ$_1^{35}$liu$_1^{35}$。

2）表示“要”

têi aú lưng, revendiquer. 要回（问要回），今读 tei$_3^{33}$ou$_1^{35}$ləŋ$_1^{35}$。

zóng âú, abandonner. 不要，今读 zɑŋ$_5^{55}$ou$_1^{35}$，也可以是“不给”。

nêàng zóng âú, se dessaisir de（céder pas tenir）. 不要了让给人（让不要），今读 niaŋ$_4^{21}$zɑŋ$_5^{55}$ou$_1^{35}$。

p'ệặk p'ệặk zóng au sẻn, gratis. 白白不要钱。现在不说 p^{h}iak$_8^{21}$p^{h}iak$_8^{21}$ zɑŋ$_5^{55}$ou$_1^{35-21}$sɛn$_2^{24}$，而说 ou$_1^{35-21}$zɯi$_1^{35}$zɑŋ$_5^{55}$ou$_1^{35-21}$sɛn$_2^{24}$（白拿不要钱）或者 se$_1^{35-21}$ zɯi$_1^{35}$zɑŋ$_5^{55}$ou$_1^{35-21}$sɛn$_2^{24}$（白给不要钱）。

3）表示“拿/用”

âu sồ k'õp, prendre avec les bâtonnets. 用筷子夹（拿箸夹），今读 ou$_1^{35-21}$ so$_4^{21}$k^{h}ɑp$_7^{55}$。

âú sêá há, charier. 用车拉（拿车拉），今读 ou$_1^{35-21}$sia$_1^{35}$ha$_1^{35}$。

au mể tsêà na, se cacher le visage avec les mains（prendre main cacher visage）. 用手遮脸（拿手遮脸），今读 ou$_1^{35-21}$me$_2^{24}$ts^{h}ia$_1^{35-21}$na$_3^{33}$ = ou$_1^{35-21}$me$_2^{24}$ ts^{h}ia$_1^{35-21}$na$_3^{33}$ləŋ$_1^{35}$（拿手遮脸住）。

âú ba-lô kọt lô, se ceindre. 扎腰带（拿把腰扎腰），今读 ou$_1^{35-21}$ʔba$_3^{33}$lo$_3^{33}$ kɑt$_8^{21}$lo$_3^{33}$。

aú sẻn sế bới ziàng bỏn k'ô, faire l'aumône aux pauvres. 周济穷人（拿钱给去人苦），今读 ou$_1^{35-21}$sɛn$_2^{24}$se$_1^{35}$ʔbəi$_1^{35}$ziaŋ$_2^{24-21}$ʔbɑn$_2^{24-21}$k^{h}o$_3^{33}$。

âú lẹk king k'ố, compter sur les doigts. 掐指算（拿指头算），今读 ou$_1^{35-21}$ lɛk$_8^{21}$kiŋ$_3^{33}$k^{h}o$_5^{55}$。

âú p'ang-lêao laù, aromatiser. 加香料（拿芳料进），今读 ou$_1^{35-21}$p^{h}aŋ^{33} liau^{33}lɔu$_4^{21}$。

aù kuôn kĩt bõk mề, donner la bastonnade. 拿棍打屁股（拿棍击屁股），今读 ou$_1^{35-21}$kun$_3^{33}$kit$_7^{55-33}$ʔbɑk$_7^{55-33}$me$_4^{21}$。

aú hêẵt kón nòm, tremper le fer. 把铁浸湿（拿铁吃水），今读 ou$_1^{35-21}$ hiat$_7^{55}$kɔn$_1^{35-21}$nɑm$_4^{21}$。

表示“拿/用”的意思，无论实义动词还是用作介词，都是从“要”延伸出来的。动词“拿”本身是 ek$_7^{55}$，如：*ẽk lảu*, soulever. 拿起，今读 ek$_7^{55}$lɔu$_2^{24}$。但是 ek$_7^{55}$nia$_3^{33}$（拿来）与 ou$_1^{35}$nia$_3^{33}$（拿来）也不完全相同，后者还有“要来”的意思。

7.3.3　“苦/辣”都是 $kɑm_2^{24}$

临高语西部方言“苦”与“辣”有别，苦是 kam_2^{55}，辣是 $kən_2^{55}$，东部方言的马村、白莲、荣山、长流，“苦/辣”不分。具体情况见下表：

	苦	辣		苦	辣
临高临城	kam_2^{55}	$kən_2^{55}$	澄迈马村	kam_2^{33}	kam_2^{33}
临高新盈	kam_2^{55}	$kən_2^{55}$	海口长流	$kɑm_2^{24}$	$kɑm_2^{24}$
临高马袅	kam_2^{55}	$kən_2^{55}$	海口石山	kap_{10}^{33}	$kət_{10}^{33}$
临高皇桐	kam_2^{53}	$kən_2^{53}$	澄迈白莲	kam_2^{33}	kam_2^{33}
澄迈桥头	kam_2^{35}	$kən_2^{35}$	海口永兴	kam_2^{33}	$kən_2^{33}$
琼山龙塘	kam_2^{33}	lai_2^{33}	海口荣山	kam_2^{24}	kam_2^{24}

“苦/辣”不分，在萨维纳的记录中就是如此。如：

bềi kỏm, amertume, âcre. 味苦、味辣。今读 $ʔbɛi_4^{21}kɑm_2^{24}$（味苦/味辣）≠ $ʔbɛi_4^{21-24}kɑm_2^{24}$（苦味/辣味）。注意：$kɑm_2^{24}$辣/苦≠$kɔm_2^{24}$痒。

kòm tsiố, piment. 辣椒，今读 $kɑm_2^{24-21}$ $tsiu_1^{35}$。在西部方言听起来是“苦椒”。

长流话的“苦”有好几种表达方法。表示“辛苦”用早期汉借词 $k^ho_3^{33}$，后期汉借词也用海南话 $k^hɔu^{21}$。如：

ziàng-bỏn bọk k'ô, dans le dénuement. 穷苦人（人苦的），今读 $ziaŋ_2^{24-21}$ $ʔban_2^{24-21}ʔbɑk_7^{55-33}k^ho_3^{33}$。

k'aủ sủ, adversité, affliction, angoisse, misère. 苦楚，今读 $k^hɔu^{21}so_2^{24}$。

7.3.4　改变汉借词意思

前面说过，临高语人群离开汉借词无法交流，很多早期汉借词已经成为临高语中的基本词汇。很多汉借词保留了古音古义，不过，也有一些汉借词在使用中发生转义，与汉语本义不一致了。这里举几例最常见且萨维纳也有记录的。

（1）将“龈”用作“嚼”

kón kiaù zóng ngẫn, dévorer, manger sans mâcher. 吃东西不嚼（吃东

西不龈），今读 kɔn$_1^{35-21}$keu$_4^{21}$zaŋ$_5^{55}$ŋian$_2^{24}$。

ngêản zẵk, ronger un os. 嚼骨（龈骨），今读 ŋian$_2^{24-21}$ zək$_7^{55}$，≠ kaʔ$_7^{55-33}$ zək$_7^{55}$（啃骨）。比较：ŋian$_2^{24-21}$mai$_3^{33}$（嚼甘蔗）≠kaʔ$_7^{55-33}$mai$_3^{33}$（啃甘蔗）。

（2）将“缝”用作“补”

p'ương k'ô zoa, raccommoder des habits. 补衣服（缝裤衣），今读 p^{h}əŋ$_2^{24-21}$k^{h}o$_3^{33}$zua$_3^{33}$。

p'ủng zoa kãt, rapiécer des habits. 补破衣（缝衣破），今读 p^{h}əŋ$_2^{24-21}$ zua$_3^{33}$kat$_7^{55}$。

p'ủờng tón p'ó aù, un dentier. 补一副牙（缝牙副一），p^{h}əŋ$_2^{24-21}$ tɔn$_1^{35}$ p^{h}o$_5^{55}$ɔu$_4^{21}$。

真正的“缝”要说 ʔdaʔ$_7^{55}$。如：

dọ k'ô zoa, coudre des habits. 缝衣服（做新衣），今读 ʔdaʔ$_7^{55-33}$ k^{h}o$_3^{33}$ zua$_3^{33}$。比较：nap$_8^{21}$k^{h}o$_3^{33}$zua$_3^{33}$（缝衣服/补衣服）。

（3）将“裂”用作“缺”

bãk miệt lêẵt, couteau ébréché. 刀缺口（刀裂口<口刀裂），今读 ʔbak$_7^{55-33}$ mit$_8^{21}$liat$_7^{55}$。

ziàng bỏn bãk lêẵt, bec de lièvre. 兔唇的人（人嘴裂），今读 ziaŋ$_2^{24-21}$ ʔban$_2^{24}$ʔbak$_7^{55}$liat$_7^{55}$。

ʔbak$_7^{55}$liat$_7^{55}$是“兔唇/嘴缺（嘴裂）”，比较：hoi$_4^{21}$liat$_7^{55}$碗缺口（碗裂）。

当然，“裂”的本义也在，如：

sóng dom hềi lêẵt, cataclysme. 山崩地裂（山倒地裂），今读 saŋ$_1^{35}$ʔdɔm$_3^{33}$ hɛi$_4^{21}$liat$_7^{55}$。

k'ếi lêẵt, se gercer. 开裂，今读 k^{h}ei$_1^{35}$liat$_7^{55}$，联合结构不变调。

lêẵt k'êi, se lézarder. 裂开，今读 liat$_7^{55}$k^{h}ei$_1^{35}$，联合结构不变调。

长流话本族词“裂”是 ʔdɯt$_7^{55}$，如：

hổi dữt zổi, tasse, fêlée. 碗裂（碗裂行），“碗”法语解释成“杯子”，误。今读 hoi$_4^{21}$ʔdɯt$_7^{55}$zoi$_2^{24}$ɔu$_4^{21}$（碗裂了一行）≠hoi$_4^{21}$liat$_7^{55}$（碗缺口）。“开裂”也可以说成 k^{h}ei$_1^{35}$ʔdɯt$_7^{55}$。

长流话中没有表示“缺”的本族词，因此用汉借词“裂”兼表“缺”的意思。临高语西部方言（如临城）“缺”说 lɔt$_7^{33}$，如：ʔbak$_7^{33}$lɔt$_7^{33}$兔唇（嘴缺）≠ ʔbak$_7^{33}$ʔdət$_7^{33}$嘴巴干裂（嘴裂），hui$_4^{21}$ lɔt$_7^{33}$碗缺口 ≠ hui$_4^{21}$ ʔdət$_7^{33}$碗开裂；这个 lɔt$_7^{33}$也有“掰开”的意思。

（4）将“突”用作“结”

ũt mọ aù, un nœud. 一个结（突个一），今读 $mɑk_8^{21}$ hut_7^{55} $mɔʔ_8^{21}$ $ɔu_4^{21}$，实际读为 $mɑk_8^{21}$ $mɔ_4^{21-24}$ $ɔu_4^{21}$。

kọt mọk hũt, faire un nœud. 打结（扎果突），今读 $kɑt_8^{21}$ $mɑk_8^{21}$ hut_7^{55}。$mɑk_8^{21}$ 是“果状物/块状物”，$mɑk_8^{21} \neq mak_8^{21}$ 果。比较：hut_7^{55-33} $ʔdak_8^{21}$ 接绳子（突绳），hut_7^{55-33} $ʔba_3^{33}$ lo_3^{33} $k^ho_3^{33}$ 系裤带（突裤带），指给传统系裤子的绳子打结。因此，系紧是 hut_7^{55} $zɔt_8^{21}$（突紧）。

lẹk king mể hut, doigts crochus. 手指不直（小指突），今读 $lɛk_8^{21}$ $kiŋ_3^{33}$ me_2^{24} hut_7^{55} 或 $kiŋ_3^{33}$ me_2^{24} hut_7^{55}，比较：lo_3^{33} hut_7^{55} 驼背（腰突），hut_7^{55-33} lo_3^{33} 弓腰（突腰）。这里的思维逻辑是，手指不直或驼背，都有一个疙瘩，如同“结”一样，但用“突”来表示。

第八章　《萨维纳的临高语词汇》中的问题与错误

《萨维纳的临高语词汇》中有形形色色的问题与错误，可以分为两大类：一类是系统性的错误，另一类是零星的错误。系统性错误出现在韵母和连读变调方面，这是当时语言学理论与方法的局限性所致。萨维纳调查临高语的时代，语言学界还没有产生“最小对立”的音位分辨方法，萨维纳也无法理解连读变调。具体参看第四章和第五章中的分析论述。

零星的错误既有语音方面，也有词汇方面，既有释义问题，也有本字错误。它们有些是发音人造成的，有些是萨维纳造成的，有些是奥德里古尔造成的，也有少数是印刷工人造成的。

发音人的问题表现在词汇构成及释义方面，萨维纳的问题主要在记音和释义方面，奥德里古尔的问题主要是标音字母转换错误和辨认错误。汉源词本字识读错误，既有萨维纳的问题，也有奥德里古尔的问题，参看§6.2.3“认错的汉语本字”。

法文版中的这些问题与错误，笔者在整理的《萨维纳的临高语词汇》正文部分一一随文注出，但显零散，内容也比较复杂，需要集中分类论述。

8.1　发音人造成的问题

笔者在核对萨维纳的临高语词汇时，发现有很多词语现在不说，或者发音人听过但少说。这包含两种情况：一是因语言变化造成的差异，二是明显的错误。本节只关注后者，前者在下一章论述。

萨维纳词汇记录中的错误，基本上都是发音人造成的；萨维纳要调查某一语词或概念，发音人怎样说，他就怎样记。萨维纳的问题在于，他可能只调查了一位发音人，缺少多方求证。这其实是所有语言调查者都会遇到的问题，任何发音人都不可能穷尽一种语言或方言中的所有词汇；那种只调查了一位发音人的成果，往往靠不住。发音人有时会懈怠、偷懒或不懂装懂地糊弄，提供一个不准确甚至错误的说法，这样就不能反映语言的真实面貌。通过调查核对和梳理，笔者把萨维纳发音人的问题总结为以下三个方面。

8.1.1 只读汉字，不说口语

与我们现在调查语言一样，萨维纳调查时应该有一个基本词表，他以这个词表为基础，随着调查的进展随手记录，不断扩展。调查表中的词条，只是提供一个个概念，发音人明确意思后，讲出临高语中的说法。萨维纳的调查词表应该是中文的，发音人显然是受过教育的文化人，对于一些显而易见的概念，如日月星辰，他提供的说法没有错，但对另一些概念（包括比较抽象的概念），他往往只读汉字，不提供口语说法。又分两种情况：

一是只读汉字，不说口语。

tsẽk tsũt hảu aù, un grillon. 一只蟋蟀。tsẽk tsũt 是将“蟋蟀”误读为“蟋卒”。“蟋蟀”长流话是 miŋ$_{2}^{24-21}$k^{h}ɑ$_{2}^{24-21}$lɔt$_{8}^{21}$。

kau tểi, autrefois. 过去/从前（旧时）。纯粹读汉字了，“过去、从前”长流话是 k^{h}ai$_{3}^{33}$na$_{3}^{33}$（k^{h}ɑi$_{3}^{33}$na$_{3}^{33}$也可以），或者 lɛŋ$_{1}^{35-21}$ze$_{1}^{35}$。

ũk k’ểi, s’exhaler. 呼气（出气）。长流话口语是 sian$_{3}^{33}$k^{h}ei$_{3}^{33}$，k^{h}ei$_{3}^{33}$是“气”，sian$_{3}^{33}$本字不明。

hũt lang, se découvrir. 脱斗笠。临高语“脱衣服、鞋帽”，动词要说“解”，“脱斗笠”不是 hut$_{7}^{55-33}$laŋ$_{3}^{33}$，而是 keʔ$_{7}^{55-33}$laŋ$_{3}^{33}$（解斗笠）。同样，“脱帽”也不说 *hũt máu*（hut$_{7}^{55-33}$mɑu$_{5}^{55}$），而说 keʔ$_{7}^{55-33}$mɑu$_{5}^{55}$（解帽）。hut$_{7}^{55}$是海南话“脱”。

p’êăk p’êặk zóng au sẻn, gratis. 白白不要钱。“白吃、白拿”的“白”长流话有自己的说法，这里直接用了汉字。应该是 ou$_{1}^{35-21}$zɯi$_{1}^{35}$zɑŋ$_{5}^{55}$ou$_{1}^{35-21}$sɛn$_{2}^{24}$（白拿不要钱），比较：se$_{1}^{35-21}$zɯi$_{1}^{35}$zɑŋ$_{5}^{55}$ou$_{1}^{35-21}$sɛn$_{2}^{24}$（白给不要钱），kɔn$_{1}^{35-21}$zɯi$_{1}^{35}$（免费吃、白吃）。

hom taú zẻng, parier. 打赌（合输赢）。hom 是 hộp 之误，hɔp$_{8}^{21}$tou$_{1}^{35-21}$zeŋ$_{2}^{24}$（合输赢）是较文雅的说法。“打赌”口语说 hɔp$_{8}^{21}$kɑp$_{7}^{55}$（合咬）。

sì lêảng, désolé. 凄凉；*k’ổ liền*, compatir. 可怜。长流话“凄凉、可怜”的意思，口语说法是 nan$_{2}^{24-21}$ʔbɛi$_{4}^{21}$（难味），虽然也是汉字，但它是口语。

ziảng hảu, soigner sa santé. 养好。完全读汉字了，长流话是 ziaŋ$_{2}^{24}$mɛŋ$_{3}^{33}$（养好）。

sõt p’ụk, dompter. 说服，应该是 kaŋ$_{3}^{33}$p^{h}uk$_{8}^{21}$（讲服），后者也是汉字，但

它是口语。

kuà hêáng, melon. 香瓜(瓜香)。应该是 $mak_8^{21}kua_1^{35-21}hia\eta_1^{35}$,长流话作为蔬果的“瓜”要加前缀,说 $mak_8^{21}kua_1^{35}$。比较:$mak_8^{21}kup_7^{55}$冬瓜,$mak_8^{21}p^h\text{ɔ}u_2^{24}$葫芦瓜。

“有胆”(vaillant)记为 mưởn dam,这个没错(今音 $m\text{ə}n_2^{24}$ ʔdam_3^{33}),dam 是汉语,但只指胆量。把“胆汁”(bile)记为 dam nòm 却有问题,胆汁是“苦胆水”,今音 $nam_4^{21-24}z\text{ɔ}i_1^{35}$,苦胆是 $z\text{ɔ}i_1^{35}$或 $z\text{ɔ}i_1^{35}kam_2^{24}$(一般说成主谓结构,不变调)。

zống êng kô, nez aquilin (nez de perroquet) 鹰钩鼻(鼻鹦哥)。“鹰钩鼻”是汉语说法,长流话人口语有自己的说法,是 $z\text{ɔ}\eta_1^{35-21}ko_1^{35}$(钩鼻)。

二是完全按照汉语结构,亦步亦趋对译。

na nòm, surface de l'eau. 水面(面水)。看似合理,实际上成了“水的脸面”。长流话“水面”要说 ʔ$bak_7^{55-33}na_3^{33}nam_4^{21}$,“表面”是 ʔ$bak_7^{55-33}na_3^{33}$。

na mọt zóng p'ểng, terrain accidenté (face terre pas plat). 地面不平(面地不平),长流话实际上说 ʔ$da_3^{33}mat_8^{21}za\eta_5^{55}p^he\eta_2^{24}$。

kống p'êảng, rivage de la mer. 海边/海岸(海旁)。$ko\eta_3^{33}$是“海”,$p^hia\eta_2^{24}$是“旁”。长流话“海边”说 $ni\eta_2^{24-21}ko\eta_3^{33}$。

k'ồ ói, digne d'amour. 可爱,长流话实际说 $hau_3^{33}ai_3^{33}$(好爱)。

hàu lêi, civilité. 懂礼/知礼(知礼)。$h\text{ɔ}u_4^{21-24}lei_3^{33}$(知礼)是个翻译词,长流话要说 $t\text{ɔ}k_7^{55-33}hau_3^{33}lei_3^{33}$(懂道理/懂好礼)。

ding bỏn k'ề, assigner un jour. 定日期,应该是 ʔ$di\eta_3^{33}$ʔban_2^{24}(定日)。

lảu hui, agréger à une société. 入会,长流话是 $l\text{ɔ}u_4^{21-24}$ʔban_1^{35}(入班)。相关的另一个词“同伙”,萨维纳记为 *hống hui*, affidé. (同会),长流话是 $ho\eta_2^{24-21}$ʔban_1^{35}(同班)。

diển hôi, pierre à chaux. 石灰,diển 是石头,是石灰,字对字翻译了,长流传统的石灰不用石头烧,而用海螺壳来烧,长流话直接说 hoi_1^{35}(hoi_1^{35}灰≠$h\text{ɔ}i_1^{35}$螺)。

soi k'a liêm, toile d'araignée. 蜘蛛网(网蜘蛛)。长流话说“蜘蛛丝”$tei_1^{35-21}k^h a_3^{33}lim_3^{33}$(丝蜘蛛),“丝”虽是汉语,但“蜘蛛丝”的说法更口语、更地道。

p'ệặk kón, sans assaisonnement. 不加调料吃(白吃)。p'êặk 是汉语“白”,kón 是长流话“吃”。不加调料吃是 $k\text{ɔ}n_1^{35-21}tiam_3^{33}$(吃淡)。

ũk són p'ói, défrayer un voyageur. 出路费。字对字翻译,长流话说

uk$_7^{55-33}$sɛn$_2^{24-21}$sɔn$_1^{35}$（出路钱<出钱路）。比较：sɛn$_2^{24-21}$ʔdɛu$_2^{24-21}$kok$_7^{55}$（跑腿钱<钱跑腿）。

zồng són p'ói, dépenses de voyage. 路费/盘缠（用路费）。长流话不说 zoŋ$_4^{21}$sɔn$_1^{35-21}$p^{h}əi$_5^{55}$（用路费），而说 zoŋ$_4^{21-24}$sɛn$_2^{24-21}$sɔn$_1^{35}$（用钱路）。

bãk tờ tóm p'òi, fourberie. 口是心非（嘴是心败）。也是字对字翻译，长流话说 ʔbak$_7^{55}$ts^{h}ɔn$_1^{35}$tɔm$_1^{35}$p^{h}ai$_4^{21}$（口真心坏<嘴真心败）。

dều tẫk, couleur cendrée. 灰色。ʔdeu$_4^{21}$是草木灰，"灰色"要说 tek$_7^{55-33}$p^{h}ok$_7^{55}$（色灰）。

ngảu nòm, buffle. 水牛（牛水），"水牛"从来不说 ŋɔu$_2^{24-24}$nɑm$_4^{21}$，临高语都说 tei$_3^{33}$，就是汉语"水"字的读音。

mải són, mère. 母亲。长流话没有说 mai$_4^{21-24}$sɔn$_1^{35}$的，而是直接说 mai$_4^{21}$，或者 mai$_4^{21-24}$zia$_3^{33}$（我妈）。

miệt nàn, lame de couteau. 肉刀（刀肉）。此条法语解释是"刀片"，误。"肉刀"长流话不说 mit$_8^{21}$nan$_4^{21}$，而说 mit$_8^{21}$siat$_7^{55-33}$nan$_4^{21}$（切肉刀）。"菜刀"是 mit$_8^{21}$siak$_7^{55-33}$sɑk$_7^{55}$（切菜刀），"柴刀"是 mit$_8^{21}$ʔdam$_4^{21-24}$ʔbən$_2^{24}$（砍柴刀）或 mit$_8^{21}$ʔdua$_4^{21-24}$ʔbən$_2^{24}$（砍柴刀）。

8.1.2 分不清一些词的区别

发音人提供给萨维纳的语料中，有一类系统性的错误影响了很多词语搭配，那就是分不清一些词的区别，把明显不能混用的词语张冠李戴了，这包括一些量词误用。

1."天地"与"土地"

发音人分不清"天地"的"地"与"土地"的"地"。前者是 hɛi$_4^{21}$，与 hien$_1^{35}$（天）搭配使用，都是汉借词（如"天知地知"是 hien$_1^{35}$hɔu$_4^{21}$hɛi$_4^{21}$hɔu$_4^{21}$）；后者是 mɑt$_8^{21}$，是本族词，如 ʔda$_3^{33}$mɑt$_8^{21}$（地面）。但萨维纳的记录中，有多处该用 mɑt$_8^{21}$的却用了 hɛi$_4^{21}$。如：

hềi p'ểng, plaine. 平地（地平），应该是 mɑt$_8^{21}$p^{h}eŋ$_2^{24}$。

hềi ziang, terrain aride. 旱地/干地（地干），应该是 mɑt$_8^{21}$ziaŋ$_3^{33}$。

bõt hềi, gazon. 草地，应该是 ʔbɑt$_7^{55-33}$mɑt$_8^{21}$。

kộ hềi, biner la terre. 挖地/锄地，应该是 koʔ$_8^{21}$mɑt$_8^{21}$（= uɑt$_7^{55-33}$mɑt$_8^{21}$）。

lêảng hềi =*lêảng mọt*, arpenter un terrain. 丈量土地（量地），hɛi$_4^{21}$不可以丈量，只能是 liaŋ$_2^{24}$mɑt$_8^{21}$，更常见的说法是 sik$_7^{55-33}$mɑt$_8^{21}$（量地<尺地），丈量水田可以说 sik$_7^{55-33}$nia$_2^{24}$（量田<尺田）。

2. mai$_2^{24}$与 mɛŋ$_3^{33}$

发音人分不清 mai$_2^{24}$与 mɛŋ$_3^{33}$的区别，前者指人（心肠好、品德好），后者指物（好、漂亮）。如：

mo mải zóng mải, Comment allez-vous（vous bien, pas bien）. 你好吗（你好不好），这是问候语，但 *mo mải zóng mải* 意思是“你善良不?”或“你是好人吗?”显然不对！应该是 mɔ$_3^{33}$mɛŋ$_3^{33}$zɑŋ$_5^{55}$mɛŋ$_3^{33}$。

“容貌好”应该是 zoŋ$_2^{24-21}$mɑu$_3^{33}$mɛŋ$_3^{33}$（更地道的说法是 na$_3^{33}$ʔda$_1^{35}$mɛŋ$_3^{33}$“脸眼好”，相当于普通话“眉眼好”），而不是 zoŋ$_2^{24-21}$mɑu$_3^{33}$mai$_2^{24}$，但萨维纳的记录却是“*zồng mao mải* =*zồng mao mèng*, figure avenante”。

kống mải, bonne action. 工干得好/活儿好（工好），应该是 koŋ$_1^{35}$mɛŋ$_3^{33}$（工好）。

tsìng tỏn mải, vigoureux. 精神好，应该是 tsʰiŋ$_1^{35-21}$tɔn$_2^{24}$mɛŋ$_3^{33}$。

hũk mải, faire le bien. 做好，实际意思是“完成”；“做好/做漂亮”是 huk$_7^{55}$mɛŋ$_3^{33}$。

da lêi ziàng-bỏn zoi mải, disposé. 安置妥当（打理人得好）。应该是 ʔda$_3^{33}$lei$_3^{33}$ziaŋ$_2^{24-21}$ʔbɑn$_2^{24}$zɑi$_3^{33}$mɛŋ$_3^{33}$。

但是与“命”搭配时，可以说 mai$_2^{24}$，也可以说 mɛŋ$_3^{33}$。萨维纳记录了一条：*mèng zóng mải*, malheureux. 命不好（= meŋ$_4^{21}$zɑŋ$_5^{55}$mɛŋ$_3^{33}$）。

kang zống zóng mải, décrier les gens. 贬低别人（讲别人不好），这条是对的。kaŋ$_3^{33}$zoŋ$_1^{35}$zɑŋ$_5^{55}$mai$_2^{24}$ = kaŋ$_3^{33}$zoŋ$_1^{35}$zɑŋ$_5^{55}$hɑu$_3^{33}$。

kang kùa mải, amadouer. 哄骗（讲好话<讲话好），这条也是对的。kaŋ$_3^{33}$kua$_4^{21-24}$mai$_2^{24}$是“说善意话、吉利话”，kaŋ$_3^{33}$kua$_4^{21-24}$mɛŋ$_3^{33}$是“说漂亮话”，kaŋ$_3^{33}$kua$_4^{21}$mɛŋ$_3^{33}$是“说话漂亮”。

3. “一次”与“一下”

发音人分不清动量词“一次”与“一下”（拍一下）；前者是 siu$_2^{24}$ɔu$_4^{21}$，后者是 pʰəi$_2^{24}$ɔu$_4^{21}$（回一），例如：pʰɑi$_4^{21}$pʰəi$_2^{24}$ɔu$_4^{21}$掮一巴掌（掮一下）。萨维纳的发音人经常用“一下”来表达“一次”的意思。如：

mởi kéo p'ưới aù, mensuel. 每月一次（每月一回），应该是 məi$_2^{24}$kɛu$_2^{24}$siu$_2^{24}$ɔu$_4^{21}$。

mởi bểi p'ưới aù, une fois l'an. 每年一次（每年一回），应该是 məi$_2^{24}$ʔbɛi$_2^{24}$siu$_2^{24}$ɔu$_4^{21}$。

di bềi di pưởi, une fois par an. 一年一次（一年一回），应该是 ʔdi$_5^{55}$ʔbɛi$_2^{24}$ʔdi$_5^{55}$siu$_2^{24}$。

4. 名量词误用

zoả mọ bón, aérostat, aéroplane, avion… 一架飞机(船枚飞),没这样说法。长流话飞机、风筝、船的量词用 hɑu$_1^{35}$,应该是 zua$_2^{24}$hɑu$_5^{55}$ ʔbɑn$_1^{35}$(飞船艘<船艘飞)。

kô lêảng aù, une scie. 一辆锯(锯辆一),实际上长流人说 ko$_3^{33}$ʔbai$_5^{55}$ ɔu$_4^{21}$(一把锯)。

kiáu lêảng aù, une paire de ciseau. 一辆剪刀(铰辆一),实际是 keu$_1^{35}$ ʔbai$_5^{55}$ ɔu$_4^{21}$(一把剪刀)。不相信一百年前长流人会说“一辆锯”“一辆剪刀”。

siàng hiến aù, un mur. 一块墙(墙块一),hien$_4^{21}$是表示“块、片、张”概念的量词,长流人说 siaŋ$_2^{24}$min$_4^{21-24}$ ɔu$_4^{21}$(一面墙)。min$_4^{21}$面(脸面)≠men$_4^{21}$面(面条)。

liền hẻo aù, langue. 一条舌(舌条一),长流话“舌头”的量词要用 hien$_4^{21}$,应该是 lien$_4^{21}$hien$_4^{21-24}$ɔu$_4^{21}$(一片舌)。比较: lien$_4^{21-24}$hien$_4^{21}$ ʔdɔk$_8^{21}$(舌片疼)= lien$_4^{21}$ ʔdɔk$_8^{21}$(舌疼)。

另外,因受海南话影响,长流话“书”“字”不分,都是 tɯ$_1^{35}$,但“书架”说 ka$_3^{33}$sek$_7^{55}$(册架<架册),不说 ka$_3^{33}$tɯ$_1^{35}$;萨维纳的记录“*ka tứ*, bibliothèque”,显然是错的。

bỏn sô tụ mọ, crin de la queue de cheval. 马尾毛(头发尾巴马)。ʔbɑn$_2^{24-21}$so$_3^{33}$是“头发”,ʔbɑn$_2^{24}$是“毛”,是有去别的,“马尾毛”应该说 ʔbɑn$_2^{24-21}$tuʔ$_7^{55-33}$mɑʔ$_8^{21}$。比较: ʔbɑn$_2^{24-21}$tuʔ$_7^{55-33}$ma$_1^{35}$(狗尾毛)。

k'ĕk ka mấu, un boucher. 屠夫/杀猪的(客杀猪)。这个搭配往往说 ɑŋ^{33}ka$_3^{33}$mou$_1^{35}$(翁杀猪),但“阉鸡客”k^{h}ek$_7^{55-33}$ ʔdon$_1^{35-21}$kɑi$_1^{35}$(客騸鸡)。“客”往往是从外地来做某种生意的,如: k^{h}ek$_7^{55-33}$ ʔbian$_1^{35}$(买客),k^{h}ek$_7^{55-33}$ mou$_1^{35}$(买卖猪的人/猪客),k^{h}ek$_7^{55-33}$ŋɔu$_2^{24}$(买卖牛的人/牛客)。

8.1.3 生造词语或者说法不地道

发音人不知道或一时想不起,为了避免尴尬,会自作聪明,生造词语来糊弄调查者,或者提供的说法勉强说得通、过得去,但不是口语中的地道说法。细分如下:

1. 完全生造

doi biến, porter un anneau. 带戒指(带圆)。长流话“戒指”不说 ʔbien$_2^{24}$(圆)而说 k^{h}o$_1^{35}$(箍),“戴戒指”是 ʔdɑi$_3^{33}$k^{h}o$_1^{35}$(带箍)。如果明确是镯子,要说 suak$_8^{21}$。如: ʔdɑi$_3^{33}$suak$_8^{21}$kɔm$_1^{35}$(带金镯),ʔdɑi$_3^{33}$suak$_8^{21}$zi^{21}(带玉镯)。

dau dòn, estomac creux. 空腹（肚洞），ʔdɔu^{33}ʔdɔn$_{4}^{21}$（肚洞）听起来像“肚脐”，ʔdɔu^{33}是海南话“肚”。比较：ʔdɔn$_{4}^{21-24}$ʔdou$_{2}^{24}$（凹坑）。“空腹”长流话是 hoŋ$_{4}^{21}$k^{h}oŋ$_{1}^{35}$（肚空），也用海南话说 ʔdɔu^{33}k^{h}oŋ$_{1}^{35}$（肚空）。

kĩt k'òn dêu, faire la culbute. 翻跟斗（击跟斗），是汉语“击”，临高语用来表示“打”，“翻跟斗”长流话没有说“打跟斗”的，而说 ʔdɛŋ^{21}k^{h}ɑn$_{2}^{24-21}$ʔdeu$_{3}^{33}$（顶跟斗）或者 p^{h}an^{33}k^{h}ɑn$_{2}^{24-21}$ʔdeu$_{3}^{33}$（翻跟斗）。

au ũt, recourber. 弄弯，au（ɑu$_{3}^{33}$）是汉语“拗”，ũt（ut$_{7}^{55}$）是长流话“塞”，ɑu$_{3}^{33}$ut$_{7}^{55}$就不通了。“弄弯”长流话说 ɑu$_{3}^{33}$eu$_{1}^{35}$（拗弯）。

dỏn kể zõa, trachée artère. 气管（喉咙硬<洞喉硬），应该是 ʔdɔn$_{4}^{21-24}$ke$_{2}^{24-21}$suŋ$_{1}^{35}$（洞喉囱）或者 ke$_{2}^{24-21}$suŋ$_{1}^{35}$（喉囱），后者萨维纳也记录了（*kể súng*, bronche, pomme d'adam.），但解释中把喉结也包括进来，“喉结”是 ke$_{2}^{24-2}$ suŋ$_{1}^{35}$zuaʔ$_{7}^{55}$（喉囱硬）。

tsaù nòm hôi, badigeonner au lait de chaux. 批灰/抹水泥（帚水灰）。垂直扫不说 ts^{h}ɔu$_{2}^{24}$（帚）而说 tɑu$_{5}^{55}$（扫），“抹水泥”是 tɑu$_{5}^{55}$nɑm$_{4}^{21-24}$hoi$_{1}^{35}$（扫灰水）。比较：ts^{h}ɔu$_{2}^{24-21}$zan$_{2}^{24}$扫地（帚屋），ts^{h}ɔu$_{2}^{24-21}$mɑt$_{8}^{21}$扫土（帚土）。

kân nòm, aller en amont. 逆流而上/往上游走（升水）。“逆流而上”不说 kun$_{3}^{33}$nɑm$_{4}^{21}$（升水），而说 ŋek$_{8}^{21}$nɑm$_{4}^{21}$（逆水）。比较：tun$_{3}^{33}$nɑm$_{4}^{21}$（顺水）。

p'ương zểng, fortifier (le tempérament). 补力（缝力）。是从“补衣服（缝裤衣）”（*p'ương k'ô zoa*/p^{h}əŋ$_{2}^{24-21}$k^{h}o$_{3}^{33}$zua$_{3}^{33}$）联想出来的，应该是 ʔbo$_{3}^{33}$zeŋ$_{2}^{24}$（补力）。

nóng hẻo aù, lanière de cuir. 一条皮带（皮条一）。这成了“一条皮”。“一条皮腰带”是 ʔba$_{3}^{33}$lo$_{3}^{33}$nɑŋ$_{1}^{35}$hɛu$_{2}^{24}$ɔu$_{4}^{21}$（把腰皮条一）。

hồng kọt, ventre ballonné. 肚子胀。说成“肚子肿”（hoŋ$_{4}^{21}$kɔt$_{8}^{21}$），那是很严重的疾病，如癌症。“肚子胀”长流话说 kom$_{2}^{24-21}$ʔbɑn$_{3}^{33}$（胀风）。

kọt zỏa, amarrer la barque. 系船/泊船，不说 kɑt$_{8}^{21}$zua$_{2}^{24}$（绑船），而说 həi$_{2}^{24-21}$zua$_{2}^{24}$（系船），比较：həi$_{2}^{24-21}$ŋɔu$_{2}^{24}$拴牛（系牛）≠kɑt$_{8}^{21}$ŋɔu$_{2}^{24}$绑牛。

luổn lếi, alternativement. 轮流。lếi 是长流话“流水”，“轮流”不说 lun$_{2}^{24-21}$lei$_{1}^{35}$，而是 lun$_{2}^{24-21}$kɔn$_{2}^{24}$（轮互相）。

dá hoa dá iên, aigre-doux. 酸甜（半酸半甜）。ien$_{3}^{33}$是好吃，与海南话的“甜”意思一样，“半酸半甜”要说 ʔda$_{5}^{55}$hua$_{3}^{33}$ʔda$_{5}^{55}$liam$_{2}^{24}$（= p^{h}ɑn$_{4}^{21}$hua$_{3}^{33}$p^{h}ɑn$_{4}^{21}$liam$_{2}^{24}$）。

kẽ bỏn p'ìng, déraciner un vice. 戒毛病（解毛病）。ʔbɑn$_{2}^{24-21}$p^{h}iŋ$_{4}^{21}$是“病

的日子”，“毛病”是晚期汉语词，这条肯定有问题，“戒毛病”是 keʔ$_7^{55-33}$ mɑu$_2^{24}$ ʔbiŋ$_5^{55}$（解毛病）。比较：kek$_7^{55-33}$ in$_1^{35}$ 戒烟（隔烟），kek$_7^{55-33}$ zɑn$_3^{33}$ 戒酒（隔酒），kek$_7^{55}$ k^{h}ei$_1^{35}$ 隔开。

bản kìau, la nature, la création. 万物。这是一个汉语书面语说法，不可能说成合璧词 ʔban$_4^{21-24}$ keu$_4^{21}$，应该是 ʔbɑn$_5^{55}$ ʔbət$_7^{55}$（= ʔban$_4^{21-24}$ ʔbət$_7^{55}$）。例如：ʔbɑn$_5^{55}$ ʔbət$_7^{55}$ kui^{33} mɑt$_8^{21}$（万物归土）。

bõ kuẩn, artère. 血管。bõ 是“血”，kuẩn 是汉语“管”。“血管”长流话是 na$_2^{24-21}$ ʔbɑʔ$_7^{55}$（血根）。

kẻng lọk, nuit avancée. 深夜（更深）。“更深”（keŋ$_1^{35}$ lɑk$_8^{21}$）显然是生造出来的合璧词，“更”是汉语，“深”是长流话。长流人“深夜”说 ʔda$_5^{55}$ kim$_4^{21}$（半夜）或 ʔda$_5^{55}$ kim$_4^{21}$ lɑk$_8^{21}$（半夜深）。

p'ềng na, horizontal. 平面（p^{h}eŋ$_2^{24-21}$ na$_3^{33}$）。na$_3^{33}$ 是“脸面”，“平面”是个汉借词，而且是文读词，不可能用临高语口语词的“脸面”的意思来表达；即便用“脸面”的面，也该是汉语的 min$_4^{21}$，而不是临高语的 na$_3^{33}$。“平面”今读 p^{h}eŋ$_2^{24-21}$ men^{33}（比较：kɔn$_1^{35-21}$ men$_4^{21}$ 吃面）。

ziàng aù, conforme. 一样（样一），ziàng 是汉语，aù 是长流话。应该是 sɛŋ$_4^{21-24}$ kɔn$_2^{24}$ 相称（称相）。

sóng kẹp, défilé dans les montagnes. 山峡/峡谷/山谷，sóng 是长流话“山”，kɛp$_8^{21}$ 是“峡”读半边了；应该是 loʔ$_7^{55-33}$ sɑŋ$_1^{35}$ 山谷（麓山），文读是 san^{33} hiap$_7^{55}$（山峡）。同样，*kống kẹp*, détroit. 海峡，kống 是长流话“海”（是 kông 之误，今读 koŋ$_3^{33}$），这是汉语词，应该是 hai^{21} hiap$_7^{55}$。与此相关的读音是 *bôt kẹp*, herbe épaisse, drue, touffue. 浓密的草，这个记音（相当于 ʔbɑt$_7^{55-33}$ kɛp$_8^{21}$）没有这个说法，“浓密的草”长流话的说是 ʔbɑt$_7^{55-33}$ na$_1^{35}$ 或 ʔbɑt$_7^{55-33}$ ɔp$_7^{55}$。

diễt zòng nòm, tomber dans l'eau. 跌下水，是汉语“跌”，这是生造的合璧词，长流话说 lian$_3^{33}$ zɔŋ$_2^{24-21}$ nɑm$_4^{21}$（跌下水）。同样，*dĩt nòm dái*, se noyer. 跌水死，长流话说 ʔdok$_7^{55-33}$ nɑm$_4^{21}$ ʔdai$_1^{35}$（落水死）。

mộk kúa hải, cirage. 黑鞋油（墨刮鞋）。把“黑鞋油”说成“刮鞋墨”，这显然是生造；“黑鞋油”长流话说 zɔu$_2^{24-21}$ zɑm$_1^{35-21}$ kua$_5^{55}$ hai$_2^{24}$（油黑刮鞋）。

hũk zoẩn, achever, réaliser. 做完，应该说 huk$_7^{55}$ in$_1^{35}$。

zẻng noai, alanguir. 力弱（力累），这个意思长流话不说 zeŋ$_2^{24}$ nuai$_3^{33}$（力累），而说 huk$_7^{55}$ nuai$_3^{33}$（做累）。

số nĩ, étendue. 大小。so$_1^{35}$ 是汉语“粗”，niʔ$_7^{55}$ 是长流话“小”；“大小”长流话不说 so$_1^{35}$ niʔ$_7^{55}$，而说 ne$_3^{33}$ niʔ$_7^{55}$。

kang kuà sổ, altérer la vérité. 讲大话(讲话大)。长流本地话既不说 $kaŋ_3^{33}kua_4^{21-24}so_1^{35}$,也不说 $kaŋ_3^{33}kua_4^{21-24}ne_3^{33}$,而说 $sia_1^{35-21}k^hiau_5^{55}$(车窍,相当于"瞎扯")。比较:$mən_2^{24-21}k^hiau_5^{55}$(有窍门)。

hòa héo, rayer un nom. 除名(画条)。这条词的产生,似乎是萨维纳用笔在纸上比画着划掉名字,发音人于是生造了一个"画条"($hua_4^{21}hɛu_2^{24}$)。"除名"长流话是 $hua_4^{21}ʔbat_8^{21}$(画弃)。

kàng lẹk ziàng zống, dépeindre les gens. 描绘别人(讲子样别人)。lẹk ziàng 是汉语"样子"的直译,"描绘别人"要说 $kaŋ_3^{33}hiŋ_4^{21-24}zoŋ_1^{35}$(讲别人形<讲形别人)。萨维纳还记录了一条 *kang hìng mao zống*, dépeindre les gens. 描绘别人(讲别人形貌<讲形貌别人),这是对的,今说 $kaŋ_3^{33}hiŋ_4^{21-24}mɑu^{33}zoŋ_1^{35}$。这里的"形"本调是 $hiŋ^{21}$,晚期汉借词阳平,但因调值同本族词第 4 调,且参与连读变调,因此调类也归入第 4 调。参看 § 2.4 对长流话标调法的规定。

p'ào mọ, étriller un cheval. 用刷子刷马(刨马)。长流人不养马,但见过马。也许萨维纳做了一个刷马毛的动作,发音人挖空心思,联想到木匠用刨子的动作,想出来一个 $p^hau_2^{24-21}mɑʔ_8^{21}$(刨马),实际上长流话简单说 $tuat_7^{55-33}mɑʔ_8^{21}$(刷马)。

2. 该文读的不按文读,该白读的不按白读

临高语中的汉借词,本身有文白之分,实际语言搭配中基本上是固定的,不会乱用。萨维纳的发音人却有胡乱搭配的问题,该文读的不按文读,该白读的不按白读。如:

niểm p'ìng, maladie contagieuse. 染病。"染"有文白读,"染布"是 $nim_4^{21-24}hɑp_8^{21}$,用白读;"染病"是 $ziam_4^{21-24}p^hiŋ_4^{21}$,用文读,本来有别,萨维纳的发音人将二者混同。

mềng p'êặk, intelligible. 明白,应该是 $meŋ_2^{24-21}p^hɛk_8^{21}$。长流话汉字音的"白",$p^hiak_8^{21}$ 是白读,$p^hɛk_8^{21}$ 是文读;"明明白白"应该用文读。

lọp k'õk, immédiatement. 立刻。"立"的两个读音,$lɔp_8^{21}$ 是白读,lip_7^{55} 是文读,"立刻"是文读词,长流话说 $lip_7^{55}k^hək_7^{55}$。

tiu ka, subir un affront (recevoir tuer). 被杀(受杀),应该是 $tɔu_4^{21-24}ka_3^{33}$(受杀)。tiu^{33} 是文读,$tɔu_4^{21}$ 是白读,口语中"被杀"应该用 $tɔu_4^{21}$。

3. 词序不对

基本原则是:汉语词要按汉语词序,本族词要按临高语词序。但萨维纳发音人提供的一些词,要么汉语词用了临高语词序,要么临高语词用了汉

语词序。

(1) 汉语词词序不对

hiến dông, hiver. 冬天(天冬)。“春、夏、秋、冬”都是汉语词,“冬天”不说 $hien_1^{35-21}$ $ʔdoŋ_1^{35}$,而说 $ʔdoŋ_1^{35-21}$ $hien_1^{35}$。

hềng tam kuãk, triangle (forme trois angle). 三角形(形三角)。这完全是汉语词,长流话是 tam_5^{55} $kuak_7^{55}$ $heŋ^{21}$。

zoăn ziảng p'ìng, sanatorium. 养病院/疗养院(院养病)。这也是汉语词,长流话说 $ziaŋ_4^{21-24}$ $p^hiŋ_4^{21}$ $zuan_3^{33}$。

tểi ké, congé. 假期(时假)。“假期”在汉语中也很少说成半文不白的“假时”,长流话常说 $kɛ_5^{55}$ k^hi^{21}(假期)。再说这是汉语词,不可能说成不伦不类的“时假”。比较: $tɛi_2^{24-21}$ heu_4^{21}(时候)。

(2) 本族词词序不对

ngào mồng, paille de riz. 稻草,应该是 $muŋ_4^{21-24}$ $ŋau_4^{21}$(草稻)。

don dòn, arbre creuxr. 树洞,应该是 $ʔdɔn_4^{21-24}$ $ʔdɔn_3^{33}$(洞树)。

(3) 合璧词词序不对

bêắn k'ẽk, client. 买主(买客),应该是 $k^hek_7^{55-33}$ $ʔbian_1^{35}$(买客)= $ts^ho_3^{33}$ $ʔbian_1^{35}$(买主)。

tsê zêá dọk, remède anodin. 止疼药(止药疼),应该是 zia_1^{35-21} $ts^he_4^{21-24}$ $ʔdɔk_8^{21}$(药止疼)。

一些来自汉语或外语的概念,用长流话重新组词,也要按长流话词序。如:

nõ ngau bing, fromage. 奶酪(奶牛饼),应该是 $ʔbiŋ_3^{33}$ $noʔ_7^{55-33}$ $ŋɔu_2^{24}$(饼奶牛)。

p'ỏn tểi, saison pluvieuse. 雨季(雨时)。按照临高语词序,应该说 $tɛi_2^{24-21}$ $p^hɑn_1^{35}$(时雨)。即使如此,这个词也是生造的,长流话“雨季”说 $ʔdok_7^{55-33}$ $p^hɑn_1^{35-21}$ kui_5^{55} $tɑt_7^{55}$(下雨季节)。从萨维纳的记录和现在的调查看,临高语本族语中没有“季节”的说法,只能用汉语,只不过现在的 kui_5^{55} $tɑt_7^{55}$ 来自海南话,不知道以前用官话还是海南话。

总结一下,萨维纳的发音人应该是长流当地的一位私塾先生;此人会说官话、海南话,既会说长流话,也能读书面语,合乎萨维纳的要求。但或因调查的时间有限,或因只调查了一位发音人,或两者兼有,造成萨维纳的词汇记录中存在不少问题,这在当时条件下是难免的。

至此,我们明白了《萨维纳的临高语词汇》中何以汉借词多、本族词少:

一方面萨维纳的词表中设定了一定数量的汉借词（尤其是那些与宗教有关的词语），另一方面发音人面对词表只读汉字，不提供口语说法，甚至按照汉语结构生造词语。这两个原因导致《萨维纳的临高语词汇》中汉借词偏多，本族词偏少。奥德里古尔只知道萨维纳有意将传教必需的抽象词语都收录进来，但他不知道的是发音人刻意略去口语，将萨维纳词表中的词目汉字读出来，影响了调查结果。

8.2 法文释义中的问题

《萨维纳的临高语词汇》法文释义中的问题包括释义不准确和释义错误。释义不准确是任何一个调查者都会遇到的问题，原因可能是发音人提供的解释不准确，也可能是调查者不够仔细，演绎的意思有欠完善。释义牵扯到语义系统，也关乎文化方面，即使是母语调查者也有释义不准确的问题。但有些是明显的张冠李戴，解释与记音对不上，那就是释义错误，这往往是调查者误解发音人的意思所致，也有少数是发音人提供的解释有误。

8.2.1 释义不准确

dà-bỏn, soleil (nœud du jour). 太阳（天眼），今音 $ʔda_1^{35-21}$ $ʔban_2^{24}$，法语解释为“太阳（日结）”，不确。太阳是“天之眼”，这是东亚、东南亚很多语言中共有的认知。萨维纳所谓“日结”（nœud du jour），是说太阳如同打的结一样，这应该是发音人提供的解释。

bểi káu, l'année dernière. 旧年（年古），今音 $ʔbɛi_2^{24-21}$ kau_3^{33}，指农历新年（长流人春节只算初一到初三，共 3 天），公历新年是 $nɛn_2^{24-21}$ nau_4^{21}（新年）。法语解释是“去年”（l'année dernière），不确。“去年”是 $ʔbɛi_2^{24-21}$ zai_2^{24}，“前年”是 $ʔbɛi_2^{24-21}$ $hɯn_1^{35}$，“大前年”是 $ʔbɛi_2^{24-21}$ $zəŋ_3^{33}$。

mài toảng, chèvre. 又 *mải toảng*, brebis. 同一个“母山羊”，法语解释前者是“母羊/母山羊”（chèvre），后者是“母羊/母绵羊”（brebis），不确。海南岛没有绵羊，只有山羊（$tuaŋ_2^{24}$），更常见说法是拟声的 $mɛʔ_7^{55}$。“母山羊”今音 $mai_4^{21-24}$$tuaŋ_2^{24}$或 $mai_4^{21-24}$$mɛʔ_7^{55}$；“公羊/公山羊”是 $hɔk_8^{21}$ $tuaŋ_2^{24}$或 $hɔk_8^{21}$ $mɛʔ_7^{55}$（特羊）。萨维纳对 $mɛʔ_7^{55}$的解释准确无误（*mẽ*, chèvre）。

kang lói dòn, déblatérer. 骂（讲长短），长流话“讲长短”是中性的，今音 $kaŋ_3^{33}$$lɔi_1^{35-21}$ $ʔdɔn_3^{33}$ = $kaŋ_3^{33}$ $lɔi_1^{35}$ $kaŋ_3^{33}$ $ʔdɔn_3^{33}$（讲长讲短），法语解释是“骂”，

不确。

bãk kởm, avoir des aigreurs. 辣的/苦的,今读 $ʔbak_7^{55-33}$ kam_2^{24},法语解释“烧心/胃灼热”,不确。大概是发音人比画描述苦辣状,萨维纳据此解释。

bõk bướn, épaule. 肩椎,今音 $ʔbak_7^{55-33}$ $ʔbun_1^{35}$,法语解释为“肩膀”,不确。“肩膀”是指挑东西的部位,今音 $ʔbak_7^{55-33}$ $ʔbia_3^{33}$;“肩椎”指颈椎下面的部位。比较: $ʔbun_1^{35-21}$ $ŋɔu_2^{24}$牛肩峰。还有一条词 *bõk bướn bướn p'êảng*, les deux épaules. 肩椎两旁,今音 $ʔbak_7^{55-33}$ $ʔbun_1^{35}$ $ʔbun_5^{55}$ $p^hiaŋ_2^{24}$,显然不是“肩膀两旁”。

soi p'án aù, un hamac. 一幡网(网幡一),今音 sai_3^{33} $p^han_5^{55}$ $ɔu_4^{21}$,法语解释是“吊床”,不确。应该是萨维纳看到吊床,就问发音人,发音人不会说“吊床”,就说成“一幡网”。比较: sai_3^{33} $ʔbun_5^{55}$ $p^han_1^{35}$两幡网(网幡两),ziu_4^{21} $p^han_5^{55}$ $ɔu_4^{21}$一幡席(席幡一)。

don zẫk, jointure des os. 树结(树骨),今音 $ʔdɔn_3^{33}$ $zək_7^{55}$,法语解释是“骨节”,不确。

ziảng hảu, prénom. 杨桃,今音 $ziaŋ_2^{24}$ hau_2^{24},是“杨桃”的汉字音,口语音是 mak_8^{21} $ʔbiaŋ_1^{35}$ hua_3^{33}(果薄酸)。法语解释是“名称”,不确。

lang (chapeau). 斗笠/草帽,今音 $laŋ_3^{33}$,法语解释是“帽子”,不确。

dìng lang, se coiffer, se couvrir, mettre son chapeau. 戴斗笠,今音 $ʔdiŋ_1^{35-21}$ $laŋ_3^{33}$,法语解释是“戴帽子”,不确。

kùng king, amour filial. 恭敬,今音 $kuŋ_1^{35-21}$ $kiŋ_3^{33}$,法语解释是“孝敬”,不确。

kang kùa lọk k'ọk, balbutier. 讲话不清楚,今音 $kaŋ_3^{33}$ kua_4^{21} lak_8^{21} $k^hak_8^{21}$,法语解释是“结巴”,不确。比较: lak_8^{21} $k^hak_8^{21}$乱七八糟。

hũk loãk, salir la réputation. 弄脏(做脏),今音 huk_7^{55} $luak_7^{55}$,法语解释是“弄坏名声”,不确。

8.2.2 释义错误

kôn têà dòng lếi, après avoir mangé. 后吃(吃饭后),长流话今音 $kɔn_1^{35-21}$ tia_4^{21} $ʔdaŋ_1^{35-21}$ lei_2^{24} = $kɔn_1^{35-21}$ tia_4^{21} $ʔda_1^{35-21}$ lei_2^{24},与“先吃”相对,法语解释是“吃饭以后”,误。“先吃”是 $kɔn_1^{35-21}$ tia_4^{21} $k^hai_3^{33}$ na_3^{33}(吃饭先)。

tsim k'oái na, concourir. 先占(侵先),今音 ts^him^{33} $k^hai_3^{33}$ na_3^{33},与 ts^him^{33} $ʔda_1^{35-21}$ lei_2^{24}或 ts^him^{33} $ʔdaŋ_1^{35-21}$ lei_2^{24}后占(侵后)相对,法语解释是“协助、促进”,误。

ziǎn iù tsư, poumon. 肾/腰子(仁腰子)，今音 zian$_1^{35-21}$ iu$_1^{35-21}$ ts^{h}ɯ$_3^{33}$，法语解释是"肺"，误。

mạk hềô zõp, pois verts. 生花生，今音 mɑk$_8^{21}$ heu$_4^{21-24}$ zɔp$_7^{55}$ 或，与 mɑk$_8^{21}$ heu$_4^{21-24}$ ŋɑu$_3^{33}$"熟花生"相对，法语解释是"绿豆/青豆"，误。"花生"口语音 mɑk$_8^{21}$ heu$_4^{21}$，文读音，"豆子"是 heu$_4^{21-24}$ tsiaŋ$_3^{33}$，"绿豆/青豆"是 heu$_4^{21-24}$ lok$_8^{21}$(lok$_8^{21}$ 音同"六")。

zóng déo, incapable. 不对(不着)，今音 zɑŋ$_5^{55}$ ʔdeu^{33}(ʔdeu^{33} 是海南话"着")，法语解释是"不会/不能"，误。比较：zɑŋ$_5^{55}$ tɔk$_7^{55}$ 不会/不识，zɑŋ$_5^{55}$ huk$_7^{55}$ zɑi$_3^{33}$ 不能做(不做得)。

dêáu bới = *dêau bới*, entrailles. 记音是"跑去"，今音 ʔdɛu$_2^{24}$ ʔbəi$_1^{35}$，法语解释是"内脏"，误。比较：hoŋ$_4^{21-24}$ hiak$_8^{21}$ 下水/内脏，lai$_3^{33}$ tɑŋ$_3^{33}$ 内脏(海南话)。

hể bới, entrailles. 记音是"捉去"，今音 he$_2^{24}$ ʔbəi$_1^{35}$，法语解释是"内脏"，误。

p'aủ bới, porter sur l'épaule. 扶着去(扶去)，今音 p^{h}ɔu$_2^{24}$ ʔbəi$_1^{35}$，法语解释是"扛/挑"，误。

p'aủ kân bọk bêà, charger sur des épaules. 扶上肩膀，今音 p^{h}ɔu$_2^{24}$ kun$_3^{33}$ ʔbɑk$_7^{55-33}$ ʔbia$_3^{33}$，法语解释是"扛/挑上肩膀"，误。

daủ sổ, habit non portable. 大门(门大)，今音 ʔdɔu$_2^{24-21}$ so$_1^{35}$，法语解释是"不可携带的衣服"，误。比较：ʔdɔu$_2^{24-21}$ niʔ$_7^{55}$ 小门。

zaù mểng, blatte. 这条词法语解释是"蟑螂"，但与记音对不上，长流话"蟑螂"是 miŋ$_2^{24-21}$ k^{h}ɑ$_2^{24-21}$ lap$_7^{55}$。按照萨维纳的记音推出来，要么是 zɔu$_2^{24-21}$ miŋ$_2^{24}$ 虫油(螟油)要么是 zou$_1^{35-21}$ miŋ$_2^{24}$ 虫尿(尿螟)，似乎都不对。考虑到奥德里古尔有时转换不彻底，zaù 可能是 daù 之误，daù mểng 属于昆虫(法语解释是"蟑螂")，应该顺序颠倒，那就是 mểng daù 蜂，今音 miŋ$_2^{24-21}$ ʔdɑu$_4^{21}$。这也只是推测。

siểm kui, garder la virginité. 深闺，这是汉借词，今音 sim$_1^{35-21}$ kui^{33}，法语解释是"照管处女"，误。

miệt nàn, lame de couteau. 肉刀(刀肉)，法语解释是"刀片"，误。长流不说"肉刀"(mit$_8^{21}$ nan$_4^{21}$)，而说"切肉刀"(mit$_8^{21}$ siat$_7^{55-33}$ nan$_4^{21}$)；不说"菜刀"，而说"切菜刀"(mit$_8^{21}$ siat$_7^{55-33}$ sɑk$_7^{55}$)。

mểng zái, taon. 金龟子，今音 miŋ$_2^{24-21}$ zai$_2^{24}$，法语解释是"牛虻"，误。比较：miŋ$_2^{24-21}$ zai$_2^{24-21}$ siaŋ$_3^{33}$ 蝉，miŋ$_2^{24-21}$ k^{h}ɑŋ$_2^{24-21}$ ʔdut$_7^{55}$ 蜣螂，即滚屎球的虫子。

“牛虻”是 $miŋ_2^{24-21}maŋ_4^{21-24}tei_3^{33}$ 牛蝇(苍蝇水牛),牛身上另有“蜱虫/软蜱”,长流话是 $k^hia_2^{24}$。

léng (là-bas) 地方/处,今音 $lɛŋ_1^{35}$,法语解释是“那儿”,误。如:*kạk léng*, ailleurs. 别处,今音 $kak_8^{21}lɛŋ_1^{35}=kak_8^{21}hɛ_1^{35}$。比较:$kak_8^{21}nɑ_3^{33}$ 别人 $=kak_8^{21}zoŋ_1^{35}=zoŋ_1^{35}$。

bêang zỏng nêa, défendre. 放下来/放手,今音 $ʔbiaŋ_3^{33}zoŋ_2^{24}nia_3^{33}$,法语解释是“防守”,误。

tàng tsiáng aù, lit. 一张桌子(桌张一),今音 $taŋ_2^{24}tsiaŋ_5^{55}ɔu_4^{21}$,法语解释是“一张床”,应该是发音人受海南话“桌床”不分影响所致。

kẩn tàng, se mettre au lit. 上桌(升桌),今音 $kun_3^{33}taŋ_2^{24}$,法语解释是“上床”,海南话桌床不分,长流话桌床不混。“上床”是 $kun_3^{33}lɛŋ_1^{35}$。

hồng hêang, compagnon d'études. 同乡,今音 $hoŋ_2^{24-21}hiaŋ^{33}$,法语解释是“同学/学伴”,误。“乡”有不同层次。比较:$hiaŋ^{33}ts^hiaŋ^{21}$ 乡长,$ləŋ_1^{35-21}hiaŋ_1^{35}$ 回乡,$luk_8^{21}hiaŋ_1^{35}nia_3^{33}$ 从乡下来(从乡来)。

kông sế, océan. 渔民丰收(海分),今音 $koŋ_3^{33}se_1^{35}$,法语解释是“海洋”,误。比较:$hien_1^{35}se_1^{35}$ 农民丰收(天分)。

lõp (dormir) 躺,今音 $lɑp_7^{55}$,法语解释为“睡”,误。比较:$lɑp_7^{55}k^hək_7^{55}$ 躺一会儿(躺刻),$ɑŋ_1^{35}suan_1^{35}$ 睡醒。“睡觉”是 $lɑp_7^{55-33}suan_1^{35}$(躺睡),将“躺/睡”相混,显然是受发音人误导。

sọp hau, décapiter. 插头发(插头),今音 $sap_7^{55-33}hɑu_3^{33}$ 或 $sap_7^{55-33}ʔbɑn_2^{24-21}so_3^{33}$(插头发),指用簪子插头发。法语解释是“斩首”,误。“斩首”是 $ts^hɑp_7^{55-33}hɑu_3^{33}$。

diệt (un peu) 偷偷/悄悄,今音 $ʔdiet_8^{21}$,法语解释为“一点点”,误。

zéáo diệt diệt, sourire (v.). 偷偷笑(笑偷偷),今音 $ziau_2^{24}ʔdiet_8^{21}ʔdiet_8^{21}$ 或 $ʔdiet_8^{21}ʔdiet_8^{21}ziau_2^{24}$,法语解释是“微笑”,误。

kọt se tuméfier. 肿,今音 $kɔt_8^{21}$,法语解释是“胀”,误。“胀”是 $ts^hiaŋ_3^{33}$(汉字音),或 kom_2^{24}(口语音)。$hoŋ_4^{21}ts^hiaŋ_3^{33}=hoŋ_4^{21}kom_2^{24}$。

hồng kọt, ventre ballonné. 肚子肿,今音 $hoŋ_4^{21}kɔt_8^{21}$,法语解释是“肚子胀”,误。“肚子肿”是很严重的疾病(如癌症),$hoŋ_4^{21}kɔt_8^{21}$ 其实是不说的,萨维纳要调查的应该是“肚子胀”,发音人给他提供的却是“肚子肿”。比较:$na_3^{33}kɔt_8^{21}$ 脸肿。

kỗk kat, béri-béri. 脚肿,今音 $kok_7^{55}kɔt_8^{21}$,法语解释是“脚气”,误。比

较：kok$_{7}^{55}$kɔʔ$_{8}^{21}$脚气（脚臭），长流人自称没有脚气。

kêàu toạt tón, curé-dents. 牙刷（物刷牙），今音 keu$_{4}^{21-24}$tuat$_{7}^{55-33}$tɔn$_{1}^{35}$，法语解释是“牙签”，误。比较：keu$_{4}^{21-24}$k^{h}iat$_{7}^{55-33}$tɔn$_{1}^{35}$牙签（物挑牙）。

tẹk tóm, antipathie. 省心/放心，今音 tek$_{7}^{55-33}$tɔm$_{1}^{35}$，法语解释是“反感”，误。比较：ʔbat$_{8}^{21}$tɔm$_{1}^{35}$放心（弃心）。

k'ẫk aù, une fois. 一刻，今音 k^{h}ək$_{7}^{55}$ɔu$_{4}^{21}$，法语解释是“一次”，误。

mềng mộk, charançon. 谷虫/米虫（螟谷），今音 miŋ$_{2}^{24-21}$mɔk$_{8}^{21}$，法语解释是“象鼻虫”，误。

noạk dộk, belette. 松鼠（鸟独），今音 nuak$_{8}^{21}$ ʔdok$_{8}^{21}$，法语解释是“黄鼠狼”，误。

hỗk (faire). 放下，今音 hok$_{7}^{55}$，法语解释是“做”，误。hok$_{7}^{55}$ 放 ≠ huk$_{7}^{55}$做。

hỗk dĩk, emploi. 放满，今音 hok$_{7}^{55}$ʔdik$_{7}^{55}$，法语解释是“使用、利用”，误。

8.3 标音错误

原书中有各种各样的标音错误，需要根据整个词条的法语解释结合实地调查逐一厘清。标音错误不等于记音错误，它包括萨维纳的记音错误，奥德里古尔处理材料中的错误和排字工人的错误。有些错误容易看出，有些则不容易看出，给调查核对带来极大的困难，耗时费力。以下分别论述这些标音错误，相当于原书勘误，但仅限于声韵母错误，声调错误比比皆是，在词典正文中有正确记音相对照，在此不作论述。韵母中的主元音[ɑ]—[ɔ]—[o]相混牵扯到萨维纳的音系处理，在词典正文中有对照，这里不作论述，另参看 § 4.3“萨维纳韵母记音中的其他问题”。喉塞尾入声韵萨维纳只当作声调来处理，并把变调位置的钝高调（单数调/阴入调）处理为钝低调（双数调/阳入调），也不另作论述，参看词典正文及 § 5.3“萨维纳临高语声调记录中的问题”。

8.3.1 萨维纳的记音错误

萨维纳的记音错误不多，基本上都属于忙中出错或笔误，因为同一个音在其他地方并不错。包括几类：前后鼻音韵尾-ŋ/-n 相混，鼻音声母 m-/n-相混，鼻音与同部位塞音 m-/b-（ʔb-）相混，清浊塞音声母 t-/d-（ʔd-）相混，清浊擦音声母 s-/z-相混，边音与鼻音声母（n-/l-）相混，鼻音尾与同部位塞音尾（-m/-p）相混，入声韵与阴声韵相混。这些记音错误如果奥德里古尔细心一些，都可以发现并改正的。

1. 前后鼻音尾-ŋ/-n 相混

sồng ềng nê tỗk, cousins. 亲兄弟，今音 $sɔn_5^{55}eŋ_1^{35-21}ne_3^{33}tok_7^{55}$，sồng 是 sồn 之误，在有的地方不混，参看 sồn 条。“亲”本读为 $sɔn_1^{35}$，与“伸/穿”同音，如：$ʔdia^{33}sɔn_1^{35}$定亲。在前字位置往往读 $sɔn_5^{55}$，以免相混，如：$sɔn_5^{55}me_2^{24}$亲手≠ $sɔn_1^{35-21}me_2^{24}$伸手。

bêan hóa, vacciner. 种牛痘（种花），今音 $ʔbiaŋ_3^{33}hua_1^{35}$，bêan 是 bêang 之误。

tsúi dòng, percer un trou. 钻孔/钻洞（锥洞），今音 $ts^hui_1^{35-21}ʔdɔn_4^{21}$，dòng 是 dòn 之误，参看 dòn 条。

kói dống, chapon. 阉鸡（鸡阉），今音 $kai_1^{35-21}ʔdon_1^{35}$，dống 是 dốn 之误。

mềng són k'ủn aù, essaim d'abeilles. 一群蜜蜂（虫蜜蜂群一），今音 $miŋ_2^{24-21}saŋ_3^{33}k^hun_2^{24}ɔu_4^{21}$，són 是 song 之误，标调也错误。

don-tsón p'ong, attendre longtemps. 等很久（等路久），今音 $ʔdɔŋ_3^{33}sɔn_1^{35}p^hɔŋ_3^{33}$，don 是 dong 之误。

tsùng king, honorer. 尊敬，今音 $ts^hun^{33}kiŋ_5^{55}$，tsùng 是 tsùn 或 tsuôn 之误。参看 kíng 条。

tóng dọk, mal de dents. 牙疼，今音 $tɔn_1^{35}ʔdɔk_8^{21}$，tóng 是 tón 之误。

hống tõk, comprendre. 懂（训懂），今音 $hun_5^{55}tɔk_7^{55}$，hống 是 hốn 之误。比较：$hun_1^{35}hɔu_4^{21}$告知（训知）。

2. 鼻音声母 m-/n-相混

dềi mải mến, se marier, prendre femme. 娶/找老婆（找母姩），今音 $ʔdei_1^{35-21}mai_4^{21-24}nin_1^{35}$，mến 是 nến 之误。

ziảo niú, griffe de chat. 猫爪子（爪猫），今音 $ziau_2^{24-21}miu_1^{35}$，niú 是 miú 之误。这条很特别，我不认为萨维纳记错，但调查了长流地区好几个发音人，“猫”都没有 niu_1^{35}的读法。

hau hế zóng mừng p'êà laủ, alité. 卧床（身体不能起来），今音 $hɔu_2^{24-21}he_2^{24}zaŋ_5^{55}nəŋ_2^{24-21}p^hia_4^{21}lɔu_2^{24}$，mừng 是 nừng 之误。

3. 同部位鼻音与塞音 m-/b-（ʔb-）相混

mỏn no zú zoi, sans distinction de personne, n'importe qui. 不偏待人（谁都得），今音 $ʔban_2^{24}na_3^{33}zu_5^{55}zai_3^{33}$，mỏn 是 bỏn 之误。

nè no tờ mỏn no, quel est cet homme? 这人是谁？今音 nɛ$_1^{35-21}$ nɑ$_3^{33}$ tə$_4^{21}$ ʔbɑn$_2^{24}$ nɑ$_3^{33}$，mỏn 是 bỏn 之误。

4. 清浊塞音声母 t-/d-(ʔd-)相混

don tòi prêter serment. 宣誓，今音 tɔn^{33}tɔi$_4^{21}$，don 是 ton 之误。

diển tóm, complaisant. 顺人心/钓人心(线心)，今音 tin$_3^{33}$tɔm$_1^{35}$，diển 是 tiển 之误。参看：tin$_3^{33}$ʔba$_1^{35}$钓鱼(线鱼)。

5. 清浊擦音声母 s-/z-相混

zản dểi sêa, ma maison (maison mienne). 我的房子(房子属我)，今读 zan$_2^{24-21}$ʔdɛi$_2^{24}$zia$_3^{33}$, sêa 是 zêa 之误。

ziàng-bỏn sóng kô zoi, malade désespéré. 绝症病人(人不救得)，今音 ziaŋ$_2^{24-21}$ʔbɑn$_2^{24-21}$zɑŋ$_5^{55}$ko$_3^{33}$zɑi$_3^{33}$，sóng 是 zóng 之误。

bêáu siàng-bỏn lứng, rappeler quelqu'un. 叫人回来，今音 ʔbeu$_1^{35-21}$ ziaŋ$_2^{24-21}$ʔbɑn$_2^{24}$ləŋ$_1^{35}$，siàng 是 ziàng 之误。

6. 边音与鼻音声母(n-/l-)相混

nõp soán biển haù, rêver. 做梦/梦见(躺睡梦见)，今音 lɑp$_7^{55-33}$ suan$_1^{35}$ ʔbien$_2^{24}$hɔu$_4^{21}$，(ʔbien$_2^{24}$梦=圆)，nõp 是 lõp 之误。

7. 同部位鼻音尾与塞音尾(-m/-p)相混

hom taú zẻng, parier. 打赌(合输赢)，今音 hɔp$_8^{21}$tou$_1^{35-21}$ zeŋ$_2^{24}$，这是较文的说法，口语“打赌”说 hɔp$_8^{21}$kɑp$_7^{55}$(合佮)，hom 是 họp 之误。

8. 入声韵与阴声韵(ũ-/uk)相混

tsũ p'êăk heỏ aù, une bougie. 一条白烛(烛白条一)，今音 tsʰuk$_7^{55-33}$ pʰiak$_8^{21}$hɛu$_2^{24}$ɔu$_4^{21}$，tsũ 是 tsũk 之误，参看 p'êặk 条及 tsũk 条。

tọp tsũ, adéquat. 十足，今音 tɔp$_8^{21}$tsʰuk$_7^{55}$，tsũ 是 tsũk 之误。

9. 语流中听辨困难而记错

pườn niến, femme. 女人，今音 pʰe$_2^{24-21}$ nin$_1^{35}$，是汉字“婆姩”的发音。由于受后字音节声母的影响，听起来似乎“婆”也有鼻韵尾，因此萨维纳记错。比较：海口石山 pʰɔ$_3^{33-21}$ nien$_1^{24}$，海口白莲 fɔ$_2^{33-31}$ nien$_1^{35}$，海口永兴 pʰɔ$_2^{33-21}$ nien$_1^{13}$。

除此之外，还有一些标音错误，要么是萨维纳手误，要么是印刷工人排错。如：

họp liú dêào, étoffe rayée. 条绒布/灯芯绒布(布螺条)，今音 hɑp$_8^{21}$lui$_5^{55}$ ʔdiau^{21}，liú 是 lúi 之误。参看 họp 条。

síu kiển êáo, essentiel. 主要的(最紧要)，今音 tsʰui$_5^{55}$kien^{21}iau$_5^{55}$，tsíu 是

tsuí 之误。

ng'êaù k'ỏm, se gratter. 挠痒，今音 $ŋiau_1^{35-21}$ $kɔm_2^{24}$，k'ỏm 是 kỏm 之误。痒 $kɔm_2^{24}$ ≠ 刮 $k^hɔm_2^{24}$。

kủi huốn, cosmétique. 假发髻（东西发髻），今音 keu_4^{21-24} hun_1^{35}，指琼剧表演者戴的装饰性假发髻。kủi 是 kiảu 之误。

ãt són, barrer la route. 堵路，今音 $ŋɑt_7^{55-33}$ $sɔn_1^{35}$（路拥挤），ãt 是 ngãt 之误。比较：ut_7^{55-33} $sɔn_1^{35}$ 塞路（故意拦堵）。

ziáng mưởn sềng lêi, déraisonnable. 不合情理（没有情理），今音 $zaŋ_5^{55}$ $mən_2^{24-21}$ $seŋ_2^{24-21}$ lei_3^{33}，ziáng 是 zóng 之误。

ziáng mưởn tương kơi, rien. 没有什么，今音 $zaŋ_5^{55}$ $mən_2^{24-21}$ $təŋ_3^{33}$ $kəi_3^{33}$，ziáng 是 zóng 之误。

zữt tèng dềô, calciner. 烧成灰，今音 zut_7^{55} $teŋ_2^{24-21}$ $ʔdeu_4^{21}$，zữt 是之 zũt 误。

zữ tèng dềô, incinérer (brûler engendrer cendres). 烧成灰，zữ 是 zũt 之误。

heng hề zông, serviteur. 伺候人（听候别人），今音 $hɛŋ^{33}$ heu_4^{21-24} $zoŋ_1^{35}$，hề 是 hều 之误。

8.3.2 奥德里古尔材料处理中的错误

奥德里古尔材料处理中的错误包括两类：一是字符转换（d-/z-）错误，二是将手稿中的标音字母认错。

8.3.2.1 字符转换错误

萨维纳的记音中有横杠 đ（表示 ʔd-声母）和普通 d（表示 z-声母）的区别，一如越南语。奥德里古尔取消了横杠 đ，用普通 d 代替 đ，用 z 代替 d。由于粗心，出现了转换不彻底或转换过度，前者把该转换的没有转换，后者把不该转换的转换了。

1. 转换不彻底

dụt hau dống tụ, d'un bout à l'autre. 从头到尾，今音 luk_8^{21} $hɑu_3^{33}$ $ʔdɔŋ_5^{55}$ $tuʔ_7^{55}$，dụt 是 zụt 之误。但今 zụt 已不说，都说成 luk_8^{21}。

dóng bòi tóm, insouciant. 不挂虑（不留心），今音 $zaŋ_5^{55}$ $ʔbai_4^{21-24}$ $tɔm_1^{35}$，dóng 是 zóng 之误。

âú dêa liú, laissez-moi voir. 让我看（给我看），今音 ou_1^{35} zia_3^{33} liu_1^{35}，dêa 是 zêa 之误，另见 êa 韵。

k'iền dẻng hũk kống, laborieux. 勤劳做工（勤力做工），今音 $k^hin_2^{24-21}$

zeŋ$_{2}^{24}$huk$_{7}^{55-33}$koŋ$_{1}^{35}$，dẻng 是 zẻng 之误。

zản nè kán tờ dểi dea, cette maison m'appartient. 这间房是我的（房这间是属我），今音 zan$_{2}^{24-21}$nɛ$_{1}^{35-21}$kan$_{1}^{35}$tə$_{4}^{21}$ʔdɛi$_{2}^{24}$zia$_{3}^{33}$，dea 是 zea 之误。

nòm dong, eau salée（lapsus prob. →*zong*）. 咸水（水咸），今音 nɑm$_{4}^{21-24}$zɑŋ$_{3}^{33}$，dong 是 zong 之误。奥德里古尔注释"可能是 zong"，他是对的。

dịt tóm nèm kíng, dévot（probl. lapsus pour *zịt*）热心念经的人（人热心念经），今音 zit$_{8}^{21}$tɔm$_{1}^{35}$nem$_{4}^{21-24}$kiŋ$_{1}^{35}$，dịt 是 zịt 之误。

p'ăt nĩt p'ăt diệt, avoir la fièvre. 发冷发热，今音 p^{h}at$_{7}^{55-33}$nit$_{7}^{55}$p^{h}at$_{7}^{55-33}$zit$_{8}^{21}$，diệt 是 ziệt 之误。

hỏi dữt dổi, tasse fêlée. 碗裂行（碗裂列），今音 hoi$_{4}^{21}$ʔdɯt$_{7}^{55}$zoi$_{2}^{24}$ɔu$_{4}^{21}$（碗裂了一行），dổi 是 zổi 之误。

uẳt dóng, creuser un puits. 挖井，今音 uat$_{7}^{55-33}$zɑŋ$_{1}^{35}$，dóng 是 zóng 之误。

2. 转换过度

ká zôm, prix bas. 低价（价低），今音 ka$_{3}^{33}$ʔdom$_{3}^{33}$，zôm 是 dôm 之误。

ngá ziêm tsúng, à cinq heures. 五点钟，今音 ŋa$_{5}^{55}$ʔdim$_{3}^{33}$ts^{h}uŋ$_{1}^{35}$，ziêm 是 diêm 之误。

zổng kuẳn mọ aù, tubes en bambou. 一个竹筒（筒竹个一），今音 ʔdɑŋ$_{4}^{21-24}$kuan$_{2}^{24}$mɔʔ$_{8}^{21}$ɔu$_{4}^{21}$（实际读为 mɔ$_{4}^{21-24}$ɔu$_{4}^{21}$），zổng 是 dổng 之误。比较：ʔdɑŋ$_{4}^{21-24}$ʔbɛi$_{2}^{24}$烟囱（筒火）。

zễk tóm ứng, ravi（de joie）. 狂喜/高兴（满心高兴），今音 ʔdik$_{7}^{55-33}$tɔm$_{1}^{35}$əŋ$_{1}^{35}$，zễk 是 dễk 之误。

mô zóng zóng, fortuit. 想不到，今音 mo$_{3}^{33}$zɑŋ$_{5}^{55}$ʔdɔŋ$_{1}^{35}$，也说 zɑŋ$_{5}^{55}$mo$_{3}^{33}$ʔdɔŋ$_{1}^{35}$（没想到），后一个 zóng 是 dóng 之误。

hỏa zỗk, défleurir. 花谢了（花落），今音 hua$_{1}^{35}$ʔdok$_{7}^{55}$，zỗk 是 dỗk 之误。

8.3.2.2 标音字母认错

萨维纳的手稿都是手写体，有些字母容易相混，奥德里古尔无法核对临高语，因此整理中出错。手写体字母中最容易相混的就是 n 与 u，其次是 e 与 o，另有各种相混。如：

1. n 与 u 相混

soán, lance. 矛/枪，今音 seu$_{3}^{33}$枪（海南话），soán 是 seáu 之误。

tsin dá, éblouir. 耀眼（照眼），今音 ts^{h}iu$_{3}^{33}$ʔda$_{1}^{35}$，tsin 是 tsiu 之误。原文认为本字是"闪"，亦误。

zềi zảu, déloger, déménager, évacuer une maison. 搬家（移家），今音

zɛi$_{2}^{24-21}$zan$_{2}^{24}$,zảu 是 zản 之误。

k'êi zảu, bâtir une maison, construire. 盖房子(起屋),今音 k^{h}ei$_{3}^{33}$zan$_{2}^{24}$, zảu 应是 zản 之误。

ban kúi, carapace de tortue. 龟壳(包龟),今音 ʔbɑu^{33}kui$_{1}^{35}$,ban 是 bau 之误。

zong chían kùi =*zóng chían kùi lêi* ;anormal. 不照规=不照规礼,今音 zɑŋ$_{5}^{55}$ts^{h}iau$_{5}^{55}$kui^{33}=zɑŋ$_{5}^{55}$ts^{h}iau$_{5}^{55}$kui^{33}lei^{33},chían 是 chíau 之误。

tẫk kiêủ maú, brun. 棕色/褐色/猪肝色(色肝猪),今音 tek$_{7}^{55-33}$kien$_{1}^{35-21}$ mou$_{1}^{35}$,kiêủ 是 kiẻn 之误。

sáo nê bêán, brailler. 大声喊叫(声音大叫),今音 sau$_{1}^{35}$ne$_{3}^{33}$ʔbeu$_{1}^{35}$,bêán 是 bêáu 之误。

beǎu kỏm, s'aigrir. 变辣/变苦,今音 ʔbian$_{5}^{55}$kɑm$_{2}^{24}$,beǎu 是 beǎn 之误。

tsin dòn, trouer, percer un trou. 钻洞/打洞,今音,tsin 是 tsui 之误。ts^{h}ui$_{1}^{35-21}$ʔdɔn$_{4}^{21}$。

p'àn zêàu, étendre une natte. 铺席,今音 p^{h}ɔu$_{1}^{35-21}$ ziu$_{4}^{21}$, p'àn 是 p'àu 之误。

mền kán aù, une pagode. 一间庙(庙间一),今音 meu$_{4}^{21}$kan$_{5}^{55}$ɔu$_{4}^{21}$,mền 是 mêù 之误。参看 mêù 条。

zan zổng tềi kán, en ce monde. 在世上(在上世间),今音 zou$_{3}^{33}$zuŋ$_{1}^{35-21}$ tei$_{3}^{33}$kan$_{1}^{35}$,zan 是 zau 之误。参看 têi 韵"在阴间"(en ce bas monde)条。

tếng zỏn, animé. 成活,今音 teŋ$_{1}^{35}$zou$_{3}^{33}$,zôn 是 zôu (活的)之误。

kàn sềng p'oàng zau, amitié. 旧情朋友,今音 kɑu$_{3}^{33}$seŋ$_{2}^{24}$p^{h}uaŋ$_{2}^{24-21}$zou$_{3}^{33}$, kàn 是 kàu 之误。

tsiễt zảu, toit (de la maison). 屋脊(脊屋),今音 ts^{h}ik$_{7}^{55-33}$zan$_{2}^{24}$,zảu 是 zản 之误。

kĩt k'òn dên, faire la culbute. 翻跟斗(击跟斗),今音不说 kit$_{7}^{55-33}$k^{h}ɑn$_{2}^{24-21}$ ʔdeu$_{3}^{33}$,而说 lian$_{3}^{33}$k^{h}ɑn$_{2}^{24-21}$ʔdeu$_{3}^{33}$(摔跟斗),dên 是 dêu 之误。

k'ẽk ka mấn, un boucher. 屠夫/杀猪的(客杀猪),今音不说 k^{h}ek$_{7}^{55-33}$ka$_{3}^{33}$ mou$_{1}^{35}$,而说 ɑŋ^{33}ka$_{3}^{33}$mou$_{1}^{35}$(翁杀猪),mấn 是 mấu 之误。

sậk zảu lèng lê, maisons adjacentes, les voisins. 屋子附近(屋侧地方近),今音 sək$_{7}^{55-33}$zan$_{2}^{24-21}$lɛŋ$_{1}^{35-21}$le$_{3}^{33}$,zảu 是 zản 之误。

noạk ạk bến ạk ạk, croasser. 乌鸦叫鸦鸦,今音 nuak$_{8}^{21}$ak$_{8}^{21}$ʔbeu$_{1}^{35}$ak$_{8}^{21}$ ak$_{8}^{21}$,bến 是 bếu 之误。

hũk p'ảu, se mutiner. 兵变/造反(做反),今音 huk_7^{55-33} p^han^{21},p'ảu 是 p'ản 之误。

ziàng-bỏn lảu sỗk, paresseux. 懒汉(人懒缩),今音 $zia\eta_2^{24-21}$ $ʔban_2^{24-21}$ $lan_4^{21-24}sok_7^{55}$,lảu 是 lản 之误。

2. e 与 o 相混

kiáo hiến tsê, catholicisme. 天主教(教天主),今音 $kiau_5^{55}hien_1^{35-21}ts^ho_3^{33}$,tsê 是 tsô 之误。

sào nêỏ, mesurer les champs. 量田(抄田),今音不说 sau_1^{35-21} nia_2^{24} 而说 $sik_7^{55-33}nia_2^{24}$(尺田),nêỏ 是 nêả 之误。

3. 其他形似而误

kẽ sàu sẽ mườn, dissiper la tristesse. 解愁解闷,今音 $keʔ_7^{55-33}sɔu_2^{24}keʔ_7^{55-33}$ $mən_4^{21}$,后一个 sẽ 是 kẽ 之误。

tềang zoi tsạk, apprivoiser. 驯服/顺服(养得熟),今音 $tia\eta_4^{21}za i_3^{33}tuak_8^{21}$,tsạk 是 tuạk 之误。比较:$tia\eta_4^{21}tuak_8^{21}$养顺了(养熟了),指驯养动物顺服。

k'òi mọ, à cheval, à califourchon sur un cheval. 骑马,今音 $k^həi_4^{21-24}$ $maʔ_8^{21}$,k'òi 是 k'ời 之误。在其他地方是 k'ời 或 k'ười。如:*k'ởi mọ diễt*, tomber de cheval. 骑马跌,今音 $k^həi_4^{21-24}$ $maʔ_8^{21}$ $ʔdiet_7^{55}$;*k'ời mọ bới*, aller à cheval. 骑马去,今音 $k^həi_4^{21-24}maʔ_8^{21}ʔbəi_1^{35}$;*k'ười mọ*, enfourcher un cheval. 骑马,今音 $k^həi_4^{21-24}maʔ_8^{21}$。

tsịp k'ẽk = bởi k'ẽk, accueillir un visiteur. 接客=留客,今音 $ts^hip_7^{55-33}$ $k^hek_7^{55}$接客=$ts^hip_7^{55-33}me_1^{35}$,$ʔbai_1^{35-21}k^hek_7^{55}$留客=$ʔbai_1^{35-21}me_1^{35}$,bởi 是 bỏi 之误。

ói nã aù, égoïsme. 自私(爱自己),今音 $ai_3^{33}sa_5^{55}ɔu_4^{21}$,nã 是 sã 之误。

kang zai tiú lí, parler couramment. 讲得流利,今音 $ka\eta_3^{33}zai_3^{33}liu_2^{24}li_5^{55}$,tiú 是 liú 之误。

hiáu zêàng hũk, faire d'après modèle. 照样做,今音 $ts^hiau_5^{55}zia\eta_4^{21}huk_7^{55}$,hiáu 是 tsiáu 之误。

tiến bao, renouveler. 更新(换新),今音 $tien_1^{35-21}nau_4^{21}$,bao 是 nao 之误。

mềng h'ò liền, libellule. 蜻蜓,今音 $mi\eta_2^{24-21}$ $k^ha_2^{24-21}$ $lien_4^{21}$,h'ò 是 k'ò 之误。

kuạk bỏn, siffler. 刮风,今音 $huak_8^{21}ʔban_3^{33}$,kuạk 是 huạk 之误。

nỏn nả, contraction des nerfs. 抽搐(抖拉),今音 nan_3^{33} ha_1^{35},nả 是 hả 之误。

liêu kô mềng, donner l'alarme. 报警(叫救命),今音 $ʔbeu_1^{35}ko_3^{33}mi\eta_4^{21}$, liêu 是 bêu 之误。

dau têng, anoblir, avancer en grade. 高升，今音 kɑu^{33}teŋ^{33}，dau 是 kau 之误。参看 tưng 条。

ũk tsứng, primer. 出众，今音 uk$_7^{55-33}$ ts^{h}uŋ$_5^{55}$，tsứng 是 tsúng 之误。在 tsùng 条不误。

sõk kong, légumes salés. 咸菜，今音 sɑk$_7^{55-33}$zɑŋ$_3^{33}$，kong 是 zong 之误。

hoa tiu kẵt, balsamine. 凤仙花/鸡冠花（花首鸡），今音 hua$_1^{35-21}$ tiu$_3^{33}$ kɑi$_1^{35}$，kẵt 是 kái 之误。

8.3.3 印刷错误

有的标音，萨维纳没有记错，奥德里古尔也没有处理错，但排字工人印错了。严格说起来，也算是奥德里古尔的责任。

tì têằng bó'i lứ'ng, fréquenter. 常来常往（时常去回），今音，bó'i 是 bới 之误，lứ'ng 是 lứng 之误。

lứ'ng nêa, revenir. 回来，今音 ləŋ$_1^{35}$nia$_3^{33}$，lứ'ng 是 lứng 之误。

p'ọk tờ zông, serviteur. 仆人（服侍别人），今音 p^{h}uk$_8^{21}$ tə$_4^{21-24}$ zoŋ$_1^{35}$，zông 是 zống 之误。参看 p'ọk 条。

dá bu'ó'n kiển, les deux yeux. 一双眼（眼两只），今音 ʔda$_1^{35}$ʔbun$_5^{5}$kien$_2^{24}$，bu'ó'n 是 bướn 之误。

tin mưởn aù, hameçon. 一个钓鱼钩（鱼钩枚一），今音 tin$_3^{33}$ mui$_2^{24}$ ɔu$_4^{21}$，mưởn 是 mưới 之误。就排在 mưới 条下。

họp iù dui, satin. 缎子（布绸缎），今音 hɑp$_8^{21}$ʔdiu^{21}ʔdui^{33}，iù 是 diù 之误。就排在 dui 条下。

mưởn hễk aù tui, centenaire. 有一百岁（有百一岁），今音 mən$_2^{24-21}$ʔbek$_7^{55}$ ɔu$_4^{21}$tui$_3^{33}$，hễk 是 bễk 之误。

lek king zóng mưởn mói, doigt annulaire. 无名指（指头没有名），今音 lɛk$_8^{21}$kiŋ$_3^{33}$zɑŋ$_5^{55}$mən$_2^{24-21}$nɔi$_1^{35}$，mói 是 nói 之误。就排在 nói 条下。

nói mo ziảng k'oi bêảu, comment vous appelez-vous. 你叫什么名（名你样几叫），今音 nɔi$_1^{35-21}$mɔ$_3^{33}$ziaŋ$_4^{21-24}$kəi$_3^{33}$ʔbeu$_1^{35}$，k'oi 是 kơi 之误。

kók tán, chant du coq. 鸡叫/鸡鸣，今音 kɑi$_1^{35-21}$ tan$_1^{35}$，kók 是 kói 之误。就排在 kói 条下。

kièng tếng liú mọk mọt, aéromancien. 风水先生（公生看块土），今音 kuŋ$_1^{35-21}$teŋ$_1^{35-21}$liu$_1^{35-21}$mak$_8^{21}$mɑt$_8^{21}$，kièng 是 kùng 之误。

zõk laủ lêúng, confire au sucre. 泡进糖，今音 zɔk$_7^{55}$ lɔu$_4^{21-24}$ liaŋ$_1^{35}$（指把东西泡进糖），lêúng 是 lêáng 之误。

kò zau zản, il est à la maison. 他在家，今音 kə$_4^{21}$ zou$_3^{33}$ zan$_2^{24}$，kò 是 kờ 之误。

hau liú =*hau lheng*, agréable. 好看=好听，今音 hau$_3^{33}$ liu$_1^{35}$ = hau$_3^{33}$ hɛŋ^{33}，lheng 是 heng 之误。

m'ửon k'iển, compétent. 有权，今音 mən$_2^{24-21}$ k^{h}ian$_2^{24}$，m'ửon 是 mửon 之误。

in nưởn p'ìng, à cause de la maladie. 病因（因有病），今音不说 in$_3^{33}$ mən$_2^{24-21}$ p^{h}iŋ$_4^{21}$（怨有病），而说 ən^{33} mən$_2^{24-21}$ p^{h}iŋ$_4^{21}$（因有病），nưởn 是 mưởn 之误。

hồn dọk dọ kài nòm, colique. 拉肚子（肚痛拉屎水），今音，hồn 是 hồng 之误。就排在词目 hồng 下。

hoŋ$_4^{21}$ ʔdɔk$_8^{21}$ ʔdɔʔ$_8^{21}$ kai$_4^{21-24}$ nam$_4^{21}$

nòn zong zòng bô, malsain, l'eau du puits ne fortifie pas. 不健康的/井水不补（水井不补），今音 nam$_4^{21-24}$ zaŋ$_1^{35}$ zaŋ$_5^{55}$ ʔbo$_3^{33}$，指有的井水不补人、不养人。nòn 是 nòm 之误。

ziàng-bỏn laà noai nêạk, vieillard décrépit. 软弱老人（人老软弱），今音 ziaŋ$_2^{24-21}$ ʔban$_2^{24-21}$ lau$_4^{21}$ nuai$_3^{33}$ niak$_8^{21}$，laà 是 laò 之误。

mo hũk eáu =*mo hũk tương kơi*, que faites-vous? 你做什么=你做什么，今音 mɔ$_3^{33}$ huk$_7^{55-33}$ kou$_5^{55}$ = mɔ$_3^{33}$ huk$_7^{55-33}$ təŋ$_3^{33}$ kəi$_3^{33}$，eáu 是 cáu 之误。

zôk ngảu, étable. 牛棚/牛圈，今音 zuk$_8^{21}$ ŋɔu$_2^{24}$，zôk 是 zộk 之误。就排在词目 zộk 下。

p'oạk tỏ ziàng-bỏn, domestique (serviteur cf. *p'ok*). 仆人（服侍人），今音 p^{h}ok$_8^{21}$ tə$_4^{21-24}$ ziaŋ$_2^{24-21}$ ʔban$_2^{24}$，tỏ 是 tở 之误。

me, ovin. 羊，今音 mɛʔ$_7^{55}$，*me* 是 *mẽ* 之误。词表中有误，正文中无误。

bo kiễt, le sang se caille, se coagule. 血块/血凝固（血结），今音 ʔbaʔ$_7^{55-33}$ kiat$_7^{55}$ 凝固的血块（血结）≠ ʔbaʔ$_7^{55}$ kiat$_7^{55}$ 血凝固（血结），bo 是 bõ 之误。在词目 bõ 下不误。

8.3.4 存疑

bưởn tở-hoi, adresse, habileté. 怀疑是"有事情"，今音 mən$_2^{24-21}$ tə$_4^{21-24}$ hoi$_3^{33}$，bưởn 是 mưởn 之误。法语解释是"有技术的，灵巧的"，存疑。

dếi hau lau hũk, chercher de l'ouvrage. 找到工作，lau 记录有问题，或是 na 之误，那就是 $ʔdei_1^{35}$ $ʔdeu^{33}$ $nɑ_3^{33}$ huk_7^{55} 找到才做。

kiển êáo dồng, avoir besoin de. 想要/需要，没有 dồng 这个音节，dồng 或许是 dóng(到)，那就是 $kien^{21}$ iau_5^{55} $ʔdɔŋ_1^{35}$ 紧要到。意思仍然不对，存疑。

p'ươn mềng = tsêang mềng, défier le danger. 拼命(奋命)= 将命(戕命)，今音 $p^hən_3^{33}$ $miŋ_4^{21}$ 拼命(奋命)= $p^hət_8^{21}$ $miŋ_4^{21}$ 拼命(噗命)= $ts^hiaŋ^{33}$ $miŋ_4^{21}$ 将命(戕命)。存疑。

kẹk tóm = tẹk tóm, antipathie. 激心 = 放心，法语解释是"反感"，有问题。kik_7^{55-33} $tɔm_1^{35}$ 激发(激心)，kik_8^{21} $zoŋ_1^{35}$ $ʔbəi_1^{35-21}$ huk_7^{55} 激励人去做，tek_7^{55-33} $tɔm_1^{35}$ 省心/放心 = $ʔbat_8^{21}$ $tɔm_1^{35}$ 放心(弃心)，与法语解释对不上。

第九章　总　　结

迄今为止，我们依据最新的田野调查对《萨维纳的临高语词汇》及其所记录的临高语长流方言的所有词汇和短语做了细致的对比和研究，获得了三个方面的认识：一是对长流方言特点的认识，二是对法文版《萨维纳的临高语词汇》存在的问题与错误的认识，三是对萨维纳的研究水平与贡献的认识。我们可以从这三个方面做一番总结了。

9.1　临高语长流方言的特点

与周边的海南话（海南闽语）相比，内爆音[ɓ][ɗ]或先喉浊塞音[ʔb][ʔd]是它们共有的声母（萨维纳记作 b、d），这是海南岛汉语方言（海南话、儋州话、迈话等）和民族语言（临高语、黎语、村语等）共有的特征。但是临高语长流方言在语音词汇方面有不少自己的特点，综合萨维纳的记音和笔者的调查，这些特点表现在 8 个方面。

1. 有送气音[p^h][k^h][ts^h]

临高语普遍没有送气音，长流附近的海南话也没有送气音。长流方言有送气音[p^h][k^h][ts^h]，萨维纳分别记为 p'-、k'-、ts-。送气音[ts^h]与[ts][t^h]为自由变体，但[t]从不读为[ts^h][t^h]，借词中与汉语[t^h]对应的音都读为[h]，因此长流话[t^h]是最早消失的。

2. 没有唇齿音[f][v]

长流周边的临高语和海南话都有唇齿擦音[f][v]，唯独长流话地区没有这两个音。与临高语其他方言[f][v]相对应的音，长流话都读为[p^h][ʔb]。

3. 有[ɯ]类韵母

萨维纳记为 ư。共 5 个韵，萨维纳记了 4 个：ư[ɯ]、ưi[ɯi]、ưn[ɯn]、ưt[ɯt]，入声韵[ɯʔ]是用标调法记在声调里的，即 ữ-ự。这个特征不见于周边的临高语和海南话。

4. 有[ɑ]类韵母

长流方言有前[a]与后[ɑ]对立。这个特征也不见于邻近的临高语和海南闽语。前[a]后[ɑ]共有 9 组对立：[a]-[ɑ][ai]-[ɑi][au]-[ɑu][am]-[ɑm][an]-[ɑn][aŋ]-[ɑŋ][ap]-[ɑp][at]-[ɑt][ak]-[ɑk]。只有[ɑʔ]韵没有找到与之相对立的[aʔ]韵。

由于[ɑ]类韵母的存在，长流话出现[ɑ]-[ɔ]-[o]-[u]类韵母的对立。如：

zɑŋ$_1^{35}$井≠zɔŋ$_1^{35}$鼻子≠zoŋ$_1^{35}$焦(烧焦)/别人≠zuŋ$_1^{35}$上面

ʔdɑŋ$_1^{35}$粘贴≠ʔdɔŋ$_1^{35}$到≠ʔdoŋ$_1^{35}$东≠ʔduŋ$_1^{35}$凸出

5. [e]类韵母难分辨

长流方言的[e]类韵母与临高语其他方言的[ɔ]类相对应，而这个[e]位置较高，类似[ɪ] 或[ɨ]，因而在复合韵母中与[i]类或[ie]类韵母难以分辨，不仅萨维纳的记音中 i-iê-e 不分，今天我们记音时依然不容易分辨，发音人常常自己也分不清楚。

6. 有连读变调

这个特征也不见于周边的临高语和海南闽语(海口话)。变调有严整的规律，且受语法关系的制约：本族词第 1、2、4、7 调在前字位置都要变调，但是在主谓结构与述补结构中不变调，个别联合结构中的前字也不变调。萨维纳对于长流方言的单字调记录很准，但对连读变调束手无策。

7. 古上声字读喉塞尾

长流话汉借词中，个别古上声字读为喉塞尾，清上字读阴调，浊上字读阳调。从萨维纳的记音到现在读音，都是如此，成为语言活化石。如：

韭 kuʔ$_7^{55}$，拄 ʔduʔ$_7^{55}$，马 mɑʔ$_8^{21}$，妇 p^{h}oʔ$_8^{21}$，撸 luʔ$_8^{21}$，奶/乳房 noʔ$_7^{55}$。

8. 大量汉语词与合璧词

临高语中嵌入了大量汉借词，上古、中古和近代借词都有，又直接使用现代普通话词语和海南话词语。汉借词且成为基本构词成分，形成合璧词。从长流话来看，自萨维纳到现在，这个特点非常明显。

9.2 《萨维纳的临高语词汇》中的问题总结

法文版《萨维纳的临高语词汇》是由长流当地的私塾先生提供的不太地道的语料，萨维纳神父用越南“国语”拉丁字母记音，由不了解临高语的奥德里古尔整理,再由不熟悉越南"国语"字母的法国工人排印的,这本书中的一切问题与错误都与这四个方面的因素有关。

9.2.1 汉借词多、本族词少,有不少生造词或不地道说法

《萨维纳的临高语词汇》中的 7 605 条词和短语,去掉重复的,按对半算也几乎有 4 000 条,其中本族词可以单说的约 600 条,加上词组短语也不超过 800 条,只占总量的五分之一。

原因: ① 临高语汉化严重,汉借词本来就多;② 萨维纳有意调查一定数量的汉借词(尤其是一些宗教词汇);③ 发音人刻意只读汉字,不说口语,并按照汉语结构生造词语。

9.2.2 词语释义有不确、有错误

有的太过笼统,解释不到位,如把"斗笠"解释为"帽子",把"杨桃"解释为"名称"。还有的张冠李戴全然错误,如把"金龟子"解释为"牛虻",把"肿"解释为"胀",把"桌"解释为"床",把"躺"解释为"睡"。

原因: ① 发音人提供的解释不准确甚至错误;② 萨维纳误解发音人意思或不了解该事物。

9.2.3 萨维纳记音错误

① 系统性错误

系统性的错误出现在韵母和连读变调方面,这是当时理论与方法局限性所致,当时缺少"最小对立"的音位分辨方法,萨维纳也无法理解连读变调,导致一些韵母之间和一些声调无法分辨。

② 其他零星错误

其他零星错误,大多是萨维纳疲倦时听错或笔误导致。包括: 前后鼻音尾-ŋ/-n 相混,鼻音声母 m-/n-相混,同部位鼻音与塞音 m-/b- (ʔb-)相混,清浊塞音声母 t-/d-(ʔd-)相混,清浊擦音声母 s-/z-相混,边音与鼻音声母(n-/l-)相混,同部位鼻音尾与塞音尾(-m/-p)相混,入声韵与阴声韵(ũ-/uk)相混,语流中分辨困难等。还有一些错误可能是萨维纳笔误,也可能是排印错误。

9.2.4 奥德里古尔字母转换错误或认错原稿字母

① d-/z-转换错误

奥德里古尔在整理过程中,将萨维纳手稿中的 d 全部替换为 z,将 đ 全

部替换为 d。由于出现了转换不彻底或过度转换,有些该转换的没有转换,有些不该转换的却转换了。

② 认错原稿音标字母

奥德里古尔在整理过程中,将手写原稿中一些字形相似的标音字母认错,又无法核对,因此出错。

9.2.5 汉源词本字认错

《萨维纳的临高语词汇》中的汉源词都写出本字,大多数写对了,也有一些写错了。其中一部分可能是萨维纳原稿中写错,但一定是经过奥德里古尔确认的,因此本字认错写错应该是奥德里古尔的问题。

9.2.6 排印错误

各种形似而误,往往起首的词目并不错,该词目下的词却错了,因此是排印错误。

9.3 对萨维纳临高语研究的评价

20 世纪 20 年代,正是中国积贫积弱、军阀混战的年代,海南岛还处在交通不便、极端落后的时代,没有人想到要调查海南岛的语言,海南地方史志更是辗转抄袭,错谬迭出。这时候萨维纳来到海南岛,他勤奋工作,给后人留下了当时黎语、临高语和海南闽语的调查记录。我读此书,感叹学术的力量超越时空,即使近百年之后,仍觉金子般闪光。我因此也感叹学者的价值,给我们留下了珍贵的记录。本书的整理者奥德里古尔也令人尊敬,从结构和具体内容来看,编者花费的工夫相当多,行家本领随处可见,他作为一个外国人,汉语本字认得很准,深厚的学术素养令人叹服。萨维纳和奥德里古尔,他们都是人中的精英,他们的认真、执着与精湛,足令许多本土学者汗颜。

当然,作为一项筚路蓝缕的开创性工作,此书的缺点是明显的。比如词汇缺乏系统性,词表随意性较大,给人的印象是碰上哪个词,就连类而及记录哪个词及相关的短语,显得缺乏专业水准。另外此书记录的临高语本族词汇比例较少,绝大多数是汉语借词,阳声韵的词尤其明显,这样就不能反映临高语长流话的真实面貌。这在一定程度上与萨维纳的指导思想有关,奥德里古尔在篇首语里已经说得很清楚:萨维纳将传教必需的抽象词语都翻译出来，这些词汇十分之九来自汉语，“以便对比较语言学有兴趣的人对词汇来源一目了然”。但也与发音人刻意读汉字、不说口语，甚至生造词语有关。不过即便如此，通过我们的整理，此书收录的本族词也已经不少，并非原书第四章里奥德里古尔列出的359条，而至少有600条以上（都是根词，不包括派生词）。

萨维纳此书是最早研究临高语长流方言并整理出音系的专著，萨维纳是最早把临高语定性为台语的人，他也是最早用标调字母（越南“国语”拉丁字母）记录临高语声调系统的人。尽管他记录的临高语本族词有限，但据此整理出来的长流话音系已经相当可靠，不少记录对我们了解长流话的结构与变迁，具有很高的参考价值，因此我们要感谢萨维纳。

萨维纳的临高语研究，从总体上看，声母记得最准，水平最高，其次是声调，再次是韵母。声调记录难度最大，但是萨维纳采用越南语字母记录临高语声调，足以区别各个单字调类，调值推测也很精准，唯有连读变调是他不熟悉也无法对付的。萨维纳所记的韵母数量不算少，类别也丰富，但因词汇覆盖面不广，韵母系统不够完整；且长流话元音复杂，一些有细微区别的韵母萨维纳无法分辨，导致一些混乱和错误，这是囿于时代、囿于研究方法所致。另外，萨维纳和奥德里古尔毕竟对汉语和汉字的复杂性认识有限，在汉语本字辨认中出现不少错误，这是无法避免的。考本字对于中国学者来说也是个考验。

在海南岛语言研究领域，包括萨维纳在内的前辈学者已经开辟了一块丰饶的园地，我们应该更加努力。尽管不能说我们现在的工作必须基于萨维纳的研究，但他无疑是海南岛语言研究中成绩卓著的先驱之一，在学术史上理当给他应有的地位和正确的评价。我们应该记住萨维纳的名字，他的求真态度，他的敬业精神，是我们应该永远学习的。

在中国历史上，来华的法国传教士向来以学富五车、文理兼通而著称。萨维纳也不例外，他懂得天文地理、植物矿物及测绘，不仅语言调查做得精深，人类学研究也照样出色。他的《苗人史》是研究中国和东南亚苗人历史的经典著作，其中的观点直到近年来仍被西方学者引述和阐发。他的语言学著作，包括临高语、黎语和海南闽语研究的专著，都是海南岛语言研究的珍贵遗产，值得认真总结和研究。

参 考 文 献

冯仁鸿　1987　《海口市的民族源流及其风俗习惯》,《海口文史资料》第 4 辑,第 1—50 页,政协海口市委文史委员会编。

海口市地方志编纂委员会　2005　《海口市志》,方志出版社。

梁　敏　1981　《临高人——百粤子孙的一支》,《民族研究》第 4 期,第 7—17 页。

梁　敏、张均如　1997　《临高话研究》,上海远东出版社。

吴国礼　1987　《海口长流地区村落的变迁》,《海口文史资料》第 4 辑,第 191—204 页,政协海口市委文史委员会编。

辛世彪　2005　《海南闽语精庄章组声母的塞化与底层语言的影响》,《民族语文》第 1 期,第 15—20 页。

辛世彪　2006　《临高语声母的特殊音变及其与同族语言的关系》,《东方语言学》创刊号,上海教育出版社。

辛世彪　2007　《十九世纪传教士记录的海南临高语》,《语言研究》第 4 期,第 115—124 页。

辛世彪　2008　《海口临高语长流方言》,《民族语文》第 2 期,第 24—36 页。

辛世彪　2011　《临高语第二调在海口石山方言中的促化》,《广西民族大学学报》第 2 期。

辛世彪　2013　《海南闽语比较研究》,商务印书馆。

辛世彪　2017　《萨维纳神父的临高语研究: 声母部分》,《民族语文》第 2 期,第 79—86 页。

辛世彪　2018　《萨维纳神父的临高语研究: 韵母部分》,《民族语文》第 5 期,第 34—43 页。

辛世彪　2019　《萨维纳神父的临高语研究: 声调部分》,《民族语文》第 4 期,第 24—34 页。

辛世彪　2021　《萨维纳神父的临高语研究: 词汇部分》,《南海学刊》第 2 期,第 97—116 页。

张介文 1958 《海南村人与广西壮族的族属关系初探》,《中山大学学生科学研究》第1期,第6—9页。

Jeremiassen, Carl C. 1893. "Loi Aborigines of Hainan and their Speech." In *The China Review, or Notes & Queries on the Far East*, Vol. 20 No. 5 (1893), Hong Kong.

Maspéro, H. 1912. Études sur la phonétique historique de la langue annamite: les initiales. *Bulletin de l'Ecole Française d'Extrême Orient*, 12: 1-139, Hanoi.

Nguyễn Văn Loi and Jerold A Edmondson. 1998. "Tones and Voice Quality in Modern Northern Vietnamese: Instrumental Case Studies." In *The Mon-Khmer Studies Journal*, 28: 1-18.

Parker, E. H. 1892. "The Li Aborigines of K'iung-Shan." *China Review, or Notes & Queries on the Far East*, Vol.19, No.6(1892), Hong Kong.

Savina, M. 1929. *Monographie de Hainan*. Conférence faite le 10 décembre 1928 à la Société de Géographie de Hanoi, Hanoi, 1929. (中译本《西人黎区日志三种》,辛世彪译注,海南出版社,2020年12月)

Thompson, Laurence C. 1965. "A Vietnamese Grammar." Reprinted in *The Mon-Khmer Studies Journal*, 13-14(1984-85): 1-367.

下篇

整 理 部 分

内容和体例说明

1. 整理部分将萨维纳的调查与本人的调查结果对照呈现。新的调查记录附在原词条之后,并作了扩展。

2. 保留原书的记音和解释,原书格式(标音用斜体,解释用正体)亦保留,以免与新的调查记音相混淆。词典正文原属第二章,现单独抽出,放在最后。

3. 奥德里古尔在每个汉借词后面注明海南话(H.)、构拟的中古汉语(*)读法,并写出汉语本字,在临高语词后面注明共同台语(Thai commun)、册亨语(C.-D.)、石家语(Sek)、黎语(Li)读法和对应的泰文,这里全部保留,包括繁体字。词形意思与现代泰语相同者,用括弧注明汉语意思。如:

= T. *lep*, C.-D. *rip*. เล็บ(指甲)

= T. *vwn* = C.-D., Sek *vul* ฟืน(柴)

奥德里古尔制作的临高语与共同台语、壮语、石家语、莫语、水语、侗语、黎语(萨维纳)、黎语(王力)对照表,也全部保留。

4. 现代长流话标调用调值调类全标法,字音右上角标注调值(本调和连读变调),字音右下角标注调类。晚期或现代汉借词,只标调值,不标调类,以免与临高语调类混淆。但有些晚期借词由于调值相同,通过类推方式发生连读变调,这时候标注与该本调调值对应的临高语调类。

5. 奥德里古尔的文字都用小一号字体,与原文一致,笔者的注释说明文字一律用楷体。

6. 词条原文(越南国语字母记音和法语解释)后面是该词条的中文释义以及用国际音标标注的现代读音。双斜线//前面是根据萨维纳的记录调查到的说法,或者将萨维纳记音转换成的国际音标。双斜线//后面是扩展的或新增加的相关词语,往往是近义词、反义词或相关的词语,为的是分辨词义或区别用法,有的增加 1 条,有的多达 7—8 条。如:

dũ lô lứng, le poing sur la hanche. 以手拄腰(拄腰住) $ʔduʔ_{7}^{55-33}lo_{3}^{33}ləŋ_{1}^{35}$

$//ts^{h}uʔ_{7}^{55-33}hɛŋ_{4}^{21-24}ts^{h}o_{3}^{33}$ 拄拐杖(拄棍祖)// $\neq ts^{h}am_{1}^{35-21}lo_{3}^{33}$ 叉腰

7. 原词条的中文释义都在括弧( )前,也在国际音标记音前,括弧内是该词条按音节顺序对应的意思,包括汉语本字。笔者的解释性语词一般放在国际音标后的括弧( )内或者加按语。如:

tổ zỉ, par conséquent. 所以 $to^{21}zi^{21}$(海南话)

non nỏn 抖 $n\alpha n_3^{33}$ 按:$n\alpha n_3^{33}$抖≠$n\text{ɔ}n_3^{33}$忍≠non_3^{33}暖

萨维纳记录的说法有的与现在读音一致,有的不一致或现在已经不说或少说,也一一标明。如:

zểng noai, alanguir. 力弱(力累) $ze\eta_2^{24}nuai_3^{33}$(不说)//$huk_7^{55}nuai_3^{33}$(常说)

词条原文(记音、解释和本字)有错误的都加以说明,加"按"字,并用楷体字区分。如:

tsói (suivre, obéir à) 在 $ts^h\alpha i_5^{55}$ 按:原文认为本字是"随",误。

kói dống, chapon. 阉鸡(鸡阉) $k\alpha i_1^{35-21}$ ʔdon_1^{35} 按:*dống* 是 *dón* 之误。

hổi dữt zổi, tasse fêlée. 裂了的碗(碗裂行) hoi_4^{21-24} ʔ$d\text{ɯ}t_7^{55}zoi_2^{24}\text{ɔ}u_4^{21}$裂了一行的碗(碗裂行一) 按:"碗"法语解释为"杯子",误。

8. 所有汉借词都在词目位置写出本字,写不出本字的汉语音节用方框□表示。

萨维纳和他的著作（奥德里古尔）

巴黎外方传教会（Société des Missions Étrangères）的萨维纳神父（Le Père François Marie Savina，1876—1941）描写了大量东南亚语言。他临终前出版了一部八种语言的著作：《印度支那语言学指南》（*Guide Linguistique de l'Indochine*，1939 年香港外方传教会的纳匝肋印书馆出版），该书以词典形式，重新编排了法语与越南语、岱语、瑶语、苗语、汉语广州话、汉语海南话、汉语北京话对照词汇①。

该书第 2 页列举了这些著作，我们对其加以评述。②

1.《岱语—越南语—法语词典》（*Dictionnaire Tay-Annamite-Français*）③

这是萨维纳在河内出版时用的书名，1912 年马伯乐（Henri Maspéro）在其研究台语（les langues Thai）的著作中，用了此书的材料④，称之为"白傣"

---

① 萨维纳此书共有大约 2 万条法语词汇或短语，以法语词条开头，与 7 种语言和方言对照，分别是：越南语、土语（Thô，即岱语 Tay）、僈语（Man，即瑶语 Yao）、苗语（Miao/Meo）、粤语（Cantonnais）、福佬语（Hoklo）、官话（Mandarin）。对应的所有 7 种语言和方言都用越南"国语"罗马字母拼写，声韵调全部记录，只有福佬语（海南话）在罗马字母拼音外还写出汉字。萨维纳用来对照的官话并不是北京话，而是西南地区的官话方言。奥德里古尔把原文中的 mandarin 改为 pékinois 是不对的。

② 萨维纳《印度支那语言指南》原书第 2 页列出了他的 9 本著作，最后一本是《海南岛志》（*Monograph de l'Île de Hainan*，1929），这里没有列出。

③ 萨维纳的《岱语-越南语-法语词典》作为法国远东学院专集，出版于 1910 年（*Dictionnaire Tày-Annamite-Frnaçais*，*précédé d'un précis de grammaire Tày et suivi d'un Vocabulaire Français-Tày*，par F.M. Savina. Hanoi-Haiphong：Imprimerie d'Extême-Orient，1910）。并计划于 1911 年增订，加入汉字。1912 年获法兰西金石与美文学院（l'Académie des Inscriptions et des Belles-Lettres）奖，也就是儒莲奖（Prix Stanislas Julien）。

④ 奥德里古尔此说有误。萨维纳的《岱语-越南语-法语词典》作为法国远东学院专集，出版于 1910 年，见上条注释。马伯乐 1912 年的著作是《越南语历史音韵研究：声母篇》（Henri Maspero，«Etudes sur la phonétique historique de la langue annamite：Les initiales»，*Bulletin de l'Ecole française d'Extrême-Orient*，Année 1912，Volume 12，Numéro 1，pp. 1－124），马伯乐引用萨维纳台语材料的著作是 1911 年的文章"台语语音系统研究"（Henri Maspero，«Contribution à l'étude du système phonétique des langues thai»，*Bulletin de l'Ecole française d'Extrême-Orient*，Année 1911，Volume 11，Numéro 1，pp. 153－169）。《岱语-越南语-法语词典》荣获 1912 年法兰西金石与美文学院（l'Académiedes Inscriptions et des （转下页）

(Tay blanc)方言①,此定性实际上涉及清江(rivière claire)②与红河(fleuve rouge)的很多土族方言(dialectes thô)。1939 年萨维纳在《指南》中称之为"土语"(thô)③,但是越南官方现在称作岱语(Tay),以前的白傣和黑傣(Tay noir)官方称作台语(Thai)④。

2.《苗语-法语词典》(*Dictionnaire Miao-Français*)

原题"苗族-法语词典"(Dictionnaire Miao-tseu-français),刊登于《法国远东学院学报》1916 年第 16 卷第 1 期(*BEFEO*, XVI, f. 1.)⑤。

3.《苗人史》(*Histoire des Miao*)

1924 年香港初版(外方传教会出版,纳匝肋印书馆)⑥,1930 年插图

(接上页)Belles-Lettres)奖,也即欧洲汉学最高奖儒莲奖(Prix Stanislas Julien)。

① "白傣"(Tay blanc):马伯乐原文写作 tai blanc,指越南东京、清江一带的台语方言。黑傣(Tay noir)马伯乐写作 tai noir,指东京、黑水河上游的台语方言。Tay 是萨维纳的用法,这里译作"岱语"。奥德里古尔引述用字不太严格。黑水河(Rivière noire/Black river)即越南西北部的沱江(Sông Đà)。

② 清江(rivière claire):越南语称 Sông Lô(泸江),红河支流,发源于中国云南(称盘龙江),流经越南河江省、宣光省、富寿省,在越池市汇入红河。

③ "土语"(thô):与萨维纳所称的"岱语"(tay)一样,都是指台语支的方言。把台语方言称作 thô 并不始自萨维纳,1891 年杜穆梯耶的文章中,就已经这样做了。参看:G. Dumoutier, «Notes sur la Rivière Noire et le Mont Ba-Vi (Tonkin)», *Bulletin de géographie historique et descriptive*, 1891, pp. 150-209. 该文附录的词表名为"Vocabulaire Thô (Thaï ou Muong des Chaûs)",包括黑水河"土语"(Thô)350 条词,另有云南芒浩"芒语"[Vocabulaire des Mương de la région de Mang-Hao (Yùn-Nan)]、红河上游"土语"(Vocabulaire des Thôs du haut fleuve Rouge)及高平"土语"(Vocabulaire des Thôs de Cao-Bang)词各百余条,"僈语"(Vocabulaire Man)词句几十条。需要注意的是,岱族别称"土族",不是义安省的"土族"(Thổ),后者语言与京族(越族)接近,属于南亚语系越芒语族的芒语。

④ 马伯乐(1911)说,thai 和 tai 都是古代浊声母 dai 清化后的不同形式:南部方言(泰语和老挝语)中变为送气清音,于是读作 thai;北部方言(掸语、黑傣语、白傣语、土语、册亨语)中变为不送气清音,于是读作 tai。因此,有南泰(thai)北傣(tai)之分。但马伯乐又用 thai 指这一群体的语言,siamois(暹罗语)表示的才是泰语。因此,这里把 thai 译作"台语",如共同台语(Thai commun),把 tai 译作"傣语",如黑傣(tai noir)、白傣(tai blanc)。"台语"在李方桂以后的著作中写作 Tai,内涵也不相同。

⑤ 杂志期号错误。萨维纳的《苗族—法语词典》原题 *Dictionnaire Miao-tseu-français, précédé d'un précis de grammaire Miao-tseu et suivi d'un vocabulaire Français-Miao-tseu*. 刊登于《法国远东学院学报》1916 年第 16 卷第 2 期,第 1—246 页(*Bulletin de l'Ecole française d'Extrême-Orient*. Année 1916, Volume 16, Numéro 2, pp. 1-246)。正文先是苗法词典,然后是法语-苗语对照词汇,最后 4 页是勘误。

⑥ François-Marie Savina. *Histoire des Miao*. Hong Kong: Imprimerie de Ia Société des Missions Etrangères, 1924. 纳匝肋印书馆(Nazareth, Hong-Kong):在香港薄扶林道 139 号,本是苏格兰商人德格拉斯·林柏(Douglas Lapraik, 1818—1869)的寓所及其汽船公司总部。1894 年,巴黎外方传教会购入德格拉斯堡(Douglas Castle),将其改建为纳匝肋修院及印书馆。1953 年,巴黎外方传教会撤出香港,书馆结业。次年底,香港大学向巴黎外方传教会购入纳匝肋楼,用作男生宿舍。参看:乐艾伦(Alain Le Pichon)《伯大尼与纳匝肋: (转下页)

重版。

4.《法语-侬语-汉语词源词典》(*Dictionnaire Étymologique Français-Nung-Chinois*)①

1924年香港出版,地点同上。②

5.《法语-金地门勉语辞典》(*Dictionnaire Français-Kim di mun*)

法国远东学院编辑题目为《法语-优语词典》(Dictionnaire Français-Man),刊登于《法国远东学院学报》1926年第26卷第2期[*BEFEO*, XXVI, f. 2, p. 256(1926)]③。

6.《福佬语-法语词典》(*Dictionnaire Hoclo-Français*)

手稿保存在法国远东学院图书馆,编号为88,共5卷:A-D, E-M, N-S, T-X及索引卷,索引卷另附有福佬语词汇对照的侬语索引。萨维纳在《指南》中把这些材料用在"汉语海南话"栏中,但是法语-汉语对照的词,并非重复使用手稿中的汉语-法语对照词。④

(接上页)英国殖民地上的法国遗珍》(Béthanie and Nazareth: French Secrets from a British Colony),香港大学出版社,2006年,第61、86页。

① 侬语(Nung)属于台语支(也称Tai-Kadai"台-仡黎语支"),主要通行于越南东北部的高平省和谅山省,2009年统计有近百万人。按:Kadai之名来自白保罗(Paul K. Benedict)1942年的"Thai, Kadai and Indonesian: a new alignment in south east Asia"一文,其中的ka-取自拉嘉语、仡佬语"人"的前缀,dai即đai或đay,也就是海南岛的黎语。因此,Tai-Kadai应该译为"台-仡黎语支"。参看:辛世彪《关于白保罗Kadai语的译名问题》,载《东方语言学》第6辑,上海教育出版社,2009年12月,第92—95页。

② 萨维纳的《法语-侬语-汉语词源词典》于1925年获得法兰西金石与美文学院的霭理斯奖(prix Gilles)。参看:*La Revue des Beaux-arts*, 15 Mars 1925, p. 9. 又参看:巴黎外方传教会(Missions Étrangères de Paris)网站"萨维纳小传"(François Marie SAVINA, 1876—1941)。

③ 杂志期号错误。萨维纳的《法语-优语词典》原题 *Dictionnaire Français-Mán: Précédé d'une note sur les Mán Kim-đi-mun et leur langue.* 刊登于《法国远东学院学报》1926年第26卷第1期,第11—255页(*Bulletin de l'Ecole française d'Extrême-Orient*. Année 1926, Volume 26, Numéro 1, pp. 11-255)。金地门优语(les Mán Kim-đi-mun)也称金门勉语,是苗瑶语族瑶语支的方言,分布在中国云南、广西、海南以及越南北部,其中海南岛的金门勉人被识别为苗族。金地门是其自称,意为"住在山脚下的人"(les hommes qui habitent au pied des montagnes),以与住在更高处的部族相区别。金门勉语内部差别很小,因此萨维纳能用越南的优语(金门勉语)与海南岛的苗人熟练对话。参看:F. M. Savina. *Monographie de Hainan*, Conférence faite le 10 décembre 1928 à la Société de Géographie de Hanoi. Hanoi, 1929, p. 44.(中译本《海南岛志》,辛世彪译注,漓江出版社,2012年4月,第44页)

④ 福佬语(Hoclo)一般指闽南话,萨维纳书中指属于闽南话系列的海南话(海南闽语)。萨维纳《法属印度支那语言指南》中的福佬语是海口话。《指南》中以法语词条开头,往往一条法语词对应其他语言多条词,但只有福佬语一栏下列有汉字,广州话与北京话栏下只有记音,没有对应的汉字。手稿中以福佬语词条开头,同样可以是一条福佬语词对应多条法语词,将其改为《指南》中的法语-福佬语对应,需要花费大量工夫。

7.《黎语—法语词汇》(*Lexique Hiai-ao-français*)

法国远东学院编辑题目为《黎法词典》(Dictionnaire Đai-français),刊登于《法国远东学院学报》1931 年第 31 卷第 1 期(*BEFEO*, XXXI, f. 1)①。现在人们习惯上把这语言称作黎语(Li)②。

8.《临高语—法语词汇》(*Lexique Ong-Bê-Français*)③

法国远东学院图书馆编号为 83 的手稿,实际名为《法语-临高语词典》(*Dictionnaire Français-Bê*)。萨维纳看得很准,这语言与前面的黎语不同,又与台语(langues thai)有亲缘关系。迄今为止人们仅仅从《中国评论》(*China Review*)杂志上知道这语言的一些词。1890 年庄延龄(E. H. Parker)在第 19 期第 383—387 页发表了《琼山的土著黎人》(The Li aborigines of K'iung Shan)④,1893 年冶基善(Carl C. Jereromiassen)在第 20 卷发表了《海南土著的黎人和他们的语言》(Loi aborigines of Hainan and their speech),列举了 2 种语言的词,包括临高语(Limko)和儋州话(Damchiu)⑤。最后,史图博(H. Stübel)《海南岛黎族志》(*Die Li-stämme der Insel Hainan*, 1937 年柏林)也列了一些词,拼写相当糟糕⑥。

---

① 所引题目不准确。《法国远东学院学报》当期发表时的题目为《黎法词汇》(*Lexique Đày-Français*),总共 199 页,其中包括 17 页的《简明法黎词汇》(*Petit Lexique Français-đài*)。《黎法词典》并没有出版。萨维纳用越南"国语"(quốc ngữ)罗马字母标音,横杠 d(就是 đ/Đ)与字母 d 表示的音完全不同,前者音值是内爆音[ɗ](或写作先喉塞音[ʔd]),后者音值是[z]。参看:F. M. Savina. "Lexique Đày-français: accompagné d'un petit lexique français-dày et d'un tableau des différences dialectales". *Bulletin de l'Ecole française d'Extrême-Orient*, Année 1931, Volume 31, Numéro 1, p. 103 - 200。

② 白保罗(Paul K. Benedict)1942 年的"Thai, Kadai and Indonesian: a new alignment in south east Asia"一文,其中 Kadai 的 dai 语就来自萨维纳的《黎法词典》,dai 就是 đay,就是海南岛的黎语。萨维纳在《海南岛志》(Monographie de Hainan, 1929)中把黎人称作 Hiai-ào 或 Đai-ào,此书附有一个简明的黎语法语对照词表。两本书中的材料都是以南部三亚的黎语为主,Đai(Đay)是该地黎人自称,与中部黎人自称为 ɬai 不同。Lai、Loi、Le 或 Li 是"黎"在不同汉语方言中的读法。参看:辛世彪《关于白保罗 Kadai 语的译名问题》,《东方语言学》第六辑,上海教育出版社,2009 年 12 月,第 92—95 页。

③ 萨维纳所调查的临高语就是海口西部秀英区的长流话,Ong-bê 意思是"村人",ong 是"人(翁)"bê 是"村"。参看:辛世彪《海口临高语长流方言》,《民族语文》2008 年第 2 期,第 24—36 页。

④ 期刊年份错误。庄延龄此文刊登于《中国评论》第 19 卷第 6 期,第 383—387 页,出版时间为 1892 年 1 月。

⑤ 此说不确。冶基善在此文中列出了 7 种语言(方言)的 347 条词和短语。冶基善此文所列 7 个点中,"白沙黎""岭门剃头黎""五指山剃头黎""双尖黎""小尖黎"5 个点是黎语,"儋州黎"实际上是儋州话(与粤方言近),"临高黎"就是临高县的临高语。参看:辛世彪《十九世纪传教士记录的海南临高语》,《语言研究》2007 年第 4 期,第 115—124 页。

⑥ 史图博(H. Stübel)《海南岛黎族志》(*Die Li-stämme der Insel Hainan*, 1937)一书中附有《语言》(Die Sprachen)一章,由意大利语言学家皮耶罗·梅里吉(Piero Meriggi, (转下页)

沙飞(Robert Shafer)在他的比较著作中,把这些方言跟黎语本身同等对待[《海南黎语的几个语音公式》,见《东方学年鉴》(*Rocznik Orientalistyczny*)第31卷,第385—407页,1957年,华沙]①,不过在比较中,我们看到,琼山(Khengtoa)、临高(Limko)与儋州(Damchiu)的方言是单列的。

萨维纳原稿的语言学和民族学价值是明显的,我们觉得照原样出版是不够的。事实上萨维纳一直要求将传教必需的所有抽象词语都翻译出来,他的词汇十分之九来自汉语,以便对比较语言学有兴趣的人对词汇来源一目了然。必须把法语-临高语的排列顺序转变为临高语-法语的排列顺序,以便能够把每一个单音节词离析出来,并指出其可能的词源。

我们所做的工作包括四个方面:

1. 萨维纳的序以及对其评注。

2. 临高语-法语词典,按韵排列,每一韵的最后附有台语(thai)比较词表。

3. 声母的处理,每一韵中的比较词汇按声母重新分组。

4. 临高语词汇,也就是非汉语词的分类词汇。

按:奥德里古尔对萨维纳《法语—临高语词典》原稿做了大量加工改造。首先给萨维纳手稿原序加上评注(用小号字体随文附注),并对萨维纳的标音字母做了改动,用常见符号代替非常见符号,如把x替换为s,tx替换为ts,d替换为z,đ替换为d;对标调符号也做了改动。其次对萨维纳所记临高语声母和声调做了研究,将临高语声母与泰语、壮语、石家语、莫语、水语、侗语、黎语进行比较,以探究其来源,对于声调也分别指明各自与古代哪一类声母相对应。第三,将原稿中的临高语词离析出来,把《法语—临高语词典》转变为《临高语—法语词典》,词典正文按临高语韵母排列,同一个多音节词条,分别出现在每个音节各自所属的不同韵母之下,因此全书7 600多个词条多有重复。同一个词条由于元音区别困难(主要是i-e-ie和a-o-ô),萨维纳为稳妥起见分别记为两个韵母,奥德里古尔也分置两处。每一韵

(接上页)1899—1982)整理,其中关于海南岛的材料主要来自萨维纳、冶基善以及史温侯等人的著作。史温侯(Robert Swinhoe, 1836—1877 郇和)的文章《海南的土著》,刊登于1872年《皇家亚洲学会华北支会会刊》(Robert Swinhoe, "The aborigines of Hainan", *Journal of the North-China Branch of the Royal Asiatic Society*, 1871&1872, New Series No. III, pp.25-40),里面列出了岭门、榆林港、崖州、海头4个点的黎语以及海南苗语(金门勉语)的部分资料。史图博在该书中采用了冶基善记录的临高语西部方言和萨维纳记录的三亚黎语方言的资料。史图博自己记录的部分材料包括薄沙峒黎、美孚黎、布配黎、多港黎、岐黎、哈黎和苗语,记音很不专业,因此招致奥德里古尔批评。

① 杂志卷号错误。沙飞此文发表于波兰《东方学年鉴》(*Rocznik Orientalistyczny*)1957年第21卷,第385—407页。

的最后制作了一个台语比较词表，让读者对临高语与台语支的关系一目了然。每一韵里的词条按照上述声母比较词表中列出的声母顺序排列。同一声母下的声调按平调、升调、降调、问调、钝升调、钝低调（a，á，à，ả，ã，ạ）的顺序排列，有连读变调的音节，有时按变调记录，有时按原调记录，也按此顺序。每一个词条里的汉借词都尽量找出本字，有很多本字找对了，也有不少找错了。最后，将词典中的临高语本族词找出来，制作成一个分类词表，单独列出。

《萨维纳的临高语词汇》原书还附有两个索引。先是汉字索引，按照材料中出现汉字的部首排列，共分 213 个部首。然后是按韵母字母顺序排列的索引，根据蒲立本构拟的中古音系统，将材料中所出现的汉字按照中古韵母顺序排列。

一、萨维纳的序以及对其评注

萨维纳的序有 8 页，我全文照录并加上评注（用小号字体）①。

法语—临高语词典序注

a）*p'*. 越南语的 *ph* 临高语里不存在，代之以 p 加送气，写成 *p'*：②

p'am, pécher；捕鱼③

p'ài, abîmer；坏（败）p^{h}ai$_{4}^{21}$　按："败"的海南话读音，但读送气了。

p'ưởi, restituer；赔 p^{h}əi$_{2}^{24}$

p'ỏn, moitié；半 p^{h}ɑn$_{4}^{21}$　按：汉借词"份"，"半"是 ʔda$_{5}^{55}$。

p'êảng, côté；旁 p^{h}iaŋ$_{2}^{24}$

p'êặc, blanc. 白 p^{h}iak$_{8}^{21}$

b）*tx*. 越南语的 *ch* 临高语里不存在，代之以 *tx*：

txổ, ancêtre；祖 ts^{h}o$_{3}^{33}$

txảm, indigo；靛青 ts^{h}am$_{2}^{24}$

txàu, balayer；扫（帚）ts^{h}ɔu$_{2}^{24}$　按：本字是"帚"。

txũc, bouillir. 煮 ts^{h}uk$_{7}^{55}$　按：应该是"粥"。

奥注：由于 x 被 s 系统地替换成 s，少数几个 ch 声母的词跟 ts 声母的词相混。

按：越南语的 x 表示［s］，s 表示［ʂ］，因此奥德里古尔把萨维纳记录的 x 替换为 s，tx 替换为 ts。但是 ch［tɕ］、tx［ts］在临高语各方言中都不对立。

c）*kh*, *k'*. 越南语的 *kh* 有的临高人用，但大多被送气的 *k'* 取代：

---

① 中译文在奥德里古尔的注释前加"奥注"字样。本人的补充说明前加"按"。

② 奥德里古尔用的送气符是普通的分音符（'），不是反逗号（‘）。但在构拟的中古汉语（ * ）中用反逗号（‘）。

③ 长流话捕鱼的说法有 tin$_{3}^{33}$ ʔba$_{1}^{35}$ 钓鱼（线鱼）、ʔdən$_{1}^{35-21}$ ʔba$_{1}^{35}$ 笼鱼、k^{h}ɔm$_{3}^{33}$ ʔba$_{1}^{35}$ 罩鱼、sɑk$_{7}^{55-33}$ ʔba$_{1}^{35}$ 扎鱼、ts^{h}uak$_{7}^{55-33}$ ʔba$_{1}^{35}$ 戳鱼，没有调查到 p^{h}am$_{3}^{33}$ ʔba$_{1}^{35}$ 的说法。

k'êi, air; 气 $k^hei_3^{33}$

k'ồ, amer; 苦 $k^ho_3^{33}$

k'oãt, ample; 宽(阔) $k^huat_7^{55}$

k'ồi, armoire; 柜 $k^hui_4^{21}$

k'uốn, bande. 群 $k^hun_2^{24}$

奥注：越南语的 kh 是送气的 x。

按：临高语有送气音 p^h-、k^h-、ts^h-，ts^h-是 ts-的变读，但在一些村读为 t^h-。

d) *d.* 以 *d*(读如 *z*)开头的词数量惊人(参看对照表)。

奥注：对照表未找到，d 被系统地替换成 z，使带横杠的 d 显得经济。

按：横杠 d 就是越南语的 đ，它的音值是内爆音 ɗ，或写作先喉塞音 ʔd。

e) *r.* 字母 *r* 临高语里不存在。

Précisément l'ancien *r* est devenu *z*.

奥注：确切地说，古代的 r 变成 z 了。

f) *a*, *o*. *a* 和 *o* 的使用在大量词中没有区别：

水 = *nòm* 或 *nàm*; $nɑm_4^{21}$

不 = *zong* 或 *záng*; $zɑŋ_5^{55}$

能 = *zoi* 或 *zai*; zai_3^{33}

十 = *tọp* 或 *tap*. $tɔp_8^{21}$

奥注：似乎这个简单的 a 是一个很靠后的元音，因此萨维纳听起来像个开的 o。

按：实际上萨维纳的 o 在词典中同时表示[a][ɔ][ɑ]三个元音，以读后两个音居多。

声　　调

临高语有 5 个声调：平调(a)、降调(à)、升调(á)、钝低调(ạ)和钝升调(a̰)。钝升调仅见于以 c，p，t 收尾的词。

奥注：根据此描述，第 5 个声调应该是个扩展调位(architonème)，应该只有 4 个声调。

按：奥德里古尔说的 4 个声调实际是 4 种调值。西方人习惯于把相同调值的舒促调合并为同一个调类；越南语中的 6 个声调如果按中国人习惯舒促分开，也是 8 个调。萨维纳所记的临高语有 3 种调型：平调(33)、降调(21)、升调(35/24)，升调有两种调值，其中一个用越南“国语”字母的“问声”(hỏi/le ton interrogatif)表示(ả)，这正是临高语第 2 调。临高语有两个促调：一个是钝升调(55)，另一个是钝低调(21)。这样，奥德里古尔整理的临高语有 6 个声调。萨维纳把喉塞尾入声韵都归入钝低调，排在阴声韵中，又说钝升调仅见于-p、-t、-k 收尾的入声韵，加上调值另类，不在以上 4 种调值中，于是奥德里古尔把钝升调称作“扩展调位”。实际上，喉塞尾韵既见于双数阳调类，也见于单数阴调类，只有阳调类的喉塞尾韵可归入钝低调，阴调类的喉塞尾韵即使在连读变调结构中，变调后也因调值不同，无法归入钝低调（萨维纳把前字位置上发生连读变调的钝升调一律标为钝低调是不对的）。实际上，萨维纳在词典中用升调（á）同时表示该方言的高升调（35）和高平调（55），后者是一个独立声调，调值与钝升调对应。因此，萨维纳调查的临高语有 7 个声调，5 个舒声，2 个促声。

最后一个调在福佬语中也存在，不单见于以 c，p，t 收尾的词，但是大量见于以元音结尾的词：

pha，frapper；打（拍）p^ha^{55}

me，coller；贴着 me^{55}

mi，quoi；什么（乜）mi^{55}

tô，faire；做 to^{55}

tu，gras，etc. 肥嘟嘟 tu^{55}

奥注：福佬语中的这个调位是某种塞音尾失落的结果。

按：奥德里古尔说得对，海南闽语中这个调的字大多来自古入声。在与临高语相邻的海南闽语北部西片方言中，这个来自入声的调类被称作“长入调”，调值是高平（55）。但是，萨维纳在记音中把这个调类并入升调（á）了。

我们看到，“国语”（quốc ngữ）里带鼻音符（ã）名叫跌声（Ngã）的声调，临高语里不存在，然而这个声调在福佬语里常见。

奥注：因此没有人害怕搞混了。我把萨维纳放在下面的波浪线放在字母上面，如同在越南语里一样。

按：萨维纳记音中，把表示钝升调的波浪线放在元音下面（a̰），奥德里古尔把它放在元音上面，与越南语跌声的标法一致。萨维纳说越南语的跌声在他所调查的临高语里不存在，实际上越南语的跌声（包括舒声和促声）在萨维纳调查的临高语方言里有对应，其舒声对应该方言的第 5 调（调值 55），促声对应该方言的第 7 调（调值 55）。萨维纳用升调（á）同时表示该方言的高升调（35）和高平调（55），又把第 7 调称为“钝升调”（似乎萨维纳认为他所调查的临高语方言第 7 调的调值是 35 调，故称“钝升调”），因此认为临高语中没有类似越南语跌声的调类。奥德里古尔直接用跌声符号表示“钝升调”，把鼻音符放在元音上面，他的做法更合理。

我不知道有哪一种单音节语言的重音、声调跟临高语一样容易变化。同一个词在每一个句子中声调都要变化。

奥注：这无疑是存在连读变调（sandhi tonal），但是萨维纳肯定声调听得比较差，有可能是 6 个调位（tonèmes），他只记了 4 个：*a à á ả*，还有另外两种重音。∽在他的记音材料中，塞音或者喉塞音前的扩展调位（architonèmes）未加标志。

按：萨维纳所记有 3 个舒声调，外加 2 个促声调（钝升调和钝低调），共 5 个声调。

奥德里古尔分出来一个中升调(ả),因此共有6个调类。萨维纳的钝低调(ạ)中,带喉塞尾的韵母未加任何标识,也就是说,元音尾的钝低调就是喉塞尾韵母。但是,舒声中还有一个高平调混在升调(á)中需要分出来,因此萨维纳所记临高语实际上有7个声调。

计 数 法

计数法是十进制,与越南语或土语里的规则一样(参看比较词表第一部分中的术语)。与所有泰语方言一样,数量形容词"一"放在名词后面:

一个人=*ziàng-bỏn àu*　　一个人(人一) ziaŋ_2^{24-21} ʔbɑn_2^{24} ɔu_4^{21}

人　一

这一特点在巴斯克语里也存在:一个人=*guizun bat*

人　一

奥注:实际上泰语、壮语和布依语(Dioi)的"一"在句法上与此有别,它在名词之后而不是在数词之前,但是临高语中的"一"在数词之前。试看:*àu*(一 ɔu_4^{21}), *bướn*(两 ʔbun_5^{55}), *tí*(四 ti_5^{55})。

按:临高语的"一"在名词之后,没有量词;"两""四"等都在量词之前。

数字"一""四""五""八"各有两个词:

1=*õt* 或 *àu*　　一 ɔt_7^{55}/ɔu_4^{21}

4=*tứ* 或 *tí*　　四 tɯ_3^{33}/tɯ_5^{55}/ti_5^{55}

5=*ngể* 或 *nga*　　五 ŋe_4^{21}/ŋa_5^{55}/ŋɔu_3^{33}

8=*biễt* 或 *bãt*　　八 ʔbiet_7^{55}/ʔbat_7^{55}

奥注:前一个系列是更晚近的借词层,大概只有 au 表现了本族语的形式(forme autochtone),还有"二"bướn 与 ngêi 对立,同上。

按:临高语的数词都是汉借词,ɔu_4^{21}是"一"的本族语形式,ʔbun_5^{55}是"两"的本族语形式,与"二"ŋɛi_4^{21}对立。

量　　词

mọ sert à désigner les objets en général.(一)个(东西的统称) mɔʔ_8^{21}

hảu pronominal des êtres vivants en général.(一)只(活物的统称) hɔu$_2^{24}$

dón — arbres, plantes. (一)棵(树,草) ʔdɔn$_3^{33}$

hẻo — objets longs. (一)条(长形物) hɛu$_2^{24}$

tsiáng — bancs, tables, lits. (一)张(凳子,桌子,床) tsʰiaŋ$_5^{55}$/tsʰiaŋ$_1^{35}$

tsêi — fleurs, bouquets. (一)支(花,树丛①) tsʰei$_5^{55}$/tsʰei$_1^{35}$

hiển — murs, planches. (一)块/张(墙②,板) hien$_4^{21}$

bái — charrues, échelles. (一)把(犁,梯) ʔbai$_5^{55}$/ʔbai$_3^{33}$

lêảng — herses, chars, scies. (一)辆(耙,锯子③) liaŋ$_5^{55}$

mưới — tenailles, clous, hameçons. (一)枚(钳子,钉子,鱼钩) mui$_2^{24}$

bíng — livres, drapeaux, éventails. (一)本/柄(本子,旗,扇) ʔbiŋ$_5^{55}$/ʔbiŋ$_3^{33}$

p'iễt — étoffes. (一)匹(布) pʰiet$_7^{55}$

ngó — expressions, phrases, mots. (一)句(话,句子,词) ŋo$_5^{55}$/ŋo$_3^{33}$

p'óng — fagots, torches, poignées. (一)捧(柴捆,火炬,把手) pʰɑŋ$_5^{55}$/pʰɑŋ$_3^{33}$

mể — poignées, flambeaux. (一)手(把手,火把) me$_2^{24}$

cản — maisons, fusils. (一)间/杆(房子,步枪④) kan$_5^{55}$/kan$_1^{35}$

mõt — perches, gaffes. (一)根(竿,篙) mɑt$_7^{55}$

hón — gerbes, javelles. (一)捆(捆,把) hɔn$_5^{55}$/hɔn$_3^{33}$

zêẳn — grains, pilules. (一)粒(种子,药丸) zian$_5^{55}$/zian$_1^{35}$

p'án — filets, harnais, nattes. (一)幡(网,渔具,席子) pʰan$_5^{55}$/pʰan$_1^{35}$

kiển — membres du corps: pieds, mains. (一)只⑤(肢体,脚,手) kien$_2^{24}$

k'ón — porte-plume, crayons, pinceaux. (一)杆(笔,毛笔) kʰɑn$_5^{55}$/

---

① 树丛不说 tsʰei$_1^{35}$,只有花、针、香,量词用 tsʰei$_1^{35}$。

② 墙的量词不说 hien$_4^{21}$,板、纸、地图、玻璃等板状物的量词说 hien$_4^{21}$。墙的量词用“面”mien$_4^{21}$(≠men$_4^{21}$面粉/面条)。

③ “耙子、锯子”量词不用 liaŋ$_5^{55}$,耙子用 mai$_2^{24}$(pʰa$_2^{24}$mai$_2^{24}$ɔu$_4^{21}$),锯子用 ʔbai$_3^{33}$(ko$_3^{33}$ʔbai$_5^{55}$ɔu$_4^{21}$)。

④ 法语 fusil 可以是“步枪、磨刀石”等,步枪的量词是“杆”(seu$_1^{35}$kʰɑn$_5^{55}$ɔu$_4^{21}$)或“支”(seu$_1^{35}$ki$_5^{55}$ɔu$_4^{21}$),磨刀石的量词是“个”(lum$_2^{24-21}$ʔbien$_1^{35}$mɔʔ$_8^{21}$ɔu$_4^{21}$)。

⑤ 成双的肢体名称如“眼、耳、手、脚、肩膀”等的量词都是 kien$_2^{24}$,类推单只鞋、单根筷子也是 kien$_2^{24}$,“鼻子、嘴”的量词用“个”。“事情”的量词是“件”(kien$_5^{55}$/kien$_3^{33}$),单件衣服量词用“条”(hɛu$_2^{24}$ɔu$_4^{21}$)。

$k^{h}an_{3}^{33}$

mưởn — sapèques.（一）文（铜钱）$mən_{2}^{24}$

好些成分是临高语特有的。尤其是量词（pronominaux）的位置：量词总是放在名词后面。

têáng mọ àu, caisse la une. 箱个一 $tiaŋ_{1}^{35}mɔʔ_{8}^{21}ɔu_{4}^{21}$

má hảu àu, chien le un. 狗只一 $ma_{1}^{35}hɔu_{2}^{24}ɔu_{4}^{21}$

don dón àu, arbre le un. 树棵一 $ʔdɔn_{3}^{33}ʔdɔn_{5}^{55}ɔu_{4}^{21}$

són hẻo àu, chemin le un. 路条一 $sɔn_{1}^{35}hɛu_{2}^{24}ɔu_{4}^{21}$

所有量词都是如此。

奥注：我们必须注意，远东语言的通则是数词（le nombre）在量词（le numéral）之前。

按：萨维纳所调查的临高语里，除了"一"在量词前，其余数词都在量词前。

比较级与最高级

比较级是在形容词之后加一个词 qua（"过"）。

meng qua: meilleur 好过 $mɛŋ_{3}^{33}kua_{3}^{33}$

háng qua: plus haut 高过 $haŋ_{1}^{35}kua_{3}^{33}$

奥注：泰语里也是同一个词，毫无疑问，这个词是很早以前从汉语里借来的。

最高级是在形容词前面加一些说法：

hái, *kek:* *hái iên* 太 hai_{5}^{55}，极 kek_{8}^{21}：太好吃 $hai_{5}^{55}en_{3}^{33}$

kẹk iên 极好吃 $kek_{8}^{21}en_{3}^{33}$

très doux 很甜（很好吃）

hái lêao 太多 $kek_{8}^{21}liau_{4}^{21}$

kẹk lêao 极多 $kek_{8}^{21}liau_{4}^{21}$

très nombreux 很多

lêao（"多"）这个词也可以跟在形容词后面：

loi zoi lêao = très, trop loin 远得多 $lɔi_{1}^{35}zai_{3}^{33}liau_{4}^{21}$ = 很远

lê zoi lêao = très près 近得多 $le_{3}^{33}zai_{3}^{33}liau_{4}^{21}$ = 很近

奥注：hái(太)和 kẹk(极)是两个相当晚近的汉语借词，但是 lêao(多)可能属于早期的层次，而且与泰语的 leew^{2}对应。

对 照 表

奥注：由于对照表丢失，注释没有意义。

关于临高人(Ong Bê)的说明

汉人把临高人(村人)称作黎人(Lòi，Lì 或 Lài)，临高人的语言证明他们属于大台族(la grande race thai)①。

临高人与他们的邻居福佬人和广东人有别，他们的身材更敦实，表情更开放。临高女人尤其粗大，比汉族女人更健壮。跟大陆上所有的台族女人一样，她们爱旅行，爱结伴走路，大嗓门唱歌。临高男人同样保留了台族男人的闲逛、在村中树荫下露天长睡的习惯。

我不知道海南临高人的数量有多少；他们至少有 10 万人，也许超过 20 万人。

临高人占据了海南岛从海口河到西海岸的整个西北部。在海南岛的东北部直到嘉积依然能遇到几个临高人的村子，在南部的那大附近，临高人与僾人比邻而居。

临高人几乎都是农夫，也有一些人捕鱼或经商；但是通常我们在海边遇到的渔民和在中部遇到的商人，不是福佬人就是广东人。

临高人都会讲福佬话，福佬话是本地区的商业语言。除了在村里和家里，临高语很少讲，这语言也许不久就会消亡。

---

① 大台族(la grande race thai)，即现在国内学术界所称的"侗台语族台语支"，泰语、傣语、老挝语、掸语、壮语、布依语、临高语、岱依语、侬语等同属台语支。萨维纳是最早提出"大台族"即"台语支"概念的学者之一。关于"台语"(thai)和"傣语"(tai)的区分，参看第 156 页注释④。

二、临高语—法语词典

标音字母转换

临高语词汇按照萨维纳的记录复制，只作了以下改动：

c，*q*	改为	*k*
d	改为	*z*
đ	改为	*d*
x	改为	*s*

按：这部分音系规整的工作是奥德里古尔做的，他把萨维纳所用的非常见音标符号改为常见符号（其实就是国际音标）。但在实际操作中，有不少改错了，主要集中在 d-与 z-之间，有些应该改为 z-的没有改，另一些不应该改的却改为 z-，造成不少混乱。后者属于转换过度，不排除是萨维纳手误，匆忙中横杠 đ-忘了写那个短横，成了 d-，奥德里古尔一股脑儿都转换为 z-，因此出错。但是前者就很难理解了，照理萨维纳不可能把 d-写成 đ-，或许是手稿不清楚，奥德里古尔看错了，因为-u/-n 之间混乱的例子也不少。

元　　音

海南岛的语言经历了声母上的重大变化，这使得我们按照韵母顺序排序。易家乐（Søren Egerod）在他的著作《隆都方言》（*The Lungtu dialect*，哥本哈根 1956 年）中也按韵母排序。

顺序是从最闭的元音到最开的元音，然后是前元音、央元音、后元音。我们把看起来是同一个音素不同变体的标音形式（les graphies）排在一起（比如 êa-ia），就是如下所示：

	闭				开
前元音	i	iê-ê	e		êa
央元音	ư	ươ-ơ		a	
后元音	u	uô-ô	o		ôa

然后是韵母，按照半元音（semi-voyelle）的顺序排列元音。

先是前面的半元音：

	êi			
ưi	ơi-ươi		ai	
ui	ôi	oi		ôai-uai

然后是后面的半元音：

iu	êu-iêu	êô	eo	êao-iao
	iau-êau	âu-au	ao	

辅　　音

每一个韵里的词按声母分类，从前往后排列，即：

双唇	$b^1$①	p'	m		
舌尖	d^1	t	n		l
硬腭		ts-ch		s	z
软腭		k	ng	k'-kh	
喉音				h	

韵　母　表

我们得到了以下韵母：

---

① 奥注：注意 *b*，*d* 这两个浊塞音可能是先喉塞音（préglottalisées），因为它们来自 *p* 和 *t*，如同在越南语和高棉语中一样。但是我们在第三部分会看到，台语的 *ʔd* 变成了 *z*，台语的 *ʔb* 似乎保留为 *b* 了。因此很可能萨维纳把这两个音位搞混了，*ʔb* 来自 *p*，而 *b* 来自古代的 *ʔb*。

按：奥德里古尔说得不全对。萨维纳所记的 b，d 确实是先喉塞音，但是台语中的 ʔd- 在临高语中并没有变为 z-（应该是 d-，这是转换过度造成的错误），因此不存在 ʔd-与 d-的对立，萨维纳调查的临高语中也不存在 ʔb-与 b-的对立。

i
ê
e
êa(ia)
ư
ơ
a
u
ô
o
oa
êi
ưi
ơi
ươi
ai
ui
ôi
oi
oai-uai
iu
êu
êo
eo
êao-iao
êau-iau
âu-au
ao
im-iêm-
em
êam-iam
um-ôm
om
in-iên
en
êan-ian
ưn-ươn
ân
an
un-uôn-ôn
on
oan-uăn
ing
êng
eng
êang-iang
ưng-ương
âng
ang
ung
ông
ong
oang-uang
ip-iêp-ep
êap-iap
ap
up
ôp-op
it-iêt
êat-iat
ơt
at
ut-ưt
ot-ôt
oat-uat
ik-iêk
êk
ek
êak
ưk-ươk
âk
ak
uk
ôk
ok
oak-uak

声调标注

萨维纳的声调标注是令人起敬的，同一个词或说法(expression)，声调的标注往往不同，因此我们把它们放在同一段落，其他情况下声调的顺序为：a，á，à，ả，ã，ạ。

用于比较的侗台语资料

临高语词的法语翻译一如萨维纳，括弧中的内容除外，增加这些内容是为了意思更清楚。

汉语词源由富励士（R. A. D. Forrest）重新看过，对他的热心合作我表示诚挚的感谢。汉字前面所加的重建的中古读音，是根据蒲立本（E. G. Pulleyblank）的"古汉语的声母系统"（The Consonantal System of Old Chinese, *Asia major*, IX, p. 1, 58 - 144, p. 2, 206 - 265），这系统我觉得比高本汉（B. Karlgren）①的更为可信。现代形式只用了萨维纳记录的海南福佬语。

其他词源用等号（ = ）表示，与共同台语（Thai commun，简写为 T.）、壮语（Tchouang）或册亨壮语（Chuang-Dioi，简写为 C. -D.）或黎语（Li）有关。

在比较词表中，台语栏表示重建的共同台语，壮语栏里是根据三本词典重建的音：《册亨语-法语词典》（*Dictionnaire Dioi-français*，J. Esquirol 和 G. Williatte 著，香港，1908 年），《武鸣土语》（*Wou-ming t'ou-yu*，李方桂著，"中央研究院"单刊第 19 种，台北，1956 年）和《壮汉词典》（*Tchoung-Han sseu-tien*，南宁，1958 年）。

石家语（Sek）栏是我 1960 年在老挝他曲（Thakhek）的调查所得，未标声调。

莫语（Mak）和水语（Sui）是根据李方桂的著作重建的。关于莫语有《莫话记略》（北京，1943 年）；关于水语有《水语声母和声调的分布》（The distribution of initials and tones in the Sui language, *Language*, 24, 2, pp. 160 - 167，巴尔的摩，1948 年），《水语押韵系统中的声调》（Tones in riming system of the Sui language, *Word*, 5, 3, pp. 262 - 267，纽约，1949 年），《三种水家话的初步比较》（"中央研究院"历史语言研究所集刊，台北，1951 年）。星号

① 奥注：为了排印的方便，我保留了高本汉的标调法，此方法在我的共同台语（Thai commun）中就已使用。我也保留了 *â* 以表示蒲立本用斜体字表示的后 *a*，我还保留了希腊语的 γ *x* 来替代他的 h。双星号 ** 表示该字在古代字书中尚未得到确认。

按：高本汉的标调法，就是中国传统的四角发圈法，奥德里古尔一般只标注上声、去声，且不标阳调类。但上声和去声在词典中分别用反逗号（‘）和分音符（’）表示，笔者一律改为四角发圈法中的清上（‘）和清去（’）符号。

只是用来区别根据低声调组重建的 *b*，*d*，z，*g* 和现在实际读为高声调和中声调组的 *b*，*d*，*z*，*g*。

侗语（Tong）是根据 1959 年贵阳出版的《侗汉词典》重建的。此栏中我也用了星号，只是在有危险搞混重建声母和现在声母的地方用，如：**h*。

黎语简写为（S.）的，表示是萨维纳收集并在《代语-法语词典》中发表过的词，第一栏表示是南部方言的词，第二栏表示是中部方言的词。

黎语简写为（W-l.）的，表示是王力收集的词，发表于他的论文《海南岛白沙黎语初探》（《岭南学报》第 11 期，广州，1951 年）。白沙黎语的词汇很重要，沙飞（Shafer）在他的比较此表中还没有用过。

比较此表中没有地方标明汉语同源词或借词，大家可以参考词典本身。

台语系分布地图[①]

下面是这个语系的语言分布地图，我在这儿也标出了高兰语（Cao-lan）

台语系语言分布地图

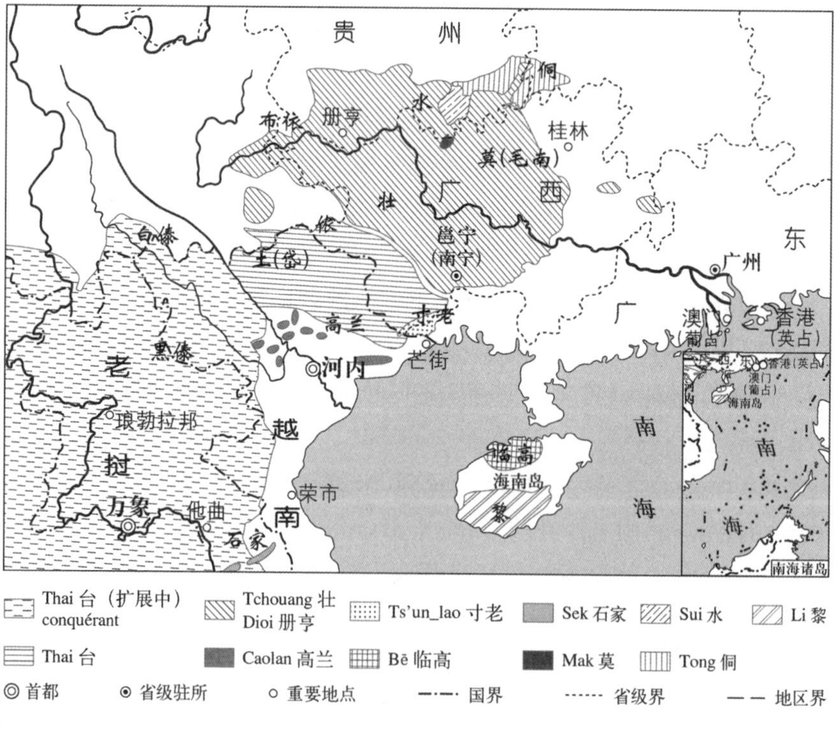

① 地图根据原书重绘。

和寸老语（Ts'un-lao）的位置，这两种语言还没有词典，但我已经作了分类，并在《芒街地区方言记》（Notes sur les dialectes de la région de Moncay, *BEFEO*, 50：1, p. 167－173, Paris, 1960）一文中列举了一些词。这张图基于 G. P. Serd'ušenko 的《壮语》（*Čžuanskiĭ jazyk*, Moskva, 1961）制成，但是李方桂跟我的口头交流中证实，莫语（Mak）并非毛南语（Mao-nan）。

三、声母和声调的处理

考察完韵母以后，我们现在来考察临高语的声母，以便探究其词源。我们只考察与前一章的台语（Thai）和黎语（Li）关系近的词汇。

按：以下对照词表中的语言译名，黎语（萨维纳）简写为"黎萨"，"黎语（王力）"简写为"黎王"。对比如下：

Bê	Thai	Tchouang	Sek	Mak	Sui	Tong	Li(S)	Li(W-l.)
临高语	台语	壮语	石家语	莫语	水语	侗语	黎萨	黎王

声　　母

B

萨维纳并没有说明 B 的发音，我们担心他可能把*ʔb*（越南语中）与 *b*（法语中）搞混了，因为冶基善（Jeremiassen）区分出 *b*（*bit*"鸭子"）和 *v*（*van*"风"、*von*"天/日"、*via*"肩膀"、*voe*"火"）。

按：此说非。冶基善所记临高语西部方言中有 ʔb-和 v-的区别，但这个 v-在萨维纳所记临高语东部方言中都并入 ʔb-了，因此不存在 ʔb-和 b-搞混的问题。

因此，在下面的词中，我们可以区分出从古代 * *p*-来的*ʔb*-：

	临高	台语	壮语	石家	莫语	水语	侗语	黎萨	黎王
aller 去	*bới*	*pay*	*pay*	*pay*	*pa: y*	*pa: y*	*pa: y*	*hêy*	*fey*
année 年	*bểi*	*pi*	*pi*	*pi*	*be*	*be*	(*ñi: n*)	*maw*	*paw*
bouche 嘴	*bãk*	*pa: k*	*pa: k*	*pa: k*	(*ʔbup*)	*pa: k*	*pa: k*	(*mom*	*pam pom*)
canard 鸭	*bõt*	*pet*	*pit*	*pit*	(*ʔe: p*)	/	*pət*	(*ʔe: p*)	*pet*
huit 八	*bĩt*	*pe: t*	*pe: t*	*pe: t*	*pa: t*	*pa: t*	*pə: t*	(*du aw*	*how*)
gâteau 饼	*bing*	‘*pe: ṅ*	‘*piṅ*	/	/	/	/	/	/
aile 翅膀	*bĩk*	*pi: k*	*vwət*	*viet*	(*ʔva’*)	(*ʔwa’*)	(*pa’*)	*phi: ʔ*	/

pl-也同样读为*ʔb*-：

	临高	台语	壮语	石家	莫语	水语	侗语	黎萨	黎王
poisson 鱼	*bá*	*pla*	*pla>pya*	*pla*	(*mum'*)	(*mum'*)	*pa*	*da*	*tla hla*
sangsue 水蚂蟥	*bĩng*	*pliṅ*	*pliṅ>piṅ*	*pliṅ*	*piṅ*	/	*mi: ṅ*	/	/
pointe 梢顶	*bói*	*pla: y*	*pla: y> pya: y*	*pla: y*	*phe*	*phe*	*phe*	*mut*	/
sang 血	*bọ*	*hlwət*	*luot*	*luot*	*phya: t*	*phya: t*	*pha: t*	*dat tlat*	*hluat*

从古代的唇化软腭音（labiovélaire）来的也读成*ʔb*-：

	临高	台语	壮语	石家	莫语	水语	侗语	黎萨	黎王
poil 毛	*bỏn*	*khon*	*pwn*	*pul*	(*run'*)	*tsən*	*pyən*	*hun*	*ṅoṅ*
corne 角（牛羊）	*bảu*	*khaw*	*kaw*	*kaw*	*ka: w*	*qa: w*	*pa: w*	*háw*	*haw*
cuisse 大腿	*bả*	*kha*	*ka*	*kwa*	*ka*	*qa*	*pa*	(*peṅ*)	*ha*

但是从浊唇音来的*ʔb*-，我们只得到以下不太可靠的例子：

	临高	台语	壮语	石家	莫语	水语	侗语	黎萨	黎王
aiguiser 磨（磨刀）	*biền*	(*lop*)	*ban*	/	* *byan*	* *ban*	*ban*	/	/
fou 疯	*bâk*	(*ʔba*)	*ba: k*	/	*ba: k*	/	/	/	/

最后，汉语借词中所有的*p*-都变成*ʔb*-，因为临高语中没有*p*-这个声母。

不带喉塞的*b*-，也许有轻微的摩擦，冶基善才把它记为*v*-，它有三个来源。

首先，*b*-来自台语的*ʔb*-，有下面的例子为证：

	临高	台语	壮语	石家	莫语	水语	侗语	黎萨	黎王
épaule 肩膀	*bêa*	*ʔba'*	*ʔba'*	*va*	/	/	/	*vả*	*va*
mince 薄	*bêang*	*ʔba: ṅ*	*ʔba: ṅ*	*va: ṅ*	*ʔba: ṅ*	*ʔba: ṅ*	*ʔma: ṅ*	(*dəɯ*)	(*ʔəɯ həɯ*)
feuille 叶子	*bể*	*ʔbəɯ*	*ʔbəɯ*	*ʔbə*	*ʔva'*	*ʔwa'*	*pa'*	*bəɯ*	*pəɯ*
voler 飞	*bón*	*ʔbin*	*ʔbin*	*ʔbwit*	*'ʔvin*	*'ʔwin*	*pən*	*bin*	*pen*

b-也许还有来自台语唇齿音的：

	临高	台语	壮语	石家	莫语	水语	侗语	黎萨	黎王
feu 火	*bểi*	*vay*	*vi>vey*	*vi*	*hvey*	*ʔwi*	*pwi*	*pêy fey*	*fey*
bois à br. 柴	*bưởn*	*vun*	*vɯm*	*vul*	(*dit*	*dyət*	*tyət*)	*ṅun kun*	*koṅ*
couver 孵	*bộk*	*vak*	*vak*	/	*ʔvak*	/	*pyam*	*phak*	/
millet 黍	*báng*	*'va: ṅ*	*'fwəṅ*	/	*'ʔvi: ṅ*	/	*'pya: ṅ*	/	/
nuage 云	*bà*	*'fa*	*'fwə >'fɯ*	*via*	*'ʔva*	*'ʔwa*	*'ʔma*	*vin*	/
carambole 杨桃（薄）	*bêang*	*vwə: ṅ*	/	*via*	*'ʔva*	/	/	/	/
sésame 芝麻	*bóng*	(*ṅa*	*ra*)	*vwiṅ*	(*ʔṅa*	*ʔṅa*	*yu-me*	*ṅəɯ*	*khəɯ*)

福佬语借词中的 *v*-声母读成 *b*-，因为临高语没有 *v*-。最后，*b*-可能还来自古代的唇化软腭音 *w*-、*hw*-，看下面的例子：

	临高	台语	壮语	石家	莫语	水语	侗语	黎萨	黎王
jour 天/日	*bỏn*	*wan*	*ṅon*	*ñan*	*wan*	*wan*	*man*	*vên*	*vaṅ*
hier 昨天	*ba*	*wa ṅwa*	(*lɯən*	*luon*)	(*kun'*	/	*ʔun'*)	(*dàw*	*plaw*)
individu 人	*bỏn*	*Gon*	*Gwon>won*	*hun*	(*dyin*	/	*ñen*)	/	/
anneau 圆	*biển*	*hwe: n*	(*klo: k*)	*ve: n*	*'ʔvi: n*	*'fya: n*	*'pya: n*	*van*	/
rotin 藤	*bói*	*hwa: y*	*kaw-hwa: y*	*va: y*	(*dya: w*	/	*tya: w*)	(*kat*)	/
semer 种	*biển*	*hwa: n'*	(*fan*)	*va: l*	/	/	/	/	/

汉语借词中的 *w*-声母也读作 *b*-。

P'

临高语中的 *p'*-声母主要来自汉语借词，但是它跟台语中的唇齿音声母对应，见下面的例子：

	临高	台语	壮语	石家	莫语	水语	侗语	黎萨	黎王
pluie 雨	*p'on*	*fon*	*fɯn*	*vwin*	*hvin*	*ʔwən*	*pyən*	*pun foṅ*	*foṅ*
ciel 天空	*p'ả*	*va*	(*ʔbɯn*	*ʔbwin*	*ʔbən*	/	*ʔmən*)	*pa fa*	*fa*
coton 棉	*p'ai*	*va: y'*	*'fa: y*	*pa: y*	*ʔwa: y*	*fa: y'*	(*mi: n*)	*buoy*	*puy*
éventail 扇子	*p'oi*	*wi*	*bi>bey*	*phi*	**bəy*	/	*wa: y*	(*vuṅ*	*voṅ*)
tordre 拧	*p'on*	*'fan*, *'phan*	/	/	/	/	/	/	/

台语中的 *p'*-声母词只有下面这一个：

	临高	台语	壮语	石家	莫语	水语	侗语	黎萨	黎王
blanc 白	*p'ệạk*	*phɯək*	*pɯək*	*hu: k*	*phu: k*	/	*phu: k*	(*khaw*	*khaw*)

M

这个声母没有什么问题，正常情况下它来自台语的 *m*-、*hm*-：

	临高	台语	壮语	石家	莫语	水语	侗语	黎萨	黎王
main 手	*mể*	*mɯ*	*mɯ>məɯ*	*mɯ*	*mi*	*mya*	*mya*	*məɯ*	*məɯ*
ivre 醉	*mểi*	*mi*	*mi>vi*	(*maw*)	/	/	/	*mɯi*	/
femme 妻	*mái*	*me'*	*me'*	*me*	(*ney*)	/	(*ney*)	*mêy*	*me*
toi 他/她	*mo*	*mɯ*, *mɯṅ*	*mɯṅ*	(*ʔay*)	*ṅ*	/	(*na*)	*mɯ*	*mo*
cheval 马	*mọ*	*'ma*	*'ma*	*ma*	*'ma*	*'ma*	*'ma*	*ṅà ka*	*ka*

	临高	台语	壮语	石家	莫语	水语	侗语	黎萨	黎王
fourmi 蚂蚁	*mọ*	*mot*	*mot*	*mek*	*mət*	*mət*	*mət*	*mot*	*pot*
couteau 刀	*miệt*	*mi:t*	*mi:t*	(*taw*)	*mit*	*mit*	*mi:t*	(*då:w*)	/
morve 鼻涕	*mụk*	*mu:k*	*muk*	/	*muk*	*muk*	*mu:k*	/	/
chien 狗	*má*	*hma*	*hma*	*ma*	*hma*	*hma*	*hṅwa*	*ma pa*	*pa*
fil 线	*mói*	*hmay*	*hmay*	(*sel*)	*hmay*	/	/	/	*voy*
puce 跳蚤	*mõt*	*hmat*	*hmat*	*mat*	*hmat*	*hmat*	*hṅwat*	*mat*	*paʔ*
fruit 果子	*mạk*	*hma:k*	*hma:k*	*ma:k*	*hma:k*	/	/	(*sa:m*)	(*hoe*)
cochon 猪	*máu*	*hmu*	*hmu>* *hmow*	*mu*	‘*hmow*	‘*hmu*	‘*hṅu*	*maw* *paw*	(*yi*)

台语支的 *ml*-临高语中化简为 *m*-，但是我们也见到 *mìng/nìng* 这样的“同源双形词”（doublet）：

	临高	台语	壮语	石家	莫语	水语	侗语	黎萨	黎王
insecte 虫子	*mìng*	*mle:ṅ>* *me:ṅ*	*>ne:ṅ*	*meʔ*	(*nui*)	/	(*nui*)	*diṅ*	*ñaṅ*
salive 唾沫	*mải*	*mla:y>* *ma:y*	*na:y*	*mla:y*	*dyui*	*ʔRe*	/	*la:y*	*hluay*
glissant 滑	*mệak*	/	*mla:k*	*tliaṅ*	/	/	/	*kiêt*	/

以下几例可能借自黎语：

	临高	台语	壮语	石家	莫语	水语	侗语	黎萨	黎王
canne à sucre 甘蔗	*moi*	‘*ʔo:y*	‘*ʔo:y*	‘*ʔo:y*	‘*ʔo:y*	/	/	*ma:y*	*ma:y*
paddy 稻谷	*mộk*	…	…	…	…	/	/	*mok*	/
pince 掐	*mụt*	(*gi:p*	*gi:p*)	/	/	/	/	*miêt*	*mi:t*

D

我们确信*ʔd*-就是古代 *t*-的正常读音，无论来自汉语借词还是台语词。见下表：

	临高	台语	壮语	石家	莫语	水语	侗语	黎萨	黎王
porte 门	*dảu*	*tu*	*tu>tow*	*tu*	*to*	*to*	*to*	(*som*) (*khu:n*	*khuôn*)
châtrer 阉	*dún*	*to:n*	*to:n*	/	*ton*	/	(*ʔyim*)	*dwən*	/
peu profoud 浅	*dɯn*	‘*tɯn*	(*ʔbok*)	/	(*ʔdyay*)	/	/	(*gan*)	*thɯn*
torch 灯/炬	*dêi*	‘*tay*	‘*tay*	(*ka* *ʔbon*)	/	/	/	/	/
court 短	*dón*	‘*ten*	‘*tin*	/	‘*din*	‘*din*	‘*thən*	*thet*	*that*
se lever 起床	*dỏng*	‘*taṅ*	‘*taṅ*	/	/	/	/	/	/

	临高	台语	壮语	石家	莫语	水语	侗语	黎萨	黎王
tronc 棵	*dón*	*ton*	/	/	*dun*	/	/	*thuôn*	/
arbre 树	*don*	(*‘may*	*‘may* >*‘vay*	/	*‘may*	*‘may*	*‘may*	*say*	*čay*
s’effondrer 倒	*dom*	(*baṅ*)	*tom’*	*tom’*	/	/	/	/	/
pet 屁	*dũt*	*tot*	*rot*	*ret*	*tut*	*tət*	*tət*	*thuôt*	*thu: t*
tombre 掉落	*dỗk*	*tok*	*tok*	*tok*	*tok*	*tok*	*tok*	*thôk*	/
becqueter 啄	*dỗt*	*to: t*	*to: t*	/	/	/	/	/	/
se chauffer 晒	*dāk*	*ta: k* <*phya: k*	*ta: k*	/	/	/	/	/	/
œil 眼	*dá*	*ta*<*phya* >*tha*	*ta*	*pra*	*da*	*da*	*ta*	*sa*	*č’a*
mourir 死	*dái*	*ta: y* <*phya: y* >*tha: y*	*ta: y*	*pra: y*	*tay*	*tay*	*tay*	(*dốm*)	*thui fui*
arriver à 到	*dóng*	*thɯṅ*	*daṅ*	/	(*thaw*	*thaw*	*thaw*)	*dan*	/
cendre 灰	*dều*	*daw’*	*daw’* <*braw*>	*thaw*	(**fuk*)	/	(*phu: k*)	*paw/ taw*	*č’aw*
fermer 关闭	*dum*	*duom*	/	/	/	/	/	/	/

其他的对应例词就相当可疑了：

	临高	台语	壮语	石家	莫语	水语	侗语	黎萨	黎王
pierre 石头	*diển*	*hrin*	*hrin*	*ril*	/	/	*tyin*	*siên*	*č’i: n*
vomir 呕吐	*dọak*	*ra: k*	*ruok*	*ruok*	/	/	/	*ʔeʔ*	/
laver 洗	*dọk*	*drak*	*drak*	/	*ruk*	/	/*syuk*	/	/
droit 右	*dọ*	*drɯ*	*dro*	*ʔyo*	/	/	/	*muôt*①	/
enterre 埋	*dom*	(*phaṅ*) *ham*	*som*	(*lɯp*)	/	/	(*ʔsa: ṅ*)	*dồm*	*kom*
corde 绳	*dạk*	*ǰuək*	*ǰa: k*	*sa: k*	*ʔra: k*	*ʔla: k*	*ʔla: k*	(*day*	*tuay*)

T

很像是 *t*- > *ʔd*-的变化引起了 *s*- > *t*-的变化，如同在越南语中一样，但是这一音变只能从汉语借词得到印证，这些借词在台语里都是共同的：

	临高	台语	壮语	石家	莫语	水语	侗语	黎萨	黎王
deux 双	*toáng*	*so: ṅ*	*so: ṅ*	*so: ṅ*	(*ra*	*Ra*	*ya*)	(*daw traw*	*hlaw*)
trois 三	*tám*	*sa: m*	*sa: m*	*sa: m*	*sa: m*	*ha: m*	*sa: m*	(*su su*	*fu*)
quatre 四	*tí*	*si’*	*si’*	*si*	*səy’*	*si’*	*si’*	(*saw so*	*č’o*)

① 奥注：但是 sɯʔ“真的、正的”。

其他的对应例词比较可疑：

	临高	台语	壮语	石家	莫语	水语	侗语	黎萨	黎王
côtes 肋骨	tek	/	hrik/hrek	/	hik	/	/	/	ket
dent 牙齿	tón	(khiew)	van	(ne:ṅ	yəu)	ʔwyan	pyan	phen	fa:ṅ
paillotte 茅屋	tều	Ga	Ga	/	hya	hya	ʔya	ha	ña
laver 洗(脸)	tụk	drak	drak	(so:y)	ruk	/	syuk	/	/

N

这个声母跟我们所料的一样，与台语的 *n*-和 *hn*-对应：

	临高	台语	壮语	石家	莫语	水语	侗语	黎萨	黎王
champ 水田	nểa	na	na	na	(ʔya'	ʔRa'	ʔya')	nả ta	ta
ceci 这	nềi	‘ni	‘ni> ‘ney	ni	ni	na:y'	na:y'	nêy	ne
pousse de bambou 竹笋	nàng	…	ra:ṅ	na:ṅ	ʔna:ṅ	*ʔna:ṅ	na:ṅ	nɯəṅ	nɯṅ
viande 肉	nàn	‘nɯə	no'	(mlo)	‘na:n	‘na:n	‘na:n	(ma: mam)	ham
froid 冷	nĩt	(hna:w)	hnet hnit	nek	ʔñit	ʔñit	ʔyi:t	(kha:y	kha:y)
eau 水	nòm	‘nam	‘ram	nam	‘ʔnam	‘*ʔnam	‘nam	nôm nam	nam
peau 皮	nóng	hnaṅ	hnaṅ	naṅ	(dya)	‘Ga	(*huk)	naṅ	nuaṅ
oiseau 鸟	nọak	nok	rok	nok	nok	nok	mok	(ta:t	č'a:t)
extérieur 外	nuk	no:k	ro:k	lo:k	ʔnuk	ʔnuk	ʔnu:k	(žɯən)	/
pus 脓	núng	hnu:ṅ	hno:ṅ	/	hnoṅ	/	/	(dêw)	/
épais 厚	ná	‘hna	‘hna	na	ʔna	ʔna	ʔna	na	na
visage 脸	na	‘hna	‘hna	na	‘ʔna	‘ʔna	‘ʔna	(doṅ	taṅ)
dette 债	nai	‘hni	‘hni	/	/	/	/	(mà)	/
fatigué 累	noai	hnɯəy	hna:y'	/	ʔne'	ʔni'	/	kả	/

但在下面的例词中，*n*-也与台语里硬腭鼻音*ɲ*-对应：

	临高	台语	壮语	石家	莫语	水语	侗语	黎萨	黎王
moustique 蚊子	nổng	ñuṅ	ñuṅ	/	ñuṅ	ṅwoṅ	myuṅ	ñuôṅ	ñuṅ
grand 大	nê	‘hñəɯ	(ʔbɯk	ʔbɯk)	(la:w	/	la:w	luôṅ	lu:ṅ)
teindre 染	niềm	ño:m	ñum	/	ñum	‘ʔyam	ñum ‘yam	(vom)	/
civette 麝猫	niền	hṅen	hñan	ñel	hñan	/	hñan	/	/

其他对应的例子就相当可疑了：

	临高	台语	壮语	石家	莫语	水语	侗语	黎萨	黎王
venir 来	*nêa*	*ma*	*hma*	*ma*	*hma*	*hma*	*hma*	(*lwəṅ*)	/
boa 蟒蛇	*niểm*	*hlɯəm*	*hnɯəm*	(*tien*)	/	/	/	/	/
piler 捣/研	*nòm*	*ʔdam*	*tam*	*tam*	(*sa: k*	*ha: k*	*sa: k*	*saʔ*)	/

L

有趣的是，*l*-这个声母跟台语和壮语的 *kl*-有规律地对应：

	临高	台语	壮语	石家	莫语	水语	侗语	黎萨	黎王
près 近	*lê*	*'kləɯ*	*'kləɯ>'kəɯ*	*tləɯ*	(*phyay'*	*phyay'*)	*ke*	*ləɯ pləɯ*	*pla: l*
loin 远	*lói*	*klay*	*klay>kyay*	*tlay*	*tyəy*	/	*kay /lay*	*lay*	*lay*
tambour 鼓	*lông*	*klo: ṅ*	*klo: ṅ>kyo: ṅ*	*tlo: ṅ*	*tyuṅ*	/	*kuṅ*	*lôṅ*	/
plant de riz 秧苗	*la*	*'kla*	*'kla>'kya*	*tla*	*'tyi*	*'ka*	*'ka*	/	/
écailla 刮(鳞)	*lự*	*klet, klap*	*kap/klat>kyat*	*tlek*	*tyat*	(*kən'*	*kwən'*)	*lap*	*luap*
rognon 腰	*lô*	(*ʔiew*)	(*hɯət>hɯt*	*vuot*)	/	/	/	/	*plo*

但是通常它都与台语里的 *l*-和 *hl*-对应：

	临高	台语	壮语	石家	莫语	水语	侗语	黎萨	黎王
enfant 儿童	*lêk*	*lu: k*	*lɯk*	*lɯk*	*la: k*	*la: k*	*la: k*	*lek*	*hlek*
choisir 挑选	*lệak*	*lɯək*	*le: k*	/	*le'*	/	*ʔlyai*	(*ka: n*)	/
profond 深	*lọk*	*lɯk lak*	*lak*	/	(*ʔyam*	/	*ʔyam*)	*dák*	*hluʔ*
(fini)了结	*lêao*	*'le: w*	*'liew>'liw*	/	*'liw*	/	*'liew*	(*bay*)	*puay*
écurie 笼	*lòng*	*la: ṅ'*	/	/	*ruṅ'*	/	/	/	/
langue 舌	*liền*	*'lin*	*'lin*	*lin*	(*ma*)	(*ma*)	(*ma*)	*diên tliên*	*hli: n*
petit-fils 孙子	*làn*	*hla: n*	*hla: n*	*la: n*	*hla: n*	*kha: n*	*khwa: n*	/	*la: l*
jaune 黄	*láng*	*hlɯəṅ*	(*hṅen*)	(*va: ṅ*)	(*'hṅa: n*	*'hṅa: n*	*'hma: n*)	*žiêṅ*	*žiêṅ*
regarder 看	*líu*	*hliew* (*ʔyiew*)	*'hlɯə*	/	(*do /'kaw*)	/	*naṅ*	*la: y /kiu*	*lo*
couler 流	*lếi*	*hlay*	*hlay*	/	/	/	/	*ma: w*	/
roue 轮子	*lũt*	*hlo: t*	*hlut*	*lut*	/	/	*khuəp*	…	/

其他不规则对应的词都是与古代的借词对应：

	临高	台语	壮语	石家	莫语	水语	侗语	黎萨	黎王
échelle 梯	*lềi*	*ʔday*	*ʔlay*	*ray*	*'tye*	*'kle*	*'kwe*	（*tha phəɯ*	*phəɯ*）
charrue 犁	*lểi*	*thay*	*čwai čay*	*thay*	*tyway/ ty'ay*	*čoi*	*khay*	/	/
six 六	*lọk*	*hrok*	*hrok*	*rok*	*lok*	*lyok*	*lyok*	（*nom tom*	*tom*）
aveugle 瞎	*lõk*	（*hmot*	*hmo: k*）	*lo*	（*ʔbət*	*ʔmut*）	*'go*	*la: w*	*plaw*

TS

ts-这个声母只见于汉语借词，下面两例明显是借词：

	临高	台语	壮语	石家	莫语	水语	侗语	黎萨	黎王
indigo 靛	*tsảm*	*gra: m*	*rim*	（*la: m*）	/	/	*la: m*	*la: m*	/
（violet 紫）	…	…	*klam>kyam*	…	…	…	*ʔam'*	…	…
papier 纸	*tsêi*	*'cie*	（*sa*	/	*sa*）	/	*'tyi/'syi*	*sêa*	*č'i*

S

首先，*s*-这个声母反映的是两组辅音的读法，一组是台语的 *phr*-：

	临高	台语	壮语	石家	莫语	水语	侗语	黎萨	黎王
légume 菜	*sõk*	*phrak*	*plak> pyak*	*prak*	（*ʔma*	*ʔma*	*ʔma*）	/	/
taro 芋头	*sók*①	*phrɯək*	*plɯək> pyɯək*	（*ʔbon*）	*pə: k*	*ʔRa: k*	*ʔya: k*	/	/
maigre 瘦	*súm*	*phro: m*	*plo: m> pyo: m*	*pro: m*	*'ʔyum*	*'Rum*	*wum*	（*ley*	*ley*）
abeille 蜂	*song*	*prɯṅ*	（*dɯən*）	*sɯṅ*	/	/	*ʔla: w*	（*voṅ*	*fok*）

另一组是台语的 *hr*-和 *h*-：

	临高	台语	壮语	石家	莫语	水语	侗语	黎萨	黎王
oreille 耳	*sá*	*hu< khru*	*rɯə> rɯ*	*rua*	*ty'a*	*q'a*	*kha*	（*tha: y žay*）	（*žay*）
route 路	*són*	*hron* （*da: ṅ*）	*hron*	（*tha: ṅ*）	*khun*	*khɯən*	*khɯən*	*kuôn*	/
aboyer 吠	*sau*	*hraw*	*hraw*	/	*tyaw*	/	*khaw*	*kảw*	/
lune 月亮	*sói*	（*ʔdɯən*） *ha: y*	（*ʔbɯən*	*ʔblian*	*ni: n*	*nya: n*	*ʔña: n*	*ña: n*	*ña: n*）

---

① “芋头”sak_7^{55}（$\neq sɑk_7^{55}$菜），原文误作 *són*。

汉语借词中的 *s*-声母反映的是硬腭音或送气塞擦音，但是最早的借词层所反映的跟台语中一样，是清的或浊的硬腭音：

	临高	台语	壮语	石家	莫语	水语	侗语	黎萨	黎王
sept 七	*sõt*	*cet*	*cat*	*cet*	*sit*	*šət*	*sət*	(*thu thaw*	*thow*)
aiguille 签	*sim*	*cim*	*cim*	/	*sum*	/	*khəm*	(*cuôn*)	/
allumer 擦	*sọt*	*cut*	*cit/cut*	/	/	/	/	(*žiên thaw*)	/
éléphan 大象	*sềang*	*'ja:ṅ*	*'ja:ṅ*	*sa:ṅ*	/	/	/	/	/
ouvrier 匠	*sềang*	*ja:ṅ'*	*ja:ṅ'*	*sa:ṅ*	*hra:ṅ'*	*ha:ṅ'*	*sa:ṅ*	/	/

Z

z-这个声母与台语中的三种声母对应，首先是与*ʔd*-对应：

	临高	台语	壮语	石家	莫语	水语	侗语	黎萨	黎王
éteindre 熄灭	*zỗp*	*ʔdap*	*ʔdap*	*ʔdap*	*ʔdap*	*ʔdap*	*ʔdap*	(*tả:w*)	/
nez 鼻子	*zống*	*ʔdaṅ*	*ʔdaṅ*	*ʔdaṅ*	*ʔdaṅ*	*ʔnaṅ*	*ʔnaṅ*	(*khet*	*khak*)
repiquer 插秧	*zốm*	*ʔdam*	*ʔdam*	*tam*	*ʔdam*	*ʔdam*	*hlam*	(*dra*)	/
obtenir 得/能	*zoi*	*'ʔday*	*'ʔday*	*ʔday*	*'ʔday*	*'ʔday*	*'ʔli*	(*maʔ*	*po*)
salé 咸	*zong*	*ʔdaṅ'*	/	*ʔdaṅ'*	*ʔdaṅ'*	*ʔnaṅ'*	*ʔnaṅ'*	(*ha:n van*	*huam*)
pas mûr 生的	*zõp*	*ʔdip*	*ʔdip*	/	*ʔdip*	*ʔdyup*	/	(*diồp fiêp*	*fi:p*)
os 骨	*zâk*	*ʔdu:k*	*ʔdo:k*	*ro:k*	*ʔdo:k*	*ʔda:k*	*ʔla:k*	*drɯʔ fɯək*	*fɯk*
noir 黑/暗	*zóm*	*ʔdam*	*ʔdam*	*ram*	*ʔdam/*	*ʔnam*	*ʔnam*	*dòm*	*tam*
rouge 红	*zíng*	*ʔde:ṅ*	*ʔdiṅ*	*riṅ*	*hlaṅ*	/	** hya'*	*deṅ tleṅ*	*toṅ*
riz poli 米	*zọp*	(*khaw-sa:n*)	(*gaw-sa:n*)	(*gaw-sa:l*)	(*həɯ-sa:n*)	/	/	*dop*	(*may*)
dans 里面	*zề*	*nəɯ*	*ʔdəɯ*	*ʔdə*	(*'ha:w*	*'ʔa:w*	** a:w*)	(*suʔ u*	/

其次 *z*-与泰语和壮语的 *r*-对应：

	临高	台语	壮语	石家	莫语	水语	侗语	黎萨	黎王
maison 房屋	*zản*	*rɯən*	*ra:n*	*ra:n*	*ra:n*	*Ra:n*	*ya:n*	*dɯən*	(*ploṅ ploṅ*)
bateau 船	*zỗa*	*rɯə*	*ruo >ru*	*rua*	/	/	*ʔlo*	*dá*	*fa*
après (demain) 后天	*zể*	*rɯ*	*rɯ> rəɯ*	*rɯ*	(*'ʔna*	/	*'ʔna*	*ñəɯ*	*ñəɯ*
force 力气	*zểng*	*re:ṅ*	*reṅ*	*reṅ*	*hriṅ*	/	/	(*khẩw*)	/
punaise 臭虫	*zệạt*	*rɯət*	*rɯət*	*ruot*	(*dyi:ṅ*	/	*nya'*	/	*kop*

	临高	台语	壮语	石家	莫语	水语	侗语	黎萨	黎王
vanner 簸	*zỏng*	*khrɯṅ*	*hraṅ*	*raṅ*	/	/	/	（*žaw*）	/
rire 笑	*zẻao*	*hruo*	*hriew* >*hriw*	*ruaw*	*tyu*	*ku*	*ko*	*ža:w* *taw*	*caw*
descendre 下	*zỏng*	*loṅ*	*roṅ*	*roṅ*	（*hla*	/	*lui'*	*luoi*	/
voler 偷	*zọk*	*lak*	*rak*	/	*hlak*	*hlyak*	*hlyak*	*žok*	*žok*
ongle 指甲	*ziạp*	*lep*	*rip*	*lip*	*rip*	*ʔdyap*	*ʔnyəp*	*liêp*	*li:p*

最后，*z*-与台语的*ʔy*-对应：

	临高	台语	壮语	石家	莫语	水语	侗语	黎萨	黎王
faim 饿	*zõk*	*ʔya:k*	*ʔyɯək*	（*hat*）	*ʔi:k*	*ʔya:k*	*ʔya:k*	（*dền*	*ra:ṅ*
être là 在	*záu*	*ʔyu'*	*ʔyu'* >*ʔyow*	/	*ña:w'*	/	*ña:w'*	*dầw*	/
debout 站立	*zún*	*ʔyɯn*	*ʔdɯn*	/	*ʔyun*	/	*ʔyun*	/	/
remède 药	*zẻa*	*ʔya*	*ʔyɯə*>*ʔyɯ*	/	*ra*	*ga*	/	*ža*	/
espèce 种类	*zoa*	*ʔya:ṅ'*	*ʔya:ṅ'*	/	/	/	/	/	/

其他对应就可疑了：

	临高	台语	壮语	石家	莫语	水语	侗语	黎萨	黎王
millepatte 蜈蚣	*zọp*	*khep*	*sip*	/	*sip*	/	/	*drip*	*rip*
écurie 圈/窝	*zộk*	*Go:k*	*Go:k*	*go:k*	/	/	/	/	/
trou 窟窿	*zông*	（*ru*）*bro:ṅ'*	*ǰo:ṅ'*	*so:ṅ*	/	/	/	/	/
habit 上衣	*zoa*	*'sɯə*	（*bɯə*> *bu*	*phia*）	（*tyuk*	/	*ʔu:k*）	（*veṅ*	*viaṅ*）

K

k-这个声母首先与台语的 *k*-和 *g*-对应：

	临高	台语	壮语	石家	莫语	水语	侗语	黎萨	黎王
poulet 鸡	*kói*	*kay'*	*kay'*	*kay*	*ka:y'*	*qa:y'*	*ʔa:y'*	*khay*	*khay*
manger 吃	*kón*	*kin*	*kɯn*	*kin*	*si:n*	*tsya:n*	*tya:n*	（*law*	*loʔ*
parler 讲	*kang*	（*kla:w*）	*'ka:ṅ*	（*tla:w*）	*'tya:ṅ*	/	*ʔa:ṅ*	（*dien*）	*khuôn*
même 互相	*kỏn*	*kan*	*gan*	*kan*	/	/	/	*thaṅ*	/
grenouille 青蛙	*kọp*	*kop*	*kop*	/	/	/	/	/	/
joindre 连接	*kộk*	*kap*	*ka:p*	/	/	/	/	/	/
crasse 屎	*kỏi*	*gay*	*gi*>*gey*	/	/	/	/	/	/
hibou 猫头鹰	*kù*	*'gaw*	*'ku*	*kaw*	*kaw*	/	*ʔaw*	/	/
houe 锄（镢）	*kuãk*	（*co:p*） *kuok*	（*ʔba:k*） *kwa:k*	/	*ku:k*	*kwok*	*gu:k*	（*ká*	/

	临高	台语	壮语	石家	莫语	水语	侗语	黎萨	黎王
membre 肢	*kiển*	*khe: n*	*ke: n*	*ke: n*	*hin*	/	*hin*	*khiển*	/
pied 脚	*kỗk*	(*tin*	*tin*	*tin*	*tin*	*tin*	*tin*)	*khok*	*khok*
neuf 九	*kô*	‘*khaw*	‘*ku*>‘*kow*	*ku*	‘*tyəɯ*	‘*tyu*	‘*tyu*	(*pəɯ*	*fəɯ* *fa: l*)
embrasser 拥抱	*kũt*	*ko: t*	(*ʔum*	/	/	/	/	*ôm*	/

k-也反映了古代台语的小舌音*ɢ*- 和 *q*- (= *kh*-)：

	临高	台语	壮语	石家	莫语	水语	侗语	黎萨	黎王
tuer 杀	*ka*	‘*kha*	‘*ka*	*ka*	‘*ha*	‘*ha*	‘*sa*	(*háw*	*haw*
monter 升	*kân*	‘*khɯn*	‘*hɯn*	*hɯn*	(*sa’*	*sa’*	*ty’a’*	*khán*	/
nouer 扎/系	*kọt*	*kho: t*	*hot*	/	/	/	/	/	/
mordre 咬	*kọp*	*khop*	*Gap*	*gap*	**gap*	/	*Gap*	(*thàn*	/
aigre 酸①(苦/辣)	*kom*	*khom*	*Gam*	*gam*	*kam*	*qam*	**am*	*ham*	(*kho*)
excrément 屎	*kái*	‘*khi*	‘*Gay*	*gay*	‘*tye*	‘*Ge*	‘*ʔe*	*hay*	*ha: y*
fumée 烟(炊烟)	*kuản*	*khwan*	*Gon*	*gon*	*gwan*	/	*gwan*	*han*	/
nuit 夜里	*kiểm*	*Gam’*	*Gam’*	/	*ʔñam’*	*ʔñam’*	*ʔñam’*	(*sop sap*	*č’ap*
or 金	*kóm*	*Gam*	(*kim*)	*gam*	(*tyim*)	/	*tyəm*	*khim*	*kem*)

最后，有一个词与黎语相近：

	临高	台语	壮语	石家	莫语	水语	侗语	黎萨	黎王
rassaséi 饱	*kởm*	*ʔi: m*	*ʔi: m*	/	(*taṅ’*	*tyaṅ’*	*tyaṅ’*	*khɯəm*	*khɯm*

K’

k’-这个声母几乎只见于汉语借词，这些词在台语里都可见到，有以下几例：

	临高	台语	壮语	石家	莫语	水语	侗语	黎萨	黎王
monter cheval 骑	*k’ài* *k’ươi*	*kh’i*	*gɯy’*	*khoy*	*ze’*	**dyi’*	/	(*nuôm*	*tu: m*)
ouvrir 开	*k’ếi*	*khay*	*hay*	*hay*	*hay*	*hṅay*	*hay*	(*ṅả vi*	*vo*)
hôte 客	*k’ẽk*	*khe: k*	*he: k*	…	*he: k*	*khək*	**he: k*	/	/
lourd 重	*k’iến*	(*hnak*	*hnak*	*nak*	…	…	*hñə: t*	*khɯm*	*khəṅ*

① 法语解释是“酸”，临高语 $kɑm_2^{24}$ 其实是“苦/辣”（长流话苦辣不分）。“辣”法语解释为 âcre 才对！

按：奥德里古尔说得不对，k'- 这个声母不仅见于汉语借词。首先“重” k^{h}ien$_1^{35}$不是汉语借词，另外，“螃蟹、刮（猪毛）” k^{h}ɔm$_2^{24}$也不是汉语借词。

NG

这个音位相对少见，能够确信的对应例词不多：

	临高	台语	壮语	石家	莫语	水语	侗语	黎萨	黎王
serpent 蛇	*ngềa*	*ṅu*	*ṅɯə>* *ṅɯ*	*ṅuo*	(*rui*	* *vui*	* *zui*)	(*žả*	*žả*)
mâchoire 腮	*ngạk*	*hṅɯək*	*ṅɯək*	/	/	*ʔña: k*①	/	*ṅạ*^{1}	/
pleurer 哭	*ngoi*	*'hay*	*'tay*	*tay*	*'ʔñe*	*'ʔñe*	*'ʔñe*	*ṅêi*	*ṅa: ng*
cinq 五	*nga*	*'ha*	*'ha*	*ha*	*'ṅo*	*'ṅo*	*'ṅo*	(*ma pa*	*pa*)
branche 树枝	*ngeng*	(*kiṅ'*, *hṅa*)	*hñieṅ*	*ṅa*	/	/	*hlei*	*a ṅam*	*kha*
aiguille 针	*ngạ/ngọ*	(*khem*	*kim*)	/	*sum*	/	*ty'əm*)	*ṅut*	*kot*
menton 下巴	*ngảng*	*Ga: ṅ*	*Ga: ṅ*	*ka: ṅ*	*ga: ṅ*	*Ga: ṅ*	/	/	/
riz 稻子	*ngao*	*khaw*	*Gaw*	*gaw*	*'how*	*'aw*	*'ow*	(*muôn*	*ku: ʔ*

ʔ

ʔ-这个声母在台语的很多对应例词中都可找到：

	临高	台语	壮语	石家	莫语	水语	侗语	黎萨	黎王
sortir 出	*ũk*	*ʔo: k*	*ʔo: k*	*ʔo: k*	*ʔuk*	*ʔuk*	*ʔu: k*	(*thɯən*	*thɯṅ*)
tousser 咳嗽	*ói*	*ʔay*	*ʔay*	*ʔay*	*ga: y*	/	*ñe*	/	*vu: ṅ*)
ce 这	*ẩn*	*ʔan*	*ʔan*	*ʔan*	*ʔal*	/	/	/	/
tendre 拉紧	*un*	*ʔo: n'*	*ʔo: n'*, *ʔun'*	/	(*'ʔma*	/	*'ʔma*)	(*puôt* *phôk*	*pu: k*)
épine 刺	*ún*	(*hna: m*)	*ʔon*	*ʔo: n*	/	/	/	*hɯən*	/
bouché 塞	*ũt*	*ʔut*	*ʔot*	/	/	/	/	(*ʔiêm*	/
embrassé 捂	*ỏm*	*ʔum*	*ʔum*	/	*ʔum*	/	*ʔum*	*ʔom/ʔop*	*ʔop*
joug 轭	*ẽk*	*ʔe: k*	*ʔe: k*	*ʔe: k*	*ʔe: k*	*ʔe: k*	/	/	/
un 一	*õt*	*ʔet*	*ʔit*	/	*ʔit*	*ʔyət*	*ʔət*	/	/
prendre 要/拿	*ẩu*	*ʔaw*	*ʔaw*	*ʔaw*	*ʔaw*	*ʔa: w*	/	*ʔa: w*	(*me*

H

h-这个声母与台语几个词中的 *h*-、*hr*-对应：

① Ouïes de poisson. 鱼鳃

	临高	台语	壮语	石家	莫语	水语	侗语	黎萨	黎王
cuire le riz 煮饭	*hồng*	*hruṅ*	*hruṅ*	*ruṅ*	*tuṅ*	*tuṅ*	*tuṅ*	*daṅ*	/
porter à deux 抬/扛	*hàm*	*hra: m*	*hra: m*	*ra: m*	*ta: m*	*ta: m*	*ta: m*	*da: m*	/
à la planche 挑	*hãp*	*hra: p*	*hra: p*	*ra: p*	*ta: p*	*ta: p*	*ta: p*	/	*č'a: p*
coquille 蚌	*hói*	*ho: y*	*say*	/	*ty'uy*	/	/	/	*č'ei*

但是有 *h*-这个声母的词多数是汉语借词，它们不仅有声母 *h*-，还有来自 *th*-或 *d*-的 *th*-；因此，在台语里可以找到一定数量的词：

	临高	台语	壮语	石家	莫语	水语	侗语	黎萨	黎王
haricot 豆子	*hềô*	*thuo'*	*duo' >du'*	*thua'*	** dhaw'*	** do'*	*do'*	*thaw*	*tow*
bol 碗	*hối*	*thuong*	*doy*	/	/	*' * duy*	*'duy (syoṅ)*	*(ʔa: w*	*vaw*
ventre 肚子	*hồng*	*do: ṅ*	*do: ṅ*	*tho: ṅ*	*(loṅ*	*loṅ*	*loṅ*	*boṅ*	/
cuivre 铜	*hồng*	*do: ṅ, doṅ*	*(luoṅ*	*luoṅ*	*lu: ṅ)*	*doṅ*	*doṅ*	*duôṅ*	/
mâle 公/雄	*hộk*	*thɯk*	*dak*	*thak*	** dak*	/	*dak*	/	/
étoffe 布	*họp*	*(hu: k*	*hro: k*	*ro: k*	*ʔi*	*ʔya*	*ʔya)*	*dop*	/
après demain 后天	*hươn*	*drɯn*	*bo: n*	*pho: n*	*ko*	/	*ʔun*	*dut*	*plit*
faire 做	*hũk*	*(dam)*	*dɯk*	/	/	/	/	/	/

声　　调

1. 平调与古代高声母组的升调相对应，例如：

ka, la, lê, nê, p'ai, nai, toi, moi, nga, kân, dươn, kang, bing, ngoi, dêi, don, bon, zoa.

2. 升调与古代高声母组的平调相对应，例如：

bá, dé, dái, sá, lếi, bói, bái, lói, áu, líu, zế, zóm, zốm, súm, són, dón, zếa, niến, núng, kón, dóng, nóng, sún, zống, zíng, ói, ấn, ún.

3. 降调与古代低声母组的升调相对应，例如：

nòm, liền, nềi, lềao, kù, nàn.

4. 问调与古代低声母组的平调相对应，例如：

bểi, bưởn, bỏn, mể, mểi, mải, nểa, nổng, zản, zỏa, zể, zẻng, zỏng, kỏn, kuản, kỏm, kiểm, ngảng.

5. 钝升调与古代以塞音结尾的高声母组的词相对应，例如：

bãk, *bõk*, *bĩt*, *dũk*, *dỗk*, *dỗt*, *nĩt*, *sỗk*, *sãk*, *sõt*, *zôp*, *zỗp*, *zõk*, *k'ẽk*, *ẽk*, *õt*, *ũt*.

6. 钝低调与古代以塞音结尾的低声母组的词相对应,例如:

bộk, *mụk*, *miệt*, *mêạk*, *doạk*, *dọk*, *dạk*, *noạk*, *lọk*, *lêạk*, *zêạt*, *zọk*, *ziạp*.

与泰语里古代是降调的词相对应的词不够多,还不足以建立对应关系,也许正是这个原因,使得萨维纳听不出这些声调的差异,就把它们跟别的声调混同了。

四、临高语词汇（本族词分类词表）

我们在前面对比中所用的词远远没有穷尽临高语中所有非汉语来源的词，因此依照材料的类别给出所有词汇似乎是有用的。

按：原文记音和法语释文后面是汉义和笔者调查的长流话读音，以便对比。

Parties du corps：肢体

bon, cheveux, poil. 头发/毛 $ʔbɑn_2^{24-21}$ so_3^{33}

dá, œil. 眼睛 $ts^hian_4^{21-24}$ $ʔda_1^{35}$

sá, oreille. 耳朵 $ʔbɑi_2^{24-21}$ sa_1^{35}

zông, nez. 鼻子 $hɑu_3^{33}$ $zɔŋ_1^{35}$

bãk, bouche. 嘴 $ʔbak_7^{55}$

ton, dent. 牙 $tɔn_1^{35}$

nêng, lèvres. 嘴唇 $niŋ_2^{24-21}$ $ʔbak_7^{55}$

liên, langue. 舌头 $lien_4^{21}$

na, visage, devant. 脸/前 na_3^{33}

mak-lêng, cou. 脖子 $mɑk_8^{21}$ $liŋ_4^{21}$

ka-loa, front. 额头 $hɑu_3^{33}$ $k^hua_3^{33}$ lua_3^{33}

ngak, joue. 脸颊/腮 $ŋak_8^{21}$

ngươk, palais. 腭 $ŋək_7^{55}$

don-kê, gorge. 喉咙 $ʔdɔn_4^{21-24}$ ke_2^{24}

ngang, menton. 下巴 $ŋaŋ_2^{24}$

bêa, épaule. 肩膀/臂 $ʔbak_8^{21}$ $ʔbia_3^{33}$

ba, cuisse. 大腿 mak_8^{21} $ʔba_2^{24}$

kiên, membre. 肢 $kien_1^{35}$（肝）

mê, main. 手 me_2^{24}

kôk, pied. 脚/腿 kok_7^{55}

dan, paume-plante. 掌心 $ʔdan_3^{33}$

lek-king, doigt. 手指 $kiŋ_3^{33}$ me_2^{24}

ziap, ongle. 指甲 $ziap_8^{21}$ me_2^{24}

sop-lêk, aisselle. 腋窝 $sɑp_7^{55-33}$ lik_7^{55}

da-hêô, coude-genou. 膝盖 $ʔda_1^{35-21}$ heu_2^{24}

tseng, talon. 脚后跟 $t^h/s^hɛŋ_1^{35-21}$ kok_7^{55}

da-lêi, dos；脊背 $ʔda_3^{33}$ lei_2^{24}

hông, ventre, intestin. 肚子/肠子（胴）$hoŋ_4^{21}$

p'ô-dê, nombril. 肚脐 $p^hu_2^{24-21}$ le_2^{24}/$ʔde_2^{24}$

dap, foie. 肝

$kien_1^{35}$（肝，长流）≠kin_1^{35}瓶子

$ʔdap_7^{55}$（肝，龙塘等其他东部方言）

bak-oak, poitrine. 胸脯 $ʔbak_7^{55-33}$

uak$_7^{55}$

no, mamelle. 乳房 noʔ$_7^{55}$

mak-leo, mollet. 腿肚子 mak$_8^{21}$lɛu$_3^{33}$

bik, ailes. 翅膀 ʔbik$_7^{55}$

bau, corne. 角(动物的) ʔbɑu$_2^{24}$

tseng, sabot. 木屐/蹄 lɛ$_1^{35}$

zâk, os. 骨 zək$_7^{55}$

nan, chair, viande. 肌肉/肉 nan$_4^{21}$

nong, peau, écorce. 皮/果皮 nɑŋ$_1^{35}$

lô, rognons. 腰 lo$_3^{33}$

zian$_1^{35}$腰子(肾)

tek, côte. 肋 zək$_7^{55-33}$tek$_7^{55}$

tũ, queue. 尾巴 tuʔ$_7^{55}$

lự, écaille. 鳞 lɯʔ$_7^{55}$

Excrétions: 排泄物

kai, excréments. 屎 kai$_4^{21}$

zẩu, pisse. 尿 zou$_1^{35}$

dut, pet. 屁 ʔdut$_7^{55}$

mai, salive. 唾沫 nam$_4^{21-24}$mai$_2^{24}$

koi, crasse. 污垢 kɔi$_2^{24}$

muk, morve. 鼻涕 muk$_8^{21}$

Qualités: 属性

bẫk, fou. 疯 p^{h}at$_7^{55-33}$ʔbək$_7^{55}$

ngop, muet. 哑 ŋɔp$_7^{55}$

lok, aveugle. 瞎 ʔda$_1^{35-21}$lɑk$_7^{55}$

môk, sourd. 聋 sa$_1^{35-21}$mɑk$_8^{21}$

be, engourdi. 麻痹 ʔbɛ$_1^{35}$

Animaux: 动物

mai, femelle. 雌性/母的 mai$_4^{21}$

hôk, mâle. 雄性/公的 hɔk$_8^{21}$

ngau, bovidé. 牛(黄牛) ŋɔu$_2^{24}$

me, ovin. 羊 mɛʔ$_7^{55}$

toang, chèvre. 山羊 tuaŋ$_2^{24}$

mẩu, porc. 猪 mou$_1^{35}$

má, chien. 狗 ma$_1^{35}$

niu, chat. 猫 miu$_1^{35}$

zê, rat. 老鼠 mai$_4^{21-24}$zi$_4^{21}$

zê-lau, chauve-souris. 蝙蝠

mai$_4^{21-24}$zi$_4^{21}$lau$_4^{21}$

zươn, lapin. 兔子 zɯn$_3^{33}$

niên, civette. 狸猫/麝猫 nien$_1^{35}$

noak, oiseau. 鸟 nuak$_8^{21}$

nà-hãk, singe. 猴子 nɑʔ$_8^{21}$hak$_7^{55}$

=nuak$_8^{21}$hak$_7^{55}$

ming, *ning*, *mêng*, insecte. 虫(螟) miŋ$_2^{24}$

bíng, sangsue. 水蚂蟥 mai$_4^{21-24}$ʔbiŋ$_1^{35}$

k'o-leng, lézard. 壁虎/蜥蜴

k^{h}ɑ$_2^{24-21}$lɛŋ$_2^{24}$(坡马)

//k^{h}ɑŋ$_3^{33}$k^{h}ək$_7^{55}$壁虎

//=k^{h}ɑ$_3^{33}$lək$_7^{55}$壁虎

ngêa, serpent. 蛇 ŋia$_2^{24}$

ngêa-niêm, boa. 蟒蛇 ŋia$_2^{24-21}$nom$_2^{24}$

ba, poisson. 鱼 ʔba$_1^{35}$

ba-lum-bot, seiche. 墨鱼/乌贼

ʔba$_1^{35-21}$lum$_3^{33}$ʔbɑt$_7^{55}$

khom, crabe. 蟹 k^{h}ɔm$_2^{24}$

hoi, coquillage. 贝类 hɔi$_1^{35}$(蚌)

âk, escargot. 蜗牛 mai$_4^{21-24}$ak$_7^{55}$

mang, mouche. 苍蝇 miŋ$_2^{24-21}$maŋ$_4^{21}$

nông, moustique. 蚊子 miŋ$_2^{24-21}$nuŋ$_2^{24}$

mot, puce. 跳蚤 mai$_4^{21-24}$mɑt$_7^{55}$

kot, pou de tête. 头虱 kɑt$_7^{55}$

diên, pou d'habit. 衣虱 ʔdien$_2^{24}$

zêat, punaise. 臭虫 ziat$_8^{21}$

k'a-lap, cancrelat. 蟑螂

miŋ$_2^{24-21}$k^{h}ɑ$_2^{24-21}$lap$_7^{55}$

zop, millepattes. 蜈蚣 zɔp$_8^{21}$

hit, sauterelle. 蚂蚱/蝗虫 miŋ$_2^{24-21}$ hit$_7^{55}$

k'a-liêm, araignée. 蜘蛛 miŋ$_2^{24-21}$k^{h}ɑ$_3^{33}$ lim$_3^{33}$

mo, fourmi. 蚂蚁 mai$_4^{21-24}$muʔ$_8^{21}$

k'o-liên, libellule. 蜻蜓

miŋ$_2^{24-21}$k^{h}ɑ$_2^{24-21}$lien$_4^{21}$

hoa-hep, papillon. 蝴蝶

miŋ$_2^{24-21}$hua$_1^{35-21}$hep$_8^{21}$

nêang, ver à soie. 蚕 miŋ$_2^{24-21}$niaŋ$_2^{24}$

nom, œuf. 蛋/卵 nɔm$_1^{35}$

zoang, crevette. 虾 zuaŋ$_2^{24}$

koi, poulet. 小鸡 lɛk$_8^{21}$hau$_4^{21-24}$kɑi$_1^{35}$

bot, canard. 鸭 ʔbɑt$_7^{55}$

bươn, oie. 鹅 ʔbən$_4^{21}$

ku, hibou. 猫头鹰(鸟咕猫)

nuak$_8^{21}$ku^{21}miu$_1^{35}$猫头鹰

nuak$_8^{21}$ku$_5^{55}$ku$_4^{21}$(斑鸠)

Végétaux: 植物

bể, feuille. 叶子 ʔbe$_2^{24}$

nả, racine. 根 na$_2^{24}$

don, arbre. 树 ʔdɔn$_3^{33}$

bot, herbe. 草 ʔbɑt$_7^{55}$同"鸭"

ngung, épi. 穗子

zəŋ$_1^{35-21}$ŋau$_4^{21}$(稻穗)

mông, paille. 稻草 muŋ$_4^{21}$

mak, fruit. 果子 mak$_8^{21}$

zêán, graine. 种子/核 zian$_1^{35}$(仁)

hau$_3^{33}$ʔbien$_2^{24}$(种子)

ngenq, branche. 树枝 nɛŋ$_3^{33}$ʔdon$_3^{33}$

mũk-lồ, champignon. 蘑菇

hɔt$_8^{21}$sin$_4^{21}$(蘑菇)

ngao, riz-plante. 稻子 ŋau$_4^{21}$

môk, paddy. 谷子 mɔk$_8^{21}$

zop, riz décortiqué. 米 zɑp$_8^{21}$

têa, riz cuit. 熟米(饭) tia$_4^{21}$(稀饭)

nau, gluant. 糯米(米糯) zɑp$_8^{21}$nɑu$_1^{35}$

bang, millet. 黍(黄米)

ʔbaŋ$_4^{21-24}$laŋ$_1^{35}$黄米(狗尾黍)

mɔk$_8^{21}$tei$_3^{33}$(小米)

moi, canne à sucre. 甘蔗 mɑi$_3^{33}$

boi, rotin. 白藤 ʔbɑi$_1^{35}$

zɑu$_1^{35}$/zɔu$_1^{35}$黄藤

muân, bananier. 香蕉树 mak$_8^{21}$mən$_2^{24}$

kan, chanvre. 麻 kan$_1^{35}$

mak-kup, citrouille. 冬瓜 mɑk$_8^{21}$kup$_7^{55}$

sok, légume. 菜 sɑk$_7^{55}$

sak, taro. 芋头 sak_7^{55}

bêang, carambole. 杨桃(果薄酸) mak_8^{21} $ʔbiaŋ_1^{35}$ hua_3^{33}

p'ai, cotonnier. 棉 min_2^{24-21} $p^hai_3^{33}$

bong, sésame. 芝麻 $mɑk_8^{21}$ $ʔboŋ_2^{24}$

Famille: 亲属

dê, père-mari. 父/夫 $ʔdɛ_3^{33}$(父)/$ʔde_1^{35}$(夫)

mai, mère-femme. 母/妻 mai_4^{21}(母)/nin_1^{35}(妻)

hak, oncle maternel. 叔父/姨父 hak_7^{55}

lê, gendre. 女婿 $lɛk_8^{21}$ le_1^{35}

soàn-p'ộ, bru. 媳妇 $suan_1^{35-21}$ $p^hu_4^{21}$ // = $suan_1^{35-21}$ $p^hoʔ_8^{21}$

ne, aïeule-belle-mère. 祖母 $nɛ_2^{24}$

hai, tante paternelle. 姑 hai_4^{21}

khau, frère cadet. 舅 $k^hɔu_4^{21}$

êng-nê, frère aîné. 哥哥 $eŋ_1^{35-21}$ ne_3^{33}

lek-k'iang, fils. 儿子 $lɛk_8^{21}$ $k^hiaŋ_4^{21}$

le-lek, fille. 女儿 $lɛ_4^{21-24}$ $lɛk_8^{21}$

lan, petit-fils. 孙子 lan_1^{35}(男女均可)

Monde: 世界/自然界

p'a, ciel. 天空 $ʔda_3^{33}$ $p^ha_3^{33}$

da-bon, soleil. 太阳(天眼) $ʔda_1^{35-21}$ $ʔbɑn_2^{24}$

soi, lune. 月亮 $sɑi_1^{35}$

mak-hot, étoile. 星星 $mɑk_8^{21}$ $hɔt_7^{55}$

bon, vent. 风 $ʔbɑn_3^{33}$

ba, nuage. 云 $ʔba_4^{21}$

doi, arc-en-ciel. 虹 $ʔdai_4^{21}$

mọt, terre. 大地 $mɑt_8^{21}$

tang, sable. 沙子 $taŋ_1^{35}$

bong, boue. 泥 $ʔbɔŋ_2^{24}$

song, montagne. 山 $saŋ_1^{35}$

nòm, eau. 水 $nɑm_4^{21}$

kông, la mer. 海 $koŋ_3^{33}$

beng, lac. 湖 $ʔbɛŋ_4^{21}$(小水坑)

da-p'ê, friche. 荒地(当坡) $ʔda_3^{33}$ $p^he_1^{35}$

zóng, puits. 井 $zɑŋ_1^{35}$

lêi, échelle. 梯子 lei_1^{35}

dảu, porte. 门 $ʔbak_7^{55-33}$ $ʔdɔu_2^{24}$

hê-háng, esprits. 鬼 hi_2^{24-21} $haŋ_1^{35}$/he_2^{24-21} $haŋ_1^{35}$

p'on, pluie. 雨 $p^hɑn_1^{35}$

Habitat: 居住

bê, village. 村子 $ʔbe_3^{33}$

zan, maison. 房屋 zan_2^{24}

tsiêt, toit. 屋顶(屋脊) $ts^hik_7^{55}$

zêau, natte. 席子 ziu_4^{21}(睡席)

zôk, étables.(牲口)圈 zuk_8^{21}

long, écurie. 笼 $lɔŋ_2^{24}$

la, ville. 城 la$_{1}^{35}$(府城)

Temps：时间

bêi, année. 年 ʔbɛi$_{2}^{24}$

kéo, mois. 月 kɛu$_{2}^{24}$(几个月)

ŋit$_{8}^{21}$(月份)

bon, jour. 日 ʔbɑn$_{2}^{24}$(日/天)

kiêm, nuit. 夜里 ʔda$_{3}^{33}$kim$_{4}^{21}$

ʔda$_{5}^{55}$kim$_{4}^{21}$半夜

ba, hier. 昨天 ʔbɑn$_{2}^{24-21}$ʔba$_{2}^{24}$

hươn, avant-hier. 前天 ʔbɑn$_{2}^{24-21}$ hɯn$_{1}^{35}$

zưng, avant-avant-hier. 大前天 ʔbɑn$_{2}^{24-21}$zəŋ$_{3}^{33}$

k'iak, il y a 4 jours. 大大前天(4 天前)

tsek, demain. 明天 ʔbɑn$_{2}^{24-21}$ts^{h}ɛk$_{8}^{21}$

zê, après-demain. 后天 ʔbɑn$_{2}^{24-21}$ze$_{2}^{24}$

lô, après-après-demain. 大后天 ʔbɑn$_{2}^{24-21}$lo$_{3}^{33}$

p'ong, longtemps. 久 p^{h}ɔŋ$_{3}^{33}$

Armes：武器

soán, lance. 矛/枪 seu$_{3}^{33}$(枪,海南话)/suŋ$_{3}^{33}$(炮) 按：*soán* 是 *seáu* 之误。

Agriculture：农事

nêa, champ. 田(水田) nia$_{2}^{24}$

bươn, jardin. 园子 ʔbun$_{3}^{33}$

kuak, houe. 锄头 kuak$_{7}^{55}$

seng, sarcler. 清理草

siŋ$_{1}^{35-21}$ʔbɑt$_{7}^{55}$(清草)

huk$_{7}^{55-33}$ʔbɑt$_{7}^{55}$(除草)

dê, arroser. 滴/淋 ʔdeʔ$_{8}^{21}$

tian$_{1}^{35-21}$nɑm$_{4}^{21}$(浇水)

sôi, pioche. 镐/锤 sui$_{2}^{24}$

sá, planter. 栽种 sa$_{1}^{35}$

biển, semer. 播种 ʔbien$_{2}^{24}$

bak, couver. 孵蛋 ʔbɑk$_{8}^{21}$nɔm$_{1}^{35}$

dun, châtrer. 阉割 ʔdon$_{1}^{35}$

miêt, couteau. 刀 mit$_{8}^{21}$

Métier：手工

hop, étoffe. 布 hɑp$_{8}^{21}$

zoa, veste. 上衣 zua$_{3}^{33}$

bê, jupe. 裙子 ʔbe$_{1}^{35}$

lươn, doublure. 里子/衬里 lɯn$_{3}^{33}$

dọp, ourler. 缲边(叠边布)

ʔdɑp$_{8}^{21}$niŋ$_{2}^{24-21}$hɑp$_{8}^{21}$

do, coudre. 缝(缝衣服/做新衣)

ʔdɑʔ$_{7}^{55-33}$k^{h}o$_{3}^{33}$zua$_{3}^{33}$

kat, déchiré. 破的 kat$_{7}^{55}$

ba-lô, ceinture. 腰带(把腰) ʔba$_{3}^{33}$ lo$_{3}^{33}$

p'ong-kop, poche. 衣袋/口袋

p^{h}ɑŋ$_{2}^{24-21}$kɔp$_{8}^{21}$zua$_{3}^{33}$(衣袋)

p^{h}ɑŋ$_{2}^{24-21}$kɔp$_{8}^{21}$k^{h}o$_{3}^{33}$(裤袋)

mok, bouton. 纽扣 mak$_{8}^{21}$ma$_{4}^{21}$

moi, fil. 线 mɑi$_{1}^{35}$

nga, aiguille. 针 ŋɑʔ$_{8}^{21}$

biên, anneau. 圆圈/戒指 ʔbien$_{2}^{24}$

têa, paillotte. 茅 tia$_{2}^{24}$

soi, filet. 网 sɑi$_{3}^{33}$

tin, hameçon. 钓鱼钩 tin$_{3}^{33}$

bêi, feu. 火 ʔbɛi$_{2}^{24}$

dêu, cendre. 灰 ʔdeu$_{4}^{21}$

sot, allumer. 点火(擦) sɔt$_{7}^{55}$

zop, éteindre. 熄灭 zɑp$_{7}^{55}$

zưt, brûler. 焚烧 zut$_{7}^{55}$

hung, cuire. 煮饭 hoŋ$_{2}^{24-21}$ŋai$_{2}^{24}$

tsik, rôtir. 烘烤(炙) ts^{h}ik$_{7}^{55}$(烤地瓜)

zêan, bouilli. 沸的/沸 zian$_{1}^{35}$

nom, piler. 舂/去壳 nɑm$_{2}^{24-21}$mɔk$_{8}^{21}$(去壳)

tsop, décortiquer. 舂米(斩米) ts^{h}ɑp$_{7}^{55-33}$zɑp$_{8}^{21}$

zôk, macérer. 浸泡 zɔk$_{7}^{55-33}$ʔbien$_{2}^{24}$(浸种)

bing, gâteau. 饼 ʔbiŋ$_{3}^{33}$

bươn, bois à brûler; 柴 ʔbən$_{2}^{24}$

dêi, lampe. 灯 ʔdei$_{3}^{33}$

p'oi, éventail. 扇子 p^{h}ɑi$_{2}^{24}$

lông, tambour. 鼓 loŋ$_{1}^{35}$

zon, alcool. 酒 zɑn$_{3}^{33}$

zỏa, bateau. 船 zua$_{2}^{24}$

mot, gaffe.(一)根 mɑt$_{7}^{55}$

Actions: 动作

kón, manger. 吃 kɔn$_{1}^{35}$

doak, vomir. 呕吐 ʔduak$_{8}^{21}$

dai, mourir. 死 ʔdai$_{1}^{35}$

ka, tuer. 杀 ka$_{3}^{33}$

lẽk, lécher. 舔 lek$_{7}^{55}$

líu, regarder. 看 liu$_{1}^{35}$

zau, être là. 在(在那儿) zou$_{3}^{33}$

kân, monter. 升/上 kun$_{3}^{33}$

zong, descendre. 降/下 zɔŋ$_{2}^{24}$

léi, couler. 流 lei$_{1}^{35}$

bón, voler. 飞(奋) ʔbɑn$_{1}^{35}$

bơi, aller. 去 ʔbəi$_{1}^{35}$

nêa, venir. 来 nia$_{3}^{33}$

lưng, revenir. 回 ləŋ$_{1}^{35}$

uk, sortir. 出 uk$_{7}^{55}$

lau, entrer. 入 lɔu$_{4}^{21}$

dum, fermer. 关 ʔdum$_{1}^{35}$

k'êi, ouvrir. 开 k^{h}ei$_{1}^{35}$

ngau, s'asseoir. 坐 ŋou$_{1}^{35}$

k'iêp, éviter. 躲避 k^{h}ip$_{8}^{21}$

tiên, échanger. 换 tien$_{1}^{35}$

zok, dérober. 偷 zɔk$_{8}^{21}$

bêan, acheter. 买 ʔbian$_{1}^{35}$

ing, vendre. 卖 iŋ$_{3}^{33}$

nai, dette. 借 nai$_{3}^{33}$

lêak, choisir. 挑选 liak$_{8}^{21}$

âu, prendre. 要/拿 ou$_{1}^{35}$

hê, prendre au filet. 用网抓 he$_{2}^{24}$(捉)

huk, faire. 做 huk$_{7}^{55}$

mươn, avoir. 有 mən$_{2}^{24}$

zaŋ$^{55}_{5}$mən$^{24}_{2}$(没有)

nế, remuer. 移动

ngao, branler. 摇晃 ŋau$^{24}_{2}$

lêan, tomber. 跌倒/倒下 lian$^{33}_{3}$

dom, s'effondrer. 塌/垮 ʔdɔm$^{33}_{3}$

dôk, tomber. 掉落 ʔdok$^{55}_{7}$

bưi, couper. 割 ʔbui$^{35-21}_{1}$ŋau$^{21}_{4}$(割稻)

mut, cueillir. 摘/采 mut$^{55-33}_{7}$mak$^{21}_{8}$

ñiap, égratigner. 搔伤/抓伤

zôm, palper. 摸 zom$^{24}_{2}$/zop$^{21}_{8}$

kĩk, chiquenaude. 弹手指

kit, frapper. 打(击) kit$^{55}_{7}$

kê, ôter. 解/脱 keʔ$^{55}_{7}$

kọt, attacher. 捆 kɑt$^{21}_{8}$

kop, unir. 连接 kop$^{55}_{7}$

dưt, éclater. 裂开 ʔdɯt$^{55}_{7}$

sôm, adorer. 崇拜 som$^{35}_{1}$

mang, craindre. 怕(恾) maŋ$^{24}_{2}$

zếao, rire. 笑 ziau$^{24}_{2}$

kang, parler. 讲 kaŋ$^{33}_{3}$

ong, éveiller. 醒 ɑŋ$^{35}_{1}$

hɔi$^{24}_{2}$从昏迷中醒

suaŋ$^{35}_{1}$ɑŋ$^{35}_{1}$睡醒

ts^{h}iŋ$^{33}_{3}$siaŋ$^{24}_{2}$酒醒

soan, dormir. 睡 suan$^{35}_{1}$

lop/nop, se coucher. 躺 lɑp$^{55}_{7}$

mêi, ivre. 醉(迷) mɛi$^{24}_{2}$

biển, rêver. 做梦 ʔbien$^{24}_{2}$(梦)

dong, se lever. 按：记音有误。

起 lɔu$^{24}_{2}$

zun, debout. 站立 zun$^{35}_{1}$

lê, près. 近 le$^{33}_{3}$

loi, loin. 远 lɔi$^{35}_{1}$

hang, grand. 高 haŋ$^{35}_{1}$

dom, nain. 矮/低 ʔdom$^{33}_{3}$

sô, énorme. 粗 sou$^{33}_{3}$

nê, grand. 大 ne$^{33}_{3}$/so$^{35}_{1}$

nao, nouveau. 新 nau$^{21}_{4}$

bong, pur. 干净 ʔbɑŋ$^{33}_{3}$

zoa dur. 硬 zuaʔ$^{55}_{7}$

mê, mou. 软 me$^{21}_{4}$/nɔm$^{55}_{5}$

lok, profond. 深 lɑk$^{21}_{8}$

dưn, peu profond. 浅 ʔdɯn$^{33}_{3}$

luôn, chaud. 热 lun$^{33}_{3}$

ñit, froid. 冷 nit$^{55}_{7}$

k'ut, émoussé. 钝 k^{h}ut$^{21}_{8}$

biên, aiguisé. 锋利 按：解释有误。

kɔn$^{35}_{1}$锋利

ʔbien$^{35}_{1}$kɔn$^{35}_{1}$磨快/磨锋利

ngau, mûr. 熟的 ŋɑu$^{33}_{3}$

zop, pas mûr. 生的 zɔp$^{55}_{7}$

dêi, pourri. 腐烂的 ʔdɛi$^{24}_{2}$(腐烂了)

bêang, mince. 薄 ʔbiaŋ$^{35}_{1}$

ná, épais. 厚 na$^{35}_{1}$

don, court. 短/dɔn$^{33}_{3}$

loi, long. 长 lɔi$^{35}_{1}$

kom, acide. 酸 按：解释有误。

hua$^{33}_{3}$(酸)

kɑm$^{24}_{2}$(苦/辣)

zong, salé. 咸 zaŋ$^{33}_{3}$

nap, âpre. 涩/不光滑 nap$^{55}_{7}$

zom, noir. 黑 zɑm$^{35}_{1}$

zing, rouge. 红 ziŋ$^{35}_{1}$

lang, jaune. 黄 laŋ$^{35}_{1}$

tsam, indigo. 靛蓝/靛青 ts^{h}am$_{2}^{24}$
lam$_{2}^{24}$（蓝）

p'êak, blanc. 白 p^{h}iak$_{8}^{21}$

no, là-bas. 那　按：解释有误。
nɑ$_{3}^{33}$谁/哪个/人
ʔbəi$_{5}^{55}$（那）

leng, plus loin. 较远　按：解释有误。
lɛŋ$_{1}^{35}$（地方）

zê, dans. 里面 p^{h}iaŋ$_{4}^{21-24}$ze$_{1}^{35}$

dau, dessous. 下面 p^{h}iaŋ$_{4}^{21-24}$ʔdɑu$_{2}^{24}$

zau-zung, dessus. 上面 p^{h}iaŋ$_{4}^{21-24}$
zuŋ$_{1}^{35}$

zựt, depuis.（从）到 ʔdɔŋ$_{5}^{55}$

zêa, moi. 我 zia$_{3}^{33}$

mo, toi. 你 mɔ$_{3}^{33}$

kờ, soi. 他/她（其）kə$_{4}^{21}$/kɯ$_{4}^{21}$

sa-au, soi-même. 自己 sa$_{5}^{55}$ɔu$_{4}^{21}$

ziang-bỏn, homme. 人 ziaŋ$_{2}^{24-21}$ʔbɑn$_{2}^{24}$

tở-hoi, affaire. 事情 tə$_{4}^{21-24}$hoi$_{3}^{33}$

Nombres：数字

àu, un. 一 ɔu$_{4}^{21}$/ɔt$_{7}^{55}$

bưởn, deux. 二

ʔbun$_{5}^{55}$mɔʔ$_{8}^{21}$（两个）

ŋɛi$_{4}^{21}$（第二）

五、按韵排列的单音节词（词典正文）

I

bi vouloir 备 ʔbi$^{33}_{3}$

zí bi, se tenir sur la défensive. 预备 zi$^{33}_{3}$ʔbi$^{33}_{3}$//tun$^{21}_{3}$ʔbi$^{33}_{3}$准备（更常说）

zí bi =*sàu bi*, apprêter. 筹备 sɑu^{21}ʔbi$^{33}_{3}$

p'ang bi, s'observer, se mettre en garde. 防备 p^{h}ɑŋ$^{24-21}_{2}$ʔbi$^{33}_{3}$

p'àng bi, se prémunir de. 防备 p^{h}ɑŋ$^{24-21}_{2}$ʔbi$^{33}_{3}$//mɔ$^{33}_{3}$ʔdi$^{55}_{5}$p^{h}ɑŋ$^{24-21}_{2}$kə$^{21}_{4}$你要防他//zia$^{33}_{3}$ʔdi$^{55}_{5}$p^{h}ɑŋ$^{24-21}_{2}$kə$^{21}_{4}$我要防他

<H. *bi* **bi̯ə˞* 備

bi, *bỉ* (jeter) 扔/投/掷 ʔbi$^{35}_{1}$

bì mại diển, jeter une pierre. 甩石头 ʔbi$^{35-21}_{1}$mɑk$^{21}_{8}$ʔdien$^{24}_{2}$甩石头（一定要远）//haŋ$^{33}_{3}$mɑk$^{21}_{8}$ʔdien$^{24}_{2}$抛石头（高处到低处）//lɛu$^{33}_{3}$mɑk$^{21}_{8}$ʔdien$^{24}_{2}$撂石头（在水面上水平甩）//om$^{33}_{3}$mɑk$^{21}_{8}$ʔdien$^{24}_{2}$弃石头（远近皆可）//ʔbat$^{21}_{8}$mɑk$^{21}_{8}$ʔdien$^{24}_{2}$丢石头（丢弃）//ʔbat$^{21}_{8}$keu$^{21-24}_{4}$luak$^{55}_{7}$丢垃圾//toi$^{33}_{3}$mɑk$^{21}_{8}$ʔdien$^{24}_{2}$丢石头（动作轻）//=tek$^{55-33}_{7}$mɑk$^{21}_{8}$ʔdien$^{24}_{2}$丢石头　按：指近距离丢过去。

p'i (rate) 脾脏 p^{h}e$^{35}_{1}$//ʔbian$^{35-21}_{1}$p^{h}e$^{35-21}_{1}$mou$^{35}_{1}$买猪脾

p'i k'úi zoã, obstiné. 固执（脾气硬）p^{h}i^{21}k^{h}ui^{35}zuaʔ$^{55}_{7}$（“脾气”是海南话）//tiŋ$^{33}_{3}$zuaʔ$^{55}_{7}$性硬（长流话）

<H. *p'i* *꜀*bie* 脾

m'i (*mi-bao*) 面 men$^{21}_{4}$/mi^{33}//kɔn$^{35-21}_{1}$men$^{21}_{4}$吃面

mi-bao, pain; 面包 mi^{33}ʔbɑu^{33}//ʔbɑu^{33}tsɿ^{33}包子

tóm mi-bao, mie de pain; 面包心（心面包）tɔm$^{35-21}_{1}$mi^{33}ʔbɑu^{33}

mi-bao hiên aù, une tranche de pain. 一片面包（面包片一）mi^{33}ʔbɑu^{33}

hien$_4^{21-24}$ ɔu$_4^{21}$//ʔbe$_1^{35-21}$ ʔdɔn$_3^{33}$ hien$_4^{21-24}$ ɔu$_4^{21}$ 一片树叶（= hien$_4^{21-24}$ ɔu$_4^{21}$ ʔbe$_1^{35-21}$ ʔdɔn$_3^{33}$）//ts^{h}ei$_3^{33}$ hien$_4^{21-24}$ ɔu$_4^{21}$ 一张纸

mỉ（*mỉ-bảo*）

mưt mỉ-bảo dêỉ dêỉ, émietter. 把面包揉碎 mut$_7^{55-33}$ mi^{33} ʔbau^{33} ʔdɛi$_2^{24-21}$ ʔdɛi$_2^{24}$（掐面包烂烂）//=nua^{33} mi^{33} ʔbau^{33} ʔdɛi$_2^{24-21}$ ʔdɛi$_2^{24}$ 揉面包烂烂（海南话）

<H. *mi-bao* **mi̯en*ʾ 麪

di（terre）地 ʔdi^{33}

di-p'ang, espace, contrée, région, endroit. 地方 ʔdi^{33} p^{h}aŋ^{33}

zóng kuẳn toak di-p'ang, dépayser. 不习惯地方（不惯熟地方）zaŋ$_5^{55}$ kuan$_5^{55}$ tuak$_8^{21}$ ʔdi^{33} p^{h}aŋ^{33} 不熟地方（"地方"是汉语）//zaŋ$_5^{55}$ tuak$_8^{21}$ lɛŋ$_1^{35-21}$ ən$_1^{35}$ 不熟地方（长流话）

zóng mưởn di-p'ang, il n'y a pas de place. 没有地方 zaŋ$_5^{55}$ mən$_2^{24-21}$ ʔdi^{33} p^{h}aŋ^{33}//=zaŋ$_5^{55}$ mən$_2^{24-21}$ lɛŋ$_1^{35}$ hok$_7^{55}$ 没有地方放

dí-lê, géographie. 地理 ʔdi^{55} le^{21}//kuŋ$_1^{35-21}$ teŋ$_1^{35-21}$ ʔdi^{55} le^{21} 地理老师（公生地理）

hù di-lề, carte de géographie. 地图（图地理）hu$_2^{24-21}$ ʔdi^{55} le^{21}

di-p'ang, lieu, terrain. 地方 ʔdi^{33} p^{h}aŋ^{33}

ziàng bỏn bưởn-di, aborigène. 本地人 ziaŋ$_2^{24-21}$ ʔban$_4^{21-24}$ ʔbən^{21} ʔdi^{55}

kuà bưởn-di, dialecte. 本地话 kua$_4^{21-24}$ ʔbən^{21} ʔdi^{55}//=kua$_4^{21-24}$ ʔdɛi$_2^{24}$ ʔdou$_3^{33}$（话隶我们）

<H. *di* **di̯e*ʾ 地

di dí（fois）次/趟/回 ʔdi$_5^{55}$…ʔdi$_5^{55}$

di bêỉ di p'ưởi, une fois par an. 一年一次 ʔdi$_5^{55}$ ʔbɛi$_2^{24}$ ʔdi$_5^{55}$ p^{h}əi$_2^{24}$（p^{h}əi$_2^{24}$ 是"一下"）//=ʔdi$_5^{55}$ ʔbɛi$_2^{24}$ ʔdi$_5^{55}$ siu$_2^{24}$（siu$_2^{24}$=siau$_2^{24}$）

dí kéo dí p'ưởi, mensuel. 一月一次 ʔdi$_5^{55}$ kɛu$_2^{24}$ ʔdi$_5^{55}$ p^{h}əi$_2^{24}$//=ʔdi$_5^{55}$ kɛu$_2^{24}$ ʔdi$_5^{55}$ siu$_2^{24}$

top bểi dí p'ưởi, décennal. 十年一次 tɔp$_8^{21}$ ʔbɛi$_2^{24}$ ʔdi$_5^{55}$ p^{h}əi$_2^{24}$//=tɔp$_8^{21}$ ʔbɛi$_2^{24}$ ʔdi$_5^{55}$ siu$_2^{24}$

bễk bêỉ dí p'ưởi, séculaire. 百年一次 ʔbek$_7^{55}$ ʔbɛi$_2^{24}$ ʔdi$_5^{55}$ p^{h}əi$_2^{24}$//=ʔbek$_7^{55}$ ʔbɛi$_2^{24}$ ʔdi$_5^{55}$ siu$_2^{24}$

dí p'áu di p'áu, pas à pas. 一步一步 ʔdi$_5^{55}$ p^{h}ɔu$_4^{21}$ ʔdi$_5^{55}$ p^{h}ɔu$_4^{21}$（正常步

子)//ʔdi$_5^{55}$tua$_4^{21}$ ʔdi$_5^{55}$ tua$_4^{21}$(小孩、老人)//k^{h}ei$_4^{21}$ tua$_4^{21}$(婴儿起步)//tam$_3^{33}$ kia$_5^{55}$ liau$_4^{21}$ p^{h}ɔu$_4^{21}$走多少步(kia$_5^{55}$ liau$_4^{21}$ = ki$_5^{55}$ liau$_4^{21}$)

di dủi di dủi, aligné. 一对一对 ʔdi$_5^{55}$ʔdoi$_3^{33}$ʔdi$_5^{55}$ʔdoi$_3^{33}$

di mo di mo, séparément. 一个一个(分别地) ʔdi$_5^{55}$mɔʔ$_8^{21}$ʔdi$_5^{55}$mɔʔ$_8^{21}$

dí diêm, tacheté. 一点 ʔdi$_5^{55}$ʔdiem$_3^{33}$(水滴/油滴/墨水滴)//ʔdi$_5^{55}$ts^{h}it$_7^{55}$一点

k'ô-zoa toẵk dí diêm dí diêm, vêtements tachés. 衣服上的污渍一点一点(衣服脏一点一点) k^{h}o$_3^{33}$zua$_3^{33}$luak$_7^{55}$ʔdi$_5^{55}$ʔdiem$_3^{33}$ʔdi$_5^{55}$ʔdiem$_3^{33}$

dí (*dau-di*) 脖子 ʔdɑu^{33}ʔdi^{55}(海南话"脰蒂")

ʔdɑu^{33}ʔdi^{55}脖子 ʔdɑu^{33}ʔdi^{55}//mɑk$_8^{21}$ leŋ$_4^{21}$(整个脖子)//ʔdɑu^{33} ke$_2^{24}$脖子(脰喉,脖子前面)//leŋ$_4^{21}$ke$_2^{24}$清嗓子(□喉)

dau-dí k'au, collier. 项圈/脖子箍 ʔdɑu^{33}ʔdi^{55} k^{h}ɑu^{33}(脰蒂箍,海南话) k^{h}o$_1^{35-21}$mɑk$_8^{21}$leŋ$_4^{21}$//k^{h}o$_1^{35-21}$hoŋ$_3^{33}$箍(箍桶)

<H. *dảo-dí*, cou.

ti (temps) 时 ti^{21}

ti tiên chiang, horloge. 时钟(时辰钟) ti^{21}tien^{21}tsiaŋ^{33}

zóng ti hing, démodé. 不时兴 zaŋ$_5^{55}$ti^{21}hiŋ^{33}

tì (temps) 时 ti$_2^{24}$

tì tiên bếu, montre. 钟表(时辰表)ti^{21}tien^{21}ʔbeu$_2^{24}$

tì hêng, la mode. 时兴 ti^{21}hiŋ^{33}

zóng tì hêng, suranné. 不时兴 zaŋ$_5^{55}$ti^{21}hiŋ^{33}

tì têẳng bó'i lú'ng, fréquenter. 常来常往(时常去回) ti^{21}tiaŋ^{21} ʔbəi$_1^{35-21}$ ləŋ$_1^{35}$//ts^{h}iau$_4^{21}$ts^{h}iau$_4^{21}$ ʔbəi$_1^{35-21}$ ləŋ$_1^{35}$ 常常去回//= tsiau$_4^{21}$ tsiau$_4^{21}$ ʔbəi$_1^{35-21}$ ləŋ$_1^{35}$

按:*bó'i* 是 *bới* 之误,*lú'ng* 是 *lứng* 之误。

<H. *tì* $^{*}{}_{c}$*jiə* 時

tí quatre 四 ti$_5^{55}$

tí bong, carré. 四方 ti$_5^{55}$ʔbaŋ^{33}(四方形)

tí p'ang, autour. 四周/四方 ti$_5^{55}$p^{h}aŋ^{33}(海南话)//= kɔk$_7^{55-33}$lɛŋ$_1^{35}$各地

tí miền, alentour. 四面 ti$_5^{55}$mien$_4^{21}$

tí koãk, quadrangulaire. 四角 ti$_5^{55}$kuak$_7^{55}$

ká tí p'ỏn, quadrupler. 多四倍(加四份) ka$_1^{35}$ti$_5^{55}$p^{h}ɑn$_4^{21}$//ka$_1^{35}$p^{h}ɑn$_4^{21-24}$ɔu$_4^{21}$加一倍(加份一)

tí kui, quatre saisons. 四季 ti$_5^{55}$kui$_3^{33}$

kỗk tí kiển tam, ramper (patte quatre num. marcher). 爬(脚四只走) kok$_7^{55-33}$ti$_5^{55}$kien$_2^{24}$tam$_3^{33}$//kok$_7^{55-33}$ti$_5^{55}$kien$_2^{24}$zən$_2^{24}$四只脚爬

<H. *tí* **si̭i*ʾ 四

nì *siủ-nì*, caoutchouc. 树泥(橡胶)(海南话)siu^{33}ni^{21}树泥(产品)//=siu^{33} kiau^{33}树胶(原料)//siu^{33}ni^{21}kiaŋ^{33}弹弓(树泥弓)

<H. *ṣiù-nì* *ᶜ*ñi̭u* 乳

ní (presque) 几乎/差不多/将要 ʔdi$_5^{55}$("将要"都是 ʔdi$_5^{55}$)

ní dái, agoniser, expirant, sur le point de mourir. 快死了 ʔdi$_5^{55}$ʔdai$_1^{35}$

ní huồn k'êi, agoniser. 快断气 ʔdi$_5^{55}$hon$_4^{21-24}$k^{h}ei$_3^{33}$//=ʔdi$_5^{55}$hun$_4^{21-24}$k^{h}ei$_3^{33}$

k'êi ní dôk, affres de l'agonie. 气快断了(气快掉落) k^{h}ei$_3^{33}$ʔdi$_5^{55}$ʔdok$_7^{55}$//= ʔdi$_5^{55}$ʔdok$_7^{55-33}$k^{h}ei$_3^{33}$(更常说)

ní zóm, la nuit s'approche. 天要黑了 ʔdi$_5^{55}$zɑm$_1^{35}$/ʔdan$_1^{35}$ʔdi$_5^{55}$zɑm$_1^{35}$天要黑了//ʔdan$_1^{35}$zɑm$_1^{35}$lə$_4^{21}$天黑了

têì têì ni zồng, usuel. 常用的(时时要用) tɛi$_5^{55}$tɛi$_2^{24-21}$ʔdi$_5^{55}$zoŋ$_4^{21}$

nĩ (faible, petit, sans forces) 细/小 niʔ$_7^{55}$ 按:原文认为本字是"儿",误。

bỏn nĩ, zéphyr. 微风 ʔbɑn$_3^{33}$niʔ$_7^{55}$(小风)//→ʔbɑn$_3^{33}$ne$_3^{33}$(大风)

tỏ-hoi nĩ, frivolité, accessoire, vétille. 小事(事会小) tə$_4^{21-24}$hoi$_3^{33}$niʔ$_7^{55}$// tə$_4^{21-24}$hoi$_3^{33}$ne$_3^{33}$大事(事会大)

tau nĩ=*tom nĩ*, belle-soeur. 小嫂子(嫂小)=小心(心小) tɑu$_3^{33}$niʔ$_7^{55}$小嫂//→ tɑu$_3^{33}$so$_1^{35}$大嫂 tɑu$_3^{33}$niʔ$_7^{55}$小嫂≠tɔm$_1^{35}$niʔ$_7^{55}$心小

nĩ têỉ, enfance. 儿童 niʔ$_7^{55}$tei$_3^{33}$(不说)//lɛk$_8^{21}$lɑk$_7^{55}$儿童(常说)

sô nĩ (grand, petit), étendue. 大小/粗细 so$_1^{35}$niʔ$_7^{55}$

kêắm nĩ, atténuer. 减弱/减小 kiam^{21}niʔ$_7^{55}$

lẹk-king nĩ, auriculaire. 小指 lɛk$_8^{21}$kiŋ$_3^{33}$me$_2^{24}$(小手指)//=kiŋ$_3^{33}$me$_2^{24}$手指

sáo nĩ kang, parler doucement, à voix basse. 小声讲(声音小讲) sau$_1^{35}$ niʔ$_7^{55}$kaŋ$_3^{33}$//=kaŋ$_3^{33}$sau$_1^{35}$niʔ$_7^{55}$

<H. *nĩ* **ñi̭e* 兒

tsì tsi-toi, vigilant. 仔细 ts^{h}i$_3^{33}$toi$_3^{33}$

<*ᶜ*tsiə* 子

tsì (payer) 支(支付)

tsi ngỏn, payer argent. 支银 ts^{h}i^{33}ŋɔn$_2^{24}$//=ts^{h}i^{33}sɛn$_2^{24}$支钱(预支钱)

tsì (payer) 支(支付) ts^{h}i^{33}

tsì ngỏn, solder. 支银/结账 ts^{h}i^{33}ŋɔn$_2^{24}$

ũk tsì, contribuer (sortir payer). 出钱 uk$_7^{55-33}$ts^{h}i^{21}(“钱”海南话)//=uk$_7^{55-33}$ŋɔn$_2^{24}$出银=uk$_7^{55-33}$sɛn$_2^{24}$出钱

tsì sẻn kông (payer argent travail). 支工钱(支钱工) ts^{h}i^{33}sɛn$_2^{24-21}$koŋ$_1^{35}$

<H. *chỉ* *čịe 支

tsi-iu, sauce de soja. 酱油(豉油) ts^{h}i^{33}iu^{21}(读汉字)//ts^{h}iaŋ$_5^{55}$zɔu$_2^{24}$酱油//tseu^{33}iu^{21}酱油(海南话)

<*jieʾ 豉

tsĩ peu 少/一点 ts^{h}it$_7^{55}$ 一点//ts^{h}it$_7^{55}$ɔu$_4^{21}$ 一点点 按:原文认为本字是“子”,误。

tiu tiu tsĩ, un tantinet. 一点点(少少点) tiu$_5^{55}$tiu$_3^{33}$ts^{h}it$_7^{55}$少一点儿//tiu$_3^{33}$ts^{h}it$_7^{55}$少一点儿

hoa hoa tsĩ, aigrelet. 有点酸(酸酸少) hua$_5^{55}$hua$_3^{33}$ts^{h}it$_7^{55}$

tam sẻi tsî, ralentir la marche, modérer le pas. 走慢点(走迟点) tam$_3^{33}$sɛi$_2^{24}$ts^{h}it$_7^{55}$//=tam$_3^{33}$sɛi$_2^{24-21}$sɛi$_2^{24}$(走迟迟)

tsĩàu, un brin, un peu. 少/一点儿(无此说法)

sêi tsi, un peu plus tard. 迟点儿 sɛi$_2^{24}$ts^{h}it$_7^{55}$

tiu tsĩ, un peu moins. 少点儿 tiu$_3^{33}$ts^{h}it$_7^{55}$

kéo tsĩ, mois de 29 jours. 小月(不到 29 天) kɛu$_2^{24-21}$niʔ$_7^{55}$ 小月//→kɛu$_2^{24-21}$so$_1^{35}$大月

tsao tsi, un peu plus tôt. 早点儿 ts^{h}au$_3^{33}$ts^{h}it$_7^{55}$

meng tsi au, un peu mieux. 好点儿 mɛŋ$_3^{33}$ts^{h}it$_7^{55}$ɔu$_4^{21}$(连读为 tɔu$_4^{21}$)

<*ᶜ*tsiə* 子

tsỉ *p'iến tsỉ hiên àu*, cartes de visites. 一张名片(片子张一) p^{h}ian^{55}ts^{h}i^{21}hien$_1^{35}$ɔu$_4^{21}$

< *꜀*sịə* 丝

-si *kông-si*, agence. 公司 kuŋ^{33}si^{33}

<H. *kổng-sỉ*. <Ch. *꜀*siə* 司

sí *sí àu*, une fois. 一次 si$_5^{55}$ɔu$_4^{21}$//=siu$_2^{24}$ɔu$_4^{21}$//ʔbun$_5^{55}$siu$_2^{24}$两次//tam$_5^{55}$siu$_2^{24}$三次

**ts'ịəʾ* 次

mưởn buởn-si, compétent. 有本事 mən$_2^{24-21}$ʔbən$_4^{21-24}$si$_3^{33}$

**ḍzịəʾ* 事

ziàng-bỏn mưởn bưởn-si, bien doué. 有本事的人(人有本事) ziaŋ$_{2}^{24-21}$ ʔbɑn$_{2}^{24-21}$mən$_{2}^{24-21}$ʔbən$_{4}^{21-24}$si$_{3}^{33}$

mạk sí-lì, poire. 雪梨(果雪梨) mak$_{8}^{21}$si^{55}li^{24}金瓜

<H. *sí-lì* **swiet* 雪

bõt déng lồ si, visser. 拧螺丝钉(拧钉螺丝) ʔbɔt$_{7}^{55-33}$ʔdɛŋ$_{1}^{35-21}$lui^{21}si^{33}// ʔdɛŋ$_{1}^{35-21}$lui^{21}si^{33}螺丝钉

sí huổn, vermicelle. 粉丝(丝粉) si^{55}hun^{24}(声调有问题)

<H. *sí huỗn* *꜀*si̯ə* 丝

sí essayer 试 si$_{5}^{55}$

sí p'ưởi, tenter. 尝试 si$_{5}^{55}$p^{h}əi$_{2}^{24}$尝一下(饭菜)/试一下(工作)

sí tóm zống, sonder, éprouver les gens. 试探别人 si$_{5}^{55}$tɔm$_{1}^{35-21}$zoŋ$_{1}^{35}$

<H. *sí* **śiə*ˀ 试

sí àu, une brasse. 一尺 sik$_{7}^{55}$ɔu$_{4}^{21}$(连读为 kɔu$_{4}^{21}$)

<H. *sì*, *ṣì*

sì *sì lêàng*, désolé. 凄凉/可怜 si^{33}liaŋ^{21}(不说)//nan$_{2}^{24-21}$ʔbɛi$_{4}^{21}$难味(常说)

zí *zí bi*, apprêter, se tenir sur la défensive. 预备 zi$_{3}^{33}$ʔbi$_{3}^{33}$

<H. *zì-bí* **i̯o*ˀ 预

-zì *zồng-zì hũk*, aisé à faire. 容易做 zoŋ$_{2}^{24-21}$zi$_{4}^{21}$huk$_{7}^{55}$//=zuŋ$_{2}^{24-21}$zei$_{4}^{21}$huk$_{7}^{55}$// hau$_{3}^{33}$huk$_{7}^{55}$好做

zồng-zì, facile. 容易 zoŋ$_{2}^{24-21}$zi$_{4}^{21}$

<H. *ziồng-zị* **ye*ˀ 易

zỉ *khổ zỉ*, admissible. 可以 k^{h}o^{21}zi^{21}(海南话文读)//=to^{55}ʔdiet^{55}做得(海南话白读)//huk$_{7}^{55}$zai$_{3}^{33}$做得(长流话)//zai$_{3}^{33}$ki$_{5}^{55}$liau$_{4}^{21}$sen$_{2}^{24}$得多少钱(得几多钱。意思是"得很多钱")//≠zai$_{3}^{33}$sen$_{2}^{24}$ki$_{5}^{55}$liau$_{4}^{21}$得钱多少(得钱几多。问句)

tổ zỉ, par conséquent. 所以 to^{21}zi^{21}(海南话)

<H. *tồ-zĩ* *ᶜ*yə* 以

li, avantage 利 li^{33}

lềng li, adroit, dégourdi, fin, sagace. 伶俐 leŋ^{21}li^{33}//ts^{h}iŋ$_{1}^{35-21}$lɛŋ$_{2}^{24}$聪明(精灵)

hom li, avide de richesses. 贪利 ham^{33}li^{33}(海南话)//ham^{33}tɔm$_{1}^{35}$贪心

<H. *li* **lyì*ˀ 利

hàu hỉ lèng li, tenue, maintien. 身体伶俐 hɔu$_{2}^{24-21}$he$_{2}^{24}$leŋ^{21}li^{33}(没听说过)//hɔu$_{2}^{24-21}$he$_{2}^{24}$身体(→ʔbun$_{3}^{33}$hɔu$_{2}^{24}$)//hɑu$_{3}^{33}$liu$_{1}^{35}$ts^{h}iŋ$_{1}^{35-21}$lɛŋ$_{2}^{24}$(好看精灵)

li *soi-li kiá*, jumelles (mille-li miroir). 望远镜(千里镜) sai^{33}li^{21}kia^{55}(海南话,王录尊) sai^{33}li^{24}kia^{55} = sa^{33}li^{24}kia^{55}(海南话,二李) 按:二李的发音应该是将 21 调类推变调为 24 调。

<H. *sải lĩ kia* *ᶜ *li̯ə* 里

lí *hềng-lí*, bagages. 行李 heŋ^{21}li^{24}

<H. *hềng-lĩ* *ᶜ *li̯ə* 李

lì *mạk sí-lì*, poire. 雪梨 mak$^{21}_{8}$si^{55}li^{24}金瓜

<H. *sí-lì* *꜀*li̯i̯* 梨

kíng bô-lì, carreau, vitre. 玻璃镜(镜玻璃) kiŋ$^{33}_{3}$ʔbo^{33}li$^{24}_{2}$

<H. *bổ-lì* * *li̯e* 璃

ki *ki-liền*, licorne. 麒麟(按:此词一般是送气的,可能原文有误)k^{h}e$^{24}_{2}$lin$^{24}_{2}$

<H. *khĩ-liền* *꜀*gi̯ə* 麒

p'êng-ki, argument, attestation. 凭据 p^{h}ɛŋ$^{24-21}_{2}$ki$^{55}_{5}$

<H. *p'ềng-kị* * *ki̯oˀ* 據

ki-k'úi hũk họp, métier à tisser. 织布机(机器做布) ki^{33}k^{h}ui^{55}huk$^{55}_{7}$hɑp$^{21}_{8}$(少说)//ki^{33} k^{h}ui^{55} ʔdɛk$^{21}_{8}$ hɑp$^{21}_{8}$(多说)*kí-k'ui*, machine, engin. 机器 ki^{33} k^{h}ui^{55} = ki^{33}k^{h}i^{55}

<H. *kỉ-k'úi* *꜀*kiəi̯* 機

kí (quelque) 几 ki$^{55}_{5}$

kí mọ, plusieurs. 几个 ki$^{55}_{5}$mɔʔ$^{21}_{8}$

kí bỏn, quelques jours. 几天/几日 ki$^{55}_{5}$ ʔbɑn$^{24}_{2}$//ki$^{55}_{5}$ liau$^{21}_{4}$ ʔbɑn$^{24}_{2}$ = kia$^{55}_{5}$ liau$^{21}_{4}$ʔbɑn$^{24}_{2}$几天/多少天(问句)

k'oai na kí bỏn, ces jours derniers. 前几天(以前几天) k^{h}ai$^{33}_{3}$ na$^{33}_{3}$ ki$^{55}_{5}$ʔbɑn$^{24}_{2}$

sểi kí bỏn, sous peu, dans peu de jours. 不久,几天内(迟几天) sɛi$^{24}_{2}$ ki$^{55}_{5}$ʔbɑn$^{24}_{2}$

zong kí p'ong, bientôt, dernièrement, éphémère. 没多久(不几久) zɑŋ$^{55}_{5}$ ki$^{55}_{5}$p^{h}ɔŋ$^{33}_{3}$

mo mưởn ki lêào tui, quel âge avez-vous? 你几岁(你有几多岁)? mɔ$^{33}_{3}$ mən$^{24}_{2}$ki$^{55}_{5}$liau$^{21}_{4}$tui$^{33}_{3}$(少说)// = mɔ$^{33}_{3}$ mən$^{24}_{2}$ kia$^{55}_{5}$ tui$^{33}_{3}$(多说)// = mɔ$^{33}_{3}$ kia$^{55}_{5}$ tui$^{33}_{3}$(常说)

mưởn ki lêào hang, quelle altitude? 有多高(有几多高)? mən$^{24}_{2}$ki$^{55}_{5}$liau$^{21}_{4}$

haŋ$_1^{35}$（少说）//=kia$_5^{55}$haŋ$_1^{35}$（常说）

<^{*c}*kiəi* 幾

hởi- kí, commis. 会计 hui^{55}ki^{55}//sut$_7^{55}$nɑp$_8^{21}$出纳

<H. *hôi-ki* <H. *hỗi- kí* **kei*^{ɔ} 計

k'i (air) 气 k^{h}i^{55}

k' ông k'í, atmosphère. 空气 k^{h}ɑŋ^{33}k^{h}i^{55}=k^{h}ɑŋ^{33}k^{h}ui^{55}（多说）

<H. *khi* <H. *khí* **k‘i̯əi*^{ɔ} 氣

k'i kuái, anomalie. 奇怪 k^{h}i^{21}kuai^{55}（少说）//=kak$_8^{21}$ziaŋ$_4^{21}$（常说）

<H. *khì***giəi* 奇

-*í* *sưng-í*, négoce. 生意 səŋ$_3^{33}$i$_5^{55}$

hũk sưng-í, trafiquer. 做生意 huk$_7^{55-33}$səŋ^{33}i$_5^{55}$

ziàng-bỏn sấng-í, commerçant. 生意人（人生意） ziaŋ$_2^{24-21}$ʔbɑn$_2^{24}$səŋ^{33}i$_5^{55}$

ziàng-bon hui sâng-í, marchand. 商人（人做生意） ziaŋ$_2^{24-21}$ʔbɑn$_2^{24}$huk$_7^{55-33}$ səŋ^{33}i$_5^{55}$ 按：*hui* 是 *huk* 之误。

<H. *sểng-í* **ʔi̯i*^{ɔ} 意

tủ-í, avis. 主意 tu^{21}i^{55}//=ts^{h}o$_3^{33}$ei$_3^{33}$ 按：原文认为本字是“义”，误。

ũk tủ-í, donner son avis. 出主意 uk$_7^{55-33}$tu^{21}i^{55}（出主意）//=uk$_7^{55-33}$ts^{h}o$_3^{33}$ ei$_3^{33}$//=huk$_7^{55-33}$tu^{21}i^{55}（做主意/做决定）//=uk$_7^{55-33}$ts^{h}o$_3^{33}$ei$_3^{33}$

<H. *tũ-í* **ŋie*^{ɔ} 義

hì *ta-hì mọ àu*, guitare (trois-corde). 一个三弦（三弦个一） ta^{33}hi^{21}mɔʔ$_8^{21}$ ɔu$_4^{21}$（少说）

<H. *tả-ì* *$_{c}$*ɣen* 絃

hï *hàu hï lèng-li*, tenue, maintien. 身体伶俐 hɔu$_2^{24-21}$he$_2^{24}$leŋ^{21}li^{33}（没听说过）

这个-*i* 韵只见于汉语借词，不见于台语来源的词。例如 *nï*（小）用福佬话的 *ni* 解释，就比用壮语的 *hni'* 和侗语的*ʔni'* 来解释要好。

Ê

bê village 村 ʔbe$_3^{33}$

bưởn bê, pays natal, pays d'origine. 本村 ʔbən^{21}ʔbe$_3^{33}$（少说）//=ʔbe$_3^{33}$ ʔdou$_3^{33}$（多说）//ʔdou$_3^{33}$=ʔdo$_3^{33}$我们（王录尊）

lứng bê, retourner chez soi. 回村 ləŋ$_1^{35-21}$ʔbe$_3^{33}$

hồng bê, compatriote. 同村/同乡 hoŋ$_2^{24-21}$ʔbe$_3^{33}$

ziàng-bỏn dàu bê, campagnard, paysan, villageois, rustre. 乡下人(人下村) ziaŋ$_2^{24-21}$ ʔbɑn$_2^{24}$ ʔdɑu$_2^{24-21}$ ʔbe$_3^{33}$(下村人)//ziaŋ$_2^{24-21}$ ʔbɑn$_2^{24}$ zuŋ$_1^{35-21}$ ʔbe$_3^{33}$(上村人)//ʔbe$_3^{33}$zuŋ$_1^{35}$ʔbe$_3^{33}$ʔdɑu$_2^{24}$上村下村//ɑŋ^{33} ʔbek$_7^{55-33}$ tiŋ$_3^{33}$农夫/庄稼人(翁百姓)//ʔbek$_7^{55-33}$tiŋ$_3^{33}$百姓/庄稼

hãk bễ ẻng nê tỗk, cousin germain. 堂兄弟/表兄弟(叔伯哥哥大弟弟) hak$_7^{55}$ ʔbeʔ$_7^{55}$ eŋ$_1^{35-21}$ ne$_3^{33}$ tok$_7^{55}$堂兄弟(叔伯哥大弟)

bê comparer 比 ʔbe$_3^{33}$

bê dêi, exemple (modèle), supposé que. 比如/比方 ʔbe$_3^{33}$ʔdei$_3^{33}$比似/比抵(不说)//ʔdei$_3^{33}$kɔn$_2^{24}$相似(抵互相,常说)

bê kỏn, se comparer. 相比(比互相) ʔbe$_3^{33}$kɔn$_2^{24}$

bê p'ưởi aù bê, assimiler, comparer. 比较(比次一比) ʔbe$_3^{33}$ p^{h}əi$_2^{24}$ ɔu$_4^{21}$ ʔbe$_3^{33}$(不说)//ʔbe$_3^{33}$ p^{h}əi$_2^{24}$ əi$_1^{35}$ 比一下(常说)//ʔbe$_3^{33}$ p^{h}əi$_2^{24}$ əi$_1^{35}$, ʔbɑn$_2^{24}$ nɑ$_3^{33}$ haŋ$_1^{35}$ʔbɑn$_2^{24}$nɑ$_3^{33}$ʔdom$_3^{33}$比一下,哪个高哪个矮

bê bướn mô, comparer deux objets. 两个比(比两个) ʔbe$_3^{33}$ ʔbun$_5^{55}$ mɔʔ$_8^{21}$//ʔbun$_5^{55}$nɑ$_3^{33}$ʔbe$_3^{33}$两人比(比两人)

zóng bề p'éng, incomparable. 不能比(不比评) zɑŋ$_5^{55}$ ʔbe$_3^{33}$ p^{h}eŋ$_2^{24}$(不说)//zɑŋ$_5^{55}$ʔbe$_3^{33}$zai$_3^{33}$不能比(不比得)

<H. *bĩ* <C. *pei* *ᶜ*pi̯í* 比

bế 裙 ʔbe$_1^{35}$

bế hẻo aù, une jupe. 一条裙(裙条一) ʔbe$_1^{35}$hɛu$_2^{24}$ɔu$_4^{21}$

bể (feuille) 叶子 ʔbe$_2^{24}$

don bể, feuille d'arbre. 树叶 ʔdɔn$_3^{33}$ ʔbe$_2^{24}$树(比较: ʔdɔn$_3^{33}$ ʔbe$_2^{24}$ liau$_4^{21}$树多)//ʔbe$_2^{24-21}$ ʔdɔn$_3^{33}$树叶

bể zọp, son de riz. 米糠(糠米) ʔbe$_4^{21-24}$zɑp$_8^{21}$

=T. *ʔbəɯ* ใบ(叶子)

bễ oncle (paternel), vieil homme. 伯/老人(伯) ʔbeʔ$_7^{55}$

<H. *bẹ* **pak* 伯

p'é 坡 p^{h}e$_1^{35}$

da p'é, terre inculte, stérile; friche. 荒地 ʔda$_3^{33}$p^{h}e$_1^{35}$(当坡)

hềi da p'é, désert. 荒漠(地荒坡) hɛi$_4^{21}$ ʔda$_3^{33}$ p^{h}e$_1^{35}$//hien$_1^{35-21}$hɛi$_4^{21}$天地

k'êi p'ề hếi, défricher une terré inculte. 开荒(开坡地) k^{h}ei$_{1}^{35-21}$ p^{h}e$_{1}^{35-21}$ hɛi$_{4}^{21}$//k^{h}ei$_{1}^{35-21}$huaŋ$_{3}^{33}$开荒=keʔ$_{7}^{55}$huaŋ$_{3}^{33}$解荒

ziàng-bỏn p'ế, barbare. 野人/粗人(人坡) ziaŋ$_{2}^{24-21}$ʔbɑn$_{2}^{24-21}$p^{h}e$_{1}^{35}$(没听说过)

p'ề　*p'ề tsai*, acquitter une dette. 还债 p^{h}e$_{4}^{21-24}$ts^{h}ai$_{3}^{33}$

p'ề ngỏn, rendre l'argent. 还钱(还银) p^{h}e$_{4}^{21-24}$ŋɔn$_{2}^{24}$=p^{h}e$_{4}^{21-24}$sen$_{2}^{24}$

p'ưới p'ề, dédommager, rembourser. 赔偿(赔还) p^{h}əi$_{2}^{24-21}$ p^{h}e$_{4}^{21}$(少说)//p^{h}əi$_{2}^{24-21}$tiaŋ$_{4}^{21}$(多说)

mề (mou), tendre, flasque 软/柔/松 me$_{4}^{21}$

hũk mề, attendrir. 变软/同情(做软) huk$_{7}^{55-33}$me$_{4}^{21}$

zãk mề, cartilage. 软骨(骨软) zək$_{7}^{55-33}$me$_{4}^{21}$

mế mề tôm tôm, trop cuit. 煮烂了(软软朽朽) me$_{5}^{55}$me$_{4}^{21}$tom$_{3}^{33}$tom$_{3}^{33}$(肉、豆子等煮烂了)//=me$_{5}^{55}$me$_{4}^{21}$nom$_{3}^{33}$nom$_{3}^{33}$//me$_{5}^{55}$me$_{4}^{21}$ʔdɛi$_{2}^{24-21}$ʔdɛi$_{2}^{24}$(米、稀饭煮烂了)

hổng tóm mề, cœur tendre. 心软(胴心软) hoŋ$_{4}^{21}$ tɔm$_{1}^{35}$ me$_{4}^{21}$(没听说过)//tɔm$_{1}^{35-21}$tə$_{4}^{21}$k^{h}ei$_{3}^{33}$心软(心是轻)

bõk mề anus (bouche tendre). 肛门(软的) ʔbɑk$_{7}^{55-33}$me$_{4}^{21}$屁股(ʔbɑk$_{7}^{55}$≠ʔbak$_{7}^{55}$嘴)//ʔbɑk$_{7}^{55-33}$ me$_{4}^{21-24}$ ʔdɔʔ$_{8}^{21}$ kai$_{4}^{21}$ 肛门(拉屎屁股)//ʔbɑk$_{7}^{55-33}$ me$_{4}^{21-24}$ ʔdɔʔ$_{8}^{21}$zou$_{1}^{35}$女阴(撒尿屁股)=ts^{h}in$_{1}^{35}$女阴//ʔbɑk$_{7}^{55-33}$lau$_{4}^{21}$老人//ʔbɑk$_{7}^{55-33}$un$_{3}^{33}$年轻人

bẵk mề, cul. 屁股 ʔbɑk$_{7}^{55-33}$me$_{4}^{21}$

kỗk bẵk mề, cul de bouteille. 瓶底(瓶屁股) kok$_{7}^{55-33}$ʔbɑk$_{7}^{55-33}$me$_{4}^{21}$//=ʔbɑk$_{7}^{55-33}$me$_{4}^{21-24}$ʔdɑŋ$_{3}^{33}$

=Mak-Sui-Tung *hma'*.

mế (convive) 宾客 me$_{1}^{35}$　按: me$_{1}^{35}$往往是亲友等认识的人,顾客等叫 k^{h}ek$_{7}^{55}$。

da lêi mế, traiter les convives. 待客/招待客人(打理客) ʔda$_{3}^{33}$ lei$_{3}^{33}$ me$_{1}^{35}$//=ʔda$_{3}^{33}$lei$_{3}^{33}$k^{h}ek$_{7}^{55}$//ts^{h}iu$_{1}^{35-21}$me$_{1}^{35}$招待客人(招客)　按: 指婚宴或公期等喜事办酒席时招待亲友。

mể main 手 me$_{2}^{24}$

mể mải, main droite. 右手 me$_{2}^{24-21}$mai$_{2}^{24}$右手//≠me$_{2}^{24-21}$mɛŋ$_{3}^{33}$好手

mể dõk, main gauche. 左手 me$_{2}^{24-21}$ ʔdɑk$_{7}^{55}$左

k'êí mể, ouvrir la main. 张开手(开手) k^{h}ei$_{1}^{35-21}$ me$_{2}^{24}$

tsòa mể =dêủ mể=ngòn mể, fermer la main. 合上手(抓手=牵手=握手) tsua$_{1}^{35-21}$ me$_{2}^{24}$抓手≠ʔdeu$_{2}^{24-21}$ me$_{2}^{24}$牵手(ʔdeu$_{2}^{24}$=ʔdiu$_{2}^{24}$)≠ŋɑn$_{1}^{35-21}$ me$_{2}^{24}$握手

ha mể bới, mener par la main. 拉手去 ha$_{1}^{35-21}$ me$_{2}^{24}$ ʔbəi$_{1}^{35}$

lẹk mể, auriculaire. 小指(小手) lɛk$_{8}^{21}$ me$_{2}^{24}$小手(例如小孩子的手)//lɛk$_{8}^{21}$ kiŋ$_{3}^{33}$ me$_{2}^{24}$小指

mạk mể, avant-bras. 大胳膊(果手) mak$_{8}^{21}$ me$_{2}^{24}$大胳臂//=liŋ$_{4}^{21-24}$ me$_{2}^{24}$小胳臂//mak$_{8}^{21}$ mou$_{1}^{35}$大胳膊肉//lum$_{3}^{33}$ me$_{2}^{24}$=ŋan$_{3}^{33}$ me$_{2}^{24}$手腕

mể kiển aù, un bras. 一只胳膊(手只一) me$_{2}^{24}$ kien$_{2}^{24}$ ɔu$_{4}^{21}$

bửi mể, amputer d'un bras. 断臂(割手) ʔbui$_{1}^{35-21}$ me$_{2}^{24}$ 断臂//ʔbui$_{1}^{35-21}$ ŋau$_{4}^{21}$割稻

kọt kỗk kọt mể, lier pieds et mains. 捆手捆脚(捆脚捆手) kɑt$_{8}^{21}$ kok$_{7}^{55}$ kɑt$_{8}^{21}$ me$_{2}^{24}$

ziàng bỏn zỏng mể k'oai na, agresseur. 进攻者/先下手的人(人下手先) ziaŋ$_{2}^{24-21}$ ʔbɑn$_{2}^{24-21}$ zɔŋ$_{2}^{24-21}$ me$_{2}^{24}$ k^{h}ai$_{3}^{33}$ na$_{3}^{33}$

mể téng, débutant. 新手/生手(手生) me$_{2}^{24}$ teŋ$_{1}^{35}$手生//me$_{2}^{24-21}$ teŋ$_{1}^{35}$新手/生手

ziàng-bỏn bong tô kỗk mể, assistant. 助手(人帮助脚手) ziaŋ$_{2}^{24-21}$ ʔbɑn$_{2}^{24}$ ʔbaŋ^{33} to$_{3}^{33}$ kok$_{7}^{55}$ me$_{2}^{24}$(没听说过)//to$_{3}^{33}$ siu^{21}助手(海南话)

ziàng-bôn zóng toạk mể, apprenti. 学徒/生手(人不熟手) ziaŋ$_{2}^{24-21}$ ʔbɑn$_{2}^{24}$ zɑŋ$_{5}^{55}$ tuak$_{8}^{21}$ me$_{2}^{24}$(没听说过)//hu^{21} ʔdi^{33}徒弟//mai$_{2}^{24}$ koŋ$_{1}^{35}$大工 → lɛk$_{8}^{21}$ koŋ$_{1}^{35}$小工(徒弟)//lɛk$_{8}^{21}$ neʔ$_{7}^{55}$佣人

=T. *mɯ* > *məw*. **มือ**(手)

mể zóng húng, maladroit, gauche 笨手,左手(手不好) me$_{2}^{24}$ zɑŋ$_{5}^{55}$ huŋ$_{1}^{35}$不好手//me$_{2}^{24}$ zɑŋ$_{5}^{55}$ huŋ$_{1}^{35}$ zuŋ$_{4}^{21}$不好用手(手不好用)

(numéral) 量词(手) me$_{2}^{24}$

b'ưởn mể aù, un fagot. 一捆柴(柴手一) ʔbən$_{2}^{24}$ me$_{2}^{24}$ ɔu$_{4}^{21}$(没听说过)//ʔbən$_{2}^{24}$木材//keu$_{4}^{21-24}$ ʔbɛi$_{2}^{24}$柴火

(poignée) 一把

bểi mể au, un flambeau. 一把火(火手一) ʔbɛi$_{2}^{24}$ me$_{2}^{24}$ ɔu$_{4}^{21}$(没听说过)//

$ʔbɛi_{2}^{24}$ $ʔbak_{7}^{55-33}$ $ɔu_{4}^{21}$一把火(火幅一)//hu_{2}^{24} $ʔbak_{7}^{55-33}$ $ɔu_{4}^{21}$一幅图(图幅一)

dế père, mari 父/夫

dế têàng, père nourricier, adoptif. 养父(爹养) $ʔdɛ^{33}$ $tiaŋ^{21}$养父//$ʔdɛ^{33}$ $tiŋ_{1}^{35}$生父

dế mài, père et mère. 父母(爹妈) $ʔde_{1}^{35-21}$ mai_{4}^{21}

dể niến (époux). 夫妻(爹姩/丈夫妻子) $ʔde_{1}^{35-21}$ nin_{1}^{35}夫妻//$ʔdei_{1}^{35-21}$ nin_{1}^{35}娶妻(找姩)//=$ʔdɔŋ_{3}^{33}$ nin_{1}^{35}(等姩)

bướn no dể niến, les deux époux. 夫妻俩/两口子(两人爹姩) $ʔbun_{5}^{55}$ $nɑ_{3}^{33}$ $ʔde_{1}^{35-21}$ nin_{1}^{35}

mưởn dế, marié(e) (avoir mari). 已婚(有夫/有爹) $mən_{2}^{24-21}$ $ʔde_{1}^{35}$有爹(女人讲)//$mən_{2}^{24-21}$ nin_{1}^{35}有姩(男人讲)

dế tếi, veuf. 鳏夫/光棍 $ʔde_{1}^{35-21}$ tei_{3}^{33}(死了老婆)//$ʔde_{1}^{35-21}$ $luaŋ_{1}^{35}$(一生未婚)//nin_{1}^{35-21} tei_{3}^{33}(寡妇)

heng dế mài káo, soumis à ses parents. 听父母话(听爹妈教) $heŋ_{3}^{33}$ $ʔde_{1}^{35-21}$ mai_{4}^{21} kua_{2}^{24}//$heŋ_{3}^{33}$ kua_{2}^{24-21} $ʔde_{1}^{35-21}$ mai_{4}^{21}(更地道)

dế ngòi ká, beau-père. 岳父(爹外家) $ʔdɛ^{33}$ $ŋɔi_{4}^{21-24}$ ka_{1}^{35}岳父(面称)//= $kuŋ_{1}^{35-21}$ $ʔda_{4}^{21}$岳父//$ʔde_{1}^{35-21}$ $ŋɔi_{4}^{21-24}$ ka_{1}^{35}岳父(背称)//mai_{4}^{21-24} $ŋɔi_{4}^{21-24}$ ka_{1}^{35}岳母(面称)//=mai_{4}^{21-24} nia_{4}^{21}(面称)//=$p^{h}e_{2}^{24-21}$ nia_{4}^{21}岳母(背称)

kek lảu dế, dégrader un mandarin, destituer. 革职(革老爹) kek_{7}^{55-33} lau_{4}^{21-24} $ʔde_{1}^{35}$

-dé *p'ồ-dế*, nombril. 肚脐 $p^{h}u_{4}^{21}$ lei_{2}^{24}(语音有别)//lei_{2}^{24} = lei_{2}^{24}犁 = lei_{2}^{24}后(背)

dệ *dệ hóa*, arroser des fleurs. 浇花(滴花/淋花) $ʔdeʔ_{8}^{21}$ hua_{1}^{35}

p'on dỗk dệ hàu hể tsọk, trompé par la pluie. 身体淋雨湿了(雨落滴身体湿) $p^{h}ɑn_{1}^{35}$ $ʔdok_{7}^{55-33}$ $ʔdeʔ_{8}^{21}$ $hɔu_{2}^{24-21}$ he_{2}^{24} $ts^{h}ɑk_{8}^{21}$

bể kwẳn dệ, suie. 烟灰(火烟滴/淋) $ʔbɛi_{2}^{24-21}$ $kuan_{2}^{24}$ $ʔdeʔ_{8}^{21}$(没听说过)

tsê *tsê số*, sœur plus âgée. 大姐(姐大) $ts^{h}e_{3}^{33}$ so_{1}^{35}//=$ts^{h}e_{3}^{33}$ ne_{3}^{33}//→ $ts^{h}e_{3}^{33}$ $niʔ_{7}^{55}$

<H. *chể* *ᶜ *tsi̭a* 姐

tsê *zóng tsê sề*, indisposé. 不舒服(不自在) $zɑŋ_{5}^{55}$ se_{3}^{33} se_{4}^{21}

sề faute, tort 罪 se$_4^{21}$

sề số, attentat (maladie mortelle). 大罪(罪大) se$_4^{21}$so$_1^{35}$大罪(罪大)//=se$_4^{21}$k^{h}ien$_1^{35}$重罪(罪重)

zóng tsê sề, indisposé. 不舒服(不自在) zaŋ$_5^{55}$se$_3^{33}$se$_4^{21}$不自在

zóng sề sề, fatigué, indisposé. 疲乏,不舒服(不自在) zaŋ$_5^{55}$se$_3^{33}$se$_4^{21}$

zoi sề zống, mécontenter les gens. 得罪人 zai$_3^{33}$se$_4^{21}$zoŋ$_1^{35}$得罪别人//ɔu$_1^{35}$zoŋ$_1^{35}$ŋai$_3^{33}$ʔdek$_8^{21}$让人难受

p'àm sề, pécher, commettre le péché. 犯罪 p^{h}am$_4^{21-24}$se$_4^{21}$

k'iệp sề, éviter le péché. 躲开罪(躲罪) k^{h}iep$_8^{21}$se$_4^{21}$

hồng sề, complice. 共犯(同罪) hoŋ$_2^{24-21}$se$_4^{21}$

sề nĩ, péché véniel. 小罪(罪小) se$_4^{21}$niʔ$_7^{55}$

ziàng-bỏn mưởn sề, coupable. 罪人(人有罪) ziaŋ$_2^{24-21}$ʔban$_2^{24}$mən$_2^{24}$se$_4^{21}$//=ziaŋ$_2^{24-21}$ʔban$_2^{24}$p^{h}am$_4^{21-24}$se$_4^{21}$

ziàng-bỏn sề, condamné. 罪人(人罪) ziaŋ$_2^{24-21}$ʔban$_2^{24}$se$_4^{21}$(不说)

dìng sề dái, condamner à mort. 定死罪(定罪死) ʔdiŋ$_3^{33}$se$_4^{21-24}$ʔdai$_1^{35}$定死罪/顶死罪//ʔdiŋ$_3^{33}$se$_4^{21}$顶罪

sề sê, sain de corps (sans maladie). 身体健康/无病(自在) se$_3^{33}$se$_4^{21}$自在

zóng sế sề, malaise; 不舒服(不自在) zaŋ$_5^{55}$se$_3^{33}$se$_4^{21}$不自在

zóng tsê sề, indisposé. 不舒服(不自在) zaŋ$_5^{55}$se$_3^{33}$se$_4^{21}$不自在

<*ᶜ *dzuəi* 罪

sê limer 锉 se$_3^{33}$//→ hau$_2^{24}$锉(用锉子锉)

sế mưới aù, une râpe. 一把锉(锉枚一) se$_3^{33}$mui$_2^{24}$ɔu$_4^{21}$

sế bói aù, une râpe. 一把锉(锉把一) se$_3^{33}$ʔbai$_5^{55}$ɔu$_4^{21}$

<H. *šố* ***ts'uaᵓ* 剉

sế õt tsí ngiẹt, premier jour du premier mois. 正月初一(初一正月) se$_1^{35-21}$ɔt$_7^{55}$ts^{h}i$_5^{55}$ŋit$_8^{21}$(少说)//=ts^{h}i$_5^{55}$ŋit$_8^{21}$se$_1^{35-21}$ɔt$_7^{55}$(常说)

sê diviser, partager (séparer). 分 se$_1^{35}$

sế k'ếi, partager distinguer, disjoindre. 分开、隔开、拆开 se$_1^{35}$k^{h}ei$_1^{35}$分开(少说)//=se$_1^{35}$kɔn$_2^{24}$互相分(常说) 按:又见 *êi* 韵。

zóng sế zoi k'ếi, confondre, ne pas pouvoir distinguer. 分不开(不分得开) zaŋ$_5^{55}$se$_1^{35}$zai$_3^{33}$k^{h}ei$_1^{35}$(少说)//=zaŋ$_5^{55}$se$_1^{35}$zai$_3^{33}$kɔn$_2^{24}$(常说)

sế kỏn, communiquer. 互相分(分互相) $se_1^{35}kɔn_2^{24}$

zai sế zống, désobliger. 得罪别人 $zai_3^{33}se_4^{21}zoŋ_1^{35}$ 得罪别人(少说)//=$p^ham_4^{21-24}zoŋ_1^{35}$ 犯别人(常说)//=$p^ham_4^{21-24}se_4^{21-24}zoŋ_1^{35}$ 犯罪别人(常说)

zóng sế ngiệp, déshériter. 剥夺(不分业) $zaŋ_5^{55}se_1^{35}ŋiap_8^{21}$ 不分业(没听说过)

hũk nề sể, asservi, esclave. 做奴才 $huk_7^{55-33}ne_3^{33}se_2^{24}$//$huk_7^{55-33}lɛk_8^{21}neʔ_7^{55}$ 做佣人

sể p'ẻng, équilibre. 分平 $se_1^{35-21}p^heŋ_2^{24}$(少说)//=$se_1^{35-21}p^heŋ_2^{24}p^haŋ_4^{21}$(常说) 按: $p^heŋ_2^{24}=p^hiŋ_2^{24}$,几乎很难区别。

sế (mare) 池 se_2^{24}

sế mọ àu, une mare. 一个池子(池个一) $se_2^{24}mɔʔ_8^{21}ɔu_4^{21}$(实际读为 $se_2^{24}mɔ_4^{21-24}ɔu_4^{21}$)

sể (mare) 池 se_2^{24}

sể nòm, bassin, pièce d'eau. 水池(池水) $se_2^{24-21}nam_4^{21}$ 水池//$se_2^{24}nam_4^{21}$ 蓄水//$nam_4^{21-24}se_2^{24}$ 池水

kú sể, par conséquent. 故此 $k^hu_5^{55}se_2^{24}$//=$k^hu_5^{55}sə_2^{24}$

<H. *kú-sễ* *ᶜ *ts'ię̑* 此

sế *kwẳn sể*, cercueil. 棺材 $kuan_1^{35-21}se_2^{24}$(少说)//$kua_1^{35-21}se_2^{24}$(常说)

hông hông sể, convoi funèbre. 送葬队伍(同送材) $hoŋ_2^{24-21}hoŋ_3^{33}se_2^{24}$

hống sể, obsèques. 送葬(送材) $hoŋ_3^{33}se_2^{24}$

<H. *sài* **dzəi* 材

sể sể, lentement. 慢慢(迟迟) $sɛi_2^{24-21}sɛi_2^{24}$//=$siaŋ_4^{21}siaŋ_4^{21}$(不变调)

sế *p'ãt sể*, s'enrichir. 发财 $p^hat_7^{55-33}se_2^{24}$

<H. *sài* **dzəi* 财

zế (dans) 在(里面) ze_1^{35}

zau zế, inclus. 在里面 $zou_3^{33}ze_1^{35}=zo_3^{33}ze_1^{35}$

zau zề zản, dans la maison. 在屋里/在家里(在里屋) $zou_3^{33}ze_1^{35-21}zan_2^{24}$

zề tóm, mentalement. 心里(里心) $ze_1^{35-21}tɔm_1^{35}$

tỏ hoi zế zản, affaire de famille. 家务事(事会在家) $tə_4^{21-24}hoi_3^{33}zan_2^{24}$(少说)//$tə_4^{21-24}hoi_3^{33}ze_1^{35-21}zan_2^{24}$(常说)

lảu zế, pénétrer. 进里面 lɔu$_4^{21-24}$ ze$_1^{35}$//lɔu$_2^{24}$ nia$_3^{33}$ 起来 = p^{h}ia$_2^{24-21}$ lɔu$_2^{24}$(常说)//→lɔu$_4^{21}$nia$_3^{33}$进来

=C.-D. *'dəɯ*, Sek *'də:* T. *nəɯ* ใน(在/里)

-zê *lèng-zế* lɛŋ$_1^{35-21}$ze$_1^{35}$古代(地方以前)

ziàng-bỏn lèng-zế, les anciens. 古人(人以前) ziaŋ$_2^{24-21}$ ʔban$_2^{24}$lɛŋ$_1^{35-21}$ze$_1^{35}$

kiảu lèng-zế, antiquailles. 古董(东西古/东西以前) keu$_2^{24}$lɛŋ$_1^{35-21}$ze$_1^{35}$

tu lèng-zế, anciens caractères. 古书/古字(书以前) tu^{33} lɛŋ$_1^{35-21}$ ze$_1^{35}$(少说)//sek$_7^{55-33}$lɛŋ$_1^{35-21}$ze$_1^{35}$(常说)

kuà lèng-zế, légende. 故事(话以前) kua$_4^{21-24}$lɛŋ$_1^{35-21}$ze$_1^{35}$

lèng-zề tểi, autrefois. 从前(以前时) lɛŋ$_1^{35-21}$ze$_1^{35-21}$tɛi$_2^{24}$// =k^{h}ai$_3^{33}$na$_3^{33}$

-zê *bá zế*, brochet, carpe. 梭鱼,鲤鱼 ʔba$_1^{35-21}$ ze$_2^{24}$鲤鱼

zể *bểi zể* (dans deux ans),[année]. 后年 ʔbɛi$_2^{24-21}$ze$_2^{24}$

dóng zể (dans deux jours), après demain. 后天 ʔdɔŋ$_5^{55}$ ze$_2^{24}$(常说)// = ʔban$_2^{24-21}$ze$_2^{24}$(少说)

= T. *rɯ*, C.-D. *rɯ > rəɯ*, Sek *rɯ*. รื่

zệ *lẹk mái zệ*, souris. 老鼠/家鼠(小母鼠) lɛk$_8^{21}$mai$_4^{21-24}$zi$_4^{21}$

mải zệ hảu aù, un rat. 一只老鼠(老鼠只一) mai$_4^{21-24}$zi$_4^{21}$hɔu$_2^{24}$ɔu$_4^{21}$

mái zệ tụ don, campagnol. 田鼠(老鼠挖洞) mai$_4^{21-24}$zi$_4^{21}$ tuʔ$_8^{21}$ ʔdɔn$_4^{21}$(没听说过)//mai$_4^{21-24}$zi$_4^{21}$koʔ$_8^{21}$ʔdɔn$_4^{21}$挖洞老鼠(老鼠挖洞)

mái zệ laù, chauve-souris. 蝙蝠 mai$_4^{21-24}$zi$_4^{21}$lau$_4^{21}$

lóng mai zệ, piège à rat. 老鼠笼(笼老鼠) lɔŋ$_2^{24-21}$ mai$_4^{21-24}$zi$_4^{21}$(lɔŋ$_2^{24}$笼≠loŋ$_2^{24}$龙)

lê (près), auprès 近 le$_3^{33}$//lɛŋ$_1^{35-21}$le$_3^{33}$附近

lê bỏn =*lê tểi*, récemment. 最近(近天=近时) le$_3^{33}$ ʔban$_2^{24}$(少说)= le$_3^{33}$ tei$_2^{24}$(少说)//le$_3^{33}$na$_3^{33}$ki$_5^{55}$ ʔban$_2^{24}$(常说)

dá lê hàu, vue courte. 近视(眼近见) ʔda$_1^{35}$le$_3^{33}$hɔu$_4^{21}$(没有听过)

dá lê liú, myopie. 近视(眼看近) ʔda$_1^{35}$le$_3^{33}$liu$_1^{35}$(少说)//ʔda$_1^{35}$liu$_1^{35-21}$le$_3^{33}$(常说)

bới lê =*nêa lê* =*tam lê*, approcher. 接近(去近 ʔbəi$_1^{35}$le$_3^{33}$=来近 nia$_3^{33}$le$_3^{33}$=走近 tam$_3^{33}$le$_3^{33}$)

p'ải lê kỏn, juxtaposé. 并列(排近互相) p^{h}ai$_2^{24}$le$_3^{33}$kɔn$_2^{24}$

=T. *'kləɯ* ใกล้(近)

lế *lẹk-lế*, gendre. 女婿 $\text{lɛk}_8^{21}\text{le}_1^{35}$

lẹk-lế nao, nouveau marié. 新郎(小郎新) $\text{lɛk}_8^{21}\text{le}_1^{35}\text{nau}_4^{21}$

=Li(w-l) *hlǝɯ*, Li(s) *tǝɯ*.

lẹk-lế, aigrefin, escroc. 女婿　按:法语解释另有"骗子"意,误。

lề *dí lê*, géographie. 地理 $\text{ʔdi}^{55}\text{le}^{21}$

kwả lề, administrer, gouverner. 管理 kua^{21} le^{21}(少说)//kuan^{21} le^{21}(常说)

băn lề, gérer. 办理 $\text{ʔban}_3^{33}\text{le}^{21}$

sã aù lề zoi, autonome. 自理(自己理得) $\text{sa}_5^{55}\text{ɔu}_4^{21}\text{le}^{21}\text{zai}_3^{33}$($\text{ɔu}_4^{21}=\text{hǝ}_4^{21}$)

*ᶜ *lịǝ* 理

mềng zọp lề, ver luisant. 萤火虫 $\text{miŋ}_2^{24-21}\text{zɑp}_8^{21}\text{le}_4^{21}$($\text{zɑp}_8^{21}$同"米")//= $\text{miŋ}_2^{24-21}\text{ziap}_8^{21}\text{le}_4^{21}$

lể (intéresser) 利 lɛi_4^{21}//$\text{zai}_3^{33}\text{lɛi}_4^{21}$得利

zóng lể tở-hoi sã aù, laisser ses affaires à l'abandon. 不理自己的事情(不理事会自己) $\text{zɑŋ}_5^{55}\text{le}_4^{21-24}\text{ʔbǝn}^{21-24}\text{si}^{33}=\text{zɑŋ}_5^{55}\text{le}_4^{21-24}\text{tǝ}_4^{21-24}\text{hoi}_3^{33}\text{sa}_5^{55}\text{ɔu}_4^{21}$　按:$\text{le}_4^{21}=\text{li}_4^{21}$理。

zóng lể bườn sú, laisser ses affaires à l'abandon. 不理自己的事情(不理本事) $\text{zɑŋ}_5^{55}\text{le}_4^{21-24}\text{ʔbǝn}^{21-24}\text{si}^{33}$//$\text{zɑŋ}_5^{55}\text{le}_4^{21-24}\text{tǝ}_4^{21-24}\text{hoi}_3^{33}\text{sa}_5^{55}\text{ɔu}_4^{21}$

zóng lể tỏ-hoi, incurie. 不管事(不理事会) $\text{zɑŋ}_5^{55}\text{le}_4^{21-24}\text{tǝ}_4^{21-24}\text{hoi}_3^{33}$(没听说过)//$\text{zɑŋ}_5^{55}\text{li}_4^{31}\text{tǝ}_4^{21-24}\text{hoi}_3^{33}$(常说)

<* *lịiˀ* 利

bố lể, verre. 玻璃 $\text{ʔbɔ}^{33}\text{li}^{24}$

<* *lịe* 璃

lể mọ aù, corbeille. 一个箩(箩枚一) le_2^{24} mɔʔ_8^{21} ɔu_4^{21}(实际读为 le_2^{24} $\text{mɔ}_4^{21-24}\text{ɔu}_4^{21}$)//$\text{le}_2^{24}$箩(细,装米);$\text{leu}_1^{35}$箩(粗,装瓜、红薯)。

sà lế, anse de panier. 篮子把(没听说过) $\text{sa}_3^{33}\text{li}_5^{55}$锅(铝锅)

nê *sô nê*, vinaigre. 醋 $\text{so}_3^{33}\text{ne}_3^{33}$醋//$\text{so}_1^{35}\text{ne}_3^{33}$长大//$\text{lɛk}_8^{21}\text{lɑk}_7^{55}\text{so}_1^{35}\text{ne}_3^{33}\text{zɑŋ}_5^{55}\text{ŋa}_2^{24}\text{kit}_7^{55}$孩子长大了不要打　按:此条法语释文有误,原意是长大成人(粗大/大大)。

sáo nê bêáu, brailler. 大声叫(声大叫) sau_1^{35} ne_3^{33} ʔbeu_1^{35}//= ʔbeu_1^{35} $\text{sau}_1^{35}\text{ne}_3^{33}$

nê grand 大 ne$_3^{33}$

ểng nê, frère plus âgé 兄 eŋ$_1^{35-21}$ne$_3^{33}$

ểng nê tỗk, frères. 兄弟 eŋ$_1^{35-21}$ne$_3^{33}$tok$_7^{55}$

ểng nê tỗk hổng hồng, frères utérins. 同胞兄弟（兄弟同胴）eŋ$_1^{35-21}$ne$_3^{33}$tok$_7^{55}$hoŋ$_2^{24-21}$hoŋ$_4^{21}$

sồng êng nê tỗk, cousins. 亲兄弟 sɔn$_5^{55}$eŋ$_1^{35-21}$ne$_3^{33}$tok$_7^{55}$　按：*sồng* 是 *sồn* 之误。参看 *sồn* 条。

hãk bễ ểng nê tỗk, cousins germains. 叔伯兄弟/堂兄弟 hak$_7^{55}$ ʔbeʔ$_7^{55}$ eŋ$_1^{35-21}$ne$_3^{33}$tok$_7^{55}$

hũk nê =*ka nê*, agrandir. 做大/加大 huk$_7^{55}$ne$_3^{33}$做大=ka$_1^{35}$ne$_3^{33}$加大

dam nê, avoir de l'aplomb. 胆大 ʔdam$_3^{33}$ne$_3^{33}$//=ʔdam$_3^{33}$so$_1^{35}$

kón nê, vorace. 贪吃（吃大）kɔn$_1^{35}$ne$_3^{33}$吃大//=ham$_3^{33}$kɔn$_1^{35}$贪吃

kón nê kón số, faire bombance. 大摆宴席（吃大吃粗）kɔn$_1^{35}$ne$_3^{33}$kɔn$_1^{35}$so$_1^{35}$//=kɔn$_1^{35}$so$_1^{35}$kɔn$_1^{35}$ne$_3^{33}$

kẹk nê, démesuré. 极大/很大 kek$_8^{21}$ne$_3^{33}$

k'êi nê, essouflé. 喘粗气（气大）k^{h}ei$_3^{33}$ne$_3^{33}$喘粗气/火气大

mọk diển nê, bloc de pierre. 大石头（石头大）mɑk$_8^{21}$ʔdien$_2^{24}$ne$_3^{33}$

=T. '*hñəɯ*　ใหญ่（大）

nế (mobile), branler, mouvoir 动 ne$_1^{35}$

ngào nế, ébranler, agiter remuer. 摇动 ŋau$_2^{24-21}$ne$_1^{35}$

nề tôm, émotion. 感动（动心）ne$_1^{35-21}$tɔm$_1^{35}$（没听说过）

nề kõk nề mể, gesticuler. 动手动脚（动脚动手）ne$_1^{35-21}$kok$_7^{55}$ne$_1^{35-21}$me$_2^{24}$活动手脚（动脚动手）//ʔbe$_3^{33}$kok$_7^{55}$ʔbe$_3^{33}$me$_2^{24}$用手脚比划（比脚比手）

nê kõk nê mể, se démener. 坐不住（动脚动手）ne$_1^{35-21}$kok$_7^{55}$ne$_1^{35-21}$me$_2^{24}$//ŋau$_2^{24-21}$kok$_7^{55}$ŋau$_2^{24-21}$me$_7^{55}$坐不住（摇脚摇手）

nề ấn=*bới ấn*, çà et là. 这儿和那儿 nɛ$_1^{35-21}$ən$_1^{35}$这儿≠ʔbəi$_5^{55}$ən$_1^{35}$那儿//nɛ$_1^{35-21}$ən$_1^{35}$=nɛ$_1^{35-21}$ʔdɔn$_4^{21}$这里//ʔbəi$_5^{55}$ən$_1^{35}$=ʔbəi$_5^{55}$ʔdɔn$_4^{21}$那里

nề (aiguiser) 磨（动词）ne$_2^{24}$

nề diển, pierre à aiguiser. 磨刀石 ne$_2^{24-21}$ ʔdien$_2^{24}$//ma$_2^{24-21}$ mɑk$_8^{21}$ ʔdien$_2^{24}$石磨

nể (aiguiser) 磨（动词）ne$_2^{24}$

nể mêak, polir. 打磨（磨光/磨滑）ne$_2^{24}$miak$_8^{21}$磨滑//ne$_2^{24}$liem$_3^{33}$磨光//

$sɔn_1^{35}$ $miak_8^{21}$ 路滑 ≠ $sɔn_1^{35-21}$ $miak_8^{21}$ 滑的路

hũk nề sể (être) esclave, asservi. 做奴隶(做奴才) huk_7^{55-33} ne_3^{33} se_2^{24}

nễ *lẹk nễ*, esclave, fille esclave. 小奴,女奴 $lɛk_8^{21}$ ne_3^{33} 小奴/女奴//$lɛk_8^{21}$ $neʔ_7^{55}$ 佣人

< * *nji* 妮

kề (quel) 几 ki^{21}

kề têi, quand. 何时(几时) $ke^{21}tei^{33}$(没听说过)//$ki^{21}tɛi^{21}$($tɛi^{21}$ = $tɛi_2^{24}$时)

mo kề tểi bới, à quelle date partirez-vous? 你几时去? $mɔ_3^{33}$ $ke^{21}tei^{24}$ $ʔbəi_1^{35}$ (没听说过)//$mɔ_3^{33}$ ki^{21} $tɛi^{21}$ $ʔbəi_1^{35}$(常说)

< *ᶜ *kịəi* 幾

kề (grade) 纪 ke_4^{21} 按:这条有问题。

luổn bểi kề, par rang d'ancienneté. 论资排辈(论辈纪) lun_2^{24-21} $ʔbəi_3^{33}$ ke_4^{21}

< * *kaəi* 堦

kể *dổn kể*, gorge, gosier. 喉咙/嗓子(洞喉) $ʔdɔn_4^{21-24}$ ke_2^{24}//$ziŋ_3^{33}$ ke_2^{24} 上吊(吊喉) 按:原文认为本字是"颈",误。

kể súng, bronche, pomme d'adam. 喉管/气管(喉囱) ke_2^{24-21} $suŋ_1^{35}$ 喉管/气管(喉囱)//$ʔdɔn_4^{21-24}$ ke_2^{24} 喉咙/食道(洞喉)//$mɑk_8^{21}$ ke_2^{24} 脖子前部//$mɑk_8^{21}$ $leŋ_4^{21}$ 脖子后部/整个脖子//$ʔdɑu_2^{24}$ ke_2^{24} 下巴(下喉)//ke_2^{24-21} $suŋ_1^{35}$ $zuaʔ_7^{55}$ 喉结(喉囱硬) 按:"囱"音同 $mɑk_8^{21}$ $suŋ_1^{35}$ "大葱"。

kể k'oãt, altéré. 口渴(喉渴) ke_2^{24} $k^huat_7^{55}$// = $k^huat_7^{55-33}$ $nɑm_4^{21}$

dổn kể k'oãt, avoir soif. 口渴(喉渴) $ʔdɔn_4^{21-24}$ ke_2^{24} $k^huat_7^{55}$

ká kể, ronfler. 打鼾/打呼噜(卡喉) ka_3^{33} ke_2^{24}

dổn kể zõa, trachée artère. 气管(喉咙硬) $ʔdɔn_4^{21-24}$ ke_2^{24} $zuaʔ_7^{55}$(不说)// $ʔdɔn_4^{21-24}$ ke_2^{24-21} $suŋ_1^{35}$(常说)

< *ᶜ *kịeŋ* 頸

kệ *kệ ũk*, débrouiller. 解出/清理 $keʔ_7^{55}$ uk_7^{55}

kệ mói, débrouiller du fil. 解线 $keʔ_7^{55-33}$ $mɑi_1^{35}$

kệ nắn, débrouiller une difficulté. 解难 $keʔ_7^{55-33}$ nan_2^{24}

kệ kỗk, déchaux. 赤脚(解脚) $keʔ_7^{55-33}$ kok_7^{55}// = lon_3^{33} kok_7^{55}(光脚)

kệ hải, déchausser. 脱鞋(解鞋) $keʔ_7^{55-33}$ hai_2^{24}

kệ máu, ôter le chapeau. 脱帽(解帽) $keʔ_7^{55-33}$ mau_5^{55}

kệ mạk mà, déboutonner. 解纽扣 $ke?_7^{55-33}mak_8^{21}ma_4^{21}$

kệ mườn = kệ sàu, charmer l'ennui. 解闷 = 解愁 $ke?_7^{55-33}mən_4^{21}$ = $ke?_7^{55-33}sɔu_2^{24}$

kệ k'oãt, étancher la soif. 解渴 $ke?_7^{55-33}k^huat_7^{55}$

kệ bởn zọt tsư, atermoyer. 改日子(解天日子) $ke?_7^{55-33}?ban_2^{24-21}zit_7^{55-33}tsi^{21}$ 另改日子(解天日子)//= $kak_8^{21}?ban_2^{24-21}zit_7^{55-33}tsi^{21}$ 其他日子(别天日子)// $ke?_7^{55-33}?ban_2^{24}$改日子//$liak_8^{21}?ban_2^{24}$选日子//$kek_7^{55-33}?ban_2^{24}$(隔天)

kễ *kễ mọ*, détacher le cheval. 解开马(解马) $ke?_7^{55-33}ma?_8^{21}$

kễ bới, détacher. 解开(解去) $ke?_7^{55}?bəi_1^{35}$

kễ k'ểi, délier, défaire. 解开,松开 $ke?_7^{55}k^hei_1^{35}$

kễ k'ô zoa, se dénuder. 脱衣服(解衣服) $ke?_7^{55-33}k^ho_3^{33}zua_3^{33}$//$lak_7^{55-33}k^ho_3^{33}zua_3^{33}$脱衣服

kễ ming, décommander. 解命(算命的帮人改命运) $ke?_7^{55-33}miŋ_4^{21}$

kí p'ong zóng kễ, définitif. 归根结蒂/决定性的(几处不解) $ki_5^{55}p^haŋ_4^{21}zaŋ_5^{55}ke?_7^{55}$几处不解(不说)//$ki_5^{55}lɛŋ_1^{35}zaŋ_5^{55}ke?_7^{55}$几处不解(好多荒地没开发)

kễ nàn, se dépêtrer. 解难 $ke?_7^{55-33}nan_2^{24}$

<*gaeˀ 解 =T. ‘kɛ แก้(解)

k'ề *k'ề kúai*, baroque. 奇怪 $k^hi^{21}kuai^{55}$(少说)//= $kak_8^{21}ziaŋ_4^{21}$(长流话,常说)

<*gi̯e 奇

k'ể *k'ể kúai*, anomalie. 奇怪

mon k'ể, temps accompli. 期满(满期) $man_4^{21}k^he_2^{24}$(海南话)// $?dɔŋ_5^{55}k^hi_4^{21}$

ding k'ể, fixer un délai. 定期 $?diŋ_3^{33}k^he_2^{24}$//= $?dia_3^{33}k^hi_4^{21}$

ding bởn k'ề, assigner un jour. 定日期 $?diŋ_3^{33}?ban_2^{24-21}k^he_2^{24}$(不说)// $?diŋ_3^{33}?ban_2^{24}$//$?dia_3^{33}ziet_8^{21}k^hi_4^{21}$(海南话) 按:海南话第 8 调(阳入)调值是 33 调。

<*giə 期

ngề cinq 五 $ŋe_4^{21}$

hau ngề, cinquième. 第五(头五) $hau_3^{33}ŋe_4^{21}$//$?dai_3^{33}ŋe_4^{21}$($?dai_3^{33}$同“带”)

ngề tọp, cinquante. 五十 $ŋe_4^{21-24}tɔp_8^{21}$

ngiặp ng'ề, vingt-cinq. 二十五 $ŋiap_7^{55-33}ŋe_4^{21}$(廿五)//$ŋiap_7^{55-33}ŋo_4^{21}$(别村

音混入)//$\eta\varepsilon i_4^{21}$二;$t\mathrm{ɔ}p_8^{21}\eta\varepsilon i_4^{21}$十二;$\eta\varepsilon i_4^{21-24}t\mathrm{ɔ}p_8^{21}$二十;$\eta iap_7^{55-33}\eta\varepsilon i_4^{21}$廿二

ngê tẫk, les cinq couleurs. 五色 ηe_4^{21-24} tek_7^{55}(不说)//ηa_5^{55} tek_7^{55}//ηa_5^{55} $m\mathrm{ɔ}ʔ_8^{21}$五个//$\eta a_5^{55}n\mathrm{ɑ}_3^{33}$五人

ngể ngiệt, le cinquième mois. 五月(第五个月) ηe_4^{21-24} ηit_8^{21}(五月份)// $\eta a_5^{55}k\varepsilon u_2^{24}$(五个月)

ngể kỗk liễk mạk, les produits de la terre (cinq céréales six fruits). 庄稼(五谷六麦) ηe_4^{21-24} kok_7^{55} $l\mathrm{ɔ}k_8^{21}$ $m\varepsilon k_8^{21}$//=ʔbek_7^{55-33} $ti\eta_3^{33}$ 庄稼(百姓)//$\mathrm{ɑ}\eta^{33}$ ʔ$bek_7^{55-33}ti\eta_3^{33}$庄稼人(翁百姓)//$huk_7^{55-33}$ʔ$bek_7^{55-33}ti\eta_3^{33}$种庄稼(做百姓)

dẽ ngể hẻng, fiancé. 未婚夫(押五行) ʔ$d\varepsilon ʔ_7^{55}$ ηe_4^{21-24} $h\varepsilon\eta_2^{24}$押五行 按:把未婚妻生辰八字押给男方。

<*ʿ *ṅou* 五

é se souvenir 忆 e_1^{35}

é zoi, retenir de mémoire. 记得(忆得) $e_1^{35}zai_3^{33}$

zóng é zai, oublier. 忘了(不忆得) $z\mathrm{ɑ}\eta_5^{55}$ $e_1^{35}zai_3^{33}$//ʔ$b\mathrm{ɑ}\eta_2^{24-21}$ $k\mathrm{ɑ}i_1^{35}$(忘鸡了)

zóng é zoi p'ong, mémoire courte. 记得不久(不忆得久) $z\mathrm{ɑ}\eta_5^{55}$ e_1^{35} zai_3^{33} $p^h\mathrm{ɔ}\eta_3^{33}$

<* *ʔi̭i*ʾ 意

têi ề tếng, consultation médicale. 看医生(问医生) tei_3^{33} e_1^{35-21} $te\eta_1^{35}$// zia^{21} $p^hi\eta^{21}$

<* *ʔi̭ə* 醫

hê (pêcher au filet) 捕捉(用网捕捉) he_2^{24}

hê tiến, remplacer. 替换 $he_3^{33}tien_1^{35}$(≠tin_1^{35}新/鲜)//$tien_1^{35-21}$ $k^ho_3^{33}$ zua_3^{33}换衣服

zêa hê mo bới, pour vous, j'irai 我替你去 $zia_3^{33}he_3^{33}m\mathrm{ɔ}_3^{33}$ʔ$b\mathrm{ə}i_1^{35}$

<* *t'ei*ʾ 替

hế *hế lảu*, cacher. 藏起来(藏起) $he_3^{33}he_3^{33}l\mathrm{ɔ}u_2^{24}$//$he_3^{33}$ $p^hia_2^{24-21}l\mathrm{ɔ}u_2^{24}$起来

hề (attraper) 捕捉(用陷阱捕捉) he_2^{24}

hề sọk, appréhender un voleur. 捉贼 $he_2^{24-21}s\mathrm{ɔ}k_8^{21}$//($s\mathrm{ɔ}k_8^{21}$贼≠$z\mathrm{ɔ}k_8^{21}$偷)

bểi hề-háng, feu-follet. 鬼火(火鬼) ʔ$b\varepsilon i_2^{24-21}hi_2^{24-21}ha\eta_1^{35}$鬼//($hi_2^{24-21}ha\eta_1^{35}$ = $he_2^{24-21}ha\eta_1^{35}$)//$li\eta_2^{24-21}lo\eta_2^{24}$玲珑(灯笼,转义为鬼火)

hề mọ aù, un sac. 捉一个(捉个一) he_2^{24} $m\mathrm{ɔ}ʔ_8^{21}$ $\mathrm{ɔ}u_4^{21}$ 按:实际读为 $m\mathrm{ɔ}_4^{21-24}\mathrm{ɔ}u_4^{21}$。

k'à hề (poche), gousset. 钱囊/小钱袋 k^{h}ɑ$_{4}^{21}$he$_{4}^{21}$

hể (attraper) 捕捉(用陷阱捕捉) he$_{2}^{24}$

soi hể bá, filet. 渔网(网捉鱼) sɑi$_{3}^{33}$he$_{2}^{24-21}$ʔba$_{1}^{35}$

hể bới, entrailles. 捉去 he$_{2}^{24}$ʔbəi$_{1}^{35}$捉去//lai$_{3}^{33}$tɑŋ$_{3}^{33}$内脏(海南话) 按:记音是"捉去",法语解释是"内脏",误。

sũt toáng hể noạk, lacet pour prendre des oiseaux. 捉鸟机关(缩桩捉鸟) sot$_{7}^{55-33}$tuaŋ^{33}he$_{2}^{24-21}$nuak$_{8}^{21}$

hể dêô, capturer. 捉住 he$_{2}^{24}$ʔdeu$_{3}^{33}$

=T. *h* ɛ (?) แห(网)

hể (*han-hể*, tout à fait). 完全地//hɔu$_{2}^{24-21}$he$_{2}^{24}$身体(≠hɑu$_{3}^{33}$he$_{4}^{21}$胃) 按:*han-hể*,应该是 *hau-hể*(身体)。

haù-hể zứi, tout nu. 全裸(身体空) hɔu$_{2}^{24-21}$he$_{2}^{24}$zɯi$_{1}^{35}$//=hɔu$_{2}^{24-21}$he$_{2}^{24}$zɯi$_{5}^{55}$zɯi$_{1}^{35}$

haù-hể noai, faible. 身体累 hɔu$_{2}^{24-21}$he$_{2}^{24}$nuai$_{3}^{33}$

p'on dỗk dệ haù-hể tsọk, trempé par la pluie. 被雨淋了(雨落滴身体湿) p^{h}ɑn$_{1}^{35}$ʔdok$_{7}^{55-33}$ʔdeʔ$_{8}^{21}$hɔu$_{2}^{24-21}$he$_{2}^{24}$ts^{h}ɑk$_{8}^{21}$

hau-hể zóng nung p'ềa lảu, alité. 卧病(身体不能起来) hɔu$_{2}^{24-21}$he$_{2}^{24}$zɑŋ$_{5}^{55}$nəŋ$_{2}^{24-21}$p^{h}ia$_{4}^{21}$lɔu$_{2}^{24}$//p^{h}ia$_{4}^{21}$lɔu$_{2}^{24}$起来(常说)=lɔu$_{2}^{24}$nia$_{3}^{33}$起来(少说)

这个-ê 韵与泰语、壮语的-eɯ 有规律地对应,见下表:

	临高	台语	壮语	石家	莫语	水语	侗语	黎萨	黎王
feuille 叶子	*bể*	*ʔbəɯ*	*ʔbəɯ*	*ʔbə*	*ʔva'*	*ʔwa'*	*pa'*	*bəɯ*	*pəɯ*
main 手	*mể*	*mɯ*	*mɯ> məɯ*	*mɯ*	*mi*	*mya*	*mya*	*məɯ*	*məɯ*
après-demain 后天	*zể*	*rɯ*	*rɯ > rəɯ*	*rɯ*	(*'ʔna*	/	*'ʔna*)	*ñəɯ*	*ñəɯ*[1]
dans 在里面	*zề*	*nəɯ*	*ʔdəɯ*	*ʔdə*	(*'ha:w*	*'ʔa:w*	** a:w*)	(*su-u*	/
près 近	*lê*	*'kləɯ*	*'kləɯ> 'kəɯ*	*tləɯ*	(*phyay'*	*phyay'*)	*ke*	*ləɯ pləɯ*	*pla:l*
grand 大	*nê*	*'hñəɯ*	(*ʔbɯk*	*ʔbɯk*)	(*la:w*	/	*la:w*)	(*luôṅ*	*lu:ṅ*)

1. 王力可能把 IPA 中腭化的 *ñ* 错排成 *p*-了。

E

bé engourdi 痹(麻痹) ʔbɛ$_{1}^{35}$

mể bé, mains engourdies. 手麻痹 me$_{2}^{24}$ʔbɛ$_{1}^{35}$

kỗk bé, pieds engourdis. 脚麻痹 kok$^{55}_{7}$ʔbɛ$^{35}_{1}$

bẹ (blanc) 白 ʔbɛʔ$^{33}_{8}$/擘 ʔbɛʔ$^{55}_{7}$

bẹ dá liú, écarquiller les yeux. 睁眼看(擘眼看) ʔbɛʔ$^{55-33}_{7}$ʔda$^{35}_{1}$liu$^{35}_{1}$

kang mìng bẹ, parler carrément. 讲明白 kaŋ$^{33}_{3}$meŋ$^{24-21}_{2}$ʔbɛʔ$^{33}_{8}$(海南话)

<H. *bẹ* **bak* 白

tả-bẹ *tả-bẹ*, fabricant. 师傅 ta^{33}ʔbɛ^{33}(海南话)

tả-bẹ hói hau, barbier. 剃头师傅 ta^{33}ʔbɛ^{33}hɔi$^{33}_{3}$hau$^{33}_{3}$

tả-bẹ tẹk siàng, maçon. 石匠师傅(师傅石匠) ta^{33}ʔbɛ^{33}tek$^{21}_{8}$siaŋ$^{21}_{4}$师傅石匠//=ta^{33}ʔbɛ^{33}ts^{h}ok$^{55-33}_{7}$siaŋ$^{24}_{2}$师傅筑墙//mɔk$^{21}_{8}$siaŋ$^{21}_{4}$木匠(墨匠)

<H. *tả-bẹ* **pak* 伯

bẽ déchirer 撕/擘/掰 ʔbɛʔ$^{55}_{7}$

bẽ dẻi, déchiqueter. 撕碎(擘烂) ʔbɛʔ$^{55}_{7}$ʔdɛi$^{24}_{2}$//=zik$^{21}_{8}$ʔdɛi$^{24}_{2}$

bẽ don nóng, écorcer. 剥皮(撕树皮) ʔbɛʔ$^{55-33}_{7}$ʔdɔn$^{33}_{3}$naŋ$^{35}_{1}$(不说)//ʔbɛʔ$^{55-33}_{7}$naŋ$^{35-21}_{1}$ʔdɔn$^{33}_{3}$(常说);//ʔbɛʔ$^{55-33}_{7}$naŋ$^{35}_{1}$剥皮//=zik$^{21}_{8}$naŋ$^{35}_{1}$

<H. *bẽ*

p'é éclater 破裂 p^{h}ɛ$^{35}_{1}$

p'é p'ẻng, pot cassé. 破罐子(破瓶) p^{h}ɛ$^{35-21}_{1}$p^{h}ɛŋ$^{24}_{2}$(瓦罐)//p^{h}ɛ$^{35-21}_{1}$ʔdaŋ$^{33}_{3}$(玻璃瓶);//ʔdaŋ$^{33}_{3}$=kok$^{55}_{7}$=luan$^{21}_{4}$ 按:这三种都是玻璃的。

<**p'ek* 劈

siủ-p'é, serviette de toilette. 手帕 siu^{21}p^{h}ɛ$^{55}_{5}$(海南话)//tuk$^{55-33}_{7}$p^{h}a$^{33}_{3}$hau$^{33}_{3}$头帕

<H. *siũ-p'é* **p'a'* 帕

p'è-kỗk *noạk p'è-kỗk*, pigeon, colombe. 鸽子(鸟破脚) nuak$^{21}_{8}$p^{h}ɛ$^{35-21}_{1}$kok$^{55}_{7}$ 按:"破脚"只是同音字。

noạk p'è-kỗk sóng, ramier. 野鸽子(山鸽<鸟破脚山) nuak$^{21}_{8}$p^{h}ɛ$^{35-21}_{1}$kok$^{55}_{7}$saŋ$^{35}_{1}$

<**bak* 白

mẽ (chèvre) 羊(山羊) mɛʔ$^{55}_{7}$(山羊;多说)//tuaŋ$^{24}_{2}$羊(山羊;少说)

bỏn mẽ, laine. 羊毛(毛羊) ʔban$^{24-21}_{2}$mɛʔ$^{55}_{7}$

kê bỏn mẽ, tondre des chèvres. 剪羊毛 keu$^{33}_{3}$ʔban$^{24-21}_{2}$mɛʔ$^{55}_{7}$//=keu$^{33}_{3}$ʔban$^{24-21}_{2}$tuaŋ$^{24}_{2}$

té　*mìng zộk dàu té*, dard d'abeille. 黄蜂蜇人(螟窝蜂蜇) miŋ$_2^{24-21}$zuk$_8^{21}$ʔdau$_4^{21}$ tɛ$_3^{33}$黄蜂蜇人//= miŋ$_2^{24-21}$ ʔdau$_4^{21}$ tɛ$_3^{33}$ 蜂蜇人//miŋ$_2^{24-21}$ zuk$_8^{21}$ ʔdau$_4^{21}$ 黄蜂//= miŋ$_2^{24-21}$ʔdau$_4^{21-24}$laŋ$_1^{35}$//miŋ$_2^{24-21}$ʔdau$_4^{21-24}$oŋ^{33}马蜂(蜂嗡)//miŋ$_2^{24-21}$ʔdau$_4^{21}$蜂// miŋ$_2^{24-21}$saŋ$_3^{33}$蜜蜂

tẹ　*tẹ liền ũk nêa*, tirer la langue. 伸出舌头(伸舌出来) tɛʔ$_8^{21}$lien$_4^{21}$uk$_7^{55}$nia$_3^{33}$

tẽ　*hòm tẽ*, glaner. 拾落穗 hɔm$_1^{35-21}$tɛʔ$_7^{55}$捡稻穗//hɔm$_1^{35-21}$tɔp$_8^{21}$收拾(捡拾)

dẽ　*dẽ ngể hẻng*, fiancé. 未婚夫(押五行) ʔdɛʔ$_7^{55}$ŋe$_4^{21-24}$hɛŋ$_2^{24}$押五行　按:指把未婚妻生辰八字押给男方。

nè　*nè ẩn*, ici. 这里/这儿 nɛ$_1^{35-21}$ən$_1^{35}$//nɛ$_1^{35-21}$ən$_1^{35}$=nɛ$_1^{35-21}$ʔdɔn$_4^{21}$这里=nɛ$_1^{35-21}$ hɛ$_1^{35}$这儿//ʔbəi$_5^{55}$ən$_1^{35}$那儿=ʔbəi$_5^{55}$ʔdɔn$_4^{21}$那里

nè mọ, ce, cet, ceci, celui-ci. 这个(这枚) nɛ$_1^{35-21}$mɔʔ$_8^{21}$

nè no, celui-ci. 这人 nɛ$_1^{35-21}$na$_3^{33}$

nè kiếm, cette nuit. 今晚 nɛ$_1^{35-21}$kim$_4^{21}$这晚//kim$_4^{21-24}$nɛi$_4^{21}$今晚//kɔn$_1^{35-21}$ kim$_4^{21}$吃晚饭

nêa nè an venez ici. 来这里 nia$_3^{33}$nɛ$_1^{35-21}$ən$_1^{35}$

nè p'êảng, (en) deçà. 这边(这旁) nɛ$_1^{35-21}$ p^{h}iaŋ$_2^{24}$这边//ʔbəi$_5^{55}$ p^{h}iaŋ$_2^{24}$ 那边

né ziàng, ainsi, comme ceci. 这样 nɛ$_1^{35-21}$ziaŋ$_4^{21}$(不说)nɛ$_1^{35-21}$eu^{33}(后字来自海南话 io^{33})

= T. ʻ *ni* C.-D. ʻ*ni*> *nei*　นี้(这/此)

nẻ aïeule, grand'mère, vieille femme　奶奶/祖母/老妇 nɛ$_2^{24}$

nẻ mai, belle-mère. 继母(奶妈)//hau$_3^{33}$ŋɛi$_4^{21}$(首二,继母)//mai$_4^{21-24}$nia$_4^{21}$ 岳母//mai$_4^{21-24}$noʔ$_7^{55}$奶妈

lẻ　*lẻ-lẹk*, fille (fillette). 小女孩/女儿 lɛ$_4^{21-24}$lɛk$_8^{21}$

làn lẻ-lẹk, petit-fille. 孙女 lan$_1^{35-21}$lɛ$_4^{21-24}$lɛk$_8^{21}$

ha lẻ-lẹk, marier une fille. 嫁女儿 ha$_3^{33}$lɛ$_4^{21-24}$lɛk$_8^{21}$

tse　*hỗk tse*, peùt-être. 或者 hok$_7^{55-33}$ts^{h}ɛ$_2^{24}$

<^{*c} *tsi̭e*　者

tsè *tsè tsêô-iù*, tremper dans la sauce de soja. 蘸酱油 ts^{h}ε$_{2}^{24-21}$tseu$_{5}^{55}$iu^{21}(tseu$_{5}^{55}$iu^{21}是海南话)//ts^{h}ε$_{2}^{24-21}$ts^{h}iaŋ$_{5}^{55}$zɔu$_{2}^{24}$(普通话) 按：原文认为本字是“浸”，误。

<* *tsi̭əm*ᵓ 浸

tsẻ *sêàu tsẻ*, mademoiselle. 小姐 siau^{21}ts^{h}ε^{21}

<*ᶜ *tsi̭a* 姐

sẹ *kỗk sẹ*, glisser du pied. 脚踩(脚来回踩)kok$_{7}^{55}$sεʔ$_{8}^{21}$//miak$_{8}^{21}$lian$_{3}^{33}$滑倒

sẽ *kẽ sàu sẽ mườn*, dissiper la tristesse. 解愁解闷 keʔ$_{7}^{55-33}$ sɔu$_{2}^{24}$ keʔ$_{7}^{55-33}$ mən$_{4}^{21}$//sε$_{2}^{24-21}$p^{h}o$_{4}^{21}$舒服 按：后一个 *sẽ* 是 *kẽ* 之误。

zé (? *zê* dans) 也许是 *zê*(里面)

di p'ang zé hé, en tout lieu. 哪个地方 ʔdi^{33}p^{h}aŋ^{33}zε$_{5}^{55}$hε$_{1}^{35}$ 按：法语解释是“在各处/所有地方”，误。

zẻ *zêâ zẻ kài*, laxatif, purgatif. 泻药(药泻屎) zia$_{1}^{35-21}$ zε$_{4}^{21-24}$ kai$_{4}^{21}$//zia$_{1}^{35-21}$ tia$_{3}^{33}$kai$_{4}^{21}$

ké *ké hổi*, ameublement, appareil, instrument. 家具(家规) kε^{33}kui^{33}家具/家俬/家产//kε^{33}kui^{33}na$_{1}^{35}$家产厚(= kε^{33}kui^{33}liau$_{4}^{21}$)

ko ké (demander congé). 告假/请假 ko$_{3}^{33}$kε$_{5}^{55}$告假(不说)//siŋ^{21}kε$_{5}^{55}$请假(常说)

tểi ké, congé. 假期(时假) tεi$_{2}^{24-21}$kε$_{5}^{55}$(不说)//kε$_{5}^{55}$k^{h}i^{21}(常说)//tεi$_{2}^{24-21}$heu$_{4}^{21}$时候

<H. *ké* *ᶜ *ka*ᵓ 假

kẻ feindre, faire semblant. 造假(假) kε$_{2}^{24}$

kẻ hũk, affecter, simuler, contrefaire. 假装(假做) kε$_{2}^{24}$ huk$_{7}^{55}$假做//huk$_{7}^{55-33}$keu$_{4}^{21-24}$kε$_{2}^{24}$造假

kang kùa kẻ, altérer la vérité. 讲假话(讲话假) kaŋ$_{3}^{33}$kua$_{4}^{21-24}$kε$_{2}^{24}$

hoa kẻ, contrefaçon. 假货(货假) hua$_{3}^{33}$kε$_{2}^{24}$(hua$_{3}^{33}$同“酸”)

bọk kẻ, erroné, apocryphe. 假的 ʔbɑk$_{7}^{55-33}$kε$_{2}^{24}$假的//ʔbɑk$_{7}^{55-33}$ts^{h}ɔn$_{1}^{35}$真的

ʔbok$_{7}^{55}$埋(浅、盖住) ʔbok$_{7}^{55-33}$huaŋ$_{4}^{21}$ 壅土(埋行)//ʔbok$_{7}^{55-33}$mɑt$_{8}^{21}$ 壅土//ʔbok$_{7}^{55-33}$kum$_{3}^{33}$盖被子

bak kẻ, arroné. 假的 ʔbɑk$_7^{55-33}$kε$_2^{24}$假的　按：arroné 是 erroné 之误。

kẻ p'ìng, contrefaire la maladie. 装病(假病) kε$_2^{24}$p^{h}iŋ$_4^{21}$//tsuaŋ$_4^{21}$p^{h}iŋ$_4^{21}$

hũk kẻ êi, dissimuler. 装样子(做假意) huk$_7^{55-33}$kε$_2^{24}$ei$_1^{35}$

kùa kẻ, faussetés. 假话(话假) kua$_2^{24-21}$kε$_2^{24}$

tsón tọt zóng kẻ, candeur. 真实不假 ts^{h}ɔn$_1^{35}$tɔt$_8^{21}$zɑŋ$_5^{55}$kε$_2^{24}$　按：tɔt$_8^{21}$实；tət$_7^{55}$告诉。

kẻ bỏn số, faux cheveux. 假发(毛发假) ʔbɑn$_2^{24-21}$so$_3^{33}$kε$_2^{24}$

<^{*c}*ka*　假

kẹ　*tsoản tóm kẹ ếi*, changer d'idée. 改主意/回心转意(转心解意) tsuan^{21} tɔm$_1^{35}$keʔ$_7^{55-33}$ei$_1^{35}$(少说)//keʔ$_7^{55-33}$ts^{h}o$_3^{33}$ei$_3^{33}$//=kɑi^{21}tu^{21}i$_5^{55}$//ləŋ$_1^{35-21}$tɔm$_1^{35}$

kẹ sàu sẽ mườn, dissiper la tristesse. 解愁解闷 keʔ$_7^{55-33}$sɔu$_2^{24}$keʔ$_7^{55-33}$mən$_4^{21}$　按：后一个 *sẽ* 是 *kẽ* 之误。

<^{*c}*kae*　解

kẽ　*kẽ tsing*, retoucher. 改正(解正) keʔ$_7^{55}$ts^{h}iŋ$_3^{33}$　按：原文认为本字是"改"，误。

kẽ tsô êi, se raviser. 改主意/回心转意(解主意) keʔ$_7^{55-33}$ts^{h}o$_3^{33}$ei$_3^{33}$//= kɑi^{21}tu^{21}i$_5^{55}$改主意//ləŋ$_1^{35-21}$tɔm$_1^{35}$回心

<^{*c}*kai*　改

ng'e　*hũk nge long*, affermir, raffermir. 加固(做硬朗) huk$_7^{55-33}$ŋε$_3^{33}$lɑŋ$_3^{33}$

<H. *ŋe*.

e (prendre) 拿/持/提 ε$_4^{21}$

e nêa, apporter. 拿来 ε$_4^{21}$nia$_3^{33}$//=ek$_7^{55}$nia$_3^{33}$

bêủ e, souffler dans un clairon. 吹喇叭/吹唢呐 ʔbeu$_4^{21-24}$ε$_3^{33}$(不说)//ʔbeu$_4^{21-24}$lɑu^{21} ʔba$_5^{55}$吹喇叭(村里的高音喇叭/音箱/军号) ʔbeu$_4^{21-24}$sui$_1^{35-21}$huaŋ$_1^{35}$吹笛子(huaŋ$_1^{35}$横)//=ʔbeu$_4^{21-24}$sui$_1^{35}$吹唢呐

è (prendre) 拿/持/提 ε$_4^{21}$

è nêa, attirer. 吸来/拉来 ε$_4^{21}$nia$_3^{33}$拿来/提来

è bới, emporter, ôter. 拿走，拿掉(拿去) ε$_4^{21}$ʔbəi$_1^{35}$//=ek$_7^{55}$ʔbəi$_1^{35}$

è lảu, enlever (retrancher), (réunir), soulever de terre. 拿起，翻地 ε$_4^{21}$lɔu$_2^{24}$//ek$_7^{55}$lɔu$_2^{24}$//ts^{h}ɑu$_3^{33}$mɑt$_8^{21}$(用锄头翻地)//lei$_2^{24-21}$zuai$_2^{24}$犁地//=lei$_2^{24-21}$mɑt$_8^{21}$犁地

hé　*zé-hé*, où? 哪里 zɛ$^{55}_{5}$hɛ$^{35}_{1}$哪里

di p'ang zè-hé, en tout lieu. 各处/所有地方(地方哪里) ʔdi^{33} p^{h}aŋ^{33} zɛ$^{55}_{5}$hɛ$^{35}_{1}$

mo zau zế-hé, où demeurez-vous? 你在哪儿?(你在哪里?) mɔ$^{33}_{3}$ zou$^{33}_{3}$ zɛ$^{55}_{5}$hɛ$^{35}_{1}$//mɔ$^{33}_{3}$zou$^{33}_{3}$zɛ$^{35}_{1}$//mɔ$^{33}_{3}$k^{h}ia$^{33}_{3}$zɛ$^{35}_{1}$

nêa nè hé, venez ici. 来这儿 nia$^{33}_{3}$nɛ$^{35-21}_{1}$hɛ$^{35}_{1}$//nɛ$^{35-21}_{1}$hɛ$^{35}_{1}$ = nɛ$^{35-21}_{1}$ʔdɔn$^{21}_{4}$这里// = nɛ$^{35-21}_{1}$ən$^{35}_{1}$这里(有时 = 这个)

kờ zau zé-hé, où est-il? 他在哪儿? kə$^{21}_{4}$zou$^{33}_{3}$zɛ$^{55}_{5}$hɛ$^{35}_{1}$

mo bới ze-hé, où allez-vous? 你去哪儿? mɔ$^{33}_{3}$ ʔbəi$^{35-21}_{1}$ zɛ$^{55}_{5}$ hɛ$^{35}_{1}$//mɔ$^{33}_{3}$ ʔbəi$^{35-21}_{1}$zɛ$^{35}_{1}$

zựt zé-hé nêa, d'où venez-vous? 你从哪儿来? lok$^{21}_{8}$ zɛ$^{55}_{5}$ hɛ$^{35}_{1}$ nia$^{33}_{3}$// = lok$^{21}_{8}$zɛ$^{35}_{1}$nia$^{33}_{3}$//lok$^{21}_{8}$nɛ$^{35-21}_{1}$ən$^{35}_{1}$ʔdɔŋ$^{35-21}_{1}$ʔbəi$^{55}_{5}$ən$^{35}_{1}$从这里到那里

kạk hé, ailleurs. 别的地方 kak$^{21}_{8}$hɛ$^{35}_{1}$// = kak$^{21}_{8}$lɛŋ$^{35}_{1}$//kak$^{21}_{8}$na$^{33}_{3}$别人(→zoŋ$^{35}_{1}$别人、他人)

hài hé, bottes, bottines. 靴子(无此说法) hai$^{24-21}_{2}$lum$^{33}_{3}$lɔi$^{35}_{1}$靴子(靴小腿长)//lum$^{33}_{3}$kok$^{55}_{7}$脚腕 = ŋan$^{33}_{3}$kok$^{55}_{7}$//lum$^{33}_{3}$me$^{24}_{2}$手腕 = ŋan$^{33}_{3}$me$^{24}_{2}$

hẽ　*hẹ* 嚇 hɛʔ$^{55}_{7}$

hẹ zống, épouvanter les gens. 嚇人(嚇别人) hɛʔ$^{55-33}_{7}$zoŋ$^{35}_{1}$

hẽ zống, menacer les gens. 嚇人/威胁人(嚇别人) hɛʔ$^{55-33}_{7}$zoŋ$^{35}_{1}$

<**χak*　嚇

这个-e 韵母只跟泰语中的一个双元音-êi 的词对应,其余都是福佬语词:

	临高	台语	壮语	石家	莫语	水语	侗语	黎萨	黎王
ceci 这	*nè*	*'ni*	*'ni>'nei*	*ni*	*na:i'*	…	*na:i'*	*nêi*	*ne*

ÊA (IA)

bêa (gâteaux) 饼 ʔbia^{21}

bêa-kon, biscuit. 饼干 ʔbia^{21}kan^{33}(海南话)// = ʔbia$^{21-24}$kan^{33}//ʔbiŋ$^{33}_{3}$饼(月饼)

<H. *bêã-kản*　^{*ᶜ}*piāng*　餅

béa (épaule) 肩膀(臂) ʔbia$^{33}_{3}$

bõk bêa, épaule. 肩膀(臂的) ʔbak$^{55-33}_{7}$ʔbia$^{33}_{3}$　按:指挑东西的部位。// ʔbak$^{55-33}_{7}$ʔbun$^{35}_{1}$　按:指颈椎部位。//ʔbak$^{55-33}_{7}$na$^{33}_{3}$表面//hak$^{21}_{8}$ʔbun$^{35}_{1}$含胸//

ʔbun$_1^{35-21}$ ta$_4^{21}$驼背

tiến bêa = *bưởn bêa*, changer d'épaule 换肩膀(换臂)= 翻臂 tien$_1^{35-21}$ ʔbia$_3^{33}$换肩(换人去挑)ʔbən$_4^{21-24}$ ʔbia$_3^{33}$换肩(同一人)//ʔbən$_4^{21-24}$ hɔu$_2^{24}$翻身//ʔbən$_4^{21}$ kua$_3^{33}$ nia$_3^{33}$

=T. *ʔba'* =C.-D. บ่า

p'êà-lảu, se lever (sortir du lit). 起来(起床) pʰia$_4^{21}$ lɔu$_2^{24}$起来(常说)//lɔu$_2^{24}$ nia$_3^{33}$起来(少说)//mɔ$_3^{33}$ pʰia$_4^{21}$ zɑŋ$_5^{55}$ pʰia$_4^{21}$ 你起来不起来//= mɔ$_3^{33}$ lɔu$_2^{24}$ zɑŋ$_5^{55}$ lɔu$_2^{24}$

hau-hế zóng nừng p'ề-lảu, alité (tempérament pas pouvoir se lever). 卧病(身体不能起来) hɔu$_2^{24-21}$ he$_2^{24}$ zɑŋ$_5^{55}$ nəŋ$_2^{24-21}$ pʰia$_4^{21}$ lɔu$_2^{24}$

têa (écrire) 写 tia$_3^{33}$

têa tứ, écrire des caractères. 写字 tia$_3^{33}$ tɯ$_1^{35}$

têa tiến, écrire une lettre. 写信 tia$_3^{33}$ tien$_5^{55}$

têa tiến nóng, écrire une adresse. 写地址(写信皮) tia$_3^{33}$ tien$_5^{55}$ nɑŋ$_1^{35}$(不说)//tia$_3^{33}$ ʔdɑŋ$_4^{21-24}$ tien$_5^{55}$写信封(写信筒)//ʔdɑŋ$_4^{21-24}$ tien$_5^{55}$信封/信皮(信筒)

p'aù têa tứ, cahier. 写字本(簿写字) pʰɔu$_4^{21-24}$ tia$_3^{33}$ tɯ$_1^{35}$

tsón mể têa=*tsón bõt têa*, autographe. 亲手写(亲笔写) sɔn$_5^{55}$ me$_2^{24}$ tia$_3^{33}$ = sɔn$_5^{55}$ ʔbɑt$_7^{55}$ tia$_3^{33}$(不变调)//≠sɔn$_1^{35-21}$ me$_2^{24}$伸手//sɔn$_1^{35}$亲

<H. *têa* *ᶜ*sia* 寫

têa (colique) 泻/拉肚子 tia$_3^{33}$

têa kài nòm, diarrhée. 拉肚子(泻屎水) tia$_3^{33}$ kai$_4^{21-24}$ nɑm$_4^{21}$//zɛ$_4^{21-24}$ kai$_4^{21-24}$ nɑm$_4^{21}$(更地道)

<H. *têá* **sia*ᵓ 瀉

têá (à crédit) 赊 tia$_1^{35}$

têa-têáu-tám-kéo, crédit de trois mois. 赊三个月(赊数三月) tia$_1^{35-21}$ tiau$_5^{55}$ tam$_5^{55}$ kɛu$_2^{24}$

têá ing, vendre à crédit. 赊卖 tia$_1^{35}$ iŋ$_3^{33}$

<H. *tẻa* **śia* 賒

têà riz cuit 饭/熟米 tia$_4^{21}$饭(稀饭)

kón têà, manger du riz. 吃饭/吃米饭 kɔn$_1^{35-21}$ tia$_4^{21}$

kón têà duốn aù, prendre un repas. 吃一顿饭(吃饭顿一) kɔn$_1^{35-21}$ tia$_4^{21}$

ʔdon$_5^{55}$ ɔu$_4^{21}$// = kɔn$_1^{35-21}$ tia$_4^{21}$ ʔdon$_3^{33}$

ngáu zỏng kôn tềa, s'attabler (asseoir descendre manger riz). 坐下吃饭 ŋou$_1^{35}$ zɔŋ$_2^{24}$ kɔn$_1^{35-21}$ tia$_4^{21}$

kôn têà dòng lểi, après avoir mangé. 后吃(吃饭后) 按:法语解释是"吃饭以后",误。kɔn$_1^{35-21}$ tia$_4^{21}$ ʔdaŋ$_1^{35-21}$ lei$_2^{24}$ 后吃(吃饭后)// = kɔn$_1^{35-21}$ tia$_4^{21}$ ʔda$_1^{35-21}$ lei$_2^{24}$//kɔn$_1^{35-21}$ tia$_4^{21}$ k^{h}ai$_3^{33}$ na$_3^{33}$ 先吃(吃饭先)

têà hểi aù, un bol de riz. 一碗饭(饭碗一) tia$_4^{21}$ hoi$_4^{21-24}$ ɔu$_4^{21}$// = tia$_4^{21}$ hui$_4^{21-24}$ ɔu$_4^{21}$

têà tsũk, bouillie (de riz). 粥(饭粥) tia$_4^{21-24}$ tsuk$_7^{55}$

<H. *têa*, repas = Li (s. wl) *t'a*

têà herbe à paillette. 茅 tia$_2^{24}$ 按:原文以为本字是"舍",误。

zản têà, cabane, baraque, chaumière. 窝棚,木板屋,茅屋(家茅草) zan$_2^{24-21}$ tia$_2^{24}$ 茅屋

<H. *têâ*, cabane **śia*ᵓ 舍

têạ (déborder) 溢出/泻 tia$_3^{33}$

têạ ũk nêa, déborder. 溢出来(泻出来) tia$_3^{33}$ uk$_7^{55}$ nia$_3^{33}$ 泻出来//tia$_3^{33}$ uk$_7^{55}$ nia$_3^{33}$ 写出来

<H. *têá* **si̭a*ᵓ 瀉

dêa décider, destiner 定 ʔdia^{33}(海南话)

zêặk dêa (garanti), assuré, certain. 一定 ziak$_7^{55-33}$ ʔdia^{33}(海南话)

dêa tóm, résolu. 下定决心(定心) ʔdia^{33} tɔm$_1^{35}$ 定心(不说)//ŋɛ$_3^{33}$ ʔdi$_5^{55}$ 硬要

tóm zóng dêa, balancer, hésiter, esprit sans consistance (cœur pas décidé). 举棋不定/犹豫不决(心不定) tɔm$_1^{35}$ zaŋ$_5^{55}$ ʔdia^{33}

dêa són, alliance, mariage. 订婚(定亲) ʔdia^{33} sɔn$_1^{35}$(少说)//ʔdia^{33} sɔn$_1^{35-21}$ ka$_1^{35}$(多说)

biễt dêa, absolument. 必定 ʔbit$_7^{55}$ ʔdia^{33}

zêặk dêa mưởn = *biễt dêa mưởn*, avéré. 一定有 ziak$_7^{55-33}$ ʔdia^{33} mən$_2^{24}$ = 必定有 ʔbit$_7^{55}$ ʔdia^{33} mən$_2^{24}$

lọp dêa = *dêa tọt*, déterminer. 确定(立定 lɔp$_8^{21}$ ʔdia^{33} = 定实 ʔdia^{33} tɔt$_8^{21}$)

kang zóng dêa, contestable. 不确定(讲不定) kaŋ$_3^{33}$ zaŋ$_5^{55}$ ʔdia^{33}

zóng dêa, douteux. 可疑(不定) zaŋ$_5^{55}$ ʔdia^{33}

zóng dêa dêo, aléatoire. 偶然的/碰运气的（不定着）zɑŋ$_5^{55}$ ʔdia^{33} deu^{33} 按："着"是海南话。

zông dêa zau, indéterminé. 未确定的/不定的（不定在）zɑŋ$_5^{55}$ ʔdia^{33} zou$_3^{33}$//zɑŋ$_5^{55}$zou$_3^{33}$

zóng dêa tểi, sans date fixée. 不定时 zɑŋ$_5^{55}$ʔdia^{33}tei$_2^{24}$

<H. *ʔdêả* **deŋʾ* 定

nêa venir 来 nia$_3^{33}$

doi nêa, amener. 带来 ʔdɑi$_3^{33}$nia$_3^{33}$

nêa lê, se rapprocher de. 接近（来近）nia$_3^{33}$le$_3^{33}$

lú'ng nêa, revenir. 回来 ləŋ$_1^{35}$nia$_3^{33}$ 按：*lú'ng* 是 *lứng* 之误。

sỏn hảu nêa, venir en personne. 亲自来（亲身来）sɔn$_5^{55}$hɔu$_2^{24}$nia$_3^{33}$亲身来//sɔn$_5^{55}$ʔbak$_7^{55}$kaŋ$_3^{33}$亲口讲 按：不说 sɔn$_1^{35-21}$hɔu$_2^{24}$。

âú nêa = e nêa = hông nêa, apporter. 带来 ɔu$_1^{35}$nia$_3^{33}$ = 拿来 ɛ$_4^{21}$nia$_3^{33}$ = 送来 hoŋ$_3^{33}$nia$_3^{33}$

nêa nè ấn = nêa nè hé, venez ici. 来这儿 nia$_3^{33}$nɛ$_1^{35-21}$hɛ$_1^{35}$这儿// = nɛ$_1^{35-21}$ ʔdɔn$_4^{21}$这里// = nɛ$_1^{35-21}$ən$_1^{35}$这里（或"这个"）

bỏn no nêa, qui vient? 谁来（人谁来）ʔbɑn$_4^{21-24}$nɑ$_3^{33}$nia$_3^{33}$

no nêa dóng, nouvellement arrivé. 刚到（刚来到）nɑ$_3^{33}$nia$_3^{33}$ʔdɔŋ$_1^{35}$//nɑ$_3^{33}$ nɑ$_3^{33}$ʔdɔŋ$_1^{35}$//nɑ$_3^{33}$ ≠ nɑ$_3^{33}$脸/前 按：ʔdɔŋ$_1^{35}$到 ≠ ʔdoŋ$_1^{35}$东 ≠ ʔduŋ$_1^{35}$凸出

zêa bới koa nêa, j'y suis déjà allé. 我去过了（我去过来）zia$_3^{33}$ ʔbəi$_1^{35}$ kua$_3^{33}$nia$_3^{33}$

bỏn tsẹk no nêa = bỏn tsẹk tsói nêa, revenez demain de nouveau. 明天才来 ʔbɑn$_2^{24-21}$ ts^{h}ɛk$_8^{21}$ nɑ$_3^{33}$ nia$_3^{33}$//ʔbɑn$_2^{24-21}$ ts^{h}ɛk$_8^{21}$ ts^{h}ɑi$_5^{55}$ nia$_3^{33}$ 明天再来（又来一次）//ʔbɑn$_2^{24-21}$ts^{h}ɛk$_8^{21}$ts^{h}uŋ$_2^{24-21}$nia$_3^{33}$明天重来（又来）

kang ũk nêa, déclarer, divulguer (dire sortir venir). 讲出来 kaŋ$_3^{33}$uk$_7^{55}$nia$_3^{33}$

dà-lểi nêa, futur (après venir). 以后来（以后才来）ʔda$_1^{35-21}$lei$_2^{24}$nia$_3^{33}$今后// = ʔdaŋ$_1^{35-21}$lei$_2^{24}$nɑ$_3^{33}$nia$_3^{33}$ 按：ʔda$_1^{35-21}$lei$_2^{24}$以后 ≠ ʔda$_3^{33}$lei$_2^{24}$脊背

T. *ma* C.-D. **hma* มา（来）

nêả (rizière) 稻田/水田 nia$_2^{24}$

nêả dọ aù, une rizière. 一块田（田块一）nia$_2^{24}$ʔdo$_5^{55}$ɔu$_4^{21}$// = nia$_2^{24}$ʔdo$_3^{33}$

nêả p'ưới, rizière fertile. 肥田（田肥）nia$_2^{24-21}$p^{h}əi$_1^{35}$

nêả súm, terrain maigre. 瘦田（田瘦）nia$_2^{24-21}$sum$_1^{35}$

sào nểa, mesurer les champs. 丈量田(抄田) sau$_1^{35-21}$nia$_2^{24}$//sik$_7^{55-33}$nia$_2^{24}$量田(尺田)//sik$_7^{55-33}$mɑt$_8^{21}$量地(尺地)

ziàng bỏn lểi nểa, laboureur. 农民/耕田人(人犁田) ziaŋ$_2^{24-21}$ʔbɑn$_2^{24}$lei$_2^{24-21}$nia$_2^{24}$犁田人//lei$_2^{24-21}$mɑt$_8^{21}$犁地(= lei$_2^{24-21}$zuai$_2^{24}$犁地)//ɑŋ^{33}ʔbek$_7^{55-33}$tiŋ$_3^{33}$庄稼人(翁百姓)//huk$_7^{55-33}$ʔbek$_7^{55-33}$tiŋ$_3^{33}$种庄稼(做百姓)

kọp nểa, grenouille. 青蛙/田鸡(蛤田) kɔp$_8^{21}$nia$_2^{24}$田鸡(大青蛙,能吃)//≠nuak$_8^{21}$ts^{h}ian$_1^{35}$青蛙(小,能吃)//ʔba$_1^{35-21}$ʔduŋ$_1^{35-21}$ts^{h}ian$_1^{35}$蝌蚪(鱼凸蛙)

bỏn zốm nểa = *bỏn lểi nểa*, agriculteur. 农民(人种田 ziaŋ$_2^{24-21}$ʔbɑn$_2^{24-21}$zom$_1^{35-21}$nia$_2^{24}$=人犁田 ziaŋ$_2^{24-21}$ʔbɑn$_2^{24-21}$lei$_2^{24-21}$nia$_2^{24}$) 按:*bỏn* 应该是 *ziàng bỏn*。

T. *na* > (*nɯə*). นา(稻田/水田)

lểa (recevoir) 领 lia^{21}(海南话白读)/liŋ^{21}(海南话文读)

ziàng-bỏn bố-lểa, défenseur. 保领人/担保人(人保领) ziaŋ$_2^{24-21}$ʔbɑn$_2^{24}$ʔbɑu$_3^{33}$leŋ^{21}担保人(人保领)//ziaŋ$_2^{24-21}$ʔbɑn$_2^{24}$ʔbɑu$_3^{33}$hu$_5^{55}$保护人(人保护)

<H. *bỗ-lêã* ^{*c}*liḙŋ* 領

lệạ (sommaire) 略 liak$_7^{55}$

lêạ lêạ kang, en raccourci, paroles concises. 讲话简短(略略讲) liak$_7^{55}$liak$_7^{55}$kaŋ$_3^{33}$

<H. *lêô-lêô* **li̭âk* 畧

tsêa (encore) 还/仍(且) ts^{h}ia$_5^{55}$

tsếa mướn zau, il en reste. 还有呢(且有在) ts^{h}ia$_5^{55}$mən$_2^{24}$zou$_3^{33}$//ts^{h}ia$_5^{55}$zou$_3^{33}$正在(且在)

tsêa mướn, il y en a encore. 还有(且有) ts^{h}ia$_5^{55}$mən$_2^{24}$

tsếa (correct) 正 ts^{h}ia$_1^{35}$ 按:海南话"正"的白读。

kông tsếa, équitable. 公正 kuŋ^{33}ts^{h}ia$_1^{35}$

zóng doắn tsếa, immodeste. 不端正 zɑŋ$_5^{55}$ʔduan^{33}ts^{h}ia$_1^{35}$

<H. *chêá* **či̭eŋ*ʾ 正

tsiá et *tsềa mướn*, Il y a aussi. 还有(且有) ts^{h}ia$_5^{55}$mən$_2^{24}$

< ^{*c}*ts'i̭a* 且

tsềa *tsềa tsoan*, vilebrequin. 曲柄钻(车钻) sia$_1^{35-21}$ts^{h}uan$_3^{33}$

tsêà (cacher) 遮 ts^{h}ia$_1^{35}$

k'ỗk tsềa na, masque. 面具(盖遮脸) k^{h}op$_7^{55-33}$ts^{h}ia$_1^{35-21}$na$_3^{33}$

tsếa lứng, offusquer la vue (cacher de nouveau). 遮住(遮回) ts^{h}ia$_{1}^{35}$ ləŋ$_{1}^{35}$遮住//ts^{h}ia$_{1}^{35-21}$ləŋ$_{1}^{35}$被遮住/被挡住

au mể tsêà na, se cacher le visage avec les mains (prendre main cacher visage). 用手遮脸(拿手遮脸) ou$_{1}^{35-21}$me$_{2}^{24}$ts^{h}ia$_{1}^{35-21}$na$_{3}^{33}$// =ou$_{1}^{35-21}$me$_{2}^{24}$ts^{h}ia$_{1}^{35-21}$na$_{3}^{33}$ləŋ$_{1}^{35}$

<H. *chêả* **či̭a* 遮

sêá (voiture, roue) 车 sia$_{1}^{35}$

sêá lêảng aù, un char, une voiture. 一辆车(车辆一) sia$_{1}^{35}$liaŋ$_{2}^{24}$ɔu$_{4}^{21}$

âú sêá há, charier. 用车拉(拿车拉) ou$_{1}^{35-21}$sia$_{1}^{35}$ha$_{1}^{35}$

k'úi sêa=diến sêa, automobile. 汽车=电车 k^{h}ui$_{5}^{55}$sia$_{1}^{35}$//ʔdien$_{5}^{55}$sia$_{1}^{35}$(长流话意思是电动车=ʔdien$_{5}^{55}$haŋ^{33}sia$_{1}^{35}$)

k'a sêa, bicyclette. 自行车(脚车) k^{h}a^{33}sia^{33}//=ʔdan^{33}sia^{33}

sêả nòm, noria. 水车(车水) sia$_{1}^{35-21}$nɑm$_{4}^{21}$(名词)

sêà nom, puiser de l'eau. 车水(动词)sia$_{1}^{35-21}$nɑm$_{4}^{21}$(用水车、辘轳、手提)

sêá lũt, rouet. 纺车(车轴) sia$_{1}^{35-21}$lot$_{7}^{55}$//=mak$_{8}^{21}$lot$_{7}^{55}$绕线轴 按: lot$_{7}^{55}$是绕线轴(lot$_{7}^{55}$≠lut$_{7}^{55}$松脱≠lut$_{8}^{21}$捋)

són hối séa, chemin de fer (chemin feu voiture). 铁路(火车路/路火车) sɔn$_{1}^{35-21}$hoi^{24}sia^{33}

ziàng bỏn sìng séa, cocher. 车夫(人乘车) ziaŋ$_{2}^{24-21}$ʔbɑn$_{2}^{24-21}$sɛŋ$_{2}^{24-21}$sia$_{1}^{35}$// ziaŋ$_{2}^{24-21}$ʔbɑn$_{2}^{24-21}$ŋou$_{1}^{35-21}$sia$_{1}^{35}$乘车人(人坐车) 按:长流话"乘车"是推车(人力车)//ziaŋ$_{2}^{24-21}$ʔbɑn$_{2}^{24}$ts^{h}eŋ$_{2}^{24-21}$sia$_{1}^{35}$修车的人(人整车) 按: ts^{h}eŋ$_{2}^{24}$整。

luổn sêá, roue de voiture. 车轮(轮车) lun$_{2}^{24}$sia$_{1}^{35}$//p^{h}ɑi$_{4}^{21-24}$sia$_{1}^{35}$ 按: p^{h}ɑi$_{4}^{21}$同"篦子"≠p^{h}ɑi$_{2}^{24}$扇子。

sêá tsong, cahoter en voiture. 车上颠簸(车撞) sia$_{1}^{35}$ts^{h}ɑŋ$_{3}^{33}$(车撞)// ts^{h}ɑŋ$_{3}^{33}$kiak$_{7}^{55}$打夯(撞脚)

sêá sêả k'ô zoa, machine à coudre. 缝纫机(车车裤衣) sia$_{1}^{35-21}$sia$_{1}^{35-21}$ k^{h}o$_{3}^{33}$zua$_{3}^{33}$

<H. *sê* **č'i̭a* 車

zêa (moi) 我 zia$_{3}^{33}$

zêa aú mo =zêa sê mo, je vous attribue, je vous donne. 我要你=我给你 zia$_{3}^{33}$ou$_{1}^{35}$mɔ$_{3}^{33}$=zia$_{3}^{33}$se$_{1}^{35}$mɔ$_{3}^{33}$//ou$_{1}^{35}$要/给//se$_{1}^{35}$给/分//ou$_{1}^{35}$zɑŋ$_{5}^{55}$ou$_{1}^{35}$要不要/给不给//se$_{1}^{35}$zɑŋ$_{5}^{55}$se$_{1}^{35}$//ou$_{1}^{35-21}$təŋ$_{3}^{33}$kəi$_{3}^{33}$要什么/给什么//se$_{1}^{35-21}$təŋ$_{3}^{33}$kəi$_{3}^{33}$给

什么/分什么

dểi zêa, mon. 我的(隶我) ʔdɛi$_{2}^{24}$zia$_{3}^{33}$

zêa nêàng bới mo, je vous l'abandonne, je vous le cède (moi céder aller toi). 我让给你(我让去你) zia$_{3}^{33}$niaŋ$_{4}^{21}$ʔbəi$_{1}^{35}$mɔ$_{3}^{33}$//mɔ$_{3}^{33}$niaŋ$_{4}^{21}$ts^{h}it$_{7}^{55}$让一让

dểi zêa dểi mo, le mien et le tien. 我的你的(隶我隶你) ʔdɛi$_{2}^{24}$zia$_{3}^{33}$ ʔdɛi$_{2}^{24}$mɔ$_{3}^{33}$

zản dểi sêa, ma maison (maison mienne). 我的房子(房子隶我)　按: *sêa* 为 *zêa* 之误。zan$_{2}^{24-21}$ʔdɛi$_{2}^{24}$zia$_{3}^{33}$//=zan$_{2}^{24-21}$zia$_{3}^{33}$

zêa sã-aù, moi-même. 我自己 zia$_{3}^{33}$sa$_{5}^{55}$ɔu$_{4}^{21}$

âú zêa liú, laissez-moi voir. 让我看/给我看 ou$_{1}^{35}$zia$_{3}^{33}$liu$_{1}^{35}$

zêa ding mo bới, j'irai à votre place (moi décider toi aller). 我顶你去　按: 法译文没有错,但括弧内直译是"我定你去"错误。zia$_{3}^{33}$ʔdiŋ$_{3}^{33}$mɔ$_{3}^{33}$ʔbəi$_{1}^{35}$//ʔdiŋ$_{3}^{33}$顶/订

zêá remède, médicament 药/医 zia$_{1}^{35}$

kêẳm zêá dọk=tsê zêá dọk, remède anodin. 止疼药(减药疼=止药疼) kiam$_{2}^{24-21}$zia$_{1}^{35-21}$ʔdɔk$_{8}^{2}$=ts^{h}e$_{4}^{21-24}$zia$_{1}^{35-21}$ʔdɔk$_{8}^{21}$//zia$_{1}^{35-21}$kiam$_{2}^{24-21}$ʔdɔk$_{8}^{21}$//zia$_{1}^{35-21}$ts^{h}e$_{4}^{21-24}$ʔdɔk$_{8}^{21}$//ts^{h}e$_{4}^{21-24}$ʔbɑʔ$_{7}^{55}$止血//ts^{h}e$_{4}^{21-24}$ʔdɔk$_{8}^{21}$止疼

kê zêá dọk, antidote. 解毒药(解药毒) keʔ$_{7}^{55-33}$zia$_{1}^{35-21}$ʔdɑk$_{8}^{33}$//=keʔ$_{7}^{55-33}$zia$_{1}^{35-21}$ʔduk$_{7}^{55}$//ʔdɑk$_{8}^{33}$p^{h}en$_{4}^{21}$毒品=ʔduk$_{7}^{55}$p^{h}en$_{4}^{21}$

zêá p'ãt nĩt, quinme (remède accès fièvre). 疟疾药(药发冷) zia$_{1}^{35-21}$p^{h}at$_{7}^{55-33}$nit$_{7}^{55}$

nòm zếa, tisane (eau remède). 汤药(水药) nɑm$_{4}^{21-24}$zia$_{1}^{35}$

zêá bô, tonique. 补药(药补) zia$_{1}^{35-21}$ʔbo$_{3}^{33}$

zêá p'ìng, traiter une maladie. 治病(医病) zia$_{1}^{35-21}$p^{h}iŋ$_{4}^{21}$医病//ʔbian$_{1}^{35-21}$zia$_{1}^{35}$买药

zêá téng, médecin, docteur. 医生(药生) zia$_{1}^{35-21}$teŋ$_{1}^{35}$//=e$_{1}^{35-21}$teŋ$_{1}^{35}$

zóng zêá zoi mải, abandonné par les médecins (pas remède pouvoir bien). 无药可救(不医得好) zɑŋ$_{5}^{55}$zia$_{1}^{35}$zai$_{3}^{33}$mai$_{2}^{24}$//=zɑŋ$_{5}^{55}$zia$_{1}^{35}$zai$_{3}^{33}$meŋ$_{3}^{33}$//zia$_{1}^{35}$mai$_{2}^{24}$=zia$_{1}^{35}$meŋ$_{3}^{33}$治好了

zêá zẻ kài, laxatif. 泻药(泻屎药<药泻屎) zia$_{1}^{35-21}$zɛ$_{4}^{21-24}$kai$_{4}^{21}$//=zia$_{1}^{35-21}$

tia$_3^{33}$kai$_4^{21}$

=C.-D. *ʔyɯə*, T. *ʔya* ยา(药)

zêá (coco) 椰

mạk zêá, coco (fruit coco). 椰子(果椰) mak$_8^{21}$zia$_2^{24}$

<*i̭a 椰

zêả-p'án (papaye) 木瓜(椰番) zia$_2^{24-21}$p^{h}an$_1^{35}$

don zêả-p'án, papayer (arbre coco-luxuriant). 木瓜树(树椰番) ʔdɔn$_3^{33}$ zia$_2^{24-21}$p^{h}an$_1^{35}$

kêá (miroir) 镜

soi-li kiá, jumelles. 望远镜(千里镜) sai^{33}li^{21}kia^{55}(海南话,王录尊)//sai^{33}li^{24}kia^{55} = sa^{33}li^{24}kia^{55}(海南话,二李) 按:二李的发音应该是将 21 调类推变调为 24 调。

<H. *sải-lĩ kia* *ki̭aŋˀ 鏡

k'êạ (ôter avec une pointe) 挑(用带尖的东西挑出) k^{h}iaʔ$_7^{55}$ 挑(挑刺、挑螺肉)

k'êạ ún, arracher une épine. 挑刺 k^{h}iaʔ$_7^{55-33}$un$_1^{35}$挑刺

kêàu k'êạ tón, cure-dent. 牙签(挑牙物<物挑牙) keu$_1^{35-21}$k^{h}iaʔ$_7^{55-33}$tɔn$_1^{35}$

ngêà (serpent) 蛇 ŋia$_2^{24}$

ngêả haú aù, un serpent. 一条蛇(蛇头一) ŋia$_2^{24}$hɔu$_2^{24}$ɔu$_4^{21}$

ngêà dọk =*ng'êà tsiềm*, vipère (serpent poison/mauvais). 毒蛇 = 坏蛇 ŋia$_2^{24-21}$ʔdɑk$_8^{33}$毒蛇;ŋia$_2^{24-21}$ts^{h}im$_4^{21}$(少说)//ŋia$_2^{24-21}$ɔk$_7^{55}$恶蛇(多说)//ʔduk$_7^{55-33}$ ŋia$_2^{24}$蛇毒 mɑʔ$_7^{55-33}$ʔdɑk$_8^{33}$吸毒

ngêâ nòm háu aù, une anguille, couleuvre (serpent eau individu un). 一条水蛇(蛇水头一) ŋia$_2^{24-21}$ nɑm$_4^{21}$ 水蛇 hɔu$_2^{24}$ ɔu$_4^{21}$//ŋia$_2^{24-21}$ nom$_2^{24}$ 蟒蛇 hɔu$_2^{24}$ɔu$_4^{21}$

=C.-D. *ŋɯə*, T. *ŋu* งู(蛇)

êà-bu camp (militaire). 营部(军队的) ia$_2^{24-21}$ʔbu$_3^{33}$//ia$_2^{24-21}$tsiaŋ^{21}营长

<H. *êà-bu* *ʷi̭eŋ 營

êa (en-bas) 撒(扬) ia$_3^{33}$ 按:原文认为本字是"下",误。应该是海南话"扬"。

êa náu làu, saupoudrer de sel. 撒盐进(扬盐进) ia$_3^{33}$nɑu$_3^{33}$lɔu$_4^{21}$

êả biển, ensemencer. 撒种(扬种) ia$_3^{33}$ʔbien$_2^{24}$//sa$_1^{35-21}$ʔbien$_2^{24}$点种

êả biển lảu nêả, ensemencer les champs. 撒种进田(扬种进田) ia_3^{33} $ʔbien_2^{24}lɔu_4^{21-24}nia_2^{24}$

<H. *êã* **ˁɣa* 下

hếa (bas) 下 hia_5^{55}

ziàng-bỏn hêá-dâng, les basses classes de la société. 下等人(人下等) $ziaŋ_2^{24-21}ʔbɑn_2^{24}hia_5^{55}ʔdəŋ^{21}$

**ˁɣa* 下

hêã (déchirer) 拆 $hiaʔ_7^{55}$

hêã mói ũk, découdre (déchirer fil sortir). 拆线(拆线出) $hiaʔ_7^{55-33}$ $mɑi_1^{35}uk_7^{55}$

héã k'ểi, défaire (démolir). 拆开 $hiaʔ_7^{55}k^hei_1^{35}$

<H. *hêả* **ṭʻak* 拆

这个-*êa* 韵只有两个例词,肯定与-*ɯə* 对应,汉语的"药"*i̯ak* 在临高语里竟然另有一个声调。其他词与-*a* 接近,因为可能是这个-*a* 产生了-*ɯə*:

	临高	台语	壮语	石家	莫语	水语	侗语	黎萨	黎王
serpent 蛇	*ngềa*	*ṅu*	*ṅɯə>ṅɯ*	*ṅuo*	(*rui*	* *vui*	* *zui*)	*žả*	*žả*
remède 药	*zềa*	*ʔya*	*ʔyɯə>ʔyɯ*	…	*ra*	*ga*	…	*ža*	/
épaule 肩膀	*bêa*	*ʔba'*	*ʔba'*	*va*	…	…	…	*vả*	*va*
rizière 稻田	*nểa*	*na*	*na*	*na*	(*ʔya'*	*ʔRa'*	*ʔya'*)	*nả ta*	*ta*
venir 来	*nêa*	*ma*	*hma*	*ma*	*hma*	*hma*	*hma*	(*lwəṅ*)	/
riz cuit 米饭	*tềa*	…	…	…	…	…	…	*tha*	*tha*
paillotte 茅屋	*tềa*	*Ga*	*Ga*	…	*hya*	*hya*	*tya*	*ha*	*ña*

Ư

p'ư *p'ư nòm mái*, expectorer. 吐唾沫/吐口水 $p^huʔ_7^{55-33}$ $nɑm_4^{21-24}$ mai_2^{24}// $ʔdɛŋ_4^{21-24}zɯn_1^{35}$流口水(嘴馋)//$zɯn_1^{35}ʔdɛŋ_4^{21}$口水流//lei_1^{35-21} $zɯn_1^{35}$流口水(婴幼儿)

tứ *zóng tám zóng tứ*, ambigu (pas trois, pas quatre). 不三不四 $zɑŋ_5^{55}$ $tam_1^{35-21}zɑŋ_5^{55}tɯ_5^{55}$

tư *hau tư*, quatrième. 第四(头四) $hɑu_3^{33}tɯ_3^{33}$第四(任意排名)//$nɛ_2^{24-21}$ ti_5^{55} ($nɛ_2^{24}$同"祖母")老四(排行)//$se_1^{35-21}tɯ_3^{33}$初四

tư tọp tui, quadragénaire. 四十岁 $tɯ_5^{55}tɔp_8^{21}tui_3^{33}$

<* *si̯i̯ʾ* 四

tư hoang zống, tromper. 欺骗人(诱谎别人) tɯ$_3^{33}$huaŋ$_3^{33}$zoŋ$_1^{35}$(损人不利己)//=kun$_5^{55}$zoŋ$_1^{35}$(骗别人)

tứ *chiệp tứ*, apprendre à lire. 学写字(习书) sip$_8^{21}$tɯ$_1^{35}$习字(习书) 按:原文认为本字是"字",误。

tứ lèng zé, caractères anciens. 古字(书从前) tɯ$_1^{35-21}$lɛŋ$_1^{35-21}$ze$_1^{35}$古字(书久远)//=tɯ$_1^{35-21}$k^{h}ai$_3^{33}$na$_3^{33}$古字(书从前)

têa tứ, écrire. 写字(写书) tia$_3^{33}$tɯ$_1^{35}$

ziàng-bỏn zông tỗk tứ, illettré. 不识字的人(人不懂书) ziaŋ$_2^{24-21}$ʔban$_2^{24}$zaŋ$_5^{55}$tɔk$_7^{55-33}$tɯ$_1^{35}$

liú tứ zông hểng, s'absorber dans l'étude. 专心看书(看书不停) liu$_1^{35-21}$tɯ$_1^{35}$zaŋ$_5^{55}$hɛŋ$_2^{24}$

tứ mài, alphabet. 字母(书母) tɯ^{33}mai^{21}

són top-tứ, croisement de routes (route dix-caractère). 十字路(路十书) sɔn$_1^{35-21}$tɔp$_8^{21}$tɯ$_1^{35}$//sɔn$_1^{35-21}$a^{33}sa^{33}三岔路(路丫杈)

sào tử, transcrire. 抄书(抄书) sau$_1^{35-21}$tɯ$_1^{35}$

p'oàng tứ, salle de bibliothèque. 书房(房书) p^{h}uaŋ$_2^{24-21}$tɯ$_1^{35}$(房书)//=p^{h}uaŋ$_2^{24-21}$sek$_7^{55}$(房册)

ka tứ, bibliothèque-meuble. 书架(架书) ka$_3^{33}$tɯ$_1^{35}$//=ka$_3^{33}$sek$_7^{55}$

sào tứ, copier. 抄书 sau$_1^{35-21}$tɯ$_1^{35}$

hoạk tứ, étudier, étudiant. 读书 huak$_8^{21}$tɯ$_1^{35}$(不说 huak$_8^{21}$sek$_7^{55}$)//zan$_2^{24-21}$huak$_8^{21}$学校

<H. **dziəʾ* 字

hồng tứ, almanach. 历书(通书) 按:海南话也叫"通书"(字、书不分)。hoŋ$_1^{35-21}$tɯ$_1^{35}$//sek$_7^{55-33}$lɛk$_8^{21}$heu$_2^{24}$历时书(册历时,长流话)

<H. *tủ* **śịo* 書

hoàng tứ, lieu d'aisance. 厕所(坑厕) huaŋ$_2^{24-21}$tɯ$_1^{35}$

<**ṭṣʻiəʾ* 廁

lữ *tọ lữ*, avoir le hoquet. 打嗝儿(跳咽) tɑʔ$_7^{55-33}$lɯʔ$_7^{55}$

lữ zỏng, avaler. 吞下/咽下 lɯʔ$_7^{55}$zɔŋ$_2^{24}$//zɔŋ$_2^{24}$nia$_3^{33}$下来

lữ *dung lữ*, croûte de plaie. 伤疤(疮鳞) ʔduŋ$_3^{33}$lɯʔ$_7^{55}$//=leu$_3^{33}$(疮好以后留

下的)//=ʔbak$_7^{55-33}$tuk$_8^{21}$tiaŋ$_1^{35}$(伤好以后留下的)//tuk$_8^{21}$kok$_7^{55}$踪迹(脚印)

lữ ng'êả, dépouille de serpent. 蛇皮(鳞蛇) lɯʔ$_7^{55-33}$ŋia$_2^{24}$

tèng lữ, encroûté. 痂皮(剩皮) tɛŋ$_4^{21}$lɯʔ$_7^{55}$

lự *lự bá*, écaille de poisson. 鱼鳞 lɯʔ$_7^{55-33}$ʔba$_1^{35}$

=T. *klet*, D. *klat*, C. *klap*. เกล็ด(鳞)

tsư *kệ bỏn zọt tsư*, atermoyer. 延期/改期(解天日子) keʔ$_7^{55-33}$ʔban$_2^{24-21}$ zit$_7^{55-33}$tsi^{21}另改日子(解天日子)//=kak$_8^{21}$ʔban$_2^{24-21}$zit$_7^{55-33}$tsi^{21}其他日子(别天日子)//keʔ$_7^{55-33}$ʔban$_2^{24}$改日子//liak$_8^{21}$ʔban$_2^{24}$选日子

dêa zọt tsư, fixer un jour. 定日子 ʔdia$_3^{33}$zit$_7^{55-33}$tsi^{21}

tsọt tsư, neveu. 侄子 lɛk$_8^{21}$tsʰɔt$_8^{21}$tsʰɿ$_3^{33}$

<*ᶜ *tsiə* 子

tsư *tẫk tsư*, violet. 紫色(色紫) tek$_7^{55-33}$tsʰɿ$_3^{33}$

<*ᶜ *tsiə̯* 紫

tsừ *tsừ lọk*, toupie. 陀螺/木锥 tsʰui$_1^{35-21}$lak$_8^{21}$

tsự *tsữ* *tsự nòm*, goutte d'eau. 水滴/水渍(渍水) tsʰɯʔ$_7^{55-33}$nam$_4^{21}$水滴/水滴//zɔʔ$_8^{21}$nam$_4^{21}$漏水

tsữ tsữ zỏng nêa, dégoutter. 滴滴下来(渍渍下来) tsʰɯʔ$_7^{55}$tsʰɯʔ$_7^{55}$zɔŋ$_2^{24}$ nia$_3^{33}$//zɔʔ$_8^{21}$zɔŋ$_2^{24}$nia$_3^{33}$

diêm diêm tsữ tsữ, suinter. 点点滴滴(点点渍渍) ʔdem$_3^{33}$ ʔdem$_3^{33}$ tsʰɯʔ$_7^{55}$tsʰɯʔ$_7^{55}$

sư *sứ* *sư kon*, affaire. 事件 sɯ$_3^{33}$kɔn$_3^{33}$(不说)//sɯ$_5^{55}$ken$_3^{33}$(常说)//= sɯ$_5^{55}$kien$_3^{33}$

sêản sư, frivolité. 琐事/无聊事 tə$_4^{21-24}$hoi$_3^{33}$niʔ$_7^{55}$

bãn sứ, arranger une affaire. 办事 ʔban$_3^{33}$tə$_4^{21-24}$hoi$_3^{33}$

zóng lể bưởn sư, laisser ses affaires à l'abandon. 不理自己的事情(不理本事) zaŋ$_5^{55}$le$_4^{21-24}$ʔbən$^{21-24}$si^{33}//= zaŋ$_5^{55}$le$_4^{21-24}$tə$_4^{21-24}$hoi$_3^{33}$sa$_5^{55}$ɔu$_4^{21}$ 按：le$_4^{21}$ = li$_4^{21}$理。

<* *d̥z̯iə̯ʔ* 事

与-*ư* 韵有关的多数是汉语借词，唯一与台语对应的例词是：

	临高	台语	壮语	石家	莫语	水语	侗语	黎萨	黎王
écaille 鳞	*lự*	*klet*, *klap*>	*kap*/ *klat* >*kyat*	*tlek*	*tyat*	(*kən'*	*kwən'*)	*lap*	*luap*

Ơ

tờ *sẻn tớ zêa ũk*, à mes dépens. 钱是我出 sen$_2^{24}$tə$_4^{21}$zia$_3^{33}$uk$_7^{55}$//sen$_2^{24-21}$zia$_3^{33}$我的钱

zản nè kán tờ dêi zêa, cette maison m'appartient. 我的房子(房子这间隶我) zan$_2^{24-21}$nɛ$_1^{35-21}$kan$_1^{35}$tə$_4^{21}$ʔdɛi$_2^{24}$zia$_3^{33}$// = zan$_2^{24-21}$zia$_3^{33}$

p'oạk tở ziàng-bỏn, domestique. 家仆(服侍人) pʰuak$_8^{21}$ tə$_4^{21-24}$ ziaŋ$_2^{24-21}$ ʔbɑn$_2^{24}$(不说)//pʰok$_8^{21}$tə$_4^{21-24}$ziaŋ$_2^{24-21}$ʔbɑn$_2^{24}$

p'ọk tờ zông, serviteur. 仆人(服侍别人) pʰok$_8^{21}$ tə$_4^{21-24}$ zoŋ$_1^{35}$//pʰok$_8^{21}$ tə$_4^{21-24}$ziaŋ$_2^{24-21}$ʔbɑn$_2^{24}$// = hɛŋ^{33} heu$_4^{21-24}$zoŋ$_1^{35}$伺候人(听候别人)//hɛŋ^{33} heu$_4^{21}$伺候(听候) 按：*zông* 是 *zống* 之误。参看 *p'ộk* 条。

nè no tờ mỏn no, quel est cet homme? 这人是谁? nɛ$_1^{35-21}$nɑ$_3^{33}$tə$_4^{21}$ʔbɑn$_2^{24}$ nɑ$_3^{33}$ 按：*mỏn* 应该是 *bỏn* 之误。

tờ *ká tọp-tờ*, croix. 十字架(架十字) ka$_3^{33}$tɔp$_8^{21}$tɯ$_1^{35}$

són tọp-tờ, croisement de routes. 十字路(路十字) sɔn$_1^{35-21}$tɔp$_8^{21}$tɯ$_1^{35}$// sɔn$_1^{35-21}$a^{33}sa^{33}三岔路(路丫杈)

<H. *top-tủ* **dziəˀ* 字

tờ *mạk tsau tớ*, jujube. 枣子(果枣子) mak$_8^{21}$tsʰau^{21}tsʰə^{21}

<*ᶜ*tsiə* 子

tợ *tờ-hoi nĩ*, petite chose. 小事(事会小) tə$_4^{21-24}$hoi$_3^{33}$niʔ$_7^{55}$//tə$_4^{21-24}$hoi$_3^{33}$ne$_3^{33}$大事(事会大)

tợ ũk, extirper. 拔出 təʔ$_8^{21}$uk$_7^{55}$

tở-hoi nĩ, frivolité, accessoire. 小玩意/小东西 按：法语解释不确。tə$_4^{21-24}$hoi$_3^{33}$niʔ$_7^{55}$小事(小事会)//keu$_4^{21-24}$niʔ$_7^{55}$小玩意/小东西

zóng mướn tỡ-hoi, en paix. 平安无事(没有事会) zaŋ$_5^{55}$mən$_2^{24}$tə$_4^{21-24}$hɔi$_3^{33}$

tở-hoi ủn sòng, (un) secret. 秘密(事会隐藏) tə$_4^{21-24}$hɔi$_3^{33}$on^{21}saŋ$_2^{24}$// = tə$_4^{21-24}$hɔi$_3^{33}$um$_3^{33}$(事会捂)

kàng tở-hoi dà lêi, prédire-l'avenir. 预言未来(讲事会以后) kaŋ$_3^{33}$tə$_4^{21-24}$ hoi$_3^{33}$ʔda$_1^{35-21}$lei$_2^{24}$

zóng lể tở-hoi sã où, laisser ses affaires â l'abandon. 不理(不理事会自

己）zaŋ$_5^{55}$le$_4^{21-24}$tə$_4^{21-24}$hoi$_3^{33}$sa$_5^{55}$ɔu$_4^{21}$（少说）//zaŋ$_5^{55}$li$_3^{33}$tə$_4^{21-24}$hoi$_3^{33}$sa$_5^{55}$ɔu$_4^{21}$（常说）

zóng mưởn tở-hoi, sans accident. 平安无事（没有事会）zaŋ$_5^{55}$mən$_2^{24}$ tə$_4^{21-24}$hɔi$_3^{33}$

zóng kắn tở zêa, ce n'est pas mon affaire. 不关我事（不干是我）zaŋ$_5^{55}$ kan$_1^{35-21}$tə$_4^{21-24}$zia$_3^{33}$//zaŋ$_5^{55}$kan$_1^{35-21}$tə$_4^{21}$ = zaŋ$_5^{55}$tə$_4^{21}$不是//kan$_4^{21}$tə$_4^{21}$zaŋ$_5^{55}$kan$_1^{35-21}$tə$_4^{21}$是不是？//kan$_1^{35-21}$tə$_4^{21}$mɔ$_3^{33}$kou$_5^{55}$干你什么事？

tở-hoi　*tở-hoi*, besogne. 事儿/活儿 tə$_4^{21-24}$hoi$_3^{33}$（事会）

tở-hoi lèng zế, légende, conte. 故事(事会以前) tə$_4^{21-24}$hoi$_3^{33}$lɛŋ$_1^{35-21}$ze$_1^{35}$

tở-hoi zản affaires de ménage. 家务事（事会家）tə$_4^{21-24}$hoi$_3^{33}$zan$_2^{24}$（少说）//tə$_4^{21-24}$hoi$_3^{33}$ze$_1^{35-21}$zan$_2^{24}$(常说)

tở-hoi zau zế zản, affaires domestiques. 家务活儿（事会在里面家）tə$_4^{21-24}$hoi$_3^{33}$ze$_1^{35-21}$zan$_2^{24}$（少说）

bon tở-hoi bon zoi k'oai, expéditif en affaires. 办事会办得快 ʔban$_3^{33}$ tə$_4^{21-24}$hoi$_3^{33}$zai$_3^{33}$k^{h}uai$_3^{33}$

băn tở-hoi, arranger une affaire. 办事情(办事会) ʔban$_3^{33}$tə$_4^{21-24}$hoi$_3^{33}$

tở-hoi zóng meng, désagrément. 事会不好 tə$_4^{21-24}$hoi$_3^{33}$zaŋ$_5^{55}$mɛŋ$_3^{33}$

bưởn tở-hoi, habileté, adresse. 有事情(有事会) mən$_2^{24-21}$tə$_4^{21-24}$hoi$_3^{33}$

按：*bưởn* 是 *mưởn* 之误。法语解释是“有技术的，灵巧的”，存疑。

tsơ　*ểng nề tỗk tsơ sểng*, fraternité. 兄弟关系（哥弟之情）eŋ$_1^{35-21}$ne$_3^{33}$tok$_7^{55}$ t^{h}ə^{33}seŋ$_2^{24}$

sở (privé) 私 sə$_1^{35}$

zóng sở tóm, impartial (pas privé cœur). 没私心 zaŋ$_5^{55}$sə$_1^{35-21}$tɔm$_1^{35}$不厌其烦/耐心(没私心)//zaŋ$_5^{55}$ku$_5^{55}$li$_5^{55}$没私心(不顾利)

<* *si̭i*　私

sở déduire, retrancher, excepter, soustraire 除 sə$_2^{24}$

sở bới, à la réserve de, annuler, excepter, exclure, éliminer. 除去 sə$_2^{24}$ ʔbəi$_1^{35}$//kɛ^{33}kiam^{21}səŋ$^{55/53}$sə$_2^{24}$加减乘除

sở k'ếi, excepter, à la réserve de. 除了(除开) sə$_2^{24}$k^{h}ei$_1^{35}$除开（不说）// sə$_2^{24}$ʔbəi$_1^{35}$除去(常说)

<C. *tšhü*　* *di̭o*　除

sợ　*sợ k'êi*, aspirer. 吸气 səʔ$_8^{21}$k^{h}ei$_3^{33}$//səʔ$_8^{21}$lan^{21}伸懒腰// = səʔ$_8^{21}$hɔu$_2^{24}$伸

腰//səʔ$_8^{21}$liŋ$_4^{21}$伸脖子(王录尊)//səʔ$_8^{21}$leŋ$_4^{21}$(二李)

kờ il, lui 他(其) kə$_4^{21}$/kɯ$_4^{21}$　按:"他"临高语西部方言读[kə$_2^{55}$/kə$_2^{35}$/kə$_2^{53}$],东部方言大多读[kə$_2^{33}$],只有长流、荣山、石山读[kə$_4^{21}$],长流又读[kɯ$_4^{21}$]。

ũt kờ hũk, pressez-le de faire. 催他做 ut$_7^{55-33}$kə$_4^{21}$huk$_7^{55}$塞给他做(遏他做)//soi$_1^{35-21}$kə$_4^{21}$huk$_7^{55}$催他做

kờ zau zản, il est à la maison. 他在家 kə$_4^{21}$zou$_3^{33}$zan$_2^{24}$

dêi kờ, son, sien. 他的/她的(隶他) ʔdɛi$_2^{24}$kə$_4^{21}$

kờ zóng zau zản, il n'est pas chez lui. 他不在家/他不在 kə$_4^{21}$zaŋ$_5^{55}$zou$_3^{33}$zan$_2^{24}$

dêỉ kờ, le sien. 他的/她的 ʔdɛi$_2^{24}$kə$_4^{21}$

没有确切对应的泰语词。

A

ba (cesser) 罢 ʔba$_3^{33}$

ba kống, chômer, cesser le travail. 罢工 ʔba$_3^{33}$koŋ$_1^{35}$//huk$_7^{55-33}$koŋ$_1^{35}$做工(工作)//≠huk$_7^{55-33}$kuŋ$_1^{35}$做公(当爷爷)

< H. *ba*　* *bae*　罢

ba (cible) 靶子 ʔba$_3^{33}$

kĩt ba, tirer à la cible. 打靶(击靶) kit$_7^{55-33}$ʔba$_3^{33}$打靶(击靶)//kit$_7^{55-33}$ʔba^{21}枪毙(击靶)

< H. *bã*　* *pa'*　靶

ba-tsiang (gifle) 巴掌 ʔba^{33}tsiaŋ^{21}

kit ba-tsiang, gifle, gifler, donner un soufflet. 鼓掌(击巴掌) kit$_7^{55-33}$ʔba^{33}tsiaŋ^{21}//tat$_8^{21}$me$_2^{24}$鼓掌(拍手)//tat$_8^{21}$ʔdan$_3^{33}$me$_2^{24}$两人击掌//pʰɑi$_4^{21}$pʰəi$_2^{24}$ɔu$_4^{21}$搧一巴掌

<* *pa*　巴

ba-lô (ceinture) 腰带(把腰) ʔba$_3^{33}$lo$_3^{33}$

ba-lô hẻo aù, une ceinture. 一条腰带(把带条一) ʔba$_3^{33}$lo$_3^{33}$腰带(把腰)//ʔba$_3^{33}$laŋ$_3^{33}$斗笠带子(把笠)//ʔba$_3^{33}$hai$_2^{24}$鞋带(把鞋)

ba-lô nóng, courroie. 皮腰带(把腰皮) ʔba$_3^{33}$lo$_3^{33}$nɑŋ$_1^{35}$

âú ba-lô kọt lô, se ceindre. 扎腰带（拿把腰扎腰） ou$_1^{35-21}$ ʔba$_3^{33}$ lo$_3^{33}$ kɑt$_8^{21}$ lo$_3^{33}$

ba vieille femme. 伯母 ʔba$_3^{33}$//ʔbeʔ$_7^{55}$ ʔba$_3^{33}$ 伯父伯母（面称背称都可以）//ʔba$_3^{33}$zia$_3^{33}$我的伯母//ʔba$_3^{33}$老阿姨（礼貌泛称）

<* *bâ* 婆

ba (*la-ba*, clairon). 喇叭

lɑu^{21} ʔba$_5^{55}$（村里的高音喇叭/音箱/军号）//sui$_1^{35}$唢呐

<** *pat* 口抖

bá (poisson) 鱼 ʔba$_1^{35}$

bá hàu, aù, un poisson. 一条鱼（鱼一条） ʔba$_1^{35}$ hɔu$_2^{24}$ ɔu$_4^{21}$ 按：动物量词都用 hɔu$_2^{24}$。

lẹk bá, alevin. 鱼苗 lɛk$_8^{21}$ ʔba$_1^{35}$

bá tín, poisson frais. 鲜鱼（鱼鲜/鱼新） ʔba$_1^{35-21}$ tin$_1^{35}$

zậk bá, arête de poisson. 鱼骨（骨鱼） zək$_7^{55-33}$ ʔba$_1^{35}$鱼骨//k^{h}ɑk$_7^{55-33}$ ʔba$_1^{35}$鱼刺

bĭk bá, nageoire (de poisson). 鱼翅（翅鱼） ʔbik$_7^{55-33}$ ʔba$_1^{35}$

bèng bá, étang à poissons. 鱼塘 ʔbɛŋ$_4^{21-24}$ ʔba$_1^{35}$池塘（小）//huaŋ$_2^{24-21}$ ʔba$_1^{35}$池塘（大）

soi hể bá, filet de pèche. 渔网（网捉鱼） sɑi$_3^{33}$ he$_2^{24-21}$ ʔba$_1^{35}$

=T. *pla* =C.-D. ปลา（鱼）

bâ (*bôn-bà*, hier.) 昨天 ʔbɑn$_2^{24-21}$ ʔba$_2^{24}$

=T. *wa*, *ŋwa* วา

bà nuage 云 ʔba$_4^{21}$

hiến mưởn bà, (ciel) nuageux. 有云天（天有云） hien$_1^{35}$ mən$_2^{24-21}$ ʔba$_4^{21}$//=ʔda$_3^{33}$ p^{h}a$_3^{33}$ mən$_2^{24-21}$ ʔba$_4^{21}$（少说）//hien$_1^{35}$ zɑm$_1^{35}$ 天黑//hien$_1^{35}$ huak$_8^{21}$ ʔbɑn$_3^{33}$ 天刮风//hien$_1^{35}$huk$_7^{55-33}$ŋon$_2^{24}$天刮台风

dà mưởn bà, taie sur l'œil. 白内障（眼有云） ʔda$_1^{35}$mən$_2^{24-21}$ ʔba$_4^{21}$

=T. *'fa* ฟ้า（天空）

bả (*mạk-bả*, cuisse). 大腿 ʔba$_2^{24}$ mak$_8^{21}$ ʔba$_2^{24}$ 大腿//mak$_8^{21}$ kok$_7^{55}$ 小腿//mak$_8^{21}$ lɛu$_3^{33}$小腿肚子//lum$_3^{33}$kok$_7^{55}$脚腕=ŋan$_3^{33}$kok$_7^{55}$//lum$_3^{33}$me$_2^{24}$手腕=ŋan$_3^{33}$me$_2^{24}$

=T. *kha* =C.-D. *ka*=S.-T. *pa* ขา（腿/足）

p'a (ciel) 天/天空 ʔda$_3^{33}$p^{h}a$_3^{33}$

zau zúng da p'a, en l'air (p. 17) 在空中 zou$_3^{33}$zuŋ$_1^{35-21}$ ʔda$_3^{33}$p^{h}a$_3^{33}$//zou$_3^{33}$

zuŋ$_1^{35-21}$ p^{h}iaŋ$_4^{21-24}$ zuŋ$_1^{35}$ 在上面//p^{h}iaŋ$_4^{21-24}$ zuŋ$_1^{35}$ p^{h}iaŋ$_4^{21-24}$ ʔdɑu$_2^{24}$//kun$_3^{33}$ kun$_3^{33}$ zɔŋ$_2^{24-21}$zɔŋ$_2^{24}$上上下下

=T. ‘*va*=Li *fa* ฟ้า

p’a (turban) 帕子 p^{h}a$_3^{33}$

tụk p’a kọt hau, turban pour la tête. 头帕/头巾(洗帕扎首) tuk$_7^{55-33}$p^{h}a$_3^{33}$ kɑt$_8^{21}$hɑu$_3^{33}$

**p‘a*ʾ 帕

p’à (herse) 耙 p^{h}a$_2^{24}$

p’à lêáng aù, (une) herse. 一张耙(耙辆一) p^{h}a$_2^{24}$liaŋ$_5^{55}$ɔu$_4^{21}$(机械耙) p^{h}a$_2^{24}$mai$_2^{24}$ɔu$_4^{21}$(手耙)//ko$_1^{35-21}$ ŋiau$_1^{35}$钩耩(猪八戒那种耙子)//=kuak$_7^{55-33}$ ŋiau$_1^{35}$镢耩(猪八戒用的)//ŋiau$_1^{35-21}$kɔm$_2^{24}$挠痒//mit$_8^{21}$ko$_1^{35}$柴刀(刀钩)

p’à nêà, herser les champs. 耙田 p^{h}a$_2^{24-21}$nia$_2^{24}$

<**p‘a.* 耙

má (chien) 狗 ma$_1^{35}$

hộk má, chien (mâle). 公狗(特狗) 按:“特”是上古汉语词,表示雄性。hɔk$_8^{21}$ma$_1^{35}$

mai má, chienne. 母狗(狗母) mai$_4^{21-24}$ma$_1^{35}$(生仔)//ŋɔn$_2^{24-21}$ ma$_1^{35}$(未生仔)

mã sóng, loup. 狼(狗山) ma$_1^{35-21}$sɑŋ$_1^{35}$(没听说过)//=lɑŋ$_2^{24}$

má hảu sau, le chien aboie. 狗吠(狗只吠) ma$_1^{35-21}$hɔu$_2^{24}$sɑu$_3^{33}$狗吠(这只狗叫)//mou$_1^{35-21}$ hɔu$_2^{24}$ ʔbeu$_1^{35}$猪叫//kɑi$_1^{35-21}$ hɔu$_2^{24}$ tan$_1^{35}$公鸡打鸣//mai$_4^{21-24}$ kɑi$_1^{35}$ ʔbeu$_1^{35}$母鸡叫

má kọp, le chien mord. 狗咬 ma$_1^{35}$kɑp$_8^{21}$//ma$_1^{35-21}$kɑp$_8^{21}$咬人的狗

nám má = *dau má*, agacer un chien. 玩狗 nam$_1^{35-21}$ ma$_1^{35}$ = 逗狗 ʔdɑu^{33} ma$_1^{35}$//=tɯ$_3^{33}$ma$_1^{35}$引诱狗

=T. *hma* =C.-D. =T. *hngwa* หมา(狗)

mà moudre 磨(动词) ma$_4^{21}$

mà mộ aù, une meule. 一个磨(磨个一) ma$_4^{21}$mɔʔ$_8^{21}$ɔu$_4^{21}$ 按:实际读为 mɔ$_4^{21-24}$ɔu$_4^{21}$

<**mâ* 磨

mà (*mọk-mà*, bouton). 纽扣 mak$_8^{21}$ma$_4^{21}$//=mɑk$_8^{21}$ma$_4^{21}$//sam$_1^{35-21}$mak$_8^{21}$ma$_4^{21}$扣

上扣子

ta (trois) 三 ta^{33}(海南话)//=tam_1^{35}(临高语)

ta hì mọ aù, une guitare (trois cordes). 一个三弦(三弦个一) $ta^{33}hi^{21}$ $mɔʔ_8^{21}ɔu_4^{21}$(少说)

<H. *tả* **səm* 三

ta (veste) 衣/上衣(衫) ta^{33} 按:衫的海南话说法。

zoa ta lóng, gilet. 背心(衣衫毛线) 按:临高语、海南话混合说法。$zua_3^{33}ta^{33}lɑŋ_5^{55}$

ta lóng, veste. 上衣(衫毛线)$ta^{33}lɑŋ_5^{55}$

lay ta, chemise. 里衣(里衫) lai_3^{33} ta^{33}内衣/里衣//$sot_7^{55}ta^{33}$衬衣 按:应该是海南话 $son^{55}ta^{33}$的讹变,“讲村了一点”$kaŋ_3^{33}ʔbe_3^{33}ts^hit_7^{55}$。

<H. *tả.* **ṣəm* 衫

tà (posé sur le dos) 背(担) ta_4^{21}

tà bới, porter sur le dos. 背去(担去) $ta_4^{21}ʔbəi_1^{35}$ 按:海南话、临高话混合说法。//$ta_4^{21-24}keu_4^{21}$背东西//$hap_7^{55-33}keu_4^{21}$挑东西

<H. ta.

tả-bẹ fabricant 师傅 $ta^{33}ʔbɛ^{33}$

tả-bẹ hói hau, barbier. 剃头师傅(师傅剃头) $ta^{33}ʔbɛ^{33}hɔi_3^{33}hɑu_3^{33}$

tả-bẹ tẹk siàng, maçon. 石匠师傅(师傅石匠) $ta^{33}ʔbɛ^{33}tek_8^{21}siaŋ_4^{21}$师傅石匠//$ta^{33}ʔbɛ^{33}ts^hok_7^{55-33}siaŋ_2^{24}$师傅筑墙//$mɔk_8^{21}siaŋ_4^{21}$木匠(墨匠)

tả-bẹ hũk hải, cordonnier. 鞋匠(师傅做鞋) $ta^{33}ʔbɛ^{33}huk_7^{55-33}hai_2^{24}$

tả-bẹ kĩt hêãt, forgeron. 铁匠(师傅击铁) $ta^{33}ʔbɛ^{33}kit_7^{55-33}hiat_7^{55}$

<H. *tả-bẹ.*

da-lêi (traiter) 打理 $ʔda_3^{33}lei_3^{33}$

da-lêi k'hẽk =*da-lêi mế*, traiter des convives. 打理客人(打理客) $ʔda_3^{33}$ $lei_3^{33}k^hek_7^{55}$ = $ʔda_3^{33}lei_3^{33}me_1^{35}$

< **ᶜ *ta* 打

da p'é, terre en friche. 荒地 $ʔda_3^{33}p^he_1^{35}$(当坡)

dà-lếi, après 以后/后面(眼后) $ʔda_1^{35-21}lei_2^{24}$后面(眼后)//$ʔda_1^{35-21}na_3^{33}$前面(眼前)

niếm da-lếi bới, suivre par derrière. 跟着去(跟后面去) $nim_1^{35-21}ʔda_1^{35-21}$

lei$_2^{24}$ʔbəi$_1^{35}$//=nim$_1^{35-21}$lei$_2^{24}$ʔbəi$_1^{35}$

da-lếi=*da-lếi p'êảng*, derrière. 后背/背后 ʔda$_3^{33}$lei$_2^{24}$=ʔda$_3^{33}$lei$_2^{24-21}$p^{h}iaŋ$_2^{24}$

da-lếi, désormais. 今后/往后/将来 ʔda$_1^{35-21}$lei$_2^{24}$

dà-lểi, en arrière, à l'avenir, dans la suite. 后面/然后 ʔda$_1^{35-21}$lei$_2^{24}$

da-lểi dôi da-lểi, dos à dos. 背靠背(背对背) ʔda$_3^{33}$lei$_2^{24}$ʔdoi$_3^{33}$ʔda$_3^{33}$lei$_2^{24}$背对背//ʔda$_3^{33}$lei$_2^{24}$nəŋ$_4^{21}$ʔda$_3^{33}$lei$_2^{24}$背靠背

zẫk da-lểi, épine dorsale. 后背骨(骨背) zək$_7^{55-33}$ʔda$_3^{33}$lei$_2^{24}$后背骨//ts^{h}ik$_7^{55-33}$ʔda$_3^{33}$lei$_2^{24}$脊椎骨

tam dà-lểi, marcher par derrière. 走后面 am$_3^{33}$ʔda$_1^{35-21}$lei$_2^{24}$

da-lểi, derrière le dos. 脊背/后背 ʔda$_3^{33}$lei$_2^{24}$

dà-lêi, postérieur. 以后的,后面的 ʔda$_1^{35-21}$lei$_2^{24}$

kàng tỏ'hoi dà-lêi, prédire l'avenir (dire affaire après). 预言未来(讲事会以后) kaŋ$_3^{33}$tə$_4^{21-24}$hoi$_3^{33}$ʔda$_1^{35-21}$lei$_2^{24}$

dá (œil) 眼睛 ʔda$_1^{35}$

dá kiển aù, un œil. 一只眼(眼件一) ʔda$_1^{35}$kien$_2^{24}$ɔu$_4^{21}$

dá toáng aù = *dá bu'ó'n kiển*, les deux yeux. 一双眼(眼双一 ʔda$_1^{35}$tuaŋ$_1^{35}$ɔu$_4^{21}$=眼两只 ʔda$_1^{35}$ʔbun$_5^{55}$kien$_2^{24}$)//ʔda$_1^{35}$ʔdoi$_5^{55}$ɔu$_4^{21}$一对眼睛(常说)//ʔda$_1^{35}$ʔbun$_5^{55}$ʔdoi$_3^{33}$两对眼睛　按: *bu'ó'n* 是 *bướn* 之误。

k'ếi dá, ouvrir les yeux. 睁眼(开眼) k^{h}ei$_1^{35-21}$ʔda$_1^{35}$

dịp dá, fermer les yeux. 闭眼 ʔdip$_7^{55-33}$ʔda$_1^{35}$//ʔdup$_7^{55-33}$ʔbak$_7^{55}$闭嘴(不让讲话)//ŋup$_7^{55-33}$ʔbak$_7^{55}$闭嘴(沉默不语)

dá dọk, avoir mal aux yeux. 眼疼 ʔda$_1^{35}$ʔdɔk$_8^{21}$

koẵk dá, coin de l'œil. 眼角(角眼) kuak$_7^{55-33}$ʔda$_1^{35}$//hɑu$_3^{33}$ʔda$_1^{35}$眼角(首眼,眼内侧有眼屎的地方)//tuʔ$_7^{55-33}$ʔda$_1^{35}$眼角(尾眼,眼外侧)

nòm dá, larme. 眼泪(水眼) nɑm$_4^{21-24}$ʔda$_1^{35}$

dá mồng, amaurose. 眼蒙/眼花(眼蒙) ʔda$_1^{35}$moŋ^{21}

dá lê liú, myope. 近视(眼看近) ʔda$_1^{35}$le$_3^{33}$liu$_1^{35}$(少说)//ʔda$_1^{35}$liu$_1^{35-21}$le$_3^{33}$(常说)

soạk dá liú zống, dévisager les gens. 盯着人看(戳眼看别人) suak$_7^{55-33}$ʔda$_1^{35}$liu$_1^{35-21}$zoŋ$_1^{35}$//lɛŋ$_3^{33}$ʔda$_1^{35}$liu$_1^{35-21}$zoŋ$_1^{35}$瞪眼看别人

dỏn dá ók, sûreté de coup d'œil. 目光锐利(洞眼恶) ʔdɔn$_4^{21-24}$ʔda$_1^{35}$ɔk$_7^{55}$

tsin dá, éblouir. 耀眼(照眼) $ts^hiu_3^{33}$ $ʔda_1^{35}$ 按:*tsin* 是 *tsiu* 之误。

mể tèng dá, main calleuse (engendrant œil). 手生茧(手生眼) me_2^{24-21} $teŋ_1^{35-21}$ $ʔda_1^{35}$//$me_2^{24}$$teŋ_1^{35-21}$$ʔda_1^{35}$生茧的手

=T. *ta*, *tha*. ตา(眼)

dà (nœud) 关节(眼) $ʔda_1^{35}$

dà zẫk, articulation des os. 骨节(眼骨) $ʔda_1^{35-21}$ $zək_7^{55}$

dà kói, chevilles des pieds. 脚踝(眼鸡) $ʔda_1^{35-21}$ kai_1^{35}// =kok_7^{55-33} $ʔda_1^{35-21}$ kai_1^{35}

mể dà hêỏ, coude. 肘(手眼头) me_2^{24} $ʔda_1^{35-21}$ heu_2^{24} 手眼头(不说)// $ʔda_1^{35-21}$ me_2^{24}手眼(常说)

kỗk da hếố, genou. 膝盖(腿眼头) kok_7^{55-33} $ʔda_1^{35-21}$ heu_2^{24}

dà soi, maille de filet. 渔网眼(眼网捉鱼) $ʔda_1^{35-21}$ sai_3^{33} he_2^{24-21} $ʔba_1^{35}$

dà-bởn, soleil (nœud du jour). 太阳(天眼) $ʔda_1^{35-21}$ $ʔban_2^{24}$ 按:法语解释为"太阳(日结)",非。

dà-bởn báng, lumière du soleil. 阳光/日光 $ʔda_1^{35-21}$ $ʔban_2^{24}$ $ʔbaŋ_1^{35}$ 太阳亮

dà bởn ũk, le soleil se lève. 日出 $ʔda_1^{35-21}$ $ʔban_2^{24}$ uk_7^{55}

dà bởn dõk, déclin du jour, le soleil se couche. 日落 $ʔda_1^{35-21}$ $ʔban_2^{24}$ $ʔdok_7^{55}$

dà bởn tsing hau, midi (soleil au zénith). 中午(太阳正头) $ʔda_1^{35-21}$ $ʔban_2^{24}$ $ts^hiŋ_3^{33}$ hau_3^{33}

na face, (surface) 脸/面 na_3^{33}

na dôi na, face à face, (vis-à-vis). 面对面 na_3^{33} doi_3^{33} na_3^{33}

doi na, vis-à-vis. 对面 $ʔdoi_3^{33}$ na_3^{33}

na nòm, surface de l'eau. 水面(面水) na_3^{33} nam_4^{21}(不说)//$ʔbak_7^{55-33}$ na_3^{33} nam_4^{21}//$ʔbak_7^{55-33}$ na_3^{33}表面

na hềi, surface de la terre, sol. 地面(面地) na_3^{33} $hεi_4^{21}$(不说)//$ʔbak_7^{55-33}$ na_3^{33} mat_8^{21}

zau na, devant. 在前(在面) zou_3^{33} na_3^{33}

na zản, façade de maison. 屋前/房子正面(面屋) na_3^{33} zan_2^{24}

na p'ô, devanture (face boutique). 铺面/门面(面铺) na_3^{33} $p^ho_3^{33}$

na tsúng, cadran d'horloge. 钟面盘(面钟) na_3^{33} $ts^huŋ_1^{35}$(不说)//na_3^{33} $ts^hiaŋ_3^{33}$(常说) 按:$ts^hiaŋ_3^{33}$是海南话"钟"。

na mể, dessus de la main. 手心（面手） na$_3^{33}$me$_2^{24}$手心//na$_3^{33}$lei$_2^{24}$手背

na mọt zóng p'ểng, terrain accidenté（face terre pas plat）. 地面不平（面地不平） na$_3^{33}$mɑt$_8^{21}$zɑŋ$_5^{55}$p^{h}eŋ$_2^{24}$（不说）//ʔda$_3^{33}$mɑt$_8^{21}$zɑŋ$_5^{55}$p^{h}eŋ$_2^{24}$（常说）

na dá, traits du visage（face œil）. 面子/脸面（面眼） na$_3^{33}$ ʔda$_1^{35}$//na$_3^{33}$ ʔda$_1^{35}$ʔbaŋ$_1^{35}$荣耀/脸上有光（面眼光）//kɔn$_1^{35-21}$ ŋai$_2^{24-21}$ na$_3^{33}$ ʔda$_1^{35}$赏光吃饭/给面子吃饭（吃干饭脸眼）

na súm, visage amaigri. 脸瘦（面瘦） na$_3^{33}$sum$_1^{35}$

na síng tẫk p'êạk, visage livide（face devenue couleur blanc）. 脸色苍白（脸青色白） na$_3^{33}$siŋ$_1^{35}$tek$_7^{55-33}$p^{h}iak$_8^{21}$（少说）//na$_3^{33}$heu$_1^{35}$tek$_7^{55-33}$p^{h}iak$_8^{21}$（常说）

na ứng, visage épanoui. 脸上高兴 na$_3^{33}$ əŋ$_1^{35}$　按：王录尊认为搭配错误。//tɔm$_1^{35-21}$əŋ$_1^{35}$心乐

na zóm zóm, visage morose. 愁眉苦脸（脸黑黑） na$_3^{33}$zɑm$_5^{55}$zɑm$_1^{35}$

zóng mưởn na, déconsidéré（pas avoir face）. 没有脸 zɑŋ$_5^{55}$mən$_2^{24-21}$na$_3^{33}$

ziàng-bỏn zóng mưởn na dá, effronté（homme pas avoir face moitié）. 厚颜无耻（人没有脸眼） ziaŋ$_2^{24-21}$ʔbɑn$_2^{24}$zɑŋ$_5^{55}$mən$_2^{24-21}$na$_3^{33}$ʔda$_1^{35}$

k'oai na, antérieurement. 以前/先 k^{h}ai$_3^{33}$na$_3^{33}$

ziàng-bỏn zỏng mể k'oai na, agresseur（homme de main d'avant）. 进攻者/先下手的人（人下手先） ziaŋ$_2^{24-21}$ʔbɑn$_2^{24-21}$zɔŋ$_2^{24-21}$me$_2^{24}$k^{h}ai$_3^{33}$na$_3^{33}$

tam k'oai na, marchez devant. 先走（走先） tam$_3^{33}$k^{h}ai$_3^{33}$na$_3^{33}$

bềi na, l'an prochain. 明年 ʔbɛi$_2^{24-21}$na$_3^{33}$//ʔbɛi$_2^{24-21}$ze$_2^{24}$后年//ʔbɛi$_2^{24-21}$lo$_3^{33}$大后年//ʔbɛi$_2^{24-21}$k^{h}iat$_7^{55}$大大后年

k'oai-na kẻo, le mois précédent. 上个月（以前月） k^{h}ai$_3^{33}$na$_3^{33}$kɛu$_2^{24}$

=T. -'*hna*　หน้า（脸）

ná épais 厚

tsêi ná, papier épais. 纸厚/厚纸 ts^{h}ei$_3^{33}$na$_1^{35}$

ná nóng nâ, dévergondé（face peau épaisse）. 脸皮厚 na$_3^{33}$nɑŋ$_1^{35}$na$_1^{35}$//=nɑŋ$_1^{35}$na$_1^{35}$

ná nóng ná zóng hàu suôn, déhonter. 面皮厚不知羞 na$_3^{33}$nɑŋ$_1^{35}$na$_1^{35}$zɑŋ$_5^{55}$hɔu$_2^{24-21}$sun$_3^{33}$

=T. *hna*　หนา（厚）

nà-hãk（singe）猴子

lẹk nà-hãk, singe. 猴子 lɛk$_8^{21}$nɑʔ$_8^{21}$hak$_7^{55}$//=nɑʔ$_8^{21}$hak$_7^{55}$//lɛk$_8^{21}$nuak$_8^{21}$hak$_7^{55}$

nả（racine）根 na$_2^{24}$

nả hêo aù，une racine. 一条根（根条一）na$_2^{24}$hɛu$_2^{24}$ɔu$_4^{21}$

nả don，racine d'arbre. 树根（根树）na$_2^{24-21}$ʔdɔn$_3^{33}$

ũk nả，s'enraciner. 生根（出根）uk$_7^{55-33}$na$_2^{24}$

bõ nả，veine（sang racine）. 血管（血根）ʔbɑʔ$_7^{55-33}$ na$_2^{24}$（少说）//na$_2^{24-21}$ ʔbɑʔ$_7^{55}$（常说）

nả（plus）越/更加 na$_2^{24}$

nả tsao nả meng，le plus tôt sera le mieux（plus tôt plus bon）. 越早越好 na$_2^{24}$ts^{h}au$_3^{33}$na$_2^{24}$mɛŋ$_3^{33}$

nã（lait：*nõ*）奶 noʔ$_7^{55}$

lẹk nã au，un fils adoptif. 养子（子奶一） 按：记录有误。lɛk$_8^{21}$ noʔ$_7^{55}$ ɔu$_4^{21}$（不说）//lɛk$_8^{21}$tiaŋ$_4^{21}$养子（收养的）//lɛk$_8^{21}$hɔm$_1^{35}$养子（捡来的）

la plants de riz，semis de riz. 秧苗 la$_3^{33}$//la$_3^{33}$ ʔda$_1^{35-21}$ la$_3^{33}$ 秧田（常说）//=nia$_2^{24-21}$la$_3^{33}$秧田（少说）

boạk la，arracher les plants de riz. 拔秧 ʔbuak$_8^{21}$ la$_3^{33}$//təʔ$_8^{21}$ la$_3^{33}$//ləʔ$_8^{21}$ la$_3^{33}$

=T. '*kla* กล้า（秧/苗）

lá ville avec murailles，chef-lieu. 有围墙的城/琼州府城 la$_1^{35}$

lạ-ũk，banlieue. 城郊（城出）la$_1^{35}$uk$_7^{55}$（不说）//ʔbəi$_1^{35-21}$la$_1^{35}$去府城

là-ũk，faubourg（ville-sortie）. 城郊（城出）la$_1^{35-21}$uk$_7^{55}$（不说）

la-ba，clairon. 喇叭

bêů lâ-ba，souffler dans un clairon. 吹喇叭 la$_3^{33}$ʔba$_3^{33}$（不说）//ʔbeu$_4^{21-24}$ lɑu^{21}ʔba$_5^{55}$（常说）//ʔbeu$_4^{21-24}$ sui$_1^{35-21}$ huaŋ$_1^{35}$吹笛子（huaŋ$_1^{35}$横）//=ʔbeu$_4^{21-24}$sui$_1^{35}$吹唢呐//≠ʔbeu$_1^{35}$叫

<* *lət* 喇

tsà（empan）拃 ts^{h}a$_4^{21}$

tsà aù，empan. 一拃（拃一）ts^{h}a$_4^{21-24}$ɔu$_4^{21}$

<* *tsa*ˀ 拃

sa (*p'ô-sa*, idole). 萨(菩萨/偶像) sa^{33}//p^{h}e^{21}sa^{33}菩萨

<**sət* 萨

sa (fourche) 叉/杈 sa^{33}

sa mọ aù, fourchette. 一个杈(杈个一) sa^{33}mɔʔ$_8^{21}$ ɔu$_4^{21}$ 按：实际读为 mɔ$_4^{21-24}$ɔu$_4^{21}$。

<* *ṭṣ'a* 杈

sá (oreille) 耳 sa$_1^{35}$

sá kiển au, une oreille. 一只耳(耳只一) sa$_1^{35}$ kien$_2^{24}$ ɔu$_4^{21}$ 按：kiển [kien$_2^{24}$]是耳朵、腿脚、手、眼睛、翅膀、筷子、蹄子等的量词。

sá bu'ó'n kiển, les deux oreilles. 两只耳(耳两只) sa$_1^{35}$ʔbun$_5^{55}$kien$_2^{24}$

uẵt sá, se curer les oreilles. 挖耳朵 uat$_7^{55-33}$sa$_1^{35}$//uat$_7^{55-33}$ʔdɔn$_4^{21-24}$sa$_1^{35}$

kài sá, cérumen. 耳屎(屎耳) kai$_4^{21-24}$sa$_1^{35}$

kiàu sá, boucles d'oreilles. 耳环(东西耳) keu$_4^{21-24}$sa$_1^{35}$// = mɑk$_8^{21}$ kɑp$_8^{21}$

sá mọk, sourd, dur d'oreilles. 耳聋 sa$_1^{35}$mɑk$_8^{21}$耳聋//sa$_1^{35-21}$ mɑk$_8^{21}$聋子

sá têáng, poignée de malle. 箱子提手(耳箱) sa$_1^{35-21}$tiaŋ$_1^{35}$

sá lế, anse de panier. 篮子把手(耳篮) sa$_1^{35-21}$le$_2^{24}$

sá p'ố, castagnettes. 钹/响板 sa$_3^{33}$p^{h}o$_5^{55}$钹(大的)//ts^{h}ɛ$_5^{55}$钹(小的)

Mak: *tyha* T. *hu* C.-D. *rwə* ຫູ(耳)

sá planter 插/栽 sa$_1^{35}$

sà don, planter des arbres, boiser. 植树(栽树) sa$_1^{35-21}$ʔdɔn$_3^{33}$

sá don, planter un arbre. 植树(栽树) sa$_1^{35-21}$ʔdɔn$_3^{33}$

sá sõk, cultiver des légumes. 种菜(栽菜) sa$_1^{35-21}$sɑk$_7^{55}$

sá hóa, planter des fleurs. 插花/种花(插花) sa$_1^{35-21}$hua$_1^{35}$

sá lêăn, faire une chute. 摔倒(栽倒) sa$_1^{35}$lian$_3^{33}$//haŋ$_3^{33}$lian$_3^{33}$跌倒/摔倒//əi$_2^{24}$lian$_3^{33}$推倒

sà (erreur) 差/错 sa$_1^{35-21}$suak$_7^{55}$

sa zóng lêào, approximativement, à peu près (erreur pas accomplie). 差不多 sa^{33}zɑŋ$_5^{55}$liau$_4^{21}$// = sam^{33}tɔi^{33}(海南话)

sà zóng lêào, environ. 差不多 sa^{33}zɑŋ$_5^{55}$liau$_4^{21}$

<H. *sả* * *ṭṣ'a* 差

sả examiner, inspecter, contrôler. 查 sa$_2^{24}$

sả têi, enquêter. 查问 sa$_2^{24}$tei$_3^{33}$

sả tsón, véracité. 查真 $sa_2^{24}ts^hɔn_1^{35}$

sà k'ào, constater. 查考 $sa_2^{24}k^hau_3^{33}$

sà ũk, trouver. 查出 $sa_2^{24}uk_7^{55}$

<H. *sà* **ḍẓa* 查

sả thé 茶 sa_2^{24}

kón sả, boire le thé. 喝茶（吃茶） $kɔn_1^{35-21}sa_2^{24}$

tsùng sả mọ aù, une tasse de thé. 一个茶杯（盅茶个一） $ts^huŋ_1^{35-21}sa_2^{24}$ $mɔʔ_8^{21}ɔu_4^{21}$ 按：实际读为 $mɔ_4^{21-24}ɔu_4^{21}$

báo sả, préparer le thé. 泡茶 $ʔbau_1^{35-21}sa_2^{24}$

p'èng sả, théière. 茶壶（瓶茶） $p^hɛŋ_2^{24-21}sa_2^{24}$

<* *ḍa* 茶

sả（différence）差 sa^{33}

sả buón, bỏn, différence de deux jours. 差两日 $sa^{33}ʔbun_5^{55}ʔbɑn_2^{24}$

sả tsĩ, petite différence. 差很少 $sa^{33}ts^hit_7^{55}$

sả hói lói, grande différence. 差太远 $sa^{33}hɑi_5^{55}lɔi_1^{35}$

<* *ṭṣ'a* 差

sã-aù soi-même 他自己

oí sã-aù, amour de soi. 爱自己 $ɑi_3^{33}sa_5^{55}ɔu_4^{21}$//=$tiaŋ_5^{55}sa_5^{55}ɔu_4^{21}$喜欢自己// $ʔdɔk_8^{21}sa_5^{55}ɔu_4^{21}$疼自己

zìu zoi sã-aù=tsói zoi sã-aù, libre（fuir pouvoir soi）. 自由（逃/躲能自己） $ziu_2^{24-21}zai_3^{33}sa_5^{55}ɔu_4^{21}$

zóng lể tở-hoi sã-aù, laisser ses affaires à l'abandon（pas gouverner affaire soi）. 不理自己的事情（不理事会自己） $zɑŋ_5^{55}le_4^{21-24}ʔbən^{21-24}si^{33}$//= $zɑŋ_5^{55}le_4^{21-24}tə_4^{21-24}hoi_3^{33}sa_5^{55}ɔu_4^{21}$ 按：$le_4^{21}=li_4^{21}$理。

sã-aù lề zoi, autonomie（soi gouverner pouvoir）. 自己理得 $sa_5^{55}ɔu_4^{21}le_4^{21}$ zai_3^{33}//=$sa_5^{55}ɔu_4^{21}huk_7^{55}zai_3^{33}$自己做得

sã-aù dao, se renverser. 自己倒 $sa_5^{55}ɔu_4^{21}ʔdɑu_4^{21}$（少说）//$sa_5^{55}ɔu_4^{21}lian_3^{33}$（人倒）//$sa_5^{55}ɔu_4^{21}ʔdɔm_3^{33}$（物倒）//$sa_5^{55}ɔu_4^{21}haŋ_3^{33}$（人倒）

sã-aù mô, réfléchir. 自己想 $sa_5^{55}ɔu_4^{21}mo_3^{33}$

sã-aù kang, prétendre（affirmer soi dire）. 自己讲 $sa_5^{55}ɔu_4^{21}kaŋ_3^{33}$

sã-aù mưởn, increé（soi être）. 自己有 $sa_5^{55}ɔu_4^{21}mən_2^{24}$

sã-aù mưởn zẻng, présumer de ses forces（supposer soi être force）. 自己

有力 $sa_5^{55}ɔu_4^{21}mən_2^{24-21}zeŋ_2^{24}$

<* *dzi*ˀ 自

ka (orange) 柑

don mạk ka, oranger (arbre fruit orange). 柑子树(树果柑) $ʔdɔn_3^{33}mak_8^{21}ka^{33}$

<H. *kả* **kâm* 柑

ka tuer 杀 ka_3^{33}

sã-aù ka, suicide. 自杀 $sa_5^{55}ɔu_4^{21}ka_3^{33}$ 自己杀(自己动手杀)//≠$ka_3^{33}sa_5^{55}ɔu_4^{21}$ 自杀(杀自己)

ka ngảu, tuer un buffle. 杀牛(杀黄牛) $ka_3^{33}ŋɔu_2^{24}$

k'ĕk ka máu, charcutier (hôte tuer porc). 屠夫/杀猪的(客杀猪) $k^hek_7^{55-33}ka_3^{33}mou_1^{35}$(不说)//$aŋ^{33}ka_3^{33}mou_1^{35}$(翁杀猪)

ka k'ô nằm, tourmenter. 折磨(杀苦南/男) $ka_1^{35-21}k^ho_3^{33}nan_4^{21}$(不说)

tiu ka, subir un affront (recevoir tuer). 受辱(受杀) $tiu_3^{33}ka_3^{33}$(不说)// $tɔu_4^{21-24}ka_3^{33}$被杀(受杀,常说)

= T. '*kha*, C.-D. '*ka* ฆ่า(杀)

ka (cadre en bois) 架 ka_3^{33}

ka mọ aù, un cadre. 一个架子(架个一) $ka_3^{33}mɔʔ_8^{21}ɔu_4^{21}$ 按:一个,实际读为 $mɔ_4^{21-24}ɔu_4^{21}$

ka zoa, porte-manteau. 衣架(架衣) $ka_3^{33}k^ho_3^{33}zua_3^{33}$

ka tứ, bibliothèque. 书架(架书) $ka_3^{33}tɯ_1^{35}$(不说)//$ka_3^{33}sek_7^{55}$(常说)

ka siu siăn, balançoire. 秋千架(架秋千) $ka_3^{33}siu^{33}sian^{33}$//=$ka_3^{33}ŋau_2^{24-21}ts^hau_3^{33}$(架摇锄,常说) 按: $ts^hau_3^{33}$锄≠$ts^hau_3^{33}$灶。

ká hối=*ká sồ*, étagère. 碗架(架碗)=大架(架大) $ka_3^{33}hui_4^{21}$

ká tọp-tờ, croix (cadre en caractère dix). 十字架(架十书) $ka_3^{33}tɔp_8^{21}tɯ_1^{35}$

<* *ka*ˀ 架

ká (ajouter) 加 ka_1^{35}

ká lềao, accroître, augmenter. 增加(加多) $ka_1^{35}liau_4^{21}$

ká tọp p'ồn, décupler. 加十倍(加十份) $ka_1^{35}tɔp_8^{21}p^han_4^{21}$

ká sô=*ka nê*, agrandir. 加大/增大 $ka_1^{35}so_1^{35}$=$ka_1^{35}ne_3^{33}$

ká sẻng aù =*kâ p'ỏn aù*, doubler. 加倍(加成一 $ka_1^{35}seŋ_2^{24}ɔu_4^{21}$ =加份一

ka$_1^{35}$p^{h}ɑn$_4^{21-24}$ɔu$_4^{21}$)

ká bễk aù p'ôn, centuple. 加一百倍(加百一份) ka$_1^{35}$ʔbek$_7^{55}$ɔu$_4^{21}$p^{h}ɑn$_4^{21}$//=ka$_1^{35}$ʔbek$_7^{55}$p^{h}ɑn$_4^{21}$

<* *ka* 加

ká prix, valeur 价 ka$_3^{33}$

ká zôm, prix bas. 低价(价低) ka$_3^{33}$ʔdom$_3^{33}$ 按：*zôm* 是 *dôm* 之误。

ká sẻn, prix, taux de l'argent (prix argent). 价钱 ka$_3^{33}$sɛn$_2^{24}$

ká sẻn háng, prix exorbitant. 价钱高 ka$_3^{33}$sɛn$_2^{24}$haŋ$_1^{35}$//ka$_3^{33}$sɛn$_2^{24}$k^{h}ɔʔ$_8^{21}$价钱贵

tềi ká, prix courant (instant prix). 时价 ʔbɑn$_2^{24-21}$tɛi$_2^{24}$ka$_3^{33}$sɛn$_2^{24}$(天时价钱)

tíng ká, conclure un marché. 成交(成价) teŋ$_2^{24}$ka$_3^{33}$(不说)//teŋ$_2^{24-21}$kau$_1^{35}$(常说)

ding ká, convenir du prix. 定价 ʔdiŋ$_3^{33}$ka$_3^{33}$sɛn$_2^{24}$(定价钱) 按：把浊去字"定"当清去字"订"来读。

ding ká, apprécier, évaluer. 定价/估价 ʔdiŋ$_3^{33}$ka$_3^{33}$sɛn$_2^{24}$

kang tèng ká, clore le marché (dire effectif prix). 讲成价 kaŋ$_3^{33}$teŋ$_2^{24-21}$ka$_3^{33}$

kân ká, renchérir (monter prix). 涨价(上价) kun$_3^{33}$ka$_3^{33}$//zɔŋ$_2^{24-21}$ka$_3^{33}$降价(下价)

hũk ká háng, enchérir (faire prix haut). 涨价(做价高) huk$_7^{55-33}$ka$_3^{33}$haŋ$_1^{35}$(少说,不地道)//hɔi$_2^{24-21}$ka$_3^{33}$haŋ$_1^{35}$提价高(常说)

ziàng aù ká, prix équivalent. 同价(样一价) ziak$_8^{33}$eu$_3^{33}$ka$_3^{33}$(海南话)

=T. < *ga' ka'* 價

ká (cangue) 枷 ka$_1^{35}$

dìng ká, porter la cangue. 戴枷 ʔdiŋ$_1^{35-21}$ka$_1^{35}$//ʔdiŋ$_1^{35-21}$ka^{33}

<* *ka* 枷

ká (famille) 家 ka$_1^{35}$

dế ngòi ká, beau-père (père extérieur famille). 岳父(爹外家) ʔde$_1^{35-21}$ŋɔi$_4^{21-24}$ka$_1^{35}$岳父(背称)//ʔdɛ^{33} ŋɔi$_4^{21-24}$ka$_1^{35}$岳父(面称)//=kuŋ$_1^{35-21}$ʔda$_4^{21}$岳父//ʔde$_1^{35-21}$mai$_4^{21}$父母//=ʔdia$_1^{35-21}$mai$_4^{21}$父母//ʔde$_1^{35-21}$nin$_1^{35}$夫妻//ʔdia$_1^{35-21}$oŋ$_1^{35}$家公(爹翁)//mai$_4^{21-24}$p^{h}a$_2^{24}$家婆(母婆)

són ká, affinité (parents famille). 亲家 sɔn$_1^{35-21}$ka$_1^{35}$ 亲家//ʔbɑn$_2^{24-21}$nɛi$_4^{21}$ (huk$_7^{55-33}$) sɔn$_1^{35-21}$ka$_1^{35}$ 结婚日/做亲家日(今天做亲家)

kón zon sỏn ká, noce (manger vin nouvelle famille). 婚宴(吃酒亲家) kɔn$_1^{35-21}$zɑn$_3^{33}$sɔn$_1^{35-21}$ka$_1^{35}$(吃酒亲家)//zɔm$_4^{21-24}$zɑn$_3^{33}$sɔn$_1^{35-21}$ka$_1^{35}$(饮酒亲家,男人吃婚宴)//kɔn$_1^{35-21}$ŋai$_2^{24-21}$sɔn$_1^{35-21}$ka$_1^{35}$(吃饭亲家,女人吃婚宴)

k'ẻng ká, confisquer. 没收(倾家) k^{h}eŋ$_2^{24-21}$ka$_3^{33}$//mɑt$_7^{55}$tiu^{33} 没收

<* *ka* 家

ká-kê, ronfler. 打鼾/打呼噜(卡喉) ka$_3^{33}$ke$_2^{24}$

k'a-liêm (araignée) 蜘蛛 k^{h}ɑ$_3^{33}$lim$_3^{33}$

k'a-liêm háu aù, une araignée. 一只蜘蛛(蜘蛛只一) k^{h}ɑ$_3^{33}$lim$_3^{33}$hɔu$_2^{24}$ɔu$_4^{21}$

soi k'a-liêm, toile d'araignée. 蜘蛛网(网蜘蛛) sɑi$_3^{33}$k^{h}ɑ$_3^{33}$lim$_3^{33}$

k'à-lãp (cancrelat) 蟑螂 k^{h}ɑ$_2^{24-21}$lap$_7^{55}$

k'à-lãp háu aù, un cancrelat. 一只蟑螂(蟑螂只一) k^{h}ɑ$_3^{33}$lap$_7^{55}$hɔu$_2^{24}$ɔu$_4^{21}$ (王录尊)//=k^{h}a$_3^{33}$lap$_7^{55}$hɔu$_2^{24}$ɔu$_4^{21}$(二李)

k'à-hề, bourse (poche, porte-monnaie). 荷包/钱包 k^{h}ɑ$_2^{24-21}$he$_4^{21}$//hɑu$_3^{33}$he$_4^{21}$ 麻袋/胃//hɑu$_3^{33}$he$_4^{21-24}$zou$_1^{35}$ 膀胱//he$_4^{21-24}$zɑp$_8^{21}$ 米袋//he$_4^{21-24}$hɑp$_8^{21}$ 布袋

k'à-hề in, blague à tabac. 烟袋(袋烟) k^{h}ɑ$_2^{24-21}$he$_4^{21-24}$in$_1^{35}$

ngá (rivière) 江 ŋa$_1^{35}$

ngá hẻo aù, un fleuve. 一条江(江条一) ŋa$_1^{35}$hɛu$_2^{24}$ɔu$_4^{21}$//maŋ$_1^{35}$ 沟//koŋ$_3^{33}$海

kua ngá, traverser le fleuve. 过江 kua$_3^{33}$ŋa$_1^{35}$

nga (cinq) 五 ŋa$_5^{55}$

ngá ziêm tsúng, à cinq heures. 五点钟 ŋa$_5^{55}$ʔdim$_3^{33}$ts^{h}uŋ$_1^{35}$ 五点钟(读书音)//nau$_5^{55}$ts^{h}iaŋ^{33} 闹钟(海南话)//ts^{h}uŋ$_1^{35-21}$sa$_2^{24}$ 茶杯(盅茶)//ts^{h}uŋ$_1^{35-21}$zɑn$_3^{33}$ 酒杯(盅酒) 按:*ziêm* 是 *diêm* 之误,转换错误。

=T. ʻ*ha* ห้า(五) *ᶜ*ŋou* 五

ngà　*diệt- diệt zóng ngà kang*, taisez-vous. 住嘴(静静不要讲) ʔdiet$_{8}^{21}$ʔdiet$_{8}^{21}$ zɑŋ$_{5}^{55}$ŋa$_{2}^{24}$kaŋ$_{3}^{33}$

ngả (bourgeon) 芽 ŋeu$_{4}^{21}$

don ũk ngả, bourgeonner (arbre sortir bourgeon). 树出芽 ʔdɔn$_{3}^{33}$uk$_{7}^{55-33}$ ŋeu$_{4}^{21}$(树发芽)//=ʔdɔn$_{3}^{33}$tsʰɔt$_{8}^{21}$lɛk$_{8}^{21}$(树重新长出叶子)

ũk ngả, germer. 出芽 uk$_{7}^{55-33}$ŋeu$_{4}^{21}$(种子发芽)//uk$_{7}^{55-33}$lɛk$_{8}^{21}$(孵出小鸡)

<* *ŋa*　芽

ngà (tribunal) 衙 ŋɛ^{21}

daủ ngả (yamen) prétoire. 衙门 ʔdɔu$_{2}^{24-21}$ŋɛ^{21}

<C. *nga*　**ŋa*　衙

ngạ (aiguille) 针 ŋɑʔ$_{8}^{21}$

ngạ tsêi aù, une aiguille 一根针(针枝一) ŋɑʔ$_{8}^{21}$tsʰei$_{5}^{55}$ɔu$_{4}^{21}$

zồng ngạ, trou d'aiguille, chas. 针眼(鼻针) zɔŋ$_{1}^{35-21}$ŋɑʔ$_{8}^{21}$

sòn zồng ngạ, enfiler l'aiguille. 穿针眼/穿针鼻(穿鼻针) sɔn$_{1}^{35-21}$ zɔŋ$_{1}^{35-21}$ŋɑʔ$_{8}^{21}$

=Li (S.) *ngut*, (w-1) *kot.*

a (bailler) 哈欠

a bãk, bailler (bouche). 打哈欠(张嘴) a$_{3}^{33}$ʔbak$_{7}^{55}$

<* *xâ*　呵

à (aussi) 也 ɑ$_{5}^{55}$

à muân, il y a aussi (aussi être). 也有 ɑ$_{5}^{55}$mən$_{2}^{24}$//ɑ$_{5}^{55}$kaŋ$_{3}^{33}$也说

ha (marier) 嫁 ha$_{3}^{33}$

ha lẻ lẹk, marier une fille. 嫁女儿 ha$_{3}^{33}$lɛ$_{4}^{21-24}$lɛk$_{8}^{21}$

ũk ha, se marier (pour une fille). 出嫁 uk$_{7}^{55}$ha$_{3}^{33}$

<* *ka*ᵓ　嫁

há (charrier) 拉(用车拉) ha$_{1}^{35}$(拖)

há nêa, attirer. 拉来(拖来) ha$_{1}^{35}$nia$_{3}^{33}$

há bới, écarter, entraîner. 拉走(拖去) ha$_{1}^{35}$ʔbəi$_{1}^{35}$

ha mể bới, traîner, mener par la main. 手拉手(拖手去) ha$_{1}^{35-21}$ me$_{2}^{24}$ʔbəi$_{1}^{35}$

há zỏa bới, haler une barque. 拉船(拖船去) ha_1^{35-21} zua_2^{24} $ʔbəi_1^{35}$

hà sếa bới, tirer une voiture. 拉车(拖车去) ha_1^{35-21} sia_1^{35} $ʔbəi_1^{35}$

âù sêá há, charrier. 用车拉(要车拖) ou_1^{35-21} sia_1^{35} ha_1^{35}

há hèng lí, charier des bagagaes. 拉行李(拖行李) ha_1^{35-21} $heŋ^{21}$ li^{24}

<*t‘â 拕

hà (ici-bas) 下 ha_4^{21}

tuồn hiến-hà, parcourir le monde (ciel en bas). 巡天下 tun_2^{24-21} $hien_1^{35-21}$ ha_4^{21}

ziàng bỏn tuồn hiến-hà, cosmopolite. 四海为家的人(人巡天下) $ziaŋ_2^{24-21}$ $ʔbɑn_2^{24-21}$ tun_2^{24-21} $hien_1^{35-21}$ ha_4^{21} // ≠ $ziaŋ_2^{24-21}$ $ʔbɑn_2^{24}$ tun_2^{24-21} $hien_1^{35-21}$ ha_4^{21} 以四海为家(人巡天下)

<*ᶜɣa 下

hã tsiù, éternuer. 打喷嚏 ha_5^{55} $ts^hiu_4^{21}$

<*hãt-siù* *k‘i̭ət 乞

-a 韵母的词在泰语里的对应很丰富。

	临高	台语	壮语	石家	莫语	水语	侗语	黎萨	黎王
Poisson 鱼	*bá*	*pla pa*	*pla>pya*	*pla*	(*mum'*)	(*mum'*)	*pa*	*da*	*tla hla*
Hier 昨天	*bá*	*ṅwa> wa*	(*lɯən*	*luan*)	(*kun'*	/	*ʔun'*)	(*dau*	*plaw*)
cuisse 大腿	*bả*	*kha*	*ka*	*kwa*	*ka*	*qa*	*pa*	(*peṅ*)	*ha*
nuage 云	*bà*	*‘fa*	*‘fwə>‘fɯ*	*via*	*‘ʔva*	*‘ʔwa*	*‘ʔma*	…	…
ciel 天	*p'ả*	*va*	(*ʔbɯn*	*ʔbwin*	*ʔbən*	/	*ʔmən*)	*pa fa*	*fa*
chien 狗	*má*	*hma*	*hma*	*ma*	*hma*	*hma*	*hṅwa*	*ma pa*	*pa*
œil 眼	*dá*	*ta*, *phya< tha*	*ta*, *ra*	*pra*	*da*	*da*	*ta*	*sa*	*čha*
face 脸	*na*	*‘hna*	*‘hna*	*na*	*‘ʔna*	*‘ʔna*	*‘ʔna*	(*doṅ*	*taṅ*)
épais 厚	*ná*	*‘hna*	*‘hna*	*na*	*ʔna*	*ʔna*	*ʔna*	*na*	*na*
plant de riz 稻苗	*la*	*‘kla*	*‘kla>‘kya*	*tla*	*‘tyi*	*‘ka*	*‘ka*	/	/
oreille 耳	*sá*	*hu<khru*	*rɯə>rɯ*	*rua*	*tyha*	*qha*	*kha*	(*thai yai*	*žay*)
tuer 杀	*ka*	*‘kha*	*‘ka*	*ka*	*‘ha*	*‘ha*	*‘sa*	(*háu*	*hau*)
cinq 五	*nga*	*‘ha*	*‘ha*	*ha*	*‘ṅo*	*‘ṅo*	*‘ṅo*	(*ma pa*	*pa*)
aiguille 针	*ngạ*	(*khem*	*kim*	/	/	/	*ty'əm*)	*ṅut*	*kot*

U

bu *êà bu*, camp. 营部 ia_2^{24-21} $ʔbu^{33}$//ia_2^{24-21} $tsiaŋ^{21}$ 营长 按：原文认为本字是“盘”，误。

<H. *êa-bu* **buân* 盘

bú *ũk bú kố*, promulguer. 出布告 uk_7^{55-33} $ʔbu_5^{55}$ ko_5^{55}//=uk_7^{55-33} $ʔbu_5^{55}$ kau_5^{55}

<H. *bú* **pouʾ* 布

p'ú *p'uôn p'ú*, commander. 吩咐 $p^han_1^{35-21}$ $p^ho_3^{33}$

p'ú kua, adjudant. 副官 按：该词放错地方。$p^hu_5^{55}$ kua^{33}(海南话)//huk_7^{55-33} kua^{33} 做官//=huk_7^{55-33} lau_4^{21-24} $ʔde_1^{35}$ 做官(做老爹)//lau_4^{21-24} $ʔde_1^{35-21}$ ne_3^{33} 大官(老爹大)//lau_4^{21-24} $ʔde_1^{35-21}$ $niʔ_7^{55}$ 小官(老爹小)

<Ch. 咐

p'ụ *dông soǎn p'ụ*, convoi de nouvelle mariée. 娶亲(等新妇) $ʔdɔŋ_3^{33}$ $suan_1^{35-21}$ $p^hoʔ_8^{21}$//=$ʔdei_1^{35-21}$ $suan_1^{35-21}$ $p^hoʔ_8^{21}$ 找新妇//$ʔdei_1^{35-21}$ keu_4^{21} 找东西

<H. *soǎn-p'ộ* **p'ịouʾ* 副

mù *ói mù*, aimer. 爱慕 $ɑi_3^{33}$ mu_5^{55}//$tiaŋ_5^{55}$ $kə_4^{21}$ 喜欢你(想你)

<**mouʾ* 慕

tủ *sài-tủ*, riche. 财主 sai_2^{24-21} tu_2^{24}

<H. *sài-tũ* *ᶜ*čịou* 主

tủ-í, avis. 主意 tu^{21} i^{55}(海南话)

ũk tủ-í, donner son avis. 出主意 uk_7^{55-33} tu^{21} i^{55}(出主意)//=uk_7^{55-33} $ts^ho_3^{33}$ ei_3^{33}//huk_7^{55-33} tu^{21} i^{55}(做主意/做决定)//=huk_7^{55-33} $ts^ho_3^{33}$ ei_3^{33}

<H. *tũ-í*

tụ (bout) 末尾/尾巴 $tuʔ_7^{55}$

tụ bểi, fin de l'année. 年末(尾年) $tuʔ_7^{55-33}$ $ʔbɛi_2^{24}$

tụ kéo, fin de mois. 月末(尾月) $tuʔ_7^{55-33}$ $kɛu_2^{24}$

bỏn sô tụ mọ, crin de la queue de cheval. 马尾毛(头发尾巴马) $ʔbɑn_2^{24-21}$ so_3^{33} $tuʔ_7^{55-33}$ $mɑʔ_8^{21}$(不说)//$ʔbɑn_2^{24-21}$ $tuʔ_7^{55-33}$ $mɑʔ_8^{21}$ 马尾毛(常说)//$ʔbɑn_2^{24-21}$ $tuʔ_7^{55-33}$ ma_1^{35} 狗尾巴毛(毛尾狗)

mái zệ tụ don, campagnol. 田鼠/短尾老鼠(老鼠尾短) mai_4^{21-24} zi_4^{21} $tuʔ_7^{55}$ $ʔdɔn_3^{33}$

tụ liên, bout de la langue. 舌根(末尾舌) $tuʔ_7^{55-33}$ $lien_4^{21}$

dụt hau dống tụ, d'un bout à l'autre. 从头到尾//luk$_8^{21}$ hau$_3^{33}$ ʔdɔŋ$_5^{55}$ tuʔ$_7^{55}$ 从头到尾　按：*dụt* 是 *zụt* 之误。但今已不说。

<C. *tuk.*

tũ queue 尾巴 tuʔ$_7^{55}$

tũ mọ, queue de cheval. 马尾巴 tuʔ$_7^{55-33}$ mɑʔ$_8^{21}$

ngào tũ =*bọt tũ*, agiter la queue. 摇尾巴 ŋau$_2^{24-21}$ tuʔ$_7^{55}$//ʔbɑi^{21} tuʔ$_7^{55}$ 摆尾

tũ zỏa, poupe. 船尾 tuʔ$_7^{55-33}$ zua$_2^{24}$

tũ bõt, pointe de pinceau. 笔尖（尾笔）tuʔ$_7^{55-33}$ ʔbɑt$_7^{55}$ 笔尾（少说）//ʔbak$_7^{55-33}$ ʔbɑt$_7^{55}$ 笔尖（口笔）//hɑu$_3^{33}$ ʔbɑt$_7^{55}$ 笔帽（头笔）

lẹk tạt tũ, dernier né. 末胎孩子（子节尾）lɛk$_8^{21}$ tat$_7^{55-33}$ tuʔ$_7^{55}$

ing hau ing tũ, vendre à bas prix. 卖低价（卖头卖尾）iŋ$_3^{33}$ hɑu$_3^{33}$ iŋ$_3^{33}$ tuʔ$_7^{55}$（说法有问题）//iŋ$_3^{33}$ hɑu$_3^{33}$ zɑŋ$_5^{55}$ iŋ$_3^{33}$ tuʔ$_7^{55}$ 卖头不卖尾（开头贵最后贱）

dụ　*dụ lứng*, étayer. 支撑住（拄住）ʔduʔ$_7^{55}$ ləŋ$_1^{35}$//ʔdiŋ$_3^{33}$ ləŋ$_1^{35}$ 顶住//um$_3^{33}$ ləŋ$_1^{35}$ 蒙住//kɑt$_8^{21}$ ləŋ$_1^{35}$ 捆住/扎住//ek$_7^{55-33}$ ləŋ$_1^{35}$ 拿住/拿着//zun$_1^{35}$ ləŋ$_1^{35}$ 站住（下命令）//ʔbəi$_1^{35-21}$ ləŋ$_1^{35}$ 来往（去回）//ləŋ$_1^{35}$ ʔbəi$_1^{35}$ 回去

dũ　*dũ lô lứng*, le poing sur la hanche. 以手拄腰（拄腰住）ʔduʔ$_7^{55-33}$ lo$_3^{33}$ ləŋ$_1^{35}$ 拄腰住//tsʰuʔ$_7^{55-33}$ hɛŋ$_4^{21-24}$ tsʰo$_3^{33}$ 拄拐杖（拄棍祖）//≠tsʰam$_1^{35-21}$ lo$_3^{33}$ 叉腰

<H. *dụ.*

tsụ　*tsụ ka sẻn*, fixer le prix. 使价钱固定 tsʰuʔ$_7^{55-33}$ ka$_3^{33}$ sɛn$_2^{24}$（把价格写出来）//tsʰuʔ$_7^{55}$ uk$_7^{55}$ nia$_3^{33}$ 写出来/登记

tsũ　*tọp tsũ*, *tsụ nói*, adéquat. 恰当的（十足，登记）　按：这是两个词，前一条词"足"记错。tɔp$_8^{21}$ tsʰuk$_7^{55}$ 十足//tsʰuʔ$_7^{55-33}$ nɔi$_1^{35}$ 登记名字

<* *tsi̯ok*　足

sú　*hóa sú*, pacotille. 次货（货次）hua$_3^{33}$ su$_5^{55}$　按：末字音节 55 调实际读音是 53。

sù　*ká sẻng sù*, doubler. 加倍（加成数）ka$_1^{35-21}$ seŋ$_2^{24-21}$ tiau$_5^{55}$

zông sù, congédier（un ouvrier）, donner un congé. 解雇/辞职/请假 zoŋ$_3^{33}$ su^{21}（用辞）

ziàng sù, uniforme. 同样的　按：记录有误。

sủ　*k'ảu sủ*, adversité, affliction, détresse. 苦楚 kʰɔu^{21} so$_2^{24}$

kang sểng sủ, bien articuler, parier clairement, parier correctement. 讲清

楚 $kaŋ_3^{33}siŋ^{33}so_2^{24}$// =$kaŋ_3^{33}siŋ_1^{35}$

kang zoi sing sủ, parler distinctement. 讲得清楚 $kaŋ_3^{33}zai_3^{33}siŋ^{33}so_2^{24}$// $kaŋ_3^{33}zai_3^{33}luŋ_3^{33}laŋ_3^{33}$// =$kaŋ_3^{33}zai_3^{33}siŋ^{33}so_2^{24}$

<* *ṭṣ'i̭o* 楚

zu *zu mưởn*, il y en a aussi. 已经有 $zu_5^{55}mən_2^{24}$//$kə_4^{21}zu_5^{55}ʔbəi_1^{35}lə_4^{21}$他已经去了

zêàng zêàng zu kón, omnivore. 样样都吃 $ziaŋ_5^{55}ziaŋ_4^{21}zu_5^{55}kɔn_1^{35}$

zú *tềi tềi zú zóng*, usage. 习惯(时时都用) $tɛi_5^{55}tɛi_2^{24-21}zu_5^{55}zoŋ_4^{21}$

no no zú haù, notoire. 人人皆知/有名(人人都知) $nɑ_5^{55}nɑ_3^{33}zu_5^{55}hɔu_2^{24}$// =$nɑ_5^{55}nɑ_3^{33}ts^huŋ_5^{55}hɔu_2^{24}$

zú no, un tel. 某人 $zɛ_1^{35}nɑ_3^{33}$

zú bểi, telle année. 某年 $zɛ_1^{35}ʔbɛi_2^{24}$

zú záng kiảu, nullement. 都不是 $zu_5^{55}zɑŋ_5^{55}keu_2^{24}$//$keu_2^{24}zɑŋ_5^{55}keu_2^{24}$是不是// =$keu_2^{24}tə_4^{21}zɑŋ_5^{55}keu_2^{24}$//$sek_7^{55}keu_2^{24}zia_3^{33}$我的书(册东西我)// =$sek_7^{55}ʔdɛi_2^{24}zia_3^{33}$我的书(册隶我)

kú *kú sể*, par conséquent. 故此 $k^hu_5^{55}se_2^{24}$// =$k^hu_5^{55}sə_2^{24}$

<* *kouʾ* 故

kú (neuf) ku_5^{55}

kú ngiệt, neuvième mois. 九月 $ku_5^{55}ŋit_8^{21}$//$ku_5^{55}mɔʔ_8^{21}$ 九个//ko_3^{33} 九(基数词)

< T. ʻ*kaw* เก้า(九) *ᶜ*kiu* 九

kù *noạk kù miú*, hibou. 猫头鹰(鸟咕猫) $nuak_8^{21}ku^{21}miu_1^{35}$

=T. ʻ*gaw*

kũ poireau. 韭菜 $kuʔ_7^{55}kuʔ_7^{55}sɑu_3^{33}ʔbɑʔ_7^{55-33}mou_1^{35}$韭菜炒猪血　按:长流人韭菜不炒鸡蛋,用葱炒鸡蛋。

<*ᶜ *ki̭u* 韭

hu *hu tẫk*, gris. 灰色 $hu^{33}tek_7^{55}$(海南话,少说)$tek_7^{55-33}p^hok_7^{55}$(常说)

<H. *hủ* **xuəi* 灰

hù *dáo hù*, fromage de soja, d'haricots. 豆腐 $ʔdɑu^{33}hu^{33}$(海南话,少说)// $heu_4^{21-24}p^hɔu_4^{21}$(常说)

<* *bi̭ou* 腐

hù di lề, carte géographique. 地图(图地理) hu_2^{24-21} $ʔdi^{55}$ le^{21}

<H. *hù* **dou* 圖

这个韵在泰语中没有确信的对应词。

Ô

bô *bô dông*, suppléer. 补充(补到) $ʔbo_3^{33}$ $ʔdɔŋ_1^{35}$ 按：原文认为本字是“保”，误。

nòm zóng bô, salubre. 有益健康的/井水补(水井补) $nɑm_4^{21-24}$ $zɑŋ_1^{35-21}$ $ʔbo_3^{33}$ 按：指有的井水补人。

bô bõ, fortifier. 补血 $ʔbo_3^{33}$ $ʔbɑʔ_7^{55}$

bô zẻng, fortifier, réconforter. 强身/提神(补力) $ʔbo_3^{33}$ $zeŋ_2^{24}$

nòm zong zóng bô, malsain. 不健康的/井水不补(水井不补) $nɑm_4^{21-24}$ $zɑŋ_1^{35}$ $zɑŋ_5^{55}$ $ʔbo_3^{33}$ 按：指有的井水不补养人。

zêá bô, tonique. 补药(药补) zia_1^{35-21} $ʔbo_3^{33}$

<*ᶜ *pâu* 保

bố *mạk bố-lố*, ananas. 菠萝(果菠萝) mak_8^{21} $ʔbo_5^{55}$ lo_5^{55}(不说)//zia_2^{24} $p^han_1^{35-21}$ $kuaŋ_3^{33}$菠萝(椰番广)//mak_8^{21} zia_2^{24} 椰子//zia_2^{24} $p^han_1^{35}$ 木瓜//$ʔbəi_1^{35-21}$ $kuaŋ_3^{33}$ 去广东/去广州(去广)//$ʔbəi_1^{35-21}$ $p^han_1^{35}$下南洋(去番)

<* *pâ* 菠

bố (protéger) 保

dom bố, garantir. 担保(胆保) $ʔdam_3^{33}$ $ʔbo_2^{24}$

bố tsìng tỏn, ranimer (le courage) 恢复勇气(补精神) $ʔbo_3^{33}$ $ts^hiŋ_1^{35-21}$ $tɔn_2^{24}$

ziàng-bỏn bố lêả, défenseur. 保护人/保领人(人保领) $ziaŋ_2^{24-21}$ $ʔban_2^{24}$ $ʔbɑu_3^{33}$ $leŋ^{21}$担保人(人保领)//$ziaŋ_2^{24-21}$ $ʔban_2^{24}$ $ʔbɑu_3^{33}$ hu_5^{55}保护人(人保护)

<*ᶜ *pâu* 保

bố *kíng bố-lì*, carreau-vitre. 镜子(镜玻璃) $kiŋ_3^{33}$ $ʔbo^{33}$ li^{24}

bố-lể p'êản, vitre. 玻璃片 $ʔbo^{33}$ li^{24} $p^hian_5^{55}$

tsúng bố-lể, verre à boire. 玻璃杯(盅玻璃) $ts^huŋ_1^{35-21}$ $ʔbo^{33}$ li^{24} 按：大小杯子都叫 $ts^huŋ_1^{35}$。

<* *p'â* 玻

bố haù, annoncer, notifier, renseigner. 布告(报号) $ʔbo_5^{55}$ hau_5^{55} 按：“报

号"是海南话说法。

diến bố, télégramme. 电报 ʔdien$_5^{55}$ʔbo$_5^{55}$

ziàng-bỏn bố tien, messager. 信使(人报信) ziaŋ$_2^{24-21}$ʔbɑn$_2^{24-21}$ʔbo$_5^{55}$tien$_5^{55}$

bố sàu, prendre sa revanche. 报仇 ʔbo$_5^{55}$sɔu$_2^{24}$

bố sàu, vindicatif. 报仇心切的 ʔbo$_5^{55}$sɔu$_2^{24}$

< H. *bố* **pâuʾ* 報

bỗ　*bỗ kỏn*, discuter. 讨论/辩论(驳相) ʔboʔ$_7^{55-33}$kɔn$_2^{24}$

biên bỗ, contredire. 辩驳 ʔbien$_3^{33}$ʔboʔ$_7^{55}$

< **pak* 駁

p'ồ　*sỏn p'ồ aù*, une lieue. 一铺路(路铺一) sɔn$_1^{35}$p^{h}o$_5^{55}$ɔu$_4^{21}$一铺路(不变调)//tam$_3^{33}$sɔn$_1^{35}$p^{h}o$_3^{33}$走一铺路//sɔn$_1^{35}$p^{h}ɔu$_4^{21-24}$ɔu$_4^{21}$一步路　按：原文认为本字是"甫",误。

zẫk p'ồ aù, un squelette. 一副骨架(骨副一) zək$_7^{55}$p^{h}o$_5^{55}$ɔu$_4^{21}$//zək$_7^{55}$ʔbun$_5^{55}$p^{h}o$_3^{33}$两副骨

sà p'ồ, castagnettes. 钹/响板 sa$_3^{33}$p^{h}o$_5^{55}$钹(大的)//ts^{h}ɛ$_5^{55}$钹(小的)

< ^{*c}*pi̭ou* 甫

p'ô　*p'ồ mọ aù*, une hache. 一个斧(斧个一) p^{h}o$_3^{33}$mɔʔ$_8^{21}$ɔu$_4^{21}$　按：实际读为 mɔ$_4^{21-24}$ɔu$_4^{21}$。//p^{h}o$_3^{33}$=hɑu$_3^{33}$p^{h}o$_3^{33}$斧头(首斧)

< **pi̭ou* 斧

p'ồ-dế, nombril. 肚脐 p^{h}u$_2^{24-21}$ʔde$_2^{24}$(少说)//=p^{h}u$_2^{24-21}$le$_2^{24}$(老派)//p^{h}u$_2^{24-21}$lei$_2^{24}$(新派)　按：原文认为本字是"脖",误。

< **buət* 脖

soằn-p'ồ, belle-fille. 儿媳(新妇) suan$_1^{35-21}$p^{h}u$_4^{21}$//=suan$_1^{35-21}$p^{h}oʔ$_8^{21}$　按：原文认为本字是"袍",误。

< H. *p'ộ* **bau* 袍

sôm p'ồ-sa, adorer une idole. 拜菩萨(跪菩萨) som$_1^{35-21}$p^{h}e^{21}sa^{33}跪菩萨//zɑʔ$_8^{21}$p^{h}e^{21}sa^{33}拜菩萨//zɑʔ$_8^{21}$kuŋ$_1^{35}$拜公(祖宗神灵)

< **bou* 菩

p'ồ (boutique) 铺 p^{h}o$_3^{33}$

p'ồ dêắm, auberge. 小旅馆/店铺(铺店) p^{h}o$_3^{33}$ʔdiam$_3^{33}$

p'ồ zeâ, pharmacie. 药铺(铺药) p^{h}o$_3^{33}$zia$_1^{35}$

na p'ồ, devanture. 铺面(面铺) na$_3^{33}$p^{h}o$_3^{33}$

p'ồ hàu, boutique. 店铺(铺户) $p^ho_3^{33}hɔu_3^{33}$//$hɔu_3^{33}k^hɑu_2^{24}$户口

p'ồ ing sẽk, librairie. 书店(铺卖册) $p^ho_3^{33}iŋ_3^{33}sek_7^{55}$//=$p^ho_3^{33}sek_7^{55}$

<*p'ouʾ 鋪

-*p'ộ* *soân-p'ộ*, bru. 儿媳(新妇) $p^hoʔ_8^{21}$ 按：原文认为本字是“袍”，误。

dếi soằn-p'ộ =*don soằn-p'ộ*, épouser, prendre femme. 娶亲/娶妻(等新妇) 按：“等”字萨维纳记成前鼻音，误。$ʔdei_1^{35-21}suan_1^{35-21}p^hoʔ_8^{21}$找老婆//=$ʔdɔŋ_3^{33}suan_1^{35-21}p^hoʔ_8^{21}$//$ʔdei_1^{35-21}keu_4^{21}$找东西

soằn-p'ộ nao, nouvelle mariée. 新媳妇(新妇新) $suan_1^{35-21}p^hoʔ_8^{21}nau_4^{21}$

*bau 袍

vồ *vồ dêả*, contingent, contingence. 偶然的(无定) $vo^{21}ʔdia^{33}$(海南话)//$zɑŋ_5^{55}ʔdia^{33}$

mô zóng dóng, fortuit. 意外的(想不到) $mo_3^{33}zɑŋ_5^{55}ʔdɔŋ_1^{35}$//=$zɑŋ_5^{55}mo_3^{33}ʔdɔŋ_1^{35}$没想到

vồ hạp têi, intempestif. 不合时 $vo^{21}hɔp_8^{21}tɛi_2^{24}$(海南话)//$zɑŋ_5^{55}hɔp_8^{21}tɛi_2^{24}$(长流话)

<H. vồ *mi̭ou 無

mô penser, se proposer de, vouloir, désirer, s'appuyer. 想/扶 mo_3^{33}

mô lứng, s'adosser à. 扶住(扶着)$mo_3^{33}ləŋ_1^{35}$//$p^hɔu_2^{24}ləŋ_1^{35}$扶住(扶起来)

mô sêảng, s'appuyer contre le mur. 扶着墙 $mo_3^{33}siaŋ_2^{24}$

mô bới, penser à partir. 想去 $mo_3^{33}ʔbəi_1^{35}$

mô ũk, imaginer, déchiffrer. 想出 $mo_3^{33}uk_7^{55}$

mô zoi dóng, imaginable. 想得到 $mo_3^{33}zai_3^{33}ʔdɔŋ_1^{35}$

mựk mô, méditer. 默想 $mək_8^{21}mo_3^{33}$(少说)//$məʔ_8^{21}məʔ_8^{21}mo_3^{33}$(多说)

sã aù mô, réfléchir. 自己想 $sa_5^{55}ɔu_4^{21}mo_3^{33}$

<*mi̭u 謀

tóm mô zống, épris de. 钟情于(心想别人) $tɔm_1^{35}mo_3^{33}zoŋ_1^{35}$

<*mouʾ 慕

tô *bong tô*, aider, seconder. 助 $to_3^{33}ʔbɑŋ^{33}to_3^{33}$(海南话)

<*dẓioʾ 助

tô tsểng, décorer, (orner). 装饰(装整) $to^{33}ts^heŋ_2^{24}$装整(指穿着整齐)//$to^{33}tek_7^{55}$装饰(指化妆)

<H. tổ *tṣi̭âṅ 裝

k'ố tô, compter, supputer, calculer, énumérer. 算数/计算(叩数) $k^{h}o_{5}^{55}$ to_{3}^{33}//=$k^{h}o_{5}^{55}tiau_{5}^{55}$算数(叩数)

kĩt tô, supputer. 打算(击数) $kit_{7}^{55-33}to_{3}^{33}$

kiẫt tô, énumérer. 结账(结数) $kiat_{7}^{55-33}to_{3}^{33}$//=$kiat_{7}^{55-33}tiau_{5}^{55}$

k'ố tô soãk, erreur dans les comptes. 算错(叩数错) $k^{h}o_{5}^{55}to_{3}^{33}suak_{7}^{55}$

<*ᶜ *ṣiou* 數

tô *tọt tô*, certes. 诚实/踏实(实数) $tɔt_{8}^{21}to_{3}^{33}$

<*ᶜ *dzâi* 在

tồ tổ *zêa tồ kang*, ce dont je parle. 我所讲 $zia_{3}^{33}to_{2}^{24}kaŋ_{3}^{33}$

tổ zỉ, par conséquent. 所以 $to_{2}^{24}zi_{2}^{24}$

<*ᶜ *ṣio* 所

tộ caresser, cajoler. 抚摸/爱抚 $tuʔ_{8}^{21}$=$toʔ_{8}^{21}$=la_{4}^{21}//$la_{4}^{21-24}ma_{2}^{24}siak_{7}^{55}$洗麻将//$mɔʔ_{8}^{21}ma_{2}^{24}siak_{7}^{55}$摸麻将

tộ kởn, entraide. 互助(助互相) $to_{3}^{33}kɔn_{2}^{24}$ 按：*tộ* 是 *tô* 之误。

<* *dẓioˀ* 助

tỗ fabriquer. 做 $toʔ_{7}^{55}$做(海南话)//huk_{7}^{55}做(长流话)

<H. *tộ* * *tsâˀ* 做

dô *dô bẻi*, allumer le feu. 点火 $ʔdo_{3}^{33}ʔbɛi_{2}^{24}$生火//$ts^{h}iu_{3}^{33}ʔbɛi_{2}^{24}$引火(就火/照火)//$sot_{7}^{55-33}ʔbɛi_{2}^{24}$点火//$zut_{7}^{55-33}ʔbɛi_{2}^{24}$烧火(大堆)//$k^{h}ei_{3}^{33}ʔbɛi_{2}^{24}hoŋ_{2}^{24-21}$ $ŋai_{2}^{24}$起火煮饭(干饭)

dồ *kuẳn dồ*, andouille, boudin. 香肠(灌肠) $kuan_{5}^{55}ʔdo^{21}$ 按："灌肠"是海南话说法。

dỗ *dỗ tam*, marcher à reculons. 倒走 $ʔdoʔ_{7}^{55}tam_{3}^{33}$//=$tam_{3}^{33}ləŋ_{1}^{35-21}lei_{2}^{24}$倒走(走回后)//$ʔdoʔ_{7}^{55}sia_{1}^{35}$倒车

dỗ p'ảu àu, se retirer d'un pas. 倒退一步(倒步一) $ʔdoʔ_{7}^{55}p^{h}ɔu_{4}^{21-24}ɔu_{4}^{21}$

nô bouger. 动/移动 ne_{2}^{24}//$zaŋ_{5}^{55}ŋa_{2}^{24}ne_{2}^{24}$不要动 按：长流话-e-与临高语其他方言中的-o-或-ɔ-对应。

lô (rein) 肾/腰/腰子 lo_{3}^{33}

lô mâú, rognon de porc. 猪腰子/猪肾(腰子猪) $lo_{3}^{33}mou_{1}^{35}$

lô zẫk, hanche (rein os). 髋部/腰(腰骨) lo$_3^{33}$zək$_7^{55}$(少说)//zək$_7^{55-33}$lo$_3^{33}$(常说)

dũ lô lứng, le poing sur la hanche. 以手拄腰(拄腰住) ʔduʔ$_7^{55-33}$lo$_3^{33}$ləŋ$_1^{35}$ 拄腰住//ts^{h}uʔ$_7^{55-33}$hɛŋ$_4^{21-24}$ts^{h}o$_3^{33}$拄拐杖(拄棍祖)//≠ts^{h}am$_1^{35-21}$lo$_3^{33}$叉腰

lô zẫk dọk, avoir mal aux reins. 腰疼(腰骨疼) lo$_3^{33}$zək$_7^{55}$ʔdɔk$_8^{21}$

dọ lô, s'étirer. 伸懒腰(伸腰) ʔdɑʔ$_8^{21}$lo$_3^{33}$伸(伸懒腰)

ba-lô hẻo àu, une ceinture. 一条腰带(把腰条一) ʔba$_3^{33}$lo$_3^{33}$hɛu$_2^{24}$ɔu$_4^{21}$// ʔba$_3^{33}$lo$_3^{33}$k^{h}o$_3^{33}$裤腰带(把腰裤)

ba-lô nóng, courroie (ceinture cuir). 皮腰带(把腰皮) ʔba$_3^{33}$lo$_3^{33}$nɑŋ$_1^{35}$

=Li (w-1) *plo*

lô *bêi lô*, dans trois ans (p. 31). 大后年 ʔbɛi$_2^{24-21}$lo$_3^{33}$大后年

dóng lô (dans trois jours), après-après demain. 大后天 ʔdɔŋ$_5^{55}$lo$_3^{33}$大后天

lồ *mạk bố-lồ*, ananas. 菠萝(果菠萝) mak$_8^{21}$ʔbo$_5^{55}$lo^{21}(不说)//zia$_2^{24}$p^{h}an$_1^{35-21}$ kuaŋ$_3^{33}$菠萝(椰番广)

<H. *bố-lồ* **luâ* 羅

mũk lồ hiển àu, un champignon. 一片木耳 按：法语解释是“蘑菇”，误。“木耳”是海口话说法。muk$_7^{55-33}$lo^{21}hien$_4^{21-24}$ɔu$_4^{21}$一片木耳//=ʔbɑi$_2^{24-21}$ sa$_1^{35-21}$miu$_1^{35}$木耳(耳朵猫)//hɔt$_8^{21}$/hɔt$_8^{21}$sin$_3^{33}$/蘑菇//lɔt$_8^{21}$青苔

ziàng-bỏn lồ kúng, bossu. 驼背(人腰弓) ziaŋ$_2^{24-21}$ʔbɑn$_2^{24-21}$lo$_3^{33}$kuŋ$_5^{55}$// kuŋ$_5^{55}$lo$_3^{33}$鞠躬(弓腰)

bõt déng lồ si, visser. 拧螺丝钉(拧钉螺丝) ʔbɔt$_7^{55-33}$ʔdɛŋ$_1^{35-21}$lui^{21}si^{33}// ʔdɛŋ$_1^{35-21}$lui^{21}si^{33}螺丝钉

lô *lộ nõ ngẩu p'án*, traire une vache. 挤牛奶(撸奶牛番) luʔ$_8^{21}$noʔ$_7^{55-33}$ ŋɔu$_2^{24-21}$p^{h}an$_1^{35}$//=kɑn$_4^{21-24}$noʔ$_7^{55-33}$ŋɔu$_2^{24-21}$p^{h}an$_1^{35}$//=kɑn$_4^{21-24}$noʔ$_7^{55-33}$ŋɔu$_2^{24}$ 按：*lô*是*lộ*之误。kɑn$_4^{21}$捏/攥紧。

tsô *ziàng-bỏn tsồ*, maître. 主人(人主) ziaŋ$_2^{24-21}$ʔbɑn$_2^{24-21}$ts^{h}o$_3^{33}$//=ziaŋ$_2^{24-21}$ ʔbɑn$_2^{24-21}$zan$_2^{24-21}$ts^{h}o$_3^{33}$主人(人屋主，常说)//zan$_2^{24-21}$ts^{h}o$_3^{33}$主人

tsô zản, propriétaire foncier (maître maison). 户主/房主 ts^{h}o$_3^{33}$zan$_2^{24}$//= zan$_2^{24-21}$ts^{h}o$_3^{33}$

bỏn tsô, dimanche. 主日(日主) ʔbɑn$_2^{24-21}$ts^{h}o$_3^{33}$

kiáo hiến tsô, catholicisme. 天主教（教天主） kiau$_5^{55}$hien$_1^{35-21}$ts^{h}o$_3^{33}$//hian^{33} tu^{21}kiau$_5^{55}$（海南话）

hiến tsô, dieu. 天主 hien$_1^{35-21}$ts^{h}o$_3^{33}$//hien$_1^{35-21}$ha$_4^{21}$天下//huk$_7^{55-33}$ts^{h}o$_3^{33}$做主

tsồ zỏa, patron d'une barque. 船主 ts^{h}o$_3^{33}$zua$_2^{24}$

tsô zoả, armeteur. 船主 ts^{h}o$_3^{33}$zua$_2^{24}$

tsô kiáo, évêque. 主教 ts^{h}o$_3^{33}$kiau$_5^{55}$

hiến tsồ tếng mải, mère de dieu. 天主圣母 hien$_1^{35-21}$ts^{h}o$_3^{33}$teŋ$_5^{55}$mai$_4^{21}$

lẹk lõk zóng mưởn tsồ, enfant abandonné, sans maître. 弃婴（小孩没有主） lɛk$_8^{21}$lɑk$_7^{55}$zɑŋ$_5^{55}$mən$_2^{24-21}$ts^{h}o$_3^{33}$

tsồ tsai, créancier. 债主（主债） ts^{h}o$_3^{33}$ts^{h}ai$_3^{33}$

tsồ-êi, dessein, décision. 主意 ts^{h}o$_3^{33}$ei$_3^{33}$（少说）//tu^{21}i$_5^{55}$（多说）

kẽ tsô-êi, se raviser. 改主意（解主意） kɛʔ$_7^{55-33}$ts^{h}o$_3^{33}$ei$_3^{33}$//=kɑi^{21}tu^{21}i$_5^{55}$改主意//ləŋ$_1^{35-21}$tɔm$_1^{35}$回心

lọp tsồ-êi, former un dessein. 想主意/出主意（立主意） lɔp$_8^{21}$ts^{h}o$_3^{33}$ei$_3^{33}$// =lɔp$_8^{21}$tu^{21}i$_5^{55}$

ũk tsồ-êi, prendre une décision. 出主意 uk$_7^{55}$ts^{h}o$_3^{33}$ei$_3^{33}$//=uk$_7^{55}$tu^{21}i$_5^{55}$

< ^{*c} *či̯ou* 主

tsố *tsin tsố*, maïs. 玉米（珍珠） ts^{h}in$_1^{35-21}$ts^{h}o$_1^{35}$

dá tsố, prunelle de l'œil. 眼珠（果眼睛）mak$_8^{21}$ts^{h}ien$_2^{24-21}$ʔda$_1^{35}$

tsố affermer 租 ts^{h}o$_1^{35}$

tsồ zản, louer une maison. 租房子（双向都可） ts^{h}o$_1^{35-21}$zan$_2^{24}$

tsồ ngỏn, revenu des loyers. 租金 ts^{h}o$_1^{35-21}$ŋɔn$_2^{24}$

< * *tsou* 租

tsố *sồm kùng tsố*, adorer les ancêtres. 拜祖先（跪公祖） som$_1^{35-21}$kuŋ$_1^{35-21}$ts^{h}o$_3^{33}$

kúng tsố, ancêtres. 祖先（公祖） kuŋ$_1^{35-21}$ts^{h}o$_3^{33}$

< ^{*c} *tsou* 祖

sô *nằn nòm sô*, bouillon de viande. 肉汤（肉水汤） nan$_4^{21-24}$nɑm$_4^{21-24}$so$_3^{33}$

zâù bỏn sô, pommade- cheveux. 头发油（油头发） zɔu$_2^{24-21}$ʔbɑn$_2^{24-21}$so$_3^{33}$头发油（买来的头油）//ʔbɑn$_2^{24-21}$so$_3^{33}$uk$_7^{55-33}$zɔu$_2^{24}$头发出油

sô nê, vinaigre. 醋（醋大） so$_3^{33}$ne$_3^{33}$

< * *ts‘ouᵓ* 醋

sồ *sồ toâng aù*, une paire de baguettes, bâtonnets. 一双筷子（箸双一） so$_4^{21}$

tuaŋ$_5^{55}$ɔu$_4^{21}$

kà sồ, étagère (cadre à baguettes). 筷子架(架箸) ka$_3^{33}$ so$_4^{21}$　按：*kà* 是 *ka* 之误。

<* ḍio̯ˀ 箸

số grand (sérieux) 粗/大(粗) so$_1^{35}$

sề số, attentat (maladie mortelle), péché mortel. 大罪/死罪 se$_4^{21}$ so$_1^{35}$大罪(罪粗)// = se$_4^{21}$ kʰien$_1^{35}$重罪(罪重)

sáo số, voix forte. 大声 sau$_1^{35}$ so$_1^{35}$(声粗，不说)//sau$_1^{35}$ ne$_3^{33}$(声大)

lẹk số, fils aîné. 长子/长女 lɛk$_8^{21}$ so$_1^{35}$孩子大了//lɛk$_8^{21}$ kʰiaŋ$_4^{21-24}$ so$_1^{35}$长子//≠lɛk$_8^{21}$kʰiaŋ$_4^{21}$so$_1^{35}$儿子大了//lɛ$_4^{21-24}$lɛk$_8^{21}$so$_1^{35}$长女/女儿大了

bon số, gros vent. 风大/大风(风粗) ʔban$_3^{33}$so$_1^{35}$

kéo số, mois de 30 jours. 大月/30 天的月 kɛu$_2^{24-21}$ so$_1^{35}$大月(月粗)// kɛu$_2^{24-21}$niʔ$_7^{55}$小月//kɛu$_2^{24}$so$_1^{35}$kɛu$_2^{24}$niʔ$_7^{55}$月大月小(一个月大一个月小)

tỏ hoi số, affaire sérieuse. 大事情(事会粗) tə$_4^{21-24}$hoi$_3^{33}$so$_1^{35}$

nòm số, crue d'eau. 水大(水粗) nam$_4^{21-24}$so$_1^{35}$ = nam$_4^{21-24}$ne$_3^{33}$大水//nam$_4^{21}$ so$_1^{35}$ = nam$_4^{21}$ne$_3^{33}$水大

kang kuà số, dire des mensonges. 讲大话/说谎话(讲话粗) kaŋ$_3^{33}$ kua$_4^{21-24}$so$_1^{35}$

số nĩ, étendue. 大小(粗小) so$_1^{35}$niʔ$_7^{55}$(不说)//ne$_3^{33}$niʔ$_7^{55}$(常说)

hũk số = *ka số*, agrandir. 增大/扩大(做粗 huk$_7^{55}$so$_1^{35}$ = 加粗 ka$_1^{35}$so$_1^{35}$)

kang kuà số, altérer la vérité. 讲大话(讲话粗) kaŋ$_3^{33}$ kua$_4^{21-24}$ so$_1^{35}$(不说)//kaŋ$_3^{33}$kua$_4^{21-24}$ne$_3^{33}$(少说)//sia$_1^{35-21}$kʰiau$_5^{55}$瞎扯(车窍)//mən$_2^{24-21}$kʰiau$_5^{55}$有窍门

k'oãt số, ample. 宽大(阔粗) kʰuat$_7^{55}$so$_1^{35}$宽大//≠kʰuaŋ$_5^{55}$ne$_3^{33}$扩大

dam số, avoir de l'aplomb. 胆大(胆粗) ʔdam$_3^{33}$so$_1^{35}$// = ʔdam$_3^{33}$ne$_3^{33}$

mưởn kí số, quelle étendue? de quel calibre? 有多大(有几粗)? mən$_2^{24}$ ki$_5^{55}$so$_1^{35}$(不变调)// = mən$_2^{24}$kia$_5^{55}$so$_1^{35}$

lảm số hẻo aù, une amarre. 一条大缆(缆粗条一) lam$_4^{21-24}$so$_1^{35}$hɛu$_2^{24}$ɔu$_4^{21}$

kô　*kô mèng*, sauver la vie. 救命 ko$_3^{33}$meŋ$_4^{21}$

(*ziàng bỏn*) *zóng kô zoi*, (malade) abandonné par les médecins. 没救的人(人不救得) ziaŋ$_2^{24-21}$ʔban$_2^{24-21}$zaŋ$_5^{55}$ko$_3^{33}$zai$_3^{33}$

zóng tsiáu kùi-kô, anormal. 不照规矩 zaŋ$_5^{55}$ ts^{h}iau$_5^{55}$ kui$_1^{35-21}$ ko$_3^{33}$//=zaŋ$_5^{55}$ ts^{h}iau$_5^{55}$kui^{33}lei^{33}

zóng mưởn kùi-kô, déréglé. 没有规矩 zaŋ$_5^{55}$ mən$_2^{24}$ kui$_1^{35-21}$ ko$_3^{33}$//=zaŋ$_5^{55}$ mən$_2^{24}$kui^{33}ke^{21}

<* *kou*ˀ 救

kô zỏa, affréter un bateau. 雇船 ko$_3^{33}$zua$_2^{24}$

kô zống hũk kống, embaucher des travailleurs. 雇用做工 huk$_7^{55-33}$koŋ$_1^{35}$

kô bểi, combattre le feu. 救火 ko$_3^{33}$ʔbɛi$_2^{24}$

biếu kô mềng, donner l'alarme. 呼救（叫救命） ʔbeu$_1^{35}$ ko$_3^{33}$ meŋ$_4^{21}$（ʔbeu$_1^{35}$不变调）//uaŋ$_4^{21}$ko$_3^{33}$meŋ$_4^{21}$

<* *kou*ˀ 雇

kô *kô lêảng aù*, une scie. 一把锯子（锯辆一） ko$_3^{33}$ liaŋ$_4^{21-24}$ ɔu$_4^{21}$（不说）// ko$_3^{335}$ʔbai$_5^{55}$ɔu$_4^{21}$（常说）

tón kô, dent de scie. 锯齿（齿锯） tɔn$_1^{35-21}$ko$_3^{33}$

kài kô, sciure de bois. 锯末/锯屑（屎锯） kai$_4^{21-24}$ko$_3^{33}$

<* *kịo*ˀ 鋸

kô *kùk kô*, chant national. 国歌 kuk$_7^{55}$kɔ$_3^{33}$

<* *kâ* 歌

kô neuf 九 ko$_3^{33}$

hau kô, neuvième. 第九（头九） hau$_3^{33}$ko$_3^{33}$

top kô, dix-neuf. 十九 tɔp$_8^{21}$ko$_3^{33}$

=‘T. ‘*kaw* C.-R. *ku* > *kou* *ᶜ *kiu* 九

zống êng kô, nez aquilin（nez de perroquet）鹰钩鼻（鼻鹦哥） zɔŋ$_1^{35-21}$ iŋ^{33}ko^{33}（不说）//=zɔŋ$_1^{35-21}$ko$_1^{35}$钩鼻（常说）

<H. *ing-kô*

kố *kồ hêẫt*, crampon en fer. 铁钩（钩铁） ko$_1^{35-21}$hiat$_7^{55}$

mọk mà kố, agrafe. 裤子钩（纽扣钩） mak$_8^{21}$ma$_4^{21}$ko$_1^{35}$

<* *kəu* 勾

kố ké, congé. 告假 ko$_5^{55}$kɛ$_5^{55}$//siŋ^{21}kɛ$_5^{55}$（海南话文读）//=sia^{21}kɛ$_5^{55}$（海南话白读）

ũk bú kố, promulguer. 出布告 uk$_7^{55-33}$ ʔbu$_5^{55}$ ko$_5^{55}$//=uk$_7^{55-33}$ ʔbo$_5^{55}$ ko$_5^{55}$//=uk$_7^{55-33}$ʔbu$_5^{55}$kau$_5^{55}$

<H. *kố* * *kâu*ˀ 告

kồ *don mống-kồ*, manguier. 芒果树(树芒果) ʔdɔn$^{33}_{3}$moŋ$^{55}_{5}$ko^{21}

< ^{*c}*kuâ* 菓

noạk ing-kồ, perroquet. 鹦鹉(鸟鹦哥) nuak$^{21}_{8}$iŋ^{33}ko^{33}

< **kâ* 鸜

kộ *kộ lọk*, approfondir. 挖深(掘深) koʔ$^{21}_{8}$lak$^{21}_{8}$(老派)//=kuʔ$^{21}_{8}$lak$^{21}_{8}$(新派) 按:本字为"掘"。《集韵》"月韵":"其月切,穿也。"又"没韵":"胡骨切,穿也。"

kộ hềi, biner la terre. 挖地/锄地(掘地) koʔ$^{21}_{8}$hɛi$^{21}_{4}$(不说,不通) 按:hien$^{35-21}_{1}$hɛi$^{21}_{4}$天地,hɛi$^{21}_{4}$是很大的概念。土地只说 mat$^{21}_{8}$。//hien$^{35}_{1}$hɔu$^{21}_{4}$hɛi$^{21}_{4}$hɔu$^{21}_{4}$天知地知//koʔ$^{21}_{8}$mat$^{21}_{8}$挖地(掘地)//=uat$^{55-33}_{7}$mat$^{21}_{8}$//=ts^{h}au$^{33}_{3}$mat$^{21}_{8}$

kộ p'ỏn, creuser la tombe. 挖坟(掘坟) koʔ$^{21}_{8}$p^{h}an$^{24}_{2}$

< **giụət* 掘

kỗ *kỗ no*, chacun. 各人 koʔ$^{55}_{7}$na$^{33}_{3}$//kɔk$^{55}_{7}$na$^{33}_{3}$ 按:koʔ$^{55}_{7}$海南话白读;kɔk$^{55}_{7}$海南话文读。不变调。

< **kôk* 各

k'ô amer, tourment 苦 k^{h}o$^{33}_{3}$

k'ô lềao, très amer. 太苦(苦多) k^{h}o$^{33}_{3}$liau$^{21}_{4}$

laủ k'ô, pâtir. 劳苦 lau$^{24}_{2}$k^{h}o$^{33}_{3}$

k'ô nằn, tourment. 苦肉 k^{h}o$^{33}_{3}$nan$^{21}_{4}$(不说,不通)//k^{h}o$^{33}_{3}$zok$^{55}_{7}$ki$^{55}_{5}$苦肉计

dỗk k'ô, appauvrir, s'appauvrir. 变穷(掉苦) ʔdok$^{55-33}_{7}$ k^{h}o$^{33}_{3}$//=ʔdok$^{55-33}_{7}$k^{h}ɔn$^{55}_{5}$

kống k'ô, corvée, austérités. 苦工(工苦) koŋ$^{35-21}_{1}$k^{h}o$^{33}_{3}$苦工//koŋ$^{35}_{1}$k^{h}o$^{33}_{3}$工苦

sồm son k'ô, faire le chemin de croix. 走十字架之路(跪路苦) som$^{35-21}_{1}$sɔn$^{35-21}_{1}$k^{h}o$^{33}_{3}$

ziàng bỏn k'ô, un pauvre, indigent (mendiant). 穷苦人(人苦) ziaŋ$^{24-21}_{2}$ʔban$^{24-21}_{2}$k^{h}o$^{33}_{3}$穷苦人//≠ziaŋ$^{24-21}_{2}$ʔban$^{24}_{2}$k^{h}o$^{33}_{3}$人穷苦

aú sẻn sế bới ziàng bỏn k'ô, faire l'aumône aux pauvres. 周济穷人(拿钱给去人苦) ou$^{35-21}_{1}$sɛn$^{24}_{2}$se$^{35}_{1}$ʔbəi$^{35}_{1}$ziaŋ$^{24-21}_{2}$ʔban$^{24-21}_{2}$k^{h}o$^{33}_{3}$

< ^{*c}*k'ou* 苦

k'ô mo, excuser (?). 辛苦你了(苦你) k^{h}o$^{33}_{3}$mɔ$^{33}_{3}$ 按:法语解释为"辩解、原谅",误。

k'ổ ói, digne d'amour. 可爱 $k^{h}o^{21}$ $ɑi_{5}^{55}$(不说)//$hɑu_{3}^{33}$ $ɑi_{3}^{33}$好爱(常说)

k'ổ liền, compatir. 可怜 $k^{h}o_{3}^{33}$ $lien_{4}^{21}$(不说)//nan_{2}^{24-21} $ʔbɛi_{4}^{21}$可怜(难味,常说)

<H. *kổ*, *kỗ* *ᶜ*k'â* 可

k'ô hẻo aù, pantalon, culotte. 一条裤(裤条一) $k^{h}o_{3}^{33}$ $hɛu_{2}^{24}$ $ɔu_{4}^{21}$

k'ô zoa, vêtements, habits. 衣服(裤衣) $k^{h}o_{3}^{33}$ zua_{3}^{33}

k'ô zoa kắt, chiffons. 破衣服(裤衣破) $k^{h}o_{3}^{33}$ zua_{3}^{33} kat_{7}^{55}

k'ô k'õt, caleçon. 短裤(裤段) $k^{h}o_{3}^{33}$ $k^{h}ɑt_{7}^{55}$//$sɔn_{1}^{35-21}$ $k^{h}ɑt_{7}^{55}$(这)路段≠$sɔn_{1}^{35}$ $k^{h}ɑt_{7}^{55}$(泛指)路段//$ʔbən_{2}^{24-21}$ $k^{h}ɑt_{7}^{55}$(这)柴段≠$ʔbən_{2}^{24}$ $k^{h}ɑt_{7}^{55}$(泛指)柴段

sế a sẻa k'ô zoa, machine à coudre. 用机器做衣服(车车裤衣) sia_{1}^{35-21} sia_{1}^{35-21} $k^{h}o_{3}^{33}$ zua_{3}^{33}

kễ k'ô zoa, se déshabiller. 脱衣服(解裤衣) ke_{7}^{55-33} $k^{h}o_{3}^{33}$ zua_{3}^{33}

<*k'ou' 褲

k'ố *mọk mà k'ố*, boutonnière. 纽扣眼(纽扣箍) 按:原文认为本字是"圈",误。

$k^{h}o_{1}^{35-21}$ $mɑk_{8}^{21}$ ma_{4}^{21}纽扣箍(老式手工布条做的) $ʔdon_{4}^{21-24}$ $mɑk_{8}^{21}$ ma_{4}^{21}纽扣洞(新式机器做的扣眼)//=mak_{8}^{21} ma_{4}^{21}

hoà k'ố, cercle. 花圈(花箍)

hua_{1}^{35-21} $k^{h}o_{1}^{35}$(少说)//=$k^{h}o_{1}^{35-21}$ hua_{1}^{35}(常说)

hũk k'ố hồng, cercler un tonneau. 箍桶/做桶箍(做箍桶) huk_{7}^{55-33} $k^{h}o_{1}^{35-21}$ $hoŋ_{3}^{33}$

k'ồ miệt, virole de couteau. 刀箍(箍刀) $k^{h}o_{1}^{35-21}$ mit_{8}^{21}

<*k'ʷien 圈

k'ố *k'ố tô*, calculer, compter, énumérer. 算/计算 $k^{h}o_{5}^{55}$ to_{3}^{33}//=$k^{h}o_{5}^{55}$ $tiau_{5}^{55}$

k'ố têáu, calculer. 算数(叩数) $k^{h}o_{5}^{55}$ $tiau_{5}^{55}$

k'ố soãk, mécompte. 算错 $k^{h}o_{5}^{55}$ $suak_{7}^{55}$

k'ố tô soãk, erreur dangs les comptes. 算错数(叩数错) $k^{h}o_{5}^{55}$ to_{3}^{33} $suak_{7}^{55}$

âú mể kố=âú lẹk king k'ố, compter sur les doigts. 掐指算(拿手叩 ou_{1}^{35-21} me_{2}^{24} $k^{h}o_{5}^{55}$=拿指叩 ou_{1}^{35-21} $lɛk_{8}^{21}$ $kiŋ_{3}^{33}$ $k^{h}o_{5}^{55}$)

ngố *kuà ngố aù* (un mot), une parole, phrase. 一句话/一个句子(话语一) kua_{4}^{21} $ŋo_{5}^{55}$ $ɔu_{4}^{21}$//$ŋo_{3}^{33}$语

kang kuà ngố aù, dire un mot. 讲一句话/(讲话语一) $kaŋ_{3}^{33}$ kua_{4}^{21} $ŋo_{5}^{55}$ $ɔu_{4}^{21}$

kuà ngố aù bứn mọ êi, ambiguïté. 模棱两可/一语双关(话语一两个意) kua$_4^{21}$ŋo$_5^{55}$ɔu$_4^{21}$ʔbun$_5^{55}$mɔʔ$_8^{21}$ei$_3^{33}$

ô ô kói, jabot de poule. 鸡嗉子(摇鸡) o$_3^{33}$kɑi$_1^{35}$

ô mọ aù, un berceau. 一个摇篮(摇篮个一) o$_3^{33}$mɔʔ$_8^{21}$ɔu$_4^{21}$ 按：一个实际读为 mɔ$_4^{21-24}$ɔu$_4^{21}$。

ô lẹk lôk, bercer un enfant. 摇小孩 o$_3^{33}$lɛk$_8^{21}$lɑk$_7^{55}$

mèng ô lẹk, mante religieuse. 螳螂 miŋ$_2^{24-21}$o$_3^{33}$lɛk$_8^{21}$(摇子虫<螟摇子)//=miŋ$_2^{24-21}$i$_5^{55}$o$_3^{33}$螳螂

hổ hổ-sỏi, heureusement. 幸运(好彩) ho$_2^{24}$ sɑi$_2^{24}$(海南话)//zun$_3^{33}$ mɛŋ$_3^{33}$(运好)

zóng hổ-sỏi, malchance, déconvenue. 不走运(不好彩) zɑŋ$_5^{55}$ho$_2^{24}$sɑi$_2^{24}$(不说)zun$_3^{33}$zɑŋ$_5^{55}$mɛŋ$_3^{33}$(运不好)//=zun$_3^{33}$su$_5^{55}$(运坏)

<* *χâu* 好

bon kũk di hổ, atlas. 万国地图 ʔban^{33}kuk$_7^{55}$ʔdi^{33}ho$_2^{24}$

hòm hổ bòa bới, desservir la table. 收拾饭桌 hɔm$_1^{35-21}$hok$_7^{55}$ʔbua$_4^{21}$ʔbəi$_1^{35}$捡饭桌去

<* *dou* 圖

台语中找不到确信的对应词。以下两个词中,一个是汉语借词,另一个可能黎语里也有：

	临高	台语	壮语	石家	莫语	水语	侗语	黎萨	黎王
neuf (9) 九	*kô*	*'khaw*	*'ku>'kow*	*ku*	*'tyəɯ*	*'tyu*	*'tyu*	(*pəɯ*	*fəɯ* *fa: l*)
Reins 腰	*lô*	(*ʔiew*)	(*hɯət> hɯt*	*vuot*)	..	…	…	…	(*plô*)

O

bọ (jouer) 博/赌博 ʔbɑʔ$_8^{21}$

bọ tẫk, dé à jouer. 骰子(博色) ʔbɑʔ$_8^{21}$mak$_8^{21}$tek$_7^{55}$//=mak$_8^{21}$tek$_7^{55}$

bọ biển mọt, épousseter. 拍尘土(拍粉土) ʔbɑʔ$_8^{21}$ ʔbien$_4^{21-24}$ mɑt$_8^{21}$//=ʔbɑʔ$_8^{21}$ʔbien$_4^{21-24}$ɔi$_1^{35}$(拍粉埃)

<* *pâk* 博

bõ sang 血 ʔbɑʔ$_7^{55}$

bọ kuẳn, artère. 血管/动脉 ʔbɑʔ$_7^{55-33}$kuan^{21}(不说)//na$_2^{24-21}$ʔbɑʔ$_7^{55}$(常说)

按：*bọ* 是 *bõ* 之误。

bõ nả, Veines. 血管/静脉 ʔbɑʔ$_7^{55-33}$na$_2^{24}$（少说）//na$_2^{24-21}$ʔbɑʔ$_7^{55}$（常说）

bõ kiết, le sang caille, se coagule. 血块/血凝固（血结）ʔbɑʔ$_7^{55-33}$kiat$_7^{55}$凝固的血块（血结）//ʔbɑʔ$_7^{55}$kiat$_7^{55}$血凝固（血结）//kiat$_7^{55-33}$ ʔbɑʔ$_7^{55-33}$ ʔdai$_1^{35}$淤血（受击打后）//ʔbɑʔ$_7^{55-33}$kɔt$_8^{21}$血块（流出的血结块）

bọ ũk =*bõ léi*, saigner (du nez). 鼻子出血/流血 ʔbɑʔ$_7^{55}$uk$_7^{55}$ = ʔbɑʔ$_7^{55}$lei$_1^{35}$//hɑu$_3^{33}$zɔŋ$_1^{35}$lei$_1^{35-21}$ʔbɑʔ$_7^{55}$鼻子流血（头鼻流血） 按：*bọ* 是 *bõ* 之误。

bọ k'ềi, tempérament, constitution. 气血/体格（血气）ʔbɑʔ$_7^{55-33}$k^{h}ei$_3^{33}$//ʔbɑʔ$_7^{55-33}$k^{h}ei$_3^{33}$ts^{h}ok$_7^{55}$血气足 按：*bọ* 是 *bõ* 之误。

bô bõ, fortifier le tempérament. 补血 ʔbo$_3^{33}$ʔbɑʔ$_7^{55}$

zóng mưởn bọ k'êi, anémie. 无精打采/气血不足（没有血气）ziaŋ$_2^{24-21}$ʔbɑn$_2^{24}$ʔbɑʔ$_7^{55-33}$k^{h}ei$_3^{33}$

dọ bõ, dysenterie. 拉痢疾（便血）ʔdɔʔ$_8^{21}$ ʔbɑʔ$_7^{55}$拉血//ʔdɔʔ$_8^{21}$ kai$_4^{21-24}$ʔbɑʔ$_7^{55}$便血//ʔduak$_8^{21}$ʔbɑʔ$_7^{55}$吐血//ʔdɔʔ$_8^{21}$kai$_4^{21-24}$nɑm$_4^{21}$拉稀

? =Mak *phya: t*, Tong *pha: t*

p'o *p'ẳn p'o*, enjoindre, intimer un ordre. 吩咐 p^{h}an$_1^{35-21}$p^{h}o$_3^{33}$

<Ch. ** *pi̭ouˀ* 咐

p'ô *p'ường tón p'o aù*, un dentier. 补一副牙（缝牙副一）p^{h}əŋ$_2^{24-21}$ tɔn$_1^{35}$ p^{h}o$_5^{55}$ɔu$_4^{21}$

mo toi, (vous) 你 mɔ$_3^{33}$

dêi mo, (le) tien. 你的（隶你）ʔdɛi$_2^{24}$mɔ$_3^{33}$

mo zêa dau, toi et moi. 你 mɔ$_3^{33}$、我 zia$_3^{33}$、我们 ʔdou$_3^{33}$//ʔdou$_3^{33}$ʔban$_1^{35}$我们//ʔdou$_3^{33}$hem$_1^{35-21}$kɔn$_2^{24}$咱们（我们添相互）

mo bới zé hé =*mo bới záu*, où allez-vous? 你去哪? mɔ$_3^{33}$ʔbəi$_1^{35-21}$zɛ$_5^{55}$hɛ$_1^{35}$//=mɔ$_3^{33}$ʔbəi$_1^{35-21}$zɛ$_1^{35}$

mo mưởn kí lêào tui, quel âge avez-vous 你几岁?（你有几多岁）mɔ$_3^{33}$mən$_2^{24}$ki$_5^{55}$liau$_4^{21}$tui$_3^{33}$（少说）//=mɔ$_3^{33}$mən$_2^{24}$kia$_5^{55}$tui$_3^{33}$（多说）//=mɔ$_3^{33}$kia$_5^{55}$tui$_3^{33}$（常说）

mo mải zóng mải, comment allez-vous? 你好吗?（你好不好）mɔ$_3^{33}$mai$_2^{24}$zɑŋ$_5^{55}$mai$_2^{24}$（此说法不对）//mɔ$_3^{33}$mai$_2^{24}$你善良//mɔ$_3^{33}$mɛŋ$_3^{33}$zɑŋ$_5^{55}$mɛŋ$_3^{33}$你好不好（常说）

nói mo ziảng kơi bêáu, comment vous appelez-vous? 你叫什么名字?（名字你怎么叫）nɔi$_1^{35-21}$mɔ$_3^{33}$ziaŋ$_4^{21-24}$kəi$_3^{33}$ʔbeu$_1^{35}$

zêa nêàng bới mo, je vous l'abandonne, je vous le cède. 我让给你(我去去你) zia$_3^{33}$niaŋ$_4^{21}$ʔbəi$_1^{35}$mɔ$_3^{33}$//mɔ$_3^{33}$niaŋ$_4^{21}$ts^{h}it$_7^{55}$让一让

=T. *mɯ*, *mɯṅ*=C.-D.=Li. มึง(你)

mọ *bới mọ*, (cela), celui-là. 那个(那枚) ʔbəi$_5^{55}$mɔʔ$_8^{21}$

nè mọ, celui-ci. 这个(这枚) nɛ$_1^{35-21}$mɔʔ$_8^{21}$

kí mọ, plusieurs (?). 几个(几枚?) ki$_5^{55}$mɔʔ$_8^{21}$陈述//kia$_5^{55}$mɔʔ$_8^{21}$疑问//=ki$_5^{55}$liau$_4^{21}$mɔʔ$_8^{21}$

dí mọ dí mọ, séparément. 一个一个(一枚一枚) ʔdi$_5^{55}$mɔʔ$_8^{21}$ʔdi$_5^{55}$mɔʔ$_8^{21}$

mọ aù mọ aù, séparément. 一个一个(枚一枚一) mɔ$_4^{21-24}$ɔu$_4^{21}$mɔ$_4^{21-24}$ɔu$_4^{21}$（不读 mɔʔ$_8^{21}$ɔu$_4^{21}$mɔʔ$_8^{21}$ɔu$_4^{21}$）

mọ (num. d'objet) 枚(量词/东西的数量) mɔʔ$_8^{21}$;马 mɑʔ$_8^{21}$

tóm mọ aù êi mọ aù=*mọ tóm mọ êi*, d'un commun accord (cœur *num-un*, pensée *num-un*). 一心一意(心个一意个一)=一心一意(个心个意) tɔm$_1^{35}$mɔ$_4^{21-24}$ɔu$_4^{21}$ei$_3^{33}$mɔ$_4^{21-24}$ɔu$_4^{21}$//=mɔʔ$_8^{21}$tɔm$_1^{35}$mɔʔ$_8^{21}$ei$_3^{33}$

zoả mọ bón, aérostat, aéroplane, avion. 飞机(船枚飞) zua$_2^{24}$mɔʔ$_8^{21}$ʔbɑn$_1^{35}$船枚飞(不说)//zua$_2^{24}$hɑu$_5^{55}$ʔbɑn$_1^{35}$船只飞(常说)//p^{h}əi^{33}ki^{33}飞机(常说)

nõ mọ aù, une mamelle. 一个乳房(奶枚一) noʔ$_7^{55}$mɔ$_4^{21-24}$ɔu$_4^{21}$

sế mọ aù, une mare. 一个池塘(池枚一) se$_2^{24}$mɔ$_4^{21-24}$ɔu$_4^{21}$

hau mọ, jetée. 码头(头马) hɑu$_3^{33}$mɑʔ$_8^{21}$//≠ʔbɛ$_2^{24}$hɑu^{21}码头 按:海南话。

<^{*c}*ma* 碼

mọ, sucer. 吸/吮 mɑʔ$_7^{55}$

mọ nõ, téter, sucer le sein. 吃奶 mɑʔ$_7^{55-33}$noʔ$_7^{55}$吃奶(小孩吃奶)//zɔm$_4^{21-24}$noʔ$_7^{55}$喝奶(饮奶)

mọ (cheval) 马 mɑʔ$_8^{21}$

mọ hàu aù, un cheval. 一匹马(马只一) mɑʔ$_8^{21}$hɔu$_2^{24}$ɔu$_4^{21}$

lẹk mọ, poulain. 小马驹 lɛk$_8^{21}$mɑʔ$_8^{21}$

tũ mọ, queue de cheval. 马尾(尾马) tuʔ$_7^{55}$mɑʔ$_8^{21}$

zộk mọ=*lòng mọ*, écurie. 马棚/马厩 zuk$_8^{21}$mɑʔ$_8^{21}$=马笼 lɔŋ$_2^{24-21}$mɑʔ$_8^{21}$

(= *T. '*ma*, Cl '*mo*) ม้า(马) <^{*c}*ma* 馬

mái mọ, fourmi. 蚂蚁 mai$_4^{21-24}$muʔ$_8^{21}$

< (T. *mot* =C.-D.) มด(蚂蚁) <^{*c}*ma* 螞

mõ *hau zóng mõ*, nez épaté. 扁鼻子(头鼻扁) hau$_3^{33}$zɔŋ$_1^{35}$maʔ$_7^{55}$

tọ *tọ tẫk*, bariolé. 杂色 taʔ$_8^{21}$tek$_7^{55}$

tsôn tọt tọ, vraiment. 真正地(真实实) ts^{h}ɔn$_1^{35}$tɔt$_8^{21}$tɔt$_8^{21}$ 按：末字 *tọ* 应该是 *tọt*。

tọ nám, danser. 蹦跳/贪玩(跳玩) taʔ$_7^{55}$nam$_1^{35}$ 按：没有跳舞的意思。

tọ bỏn kói, plumer un poulet. 拔鸡毛 təʔ$_8^{21}$ʔban$_2^{24-21}$kai$_1^{35}$(一根一根地拔)//ʔbɛŋ$_1^{35-21}$ʔban$_2^{24-21}$kai$_1^{35}$//=sim$_2^{24-21}$ʔban$_2^{24-21}$kai$_1^{35}$//p^{h}oʔ$_8^{21}$ʔban$_2^{24-21}$kai$_1^{35}$(大把地拔)//p^{h}oʔ$_8^{21}$ʔban$_2^{24}$拔毛

tọ lữ, roter, avoir le hoquet. 打嗝儿 taʔ$_7^{55-33}$lɯʔ$_7^{55}$(跳咽)

tọ p'án kau nêa, contre-coup. 跳翻过来 taʔ$_7^{55-33}$ p^{h}an$_1^{35}$ kua$_3^{33}$ nia$_3^{33}$ 按：*kau* 应该是 *kua*。

tọ kua bới, enjamber. 跳过去 taʔ$_7^{55}$kua$_3^{33}$ʔbəi$_1^{35}$

tõ bondir, sauter 跳/蹦 taʔ$_7^{55}$

tọ lảu=*tõ lảu*, bondir, rebondir, tressaillir. 跳起来 taʔ$_7^{55}$lɔu$_2^{24}$(述补结构不变调)//=taʔ$_7^{55}$p^{h}ia$_2^{24-21}$lɔu$_2^{24}$

tõ kua bới, franchir en sautant. 跳过去 taʔ$_7^{55}$kua$_3^{33}$ʔbəi$_1^{35}$

tóm tõ, palpitation. 心跳 tɔm$_1^{35}$taʔ$_7^{55}$//=tɔm$_1^{35}$hiau$_5^{55}$

ứng dóng tõ, exulter. 狂喜(高兴到跳)əŋ$_1^{35}$ʔdɔŋ$_1^{35}$taʔ$_7^{55}$

dọ numéral 数量词 按：*dọ* 是 *zọ* 之误，未转换彻底。

nêả dọ aù, une rizière. 一块稻田 nia$_2^{24}$ zaʔ$_8^{21}$ ɔu$_4^{21}$//= nia$_2^{24}$ za$_4^{21-24}$ ɔu$_4^{21}$//nia$_2^{24-21}$zaʔ$_8^{21}$ʔdɛi$_2^{24}$zia$_3^{33}$我的田(块田隶我)//ts^{h}ok$_7^{55-33}$zaʔ$_8^{21}$筑田埂

dọ droit 直 ʔdaʔ$_8^{21}$

dọ dọ zổng, d'aplomb. 垂直(直直下) ʔdaʔ$_8^{21}$ʔdaʔ$_8^{21}$zɔŋ$_2^{24}$

són dọ, chemin direct. 路直 sɔn$_1^{35}$ʔdaʔ$_8^{21}$//sɔn$_1^{35-21}$ʔdaʔ$_8^{21}$直路

kang dọ, parler sans ambage. 直说/不拐弯抹角(说直) kaŋ$_3^{33}$ʔdaʔ$_8^{21}$

dọ kang, parler franchement. 直说 ʔdaʔ$_8^{21}$kaŋ$_3^{33}$

dỏng dọ =*zuốn dọ*, vertical. 垂直的（到直）ʔdəŋ$_{2}^{24}$ʔdɑʔ$_{8}^{21}$竖直（物）//zun$_{1}^{35}$ʔdɑʔ$_{8}^{21}$站直（人）

tsíng dọ, véracité. 正直 ts^{h}iŋ$_{3}^{33}$ʔdɑʔ$_{8}^{21}$

dọ dọ, escarpé. 陡峭（直直）ʔdɑʔ$_{8}^{21}$ʔdɑʔ$_{8}^{21}$

dọ záu, rondement. 直爽（直油）ʔdɑʔ$_{8}^{21}$zou$_{2}^{24}$憨（很听话/老实/直爽）

béng dạk dọ, tendre une ficelle. 把绳子拉直（绷绳直）ʔbɛŋ$_{1}^{35-21}$ʔdak$_{8}^{21}$ʔdɑʔ$_{8}^{21}$//ʔbɛŋ$_{1}^{35}$ʔdɑʔ$_{8}^{21}$拉直（绷直）

dọ lô, s'étirer. 直腰 ʔdɑʔ$_{8}^{21}$lo$_{3}^{33}$直腰（累了躺一会儿）

ziàng bỏn dọ, un homme ouvert, (franc). 直率的人/直人（人直）ziaŋ$_{2}^{24-21}$ʔbɑn$_{2}^{24-21}$ʔdɑʔ$_{8}^{21}$

T. *drɯ'* =C.-D. **dro'* ชี่

dọ coudre　缝 ʔdɑʔ$_{7}^{55}$

dọ k'ô zoa, coudre des habits. 缝衣服 ʔdɑʔ$_{7}^{55-33}$k^{h}o$_{3}^{33}$zua$_{3}^{33}$缝衣服（缝新衣服）//nɑp$_{8}^{21}$k^{h}o$_{3}^{33}$zua$_{3}^{33}$缝衣服（补衣服）//ʔdɑʔ$_{7}^{55}$zɔŋ$_{2}^{24}$（记下/写下）//ʔdɑʔ$_{7}^{55-33}$tiau$_{5}^{55}$（记数/写数）//ʔdɑʔ$_{7}^{55-33}$tiau$_{5}^{55}$zɔŋ$_{2}^{24}$记账（写数下）

dọ　*dọ kài zóng ũk*, constipation. 便秘（拉屎不出）ʔdɔʔ$_{8}^{21}$kai$_{4}^{21}$zɑŋ$_{5}^{55}$uk$_{7}^{55}$

dọ zẩu, pisser, uriner. 撒尿（撒尿）ʔdɔʔ$_{8}^{21}$zou$_{1}^{35}$

dọ bõ=*dọ mụk*, dysenterie. 拉痢疾（拉血=拉鼻涕）ʔdɔʔ$_{8}^{21}$ʔbɑʔ$_{7}^{55}$拉痢疾（拉血）≠ʔdɔʔ$_{8}^{21}$muk$_{8}^{21}$拉痢疾（拉鼻涕）//lei$_{1}^{35-21}$muk$_{8}^{21}$流鼻涕

hồng dọk dọ kài nòm, avoir la colique. 拉稀/拉肚子（肚子疼拉屎水）hoŋ$_{4}^{21}$ʔdɔk$_{8}^{21}$ʔdɔʔ$_{8}^{21}$kai$_{4}^{21-24}$nɑm$_{4}^{21}$//tia$_{3}^{33}$kai$_{4}^{21-24}$nɑm$_{4}^{21}$//zɛ$_{4}^{21-24}$kai$_{4}^{21-24}$nɑm$_{4}^{21}$（更地道）//ts^{h}iʔ$_{8}^{21}$ʔdei$_{3}^{33}$zɛ$_{4}^{21-24}$zɑp$_{8}^{21}$袋子漏米//=ts^{h}i$_{4}^{21}$ʔdei$_{3}^{33}$zɛ$_{4}^{21-24}$zɑp$_{8}^{21}$

dọ dũt, faire un pet. 放屁 ʔdɔʔ$_{8}^{21}$ʔdut$_{7}^{55}$

no　*nè no*, celui-ci. 这人 nɛ$_{1}^{35-21}$nɑ$_{3}^{33}$

bới no, celui-là. 那人 ʔbəi$_{5}^{55}$nɑ$_{3}^{33}$

mỏn no, lequel? 哪个？ʔbɑn$_{2}^{24}$nɑ$_{3}^{33}$哪个/谁（人）//=zɛ$_{1}^{35}$nɑ$_{3}^{33}$//zɛ$_{1}^{35}$mɔʔ$_{8}^{21}$哪个（物）//zɛ$_{1}^{35}$kɛu$_{2}^{24}$哪个月//zɛ$_{1}^{35}$ən$_{1}^{35}$哪里　按：*mỏn* 应该是 *bỏn*。

nè mọ, celui-ci. 这个（这枚）nɛ$_{1}^{35-21}$mɔʔ$_{8}^{21}$

bỏn no, lequel? qui? 哪个人/谁？ʔbɑn$_{2}^{24}$nɑ$_{3}^{33}$

kặk no, autrui. 别人（别个）kak$_{8}^{21}$nɑ$_{3}^{33}$//=kak$_{8}^{21}$zoŋ$_{1}^{35}$//=zoŋ$_{1}^{35}$

ziàng bỏn kặk no, un autre individu. 别人(人别个) ziaŋ$_{2}^{24-21}$ ʔbɑn$_{2}^{24-21}$ kak$_{8}^{21}$ nɑ$_{3}^{33}$//=kak$_{8}^{21}$ nɑ$_{3}^{33}$ziaŋ$_{2}^{24-21}$ʔbɑn$_{2}^{24}$

nè no tờ mỏn no, quel est cet homme? 这人是谁? nɛ$_{1}^{35-21}$ nɑ$_{3}^{33}$ tə$_{4}^{21}$ ʔbɑn$_{2}^{24}$ nɑ$_{3}^{33}$　按: *mỏn* 应该是 *bỏn*。

tsim k'oái na, concourir. 先占(侵先) ts^{h}im^{33} k^{h}ai$_{3}^{33}$ na$_{3}^{33}$//ts^{h}im^{33} ʔda$_{1}^{35-21}$ lei$_{2}^{24}$后占(侵后)//=ts^{h}im^{33} ʔdaŋ$_{1}^{35-21}$ lei$_{2}^{24}$　按: 法语解释是"协助、促进", 误。

bỏn tsẹk no nêa, revenez demain de nouveau. 明天才来 ʔbɑn$_{2}^{24-21}$ ts^{h}ɛk$_{8}^{21}$ nɑ$_{3}^{33}$ nia$_{3}^{33}$ 明天才来//ʔbɑn$_{2}^{24-21}$ ts^{h}ɛk$_{8}^{21}$ ts^{h}ɑi$_{5}^{55}$ nia$_{3}^{33}$ 明天再来(又来一次)// ʔbɑn$_{2}^{24-21}$ts^{h}ɛk$_{8}^{21}$ ts^{h}uŋ$_{2}^{24-21}$ nia$_{3}^{33}$明天重来(又来一次)

bưởn no dể niến, les deux époux. 夫妻俩/两口子(两人爹姩) ʔbun$_{5}^{55}$ nɑ$_{3}^{33}$ ʔde$_{1}^{35-21}$ nin$_{1}^{35}$

no no zú hàu, notoire. 人人皆知/有名(人人都知) nɑ$_{5}^{55}$ nɑ$_{3}^{33}$ zu$_{5}^{55}$ hɔu$_{2}^{24}$//= nɑ$_{5}^{55}$ nɑ$_{3}^{33}$ ts^{h}uŋ$_{5}^{55}$ hɔu$_{2}^{24}$

no no ing kỏi dái, tout le monde doit mourir. 人人应该死 nɑ$_{5}^{55}$ nɑ$_{3}^{33}$ iŋ^{33} kɑi^{33} ʔdai$_{1}^{35}$//ziaŋ$_{2}^{24-21}$ ʔbɑn$_{2}^{24}$ts^{h}uŋ$_{5}^{55}$ ʔdi$_{5}^{55}$ ʔdai$_{1}^{35}$ 人总要死(更地道)

nó no zú hàu, *hau*, au su et au vu de tout le monde. 人人皆知(人人都知) nɑ$_{5}^{55}$ nɑ$_{3}^{33}$ zu$_{5}^{55}$ hɔu$_{2}^{24}$

<**nâʔ* 那

nỏ　*nẳn nỏ* =*nỏ nẳn*, crispation des nerfs. 神经抽搐(肉动) nan$_{4}^{21}$ ne$_{1}^{35}$ 肉动(不说 ne$_{1}^{35-21}$ nan$_{4}^{21}$)　按: 长流话-e-对应其他地方的-o-、-ɔ-等。

nọ lait 奶/乳房 noʔ$_{7}^{55}$

nọ ngảu, lait de vache. 牛奶(奶牛) noʔ$_{7}^{55-33}$ ŋɔu$_{2}^{24}$

nõ mọ aù, mamelle. 一个乳房(奶个一) noʔ$_{7}^{55}$ mɔʔ$_{8}^{21}$ ɔu$_{4}^{21}$(按: 实际读为 mɔ$_{4}^{21-24}$ ɔu$_{4}^{21}$。)

tón nõ, dent de lait. 乳牙(牙奶) tɔn$_{1}^{35-21}$ noʔ$_{7}^{55}$

aù nõ lẹk kón, allaiter un enfant. 给小孩喂奶(给奶小孩吃) ou$_{1}^{35-21}$ noʔ$_{7}^{55}$ lɛk$_{8}^{21}$ kɔn$_{1}^{35}$

nõ ngảu bing, fromage. 奶酪(牛奶饼<奶牛饼) noʔ$_{7}^{55-33}$ ŋɔu$_{2}^{24}$ ʔbiŋ$_{3}^{33}$

sọ　*sọ kõt*, écraser un pou avec l'ongle. 掐虱子(掐头虱) saʔ$_{8}^{21}$ kɑt$_{7}^{55}$ 掐头虱// saʔ$_{8}^{21}$ mɑt$_{7}^{55}$ 掐体虱/掐跳蚤

zọ　*zọ hau*, hocher la tête affirmativement. 点头同意（点头）zɑʔ$_8^{21}$hɑu$_3^{33}$//zɑʔ$_8^{21}$kuŋ$_1^{35}$拜公

zản zọ, gouttière dans un toit. 檐槽/屋檐 zan$_2^{24}$zɑʔ$_8^{21}$（不说）//ʔdɑu$_2^{24-21}$tɯ$_1^{35-21}$zan$_2^{24}$下字屋（常说）

ko　*k'ếi hau sóng ko*, entonner un chant. 起头唱歌（开头唱歌）k^{h}ei$_1^{35-21}$hɑu$_3^{33}$sɑŋ$_5^{55}$ko$_3^{33}$

<* *kâ*　歌

sêá ko lỗk, brouette. 独轮车（车轱辘）sia$_1^{35-21}$ko$_3^{33}$lok$_7^{55}$（少说）//p^{h}ɑi$_2^{24-21}$sia$_1^{35}$车轮（常说）//=ʔbɑi$_2^{24-21}$sia$_1^{35}$车轮（少说）

<* *kâ*　歌

kó（tôt）早 kɑu$_5^{55}$

kó ngau, précoce. 早熟 kɑu$_5^{55}$ŋɑu$_3^{33}$

mạk kó ngau,（fruit）précoce. 早熟果（果早熟）mak$_8^{21}$kɑu$_5^{55}$ŋɑu$_3^{33}$

kó dái, mort prématurée. 早死 kɑu$_5^{55}$ʔdai$_1^{35}$//kɑu$_5^{55}$tɔk$_7^{55}$早就认识

kọ　*kọ mọt*, bêcher la terre. 挖地（掘地）koʔ$_8^{21}$mɑt$_8^{21}$//=kuʔ$_8^{21}$mɑt$_8^{21}$

<* *gi̯uət*　掘

kọ　puer（fétide）臭味/臭 kɔʔ$_8^{21}$//kɔʔ$_8^{21}$tiŋ$_1^{35}$腥味//kɔʔ$_8^{21}$hiat$_8^{21}$膻味（牛羊）//kɔʔ$_8^{21}$hɯn$_1^{35}$膻味（牛羊）//kɔʔ$_8^{21}$hin$_1^{35}$膻味（牛羊）//kɔʔ$_8^{21}$hɔt$_7^{55}$臊味（狐狸）//kɔʔ$_8^{21}$sa$_3^{33}$臊味（尿）//kɔʔ$_8^{21}$ut$_7^{55}$馊味（饭馊了）//kɔʔ$_8^{21}$p^{h}ok$_7^{55}$霉味　按：kɔʔ$_8^{21}$与 hiaŋ$_1^{35}$相反。

nàn kọ, viande gâtée. 臭肉/腐肉 nan$_4^{21-24}$kɔʔ$_8^{21}$//nan$_4^{21}$kɔʔ$_8^{21}$肉臭了

kọ lêào, empester. 很臭（臭多）kɔʔ$_8^{21}$liau$_4^{21}$//kek$_8^{21}$kɔʔ$_8^{21}$很臭（极臭）

k'êi kọ, puanteur. 臭气（气臭）k^{h}ei$_3^{33}$kɔʔ$_8^{21}$

k'ò -able 可 k^{h}o^{21}

k'ò ói, aimable. 可爱 k^{h}o^{21}ɑi$_5^{55}$（不说）//hɑu$_3^{33}$ɑi$_3^{33}$好爱（常说）

k'ò sĩt, regrettable. 可惜 k^{h}o^{21} sik$_7^{55}$（少说）//lien$_2^{24}$ sik$_7^{55}$ 怜惜（sik$_7^{55}$同"尺"）

k'ò siễt, lamentable. 可怜（可惜）k^{h}o^{21}sik$_7^{55}$（少说）//nan$_2^{24-21}$ʔbɛi$_4^{21}$可怜（难味，常说）

k'ỏ zỉ =*k'ỏ tsun*, admissible. 可以 $k^{h}o^{21}zi^{21}$ ≠可遵(可信) $k^{h}o^{21}ts^{h}un^{33}$

<^{*c}*k'â* 可

k'ò leng, lézard. 壁虎 $k^{h}ɑ_{2}^{24-21}lɛŋ_{2}^{24}$(海南话叫"坡马",无鳞,似四脚蛇,吃草,泡酒,可以吃)//$ŋia_{2}^{24-21}k^{h}ɑ_{2}^{24-21}lien_{4}^{21}$ 四脚蛇(吃蚂蚁)//$mɑʔ_{8}^{21}ʔbiaŋ_{2}^{24}$ 雷公马(爬在树上,有鳞,见到人会点头,不能吃)//$k^{h}ɑŋ_{3}^{33}k^{h}ək_{7}^{55}$ 壁虎//=$k^{h}ɑ_{3}^{33}lək_{7}^{55}$ 壁虎

ngọ *bạk ngọ*, pointe d'aiguille. 针尖(口针) $ʔbak_{7}^{55-33}ŋɑʔ_{8}^{21}$ 针尖/针脚//$ʔbak_{7}^{55-33}ŋɑʔ_{8}^{21}na_{1}^{35}$ 针脚密//$ʔbak_{7}^{55-33}ŋɑʔ_{8}^{21}ʔbiaŋ_{1}^{35}$ 针脚疏//$ts^{h}iam^{33}$ 医院里的针//$kit_{7}^{55-33}ts^{h}iam^{33}$ 打针//$ts^{h}iam^{33}kiu_{5}^{55}$ 针灸

hau ngọ, épingle. 大头针/别针(首针) $hɑu_{3}^{33}ŋɑʔ_{8}^{21}$ 针尾//$zɔŋ_{1}^{35-21}ŋɑʔ_{8}^{21}$ 针鼻/针眼

bon bón ngọ, baromètre. 气压计(风飞针) $ʔbɑn_{3}^{33}ʔbɑn_{1}^{35}ŋɑʔ_{8}^{21}$//$ʔbɑn_{3}^{33}ʔbɑn_{2}^{24}ŋɑʔ_{8}^{21}$ 相差很小的针/差别如毫毛的针(风毛针) 按:长流发音人不会说"气压计"。→ **ngạ*.(压)

要找到与泰语对应的合适的例词很困难,有下面的例子为证:

	临高	台语	壮语	石家	莫语	水语	侗语	黎萨	黎王
Toi 你	*mo*	*mɯ*, *mɯṅ*	*mɯṅ*	(*ʔay*)	*ṅ*	/	(*na*)	*mɯ*	*mo*
droit 直	*dọ*	*drɯ*	*dro*	*ʔyo*	/	/	/	*muôt*	/
sang 血	*bọ*	*hlwət*	*luot*	*luot*	*phya:t*	*phya:t*	*pha:t*	*dat tlat*	*hluat*
fourmi 蚂蚁	*mọ*	*mot*	*mot*	*mek*	*mət*	*mət*	*mət*	*mot*	*pot*
cheval 马	*mọ*	*'ma*	*'ma*	*ma*	*'ma*	*'ma*	*'ma*	*ṅà ka*	*ka*
aiguille 针	*ṅọ*	(*khem*	*kim*	*him*)	(*sum*	…	*tyhəm*)	*ṅut*	*kot*

OA

bòa (assiette) 盘子 按:海南话借词。

bòa mọ aù, une assiette. 一个盘子(盘个一) $ʔbua^{21}mɔʔ_{8}^{21}ɔu_{4}^{21}$ 按:实际读为 $mɔ_{4}^{21-24}ɔu_{4}^{21}$

hồi bòa, vaisselle. 餐具(碗盘) $hui_{4}^{21-24}ʔbua^{21}$ 碗盘(hui_{4}^{21}=hoi_{4}^{21}) $hui_{4}^{21-24}su_{4}^{21}$ 碗筷

hòm hỗ bòa bới, desservir la table. 收拾饭桌 $hɔm_{1}^{35-21}hok_{7}^{55}ʔbua^{21}ʔbəi_{1}^{35}$ 捡饭桌去

túi bòa mọ, abaque. 一个算盘(算盘个) $tui_{5}^{55}ʔbua^{21}mɔʔ_{8}^{21}ɔu_{4}^{21}$ 按:实

际读为 mɔ$_{4}^{21-24}$ɔu$_{4}^{21}$

<H. *bòa* **buân* 盤

dóa（ceinture）带 ʔdɑi$_{3}^{33}$/ʔdua$_{2}^{24}$　按：海南话借词。

bọt dóa, jarretière. 袜带 ʔbɑt$_{8}^{21}$ ʔdua$_{2}^{24}$//ʔbɑt$_{8}^{21}$ ʔdɑi$_{3}^{33}$//ʔba$_{3}^{33}$ ʔbɑt$_{8}^{21}$ 袜带（ʔbɑt$_{8}^{21}$袜≠ʔbat$_{8}^{21}$丢弃）

<H. *dóa* **tāi*ᵓ 帶

dóa（fendre）劈/断 ʔdua$_{4}^{21}$

dóa bướn, fendre du bois. 劈柴（断柴）ʔdua$_{4}^{21-24}$ʔbən$_{2}^{24}$劈柴（小木头）//tsʰak$_{8}^{21}$ ʔbən$_{2}^{24}$ 劈柴（大木头）//ʔdua$_{4}^{21-24}$ mɑi$_{3}^{33}$ 劈甘蔗//suak$_{8}^{21}$ ʔdien$_{2}^{24}$ 凿石头（suak$_{8}^{21}$ 凿子，木匠用）//zuak$_{7}^{55-33}$ ʔdien$_{2}^{24}$ 凿石头（用 suŋ$_{1}^{35}$）//suŋ$_{1}^{35}$ 钎子/铳（石匠用）

sím dóa bướn, coin à fendre du bois. 劈柴楔（签劈柴）sim$_{1}^{35-21}$ ʔdua$_{4}^{21-24}$ ʔbən$_{2}^{24}$//sim$_{1}^{35-21}$ ko$_{1}^{35}$ 抽签（签估）//ŋɛ^{21} siam^{33} 牙签（海南话）

<ᶜ*duân* 斷

toa（serrure）锁 tua$_{3}^{33}$　按：海南话。

hau toa, serrure, cadenas. 锁（头锁）hɑu$_{3}^{33}$ tua$_{3}^{33}$（海南话）//tua$_{3}^{33}$ ʔdɔu$_{2}^{24}$ 锁门//tien$_{1}^{35-21}$ ʔdɔu$_{2}^{24}$ 闩门

toa dảu, cadenasser la porte, fermer à clé. 锁门 tua$_{3}^{33}$ ʔdɔu$_{2}^{24}$

<*ᶜ*suâ* 鎖

noa　*noa tsêi*, chiffonner du papier. 揉纸　按：海南话借词。nua$_{3}^{33}$ tsʰei$_{3}^{33}$//nua$_{3}^{33}$ ʔbien$_{4}^{21-24}$men$_{4}^{21}$ 揉面（揉粉面）

<H. *nỏa*.

loa（front）前额

hau ka loa, front. 额头（头额）hɑu$_{3}^{33}$ kʰua$_{3}^{33}$ lua$_{3}^{33}$ 额头//kʰua$_{3}^{33}$ lua$_{3}^{33}$ ʔbaŋ$_{1}^{35}$ 额头光亮//kʰua$_{3}^{33}$ lua$_{3}^{33}$ kʰuat$_{7}^{55}$ 额头宽//kʰua$_{3}^{33}$ lua$_{3}^{33}$ tsʰek$_{7}^{55}$ 额头窄

loa（couper）掰掉 lua$_{1}^{35}$

lóa don ng'eng, ébrancher un arbre. 修剪树枝（剪树枝）lua$_{1}^{35-21}$ ŋɛŋ$_{3}^{33}$ ʔdɔn$_{3}^{33}$ 掰掉树叶//lua$_{1}^{35-21}$ ʔbe$_{2}^{24-21}$ sɑk$_{7}^{55}$ 掰掉烂菜叶//lua$_{1}^{35-21}$ ʔbe$_{2}^{24-21}$ mɑi$_{3}^{33}$ 掰掉甘蔗叶子//lua$_{1}^{35-21}$ tsʰin$_{1}^{35-21}$ tsʰo$_{1}^{35}$ 掰玉米

tsàa fermer（la main）抓 tsʰua$_{1}^{35}$

tsôa mể, fermer la main. 攥手/抓（抓手）tsʰua$_{1}^{35-21}$ me$_{2}^{24}$ 抓手//ŋɔn$_{1}^{35-21}$

me$_2^{24}$攥手//ts^{h}ua$_1^{35}$zɔt$_8^{21}$抓紧

zoa habit 衣 zua$_3^{33}$

k'ô zoa, vêtements. 衣服(衣裤<裤衣) k^{h}o$_3^{33}$zua$_3^{33}$

zoa lói, habit long, robe longue. 长衣(衣长) zua$_3^{33}$lɔi$_1^{35}$长衣//zua$_3^{33}$ ʔdɔn$_3^{33}$短衣//zua$_3^{33}$kien$_1^{35-21}$lɔi$_1^{35}$长袖衣

kiền zoa sếa sểa k'ô zoa, machine à coudre. 缝纫机(车车裤衣) 按:应该是两条词, *kiền zoa* 和 *sếa sểa k'ô zoa*。kien$_1^{35-21}$zua$_3^{33}$衣袖//=kien$_1^{35-21}$ me$_2^{24}$袖子 sia$_1^{35-21}$sia$_1^{35-21}$k^{h}o$_3^{33}$zua$_3^{33}$缝纫机(车车裤衣)

zoa nao, habit neuf. 新衣(衣新) zua$_3^{33}$nau$_4^{21}$新衣//zua$_3^{33}$kɑu$_3^{33}$旧衣(衣古)//≠zua$_3^{33}$lɛŋ$_1^{35-21}$ze$_1^{35}$古代的衣服

zoa kãt, habit déchiré. 破衣服(衣破) zua$_3^{33}$kat$_7^{55}$

zoa dáu lươn, tourner, retourner un habit. 把衣服翻过来(衣倒翻) zua$_3^{33}$ ʔdɑu$_5^{55}$lɯn$_3^{33}$

=T. ʻ*sɯə* เสื้อ(衣)

k'ô-zoa kau, vieux habits. 旧衣服(裤衣旧) k^{h}o$_3^{33}$zua$_3^{33}$kɑu$_3^{33}$//k^{h}o$_3^{33}$zua$_3^{33}$ nau$_4^{21}$新衣服(裤衣新)

zóa (tigre) 虎 zua$_1^{35}$

zóa hảu aù, un tigre (? 308) 一只虎(虎只一) zua$_1^{35}$hɔu$_2^{24}$ɔu$_4^{21}$

=T. *sɯə* เสือ(虎)

zoả bateau 船 zua$_2^{24}$

zoả háu aù, une barque, un navire. 一艘船(船只一) zua$_2^{24}$hɑu$_5^{55}$ɔu$_4^{21}$// zua$_2^{24}$ʔbun$_5^{55}$hɑu$_1^{35}$两艘船//mɑk$_8^{21}$ziu$_4^{21}$hɑu$_5^{55}$ɔu$_4^{21}$一只风筝

lẹk zoả, canot, sampan. 小船/舢板 lɛk$_8^{21}$zua$_2^{24}$

siàng zoả, mât de vaisseau. 桅杆(樯船) siaŋ$_2^{24-21}$zua$_2^{24}$

zoả hóm, faire naufrage. 船沉 zua$_2^{24}$hɔm$_2^{24}$船沉//zua$_2^{24-21}$hɔm$_2^{24}$沉船

koa zoả, affréter un bateau. 雇船 按:*koa* 应该是 *kô*。ko$_3^{33}$zua$_2^{24}$

kọt zoả, amarrer la barque. 系船/泊船(系船/绑船) kɑt$_8^{21}$zua$_2^{24}$(不说)// həi$_2^{24-21}$zua$_2^{24}$系船(常说)//həi$_2^{24-21}$ŋɔu$_2^{24}$拴牛(系牛)

koa zoả, passer le bac. 轮渡(过船) kua$_3^{33}$zua$_2^{24}$过船//zua$_2^{24-21}$kua$_3^{33}$k^{h}oi^{33} 过河船(船过溪)//zua$_2^{24-21}$kua$_3^{33}$he$_2^{24}$过河船(船过河)

sềng zoả =*k'ềi zoả*, appareiller. 撑船 sɛŋ$_1^{35-21}$zua$_2^{24}$≠开船 k^{h}ei$_1^{35-21}$zua$_2^{24}$

dãp zoả bới, aller en barque (poser sur barque aller). 搭船去 ʔdap$_{7}^{55-33}$ zua$_{2}^{24}$ʔbəi$_{1}^{35}$

zoả tam bới, (barque marcher aller), naviguer. 出航/启航(船走去) zua$_{2}^{24}$tam$_{3}^{33}$ʔbəi$_{1}^{35}$船走去(不说)//zua$_{2}^{24}$sɛŋ$_{1}^{35}$ʔbəi$_{1}^{35}$船撑去(常说)//zua$_{2}^{24}$k^{h}ei$_{1}^{35}$ ʔbəi$_{1}^{35}$开船去(船开去)

zoả mọ bón, avion. 飞机(船枚飞) zua$_{2}^{24}$mɔʔ$_{8}^{21}$ ʔbɑn$_{1}^{35}$(不说)//zua$_{2}^{24}$ hɑu$_{5}^{55}$ʔbɑn$_{1}^{35}$船只飞(常说)//p^{h}əi^{33}ki^{33}(常说)

= T. *rɯə*, C.-D. *rua> ru* เรือ(船)

zoạ dur, rigide 硬 zuaʔ$_{7}^{55}$

nằn zoạ, viande coriace. 硬肉 nan$_{4}^{21}$zuaʔ$_{7}^{55}$肉硬//nan$_{4}^{21-24}$zuaʔ$_{7}^{55}$硬肉

hûk zoạ, durcir. 使变硬/使硬化(做硬) huk$_{7}^{55}$zuaʔ$_{7}^{55}$

bêằn zoạ, devenir dur. 变硬 ʔbian$_{5}^{55}$zuaʔ$_{7}^{55}$

tóm zoạ, endurci ‘ dans le mal ‘, sans entrailles, (cœur dur). 心硬 tɔm$_{1}^{35}$ zuaʔ$_{7}^{55}$

tóm kiến zoạ, cœur dur. 心硬(心肝硬) tɔm$_{1}^{35}$kien$_{1}^{35}$zuaʔ$_{7}^{55}$//kien$_{1}^{35}$肝≠kin$_{1}^{35}$瓶子

zõa p'ì k'úi, obstiné (rate souffle dur). 固执(脾气硬) 此处漏了 *zõa*,参照 i 韵。p^{h}i^{21}k^{h}ui^{35}zuaʔ$_{7}^{55}$(“脾气”是海南话)//tiŋ$_{3}^{33}$zuaʔ$_{7}^{55}$性硬(长流话)

koa (traverser) 过 kua$_{3}^{33}$

báng koa, transparent. 透明(亮过) ʔbaŋ$_{1}^{35}$kua$_{3}^{33}$//k^{h}ua$_{3}^{33}$lua$_{3}^{33}$zia$_{3}^{33}$ʔbaŋ$_{1}^{35}$ kua$_{3}^{33}$k^{h}ua$_{3}^{33}$lua$_{3}^{33}$mɔ$_{3}^{33}$//zit$_{7}^{55}$ʔbaŋ$_{1}^{35}$kua$_{3}^{33}$ka$_{3}^{33}$kiŋ$_{3}^{33}$阳光透过玻璃窗(阳光光过架镜)

són koa, transpercer. 穿过 sɔn$_{1}^{35}$ kua$_{3}^{33}$//ek$_{7}^{55-33}$ mɑi$_{1}^{35}$ sɔn$_{1}^{35}$ kua$_{3}^{33}$ zɔŋ$_{1}^{35-21}$ ŋɑʔ$_{8}^{21}$拿线穿过针鼻//zia$_{3}^{33}$him$_{1}^{35}$kə$_{4}^{21}$sɔn$_{1}^{35}$kua$_{3}^{33}$him$_{1}^{35}$mɔ$_{3}^{33}$我和他比你亲(我和他亲过和你)

zểi sá koa, transplanter. 移种过(移栽过) zei$_{3}^{33}$sa$_{1}^{35}$kua$_{3}^{33}$//sa$_{1}^{35-21}$sɑk$_{7}^{55}$移栽菜//=zei$_{3}^{33}$sɑk$_{7}^{55}$移栽菜

hói koa, immodéré. 太过 按:此为海南话。hɑi$_{5}^{55}$ kua$_{3}^{33}$//hɑi$_{5}^{55}$ kua$_{3}^{33}$ p^{h}ɑn$_{4}^{21}$太过分

meng koa, meilleur, préférable. 更好(好过,指事)mɛŋ$_{3}^{33}$kua$_{3}^{33}$

mải koa, préférable. 更好(好过,指人)mai$_{2}^{24}$kua$_{3}^{33}$

kẽ koa, s'amender. 修改过(解过) keʔ$_{7}^{55}$kua$_{3}^{33}$(改作业)//kɑi^{21}kua$_{3}^{33}$(改

过自新）

zểng koa, prévaloir. 胜过（赢过） zeŋ$_2^{24}$kua$_3^{33}$

koa zỏa, passer le bac. 轮渡（过船） kua$_3^{33}$zua$_2^{24}$过船//zua$_2^{24-21}$kua$_3^{33}$k^{h}oi^{33}过河船（船过溪）//zua$_2^{24-21}$kua$_3^{33}$he$_2^{24}$过河船（船过河）

zêa bới koa nêa, j'y suis déjà allé (moi aller traverser, venir). 我去过了（我去过来） zia$_3^{33}$ʔbəi$_1^{35}$kua$_3^{33}$nia$_3^{33}$

koa ín, passé. 过完 kua$_3^{33}$in$_1^{35}$

koa nẻn, nouvelle année. 过年 kua$_3^{33}$nen$_2^{24}$

koa lẻang, abusif. 过量 kua$_3^{33}$liaŋ$_4^{21}$

ziàng bỏn koa bới ziàng bỏn koa nêa, allant et venant (homme traverser aller, homme traverser venir). 来来去去（人过去人过来） ziaŋ$_2^{24-21}$ʔbɑn$_2^{24}$kua$_3^{33}$ʔbəi$_1^{35}$ziaŋ$_2^{24-21}$ʔbɑn$_2^{24}$kua$_3^{33}$nia$_3^{33}$

kang zoi hói koa, exagérer (dire pouvoir grand traverser). 夸大/夸张（讲得太过） kaŋ$_3^{33}$zai$_3^{33}$hɑi$_5^{55}$kua$_3^{33}$

koa nga, passer une rivière. 过江 kua$_3^{33}$ŋa$_1^{35}$

zau ũk koa kiềm, découcher (être dehors passer la nuit). 在外过夜 zou$_3^{33}$uk$_7^{55}$kua$_3^{33}$kim$_4^{21}$

<* *kuâ'* 過

koa 官 kua^{33}（海南话）

p'ú koa adjudant. 副官 p^{h}u$_5^{55}$kua^{33}//huk$_7^{55-33}$kua^{33}做官//＝huk$_7^{55-33}$lau$_4^{21-24}$ʔde$_1^{35}$做官（做老爹）//lau$_4^{21-24}$ʔde$_1^{35-21}$ne$_3^{33}$大官（老爹大）//lau$_4^{21-24}$ʔde$_1^{35-21}$niʔ$_7^{55}$小官（老爹小）

<H. *kỏa* **kuân* 官

kóa (accrocher) 挂 kua$_5^{55}$

koá lảu, pendre. 挂起来（挂起） kua$_5^{55}$lɔu$_2^{24}$//hau$_1^{35}$lɔu$_2^{24}$挂起//≠ziŋ$_3^{33}$lɔu$_2^{24}$吊起

kóa ẽk ngảu, atteler le buffle. 给牛套轭（挂轭黄牛） kua$_5^{55}$ek$_7^{55-33}$ŋɔu$_2^{24}$

<H. *kuá* *'*k^{w}ai'* 掛

kóa (veste) 褂 kua$_5^{55}$

kóa mọ, veste. 褂子（褂一） kua$_5^{55}$ta$_3^{33}$褂衫

<H. *koá* **k^{w}ai'* 褂

kóa (frotter) 刮 kua$_5^{55}$

kóa hải, cirer les souliers. 擦鞋（刮鞋） kua$_5^{55}$hai$_2^{24}$（少说）//sat$_7^{55-33}$hai$_2^{24}$

擦鞋

zàu kóa hải, cirage. 擦鞋油（油刮鞋）$zɔu_2^{24-21}$ kua_5^{55} hai_2^{24} // = $zɔu_2^{24-21}$ sat_7^{55-33} hai_2^{24} 按：kua_5^{55} 意思是“涂”。

mộk kóa hải, cirage. 黑鞋油（墨刮鞋）$mɔk_8^{21}$ kua_5^{55} hai_2^{24}（不说）// $zɔu_2^{24-21}$ $zɑm_1^{35-21}$ kua_5^{55} hai_2^{24} 黑鞋油（油黑刮鞋）

kòa 捞 kua_1^{35}

kòa mèn, pétrir la farine. 捞面 kua_1^{35-21} men_4^{21} 捞面 // kua_1^{35-21} $ʔba_1^{35}$ 捞鱼 按：法语解释是“揉面”，误。

kòa（parole）话 kua_4^{21}

kòa ngó aù, une parole. 一句话（话语一）kua_4^{21} $ŋo_5^{55}$ $ɔu_4^{21}$

kòa số, mensonge. 大话（话大）kua_4^{21-24} so_1^{35} // = $kaŋ_3^{33}$ $k^hiau_5^{55}$

kang kòa số, dire des mensonges. 讲大话（讲话大）$kaŋ_3^{33}$ kua_4^{21-24} so_1^{35} // = sia^{33} $k^hiau_5^{55}$

kang kòa kẻ, altérer la vérité（dire parole fausse）. 讲假话（讲话假）$kaŋ_3^{33}$ kua_4^{21-24} $kɛ_2^{24}$

kang kòa mải, amadouer（dire parole bonne）. 骗人的话（讲话漂亮）$kaŋ_3^{33}$ kua_4^{21-24} mai_2^{24} 说善意话/吉利话（说话好）// $kaŋ_3^{33}$ kua_4^{21-24} $mɛŋ_3^{33}$ 说话漂亮（说话好）

kang kòa tọt = *kang kòa tsón*, assurer, affirmer. 讲实话/讲真话（讲话实 = 讲话真）$kaŋ_3^{33}$ kua_4^{21} $tɔt_8^{21}$ = $kaŋ_3^{33}$ kua_4^{21} $ts^hɔn_1^{35}$

kòa ngô aù bứn mọ êi, ambiguïté. 模棱两可/一语双关（话语一两个意）kua_4^{21} $ŋo_5^{55}$ $ɔu_4^{21}$ $ʔbun_5^{55}$ $mɔʔ_8^{21}$ ei_3^{33}

heng kòa, obéir（écouter parole）. 听话/顺从 $hɛŋ_3^{33}$ kua_4^{21}

kòa lèng-zế, légende（parole antique）. 故事（话古代）kua_4^{21-24} $lɛŋ_1^{35-21}$ ze_1^{35}

kòa bưởn-di, dialecte. 本地话（话本地）kua_4^{21-24} $ʔbən^{21}$ $ʔdi^{55}$ // = kua_4^{21-24} $ʔdɛi_2^{24}$ $ʔdou_3^{33}$（话隶我们）

kòa tộk, langage populaire. 俗话（话俗）kua_4^{21-24} $tuak_8^{21}$ // = kua_4^{21-24} tok_8^{21} // = tok_8^{21} kua_4^{21} // $tɔk_7^{55-33}$ kua_4^{21} 懂话

< *gwai˒ 話

kòa(cucurbitacée) 瓜 kua$_{1}^{35}$

kòa hếang, melon (cucurbitacée odorante). 香瓜(瓜香) kua$_{1}^{35-21}$ hiaŋ$_{1}^{35}$(不说)//mɑk$_{8}^{21}$kua$_{1}^{35-21}$hiaŋ$_{1}^{35}$(常说)

koa láng, concombre (cucurbitacée jaune). 黄瓜(瓜黄) kua$_{1}^{35-21}$ laŋ$_{1}^{35}$// kua$_{1}^{35-21}$keŋ$_{1}^{35}$青瓜(不能生吃)

mạk kòa láng nĩ, cornichon (fruit, cucurbitacée jaune, petite). 小黄瓜(果瓜黄小) mɑk$_{8}^{21}$ kua$_{1}^{35-21}$ laŋ$_{1}^{35}$ niʔ$_{7}^{55}$ 黄瓜小//≠mɑk$_{8}^{21}$ kua$_{1}^{35-21}$ laŋ$_{1}^{35-21}$ niʔ$_{7}^{55}$ 小黄瓜

kòa tói, pastèque, melon d'eau (cucurbitacée d'est). 西瓜(瓜西) mɑk$_{8}^{21}$ kua$_{1}^{35-21}$tɔi$_{1}^{35}$西瓜(果瓜西,小西瓜,用来做菜)//mɑk$_{8}^{21}$kua$_{1}^{35-21}$hoŋ$_{2}^{24}$西瓜(果瓜红,大西瓜,常吃的西瓜)

<**kwa* 瓜

kỏa 挂 kua$_{1}^{35}$

kỏa tóm, préoccupation. 挂心 kua$_{1}^{35-21}$tɔm$_{1}^{35}$//kua$_{1}^{35}$ nem$_{4}^{21}$ 挂念//nem$_{4}^{21-24}$ tɯ$_{1}^{35}$念字

kòa êi =*kòa tóm*, anxiété. 挂意 kua$_{1}^{35-21}$ei$_{3}^{33}$=挂心 kua$_{1}^{35-21}$tɔm$_{1}^{35}$//kua$_{1}^{35-21}$ tɔm$_{1}^{35-21}$kua$_{1}^{35-21}$ei$_{3}^{33}$挂心挂意

<H. *koá* $^{*}k^{w}ai^{ɔ}$

kỏa (gouverner) 管 kuan^{21}

kỏa lề, administrer, gouverner, soigner. 管理 kua^{21} le^{21}(不说)//kuan^{21} le^{21}(常说)

<^{*c}*kuân* 管

ngòa tuile 瓦 ŋua^{21}

tsáu ngòa, four à tuiles. 瓦灶(灶瓦) ts^{h}au$_{3}^{33}$ŋua^{21}灶瓦(不说)//ts^{h}au$_{3}^{33}$ mɑt$_{8}^{21}$土灶(常说)

<^{*c}*ṅwa* 瓦

oa (changer) 换 ua$_{3}^{33}$(海南话)

oa bỏn, muer, changer de poils, de plumes. 换毛 ua$_{3}^{33}$ ʔbɑn$_{2}^{24}$//=huan$_{4}^{21-24}$ʔbɑn$_{2}^{24}$//huan$_{4}^{21-24}$tɔn$_{1}^{35}$换牙//=ua$_{3}^{33}$tɔn$_{1}^{35}$

oa nói, déguiser son nom. 改名换姓(换名) ua$_{3}^{33}$ nɔi$_{1}^{35}$(不说 huan$_{4}^{21-24}$ nɔi$_{1}^{35}$)

oa kỏn, permuter. 交换/对换(换相互) ua$_{3}^{33}$kɔn$_{2}^{24}$

<H. *oả* **ɣuân*^{ɔ} 换

oả 倚 ua$_2^{24}$(海南话)

oả kau hiền tsô, confiance en Dieu. 倚靠天主 ua$_2^{24}$k^{h}ɑu$_5^{55}$hien$_1^{35-21}$ts^{h}o$_3^{33}$

hoa acide, aigre 酸 hua$_3^{33}$

bêắn hoa, s'aigrir, devenir acide. 变酸 ʔbian$_5^{55}$hua$_3^{33}$

bềi hoa, aigreur. 酸味(味酸) ʔbɛi$_4^{21-24}$hua$_3^{33}$

hoa hoa tsĩ, aigrelet. 微酸(酸酸微/些) hua$_5^{55}$hua$_3^{33}$ts^{h}it$_7^{55}$

dá hoa dá iên, aigre doux. 酸甜(半酸半甜) ʔda$_5^{55}$hua$_3^{33}$ʔda$_5^{55}$liam$_2^{24}$ 按：ien$_3^{33}$是好吃。//p^{h}ɑn$_4^{21}$hua$_3^{33}$p^{h}ɑn$_4^{21}$liam$_2^{24}$

hoa (marchandise) 货 hua$_3^{33}$

hoa kiàu, marchandises. 货物 hua$_3^{33}$ʔbɑt$_8^{21}$

hông hóa, convoyer, livrer des marchandises. 送货 hoŋ$_3^{33}$hua$_3^{33}$

zểi hóa bới, transporter. 运输货物(移货去) zɛi$_2^{24-21}$hua$_3^{33}$ʔbəi$_1^{35}$

tsồng hóa zỏng zỏa, charger un bateau. 装货下船 ts^{h}uaŋ$_1^{35-21}$hua$_3^{33}$zɔŋ$_2^{24-21}$zua$_2^{24}$(少说)//ts^{h}uaŋ$_1^{35-21}$hua$_3^{33}$kun$_3^{33}$zua$_2^{24}$装货上船//tua$_2^{24-21}$hua$_3^{33}$zɔŋ$_2^{24-21}$zua$_2^{24}$卸货下船

zêi hoa ũk zỏa, débarquer des marchandises. 卸货出船(移货出船) zɛi$_2^{24-21}$hua$_3^{33}$uk$_7^{55-33}$zua$_2^{24}$//zɔŋ$_2^{24-21}$hua$_3^{33}$卸货(下货)

hoa kẻ, contrefaçon. 假货(货假) hua$_3^{33}$kɛ$_2^{24}$

hoá sú, pacotille. 次货(货次) hua$_3^{33}$su$_5^{55}$

tèng hoa, débris. 剩货 tɛŋ$_4^{21-24}$hua$_3^{33}$

<*χuâʾ 貨

hóa (changer) 化 hua$_5^{55}$

biến hóa, transformer. 变化 ʔbian$_5^{55}$hua$_5^{55}$

<*χwəʾ 化

hóa (fleur) 花 hua$_1^{35}$

hóa tsếi aù, une fleur. 一枝花(花枝一) hua$_1^{35}$ts^{h}ei$_5^{55}$ɔu$_4^{21}$

zẫk hóa, tige de fleur. 花茎/花杆(茎花) zək$_7^{55-33}$hua$_1^{35}$(不说)//kɛŋ$_3^{33}$hua$_1^{35}$花茎(常说)//nɛŋ$_3^{33}$hua$_1^{35}$花枝(王录尊)//ŋɛŋ$_3^{33}$hua$_1^{35}$花枝(二李)//ʔdoŋ$_3^{33}$hua$_1^{35}$花茎(栋花)//heu$_1^{35-21}$ʔdoŋ$_3^{33}$柱子(柱栋)

dệ hóa, arriser les fleurs. 浇花 ʔdeʔ$_8^{21}$hua$_1^{35}$//ʔdeʔ$_8^{21}$p^{h}ɑn$_1^{35}$淋雨//ʔdeʔ$_8^{21}$

zɑn$_3^{33}$熬酒

hóa k'ểi, s'épanouir. 花开 hua$_1^{35}$k^{h}ei$_1^{35}$

hoa tiu kói, amarante. 鸡冠花(花首鸡) hua$_1^{35-21}$tiu$_3^{33}$kɑi$_1^{35}$

mêng hòa hẹp, papillon. 蝴蝶(虫花蝶) miŋ$_2^{24-21}$hua$_1^{35-21}$hep$_8^{21}$//=miŋ$_2^{24-21}$ hua$_1^{35-21}$hɛp$_8^{21}$

bêan hóa, vacciner. 种牛痘(种花) ʔbiaŋ$_3^{33}$hua$_1^{35}$　按：*bêan* 是 *bêang* 之误。

ũk hóa, avoir la vérole. 出天花(出花) uk$_7^{55-33}$hua$_1^{35}$

tíu hóa, broder. 绣花 tiu$_5^{55}$hua$_1^{35}$

dá hóa, avoir des èblouisaements. 眼花 ʔda$_1^{35}$hua$_1^{35}$

< **χwa*　花

hòa (peinture) 画 hua$_4^{21}$

hóa mể, raies de la main. 手纹(画手) hua$_4^{21-24}$me$_2^{24}$手纹(画手)//hua$_4^{21-24}$ me$_2^{24}$把手弄脏

hòa héo, rayer. 划伤(画青) hua$_4^{21-24}$heu$_1^{35}$(没听说过)

hoả na, se barbouiller la figure. 画脸 hua$_4^{21-24}$na$_3^{33}$

< *gwaiᵓ*　畫

hỏa (extérieur) 外 hua$_2^{24}$(海南话)

ziàng bỏn hỏa kũk, étranger. 外国人(人外国) ziaŋ$_2^{24-21}$ ʔbɑn$_2^{24-21}$ hua$_2^{24}$ kuk$_7^{55}$

<H. *hoà*　**ŋuâiᵓ*　外

hỏa (accord) 和 hua$_2^{24}$

kang hỏa, mettre d'accord, accommoder. 讲和 kaŋ$_3^{33}$hua$_2^{24}$

kang hỏa họp, s'entendre à l'amiable. 说合(讲和合) kaŋ$_3^{33}$hua$_2^{24}$hɔp$_8^{21}$// kaŋ$_3^{33}$kua$_4^{21}$hɔp$_8^{21}$讲话投机

hiểm hỏa, être d'accord. 同意/和合 him$_1^{35}$hua$_2^{24}$//=him$_1^{35}$mai$_2^{24}$

hoà lộk=hoà k'êi =hoà kỏn, concorde. 和睦=和气=相和

hua$_2^{24-21}$lok$_7^{55}$和睦（按：lok$_7^{55}$应该是"睦"的误读，至今仍这样读）；hua$_2^{24-21}$ k^{h}ei$_3^{33}$和气；hua$_2^{24-21}$kɔn$_2^{24}$相合

zóng hỏa, désaccord, désunion. 不和 zɑŋ$_5^{55}$hua$_2^{24}$

zóng hỏa lọk, discorde. 不和睦 zɑŋ$_5^{55}$hua$_2^{24-21}$lok$_7^{55}$//hɑu$_3^{33}$lak$_8^{21}$高兴(好乐)

<H. *hoà*　**ɣuâ*　和

有三个对应的词似乎可能建立一种对应关系，临高语-*ôa*，台语-*ɯə*：

	临高	台语	壮语	石家	莫语	水语	侗语	黎萨	黎王
habit 衣	*zoa*	*'sɯə*	(*bɯə>bu*	*phia*)	(*tyuk*	/	*ʔu: k*)	(*veṅ*	*viaṅ*)
tigre 虎	*zóa*	*sɯə*	(*kuk*	*kuk*)	(*'mum*	/	*məm*)	/	/
bateau 船	*zỏa*	*rɯə*	*ruə>ru*	*rua*	/	/	*ʔlo*	*da*	*fa*

ÊI

bểi 味 ʔbɛi$_4^{21}$

bểi, Saveur. 味 ʔbɛi$_4^{21}$

bểi kỏm, amertume, âcre. 苦/辣(按：长流话苦辣不分。) ʔbɛi$_4^{21}$kɑm$_2^{24}$味苦/味辣//ʔbɛi$_4^{21-24}$kɑm$_2^{24}$苦味/辣味

bểi hoa, aigreur. 酸味(味酸) ʔbɛi$_4^{21}$hua$_3^{33}$味酸//ʔbɛi$_4^{21-24}$hua$_3^{33}$酸味

bểi meng, goût agréable, mets exquis. 美味(味美) ʔbɛi$_4^{21}$mɛŋ$_3^{33}$味美//ʔbɛi$_4^{21-24}$mɛŋ$_3^{33}$美味

nẳn bểi, s'apitoyer, gêner. 可怜 nan$_2^{24-21}$ʔbɛi$_4^{21}$可怜(难味,常说)

bểi iên, douceur. 味道好 ʔbɛi$_4^{21}$ien$_3^{33}$味道好(ien$_3^{33}$ ≠ in$_3^{33}$ 怨)//ʔbɛi$_4^{21-24}$ien$_3^{33}$好味道

zóng mưởn bểi, fade. 没有味 zɑŋ$_5^{55}$mən$_2^{24-21}$ʔbɛi$_4^{21}$

bểi hêáng, arôme, délicieux au gout. 香味(味香) ʔbɛi$_4^{21}$hiaŋ$_1^{35}$味香//ʔbɛi$_4^{21-24}$hiaŋ$_1^{35}$香味

kón tương kơi zóng mưởn bểi, dégoûté de la nourriture. 厌食/没胃口(吃什么没有味) kɔn$_1^{35-21}$təŋ$_3^{33}$kəi$_3^{33}$zɑŋ$_5^{55}$mən$_2^{24-21}$ʔbɛi$_4^{21}$

<w- **mi̯əi* 味

bểi 围 ʔbɛi$_2^{24}$

bểi lướng, assiéger, blocus. 围住(围回) ʔbɛi$_2^{24}$ləŋ$_1^{35}$

bểi lứng, enclaver. 围住(围回) ʔbɛi$_2^{24}$ləŋ$_1^{35}$

< **wi̯əi* 圍

bểi feu 火 ʔbɛi$_2^{24}$

sõt bểi =*dô bểi*, allumer le feu. 点火/生火 sot$_7^{55-33}$ʔbɛi$_2^{24}$点火(刷火/擦火);ʔdo$_3^{33}$ʔbɛi$_2^{24}$生火//ts^{h}iu$_3^{33}$ʔbɛi$_2^{24}$引火(就火/照火)//zut$_7^{55-33}$ʔbɛi$_2^{24}$烧火(大堆)//k^{h}ei$_3^{33}$ʔbɛi$_2^{24}$hoŋ$_2^{24-21}$ŋai$_2^{24}$起火煮饭(干饭)

tsiu bểi zóng, attiser le feu. 把火挑旺 ts^{h}iu$_3^{33}$ʔbɛi$_2^{24}$zɔŋ$_1^{35}$(zɔŋ$_1^{35}$烧≠zoŋ$_1^{35}$焦)//ʔbɛi$_2^{24}$zɔŋ$_1^{35}$火烧起来//hoŋ$_2^{24}$zoŋ$_1^{35}$煮焦了

kài bểi, braise. 余火(屎火) kai$_4^{21-24}$ʔbɛi$_2^{24}$ 按：即火灭后留下的炭。

lưởn bữk bểi, combustible. 柴火/用来烧火的(柴添火) ʔbən$_2^{24-21}$ ʔbək$_7^{55-33}$ʔbɛi$_2^{24}$//ʔbək$_7^{55-33}$ʔbɛi$_2^{24}$添火//=sui$_1^{35-21}$ʔbɛi$_2^{24}$推火

ting bểi caractère emporté. 火暴性子(性火) tiŋ$_3^{33}$ʔbɛi$_2^{24}$性子火//=tiŋ$_3^{33}$ zut$_7^{55}$性子烧

bểi p'óng aù =*bểi mể aù*, flambeau, torche. 火把(火捧一=火手一) ʔbɛi$_2^{24}$p^{h}ɑŋ$_5^{55}$ɔu$_4^{21}$(火捧一,常说);ʔbɛi$_2^{24}$me$_2^{24}$ɔu$_4^{21}$(火手一,不说)

bểi zống, flamber. 燃烧(火烧) ʔbɛi$_2^{24}$zɔŋ$_1^{35}$火烧起来

bểi hề háng, feu follet. 鬼火(火鬼) ʔbɛi$_2^{24-21}$hi$_2^{24-21}$haŋ$_1^{35}$鬼//(hi$_2^{24-21}$haŋ$_1^{35}$= he$_2^{24-21}$haŋ$_1^{35}$)//liŋ$_2^{24-21}$loŋ$_2^{24}$玲珑(灯笼,转义为鬼火)

=T. *văy*, C-D. *vi* > *vei*, Sek *vi*　ไฟ(火)

bểi 年 ʔbɛi$_2^{24}$

bểi mọ aù, un an. 一年 ʔbɛi$_2^{24}$mɔʔ$_8^{21}$ɔu$_4^{21}$　按:实际读为 mɔ$_4^{21-24}$ɔu$_4^{21}$。

di bềi di pưởi=*mỏi bểi pưởi aù*, une fois par an. 一年一次=每年一次 ʔdi$_5^{55}$ʔbɛi$_2^{24}$ʔdi$_5^{55}$p^{h}əi$_2^{24}$(不说)//ʔdi$_5^{55}$ʔbɛi$_2^{24}$ʔdi$_5^{55}$siu$_2^{24}$(常说)　按:不固定每年一次,可以间断。məi$_2^{24}$ʔbɛi$_2^{24}$p^{h}əi$_2^{24}$ɔu$_4^{21}$(不说)məi$_2^{24}$ʔbɛi$_2^{24}$siu$_2^{24}$ɔu$_4^{21}$(常说)　按:固定每年一次,不间断。

luổn bểi kề, par rang d'ancienneté. 论资排辈(论辈纪) lun$_2^{24-21}$ ʔbəi$_3^{33}$ke$_4^{21}$

bểi ni, cette année. 今年 ʔbɛi$_2^{24-21}$nɛi$_4^{21}$

bểi káu, l'année dernière. 旧年(年古)　按:法语解释是"去年"。ʔbɛi$_2^{24-21}$kɑu$_3^{33}$旧年(农历新年,长流只算初一到初三)//ʔbɛi$_2^{24-21}$zai$_2^{24}$去年// ʔbɛi$_2^{24-21}$hɯn$_1^{35}$前年//ʔbɛi$_2^{24-21}$zəŋ$_3^{33}$大前年

bểi zể, *lô*, *k'iẵt*, dans deux, trois, quatre ans. 后年,大后年,大大后年 ʔbɛi$_2^{24-21}$ze$_2^{24}$后年 ʔbɛi$_2^{24-21}$lo$_3^{33}$大后年 ʔbɛi$_2^{24-21}$k^{h}iat$_7^{55}$大大后年

bểi na, l'an prochain. 明年(年前/年脸) ʔbɛi$_2^{24-21}$na$_3^{33}$//ʔbɛi$_2^{24-21}$ze$_2^{24}$后年//ʔbɛi$_2^{24-21}$lo$_3^{33}$大后年//ʔbɛi$_2^{24-21}$k^{h}iat$_7^{55}$大大后年

bểi bểi=*nới bểi* =*bểi mưởn*, annuel,年年　按:*nới bểi* 和 *bểi mưởn* 没听过。ʔbɛi$_5^{55}$ʔbɛi$_2^{24}$//ʔbɛi$_5^{55}$ʔbɛi$_2^{24-21}$zou$_3^{33}$nia$_3^{33}$年年都来

tụ bểi fin de l'année. 年末(末年) tuʔ$_7^{55-33}$ʔbɛi$_2^{24}$

=T. *pi*, C.-D.　ปี(年/岁)

mềi sœur moins âgée (cadette). 妹 nin$_1^{35-21}$mɛi$_4^{21}$姩妹

<**muəiˀ* 妹

mèi 眉 mei$_2^{24}$

mèi dá=bỏn mêi dá, sourcil. 眉毛(眉眼 mei$_2^{24-21}$ ʔda$_1^{35}$ = 毛眉眼 ʔbɑn$_2^{24-21}$ mɑi$_2^{24-21}$ ʔda$_1^{35}$)//ʔbɑn$_2^{24-21}$ ʔda$_1^{35}$睫毛

hòa mèi dá, peindre les sourcils. 画眉毛 hua$_4^{21-24}$ mei$_2^{24-21}$ ʔda$_1^{35}$画眉毛(简易的)//=tiu$_3^{33}$ mei$_2^{24-21}$ ʔda$_1^{35}$绣眉毛(精细的)

<* *m*^{w}*i̯i* 眉

mẻi ivre 醉(迷) mɛi$_2^{24}$

kón zon mẻi, s'enivrer. 喝醉(吃酒迷) kɔn$_1^{35-21}$ zɑn$_3^{33}$ mɛi$_2^{24}$//=zɔm$_4^{21-24}$ zɑn$_3^{33}$ mɛi$_2^{24}$饮酒迷

ói mẻi, aimer éperdument. 爱醉 ɑi$_3^{33}$ mɛi$_2^{24}$爱醉(容易醉,与"爱生病"同义)//ɑi$_3^{33}$ suan$_1^{35}$爱睡(容易入睡/爱睡觉)

=T. *mi* C.-D. **vi* <**mei* 迷

dêi 如同/好像/似乎(抵) ʔdei$_3^{33}$

dêi hổng, comme. 如同(似同) ʔdei$_3^{33}$ hoŋ$_2^{24}$(hoŋ$_2^{24}$或 hɔŋ$_2^{24}$)

dêi sẻn, valoir, coûter. 值钱(抵钱) ʔdei$_3^{33}$ sɛn$_2^{24}$//=ts^{h}ek$_8^{21}$ sɛn$_2^{24}$

dêi kỏn, ressemblant. 相似(像彼此/像互相) ʔdei$_3^{33}$ kɔn$_2^{24}$

bê dêi, exemple. 比如(比似) ʔbe$_3^{33}$ ʔdei$_3^{33}$(不说)//ʔbi^{21} sin$_5^{55}$(常说)

按:海南话说法,"比如"就是"比信"。

dêi bas, -se 底/抵 ʔdei$_3^{33}$ 按:原文认为本字是"低",误。

ziến zỏng dảu dêi, s'affaisser. 沉底(沉下下底) zien$_1^{35}$ zɔŋ$_2^{24-21}$ ʔdɑu$_2^{24-21}$ ʔdei$_3^{33}$//=zien$_1^{35}$ zɔŋ$_2^{24-21}$ ʔdei$_3^{33}$

dêi zỏa, cales de navire. 船舱(底船) ʔdei$_3^{33}$ zua$_2^{24}$

dóng dêi, enfin. 最后(到底) ʔdɔŋ$_5^{55}$ ʔdei$_3^{33}$

dảu dêi, dessous. 底下(下底) ʔdɑu$_2^{24-21}$ ʔdei$_3^{33}$//ʔdɑu$_2^{24-21}$ ʔbe$_3^{33}$ 下村//zuŋ$_1^{35-21}$ ʔbe$_3^{33}$上村

按:zuŋ$_1^{35}$上面≠zoŋ$_1^{35}$焦(烧焦)≠zɔŋ$_1^{35}$鼻子 zɑŋ$_1^{35}$井(水井、旱井)。

zóng dêi sẻn, déprécier. 不值钱(不抵钱) zɑŋ$_5^{55}$ ʔdei$_3^{33}$ sɛn$_2^{24}$//=zɑŋ$_5^{55}$ ts^{h}ek$_8^{21}$ sɛn$_2^{24}$

<* *tei* 低

dêi 灯 ʔdei$_3^{33}$

sọt dêi, allumer la lampe. 点灯 sɔt$_7^{55-33}$ ʔdei$_3^{33}$点灯(擦灯,用火柴点)//

$tsiu_3^{33}$ $ʔdei_3^{33}$ 引火点灯(就灯/照灯,用已燃的火点)

bọk dêi mọ aù, lampe. 一盏灯 $ʔbɑk_7^{55-33}$ $ʔdei_3^{33}$ $mɔʔ_8^{21}$ $ɔu_4^{21}$ 按:实际读为 $mɔ_4^{21-24}$ $ɔu_4^{21}$。

tóm bạk dêi, mèche de lampe. 灯芯(心灯) $tɔm_1^{35-21}$ $ʔbɑk_7^{55-33}$ $ʔdei_3^{33}$

bõk dêi zóng báng, la lame n'éclaire pas. 灯不亮 $ʔbɑk_7^{55-33}$ $ʔdei_3^{33}$ $zɑŋ_5^{55}$ $ʔbaŋ_1^{35}$

zõp dêi, éteindre la lampe. 熄灯 $zɑp_7^{55-33}$ $ʔdei_3^{33}$//$ʔbɛi_2^{24}$ $zɑp_7^{55}$ 火灭了

bõk dêi tsiu són zỏa, (phare) [p. 255] 灯塔/航标灯(灯照路船) $ʔbɑk_7^{55-33}$ $ʔdei_3^{33}$ $tsiu_3^{33}$ $sɔn_1^{35-21}$ zua_2^{24}

=T. 'tay =C.-D. ໄຕ້(台)

dêi questionner, chercher. 问、找 按:找是 $ʔdei_1^{35}$,问是 tei_3^{33},应该是奥德里古尔把本字搞错了。

dêi hàu, chercher et trouver. 找到(找见) $ʔdei_1^{35}$ $hɔu_4^{21}$ 找见//= $ʔdei_1^{35}$ $ʔdeu^{33}$ 找着(海南话)

dếi hàu, trouver, découvrir. 找到、发现 $ʔdei_1^{35}$ $hɔu_4^{21}$

dếi dêô, découvrir. 发现(找见) $ʔdei_1^{35}$ $hɔu_4^{21}$

dếi hau lau hũk, chercher de l'ouvrage. 找到工作 $ʔdei_1^{35}$ $hɔu_4^{21}$ $koŋ_1^{35-21}$ huk_7^{55}(少说)//$ʔdei_1^{35}$ $ʔdeu^{33}$ $koŋ_1^{35-21}$ huk_7^{55}(常说)//$ʔdei_1^{35}$ $ʔdeu^{33}$ $nɑ_3^{33}$ huk_7^{55} 找到才做 按:*lau* 记录有问题,或是 *na* 之误。

dèi mải mến, se marier, prendre femme. 娶/找老婆(找母姩) 按:*mến* 是 *nến* 之误。$ʔdei_1^{35-21}$ mai_4^{21-24} nin_1^{35}//mai_4^{21-24} nin_1^{35-21} $hɑu_3^{33}$ huk_7^{55} 贤妻(女人好做)//mai_4^{21-24} nin_1^{35-21} $ŋɑi_4^{21}$ huk_7^{55} 悍妇(女人难做)

<* *teiᵓ* 諦

dếi 帝 $ʔdei^{33}$

boàng dếi, roi. 皇帝 $ʔbuaŋ_2^{24-21}$ $ʔdei^{33}$//huk_7^{55-33} $ʔbuaŋ_2^{24}$ 做皇帝//mai_4^{21-24} $ʔbuaŋ_2^{24}$ 女皇

<* *teiᵓ* 帝

dèi endurer. 忍受(抵) $ʔdei_3^{33}$ $nɔn_3^{33}$ $k^hei_3^{33}$ 忍气

dêi supporter 支持(抵) $ʔdei_3^{33}$

dèi nĩt, endurer le froid. 耐寒(抵寒) $ʔdei_3^{33}$ nit_7^{55}//$ʔdei_3^{33}$ $ʔdiŋ_1^{35}$ 耐穿

dêi sẻn, valoir. 值钱(抵钱) $ʔdei_3^{33}$ $sɛn_2^{24}$//=$ts^hek_8^{21}$ $sɛn_2^{24}$

bê dêi, supposé que. 假如(比抵) ʔbe$_{3}^{33}$ ʔdei$_{3}^{33}$(不说)//kɛ$_{2}^{24-21}$ sien$_{5}^{55}$(常说)//ʔdɑʔ$_{8}^{21}$ ʔdi$_{5}^{55}$假如/如果

<*ᶜ *tei* 抵

dểi corrompu, délabré. 腐烂 ʔdɛi$_{2}^{24}$

hũk dểi, abîmer. 损坏(做烂) huk$_{7}^{55}$ ʔdɛi$_{2}^{24}$做烂//hok$_{7}^{55}$ ʔdɛi$_{2}^{24}$放烂　按:述补结构不变调。

kĩt dểi, briser, casser. 打烂(击烂) kit$_{7}^{55}$ ʔdɛi$_{2}^{24}$

ngạt dểi, broyer. 捣烂 ŋat$_{8}^{21}$ ʔdɛi$_{2}^{24}$

dung dểi, cancer. 烂疮(疮烂) ʔduŋ$_{3}^{33}$ ʔdɛi$_{2}^{24}$

zũk dểi, cassant. 酥脆(脆烂) zok$_{7}^{55}$ ʔdɛi$_{2}^{24}$　按:zok$_{7}^{55}$是又干又脆,往往指吃的东西,但不能说黄瓜之类的脆。

bẽ dểi, déchiqueter. 撕碎/撕烂(擘烂) ʔbɛʔ$_{7}^{55}$ ʔdɛi$_{2}^{24}$//=zik$_{8}^{21}$ ʔdɛi$_{2}^{24}$

tsọp dểi, écraser sous les pieds. 用脚踩　按:此发音应该是"斩烂"。sɔp$_{8}^{21}$ ʔdɛi$_{2}^{24}$踩烂//ʔdok$_{7}^{55}$ ʔdɛi$_{2}^{24}$踩烂　按:sɔp$_{8}^{21}$和ʔdok$_{7}^{55}$用法无区别。//ts^{h}ɑp$_{7}^{55}$ ʔdɛi$_{2}^{24}$斩烂//ʔduak$_{7}^{55}$ ʔdɛi$_{2}^{24}$剁烂/剁碎

kĩt dểi, détériorer. 损坏/打烂(击烂)　按:此条重复。kit$_{7}^{55}$ ʔdɛi$_{2}^{24}$

hũk dểi, détruire. 损坏(做烂)　按:此条重复。huk$_{7}^{55}$ ʔdɛi$_{2}^{24}$做烂

bướn dểi, bois pourri. 烂柴(柴烂)　按:木头朽应该是tom$_{4}^{21}$。ʔbən$_{2}^{24-21}$ ʔdɛi$_{2}^{24}$//ʔbən$_{2}^{24-21}$ tom$_{4}^{21}$朽柴

kiàu dểi, objet de rebut. 垃圾/废物(物烂) keu$_{1}^{35-21}$ ʔdɛi$_{2}^{24}$烂东西//keu$_{1}^{35}$ ʔdɛi$_{2}^{24}$东西烂

dểi 属于(隶) ʔdɛi$_{2}^{24}$

zảu nè kán tờ dểi zêa, cette maison m'appartient. 这间房是我的(房这间是隶我) zan$_{2}^{24-21}$ nɛ$_{1}^{35-2}$ kan$_{1}^{35}$ tə$_{4}^{21}$ ʔdɛi$_{2}^{24}$ zia$_{3}^{33}$

dểi zêa, le mien, mon. 我的(隶我) ʔdɛi$_{2}^{24}$ zia$_{3}^{33}$

dểi mo, le tien. 你的(隶你) ʔdɛi$_{2}^{24}$ mɔ$_{3}^{33}$

dểi kò, sien, son. 他/她的(隶他/她) ʔdɛi$_{2}^{24}$ kə$_{4}^{21}$

<** *dei*ᵓ 隸

têi (époque) 世 tei$_{3}^{33}$

zau zồng têi kán, en ce bas monde. 在阴间(在别世间) zou$_{3}^{33}$ zoŋ$_{1}^{35-21}$ tei$_{3}^{33}$ kan$_{1}^{35}$在别世间(少说)//=zou$_{3}^{33}$ ʔdɑu$_{2}^{24}$ ɔm$_{1}^{35-21}$ kan$_{1}^{35}$在下世间(常说)//zou$_{3}^{33}$

tei$_3^{33}$kan$_1^{35}$在世间(常说)

ũk têi, naître. 出生(出世) uk$_7^{55-33}$tei$_3^{33}$//=uk$_7^{55-33}$tei$_3^{33}$kan$_1^{35}$

lẹk têi, veau. 小水牛 lɛk$_8^{21}$tei$_3^{33}$//lɛk$_8^{21}$ŋɔu$_2^{24}$小牛(小黄牛) 按:长流人的小牛指小黄牛。

mưởn tềi nêa mưởn tềi zóng nêa, tantôt il vient pas (avoir époque venir, avoir époque pas venir). 有时来有时不来 mən$_2^{24}$tei$_2^{24-21}$nia$_3^{33}$mən$_2^{24}$tei$_2^{24-21}$zɑŋ$_5^{55}$nia$_3^{33}$ 按:这里 mən$_2^{24}$不变调。//mən$_2^{24}$ʔbɑn$_2^{24}$ɔu$_4^{21}$有一天//mən$_2^{24}$ʔbɛi$_2^{24}$ɔu$_4^{21}$有一年//mən$_2^{24-21}$ziaŋ$_2^{24-21}$ʔbɑn$_2^{24}$nia$_3^{33}$有人来//mən$_2^{24-21}$sɛn$_2^{24}$有钱

<*šịei*ᵓ 世

têi demander, interpeller. 问 tei$_3^{33}$ 按:原文怀疑本字是"谛",误。这是临高语词。

têi són tam, demander la route. 问路(问路走) tei$_3^{33}$sɔn$_1^{35}$//tei$_3^{33}$mai$_4^{21-24}$hoi$_2^{24}$问问题(问母题)

têi ê téng, consultation médicale. 问医生 tei$_3^{33}$e$_1^{35-21}$teŋ$_1^{35}$//zia$_1^{35-21}$p^{h}iŋ^{21}医病

têi tán, demande et réponse. 问答 tei$_3^{33}$tan$_1^{35}$

têi ká sẻn, demander le prix. 问价钱 tei$_3^{33}$ka$_3^{33}$sɛn$_2^{24}$

kỗk tở-hoi têi mo, vous êtes responsable de tout. 一切由你负责(各事会问你) kɔk$_7^{55}$tə$_4^{21-24}$hoi$_3^{33}$tei$_3^{33}$mɔ$_3^{33}$

têi aú lứng, revendiquer. 要回(问要回) tei$_3^{33}$ɔu$_1^{35}$ləŋ$_1^{35}$

sả têi, enquêter. 查问 sa$_2^{24}$tei$_3^{33}$//sa$_2^{24}$tei$_3^{33}$nɔi$_1^{35}$查问姓名

<? **tei*ᵓ 諦

tếi (soie) 丝 tei$_1^{35}$

zoa tếi, habit en soie. 丝衣(衣丝) zua$_3^{33}$tei$_1^{35}$

<**siə* 絲

tềi (moment) 时 tei$_2^{24}$

zau zổng tềi kán, en ce monde. 在世上(在上世间) 按:参看 *têi* 韵"在阴间"(en ce bas monde)条。zou$_3^{33}$zuŋ$_1^{35-21}$tei$_3^{33}$kan$_1^{35}$在世上(在上世间)//=zou$_3^{33}$tei$_3^{33}$kan$_1^{35}$在世间(常说)//zou$_3^{33}$zoŋ$_1^{35-21}$tei$_3^{33}$kan$_1^{35}$在别世间(少说)//zou$_3^{33}$ʔdɑu$_2^{24-21}$ɔm$_1^{35-21}$kan$_1^{35}$在阴间(在下阴间)//=zou$_3^{33}$ɔm$_1^{35-21}$kan$_1^{35}$在阴间(常说)

按:zuŋ$_1^{35}$上面 ≠ zoŋ$_1^{35}$焦(烧焦)/别的 ≠ zɔŋ$_1^{35}$鼻子 ≠ zɑŋ$_1^{35}$井(水井、旱井)。

tềi ká, prix courant. 时价 tei$_2^{24-21}$ka$_3^{33}$(少说)//ʔbɑn$_2^{24-21}$tɛi$_2^{24}$ka$_3^{33}$sɛn$_2^{24}$

（常说）

tềi hềô dỗk p'on, tandis qu'il pleuvait. 下雨的时候（时候下雨）$tɛi_2^{24-21}$ heu_4^{21-24} $ʔdok_7^{55-33}$ $p^han_1^{35}$到下雨时候了（每天如此）//$ʔdok_7^{55-33}$ $p^han_1^{35}$ $nɛ_1^{35-21}$ $p^həi_2^{24}$下雨的时候（下雨那次）

tềi hêàu, temps, époque. 时候 $tɛi_2^{24-21}$ heu_4^{21}

tềi tểi, toujours. 时时 $tɛi_5^{55}$ $tɛi_2^{24}$时时//$ʔban_5^{55}$ $ʔban_2^{24}$天天//$ʔbɛi_5^{55}$ $ʔbɛi_2^{24}$年年

họp tểi, opportun. 适时/及时（合时）$hɔp_8^{21}$ $tɛi_2^{24}$

hồng tểi, dans le même temps. 同 $hoŋ_2^{24-21}$ $tɛi_2^{24}$//$hoŋ_2^{24-21}$ $ʔbɛi_2^{24}$ $hoŋ_2^{24-21}$ keu_2^{24} $hoŋ_2^{24-21}$ $ʔban_2^{24}$ $teŋ_1^{35}$同年同月同日生

mưởn tểi mưởn tểi, de temps en temps. 常常/往往（有时有时）$mən_2^{24}$ $tɛi_2^{24}$ $mən_2^{24}$ $tɛi_2^{24}$

zóng họp tểi, hors de saison. 不合时节（不合时）$zaŋ_5^{55}$ $hɔp_8^{21}$ $tɛi_2^{24}$

nêa tểi, proche. 临近/靠近　按：这条词有问题。“近”，长流话为 le_3^{33}。nia_3^{33} le_3^{33}临近/靠近（来近）nia_3^{33} $tɛi_2^{24}$来的时候（来时）// = nia_3^{33} $p^həi_2^{24}$来的那次（来次）

kau tểi, autrefois. 过去/从前（古时）kau_3^{33} $tɛi_2^{24}$旧时（不说）//$k^hai_3^{33}$ na_3^{33}从前（常说，$k^hai_3^{33}$ na_3^{33}也可以）

k'oai na tểi = *lềng-zề tềi*, autrefois. 过去/从前（先时 $k^hai_3^{33}$ na_3^{33} $tɛi_2^{24}$ = 以前时 $lɛŋ_1^{35-21}$ ze_1^{35} $tɛi_2^{24}$）// = $k^hai_3^{33}$ na_3^{33} $p^həi_2^{24}$

tểi aù, une fois. 一时（时一）$tɛi_2^{24}$ $ɔu_4^{21}$//$tɛi_2^{24}$ $ɔu_4^{21}$ $zaŋ_5^{55}$ $nɔn_3^{33}$ zai_3^{33}一时忍不住

p'ìng tểi communément. 平时 $p^heŋ_2^{24-21}$ $tɛi_2^{24}$（不说）//$p^heŋ_2^{24-21}$ $tiaŋ^{21}$（常说）　按：海南话。

mo kề tểi bới, à quelle date partirez-vous? 你哪天去？（你几时去？）$mɔ_3^{33}$ ki^{21} $tɛi_2^{24-21}$ $ʔbəi_1^{35}$

zóng dêa tểi, sans date fixée. 不固定时间/时间没定（不定时）$zaŋ_5^{55}$ $ʔdia_3^{33}$ $tɛi_2^{24}$　按：长流话两种意思都有。

bỏn tểi, à présent, sur ces entrefaites. 现在（天时）$ʔban_2^{24-21}$ $tɛi_2^{24}$

bỏn tểi kón tềa, pendant les repas. 现在吃饭（天时吃饭）$ʔban_2^{24-21}$ $tɛi_2^{24}$ $kɔn_1^{35-21}$ tia_4^{21}

tểi kố, prendre congé. 假期（假时）　按：法语解释为“度假”，释文与标音都有误。“假”应该是 kẻ，是来自海南话的借词，见前面 e 韵。$tɛi_2^{24-21}$ $kɛ_5^{55}$

假期(不说)//$k\varepsilon_5^{55}k^hi^{21}$假期(常说,海南话)

p'ỏn tểi, saison pluvieuse. 雨季(雨时) $p^h\alpha n_1^{35-21}t\varepsilon i_2^{24}$(不说)//$ʔdok_7^{55-33}p^h\alpha n_1^{35-21}kui_5^{55}t\alpha t_7^{55}$下雨季节(常说)

tểi hêầu = *tểi hều* = *tểi hêàu*, période. 时候 $t\varepsilon i_2^{24-21}heu_4^{21}$

<* *ǰiə* 時

tềi 辞 $s\partial_2^{24}$

tềi lảu dế, donner sa démission. 辞官(辞老爹) $s\partial_2^{24-21}lau_4^{21-24}ʔde_1^{35}$ 按:tềi 恐非“辞”的读音。

<* *ziə* 辭

têi 尸 tei_1^{35} 按:原文认为本字是“死”,误。

tềi hải, cadavre. 尸体(尸骸) $tei_1^{35-21}hai_2^{24}$

tềi dái = *tềi hái*, dépouille mortelle. 死尸(尸死) $tei_1^{35-21}ʔdai_1^{35}$ = 尸骸 $tei_1^{35-21}hai_2^{24}$

uẵt têi hải, déterrer un cadavre. 挖尸体(挖尸骸) $uat_7^{55-33}tei_1^{35-21}hai_2^{24}$

kua têi, trépasser. 过世 $kua_3^{33}tei_3^{33}$

dế tếi veuf. 鳏夫/光棍 $ʔde_1^{35-21}tei_3^{33}$ 鳏夫(爹世,死了老婆)//$ʔde_1^{35-21}lua\eta_1^{35}$光棍(一生未婚)

niến tếi, veuve. 寡妇 $nin_1^{35-21}tei_3^{33}$(姩世)

uăt tềi hải ũk, exhumer un cadavre. 挖出尸体(挖尸骸出) $uat_7^{55-33}tei_1^{35-21}hai_2^{24}uk_7^{55}$

<*ᶜ *sị̑i* 死

tểi 匙 $t\varepsilon i_2^{24}$

zọk tểi, clef. 钥匙 $z\alpha k_8^{21}t\varepsilon i_2^{24}$ 按:$z\alpha k_8^{21}$钥≠zak_8^{21}生锈。

<* *ǰiẹ̑* 匙

nềi 这/今 $n\varepsilon i_4^{21}$

bểi nềi, cette année. 今年 $ʔb\varepsilon i_2^{24-21}n\varepsilon i_4^{21}$

bòn nềi, aujourd'hui. 今天 $ʔb\alpha n_2^{24-21}n\varepsilon i_4^{21}$

kiểm nềi, ce soir. 今晚 $kim_4^{21-24}n\varepsilon i_4^{21}$//=$n\varepsilon_1^{35-21}kim_4^{21}$这晚

ne=T. ‘*ni*... นี้(这/此)

lêi présent (don) 礼 lei_3^{33}

lêi bọt, don. 礼物 $lei_3^{33}ʔb\alpha t_8^{21}$

mưởn sểng mưởn lêi, affable. 有情有礼 $m\partial n_2^{24-21}se\eta_2^{24}m\partial n_2^{24-21}lei_3^{33}$

zóng họp lêi, indécent. 不合礼节(不合礼) $z\alpha\eta_5^{55}h\partial p_8^{21}lei_3^{33}$

hống lêi bọt, faire un cadeau. 送礼物 hoŋ$_3^{33}$lei$_3^{33}$ʔbat$_8^{21}$

hàu lêi, civilité. 懂礼/知礼(知礼) hɔu$_4^{21-24}$lei$_3^{33}$知礼(不说)//tɔk$_7^{55-33}$ hau$_3^{33}$lei$_3^{33}$懂道理/懂好礼(常说)

mưởn lêi =*tõk lêi*, courtois, poli. 有礼 mən$_2^{24-21}$lei$_3^{33}$=懂礼 tɔk$_7^{55-33}$lei$_3^{33}$

họp lêi, décent. 合礼节(合礼) hɔp$_8^{21}$lei$_3^{33}$

da lêi k'ẽk, traiter les convives. 待客(打理客人) ʔda$_3^{33}$lei$_3^{33}$k^{h}ek$_7^{55}$//=ʔda$_3^{33}$lei$_3^{33}$me$_1^{35}$

<div align="right"><*ᶜ<i>lei</i> 禮</div>

lêi raison 理 lei$_3^{33}$

zóng họp lêi, absurde, contraire à la raison. 不合理 zaŋ$_5^{55}$hɔp$_8^{21}$lei$_3^{33}$

hao lêi, doctrine. 道理 hau$_3^{33}$lei$_3^{33}$

kang hau lêi, prêcher, faire un sermon. 讲道理 kaŋ$_3^{33}$hau$_3^{33}$lei$_3^{33}$

zóng heng lêi, ne pas entendre raison. 不听理 zaŋ$_5^{55}$hɛŋ$_3^{33}$lei$_3^{33}$

họp lêi, rationnel. 合理 hɔp$_8^{21}$lei$_3^{33}$

<div align="right"><*ᶜ<i>liə</i> 理</div>

lêi 例 lei$_3^{33}$

lọt lêi, code, loi. 律例 lot$_8^{33}$lei$_3^{33}$

<div align="right"><*<i>li̯ei</i>ᵓ 例</div>

lếi couler 流 lei$_1^{35}$

lếi zỏng kông, affluer, couler vers la mer. 流向海 lei$_1^{35}$zɔŋ$_2^{24-21}$koŋ$_3^{33}$流下海//=lei$_1^{35}$lɔu$_4^{21-24}$koŋ$_3^{33}$流入海

bõ lêi, hémorragie. 血流 ʔbaʔ$_7^{55}$lei$_1^{35}$//=lei$_1^{35-21}$ʔbaʔ$_7^{55}$流血

lêi nòm dá, les larmes coulent. 流眼泪(流眼水<流水眼) lei$_1^{35-21}$ nam$_4^{21-24}$ʔda$_1^{35}$

kõp lếi, confluer. 合流 kop$_7^{55-33}$lei$_1^{35}$//kop$_7^{55}$p^{h}ia$_4^{21}$lɔu$_2^{24}$合起来

nòm lếi l'eau coule, eau courante. 水流 nam$_4^{21}$lei$_1^{35}$水流了(水流)//=lei$_1^{35-21}$nam$_4^{21}$流水(水流出来)//nam$_4^{21-24}$lei$_1^{35}$流动的水(水流)

nòm hau zóng lếi, le nez coule. 流清鼻涕(水头鼻流) nam$_4^{21-24}$hau$_3^{33}$ zɔŋ$_1^{35}$lei$_1^{35}$//zɔŋ$_1^{35}$鼻≠zoŋ$_1^{35}$焦

lềi hiền, transpirer. 流汗 lei$_1^{35-21}$hien$_4^{21}$

lếi ũk nêa, se déverser. 流出来 lei$_1^{35}$uk$_7^{55}$nia$_3^{33}$

nòm lềi k'óai, courant rapide. 水流得快(水流快) nam$_4^{21}$lei$_1^{35}$k^{h}uai$_3^{33}$

<=T. hlăi, C.-D. ไหล(流)

luổn lếi, alternativement. 轮流 lun_2^{24-21} lei_1^{35} 轮流(不说)//lun_2^{24-21} $kɔn_2^{24}$ 轮互相(常说)

lềi 李 $lɛi_4^{21}$

don lềi, prunier. 李树 $ʔdɔn_3^{33}$ $lɛi_4^{21}$(不说)//$ʔdɔn_3^{33}$ li^{21} 按：长流没有李树。//zan_2^{24-21} $lɛi_4^{21}$ 姓李(家李)//=$tiŋ_3^{33}$ $lɛi_4^{21}$ 姓李

<*ᶜ *li̯ə* 李

lêi lềi profit 利 $lɛi_4^{21}$

mườn lềi tẫk, fructueux. 有利息 $mən_2^{24-21}$ $lɛi_4^{21-24}$ tek_7^{55}

bêang lềi k'iến, usurier. 放高利贷/放重利(放利重) $ʔbiaŋ_3^{33}$ $lɛi_4^{21}$ $k^hien_1^{35}$(少说)//=$ʔbiaŋ_3^{33}$ $lɛi_4^{21}$ $haŋ_1^{35}$(常说)

<* *li̯iᵓ* 利

lềi 梯子 lei_1^{35}

lềi lảu bái aù, une échelle. 一把楼梯 lei_1^{35-21} $lɔu_2^{24}$ $ʔbai_5^{55}$ $ɔu_4^{21}$

hỗk lềi lảu, appliquer une échelle. 放楼梯 hok_7^{55-33} lei_1^{35-21} $lɔu_2^{24}$

lếi lảu, escalier. 楼梯(梯楼) lei_1^{35-21} $lɔu_2^{24}$

=C.-D. *lay*

lềi 犁 lei_2^{24}

ziàng-bỏn lềi nểa, agriculteur. 犁田人(人犁田) $ziaŋ_2^{24-21}$ $ʔbɑn_2^{24-21}$ lei_2^{24-21} nia_2^{24} 犁田人//lei_2^{24-21} $mɑt_8^{21}$ 犁地(= lei_2^{24-21} $zuai_2^{24}$ 犁地)//$ɑŋ^{33}$ $ʔbek_7^{55-33}$ $tiŋ_3^{33}$ 庄稼人(翁百姓)//huk_7^{55-33} $ʔbek_7^{55-33}$ $tiŋ_3^{33}$ 种庄稼(做百姓)

lềi nểa lềi mọt, cultiver. 耕作(犁田犁地) lei_2^{24-21} nia_2^{24} lei_2^{24-21} $mɑt_8^{21}$

lểi labourer 犁 lei_2^{24}

ziàng-bỏn lểi nểa, laboureur. 犁田人(人犁田) $ziaŋ_2^{24-21}$ $ʔbɑn_2^{24-21}$ lei_2^{24-21} nia_2^{24} 犁田人//≠$ziaŋ_2^{24-21}$ $ʔbɑn_2^{24}$ lei_2^{24-21} nia_2^{24} 人犁田

lểi bái aù, une charrue. 一把犁 lei_2^{24} $ʔbai_5^{55}$ $ɔu_4^{21}$

lểi zối, sillon. 畦/犁沟(犁列) lei_2^{24-21} $zuai_2^{24}$ 犁田//= lei_2^{24-21} $mɑt_8^{21}$// $zuai_2^{24-21}$ lei_2^{24} 畦/犁沟

<* *lei* 犁

lêi 脊背 $ʔda_3^{33}$ lei_2^{24};后面/今后 $ʔda_1^{35-21}$ lei_2^{24}

zẫk da-lểi, épine dorsale. 脊椎骨(骨背) $zək_7^{55-33}$ $ʔda_3^{33}$ lei_2^{24} 后背骨//

ts^{h}ik$_{7}^{55-33}$ ʔda$_{3}^{33}$ lei$_{2}^{24}$脊椎骨//ʔda$_{3}^{33}$ lei$_{2}^{24}$脊背≠ʔda$_{1}^{35-21}$ lei$_{2}^{24}$今后/以后

da-lểi =*zụt bỏn*=*tểi dóng dà-lểi*, dorénavant. 今后 ʔda$_{1}^{35-21}$ lei$_{2}^{24}$ =时到今后 tei$_{2}^{24-21}$ ʔdɔŋ$_{5}^{55}$ ʔda$_{1}^{35-21}$ lei$_{2}^{24}$ 按：*da-lểi* 应该是 *dà-lểi*。*zụt bỏn* 长流话不说。

tà lểi, à l'avenir, (plus tard), postérieur. 将来、后面 ʔda$_{1}^{35-21}$ lei$_{2}^{24}$

tam dà- lểi niềm lểi tam, marchez par derrière. 后面走 按：是两条词，*tam dà- lểi* 和 *niềm lểi tam*。tam$_{3}^{33}$ ʔda$_{1}^{35-21}$ lei$_{2}^{24}$走在后面//=nim$_{1}^{35-21}$ lei$_{2}^{24}$ tam$_{3}^{33}$ 跟在后面走

da-lểi p'êàng, derrière. 后面/后背（后旁）ʔda$_{3}^{33}$ lei$_{2}^{24-21}$ p^{h}iaŋ$_{2}^{24}$（或读 p^{h}iaŋ$_{4}^{21}$）//=ʔda$_{3}^{33}$ lei$_{2}^{24}$//ʔda$_{3}^{33}$ lei$_{2}^{24-21}$ p^{h}iaŋ$_{2}^{24}$ ʔdɔk$_{8}^{21}$后背疼

kang na kang lểi, déblatérer. 数落/当面说背后也说（讲前讲后）kaŋ$_{3}^{33}$ na$_{3}^{33}$ kaŋ$_{3}^{33}$ lei$_{2}^{24}$//so$_{3}^{33}$ zuk$_{8}^{21}$数落

zảu dau lểi, derrière la maison. 在屋后 zou$_{3}^{33}$ ʔdɑu$_{2}^{24-21}$ lei$_{2}^{24}$在屋后（在下背）//zou$_{3}^{33}$ ʔdɑu$_{2}^{24-21}$ na$_{3}^{33}$在屋前（在下脸）//zou$_{3}^{33}$ ʔdɑu$_{2}^{24-21}$ ʔbaŋ^{33}在院子里（在下方）//ʔdɑu$_{2}^{24-21}$ tɯ$_{1}^{35-21}$ zan$_{2}^{24}$（下书屋）

niếm da lểi bới, suivre par derrière. 跟着去（跟后面去）nim$_{1}^{35-21}$ ʔda$_{1}^{35-21}$ lei$_{2}^{24}$ ʔbəi$_{1}^{35}$//=nim$_{1}^{35-21}$ lei$_{2}^{24}$ ʔbəi$_{1}^{35}$

<*ᶜ li̯o 吕

lểi (quitter) 离开 lɛi$_{2}^{24}$

lểi mài niến, répudier sa femme. 离开妻子（离妻）lɛi$_{2}^{24-21}$ mai$_{4}^{21-24}$ nin$_{1}^{35}$离开妻子//lɛi$_{2}^{24-21}$ ʔde$_{1}^{35-21}$ mai$_{4}^{21}$离开父母（离爹妈）

lểi bưởn kũk, quitter sa patrie. 离开本国（离本国）lɛi$_{2}^{24-21}$ ʔbən^{21} kuk$_{7}^{55}$// lɛi$_{2}^{24-21}$ kɔn$_{2}^{24}$离别/离开（离互相）

lểi bưởn kỗk, s'expatrier. 移居国外（离本国）lɛi$_{2}^{24-21}$ ʔbən^{21} kuk$_{7}^{55}$ 按："国"字现今只有一读。

<* li̯e 離

tsêi papier 纸 ts^{h}ei$_{3}^{33}$

hóa tsếi aù, fleurs artificielles. 纸花 hua$_{1}^{35}$ ts^{h}ei$_{3}^{33}$ ɔu$_{4}^{21}$（花纸一） 按：读音为"一个纸花"。

tsêi tiên bườn, journal. 报纸（纸新闻）ts^{h}ei$_{3}^{33}$ tien^{33} ʔbun^{21}

tsêi ngỏn, billet de banque. 纸币（纸银）ts^{h}ei$_{3}^{33}$ ŋɔn$_{2}^{24}$

tsêi hiển aù, une feuille de papier. 一张纸（纸张一）ts^{h}ei$_{3}^{33}$ hien$_{4}^{21-24}$ ɔu$_{4}^{21}$

tsêi kón nòm mọk, papier buvard. 吸墨水纸（纸吃水墨）ts^{h}ei$_{3}^{33}$ kɔn$_{1}^{35-21}$

nɑm$_4^{21-24}$mɔk$_8^{21}$

nóng tsêi, carton. 纸板/纸盒(皮纸) nɑŋ$_1^{35-21}$ts^{h}ei$_3^{33}$

<^{*c} *či̯e* 紙

tsêi (finir) 止 ts^{h}e$_4^{21}$/ts^{h}ei$_3^{33}$

tsêi zêá dọk, remède anodin, calmant. 止痛药(止药痛) ts^{h}ei$_3^{33}$ zia$_1^{35-21}$ ʔdɔk$_8^{21}$(不说)//zia$_1^{35-21}$ts^{h}e$_4^{21-24}$ʔdɔk$_8^{21}$(常说)

tsêi dọk, apaiser la douleur. 止痛 ts^{h}ei$_3^{33}$ ʔdɔk$_8^{21}$(不说)//ts^{h}e$_4^{21-24}$ ʔdɔk$_8^{21}$(常说)

tsêi zõk, apaiser la faim. 止饿 ts^{h}ei$_3^{33}$ zɑk$_7^{55}$(不说)//ts^{h}e$_4^{21-24}$ zɑk$_7^{55}$(常说)//=ut$_7^{55-33}$zɑk$_7^{55}$(常说)

hũk kống zóng tsêi, travailler d'arrache-pied. 不停地工作(做工不止) huk$_7^{55-33}$koŋ$_1^{35}$zɑŋ$_5^{55}$ts^{h}ei$_3^{33}$(不说)//huk$_7^{55-33}$koŋ$_1^{35}$zɑŋ$_5^{55}$hɛŋ$_2^{24}$做工不停(常说)

tsêi p'ảu, s'arrêter. 止步 ts^{h}ei$_3^{33}$p^{h}ɔu$_4^{21}$(不说)//ts^{h}e$_4^{21-24}$ p^{h}ɔu$_4^{21}$(少说)//hɛŋ$_2^{24-21}$p^{h}ɔu$_4^{21}$停步(常说)

kom tsêi, interdire, défendre. 禁止 kɔm$_3^{33}$ts^{h}ei$_3^{33}$(不说)//kim$_5^{55}$ts^{h}e^{21}(常说)

zóng tsêi, incessant, sans désemparer. 不止 zɑŋ$_5^{55}$ts^{h}e^{21}

kom tsêi, prohiber. 禁止 kɔm$_3^{33}$ts^{h}ei$_3^{33}$(不说)//kim$_5^{55}$ts^{h}e^{21}(常说)

kím tsêi, défendre, empêcher. 禁止 kim$_5^{55}$ts^{h}e^{21}

<^{*c} *čiə* 止

tsêi 指 ts^{h}ei$_3^{33}$

tsêi diêm, (fixer), désigner. 指点 ts^{h}ei$_3^{33}$ʔdem$_3^{33}$

<^{*c} *či̯i* 指

tsếi 枝 ts^{h}ei$_5^{55}$

hóa tsếi aù, un bouquet de fleurs, une fleur. 一枝花(花枝一) hua$_1^{35}$ ts^{h}ei$_5^{55}$ɔu$_4^{21}$

<* *či̯e* 枝

tsểi 迟 sɛi$_2^{24}$

tsểi kí bỏn, différer de quelques jours. 迟几天 sɛi$_2^{24}$ki$_5^{55}$ʔbɑn$_2^{24}$

<* *ḍi̯i* 迟

sếi 丝 sei$_1^{35}$　按:sei$_1^{35}$是棉线,tei$_1^{35}$是丝线。

bòn sếi, dévider du fil. 绕线 ʔbɑn$_1^{35-21}$sei$_1^{35}$绕线(飞丝)//ʔbɑn$_1^{35-21}$tei$_1^{35}$绕丝(飞丝)

<? * *siə* 絲

sêi $s\varepsilon i_2^{24}$

sểi sể, lentement (?). 迟迟 $s\varepsilon i_2^{24-21}s\varepsilon i_2^{24}$

tam sểi tsĩ, modérer le pas. 慢些走/走慢点(走迟些) $tam_3^{33}s\varepsilon i_2^{24}ts^hit_7^{55}$// $tam_3^{33}zai_3^{33}s\varepsilon i_2^{24}$走得慢

nêa zoi sểi, arriver en retard. 来得迟 $nia_3^{33}zai_3^{33}s\varepsilon i_2^{24}$

sểi kí bỏn, (sous peu) dans peu de jours. 迟几天 $s\varepsilon i_2^{24}ki_5^{55}ʔban_2^{24}$

tsao sểi, tôt ou tard. 迟早(早迟) $ts^hau_3^{33}s\varepsilon i_2^{24}$早迟(不说)//$k^huai_3^{33}s\varepsilon i_2^{24}$快迟(常说)

sáo sểi, enroué, éraillé, voix rauque. 声音嘶哑(声音哑) $sau_1^{35}s\varepsilon_2^{24}$(按:不是 $s\varepsilon i_2^{24}$。)//$sau_1^{35}ki\eta_1^{35}$声音洪亮(声音惊)

sểi tsĩ, un peu plus tard. 迟一些/晚一些 $s\varepsilon i_2^{24}ts^hit_7^{55}$

tì tiền chiang sểi, retarder la montre. 钟慢了(时辰钟迟) ti^{21} $tien^{21}$ $tsia\eta^{33}s\varepsilon i_2^{24}$

<* ḍi̯i 遲

zêi 卸 $z\varepsilon i_2^{24}$(移)

zêi hoa ũk zỏa, débarquer des marchandises, décharger un bateau. 卸货出船(移货出船) $z\varepsilon i_2^{24-21}hua_3^{33}uk_7^{55-33}zua_2^{24}$//$z\mathrm{ɔ}\eta_2^{24-21}hua_3^{33}$卸货(下货)

zềi 移 $z\varepsilon i_2^{24}$

zềi léng, déloger. 挪地方(移地方) $z\varepsilon i_2^{24-21}l\varepsilon\eta_1^{35}$

zềi zảu, déloger, déménager, évacuer une maison. 搬家(移家) $z\varepsilon i_2^{24-21}$ zan_2^{24} 按:*zảu* 是 *zản* 之误。

zểi sá kua, transplanter. 移植/移栽(移插过) $z\varepsilon i_2^{24}sa_1^{35}kua_3^{33}$

zềi hóa bới, transporter. 搬货(移货去) $z\varepsilon i_2^{24-21}hua_3^{33}ʔb\mathrm{ə}i_1^{35}$

<* i̯e 移

kêi 盖 kei_3^{33}

kêi kỗk mọ aù, un bouchon. 一个瓶盖 kei_3^{33} kok_7^{55} $m\mathrm{ɔ}ʔ_8^{21}$ $\mathrm{ɔ}u_4^{21}$//=kei_3^{33} $ʔda\eta_3^{33}m\mathrm{ɔ}ʔ_8^{21}\mathrm{ɔ}u_4^{21}$ 按:实际读为 $m\mathrm{ɔ}_4^{21-24}\mathrm{ɔ}u_4^{21}$。

dùm kêi=k'õp kêi, mettre le couvercle. 盖盖子 $ʔdum_1^{35-21}kei_3^{33}$(少说)//$k^h\mathrm{ɔ}m_3^{33}kei_3^{33}$(配套的盖子,盖得紧;常说)//$k^h\mathrm{ɔ}p_7^{55-33}kei_3^{33}$(随便拿东西遮盖;常说)//$ʔdum_1^{35-21}ʔd\mathrm{ɔ}u_2^{24}$关门//$ʔdum_1^{35-21}sek_7^{55}$合上书//=$h\mathrm{ɔ}p_8^{21}sek_7^{55}$

kêi mọ aù, un couvercle. 一个盖子 $kei_3^{33}m\mathrm{ɔ}ʔ_8^{21}\mathrm{ɔ}u_4^{21}$

<* kâi˒ 蓋

k'êi（enlever，soulever）. 起 $k^hei_3^{33}$

k'êi zảu，bâtir une maison，construire. 盖房子（起屋）$k^hei_3^{33}\ zan_2^{24}$//$nuak_8^{21}\ k^hei_3^{33}zok_8^{21}$鸟做窝（鸟起窝） 按：*zảu* 是 *zản* 之误。

<^{*c} *k'iə* 起

k'êi léger 轻 $k^hei_3^{33}$ 按：这个词目下是“气（汽）、开、轻、起”。

hào k'ếi，haleine. 叹气 $hau_2^{24-21}k^hei_3^{33}$

k'êi din，hors d'haleine. 气短 $k^hei_3^{33}\ ʔdɔn_3^{33}$

k'êi tẫk，odeur. 气色 $k^hei_3^{33}tek_7^{55}$

ní huồn k'ếi，agoniser. 垂死/奄奄一息（将断气）$ʔdi_5^{55}hun_4^{21-24}k^hei_3^{33}$

ũk k'ểi，s'exhaler. 呼气（出气）$uk_7^{55-33}k^hei_3^{33}$（不说）//$sian_3^{33}k^hei_3^{33}$（常说）

p'ăt k'ềi，se fâcher，se mettre en colère. 生气（发气）$p^hat_7^{55-33}k^hei_3^{33}$

k'êi tan，s'évaporer. 气消（气散）$k^hei_3^{33}tan_3^{33}$

k'êi nòm，vapeur. 蒸汽（汽水）$k^hei_3^{33}nɑm_4^{21}$

k'êi són，débarrasser le chemin. 清路（开路）$k^hei_1^{35-21}sɔn_1^{35}$

tản k'ếi，disperser. 散开 $tan_3^{33}k^hei_1^{35}$

hiển k'ềi k'ếi，le temps s'éclaircit. 天气晴朗（天开开）$hien_1^{35}\ k^hei_1^{35-21}$ $k^hei_1^{35}$天开开（少说）//$hien_1^{35}si\eta_1^{35}ʔba\eta_1^{35}$天晴光（常说）

k'êi kang，aborder une question. 开讲 $k^hei_1^{35}ka\eta_3^{33}$ 按：不变调。

k'êi hồng àu，accès de colère. 发怒（开肚一）$k^hei_3^{33}ho\eta_4^{21-24}ɔu_4^{21}$

k'ếi tóm，égayer. 开心 $k^hei_1^{35-21}tɔm_1^{35}$ 按：又见词目 *kéi*。

k'êi tóm，adoucir le chagrin. 减轻悲伤（轻心）$k^hei_3^{33}tɔm_1^{35}$轻心

k'êi ziệt，chaleur. 炎热/高温（气热）$k^hei_3^{33}zit_8^{21}$//$hien_1^{35}zit_8^{21}$天热

hông k'êi lảu p'oảng，aérer une chambre. 让房间通气（通气进房）$ho\eta_1^{35-21}k^hei_3^{33}lɔu_4^{21-24}p^hua\eta_2^{24}$

k'êi ní dộk，affres de l'agonie. 气快断了（气快掉落）$k^hei_3^{33}ʔdi_5^{55}ʔdok_7^{55}$//=$ʔdi_5^{55}ʔdok_7^{55-33}k^hei_3^{33}$（常说）

k'êi k'oăt，agrandir. 扩大（开阔）$k^hei_1^{35}k^huat_7^{55}$ 按：联合结构不变调。

kêẳm k'êi alléger. 减轻 $kiam_2^{24}k^hei_3^{33}$

zóng mưởn bọ k'êi，anémie. 无精打采/气血不足（没有血气）$zia\eta_2^{24-21}$ $ʔbɑn_2^{24}ʔbɑʔ_7^{55-33}k^hei_3^{33}$

hiến k'êi，air. 天气 $hien_1^{35-21}k^hei_3^{33}$

k'ếi lêẵt，se gercer. 开裂 $k^hei_1^{35}liat_7^{55}$ 按：裂有 $liet_8^{21}$/$liat_7^{55}$两读。开裂，

联合结构不变调。//＝k^{h}ei$_1^{35}$ ʔdɯt$_7^{55}$开裂//niŋ$_2^{24-21}$ ʔbak$_7^{55}$ ʔdɯt$_7^{55}$嘴唇裂/兔唇　按：主谓结构不变调。

liú zống k'êi, mépriser. 看不起(看人轻) liu$_1^{35-21}$zoŋ$_1^{35}$k^{h}ei$_3^{33}$看人轻//liu$_1^{35}$ zaŋ$_5^{55}$lɔu$_2^{24}$看不起

<* *k'i̯əi*' 氣

k'ểi ouvrir dérouler 开 k^{h}ei$_1^{35}$

sế k'ếi, analyser. 分开 se$_1^{35}$k^{h}ei$_1^{35}$　按：又见 *ê* 韵。

zóng sế zoi k'ểi, confondre. 分不开(不分得开) zaŋ$_5^{55}$ se$_1^{35}$ zai$_3^{33}$ k^{h}ei$_1^{35}$(少说)//＝zaŋ$_5^{55}$ se$_1^{35}$ zai$_3^{33}$ kɔn$_2^{24}$(常说)

k'êi zóng, creuser un puits. 挖井(开井) k^{h}ei$_1^{35-21}$ zaŋ$_1^{35}$

k'ềi k'oang, creuser une tombe. 挖坟墓(开圹) k^{h}ei$_1^{35-21}$k^{h}uaŋ$_3^{33}$

k'ềi zỏa, appareiller. 开船/启航(开船) k^{h}ei$_1^{35-21}$ zua$_2^{24}$开船//sɛŋ$_1^{35-21}$ zua$_2^{24}$撑船

k'êi kống, commencer le travail. 开工 k^{h}ei$_1^{35-21}$ koŋ$_1^{35}$

k'ềi ká, établir un prix. 开价 k^{h}ei$_1^{35-21}$ka$_3^{33}$

k'ếi dá, ouvrir les yeux. 睁眼(开眼) k^{h}ei$_1^{35-21}$ʔda$_1^{35}$//ʔdip$_7^{55-33}$ʔda$_1^{35}$闭眼

k'ếi dảu, ouvrir la porte. 开门 k^{h}ei$_1^{35-21}$ʔdɔu$_2^{24}$

k'ềi tóm, se désennuyer. 开心 k^{h}ei$_1^{35-21}$tɔm$_1^{35}$

k'ếi k'êi, (travailler) doucement. 慢慢/轻轻(轻轻) k^{h}ei$_5^{55}$k^{h}ei$_3^{33}$轻轻//k^{h}ei$_5^{55}$k^{h}ei$_3^{33}$huk$_7^{55}$轻轻做//siaŋ$_4^{21}$ siaŋ$_4^{21}$ huk$_7^{55}$慢慢做

k'êi bểi, s'enflammer. 点火(起火) k^{h}ei$_3^{33}$ ʔbɛi$_2^{24}$//k^{h}ei$_3^{33}$ ʔbɛi$_2^{24}$hoŋ$_2^{24-21}$ ŋai$_2^{24}$起火煮饭(干饭)

k'ếi bẵk, ouvrir la bouche. 张嘴(开口) k^{h}ei$_1^{35-21}$ʔbak$_7^{55}$//a$_3^{33}$ʔbak$_7^{55}$

＝T. *khay* ?　ไข(开/转动)<* *kəi*　開

k'ểi 旗 k^{h}ɛi$_2^{24}$　按：原文认为本字是"起"，误。

ting k'ểi bíng aù ＝*niệp k'ểi bíng aù*, arborer un chapeau. 升一面旗(升旗柄一) teŋ^{33}k^{h}ɛi$_2^{24}$ʔbiŋ$_5^{55}$ ɔu$_4^{21}$升一面旗(升旗柄一)　按：teŋ^{33}升≠tiŋ$_3^{33}$姓。nip$_7^{55-33}$k^{h}ɛi$_2^{24}$ʔbiŋ$_5^{55}$ ɔu$_4^{21}$插一面旗(插旗柄一)//＝sip$_7^{55-33}$k^{h}ɛi$_2^{24}$ʔbiŋ$_5^{55}$ ɔu$_4^{21}$

k'ếi k'ểi, déployer un drapeau. 展开旗(开旗) k^{h}ei$_1^{35-21}$k^{h}ɛi$_2^{24}$

<*ᶜ *k'iə*　起

ngềi deux 二 ŋɛi$_4^{21}$

ngầy　hau ngềi, deuxième. 第二(头二) hau$_3^{33}$ŋɛi$_4^{21}$

tọp ngềi, douze (dix deux). 十二 hɔp$_8^{21}$ŋɛi$_4^{21}$

ngảy ngiệt, deuxième mois. 二月 $ŋɛi_{4}^{21-24}ŋit_{8}^{21}$

ngểi tọp, vingt (deux dix). 二十 $ŋɛi_{4}^{21-24}tɔp_{8}^{21}$

hau ngầy bỏn, lendemain (deuxième jour). 第二天(头二) $hɑu_{3}^{33}$ $ŋɛi_{4}^{21-24}ʔbɑn_{2}^{24}$

<* *ñi̯i*ʾ 二

ngểi méfiant. 疑 $ŋei_{2}^{24}$

tóm ngểi, doute, soupçon (cœur méfiant). 疑心(心疑) $tɔm_{1}^{35}ei_{2}^{24}$心疑// $ŋei_{2}^{24-21}tɔm_{1}^{35}$疑心

dá tsun dá ngểi, hésiter (œil confiant, œil méfiant). 犹豫不决(半遵半疑) $ʔda_{3}^{33}ts^{h}un^{33}ʔda_{3}^{33}ŋei_{2}^{24}$//$p^{h}ɑn_{4}^{21}ts^{h}un^{33}p^{h}ɑn_{4}^{21}ŋei_{2}^{24}$

<* *ṅiə* 疑

ngểi 宜 $ŋei_{2}^{24}$

zóng họp ngểi, inconvenant. 不合适(不合宜) $zɑŋ_{5}^{55}hɔp_{8}^{21}ŋei_{2}^{24}$

<* *ṅi̯e* 宜

êi 椅 ei_{3}^{33}

êi tsiáng aù, une chaise. 一张椅子(椅张一) $ei_{3}^{33}ts^{h}iaŋ_{5}^{55}ɔu_{4}^{21}$

êi lõp, dossier d'une chaise. 躺椅(椅躺) 按:法语意思是“椅背”。ei_{3}^{33} $lɑp_{7}^{55}$躺椅//$ei_{3}^{33}nəŋ_{4}^{21}$靠椅//$nəŋ_{4}^{21-24}siaŋ_{2}^{24}$靠墙//$mɑʔ_{8}^{21}ts^{h}ap_{7}^{55}$马扎(可以躺)

<* *ʔi̯e* 椅

êi 意 ei_{3}^{33}

kẽ tsô êi, se raviser. 改变主意(改主意) $kɛʔ_{7}^{55-33}ts^{h}o_{3}^{33}ei_{3}^{33}$// $=kɑi^{21}tu^{21}i_{5}^{55}$ (海南话)//$ləŋ_{1}^{35-21}tɔm_{1}^{35}$

zóng mưởn êi, accidentel. 意外的/无意的(没有意) $zɑŋ_{5}^{55}mən_{2}^{24}ei_{3}^{33}$// $zɑŋ_{5}^{55}hoŋ_{3}^{33}koŋ_{1}^{35}$不是故意的(不送工)

tóm mọ aù èi mọ aù, d'un commun accord. 一心一意(心个一意个一) $tɔm_{1}^{35}mɔ_{4}^{21-24}ɔu_{4}^{21}ei_{3}^{33}mɔ_{4}^{21-24}ɔu_{4}^{21}$

mọ tóm mọ êi, d'un commun accord! unanime. 一心一意(个心个意) $mɔʔ_{8}^{21}tɔm_{1}^{35}mɔʔ_{8}^{21}ei_{3}^{33}$

tsung êi, agréable. 愉快/高兴(中意) $ts^{h}uŋ^{33}ei_{3}^{33}$// $=hɔp_{8}^{21}ei_{3}^{33}$(合意)

kùa ngố aù bứn mọ êi, ambiguïté. 模棱两可/一句话两个意思(话语一两个意) $kua_{4}^{21}ŋo_{5}^{55}ɔu_{4}^{21}ʔbun_{5}^{55}mɔʔ_{8}^{21}ei_{3}^{33}$

kùa êi, anxiété. 挂虑(挂意) $kua_{1}^{35-21}ei_{3}^{33}$

tóm êi, aspiration. 心意 tɔm$_{1}^{35-21}$ei$_{3}^{33}$

éi mo, idée. 想法(意想) ei$_{5}^{55}$mo$_{3}^{33}$意想　按：长流话没有口语说法。// mo$_{3}^{33}$p^{h}at$_{7}^{55}$想法

zóng họp êi, mécontent. 不满意(不合意) zɑŋ$_{5}^{55}$hɔp$_{8}^{21}$ei$_{3}^{33}$

họp êi, se complaire à. 满意(合意) hɔp$_{8}^{21}$ei$_{3}^{33}$

tsồ êi, décision. 主意　按：法文 décision 和 dessein 意思难区分。ts^{h}o$_{3}^{33}$ ei$_{3}^{33}$主意//=tu^{21}i$_{5}^{55}$主意(海南话)

kang ũk bưởn êi, déclarer sa volonté. 说出愿望/说出本意(讲出本意) kaŋ$_{3}^{33}$uk$_{7}^{55}$ʔbən^{21}ei$_{3}^{33}$

bướn mọ êi, double sens. 两个意思(两个意) ʔbun$_{5}^{55}$mɔʔ$_{8}^{21}$ei$_{3}^{33}$

dệk êi, exprès. 特意 ʔdek$_{8}^{33}$ei$_{3}^{33}$　按："特"萨维纳记音是 ʔdek$_{8}^{21}$,33 是海南话声调。//=hoŋ$_{3}^{33}$koŋ$_{1}^{35}$(送工)　按：hoŋ$_{3}^{33}$koŋ$_{1}^{35}$中性,可以是特意或故意。

tsồ êi, dessein. 主意 ts^{h}o$_{3}^{33}$ei$_{3}^{33}$

<* *ʔiiˀ* 意

hêi 戏 hei$_{3}^{33}$

bản hêi, comédien. 戏班(班戏) ʔban$_{1}^{35-21}$hei$_{3}^{33}$

hũk hêi, faire la comédie. 演戏(做戏) huk$_{7}^{55-33}$hei$_{3}^{33}$

liú hêi, regarder la comédie. 看戏 liu$_{1}^{35-21}$hei$_{3}^{33}$

bàn hếi bán aù, une troupe de comédiens. 一个戏班(班戏班一) ʔban$_{1}^{35-21}$hei$_{3}^{33}$ʔban$_{5}^{55}$ɔu$_{4}^{21}$

<* *χieˀ* 戲

hêi 喜

kông hêi, féliciter. 恭喜 kuŋ^{33}hei$_{3}^{33}$　按：法文 féliciter 和 complimenter 意思一样。

kung hêi, complimenter. 恭喜 kuŋ^{33}hei$_{3}^{33}$

<^{*c} *χiə* 喜

hềi terre 地 hɛi$_{4}^{21}$

na hềi, sol. 土地/地面(面地) na$_{3}^{33}$hei$_{3}^{33}$(不说)//ʔbak$_{7}^{55}$na$_{3}^{33}$mɑt$_{8}^{21}$地面(常说)//=ʔda$_{3}^{33}$mɑt$_{8}^{21}$地面

hềi ziang, terrain aride. 旱地(地干) hɛi$_{4}^{21}$ziaŋ$_{3}^{33}$(不说/说法不对)// mɑt$_{8}^{21}$ziaŋ$_{3}^{33}$旱地(常说)　按：hɛi$_{4}^{21}$指天地不指土地。

lêảng hềi, arpenter un terrain. 丈量土地(量地) liaŋ$_{2}^{24-21}$hɛi$_{4}^{21}$(不说)//

liaŋ$_{2}^{24-21}$mɑt$_{8}^{21}$(常说)//sik$_{7}^{55-33}$nia$_{2}^{24}$量田(尺田)//sik$_{7}^{55-33}$mɑt$_{8}^{21}$量地(尺地)

bõt hềi, gazon. 草地　按：这个词不颠倒。ʔbɑt$_{7}^{55-33}$hɛi$_{4}^{21}$(不说/说法不对)//nɑŋ$_{1}^{35-21}$ʔbɑt$_{7}^{55}$草地(皮草)//nɑŋ$_{1}^{35-21}$ʔbɑt$_{7}^{55}$ʔda$_{3}^{33}$p^{h}e$_{1}^{35}$草场(皮草中坡)

oẵt hềi, bêcher. 挖地　按：法语意思为"用铲翻地"。uat$_{7}^{55-33}$hɛi$_{4}^{21}$(不说/说法不对)//uat$_{7}^{55-33}$mɑt$_{8}^{21}$(常说)

kộ hềi, biner la terre. 锄地/挖地 koʔ$_{8}^{21}$hɛi$_{4}^{21}$(不说/说法不对)//koʔ$_{8}^{21}$mɑt$_{8}^{21}$(常说)//=ts^{h}ɑu$_{3}^{33}$mɑt$_{8}^{21}$

sóng dom hềi lễẵt, cataclysme. 山崩地裂(山倒地裂) sɑŋ$_{1}^{35}$ʔdɔm$_{3}^{33}$hɛi$_{4}^{21}$liat$_{7}^{55}$

hiến hềi, univers, ciel et terre. 天地/宇宙 hien$_{1}^{35-21}$hɛi$_{4}^{21}$

k'êi p'ế hềi, défricher un terrain inculte. 开荒地 k^{h}ei$_{1}^{35-21}$p^{h}e$_{1}^{35-21}$hɛi$_{4}^{21}$(不说)//k^{h}ei$_{1}^{35-21}$huaŋ^{33}mɑt$_{8}^{21}$(常说)

uẵt hềi, défoncer le terrain. 挖地 uat$_{7}^{55-33}$mɑt$_{8}^{21}$//=koʔ$_{8}^{21}$mɑt$_{8}^{21}$

hềi p'ểng, terrain plat. 平地(地平) hɛi$_{4}^{21}$p^{h}eŋ$_{2}^{24}$(不说)//mɑt$_{8}^{21}$p^{h}eŋ$_{2}^{24}$(常说)//p^{h}eŋ$_{2}^{24-21}$mɑt$_{8}^{21}$平整土地(平地)

<*ḍieˀ 地

hểi 故意 hɛi$_{2}^{24}$

hểi tsoáng, de propos délibéré. 假装(故意装) hɛi$_{2}^{24}$ts^{h}uaŋ$_{1}^{35}$//= kɛ$_{2}^{24}$ts^{h}uaŋ$_{1}^{35}$假装//kə$_{4}^{21}$hɛi$_{2}^{24}$ts^{h}uaŋ$_{1}^{35}$zɑŋ$_{5}^{55}$tɔk$_{7}^{55-33}$zia$_{3}^{33}$他假装不认识我(他假装不识我)//kə$_{4}^{21}$hoŋ$_{3}^{33}$koŋ$_{1}^{35}$ʔdɔk$_{7}^{55-33}$kok$_{7}^{55-33}$zia$_{3}^{33}$他故意踩我的脚(他送工踩脚我)//huk$_{7}^{55-33}$hɛi$_{3}^{33}$演戏//liu$_{1}^{35-21}$hɛi$_{3}^{33}$看戏

与台语-ay 和-i 的对应见以下词：

	临高	台语	壮语	石家	莫语	水语	侗语	黎萨	黎王
feu 火	*bểi*	*vay*	*vi>vey*	*vi*	*hvey*	*ʔwi*	*pwi*	*pêy fey*	*fey*
année 年	*bểi*	*pi*	*pi*	*pi*	*be*	*be*	(*nyi:n*)	(*məu*	*paw*)
ceci 这	*nềi*	*ni*	*ni>nei*	*ni*	*na:y*	*na:y*	*na:y*	*nêi*	*ne*
ivre 醉/迷	*mểi*	*mi*	*mi>vi*	(*maw*)	/	/	/	*mwi*	/
ouvrir 开	*k'êi*	*dhay*	*ha:y*	*hay*	*hay*	*hṅay*	*hay*	(*ṅa vi*	*və*)
torche 灯	*dêi*	*'tay*	*'tay*	(*ka ʔboṅ*)	/	/	/	/	/
couler 流	*lếi*	*hlay*	*hlay*	/	/	/	/	/	(*ma:w*)
escalier 梯	*lếi*	*ʔday*	*ʔlay*	*ray*	*'tye*	*'kle*,	*'kwe*	(*tha phə*	*phə*)
araire 犁	*lẻi*	*thay*	*čwai/ čai*	*thay*	*tywai/ tyha:y*	*coi*	*dhay*	/	/
papier 纸	*tsêi*	*'cie*	(*sa*^{1})	/	(*sa*)	/	*'tyi*, *'syi*	*sêa*	*c'i*

最后一例肯定是汉语借词，临高语中是粤语读法（la forme cantonnoise），而黎语中是与台语对应的早期读法。另有一个汉语借词的例子，黎语中的读法比临高语要早，那就是茶：黎语中是 de，与闽语中的 te 对应，而临高语中是 sa。

1. 构属（*Broussonetia*）："造纸的桑树，枝干粗壮。"

ƯI

bửi couper 割/切 ʔbui$_1^{35}$割

bửi dung, percer un furoncle. 刺穿脓疮（割疮） ʔbui$_1^{35-21}$ ʔduŋ$_3^{33}$疮

bửi mể, amputer d'un bras. 截肢（割手） ʔbui$_1^{35-21}$me$_2^{24}$

bửi bõt, couper, faucher de l'herbe. 割草 ʔbui$_1^{35-21}$ ʔbɑt$_7^{55}$

bửi ngào, moissonner 'le riz, le blé. 割稻 ʔbui$_1^{35-21}$ŋau$_4^{21}$

bửi nàn, couper de la viande. 割肉 ʔbui$_1^{35-21}$nan$_4^{21}$

bửi huồn, trancher. 割断 ʔbui$_1^{35}$hon$_4^{21}$

bứi don, écourter. 割短 ʔbui$_1^{35}$ʔdɔn$_3^{33}$

hau taù bửi, bonne récolte. 收获（头造割） hɑu$_3^{33}$ tɑu$_3^{33}$ ʔbui$_1^{35}$//ʔbui$_1^{35-21}$ hɑu$_3^{33}$tɑu$_3^{33}$割头造//=ʔbui$_1^{35-21}$ ta^{21} tɑu$_3^{33}$割早造（海南话）//ʔbui$_1^{35-21}$ am^{35} tɑu$_3^{33}$割晚造（海南话）

bửi ngao, faire la lécolte. 收获（割稻） ʔbui$_1^{35-21}$ŋau$_4^{21}$

没有关系词。

ƠI

bới (aller) 去 ʔbəi$_1^{35}$

zêa nêáng bới, *mo*, je vous l'abandonne, je vous le cède. 我让给你（我让去你） zia$_3^{33}$ niaŋ$_4^{21}$ ʔbəi$_1^{35}$ mɔ$_3^{33}$我让给你（给你）//zia$_3^{33}$ niaŋ$_4^{21-24}$ mɔ$_3^{33}$ 我让你（退让）//mɔ$_3^{33}$niaŋ$_4^{21}$ts^{h}it$_7^{55}$让一让

zỏa tam bới, naviguer. 出航/启航（船走去） zua$_2^{24}$tam$_3^{33}$ʔbəi$_1^{35}$船走去（不说）//zua$_2^{24}$sɛŋ$_1^{35}$ʔbəi$_1^{35}$船撑去（常说）//zua$_2^{24}$k^{h}ei$_1^{35}$ʔbəi$_1^{35}$开船去（船开去）

bới lướng, aller et venir. 来去（去回） ʔbəi$_1^{35}$ləŋ$_1^{35}$//≠ʔbəi$_1^{35-21}$ləŋ$_1^{35}$来往（去回）

bới zoi dóng, abordable. 去得了（去得到） ʔbəi$_1^{35}$ zɑi$_3^{33}$ ʔdɔŋ$_1^{35}$（zai$_3^{33}$ 也可以）

ũk bới, s'absenter. 出去 uk$_7^{55}$ʔbəi$_1^{35}$

zóng hau bới, s'abstenir d'y aller, n'y allez pas. 不去/不懂去（不懂去） zɑŋ$_5^{55}$hɔu$_4^{21-24}$ʔbəi$_1^{35}$ 按：hɔu$_4^{21}$是知道、懂。

zêa bới kua nêa, j'y suis déjà allée. 我去过了(我去过来) zia_3^{33} $ʔbəi_1^{35}$ $kua_3^{33}nia_3^{33}$

tam són bới, aller à pied. 走路去 $tam_3^{33}sɔn_1^{35}ʔbəi_1^{35}$

k'ời mọ bới, aller à cheval. 骑马去 $k^həi_4^{21-24}maʔ_8^{21}ʔbəi_1^{35}$ 按:"骑"在前字参与连读变调。//$k^həi_4^{21}ʔbəi_1^{35}$骑去//$siaŋ_4^{21}siaŋ_4^{21}k^həi_4^{21}$

bới nám, aller se promener. 去玩 $ʔbəi_1^{35}nam_1^{35}$

mo bới záu, où allez-vous? 你去哪儿(你去在) 按:这条有问题。$mɔ_3^{33}ʔbəi_1^{35-21}zɛ_5^{55}hɛ_1^{35}$//$mɔ_3^{33}ʔbəi_1^{35-21}zɛ_1^{35}$

hổng p'ưởi àu bới, aller ensemble. 一起去(同陪要去) $hoŋ_2^{24-21}p^həi_2^{24}$ $ou_1^{35-21}i_1^{35-21}$

bới lê, approcher. 走近(去近) $ʔbəi_1^{35}le_3^{33}$

bới ẩn, ici et là. 那里 $ʔbəi_5^{55}ən_1^{35}$

bới p'ẻang, là-bas. 那边(那旁) $ʔbəi_5^{55}p^hiaŋ_2^{24}$那边//$nɛ_1^{35-21}p^hiaŋ_2^{24}$这边

bới kói, aller au marché. 赶集(去街) $ʔbəi_1^{35-21}kai_1^{35}$//=$ʔbəi_1^{35-21}hou_1^{35}$赶集(去墟)

ha mể bới, mener par la main. 手拉手(拖手去) $ha_1^{35-21}me_2^{24}ʔbəi_1^{35}$

niếm bới, écarter, éloigner. 撵走/赶走(撵去) $nim_1^{35}ʔbəi_1^{35}$//=nem_1^{35} $ʔbəi_1^{35}$

niếm ũk bới, chasser, écarter, bat. 撵出去 $nim_1^{35}uk_7^{55}ʔbəi_1^{35}$

bạt háng bới, abjurer le paganisme. 离弃异教(弃鬼去) $ʔbat_8^{21}he_2^{24-21}$ $haŋ_1^{35}ʔbəi_1^{35}$//=$ʔbat_8^{21}hi_2^{24-21}haŋ_1^{35}ʔbəi_1^{35}$ 按:原文有误,*háng* 应该是 *hề-háng* 鬼,见 *háng* 条。

=T. *pǎy* =C.-D. ไป(去)

p'ới 回(量词)

hũk hau õt p'ới, un coup d'essai. 试一次(做头一回) $huk_7^{55-33}hau_3^{33}$ $ɔt_7^{55}p^həi_2^{24}$

mới 每 $məi_2^{24}$

mới bểi, annuel. 每年 $məi_2^{24}ʔbɛi_2^{24}$//$məi_2^{24}kɛu_2^{24}$//$məi_2^{24}ʔban_2^{24}$ 按:前字"每"不变调。

<*ᶜ*muəi* 每

mới 媒 məi$_2^{24}$

ziàng mới, entremetteur pour les mariages. 媒人（人媒）ziaŋ$_2^{24-21}$məi$_2^{24}$（常说）//=ziaŋ$_2^{24-21}$ʔbɑn$_2^{24-21}$məi$_2^{24}$//=ziaŋ$_2^{24-21}$ʔbɑn$_2^{24-21}$huk$_7^{55-33}$məi$_2^{24}$

<* *muəi* 媒

mới（num. *mười*）量词 枚 məi$_2^{24}$

hêáng mới aù, un bâtonnet d'encens. 一根香（香枚一）hiaŋ$_1^{35}$məi$_2^{24}$ɔu$_4^{21}$ 按：*hêáng* 是香烛。

soăn mới aù, une pique. 一把铲子（铲个一）suan$_3^{33}$ʔbai$_5^{55}$ɔu$_4^{21}$（王录尊）//sɑn$_2^{24}$mɔʔ$_8^{21}$ɔu$_4^{21}$（二李） 按：实际读为 mɔ$_4^{21-24}$ɔu$_4^{21}$。

k'êi sêau mới aù, tirer un coup de fusil. 开一枪（开枪枚一）k^{h}ei$_1^{35-21}$seu^{33} məi$_2^{24}$ɔu$_4^{21}$

kơi 几 kəi$_3^{33}$

zóng mưởn tương kơi, rien. 没有东西（没有什么）zɑŋ$_5^{55}$mən$_2^{24}$təŋ$_3^{33}$kəi$_3^{33}$

zóng haù ziàng kơi hũk, être dérouté. 不知怎样做（不知样几做）zɑŋ$_5^{55}$ hɔu$_4^{21}$ziaŋ$_4^{21-24}$kəi$_3^{33}$huk$_7^{55}$

kón tương kơi zóng mưởn bềi, dégoûté de la nourriture. 厌食/没胃口（吃什么没有味）kɔn$_1^{35-21}$təŋ$_3^{33}$kəi$_3^{33}$zɑŋ$_5^{55}$mən$_2^{24-21}$ʔbɛi$_4^{21}$

nói mo ziảng kơi bếau, comment vous appelez-vous? 你叫什么（名你样几叫）nɔi$_1^{35-21}$mɔ$_3^{33}$ziaŋ$_4^{21-24}$kəi$_3^{33}$ʔbeu$_1^{35}$

zóng mưở n tương kơi kón, rien à manger. 没有吃的（没有什么吃）zɑŋ$_5^{55}$mən$_2^{24}$təŋ$_3^{33}$kəi$_3^{33}$kɔn$_1^{35}$

ứng kơi hũk, faire de cette manière. 这样做 əŋ$_5^{55}$kəi$_3^{33}$huk$_7^{55}$//tə$_4^{21}$əŋ$_5^{55}$kəi$_3^{33}$ 是这样的

zóng luồn zêàng kơi, de toute façon. 无论如何（不论怎样）zɑŋ$_5^{55}$lin$_4^{21-24}$ ziaŋ$_4^{21-24}$kəi$_3^{33}$ 按：今音“论”不说 lun$_4^{21}$。

bỏn nềi sế kơi, quel jour est-on. 今天初几 ʔbɑn$_2^{24-21}$nɛi$_4^{21}$se$_1^{35-21}$kəi$_3^{33}$

mo hũk tâng kơi, que faites-vousl? 你做什么 mɔ$_3^{33}$huk$_7^{55-33}$təŋ$_3^{33}$kəi$_3^{33}$

<*ᶜ *ki̯əi* 幾

k'ờ 骑 k^{h}əi^{21}

k'ời mọ, aller, monter à cheval. 骑马 k^{h}əi$_4^{21-24}$mɑʔ$_8^{21}$ 按：“骑”按本族词第 4 调变调。//k^{h}əi$_4^{21}$ʔbəi$_1^{35}$骑去//siaŋ$_4^{21}$siaŋ$_4^{21}$k^{h}əi$_4^{21}$慢慢骑

ziàng-bỏn k'ời mọ, cavalier. 骑马人(人骑马) ziaŋ$_{2}^{24-21}$ ʔbɑn$_{2}^{24-21}$ k^{h}əi$_{4}^{21-24}$ mɑʔ$_{8}^{21}$

<T. *khi'*, -C.-D. *gwyˀ* ขี่ (骑) **ˁgie* 騎

ởi 推　əi$_{2}^{24}$推(挨,海南话)　按:原书认为本字是“为”,误。

sí ởi, essayer, tenter. 试推(试挨)　按:法语解释是尝试、试验。si$_{5}^{55}$ əi$_{2}^{24}$//əi$_{2}^{24}$zoŋ$_{1}^{35}$推人(挨人)

<**wieˀ* 為

两条对应的词,一条确定,另一条反映的是中古汉语借词:

	临高	台语	壮语	石家	莫语	水语	侗语	黎萨	黎王
aller 去	*bới*	*pay*	*pay*	*pay*	*pa:y*	*pa:y*	*pa:y*	*hêy*	*fey*
chevaucher 骑	*kời*	*hi'*	*gwy'*	*khoy*	**ze'*	**dyi'*	/	(*nuom*	*tu:m*)

ƯƠI

p'ưới gras 肥 p^{h}əi$_{2}^{24}$

tẻng zoi p'ưởi, engraisser. 长得肥(生得肥) teŋ$_{1}^{35}$zai$_{3}^{33}$p^{h}əi$_{2}^{24}$

mọt p'ưới, terrain fécond. 土地肥(土肥) mɑt$_{8}^{21}$p^{h}əi$_{2}^{24}$

nêả p'ưới, rizière fertile. 肥水田(水田肥) nia$_{2}^{24}$p^{h}əi$_{2}^{24}$

<**bi̯əi* 肥

p'ười restituer 赔 p^{h}əi$_{2}^{24}$

p'ưởi lứng=p'ưới p'ề, dédommager. 赔回 p^{h}əi$_{2}^{24}$ləŋ$_{1}^{35}$=赔还 p^{h}əi$_{2}^{24}$p^{h}e$_{4}^{21}$

p'ứơi p'ề, rembourser. 赔还 p^{h}əi$_{2}^{24}$p^{h}e$_{4}^{21}$

p'ười têang, compenser. 赔偿 p^{h}əi$_{2}^{24-21}$tiaŋ^{21}　按:*têang* 是海南话“偿”。

<**buəi* 赔

(*p'ười*, *p'ưởi*, aussi). 回　按:法语解释是“又”,不对。

p'ưới aù, simultané. 一回　按:法语解释是“同时”,不对。p^{h}əi$_{2}^{24}$ɔu$_{4}^{21}$

hói lêào p'ười, souvent. 太多下(太多回) hɑi$_{5}^{55}$liau$_{4}^{21}$p^{h}əi$_{2}^{24}$太多回/太多下　按:p^{h}əi$_{2}^{24}$有“(几)下”的意思。//=hɑi$_{5}^{55}$ liau$_{4}^{21}$ siu$_{2}^{24}$太多次//siu$_{2}^{24}$ ɔu$_{4}^{21}$ mɔ$_{3}^{33}$kit$_{7}^{55-33}$zia$_{3}^{33}$hɑi$_{5}^{55}$liau$_{4}^{21}$ siu$_{2}^{24}$他一次打了我太多下//hɑi$_{5}^{55}$ liau$_{4}^{21}$ sɔn$_{1}^{35}$很多趟(太多亲)//hɑi$_{5}^{55}$ liau$_{4}^{21}$ sɔn$_{4}^{21}$很多阵(太多阵)//hɑi$_{5}^{55}$ liau$_{4}^{21}$ lun$_{2}^{24}$很多轮(太多轮)//ʔbəi$_{5}^{55}$lun$_{2}^{24}$那次(去轮)

sí p'ưởi, tenter, essayer. 试一下(试回一)　按:应该是 *sí p'ưởi aù* 试

一回。$si_5^{55}p^hə i_2^{24}ɔu_4^{21}$

p'ưòi bưòn, vendre au prix d'achat. 赔本 $p^hə i_2^{24-21}$ $ʔbun_3^{33}$//= $p^hai_4^{21-24}$ $ʔbun_3^{33}$坏本(败本)

dẫk p'ưòi nêa dẫk p'ươi zóng nêa, tantôt il vient, tantôt il nevient pas. 有时来有时不来(得回来得回不来) $ʔdək_7^{55-33}$ $p^hə i_2^{24}$ nia_3^{33} $ʔdək_7^{55-33}$ $p^hə i_2^{24}$ $zaŋ_5^{55}nia_3^{33}$

mưói (num.) 量词　枚 $mə i_2^{24}$/mui_2^{24}

tsúi mưói aù, alêne. 一把锥子(锥枚一) $ts^hui_1^{35}mui_2^{24}ɔu_4^{21}$

tin mưởn aù, hameçon. 一个钓鱼钩(鱼钩枚一) tin_3^{33} mui_2^{24} $ɔu_4^{21}$　按:*mưởn* 是 *mưói* 之误。

sế mưói aù, une râpe. 一把锉　按:法语意思为"刨丝器"。se_3^{33} mui_2^{24} $ɔu_4^{21}$//=$se_3^{33}ʔbai_5^{55}ɔu_4^{21}$

kim mưói aù, un sabre. 一把剑(剑枚一)　按:应该是 *kiam*, *kim* 是粤语读法。$kiam_5^{55}mui_2^{24}ɔu_4^{21}$($kiam_5^{55}$"剑俭"同音)

k'iểm mưói aù, une paire de tenailles. 一把钳子(钳枚一) $k^him_2^{24}$ $mui_2^{24}ɔu_4^{21}$

mưởi levain pour le pain. 酵母(酶) $mə i_2^{24}$("酶霉"同音)//$k^hei_3^{33}$ $mə i_2^{24}$起酶(把酒病放进米饭中发酵)//$p^hat_7^{55-33}mə i_2^{24}$发霉

k'ưòi 骑 $k^hə i^{21}$

k'ưòi mọ, enfourcher un cheval. 骑马 $k^hə i_4^{21-24}maʔ_8^{21}$　按:"骑"读如海南话阳平,与本族词第 4 调同,并随第 4 调发生连读变调。

< * *gie*　騎

k'ưói 期 $k^hə i_5^{55}$

k'ưói aù, un instant. 一会儿(一期) $k^hə i_5^{55}ɔu_4^{21}$//$k^hək_7^{55}ɔu_4^{21}$

don són k'ưói aù, attendre un instant, un momen 等一会儿(等路期一) $ʔdɔŋ_3^{33}sɔn_1^{35}k^hə i_5^{55}ɔu_4^{21}$//=$ʔdɔŋ_3^{33}sɔn_1^{35}k^hək_7^{55}ɔu_4^{21}$(等路刻一)

< * *giə*　期

没有合适的对应词,"骑马"的例子已见于上一个韵。

AI

Bái (num.) 把(量词) ʔbai$^{55}_{5}$

sieng bái aù, balance romaine. 一把秤(秤把一) səŋ$^{33}_{3}$ ʔbai$^{55}_{5}$ ɔu$^{21}_{4}$

lểi bái aù, une charrue. 一把犁(犁把一) lei$^{24}_{2}$ ʔbai$^{55}_{5}$ ɔu$^{21}_{4}$

lềi laủ bái aù, une échelle. 一把楼梯(楼梯把一) lei$^{35-21}_{1}$ lɔu$^{24}_{2}$ ʔbai$^{55}_{5}$ ɔu$^{21}_{4}$

k'iểm bái aù, une pince. 一把钳子(钳把一) k^{h}im$^{24}_{2}$ ʔbai$^{55}_{5}$ ɔu$^{21}_{4}$

<H. *bẽ* **pa'* 把

p'ai 棉 p^{h}ai$^{33}_{3}$

miền p'ai, coton, ouate. 棉(棉棉) min$^{24-21}_{2}$ p^{h}ai$^{33}_{3}$

=T. *va.i*, C.-D. ฝ้าย(棉/棉花)

p'ải 牌 p^{h}ai$^{24}_{2}$ p^{h}ai$^{24-21}_{2}$kuŋ$^{35}_{1}$祖宗牌位(牌公)

ngỏn p'ải, médaille d'argent. 银牌 ŋɔn$^{24-21}_{2}$ p^{h}ai$^{24}_{2}$银牌(祖宗的银质牌位)//ŋin$^{24}_{2}$p^{h}ai$^{24}_{2}$银牌(运动员的奖牌)//kim^{33}p^{h}ai$^{24}_{2}$金牌(运动员的奖牌)

tsêi p'ải, carte à jouer. 纸牌 ts^{h}ei$^{33}_{3}$ p^{h}ai$^{24}_{2}$//kit$^{55-33}_{7}$ p^{h}u$^{33}_{3}$ 打牌(击扑)//nam$^{35-21}_{1}$p^{h}u$^{33}_{3}$玩牌(玩扑)

téng p'ải, médaille. 奖牌(胜牌) teŋ$^{55}_{5}$p^{h}ai$^{24}_{2}$//ts^{h}iaŋ$^{55}_{5}$ʔbɑi$^{21}_{4}$(海南话)

<* *bae* 牌

p'ài 摆/排

p'ài táng, mettre le couvert. 摆桌子(排桌子) p^{h}ai$^{24-21}_{2}$ taŋ$^{24}_{2}$//p^{h}ai$^{24-21}_{2}$ hua$^{33}_{3}$摆货(排货)

p'ài ũk ing, exhiber pour la vente. 摆出卖 p^{h}ai$^{24}_{2}$uk$^{55}_{7}$iŋ$^{33}_{3}$

p'ài k'éi, exposer. 摆开 p^{h}ai$^{24}_{2}$k^{h}ei$^{35}_{1}$

<*ᶜ*pae* 擺

p'ải 排 p^{h}ai$^{24}_{2}$

on p'ải, agencer. 安排 ɔn^{33}p^{h}ai$^{24}_{2}$//=an^{33}ʔbɑi^{21}

p'ải di dủi di dủi =*p'ải dủi aù dủi aù*, aligner. 排成一对一对(排一对一对) 按:其中一个 *dủi* 是 *zủi* 之误。p^{h}ai$^{24}_{2}$ ʔdi$^{55}_{5}$ ʔdoi$^{33}_{3}$ ʔdi$^{55}_{5}$ ʔdoi$^{33}_{3}$ 一对一对//p^{h}ai$^{24}_{2}$ʔdi$^{55}_{5}$ʔdəi$^{55}_{5}$ ʔdi$^{55}_{5}$ ʔdəi$^{55}_{5}$ 一队一队//p^{h}ai$^{24}_{2}$ ʔdi$^{55}_{5}$ zoi$^{24}_{2}$ ʔdi$^{55}_{5}$ zoi$^{24}_{2}$ 一行一行//=p^{h}ai$^{24}_{2}$ʔdi$^{55}_{5}$huaŋ$^{24}_{2}$ʔdi$^{55}_{5}$huaŋ$^{24}_{2}$ 按:zoi$^{24}_{2}$二李读作 zui$^{24}_{2}$。

p'ải lê kỏn, juxtaposer. 并列(排近互相) p^{h}ai$^{24}_{2}$le$^{33}_{3}$kɔn$^{24}_{2}$靠近排//p^{h}ai$^{24}_{2}$

sɛŋ$_4^{21-24}$kɔn$_2^{24}$ 排一样//sɛŋ$_4^{21-24}$ kɔn$_2^{24}$ 一样//haŋ$_1^{35}$ sɛŋ$_4^{21-24}$ kɔn$_2^{24}$ 一样高//zɑŋ$_5^{55}$ sɛŋ$_4^{21-24}$kə$_4^{21}$比不上他

p'ải meng, mettre en ordre. 排好 p^{h}ai$_2^{24}$mɛŋ$_3^{33}$

p'ải k'êi bướn zổi, placer sur deux rangs. 排成两行(排开两行) p^{h}ai$_2^{24}$ k^{h}ei$_3^{33}$ʔbun$_5^{55}$zɔi$_2^{24}$排开两行// =p^{h}ai$_2^{24}$tiŋ$_2^{24-21}$ ʔbun$_5^{55}$zɔi$_2^{24}$排成两行

p'ải tìng zôi =p'ải tìng hoảng, mettre par rangées. 排成行 p^{h}ai$_2^{24}$tiŋ$_2^{24-21}$ zɔi$_2^{24}$排成行(横)= p^{h}ai$_2^{24}$tiŋ$_2^{24-21}$huaŋ$_2^{24}$

* *baəi* 排

p'ải taré, corrompre, déception, vicier 坏(败) p^{h}ai$_4^{21}$ 按:来自海南话,但“败”读送气了。

p'ai sổ, ravager. 破坏大/亏大了(败大) p^{h}ai$_4^{21}$so$_1^{35}$

hũk p'ài, abîmer. 弄坏(做败) huk$_7^{55}$p^{h}ai$_4^{21}$

zóng p'ài zoi, incorruptible. 坏不掉(不败得) zɑŋ$_5^{55}$p^{h}ai$_4^{21}$zai$_3^{33}$

kang p'ài zông, calomnier. 说别人坏话(讲败别人) kaŋ$_3^{33}$p^{h}ai$_4^{21}$zoŋ$_1^{35}$

bêắn p'ài, dégénérer. 变坏(变败) ʔbian$_5^{55}$p^{h}ai$_4^{21}$

p'ài nói zông, ternir la réputation. 败坏别人名声(败名别人) p^{h}ai$_4^{21-24}$ nɔi$_1^{35-21}$zoŋ$_1^{35}$

tsiăm tsiăm p'ài, dépérir. 渐渐坏(渐渐败) ts^{h}iam$_3^{33}$ts^{h}iam$_3^{33}$p^{h}ai$_4^{21}$

hũk p'ài, détériorer. 毁坏/弄坏(做败) huk$_7^{55}$p^{h}ai$_4^{21}$

dểi p'ải, putréfié. 腐烂(烂败) ʔdɛi$_2^{24}$p^{h}ai$_4^{21}$

ziàng bỏn p'ài lêàng tóm, dépravé. 良心坏的人(人败良心) ziaŋ$_2^{24-21}$ ʔbɑn$_2^{24-21}$p^{h}ai$_4^{21-24}$ liaŋ$_2^{24-21}$ tɔm$_1^{35}$(少说)//ziaŋ$_2^{24-21}$ ʔbɑn$_2^{24-21}$ p^{h}ai$_4^{21-24}$ ʔbun$_3^{33}$ tɔm$_1^{35}$(常说)

káo p'ài tóm ziàng bỏn, dépraver quelqu'un. 人心早坏(早败心人) kɑu$_5^{55}$ p^{h}ai$_4^{21-24}$tɔm$_1^{35}$ziaŋ$_2^{24-21}$ʔbɑn$_2^{24}$

<* *b^{w}ai*ʾ 败

mái (femelle) 雌/母 mai$_4^{21}$

mái mọ, jument. 母马 mai$_4^{21-24}$mɑʔ$_8^{21}$

mải tsoạk, biche. 母鹿 mai$_4^{21-24}$ts^{h}uak$_8^{21}$

mải toảng, brebis. 母羊/母山羊 按:法语解释为“母绵羊”,不确。mai$_4^{21-24}$tuaŋ$_2^{24}$//mai$_4^{21-24}$mɛʔ$_7^{55}$

mài toảng, chèvre. 母羊/母山羊 mai$_4^{21-24}$tuaŋ$_2^{24}$

mải ngảu, vache. 母牛/母黄牛 mai$_4^{21-24}$ŋɔu$_2^{24}$

mải loàng, vagues de la mer. 海浪/大浪(母浪) 按:这是表示"大"的前缀。mai$_4^{21-24}$luaŋ$_4^{21}$

mải mâú, truie. 母猪 mai$_4^{21-24}$mou$_1^{35}$

mươn mải niến, marié. 有老婆(有母姩) mən$_2^{24-21}$mai$_4^{21-24}$nin$_1^{35}$有母姩(丈夫说)mən$_2^{24-21}$suan$_1^{35-21}$p^{h}oʔ$_8^{21}$有新妇(家婆说)

dềi mải niến, *se* marier (homme). 找老婆(找母姩) ʔdei$_1^{35-21}$ mai$_4^{21-24}$ nin$_1^{35}$

mải són, mère. 母亲 mai$_4^{21-24}$sɔn$_1^{35}$(不说)//mai$_4^{21}$(常说)//mai$_4^{21-24}$zia$_3^{33}$我妈

Hiến Tsồ Tếng Mải, la mère de Dieu. 天主圣母 hien$_1^{35-21}$ts^{h}o$_3^{33}$teŋ$_5^{55}$mai$_4^{21}$

mải nõ, nourrice. 奶妈(母奶) mai$_4^{21-24}$noʔ$_7^{55}$

mài 母 mai$_4^{21}$

tứ mài, alphabet. 字母 tɯ$_1^{35}$mai$_4^{21}$

nẻ mài, belle-mère. 婆婆/岳母/继母/后母 nɛ$_2^{24}$mai$_4^{21}$(不说) 按:nɛ$_2^{24}$是祖母。p^{h}e$_2^{24-21}$nia$_4^{21}$岳母//=mai$_4^{21-24}$nia$_4^{21}$

mài níu, chatte. 母猫 mai$_4^{21-24}$miu$_1^{35}$

mài tỏang, chèvre. 母羊/母山羊 mai$_4^{21-24}$tuaŋ$_2^{24}$

mài má, chienne. 母狗 mai$_4^{21-24}$ma$_1^{35}$

mưởn kúng mưởn mài, il y a mâle et femelle. 有公有母 mən$_2^{24-21}$kuŋ$_1^{35}$ mən$_2^{24-21}$mai$_4^{21}$//=mən$_2^{24-21}$hɔk$_8^{21}$mən$_2^{24-21}$mai$_4^{21}$

> =T. *me*, *mie'* แม่, เมี่ย(母)

mải (petit animal) 小动物 mai$_4^{21}$(表示小动物的前缀)

mải zệ haủ aù, un rat. 一只老鼠(老鼠只一) mai$_4^{21-24}$zi$_4^{21}$hɔu$_2^{24}$ɔu$_4^{21}$

mái zệ tụ don, campagnol. 田鼠/短尾老鼠(老鼠尾短) mai$_4^{21-24}$ zi$_4^{21}$ tuʔ$_7^{55}$ʔdɔn$_3^{33}$

mái zệ laù, chauve-souris. 蝙蝠(老老鼠<老鼠老) mai$_4^{21-24}$zi$_4^{21}$lau$_4^{21}$

mải bíng, sangsue. 水蚂蟥(水蛭) mai$_4^{21-24}$ʔbiŋ$_1^{35}$水蚂蟥(母滨)//mai$_4^{21-24}$ ʔdak$_7^{55}$山蚂蟥(母晒)

mải ãk hảu aù, limace. 一只蜗牛(蜗牛只一)　按：法语解释是“鼻涕虫”。mai$_4^{21-24}$ak$_7^{55}$hɔu$_2^{24}$ɔu$_4^{21}$//nuak$_7^{55-33}$ak$_8^{33}$乌鸦(乌鸦)

mái mọ, fourmi. 蚂蚁 mai$_4^{21-24}$muʔ$_8^{21}$

mái ãk, escargot. 蜗牛 mai$_4^{21-24}$ak$_7^{55}$

mài kõt, pou de tête. 头虱 mai$_4^{21-24}$kɑt$_7^{55}$

mài diển, pou d’habit. 衣虱 mai$_4^{21-24}$ʔdien$_2^{24}$

=Li (S.) *mềi*

mải mai$_4^{21}$(表示“大”的前缀)

mải sêảng, mur en pisé. 土墙 mai$_4^{21-24}$siaŋ$_2^{24}$

mải

p’ũ’ nòm mái, expectorer. 吐唾沫 p^{h}uʔ$_7^{55-33}$nɑm$_4^{21-24}$mai$_2^{24}$//ʔdɛŋ$_4^{21-24}$zɯn$_1^{35}$流口水(嘴馋)//zɯn$_1^{35}$ʔdɛŋ$_4^{21}$口水流//lei$_1^{35-21}$zɯn$_1^{35}$流口水(婴幼儿)

nòm mải, salive. 唾沫 nɑm$_4^{21-24}$mai$_2^{24}$

=T. *mlâ: i* > *ma: i* =C.-D.　**น้ำลาย**(口水)

mải 好 mai$_2^{24}$

mể mải p’êảng, côté droit. 右边(右手旁) me$_2^{24-21}$mai$_2^{24-21}$p^{h}iaŋ$_2^{24}$右边　按：p^{h}iaŋ$_2^{24}$也说成 p^{h}iaŋ$_4^{21}$。//≠me$_2^{24-21}$mɛŋ$_3^{33}$好手//me$_2^{24-21}$ʔdɑk$_7^{55}$p^{h}iaŋ$_2^{24}$左边//=me$_2^{24-21}$ʔdɑk$_7^{55}$

hop dáu mải, l’endroit d’une étoffe. 布的正面/布面子(布倒好) hɑp$_8^{21}$ʔdɑu$_5^{55}$mai$_2^{24}$

mải lềao, grande quantité. 大量/许多(好多) mai$_2^{24}$liau$_4^{21}$好多(不说)//hɑi$_5^{55}$liau$_4^{21}$太多(常说)

mải bien 好 mai$_2^{24}$

mềng mải, bonne fortune. 命好 meŋ$_4^{21}$mai$_2^{24}$=meŋ$_4^{21}$mɛŋ$_3^{33}$命好(用法有别)//meŋ$_4^{21-24}$mai$_2^{24}$=meŋ$_4^{21-24}$mɛŋ$_3^{33}$好命

zìang bỏn mưởn p’ìng zóng mải, le malade n’est pas encore rétabli. 病没有养好的人(人有病不好) ziaŋ$_2^{24-21}$ʔban$_2^{24-21}$mən$_2^{24-21}$p^{h}iŋ$_4^{21}$zɑŋ$_5^{55}$mai$_2^{24}$//=ziaŋ$_2^{24-21}$ʔban$_2^{24-21}$mən$_2^{24-21}$p^{h}iŋ$_4^{21}$zɑŋ$_5^{55}$mɛŋ$_3^{33}$

tsìng tỏn mải, vigoureux. 精神好 ts^{h}iŋ$_1^{35-21}$tɔn$_2^{24}$mai$_2^{24}$(少说)//ts^{h}iŋ$_1^{35-21}$

tɔn$_2^{24}$mɛŋ$_3^{33}$(常说)

mể mải, main droite. 右(右手) me$_2^{24-21}$mai$_2^{24}$右手//≠me$_2^{24-21}$mɛŋ$_3^{33}$好手

zóng zếa zoi mải, abandonné par les médecins. 治不好/无药可救(不医得好) zɑŋ$_5^{55}$zia$_1^{35}$zai$_3^{33}$mai$_2^{24}$

tam mải = *hũk mải*, faire le bien. 走好 tam$_3^{33}$mai$_2^{24}$(不说)//tam$_3^{33}$mɛŋ$_3^{33}$(常说);做好 huk$_7^{55}$mai$_2^{24}$(不说)//thuk$_7^{55}$mɛŋ$_3^{33}$(常说)

ziàng bỏn mải, homme de bien. 好人/善人(人好) ziaŋ$_2^{24-21}$ʔbɑn$_2^{24-21}$mai$_2^{24}$

mải tsón, exquis. 真好(好真) mai$_2^{24-21}$ts^{h}ɔn$_1^{35}$真好//mai$_4^{21-24}$ts^{h}ɔn$_1^{35}$真妈/亲妈//mai$_4^{21-24}$hɑu$_3^{33}$ŋɛi$_4^{21}$后妈(妈首二)

nèn dống mải, année d'abondance. 好年成/丰收年(年冬好) nen$_2^{24-21}$ʔdoŋ$_1^{35}$mai$_2^{24}$丰收年//nen$_2^{24-21}$ʔdoŋ$_1^{35}$meu$_4^{21}$欠收年//huk$_7^{55-33}$meu$_4^{21}$使坏 按:meu$_4^{21}$音同"庙"。

hiểm kỏn mải, être d'accord. 和睦(添相好) hem$_1^{35}$kɔn$_2^{24}$mai$_2^{24}$双方好/和好/和睦//hem$_1^{35-21}$kɔn$_2^{24}$mai$_2^{24}$大家都好

kống mải, bonne action. 工干得好/活儿好(工好) koŋ$_1^{35}$mai$_2^{24}$(不说)//koŋ$_1^{35}$mɛŋ$_3^{33}$(常说)

kang kùa mải, amadouer. 哄骗/讲好话(讲好话<讲话好) kaŋ$_3^{33}$kua$_4^{21-24}$mai$_2^{24}$讲好话(说善意话/吉利话)//kaŋ$_3^{33}$kua$_4^{21-24}$mɛŋ$_3^{33}$讲好话(说漂亮话)//kaŋ$_3^{33}$kua$_4^{21}$mɛŋ$_3^{33}$讲好话(说话漂亮)

kòi bêǎn mải = *hũk bêǎn mải*, améliorer. 改善(改变好) kɑi^{21}ʔbian$_5^{55}$mai$_2^{24}$//=kɑi^{21}ʔbian$_5^{55}$mɛŋ$_3^{33}$;做变好 huk$_7^{55}$ʔbian$_5^{55}$mai$_2^{24}$(指人)//=huk$_7^{55}$ʔbian$_5^{55}$mɛŋ$_3^{33}$(指事)

zồng mao mải, figure avenante. 容貌好 zoŋ$_2^{24-21}$mɑu$_3^{33}$mai$_2^{24}$(不说)//zoŋ$_2^{24-21}$mɑu$_3^{33}$mɛŋ$_3^{33}$(常说)//na$_3^{33}$ʔda$_1^{35}$mɛŋ$_3^{33}$(口语常说)

mèng zóng mải, malheureux. 命不好 meŋ$_4^{21}$zɑŋ$_5^{55}$mai$_2^{24}$//meŋ$_4^{21}$mai$_2^{24}$//=meŋ$_4^{21}$mɛŋ$_3^{33}$

kang zống zóng mải, décrier les gens. 贬低别人(讲别人不好) kaŋ$_3^{33}$zoŋ$_1^{35}$zɑŋ$_5^{55}$mai$_2^{24}$//=kaŋ$_3^{33}$zoŋ$_1^{35}$zɑŋ$_5^{55}$hɑu$_3^{33}$

mo mải zóng mải, Comment allez-vous (vous bien, pas bien). 你好吗(你好不好) mɔ$_3^{33}$mai$_2^{24}$zɑŋ$_5^{55}$mai$_2^{24}$(不说) 按:意思是"你善良不?"//mɔ$_3^{33}$

mɛŋ$_3^{33}$zɑŋ$_5^{55}$mɛŋ$_3^{33}$(常说)

p'ing tsiăm tsiăm mái, convalescence. 病渐渐好 p^{h}iŋ$_4^{21}$ts^{h}iam$_3^{33}$ts^{h}iam$_3^{33}$mai$_2^{24}$//=p^{h}iŋ$_4^{21}$ts^{h}iam$_3^{33}$ts^{h}iam$_3^{33}$mɛŋ$_3^{33}$

da lêi ziàng-bỏn zoi mải, disposé. 安置妥当(打理人得好) ʔda$_3^{33}$lei$_3^{33}$ziaŋ$_2^{24-21}$ʔbɑn$_2^{24}$zai$_3^{33}$mai$_2^{24}$(不说)//ʔda$_3^{33}$lei$_3^{33}$ziaŋ$_2^{24-21}$ʔbɑn$_2^{24}$zai$_3^{33}$mɛŋ$_3^{33}$(常说)

dái décéder, périr, mourir. 死 ʔdai$_1^{35}$

hồng zõk dái, mourir de faim. 饿死(胴饿死) hoŋ$_4^{21}$zɑk$_7^{55}$ʔdai$_1^{35}$很饿(胴饿死)//=hoŋ$_4^{21}$zɑk$_7^{55}$ʔdi$_5^{55}$ʔdai$_1^{35}$//hoŋ$_4^{21}$zɑk$_7^{55}$hɛŋ$_5^{55}$ʔdai$_1^{35}$饿死(胴饿停死)//hoŋ$_4^{21}$zɑk$_7^{55}$ʔdɔŋ$_5^{55}$ʔdai$_1^{35}$饿死(胴饿到死)

ní dái, agoniser. 临死/将死 ʔdi$_5^{55}$ʔdai$_1^{35}$

dái dà lếi, après la mort. 死后 ʔdai$_1^{35}$ʔda$_1^{35-21}$lei$_2^{24}$后死//ʔdai$_1^{35}$k^{h}ai$_3^{33}$na$_3^{33}$先死//ʔdai$_1^{35}$ɑu$_3^{33}$死后

kỏi dái=koi dái, digne de mort. 该死 kɑi^{33}ʔdai$_1^{35}$

ziàng bỏn dái, un mort. 死人(人死) ziaŋ$_2^{24-21}$ʔbɑn$_2^{24-21}$ʔdai$_1^{35}$死人(人死)//≠ziaŋ$_2^{24-21}$ʔbɑn$_2^{24}$ʔdai$_1^{35}$人死(人死)

kĩt zống dái, mourir de vieillesse. 打死人(打别人死) 按:法语解释为"老死"。kit$_7^{55-33}$zoŋ$_1^{35}$ʔdai$_1^{35}$//ʔdai$_1^{35-21}$lau$_4^{21}$老死

tềi dái, dépouille mortelle. 死尸(尸死) tei$_1^{35-21}$ʔdai$_1^{35}$//=tei$_1^{35-21}$hai$_2^{24}$

kĩt dái, tuer. 打死 kit$_7^{55}$ʔdai$_1^{35}$

zụt záu héng dái =zụt téng dóng dái, depuis la naissance jusqu'à la mort. 从生到死(从生停死) lok$_8^{21}$zou$_3^{33}$hɛŋ$_5^{55}$ʔdai$_1^{35}$(少说)//huk$_7^{55}$hɛŋ$_5^{55}$ʔdai$_1^{35}$做到死//=lok$_8^{21}$zou$_3^{33}$ʔdɔŋ$_5^{55}$ʔdai$_1^{35}$从活到死//=lok$_8^{21}$teŋ$_1^{35}$ʔdɔŋ$_5^{55}$ʔdai$_1^{35}$从生到死

=T. *ta:y*, *tha:y* ตาย(死)

nai 借 nai$_3^{33}$

nai ngỏn, emprunter de l'argent. 借钱(借银) nai$_3^{33}$ŋɔn$_2^{24}$借银//=nai$_3^{33}$sɛn$_2^{24}$借钱

=T. '*hni* =C.-D. หนี้(欠债)

lay

lay ta, chemin. 路/小路 lai$_3^{33}$ta^{33}(海南话"内衣") 按:此条法语解释

为“路”,发音却是海南话“内衣”。

lái 寄(赖) lai_3^{33}

lái mo băn tở hoi, je vous confie cette affaire. 托你办事情(赖你办事会) $lai_3^{33}mɔ_3^{33}ʔban_3^{33}tə_4^{21-24}hoi_3^{33}$

lài tiến bới, envoyer, expédier une lettre. 寄信(赖信去) lai_3^{33} $tien_5^{55}$ $ʔbəi_1^{35}$//$lai_3^{33}lɛk_8^{21}$把孩子托给人(赖子)

tsai dette 债 $ts^hai_3^{33}$

p'ề tsai, payer, acquitter une dette. 还债 $p^he_4^{21-24}ts^hai_3^{33}$

k'iềm tsai, contracter des dettes. 欠债 $k^him_3^{33}ts^hai_3^{33}$

k'im tsai, avoir des dettes. 欠债 $k^him_3^{33}ts^hai_3^{33}$

têi tsai, réclamer une dette. 要债(问债) $tei_3^{33}ts^hai_3^{33}$(问人是否有钱以便借钱)//≠$ʔdei_1^{35-21}ts^hai_3^{33}$讨债(找债)

tsồ tsai, créancier. 债主(主债) $ts^ho_3^{33}ts^hai_3^{33}$

ziàng bỏn mưởn tsai, débiteur. 欠债人(人有债) $ziaŋ_2^{24-21}$ $ʔbɑn_2^{24-21}$ $mən_2^{24-21}ts^hai_3^{33}$

> * *ṭṣaeʾ* 債

sài 财

sài tủ, riche. 财主 $sai_2^{24-21}tu_2^{24}$

<H. *sài* * *dzəi* 財

zai assez 够/得 zai_3^{33}

zóng zai kón, pas assez à manger. 不够吃 $zɑŋ_5^{55}zai_3^{33}kɔn_1^{35}$不够吃//$zɑŋ_5^{55}$ $kɔn_1^{35}zai_3^{33}$不能吃(不吃得)

zai sế zống, désobliger. 得罪别人 $zai_3^{33}se_4^{21}zoŋ_1^{35}$

zai sề, offenser. 得罪 $zai_3^{33}se_4^{21}$

zai tềang téng, obtenir la vie éternelle.→*zoi.* 得永生(得长生) zai_3^{33} $tiaŋ^{21}teŋ_1^{35}$

kai limite 界 kai_3^{33}

diền kai, aborner, frontière. 边界(石界) $ʔdien_2^{24-21}kai_3^{33}$(田埂两头各竖一块石头)

diển kái, imborner. 界石(石界) ʔdien$_2^{24-21}$kai$_3^{33}$//kai$_3^{33}$mɑt$_8^{21}$地界

hản kai =*ding kai*, circonscrire. 限界 han$_4^{21-24}$kai$_3^{33}$=定界 ʔdiŋ$_3^{33}$kai$_3^{33}$

p'ềang kái, confins. 边界(旁界) p^{h}iaŋ$_2^{24-21}$ kai$_3^{33}$(不说)//niŋ$_2^{24-21}$ kai$_3^{33}$(常说)

dêa diển kái, délimiter. 划界(定石界) ʔdia^{33}ʔdien$_2^{24-21}$kai$_3^{33}$

< **kaəi*ᵓ 界

kài excrément 屎 kai$_4^{21}$

kải ngảu, bouse de vache. 牛粪 kai$_4^{21-24}$ŋɔu$_2^{24}$

hồng dọk dọ kài nòm, colique. 拉肚子/腹泻(肚痛拉屎水) hoŋ$_4^{21}$ʔdɔk$_8^{21}$ ʔdɔʔ$_8^{21}$kai$_4^{21-24}$nɑm$_4^{21}$//tia$_3^{33}$kai$_4^{21-24}$nɑm$_4^{21}$//zɛ$_4^{21-24}$kai$_4^{21-24}$nɑm$_4^{21}$(更地道)

dọ kài zóng ũk, constipation. 便秘(拉屎不出) ʔdɔʔ$_8^{21}$kai$_4^{21}$zɑŋ$_5^{55}$uk$_7^{55}$

kài bểi, braise. 余火(屎火) kai$_4^{21-24}$ʔbɛi$_2^{24}$ 按:即火灭后留下的木炭。

kài dá, chasse. 眼屎(屎眼) kai$_4^{21-24}$ʔda$_1^{35}$ 按:法语解释是"打猎、猎物",误。

têa kài nòm, diarrhée. 腹泻(泻屎水) tia$_3^{33}$ kai$_4^{21}$ nɑm$_4^{21}$//= zɛ$_4^{21-24}$ kai$_4^{21}$nɑm$_4^{21}$

kài kô, sciure de bois. 锯末/锯屑(屎锯) kai$_4^{21-24}$ko$_3^{33}$

=T. ᶜ*khi* =C.-D. ᶜ*Gay* ขี้(屎/粪)

ái 爱 ɑi$_3^{33}$

ái lẹk, chéri. 爱小孩 ɑi$_3^{33}$ lɛk$_8^{21}$(少说)//tiaŋ$_5^{55}$ lɛk$_8^{21}$ lɑk$_7^{55}$喜欢喜欢(常说)//ʔdɔk$_8^{21}$lɛk$_8^{21}$lɑk$_7^{55}$疼爱

<H. *ài* **ʔəi*ᵓ 愛

hái 太 hɑi$_5^{55}$

hái lêáo, copieux, à foison, trop. 太多 hɑi$_5^{55}$liau$_4^{21}$

hái lói, grande distance. 太远 hɑi$_5^{55}$lɔi$_1^{35}$

<H. *hái* **t'ai*ᵓ 太

hài soulier 鞋

hài hé, bottes, bottines. 靴子 hai$_2^{24-21}$hɛ$_1^{35}$(不说)//hai$_2^{24-21}$lum$_3^{33}$lɔi$_1^{35}$靴子(靴小腿长)//lum$_3^{33}$kok$_7^{55}$脚腕//lum$_3^{33}$me$_2^{24}$手腕

hài siủ nì, souliers en caoutchouc. 胶鞋(树泥鞋<鞋树泥) hai$_2^{24-21}$ siu^{33}ni^{21}

kúa hải =*sãt hải*, cirer les souliers. 刮鞋 kua$_5^{55}$hai$_2^{24}$=擦鞋 sat$_7^{55-33}$hai$_2^{24}$

按：kua$_5^{55}$意思是“涂”。

hải zếang, forme de cordonnier. 鞋样 hai$_2^{24-21}$ziaŋ$_5^{55}$(不说)//hai$_2^{24-21}$ziaŋ$_4^{21}$(不说)//io$_3^{33}$hai$_2^{24}$(常说,海南话)

hải bõt, souliers, sandales en paille. 草鞋(鞋草) hai$_2^{24-21}$ʔbɑt$_7^{55}$

hải toảng aù, une paire de souliers. 一双鞋(鞋双一) hai$_2^{24}$tuaŋ$_5^{55}$ɔu$_4^{21}$

p'ường hải, ressemeler. 补鞋(缝鞋) p^{h}əŋ$_2^{24-21}$hai$_2^{24}$//p^{h}əŋ$_2^{24-21}$k^{h}o$_3^{33}$zua$_3^{33}$补衣服(缝衣服)

<* *ɣae* 鞋

hài tante (paternelle). 姑 hai$_4^{21}$hai$_4^{21}$姑姑/父之妹 nin$_1^{35-21}$ʔbo$_3^{33}$父母之姐(奷姆) nin$_1^{35-21}$mɛi$_4^{21}$姨/母之妹(奷妹)

hải 骸 hai$_2^{24}$

tểi hải, cadavre. 尸骸 tei$_1^{35-21}$hai$_2^{24}$//=tei$_1^{35-21}$ʔdai$_1^{35}$死尸

tểi hái, dépouille mortelle. 尸骸 tei$_1^{35-21}$hai$_2^{24}$

<H. *hài* ** *ɣəi* 骸

hải 还 hai$_2^{24}$ 按：原文认为本字是“哙”,误。

hải zõk, sonore. 还响 hai$_2^{24}$zɔk$_7^{55}$//=ts^{h}ia$_3^{33}$zɔk$_7^{55}$zou$_3^{33}$还在响(正在响)

<* *k'wai*ˀ 噲

这个韵与台语的-a:y 和-e, -i 对应：

	临高	台语	壮语	石家	莫语	水语	侗语	黎萨	黎王
mouri 死	*dái*	*ta:y, tha:y* *<phya:y*	*ta:y*	*pra:y*	*tay*	*tay*	*tay*	(*dom*)	*thui fui*
coton 棉	*p'ai*	*va:y'*	*'fa:y*	*pa:y*	*wa:y'*	*fa:y'*	(*mi:n*)	*buoy*	*pui*
salive 唾沫	*mải*	*mla:y* *>ma:y*	*mla:y* *> na:y*	*mla:y*	/	/	/	*la:y*	*hluay*
femelle 母	*mái*	*me', mie*	*me'*	*me*	(*nei*	/	*'nei*)	*mêi*	*me*
excréments 屎	*kái*	*'khi*	*'Gay* *> hay*	*gay*	*'tye*	/	*'e*	*hay*	*ha:y*
dette 债	*nai*	*'hni*	*'hni*	/	/	/	/	(*ma*)	/

UI

mui 微 mui^{33}

zêáo mui, sourire (v.). 微笑(笑微) ziau$_2^{24}$mui^{33}笑微(不说)//ziau$_2^{24-21}$

mi^{33}笑咪(常说)//=ziau$_2^{24-21}$nɛʔ$_8^{21}$微笑(笑细)

<* *mi̯əi* 微

dui 队 doi$_3^{33}$

dí dui dí dui, par groupes. 一队一队 ʔdi$_5^{55}$ʔdoi$_3^{33}$ʔdi$_5^{55}$ʔdoi$_3^{33}$//p^{h}ai$_2^{24}$ʔdi$_5^{55}$zoi$_2^{24}$ʔdi$_5^{55}$zoi$_2^{24}$排成一队一队//=ʔdi$_5^{55}$huaŋ$_2^{24}$ʔdi$_5^{55}$huaŋ$_2^{24}$一行一行

<H. *dúi* **duəiˀ* 隊

dui 缎 ʔdui^{33}

họp iù dui, satin. 缎子(布绸缎) hɑp$_8^{21}$ʔdiu^{21}ʔdui^{33} 按:*iù* 是 *diù* 之误。

<H. *dúi* ^{*c}*duân* 緞

dủi 队 ʔdoi$_3^{33}$/队 ʔdəi$_5^{55}$

di dủi di dủi, aligné. 一队一队 ʔdi$_5^{55}$ʔdoi$_3^{33}$ʔdi$_5^{55}$ʔdoi$_3^{33}$

p'ải di dủi di dủi =*p'ải dủi aù dủi aù*, aligner. 排成一队一队(排一队一队) p^{h}ai$_2^{24}$ʔdi$_5^{55}$ʔdəi$_5^{55}$ʔdi$_5^{55}$ʔdəi$_5^{55}$//p^{h}ai$_2^{24}$ʔdi$_5^{55}$zoi$_2^{24}$ʔdi$_5^{55}$zoi$_2^{24}$排一行一行//=p^{h}ai$_2^{24}$ʔdi$_5^{55}$huaŋ$_2^{24}$ʔdi$_5^{55}$huaŋ$_2^{24}$

<* *tuəiˀ* 對

tui, année d'âge 岁 tui$_3^{33}$(海南话)

mo mưởn kí lêào tui, quel âge avez-vous? 你几岁(你有几多岁) mɔ$_3^{33}$mən$_2^{24}$ki$_5^{55}$liau$_4^{21}$tui$_3^{33}$(少说)//=mɔ$_3^{33}$mən$_2^{24}$kia$_5^{55}$tui$_3^{33}$(多说)//=mɔ$_3^{33}$kia$_5^{55}$tui$_3^{33}$(常说)

mưởn hễk aù tui, centenaire. 有一百岁(有百一岁) mən$_2^{24-21}$ʔbek$_7^{55}$ɔu$_4^{21}$tui$_3^{33}$ 按:*hễk* 是 *bễk* 之误。

tư tọp tui, quadragénaire. 四十岁 tɯ$_5^{55}$tɔp$_8^{21}$tui$_3^{33}$

ziàng bỏn bãt tạp tui, octogénaire. 八十岁人(人八十岁) ziaŋ$_2^{24-21}$ʔbɑn$_2^{24-21}$ʔbat$_7^{55}$tɔp$_8^{21}$tui$_3^{33}$

<* *s^{w}ieiˀ* 歲

túi (calculer) 算 tui$_5^{55}$(海南话)

túi bòa mọ, l'abaque. 一个算盘(算盘个) tui$_5^{55}$ʔbua^{21}(海南话)

zóng túi, faire abstraction de, non avenu. 不算(不算数) zɑŋ$_5^{55}$tui$_5^{55}$

họp túi, additionner. 合算 hɔp$_8^{21}$tui$_5^{55}$合计(合算)//hɔp$_8^{21}$tiau$_5^{55}$划得来(合算)

túi têáu, calculer. 算数 tui$_5^{55}$tiau$_5^{55}$说话算数(海南话)//tuan$_3^{33}$tiau$_5^{55}$计算

(海南话)

<H.*túi*　^{*c}*suân*　算

tủi 水 tui_2^{24}　按:海南话说法,声调变为第 2 调。

nòm mống-tủi, citronnade. 柠檬水(水柠檬) $nam_4^{21-24}niŋ_2^{24}moŋ_2^{24}$

<^{*c}*s*^{w}*iə*　水

lúi 厘 lui_5^{55}

lúi mọ aù, un sou. 一厘 $lui_5^{55}mɔʔ_8^{21}ɔu_4^{21}$　按:实际读为 $mɔ_4^{21-24}ɔu_4^{21}$。厘,圆形无孔,比方孔铜钱大。

<***luəi*　鐳

lủi　*lùi* 类 lui^{33}

ziàng-bỏn lủi, le genre humain. 人类 $ziaŋ_2^{24-21}ʔban_2^{24-21}lui^{33}$

hồng lùi, congénère. 同类 $hoŋ_2^{24-21}lui^{33}$

<H. *lui*　**lwi*^{ɔ}　類

tsúi, percer 最 $ts^hui_5^{55}$;锥/钻 $ts^hui_1^{35}$　按:原文认为本字是“隹”,应该是笔误。

tsúi kiển êáo, essentiel, fondamental. 最紧要 $ts^hui_5^{55}kien^{21}iau_5^{55}$

tsúi bĩk hũk kống, activer les travaux. 催逼做工 $ts^hui_5^{55}ʔbik_7^{55-33}huk_7^{55-33}koŋ_1^{35}$//$=soi_1^{35}ʔbik_7^{55-33}huk_7^{55-33}koŋ_1^{35}$($koŋ_1^{35}$ 工 $\neq kuŋ_1^{35}$ 公)

<H. *chu*^{ɔ}　隹

tsúi mưới aù, alêne, poinçon. 一枚锥子(锥枚一) $ts^hui_1^{35}mui_2^{24}ɔu_4^{21}$

tsúi dòng, percer un trou. 钻孔/钻洞(锥洞) $ts^hui_1^{35-21}ʔdɔn_4^{21}$//$=ts^hui^{33}ʔdɔn_4^{21}$　按:*dòng* 是 *dòn* 之误,参看 *dòn* 条。

<**čwi*　錐

súi 唢呐 sui_1^{35}

súi mọ aù, une clarinette. 一个唢呐(唢呐个一) $sui_1^{35}mɔʔ_8^{21}ɔu_4^{21}$　按:实际读为 $mɔ_4^{21-24}ɔu_4^{21}$。//$sui_1^{35-21}huaŋ_1^{35}$ 吹笛子/横笛($huaŋ_1^{35}$ 横)//$=ʔbeu_4^{21-24}sui_1^{35}$吹唢呐　按:法语解释是“笛子”,误。

súi 随 sui_2^{24}

súi tóm =*súi êi*, arbitraire. $sui_2^{24-21}tɔm_1^{35}$随心$=sui_2^{24-21}ei_3^{33}$随意

súi tóm ếi ziàng-bỏn, complaisance. 随人心意(随心意人) $sui_2^{24-21}tɔm_1^{35-21}ei_3^{33}ziaŋ_2^{24-21}ʔban_2^{24}$//$hɔp_8^{21}tɔm_1^{35-21}ei_3^{33}ziaŋ_2^{24-21}ʔban_2^{24}$合人心意(合心意人)

sùi biên, facultatif. 随便 sui$_2^{24-21}$ʔbien$_3^{33}$mɔ$_3^{33}$//=tui$_2^{24-21}$ʔbien$_3^{33}$mɔ$_3^{33}$

<H. *sùi.* **zwie* 隨

kui 季 kui$_3^{33}$

tí kui, les quatre saisons. 四季 ti$_5^{55}$kui$_3^{33}$

siểm kui, viril. 有男子气的 按：这条有问题。//sim^{33}kui^{33}深闺

<H. *kúi* **kwi*ʾ 季

kúi 贵 kui$_5^{55}$

ziàng bỏn tsùn kuí, personne de haute condition. 尊贵的人(人尊贵) ziaŋ$_2^{24-21}$ʔban$_2^{24-21}$ts^{h}un^{33}kui$_5^{55}$

tsuôn kúi, noble. 尊贵 ts^{h}un^{33}kui$_5^{55}$

<H. *kúi* **k^{w}iəi*ʾ 貴

kúi 龟 kui$_1^{35}$

ban kúi, carapace de tortue. 龟壳(包龟) ʔbau^{33}kui$_1^{35}$ 按：*ban* 是 *bau* 之误。

kuí hảu aù, tortue. 一只龟(龟只一) kui$_1^{35}$hɔu$_2^{24}$ɔu$_4^{21}$

<H. *kủi* **kwi* 龜

kủi 规 kui$_1^{35}$

zòng mưởn kùi kô, déréglé. 没有规矩 zaŋ$_5^{55}$ts^{h}iau$_5^{55}$kui$_1^{35-21}$ko$_3^{33}$

kủi lêi, discipline, usage, formalité. 规律 kui^{33}lei^{33}(不说)//kui^{33}lot$_8^{33}$(常说)

kủi kô, règle. 规矩 kui$_1^{35-21}$ko$_3^{33}$//kɛ^{33}kui$_1^{35}$家规//kɛ^{33}kui^{33}家产(家规)//kɛ^{33}kui^{33}na$_1^{35}$家产厚//kɛ^{33}kui^{33}ʔbiaŋ$_1^{35}$家产薄

zong chían kùi =*zóng chían kùi lêi*; anormal. 不照规 zaŋ$_5^{55}$ts^{h}iau$_5^{55}$kui^{33}=不照规礼 zaŋ$_5^{55}$ts^{h}iau$_5^{55}$kui^{33}lei^{33}//zaŋ$_5^{55}$ts^{h}iau$_5^{55}$kui^{33}lot$_8^{33}$不照规律 按：*chían* 是 *chíau* 之误。

<H. *kủi* **k^{w}i* 規

kủi 诡 kui^{21}

kủi kúai, bizarre (sic), astucieux. 诡怪 kui^{21}kuai$_5^{55}$

<H. *kũi* **k^{w}jie* 詭

kủi 瑰 kui^{33}

kủi huổn, cosmétique. 瑰粉 kui^{33}hon^{21}瑰粉//tu^{21}hon$_2^{24}$红薯粉条(薯粉)//kui^{21}hon$_2^{24}$鬼魂 按：法语解释是"化妆品"。

<H. *kủi.*

kùi 归 kui$_1^{35}$

kùi mọ hũk, cela vous incombe. 归你做　按：*mọ* 应该是 *mo*。kui$_1^{35-21}$ mɔ$_3^{33}$huk$_7^{55}$

<* *kwi̯əi*　歸

k'úi 气/汽/器 k^{h}ui$_5^{55}$(海南话)

k'úi, automobile. 汽车 k^{h}ui$_5^{55}$sia$_1^{35}$//ʔdien$_5^{55}$sia$_1^{35}$

ki k'úi, engin. 机器 ki^{33}k^{h}ui^{55}//=ki^{33}k^{h}i^{55}

ki k'ui hũk họp, métier à tisser. 织布机(机器做布) ki^{33}k^{h}ui^{55}huk$_7^{55}$hɑp$_8^{21}$(少说)//ki^{33}k^{h}ui^{55}ʔdɛk$_8^{21}$hɑp$_8^{21}$(多说)

p'i k'ui zõa, obstiné. 脾气硬 p^{h}i^{21}k^{h}ui^{35}zuaʔ$_7^{55}$("脾气"是海南话)//tiŋ$_3^{33}$ zuaʔ$_7^{55}$性硬(长流话)

k'ủi mọk, tarare. 风车/扬谷机(柜谷) k^{h}ui$_4^{21-24}$huaŋ^{33}mɔk$_8^{21}$(柜风谷)// k^{h}ui$_4^{21-24}$lɑp$_7^{55-33}$suan$_1^{35}$(柜躺睡)//k^{h}ui$_4^{21}$一种木床(床下放东西)

<H. *khúi*　* *k'iəi*　氣

hui, assemblée, corporation. 会

hống hui, affîdé. 同伙(同会) hoŋ$_2^{24-21}$ hui$_3^{33}$(不说)//hoŋ$_2^{24-21}$ ʔban$_1^{35}$同伙(同班)

lảu hui, agréger à une société. 加入聚会/入会 lɔu$_4^{21-24}$ hui$_3^{33}$ 入会(不说)//lɔu$_4^{21-24}$ʔban$_1^{35}$入班(常说)//k^{h}ei$_1^{35-21}$hui$_3^{33}$开会

<H.*hui*　* *yuâi*ᵓ　會

hui 悔 hui^{21}

hui tóm = *hui sê*, cœur contrit. 悔心 hui^{21} tɔm$_1^{35}$ = 悔罪 hui^{21} se$_4^{21}$//hui^{21} k^{h}ɛi$_2^{24}$悔棋//ʔdɛu$_2^{24-21}$k^{h}ɛi$_2^{24}$下象棋(跑棋)

<*húi*　* *χuəi*ᵓ　悔

húi 卫 hui$_5^{55}$

dểng húi, verre de lampe. 灯罩(灯卫) ʔdəŋ$_3^{33}$hui$_5^{55}$//hui$_5^{55}$ʔdei$_3^{33}$

<H. *húi*　* *ywiei*ᵓ　衛

没有台语对应词。

ÔI

dôi 碓

dôi mọ aù, un pilon. 一个碓(碓个一) ʔdoi$_3^{33}$ mɔʔ$_8^{21}$ ɔu$_4^{21}$　按：实际读为

mɔ$_4^{21-24}$ɔu$_4^{21}$。//huak$_8^{21}$(同“读”)

< **tuəi*ᵓ 碓

dôi 对 ʔdoi$_3^{33}$

na dôi na, face à face, vis-à-vis. 面对面 na$_3^{33}$ʔdoi$_3^{33}$na$_3^{33}$

zóng dôi, absolu. 不对 zaŋ$_5^{55}$ʔdoi$_3^{33}$ 按:法语解释是“绝对”,误。

dôi na, ci-contre. 对面 ʔdoi$_3^{33}$na$_3^{33}$

dôi zổng kang, adresser la parole aux gens. 对别人讲 ʔdoi$_3^{33}$zoŋ$_1^{35-21}$kaŋ$_3^{33}$

zóng dôi, antipathique. 不对 zaŋ$_5^{55}$ʔdoi$_3^{33}$ 按:法语解释是“讨厌的、相反的”,误。

dôi kỏn, assorti, cadrer, convenir. 相对(对互相) ʔdoi$_3^{33}$kɔn$_2^{24}$

dôi hau ziàng bỏn, adversaire. 对手(对首人) ʔdoi$_3^{33}$ hau$_3^{33}$ ziaŋ$_2^{24-21}$ ʔban$_2^{24}$//=ziaŋ$_2^{24-21}$ʔban$_2^{24-21}$ʔdoi$_3^{33}$hau$_3^{33}$(更地道)

dôi bểi, anniversaire. 周年(对年) ʔdoi$_3^{33}$ʔbɛi$_2^{24}$

bọt dối aù, paire de bas. 一双袜子(袜对一) ʔbat$_8^{21}$ʔdoi$_5^{55}$ɔu$_4^{21}$

ziàng bỏn dôi hau, émule, rival (*dôi*=contraire; *hau*=opposé). 对头/对手(人对首) ziaŋ$_2^{24-21}$ ʔban$_2^{24-21}$ ʔdoi$_3^{33}$ hau$_3^{33}$(少说)//ʔdoi$_3^{33}$ hau$_3^{33}$ ziaŋ$_2^{24-21}$ ʔban$_2^{24}$(常说) 按:法语注释说 *hau* 是“相反的”,误。

< 對

dối 队 ʔdəi$_5^{55}$

ziàng bỏn dối aù, un attroupement. 一队人(人队一) ziaŋ$_2^{24-21}$ ʔban$_2^{24}$ ʔdəi$_5^{55}$ɔu$_4^{21}$

bíng dối aù, une compagnie de soldats, un régiment. 一队兵(兵队一) ʔbiŋ$_1^{35}$ʔdəi$_5^{55}$ɔu$_4^{21}$

< **tuəi*ᵓ 隊

tổi cervelle 髓 tui$_2^{24}$

tổi máu, cervelle de porc. 猪脑(髓猪) tui$_2^{24-21}$mou$_1^{35}$//=nau$_2^{24-21}$mou$_1^{35}$

tồi 髓

ziàng-bỏn zóng mưởn hau zóng mưởn tủôi, écervelé (homme pas avoir tête pas avoir cervelle), écervelé. 没脑子的人(人没有头没有髓) ziaŋ$_2^{24-21}$ ʔban$_2^{24-21}$ zaŋ$_5^{55}$ mən$_2^{24-21}$ hau$_3^{33}$ zaŋ$_5^{55}$ mən$_2^{24-21}$ tui$_2^{24}$(不说)//ziaŋ$_2^{24-21}$ ʔban$_2^{24-21}$ zaŋ$_5^{55}$ mən$_2^{24-21}$hau^{21}nau$_2^{24}$(常说)//mən$_2^{24-21}$hau$_3^{33}$zaŋ$_5^{55}$mən$_2^{24-21}$nau$_2^{24}$有头没有脑

tuởi 髓 tui$_2^{24}$

zẫk tồi, moelle des os. 骨髓 zək$_7^{55-33}$tui$_2^{24}$//=tui$_2^{24-21}$zək$_7^{55}$骨髓(髓骨)

< *ᶜ *swie̯* 髓

lồi espèce 类 lui^{33}

hổng lồi, même espèce. 同类 hoŋ$_2^{24-21}$lui^{33}

ziàng bỏn lồi, race humaine. 人类 ziaŋ$_2^{24-21}$ʔban$_2^{24-21}$lui^{33}

p'ườn miến lồi, sexe féminin. 女性(婆奸类) p^{h}e$_2^{24-21}$nin$_1^{35}$lui^{33} 按:这条记音有问题,应该是 *p'ườn niến lồi* 之误。

< * *lwiᵓ* 類

lồi 传统杆秤上的提手/吊 loi$_4^{21}$

lồi p'ểng, contrebalancer. 吊起使秤平衡(吊平) loi$_4^{21}$p^{h}eŋ$_2^{24}$//loi$_4^{21}$ʔdaʔ$_8^{21}$吊起使垂直(吊直)

lổi foudre 雷 loi$_2^{24}$

kống lối hiên, tonnerre. 打雷(公雷显) kuŋ$_1^{35-21}$loi$_2^{24}$hien$_3^{33}$//=kuŋ$_1^{35}$hien$_3^{33}$打雷(公显)//=kuŋ$_1^{35-21}$loi$_2^{24}$zɔk$_7^{55}$打雷(公雷响)//tia$_3^{33}$tɯ$_1^{35}$hien$_3^{33}$写字清楚(写字显)//tuk$_8^{21}$kok$_7^{55}$hien$_3^{33}$脚印清楚(脚印显)

< * *luəi* 雷

sối poursuivre 追/催 soi$_1^{35}$

sôi bĩk, une dépêche. 追逼/催逼 soi$_1^{35}$ʔbik$_7^{55}$//=ts^{h}ui$_5^{55}$ʔbik$_7^{55}$

< * *ṭwi* 追

sồi 随 sui$_2^{24}$

sồi biên mó, à votre convenance. 随便你 sui$_2^{24-21}$ʔbien$_3^{33}$mɔ$_3^{33}$//=tui$_2^{24-21}$ʔbien$_3^{33}$mɔ$_3^{33}$

< * *zwie̯* 随

sổi 槌/锤 soi$_2^{24}$

sổi bướn, maillet. 木槌/木锤(槌柴) soi$_2^{24-21}$ʔbən$_2^{24}$

sổi mọ aù, marteau. 一个锤/一个槌 soi$_2^{24}$mɔʔ$_8^{21}$ɔu$_4^{21}$ 按:实际读为 mɔ$_4^{21-24}$ɔu$_4^{21}$

sổi hêẵt, marteau en fer. 铁锤(锤铁) soi$_2^{24-21}$hiat$_7^{55}$

sổi hêẵt, enclume. 铁锤(锤铁) 按:法语意思是“铁砧”。soi$_2^{24-21}$hiat$_7^{55}$//ts^{h}ɔm$_1^{35-21}$hiat$_7^{55}$铁砧

<* *ḍwi* 錐

zối 行/列 zoi$_{2}^{24}$

zối aù, une rangée. 一列/一行 zoi$_{2}^{24}$ɔu$_{4}^{21}$

p'ài tìng zối, mettre par rangées. 排成列/排成行 p^{h}ai$_{2}^{24}$teŋ$_{2}^{24-21}$zoi$_{2}^{24}$

lềi zối, sillon. 畦/犁沟(犁列) 按：读音实际是"犁地/犁田"。lei$_{2}^{24-21}$ zuai$_{2}^{24}$($\neq$zoi$_{2}^{24}$)

zổi 行/列 zoi$_{2}^{24}$

hổi dữt zổi, tasse fêlée. 裂了的碗(碗裂行) hoi$_{4}^{21-24}$ʔdɯt$_{7}^{55}$zoi$_{2}^{24}$ɔu$_{4}^{21}$裂了一行的碗(碗裂行一)//$\neq$hoi$_{4}^{21}$ʔdɯt$_{7}^{55}$zoi$_{2}^{24}$ɔu$_{4}^{21}$碗裂了一行(碗裂行一)// hoi$_{4}^{21}$碗(hui$_{4}^{21}$也可)//siaŋ$_{2}^{24-21}$ʔdɯt$_{7}^{55}$zoi$_{2}^{24}$ɔu$_{4}^{21}$裂了一行的墙 按："碗"法语解释为"杯子"，误。

k'ồy k'ồi 柜 k^{h}ui$_{4}^{21}$

k'ồy mọ aù, armoire. 一个柜(柜个一) k^{h}ui$_{4}^{21}$mɔʔ$_{8}^{21}$ɔu$_{4}^{21}$ 按：实际读为 mɔ$_{4}^{21-24}$ɔu$_{4}^{21}$。

k'ôỉ nàn, garde-manger. 肉柜(柜肉) k^{h}ui$_{4}^{21-24}$nan$_{4}^{21}$//k^{h}ui$_{4}^{21-24}$su$_{4}^{21}$筷笼(柜箸)

hối k'ồi, buffet, vaisselier. 碗柜(柜碗) hoi$_{4}^{21-24}$k^{h}ui$_{3}^{33}$汤盆(大碗)// hoi$_{4}^{21-24}$k^{h}ui$_{4}^{21}$

k'ồi mọ aù, coffre. 一个柜(柜个一) k^{h}ui$_{4}^{21}$mɔʔ$_{8}^{21}$ɔu$_{4}^{21}$

taú ngởn lảu k'ôi, encaisser de l'argent. 收银入柜 tou$_{1}^{35-21}$ŋɔn$_{2}^{24}$lɔu$_{4}^{21-24}$ k^{h}ui$_{4}^{21}$

k'ôỉ sõk, garde-manger. 菜柜(柜菜) k^{h}ui$_{4}^{21-24}$sak$_{7}^{55}$

<* *g^{w}i̯i* 匱

k'ồi 跪 k^{h}oi$_{4}^{21}$

k'ồi zỏng, s'agenouiller, fait une génuflexion. 跪下 k^{h}oi$_{4}^{21}$zɔŋ$_{2}^{24}$

<^{*c}*g^{w}ie̯* 跪

hôi 火 hoi$_{2}^{24}$ 按：这是海南话说法，声调变为第 2 调。

hôi laù, chaufferette. 火炉 hoi$_{2}^{24}$lou$_{2}^{24}$//hoi$_{2}^{24}$suat$_{7}^{55}$火柴

són hối séa, chemin de fer. 铁路(路火车) sɔn$_{1}^{35-21}$hoi$_{2}^{24}$sia^{33}

<H. *hỗi* ^{*c}*χuâ* 火

hôi chaux 灰 hoi$_{1}^{35}$

tsaù nòm hôi, badigeonner au lait de chaux. 批灰/抹水泥(帚水灰)

$ts^{h}ɔu_{2}^{24-21}$ $nɑm_{4}^{21-24}$ hoi_{1}^{35}(不说) 按：垂直扫不说 $ts^{h}ɔu_{2}^{24}$。//$tɑu_{5}^{55}$ $nɑm_{4}^{21-24}$ hoi_{1}^{35} 抹水泥(扫灰水)//$ts^{h}ɔu_{2}^{24-21}$ zan_{2}^{24} 扫地(帚屋)//$ts^{h}ɔu_{2}^{24-21}$ $mɑt_{8}^{21}$ 扫土(帚土)

diển hôi, pierre à chaux. 石灰 $ʔdien_{2}^{24-21}$ hoi_{1}^{35}(不说)//hoi_{1}^{35} 灰(常说) 按：hoi_{1}^{35} 灰≠$hɔi_{1}^{35}$ 螺 长流传统的石灰不用石头烧，用海螺壳来烧。

nòm hôi, lait de chaux. 石灰水(水灰) $nɑm_{4}^{21-24}$ hoi_{1}^{35}

miệt hôi, truelle. 灰刀/镘刀(刀灰) mit_{8}^{21} hoi_{1}^{35}

<H.*hổi* **χuəi* 灰

hối 碗 hoi_{4}^{21} 碗(→hui_{4}^{21} 也可) 按：原文本字认错，不是"盔"。

hôi mọ aù, un bol, une tasse à riz. 一个碗(碗个一) hoi_{4}^{21} $mɔʔ_{8}^{21}$ $ɔu_{4}^{21}$ 按：实际读为 $mɔ_{4}^{21-24}$ $ɔu_{4}^{21}$。

tềa hối aù, un bol de riz. 一个饭碗(饭碗一) tia_{4}^{21} hoi_{4}^{21-24} $ɔu_{4}^{21}$

hối k'ồi, vaisselier, buffet. 碗柜(柜碗) hoi_{4}^{21-24} $k^{h}ui_{4}^{21}$

hối bưởn, écuelle. 木碗 hoi_{4}^{21-24} $ʔbən_{2}^{24}$//$p^{h}ən_{2}^{24-21}$ hoi_{4}^{21} 洗碗盆//=hoi_{4}^{21-24} $p^{h}ən_{2}^{24}$ 按：法语解释是"盆"，误。

ká hồi, étagère. 碗架(架碗) ka_{3}^{33} hoi_{4}^{21}

hôỉ dữt zổi, tasse fêlée. 碗裂行(碗裂列) hoi_{4}^{21} $ʔdɯt_{7}^{55}$ zoi_{2}^{24} $ɔu_{4}^{21}$ 碗裂了一行//hoi_{4}^{21-24} $ʔdɯt_{7}^{55}$ zoi_{2}^{24} $ɔu_{4}^{21}$ 裂了一行的碗//hoi_{4}^{21} $liat_{7}^{55}$ 碗缺口(碗裂)//$ʔbak_{7}^{55}$ $liat_{7}^{55}$ 兔唇/嘴缺(嘴裂)

=T. *thuoi?* **k'uəi* 盔

hối 化

têaù hối digérer. 消化 按：海南话说法。$tiau^{33}$ hoi_{1}^{35}//=$tiau^{33}$ hua_{5}^{55}

<H. *hôi* **χʷaʾ* 化

hối 伙 hoi_{2}^{24}(海南话)

kẻ hối, ameublement, attirail. 家具(家伙) $kɛ^{33}$ hoi_{2}^{24}//$kɛ^{33}$ hoi_{2}^{24} $liau_{4}^{21}$ 家具多(家伙多)

ke hối, ustensile (de ménage). 家具 $kɛ^{33}$ hoi_{2}^{24}

<H. *hỗi* **k'uaəi* 夥

hỏi 伙 hoi_{2}^{24}(海南话)

hỏi kí, commis. 伙计 hoi_{2}^{24} ki_{5}^{55}

<H. *hỗi* *ᶜ*ɣuâ* 夥

hỏi 火 hoi_{2}^{24}(海南话)

hỏi sặt, allumette. 火柴 hoi_{2}^{24} $suat_{7}^{55}$

<H. *hỗi* *ᶜ*χuâ* 火

只有一条对应词：

	临高	台语	壮语	石家	莫语	水语	侗语	黎萨	黎王
bol 碗	*hôi*	‘*thuoi*	‘*doi*	/	/	* ’*dui*	‘*dut*（*syoṅ*）	（*a:w*）	（*vaw*）

但是台语 *th*-和壮语 *d*-的对应牵扯到较早时的汉语借词，这个词与越南语的*đọi* 一致。声调却与 * *k’uəi* 不一致。

OI

boi 留 ʔbai$_4^{21}$ 按：ʔbai$_4^{21}$意思是保留下来。

boi tóm=*boi tỏn*, attentif. 专心/留心（留心=留神） 按：这个读法是读汉字了，不是“专心”。ʔbai$_4^{21-24}$ tɔm$_1^{35}$留下心（杀猪以后留下猪心）/ʔbai$_4^{21-24}$tɔn$_2^{24}$留下神（说法有问题）//ʔbai$_4^{21-24}$ tɔn$_1^{35}$ 留下牙//zoŋ$_4^{21-24}$ tɔm$_1^{35}$用心/专心

zóng bòi tóm, distraction. 不专心/不留心 zaŋ$_5^{55}$ ʔbai$_4^{21-24}$ tɔm$_1^{35}$不留下心//zaŋ$_5^{55}$zoŋ$_4^{21-24}$tɔm$_1^{35}$不用心/不专心 按：法语解释是“不专心、分心”，不确。

bói 去→那 ʔbəi$_5^{55}$

bói mọ, cela, celui-là. 那个 ʔbəi$_5^{55}$ mɔʔ$_8^{21}$//ʔbəi$_5^{55}$ ən$_1^{35}$ 那里//ʔbəi$_5^{55}$ pʰiaŋ$_2^{24}$那边（那旁）

bói 白藤 ʔbai$_1^{35}$

bói hèo aù, rotin. 一条藤（藤条一） ʔbai$_1^{35}$hɛu$_2^{24}$ɔu$_4^{21}$

=T. *hwa:y* หวาย（藤）

bói 树梢/房顶 ʔbai$_1^{35}$

bói dóm, cime de l’arbre. 树梢 ʔbai$_1^{35-21}$ʔdɔn$_3^{33}$ 按：*dóm* 是 *dón* 之误。

bòi lêàng =*bòi zản*, faîte de maison. 屋脊=屋顶 ʔbai$_1^{35-21}$ liaŋ$_2^{24-21}$ zan$_2^{24}$屋脊（顶梁屋）//ʔbai$_1^{35-21}$ zan$_2^{24}$屋脊（顶屋）//zək$_7^{55-33}$ zan$_2^{24}$屋脊（从外面看）//=tsʰik$_7^{55-33}$zan$_2^{24}$屋脊//ʔbai$_1^{35-21}$ zan$_2^{24}$给屋子墙抹灰（抹屋）//=ʔbai$_1^{35-21}$ siaŋ$_2^{24}$批墙/抹墙

sế bói aù, une lime. 一把锉（锉一把） se$_3^{33}$ʔbai$_5^{55}$ɔu$_4^{21}$

=T. *pla:y* ปลาย（末/梢/尾）

bòi 牌/排 ʔbai^{21}

tseô bòi, affiche, enseigne. 招牌 ts^{h}iau^{33}ʔbai^{21}

kĩt cũt bòi, jouer aux dominos. 打骨牌(击骨牌) kit$_{7}^{55-33}$kut$_{7}^{55}$ʔbai^{21}

<**bãe* 牌

bòi 留 ʔbai$_{4}^{21}$ 按:原文认为本字是“遗”,误。这是临高语词。

bòi zỏng, léguer. 留下 ʔbai$_{4}^{21}$zɔŋ$_{2}^{24}$

<**wi̯i* 遺

bòi 留 ʔbai$_{4}^{21}$;排 p^{h}ai$_{2}^{24}$/ʔbai^{21} 按:ʔbai^{21}是海南话读法。

on bòi, arranger. 安排 ɔn^{33}p^{h}ai$_{2}^{24}$//=an^{33}ʔbai^{21}

bòi bỏn sô, laisser croître ses cheveux. 留头发 ʔbai$_{4}^{21-24}$ʔban$_{2}^{24-21}$so$_{3}^{33}$//=tik$_{7}^{55-33}$ʔban$_{2}^{24-21}$so$_{3}^{33}$//tik$_{7}^{55-33}$lɛk$_{8}^{21}$惯孩子//tik$_{7}^{55}$p^{h}ai$_{4}^{21}$惯坏

dóng bòi tóm, insouciant. 不挂虑(不留心) zaŋ$_{5}^{55}$ʔbai$_{4}^{21-24}$tɔm$_{1}^{35}$不留心//zaŋ$_{5}^{55}$zoŋ$_{4}^{21-24}$tɔm$_{1}^{35}$不用心/不专心 按:*dóng* 是 *zóng* 之误。

<H. *bài* **baəi*

bỏi 留 ʔbai$_{4}^{21}$ 按:原文认为本字是“陪”,误。

bỏi k'ẽk, accueillir un visiteur. 留客 ʔbai$_{4}^{21-24}$k^{h}ek$_{7}^{55}$//=ʔbai$_{4}^{21-24}$me$_{1}^{35}$//ts^{h}iu$_{1}^{35-21}$me$_{1}^{35}$请客(招客)

bòi k'ẽk, donner l'hospitalité. 献殷勤/款待客人(留客) ʔbai$_{4}^{21-24}$k^{h}ek$_{7}^{55}$

<**buəi* 陪

p'ói 费 p^{h}əi$_{5}^{55}$

ũk p'ói zông, débourser. 出费用 uk$_{7}^{55-33}$p^{h}əi$_{5}^{55}$zoŋ$_{4}^{21}$

ũk són p'ói, défrayer un voyageur. 出路费 uk$_{7}^{55-33}$sɔn$_{1}^{35-21}$p^{h}əi$_{5}^{55}$(不说)//uk$_{7}^{55-33}$sɛn$_{2}^{24-21}$sɔn$_{1}^{35}$出路钱(常说)//=sɛn$_{2}^{24-21}$ʔdɛu$_{2}^{24-21}$kok$_{7}^{55}$跑腿钱(钱跑腿)

p'oi zồng, dépenses, frais. 费用 p^{h}əi$_{5}^{55}$zoŋ$_{4}^{21}$

zồng són p'ói, dépenses de voyage. 路费/盘缠(用路费) zoŋ$_{4}^{21}$sɔn$_{1}^{35-21}$p^{h}əi$_{5}^{55}$(不说)//zoŋ$_{4}^{21-24}$sɛn$_{2}^{24-21}$sɔn$_{1}^{35}$用路钱(常说)

<**p'iəʾ* 費

p'ói 配 p^{h}əi$_{5}^{55}$

ỏn p'ói, distribuer. 分配(安排)ɔn^{33}p^{h}ai$_{2}^{24}$//=an^{33}ʔbai^{21}

p'ói cỏn, proportionné. 互相配合(配互相) p^{h}əi$_{5}^{55}$kɔn$_{2}^{24}$

<H. *phói* **p'əiʾ* 配

p'ói 歪 p^{h}ai$_{1}^{35}$歪(左右歪)

bãk p'ói contorsion de la bouche. 嘴歪 ʔbak$_{7}^{55-33}$p^{h}ai$_{1}^{35}$//=ʔbak$_{7}^{55-33}$siaʔ$_{8}^{21}$

na p'ói, contortion du visage. 脸歪 na$_3^{33}$p^{h}ɑi$_1^{35}$//=na$_3^{33}$siaʔ$_8^{21}$

bãk tờ tóm p'òi, fourberie. 口是心非(嘴是心败) ʔbak$_7^{55}$tə$_4^{21}$tɔm$_1^{35}$p^{h}ai$_4^{21}$(不说)//ʔbak$_7^{55}$ts^{h}ɔn$_1^{35}$tɔm$_1^{35}$p^{h}ai$_4^{21}$口真心坏(嘴真心败,常说)

p'òi 排 p^{h}ai$_2^{24}$/p^{h}ai^{21}

Hiến tsô ỏn p'òi, Providence. 天主安排 hien$_1^{35}$ts^{h}o$_3^{33}$ɔn^{33}p^{h}ai$_2^{24}$

< **baəi* 排

p'òi 扇子 p^{h}ɑi$_2^{24}$

p'òi bíng aù, un éventail. 一柄扇(扇柄一) p^{h}ɑi$_2^{24}$ʔbiŋ$_5^{55}$ɔu$_4^{21}$

p'òi lêảng, éventer. 扇风(扇凉) p^{h}ɑi$_2^{24-21}$liaŋ$_2^{24}$

p'òi bon bíng aù, (un) panka. 一柄风扇(扇风柄一) p^{h}ɑi$_2^{24-21}$ʔbɑn$_2^{24}$ʔbiŋ$_5^{55}$ɔu$_4^{21}$

=T. *wi*, C.-D. *bi* > *bei* วี

moi 甘蔗 mɑi$_3^{33}$

moi hẻo aù, canne à sucre. 一根甘蔗(甘蔗条一) mɑi$_3^{33}$hɛu$_2^{24}$ɔu$_4^{21}$

ngạt moi, presser la canne à sucre. 榨甘蔗(轧甘蔗) ŋat$_8^{21}$mɑi$_3^{33}$//=ŋiat$_8^{21}$mɑi$_3^{33}$(二李)//ʔdien$_2^{24-21}$ŋiat$_8^{21}$轧甘蔗的石碌子

moi lêáng, sucre de canne. 蔗糖 mɑi$_3^{33}$liaŋ$_1^{35}$

=Li *mai*.

moí 教 mɑi$_1^{35}$

moí tỏk, mettre au courant. 教人明白/教会(教懂) mɑi$_1^{35}$tɔk$_7^{55}$//=mɑi$_1^{35-21}$zoŋ$_1^{35}$tɔk$_7^{55}$教人懂//kau^{33}tɔk$_7^{55}$

moí (fil, raie) 线 mɑi$_1^{35}$

moí sỏn bới, indiquer le chemin. 指路(指路去) mɑi$_1^{35-21}$sɔn$_1^{35}$ʔbəi$_1^{35}$//=mɑi$_1^{35-21}$sɔn$_1^{35}$

mói hẻo aù, un fil. 一根线(线条一) mɑi$_1^{35}$hɛu$_2^{24}$ɔu$_4^{21}$

mọk mói, bobine de fil. 线卷/线团 mak$_8^{21}$mɑi$_1^{35}$

kễ mói ũk =*hễa mói ũk*, découdre. 拆线出 按：*hễa* 是海南话说法。keʔ$_7^{55-33}$mɑi$_1^{35}$uk$_7^{55}$(解线出)= hiaʔ$_7^{55-33}$mɑi$_1^{35}$uk$_7^{55}$(拆线出)//hiaʔ$_7^{55-33}$zan$_2^{24}$拆房

bòn mói, dévider du fil. 纺线 ʔbɑn$_2^{24-21}$mɑi$_1^{35}$/纺线

mói p'êặk, fil blanc. 白线(线白) mɑi$_1^{35-21}$p^{h}iak$_8^{21}$

mói mộk, une raie tracée à l'encre. 墨线(线墨) 按：指木工用墨斗画

的线。$mɑi_1^{35-21} mɔk_8^{21}$

=T. *hmay* ไหม(丝)

mỏi 每 $məi_2^{24}$

mỏi bỏn, chaque jour, quotidien. 每天/每日 $məi_2^{24}$ $ʔbɑn_2^{24}$ 按:$məi_2^{24}$ 不变调。

mỏi bểi, chaque année. 每年 $məi_2^{24} ʔbɛi_2^{24}$

mỏi kéo p'ưới aù, mensuel. 每月一次(每月一回) $məi_2^{24} kɛu_2^{24} p^həi_2^{24} ɔu_4^{21}$(不说) 按:$p^həi_2^{24} ɔu_4^{21}$ 是"一下"。//$məi_2^{24} kɛu_2^{24} siu_2^{24} ɔu_4^{21}$(常说)

mỏi bểi p'ưới aù, une fois l'an. 每年一次(每年一回) $məi_2^{24} ʔbɛi_2^{24} p^həi_2^{24} ɔu_4^{21}$(不说)//$məi_2^{24} ʔbɛi_2^{24} siu_2^{24} ɔu_4^{21}$(常说)

mỏi bểi són aù, une fois l'an. 每年一次(每年一阵) $məi_2^{24} ʔbɛi_2^{24} sɔn_5^{55} ɔu_4^{21}$//=$məi_2^{24} ʔbɛi_2^{24} siu_2^{24} ɔu_4^{21}$

<H.*mõi* *ᶜ*məi* 每

doi 带 $ʔdɑi_3^{33}$

doi nêa, amener. 带来 $ʔdɑi_3^{33} nia_3^{33}$

doi p'aủ, porter des amulettes. 带符 按:指佩戴兆符。$ʔdɑi_3^{33} p^hɔu_2^{24}$// $hua_4^{21-24} p^hɔu_2^{24}$ 画符

doi biến, porter un anneau. 带戒指(带圆) $ʔdɑi_3^{33} ʔbien_2^{24}$ 带圆(不说)// $ʔdɑi_3^{33} k^ho_1^{35}$ 带箍(常说)//$ʔdɑi_3^{33}$ $suak_8^{21}$ $kɔm_1^{35}$ 带金镯//$ʔdɑi_3^{33}$ $suak_8^{21}$ zi^{21} 带玉镯

doi laủ p'òng kọp, mettre dans sa poche. 放进口袋(带进口袋) $ʔdɑi_3^{33} lɔu_4^{21-24} p^hɑŋ_2^{24-21} kɔp_8^{21}$

âu laủ p'òng kọp, mettre dans sa poche. 放进口袋(拿进口袋) $ou_1^{35} lɔu_4^{21-24} p^hɑŋ_2^{24-21} kɔp_8^{21}$//$ʔdɛŋ_2^{24} lɔu_4^{21-24} p^hɑŋ_2^{24-21} kɔp_8^{21}$ 装进口袋

doi bới, guider, emmener, entraîner, porter à la main. 带路(带去) $ʔdɑi_3^{33} ʔbəi_1^{35}$ 带去//$zɔn_3^{33} sɔn_1^{35}$ 带路(引路) 按:$zɔn_3^{33}$ 与"粉刺"同音。

<* *tâi*ᵓ 帶

dòi 虹(带) $ʔduai_4^{21}$

dòi héo aù, un arc-en-ciel. 一条虹(带条一) $ʔduai_4^{21} hɛu_2^{24} ɔu_4^{21}$//$hien_1^{35} uk_7^{55-33} ʔduai_4^{21}$ 天出虹/不下雨了(天出带)

toi (petit) 小(细) toi_3^{33}(海南话)

seạt nàn toi, dépecer la viande (couper viande petit). 把肉切碎(切肉

细）$siat_7^{55-33}nan_4^{21}toi_3^{33}$//=$siat_7^{55-33}nan_4^{21}nɛʔ_8^{21}$

tsi toi, faite attention; attentivement. 仔细 $ts^hi_3^{33}toi_3^{33}$//$nɛʔ_8^{21}tɔm_1^{35}$细心

zóng tsi toi, défaut d'attention, étourdi. 不仔细 $zaŋ_5^{55}ts^hi_3^{33}toi_3^{33}$

tsi toi hũk, délicatement. 仔细做 $ts^hi_3^{33}toi_3^{33}huk_7^{55}$

tsi toi, diriger, vigilant. 仔细 $ts^hi_3^{33}toi_3^{33}$

<* *sei*ᵓ 細

tói 西 $tɔi_1^{35}$

tói p'êảng, occident. 西边（西旁）$tɔi_1^{35-21}p^hiaŋ_2^{24}$

kóa tói, melon d'eau, pastèque (melon occidental). 西瓜（瓜西）mak_8^{21} $kua_1^{35-21}tɔi_1^{35}$西瓜（果瓜西） 按：小西瓜，用来做菜。//$mak_8^{21}kua_1^{35-21}hoŋ_2^{24}$西瓜（果瓜红） 按：大西瓜，常吃的西瓜。

p'ang tói, le couchant, ouest. 西方（方西）$p^haŋ^{33}tɔi_1^{35}$

<* *sei* 西

tòi 誓 $tɔi_4^{21}$

don tòi prêter serment. 宣誓 $tɔn^{33}tɔi_4^{21}$ 按：*don* 是 *ton* 之误。

<* *ȷ̌i̯ei*ᵓ 誓

noi 奶 nai^{33}

noi noi, madame. 奶奶 $nai^{33}nai^{33}$ 按：是"大奶奶"的"奶奶"，口语不说。

<*ᶜ *nae* 奶

noi, supporter 耐

noi zồng zoi, durable. 耐用（耐用得）$nai_3^{33}zoŋ_4^{21}zai_3^{33}$

zóng noi zoi, pas tenable. 忍不住/耐不住（不耐得）$zaŋ_5^{55}nai_3^{33}zai_3^{33}$

<H. *nai* * *nəi*ᵓ 耐

noi nom 名 $nɔi_1^{35}$

lek king zóng mưởn mói, doigt annulaire. 无名指（指头没有名）$lɛk_8^{21}$ $kiŋ_3^{33}zaŋ_5^{55}mən_2^{24-21}nɔi_1^{35}$ 按：*mói* 是 *nói* 之误。

zóng mưởn nói, anonyme, déconsidéré. 没有名 $zaŋ_5^{55}mən_2^{24-21}nɔi_1^{35}$

nói mo ziảng k'oi bêảu, comment vous appelez-vous. 你叫什么名（名你样几叫）$nɔi_1^{35-21}mɔ_3^{33}ziaŋ_4^{21-24}kəi_3^{33}ʔbeu_1^{35}$ 按：*k'oi* 是 *kơi* 之误。

siểm nói, apposer sa signature. 签名 $siam^{33}nɔi_1^{35}$签名（在已有的名单表格上签名）//$ʔdaʔ_7^{55-33}nɔi_1^{35}$签名（在空白纸上写名字，如婚宴上送礼的人签名）

ziàng-bỏn mưởn nói, homme célèbre. 名人(人有名) $zia\eta_2^{24-21}$ $ʔbɑn_2^{24-21}$ $mən_2^{24-21}nɔi_1^{35}$

noi sô, célébrité. 名气大(名大) $nɔi_1^{35}so_1^{35}$

nói suôn, mal famé. 名声臭、名声丑(名蠢) 按:"丑"(蠢)是海南话说法。$nɔi_1^{35}sun_3^{33}$

ũk nói, exceller, renommé, distingué. 出名 $uk_7^{55}nɔi_1^{35}$

tsìm nói, signer. 签名 $ts^him_1^{35-21}nɔi_1^{35}$ 按:长流话意思是核对名单。

p'ài nói zông, ternir la réputation. 败坏别人名声(败名别人) $p^hai_4^{21-24}$ $nɔi_1^{35-21}zo\eta_1^{35}$

nói 名 $nɔi_1^{35}$

kang p'ài nói ziàng-bỏn, diffamer les gens. 诽谤别人/败坏别人名声(讲败名人) $ka\eta_3^{33}$ $p^hai_4^{21}$ $nɔi_1^{35-21}$ $zia\eta_2^{24-21}$ $ʔbɑn_2^{24}$(少说)//$ka\eta_3^{33}$ $p^hai_4^{21}$ $nɔi_1^{35-21}$ $zo\eta_1^{35}$(更好)

tsụ nói, enregistrer les noms. 登记/注名(拄名) $ts^huʔ_7^{55-33}$ $nɔi_1^{35}$// $ts^huʔ_7^{55-33}hɛ\eta_4^{21-24}ts^ho_3^{33}$拄拐杖(拄棍祖)//$hɛ\eta_4^{21-24}ts^ho_3^{33}$拐杖(棍祖)

loi long, éloigné, loin. 远/长 $lɔi_1^{35}$ 按:长短、长大都是$lɔi_1^{35}$。

tếng loi, croître. 生长 $te\eta_1^{35}so_1^{35}$生长(动物长大)//$te\eta_1^{35}lɔi_1^{35}$生长(植物长高)//$te\eta_1^{35}nɛ_3^{33}$长大

p'ìng p'ong loi, maladie chronique, vieille. 慢性病(病久长) $p^hi\eta_4^{21}$ $p^hɔ\eta_3^{33}lɔi_1^{35}$

téng loi, grandir en hauteur. 生长 $te\eta_1^{35}lɔi_1^{35}$

kang lói dòn, déblatérer. 骂(讲长短) 按:法语解释是"骂",不确。$ka\eta_3^{33}lɔi_1^{35-21}ʔdɔn_3^{33}$//$=ka\eta_3^{33}lɔi_1^{35}ka\eta_3^{33}ʔdɔn_3^{33}$讲长讲短

lói ũk, se dilater. 长出 $lɔi_1^{35}uk_7^{55}$

mướn kí lói ki k'oãt, quelle dimension. 有多长多宽(有几长几阔) $mən_2^{24}$ $ki_5^{55}lɔi_1^{35}ki_5^{55}k^huat_7^{55}$

mướn kí lêào lói, à quelle distance. 有多远(有几多远) $mən_2^{24}$ ki_5^{55} $liau_4^{21}lɔi_1^{35}$

p'ong lói, éternel. 永远/永恒(久长) $p^hɔ\eta_3^{33}lɔi_1^{35}$

hũk lói, prolonger. 加长/延长(做长) huk_7^{55} $lɔi_1^{35}$ 延长(空间)//huk_7^{55}

p^{h}ɔŋ$_3^{33}$延长(时间)

lói zoi lêào, trop loin. 远得多 lɔi$_1^{35}$zai$_3^{33}$liau$_4^{21}$

dá lói líu, presbyte. 远视眼(眼远看) ʔda$_1^{35-21}$lɔi$_1^{35}$liu$_1^{35}$(不说) ʔda$_1^{35-21}$ liu$_1^{35-21}$lɔi$_1^{35}$远视眼(眼看远)//ʔda$_1^{35}$liu$_1^{35}$lɔi$_1^{35}$眼睛看远(眼看远)

kang zống lói don, médire des gens (parler gens long court). 议论人(讲别人长短) kaŋ$_3^{33}$zoŋ$_1^{35}$lɔi$_1^{35-21}$ʔdɔn$_3^{33}$//=kaŋ$_3^{33}$lɔi$_1^{35}$kaŋ$_3^{33}$ʔdɔn$_3^{33}$讲长讲短

zoa lói, robe longue. 长袖衣(衣长) zua$_3^{33}$lɔi$_1^{35}$长袖衣(衣长)//zua$_3^{33}$ k^{h}ɑt$_7^{55}$短袖衣(衣段)//sɔn$_1^{35}$k^{h}ɑt$_7^{55}$ɔu$_4^{21}$一段路

=T. *klay*=C.-D. ไกล(长/长久)

lói 慢 lɑi$_4^{21}$ 按:王录尊认为是长流以西石山、荣山一带的说法。

loi aller doucement, ajourner. 慢/延期 lɑi$_4^{21}$

lói lói hũk, temporiser. 慢慢做 lɑi$_5^{55}$lɑi$_4^{21}$huk$_7^{55}$

lói lòi tam, marcher lentement. 慢慢走 lɑi$_5^{55}$ lɑi$_4^{21}$ tam$_3^{33}$//= siaŋ$_4^{21}$ siaŋ$_4^{21}$tam$_3^{33}$

tsoi 灾 ts^{h}ɑi^{33}

tsoi năn, calamité. 灾难 ts^{h}ɑi^{33}nɑn$_5^{55}$//tɔu$_4^{21-24}$ts^{h}ɑi^{33}受灾//ŋɑi$_2^{24-21}$tɔu$_4^{21}$难受//ŋɑi$_2^{24-21}$liu$_1^{35}$难看

<* *tsəi* 災

tsói (récidiver) 再 ts^{h}ɑi$_4^{21}$

bỏn tsek tsói nêa, revenez demain de nouveau. 明天再来 ʔbɑn$_2^{24-21}$ts^{h}ɛk$_8^{21}$ ts^{h}ɑi$_5^{55}$nia$_3^{33}$明天再来(又来一次)//ʔbɑn$_2^{24-21}$ ts^{h}ɛk$_8^{21}$ nɑ$_3^{33}$ nia$_3^{33}$明天才来// ʔbɑn$_2^{24-21}$ts^{h}ɛk$_8^{21}$ts^{h}uŋ$_2^{24-21}$nia$_3^{33}$明天重来(又来)

tsói diêm kua =*tsói sót kua*, rallumer. 再点过 ts^{h}ɑi$_5^{55}$ʔdem$_3^{33}$kua$_3^{33}$=再刷过 ts^{h}ɑi$_5^{55}$suat$_7^{55}$kua$_3^{33}$ 按:指点火。

tsói ing, revendre. 再卖 ts^{h}ɑi$_5^{55}$iŋ$_3^{33}$

tsói ngáu, se rasseoir. 再坐 ts^{h}ɑi$_5^{55}$ŋou$_1^{35}$

tsói hũk, refaire. 再做 ts^{h}ɑi$_5^{55}$huk$_7^{55}$

tsói kang kuà, répéter. 再讲话 ts^{h}ɑi$_5^{55}$kaŋ$_3^{33}$kua$_2^{24}$

<* *tsəi*ʾ 再

tsói (suivre, obéir à) 在 ts^{h}ɑi$_5^{55}$ 按:原文认为本字是"随",误。

tsói zoi sã aù, libre. 由你自己(在得自己) ts^{h}ɑi$_5^{55}$zai$_3^{33}$sa$_5^{55}$ɔu$_4^{21}$

tsói mo, cela dépend de vous, comme vous voudrez. 随便你/由你(在你) ts^{h}ɑi$_5^{55}$mɔ$_3^{33}$

tsói mo, comme il vous plaire. 由你(在你) ts^{h}ɑi$_5^{55}$mɔ$_3^{33}$

<* *zwie* 随

soi (filet) 网 sɑi$_3^{33}$

soi k'a liêm, toile d'araignée. 蜘蛛网(网蜘蛛) sɑi$_3^{33}$k^{h}ɑ$_3^{33}$lim$_3^{33}$(不说)//tei$_1^{35-21}$k^{h}ɑ$_3^{33}$lim$_3^{33}$(常说)

soi p'án aù, un hamac. 一张网(网张一) sɑi$_3^{33}$p^{h}an$_5^{55}$ɔu$_4^{21}$//≠p^{h}an$_4^{21-24}$ɔu$_4^{21}$

dà soi, maille de filet. 网眼(眼网) ʔda$_1^{35-21}$sɑi$_3^{33}$

soi hể bá, filet de pêche. 渔网(网捉鱼) sɑi$_3^{33}$he$_2^{24-21}$ʔba$_1^{35}$

=C. *pyoy* =Sek *proy*.

soi gager, conjecturer, deviner. 猜 sɑi$_3^{33}$

soi dêô, conjecturer juste, deviner juste. 猜对/猜着(猜着) sɑi$_3^{33}$ʔdeu$_3^{33}$

sói lune 月亮 sɑi$_1^{35}$

sói báng, clair de lune. 明月(月亮光/月亮亮) sɑi$_1^{35}$ʔbaŋ$_1^{35}$

sói p'êảng aù, croissant de lune. 新月/半园月(月边一) sɑi$_1^{35}$p^{h}iaŋ$_2^{24}$ɔu$_4^{21}$

sói biển, pleine lune. 圆月(月圆) sɑi$_1^{35}$ʔbien$_2^{24}$

sói siển k'oang p'ỏn nĩ dỗk, quand la lune a un halo il est près de pleuvoir. 月亮有晕要下雨(月旋框雨要下) sɑi$_1^{35}$ sien$_2^{24}$ k^{h}uaŋ^{33} p^{h}ɑn$_1^{35}$ ʔdi$_5^{55}$ ʔdok$_7^{55}$//=sɑi$_1^{35}$kit$_7^{55-33}$zuk$_8^{21}$p^{h}ɑn$_1^{35}$ʔdi$_5^{55}$ʔdok$_7^{55}$(月击巢雨要下)

sói 随 sui$_2^{24}$

sói mo, comme vous voudrez. 随你 sui$_2^{24-21}$mɔ$_3^{33}$//=sui$_2^{24-21}$ʔbien$_3^{33}$mɔ$_3^{33}$

sôi tóm ziàng-bỏn zoàn, se conformer à la volonté des autres. 随人心愿(随心人愿) sui$_2^{24-21}$tɔm$_1^{35-21}$ziaŋ$_2^{24-21}$ʔbɑn$_2^{24}$zuan$_3^{33}$

<* *zwie* 随

sòi 才 sɑi$_2^{24}$

sòi nừng, aptitude, capacité, talent. 才能 sɑi$_2^{24-21}$nəŋ$_2^{24}$//mən$_2^{24-21}$ sɑi$_2^{24-21}$nəŋ$_2^{24}$

sòi kón, talent. 才干 sɑi$_2^{24-21}$kɑn$_5^{55}$///mən$_2^{24-21}$sɑi$_2^{24-21}$kɑn$_5^{55}$

<* *dzəi* 才

sòi-(mille) 千 sai^{33}/sen$_1^{35}$

sòi -li-kía, jumelles. 望远镜(千里镜) sai^{33}li^{21}kia^{55}(海南话,王录尊) sai^{33}li^{24}kia^{55} = sa^{33}li^{24}kia^{55}(海南话,二李) 按:二李的发音将21调类推变调为24调。

sải-lĩ-kiá. 望远镜(千里镜) sai^{33}li^{24}kia^{55} = sai^{33}li^{21}kia^{55}

<H. *sải*.

sòi 财 sɑi$_2^{24}$

hom sòi, avide de gain. 贪财 ham^{33}sɑi$_2^{24}$

<* *dẓəi* 财

sòi 裁 sɑi$_2^{24}$

sòi p'ồng, tailleur. 裁缝 sɑi^{21}p^{h}oŋ^{21}

<* *dzəi* 裁

sỏi 锤 sui$_2^{24}$

sổi kiễt diển, un pic (pioche). 打石锤(锤击石) sui$_2^{24-21}$kit$_7^{55-33}$ʔdien$_2^{24}$

sỏi (chance) 运气(彩) sɑi$_2^{24}$

mưởn sỏi = *hổ sỏi*, heureusement. 有彩 mən$_2^{24-21}$sɑi$_2^{24}$ = 好彩 ho^{21}sɑi$_2^{24}$

zóng hổ sỏi, malchance, déconvenue. 不走运(不好彩) zɑŋ$_5^{55}$ho$_2^{24}$sɑi$_2^{24}$// = zun$_3^{33}$zɑŋ$_5^{55}$mɛŋ$_3^{33}$(运不好)// = zun$_3^{33}$su$_5^{55}$(运坏)

<*ᶜ *ts'əi* 彩

zoi, *zai* obtenir, pouvoir. 得/能 zai$_3^{33}$ 按:萨维纳记音有两读,实义动词今音只有一读。

zoi sề zông, mécontenter les gens. 得罪人(得罪别人) zai$_3^{33}$se$_4^{21}$zoŋ$_1^{35}$ (zɑi$_3^{33}$不可以)

zóng nòn zoi, méconnaître. 不认得 zɑŋ$_5^{55}$nɔn$_4^{21}$zɑi$_3^{33}$(zai$_3^{33}$也可以)// = zɑŋ$_5^{55}$tɔk$_7^{55}$zɑi$_3^{33}$// = zɑŋ$_5^{55}$hɔu$_4^{21}$zɑi$_3^{33}$

zóng kô zoi = *zóng zêá zoi* = *zóng zêá zoi mải*, abandonné par les médecins. 救不了(不救得) zɑŋ$_5^{55}$ko$_3^{33}$zɑi$_3^{33}$ = 医不了(不医得) zɑŋ$_5^{55}$zia$_1^{35}$zɑi$_3^{33}$ = 医不好(不医得好) zɑŋ$_5^{55}$zia$_1^{35}$zɑi$_3^{33}$mai$_2^{24}$(zai$_3^{33}$也可以)

bới zoi dóng, abordable, accessible. 去得了(去得到) ʔbəi$_1^{35}$zɑi$_3^{33}$ʔdɔŋ$_1^{35}$ (zai$_3^{33}$也可以)

tàn zoi, acceptable. 可以接受(答得) tan$_{1}^{35}$zɑi$_{3}^{33}$ 按:tan$_{1}^{35}$同鸡"叫"。

zau zoi, habitable. 可以住(住得) zou$_{3}^{33}$zɑi$_{3}^{33}$(zai$_{3}^{33}$也可以)

hũk zoi, admissible. 可以做/可行(做得) huk$_{7}^{55}$zai$_{3}^{33}$(zai$_{3}^{33}$也可以)

p'ìng zoi k'iến, le mal s'est aggravé. 病得重 p^{h}iŋ$_{4}^{21}$zɑi$_{3}^{33}$k^{h}ien$_{1}^{35}$

zồnq zoi, applicable. 可以用(用得) zoŋ$_{4}^{21}$zɑi$_{3}^{33}$(zai$_{3}^{33}$也可以)

têang zoi tsạk, apprivoiser. 驯服/顺服(养得熟) tiaŋ$_{4}^{21}$ zɑi$_{3}^{33}$ tuak$_{8}^{21}$ 按:指驯养动物顺服。(zai$_{3}^{33}$也可以)//tiaŋ$_{4}^{21}$ tuak$_{8}^{21}$养顺了(养熟了) 按:*tsạk* 是 *tuạk* 之误。

zai tóm ziàng-bỏn, capter les cœurs. 得人心(得心人) 按:法语解释为"骗取人心"。zai$_{3}^{33}$tɔm$_{1}^{35-21}$ziaŋ$_{2}^{24-21}$ʔban$_{2}^{24}$//=zai$_{3}^{33}$tɔm$_{1}^{35-21}$zoŋ$_{1}^{35}$(zɑi$_{3}^{33}$不可以)

nêa zoi họp tểi, arriver à temps. 来得及时(来得合时) nia$_{3}^{33}$zɑi$_{3}^{33}$hɔp$_{8}^{21}$ tɛi$_{2}^{24}$(zai$_{3}^{33}$也可以)

lêạk zoi meng, faire bon choix. 选得好/拣得好 liak$_{8}^{21}$zai$_{3}^{33}$mɛŋ$_{3}^{33}$(zai$_{3}^{33}$也可以)

zóng kón zoi, ne pouvoir manger. 不能吃(不吃得) zɑŋ$_{5}^{55}$kɔn$_{1}^{35}$zɑi$_{3}^{33}$(zai$_{3}^{33}$也可以)//zɑŋ$_{5}^{55}$zai$_{3}^{33}$kɔn$_{1}^{35}$不够吃//zai$_{3}^{33}$zɑŋ$_{5}^{55}$zai$_{3}^{33}$够不够

meng zoi lêào, (aller) beaucoup mieux. 好得多 mɛŋ$_{3}^{33}$zɑi$_{3}^{33}$liau$_{4}^{21}$

kang zoi mêạk = *kang zoi lung làng* = *kang zoi sing sủ*, (parler) distinctement. 讲得滑 kaŋ$_{3}^{33}$zɑi$_{3}^{33}$miak$_{8}^{21}$ =讲得流利(讲得珑琅) kaŋ$_{3}^{33}$zɑi$_{3}^{33}$luŋ$_{3}^{33}$ luaŋ$_{3}^{33}$ =讲得清楚 kaŋ$_{3}^{33}$zɑi$_{3}^{33}$siŋ^{33}so$_{2}^{24}$

按:王录尊说 luŋ$_{3}^{33}$laŋ$_{3}^{33}$是"初生小孩健康",不用来形容讲话。李焕才认为 luŋ$_{3}^{33}$luaŋ$_{3}^{33}$是小孩 3—6 岁,身上不长疮。

hũk zoi, marquer. 做记号 huk$_{7}^{55}$zɔi$_{3}^{33}$

zóng ế zoí p'ong, mémoire courte. 记不住(不忆得久) zɑŋ$_{5}^{55}$ e$_{1}^{35}$ zɑi$_{3}^{33}$ p^{h}ɔŋ$_{3}^{33}$

tõk zoi, connu (célèbre). 懂得 tɔk$_{7}^{55}$zɑi$_{3}^{33}$

ziàng-bỏn sóng kô zoi, malade désespéré. 绝症病人(人不救得) ziaŋ$_{2}^{24-21}$ ʔban$_{2}^{24-21}$zɑŋ$_{5}^{55}$ko$_{3}^{33}$zɑi$_{3}^{33}$ 按:*sóng* 是 *zóng* 之误。

mỏn no zú zoi, sans distinction de personne, n'importe qui. 不偏待人(谁都得) ʔban$_{2}^{24}$na$_{3}^{33}$zu$_{5}^{55}$zɑi$_{3}^{33}$ 按:*mỏn* 是 *bỏn* 之误。

ziù zoi sõk aù, libre. 由得自己 ziu^{21}zɑi$_{3}^{33}$sa$_{5}^{55}$ɔu$_{4}^{21}$ 按:*sõk aù* 讲不通,应

该有误。参看 *ziù* 韵。

=T. ‘*ʔday*=C.-D. ได้(能/会/可)

koi kỏi 该 kɑi^{33}

zóng koi, vous êtes trop aimable. 你太客气(不该) zɑŋ$_{5}^{55}$kɑi^{33}

kỏi dái, digne de mort. 该死 kɑi^{33}ʔdai$_{1}^{35}$

no no ỉng kỏi dái, tout le monde doit mourir. 人人应该死 nɑ$_{5}^{55}$nɑ$_{3}^{33}$iŋ^{33} kɑi^{33}ʔdai$_{1}^{35}$//ziaŋ$_{2}^{24-21}$ʔbɑn$_{2}^{24}$ts^{h}uŋ$_{5}^{55}$ʔdi$_{5}^{55}$ʔdai$_{1}^{35}$人总要死(更地道)

êng koi, falloir. 应该 eŋ^{33}kɑi^{33}

êng koi zềang k'oi hũk, comment faut-il faire. 应该怎样做(应该样几做) eŋ^{33}kɑi^{33}ziaŋ$_{4}^{21-24}$kəi$_{3}^{33}$huk$_{7}^{55}$//eŋ^{33}kɑi^{33}əŋ$_{5}^{55}$kəi$_{3}^{33}$huk$_{7}^{55}$应该这样做

<* *kəi* 該

kói 鸡 kɑi$_{1}^{35}$

hoa tiu kói, amarante. 鸡冠花(花首鸡) hua$_{1}^{35-21}$tiu$_{3}^{33}$kɑi$_{1}^{35}$

lòng kói, basse-cour. 鸡笼(笼鸡) lɔŋ$_{2}^{24-21}$kɑi$_{1}^{35}$

kói dống, chapon. 阉鸡(鸡阉) kɑi$_{1}^{35-21}$ʔdon$_{1}^{35}$ 按:*dống* 是 *dốn* 之误。

kói tếng, coq. 公鸡(鸡牲) kɑi$_{1}^{35-21}$teŋ$_{1}^{35}$公鸡(未阉过,配种的)

kói sóng, coq de bruyère, faisan. 野鸡(鸡山) kɑi$_{1}^{35-21}$sɑŋ$_{1}^{35}$

kók tán, chant du coq. 鸡叫/鸡鸣 kɑi$_{1}^{35-21}$tan$_{1}^{35}$ 按:也指时间(下半夜)。*kók* 是 *kói* 之误。

bau nòm kói, coquille d'œuf. 鸡蛋壳(壳蛋鸡) ʔbɑu^{33}nɔm$_{1}^{35-21}$kɑi$_{1}^{35}$

zộk koí, juchoir des poules. 鸡圈/鸡舍 zuk$_{8}^{21}$kɑi$_{1}^{35}$ 按:鸡圈、猪圈、牛圈都是 zuk$_{8}^{21}$。

=T. *kay'*=C.-D. ไก่(鸡) <* *kei* 雞

kói 街 kɑi$_{1}^{35}$

bới kói, aller au marché. 上街(去街) ʔbəi$_{1}^{35-21}$kɑi$_{1}^{35}$//=ʔbəi$_{1}^{35-21}$hou$_{1}^{35}$赶集(去墟)

<* *kae* 街

kòi 改 kɑi^{21}

kòi bêẳn mải, améliorer. 变好(改变好) kɑi^{21} ʔbian$_{5}^{55}$ mai$_{2}^{24}$//=huk$_{7}^{55}$ ʔbian$_{5}^{55}$mai$_{2}^{24}$(指人)//kɑi^{21}ʔbian$_{5}^{55}$mɛŋ$_{3}^{33}$//=huk$_{7}^{55}$ʔbian$_{5}^{55}$mɛŋ$_{3}^{33}$(指事)

<*ʿ *kəi* 改

kỏi 污垢 kɔi$_{2}^{24}$

kỏi hảu hế, crasse du corps. 身体的污垢(垢身体) kɔi$_{2}^{24-21}$hɔu$_{2}^{24-21}$he$_{2}^{24}$//

hɛn$_{2}^{24-21}$kɔi$_{2}^{24}$积累污垢(填垢)

=T. *gay*, C.-D. *gi* > *gei* ไค

k'òi 骑 k^{h}əi^{21} 按：*k'òi* 是 *k'ời* 之误。

k'òi mọ, à cheval, à califourchon sur un cheval. 骑马 k^{h}əi$_{4}^{21-24}$mɑʔ$_{8}^{21}$ 按："骑"读如海南话阳平,与本族词第 4 调同,并随第 4 调变调。

< ^{*c}*gie* 騎

ngoi pleurer 哭 ŋɑi$_{3}^{33}$ha$_{3}^{33}$zɑŋ$_{5}^{55}$ŋɑi$_{3}^{33}$出嫁不哭 按：长流人不哭嫁,也无哭嫁歌。

=T. *hay*, Mak '*ṅe*, Sui '*ʔṅe*, ... ไห้(哭)

ngoi obstacle 碍 ŋɑi$_{5}^{55}$

zóng mưởn ngoi, il n'y a pas d'obstacle. 没有碍 zɑŋ$_{5}^{55}$mən$_{2}^{24-21}$ŋɑi$_{5}^{55}$

< * *ṅəi*ʾ

ngòi 艾 ŋɔi$_{4}^{21}$

ngòi don, absinthe. 苦艾(艾棵) ŋɔi$_{4}^{21-24}$ʔdɔn$_{3}^{33}$

bõt ngòi, armoise. 艾蒿(草艾) ʔbɑt$_{7}^{55-33}$ŋɔi$_{4}^{21}$

< * *ṅae*ʾ 艾

ngòi 外 ŋɔi$_{4}^{21}$

dế ngòi ká, beau-père. 岳父(爹外家) ʔde$_{1}^{35-21}$ŋɔi$_{4}^{21-24}$ka$_{1}^{35}$爹外家(少说) 按：指亲家公。//ʔdɛ^{33}ŋɔi$_{4}^{21-24}$ka$_{1}^{35}$爹外家(多说) 按：指岳父。//=kuŋ$_{1}^{35-21}$ʔda$_{4}^{21}$岳父

< * *ṅuâi*ʾ 外

ói tousser 咳嗽 ɑi$_{1}^{35}$//ɑi$_{1}^{35}$k^{h}ien$_{1}^{35}$咳嗽重//ɑi$_{1}^{35}$k^{h}ei$_{3}^{33}$咳嗽轻//leŋ$_{4}^{21}$ke$_{2}^{24}$清嗓子

=T. *ʔay* =C.-D. ไอ(咳嗽)

ói désirer, aimer 爱 ɑi$_{5}^{55}$/ɑi$_{3}^{33}$

ói mù, aimer. 爱慕 ɑi$_{3}^{33}$mu$_{5}^{55}$//tiaŋ$_{5}^{55}$kə$_{4}^{21}$喜欢你(想你)

k'ò ói, aimable. 可爱 k^{h}o^{21}ɑi$_{5}^{55}$(不说)//hɑu$_{3}^{33}$ɑi$_{3}^{33}$好爱(常说)

ói sểng, attachement. 爱情 ɑi$_{5}^{55}$seŋ$_{2}^{24}$

mưởn ói sểng, charitable. 有爱情 mən$_{2}^{24-21}$ɑi$_{5}^{55}$seŋ$_{2}^{24}$

ói zẫk, vertu de charité. 善功(爱骨) 按：此条有问题。

ói sing =*ói sểng*, affection, amour. 爱情 ɑi$_{5}^{55}$siŋ$_{2}^{24}$=ɑi$_{5}^{55}$seŋ$_{2}^{24}$

ói siễt dọk ôi =*ói siễt siên ôi*, affectionner. 钟爱(爱惜疼爱 ɑi$_{3}^{33}$sit$_{7}^{55}$ʔdɔk$_{8}^{21}$ɑi$_{3}^{33}$=爱惜亲爱 ɑi$_{3}^{33}$sit$_{7}^{55}$sien^{33}ɑi$_{3}^{33}$)//ɑi$_{3}^{33}$sit$_{7}^{55}$爱惜 按：sit$_{7}^{55}$是亲的动作,只用于亲孩子。

ói sã aù, amour de soi. 自恋(爱自己) ɑi$_{3}^{33}$sa$_{5}^{55}$ɔu$_{4}^{21}$

ói nã aù, égoïsme. 自私(爱自己) ɑi$_3^{33}$sa$_5^{55}$ɔu$_4^{21}$　按：*nã* 是 *sã* 之误。

ói kỏn, amour mutuel, s'aimer mutuellement. 相爱(爱互相) ɑi$_5^{55}$kɔn$_2^{24}$

ói mểi, aimer éperdument. 迷恋(爱迷) ɑi$_5^{55}$mɛi$_2^{24}$//ɑi$_5^{55}$mɛi$_2^{24}$爱醉(容易醉)

p'iền ói, prédilection. 偏爱 p^{h}ien$_1^{35-21}$ɑi$_5^{55}$

<* *ʔəiᵓ* 愛

ỏi pousser (une brouette). 推(挨) əi$_2^{24}$//əi$_2^{24}$lian$_3^{33}$推倒//əi$_2^{24}$zoŋ$_1^{35}$推人(推别人)

<* *ʔaəi* 挨

-hoi (*tở -hoi*, affaire) 会/事情(事会) tə$_4^{21-24}$hoi$_3^{33}$

zóng lể tở -hoi sã aù, laisser ses affaires à l'abandon. 不理自己的事情(不理事会自己) zɑŋ$_5^{55}$le$_4^{21-24}$ʔbən$^{21-24}$si^{33} = zɑŋ$_5^{55}$le$_4^{21-24}$tə$_4^{21-24}$hoi$_3^{33}$sa$_5^{55}$ɔu$_4^{21}$　按：le$_4^{21}$ = li$_4^{21}$理。

tở -hoi nĩ, accessoire (affaire petite). 小事(事会小) tə$_4^{21-24}$hoi$_3^{33}$niʔ$_7^{55}$//tə$_4^{21-24}$hoi$_3^{33}$ne$_3^{33}$大事(事会大)

zóng mưởn tở -hoi, sans accident (pas avoir affaire). 没有事情(没有事会) zɑŋ$_5^{55}$mən$_2^{24-21}$tə$_4^{21-24}$hoi$_3^{33}$

bưởn tở -hoi, adresse, habileté. 有事情(有事会) mən$_2^{24-21}$tə$_4^{21-24}$hoi$_3^{33}$　按：*bưởn* 是 *mưởn* 之误。法语解释是"灵巧",错误。

tở -hoi zế zaủ, affaire de famille. 家务事(事会在家) tə$_4^{21-24}$hoi$_3^{33}$ze$_1^{35-21}$zan$_2^{24}$(常说)

zóng-lể tở-hoi, incurie. 粗心/粗枝大叶(不理事会) zɑŋ$_5^{55}$le$_4^{21-24}$tə$_4^{21-24}$hoi$_3^{33}$

tở-hoi, besogne. 事情/活儿(事会) tə$_4^{21-24}$hoi$_3^{33}$

hói dégâts. 坏 huai$_5^{55}$；害 hɑi$_5^{55}$　按：单念时可以是高降调,实际上是普通话影响。

hoi léser, préjudice. 伤害/损害 hɑi$_5^{55}$

hoi tóm, blessant. 心坏(害心) hɑi$_5^{55}$tɔm$_1^{35}$(不说)//p^{h}ai$_4^{21-24}$tɔm$_1^{35}$费心/败心(常说)//tɔm$_1^{35}$p^{h}ai$_4^{21}$心坏(心败)

hói zông, nuire aux gens. 害人(害别人) hɑi$_5^{55}$zoŋ$_1^{35}$

têáng hói, dommage. 伤害 tiaŋ^{33}hɑi$_5^{55}$

hói sô, enlever (voler, piller). 大害(害大) hɑi$_5^{55}$so$_1^{35}$　按：法语解释是

“举起(滚动、掠夺)”,误。

hoi sổ, ravage. 大害(害大) hai$_5^{55}$ so$_1^{35}$//hai$_5^{55}$ so$_1^{35}$太大//=hai$_5^{55}$ ne$_3^{33}$太大 按:法语解释为“破坏、蹂躏”。

tảu hoi, éprouver un dommage, pâtir. 遭害(受害) tɔu$_4^{21-24}$ hai$_5^{55}$受害//tau^{33}hai$_5^{55}$遭害

zêá hói mểng, vermifuge. 杀虫药(药毒虫) zia$_1^{35-21}$ hɔi$_4^{21-24}$ miŋ$_2^{24}$//kai$_1^{35}$ tɔu$_4^{21-24}$hɔi$_4^{21}$鸡被下药了(鸡受毒了)//hɔi$_4^{21-24}$kai$_1^{35}$用毒药药鸡(药鸡)//hɔi$_4^{21}$ huaŋ$_2^{24}$屠夫 按:不变调。//hɔi$_4^{21}$ huaŋ$_2^{24}$ ka$_3^{33}$ mou$_1^{35}$屠夫杀猪//hɔi$_4^{21}$ huaŋ$_2^{24-21}$ ka$_3^{33}$mou$_1^{35}$杀猪的屠夫//hɔi$_2^{24}$ləŋ$_1^{35}$死而复生(提回)//mɔk$_8^{21}$ hɔi$_2^{24}$稻谷受潮

<* *ɣâi*ᵓ 害

hói 太 hai$_5^{55}$ 按:原文本字考为“慰”,误。

saù mườn hói kua, inconsolable. 愁闷太过 sɔu$_2^{24-21}$mən$_4^{21}$hai$_5^{55}$kua$_3^{33}$

<* *ʔʷiəi*ᵓ 慰

hói 串 hai$_1^{35}$(与“梳子”同音)

mạk mườn hói aù, un régime de bananes. 一串香蕉(香蕉串一) hai$_5^{55}$ ɔu$_4^{21}$ mak$_8^{21}$ mən$_2^{24}$一串香蕉//mak$_8^{21}$ mən$_2^{24}$ ʔbun$_5^{55}$ hai$_1^{35}$两串香蕉//tuat$_7^{55}$ ɔu$_4^{21}$ mak$_8^{21}$huan$_1^{35}$一串荔枝(串一果番)

hói 剃 hɔi$_3^{33}$

hoi mồng, raser la barbe. 剃胡子 hɔi$_3^{33}$ muŋ$_4^{21}$//=k^{h}ɔm$_2^{24-21}$ muŋ$_4^{21}$刮胡子//k^{h}ɔm$_2^{24-21}$ ʔban$_2^{24}$刮(猪毛)//k^{h}ɔm$_2^{24-21}$ ʔbien$_4^{21}$刨木板

tả bẹ hói hau, barbier perruquier. 剃头师傅(师傅剃首) ta^{33} ʔbɛ^{33} hɔi$_3^{33}$ hau$_3^{33}$ 按:ta^{33}ʔbɛ^{33}是海南话说法。

hoi hau, se raser la tête. 剃头(剃首) hɔi$_3^{33}$hau$_3^{33}$

hói mọ aù, un peigne. 一个梳子(梳子个一) hai$_1^{35}$mɔʔ$_8^{21}$ ɔu$_4^{21}$

hói bỏn sồ = *hói hau*, se peigner. 梳头发 hai$_1^{35-21}$ ʔban$_2^{24-21}$ so$_3^{33}$ = 梳头 hai$_1^{35-21}$hau$_3^{33}$

hói bỏn sồ, faire sa toilette. 梳洗/如厕(梳头发) hai$_1^{35-21}$ ʔban$_2^{24-21}$ so$_3^{33}$

miệt hoi hao, rasoir. 剃头刀(刀剃头) mit$_8^{21}$ hɔi$_3^{33}$hau$_3^{33}$

<* *t'ei*ᵓ 剃

hói (très) 太 hai$_5^{55}$

kông hũk hói kon, travail absorbant. 工作太忙(工作太赶) koŋ$_1^{35-21}$ huk$_7^{55}$

$hai_5^{55}kɔn_3^{33}$工作太忙//$huk_7^{55-33}koŋ_1^{35}hai_5^{55}kɔn_3^{33}$做工太忙

hói hoa, très acide. 太酸 $hai_5^{55}hua_3^{33}$

hói kua, immodéré, outrepasser. 太过分(太过) $hai_5^{55}kua_3^{33}$

hói lêào, nombreux. 太多 $hai_5^{55}liau_4^{21}$

hói sô, démesuré. 太大 $hai_5^{55}so_1^{35}$

kang zoi hói kua, exagérer. 夸大(讲得太过) $kaŋ_3^{33}zai_3^{33}hai_5^{55}kua_3^{33}$

hói lêào p'úới = *hói lêào són* = *hỏi leảo sêáu* = *hói lêào luổn*, souvent. 经常(太多回 = 太多亲 = 太多次 = 太多轮) hai_5^{55} $liau_4^{21}$ $p^hai_2^{24}$很多下(太多回) 按：$p^hai_2^{24}$有几"下"的意思。//hai_5^{55} $liau_4^{21}$ siu_2^{24}很多次(太多次)//= $hai_5^{55}liau_4^{21}$ $sɔn_1^{35}$很多趟(太多亲)//= hai_5^{55} $liau_4^{21}$ lun_2^{24}很多轮(太多轮)//$ʔbai_5^{55}$ lun_2^{24}那次//siu_2^{24} $ɔu_4^{21}$ $mɔ_3^{33}kit_7^{55-33}$ zia_3^{33} hai_5^{55} $liau_4^{21}$ siu_2^{24}他一次打了我太多下(一次他击我太多下)

<* *t'âi*' 太

hói bigorneau, coquillage. 螺蛳/贝类 $hɔi_1^{35}hɔi_1^{35-21}sɛn_2^{24-21}lua_2^{24}$螺蛳(螺旋螺)// $hɔi_1^{35-21}ʔbak_7^{55-33}ʔbiaŋ_1^{35}$贝类(薄嘴螺)//$hɔi_1^{35-21}ʔbak_7^{55-33}p^hian_3^{33}$贝类(扁嘴螺)

= T. *ho:y* หอย(贝类)

hỏi 开 $hɔi_2^{24}$

hỏi kang, aborder une question. 开讲 $hɔi_2^{24}kaŋ_3^{33}$(不说)//$k^hei_1^{35}kaŋ_3^{33}$(常说) 按：$hɔi_2^{24}kaŋ_3^{33}$应该是粤语说法。

<=T. *khay* * *kəi* 開

与台语中特别带-*ag* 和-*a: y*, -*o: g*, -*i* 的词对应：

	临高	台语	壮语	石家	莫语	水语	侗语	黎萨	黎王
obtenir 得	*zoi*	*'ʔday*	*'ʔday*	*ʔday*	*'ʔday*	*'ʔday*	*'ʔli*	(*ma*	*po*)
loin 远	*lói*	*klay*	*klay>* *kyay*	*tlay*	*tyəy*	/	*kay/lay*	*lay*	*lay*
fil 线	/	*hmay*	*hmay*	(*sel*)	*hmay*	/	/	/	*voy*
poulet 鸡	/	*kay'*	*kay'*	*kay*	*ka: y'*	*qa: y'*	*ʔa: y'*	*khay*	*khay*
tousser 咳嗽	*ói*	*mói*	*ʔay*	*ʔay*	*ga: y*	/	*ñe*	/	*vu: ṅ*)
crasse 屎	*kỏi*	*kói*	*Gi>Gey*	/	/	/	/	/	/
pleurer 哭	*ngoi*	*'hay*	*'tay*	*tay*	*'ʔñe*	*'ʔñe*	*'ʔñe*	*ṅêi*	*ṅa: y*
Pointe 梢/顶	*bói*	*pla: y*	*pla: y>* *pya: y*	*pla: y*	*phe*	*phe*	*phe*	*mut*	/
rotin 藤	*bói*	*hwa: y*	*hwa: y*	*va: y*	(*dya: w*	/	*tya: w*)	(*kat*)	/

Ouvrir 开	*hỏi*	*khay*	*ha:y*	*hay*	*hay*	*hhay*	*hay*	(*ṅa vi*	*və*)
éventail 扇子	*p'oi*	*wi*	*bi>bey*	*phi*	**bəy*	/	*wa:y*	(*vuṅ*	*voṅ*)
canne à sucre 甘蔗	*moi*	*'ʔo:y*	*'ʔo:y*	*'ʔoy*	*'ʔoy*	/	/	*ma:y*	*ma:y*
coquille 蚌	*hói*	*ho:y*	*say*	/	*ty'uy*	/	/	/	*čei*

OAI-UAI

noai las, chétif, fatigué, faible, abattement. 累/疲乏 nuai$_3^{33}$

p'ãt noai, mollir. 发软 p^{h}at$_7^{55-33}$ nuai$_3^{33}$（少说）//kok$_7^{55}$ nəi$_2^{24}$ 脚软//nəi$_2^{24}$ nuai$_3^{33}$ 又软又累

hau noai, exténué. 疲乏（好累）hɑu$_3^{33}$nuai$_3^{33}$ 好累//hɑu$_3^{33}$nəi$_2^{24}$ 好软

haù hể noai, faible. 身体累 hɔu$_2^{24-21}$he$_2^{24}$nuai$_3^{33}$//hɔu$_2^{24-21}$he$_2^{24}$nəi$_2^{24}$

noai ŋnêạk, alanguir, affaiblissement. 软弱 nuai$_3^{33}$ niak$_8^{21}$ 按：海南话说法。

noai nêộk, débile. 软弱 nuai$_3^{33}$niak$_8^{21}$ 按：长流 nuai$_3^{33}$niak$_8^{21}$ 只说身体软弱，不说性格软弱。

hểng noai, se reposer de fatigue. 休息/恢复疲劳（停软）hɛŋ$_2^{24-21}$nuai$_3^{33}$

=T. *hnɯəy'*, *hna:y'* เหนื่อย（累） **ᶜ*nəi* 疠

kuái 怪

k'ì kuái=*k'ể kuái*, anomalie. 奇怪 k^{h}i^{21}kuai^{55}（少说）//=kak$_8^{21}$ ziaŋ$_4^{21}$（长流话，常说）

<* *kᶜwai*ᵓ 怪

kuái（rusé）怪 kuai$_5^{55}$ 按：原文认为本字是"佹"，误。

kủi kuái, astucieux. 诡怪 kui^{21}kuai$_5^{55}$

<**ᶜ*k*^{w}*i̯e* 佹

k'oái（rapide, aussitôt）快

k'oái k'oái hũk, s'empresser. 快快做 k^{h}uai$_5^{55}$k^{h}uai$_3^{33}$huk$_7^{55}$

k'oai -na dóng, le premier venu. 先到的（在前到）k^{h}ai$_3^{33}$na$_3^{33}$ʔdɔŋ$_1^{35}$

k'oai -na mưởn, préexister, antérieur. 先有 k^{h}ai$_3^{33}$na$_3^{33}$mən$_2^{24}$

k'oai -na, antécédent, antérieurement,（aussitôt devant）auparavant. 先/在前 k^{h}ai$_3^{33}$na$_3^{33}$

hũk k'oai -na, anticiper. 先做（做先）huk$_7^{55}$k^{h}ai$_3^{33}$na$_3^{33}$

k'oai -na kẻo, le mois précédent. 上个月 k^{h}ai$_3^{33}$na$_3^{33}$kɛu$_2^{24}$

tam k'oai -na, marcher devant, précéder. 先走(走先) tam$_3^{33}$k^{h}ai$_3^{33}$na$_3^{33}$

k'oai -na kí bỏn, ces jours derniers. 前几天 k^{h}ai$_3^{33}$na$_3^{33}$ki$_5^{55}$ʔbɑn$_2^{24}$

tsim k'oái -na, 先占(侵前) ts^{h}im^{33}k^{h}ai$_3^{33}$na$_3^{33}$//ts^{h}im^{33}ʔda$_1^{35-21}$lei$_2^{24}$后占//=ts^{h}im^{33}ʔdaŋ$_1^{35-21}$lei$_2^{24}$

k'oái -na bỏn aù, la veille. 前一天 k^{h}ai$_3^{33}$ na$_3^{33}$ ʔbɑn$_2^{24}$ ɔu$_4^{21}$//k^{h}ai$_3^{33}$ na$_3^{33}$ ʔbɑn$_2^{24}$以前的某一天//ʔbɑn$_2^{24-21}$hɯn$_1^{35}$前天

k'oai -na bưởn bỏn, l'avant-veille. 前两天 k^{h}ai$_3^{33}$na$_3^{33}$ʔbun$_5^{55}$ʔbɑn$_2^{24}$

k'oai (rapide) 快 k^{h}uai$_3^{33}$

k'ìng k'oai, agile. 灵活(轻快) k^{h}iŋ$_1^{35-21}$k^{h}uai$_3^{33}$

nòm lềi k'óai, courant rapide. 水流得快(水流快) nɑm$_4^{21}$lei$_1^{35}$k^{h}uai$_3^{33}$

ziàng bỏn zỏng mể k'oai na, agresseur. 进攻者/先下手的人(人下手先) ziaŋ$_2^{24-21}$ʔbɑn$_2^{24-21}$zɔŋ$_2^{24-21}$me$_2^{24}$k^{h}ai$_3^{33}$na$_3^{33}$

k'oai lok, allégresse. 快乐 k^{h}uai$_3^{33}$lok$_8^{33}$//hɑu$_3^{33}$lak$_8^{21}$好乐

k'oái k'oái, avec célérité, se dépêcher. 快快 k^{h}uai$_3^{33}$k^{h}uai$_3^{33}$

tam k'oai, marcher vite. 快走(走快) tam$_3^{33}$k^{h}uai$_3^{33}$走得快//k^{h}uai$_5^{55}$tam$_3^{33}$走快一点

sổng k'oái, délices. 爽快 suaŋ^{21} k^{h}uai$_3^{33}$//kui$_5^{55}$ zin$_5^{55}$ 过瘾//zin$_5^{55}$ zɑn$_3^{33}$ 酒瘾//zin$_5^{55}$in$_1^{35}$烟瘾

<* *k'wəi'* 快

只有一条对应词,也许是汉语词:

	临高	台语	壮语	石家	莫语	水语	侗语	黎萨
fatigué 累	*noai*	*hnɯəy*	*hna:y'*	/	*ʔne'*	*ʔni'*	/	*kả*

IU

p'iú ticket (de chemin de fer). 票 p^{h}iu$_1^{35}$//ʔbian$_1^{35-21}$p^{h}iu$_1^{35}$买票

<* *p'i̯eu'* 票

p'iụ 吐 p^{h}uʔ$_7^{55}$吐(吐唾沫)

p'iụ nòm mái, cracher. 吐唾沫 p^{h}uʔ$_7^{55-33}$nɑm$_4^{21-24}$mai$_2^{24}$

miú 猫 miu$_1^{35}$

bỏn miú, poil follet. 细毛/绒毛//猫毛(毛猫) ʔbɑn$_2^{24-21}$miu$_1^{35}$//ʔbɑn$_2^{24-21}$hɔu$_2^{24}$体毛/汗毛

noạk kù miú, hibou. 猫头鹰(鸟咕猫) nuak$_8^{21}$ku^{21}miu$_1^{35}$

tiu tiu_3^{33}

tiu kói, crête de coq. 鸡冠(首鸡) $tiu_3^{33}kai_1^{35}$

hoa tiu-kói, amarante. 鸡冠花(花首鸡) $hua_1^{35-21}tiu_3^{33}kai_1^{35}$

tiu 受/少 tiu_3^{33} 按：原文说本字是“丢”，误。

tiu ka, subir un affront. 受辱 $tiu^{33}ka_3^{33}$ 受杀(少说) 按：读音同“少杀”。//$liau_4^{21}ka_3^{33}$ 多杀//$tɔu_4^{21-24}ka_3^{33}$ 被杀(常说)

<* *tịu* 丢

tiu peu, petit 少 tiu_3^{33}

kẹk tiu, moins. 极少 $kek_8^{21}tiu_3^{33}$

tiu tsĩ, un peu moins. 少一些 $tiu_3^{33}ts^hit_7^{55}$

keẳm tiu, décrottre. 减少 $kiam_2^{24}tiu_3^{33}$//$kiam_2^{24-21}ziaŋ_2^{24-21}ʔban_2^{24}$ 减人/裁员

mưởn tiu, il y a peu. 有少//$mən_2^{24}tiu_3^{33}mən_2^{24}liau_4^{21}$ 有多有少(有少有多)//$mən_2^{24-21}ʔbəi_1^{35}mən_2^{24-21}ləŋ_1^{35}$ 礼尚往来(有去有回)

hoa tiu kẳt, balsamine. 凤仙花(花首扎) $hua_1^{35-21}tiu_3^{33}kat_7^{55}$(不说)//$ʔdɔn_3^{33}tiu_3^{33}kat_7^{55}$(一种树，用叶子汁液染指甲、染头发)

nòm dỗk tiu, les eaux décroissent. 水下降少(水降少) $nam_4^{21}ʔdok_7^{55}tiu_3^{33}$//$p^han_1^{35}ʔdok_7^{55}tiu_3^{33}$ 降雨少(雨降少)

dạp tiu zoa, border un habit. 给衣服锁边(叠绣衣) $ʔdap_8^{21}tiu_3^{33}zua_3^{33}$

tiu sẻn bưởn mưởn, il manque deux sapèques. 少两文钱(少钱两文) $tiu_3^{33}sɛn_2^{24}ʔbun_5^{55}mun_2^{24}$

kột tiu zổng, se dégonfler. 肿消了(肿少下) $kɔt_8^{21}tiu_3^{33}zɔŋ_2^{24}$

mưởn tiu, rare. 少有(有少) $mən_2^{24}tiu_3^{33}$//$mən_2^{24}tiu_3^{33}mən_2^{24}liau_4^{21}$ 有多有少(有少有多)

<*ᶜ *šịeu* 少

tiú 兽 tiu_3^{33}

k'òm tiú, animal. 禽兽 $k^hɔm_2^{24-21}tiu_3^{33}$//=$k^him_2^{24-21}tiu_3^{33}$

<H. *tiú* **šịuᵓ* 獸

kang zai tiú lí, parler couramment. 讲得流利 $kaŋ_3^{33}zai_3^{33}liu_2^{24}li_5^{55}$//$kaŋ_3^{33}zai_3^{33}miak_8^{21}ʔbak_7^{55}$ 讲得嘴滑//$teŋ_1^{35}zai_3^{33}tiu_5^{55}li_5^{55}$ 生得秀丽 按：*tiú* 是 *liú* 之误。

<H. *tiú* ***sịuᵓ* 秀

tiú 绣 tiu$_5^{55}$

tiú hóa, broder. 绣花 tiu$_5^{55}$hua$_1^{35}$//≠tiu$_3^{33}$hua$_1^{35}$少花

<H. *tiú* *si̯u^ʔ 繡

niú 猫 miu$_1^{35}$ 按：*niú* 应该是 *miú*。发音人都说长流"猫"没有 niú 的读法。

niú haú aù, un chat. 一只猫(猫只一) miu$_1^{35}$hɔu$_2^{24}$ɔu$_4^{21}$

niú sóng, un lynx (chat de montagne). 野猫/猞猁(猫山) miu$_1^{35-21}$saŋ$_1^{35}$

<? **mi̯eu* 貓

niù 闻/嗅 niu$_3^{33}$

niù ởi, flairer (sentir). 闻一下 niu$_3^{33}$əi$_1^{35}$//liu$_1^{35}$əi$_1^{35}$看一下//zom$_2^{24}$əi$_1^{35}$摸一下

liú considérer, espérer, regarder 看 liu$_1^{35}$

liú dảu, garder la porte. 看门 liu$_1^{35-21}$ʔdɔu$_2^{24}$

liú ngảu, garder les buffles. 看牛 liu$_1^{35-21}$ŋɔu$_2^{24}$

king liú na, miroir. 镜子(镜看脸) kiŋ$_3^{33}$liu$_1^{35-21}$na$_3^{33}$

liú zông k'êi, mépriser (regarder mauvais air). 轻看别人/看不起人 liu$_1^{35-21}$zoŋ$_1^{35}$k^{h}ei$_3^{33}$看人轻//liu$_1^{35}$zaŋ$_5^{55}$lɔu$_2^{24}$看不起

ziàng-bỏn liú bẵk dảu, concierge. 看门人(人看门) ziaŋ$_2^{24-21}$ʔban$_2^{24-21}$liu$_1^{35-21}$ʔbak$_7^{55-33}$ʔdɔu$_2^{24}$

liú haù, regarder, apercevoir. 看到(看见) liu$_1^{35}$hɔu$_4^{21}$

liú tứ zóng hểng, s'absorber dans l'étude. 专心看书(看书不停) liu$_1^{35-21}$tɯ$_1^{35}$zaŋ$_5^{55}$hɛŋ$_2^{24}$

kièng tểng liú mọk mọt, aéromancien. 风水先生(公生看块土) kuŋ$_1^{35-21}$teŋ$_1^{35-21}$liu$_1^{35-21}$mak$_8^{21}$mat$_8^{21}$//mak$_8^{21}$mat$_8^{21}$土块(块土) 按：*kièng* 是 *kùng* 之误。

hau liú, agréable. 好看 hau$_3^{33}$liu$_1^{35}$

liú zóng haù, invisible. 看不到(看不见) liu$_1^{35}$zaŋ$_5^{55}$

ng'ềng hau liú=dỏng hau liú, lever la tête pour voir. 仰头看(昂首看) ŋeŋ$_2^{24-21}$hau$_3^{33}$liu$_1^{35}$=抬头看(竖首看) ʔdoŋ$_2^{24-21}$hau$_3^{33}$liu$_1^{35}$//ŋeŋ$_2^{24-21}$lɛk$_8^{21}$让孩子骑在肩膀上(昂子)//ŋeŋ$_2^{24-21}$keu$_4^{21-24}$ʔbɛi$_2^{24}$用头顶着烧柴(昂物火)

aú zêa liú, laissez-moi voir. 让我看(要我看) ɔu$_1^{35}$zia$_3^{33}$liu$_1^{35}$

liú hóa mể, chiromancie. 看手相(看花手) liu$_1^{35-21}$hua$_1^{35-21}$me$_2^{24}$

liú hêi, regarder la comédie. 看戏 liu$_1^{35-21}$hei$_3^{33}$

âú zống liú, montrer le chemin. 给人看(给/要别人看) ɔu$_1^{35-21}$ zoŋ$_1^{35}$ liu$_1^{35}$ 按:法语解释是"指路",误。

tiễt liú, se décourager. 泄气/气馁(泄看) tiet$_7^{55-33}$ liu$_1^{35}$(不说) 按:此条发音人不知道怎么说。

sí liú meng zóng meng, déguster. 试看好不好 si$_5^{55}$ liu$_1^{35}$ mɛŋ$_3^{33}$ zɑŋ$_5^{55}$ mɛŋ$_3^{33}$

liú hiến, observer le ciel. 看天 liu$_1^{35-21}$ hien$_1^{35}$

soạk dá liú zống, dévisager les gens. 盯着人看(戳眼看别人) suak$_7^{55-33}$ ʔda$_1^{35}$ liu$_1^{35-21}$ zoŋ$_1^{35}$ 戳眼看别人//lɛŋ$_3^{33}$ ʔda$_1^{35}$ liu$_1^{35-21}$ zoŋ$_1^{35}$ 瞪眼看别人

liú zoi hàu, visible, perceptible. 看得见 liu$_1^{35}$ zɑi$_3^{33}$ hɔu$_4^{21}$

liú tuổn, viser. 瞄准(看准) liu$_1^{35}$ tun$_2^{24}$

họp liú dêào, étoffe rayée. 条绒布/灯芯绒布(布螺条) hɑp$_8^{21}$ lui$_5^{55}$ ʔdiau^{21}//=hɑp$_8^{21}$ lui$_5^{55}$ 按: *liú* 是 *lúi* 之误,参看 *họp* 条。

=T. *hliew* เหลียว

liù retrousser 撩/捲/挽 liu$_3^{33}$ 挽(袖子)

liù kiển zoa, retrousser les manches. 挽袖子(撩袖衣) liu$_3^{33}$ kien$_1^{35-21}$ me$_2^{24}$ 挽袖子//liu$_3^{33}$ sɑu$_3^{33}$ sɑk$_7^{55}$ 壅菜畦//liu$_3^{33}$ zuai$_2^{24}$ 壅土

liù kỗk k'ô, retrousser son pantalon. 撩裤脚(撩脚裤) liu$_3^{33}$ kok$_7^{55-33}$ k^{h}o$_3^{33}$

<* *leu* 撩

tsiu 就/照 按:原文说本字是"焦",误。

tsiu bểi zóng, attiser le feu. 挑旺火(就火烧) ts^{h}iu$_3^{33}$ ʔbɛi$_2^{24}$ zɔŋ$_1^{35}$(zɔŋ$_1^{35}$ 烧≠zoŋ$_1^{35}$ 焦)//ʔbɛi$_2^{24}$ zɔŋ$_1^{35}$ 火烧//hoŋ$_2^{24}$ zoŋ$_1^{35}$ 煮焦了 按:主谓结构、述补结构不变调。

tsiu báng, éclairer. 照亮 ts^{h}iu$_3^{33}$ ʔbaŋ$_1^{35}$//ts^{h}iu$_3^{33}$ ʔdei$_3^{33}$ 就灯/照灯(引火点灯)

tsiu bểi, enflammer, (flamber), phare. 引火(就火/照火) ts^{h}iu$_3^{33}$ ʔbɛi$_2^{24}$//sɔt$_7^{55-33}$ ʔbɛi$_2^{24}$ 点火(擦火)//ʔdo$_3^{33}$ ʔbɛi$_2^{24}$ 生火//zut$_7^{55-33}$ ʔbɛi$_2^{24}$ 烧火(大堆)//k^{h}ei$_3^{33}$ ʔbɛi$_2^{24}$ hoŋ$_2^{24-21}$ ŋai$_2^{24}$ 起火煮饭(干饭)

<H. *chiô* * *tsi̯eu* 焦

tsiu 就 ts^{h}iu$_3^{33}$

ngáu tsiu =*tsiu*, orientation. 定方向(坐就=就) ŋou$_1^{35}$ ts^{h}iu$_3^{33}$ 坐就//ŋou$_1^{35}$ ts^{h}iŋ$_3^{33}$ 坐正

tsiu bẫk, vers le nord. 向北(就北) ŋou$_1^{35}$ ts^{h}iu$_3^{33}$ ʔbək$_7^{55}$ 坐就北(房子面向北)//ŋou$_1^{35}$ ts^{h}iŋ$_3^{33}$ ʔbək$_7^{55}$ 坐正北

tsìu 啾 $ts^hiu_4^{21}$ 按：拟声词，本字不是“嚏”。

hã tsìu, éternuer. 打喷嚏(哈啾) $ha_5^{55}ts^hiu_4^{21}$

<*hãt-siu* ? **tei*ˀ 嚏

siu 鞦

ka siu siăn, balançoire. 秋千架(架秋千) $ka_3^{33}siu^{33}sian^{33}$//=$ka_3^{33}$ $ŋau_2^{24-21}$ $ts^hɑu_3^{33}$(架摇锄，常说) 按：$ts^hɑu_3^{33}$锄≠$ts^hau_3^{33}$灶。

<**ts'i̯u* 鞦

siú 箫(唢呐) sui_1^{35} 按：*siú* 是之 *súi* 误。

lẹk siú, flûte. 箫(唢呐) $lɛk_8^{21}sui_1^{35}$箫(唢呐) 按：法语解释为“笛子”，误。//$lɛk_8^{21}sui_1^{35-21}huaŋ_1^{35}$笛子($huaŋ_1^{35}$横)

bêảu siú, jouer de la flûte. 吹箫(吹唢呐) $ʔbeu_4^{21-24}sui_1^{35}$吹箫(吹唢呐)//≠$ʔbeu_1^{35}$ sui_1^{35} 叫箫(这东西叫箫)//$ʔbeu_1^{35-21}$ $mɔ_3^{33}$ 叫你 按：$ʔbeu_4^{21}$ 吹≠$ʔbeu_1^{35}$叫。

**seu* 簫

siủ (arbre) 树 siu^{33}(海南话)

siủ-nì, caoutchouc. 橡胶(树泥) $siu^{33}ni^{21}$

hài siủ-nì, souliers en caoutchouc. 胶鞋(鞋树泥) $hai_2^{24-21}siu^{33}ni^{21}$

<**io*ˀ 樹

siủ (main) 手 siu^{21}

siủ-kiên =*siủ-p'é*, mouchoir, serviette. 手巾 $siu^{21}kin^{33}$ = 手帕 $siu^{21}p^hɛ_5^{55}$ (海南话)

*ᶜ*šiu* 手

ziù 由/游 ziu^{21}

ziù zoi sã aù, libre (indépendant). 由得自己 $ziu^{21}zɑi_3^{33}sa_5^{55}ɔu_4^{21}$

ziù ziù déo, fuir à la débandade. 乱跑(游游逃) $ziu^{21}ziu^{21}ʔdɛu_2^{24}$

**i̯u* 遊

k'iù 翘 $k^hiu_1^{35}$

k'iù k'a, croiser les jambes. 翘腿 $k^hiu_1^{35-21}k^ha^{33}$翘腿(海南话)//$k^hiu_1^{35-21}$ kok_7^{55}翘腿(跷二郎腿)//=$k^hiu_1^{35-21}kɛŋ_4^{21}$翘腿(翘胫)//$k^hiu_1^{35-21}k^ha^{33}$翘腿/打叉(批改作业时给学生打叉)//=$k^hiu_5^{55}k^ha^{33}$翘腿/打叉//$sam_1^{35-21}me_2^{24}$双手交叉胸前(掺手)//$ts^ham_1^{35-21}lo_3^{33}$双手叉腰//$sam_1^{35-21}kok_7^{55}$双腿交叉//$ts^ham_1^{35-21}$ kok_7^{55}叉开两腿(骂人时的动作)

<**kau* 交

k'iù 球 k^{h}iu^{21}

k'iù mọ aù, un ballon, une boule. 一个球(球个一) k^{h}iu^{21}mɔʔ$_8^{21}$ɔu$_4^{21}$ 按:实际读为 mɔ$_4^{21-24}$ɔu$_4^{21}$。

k'ĭt k'iu, jouer au ballon. 打球(击球) kit$_7^{55-33}$k^{h}iu^{21}

hẽk k'iù, jouer au ballon. 踢球 hɛk$_7^{55-33}$k^{h}iu^{21}//=tiau$_4^{21-24}$k^{h}iu^{21}

<H. *k'iù* **giu̯* 球

iù 油 iu^{21}

tsí iù, sauce de soja. 酱油(豉油) ts^{h}i^{33}iu^{21}(读汉字)//ts^{h}iaŋ$_5^{55}$zɔu$_2^{24}$酱油//tseu^{33}iu^{21}酱油(海南话)

<**i̯u* 油

iù 腰 iu$_1^{35}$

ziằn iù tsư, poumon. 肾/腰子(仁腰子) zian$_1^{35-21}$iu$_1^{35-21}$ts^{h}ɯ$_3^{33}$ 按:法语解释是肺,误。

họp iù dui, satin. 缎子(布绸缎) hɑp$_8^{21}$ʔdiu^{21}ʔdui^{33} 按:*iù* 是 *diù* 之误。

只有一个对应词:

	临高	台语	壮语	石家	莫语	水语	侗语	黎萨	黎王
regarder 看	*líu*	*hlɯə*	*'ʔyiew* /*'hliew*	(…)	(*'do*) (*'kaw*)	/	(*nan̉*)	*lai* *kiu*	*lo*

ÊU

bêu 叫(报) ʔbeu$_1^{35}$

béu haù, annoncer. 叫号(报号) 按:法语解释是"发布、宣布"。ʔbeu$_1^{35-21}$ho^{33}//ʔbɑn$_2^{24-21}$nɛi$_4^{21}$kia$_5^{55}$ho^{33}今天几号 按:kia$_5^{55}$=ki$_5^{55}$liau$_4^{21}$几多。

<**pâu*ʾ 報

bêú crier 叫 ʔbeu$_1^{35}$;吹 ʔbeu$_4^{21}$;表 ʔbiu$_2^{24}$ 按:原文认为本字是"表",误。

ngaủ bêú, beuglement. 牛叫/牛吼 ŋɔu$_2^{24}$ʔbeu$_1^{35}$

bêù koãk, corner (souffler dans une corne). 吹号角(吹角) ʔbeu$_4^{21-24}$kuak$_7^{55}$(不能说) 按:kuak$_7^{55}$是房子四角。牛角是 ʔbɑu$_2^{24}$。//ʔbeu$_4^{21-24}$ʔbɑu$_2^{24-21}$ŋɔu$_2^{24}$吹牛角//ʔbeu$_4^{21-24}$ʔbɑu$_2^{24-21}$hoi$_1^{35}$吹螺号

bêú kô mềng, donner l'alarme. 报警(叫救命) ʔbeu$_1^{35}$ko$_3^{33}$meŋ$_4^{21}$(ʔbeu$_1^{35}$不变调)//uaŋ$_4^{21}$ko$_3^{33}$meŋ$_4^{21}$

bêủ lá ba=*bêủ e*, sonner du clairon. 吹喇叭(叫喇叭) ʔbeu$_4^{21-24}$lɑu^{21}ʔba$_5^{55}$村里的高音喇叭/音响/军号 ʔbeu$_4^{21-24}$sui$_1^{35-21}$huaŋ$_1^{35}$吹笛子(huaŋ$_1^{35}$横)//=

ʔbeu$_4^{21-24}$sui$_1^{35}$吹箫(吹唢呐)

tì tiêu bêú, montre. 手表(时辰表)　按：*tiêu* 是之 *tiên* 误。ti^{21} tien^{21} ʔbiu$_2^{24}$//siu^{21} ʔbiu$_2^{24}$(海南话)

<*ᶜ*pi̯eu* 表

p'êù cuire. 煮(地瓜等) p^{h}eu$_4^{21}$

p'êù nóm kói, cuire des œufs durs. 煮鸡蛋 p^{h}eu$_4^{21-24}$ nɔm$_1^{35-21}$ kai$_1^{35}$// p^{h}eu$_4^{21-24}$p^{h}an$_1^{35}$煮红薯(煮番)

<* *bau* 炮

mêù 庙 meu$_4^{21}$

mêù kán aù, une pagode. 一间庙(庙间一) meu$_4^{21}$kan$_5^{55}$ɔu$_4^{21}$

<* *mi̯euˀ* 廟

mêù (*pousses*) 坏/不好/歉收 meu$_4^{21}$　按：音同"庙",原文认为本字是"苗",误。

nẻn zóng mều, année stérile (année sans pousses). 歉收年(年冬坏) nen$_2^{24-21}$ʔdoŋ$_1^{35}$ meu$_4^{21}$歉收年//=nɛn$_2^{24-21}$ ʔdoŋ$_1^{35}$ k^{h}iap$_7^{55}$//huk$_7^{55-33}$ meu$_4^{21}$使坏//=huk$_7^{55-33}$ts^{h}im$_4^{21}$

<* *mi̯eu* 苗

dêu 斗 ʔdeu$_3^{33}$

kĩt k'òn dêu, faire la culbute. 翻跟斗(击跟斗) kit$_7^{55-33}$k^{h}ɑn$_2^{24-21}$ʔdeu$_3^{33}$(不说)//ʔdɛŋ^{21}k^{h}ɑn$_2^{24-21}$ ʔdeu$_3^{33}$顶跟斗(常说)//p^{h}an^{33} k^{h}ɑn$_2^{24-21}$ ʔdeu$_3^{33}$翻跟斗// mɔk$_8^{21}$deu$_5^{55}$ɔu$_4^{21}$一斗谷子(谷斗一)//mɔk$_8^{21}$ʔbun$_5^{55}$ʔdeu$_3^{33}$两斗谷子(谷两斗)// ʔdɑŋ$_3^{33}$k^{h}ɑn$_2^{24}$头脚倒置(ʔdɑŋ$_3^{33}$与"瓶子"同音)//liu$_1^{35-21}$ ʔdɑŋ$_3^{33}$k^{h}ɑn$_2^{24}$把书倒过来看

<*ᶜ*tu* 斗

dêù cendre 灰 ʔdeu$_4^{21}$灰(草木灰)

zũt tềng dêù, réduire en cendres. 烧成灰 zut$_7^{55}$teŋ$_2^{24-21}$ʔdeu$_4^{21}$　按：*zũt* 是之 *zũt* 误。

dêù tãk, couleur cendre. 灰色 hu^{33} tek$_7^{55}$(海南话,少说)//tek$_7^{55-33}$ p^{h}ok$_7^{55}$(长流话,常说)　按：灰色的灰是 p^{h}ok$_7^{55}$。

=T. *daɯ'* <*brawˀ* เถ้า(灰/灰烬)

dêủ 牵 ʔdeu$_2^{24}$

dêủ mể, fermer les mains. 合上手　按：法语解释是"合上手",错误。读音是牵手。ʔdeu$_2^{24-21}$ me$_2^{24}$ 牵手(ʔdeu$_2^{24}$ = ʔdiu$_2^{24}$)//ʔdeu$_2^{24-21}$ ŋɔu$_2^{24}$ 牵牛//

ʔdɔŋ$_3^{33}$ ŋɔu$_2^{24}$赶牛

tiêu (*main*)　按:这里按错误记音排列了,*tiêu* 是 *tiên* 之误。“手”要么是 siu^{21},要么是 me$_2^{24}$。

tì tiêu bêú, montre. 手表(时辰表) ti^{21}tien^{21}ʔbiu$_2^{24}$//siu^{21}ʔbiu$_2^{24}$(海南话)

<*ᶜ *ši̯u*　手

nêu 蔫/皱 neu$_3^{33}$蔫(≠niu$_3^{33}$闻)

hoa nêu bới, fleur fanée. 蔫花(花蔫去) hua$_1^{35}$ neu$_3^{33}$ ʔbəi$_5^{55}$ lɐ$_4^{21}$(花蔫去啦)

na nống nêu, visage ridé. 皱纹脸(脸皮皱) na$_3^{33}$ nɑŋ$_1^{35}$ neu$_3^{33}$//=na$_3^{33}$ no$_1^{35}$ neu$_3^{33}$　按:*nống* 是 *nóng* 之误。

<H. *nêau*

tsiêủ 朝 ts^{h}eu$_2^{24}$

dản tsêủ, après-midi. 下午(旦朝) ʔdan$_2^{24}$ ts^{h}eu$_2^{24}$//ʔdan$_2^{24}$ ts^{h}eu$_2^{24-21}$ ts^{h}eu$_2^{24}$下午更晚时//ʔdan$_2^{24}$ zɑm$_1^{35}$晚上//ʔdan$_2^{24}$ um$_1^{35}$天阴//ʔdan$_2^{24}$ ʔbaŋ$_1^{35}$天亮

sêú sec 干(枯干、干燥) seu$_1^{35}$　按:本字或为“燋”。《集韵》:“臧曹切。《说文》:焦也。”

dã̆k sêú, sécher au soleil. 晒干 ʔdak$_7^{55}$ seu$_1^{35}$

noạk sêú=*noak sêáu*, merle. 八哥 nuak$_8^{21}$ seu$_1^{35}$

siêú 窝(岫) seu$_3^{33}$

lẹk kói siêú aù, couvée de poussins. 一窝小鸡(小鸡岫一) lɛk$_8^{21}$ kɑi$_1^{35}$ seu$_5^{55}$ ɔu$_4^{21}$//lɛk$_8^{21}$ kɑi$_1^{35}$ ʔbun$_5^{55}$ seu$_3^{33}$两窝小鸡(小鸡两岫)

zêù 鹞 ziu$_4^{21}$

mạk zêù, cerf-volant. 风筝(鹞子) mɑk$_8^{21}$ ziu$_4^{21}$

<* *i̯euᵓ*　鷂

k'iêủ 桥 k^{h}eu$_2^{24}$

dã̆p k'iêủ, construire un pont. 搭桥 ʔdap$_7^{55-33}$ k^{h}eu$_2^{24}$

<* *gi̯eu*　橋

kiêủ 肝 kien$_1^{35}$　按:*kiêủ* 是 *kiẻn* 之误。

tã̆k kiêủ maú, brun. 棕色/褐色/猪肝色(色肝猪) tek$_7^{55-33}$ kien$_1^{35-21}$

mou$_1^{35}$// =kien$_1^{35-21}$mou$_1^{35}$tek$_7^{55}$

êú 弯(扁担弯、腰弯)/夭 eu$_1^{35}$

oả êú, courbe. 弯曲 uan$_1^{35}$eu$_1^{35}$//uan$_1^{35-21}$lo$_3^{33}$(常说)

õk êú, courber. 折弯(折弯) ɑk$_7^{55}$eu$_1^{35}$折弯//ɑk$_7^{55-33}$lo$_3^{33}$折腰(跳舞)

són êú êú, sinueux en parlant d'un chemin. 弯弯曲曲的路(路弯弯) sɔn$_1^{35}$eu$_5^{55}$eu$_1^{35}$//tam$_3^{33}$sɔn$_1^{35-21}$eu$_1^{35}$走弯路//tam$_3^{33}$sɔn$_1^{35-21}$ʔdɑʔ$_8^{21}$走直路 按：这一条原文另起。

* *ʔi̯eu* 天

hêù 候 heu$_4^{21}$

heng hêù zống, serviteur. 伺候人(听候别人) hɛŋ^{33}heu$_4^{21-24}$zoŋ$_1^{35}$//hɛŋ^{33} heu$_4^{21}$伺候(听候)//tɛi$_2^{24-21}$heu$_4^{21}$时候

只有一个例子：

	临高	台语	壮语	石家	莫语	水语	侗语	黎萨	黎王
cendre 灰	*dêu*	*daw' <braw>*	*daw'*	*thaw*	(* *fuk*)	/	*phu:k*)	*paw/ taw*	*č'aw*

ÊÔ

dêô (au centre) 对/中/得(着,海南话)ʔdeu^{33} 按：法语解释是“正中”。原文认为本字是“中(去声)”,误。本字是海南话“着”。

soi dêô, conjecture juste. 猜到(猜着) sɑi^{33}ʔdeu^{33}

dêí dêô, découvrir, trouver. 找到(找着) ʔdei$_1^{35}$ʔdeu^{33}

heng dêô, entendre bien. 听到(听着) hɛŋ^{33} ʔdeu^{33}(听着)// = hɛŋ^{33} ʔdɔŋ$_1^{35}$听到//hɛŋ^{33}ts^{h}ɔn$_1^{35}$听真(听清楚)

kĩt zóng dêô, rater (frapper pas au centre). 打不着(击不着) kit$_7^{55}$ zɑŋ$_5^{55}$ʔdeu^{33}

zóng dea dêô =*zóng ding dêô*, aléatoire. 偶然的/不定的(不定着=不定着) zɑŋ$_5^{55}$ʔdeu$_5^{55}$ʔdeu^{33}不全对(不对着)≠zɑŋ$_5^{55}$ʔdiŋ$_3^{33}$ʔdeu^{33}不定着

tóm zóng dêô, esprit sans consistance. 心里没有决定(心不定) tɔm$_1^{35}$ zɑŋ$_5^{55}$ʔdeu^{33}// =tɔm$_1^{35}$zɑŋ$_5^{55}$ʔdia^{33}

<H. *dêộ* * *ṭi̯uŋ'* 中

dèo 牵 ʔdeu$_2^{24}$

dèo mẻ bới, traîner par la main. 牵手去 ʔdeu$_2^{24-21}$ me$_2^{24}$ ʔbəi$_1^{35}$//ʔdeu$_2^{24-21}$ lɛk$_8^{21}$拉孩子/牵孩子//ʔdeu$_4^{21}$草木灰

hẻ dêô, capturer. 捉住(捉着) he$_2^{24}$ʔdeu^{33}

dêô 对/中/得(着,海南话)ʔdeu^{33}

p'ông dêô, choc, choquer. 遇上/碰上(碰着) p^{h}uŋ$_1^{35}$ʔdeu^{33}碰着//p^{h}uŋ$_1^{35}$ ʔdɔŋ$_1^{35}$碰到(ʔdɔŋ$_1^{35}$到≠ʔdoŋ$_1^{35}$东/冬)

têỏ 时候(合音) tɛi$_2^{24-21}$hɛu$_4^{21}$→tɛu$_2^{24}$　按:来自海南话"时候"的合音。

lềng zề têỏ, autrefois. 过去/从前(以前时候) lɛŋ$_1^{35-21}$ ze$_1^{35}$古代/从前/过去//lɛŋ$_1^{35-21}$ze$_1^{35-21}$tɛi$_2^{24-21}$hɛu$_4^{21}$//lɛŋ$_1^{35-21}$ze$_1^{35}$tɛi$_2^{24}$

lếô 劳 leu$_2^{24}$

kống lểô, travail. 功劳 koŋ$_1^{35-21}$leu$_2^{24}$

kống lếô, tâche. 功劳 koŋ$_1^{35-21}$leu$_2^{24}$

tsếô 酱 tseu^{33}

tsè tsếô iù, tremper dans la sauce de soja. 蘸酱油 ts^{h}ɛ$_2^{24-21}$tseu^{33}iu^{21}(海南话)//ts^{h}ɛ$_2^{24-21}$ts^{h}iaŋ$_5^{55}$zɔu$_2^{24}$酱油//=ts^{h}ɛ$_2^{24-21}$ts^{h}iaŋ$_5^{55}$

<H. chêô'　*tsi̯âʾ　醬

tsếô 招 ts^{h}iau^{33}

tsếô bòi, affiche. 招牌 ts^{h}iau^{33}ʔbɑi^{21}(海南话)

<div align="right"><*<i>či̯eu</i>　招</div>

tsềo 石 ts^{h}iu^{21}(海南话)

tsềo kau kiêt na, se farder le visage. 擦脸粉(石膏击脸) ts^{h}iu^{21} kɑu^{33} kit$_7^{55-33}$na$_3^{33}$　按:ts^{h}iu^{21} kɑu^{33}是海南话"石膏"的变音。//ts^{h}iu^{21}kɑu^{33}hua$_4^{21-24}$ na$_3^{33}$(石膏画脸)//ts^{h}iu^{21}kɑu^{33}石膏(点豆腐用)

kềô 剪子(铰) keu$_1^{35}$剪子

kềô zoa, tailler un habit. 裁剪衣服(铰衣) keu$_1^{35-21}$zua$_3^{33}$

kềô bỏn toảng =*kềô bỏn mẽ*, tondre des chèvres. 剪羊毛(铰毛羊) keu$_3^{33}$ ʔbɑn$_2^{24-21}$tuaŋ$_2^{24}$//=keu$_3^{33}$ʔbɑn$_2^{24-21}$mɛʔ$_7^{55}$

hêô 头 heu_2^{24}

kỗk da hêô, genou. 膝盖（脚眼头）kok_7^{55-33} $ʔda_1^{35-21}$ heu_2^{24}//= $ʔda_1^{35-21}$ $kok_7^{55-33}$$heu_2^{24}$

mể dă hêô, coude. 肘（手眼头）me_2^{24-21} $ʔda_1^{35-21}$ heu_2^{24}手眼头（不说）// $ʔda_1^{35-21}$$me_2^{24}$手眼（常说）//$heu_2^{24-21}$ $kɔn_2^{24}$牛羊互相斗角（头互相）//$ŋɔu_2^{24}$ $heu_2^{24-21}$$zia_3^{33}$牛顶我（牛头我）

tsom hêổ, traversin. 枕头 $ts^hɔm_3^{33}$$heu_2^{24}$//$ts^hɔm_1^{35}$砧板

<* *du* 頭

hêồ 候 heu_4^{21} 按：原文本字误作"侯"。

têì hêồ, temps. 时候 $tɛi_2^{24-21}$$heu_4^{21}$

<* *ɣu* 侯

hềô 豆 heu_4^{21}

mạk hềo, haricots, pois. 花生/豆果（果豆）mak_8^{21} heu_4^{21} 按：石山一带指黑豆，荣山一带指花生。//$mɑk_8^{21}$ heu_4^{21}花生（果豆，王录尊）。//= $lɔk_7^{55}$ $səŋ^{33}$花生（落生，二李）

zệk bau mạk hềô, écosser des haricots. 剥花生壳（剥包花生）zik_8^{21} $ʔbɑu^{33}$ $mɑk_8^{21}$$heu_4^{21}$//= zik_8^{21} $ʔbɑu^{33}$$lɔk_7^{55}$$səŋ^{33}$//= $zik_8^{21}$$lɔk_7^{55}$$səŋ^{33}$

mạk hềô zõp, pois verts. 生花生 按：法语解释是"绿豆/青豆"，误。$mɑk_8^{21}$$heu_4^{21-24}$$zɔp_7^{55}$

//= $lɔk_7^{55}$ $səŋ^{33}$ $zɔp_7^{55}$//$mɑk_8^{21}$ heu_4^{21-24} $ŋɑu_3^{33}$熟花生//heu_4^{21-24} $tsiaŋ_3^{33}$豆子//$heu_4^{21-24}$$lok_8^{21}$绿豆/青豆（豆绿） 按：$lok_8^{21}$音同"六"。

<* *duʔ* 豆

尽管台语里有"豆子"这个名称：册亨壮语是 thua'，来自 * *duo'* > * *du'*，还有黎语的 *thaw*（萨维纳）和 *low*（王力），但它们都是独自分别从汉语借入的。

EO

dẻo, *déo déo bới*, disparaître, courir, déguerpir, détaler. 逃/跑

deo ũk bới, s'échapper. 逃出去 $ʔdɛu_2^{24}$$uk_7^{55}$$ʔbəi_1^{35}$

déo k'óai k'óai, courir vite. 快快逃（逃快快）$ʔdɛu_2^{24}$$k^huai_5^{55}$$k^huai_5^{55}$

dẻo bới, fuir, s'enfuir. 逃去 $ʔdɛu_2^{24}$$ʔbəi_1^{35}$

deỏ mọk diển, lancer des pierres (T. *diew*, *dew*). 踢石头 按：法语解

释是“扔石头”,误。$ʔdɛu_2^{24}$ mak_8^{21} $ʔdien_2^{24}$(不说)//$tiau_4^{21-24}$ mak_8^{21} $ʔdien_2^{24}$踢石头(常说) 按:踢是$tiau_4^{21}$不是$ʔdɛu_2^{24}$,萨维纳记错。

(T. *diew*, *dew*).เทียว <* *dâu* 逃

déo exercé, capable, habile à. 会/聪明 $ʔdiau_1^{35}$会(会讲)

déo kung hũk kống, capable. 有能力(会工做工) $ʔdiau_1^{35}$ $koŋ_1^{35-21}$ huk_7^{55-33} $koŋ_1^{35}$//$ʔdiau_1^{35}$ $koŋ_1^{35}$ =/$diau_1^{35}$//$koŋ_1^{35-21}$ $kɔn_1^{35}$什么都吃//=$ʔdiau_1^{35}$ $kɔn_1^{35}$吃得快/吃得多//=$ʔdiau_1^{35}$ $kuŋ_4^{21}$ $kɔn_1^{35}$ 按:$ʔdiau_1^{35}$ $koŋ_1^{35}$单独说时,后字常按变调以后来读。

zóng déo, incapable. 不对(不着) $zaŋ_5^{55}$ $ʔdeu^{33}$($ʔdeu^{33}$是海南话“着”)//$zaŋ_5^{55}$ $tɔk_7^{55}$不会/不识//$zaŋ_5^{55}$ huk_7^{55} zai_3^{33}不能做 按:法语解释是“不会/不能”,误。

dếo kồng tèng lẹk, fécond. 生殖力强(会工生子) $ʔdiau_1^{35}$ $koŋ_1^{35-21}$ $teŋ_1^{35-21}$ $lɛk_8^{21}$ 按:指女人生殖力强,工于生子。//$koŋ_1^{35-21}$ $kɔn_1^{35}$口壮/口粗(工吃) 按:工吃即工于吃,什么都吃。//$kɛn_4^{21-24}$ $kɔn_1^{35}$口细/口紧(紧吃)//mou_1^{35} $kɛn^{21}$口细的猪/不肯吃的猪(猪紧) 按:“紧”本是$kɛn^{21}$,也随第4调变调。//$ʔdiau_1^{35}$ $koŋ_1^{35-21}$ $nɔm_1^{35}$会下蛋 按:会工即工于、善于。

leo

mạk leo, le mollet. 腿肚子 mak_8^{21} $lɛu_3^{33}$小腿肚子//mak_8^{21} kok_7^{55}小腿

lèo 撩 $lɛu_3^{33}$

leo mạk diên, jeter une pierre. 扔石头(撩石头) $lɛu_3^{33}$ mak_8^{21} $ʔdien_2^{24}$摺石头(在水面上水平甩)//$ʔbi_1^{35-21}$ mak_8^{21} $ʔdien_2^{24}$(一定要远)//$haŋ_3^{33}$ mak_8^{21} $ʔdien_2^{24}$抛石头(抛大石头) $ʔbi_1^{35-21}$ mak_8^{21} $ʔdien_2^{24}$甩石头(一定要远)//toi_3^{33} mak_8^{21} $ʔdien_2^{24}$丢石头(动作轻)//$ʔbat_8^{21}$ mak_8^{21} $ʔdien_2^{24}$丢石头(丢弃)//om_3^{33} mak_8^{21} $ʔdien_2^{24}$弃石头(远近皆可)//$ʔbat_8^{21}$ keu_4^{21-24} $luak_7^{55}$丢垃圾//om_3^{33} mak_8^{21} $ʔdien_2^{24}$扔石头(远近皆可)//$ʔbat_8^{21}$ keu_4^{21-24} $luak_7^{55}$扔垃圾

* *leu* 撩

tsiố 椒 $tsiu_1^{35}$

kòm tsiố, piment. 辣椒 kam_2^{24-21} $tsiu_1^{35}$辣椒(老)//=kan_1^{35-21} $tsiu_1^{35}$辣椒(新)

<*chiô*? * *tsi̯eu* 椒

kéo 月 kɛu$_2^{24}$

mỏi kéo p'ưới aù, mensuel. 每月一次（每月次一） məi$_2^{24}$kɛu$_2^{24}$p^{h}əi$_2^{24}$ɔu$_4^{21}$（不说）//məi$_2^{24}$kɛu$_2^{24}$siu$_2^{24}$ɔu$_4^{21}$（常说） 按：p^{h}əi$_2^{24}$ɔu$_4^{21}$是“一下”。

dí kéo dí p'ưới, mensuel. 每月一次（每月每次） ʔdi$_5^{55}$kɛu$_2^{24}$ʔdi$_5^{55}$p^{h}əi$_2^{24}$（不说）//ʔdi$_5^{55}$kɛu$_2^{24}$ʔdi$_5^{55}$siu$_2^{24}$（常说）

kéo số, mois de trente jours. 大月（月大） kɛu$_2^{24-21}$so$_1^{35}$大月（30 天）//kɛu$_2^{24-21}$niʔ$_7^{55}$小月

kéo tsĩ, mois de 29 jours. 小月（月小） kɛu$_2^{24-21}$ts^{h}it$_7^{55}$小月（29 天）//=kɛu$_2^{24-21}$niʔ$_7^{55}$小月

kéo aù, le mois. 一个月 kɛu$_2^{24}$ɔu$_4^{21}$

tụ kéo, fin du mois. 月末（尾月） tuʔ$_7^{55-33}$kɛu$_2^{24}$

bới kéo, le mois passé. 上个月、过去的月（去月） ʔbəi$_5^{55}$kɛu$_2^{24}$上个月//nɛ$_1^{35-21}$kɛu$_2^{24}$这个月//ɛ^{33}kɛu$_2^{24}$下个月//=ʔdɔŋ$_5^{55}$nɛ$_1^{35-21}$kɛu$_2^{24}$下个月（到这月）//ʔdɔŋ$_5^{55}$ʔbɑn$_2^{24-21}$ts^{h}ɛk$_8^{21}$到明天 按：ʔdɔŋ$_5^{55}$是 ʔdɔŋ$_1^{35}$（到）的变调。

zu kẻo bới, quel mois partez-vous? 你几月去（在月去） zu$_5^{55}$kɛu$_2^{24}$ʔbəi$_1^{35}$//=zɛ$_1^{35}$kɛu$_2^{24}$ʔbəi$_1^{35}$//zu$_5^{55}$nɑ$_3^{33}$哪个人//zu$_5^{55}$nɑ$_3^{33}$zu$_5^{55}$mən$_2^{24}$每人都有//ʔbɑn$_2^{24}$nɑ$_3^{33}$谁？

k'oai na kẻo, le mois précédent. 前个月（以前月） k^{h}ai$_3^{33}$na$_3^{33}$kɛu$_2^{24}$ 按：指前一两个月，不一定指上个月。

<H. *kãu*.

hèo 豆 heu$_4^{21}$

mạk hèo, arachide. 花生/豆果（果豆） mɑk$_8^{21}$heu$_4^{21}$ 按：石山一带指黑豆。荣山、美德一带指花生。//mak$_8^{21}$heu$_4^{21}$花生/豆果（王录尊）//=lɔk$_7^{55}$səŋ^{33}（落生，二李）

<**duˀ* 豆

héo (numéral) 条（量词） hɛu$_2^{24}$

dòi héo aù, un arc-en-ciel. 一条虹（虹条一） ʔduai$_4^{21}$hɛu$_2^{24}$ɔu$_4^{21}$

hòa héo, rayer un nom. 除名（画条） hua$_4^{21}$hɛu$_2^{24}$画条（不说）//hua$_4^{21}$ʔbat$_8^{21}$画弃（常说）

heỏ (numéral) 条(量词) hɛu$_2^{24}$

lảm số hẻo aù, une amarre. 一条大缆绳(缆粗条一) lam$_4^{21-24}$ so$_1^{35}$ hɛu$_2^{24}$ ɔu$_4^{21}$//=lam$_4^{21-24}$nɛ$_3^{33}$hɛu$_2^{24}$ɔu$_4^{21}$

hũk p'ểng són hẻo, aplanir la route. 平一条路(做平路条) huk$_7^{55}$ pʰeŋ$_2^{24}$ sɔn$_1^{35-21}$ hɛu$_2^{24}$做平路条//=huk$_7^{55-33}$ sɔn$_1^{35-21}$ hɛu$_2^{24}$ pʰeŋ$_2^{24}$做路条平

k'ếi són hẻo, frayer un chemin. 开一条路(开路条) kʰei$_1^{35-21}$ sɔn$_1^{35}$ hɛu$_2^{24}$

bế hẻo aù, une jupe. 一条裙(裙条一) ʔbe$_1^{35}$hɛu$_2^{24}$ɔu$_4^{21}$ 按：ʔbe$_1^{35}$裙子≠ʔbe$_2^{24}$叶子。

kun hẻo aù, un bâton. 一条棍(棍条一) kun$_5^{55}$hɛu$_2^{24}$ɔu$_4^{21}$//hɛŋ$_4^{21}$hɛu$_2^{24}$ɔu$_4^{21}$一条棒(棒条一)

liền hẻo aù, langue. 一条舌(舌条一) lien$_4^{21}$ hɛu$_2^{24}$ɔu$_4^{21}$一条舌(不说)//lien$_4^{21}$hien$_4^{21-24}$ɔu$_4^{21}$一片舌(常说)//lien$_4^{21-24}$ hien$_4^{21}$ ʔdɔk$_8^{21}$舌头疼(舌片疼)//=lien$_4^{21}$ʔdɔk$_8^{21}$

tsũ p'êăk heỏ aù, une bougie. 一条白烛(烛白条一) tsʰuk$_7^{55-33}$ pʰiak$_8^{21}$ hɛu$_2^{24}$ɔu$_4^{21}$//tsʰuʔ$_7^{55-33}$ hɛŋ$_4^{21-24}$ tsʰo$_3^{33}$拄拐杖//tsʰuʔ$_7^{55-33}$ nɔi$_1^{35}$记录名字/写上名字//tsʰuʔ$_7^{55}$pʰia$_2^{24-21}$lɔu$_2^{24}$记录下来/写上 按：*tsũ* 是 *tsũk* 之误。参看 *p'êặk* 条及 *tsũk* 条。

moi hẻo aù, canne à sucre. 一根甘蔗(甘蔗条一) mɑi$_3^{33}$hɛu$_2^{24}$ɔu$_4^{21}$//=mɑi$_3^{33}$ʔda$_5^{55}$ɔu$_4^{21}$一眼甘蔗(甘蔗眼一) 按：ʔda$_5^{55}$是 ʔda$_1^{35}$的变调。//mɑi$_3^{33}$ ŋɔm$_5^{55}$ɔu$_4^{21}$ 按：ŋɔm$_3^{33}$节(甘蔗、竹子)。//ʔdi$_5^{55}$ŋɔm$_3^{33}$ʔdi$_5^{55}$ŋɔm$_3^{33}$一节一节

dạk hẻo aù, une ficelle. 一条绳(绳条一) ʔdak$_8^{21}$ hɛu$_2^{24}$ɔu$_4^{21}$ 按：ʔdak$_8^{21}$是中等粗绳子(普通家用,麻制)。

nả hẻo aù, racine. 一条根(根条一) na$_2^{24}$hɛu$_2^{24}$ɔu$_4^{21}$//na$_2^{24-21}$ ʔbɑʔ$_7^{55}$ hɛu$_2^{24}$ ɔu$_4^{21}$一条血管(根血条一)

bới hẻo aù, rotin. 一条藤(藤条一) ʔbɑi$_1^{35}$hɛu$_2^{24}$ɔu$_4^{21}$藤(木本藤,去皮后编东西)//zɑu$_1^{35}$hɛu$_2^{24}$ɔu$_4^{21}$藤蔓(草本藤)

mói hẻo aù, un fil. 一条线(线条一) mɑi$_1^{35}$hɛu$_2^{24}$ɔu$_4^{21}$

ngá hẻo aù, un fleuve. 一条江(江条一) ŋa$_1^{35}$hɛu$_2^{24}$ɔu$_4^{21}$//he$_2^{24}$hɛu$_2^{24}$ɔu$_4^{21}$一条河//maŋ$_1^{35}$hɛu$_2^{24}$ɔu$_4^{21}$一条沟

<**deu* 條

没有台语对应词,只有共同的借词 *dẻo*(逃),这个词的形式较早,因为保留了**d*-,其他地方是**d*>*h*。

ÊAO-IAO

dêào 条 ʔdiau^{21} 按：海南话文读。

họp líu dêào, étoffe rayée. 条绒布/灯芯绒布（布螺条） hɑp$_8^{21}$ lui$_5^{55}$ ʔdiau^{21}//=hɑp$_8^{21}$ lui$_5^{55}$ 按：*liú* 是 *lúi* 之误。参看 *họp* 条。

lêao 料 liau^{33}

p'ang lêao, aromates. 香料（芳料） p^{h}aŋ^{33} liau^{33} 香料（海南话） 按：p^{h}aŋ^{33} 是海南话训读字"芳"。//=hiaŋ^{33} liau^{33} 香料//ts^{h}uaŋ$_1^{35-21}$ hiaŋ$_1^{35}$ 上香（装香）//=ts^{h}iu$_3^{33}$ hiaŋ$_1^{35}$ 点香（就香/照香）

<H. *lêàu* ***leuˀ 料

lêáo 撩/扔 liau$_1^{35}$

lêáo bới zóng áu, se défaire de. 丢弃不要（撩去不要） liau$_1^{35}$ ʔbəi$_1^{35}$ zɑŋ$_5^{55}$ ou$_1^{35}$//=ʔbat$_8^{21}$ ʔbəi$_1^{35}$ zɑŋ$_5^{55}$ ou$_1^{35}$ 按：法语解释不确。参看 *bạt* 条。

lêào beaucoup 多 liau$_4^{21}$

mưởn kí lêào lói, à quelle distance. 有多远（有几多远） mən$_2^{24}$ ki$_5^{55}$ liau$_4^{21}$ lɔi$_1^{35}$

mưởn lêào, excédent, surplus. 超额，剩余（有多） mən$_2^{24}$ liau$_4^{21}$

mưởn lêào, abonder. 丰富（有多） mən$_2^{24}$ liau$_4^{21}$

mưởn kông hũk lêào, accablé de besogne. 工作劳累（有工做多） mən$_2^{24-21}$ koŋ$_1^{35}$ huk$_7^{55}$ liau$_4^{21}$

ká lêào, accroître. 增加（加多） ka$_1^{35}$ liau$_4^{21}$

hoa lêào, très acide. 太酸（酸多） hua$_3^{33}$ liau$_4^{21}$

kí lêào, combien. 多少（几多） ki$_5^{55}$ liau$_4^{21}$

ziàng bỏn lêào, affluence. 大群人（人多） ziaŋ$_2^{24-21}$ ʔbɑn$_2^{24}$ liau$_4^{21}$

tóm lêào, capricieux. 多心（心多） tɔm$_1^{35}$ liau$_4^{21}$ 按：法语解释是"任性"，误。

hón lêào, lucratif. 赚钱多（趁多） hɑn$_5^{55}$ liau$_4^{21}$

p'ỏn lêào, la majeure partie. 大多份（份多） p^{h}ɑn$_4^{21}$ liau$_4^{21}$

lói lêào, très bien. 很好 按：这条记录有误。//hɑi$_5^{55}$ liau$_4^{21}$ 很多（太多）//kek$_8^{21}$ mɛŋ$_3^{33}$ 很好（极好）

meng zoi lêào, beaucoup mieux. 好得多 mɛŋ$_3^{33}$zɑi$_3^{33}$liau$_4^{21}$

zong lêào ũk bǎ̃k dảu, sédentaire. 不常出门(不多出门) zɑŋ$_5^{55}$liau$_4^{21}$ uk$_7^{55-33}$ʔbak$_7^{55-33}$ʔdɔu$_2^{24}$

lêào kua hau, exhorbitant. 多过头 liau$_4^{21}$kua$_3^{33}$hɑu$_3^{33}$//mɛŋ$_3^{33}$kua$_3^{33}$hɑu$_3^{33}$好过头//ts^{h}im$_4^{21}$kua$_3^{33}$hɑu$_3^{33}$坏过头(人)//p^{h}ai$_4^{21}$kua$_3^{33}$hɑu$_3^{33}$坏过头(事)

bãk lêào, avoir de la faconde. 饶舌/多嘴(嘴多) ʔbak$_7^{55}$liau$_4^{21}$饶舌(贬义)//kua$_4^{21}$liau$_4^{21}$话多(无贬义)

= T. ʻ*l ɛw* =C.-D. แล้ว(了/已经) <*ᶜ *leu* 了

tsiảo 找 ts^{h}iau^{21} 按:原文认为本字是"掉",误。

tsiảo ngỏn, échanger de l'argent. 找零钱(找银) ts^{h}iau$^{21-24}$ŋɔn$_2^{24}$//= ts^{h}iau$^{21-24}$sɛn$_2^{24}$//≠ʔdei$_1^{35-21}$sɛn$_2^{24}$找钱/挣钱(找钱)

<H. *chião* *deuˀ 掉

siao, *siảo* 搜 siau$_1^{35}$

siao hảu, fouiller quelqu'un. 搜身 siau$_1^{35-21}$hɔu$_2^{24}$//siau$_1^{35-21}$ziaŋ$_2^{24-21}$ʔbɑn$_2^{24}$搜人

siảo zảu, fouiller la maison. 搜房子 siau$_1^{35-21}$zan$_2^{24}$

<H. *siảo* *ṣiu 搜

zêáo, *ziảo*, rire. 笑 ziau$_2^{24}$

p'ãt ziáo, hilarité. 发笑 p^{h}at$_7^{55-33}$ziau$_2^{24}$

kang kua ziáo, badiner. 讲笑话(讲话笑) kaŋ$_3^{33}$kua$_2^{24}$ziau$_2^{24}$

hau ziảo, comique. 好笑/滑稽可笑(好笑) hɑu$_3^{33}$ziau$_2^{24}$

ziảo zông, se moquer des gens. 笑话别人(笑别人) ziau$_2^{24-21}$zoŋ$_1^{35}$

kuà ziảo, facétie. 笑话(话笑) kua$_3^{33}$ziau$_2^{24}$

kang zêảo, plaisanter. 开玩笑/讲笑话(讲笑) kaŋ$_3^{33}$ziau$_2^{24}$

hau zêáu, ridicule. 好笑/荒谬可笑(好笑) hɑu$_3^{33}$ziau$_2^{24}$

kang zông ziảo, tourner en dérision. 引人笑(讲别人笑) kaŋ$_3^{33}$zoŋ$_1^{35}$ziau$_2^{24}$

zêáo diệt diệt =*zêáo mui*, sourire (verbe). 笑悄悄 ziau$_2^{24}$ʔdiet$_8^{21}$ʔdiet$_8^{21}$//ʔdiet$_8^{21}$ʔdiet$_8^{21}$ziau$_2^{24}$悄悄笑/暗笑(笑话别人);微笑(笑微) ziau$_2^{24}$mui^{33}笑微(不说)//ziau$_2^{24-21}$mi^{33}笑咪(常说)//= ziau$_2^{24-21}$nɛʔ$_8^{21}$微笑(笑细)//ʔdiet$_8^{21}$ʔdiet$_8^{21}$ʔbəi$_1^{35}$悄悄走//ʔdiet$_8^{21}$ʔdiet$_8^{21}$huk$_7^{55}$悄悄做

na zêáo, un sourire. 笑脸(脸笑) na$_3^{33}$ziau$_2^{24}$

=C.-D. *hriew*, Sek *ruaw*, T. *hrua*. หัว(หัวเรา笑) <*ṣieuˀ 笑

ziảo 爪 ziau$_2^{24}$

ziảo niú, griffe de chat. 猫爪子(爪猫) ziau$_2^{24-21}$ miu$_1^{35}$ 按：*niú* 是 *miú* 之误。

<H. *zêão* ^{*c}*ṭṣau* 爪

kiáo religion 教/宗教

kiáo hiến tsê, catholicisme. 天主教(教天主) kiau$_5^{55}$hien$_1^{35-21}$ts^{h}o$_3^{33}$//hian^{33} tu^{21}kiau$_5^{55}$(海南话) 按：*tsê* 是 *tsô* 之误。

soằn kiáo, évangéliser. 宣教/传教 suan$_1^{35-21}$kiau$_5^{55}$

tsồ kiáo, évêque. 主教 ts^{h}o$_3^{33}$kiau$_5^{55}$

<* *kauʾ* 教

kiáo 搅 kiau$_3^{33}$

kiáo loàn, troubler. 搅乱 kiau$_3^{33}$luan$_4^{21}$

<* *kauʾ* 攪

kêàu 铰/剪 keu$_1^{35}$

kêàu bòn sô, couper les cheveux. 剪头发(铰头发) keu$_1^{35-21}$ ʔbɑn$_2^{24-21}$ so$_3^{33}$//ts^{h}iam$_4^{21-24}$ʔbɑn$_2^{24-21}$so$_3^{33}$理发/理头发//ki^{33} ts^{h}iam$_4^{21}$理发推子(手动)//ʔdian$_5^{55}$ts^{h}iam$_4^{21}$理发推子(电动)

ngêáo 铙/耩 ŋiau$_1^{35}$

kuạk ngêáo, râteau. 耙(钁耩) kuak$_7^{55-33}$ŋiau$_1^{35}$钁耩(猪八戒用的) 按：kuak$_7^{55}$锄头(钁)，p^{h}a$_2^{24}$耙。//ko$_1^{35-21}$ ŋiau$_1^{35}$钩铙(猪八戒那种耙子)//ŋiau$_1^{35-21}$ kɔm$_2^{24}$挠痒//ŋiau$_1^{35-21}$hɑu$_3^{33}$挠头//ŋiau$_1^{35-21}$hɔu 挠身//ŋiau$_1^{35-21}$mɑt$_8^{21}$耙地(用耙子除去地里的草)//ŋiau$_1^{35-21}$ ʔbɑt$_7^{55}$ 搂草(用耙子搂草)//ŋiau$_1^{35-21}$ ʔbe$_2^{24-21}$ ʔdɔn$_3^{33}$耙树叶(用竹耙子)

êáo 要 iau$_5^{55}$

tọp p'òn kiển êáo, absolument. 十分紧要 tɔp$_8^{21}$ p^{h}ɑn$_4^{21}$kien^{21}iau$_5^{55}$ 按：法语意思是“绝对、完全”，不确。

kiển êáo dồng, avoir besoin de. 想要/需要(紧要到) kien^{21}iau$_5^{55}$ʔdɔŋ$_1^{35}$，按：没有 *dồng* 这个音节，应该是 *dóng*。

êáo 要 iau_5^{55}

tsíu kiển êáo, essentiel. 主要的(最紧要) $ts^hui_5^{55}kien^{21}iau_5^{55}$ 按：*tsíu* 是 *tsuí* 之误。

<H. *êáo* **ʔi̯eu*ˀ 要

hêáo 孝 $hiau_5^{55}$

hêáo king, amour filial. 孝敬 $hiau_5^{55}kiŋ_5^{55}$

tóm hêáo, piété filiale. 孝心 $tɔm_1^{35}hiau_5^{55}$//=$hiau_5^{55}tɔm_1^{35}$

<H. *hếáo* **hau*ˀ 孝

这两个对应词可能会引起争议,因为它们出现在汉语中:

	临高	台语	壮语	石家	莫语	水语	侗语	黎萨	黎王
beaucoup fini 多/了	*lêào*	*'le:w*	*'liew* >*'liw*	/	*'liw*	/	*'liew*	(*bay*	*puay*)
rire 笑	*zêảo*	*hruo*	*hriew* >*hriw*	*ruaw*	*tyu*	*ku*	*ko*	*ža:w* *taw*	*ta:w* *caw*

ÊAU-IAU

bêảu, *bêấu* appeler. 叫 $ʔbeu_1^{35}$;吹 $ʔbeu_4^{21}$

nìng nổng bêáu, bourdonnement des moustiques. 蚊子叫 $miŋ_2^{24-21}nuŋ_2^{24}ʔbeu_1^{35}$

bêáu ziàng-bỏn nêa, appeler les gens. 叫人来 $ʔbeu_1^{35-21}ziaŋ_2^{24-21}ʔban_2^{24}nia_3^{33}$

nói mo ziảng kơi bêáu, comment vous appelez-vous? 你叫什么名(名你样几叫) $nɔi_1^{35-21}mɔ_3^{33}ziaŋ_4^{21-24}kəi_3^{33}ʔbeu_1^{35}$

bêáu óng, éveiller quelqu'un. 叫醒人(叫醒) $ʔbeu_1^{35}aŋ_1^{35}$//$lap_7^{55-33}suan_1^{35-21}aŋ_1^{35}$醒着睡觉/睁着眼睡觉(失眠状态)//$lap_7^{55-33}suan_1^{35}aŋ_1^{35}$睡醒(躺睡醒)//=$suan_1^{35}aŋ_1^{35}$睡醒//$tsiŋ_3^{33}siaŋ_2^{24}$酒醒//$hɔi_2^{24}$从昏迷中醒

sáo nê bêáu, hurler, brailler. 大声叫(声大叫) $sau_1^{35}ne_3^{33}ʔbeu_1^{35}$//=$ʔbeu_1^{35}sau_1^{35}ne_3^{33}$

bêảu sáo sểi, s'égosiller. 把嗓子喊哑(叫声哑) $ʔbeu_1^{35}sau_1^{35}sɛ_2^{24}$//$sau_1^{35}sɛ_2^{24}$嗓子哑(声音哑)

bêảu síu, jouer de la flûte. 吹箫(吹唢呐) $ʔbeu_4^{21-24}sui_1^{35}$吹箫//≠$ʔbeu_1^{35}sui_1^{35}$叫箫(这东西叫箫)//$ʔbeu_1^{35-21}mɔ_3^{33}$叫你 按：*siú* 是 *súi* 之误。

bêáu siàng-bỏn lứng, rappeler quelqu'un. 叫人回来 $ʔbeu_1^{35-21}ziaŋ_2^{24-21}ʔban_2^{24}ləŋ_1^{35}$ 按：*siàng* 是 *ziàng* 之误。

bêảu dêi zõp, souffler la lampe. 把灯吹灭(吹灯灭) $ʔbeu_4^{21-24}$ $ʔdei_3^{33}$ $zɑp_7^{55}$

pêàu 瞟 $p^heu_3^{33}$ 按：*pêàu* 是 *p'êàu* 之误。

p'êàu lừng, préserver. 守住(瞟住) $p^heu_3^{33}$ $ləŋ_1^{35}$ 守住(瞟住)//$p^heu_3^{33}$ zan_2^{24} 守家(瞟家)

<*ᶜ *pâu* 保

mêaù 坏/差 meu_4^{21} 按：音同"庙"。

nẻn dóng mêàu, année de famine. 饥荒年/歉收年(年冬坏) $nɛn_2^{24-21}$ $ʔdoŋ_1^{35}$ meu_4^{21}//=$nɛn_2^{24-21}$ $ʔdoŋ_1^{35}$ $k^hiap_7^{55}$//huk_7^{55-33} meu_4^{21} 使坏(做坏)//=huk_7^{55-33} $ts^him_4^{21}$

**mi̭eu* 苗

dêau 着 $ʔdeu^{33}$(海南话)

ao dêau kỗk, se déboîter le pied. 扭到脚(扭着脚) $ɑu_3^{33}$ $ʔdeu^{33}$ kok_7^{55}

dêáu 帐 $ʔdiau_5^{55}$

mỏng dêáu, moustiquaire. 蚊帐(蠓帐) $mɑŋ_2^{24}$ $ʔdiau_5^{55}$(海南话)

<H. *dêô* **ti̭â*ᵓ 帳

dêáu 斗 $ʔdeu_3^{33}$

zọp dêáu aù, un boisseau de riz. 一斗米(米斗一) $zɑp_8^{21}$ $ʔdeu_5^{55}$ $ɔu_4^{21}$

<*ᶜ *tu* 斗

dêáu 跑/逃 $ʔdɛu_2^{24}$

dêáu bới =*dêau bới*, entrailles. 跑去 按：记音是"跑去"，法语解释是"内脏"，误。$ʔdɛu_2^{24}$ $ʔbəi_1^{35}$ 跑去//$hoŋ_4^{21-24}$ $hiak_8^{21}$ 下水/内脏//lai_3^{33} $tɑŋ_3^{33}$ 内脏(海南话)

têau donner un coup de pied. 踢 $tiau_4^{21}$//$tiau_4^{21}$ $p^həi_2^{24}$ $ɔu_4^{21}$ 踢一脚(踢回一)//$tiau_4^{21-24}$ k^hiu^{21} 踢球//=$hɛk_7^{55-33}$ k^hiu^{21}

têáu 数 $tiau_5^{55}$(海南话)

túi têáu =*k'ô têáu*, calculer. 算数 tui_5^{55} $tiau_5^{55}$(说话算数，海南话)≠$k^ho_5^{55}$ $tiau_5^{55}$ 计算(叩数，海南话)//=$tuan_3^{33}$ $tiau_5^{55}$ 计算(算数)

têa têáu tam kéo, crédit de trois mois. 赊账三个月(赊数三月) tia_1^{35-21} $tiau_5^{55}$ tam_5^{55} $kɛu_2^{24}$

<*ᶜ *si̭ou* 數

têàu 消 tiau^{33}（海南话）

têàu hối, digérer. 消化 tiau^{33}hua$_{5}^{55}$//＝tiau^{33}hoi$_{1}^{35}$

<* *seu* 消

lêau 疤 leu$_{3}^{33}$

lêau dung, cicatrice. 疤痕（疤疮） leu$_{3}^{33}$ ʔduŋ$_{3}^{33}$//leu$_{3}^{33}$ tiaŋ$_{1}^{35}$ 伤痕//leu$_{3}^{33}$ mit$_{8}^{21}$ 刀疤

lêâu 劳 leu$_{2}^{24}$

kồng lêáu, mérite. 功劳 koŋ$_{1}^{35-21}$leu$_{2}^{24}$

<* *lâuʾ* 勞

tsiáu 照 ts^{h}iau$_{5}^{55}$

zóng tsiáu kui lêi, irrégulier. 不照规矩（不照规礼） zɑŋ$_{5}^{55}$ ts^{h}iau$_{5}^{55}$ kui^{33} lei$_{3}^{33}$//zɑŋ$_{5}^{55}$ts^{h}iau$_{5}^{55}$kui^{33}lot$_{8}^{33}$不照规律

tsiáu lêi, bienséant. 照理 ts^{h}iau$_{5}^{55}$lei$_{3}^{33}$

tsiáu ziàng, conforme au modèle. 照样 ts^{h}iau$_{5}^{55}$ ziaŋ$_{5}^{55}$//＝ts^{h}iau$_{5}^{55}$ eu^{33}（海南话）

zóng tsiáu kùi kô ＝*zóng tsiáu kùi lêi*, anormal. 不照规矩 zɑŋ$_{5}^{55}$ ts^{h}iau$_{5}^{55}$ kui$_{1}^{35-21}$ko$_{3}^{33}$＝不照规礼 zɑŋ$_{5}^{55}$ts^{h}iau$_{5}^{55}$kui^{33}lei$_{3}^{33}$

<H. *chiấu* * *či̯euʾ* 照

tsiàu 招 ts^{h}iau$_{1}^{35}$

tsiàu bíng, enrôler des soldats. 招兵 ts^{h}iau$_{1}^{35-21}$ ʔbiŋ$_{1}^{35}$

<H. *chiâủ* * *či̯eu* 招

tsiàu 找 ts^{h}iau^{21} 按：原文认为本字是“掉”，误。

tsiàu ngỏn, changer de l’argent. 找零钱（找银） ts^{h}iau$^{21-24}$ ŋɔn$_{2}^{24}$//＝ts^{h}iau$^{21-24}$sɛn$_{2}^{24}$//≠ʔdei$_{1}^{35-21}$ sɛn$_{2}^{24}$找钱/挣钱（找钱）

<* *deuʾ* 掉

tsiảu □ts^{h}eu$_{2}^{24}$ 按：本字不明。

lõp sóan dản tsiảu, faire la sieste. 睡午觉（睡觉下午） lɑp$_{7}^{55-33}$ suan$_{1}^{35-21}$ ʔdan$_{2}^{24}$ts^{h}eu$_{2}^{24}$睡下午觉（躺睡下午）//lɑp$_{7}^{55-33}$ suan$_{1}^{35-21}$ ʔdan$_{2}^{24}$ ts^{h}iŋ$_{3}^{33}$ hɑu$_{3}^{33}$ 睡午觉（躺睡旦正首）

sêáu 次 siau$_{1}^{35}$（siau$_{1}^{35}$＝siu$_{1}^{35}$ 次、趟、遍）

tũk sêáu bong, décresser. 洗净（洗次净） tuk$_{7}^{55}$ siau$_{1}^{35}$ ɔu$_{4}^{21}$ ʔbɑŋ$_{3}^{33}$ 洗一次就

干净(洗一次净)　按：法语释文应为 décrasser。

di bỏn di sêáu, diurne. 一天一次 ʔdi$_5^{55}$ʔbɑn$_2^{24}$ʔdi$_5^{55}$siau$_1^{35}$

sêáu (herbe) 干的(燶) seu$_1^{35}$干(柴干)　按：原文认为本字是“草”，误。// ʔba$_1^{35-21}$seu$_1^{35}$干鱼(鱼燶)//ʔba$_1^{35-21}$ʔdak$_7^{55}$晒干的鱼//nan$_4^{21-24}$seu$_1^{35}$

noạk sêáu, merle. 八哥 nuak$_8^{21}$seu$_1^{35}$//nuak$_8^{21}$ak$_8^{21}$乌鸦

bõt siáu, foin. 干草(草燶)ʔbɑt$_7^{55-33}$seu$_1^{35}$干草(草干)

<*ts‘âu*　草

sêáu 次 siau$_1^{35}$(siau$_1^{35}$=siu$_1^{35}$次、趟、遍)

hỏi lêào sêáu, se souvenir. 提多次 hɔi$_2^{24}$liau$_4^{21-24}$siau$_1^{35}$//=hɔi$_2^{24}$liau$_4^{21-24}$siu$_1^{35}$

sêàu 枪 seu^{33}(海南话)

sêàu kản aù, un fusil. 一杆枪(枪杆一) seu^{33}ki$_5^{55}$ɔu$_4^{21}$一支枪

bêang sêaù=*kĩt sêàu*=*k'êí sêàu*, tirer un coup de fusil. 放枪 ʔbiaŋ$_3^{33}$seu^{33}=打枪(击枪) kit$_7^{55-33}$seu^{33}=开枪 k^{h}ei$_1^{35-21}$seu^{33}

<H. *siổ*　**ts‘iâṅ*　鎗

sêaù 小 siau^{21}

sêaù tsẻ, mademoiselle. 小姐 siau^{21}ts^{h}e^{21}

sêảu sư, frivolité. 小事 siau^{21}sɿ$_5^{55}$//tə$_4^{21-24}$hoi$_3^{33}$niʔ$_7^{55}$小事//tə$_4^{21-24}$hoi$_3^{33}$ne$_3^{33}$大事

<*ᶜ *si̭eu*　小

zêaù 席子 ziu$_4^{21}$

zêàu p'án aù, natte. 一张席子 ziu$_4^{21}$p^{h}an$_5^{55}$ɔu$_4^{21}$//ziu$_4^{21}$ʔbun$_5^{55}$p^{h}an$_2^{24}$//ziu$_4^{21-24}$za$_4^{21}$粗席子(野菠萝叶编)//=ʔbau$_1^{35}$席子(晒席，草编粗席)　按：ʔbau$_1^{35}$席子≠ʔbɑu$_1^{35}$浮。

p'aù zêaù, étendre une nette. 铺席子 p^{h}ɔu$_1^{35-21}$ziu$_4^{21}$

hiển zêaù, enrouler une natte. 捲席子(掀席子) hien$_1^{35-21}$ziu$_4^{21}$//ʔbən$_2^{24-21}$kum$_3^{33}$掀被子//ʔbən$_4^{21-24}$kum$_3^{33}$翻被子//ʔbən$_4^{21-24}$hɔu$_2^{24}$翻身

k'ếi zêaù, dérouler une natte. 展开席子(开席子) k^{h}ei$_1^{35-21}$ziu$_4^{21}$

kiảu, *kiau* 骄 kiau^{33}/搅 kiau$_3^{33}$

kiảu ngau, orgueil. 骄傲 kiau^{33}ŋau$_5^{55}$

kiau ngau, altier, fier. 骄傲/傲慢 $kiau^{33}ŋau_5^{55}$

<*$k\underset{\frown}{i}eu$ 驕

ziàng-bỏn kiau loàn, anarchiste. 捣乱的人(人搅乱) $ziaŋ_2^{24-21}$ $ʔbɑn_2^{24-21}$ $kiau_3^{33}luan_4^{21}$//$tei_3^{33}kan_1^{35}kiau_3^{33}luan_4^{21}$世间混乱(世间搅乱)

kiau loàn, brouiller, mettre de la confusion. 捣乱(搅乱) $kiau_3^{33}luan_4^{21}$

<*ᶜ*kau* 搅

kiáu couper aux ciseaux. 剪(铰) keu_1^{35}

kiáu lêảng aù, une paire de ciseaux. 一把剪子(铰辆一) $keu_1^{35}liaŋ_4^{21-24}$ $ɔu_4^{21}$一辆剪(不说)//$keu_1^{35}ʔbai_5^{55}ɔu_4^{21}$一把剪(常说)

<*ᶜ*kau* 鉸

kêáu 绞 keu_1^{35}

dạk tam kêáu, ficelle à trois torons. 三股绳(绳三绞) $ʔdak_8^{21}tam^{33}keu_1^{35}$

<*ᶜ*kau* 絞

kiàu 东西/物 keu_4^{21}　按:这是临高语本族词,原文认为本字是"交",误。

hoa kiàu, marchandises. 货物 $hua_3^{33}keu_4^{21}$(不说)$hua_3^{33}ʔbɑt_8^{21}$(常说)

kiàu lẻng =*kiaù bọt* =*kiàu dểi*, objets de rebut. 扔掉的东西

$keu_4^{21-24}lɛŋ_2^{24}$零碎东西≠$keu_4^{21-24}ʔbat_8^{21}$丢弃的东西//≠$keu_1^{35}ʔbat_8^{21}$剪了扔掉;

$keu_4^{21-24}ʔdɛi_2^{24}$烂掉的东西//≠$keu_4^{21-24}luak_7^{55}$脏东西/垃圾

p'ìng zoi kiảu kuẳn, en danger de mort. 有死的危险(病得交关) $p^hiŋ_4^{21}$ $zɑi_3^{33}kiau^{33}kuan^{33}$

<H. *k: àu* **kau* 交

kiaù 东西/物 keu_4^{21}

kiaù kón, aliment pitance, nourriture. 吃的东西(物吃) $keu_4^{21-24}kɔn_1^{35}$

kiàu zóng hau kón, mauvais aliments. 不好吃的东西(物不好吃) keu_4^{21-24} $zɑŋ_5^{55}hɑu_3^{33}kɔn_1^{35}$

kón kiaù zóng ng'êẳn, manger sans mâcher, dévorer. 吃东西不嚼 $kɔn_1^{35-21}keu_4^{21}zɑŋ_5^{55}ŋian_2^{24}$

kêaù toat tón = *kêaù k'ệa tón*, cure-dent. 牙签(物刷牙 = 物挑牙) $keu_4^{21-24}tuat_7^{55-33}tɔn_1^{35}$牙刷(物刷牙)≠$keu_4^{21-24}k^hiaʔ_7^{55-33}tɔn_1^{35}$牙签(物挑牙)

kiàu 东西/物 keu_4^{21}

kiàu sá, boucles d'oreille. 耳环(物耳) $keu_4^{21-24}sa_1^{35}$//=$mɑk_8^{21}kɑp_8^{21}$

bản kiàu, la nature, la création. 自然/创造(万物) ʔban$_{4}^{21-24}$ keu$_{4}^{21}$(不说)//ʔban$_{4}^{21-24}$ʔbət$_{7}^{55}$(常说)//ʔbun$_{5}^{55}$ʔban$_{4}^{21}$两万

kêảu consister. 是/就是 keu$_{2}^{24}$

kêảu oui. 是 keu$_{2}^{24}$

kêảu zóng kêảu, oui ou non. 是不是 keu$_{2}^{24}$zɑŋ$_{5}^{55}$keu$_{2}^{24}$

kêảu 东西/物 keu$_{4}^{21}$

kiảu lèng-zế, antiquailles. 古董(物以前) keu$_{4}^{21-24}$lɛŋ$_{1}^{35-21}$ze$_{1}^{35}$

kiảu nám, babiole. 玩具(物玩) keu$_{4}^{21-24}$nam$_{1}^{35}$//tə$_{4}^{21-24}$hoi$_{3}^{33}$niʔ$_{7}^{55}$小事情(小事会)//keu$_{4}^{21-24}$niʔ$_{7}^{55}$小玩意/小东西

kêàu sá, boucle d'oreille. 耳环(物耳) keu$_{4}^{21-24}$sa$_{1}^{35}$// = mɑk$_{8}^{21}$kɑp$_{8}^{21}$

zú záng kêảu, nullement. 都不是 zu$_{5}^{55}$zɑŋ$_{5}^{55}$keu$_{2}^{24}$

ng'êau 挠 ŋiau$_{1}^{35}$　按：原文认为本字是"挍"(同"拗"),误。

ng'êàu k'ỏm, se gratter. 挠痒 ŋiau$_{1}^{35-21}$ kɔm$_{2}^{24}$//ŋiau$_{1}^{35-21}$ hɑu$_{3}^{33}$ 挠头//ŋiau$_{1}^{35-21}$hɔu 挠身

ng'êáu dểi, déchirer avec les ongles. 抓烂(挠烂) ŋiau$_{1}^{35}$ʔdɛi$_{2}^{24}$

<*ʿ*au* 挍

ng'éaù brouillard. 露 ŋiau$_{4}^{21}$ nɑm$_{4}^{21-24}$ ŋiau$_{4}^{21}$露水(水露)　按：法语解释是"雾",误。

hêau 挑 hiau^{33}

hêau sám, mélanger. 掺合/混合(挑掺) hiau^{33}sam$_{1}^{35}$//hiau^{33}siaŋ$_{2}^{24}$拆墙//hiau^{33}k^{h}o$_{3}^{33}$zua$_{3}^{33}$翻衣服//hiau^{33}mɑt$_{8}^{21}$翻土//hiau^{33}tuan^{21}挑选//hiau^{33}sek$_{7}^{55}$挑书/选书

<H. *hêàu*.

hiáu 照 ts^{h}iau$_{5}^{55}$　按：*hiáu* 是 *tsiáu* 之误。

hiáu zêàng hũk, faire d'après modèle. 照样做 ts^{h}iau$_{5}^{55}$ ziaŋ$_{4}^{21}$ huk$_{7}^{55}$// = ts^{h}iau$_{5}^{55}$ziaŋ$_{5}^{55}$huk$_{7}^{55}$

hêàu 豆 heu$_{4}^{21}$

mạk hêàu p'eăn, lentille. 扁豆(豆子扁) mak$_{8}^{21}$ heu$_{4}^{21-24}$ p^{h}ian$_{3}^{33}$ 扁豆//

mak$_8^{21}$heu$_4^{21}$花生　按：石山镇意思是黑豆。

hêàu 候 heu$_4^{21}$　按：原文认为本字是“条(條)”，误。

têì hêàu, époque. 时候 tɛi$_2^{24-21}$heu$_4^{21}$

<* *deu*　條

hêàu 柱 heu$_1^{35}$

hêàu dông, pilier. 栋梁/柱子(柱栋) heu$_1^{35-21}$ʔdoŋ$_3^{33}$

héảu 头 heu$_2^{24}$　按：原文认为本字是“敲”，误。heu$_2^{24}$本字是“头，”hau$_3^{33}$本字是“首”。

kĩt khòn héảu, boxer. 打拳(击拳头) kit$_7^{55-33}$k^{h}ɔn$_2^{24-21}$heu$_2^{24}$//k^{h}ɔn$_2^{24-21}$heu$_2^{24}$拳头//kok$_7^{55-33}$ʔda$_1^{35-21}$heu$_2^{24}$膝盖(脚眼头)

<* *k‘au*　敲

som hêảu, traversin (voir chevet). 枕头 ts^{h}ɔm$_3^{33}$heu$_2^{24}$枕头

tsom hêảu, oreiller. 枕头 ts^{h}ɔm$_3^{33}$heu$_2^{24}$

hêàu dông mọ aù, une colonne. 一个柱子(柱栋个一) heu$_1^{35-21}$ʔdoŋ$_3^{33}$

king kổk dà hêáu, rotule. 膝盖骨(胫腿眼头) kiŋ$_3^{33}$kok$_7^{55-33}$ʔda$_1^{35-21}$heu$_2^{24}$ 按：李焕才说，长流人传说膝盖里有镜子，夜晚可以照亮，因此叫 kiŋ$_3^{33}$(按：其实是因“胫镜”同音引起的民俗解释)。

<* *du*　頭

hêaù 调 hiau^{21}

hêaù-kâng mọ aù, une cuiller. 一个调羹(调羹个一) hiau^{21}kaŋ^{33}mɔʔ$_8^{21}$ɔu$_4^{21}$//lɛk$_8^{21}$tak$_8^{21}$小勺儿(小于调羹，加调料用)　按：mɔʔ$_8^{21}$ɔu$_4^{21}$实际读为mɔ$_4^{21-24}$ɔu$_4^{21}$。

<* *deuʾ*　調

没有台语对应词。

AU-ÂU

bau 壳(包) ʔbau^{33}

bau kúi, carapace de tortue. 龟壳(包龟) ʔbau^{33}kui$_1^{35}$

bau nòm kói, coquille d'oeuf. 鸡蛋壳(包蛋鸡) ʔbau^{33}nɔm$_1^{35-21}$kai$_1^{35}$

bau mạk hiù = *bau mạk hêồ*, cosse de haricot. 花生壳(包花生) ʔbau^{33}mak$_8^{21}$heu$_4^{21}$// = ʔbau^{33}lɔk$_7^{55}$səŋ^{33}

<* *pau*　包

baù 浮 ʔbɑu$_{1}^{35}$

baú zau zúng na nòm, flotter sur l'eau, surnager. 浮在水面上（浮在上面水） ʔbɑu$_{1}^{35}$ zou$_{3}^{33}$ zuŋ$_{1}^{35-21}$ ʔbɑk$_{7}^{55-33}$ na$_{3}^{33}$ nɑm$_{4}^{21}$//= ʔbɑu$_{1}^{35}$ zuŋ$_{1}^{35-21}$ ʔbɑk$_{7}^{55-33}$ na$_{3}^{33}$ nɑm$_{4}^{21}$//ʔbɑk$_{7}^{55-33}$na$_{3}^{33}$表面

mạk diển báu, pierre ponce. 浮石（石浮） mɑk$_{8}^{21}$ʔdien$_{2}^{24}$ʔbɑu$_{1}^{35}$ 按：说法不对，石头不能浮。

<* *bi̯u* 浮

baủ 角 ʔbɑu$_{2}^{24}$

ngaủ baủ = *baủ ngaủ*, corne de buffle. 牛角 ʔbɑu$_{2}^{24-21}$ ŋɔu$_{2}^{24}$//ʔbeu$_{4}^{21-24}$ ʔbɑu$_{2}^{24-21}$ ŋɔu$_{2}^{24}$吹牛角//ʔbeu$_{4}^{21-24}$ʔbɑu$_{2}^{24-21}$hoi$_{1}^{35}$吹螺号

=T. *khau* =C.-D. *kau* =S.-T. *pau* เขา（兽角）

p'aù 按：本字及意思不明。

p'aù mo băn tở hoi, je vous confie cette affaire. 托你办事情（托你办事会） 按：应该有误。lai$_{3}^{33}$ mɔ$_{3}^{33}$ ʔban$_{3}^{33}$ tə$_{4}^{21-24}$ hoi$_{3}^{33}$ 托你办事情（托你办事会）

p'aù 步 p^{h}ɔu$_{4}^{21}$

hèng p'aù = *tsêi p'aù*, s'arrêter. 停步 hɛŋ$_{2}^{24-21}$p^{h}ɔu$_{4}^{21}$ = 止步 ts^{h}ei$_{4}^{21-24}$p^{h}ɑu$_{4}^{21}$

p'aù aù, une enjambée. 一步（步一） p^{h}ɔu$_{4}^{21-24}$ ɔu$_{4}^{21}$//ʔbun$_{5}^{55}$p^{h}ɔu$_{4}^{21}$两步

p'aú aù, un pas. 一步（步一） p^{h}ɔu$_{4}^{21-24}$ɔu$_{4}^{21}$

dí p'aú dí p'aú, pas à pas. 一步一步 ʔdi$_{5}^{55}$ p^{h}ɔu$_{4}^{21}$ ʔdi$_{5}^{55}$ p^{h}ɔu$_{4}^{21}$（正常步子）//ʔdi$_{5}^{55}$tua$_{4}^{21}$ʔdi$_{5}^{55}$tua$_{4}^{21}$（小孩、老人的蹒跚步子）

dỗ p'aủ aù, se retirer d'un pas. 倒一步（倒步一） ʔdo$_{5}^{55}$p^{h}ɔu$_{4}^{21-24}$ɔu$_{4}^{21}$//= həi$_{5}^{55}$p^{h}ɔu$_{4}^{21-24}$ɔu$_{4}^{21}$退一步（退步一）

<* *bouʾ* 步

p'aù 铺 p^{h}ɔu$_{1}^{35}$

p'aù tsóan, carreler. 铺砖 p^{h}ɔu$_{1}^{35-21}$ts^{h}uan$_{1}^{35}$

p'aú diển, daller. 铺石 p^{h}ɔu$_{1}^{35-21}$ʔdien$_{2}^{24}$

p'aù zêaù, étendre une natte. 铺席子 p^{h}ɔu$_{1}^{35-21}$ziu$_{4}^{21}$

p'aú són diển, (route) pavée. 铺石路（铺路石） p^{h}ɔu$_{1}^{35-21}$kɔn$_{1}^{35-21}$ʔdien$_{2}^{24}$

<* *p'ouʾ* 鋪

p'aủ 符 $p^h ɔu_2^{24}$

doi p'aủ, porter des amulettes. 带护身符(带符) $ʔdɑi_3^{33}\ p^h ɔu_2^{24}$//$hua_4^{21-24}$ $p^h ɔu_2^{24}$画符

<* *bịou* 符

p'aủ 扶 $p^h ɔu_2^{24}$

p'aủ bởi, porter sur l'épaule. 扶着去(扶去) $p^h ɔu_2^{24}\ ʔbəi_1^{35}$ 按:法语解释是"扛/挑",误。

p'aủ kân bọk bêà, charger sur des épaules. 扶上肩膀 $p^h ɔu_2^{24}\ kun_3^{33}$ $ʔbɑk_7^{55-33}\ ʔbia_3^{33}$//$kɑʔ_7^{55}$肩胛(胛) 按:法语解释是"扛/挑上肩膀",误。

mau, *maú* 帽 $mɑu_5^{55}$

mau mọ aù, un bonnet. 一个帽子(帽个一) $mɑu_5^{55} mɔʔ_8^{21}\ ɔu_4^{21}$ 按:实际读为 $mɔ_4^{21-24} ɔu_4^{21}$。

lẹk mau, calotte. 小帽 $lɛk_8^{21} mɑu_5^{55}$

dìng maú, porter un chapeau. 戴帽 $ʔdiŋ_1^{35-21} mɑu_5^{55}$

kệ maú, enlever son chapeau, se décoiffer. 脱帽(解帽) $keʔ_7^{55-33} mɑu_5^{55}$

maú mọ aù un chapeau. 一个帽子(帽个一) $mɑu_5^{55} mɔʔ_8^{21}\ ɔu_4^{21}$ 按:实际读为 $mɔ_4^{21-24} ɔu_4^{21}$。

<* *mâuʾ* 帽

maú 猪 mou_1^{35}

tẫk kiển maú, brun. 棕色/褐色/猪肝色(色肝猪) $tek_7^{55-33}\ kien_1^{35-21}$ mou_1^{35}//$=kien_1^{35-21} mou_1^{35} tek_7^{55}$

mâú 猪 mou_1^{35}

doàng mâú, auge à porc. 猪食槽(食槽猪) $ʔduaŋ_2^{24-21} mou_1^{35}$ 按:一般是石头做的,长条形、正方形。

k'ễk ka maú, charcutier. 屠夫/杀猪的(客杀猪) $k^h ek_7^{55-33}\ ka_3^{33}\ mou_1^{35}$// $ɑŋ^{33} ka_3^{33} mou_1^{35}$//$=hɔi_4^{21} huaŋ_2^{24}$

mâú haú aù, un cochon. 一头猪(猪只一) $mou_1^{35} hɔu_2^{24} ɔu_4^{21}$

kiên maú, foie de porc. 猪肝(肝猪) $kien_1^{35-21} mou_1^{35}$

têàng mâú, nourrir des porcs. 养猪 $tiaŋ_4^{21-24} mou_1^{35}$

nàn mâú, viande de porc. 猪肉 $nan_4^{21-24} mou_1^{35}$

hê mâú, élever des porcs. 母猪 $he_4^{21-24} mou_1^{35}$母猪(阉过或未生仔) 按:

法语意思是“养猪”，误。$he_4^{21} \neq he_2^{24}$捉。

ka mâú, tuer des porcs. 杀猪 $ka_3^{33}mou_1^{35}$

mâú sóng, sanglier. 野猪(猪山) $mou_1^{35-21}saŋ_1^{35}$

mái mâú, truie. 母猪(猪母) $mai_4^{21-24}mou_1^{35}$母猪(生仔的猪)

= T. *hmu* = C.-D. >*məu* หมู(猪)

maủ 牡 $mɔu^{21}$

hoá maủ-dan, camélia, pivoine. 牡丹花(花牡丹) $hua_1^{35-21}mɔu^{21}ʔdan^{33}$
按：camélia 是山茶花。

<*ᶜ *mu* 牡

maủ 舞 $mɔu^{21}$(海南话)

maủ kim, faire de l'escrime. 舞剑 $mɔu_4^{21-24}kiam_3^{33}$

<*ᶜ *mi̯ou* 舞

dau 逗 $ʔdau^{33}$

dau má, agacer un chien. 逗狗 $ʔdau^{33}ma_1^{35}$// = $nam_1^{35-21}ma_1^{35}$玩狗// = $tɯ_3^{33}ma_1^{35}$引诱狗 按：法文意思是“斗狗”，误。

<* *tu* 鬥

dâu soi-même. 独 $ʔduk_7^{55}$//$ʔduk_7^{55}lip_7^{55}$独立//$ʔduk_7^{55}kɔn_2^{24}$独吃//$kɔn_2^{24-21}ʔduk_7^{55}$吃毒// = $kɔn_2^{24-21}$ $ʔdak_8^{33}$ 吃毒//$ŋia_2^{24-21}$ $ʔduk_7^{55}$ 毒蛇// = $ŋia_2^{24-21}$ $ʔdak_8^{33}$ 按：$ʔdak_8^{33}$是海南话读法。

<* *duk* 獨

dau-di (cou) 颈/脖子(脰蒂) 按：海南话说法。$ʔdau^{33}ʔdi^{55}$脖颈(脰蒂)//$mak_8^{21}leŋ_4^{21}$脖子(整个脖子) 按：$leŋ_4^{21}$领 = $liŋ_4^{21}$领，发音人难区分。//$ʔdau^{33}ke_2^{24}$脖子(前面)//$liŋ_1^{35-21}ke_2^{24}$清嗓子(清喉)//$liŋ_1^{35}ʔbat_8^{21}$清理后扔掉

dau-dí k'au, collier. 项链(脖子箍) $ʔdau^{33}$ $ʔdi^{55}$ k^hau^{33}(海南话)//$k^ho_1^{35-21}$ mak_8^{21} $liŋ_4^{21}$ 项链(脖子箍)// = $k^ho_1^{35-21}$ mak_8^{21} $leŋ_4^{21}$//$k^ho_1^{35-21}$ $hoŋ_3^{33}$ 桶箍(箍桶)

dau 肚 $ʔdɔu^{33}$(海南话)

dau dòn, estomac creux. 空腹/空肚(胴洞) $ʔdɔu^{33}ʔdɔn_4^{21}$(不说) 按：$ʔdɔn_4^{21}$是洞，此搭配像“肚脐”。//$hoŋ_4^{21}k^hoŋ_1^{35}$空腹(胴空)// = $ʔdɔu^{33}k^hoŋ_1^{35}$肚空

<*ᶜ *tou* 肚

daú 锅 $ʔdou_1^{35}$

lẹk daú, casserole. 小锅 $lɛk_8^{21}ʔdou_1^{35}$锅(铁锅)

daú mọ aù, un chaudron, une marmite. 一个锅(锅个一) ʔdou$_1^{35}$ mɔʔ$_8^{21}$ ɔu$_4^{21}$ 按:实际读为 mɔ$_4^{21-24}$ɔu$_4^{21}$

daù 下(下面) ʔdau$_2^{24}$

daù bang, aire. 院子/空地(下方) ʔdau$_2^{24-21}$ ʔbaŋ^{33} 前院(下方)// ʔdau$_2^{24-21}$lei$_2^{24}$后院(下后) 按:ʔbaŋ^{33}方≠ʔbaŋ$_3^{33}$干净。

daù dêi hoang laù, âtre. 风炉最底层(下底风炉) ʔdau$_2^{24-21}$ ʔdei$_3^{33}$ huaŋ^{33} lɔu^{21}//huaŋ^{33}lɔu^{21}风炉(铁匠用,有风箱)//haŋ$_3^{33}$lɔu^{21}烫炉/火炉(日常用的炉子) 按:huaŋ^{33}lɔu^{21}是海南话。

daù báng, cour d'une maison. 院子/屋前空地(下方) ʔdau$_2^{24-21}$ʔbaŋ^{33}

ziàng-bỏn daù bê, campagnard. 乡下人(人下村) ziaŋ$_2^{24-21}$ ʔban$_2^{24-21}$ ʔdau$_2^{24-21}$ʔbe$_3^{33}$(下村人)//ziaŋ$_2^{24-21}$ ʔban$_2^{24-21}$ zuŋ$_1^{35-21}$ ʔbe$_3^{33}$(上村人)//ʔbe$_3^{33}$ zuŋ$_1^{35}$ ʔbe$_3^{33}$ʔdau$_2^{24}$ 上村下村//aŋ^{33} ʔbek$_7^{55-33}$ tiŋ$_3^{33}$ 农夫/庄稼人(翁百姓)//ʔbek$_7^{55-33}$ tiŋ$_3^{33}$百姓/庄稼

daù 下(下面) ʔdau$_2^{24}$

daù sau, canal. 排水沟(下槽) ʔdau$_2^{24-21}$ sau$_3^{33}$//sau$_3^{33}$ sak$_7^{55}$ 菜畦//sau$_2^{24-21}$ kau^{33}菜地里的沟(槽沟)//liu$_3^{33}$sau$_3^{33}$ 壅土//=liu$_3^{33}$zuai$_2^{24}$

daủ 下(下面) ʔdau$_2^{24}$

ziến zỏng daủ dêi, s'affaisser. 沉底(沉下下底) zien$_1^{35}$ zɔŋ$_2^{24-21}$ ʔdau$_2^{24-21}$ ʔdei$_3^{33}$//=zien$_1^{35}$zɔŋ$_2^{24-21}$ʔdei$_3^{33}$//=zien$_1^{35-21}$ʔdei$_3^{33}$

bãk daủ dôi kỏn, alliance bien assortie. 门对门(门对互相) ʔbak$_7^{55-33}$ ʔdɔu$_2^{24}$ʔdoi$_3^{33}$kɔn$_2^{24}$ 按:ʔdɔu$_2^{24}$门≠ʔdau$_2^{24}$下。

daủ-dêi=*zau daủ*, dessous. 底下 ʔdau$_2^{24-21}$ ʔdei$_3^{33}$ = 在下 zou$_3^{33}$ ʔdau$_2^{24}$// ʔbak$_7^{55-33}$na$_3^{33}$上面//zou$_3^{33}$zuŋ$_1^{35}$在上

daủ số, habit non portable. 大门(门大) ʔdɔu$_2^{24-21}$ so$_1^{35}$ 大门//ʔdɔu$_2^{24-21}$ niʔ$_7^{55}$小门 按:法语解释是"不可携带的衣服",误。

zoa daú lươn, tourner, retourner l'habit. 衣服颠倒/衣服穿反(衣倒翻) zua$_3^{33}$ʔdau$_5^{55}$lɯn$_3^{33}$

daủ 门 ʔbak$_7^{55-33}$ʔdɔu$_2^{24}$

daủ mọ aù, une porte. 一个门 ʔdɔu$_2^{24}$mɔʔ$_8^{21}$ ɔu$_4^{21}$ 按:实际读为 mɔ$_4^{21-24}$

ɔu$_4^{21}$。

toa daủ, cadenasser la porte. 锁门 tua$_3^{33}$ʔdɔu$_2^{24}$

liú daủ, garder la porte. 看门/看守门 liu$_1^{35-21}$ ʔdɔu$_2^{24}$//=liu$_1^{35-21}$ ʔbak$_7^{55-33}$ ʔdɔu$_2^{24}$

tiên daủ, fermer la porte. 闩门 tien$_1^{35-21}$ʔdɔu$_2^{24}$

tỏn daủ, dieux lares. 门神(神门) tɔn$_2^{24-21}$ʔdɔu$_2^{24}$

dum daủ, fermer la porte en poussant. 关门 ʔdum$_1^{35-21}$ʔdɔu$_2^{24}$(上锁)// hɑʔ$_8^{21}$ʔdɔu$_2^{24}$(掩上)

bãk daủ dá k'êí dá dúm, porte entr'ouverte. 门半开半掩(门半开半关) ʔbak$_7^{55-33}$ʔdɔu$_2^{24}$ʔda$_3^{33}$k^{h}ei$_1^{35}$ʔda$_3^{33}$ʔdum$_1^{35}$//ko$_3^{33}$ʔdɔu$_2^{24}$门开一条缝(锯门)//ko$_3^{33}$ ʔbən$_2^{24}$锯木(锯柴)

k'ểi daủ, ouvrir la porte. 开门 k^{h}ei$_1^{35-21}$ʔdɔu$_2^{24}$

toa daủ, fermer la porte à clé. 锁门 tua$_3^{33}$ʔdɔu$_2^{24}$

zóng leào ũk bẵk daủ, sédentaire. 不常出门(不多出门) zɑŋ$_5^{55}$liau$_4^{21}$uk$_7^{55}$ ʔbak$_7^{55-33}$ʔdɔu$_2^{24}$

bíng liú bẵk daủ, sentinelle. 哨兵/门卫(兵看门) ʔbiŋ$_1^{35-21}$ liu$_1^{35-21}$ ʔbak$_7^{55-33}$ʔdɔu$_2^{24}$

=T. C-D. *tu* > *təu* ดู

tau 嫂 tɑu$_3^{33}$

tau nĩ =*tau tom*=*tau số*, belle-sœur. 嫂(小嫂 tɑu$_3^{33}$ niʔ$_7^{55}$ ≠嫂婶 tɑu$_3^{33}$ tɔm$_3^{33}$≠大嫂 tɑu$_3^{33}$so$_1^{35}$)//tɑu$_3^{33}$tɔm$_3^{33}$妯娌(嫂婶)//=ʔba$_3^{33}$tɔm$_3^{33}$妯娌　按：萨维纳认为都是嫂子,因此无别。

<*ᶜ *sâu* 嫂

taú 收 tou$_1^{35}$

taú ngỏn laủ k'ồi, encaisser de l'argent. 收银入柜 tou$_1^{35-21}$ ŋɔn$_2^{24}$ lɔu$_4^{21-24}$k^{h}ui$_4^{21}$

taú dống aù, entasser. 收一堆 tou$_1^{35}$ʔdoŋ$_2^{24}$ɔu$_4^{21}$//ʔdoŋ$_2^{24}$堆≠ʔdoŋ$_1^{35}$东　按：ʔdoŋ$_2^{24}$是柴草捆竖起来堆成。

taú dán, quittance, récépissé. 收条(收单) tou$_1^{35-21}$ʔdan$_1^{35}$

taú laủ, ramasser (réunir). 收进 tou$_1^{35}$lɔu$_4^{21}$

taú tiến bong, recevoir une lettre. 收一封信(收信封) tou$_1^{35-21}$ tien$_5^{55}$ ʔbaŋ^{33}//=tou$_1^{35-21}$tien$_5^{55}$p^{h}oŋ$_5^{55}$ɔu$_4^{21}$(收信封一)//tou$_1^{35-21}$tien$_5^{55}$ʔbun$_5^{55}$p^{h}oŋ$_1^{35}$收信

两封（收信两封）

taú ngỏn, toucher de l'argent. 收银 tou$_1^{35-21}$ŋɔn$_2^{24}$

taú kổng, chômer. 收工 tou$_1^{35-21}$koŋ$_1^{35}$//＝ʔbiaŋ$_3^{33}$koŋ$_1^{35}$放工

* *ši̯u* 收

taú 输 tou$_1^{35}$ 按：原文认为本字是“赌”，误。

hom taú zẻng, parier. 打赌（合输赢） hɑm^{33}tou$_1^{35-21}$zeŋ$_2^{24}$（不说） 按：读音是“贪输赢”，长流话说不通。*hom* 是 *họp* 之误。//hɔp$_8^{21}$tou$_1^{35-21}$zeŋ$_2^{24}$打赌（合输赢，较文说法）//hɔp$_8^{21}$kɑp$_7^{55}$打赌（合佮，口语说法）

< *ᶜ *tou* 賭

taù accepter. 受 tou$_4^{21}$

nằn taù, accablant. 难受 nan$_2^{24-21}$tou$_4^{21}$（少说）//＝ŋɑi$_2^{24-21}$ʔdek$_8^{21}$难受//＝ŋɑi$_2^{24-21}$nɔn$_3^{33}$难忍

taù zoi, acceptable. 受得了/可忍受的（受得） tou$_4^{21}$zɑi$_3^{33}$

taù hoi, souffrir un dommage. 遭害 tou$_4^{21-24}$hɑi$_5^{55}$

taủ hoi, éprouver un dommage. 受害 tou$_4^{21-24}$hɑi$_5^{55}$

taù endurer 受 tou$_4^{21}$

tau têáng, se blesser. 受伤 tou$_4^{21-24}$tiaŋ$_1^{35}$

tau p'ạt, encourir une punition. 受罚 tou$_4^{21-24}$p^{h}at$_8^{21}$

taủ k'ô ＝*taủ hoi*, pâtir. 受苦 tou$_4^{21-24}$k^{h}o$_3^{33}$＝受害 tou$_4^{21-24}$hɑi$_5^{55}$

*ᶜ *ǰi̯u* 受

taủ vaincre（être vaincu） 输 tou$_1^{35}$

taú sỏn, défaite. 败阵（输阵） tou$_1^{35-21}$sɔn$_4^{21}$

taú tảng laủ, desservir la table. 收起桌子（收桌起） tou$_1^{35-21}$taŋ$_2^{24}$lɔu$_2^{24}$

ziàng-bỏn taú, perdant. 输家（人输） ziaŋ$_2^{24-21}$ʔbɑn$_2^{24-21}$tou$_1^{35}$输家//ziaŋ$_2^{24-21}$ʔbɑn$_2^{24-21}$zeŋ$_2^{24}$赢家

taú sẻn, perdre de l'argent au jeu. 输钱 tou$_1^{35-21}$sɛn$_2^{24}$（音同“收钱”）

* *ši̯ou* 輸

nau 盐 nɑu$_3^{33}$

lêáng nau, cassonnade. 红糖（糖盐） liaŋ$_1^{35-21}$nɑu$_3^{33}$红糖（盐状红砂糖）//＝liaŋ$_1^{35-21}$ziŋ$_1^{35}$红糖//≠liaŋ$_1^{35-21}$lɑu$_3^{33}$红糖（块状红糖）

naú 糯米 nɑu$_1^{35}$

zọp naú, riz gluant. 糯米（米糯） zɑp$_8^{21}$nɑu$_1^{35}$

< * *nuâ*ʾ 糯

naú 闹

loàn naú, bagarre. 乱闹 $luan_4^{21}nau_5^{55}$

<*nauˀ 鬧

nau sel 盐 nau_3^{33}

êa naú laù, saupoudrer de sel. 撒盐进(扬盐进) $ia_3^{33}nau_3^{33}lɔu_4^{21}$

hỗk naú =*bêáng naú laù* =*êa naú laù*, saler. 放盐(放盐 $hok_7^{55-33}nau_3^{33}$ = 放盐进 $ʔbiaŋ_3^{33}nau_3^{33}lɔu_4^{21}$ = 扬盐进 $ia_3^{33}nau_3^{33}lɔu_4^{21}$) 按：$hok_7^{55}$ 是长流话"放"，$ʔbiaŋ_3^{33}$ 是汉字音"放"。

naù 新 nau_4^{21} 按：原文认为本字是"奴"，误。

bìng naù, conscrit. 新兵(兵新) $ʔbiŋ_1^{35-21}nau_4^{21}$//$ʔbiŋ_1^{35-21}lau_4^{21}$ 老兵(兵老)

<*nou 奴

lau 潦 lau_3^{33}

từ lau, caractère cursif. 草书(书潦) $tɯ_1^{35-21}lau_3^{33}$

lau tứ, écriture cursive. 写字潦草(潦书) $lau_3^{33}tɯ_1^{35}$

lau bỏn sô, tresse des filles chinoises. 编辫子(编头发) $lau_3^{33}ʔban_2^{24-21}so_3^{33}$ 编辫子//$lau_3^{33}koʔ_8^{21}p^han_1^{35}$// = lau_3^{33} 按：挖红薯的工具，弯曲似镰刀。

laú 漏 lau_5^{55}(海南话)

laú zon mọ aù, entonnoir. 一个漏斗(漏酒个一) $lau_5^{55}zan_3^{33}mɔʔ_8^{21}ɔu_4^{21}$// $ts^hui^{33}lau_5^{55}$ 漏斗(锥漏) 按：实际读为 $mɔ_4^{21-24}ɔu_4^{21}$。

<H. *láu* *luˀ 漏

laù 炉 $lɔu^{21}$(海南话)

hôí laù, chaufferette. 火炉(海南话) $hoi^{21}lɔu^{21}$//$haŋ_3^{33}lɔu^{21}$ 火炉(烫炉)

hoáng laù, réchaud. 风炉 $huaŋ^{33}lɔu^{21}$ 风炉(铁匠用，有风箱)//$haŋ_3^{33}lɔu^{21}$ 烫炉/火炉(常用的炉子)

hoang laù, poêle. 风炉 $huaŋ^{33}lɔu^{21}$ 风炉//$haŋ_3^{33}lɔu^{21}$ 烫炉

<H. *láu* *lou 爐

laù, *laủ* 老 lau_4^{21} 按：前缀读 lau_4^{21}，实义"老"读 lau_4^{21}。

laủ tọt, bonasse. 老实/老实巴交 $lau_4^{21}tɔt_8^{21}$(少说)//$lau_4^{21}tiet_7^{55}$(常说，海南话)// = $tɔt_8^{21}tɔm_1^{35}$ 实心(人/物均可)

lau tọt, franc. 老实/坦率 $lau_4^{21}tɔt_8^{21}$(少说)//$lau_4^{21}tiet_7^{55}$(常说)

zóng laủ tọt, déloyal. 不老实 zɑŋ$_5^{55}$lɑu$_4^{21}$tɔt$_8^{21}$//zɑŋ$_5^{55}$lɑu$_4^{21}$tiet$_7^{55}$

ziàng-bỏn laù, âgé, vieux, vieillard. 老人(人老) ziɑŋ$_2^{24-21}$ʔbɑn$_2^{24-21}$lɑu$_4^{21}$

按:这里不说 lɑu$_4^{21}$。

mái zệ laù, chauve-souris. 蝙蝠(老老鼠) mai$_4^{21-24}$zi$_4^{21}$lɑu$_4^{21}$蝙蝠

bêắn laù, vieillir. 变老 ʔbian$_5^{55}$lɑu$_4^{21}$

ziàng-bỏn laù tóm zóng laù, l'homme vieillit, le cœur ne vieillit pas. 人老心不老 ziɑŋ$_2^{24-21}$ʔbɑn$_2^{24}$lɑu$_4^{21}$tɔm$_1^{35}$zɑŋ$_5^{55}$lɑu$_4^{21}$

hỗk naú lau =bêáng naú laù =êa náu laù, saler. 放盐进(放盐进 hok$_7^{55-33}$nɑu$_3^{33}$lɔu$_4^{21}$ =放盐进 ʔbiaŋ$_3^{33}$nɑu$_3^{33}$lɔu$_4^{21}$ =扬盐进 ia$_3^{33}$nɑu$_3^{33}$lɔu$_4^{21}$)

laủ p'an lêao, épicer. 加进拌料(进拌料) lɔu$_4^{21-24}$p^{h}an$_3^{33}$liau$_3^{33}$

<*ᶜ *lau* 老

laủ (apparaître) 起 lɔu$_2^{24}$　按:原文解释为“显露”,认为本字是“露”,误。

zuốn laủ, être debout. 站起 zun$_1^{35}$lɔu$_2^{24}$

<* *lou*ᵓ 露

laủ (étage) 楼 lɔu$_2^{24}$/露 lɔu$_4^{21}$

tsúng laủ, clocher. 钟楼 ts^{h}uŋ^{33}lɔu$_2^{24}$//≠ts^{h}uŋ$_5^{55}$lɔu$_2^{24}$都起来

lêí laủ, escalier. 楼梯(梯楼) lei$_1^{35-21}$lɔu$_2^{24}$

kân laủ, monter à l'étage. 上楼(升楼) kun$_3^{33}$lɔu$_2^{24}$//zɔŋ$_2^{24-21}$lɔu$_2^{24}$下楼//ʔda$_1^{35-21}$ʔbɑn$_2^{24}$kun$_3^{33}$太阳升//kun$_3^{33}$sia$_1^{35}$上车

laủ hiến, terrasse. 露天 lɔu$_4^{21}$hien$_1^{35}$

ziàng-bỏn ũk bới lõp qua kiềm zóng laủ zản lõp, bivouaquer (hommes sortir aller dormir passer nuit pas étage maison dormir). 露营(人出去躺过夜不进屋躺) ziɑŋ$_2^{24-21}$ʔbɑn$_2^{24}$uk$_7^{55}$ʔbəi$_1^{35}$lɑp$_7^{55}$kua$_3^{33}$kim$_4^{21}$zɑŋ$_5^{55}$lɔu$_4^{21}$zan$_2^{24}$lɑp$_7^{55}$

lêì laủ baí aù, une échelle. 一把楼梯(楼梯把一) lei$_1^{35-21}$lɔu$_2^{24}$ʔbai$_5^{55}$ɔu$_4^{21}$

hỗk lêì laủ, dresser, appliquer une échelle. 搭楼梯(放楼梯) hok$_7^{55-33}$lei$_1^{35-21}$lɔu$_2^{24}$

<* *lu* 樓

laủ (entrer) 进 lɔu$_4^{21}$(≠lɔu$_2^{24}$起)　按:原文认为本字是“摟”,误。

haú laủ =zing laủ, accrocher. 挂起 hau$_1^{35}$lɔu$_2^{24}$≠吊起 ziŋ$_3^{33}$lɔu$_2^{24}$　按:长流话两者不同。

hẹp laủ, accumuler, mettre en tas, agglomérer. 堆起 hep$_8^{21}$lɔu$_2^{24}$

hiẹp laủ, agglomérer. 堆起 hep$_8^{21}$lɔu$_2^{24}$

laủ hui, agréger à une société, association. 入会(进会) lɔu$_4^{21-24}$hui$_3^{33}$

tõ laủ, bondir. 跳起 taʔ$_7^{55}$lɔu$_2^{24}$(垂直上跳)

quá laủ =*zing laû* =*haú laủ*, pendre (quelqu'un). 挂起 kua$_5^{55}$lɔu$_2^{24}$//=hau$_1^{35}$lɔu$_2^{24}$挂起≠ziŋ$_3^{33}$lɔu$_2^{24}$吊起　按：*quá* 应该是 *kuá*,汉字音。

hế laủ, cacher. 藏起来 he$_3^{33}$lɔu$_2^{24}$

hống k'êi laủ p'oảng, aérer une chambre. 通气进房 hoŋ$_1^{35-21}$ k^{h}ei$_3^{33}$ lɔu$_4^{21-24}$p^{h}uaŋ$_2^{24}$

laủ tóm, anxiété. 费心(劳心) lau$_2^{24-21}$tɔm$_1^{35}$劳心//≠lɔu$_4^{21-24}$tɔm$_1^{35}$专心(入心)//lau^{21}haŋ^{33}劳动(海南话)

dói laủ p'òng kọp, mettre dans la poche. 带进口袋 ʔdai$_3^{33}$lɔu$_4^{21-24}$p^{h}aŋ$_2^{24-21}$ kɔp$_8^{21}$

zõk laủ nòm, macérer dans l'eau. 泡进水/浸进水 zɔk$_7^{55}$lɔu$_4^{21-24}$nam$_4^{21}$

laủ zản, entrer dans la maison. 进屋 lɔu$_4^{21-24}$zan$_2^{24}$

zõk laủ lêúng, confire au sucre. 泡进糖 zɔk$_7^{55}$lɔu$_4^{21-24}$liaŋ$_1^{35}$(把东西泡进糖里)//≠zɔk$_7^{55-33}$liaŋ$_1^{35}$lɔu$_4^{21}$泡糖进(把糖泡进东西里)　按：*lêúng* 是 *lêáng* 之误。

bêảng laủ kảm, emprisonner. 关进监狱(放进监) ʔbiaŋ$_3^{33}$lɔu$_4^{21}$ kam$_1^{35}$// hap$_7^{55-33}$lɔu$_4^{21}$kam$_1^{35}$关进监//hap$_7^{55-33}$mou$_1^{35}$关猪//hap$_7^{55-33}$kai$_1^{35}$关鸡

hãp p'ỏn laủ nêả, porter du fumier (engrais) aux champs. 挑粪进田 hap$_7^{55-33}$p^{h}an$_3^{33}$lɔu$_4^{21-24}$nia$_2^{24}$(p^{h}an$_3^{33}$"粪/粉"同音)//≠hap$_7^{55-33}$p^{h}an$_3^{33}$lɔu$_4^{21}$nia$_3^{33}$挑粪进来

ũk laủ, entrer et sortir. 进出/出入(出进) uk$_7^{55}$lɔu$_4^{21}$

laủ zế, pénétrer dans l'intérieur. 进里面 lɔu$_4^{21-24}$ze$_1^{35}$

taú laủ =*hóm laủ* =*è laủ*, ramasser (réunir). 收起 tou$_1^{35}$lɔu$_2^{24}$ ≠拣起 hɔm$_1^{35}$lɔu$_2^{24}$≠拿起 ɛ$_4^{21}$lɔu$_2^{24}$(一定用手)//ou$_1^{35}$lɔu$_2^{24}$拿起(不一定用手)　按：主谓结构不变调。

<* lu　摟

dìng k'ô zoa lám laủ, débraillé. 衣衫褴褛(穿衣裤褴褛) ʔdiŋ$_1^{35-21}$k^{h}o$_3^{33}$ zua$_3^{33}$lam^{21}lɔu$_2^{24}$//kɛ^{33}ʔdia^{21}lam^{21}lɔu$_2^{24}$家里寒酸(家庭褴褛)　按：kɛ^{33}ʔdia^{21}是海南话。//tɛ^{33}ua^{33}lam^{21}lɔu$_2^{24}$生活寒酸(生活褴褛)　按：tɛ^{33}ua^{33}是海南话。

<H. lãn　*ᶜ lịou　褸

laủ 进 lɔu$^{21}_{4}$

kẹp laủ sạp lẽk bới, porter sous l'aisselle. 夹在腋下(夹进腋下去) kεp$^{21}_{8}$ lɔu$^{21-24}_{4}$ sɑp$^{55-33}_{7}$ lik$^{55}_{7}$ ʔbəi$^{35}_{1}$//=tip$^{55}_{7}$ lɔu$^{21-24}_{4}$ sɑp$^{55-33}_{7}$ lik$^{55}_{7}$ ʔbəi$^{35}_{1}$ 插进腋下去

p'êà laủ (sortir du lit), se lever. 起来 pʰia$^{21}_{4}$ lɔu$^{24}_{2}$(口语)//lɔu$^{24}_{2}$ nia$^{33}_{3}$(较文)

taú tảng laủ, desservir la table. 收起桌子(收桌起) tou$^{35-21}_{1}$ tɑŋ$^{24}_{2}$ lɔu$^{24}_{2}$

hau hế zóng mừng p'êà laủ, alité. 卧床(身体不能起来) hɔu$^{24-21}_{2}$ he$^{24}_{2}$ zɑŋ$^{55}_{5}$ nəŋ$^{24-21}_{2}$ pʰia$^{21}_{4}$ lɔu$^{24}_{2}$　按: *mừng* 是 *nừng* 之误。

tsau 枣 tsʰau^{21}

mạk tsau tờ, jujube. 枣(果枣子) mɑk$^{21}_{8}$ tsʰau^{21} tsʰə^{21}

< *ᶜ *tsâu*　棗

tsáu 灶 tsʰau$^{33}_{3}$

tsáu ngoà, four à tuiles. 瓦灶(灶瓦) tsʰau$^{33}_{3}$ ŋua^{21} 灶瓦(不说)//tsʰau$^{33}_{3}$ mɑt$^{21}_{8}$ 土灶(常说)

< * *tsâu*ᵓ　竈

tsaù 扫(帚) tsʰɔu$^{24}_{2}$

tsaù nóm hối, badigeonner au lait de chaux. 刷石灰(帚水灰) tsʰɔu$^{24-21}_{2}$ nɑm$^{21-24}_{4}$ hoi$^{35}_{1}$ 扫地上的石灰水(帚水灰)//≠tɑu$^{55}_{5}$ nɑm$^{21-24}_{4}$ hoi$^{35}_{1}$ 刷墙(扫石灰水)　按:垂直扫不说 tsʰɔu$^{24}_{2}$。

tsaù mọ aù, un balai. 一个扫帚(帚个一) tsʰɔu$^{24}_{2}$ mɔʔ$^{21}_{8}$ ɔu$^{21}_{4}$　按:实际读为 mɔ$^{21-24}_{4}$ ɔu$^{21}_{4}$。

tsaù zản, balayer la maison. 打扫屋子/扫地(帚屋) tsʰɔu$^{24-21}_{2}$ zɑn$^{24}_{2}$

tsaú biển mọt, épousseter. 扫尘土(帚尘土) tsʰɔu$^{24-21}_{2}$ ʔbien$^{21-24}_{4}$ mɑt$^{21}_{8}$ 扫尘土//=ʔbɑʔ$^{21}_{8}$ ʔbien$^{21-24}_{4}$ mɑt$^{21}_{8}$ 拍尘土(拍粉土)//=ʔbɑʔ$^{21}_{8}$ ʔbien$^{21-24}_{4}$ ɔi$^{35}_{1}$ 拍尘(拍粉埃)//=tsʰɔu$^{24-21}_{2}$ sɑn$^{24-21}_{2}$ ɔi$^{35}_{1}$ 扫尘埃(帚尘埃)

nãp tsaù zản, balayures. 扫屋垃圾(垃圾帚屋)　按: nɑp$^{55}_{7}$ 有"谷壳/表面不平/垃圾"等义。nɑp$^{55-33}_{7}$ tsʰɔu$^{24-21}_{2}$ zɑn$^{24}_{2}$//nɑp$^{55-33}_{7}$ kok$^{55}_{7}$ 扎脚/扎脚的东西//nɑp$^{55-33}_{7}$ ʔbɑk$^{55}_{7}$　按:指米饭里有杂物。

< *ᶜ *sâu*　掃

sau 粗 sɔu^{33}(海南话);操 sɑu^{33}(海南话)　按:原文认为本字是"燥",误。

quà sau, paroles obscènes, déshonnêtes. 粗话(话粗) kua$^{21-24}_{4}$ sɔu^{33}

nóng sau, peau ratatinée. 皮粗 nɑŋ$^{35}_{1}$ sɔu^{33}//=nɑŋ$^{35}_{1}$ nɑp$^{55}_{7}$

saú sau, rugueux. 粗糙（粗粗） sɔu$_5^{55}$ sɔu^{33}//sɔu^{33} tau^{33} 粗糙// = nap$_7^{55}$ nap$_7^{55}$

<* *sâuˀ* 燥

sau liên, s'aguerrir, faire l'exercice. 操练 sau^{33} lien$_5^{55}$//lien$_3^{33}$ tɯ$_1^{35}$ 练字//sau$_3^{33}$ sak$_7^{55}$ 炒菜/菜畦

sau bíng, exercice de soldats. 练兵（操兵） sau^{33} ʔbiŋ$_1^{35}$

>* *ts'âu* 操

sau 吠 sau$_3^{33}$

má haủ sau, le chien aboie. 狗吠（狗只吠） 按：hɔu$_2^{24}$ 只（动物量词）。ma$_1^{35-21}$ hɔu$_2^{24}$ sau$_3^{33}$ 狗吠（这只狗叫）//mou$_1^{35-21}$ hɔu$_2^{24}$ ʔbeu$_1^{35}$ 猪叫//kai$_1^{35-21}$ hɔu$_2^{24}$ tan$_1^{35}$ 公鸡打鸣//mai$_4^{21-24}$ kai$_1^{35}$ ʔbeu$_1^{35}$ 母鸡叫

=T. *hau*, *hrau* เห่า（狗吠）

sau 炒 sau$_3^{33}$

sau kà p'e, torréfier du café. 炒咖啡 sau$_3^{33}$ ko$_3^{33}$ ʔbiʔ$_7^{55}$ 按：这是现代说法。

<^{*c} *ts'au* 炒

sau 槽 sau$_2^{24}$

daù sau, canal. 渡槽 ʔdu$_5^{55}$ sau$_2^{24}$

daỏ sau, rigole, canal. 渠/渡槽 ʔdu$_5^{55}$ sau$_2^{24}$

saú 晓 siau^{21} 按：原文认为本字是"修"，误。

zóng saú zoi, insondable. 不晓得 zaŋ$_5^{55}$ siau^{21} zai$_3^{33}$//=zaŋ$_5^{55}$ hɔu$_4^{21}$ zai$_3^{33}$ 不晓得/看不见 按：*saú* 是"晓"的误读，模仿"烧"的汉字音。

saù bi, apprêter. 筹备 sau^{21} ʔbi$_3^{33}$

<* *siu* 修

saù 愁 sɔu$_2^{24}$

kệ saù, charmer l'ennui. 解愁 keʔ$_7^{55-33}$ sɔu$_2^{24}$

tóm saù, triste. 心愁 tɔm$_1^{35}$ sɔu$_2^{24}$ 按：主谓结构不变调。

kẽ saù sẽ mườn, dissiper la tristesse. 解愁解闷 keʔ$_7^{55-33}$ sɔu$_2^{24}$ keʔ$_7^{55-33}$ mən$_4^{21}$ 按：后一个 *sẽ* 是 *kẽ* 之误。

saù mườn hói kua, inconsolable. 愁闷太过 sɔu$_2^{24-21}$ mən$_4^{21}$ hai$_5^{55}$ kua$_3^{33}$

saù mườn, mélancolie. 愁闷 sɔu$_2^{24-21}$ mən$_4^{21}$

<H. *sàu* * *dẓịu* 愁

saủ 仇 sɔu$_2^{24}$

hòm saủ, animosité. 含恨（含仇） ham$_2^{24-21}$ sɔu$_2^{24}$ 含恨//hɔm$_1^{35-21}$ sɔu$_2^{24}$ 记仇

(拣仇)

bố' sảu, prendre sa revanche. 报仇(动词) ʔbo$_{5}^{55}$sɔu$_{2}^{24}$

bố saù, vindicatif. 报仇(形容词) ʔbo$_{5}^{55}$sɔu$_{2}^{24}$

<* *ẑi̯u* 讐

saủ 粗 sɔu^{33}

saủ kón, nourriture grossière. 口粗/很能吃(粗吃) sɔu^{33}kɔn$_{2}^{24}$口粗/什么都吃(粗吃)//kɛn$_{4}^{21-24}$kɔn$_{2}^{24}$口细/不肯吃(紧吃)//mou$_{1}^{35}$kɛn^{21}口细的猪/不肯吃的猪(猪紧) 按:"紧"本是 kɛn^{21},也跟随第 4 调变调。

<H. *sảu* * *ts'ou* 粗

saủ □sou$_{4}^{21}$ 按:本字不明。

saủ sêàng, brusquement, à l'improviste. 立刻/马上 sou$_{4}^{21-24}$siaŋ$_{4}^{21}$立刻

saủ sêàng nêa, Venir a l'improviste. 马上来 sou$_{4}^{21-24}$siaŋ$_{4}^{21}$nia$_{3}^{33}$

zâu 友 zou$_{3}^{33}$(与"在"同音)

kiào zâu, chrétien. 教友 kiau$_{5}^{55}$zou$_{3}^{33}$//p^{h}uaŋ$_{2}^{24-21}$zou$_{3}^{33}$朋友

*ᶜ*i̯u* 友

zau être 在 zou$_{3}^{33}$

kò zau zản, il est à la maison. 他在家 kə$_{4}^{21}$zou$_{3}^{33}$zan$_{2}^{24}$ 按:*kò* 是 *kờ* 之误。

zòng zau zản, absent. 不在家 zɑŋ$_{5}^{55}$zou$_{3}^{33}$zan$_{2}^{24}$ 按:*zòng* 是 *zóng* 之误。

zau zúng da p'a (en l'air), aérien. 在空中/在天 zou$_{3}^{33}$zuŋ$_{1}^{35-21}$ʔda$_{3}^{33}$p^{h}a$_{3}^{33}$//zou$_{3}^{33}$zuŋ$_{1}^{35-21}$p^{h}iaŋ$_{4}^{21-24}$zuŋ$_{1}^{35}$在上面//p^{h}iaŋ$_{4}^{21-24}$zuŋ$_{1}^{35}$p^{h}iaŋ$_{4}^{21-24}$ʔdɑu$_{2}^{24}$//kun$_{3}^{33}$kun$_{3}^{33}$zɔŋ$_{2}^{24-21}$zɔŋ$_{2}^{24}$上上下下

zau na, auparavant. 从前(在前/在脸) zou$_{3}^{33}$na$_{3}^{33}$ 按:前文解释说是"在前"(devant)。

zau zỏng têì kán, en ce monde. 在世上(在上世间) 按:参看 *têi* 韵"在阴间"(en ce bas monde)条。zou$_{3}^{33}$zuŋ$_{1}^{35-21}$tei$_{3}^{33}$kan$_{1}^{35}$在世上(在上世间)//=zou$_{3}^{33}$tei$_{3}^{33}$kan$_{1}^{35}$在世间(常说)//zou$_{3}^{33}$zoŋ$_{1}^{35-21}$tei$_{3}^{33}$kan$_{1}^{35}$在别世间(少说)//zou$_{3}^{33}$ʔdɑu$_{2}^{24-21}$ɔm$_{1}^{35-21}$kan$_{1}^{35}$在阴间(在下阴间)//=zou$_{3}^{33}$ɔm$_{1}^{35-21}$kan$_{1}^{35}$在阴间(常说)

zóng ngau zau, pas encore mûr. 还没有熟(不熟在) zɑŋ$_{5}^{55}$ŋɑu$_{3}^{33}$zou$_{3}^{33}$

zản zau, demeure. 有人住的房子(家在) zan$_{2}^{24-21}$zou$_{3}^{33}$//zan$_{2}^{24-21}$ʔbat$_{8}^{21}$没人住的房子(家弃) 按:不是无主房。

dọ zán, rondement. 直爽/憨(直油) ʔdɑʔ$_{8}^{21}$zou$_{2}^{24}$ 按:*zán* 是 *záu* 之误,

参考 *záu* 条。

zau habiter. 在/住在 zou$_3^{33}$

zau zồng têi kán, en ce bas monde. 在阴间(在别世间) zou$_3^{33}$zoŋ$_1^{35-21}$tei$_3^{33}$ kan$_1^{35}$(少说)//=zou$_3^{33}$ ʔdɑu$_2^{24}$ ɔm$_1^{35-21}$ kan$_1^{35}$ 在阴间(常说)//zou$_3^{33}$ zuŋ$_1^{35-21}$ tei$_3^{33}$ kan$_1^{35}$在世上(在上世间)//=zou$_3^{33}$tei$_3^{33}$kan$_1^{35}$在世间

zau zề zản, dans la maison. 在屋里/在家里(在里屋) zou$_3^{33}$ze$_1^{35-21}$zan$_2^{24}$

mo zau zế hé, où demeurez-vous? 你在哪儿 mɔ$_3^{33}$ zou$_3^{33}$ zɛ$_5^{55}$ hɛ$_1^{35}$//mɔ$_3^{33}$ zou$_3^{33}$zɛ$_1^{35}$

hổng zâu =*hiểm kỏn zâu*, cohabiter. 同住(同在 hɔŋ$_2^{24-21}$zou$_3^{33}$ =大家在 hem$_1^{35-21}$kɔn$_2^{24}$zou$_3^{33}$)//=hɔŋ$_2^{24-21}$k^{h}ia$_3^{33}$同住(同寄)//=hem$_1^{35-21}$kɔn$_2^{24}$k^{h}ia$_3^{33}$大家住(添互相寄)

= T. *ʔyu'* C.-D. *ʔyu'* > *ʔyəu* อยู่(在/住)

zau 生/鲜/活 zou$_3^{33}$(与“在”同音)

nàn zau, chair vive. 鲜肉(肉生) nan$_4^{21-24}$ zou$_3^{33}$ 鲜肉//nan$_4^{21-24}$ ʔdai$_1^{35}$ 死肉//nan$_4^{21-24}$zɔp$_7^{55}$生肉(没有煮熟的肉)//nan$_4^{21-24}$ŋɑu$_3^{33}$熟肉

zaú fumier 屎 zou$_1^{35}$

dọ zâú, pisser. 撒尿 ʔdɔʔ$_8^{21}$zou$_1^{35}$//ʔdɔʔ$_8^{21}$kai$_4^{21}$拉屎//ʔdɔʔ$_8^{21}$ ʔdut$_7^{55}$放屁

hông zâú, pissotière. 尿桶(桶尿) hoŋ$_3^{33}$zou$_1^{35}$

p'ưởn zâú, vase de nuit. 夜壶/尿盆(盆尿) p^{h}ən$_2^{24-21}$zou$_1^{35}$

zaú 哪儿 zou$_1^{35}$ 按:本字不明。

mo bởi zaú, où allez-vous? 你去哪儿 mɔ$_3^{33}$ʔbəi$_1^{35-21}$zou$_1^{35}$(少说)//=mɔ$_3^{33}$ ʔbəi$_1^{35-21}$zɛ$_1^{35}$(常说)//mɔ$_3^{33}$ʔbəi$_5^{55}$zɛ$_1^{35}$你在哪儿 按:zou$_1^{35}$是荣山等地说法,zɛ$_1^{35}$是长流说法。//zou$_1^{35}$ən$_1^{35}$哪些东西//=zɛ$_1^{35}$ ən$_1^{35}$//zou$_1^{35}$hɛ$_1^{35}$哪里//=zɛ$_1^{35}$ hɛ$_1^{35}$ 按:不变调。

zụt zaú héng dái, depuis la naissance jusqu'à la mort. 从生到死(从生停死) lok$_8^{21}$ zou$_3^{33}$ hɛŋ$_5^{55}$ ʔdai$_1^{35}$(少说)//huk$_7^{55}$ hɛŋ$_5^{55}$ ʔdai$_1^{35}$ 做到死//=lok$_8^{21}$ zou$_3^{33}$ ʔdɔŋ$_5^{55}$ʔdai$_1^{35}$从活到死//=lok$_8^{21}$teŋ$_1^{35}$ʔdɔŋ$_5^{55}$ʔdai$_1^{35}$从生到死

zảu huile 油 zɔu$_2^{24}$

zaù hêáng, huile aromatique. 香油(油香) zɔu$_2^{24-21}$hiaŋ$_1^{35}$

zaù 油 $zɔu_2^{24}$

zaủ maú, graisse de porc. 猪油(油猪) $zɔu_2^{24-21}mou_1^{35}$

zaù ngaủ, beurre (huile vache). 牛油/黄油(油牛) $zɔu_2^{24-21}ŋɔu_2^{24}$

zaù mẻng, blatte. $zɔu_2^{24-21}miŋ_2^{24}$虫油(油螟)//$zou_1^{35-21}miŋ_2^{24}$虫尿(尿螟)//$miŋ_2^{24-21}k^hɑ_2^{24-21}lap_7^{55}$蟑螂 按:法语解释是"蟑螂",与记音对不上。

zaù kúa hải, cirage (huile passer chaussure). 鞋油(油刮鞋) $zɔu_2^{24-21}kua_5^{55}hai_2^{24}$ 按:kua_5^{55}意思是"涂"。//=$zɔu_2^{24-21}sat_7^{55-33}hai_2^{24}$

<* *i̯u* 油

kau ancien 旧(古) $kɑu_3^{33}$ 按:本字应该是"古"。海南话"旧"读作ku^{33}(闽南话浊去字归阴平的例)。

kau têỉ, temps anciens. 旧时(古时) $kɑu_3^{33}tɛi_2^{24}$(不说)//$k^hai_3^{33}na_3^{33}$以前(常说,$k^hɑi_3^{33}na_3^{33}$也可以)//=$lɛŋ_1^{35-21}ze_1^{35}$

nẻn kaú, l'an dernier, l'an passé. 旧年(年古) 按:法语解释是"去年",误。$nen_2^{24-21}kɑu_3^{33}$旧年(农历新年,长流只算初一到初三)//$nen_2^{24-21}nau_4^{21}$新年(公历新年)//$ʔbɛi_2^{24-21}zai_2^{24}$去年

k'ô zoa kau, vieux habits. 旧衣服(裤衣古) $k^ho_3^{33}zua_3^{33}kɑu_3^{33}$

<* *gi̯uʾ* 舊

kau (haut) 高 $kɑu^{33}$

kau têng, avancer en grade, anoblir. 高升 $kɑu^{33}teŋ^{33}$

>* *kâu* 高

kaù 旧(古) $kɑu_3^{33}$

kaù sềng p'oàng zau, amitié. 旧情朋友(古情朋友) $kɑu_3^{33}seŋ_2^{24}p^huaŋ_2^{24-21}zou_3^{33}$//=$seŋ_2^{24-21}kɑu_3^{33}p^huaŋ_2^{24-21}zou_3^{33}$

kaù 膏/胶 $kɑu_1^{35}$/$kɑu^{33}$

kau zêặk, cataplasme. 膏药(胶药) $kɑu_1^{35-21}ziak_8^{21}$

kaù zêặk, emplâtre. 膏药(胶药) $kɑu_1^{35-21}ziak_8^{21}$

tsêò kau kiệt na, se farder le visage. 擦脸粉(石膏击脸) $ts^hiu^{21}kɑu^{33}kit_7^{55-33}na_3^{33}$ 按:$ts^hiu^{21}kɑu^{33}$是海南话"石膏"的变音。//$ts^hiu^{21}kɑu^{33}hua_4^{21-24}na_3^{33}$石膏画脸//$ts^hiu^{21}kɑu^{33}$石膏(点豆腐用)//$ŋɛ^{21}kɑu^{33}$牙膏

<* *kâu* 膏

kaù 低(头)/弯(头) $kɑu_4^{21}$ 按:临高语词。原文认为本字是"叩",误。

kaù hau bởi, baisser la tête. 低头去(低首去) $kɑu_4^{21}hɑu_3^{33}ʔbəi_1^{35}$低头去/乖乖去 按:"低头"义不变调,很特别。//$kɑu_4^{21}hɑu_3^{33}huk_7^{55}$埋头干(低首

做)//kɑu$_4^{21}$ hɑu$_3^{33}$ o^{33} ts^{h}ip$_8^{33}$ 埋头学习(低首学习) 按：o^{33} ts^{h}ip$_8^{33}$ 是海南话。//kɑu$_4^{21}$ hɑu$_3^{33}$ kɔn$_1^{35}$ 埋头吃(低首吃)//kɑu$_4^{21-24}$ suan$_1^{35}$ 瞓/低头打瞌睡//kɑu$_4^{21}$ leŋ$_4^{21}$ 低头/低脖子/稻谷熟了谷穗弯头//zəŋ$_1^{35-21}$ ŋau$_4^{21}$ kɑu$_4^{21}$ 谷穗弯头

<* *k‘uˀ* 叩

kaủ 低 kɑu$_4^{21}$/垢 kɑu$_2^{24}$

dá kaủ soắn, yeux assoupis. 瞌睡/瞓(眼低睡) ʔda$_1^{35}$ kɑu$_4^{21-24}$ suan$_1^{35}$ 瞓//ʔda$_1^{35}$ kɑu$_4^{21}$ 瞌睡/瞓(眼低)//ʔda$_1^{35-21}$ kɑu$_1^{35}$ 按：一种眼病，只能看下，不能看上。//kɑu$_4^{21-24}$ suan$_1^{35}$ 瞓/低头打瞌睡

kaủ hau, crasse de la tête. 头垢/头屑(垢头) kɑu$_2^{24-21}$ hɑu$_3^{33}$//p^{h}at$_7^{55-33}$ kɑu$_2^{24}$ 产生头皮屑(发垢)

k'au 考 k^{h}au$_3^{33}$

kúng tsố ziàn k'au, aïeux. 祖宗/祖先(公祖元考) kuŋ$_1^{35-21}$ ts^{h}o$_3^{33}$ zian$_2^{24-21}$ k^{h}au$_3^{33}$

k'au 箍 k^{h}ɑu^{33} 按：这是海南话，“箍”长流话是 *k'ố*。

dau-dí k'au, collier. 项链(脰蒂箍) ʔdɑu^{33} ʔdi^{55} k^{h}ɑu^{33} 脖颈箍(脰蒂箍，海南话)//k^{h}o$_1^{35-21}$ mɑk$_8^{21}$ liŋ$_4^{21}$ 脖子箍(长流话)//=k^{h}o$_1^{35-21}$ mɑk$_8^{21}$ leŋ$_4^{21}$//k^{h}o$_1^{35-21}$ hoŋ$_3^{33}$ 箍桶

k'aú 敲 k^{h}ɑu$_1^{35}$

k'aú dếng dếng zỏng, enfoncer un clou. 敲钉钉上 k^{h}ɑu$_1^{35-21}$ ʔdeŋ$_1^{35}$ ʔdeŋ$_1^{35}$ zɔŋ$_2^{24}$

k'aù daủ p'ới aù, frapper à la porte. 敲一次门(敲门回一) k^{h}ɑu$_1^{35-21}$ ʔdɔu$_2^{24}$ p^{h}əi$_2^{24}$ ɔu$_4^{21}$

<* *k‘au* 敲

k'aù frère cadet. 小舅子(爹舅) 按：姐姐叫弟弟、姐夫叫小舅子、外甥叫舅舅都一样，大人跟着孩子叫。ʔdi$_1^{35-21}$ k^{h}ɔu$_4^{21}$//=ʔde$_1^{35-21}$ k^{h}ɔu$_4^{21}$//=k^{h}ɔu$_4^{21}$ 舅

k'aù 敲 k^{h}ɑu$_1^{35}$；叩 k^{h}o$_5^{55}$；扣 k^{h}ɑu$_5^{55}$

k'aù túi boà, se servir de l'abaque. 敲算盘 k^{h}ɑu$_1^{35-21}$ tui$_5^{55}$ ʔbua^{21}//=k^{h}o$_5^{55}$ tui$_5^{55}$ ʔbua^{21}(叩算盘)//k^{h}o$_5^{55}$ tiau$_5^{55}$ 算数(叩数)

k'aú sỏ, défalquer. 扣除 k^{h}ɑu$_{5}^{55}$sə$_{2}^{24}$

<* *k‘uʾ* 扣

k'aủ adjurer, supplier. 求 k^{h}ɔu$_{2}^{24}$ k^{h}ɔu$_{2}^{24-21}$ zɔŋ$_{1}^{35}$ 求人(求别人)//iau^{33} k^{h}ɔu$_{2}^{24}$ 要求

<* *gi̯u* 求

k'aủ 苦 k^{h}ɔu^{21} 按:长流话口语苦是 *k'o*。

k'aủ sủ, adversité, affliction, angoisse, misère. 苦楚 k^{h}ɔu^{21}so$_{2}^{24}$

<^{*ᶜ} *k‘ou* 苦

ngau 傲 ŋau$_{5}^{55}$

kiau ngau, altier. 骄傲 kiau^{33}ŋau$_{5}^{55}$

kiảu ngau. Orgueil. 骄傲 kiau^{33}ŋau$_{5}^{55}$

<* *ṅâuʾ* 傲

ngau mûr 熟 ŋɑu$_{3}^{33}$ 按:原文认为本字是“熬”,误。

zóng ngau zau, pas encore mûr. 还没有熟(不熟在) zɑŋ$_{5}^{55}$ŋɑu$_{3}^{33}$zou$_{3}^{33}$

mạk ngau, fruit mûr. 熟果(果熟) mak$_{8}^{21}$ŋɑu$_{3}^{33}$

mạk kó ngau, fruit picoré. 早就熟的果子(果早熟) mak$_{8}^{21}$kɑu$_{5}^{55}$ŋɑu$_{3}^{33}$

nóng ngau, cuir tanné. 熟皮(皮熟) nɑŋ$_{1}^{35}$ŋɑu$_{3}^{33}$

? <*ṅâu* 熬

ngẩu, *ngáu ngâú*, s'asseoir. 坐 ŋou$_{1}^{35}$

sing ngâú, inviter à s'asseoir. 请坐 siŋ$_{3}^{33}$ŋou$_{1}^{35}$

ngáu zỏng kón têà, s'attacher. 坐下吃饭 ŋou$_{1}^{35}$zɔŋ$_{2}^{24}$kɔn$_{1}^{35-21}$tia$_{4}^{21}$ 按:法语解释是“捆绑住”,误。

ngáu tsiu, orientation. 定位/定方向(坐就) ŋou$_{1}^{35}$ts^{h}iu$_{3}^{33}$//=ŋou$_{1}^{35}$ts^{h}iŋ$_{3}^{33}$ 坐正//ŋou$_{1}^{35}$ts^{h}iu$_{3}^{33}$ʔbək$_{7}^{55}$坐就北(房子面向北)//=ŋou$_{1}^{35}$ts^{h}iŋ$_{3}^{33}$ʔbək$_{7}^{55}$坐正北

tsói ngáu, se rasseoir. 再坐 ts^{h}ɑi$_{5}^{55}$ŋou$_{1}^{35}$

ngaủ (bovin) 牛/黄牛 ŋɔu$_{2}^{24}$

kọt ngáu, attacher le buffle. 拴牛(扎/捆牛) kɑt$_{8}^{21}$ŋɔu$_{2}^{24}$//=həi$_{2}^{24-21}$ŋɔu$_{2}^{24}$ 拴牛(系牛)

ngaủ sóng, bœuf sauvage. 野牛(牛山) ŋɔu$_{2}^{24-21}$sɑŋ$_{1}^{35}$

lèng ka ngảu, abattoir. 屠宰场(地方杀牛) lɛŋ$_{1}^{35-21}$ka$_{3}^{33}$ŋɔu$_{2}^{24}$

ngảu láng, bœuf. 黄牛(牛黄) ŋɔu$_{2}^{24-24}$laŋ$_{1}^{35}$//=ŋɔu$_{2}^{24}$

ngảu nòm, buffle. 水牛(牛水) $ŋɔu_{2}^{24-24}$ $nɑm_{4}^{21}$(不说)//tei_{3}^{33}水牛(常说) 按:长流一带无水牛。tei_{3}^{33}"水牛、问、鳏寡"同音。

dềô ngảu, mener un buffle. 牵牛 $ʔdiu_{2}^{24-21}$ $ŋɔu_{2}^{24}$(王录尊)//$ʔdeu_{2}^{24-21}$ $ŋɔu_{2}^{24}$(孔庆葳)

mải ngảu, vache. 母牛/母黄牛 mai_{4}^{21-24} $ŋɔu_{2}^{24}$母牛(生仔的黄牛)//mai_{4}^{21-24} tei_{3}^{33}母牛(生过仔的水牛)//he_{4}^{21-24} $ŋɔu_{2}^{24}$母牛(未生仔的黄牛)//he_{4}^{21-24} tei_{3}^{33}母牛(未生仔的水牛)

lẹk ngảu, veau. 小牛/小黄牛 $lɛk_{8}^{21}$ $ŋɔu_{2}^{24}$

têảng ngảu, garder les vaches, les buffles. 养牛(养黄牛) $tiaŋ_{4}^{21-24}$ $ŋɔu_{2}^{24}$//$tiaŋ_{4}^{21-24}$ tei_{3}^{33}养水牛

*i̯u 牛

au 要/给 ou_{1}^{35}

au nõ lẹk kón, allaiter un enfant. 给小孩喂奶(要/给奶小孩吃) ou_{1}^{35-21} $noʔ_{7}^{55}$ $lɛk_{8}^{21}$ $kɔn_{1}^{35}$

au 掰断/弄折(拗) $ɑu_{3}^{33}$

au zẫk, entorse. 折骨(拗骨) $ɑu_{3}^{33}$ $zək_{7}^{55}$

au ũt, recourbé. 弄弯 按:记音有问题,*ũt* 是"塞"(遏)。$ɑu_{3}^{33}$ ut_{7}^{55}拗塞(不说)//$ɑu_{3}^{33}$ eu_{1}^{35}拗弯(常说)//=$ɑu_{3}^{33}$ uan_{1}^{35}

aù num. un 一 $ɔu_{4}^{21}$

k'êi hồng aù, un accès de colère. 一肚子气(气肚子一) $k^{h}ei_{3}^{33}$ $hoŋ_{4}^{21-24}$ $ɔu_{4}^{21}$

p'ải dủi aù dủi aù, aligner. 排一队一队 $ʔdi_{5}^{55}$ $ʔdəi_{5}^{55}$ $ʔdi_{5}^{55}$ $ʔdəi_{5}^{55}$//$p^{h}ai_{2}^{24}$ $ʔdi_{5}^{55}$ zoi_{2}^{24} $ʔdi_{5}^{55}$ zoi_{2}^{24}//=$ʔdi_{5}^{55}$ $huaŋ_{2}^{24}$ $ʔdi_{5}^{55}$ $huaŋ_{2}^{24}$

hổng p'ưới aù bới, aller ensemble. 一同去 $hɔŋ_{2}^{24}$ $p^{h}əi_{2}^{24}$ $ɔu_{4}^{21}$ $ʔbəi_{1}^{35}$//=$hɔŋ_{2}^{24-21}$ $p^{h}əi_{2}^{24}$ $ɔu_{4}^{21}$ $ʔbəi_{1}^{35}$

zóng lể tở hoi sã-aù, laisser ses affaires à l'abandon. 不理自己的事情(不理事会自己) $zɑŋ_{5}^{55}$ le_{4}^{21-24} $tə_{4}^{21-24}$ hoi_{3}^{33} sa_{5}^{55} $ɔu_{4}^{21}$//=$zɑŋ_{5}^{55}$ le_{4}^{21-24} $ʔbən_{4}^{21-24}$ si^{33} 按:le_{4}^{21}=li_{4}^{21}理。"本"读 $ʔbən^{21}$,与第4调一同变调。

sã-au, soi-même. 自己 sa_{5}^{55} $ɔu_{4}^{21}$

âú, *aú* prendre 拿/给/要(要) ou$_1^{35}$

zóng âú, abandonner. 不要 zɑŋ$_5^{55}$ou$_1^{35}$

âú nêa, apporter. 拿来 ou$_1^{35}$nia$_3^{33}$

âú dêa liú, laissez-moi voir. 让我看(给我看) ou$_1^{35}$zia$_3^{33}$liu$_1^{35}$ 按: *dêa* 是 *zêa* 之误,见 *êa* 韵。

âu lảu p'òng kọp, mettre dans sa poche. 放进口袋(拿进口袋) ou$_1^{35}$ lɔu$_4^{21-24}$p^{h}ɑŋ$_2^{24-21}$kɔp$_8^{21}$//ʔdɛŋ$_2^{24}$lɔu$_4^{21-24}$p^{h}ɑŋ$_2^{24-21}$kɔp$_8^{21}$装进口袋

ziàng aù lêào, autant. 一样多(样一多) ziaŋ$_4^{21}$ɔu$_4^{21}$liau$_4^{21}$

âú zống liú, montrer (le chemin). 指路(给别人看) ou$_1^{35-21}$zoŋ$_1^{35}$liu$_1^{35}$

âu sồ k'õp, prendre avec les bâtonnets. 用筷子夹(拿箸夹) ou$_1^{35-21}$ so$_4^{21}$k^{h}ɑp$_7^{55}$

têi aú lưng, revendiquer. 要回(问要回) tei$_3^{33}$ou$_1^{35}$lən$_1^{35}$

ʔăw =T. เอา(拿/取)

hau (bon, bien) 好 hɑu$_3^{33}$

zóng hau líu, indécent (pas bien regarder). 不好看 zɑŋ$_5^{55}$hɑu$_3^{33}$liu$_1^{35}$

zóng hau, méchant. 不好 zɑŋ$_5^{55}$hɑu$_3^{33}$

hau heng, mélodieux. 好听 hɑu$_3^{33}$hɛŋ$_3^{33}$

hau úng, enchanté. 好高兴 hɑu$_3^{33}$əŋ$_1^{35}$//=hɑu$_3^{33}$lak$_8^{21}$好乐

hau kón, bon à manger. 好吃 hɑu$_3^{33}$kɔn$_1^{35}$

kang zống zống hau, décrier les gens. 贬低别人(讲别人不好) kaŋ$_3^{33}$ zoŋ$_1^{35}$zɑŋ$_5^{55}$hɑu$_3^{33}$//=kaŋ$_3^{33}$zoŋ$_1^{35}$zɑŋ$_5^{55}$mai$_2^{24}$ 按:第 2 个 *zống* 是 *zóng* 之误。

hau ziảo, comique. 好笑 hɑu$_3^{33}$ziau$_2^{24}$

zóng mưởn hau lêi, déraisonnable. 没有道理 zɑŋ$_5^{55}$mən$_2^{24-21}$hɑu$_3^{33}$lɛi$_3^{33}$

zóng hau heng, désagréable à étendre. 不好听 zɑŋ$_5^{55}$hɑu$_3^{33}$hɛŋ$_3^{33}$

hau liú, pittoresque (bon regarder). 好看 hɑu$_3^{33}$liu$_1^{35}$

hau tam, adieu, bon voyage, au revoir. 好走 hɑu$_3^{33}$tam$_3^{33}$

hau liú =*hau lheng*, agréable. 好看 hɑu$_3^{33}$liu$_1^{35}$ ≠好听 hɑu$_3^{33}$hɛŋ^{33} 按: *lheng* 是 *heng* 之误。

<* *χâuˀ* 好

hau 头(首) hɑu$_3^{33}$

hau tọp, dixième. 第十(首十) hɑu$_3^{33}$tɔp$_8^{21}$

hau tọp ngềi, douzième. 第十二(首十二) hɑu$_3^{33}$tɔp$_8^{21}$ŋɛi$_4^{21}$

hau tête 头(首) hau_3^{33} 按:原文认为本字是“头”,误。

kaù hau bới, baisser la tête. 低头去(低首去) $kau_4^{21}hau_3^{33}ʔbəi_1^{35}$

hau zống tsím, bout du nez. 鼻尖(首鼻尖) $hau_3^{33}zɔŋ_1^{35-21}ts^him_1^{35}$// = $ts^him_1^{35-21}hau_3^{33}zɔŋ_1^{35}$

mọ hau lỏng, licou. 马笼头(马首笼) $maʔ_8^{21}hau_3^{33}lɔŋ_2^{24}$// = $hau_3^{33}lɔŋ_2^{24-21}maʔ_8^{21}$

hau bong = *hau luôn*, calvitie. 光头(首亮) $hau_3^{33}ʔbaŋ_1^{35}$ = 光头(首光) $ʔbaŋ_1^{35}lon_3^{33}$//$hɔi_3^{33}lon_3^{33}$剃光

ziàng bỏn hũk hau, chef. 头子/领导(人做首) $ziaŋ_2^{24-21}ʔban_2^{24-21}huk_7^{55}hau_3^{33}$

hau dọk, endolori, migraine (tête mal). 头疼(首疼) $hau_3^{33}ʔdɔk_8^{21}$

hau bểi, commencement de l'année. 年初(首年) $hau_3^{33}ʔbɛi_2^{24}$

zẫk hau, boite crânienne. 头颅/头骨(骨首) $zək_7^{55-33}hau_3^{33}$

hau mể, pouce (tête main). 拇指(首手) $hau_3^{33}me_2^{24}$

hau mạk toan, ail. 蒜头(首果蒜) $hau_3^{33}mak_8^{21}tuan_3^{33}$蒜头//$mak_8^{21}tuan_3^{33}$蒜

hau don, souche d'arbre. 树根/树头(首树) $hau_3^{33}ʔdɔn_3^{33}$

hau mọ, débarcadère. 码头(首马) $hau_3^{33}maʔ_8^{21}$

hau toa, cadenas, serrure. 锁头(首锁) $hau_3^{33}tua_3^{33}$

ziàng bỏn dôi hau, émule. 对头/对手(人对首) $ziaŋ_2^{24-21}ʔban_2^{24-21}ʔdoi_3^{33}hau_3^{33}$(少说)//$ʔdoi_3^{33}hau_3^{33}ziaŋ_2^{24-21}ʔban_2^{24}$(常说)

ziàng bỏn dối hau, compétiteur. 对头/对手(人对首) $ziaŋ_2^{24-21}ʔban_2^{24-21}ʔdoi_3^{33}hau_3^{33}$(少说)//$ʔdoi_3^{33}hau_3^{33}ziaŋ_2^{24-21}ʔban_2^{24}$(常说)

da bỏn sing hau, le soleil est au zénith. 中午(太阳正首) $ʔda_1^{35-21}ʔban_2^{24}ts^hiŋ_3^{33}hau_3^{33}$

<* *du* 頭

hau 后/好/头(首) hau_3^{33}

hau tếng, adolescent. 后生 $hau_3^{33}teŋ_1^{35}$// = $hau_3^{33}teŋ_1^{35-21}ka_1^{35}$后生家 按:多指未婚青年男子。

hau kĩt zống, belliqueux. 好打人(好击别人) $hau_3^{33}kit_7^{55-33}zoŋ_1^{35}$

dôi hau ziàng-bỏn, adversaire. 对头(对首人) $ʔdoi_3^{33}hau_3^{33}ziaŋ_2^{24-21}ʔban_2^{24}$// = $ziaŋ_2^{24-21}ʔban_2^{24-21}ʔdoi_3^{33}hau_3^{33}$(更地道)

lẹk hau õt, le premier né. 老大/长子(子首一) $lɛk_8^{21}hau_3^{33}ɔt_7^{55}$

hau p'ỏang, antichambre. 房头/前厅(首房) hɑu$_3^{33}$p^{h}uaŋ$_2^{24}$

hau hế zóng nừng p'eà laủ, alité. 卧病(身体不能起来) hɔu$_2^{24-21}$ he$_2^{24}$ zɑŋ$_5^{55}$nəŋ$_2^{24-21}$p^{h}ia$_4^{21}$lɔu$_2^{24}$

hau siễt, apparat. 可爱(好惜) hɑu$_3^{33}$sit$_7^{55}$

hau õt, avant tout. 第一(首一) hɑu$_3^{33}$ɔt$_7^{55}$

hau lê, tout prés. 好近 hɑu$_3^{33}$le$_3^{33}$

zóng hau bới, s'abstenir d'y aller, n'y allez pas. 不好去 zɑŋ$_5^{55}$hɑu$_3^{33}$ʔbəi$_1^{35}$

hau mảng, épouvantait. 好怕(好恾) hɑu$_3^{33}$mɑŋ$_2^{24}$

< ^{*c}*ɣu* 後

haú (num. d'animal) 只(动物量词) hɔu$_2^{24}$只(动物)

ngêà nòm haú aù, anguille. 一只蟒蛇(蛇南只一) ŋia$_2^{24-21}$ nom$_2^{24}$ hɔu$_2^{24}$ɔu$_4^{21}$

mõt haú aù, une puce. 一只跳蚤(跳蚤只一) mɑt$_7^{55}$hɔu$_2^{24}$ɔu$_4^{21}$

hâú marché 市(墟) hou$_1^{35}$

bỏn hâú, jour de marché. 赶集日(日墟) ʔbɑn$_2^{24-21}$hou$_1^{35}$

bới hâú, aller au marché. 赶集(去墟) ʔbəi$_1^{35-21}$hou$_1^{35}$//=ʔbəi$_1^{35-21}$kɑi$_1^{35}$赶集(去街)

haú 挂 hɑu$_1^{35}$ 按:王录尊是 hau$_1^{35}$,二李是 hɑu$_1^{35}$。

haú laủ, accrocher, pendre (quelqu'un). 挂起来(挂起) hɑu$_1^{35}$lɔu$_2^{24}$挂起//≠ziŋ$_3^{33}$lɔu$_2^{24}$吊起

haù percevoir, savoir, sentir, connaître 知道/见 hɔu$_4^{21}$ 按:原文认为本字是"透",误。

haù k'oai na, prévoir. 事先知道(知道先) hɔu$_4^{21}$k^{h}ai$_3^{33}$na$_3^{33}$

liú haù, apercevoir. 看见 liu$_1^{35}$hɔu$_4^{21}$

haù tọt, certitude, assurance. 眼见为实(知实/见实) hɔu$_4^{21}$tɔt$_8^{21}$知实(不说)//hɔu$_4^{21}$ts^{h}ɔn$_1^{35}$知真(常说)

dêi haù, chercher et trouver. 找到(找见) ʔdei$_1^{35}$ hɔu$_4^{21}$ 找见//=ʔdei$_1^{35}$ ʔdeu^{33}找着(海南话)

kang haù =*bố haù*=*bêu haù* =*hông haù* =*soản haù*, annoncer, avertir.

报告/通知(讲知=报知=叫知=通知=宣知) kaŋ$_3^{33}$hɔu$_4^{21}$告知(讲知);ʔbo$_5^{55}$ hɔu$_4^{21}$报告(报知);ʔbeu$_1^{35}$ hɔu$_4^{21}$ 叫知(≠ʔbeu$_1^{35}$ ho$_3^{33}$ 叫号);hoŋ^{33} hɔu$_4^{21}$ 通知;suan^{33}hɔu$_4^{21}$宣知

haù nĩt, sentir le froid. 感到冷(知道冷) hɔu$_4^{21-24}$nit$_7^{55}$

haù luôn, sentir la chaleur. 感到热(知道热) hɔu$_4^{21-24}$lun$_3^{33}$

haù na, entrevue. 会面/照脸(知脸) hɔu$_4^{21-24}$ na$_3^{33}$//taŋ$_2^{24}$ ʔbaŋ$_1^{35}$ zai$_3^{33}$ hɔu$_4^{21-24}$na$_3^{33}$桌面亮得能照脸(桌亮得照脸)//liu$_1^{35-21}$na$_3^{33}$照镜子/看脸(看脸)

mềng mềng haù, à bon escient. 明明知道 miŋ^{21}miŋ^{21}hɔu$_4^{21}$//miŋ^{21}miŋ^{21} hɔu$_4^{21}$miŋ^{21}miŋ^{21}huk$_7^{55}$明知故犯(明明知道明明做)

no no zú haù, notoire. 人人皆知(人人都知) na$_5^{55}$na$_3^{33}$zu$_5^{55}$hɔu$_4^{21}$//na$_5^{55}$ na$_3^{33}$zuŋ$_5^{55}$hɔu$_4^{21}$人人都知//=na$_5^{55}$na$_3^{33}$ts^{h}aŋ$_5^{55}$hɔu$_4^{21}$

zóng haù ka sẻn zọp, sans expérience. 没有经验(不知米价钱<不知价钱米) zaŋ$_5^{55}$hɔu$_4^{21-24}$ka$_3^{33}$sɛn$_2^{24}$zap$_8^{21}$//=zuŋ$_5^{55}$hɔu$_4^{21-24}$ka$_3^{33}$sɛn$_2^{24}$zap$_8^{21}$

nõp soán biển haù, rêver. 做梦/梦见(躺睡梦见)(ʔbien$_2^{24}$梦/圆) lap$_7^{55-33}$ suan$_1^{35}$ʔbien$_2^{24}$hɔu$_4^{21}$//lap$_7^{55-33}$ suan$_1^{35}$ ʔbən$_4^{21-24}$ hɔu$_2^{24}$ 睡觉翻身　按: *nõp* 是 *lõp* 之误。

haù kỏn, rencontrer. 遇见/相见(见互相) hɔu$_4^{21-24}$kɔn$_2^{24}$

<* *t'uˀ* 透

haù 户 hɔu$_3^{33}$　按: 原文认为本字是"头",误;头(首)是 hau$_3^{33}$。

p' ố haù, boutique. 商铺/铺面(铺户) p^{h}o$_3^{33}$hɔu$_3^{33}$//hɔu$_3^{33}$k^{h}au$_2^{24}$户口

<* *duˀ* 頭

haù 道 hau$_3^{33}$　按: 中古汉语借词,d->t^{h}-h-。

haù lêi, civilité. 道理 hau$_3^{33}$lei$_3^{33}$

kang hau lêi, prêcher, faire un sermon. 讲道理 kaŋ$_3^{33}$hau$_3^{33}$lei$_3^{33}$

> * *dâu* 道

haủ (corps) 身体 hɔu$_2^{24}$

tũk haủ, se baigner. 洗澡(洗身体) tuk$_7^{55-33}$hɔu$_2^{24}$

siào haủ, fouiller quelqu'un. 搜身(搜身体) siau$_1^{35-21}$hɔu$_2^{24}$

sỏn haủ nêa, venir en personne. 亲自来(亲身来) sɔn$_5^{55}$hɔu$_2^{24}$nia$_3^{33}$亲身来//sɔn$_5^{55}$ʔbak$_7^{55}$kaŋ$_3^{33}$亲口讲

sỏn hảu, personnellement. 亲自(亲身) sɔn$_5^{55}$hɔu$_2^{24}$　按: 不说 sɔn$_1^{35-21}$ hɔu$_2^{24}$。

haủ (numéral d'animaux) 只(动物量词) hɔu$_2^{24}$;艘 hɑu$_1^{35}$

mềng song hâu, abeille. 一只蜜蜂(蜜蜂只) miŋ$_2^{24-21}$ sɑŋ$_3^{33}$ hɔu$_2^{24}$ ɔu$_4^{21}$// miŋ$_2^{24-21}$ sɑŋ$_3^{33}$ ʔbun$_5^{55}$ hɔu$_2^{24}$ 两只蜜蜂

k'óm haủ aù, crabe. 一只螃蟹(蟹只一) k^{h}ɔm$_2^{24}$ hɔu$_2^{24}$ ɔu$_4^{21}$ 螃蟹(田里的)//k^{h}ɔm$_2^{24-21}$ mɑn$_2^{24}$ 膏蟹/大闸蟹//k^{h}ɛi$_4^{21}$ 花蟹//ts^{h}ɑu$_4^{21}$ 青蟹

zươn haủ aù, lapin. 一只兔子(兔只一) zɯn$_3^{33}$ hɔu$_2^{24}$ ɔu$_4^{21}$

bõt haủ aù, canard. 一只鸭子(鸭只一) ʔbɑt$_7^{55}$ hɔu$_2^{24}$ ɔu$_4^{21}$

zươn sóng haủ aù, lièvre. 一只野兔(兔山只一) zɯn$_3^{33}$ sɑŋ$_1^{35}$ hɔu$_2^{24}$ ɔu$_4^{21}$

mải ãk hởm aù, limace. 蜗牛(蜗牛只一) mai$_4^{21-24}$ ak$_7^{55}$ hɔu$_2^{24}$ ɔu$_4^{21}$//nuak$_8^{21}$ ak$_8^{21}$ 乌鸦(乌鸦)

zọp hảu aù, mille-pieds. 一只蜈蚣(蜈蚣只一) zɔp$_8^{21}$ hɔu$_2^{24}$ ɔu$_4^{21}$

zoả haủ aù, un navire. 一艘船(船艘一) zua$_2^{24}$ hɑu$_5^{55}$ ɔu$_4^{21}$//zua$_2^{24}$ ʔbun$_5^{55}$ hɑu$_1^{35}$ 两艘船//mɑk$_8^{21}$ ziu$_4^{21}$ hɑu$_5^{55}$ ɔu$_4^{21}$ 一艘风筝　按:hɑu$_1^{35}$,飞机、风筝、船的量词,音同“挂”,与 hɔu$_2^{24}$(只)不同;王录尊读为 hɑu$_1^{35}$,二李读为 hɑu$_1^{35}$,本字应该就是“艘”,发生了 s->h-音变,如同“首”hɑu$_3^{33}$。

má haủ sau, le chien aboie. 狗吠(狗只吠) ma$_1^{35-21}$ hɔu$_2^{24}$ sɑu$_3^{33}$ 狗吠//mou$_1^{35-21}$ hɔu$_2^{24}$ ʔbeu$_1^{35}$ 猪叫//kɑi$_1^{35-21}$ hɔu$_2^{24}$ tan$_1^{35}$ 公鸡打鸣//mai$_4^{21-24}$ kɑi$_1^{35}$ ʔbeu$_1^{35}$ 母鸡叫

p'ãt haủ, puberté. 青春期(发身) p^{h}at$_7^{55-33}$ hɔu$_2^{24}$

这个韵有时与台语的-*u* 对应,从以下例子可以看出:

	临高	台语	壮语	石家	莫语	水语	侗语	黎萨	黎王
corne 角	*bảu*	*khaw*	*kaw*	*kaw*	*kaw*	*qaw*	*paw*	*haw*	*haw*
porc 猪	*máu*	*hmu*	*hmu> hmow*	*mu*	*'hmow*	*'hmu*	*'hṅu*	*maw paw*	(*yi*)
porte 门	*dảu*	*tu*	*tu> tow*	*tu*	*to*	*to*	*to*	(*som*)	(*khuon khu:n*)
aboyer 吠	*sau*	*hraw*	*hraw*	/	*tyaw*	/	*khaw*	*kảw*	/
être là 在	*záu*	*ʔyu'*	*ʔyu'> ʔyow*	/	*ña:w'*	/	*ña:w'*	*dầw*	/
prendre 要/拿/给	*áu*	*ʔaw*	*ʔaw*	*ʔaw*	*ʔaw*	/	*ʔa:w*	*ʔa:w*	(*me*)
tête 头(首)	*hau*	*hruo*	*'kraw> kyaw*	*tra:w*	*'tyaw*	/	*'kha:w daw*[1]	*daw fo*	*vo*

1. 数词。

AO

bao 包 ʔbau^{33}

tsâng mi-bao, griller du pain. 烤面包 ts^{h}əŋ$_{3}^{33}$mi^{33}ʔbau^{33}

tóm mi-bao, mie de pain. 面包心(心面包) tɔm$_{1}^{35-21}$mi^{33}ʔbau^{33}

>**pau* 包

báo, emballer, envelopper 包 ʔbau$_{1}^{35}$/ʔbau^{33}

hổi sẳt báo aù, boîte d'allumettes. 一包火柴(火柴包一) hoi$_{2}^{24}$ suat$_{7}^{55}$ ʔbau$_{5}^{55}$ɔu$_{4}^{21}$

báo aù, un ballot. 一包(包一) ʔbau$_{5}^{55}$ɔu$_{4}^{21}$//ʔbun$_{5}^{55}$ʔbau$_{1}^{35}$两包

bào mọ aù, un colis. 一个包裹(包个一) ʔbau^{33}mɔʔ$_{8}^{21}$ɔu$_{4}^{21}$ 按：实际读为 mɔ$_{4}^{21-24}$ɔu$_{4}^{21}$。

ng'iền bao, porte-monnaie. 钱包(银包) ŋin$_{2}^{24-21}$ ʔbau^{33} 按：不说 ŋɔn$_{2}^{24-21}$ʔbau^{33}。

kõk báo, plante aquatique (plante qui surnage). 浮萍 按：记音与解释不相符。p^{h}eu$_{2}^{24}$ʔbau$_{1}^{35}$浮萍(漂浮)//kok$_{7}^{55}$ʔbau$_{1}^{35}$脚不稳(脚浮) 按：ʔbau$_{1}^{35}$浮≠ʔbau$_{1}^{35}$包/席子(粗席)。

k'êi bao p'ọk, dépaqueter. 开包袱 k^{h}ei$_{1}^{35-21}$ ʔbau$_{1}^{35-21}$ p^{h}ok$_{8}^{21}$//= k^{h}ei$_{1}^{35-21}$ ʔba$_{1}^{35-21}$p^{h}ok$_{8}^{21}$//ʔba$_{1}^{35-21}$p^{h}ok$_{8}^{21}$包袱 按：是 ʔbau$_{1}^{35-21}$p^{h}ok$_{8}^{21}$的省略。

<**pau* 包

bào 保 ʔbau$_{3}^{33}$

ziàng bỏn bào lềng, défenseur. 保领人/担保人(人保领) ziaŋ$_{2}^{24-21}$ ʔban$_{2}^{24-21}$ʔbau$_{3}^{33}$leŋ^{21}担保人(人保领)//= ziaŋ$_{2}^{24-21}$ʔban$_{2}^{24-21}$ʔbo$_{3}^{33}$leŋ^{21}//ziaŋ$_{2}^{24-21}$ ʔban$_{2}^{24-21}$ʔbau$_{3}^{33}$hu$_{5}^{55}$保护人(人保护)

<^{*c}*pâu* 保

bảo 煲 ʔbau$_{1}^{35}$

bảo nòm, faire bouillir de l'eau. 煮水/烧水(煲水) ʔbau$_{1}^{35-21}$nam$_{4}^{21}$

báo sả, préparer le thé. 泡茶(煲茶) ʔbau$_{1}^{35-21}$sa$_{2}^{24}$//zɔk$_{7}^{55-33}$kok$_{7}^{55}$泡脚//zɔk$_{7}^{55-33}$zan$_{3}^{33}$泡酒(用药材泡酒)

<**pâu* 煲

p'ao 炮 p^{h}au$_{3}^{33}$

mải p'ao, pétard. 爆竹/鞭炮(母炮) mai$_{4}^{21-24}$p^{h}au$_{3}^{33}$

bềang mải p'ao, lancer des pétards. 放鞭炮 ʔbiaŋ$_3^{33}$mai$_4^{21-24}$p^{h}au$_3^{33}$

<* *bau* 炮

p'ao 泡 p^{h}au$_3^{33}$

p'ao nòm, ampoule. 水泡(泡水) p^{h}au$_3^{33}$nɑm$_4^{21}$//k^{h}i^{21}p^{h}au$_3^{33}$起泡

<* *p'au* 泡

p'ào 刨 p^{h}au$_2^{24}$

p'ào mọ, étriller un cheval. 用刷子刷马(刨马) p^{h}au$_2^{24-21}$mɑʔ$_8^{21}$(不说)//tuat$_7^{55-33}$mɑʔ$_8^{21}$刷马(少说)//p^{h}au$_2^{24-21}$p^{h}an$_1^{35}$刨红薯皮(刨番)//p^{h}au$_2^{24-21}$mɑi$_3^{33}$刨甘蔗皮(刨甘蔗)//p^{h}au$_2^{24}$刨子

<* *bau* 刨

p'ào 跑 p^{h}ɑu^{21}

p'ào mọ, galop de cheval. 跑马 p^{h}ɑu^{21}mɑʔ$_8^{21}$

<H. *p'ào* * *bau* 跑

p'ảo rabot. 刨子 p^{h}au$_2^{24}$

p'ảo biên, raboter une planche. 刨板 p^{h}au$_2^{24-21}$ʔbien$_3^{33}$//≠ʔbɑu$_1^{35-21}$ʔbien$_3^{33}$浮板

<* *bauʾ* 鉋

mao 貌 mɑu^{33}

miển mao, aspect. 面貌 mien^{33}mɑu^{33}

miên mao = *zồng mao*, contenance, maintien. 面貌 mien^{33}mɑu^{33} = 容貌 zoŋ$_2^{24-21}$mɑu^{33}

lêi mao, convenance. 礼貌 lei$_3^{33}$mɑu^{33}

kang hìng mao zống, dépeindre les gens. 描绘别人(讲别人形貌<讲形貌别人) kaŋ$_3^{33}$hiŋ$_4^{21-24}$mɑu^{33}zoŋ$_1^{35}$

p'ài miên mao, défiguré. 毁容(败面貌) p^{h}ai$_4^{21-24}$ mien^{33} mɑu^{33}//=p^{h}ai$_4^{21-24}$zoŋ$_2^{24}$

kễ bêắn zồng mao, (se) déguiser. 化装(改变容貌) keʔ$_7^{55-33}$ ʔbian$_5^{55}$ zoŋ$_2^{24-21}$mɑu^{33}(旧说)//=kɑi^{21}ʔbian$_5^{55}$zoŋ$_2^{24-21}$mɑu^{33}(新说)//keʔ$_7^{55-33}$mai$_2^{24}$改好(指人)//=kɑi^{21}mai$_2^{24}$

<H. *mao* * *mauʾ* 貌

dao renverser (un liquide). 倒(倒水) ʔdau$_3^{33}$ʔdau$_3^{33}$nɑm$_4^{21}$倒水

zựt hau dao, se doucher. 洗淋浴(从首倒) lok$_8^{21}$hɑu$_3^{33}$ʔdau$_3^{33}$

sã aù dao, se renverser. 自己后仰倒地(自己倒) 按：长流话阴上和阴

去同调，"倒下"和"倒水"都是 ʔdau$_3^{33}$，但此搭配是"倒水"而非"倒下"，法语解释有误。sa$_5^{55}$ ɔu$_4^{21}$ ʔdau$_3^{33}$ 自己倒水//≠ sa$_5^{55}$ ɔu$_4^{21}$ ʔdɔm$_3^{33}$ 自己倒下　按：ʔdɔm$_3^{33}$倒≠ʔdom$_3^{33}$低矮。//= sa$_5^{55}$ ɔu$_4^{21}$ lian$_3^{33}$ 自己倒下　按：lian$_3^{33}$倒≠lien$_3^{33}$链。//sa$_5^{55}$ɔu$_4^{21}$k^{h}ia$_1^{35}$自己绊倒

< *ᶜ *tâu*　倒

dao 道 ʔdau^{33}　按：原文认为本字是"导"，误。

kông dao, équitable. 公道 kuŋ^{33}ʔdau^{33}

< *ᶜ *dâu*ˀ　導

dáo 豆 heu$_4^{21}$

dáo hu, fromage de haricot. 豆腐 ʔdau^{33}hu^{33}（海南话，少说）//heu$_4^{21-24}$ p^{h}ɔu$_4^{21}$（常说）//heu$_4^{21-24}$so$_4^{21}$豆角　按：so$_4^{21}$音同"筷子"。//heu$_4^{21-24}$ts^{h}iaŋ$_3^{33}$黑豆//heu$_4^{21-24}$lok$_8^{21}$绿豆　按：lok$_8^{21}$音同"六"。//heu$_4^{21-24}$zɔŋ$_4^{21}$（一种树，豆荚像黄豆，果实绿色，叶子当肥料。）

< * *du*ˀ　豆

dáo 倒 ʔdau$_5^{55}$

zoa dáo lưn, doublure. 把衣服翻过来（衣倒翻） zua$_3^{33}$ʔdau$_5^{55}$lɯn$_3^{33}$

dảo 渡 ʔdu$_5^{55}$

dảo sau, rigole, canal. 渡槽 ʔdu$_5^{55}$sau$_2^{24}$

nào neuf, nouveau 新 nau$_4^{21}$

nẻn nào, l'année nouvelle, nouvel an. 新年（年新） nɛn$_2^{24-21}$nau$_4^{21}$新年（公历新年）//nɛn$_2^{24-21}$kau$_3^{33}$旧年（农历新年，长流只算初一到初三）

k'ô zoa nào, habits neufs. 新衣服（衣裤新） k^{h}o$_3^{33}$zua$_3^{33}$nau$_4^{21}$//k^{h}o$_3^{33}$zua$_3^{33}$ kau$_3^{33}$旧衣服

lẹk-lế nao, nouveau marié (nouveau gendre). 新郎（小郎新） lɛk$_8^{21}$ le$_1^{35}$nau$_4^{21}$

soằn-p'ộ nao, nouvelle mariée (nouvelle bru). 新娘（新妇新） suan$_1^{35-21}$ p^{h}oʔ$_8^{21}$nau$_4^{21}$

nảo tsúng, réveille-matin. 闹钟 nau$_5^{55}$ts^{h}uŋ^{33}//nau$_5^{55}$ts^{h}iaŋ^{33}（海南话）

bíng nao, recrue (soldat nouveau). 新兵（兵新） ʔbiŋ$_1^{35-21}$nau$_4^{21}$//ʔbiŋ$_1^{35-21}$ lau$_4^{21}$老兵

hoạk nào (étudier nouveau) novice. 新手(学新) huak$_8^{21}$nau$_4^{21}$(不说)// tin^{33}siu^{21}新手(海南话)

hũk nao = *tiến nao*, renouveler. 翻新(做新) huk$_7^{55}$ nau$_4^{21}$ ≠ 换新 tien$_1^{35}$nau$_4^{21}$

ñáo égratigner. →*ngao*. 挠 ŋiau$_1^{35}$//ŋiau$_1^{35-21}$kɔm$_2^{24}$挠痒//ŋiau$_1^{35-21}$hɑu$_3^{33}$挠头(挠首)//ŋiau$_1^{35-21}$hɔu$_2^{24}$挠身

lào 劳 lɑu$_2^{24}$

lào tóm, contention d'esprit. 费心(劳心) lɑu$_2^{24-21}$tɔm$_1^{35}$//≠lɔu$_4^{21-24}$tɔm$_1^{35}$专心(入心)//lɑu^{21}hɑŋ^{33}劳动(海南话)

<H. *lào* **lâu* 勞

tsao matin. 早晨 ʔdan$_4^{21-24}$ts^{h}au$_3^{33}$

bỏn bả tsao, hier matin. 昨天早上 ʔbɑn$_2^{24-21}$ ʔba$_2^{24}$ ʔdan$_4^{21-24}$ ts^{h}au$_3^{33}$// = ʔbɑn$_2^{24-21}$ʔba$_2^{24}$ ts^{h}au$_3^{33}$//ts^{h}au$_5^{55}$ ts^{h}au$_3^{33}$ 早早//kɑi$_1^{35-21}$ tan$_1^{35}$ 鸡鸣//ʔdan$_4^{21-24}$ ʔbaŋ$_1^{35}$ 清早//ʔdan$_4^{21-24}$ ts^{h}au$_3^{33}$ 早上/上午//ʔdan$_4^{21-24}$ kɔn$_1^{35-21}$ ʔbɑk$_8^{21}$ 中午//ʔdan$_4^{21-24}$ ts^{h}eu$_2^{24}$下午//ʔdan$_4^{21-24}$zɑm$_1^{35}$傍晚//ʔda$_3^{33}$kim$_4^{21}$夜里//ʔda$_5^{55}$kim$_4^{21}$半夜

p'ềa laủ tsáo, se lever tôt. 起来早 p^{h}ia$_2^{24-21}$lɔu$_2^{24}$ts^{h}au$_3^{33}$

tsao sểi, tôt ou tard. 迟早(早迟) ts^{h}au$_3^{33}$ sɛi$_2^{24}$ 早迟(不说)//k^{h}uai$_3^{33}$ sɛi$_2^{24}$ 快迟(常说)

laủ hau tsao, se lever très tôt (?). 起好早 lɔu$_2^{24}$hɑu$_3^{33}$ts^{h}au$_3^{33}$

kón tềa tsao, déjeuner. 吃早饭(吃饭早) kɔn$_1^{35-21}$ tia$_4^{21}$ ts^{h}au$_3^{33}$(不说 kɔn$_1^{35-21}$ts^{h}au$_3^{33}$;ts^{h}au$_3^{33}$也是灶)//kɔn$_1^{35-21}$ʔbɑk$_8^{21}$吃午饭//kɔn$_1^{35-21}$kim$_4^{21}$吃晚饭

bỏn tsẹk tsao, demain matin. 明天早上 ʔbɑn$_2^{24-21}$ts^{h}ɛk$_8^{21}$ts^{h}au$_3^{33}$

zựt tsao dóng zón, depuis le matin. 从早到晚 luk$_8^{21}$ts^{h}au$_3^{33}$ʔdɔŋ$_5^{55}$zɑm$_1^{35}$// = luk$_8^{21}$ts^{h}au$_3^{33}$ʔdɔŋ$_5^{55}$zɑm$_1^{35}$　按:*zón* 是 *zóm* 之误。

tsao tsĩ, un peu plus tôt. 早些/早一点 ts^{h}au$_3^{33}$ts^{h}iʔ$_7^{55}$

nả tsao nả meng, le plus tôt sera le mieux. 越早越好 na$_2^{24}$ ts^{h}au$_3^{33}$ na$_2^{24}$mɛŋ$_3^{33}$

<^{*c}*tsâu* 早

tsao 灶 ts^{h}au$_3^{33}$

ngỏa tsao, four à tuiles. 瓦灶 ŋua^{21}ts^{h}au$_3^{33}$瓦灶(不说)//ts^{h}au$_3^{33}$mɑt$_8^{21}$土

灶(常说)

< * *tsâu*ʾ 竈

tsáo (créer) 造 ts^{h}ɑu$_5^{55}$//=sɑu$_4^{21}$造

hiến tsồ tsáo hiến hềi, Dieu a créé le ciel et la terre. 天主造天地 hien$_1^{35-21}$ ts^{h}o$_3^{33}$ts^{h}ɑu$_5^{55}$hien$_1^{35-21}$hɛi$_4^{21}$//ts^{h}ɑu$_5^{55}$ki$_5^{55}$造句//=sɑu$_4^{21-24}$kua$_4^{21}$造句//sɑu$_4^{21-24}$zua$_2^{24}$造船//sɑu$_4^{21-24}$sia$_1^{35}$造车

< * *ts'âu*ʾ 造

tsào 灶 ts^{h}au$_3^{33}$

bãk tsào, cuisine. 厨房(灶的) ʔbak$_7^{55-33}$ts^{h}au$_3^{33}$ 按：ʔbak$_7^{55}$是前缀,表示类别。

kồng tsao, dieu du foyer. 灶公(公灶) kuŋ$_1^{35-21}$ ts^{h}au$_3^{33}$ 按：kuŋ$_1^{35}$公≠koŋ$_1^{35}$工。

< * *tsâu*ʾ 竈

tsào (pied) 灶 ts^{h}au$_3^{33}$

diền tsáo-tám mọ aù, un trépied. 一个三块石头的灶(石灶三个一) ʔdien$_2^{24-21}$ts^{h}au$_3^{33}$ tam$_5^{55}$ mɔʔ$_8^{21}$ ɔu$_4^{21}$ 按：一般不加 ɔu$_4^{21}$。//=ts^{h}au$_3^{33}$ ʔdien$_2^{24-21}$ tam$_5^{55}$mɔʔ$_8^{21}$三块石头做的灶(灶石三个,一个灶)//≠ts^{h}au$_3^{33}$ ʔdien$_2^{24}$ tam$_5^{55}$ mɔʔ$_8^{21}$三个石头灶(灶石三个,三个灶)//=ʔdien$_2^{24-21}$ ts^{h}au$_3^{33}$tam$_5^{55}$mɔʔ$_8^{21}$三个石头灶(石灶三个,三个灶)

sáo bruit, cri, son. 声音 sau$_1^{35}$

beắn sáo, muer (voix). 变声 ʔbian$_5^{55}$sau$_1^{35}$

zóng mưởn sáo, aphone. 没有声音 zɑŋ$_5^{55}$mən$_2^{24-21}$sau$_1^{35}$

sáo toáng, bêlement. 羊叫声(声音羊) sau$_1^{35-21}$tuaŋ$_2^{24}$//=sau$_1^{35-21}$mɛʔ$_7^{55}$

sáo nê bêán, brailler. 大声喊叫(声音大叫) sau$_1^{35}$ ne$_3^{33}$ ʔbeu$_1^{35}$//=ʔbeu$_1^{35}$ sau$_1^{35}$ne$_3^{33}$ 按：*bêán* 是 *bêáu* 之误。

heng sáo, entendre du bruit. 听声音 hɛŋ^{33}sau$_1^{35}$

zóng ũk sáo, se tenir coi. 不出声 zɑŋ$_5^{55}$uk$_7^{55-33}$sau$_1^{35}$

zóng hồng sáo, détonner, dissonance. 不同声音 zɑŋ$_5^{55}$hɔŋ$_2^{24-21}$sau$_1^{35}$

sáo nĩ kang, parler doucement. 小声讲(声音小讲) sau$_1^{35}$ niʔ$_7^{55}$ kaŋ$_3^{33}$//=kaŋ$_3^{33}$sau$_1^{35}$niʔ$_7^{55}$

sáo sểi =*sáo siễp*, enroué, voix rauque. 声音哑 sau$_1^{35}$ sɛ$_2^{24}$ = sau$_1^{35}$ sep$_7^{55}$声

音涩 按：是 $s\varepsilon_2^{24}$ 不是 $s\varepsilon i_2^{24}$。//$sau_1^{35}ki\eta_1^{35}$ 声音洪亮(声音惊)

zóng k'êi sáo, garder le silence. 不开声 $za\eta_5^{55}$ $k^hei_1^{35-21}$ sau_1^{35}//=$za\eta_5^{55}$ $k^hei_1^{35-21}$ $ʔbak_7^{55}$ 不开口

zóng kang ũk sáo, taciturne. 不讲出声 $za\eta_5^{55}ka\eta_3^{33}uk_7^{55-33}sau_1^{35}$

sào 抄 sau_1^{35}

sào tứ, copier. 抄字/抄书 $sau_1^{35-21}t\text{ɯ}_1^{35}$//=$sau_1^{35-21}sek_7^{55}$

<* *ṭṣʿau* 抄

sào 抄 sau_1^{35} 按：原文认为本字是"筹"，误。

sào nêỏ, mesurer les champs. 量田(抄田) sau_1^{35-21} nia_2^{24} 抄田(不说)// $sik_7^{55-33}nia_2^{24}$ 尺田(常说)//=sik_7^{55-33} mat_8^{21} 尺地 按：*nêỏ* 是 *nêả* 之误。

sào zọp mesurer le riz. 舀米(抄米) $sau_1^{35-21}zap_8^{21}$ 舀米(抄米)//$kai_3^{33}zap_8^{21}$ 量米(界米) 按：法语意思是"量米"，误。

<* *ḍi̯u* 籌

sảo 抄 sau_1^{35}

sảo tứ, transcrire. 抄字/抄书 $sau_1^{35-21}t\text{ɯ}_1^{35}$//=$sau_1^{35-21}sek_7^{55}$

<* *ṭṣʿau* 抄

kao 膏/胶 kau_1^{35}

kao zêạk, onguent. 膏药(胶药) $kau_1^{35-21}ziak_8^{21}$ 按：$ziak_8^{21}$ 只出现在这个搭配中。

<* *kâu* 膏

kao instruire 教 kau^{33}/告 kau_3^{33}

kao ziàng-bỏn, apprendre aux autres. 教人 $kau^{33}zia\eta_2^{24-21}ʔban_2^{24}$

heng kao, obéir(entendre, instruire). 听教 $h\varepsilon\eta^{33}kau^{33}$

kao têàng, discipliner. 教养 $kau^{33}tia\eta_4^{21}$//=$kiau_5^{55}zia\eta^{21}$(海南话)

kao tứ, enseigner. 教书 $kau^{33}t\text{ɯ}_1^{35}$

kao hún, éduquer, exhorter. 教训 $kau^{33}hun_1^{35}$

k'iên kao, conseiller. 劝告 $k^hin_3^{33}kau_3^{33}$//=$k^hin_3^{33}ka\eta_3^{33}$ 劝说(劝讲)

káo tõk, mettre au courant. 告知 $kau^{33}t\text{ɔ}k_7^{55}$ 教会(教懂)//$t\text{ə}t_7^{55}h\text{ɔ}u_4^{21}$ 告知//=$hun_1^{35}h\text{ɔ}u_4^{21}$ 告知(训知)

<* *kauʾ* 教

kao p'ài, dévoyer. 教坏(教败) $kau^{33}p^hai_4^{21}$//$kau^{21}p^hai_4^{21}$ 搞坏//=huk_7^{55} $p^hai_4^{21}$ 搞坏(做坏)

kao tưng, avancement. 高升 kɑu^{33}təŋ^{33}(不说)//kɑu^{33}teŋ^{33}(常说)

<H. *kảo* ᶜ*kâu* 教

káo 教 kau^{33}/交 kau$_{1}^{35}$

káo p'ài tóm ziàng-bỏn, dépraver les gens. 教坏人心(教败心人) kau^{33} p^{h}ai$_{4}^{21-24}$tɔm$_{1}^{35-21}$ ziaŋ$_{2}^{24-21}$ ʔbɑn$_{2}^{24}$//zia$_{3}^{33}$ kɑu$_{5}^{55}$ kɑu$_{5}^{55}$ ʔbəi$_{1}^{35}$ lɑ$_{3}^{33}$ 我早早去了//zia$_{3}^{33}$ kɑu$_{5}^{55}$kɔn$_{1}^{35}$lɑ$_{3}^{33}$我已经吃了

káo ngỏn, solder. 结账(交银) kau$_{1}^{35-21}$ŋɔn$_{2}^{24}$//=kau$_{1}^{35-21}$sɛn$_{2}^{24}$交钱

heng dế-mài káo, soumis à ses parents (entendu père-mère instruire). 听父母话(听爹妈教) hɛŋ^{33}ʔde$_{1}^{35-21}$mai$_{4}^{21}$kau^{33}//=hɛŋ^{33}ʔde$_{1}^{35-21}$mai$_{4}^{21}$kua$_{4}^{21}$

<* *kau*ˀ 教

káo 交 kau$_{1}^{35}$

káo hợp, adjoindre. 掺合/加入(交合) kau$_{1}^{35}$hɔp$_{8}^{21}$

káo 交 kau$_{1}^{35}$

káo boa, délivrer des marchandises. 交货 kau$_{1}^{35-21}$hua$_{3}^{33}$

<* *kau* 交

k'ào examiner 考 k^{h}au$_{3}^{33}$ 按：k^{h}au$_{3}^{33}$考≠k^{h}ɑu^{33}敲=k^{h}ɑu$_{1}^{35}$敲。

sà k'ào, constater. 查考 sa$_{2}^{24}$k^{h}au$_{3}^{33}$//k^{h}au$_{3}^{33}$si$_{5}^{55}$考试

<H. *khão* ᶜ*k'âu* 考

ngào 熟 ŋɑu$_{3}^{33}$熟

nàn ngào, viande cuite. 熟肉(肉熟) nan$_{4}^{21}$ ŋɑu$_{3}^{33}$ 肉熟(肉熟)//nan$_{4}^{21-24}$ ŋɑu$_{3}^{33}$熟肉(肉熟)

ngào 摇 ŋau$_{2}^{24}$

ngào zoả, godiller. 摇船 ŋau$_{2}^{24-21}$zua$_{2}^{24}$

ngào tsúng, tirer les cloches. 摇钟 ŋau$_{2}^{24-21}$ ts^{h}uŋ$_{1}^{35}$ 摇钟//ŋau$_{2}^{24-21}$ liŋ$_{5}^{55}$ = ŋau$_{2}^{24-21}$liŋ$_{2}^{24}$打铃(摇铃)

ngao nòm kẩn, pomper l'eau. 摇水上 ŋau$_{2}^{24-21}$nɑm$_{4}^{21}$kun$_{3}^{33}$

ngảo kỗk ngảo mể, se démener. 坐不住(摇脚摇手) ŋau$_{2}^{24-21}$kok$_{7}^{55}$ŋau$_{2}^{24-21}$ me$_{7}^{55}$//=ne$_{1}^{35-21}$kok$_{7}^{55}$ne$_{1}^{35-21}$me$_{2}^{24}$坐不住(动脚动手)

ngào riz sur pied 稻子 ŋau$_{4}^{21}$

ngào hón aù, une gerbe. 一捆稻(稻捆一) ŋau$_{4}^{21}$ hɔn$_{5}^{55}$ ɔu$_{4}^{21}$//ʔdi$_{5}^{55}$ hɔn$_{3}^{33}$

ʔdi$_5^{55}$hɔn$_3^{33}$一捆一捆

bủ'i ngào, moissonner. 割稻 ʔbui$_1^{35-21}$ŋau$_4^{21}$

ngùng ngào, épi de riz. 稻芒 ŋuŋ$_1^{35-21}$ŋau$_4^{21}$稻芒//zəŋ$_1^{35-21}$ŋau$_4^{21}$稻穗//ŋuŋ$_1^{35-21}$men$_4^{21}$麦芒(芒面)//mɑk$_8^{21}$mɛk$_8^{21}$高粱　按：麦芒，现今长流话说法有问题，应该是 ŋuŋ$_1^{35-21}$mɛk$_8^{21}$才对。

mông ngào, tige de riz. 稻草/稻秆 muŋ$_4^{21-24}$ŋau$_4^{21}$稻草　按：muŋ$_4^{21}$同"胡子"。

C.-D., Sek *'gao*, Thai *'khăw*, *'khâw*.　ข้าว(稻米)

ngảo bouger, branler, mouvoir. 摇 ŋau$_2^{24}$

ngảo nế, agiter, ébranler. 摇大　按：指摇赌博骰子。ŋau$_2^{24}$ne$_3^{33}$摇大//ŋau$_2^{24}$niʔ$_7^{55}$摇小

ngảo táng, secouer la table. 摇桌子 ŋau$_2^{24-21}$taŋ$_2^{24}$

ngảo tảng, agiter la table. 摇桌子 ŋau$_2^{24-21}$taŋ$_2^{24}$

zóng ngáo, immobile. 不摇 zɑŋ$_5^{55}$ŋau$_2^{24}$//zɑŋ$_5^{55}$ŋa$_4^{21-24}$ŋau$_2^{24}$不要摇//zɑŋ$_5^{55}$ŋa$_4^{21}$不要/别

ngảo hau, hocher la tête négativement. 摇头/摇头表示否定(摇首) ŋau$_2^{24-21}$hɑu$_3^{33}$

ngào tũ, agiter la queue. 摇尾 ŋau$_2^{24-21}$tuʔ$_7^{55}$

ao 掰断/弄折(拗) ɑu$_3^{33}$　按：原文认为本字是"踒"，误。

kỗk ao, se démettre le pied. 扭脚/崴脚(脚拗) kok$_7^{55}$ɑu$_3^{33}$//ɑu$_3^{33}$kok$_7^{55}$ʔdɑk$_7^{55}$腿脚扭断(拗脚断)　按：长流话腿脚不分。

ao dêau kỗk, se déboîter le pied. 扭到脚(拗着脚) ɑu$_3^{33}$ʔdeu^{33}kok$_7^{55}$

<H. *ỗ*　* *ʔuâ*　踒

hao 道 hɑu$_3^{33}$

hao lêi, doctrine. 道理 hɑu$_3^{33}$lei$_3^{33}$

<*ᶜ *dâu*　道

hào 嚎/淘 hau$_2^{24}$　按：原文认为本字是"透"，误。

hào k'ếi, geindre. 叹气(嚎气) hau$_2^{24-21}$k^{h}ei$_3^{33}$//hau$_2^{24}$ʔbəi$_1^{35}$被水冲走(淘去)//hau$_2^{24-21}$zɑp$_8^{21}$淘米//zɑŋ$_5^{55}$hau$_2^{24}$不淘(米)/不嚎(不叹气)//ŋuan$_2^{24}$淘气(顽)

<* *t'uᵓ*　透

hào k'êi, haleine. 叹气(嚎气) $hau_2^{24-21}k^hei_3^{33}$叹气(嚎气)//$sian_3^{33}k^hei_3^{33}$呼气/呼吸//$sək_8^{21}k^hei_3^{33}$吸气 按:法语解释是“呼气”,不确。又认为本字是“口”,误。

<*ᶜ *k'u* 口

hào 头(首) $hɑu_3^{33}$ 按:原文认为本字是“头”,误。

kua hào, excessif. 过头(过首) $kua_3^{33}hɑu_3^{33}$

<H. *hào* <C. *t'*- * *du* 頭

hảo 嚎 hau_2^{24} 按:原文认为本字是“透”,误。

hảo k'êi, respirer. 叹气(嚎气) 按:法语解释是“呼吸”,误。$hau_2^{24-21}k^hei_3^{33}$//$hoŋ_1^{35-21}k^hei_3^{33}$透气(通气)

<H. *hão* * *t'uᵓ* 透

仅有的这一个对应词并不保险,因为它可能来自南岛语(参看《巴黎语言学会学报》49 本第 1 分,127 页,1953 年):

	临高	台语	壮语	石家	莫语	水语	侗语	黎萨	黎王
riz 稻子	*ngao*	*'khaw*	*'Gaw*	*gaw*	*'how*	*'aw*	*'ow*	¹(*muon* ²*dôp* ³*mok kok*	*ku:ʔ* *fap ma:y* *mok*

(1)稻子;(2)脱壳的稻米;(3)稻谷,这三个概念在泰语里混淆,但是临高语词仅与第一、第二、第三个概念对应;*zõp* 和 *mộk* 发现在黎语里有。

辛按:临高语(长流话)稻子 $ŋau_4^{21}$,稻米 $zɑp_8^{21}$,稻谷 $mɔk_8^{21}$。

IM-IËM-EM

diêm 点 $ʔdem_3^{33}$ 按:原文认为本字是“渐”,误。

diêm diêm tsũ tsũ, suinter goutte a goutte. 点点滴滴 $ʔdem_3^{33}ʔdem_3^{33}ts^hɯʔ_7^{55}ts^hɯʔ_7^{55}$//$kia_5^{55}ʔdem_3^{33}lɑ_3^{33}$几点了?

<*ᶜ *dzi̯em* 漸

diêm 点 $ʔdem_3^{33}$

diếm aù, un point. 一点(点一) $ʔdem_5^{55}ɔu_4^{21}$

dá diêm, une demi-heure. 半点 $ʔda_3^{33}ʔdem_3^{33}$

tsei diêm, désigner. 指点 $ts^hei_3^{33}ʔdem_3^{33}$

bướn diêm tsúng, deux heures. 两点钟 $ʔbun_5^{55}ʔdem_3^{33}ts^huŋ_1^{35}$

ké lêào diêm tsúng, quelle heure sst-il? 几点钟(几多点钟) $ki_5^{55}liau_4^{21}ʔdem_3^{33}ts^huŋ_1^{35}$

tsói diêm kua, rallumer. 再点燃（再点过） ts^{h}ɑi$_{5}^{55}$ ʔdem$_{3}^{33}$ kua$_{3}^{33}$ // = ts^{h}ɑi$_{5}^{55}$ suat$_{7}^{55}$ kua$_{3}^{33}$

k'ô zoa loãk dí diêm dí diêm, vêtements tachés. 有污点的衣服（衣裤脏一点一点） k^{h}o$_{3}^{33}$ zua$_{3}^{33}$ luak$_{7}^{55}$ ʔdi$_{5}^{55}$ ʔdiem$_{3}^{33}$ ʔdi$_{5}^{55}$ ʔdiem$_{3}^{33}$

<H. *dêãm* *ᶜ*tem* 點

diếm 掂 ʔdem$_{1}^{35}$ 按：原文认为本字是“担”，误。

diếm bới, emporter. 端去（掂去） ʔdem$_{1}^{35}$ ʔbəi$_{1}^{35}$

diếm lảu, enlever, se soulever de terre. 掂起来（掂起） ʔdem$_{1}^{35}$ lɔu$_{2}^{24}$

<* *tâm* 擔

tiêm 心 tem^{33}

dêẳm tiêm, goûter (collation). 点心 ʔdiam$_{2}^{24}$ tem^{33}（海南话）// ʔbak$_{7}^{55-33}$ ʔbo$_{3}^{33}$ 零食（嘴补）// kɔn$_{1}^{35}$ ʔbo$_{3}^{33}$ lɑ$_{3}^{33}$ 吃胖了/脸色好了（吃补了）// zia$_{1}^{35-21}$ ʔbo$_{3}^{33}$ 补药（药补）

<H. *tiểm* **si̯im* 心

niêm suivre. 撵/追/赶 nim$_{1}^{35}$

niềm poursuivre. 撵 nim$_{1}^{35}$/nem$_{1}^{35}$（两者无别）

niếm ũk bới, chasser, débusquer, éloigner. 撵出去 nim$_{1}^{35}$ uk$_{7}^{55}$ ʔbəi$_{1}^{35}$

niếm ũk, expulser. 撵出 nim$_{1}^{35}$ uk$_{7}^{55}$

niếm bới, éconduire, éloigner, écarter. 撵去/撵走（撵去） nim$_{1}^{35}$ ʔbəi$_{1}^{35}$

niềm zống bới, suivre les gens. 撵人走（撵别人去） nim$_{1}^{35-21}$ zoŋ$_{1}^{35}$ ʔbəi$_{1}^{35}$

niếm mìng màng, émoucher. 赶苍蝇（撵螟蠓） nim$_{1}^{35-21}$ miŋ$_{2}^{24-21}$ maŋ$_{4}^{21}$

niếm hề háng, exorciser. 赶鬼（撵鬼） nim$_{1}^{35-21}$ he$_{2}^{24-21}$ haŋ$_{1}^{35}$ // = nim$_{1}^{35-21}$ hi$_{2}^{24-21}$ haŋ$_{1}^{35}$

niềm hiển kỗk, suivre à la piste. 跟踪（撵痕脚） nim$_{1}^{35-21}$ hien$_{2}^{24-21}$ kok$_{7}^{55}$

niêm da-leí bới, suivre par dernière (suivre dos aller). 跟在后面（撵脊背去） nim$_{1}^{35-21}$ ʔda$_{3}^{33}$ lei$_{2}^{24}$ ʔbəi$_{1}^{35}$

niềm lểi tam, marcher par derrière. 跟在后面走（撵后走） nim$_{1}^{35-21}$ lei$_{2}^{24}$ tam$_{3}^{33}$

<H. *nêâm*

niềm teindre 染（染衣物） nim$_{4}^{21}$

niềm nòm, teinture. 水染（染水） nim$_{4}^{21-24}$ nɑm$_{4}^{21}$ 染水（不说）// nim$_{4}^{21-24}$ hɑp$_{8}^{21}$ 染布（常说）

niềm tẫk, colorier. 染色 nim$_4^{21-24}$tek$_7^{55}$

ᶜ*ñi̯em* **ย้อม**(染)

nèm 念 nem$_4^{21}$

nèm kíng, prier, réciter des prières. 念经 nem$_4^{21-24}$kiŋ$_1^{35}$//nem$_4^{21-24}$tɯ$_1^{35}$念书

<* *nem*ᵓ 念

niểm sud 南 nem$_2^{24}$/nam$_2^{24}$

niểm kệk, pôle austral. 南极 nem$_2^{24}$kek$_8^{21}$(不说)//nam$_2^{24}$kek$_8^{21}$(常说)//ʔdoŋ$_1^{35}$tɔi$_1^{35}$nem$_2^{24}$ʔbək$_7^{55}$东西南北

p'êảng niểm, sud. 朝南的方向(旁南)pʰiaŋ$_2^{24}$nem$_2^{24}$//pʰiaŋ$_2^{24}$ʔbək$_7^{55}$朝北的方向(旁北) 按：也可以读作 pʰiaŋ$_2^{24-21}$nem$_2^{24}$/pʰiaŋ$_2^{24-21}$ʔbək$_7^{55}$。

<* *nəm* 南

niểm 染 nim$_4^{21}$

niểm p'ìng, maladie contagieuse. 染病 nim$_4^{21-24}$pʰiŋ$_4^{21}$(不说)//ziam$_4^{21-24}$pʰiŋ$_4^{21}$(常说)

<*ᶜ *ñi̯em* 染

niểm 南 nem$_2^{24}$/nom$_2^{24}$

ng'ềa niểm, boa. 蟒蛇/南蛇(蛇南) ŋia$_2^{24-21}$nem$_2^{24}$(不说) ŋia$_2^{24-21}$nom$_2^{24}$(多说)//ʔban$_3^{33}$nem$_2^{24}$南风//ʔdoŋ$_1^{35}$tɔi$_1^{35}$nem$_2^{24}$ʔbək$_7^{55}$东南西北(东西南北)

<H. *nàm* =T. *hlɯəm*, *hlãm* =C.-D. *hnɯəm* **หลาม**

liêm 蜘蛛 lim$_3^{33}$ 按：本字不明。

k'a-liêm háu, *aù*, une araignée. 一只蜘蛛(蜘蛛只一) kʰɑ$_3^{33}$lim$_3^{33}$hɔu$_2^{24}$ɔu$_4^{21}$//kʰɑ$_3^{33}$lim$_3^{33}$蜘蛛/纸叠的风轮/扇叶

soi k'a-liêm, toile d'araignée. 蜘蛛网(网蜘蛛) sɑi$_3^{33}$kʰɑ$_3^{33}$lim$_3^{33}$网蜘蛛(不说)//tei$_1^{35-21}$kʰɑ$_3^{33}$lim$_3^{33}$蜘蛛丝(常说)

liềm 镰 lim$_2^{24}$

liềm biến, affiloir. 磨刀石(镰磨) lim$_2^{24-21}$ʔbien$_1^{35}$(不说)//lum$_2^{24-21}$ʔbien$_1^{35}$磨石(常说)//lum$_2^{24-21}$ mɑi$_3^{33}$砍掉甘蔗叶子和皮//lum$_2^{24}$ ʔbɑŋ$_3^{33}$砍光 按：lum$_2^{24}$,把不要的东西清理干净(如树枝叶)。

liểm tsiang au, faucille. 一张镰(镰张一) lim$_2^{24}$tsʰiaŋ$_5^{55}$ɔu$_4^{21}$

<* *li̯em* 镰

liểm 临 lim$_2^{24}$

liểm tsung, agonie. 临终 lim$_2^{24}$tsʰuŋ^{33}

<* *li̯im* 臨

tsim 侵 ts^hlim^{33}

tsim k'óai na, concourir. 先占(侵先) 按:法语解释是"协助、促进",误。$ts^him^{33}k^hai_3^{33}na_3^{33}$//$ts^him^{33}$ ʔ$da_1^{35-21}lei_2^{24}$后占(侵后)//=ts^him^{33} ʔ$da\eta_1^{35-21}lei_2^{24}$后占 按:ʔ$da\eta_1^{35-21}lei_2^{24}$有人读作ʔ$d\alpha\eta_1^{35-21}lei_2^{24}$。//ʔ$d\alpha\eta_1^{35-21}k\text{ɔ}n_2^{24}$一起

tsím aigu 尖 $ts^him_1^{35}$

tsim tsun, effilé. 真尖(尖真) $ts^him_1^{35}ts^hun$ 真尖(尖真)//$ts^him_1^{35}kun_3^{33}$尖上(刚出来的竹子) 按:法语解释是"细长"。

miệt tsím, couteau pointu. 尖刀(刀尖) $mit_8^{21}ts^him_1^{35}$

hau zống tsím, bout du nez. 鼻尖(首鼻尖) $h\alpha u_3^{33}$ $z\text{ɔ}\eta_1^{35-21}$ $ts^him_1^{35}$ 首鼻尖//=$ts^him_1^{35-21}h\alpha u_3^{33}z\text{ɔ}\eta_1^{35}$尖首鼻

<* *tsiem* 尖

tsìm 签 $ts^him_1^{35}$

tsìm nói, signer. 点名(签名) $ts^him_1^{35-21}n\text{ɔ}i_1^{35}$点名//≠$siam^{33}n\text{ɔ}i_1^{35}$签名

siểm nói, apposer sa signature. 签名 $siam^{33}n\text{ɔ}i_1^{35}$

<* *ts'i̯em* 籤

tsiềm (mauvais) 坏 $ts^him_4^{21}$ 按:原文认为本字是"诡",误。

ziàng-bởn tsiềm, méchant. 坏人 $zia\eta_2^{24-21}$ʔ$b\alpha n_2^{24-21}ts^him_4^{21}$坏人(人坏)//≠$zia\eta_2^{24-21}$ʔ$b\alpha n_2^{24-21}$ $\text{ɔ}k_7^{55}$凶恶的人(人恶)

na mải tóm tsiềm, hypocrite (face bon, cœur méchant). 面好心坏 na_3^{33} $mai_2^{24}t\text{ɔ}m_1^{35}ts^him_4^{21}$

tam tsiềm, faire le mal. 作恶(走坏) $tam_3^{33}ts^him_4^{21}$(不说)//$tam_3^{33}s\text{ɔ}n_1^{35-21}$ $ts^him_4^{21}$走邪路(走路坏)

mềng tsiềm, mauvaise fortune. 命不好(命坏) $me\eta_4^{21}ts^him_4^{21}$

tsiềm kua, le pire. 坏过/更坏(坏过) $ts^him_4^{21}kua_3^{33}$

kang zống tsiềm, détraction. 贬低/中伤(讲别人坏) $ka\eta_3^{33}zo\eta_1^{35}ts^him_4^{21}$

mọ tsiềm, cheval vicieux. 驽马(马坏) $m\alpha$ʔ$_8^{21}ts^him_4^{21}$

ng'ềi tsiềm, vipère. 毒蛇(蛇坏) ηia_2^{24-21} $ts^him_4^{21}$ 按:*ng'ềi* 是 *ng'ềa* 之误。

tóm tsiềm, perfide. 心坏 $t\text{ɔ}m_1^{35}ts^him_4^{21}$心坏//$t\text{ɔ}m_1^{35-21}ts^him_4^{21}$坏心

<* *d̩z̩aəm* 詭

sím 楔/楔子(签) sim_1^{35} 按:原文认为本字是"针",误。本字是"攕",简化同"签"。

sim lứng, cheviller. 楔住/钉住(签住) sim$_1^{35}$ləŋ$_1^{35}$ 按：作补语的“住”与“回”同音。

sím dóm bưởn =*sím dòa bưởn*, coin pour fendre le bois. 伐木楔(签砍柴) sim$_1^{35-21}$ ʔdɑm$_4^{21-24}$ ʔbən$_2^{24}$ = 劈柴楔(签劈柴) sim$_1^{35-21}$ ʔdua$_4^{21-24}$ ʔbən$_2^{24}$// sim$_1^{35-21}$ko$_1^{35}$抽签(签估)

kĩt sím, sort. 打楔子(击签) kit$_7^{55-33}$sim$_1^{35}$

<=T. *cim* < **čim* 針

siểm 深 sim$_1^{35}$

siểm kui, garder la virginité. 深闺 sim$_1^{35-21}$kui^{33} 按：法语解释是“照管处女”，误。

siểm 拔(挦) sim$_2^{24}$

siểm bỏn, épiler. 拔毛(挦毛) sim$_2^{24-21}$ʔbɑn$_2^{24}$

siềm 拔(挦) sim$_2^{24}$

siềm dếng ũk, déclouer, arracher un clou. 拔钉子(挦钉出) sim$_2^{24-21}$ ʔdɛŋ$_1^{35}$uk$_7^{55}$

siềm tón, arracher, extraire une dent. 拔牙(挦牙) sim$_2^{24-21}$tɔn$_1^{35}$

siềm bỏn kói, déplumer un poulet. 拔鸡毛(挦毛鸡) sim$_2^{24-21}$ʔbɑn$_2^{24-21}$kɑi$_1^{35}$ 拔鸡毛(一根一根地拔)//=ʔbɛŋ$_1^{35-21}$ ʔbɑn$_2^{24-21}$ kɑi$_1^{35}$//=tə$ʔ_8^{21}$ ʔbɑn$_2^{24-21}$ kɑi$_1^{35}$// p^{h}o$ʔ_8^{21}$ʔbɑn$_2^{24-21}$kɑi$_1^{35}$拔鸡毛(大把地拔)//p^{h}o$ʔ_8^{21}$ʔbɑn$_2^{24}$拔毛

siềm ũk, extirper. 拔出(挦出) sim$_2^{24}$uk$_7^{55}$//=tə$ʔ_8^{21}$uk$_7^{55}$

kim 剑 kim$_3^{33}$ 按：此音已听不到，应该是粤语，今发音人读 kiam$_3^{33}$。

mảu kim, faire de l'escrime. 舞剑 mɔu$^{21-24}$kiam$_3^{33}$

kim mưới aù, un sabre. 一枚剑(剑枚一) kiam$_3^{33}$ mui$_2^{24}$ ɔu$_4^{21}$ (kiam$_3^{33}$“剑俭”同音)

< **ki̯âm*ʾ 劍

kím 禁 kim$_5^{55}$

kím tsêi, empêcher, défendre. 禁 kim$_5^{55}$ ts^{h}e^{21}//=kim$_5^{55}$ ts^{h}ei$_3^{33}$//=kɔm$_3^{33}$ ts^{h}ei$_3^{33}$//ts^{h}e$_4^{21-24}$ʔbɑ$ʔ_7^{55}$止血

< **ki̯im*ʾ 禁

kiềm nuit 夜晚 kim$_4^{21}$

da kiềm au milieu de la nuit, minuit. 半夜 ʔda$_3^{33}$kim$_4^{21}$夜里//ʔda$_5^{55}$kim$_4^{21}$

半夜

ziàng bỏn ũk boi lõp kua kiềm zóng lảu zản lõp, bivouaquer, passer la nuit à la belle étoile. 露营/野宿(人出去躺过夜不进屋躺) ziaŋ$_2^{24-21}$ʔbɑn$_2^{24}$uk$_7^{55}$ ʔbəi$_1^{35}$kua$_3^{33}$kim$_4^{21}$zɑŋ$_5^{55}$lɔu$_4^{21}$zan$_2^{24}$lɑp$_7^{55}$

kiểm nềi, ce soir. 今夜 kim$_4^{21-24}$nɛi$_4^{21}$

zếi kiềm, pendant la nuit. 夜里 ze$_1^{35}$kim$_4^{21}$(不说)//zɛ$_1^{35}$kim$_4^{21}$哪个晚上// ʔda$_3^{33}$kim$_4^{21}$夜里(常说)　按:*zếi* 是 *zế* 之误。

kón kiểm, souper (v.). 吃晚饭(吃夜) kɔn$_1^{35-21}$kim$_4^{21}$//kɔn$_1^{35-21}$ʔbɑk$_8^{21}$吃午饭(11—13 点)//tɛi$_2^{24-21}$ʔbɑk$_8^{21}$吃午饭时

=T. *gam'* =C.-D.　คํา(末尾)

k'im déficit 欠 k^{h}im$_3^{33}$

k'im ngỏn, devoir de l'argent. 欠钱(欠银) k^{h}im$_3^{33}$ŋɔn$_2^{24}$

k'ím sẻn zống, endetté (dette monnaie gens). 欠别人钱(欠钱别人) k^{h}im$_3^{33}$sien$_4^{21-24}$zoŋ$_1^{35}$

k'im ngỏn zống, redevable ' devoir de l'argent ' (dette argent gens). 欠别人钱(欠银别人) k^{h}im$_3^{33}$ŋɔn$_2^{24-21}$zoŋ$_1^{35}$

k'im tsai, avoir des dettes. 欠债 k^{h}im$_3^{33}$ts^{h}ai$_3^{33}$

k'iềm tsai, contracter des dettes. 欠债 k^{h}im$_3^{33}$ts^{h}ai$_3^{33}$

<* *k'i̯âm'*　欠

k'iềm 揿 k^{h}im$_4^{21}$　按:原文认为本字是"钳",误。

k'iềm lứng, comprimer. 按住(揿住) k^{h}im$_4^{21}$ləŋ$_1^{35}$　按:"住"与"回"同音。

k'iềm ón, empreindre. 揿印 k^{h}im$_4^{21-24}$ɔn$_5^{55}$//tuk$_8^{21}$me$_2^{24}$手印(无意中留下的印记)//k^{h}im$_4^{21-24}$hɑu$_3^{33}$me$_2^{24}$摁手印(揿首手)

k'iềm zỏng bới, enfoncer (en pressant). 按下去(揿下去) k^{h}im$_4^{21}$zɔŋ$_2^{24}$ ʔbəi$_1^{35}$　按:述补结构不变调。

k'iềm dếng ũk, déclouer. 用钳子拔出钉子(钳钉出) k^{h}im$_2^{24-21}$ʔdɛŋ$_1^{35}$uk$_7^{55}$

k'iểm 钳 k^{h}im$_2^{24}$

k'iểm bái aù, pince. 一把钳子(钳把一) k^{h}im$_2^{24}$ʔbai$_5^{55}$ɔu$_4^{21}$

k'iểm mưới aù, tenailles. 一枚钳子(钳枚一) k^{h}im$_2^{24}$mui$_2^{24}$ɔu$_4^{21}$

<H. *khiằm*　* *gi̯em*　鉗

im 音 im^{33}

hồng im, consonnance, unisson. 同音 hoŋ$_2^{24-21}$im^{33}

hổng im, ton, unisson. 同音 hoŋ$_2^{24-21}$im^{33}

zóng hồng im, dissonnant. 不同音 zɑŋ$_5^{55}$hɔŋ$_2^{24-21}$im^{33}

<* ʔi̯im 音

ím 乞讨 im$_1^{35}$

òng ím, mendiant. 乞丐(翁乞讨) ɑŋ$_3^{33}$im$_1^{35}$

ím kón, mendier. 乞讨/讨饭(讨吃) im$_1^{35-21}$kɔn$_1^{35}$

hiếm 添 hem$_1^{35}$

hiếm lềao, ajouter, augmenter. 增添(添多) hem$_1^{35}$liau$_4^{21}$添多//hem$_2^{24-21}$liau$_4^{21}$嫌多

aù tsĩ hiếm, donner un peu plus. 再拿一些(要些添) ou$_1^{35}$ts^{h}it$_7^{55}$hem$_1^{35}$再拿一点(要些添)//hem$_1^{35}$ts^{h}it$_7^{55}$添些

p'ưới aù hiếm, une fois de plus. 再一次(一回添) p^{h}əi$_2^{24}$ɔu$_4^{21}$hem$_1^{35}$//=p^{h}əi$_2^{24}$hem$_1^{35}$//hem$_1^{35}$p^{h}əi$_2^{24}$ɔu$_4^{21}$跟着一起(添回一)//hem$_1^{35}$p^{h}əi$_2^{24}$ɔu$_4^{21}$ʔbəi$_1^{35}$跟着一起(添回一)

tsói hiếm=tsùng hiểm, surajouter. 再添 ts^{h}ɑi$_5^{55}$hem$_1^{35}$=重添 ts^{h}uŋ$_5^{55}$hem$_1^{35}$

<* t'em 添

hiểm-kon 大家 hem$_1^{35-21}$kɔn$_2^{24}$(添互相) 按:原文认为本字是“谈”,误;本字是“添”。

mo hiểm-kỏn, vous autres. 你们大家(你添相) mɔ$_3^{33}$hem$_1^{35-21}$kɔn$_2^{24}$//hem$_1^{35-21}$sɑk$_7^{55}$添菜//mɔ$_3^{33}$hem$_1^{35}$zia$_3^{33}$你和我(你添我)

hiểm-kỏn mải =hiểm hỏa, être d'accord. 和睦/融洽(大家好=大家和) hem$_1^{35}$kɔn$_2^{24}$mai$_2^{24}$大家好/双方和睦(添相好)//=hem$_1^{35}$hua$_2^{24}$(添和)//≠hem$_1^{35-21}$kɔn$_2^{24}$mai$_2^{24}$大家都好

hiểm-kỏn, conjointement. 大家(添互相)hem$_1^{35-21}$kɔn$_2^{24}$ 按:法语解释是“共同地、一致地”。

hiểm-kỏn zau, cohabiter. 同居/同住(添相在) hem$_1^{35-21}$kɔn$_2^{24}$zou$_3^{33}$//hem$_1^{35-21}$kɔn$_2^{24}$k^{h}ia$_3^{33}$同居(添相寄)//hem$_1^{35-21}$kɔn$_2^{24}$zou$_3^{33}$nam$_1^{35}$大家在玩(添相在玩)//zia$_3^{33}$mən$_2^{24-21}$zan$_2^{24}$zou$_3^{33}$我有房住//=zia$_3^{33}$mən$_2^{24-21}$zan$_2^{24}$k^{h}ia$_3^{33}$我有房寄

hiếm-kỏn kang, colloque. 大家讲(添相讲) hem$_1^{35-21}$kɔn$_2^{24}$kaŋ$_3^{33}$

hiểm zóng bới lứng, avoir des rapports avec quelqu'un. 与别人来往(添别人) hem$_1^{35-21}$zoŋ$_1^{35}$ʔbəi$_1^{35-21}$ləŋ$_1^{35}$//ʔbəi$_1^{35-21}$ləŋ$_1^{35}$(与人)来往//ʔbəi$_1^{35}$ləŋ$_1^{35}$去回

hiểm bạt, répugnant. 嫌弃 hem$_2^{24}$ʔbat$_8^{21}$

<H. *hàm* * *dâm* 談

hiểm 添 hem$_1^{35}$

tsùng mướn hiểm, et cœtera. 等等/还有(重有添) ts^{h}uŋ$_2^{24-21}$mən$_2^{24}$hem$_1^{35}$

<H. *hêẳm* * *t'em* 添

对应词少且对应不规则,后面几个可能是来自汉语的借词:

	临高	台语	壮语	石家	莫语	水语	侗语	黎萨	黎王
nuit 夜裏	*kiểm*	*Gam'*	*Gam'*	/	[1]*ʔñam'*	*ʔñam'*	*ʔñam'*	(*sop sap*	*č'ap*
boa 蟒蛇	*niểm*	*hlɯəm*	*hnɯəm*	(*tien*)	/	/	/	/	/
teindre 染	*niềm*	*'ño:m*	*'ñum*	/	*'ñum'*	*'ʔyam*	*ñum*[2]	(*vom*)	/
cheville épingle 針	*sím*	*cim*	*cim*	/	*sum*	/	*khəm*	(*cuoṅ*)	/

(1) Soir. 夜晚。(2) Teinture, '*ʔyam*: teindre. 染。

按:最后一条临高语(长流话)意思是"楔子",本字是"签",不是"针"。

EM

nèm 念 nem$_4^{21}$

nèm kíng, prier, réciter des prières. 念经 nem$_4^{21-24}$kiŋ$_1^{35}$//nem$_4^{21-24}$tɯ$_1^{35}$念书 按:法语解释是"祷告、诵读祈祷文"。

<* *niemˀ* 念

ÊAM-IAM

dêắm 店 ʔdiam$_3^{33}$/ʔdiam$_5^{55}$

p'ồ dêắm = *k'ễk dêắm*, auberge. 店铺(铺店) p^{h}o$_3^{33}$ ʔdiam$_3^{33}$ = 客店 k^{h}ek$_7^{55}$ʔdiam$_5^{55}$

zon dêắm, buvette. 小吃部/小餐店(酒店) zɑn$_3^{33}$ʔdiam$_5^{55}$//p^{h}o$_3^{33}$zɑn$_3^{33}$tia$_4^{21}$小吃店(铺酒饭)

<H. *dêãm* * *temˀ* 店

dêảm, *dêắm* (moment) 点 ʔdiam$_2^{24}$

dêảm tiểm, collationner. 吃点心(点心) ʔdiam$_2^{24}$ tem^{33}(海南话)//ʔbak$_7^{55-33}$ʔbo$_3^{33}$零食(嘴补)

dêǎm tiêm, goûter. 尝味(点心) ʔdiam$_2^{24}$tem^{33}

<H. *dêãm* *ᶜ *tem* 點

têam (doux au goût), fade, affadi. 淡

nòm têǎm, eau douce. 淡水(水淡) nɑm$_4^{21-24}$ tiam$_3^{33}$//nɑm$_4^{21-24}$ zɑŋ$_3^{33}$ 井水(水井)

tẫk têam, couleur terne. 淡色(色淡) tek$_7^{55}$ tiam$_3^{33}$//tek$_7^{55}$ ʔdɯn$_3^{33}$ 色浅//tek$_7^{55}$lɑk$_8^{21}$ 色深

<? *ᶜ *dâm* 淡

têảm têẳm 躲/避(闪) tiam$_4^{21}$

têẳm bon p'ón, s'abriter contre le vent et la pluie. 躲避风雨(闪风雨) tiam$_4^{21-24}$ʔbɑn$_3^{33}$p^{h}ɑn$_1^{35}$

têảm năn, esquiver une difficulté. 避难(闪难) tiam$_4^{21-24}$ nan$_3^{33}$//tiam$_4^{21-24}$ sia$_1^{35}$躲车(闪车)

<*ᶜ *si̭em* 閃

nêảm 念 nem$_4^{21}$

nêăm tsón, véracité. 老实(念真) nem$_4^{21-24}$ ts^{h}ɔn$_1^{35}$ 念真(不说)//kaŋ$_3^{33}$ ts^{h}ɔn$_1^{35}$讲真(常说)

<* *nemʾ* 念

lêảm, *lêẳm* 甜 liam$_2^{24}$

tóm zóng lêảm, à contre-cœur. 不甘心/心不甘(心不甜) tɔm$_1^{35}$ zɑŋ$_5^{55}$liam$_2^{24}$

tóm lêẳm, volontairement. 甘心(心甜) tɔm$_1^{35}$liam$_2^{24}$

tsiăm 渐/暂 ts^{h}iam$_3^{33}$

tsiăm tsiăm, progressivement, peu à peu, transitoire. 渐渐 ts^{h}iam$_3^{33}$ts^{h}iam$_3^{33}$

p'ìng tsiăm tsiăm mái, convalescence. 病渐渐好 p^{h}iŋ$_4^{21}$ ts^{h}iam$_3^{33}$ ts^{h}iam$_3^{33}$ mai$_2^{24}$// = p^{h}iŋ$_4^{21}$ts^{h}iam$_3^{33}$ts^{h}iam$_3^{33}$ mɛŋ$_3^{33}$

tsiăm tsiăm p'ài, dépérir. 渐渐坏(渐渐败) ts^{h}iam$_3^{33}$ts^{h}iam$_3^{33}$p^{h}ai$_4^{21}$

tsiăm k'ồ, peines temporaires. 暂时苦(暂苦) ts^{h}iam$_3^{33}$k^{h}o$_3^{33}$

<*ᶜ *dzi̭em* 漸

tsêăm (aiguille) 针(医院里的针) ts^{h}iam^{33}

dểng tsêăm, dé à coudre. 顶针 ʔdeŋ$_2^{24}$ ts^{h}iam^{33}//kit$_7^{55-33}$ ts^{h}iam^{33} 打针(击针)//ts^{h}iam^{33}kiu$_5^{55}$针灸

<H. *chiẳm* * *či̭im* 針

kiăm 俭 kiam$_3^{33}$

kiăm kiăm zổng, économiser. 节俭(俭俭用) kiam$_3^{33}$kiam$_3^{33}$zoŋ$_4^{21}$

<H. *kêâm* ^{*ᶜ} *gi̯âm* 儉

kiàm, 碱 kiam^{21}

kêằm nòm hoẳn kiàm, lessive. 碱水番碱 nɑm$_4^{21-24}$p^{h}ɑn^{33}kiam^{21}肥皂水(水番碱) 按: *kêằm nòm* 后应该有逗号。huan^{33}kiam^{21}是海南话。

hoẳn kêằm, savon. 肥皂(番碱) huan^{33} kiam^{21} (少说)//p^{h}ɑn^{33} kiam^{21} (多说)

<H. *kêãm* ^{*ᶜ} *kaəm* 鹻

kêẳm, *kêằm* 减 kiam$_2^{24}$

kêẳm dọk, adoucir la douleur. 止痛/止疼(减疼) kiam$_2^{24-21}$ʔdɔk$_8^{21}$

kêẳm dọk k'êi, soulager la douleur. 止痛(减痛轻) kiam$_2^{24-21}$ʔdɔk$_8^{21}$

kêẳm k'êi, alléger, atténuer. 减轻 kiam$_2^{24}$k^{h}ei$_3^{33}$

kêẳm zẻng, affaiblir. 省力(减力) kiam$_2^{24-21}$zeŋ$_2^{24}$

kam 减 kiam^{21}

kêẳm tiu (amincir), atténuer. 减少 kiam^{21}tiu$_3^{33}$

kiẳm tiu, réduire (le nombre). 减少(数字)kiam^{21}tiu$_3^{33}$

kêẳm zeá dọk, remède anodin,calmant. 止痛药(减药痛) kiam$_2^{24-21}$zia$_1^{35-21}$ ʔdɔk$_8^{21}$(减药痛)//=ts^{h}e$_4^{21-24}$zia$_1^{35-21}$ ʔdɔk$_8^{21}$(止药痛)//=zia$_1^{35-21}$ ts^{h}e$_4^{21-24}$ ʔdɔk$_8^{21}$ (药止痛)

kêẳm nĩ, atténuer. 减小 kiam^{21}niʔ$_7^{55}$

kêẳm ka, diminuer le prix. 减价 kiam^{21}ka$_3^{33}$

kiăm ka, réduire les prix. 减价 kiam^{21}ka$_3^{33}$

kêẳm ka, rabais. 减价 kiam^{21}ka$_3^{33}$

<H. *kêãm* ^{*ᶜ} *kaəm* 减

ngêam contrôler. 严 ŋiam$_2^{24}$;验 ŋiam$_5^{55}$//ŋiam$_2^{24}$ kək$_7^{55}$ 严格//ŋiam$_2^{24}$ li$_5^{55}$ 严厉// li^{33}hai^{33}厉害

<* *ŋi̯em*ᵓ 驗

êẳm contraindre (à faire),fastidieux. 厌/累 iam$_5^{55}$ 按: iam$_5^{55}$有厌倦和累双重意思。

êẳm lêào, blasé. 厌倦/太累(厌多) iam$_5^{55}$liau$_4^{21}$//huk$_7^{55-33}$koŋ$_1^{35}$iam$_5^{55}$做工累(做工厌)

êam hũk, forcer à faire. 厌做 iam$_5^{55}$ huk$_7^{55}$ 厌做//iam$_5^{55}$ kɔn$_1^{35}$ 吃腻了（厌吃）//zia$_3^{33}$ iam$_5^{55}$ mɔ$_3^{33}$ 我讨厌你（我厌你）　按：*êam hũk*，法语解释是“强迫做”，不确。

hóm tóm zóng êǎm. rapace. 贪得无厌（贪心无厌）hɑm^{33} tɔm$_1^{35}$ zɑŋ$_5^{55}$ iam$_5^{55}$

<H. *êǎm*　**ʔi̯em*˒　厭

hêảm, *hêẳm* 险 hiam^{21}

mưởn ngui hêảm, dangereux. 有危险 mən$_2^{24-21}$ ŋoi$_2^{24}$ hiam^{21}

<H. *hêãm*　^{*c}*χi̯em*　險

hêằm mìng màng, émoucher. 赶苍蝇（嫌螟蠓）hiam$_2^{24-21}$ miŋ$_2^{24-21}$ maŋ$_4^{21}$//=nim$_1^{35-21}$ miŋ$_2^{24-21}$ maŋ$_4^{21}$ 赶苍蝇（撵螟蠓）//kə$_4^{21}$ zɑŋ$_5^{55}$ maŋ$_2^{24-21}$ hiam$_2^{24}$ 它不怕赶（它不惮嫌）

没有台语对应词。

AM

p'àm enfreindre（la règle）犯 p^{h}am$_4^{21}$

ziàng-bỏn mưởn p'àm, coupable. 犯人（人有犯）ziaŋ$_2^{24-21}$ ʔbɑn$_2^{24-21}$ mən$_2^{24-21}$ p^{h}am$_4^{21}$（不说）//ziaŋ$_2^{24-21}$ ʔbɑn$_2^{24-21}$ mən$_2^{24-21}$ se$_4^{21}$ 罪人（人有罪，常说）

p'àm sề, pécher. 犯罪 p^{h}am$_4^{21-24}$ se$_4^{21}$

p'am sê, commettre le mal, faillir. 犯罪 p^{h}am$_4^{21-24}$ se$_4^{21}$

hồng p'àm, complice. 同犯 hoŋ$_2^{24-21}$ p^{h}am$_4^{21}$//=ʔdɑŋ$_2^{24-21}$ p^{h}am$_4^{21}$ 同犯（海南话）

hồng p'am, de connivence. 同犯 hoŋ$_2^{24-21}$ p^{h}am$_4^{21}$

<H. *pham*　^{*c}*b^{w}i̯âm*　犯

dam（courage, force, fiel）胆子/胆量 ʔdam$_3^{33}$

dam số, hardi. 胆大（胆粗）ʔdam$_3^{33}$ so$_1^{35}$//=ʔdam$_3^{33}$ ne$_3^{33}$

dam nòm, bile. 胆汁（水苦胆）ʔdam$_3^{33}$ nɑm$_4^{21}$（不说）//nɑm$_4^{21-24}$ zɔi$_1^{35}$ 胆汁（常说）//zɔi$_1^{35}$ kɑm$_2^{24}$ 苦胆　按：ʔdam$_3^{33}$ 不指苦胆，只说胆量。“苦胆”一般说成主谓结构“胆苦”，不变调。

kừn dam, oser. 胆敢/竟敢 kom$_3^{33}$ ʔdam$_3^{33}$//=kuŋ$_3^{33}$ ʔdam$_3^{33}$

mưởn dam, vaillant. 有胆 mən$_2^{24}$ ʔdam$_3^{33}$

ziàng-bỏn dam số, brave, valeureux, audacieux. 胆大的人（人胆粗）ziaŋ$_2^{24-21}$ ʔbɑn$_2^{24}$ ʔdam$_3^{33}$ so$_1^{35}$ 人胆大（人人胆大）//≠ziaŋ$_2^{24-21}$ ʔbɑn$_2^{24-21}$ ʔdam$_3^{33}$ so$_1^{35}$

胆大的人(特定的人)

ziàng-bỏn zóng mưởn dảm, poltron, peureux. 胆小鬼(人没有胆) ziaŋ$_{2}^{24-21}$ʔbɑn$_{2}^{24-21}$zɑŋ$_{5}^{55}$mən$_{2}^{24-21}$ʔdam$_{3}^{33}$

zóng mưởn dảm, timide. 没胆量(没有胆) zɑŋ$_{5}^{55}$mən$_{2}^{24-21}$ʔdam$_{3}^{33}$

ziàng-bỏn dảm nĩ, couard. 胆小鬼(人胆小) ziaŋ$_{2}^{24-21}$ʔbɑn$_{2}^{24-21}$ʔdam$_{3}^{33}$niʔ$_{7}^{55}$

dam sô = dam nê, hardi, avoir de l'aplomb. 胆大(胆粗) ʔdam$_{3}^{33}$so$_{1}^{35}$ = 胆大 ʔdam$_{3}^{33}$ne$_{3}^{33}$

*ᶜ *tâm* 膽

tam (marcher) 走 tam$_{3}^{33}$

hau tam, adieu, au revoir, bon voyage. 好走 hɑu$_{3}^{33}$tam$_{3}^{33}$ 按:指路平宽广好走。

tam són soãk, se tromper de chemin. 走错路(走路错) tam$_{3}^{33}$sɔn$_{1}^{35}$suak$_{7}^{55}$

tám tsiềm, faire le mal. 作恶(走坏) tam$_{3}^{33}$ts^{h}im$_{4}^{21}$(不说)//tam$_{3}^{33}$sɔn$_{1}^{35-21}$ts^{h}im$_{4}^{21}$走邪路(走路坏,常说)

tam k'oai, marcher vite. 快走(走快) tam$_{3}^{33}$k^{h}uai$_{3}^{33}$

tam k'oai na, marcher devant, devancer. 先走(走先) tam$_{3}^{33}$k^{h}ai$_{3}^{33}$na$_{3}^{33}$

tam dà lểi = niềm lểi tam, marcher par derrière. 后走(走以后) tam$_{3}^{33}$ʔda$_{1}^{35-21}$lei$_{2}^{24}$ = 跟后走(撵后走) nim$_{1}^{35-21}$lei$_{2}^{24}$tam$_{3}^{33}$

lói lòi tam, marcher lentement. 慢慢走 lɑi$_{2}^{55}$lɑi$_{4}^{21}$tam$_{3}^{33}$(少说)// = siaŋ$_{4}^{21}$siaŋ$_{4}^{21}$tam$_{3}^{33}$(常说)

tam ỗk, commettre le péché. 作恶/犯罪(走恶) tam$_{3}^{33}$ɔk$_{7}^{55}$走恶(不说)huk$_{7}^{55-33}$ɔk$_{7}^{55}$作恶/闹小矛盾(常说) 按:huk$_{7}^{55-33}$ɔk$_{7}^{55}$常见意思是"闹小矛盾"。

loàn tam loàn nuk, se mal comporter. 胡来/乱来(乱走乱做) luan$_{4}^{21}$tam$_{3}^{33}$luan$_{4}^{21}$huk$_{7}^{55}$//tei$_{3}^{33}$kan$_{1}^{35}$luan$_{4}^{21}$乱世(世间乱)//hoŋ$_{4}^{21}$luan$_{4}^{21}$心乱(胴乱) 按:*nuk* 是 *hũk* 之误。

tuổn tam, rôder. 闲逛(巡走) tun$_{2}^{24}$tam$_{3}^{33}$(巡走)// = huan$_{2}^{24-21}$tun$_{2}^{24}$(闲巡)// = tun$_{2}^{24}$nam$_{1}^{35}$(巡玩)// = tam$_{3}^{33}$nam$_{1}^{35}$(走玩)// = ʔbəi$_{1}^{35}$nam$_{1}^{35}$(去玩)

són tam zoi, chemin praticable. 路可走(路走得) sɔn$_{1}^{35}$tam$_{3}^{33}$zɑi$_{3}^{33}$

dỗ tam, marcher à reculons. 倒走 ʔdoʔ$_{7}^{55}$tam$_{3}^{33}$/ = tam$_{3}^{33}$ləŋ$_{1}^{35-21}$lei$_{2}^{24}$倒走(走回后)//ʔdoʔ$_{7}^{55}$sia$_{1}^{35}$倒车

zỏa tam bới, naviguer. 出航/启航(船走去) zua$_{2}^{24}$tam$_{3}^{33}$ʔbəi$_{1}^{35}$(不说)//zua$_{2}^{24}$sɛŋ$_{1}^{35}$ʔbəi$_{1}^{35}$撑船去(船撑去)//zua$_{2}^{24}$k^{h}ei$_{1}^{35}$ʔbəi$_{1}^{35}$开船去(船开去)

tam sểi tsĩ, modérer le pas. 走慢点(走迟些) $tam_3^{33}sɛi_2^{24}ts^hit_7^{55}$

tam són bới, aller à pied. 步行(走路去) $tam_3^{33}sɔn_1^{35}ʔbəi_1^{35}$

tam lê, approcher. 走近 $ʔbəi_1^{35}le_3^{33}$

tam són, voyager. 旅行(走路) $tam_3^{33}sɔn_1^{35}$

tam soãk són, perdre son chemin. 走错路(走路错) $tam_3^{33}sɔn_1^{35}suak_7^{55}$

tam són hòn nè p'êảng hòn bới p'êảng, se dandiner en marchant. 走路摇摇晃晃(走路昏这边昏那边) $tam_3^{33}sɔn_1^{35}hɔn_1^{35-21}nɛ_1^{35-21}p^hiaŋ_2^{24}hɔn_1^{35-21}ʔbəi_5^{55}p^hiaŋ_2^{24}$//= $hɔn_1^{35-21}hiaŋ_3^{33}$昏向

tam k'ểi tsĩ=tam bới tsĩ, s'écarter (pour baisser passer). 让一让(走开些=走去些)

$tam_3^{33}k^hei_1^{35}ts^hit_7^{55}$让开一点(走开些)= $tam_3^{33}ʔbəi_1^{35}ts^hit_7^{55}$让一让(走去些)//≠$tam_3^{33}k^hei_3^{33}ts^hit_7^{55}$走轻一点

p'ềng tam, parallèle. 平行走/并排走(平走) $p^heŋ_2^{24}tam_3^{33}$

ziàng-bỏn tam són, piéton, voyageur. 路人/旅行者(人走路) $ziaŋ_2^{24-21}ʔban_2^{24-21}tam_3^{33}sɔn_1^{35}$

tám 三 tam_1^{35}

tám ng'iệt, troisième mois. 三月份(三月) $tam_5^{55}ŋit_8^{21}$

mạk mẹk tảm koãk, sarrazin. 荞麦/三角高粱(高粱三角) $mak_8^{21}mɛk_8^{21}tam_5^{55}kuak_7^{55}$三角高粱//$mak_8^{21}mɛk_8^{21}$高粱

zóng tám zóng tứ, ambigu. 不三不四 $zaŋ_5^{55}tam_1^{35}zaŋ_5^{55}tɯ_5^{55}$

tam p'òn ót, tiers. 三分之一(三份一) $tam^{33}p^han_4^{21}ɔt_7^{55}$(不说)//$tam^{33}p^han_4^{21}ou_1^{35}p^han_4^{21-24}ɔu_4^{21}$三份要一份(常说)

tảm kểng, minuit. 三更 $tam^{33}keŋ_1^{35}$//$p^heu_3^{33}keŋ_1^{35}$守岗(守更)//$ʔda_5^{55}kim_4^{21}tam^{33}keŋ_1^{35}$半夜三更//$ʔda_3^{33}kim_4^{21}$夜晚　按：白天也可以说 $p^heu_3^{33}keŋ_1^{35}$。

=T. *sa:m* สาม(三) < **sâm* 三

nám 玩 nam_1^{35}

nám má, agacer un chien. 玩狗 $nam_1^{35-21}ma_1^{35}$//= $ʔdau^{33}ma_1^{35}$逗狗//= $tɯ_3^{33}ma_1^{35}$引诱狗

nám lêào, espiègle. 顽皮/淘气鬼(玩多) $nam_1^{35}liau_4^{21}$

nám (prendre ses états). 玩 nam_1^{35}

tuổn nám=tam nám=bới nám, se promener. 闲逛(巡玩) $tun_2^{24}nam_1^{35}$=走

玩 $tam_3^{33}nam_1^{35}$ = 去玩 $ʔbəi_1^{35}nam_1^{35}$

tõ nám, gambader. 贪玩/爱玩（跳玩） $tɑʔ_7^{55}nam_1^{35}$

tọ nám, danser. 蹦跳（跳玩） $tɑʔ_7^{55}nam_1^{35}$ 按：没有跳舞的意思。

tuổn nám, faire un tour de promenade. 闲逛（巡玩） $tun_2^{24}nam_1^{35}$

kiảu nám, babiole. 玩具（物玩） $keu_4^{21-24}nam_1^{35}$

kiàu nám, bibelot. 玩具（物玩） $keu_4^{21-24}nam_1^{35}$

lẹk lõk nám nòm, les enfants barbotent dans l'eau. 小孩玩水 $lɛk_8^{21}lɑk_7^{55}$ $nam_1^{35-21}nɑm_4^{21}$

<H.*nám* ? *ᶜ *nen* 撚

làm 褴 $lɑm^{21}$

dìng k'ô-zoa làm lảu, débraillé. 衣衫褴褛（穿衣裤褴褛） $ʔdiŋ_1^{35-21}k^ho_3^{33}$ $zua_3^{33}lɑm^{21}lɔu_2^{24}$//$kɛ^{33}ʔdia^{21}lɑm^{21}lɔu_2^{24}$家里寒酸（家庭褴褛）//$tɛ^{33}ua^{33}lɑm^{21}$ $lɔu_2^{24}$生活寒酸（生活褴褛） 按：$kɛ^{33}ʔdia^{21}$（家庭）、$tɛ^{33}ua^{33}$（生活）是海南话。

lảm 蓝 lam_2^{24} 按：原文认为本字是“脸”，误。

na lảm tẫk p'ệặk, visage pâle. 面色苍白（脸蓝色白） $na_3^{33}lam_2^{24}tek_7^{55-33}$ $p^hiak_8^{21}$// = $na_3^{33}heu_1^{35}tek_7^{55-33}p^hiak_8^{21}$（脸绿色白）

<*ᶜ *liem* 臉

lảm 缆 lam_4^{21}

lảm số, câble. 大缆（缆粗） $lam_4^{21-24}so_1^{35}$//$lam_4^{21-24}niʔ_7^{55}$小缆（缆小）

lảm sô hẻo aù, amarre. 一条大缆（大缆条一） $lam_4^{21-24}so_1^{35}hɛu_2^{24}ɔu_4^{21}$

lảm hẻo aù, une corde. 一条缆（缆条一） $lam_4^{21}hɛu_2^{24}ɔu_4^{21}$

<* *lâm*ᵓ 纜

lảm 蓝 lam_2^{24}

tẫk lảm, bleu. 蓝色（色蓝） $tek_7^{55-33}lam_2^{24}$

<H. *lầm* *lâm* 藍

tsàm 簪 $ts^ham_1^{35}$

tsàm tsừ lọk, jeter, lancer la toupie. 抛陀螺（簪锥深） $ts^ham_1^{35-21}ts^hui_1^{35-21}$ $lɑk_8^{21}$//$ts^ham_1^{35-21}lo_3^{33}$两手叉腰//$ts^ham_1^{35-21}kɑŋ_4^{21}$两腿叉开//$ts^ham_1^{35}zɔt_8^{21}$三脚架紧（掺紧）

tsảm anil, indigotier 靛蓝/靛青 $ts^ham_2^{24}$

tsám, indigo(t). 靛蓝/靛青 $ts^ham_2^{24}$ 按：一种灌木，叶子泡进水缸里，

放入石灰，一周后水成蓝色，用来染布。//nɑm$_4^{21-24}$ ts^{h}am$_2^{24}$ nim$_4^{21-24}$ hɑp$_8^{21}$ 靛水染布（水靛染布）

= T. *gra:m* คราม

sam 掺 sam$_1^{35}$

sam mọk mà, boutonner. 扣纽扣 sam$_1^{35-21}$ mak$_8^{21}$ ma$_4^{21}$ 纽扣（掺纽扣）//=mɑk$_8^{21}$ ma$_4^{21}$ 纽扣

sám 掺 sam$_1^{35}$

hêau sám, mélanger. 掺合/混合（挑掺） hiau^{33}sam$_1^{35}$ 按：参看 *hêau* 条。

sám loàn, méli-mélo. 搞乱（掺乱） sam$_1^{35}$luan$_4^{21}$

kảm 监 kam$_1^{35}$

p'oàng kám, prison. 监房 p^{h}uaŋ$_2^{24-21}$kam$_1^{35}$

bêảng lảu kảm, emprisonner. 关进监狱（放进监） ʔbiaŋ$_3^{33}$ lɔu$_4^{21}$ kam$_1^{35}$（放进监）//hɑp$_7^{55-33}$ lɔu$_4^{21}$ kam$_1^{35}$ 关进监//hɑp$_7^{55-33}$ mou$_1^{35}$ 关猪//hɑp$_7^{55-33}$ kɑi$_1^{35}$ 关鸡

<H. *kảm* * *kam'* 監

ngám 啱 ŋɑm$_5^{55}$

ngám kỏn, cadrer (convenir). 相合/合得来（啱互相） ŋɑm$_5^{55}$kɔn$_2^{24}$

<H. *ngam* 啱

hám 抬 ham$_1^{35}$

hám bới, porter à deux. 抬去 ham$_1^{35}$ ʔbəi$_1^{35}$ 抬去 按：ham$_1^{35}$ 必须两人以上。//hap$_7^{55}$ ʔbəi$_1^{35}$ 挑去//ŋiŋ$_2^{24}$ ʔbəi$_1^{35}$ 扛去 按：ŋiŋ$_2^{24}$ 有肩扛、头顶两个意思。//ŋiŋ$_2^{24-21}$ heu$_1^{35}$ 扛木头//ŋiŋ$_2^{24-21}$ zɑp$_8^{21}$ 扛米

=T. *hra:m* C-D. หาม

hàm 谈 ham$_2^{24}$

hàm luôn, converser. 谈论 ham$_2^{24-21}$ lən$_4^{21}$

<H. *hàm* * *dâm* 談

hảm glaire. 痰 ham$_2^{24}$//p^{h}uʔ$_7^{55-33}$ ham$_2^{24}$ 吐痰//= p^{h}uʔ$_7^{55-33}$ mɑn$_2^{24-21}$ tɑn$_2^{24}$ 按：p^{h}uʔ$_7^{55}$ 吐（口水）≠p^{h}oʔ$_7^{55}$ 渣子。

<* *dâm* 痰

有两个可能的对应词和一个汉语数词：

	临高	台语	壮语	石家	莫语	水语	侗语	黎萨	黎王
porter à 2 抬/扛	*hám*	*hra: m*	*hra: m*	*ra: m*	*ta: m*	*ta: m*	*ta: m*[1]	*da: m*[2]	/
indigo 靛蓝	*tsảm*	*gra: m* >*gya: m*	*rim'*	/	(*la: m*)	/	*la: m*	*la: m*	/
trois 三	*tám*	*sa: m*	*sa: m*	*sa: m*	*sa: m*	*ha: m*	*sa: m*	(*su su*	*fu*)

1. 把手。2. 挑一担子。

UM-OM

dum 关/闭 ʔdum$_{1}^{35}$

dùm kôi, mettre le couvercle. 盖盖子 ʔdum$_{1}^{35-21}$kei$_{3}^{33}$//k^{h}ɔm$_{3}^{33}$kei$_{3}^{33}$(常说) 按：配套的盖子，盖得紧。//k^{h}ɔp$_{7}^{55-33}$ kei$_{3}^{33}$(常说) 按：随便拿东西遮盖。//ʔdum$_{1}^{35-21}$sek$_{7}^{55}$合上书(合册) = hɔp$_{8}^{21}$ sek$_{7}^{55}$(合册)//ʔdum$_{1}^{35-21}$ ʔdɔu$_{2}^{24}$关门//k^{h}ei$_{1}^{35-21}$ ʔdɔu$_{2}^{24}$开门

dum dảu sóang, fermer la fenêtre. 关窗(关门窗) ʔdum$_{1}^{35-21}$ ʔdɔu$_{2}^{24-21}$ suaŋ$_{1}^{35}$// = ʔdum$_{1}^{35-21}$ suaŋ$_{1}^{35}$

dum dảu, fermer la porte. 关门 ʔdum$_{1}^{35-21}$ ʔdɔu$_{2}^{24}$(上锁)//hɑʔ$_{8}^{21}$ ʔdɔu$_{2}^{24}$(掩上)

bãk dảu dá k'ếi dá dúm, porte entr'ouverte. 门半开半掩(门半开半关) ʔbak$_{7}^{55-33}$ ʔdɔu$_{2}^{24}$ ʔda$_{3}^{33}$ k^{h}ei$_{1}^{35}$ ʔda$_{3}^{33}$ ʔdum$_{1}^{35}$//ko$_{3}^{33}$ ʔdɔu$_{2}^{24}$门开一条缝(锯门)//ko$_{3}^{33}$ ʔbən$_{2}^{24}$锯木(锯柴)

= T. * *duom* (Shan, thai bl. et n.)

dôm de petite taille. 矮(身材矮) ʔdom$_{3}^{33}$(ʔdom$_{3}^{33}$低/矮≠ʔdɔm$_{3}^{33}$倒/塌)

lẹk lõk dôm, courtaud. 矮小孩(小孩矮) lɛk$_{8}^{21}$ lɑk$_{7}^{55}$ ʔdom$_{3}^{33}$ 按：法语解释是"矮胖子"，不确。

lẹk dôm, nain. 矮子/侏儒/小个子 lɛk$_{8}^{21}$ ʔdom$_{3}^{33}$

ka dôm, rabais. 低价(价低) ka$_{3}^{33}$ ʔdom$_{3}^{33}$

háng dôm, stature (haut bas). 高矮 haŋ$_{1}^{35}$ ʔdom$_{3}^{33}$

tôm 朽 tom$_{4}^{21}$ 按：木头朽、萝卜空心、鸡蛋坏了都是 tom$_{4}^{21}$。

mế mề tôm tôm, trop cuit. 太烂/太熟(软软朽朽) me$_{5}^{55}$ me$_{4}^{21}$ tom$_{5}^{55}$ tom$_{4}^{21}$ 按：指肉炖得很烂。// = me$_{4}^{21}$ me$_{4}^{21}$ nɔm$_{5}^{55}$ nɔm$_{5}^{55}$//nɔm$_{1}^{35}$ tom$_{4}^{21}$ 鸡蛋坏了(蛋朽)

lum 墨鱼/鱿鱼 lum$_3^{33}$/bɑt$_7^{55}$

bá lum bõt, seiche. 墨鱼/鱿鱼 ʔba$_1^{35-21}$lum$_3^{33}$/bɑt$_7^{55}$(鱼墨鱼/鱼鱿鱼)//= lum$_3^{33}$/bɑt$_7^{55}$

tsôm 斟 tsʰɑm$_1^{35}$

siang lẻang tsồm tsễăk, délibérer (voir tsom). 商量斟酌 siaŋ^{33}liaŋ^{21} tsʰɑm$_1^{35-21}$tsʰiak$_7^{55}$//siaŋ^{33}liaŋ^{21}商量≠tiaŋ^{33}liaŋ$_4^{21}$双倍(双量)

<* *čḭim* 斟

tsúm 抓/堆/簇 tsʰum$_3^{33}$

tsúm aù, un monceau, une pincée. 一把/一堆 tsʰum$_5^{55}$ɔu$_4^{21}$一堆//ʔbun$_5^{55}$ tsʰum$_3^{33}$两堆//tsʰum$_3^{33}$pʰɑŋ$_5^{55}$ɔu$_4^{21}$抓一把//tsʰum$_3^{33}$ʔbun$_5^{55}$pʰɑŋ$_3^{33}$抓两把

mạk hõt tsúm aù, constellation. 一簇星星(星星簇一) mɑk$_8^{21}$ hɔt$_7^{55}$ tsʰum$_5^{55}$ɔu$_4^{21}$

súm maigre 瘦 sum$_1^{35}$ 按: sum$_1^{35}$瘦(人瘦)≠som$_1^{35}$祭拜。

nẻa súm, terrain maigre. 田贫瘠(田瘦) nia$_2^{24}$sum$_1^{35}$田瘦//≠nia$_2^{24-21}$sum$_1^{35}$ 瘦田

súm ũk zẫk, décharné, efflanqué. 瘦得皮包骨头(瘦出骨) sum$_1^{35}$ uk$_7^{55-33}$zək$_7^{55}$

=T. *phro: m*, C.-D. *pro: m* ผอม(瘦/细/薄)

sùm 祭拜 som$_1^{35}$ 按: *sùm* 是 *sốm* 之误。

sùm p'ỏn, superstition devant les tombeaux. 祭坟(拜坟) som$_1^{35-21}$pʰɑn$_2^{24}$

sôm, *sôm* saluer, adorer, (voir sum). 招呼、崇拜(见 sum) 按: *sôm* 是 *sốm* 之误。

sốm nẻn, visite de nouvel an. 拜年 som$_1^{35-21}$nen$_2^{24}$

sồm hiễp, cartes de visite. 拜帖/拜访用的名帖 som$_1^{35-21}$hep$_7^{55}$

sốm tỏn, adorer les esprits. 拜神 som$_1^{35-21}$tɔn$_2^{24}$//=som$_1^{35-21}$kuŋ$_1^{35}$拜公

sồm són-k'ô, faire le chemin de croix. 走十字架的路(拜路苦) som$_1^{35-21}$ sɔn$_1^{35}$kʰo$_3^{33}$//=som$_1^{35-21}$tɔn$_2^{24}$sɔn$_1^{35}$kʰo$_3^{33}$(拜神路苦)

sốm p'ò-sa, adorer les idoles. 拜菩萨 som$_1^{35-21}$pʰe^{21}sa^{33}//=zɑʔ$_8^{21}$pʰe^{21}sa^{33} 拜菩萨//zɑʔ$_8^{21}$kuŋ$_1^{35}$拜公(祖宗神灵)//=som$_1^{35-21}$kuŋ$_1^{35}$拜公

sồm kùng-tsố = sồm kùng-tsô, adorer les ancêtres. 拜祖先(拜公祖) $som_1^{35-21} kuŋ_1^{35-21} ts^h o_3^{33} // ts^h o_3^{33}$ 祖 ≠ $ts^h o_1^{35}$ 租

sốm kùng tsố, culte des ancêtres. 拜祖先(拜公祖) $som_1^{35-21} kuŋ_1^{35-21} ts^h o_3^{33}$

zốm 插(秧) zom_1^{35}

ziàng-bỏn zốm nẻa, agriculteur. 插秧人(人插田) $ziaŋ_2^{24-21}$ $ʔbɑn_2^{24-21}$ $zom_1^{35-21} nia_2^{24}$

zốm nẻa, repiquer le riz. 插秧(插田) $zom_1^{35-21} nia_2^{24}$

=T. *ʔdam* =C.-D. ดำ(黑)

zổm, *zốm* palper, toucher avec la main. 摸 zom_2^{24} 按: zom_2^{24}(王录尊); zum_2^{24}(二李)。

zổm, attouchement. 摸/抚摸 zom_2^{24}

mể zổm, attouchement avec les mains. 用手摸(手摸) $me_2^{24} zom_2^{24}$

zốm lẹk lõk, caresser les enfants. 抚摸小孩 $zom_2^{24-21} lɛk_8^{21} lɑk_7^{55}$

zồm mẹk, tâter le pouls. 号脉(摸脉) $zom_2^{24-21} mɛk_8^{21} // = ts^h ək_7^{55-33} mɛk_8^{21}$ 摸脉(测脉) $// = zop_8^{21} mɛk_8^{21}$ 摸脉

zóng zoi zổm, intangible. 不能摸(不得摸) $zɑŋ_5^{55}$ $zɑi_3^{33}$ zom_2^{24} 不能摸// $zɑŋ_5^{55} ou_1^{35} zom_2^{24}$ 不让摸(不给摸)

ká zôm, prix bas. 低价(价低) $ka_3^{33} ʔdom_3^{33}$ 按: *zôm* 是 *dôm* 之误,转换过度。

kổm 饱 kom_2^{24}

kón kổm, contenter sa faim, se rassasier, repu, manger à satiété. 吃饱 $kɔn_1^{35} kom_2^{24}$

hồng kổm, ventre plein. 肚子饱 $hoŋ_4^{21} kom_2^{24}$

=Li *khɯəm*, =T. *ʔim'* อิ่ม(饱)

kùm 被子(衾) kum_3^{33}

kùm p'ǎn aù, une couverture. 一幡被子(衾幡一) $kum_3^{33} p^h an_1^{35}$

<* *k'i̯əm* 衾

um 捂/蒙/掩 um_3^{33}

um dá, *um dá*, se couvrir les yeux. 捂眼睛 $um_3^{33} ʔda_1^{35} // um_3^{33} ʔbak_7^{55}$ 捂嘴

以下可能的对应词中只有第一个词是确定的:

	临高	台语	壮语	石家	莫语	水语	侗语	黎萨	黎王
maigre 瘦	*súm*	*phro: m>* *phyo: m*	*plo: m>* *pyo: m*	*pro: m*	*'ʔyum*	*'ʔRum*	*wum*	(*lêi*	*lei*)
repiquer 插秧	*zốm*	*ʔdam*	*ʔdam*	*tam*	*ʔdam*	*ʔdam*	*hlam*	(*dra*)	/
rassaséi 饱	*kổm*	*ʔi: m'*	*ʔi: m'*	/	(*taṅ'*)	*tyaṅ'*	*tyaṅ'*	*khɯəm*	*khɯm*
fermer 关闭	*dum*	(*hăp/hŭp*) *duom*	(*hăp* */hup*)	/	(*ʔup*)	/	/	*ñet sep*	*ku: k*

OM

dom s'ébouler, s'effondrer. 倒/塌 ʔdɔm$_3^{33}$(≠ʔdom$_3^{33}$低/矮)

zản dom, la maison s'est éboulée. 房子倒塌 zan$_2^{24}$ ʔdɔm$_3^{33}$ 屋倒//zan$_2^{24}$ hop$_7^{55}$屋塌 按：主谓结构不变调。

sóng dom hềi lêẫt, cataclysme. 山崩地裂(山倒地裂) saŋ$_1^{35}$ ʔdɔm$_3^{33}$ hɛi$_4^{21}$liat$_7^{55}$

dom zỏng, s'écrouler. 倒下 ʔdɔm$_3^{33}$zɔŋ$_2^{24}$//hop$_7^{55}$zɔŋ$_2^{24}$塌下

=C.-D. *tom'*

dom 胆 ʔdam$_3^{33}$

dom bổ, garantir (se porter garant). 担保(胆保) ʔdam$_3^{33}$ ʔbo$_2^{24}$//=ʔdam$_3^{33}$ʔbau^{21}

<* *tâm* 擔

dỏm (couper) 砍(斜砍/劈) ʔdam$_4^{21}$

dỏm don, abattage d'arbres, déboiser. 砍树/伐木 ʔdam$_4^{21-24}$ ʔdɔn$_3^{33}$//ʔdam$_4^{21-24}$ʔbən$_2^{24}$砍柴//=tsʰak$_8^{21}$ʔbən$_2^{24}$劈柴//=ʔdua$_4^{21-24}$ʔbən$_2^{24}$砍柴

sím dóm bưởn, coin pour fendre le bois. 伐木楔子(签砍柴) sim$_1^{35-21}$ ʔdam$_4^{21-24}$ʔbən$_2^{24}$伐木楔(签砍柴)= sim$_1^{35-21}$ ʔdua$_4^{21-24}$ʔbən$_2^{24}$劈柴楔(签劈柴)// sim$_1^{35-21}$ko$_1^{35}$抽签(签估)

dóm don ngeng, élaguer, ébrancher un arbre. 砍树枝 ʔdam$_4^{21-24}$ ʔdɔn$_3^{33}$ ŋɛŋ$_3^{33}$//=ʔdam$_4^{21-24}$ʔdɔn$_3^{33}$nɛŋ$_3^{33}$(王录尊)

dom don ngeng, émonder un arbre. 修剪树枝(砍树枝) ʔdam$_4^{21-24}$ ʔdɔn$_3^{33}$ŋɛŋ$_3^{33}$

dỏm don ngẻng, tailler un arbre. 剪树枝(砍树枝) ʔdam$_4^{21-24}$ʔdɔn$_3^{33}$ŋɛŋ$_3^{33}$

dỏm enfouir 埋(深埋) ʔdam$_2^{24}$

dỏm ziàng-bỏn dái, enterrer. 埋死人(埋人死) ʔdam$_2^{24-21}$ziaŋ$_2^{24-21}$ʔban$_2^{24-21}$

$ʔdai_1^{35}$//≠$ʔbok_7^{55}$埋(浅埋、盖住)

tom 婶 $tɔm_3^{33}$

tom nĩ = tau tom, belle-sœur. 弟妹(小婶 = 婶嫂) $tɔm_3^{33}$ $niʔ_7^{55}$ 弟妹(婶小)≠$tɑu_3^{33}$$tɔm_3^{33}$妯娌(嫂婶)// = $ʔba_3^{33}$$tɔm_3^{33}$妯娌

<*ᶜ *šị̂m* 嬸

tóm cœur 心 $tɔm_1^{35}$

p'àn tóm = mưởn bướn tóm, désaffectionné. 变心(翻心 = 有二心) $p^han_1^{35-21}$$tɔm_1^{35}$(翻心)//$mən_2^{24-21}$ $ʔbun_5^{55}$ $tɔm_1^{35}$(有二心)//$p^han_1^{35-21}$ $tɔm_1^{35}$ $ləŋ_1^{35}$ nia_3^{33}回心转意(翻心回来)

tóm zóng dêo, esprit sans consistance. 不坚定/不可靠(心不着) $tɔm_1^{35}$ $zɑŋ_5^{55}$$ʔdeu_3^{33}$

zóng mưởn tóm, abattu. 没有心思(没有心) $zɑŋ_5^{55}$$mən_2^{24-21}$$tɔm_1^{35}$ 按:法语解释是"沮丧、消沉"。

tóm mọ aù êi mọ aù = mọ tóm mọ êi, d'une commun accord. 一心一意(心个一意个一 = 个心个意) $tɔm_1^{35}$ $mɔ_4^{21-24}$ $ɔu_4^{21}$ ei_3^{33} $mɔ_4^{21-24}$ $ɔu_4^{21}$(心个一意个一) = $mɔʔ_8^{21}$$tɔm_1^{35}$$mɔʔ_8^{21}$$ei_3^{33}$(个心个意)

k'ếi tóm, se divertir. 开心 $k^hei_1^{35-21}$$tɔm_1^{35}$(少说)$hɑu_3^{33}$$lak_8^{21}$好乐(常说)

k'êi tóm, adoucir le chagrin, récréation. 开心 $k^hei_1^{35-21}$$tɔm_1^{35}$ 按:法语解释是"化解悲伤,消遣、娱乐"。

têáng tóm, affecter, affliger. 伤心 $tiaŋ_1^{35-21}$$tɔm_1^{35}$

tóm mườn, affligé, triste. 心闷 $tɔm_1^{35}$$mən_4^{21}$

họp tóm, agréable. 合心/愉快 $hɔp_8^{21}$$tɔm_1^{35}$满意(合心)// = $hɔp_8^{21}$$ei_3^{33}$满意(合意)

tóm loàn, ahuri. 心乱 $tɔm_1^{35}$$luan_4^{21}$

tóm iến, aisance. 心安理得(心安) $tɔm_1^{35}$$ien_1^{35}$//$ien_1^{35-21}$$tɔm_1^{35}$心安

bêáng tóm, être à l'aise. 放心 $ʔbiaŋ_3^{33}$$tɔm_1^{35}$ 按:"放心"不能说 hok_7^{55-33} $tɔm_1^{35}$。

kom tóm, allègrement. 甘心 $kam^{33}$$tɔm_1^{35}$ 按:法语意思是"活泼地/愉快地"。

hom tóm, ambition. 贪心 $ham^{33}$$tɔm_1^{35}$

kẹk tóm = tẹk tóm, antipathie. 激发(激心) $kik_7^{55-33}$$tɔm_1^{35}$≠放心 tek_7^{55-33}

tɔm$_1^{35}$//kik$_8^{21}$zoŋ$_1^{35}$ʔbəi$_1^{35-21}$huk$_7^{55}$激励人去做(激别人去做)//tek$_7^{55-33}$tɔm$_1^{35}$省心/放心//=ʔbat$_8^{21}$tɔm$_1^{35}$放心(弃心)　按:法语解释是“反感”,误。

tóm êi, aspiration. 心意 tɔm$_1^{35-21}$ei$_3^{33}$

tóm dok=tóm tsiềm, perfide. 心毒 tɔm$_1^{35}$ʔdak$_8^{33}$=tɔm$_1^{35}$ts^{h}im$_4^{21}$心坏

tông tóm, loyal. 忠心 toŋ^{33}tɔm$_1^{35}$

hồng tóm sẽk, mesquin. 心胸窄/气量小(胴心窄) hoŋ$_4^{21-24}$tɔm$_1^{35}$ts^{h}ek$_7^{55}$//=liaŋ$_4^{21}$ts^{h}ek$_7^{55}$量窄

mưởn tóm, remercier. 有心/用心 mən$_2^{24-21}$tɔm$_1^{35}$　按:法语解释是“感谢”。两种意思都有。

kuà tóm =laủ tóm, anxiété. 挂心 kua$_1^{35-21}$tɔm$_1^{35}$=劳心 lau$_2^{24-21}$tɔm$_1^{35}$//≠lɔu$_4^{21-24}$tɔm$_1^{35}$专心(入心)//lau$_2^{24-21}$haŋ^{33}劳动(海南话)

tsón tóm, sincérité. 真心 ts^{h}ɔn$_1^{35-21}$tɔm$_1^{35}$

<* si̯im　心

nóm œuf 蛋/卵 nɔm$_1^{35}$(≠nom$_1^{35}$毛竹)

nóm kói, œuf de poule. 鸡蛋(蛋鸡) nɔm$_1^{35-21}$kai$_1^{35}$

nóm p'ệọk, blanc d'œuf. 蛋白 nɔm$_1^{35-21}$p^{h}iak$_8^{21}$

nóm láng, jaune d'œuf. 蛋黄 nɔm$_1^{35-21}$laŋ$_1^{35}$

bau nóm, coquille d'œuf. 蛋壳(包蛋) ʔbau^{33}nɔm$_1^{35}$

nòm kói p'êạk, albumine, blanc d'œuf. 蛋白(蛋鸡白) nɔm$_1^{35-21}$ kai$_1^{35}$ p^{h}iak$_8^{21}$

nòm 舂(碾) nam$_1^{35}$

nòm zọp, piler du riz. 舂米(碾米) nam$_1^{35-21}$zap$_8^{21}$舂米//ma$_4^{21-24}$zap$_8^{21}$磨米　按:指磨成粉。

nòm eau 水 nam$_4^{21}$

nòm mạk zêá, eau de coco. 椰子水(椰果水<水果椰) nam$_4^{21}$mak$_8^{21}$zia$_2^{24}$

họp nòm mọt, acclimaté. 服水土(合水土) hɔp$_8^{21}$nam$_4^{21}$mat$_8^{21}$

kân nòm, aller en amont. 逆流而上(升水) kun$_3^{33}$nam$_4^{21}$(不说)//ŋek$_8^{21}$nam$_4^{21}$逆水(常说)//tun$_3^{33}$nam$_4^{21}$顺水

p'èng nòm, amphore. 水壶(瓶水)　按:法语解释是“双耳尖底瓮”。p^{h}ɛŋ$_2^{24-21}$nam$_4^{21}$水壶　按:p^{h}ɛŋ$_2^{24}$指带把手带嘴的烧水壶(陶罐)。//p^{h}ɛŋ$_2^{24-21}$sa$_2^{24}$茶壶//p^{h}ɛŋ$_2^{24-21}$kuan^{35}瓶罐　按:煮饭的 p^{h}ɛŋ$_2^{24}$,不带嘴(陶罐)。

nom zóng bô =nòm zóng meng, salubre. 有益健康的/井水补(水井补 nam$_4^{21-24}$zaŋ$_1^{35-21}$ʔbo$_3^{33}$=井水好 nam$_4^{21-24}$zaŋ$_1^{35-21}$mɛŋ$_3^{33}$)　按:“井水补”指有的

井水补人。

nòm zươn, eau basse. 口水 nɑm$_4^{21-24}$zɯn$_1^{35}$

nòm hối, lait de chaux. 石灰水(水灰) nɑm$_4^{21-24}$hoi$_1^{35}$

nòm sóng, eau de source. 山泉水(水山) nɑm$_4^{21-24}$ saŋ$_1^{35}$(水山)//=nɑm$_4^{21-24}$ŋin$_2^{24}$(水泉)

nòm têăm, eau douce. 淡水(水淡) nɑm$_4^{21-24}$tiam$_3^{33}$

nàm kông, eau de mer. 海水(水海) nɑm$_4^{21-24}$koŋ$_3^{33}$

nòm sô, soupe. 汤水(水汤) nɑm$_4^{21-24}$so$_3^{33}$//nɑm$_4^{21-24}$so$_3^{33}$nan$_4^{21}$肉汤(水汤肉)

zõk laủ nòm=zõk zỏng nòm, macérer dans l'eau. 浸/泡进水 zɔk$_7^{55}$lɔu$_4^{21-24}$nɑm$_4^{21}$=浸/泡下水 zɔk$_7^{55}$zɔŋ$_2^{24-21}$nɑm$_4^{21}$

nòm mọk, encre. 墨水(水墨) nɑm$_4^{21-24}$mɔk$_8^{21}$

sể nòm, bassin, pièce d'eau. 水池(池水) se$_2^{24-21}$nɑm$_4^{21}$水池//≠nɑm$_4^{21-24}$se$_2^{24}$池水

p'ũ' nòm mái, expectorer. 吐唾沫 p^{h}uʔ$_7^{55-33}$nɑm$_4^{21-24}$mai$_2^{24}$//ʔdɛŋ$_4^{21-24}$zɯn$_1^{35}$流口水/垂涎(嘴馋)//zɯn$_1^{35}$ʔdɛŋ$_4^{21}$口水流//lei$_1^{35-21}$zɯn$_1^{35}$流口水(婴幼儿)

lẹk lõk nám nòm, les enfants barbotent dans l'eau. 小孩玩水 lɛk$_8^{21}$lɑk$_7^{55}$nam$_1^{35-21}$nɑm$_4^{21}$

=T. *'nam* น้ำ(水)

tsom 枕 ts^{h}ɔm$_3^{33}$

tsom hêảu, oreiller. 枕头 ts^{h}ɔm$_3^{33}$heu$_2^{24}$

tsom hểô, traversin. 条枕(枕条) ts^{h}ɔm$_3^{33}$hɛu$_2^{24}$ɔu$_4^{21}$一条枕

<*ᶜ *čịim* 枕

tsom 枕 ts^{h}ɔm$_3^{33}$

zẫk hau tsom, occiput. 后脑勺/枕头骨(骨头枕) zək$_7^{55-33}$hɑu$_3^{33}$ts^{h}ɔm$_3^{33}$//=lei$_2^{24-21}$hɑu$_3^{33}$ts^{h}ɔm$_3^{33}$(后头枕)

<**ᶜ *čiim* 頄

tsóm 砧 ts^{h}ɔm$_1^{35}$

tsóm mọ aù, hachoir. 一个砧板(砧个一) ts^{h}ɔm$_1^{35}$mɔʔ$_8^{21}$ɔu$_4^{21}$

tsóm sêặt nàn, hachoir pour la viande. 砧板(切肉砧<砧切肉) ts^{h}ɔm$_1^{35-21}$siat$_7^{55-33}$nan$_4^{21}$

<* *ṭịim* 砧

tsòm 斟 ts^{h}ɑm$_{1}^{35}$

tsỏm chêẫo, concerter. 商量(斟酌) ts^{h}ɑm$_{1}^{35-21}$ts^{h}iak$_{7}^{55}$

tsòm tsêẫk, délibérer. 商量(斟酌) ts^{h}ɑm$_{1}^{35-21}$tsiak$_{7}^{55}$

siang lêảng tsồm chêẫo = siang lêảng. 商量斟酌 siaŋ^{33} liaŋ^{21} ts^{h}ɑm$_{1}^{35-21}$ ts^{h}iak$_{7}^{55}$ = 商量 siaŋ^{33}liaŋ^{21}

tsồm tsêẫk, délibérer. 商量(斟酌) ts^{h}ɑm$_{1}^{35-21}$ts^{h}iak$_{7}^{55}$

<* *či̯im*　斟

tsòm 胳肢 ts^{h}ɑm$_{2}^{24}$　按：本字不明。

tsòm tsứn, chatouiller. 胳肢(□震) ts^{h}ɑm$_{2}^{24-21}$ ts^{h}ɯn$_{1}^{35}$//ts^{h}ɑm$_{2}^{24-21}$ p^{h}ɑn$_{3}^{33}$ 拌粉　按：指用佐料拌海南粉。//maŋ$_{2}^{24-21}$ ts^{h}ɯn$_{1}^{35}$ 怕胳肢(恾震)//sɑp$_{7}^{55-33}$ lik$_{7}^{55}$ts^{h}ɯn$_{1}^{35}$胳肢窝难受要笑(腋窝震)//me$_{2}^{24}$ts^{h}ɯn$_{1}^{35}$手难受(手震)　按：指手泡水久以后难受。//kok$_{7}^{55-33}$ts^{h}ɯn$_{1}^{35}$脚难受(脚震)　按：指脚走路久了难受。//hɔu$_{2}^{24}$ts^{h}ɯn$_{1}^{35}$身体难受(身震)　按：两个人在一起难受。//ʔbak$_{7}^{55}$ ts^{h}ɯn$_{1}^{35}$嘴巴难受(嘴震)　按：指不愿意说粗话。

som 枕 ts^{h}ɔm$_{3}^{33}$

som hêảu, traversin (chevet). 枕头 ts^{h}ɔm$_{3}^{33}$heu$_{2}^{24}$

<^{*c} *či̯m*　枕

sốm 拜/崇拜 som$_{1}^{35}$　按：原文认为本字是"忱",误。这是临高语词。

sốm nẻn, souhaiter la bonne année. 拜年 som$_{1}^{35-21}$nen$_{2}^{24}$

<* *ǰi̯im*　忱

sòm 沉 som$_{2}^{24}$　按：原文认为本字是"针",误。

sòm hêáng, clou de girofle. 沉香 som$_{2}^{24-21}$hiaŋ$_{1}^{35}$

<* *čim*　針

zóm obscure, sombre. 黑/暗 zɑm$_{1}^{35}$　按：原文认为本字是"阴",误。这是临高语词。

ní zóm, la nuit approche, vers le soir. 傍晚/黄昏(将暗) ʔdi$_{5}^{55}$ zɑm$_{1}^{35}$将黑//ʔdan$_{2}^{24}$zɑm$_{1}^{35}$傍晚(主谓结构)

kiềm zóm, nuit obscure. 黑夜(夜黑) kim$_{4}^{21-24}$zɑm$_{1}^{35}$

hiến zóm, temps couvert. 天暗/天阴/天黑 hien$_{1}^{35}$zɑm$_{1}^{35}$// = ʔdan$_{2}^{24}$zɑm$_{1}^{35}$

hiến tsoàng zóm tsòang zóm, crépuscule. 黄昏时(天装黑装黑) hien$_{1}^{35}$ ts^{h}uaŋ$_{1}^{35-21}$ zɑm$_{1}^{35}$ ts^{h}uaŋ$_{1}^{35-21}$ zɑm$_{1}^{35}$//hien$_{1}^{35}$ ts^{h}uaŋ$_{1}^{35-21}$ ʔbaŋ$_{1}^{35}$ ts^{h}uaŋ$_{1}^{35-21}$ ʔbaŋ$_{1}^{35}$ 黎明时(天装亮装亮)

tóm zóm, malveillant. 心黑 tɔm$_1^{35}$zɑm$_1^{35}$//≠tɔm$_1^{35-21}$zɑm$_1^{35}$黑心(心黑)

na zóm zóm, morose. 愁眉苦脸(脸黑黑) na$_3^{33}$zɑm$_5^{55}$zɑm$_1^{35}$

<* *ʔi̯m*　陰

zóm (noir) 黑 zɑm$_1^{35}$

tẫk zóm, couleur noire. 黑色(色黑) tek$_7^{55-33}$zɑm$_1^{35}$

mạk diển zóm, basalte. 玄武岩/黑石(石黑) mɑk$_8^{21}$ʔdien$_2^{24-21}$zɑm$_1^{35}$

ziàng bỏn zóm, nègres (les noirs). 黑人(人黑) ziaŋ$_2^{24-21}$ʔbɑn$_2^{24-21}$zɑm$_1^{35}$

=T. *ʔdam* =C.-D.

zỏm boire 饮 zɔm$_4^{21}$　按:“饮”《广韵》“於锦切”,上声;又“於禁切”,去声。

zỏm nòm, boire de l'eau. 饮水 zɔm$_4^{21-24}$nɑm$_4^{21}$

zỏm zon, boire du vin. 饮酒 zɔm$_4^{21-24}$zɑn$_3^{33}$

<*ᶜ *ʔi̯im*　飲

kom tóm, allègrement, de bon gré, spontanément, volontairement. 心甘情愿(甘心) kɑm^{33}tɔm$_1^{35}$//=kɑm^{33}tim^{33}(海南话)

<* *kâm*　甘

kom (interdit) 禁 kɔm$_3^{33}$/痒 kɔm$_2^{24}$

kom dá, jaloux. 眼红/眼馋(痒眼) kɔm$_2^{24-21}$ʔda$_1^{35}$//ʔda$_1^{35}$kɔm$_2^{24}$(眼睛痒)//me$_2^{24}$kɔm$_2^{24}$(手痒,如打麻将时心里痒痒)谚语:kɔm$_2^{24-21}$ʔda$_1^{35}$kɔn$_1^{35}$zɑŋ$_5^{55}$kɔm$_2^{24-21}$ʔda$_1^{35}$huk$_7^{55}$馋吃不馋做/好吃懒做(痒眼吃不痒眼做)

kom tsêi, interdire. 禁止 kɔm$_3^{33}$ts^{h}ei$_3^{33}$　按:kɔm$_3^{33}$一般单说。//lɔu$_4^{21-24}$kɔm$_3^{33}$加入禁止的规约(入禁)

kom tsei, défendre. 禁止 kɔm$_3^{33}$ts^{h}ei$_3^{33}$(白读音)//=kim$_5^{55}$ts^{h}e^{21}(文读音)

<* *ki̯imᵓ*　禁

kóm or 金 kɔm$_1^{35}$//lien$_3^{33}$kɔm$_1^{35}$金项链(链金)

<=T. *gam*　คำ　* *ki̯im*　金

kỏm 感 kɑm$_4^{21}$

kỏm bon, enrhumé. 伤风感冒(感风) kɑm$_4^{21-24}$ʔbɑn$_3^{33}$

kòm tóm zống, attendrir les cœurs. 感动人心(感心别人) kɑm^{21}tɔm$_1^{35-21}$zoŋ$_1^{35}$

kỏm 金 kɔm$_1^{35}$

bẽk aù kỏm, tous les métaux. 百种金属 ʔbek$_7^{55}$ɔu$_4^{21}$kɔm$_1^{35}$(不说)//ʔbek$_7^{55}$kɔm$_1^{35}$百种金属(百金,常说)//ʔbek$_7^{55}$ɔu$_4^{21}$kɔn$_1^{35}$一百斤(百一斤)

kỏm piquant au goût. 辣 kɑm$_{2}^{24}$/痒 kɔm$_{2}^{24}$ 按：法语解释只是"辣"。

bềi kỏm, âcre. 辣味(味辣) ʔbɛi$_{4}^{21-24}$kɑm$_{2}^{24}$辣味/苦味 按：临高语东部方言苦辣不分。ʔbɛi$_{4}^{21}$kɑm$_{2}^{24}$味辣/味苦(主谓结构)

bãk kỏm, avoir des aigreurs. 辣的/苦的 ʔbɑk$_{7}^{55-33}$kɑm$_{2}^{24}$ 按：法语解释是"烧心/胃灼热"，不确。

beǎu kỏm, s'aigrir. 变辣/变苦 ʔbian$_{5}^{55}$kɑm$_{2}^{24}$ 按：*beǎu* 是 *beǎn* 之误。

kỏm kỏm, démanger. 痒痒 kɔm$_{2}^{24}$kɔm$_{2}^{24}$

dá kỏm kỏm liú, écarquiller les yeux. 睁大眼睛看(眼痒痒看) ʔda$_{1}^{35}$kɔm$_{2}^{24}$kɔm$_{2}^{24}$liu$_{1}^{35}$//=ʔda$_{1}^{35}$kɔn$_{5}^{55}$kɔn$_{1}^{35}$liu$_{1}^{35}$(眼利利看)//mit$_{8}^{21}$kɔn$_{1}^{35}$刀锋利

kòm tsiố, piment. 辣椒 kɑm$_{2}^{24-21}$tsiu$_{1}^{35}$

=T. *khom*, C.-D. *Gam*, Sek *ga* ขม(苦)

k'om 盖/盖子 k^{h}ɔm$_{3}^{33}$

dùng k'om, toupet des jeunes filles. 刘海(凸盖) ʔduŋ$_{1}^{35-21}$k^{h}ɔm$_{3}^{33}$

k'óm 螃蟹 k^{h}ɔm$_{2}^{24}$

k'óm hảu aù, un crabe. 一只螃蟹(螃蟹只一) k^{h}ɔm$_{2}^{24}$hɔu$_{2}^{24}$ɔu$_{4}^{21}$

kỗk k'ỏm, écrevisse. 蟹脚 kok$_{7}^{55-33}$k^{h}ɔm$_{2}^{24}$ 按：法语解释是"螯虾"。k^{h}ɔm$_{2}^{24}$是田里的蟹。

k'óm 罩/盖 k^{h}ɔm$_{3}^{33}$

dểng k'óm, abat-jour. 灯罩 ʔdeŋ^{33} k^{h}ɔm$_{3}^{33}$//= ʔdei$_{3}^{33}$ k^{h}ɔm$_{3}^{33}$ 灯盖//=ʔdəŋ^{33}hui$_{5}^{55}$灯卫//=ʔdeŋ^{33}hui$_{5}^{55}$//hui$_{5}^{55}$ʔdei$_{3}^{33}$灯卫(卫灯)

k'om 盖 k^{h}ɔm$_{3}^{33}$

k'om ngòa, couvrir de tuiles. 盖瓦 k^{h}ɔm$_{3}^{33}$ŋua$_{4}^{21}$盖瓦(少说) 按：指修补时少量换瓦。//=kun$_{3}^{33}$ŋua$_{4}^{21}$上瓦(常说) 按：指盖房子时上瓦。

k'òm 禽 k^{h}ɔm$_{2}^{24}$

k'òm tíu, animal. 禽兽 k^{h}ɔm$_{2}^{24-21}$tiu$_{3}^{33}$//=k^{h}im$_{2}^{24-21}$tiu$_{3}^{33}$

k'òm tụ mọ, croupe de cheval. 马尾巴(禽尾马) k^{h}ɔm$_{2}^{24-21}$tuʔ$_{7}^{55-33}$mɑʔ$_{8}^{21}$//k^{h}ɔm$_{2}^{24-21}$tuʔ$_{7}^{55}$禽尾

<* *gi̯im* 禽

k'ỏm gratter, racler. 痒 kɔm$_2^{24}$/刮 k^{h}ɔm$_2^{24}$

ng'êaù k'ỏm, se gratter. 挠痒 ŋiau$_1^{35-21}$ kɔm$_2^{24}$//ŋiau$_1^{35-21}$ hau$_3^{33}$ 挠头//ŋiau$_1^{35-21}$hɔu 挠身　按：*k'ỏm* 是 *kỏm* 之误。

k'òm liền, curer la langue. 刮舌头 k^{h}ɔm$_2^{24-21}$lien$_4^{21}$

k'òm lự bá, écailler un poisson. 刮鱼鳞（刮鳞鱼） k^{h}ɔm$_2^{24-21}$lɯʔ$_7^{55-33}$ʔba$_1^{35}$

k'òm bỏn máu, échauder un porc. 刮猪毛（刮毛猪） k^{h}ɔm$_2^{24-21}$ ʔban$_2^{24-21}$ mou$_1^{35}$　按：法语解释是"用开水烫猪毛"。

k'ỏm bới, effacer. 刮掉（刮去） k^{h}ɔm$_2^{24}$ʔbəi$_1^{35}$

k'ỏm miệt, râcloir. 刮刀 k^{h}ɔm$_2^{24-21}$mit$_8^{21}$杠刀（动宾）　按：在坚硬的金属上来回磨刀。//mit$_8^{21}$k^{h}ɔm$_2^{24}$刮刀（刀刮，名词）　按：长流话是动宾结构，但法语是名词。

k'ỏm luth 琴 k^{h}ɔm$_2^{24}$/k^{h}im$_2^{24}$

bon k'ỏm, harmonium. 风琴 ʔban$_3^{33}$k^{h}ɔm$_2^{24}$// = ʔban$_3^{33}$k^{h}im$_2^{24}$

< * gi̯im　琴

ngóm exact 合适/准确（啱） ŋam$_5^{55}$　按：啱是方言俗字。

tsïng ngóm, adjuster. 正合适（正啱） ts^{h}iŋ$_3^{33}$ŋam$_5^{55}$

zóng ngóm, désaccord. 不合适（不啱） zaŋ$_5^{55}$ŋam$_5^{55}$

ngòm

ngòm ng'êau, grommeler. 咕哝、低声抱怨/（野猪）嗥叫 ŋɔm$_2^{24-21}$ ŋeu$_3^{33}$（不说）//ŋɔm$_2^{24-21}$ts^{h}ɔm$_4^{21}$（常说）

ngom ng'êao, bougonner. 咕哝、低声抱怨/（野猪）嗥叫 ŋɔm$_2^{24-21}$ts^{h}ɔm$_4^{21}$

ỏm 抱 am$_2^{24}$

ỏm lảu, avec les deux mains. 抱起 am$_2^{24}$lɔu$_2^{24}$

ỏm lứng, enlacer dans ses bras. 抱住 am$_2^{24}$ləŋ$_1^{35}$

ỏm bới, porter dans ses bras. 抱去 am$_2^{24}$ʔbəi$_1^{35}$

= T. 'ʔum, C.-D. 'ʔɯm　อุ้ม

hom ambitionner 贪 ham^{33}　按：萨维纳记音应该是 ham^{33}，今读已同海南话。

hom tóm, ambition, avide, convoitise. 贪心 ham^{33}tɔm$_1^{35}$

ziàng bỏn hom kón, goulu. 贪吃的人（人贪吃） ziaŋ$_2^{24-21}$ ʔban$_2^{24-21}$ ham^{33}kɔn$_1^{35}$

hom li =*hom sòi*, avide de gain., convoiter. 贪利 ham^{33}li^{33} =贪财 ham^{33} sai^{21}(海南话)

hom sẻn, concussion, convoiter les richesses. 贪钱 ham^{33}sɛn$_{2}^{24}$

hom sẻn ngỏn, cupidité. 贪银钱(贪钱银) ham^{33}sɛn$_{2}^{24-21}$ŋɔn$_{2}^{24}$

zóng hom tóm, détachement. 不贪心 zɑŋ$_{5}^{55}$ham^{33}tɔm$_{1}^{35}$

hóm tóm zóng êẳm, rapace. 贪得无厌(贪心无厌) ham^{33}tɔm$_{1}^{35}$zɑŋ$_{5}^{55}$iam$_{5}^{55}$

<H. *hám* **t'əm* 貪

hom 合 hɔp$_{8}^{21}$ 按：*hom* 是 *họp* 之误。

hom tẩu zẻng, parier. 赌输赢

hɑm^{33}tou$_{1}^{35-21}$zeŋ$_{2}^{24}$(不说) 按：读音是"贪输赢"，长流话不通。// hɔp$_{8}^{21}$tou$_{1}^{35-21}$zeŋ$_{2}^{24}$打赌(合输赢，较文)//hɔp$_{8}^{21}$kɑp$_{7}^{55}$打赌(合佮，口语)

hóm 探 hɑm$_{3}^{33}$ 按："探"声调同"贪"。《广韵》："探贪，他含切。""探"的去声读法应该来自"撢"(《广韵》："撢，他绀切。")。长流话"探"的今读应该是从去声而来。

tsềng hóm, espionner. 侦探 ts^{h}iŋ^{33}hɑm$_{3}^{33}$//hɑm$_{3}^{33}$zɑn$_{3}^{33}$酒提子(探酒)

<**t'əm* 探

hóm 沉 hɔm$_{2}^{24}$

zỏa hóm, faire naufrage. 船沉 zua$_{2}^{24}$hɔm$_{2}^{24}$船沉//hɔm$_{2}^{24-21}$zua$_{2}^{24}$沉船

zỏa hỏm, sombrer 'en pariant d'un bateau'. 船沉 zua$_{2}^{24}$hɔm$_{2}^{24}$

<**ḍi̯m* 沈

hóm prendre avec la main 拾/捡 hɔm$_{1}^{35}$；含 hɑm$_{2}^{24}$

hóm lảu, enlever, ramasser. 捡起 hɔm$_{1}^{35}$lɔu$_{2}^{24}$

hóm bới, ôter. 捡走(捡去) hɔm$_{1}^{35}$ʔbəi$_{1}^{35}$

hòm bẫk lứng, tenir dans la bouche. 用嘴含住/闭嘴(含嘴住) hɑm$_{2}^{24-21}$ ʔbak$_{7}^{55}$ləŋ$_{1}^{35}$//hɑm$_{2}^{24-21}$ʔbak$_{7}^{55}$闭嘴//=ŋop$_{7}^{55-33}$ʔbak$_{7}^{55}$闭嘴//=ʔdum$_{2}^{24-21}$ʔbak$_{7}^{55}$闭嘴//=ʔdup$_{8}^{21}$ʔbak$_{7}^{55}$闭嘴

**ɣəm* 含

hòm tẽ, glaner. 拾落穗 hɔm$_{1}^{35-21}$tɛʔ$_{7}^{55}$捡稻穗//hɔm$_{1}^{35-21}$tɔp$_{8}^{21}$收拾(捡拾)//zəŋ$_{1}^{35-21}$ŋau$_{4}^{21}$稻穗

hom kiảu dỗk, trouver un objet perdu. 捡失物(捡物失) hɔm$_{1}^{35-21}$ keu$_{4}^{21-24}$ʔdok$_{7}^{55}$

hòm 咸 hɑm$_2^{24}$

hòm bá zong, saumure. 腌咸鱼(咸鱼腌) hɑm$_2^{24-21}$ ʔba$_1^{35-21}$ zɑŋ$_3^{33}$//zɑŋ$_3^{33}$ sɑk$_7^{55}$腌菜　按:法语意思是“(腌制或腌过食品的)盐水”,误。

<* *ɣaem*　鹹

hòm 含 hɑm$_2^{24}$　按:原文认为本字是“咸”,误。

hòm sảu, animosité. 含恨(含仇) hɑm$_2^{24-21}$ sɔu$_2^{24}$含恨(含仇)//hɔm$_1^{35-21}$ sɔu$_2^{24}$记仇(捡仇)

<* *ɣaəm*　咸

与台语的*-am*是有规律的对应:

	临高	台语	壮语	石家	莫语	水语	侗语	黎萨	黎王
eau 水	*nòm*	*‘nam*	*‘ram*	*nam*	*‘nam*	*‘nam*	*‘nam*	*nôm nam*	*nam*
piler 碾	*nòm*	*ʔdam*	*tam*	*tam*	(*sa:k*	*ha:k*	*sa:k*	*saʔ*)	/
noir 黑	*zóm*	*ʔdam*	*ʔdam*	*ram*	*ʔdam*[1] *ʔnam*[1]	*ʔnam*	*ʔnam*	*dòm*	*tam*
amer 苦	*kỏm*	*khom*	*Gam*	*gam*	*kam*	*qam* ´	* *am*	*ham*	(*k'o*)
or 金	*kóm*	*gam*	(*kim*)	*gam*	(*tyim*)	/	*tyəm*	*khim*	*kem*)
enterre 埋	*dỏm*	(*phaṅ*)	*ham*[2]	(*lɯp*)	/	/	(*ʔsa:ṅ*)	*dôm*	/
couper 砍	*dóm*	(*tat*)	*hram*	*ram*	/	*‘pyam*	/	/	/
à deux mains 抱	*ỏm*	*ʔum*	*ʔɯm*	/	*ʔum*	/	*ʔum*	*om/op*	*op*
s'ébouler 倒下	*dom*	(*baṅ*) *tom'*	*tom'*	/	/	/	/	/	/

1. *ʔdam* 黑/*ʔnam* 暗。2. Gao-lan 语和 Ts'un-lao 语里是 *som*。

IN-IÊN

biên 辩 ʔbien$_3^{33}$

biên luôn, argumenter. 辩论 ʔbien$_3^{33}$lun$_3^{33}$(少说)//ʔbien$_3^{33}$lən$_3^{33}$(多说)

biên bỗ, contredire. 辩驳 ʔbien$_3^{33}$ʔboʔ$_7^{55}$

<H. *biên*　*ᶜ *bi̯en*　辯

biên 便 ʔbien$_3^{33}$

zóng p'ang biên, gênant. 不方便 zɑŋ$_5^{55}$p^{h}aŋ^{33}ʔbien$_3^{33}$

tuôn biên, commode, à l'occasion. 方便时/有机会时(顺便) tun$_3^{33}$ ʔbien$_3^{33}$//=p^{h}ien$_5^{55}$p^{h}ien$_4^{21}$顺便

sồi biên mó, à votre convenance. 随便你 sui$_2^{24-21}$ ʔbien$_3^{33}$ mɔ$_3^{33}$//=tui$_2^{24-21}$

ʔbien$_{3}^{33}$mɔ$_{3}^{33}$

<H. *bien* * *bi̯enʾ* 便

biên 板 ʔbien$_{3}^{33}$ 按：原文认为本字是“扁”，误。

biên hiển aù, une planche. 一张板/一块板 ʔbien$_{3}^{33}$hien$_{4}^{21-24}$ɔu$_{4}^{21}$

< * ᶜ*pen* 扁

bín 鞭 ʔbin$_{1}^{35}$

bín mọ héo aù, une cravache. 一条马鞭（鞭马条一） ʔbin$_{1}^{35-21}$maʔ$_{8}^{21}$hɛu$_{2}^{24}$ɔu$_{4}^{21}$

bìn mọ, fouet. 马鞭（鞭马） ʔbin$_{1}^{35-21}$maʔ$_{8}^{21}$

kĩt bín, fustiger. 鞭打（击鞭） kit$_{7}^{55-33}$ʔbin$_{1}^{35}$

< * *pi̯en* 鞭

bín, biên 圆 ʔbien$_{2}^{24}$

lẹk bín, bague. 戒指（小圆） lɛk$_{8}^{21}$ʔbien$_{2}^{24}$

doi biến, porter un anneau. 带手镯/带戒指（带圆） ʔdai$_{3}^{33}$ʔbien$_{2}^{24}$带圆（不说）//ʔdai$_{3}^{33}$k^{h}o$_{1}^{35}$带箍（常说）//ʔdai$_{3}^{33}$suak$_{8}^{21}$kɔm$_{1}^{35}$带金镯//ʔdai$_{3}^{33}$suak$_{8}^{21}$zi^{21}带玉镯

按：ʔdai$_{3}^{33}$带≠ʔdiŋ$_{1}^{35}$戴（穿）

biến mọ aù, anneau, bague. 一个戒指（圆个一） ʔbien$_{2}^{24}$mɔʔ$_{8}^{21}$ɔu$_{4}^{21}$ 按：实际读为 mɔ$_{4}^{21-24}$ɔu$_{4}^{21}$。

=T. *hwe:n* แหวน（戒指）

biến 磨（磨刀） ʔbien$_{1}^{35}$（≠ʔbin$_{1}^{35}$鞭）

biến kón, affiler, affûter, aiguiser. 磨快/磨锋利 ʔbien$_{1}^{35}$kɔn$_{1}^{35}$

liềm biến, affiloir. 磨刀石（镰磨） liem$_{2}^{24-21}$ʔbien$_{1}^{35}$镰磨（不说）//lum$_{2}^{24-21}$ʔbien$_{1}^{35}$抡磨（常说）//lum$_{2}^{24-21}$mai$_{3}^{33}$砍掉甘蔗叶子和皮//lum$_{2}^{24}$ʔbaŋ$_{3}^{33}$清理干净（抡光）

biến lẹk miệt, aiguiser un couteau. 磨刀（磨小刀） ʔbien$_{1}^{35-21}$lɛk$_{8}^{21}$mit$_{8}^{21}$

biến hẻo aù, une baguette. 一条鞭（鞭条一） ʔbin$_{1}^{35}$hɛu$_{2}^{24}$ɔu$_{4}^{21}$

=C.-D. * *ban*

biến 变 ʔbian$_{5}^{55}$

biến hóa, transformer. 变化 ʔbian$_{5}^{55}$hua$_{5}^{55}$

<H. *biến* * *pi̯enʾ* 變

bìn bõt 鞭（鞭） ʔbin$_{1}^{35}$

bìn mọ, verveine. 马鞭（鞭马） ʔbin$_{1}^{35-21}$maʔ$_{8}^{21}$

biển farine 粉/粉末 ʔbien$_4^{21}$/ʔbin$_4^{21}$ 粉（粉末） 按：原文认为本字是“面（麵）”，误。

biển zọp, farine de riz. 米粉（粉米） ʔbien$_4^{21-24}$zap$_8^{21}$

biển kiáng láng, poudre de safran. 姜黄粉（粉姜黄） ʔbien$_4^{21-24}$kiaŋ$_1^{35-21}$laŋ$_1^{35}$

biển mọt, poussière. 尘土（粉土） ʔbien$_4^{21-24}$mat$_8^{21}$// = ʔbien$_4^{21-24}$ɔi$_1^{35}$（粉埃）

< **mien*ʾ 麵

biển 圆 ʔbien$_2^{24}$ 按：ʔbien$_2^{24}$“圆/梦/种子”同音。

hũk biển = *tsểng biển*, arrondir. 弄圆（做圆 huk$_7^{55}$ʔbien$_2^{24}$ = 整圆 ts^{h}eŋ$_2^{24}$ʔbien$_2^{24}$） 按：huk$_7^{55-33}$ʔbien$_2^{24}$是“做梦”或“做圆”（动宾结构），huk$_7^{55}$ʔbien$_2^{24}$是“做圆”（述补结构），因此与“整圆”同义。述补结构不变调。

sói biển, pleine lune. 月圆 sai$_1^{35}$ʔbien$_2^{24}$//sai$_1^{35}$sien^{21}ʔbien$_2^{24}$ 月晕（月旋圆）//sien^{21}ʔbien$_2^{24}$转圈（旋圆） 按：主谓结构不变调。

* ^{w}*ien* 圓

biển 种子 ʔbien$_2^{24}$/hau$_3^{33}$ʔbien$_2^{24}$

êa biển, semer. 播种/撒种（扬种） ia$_3^{33}$ʔbien$_2^{24}$

tsáu biển mọt = *bọ biển mọt*, épousseter. 扫尘土（帚尘土） ts^{h}ɔu$_2^{24-21}$ʔbien$_4^{21-24}$mat$_8^{21}$ = 拍尘土（拍粉土） ʔbaʔ$_8^{21}$ʔbien$_4^{21-24}$mat$_8^{21}$// = ʔbaʔ$_8^{21}$ʔbien$_4^{21-24}$ɔi$_1^{35}$拍尘（拍粉埃）// = ts^{h}ɔu$_2^{24-21}$san$_2^{24-21}$ɔi$_1^{35}$扫尘埃（帚尘埃）

biển 梦 ʔbien$_2^{24}$

biển mảng, cauchemar. 噩梦/梦吓人（梦惶） ʔbien$_2^{24}$maŋ$_2^{24}$ 按：主谓结构不变调。

nõp soán biển haù = *nõp soán biển*, rêver en dormant. 睡觉梦见（躺睡梦见） lap$_7^{55-33}$suan$_1^{35}$ʔbien$_2^{24}$hɔu$_4^{21}$ 按：*nõp* 是 *lõp* 之误。

biển hàu, voir en songe. 梦见 ʔbien$_2^{24}$hɔu$_4^{21}$

p'ín 篇 p^{h}in$_1^{35}$

p'ín aù, une page. 一篇 p^{h}in$_5^{55}$ɔu$_4^{21}$

p'ín na, verso.（书页的）背面/反面（篇前） 按：记音与解释都不准确。na$_3^{33}$p^{h}in$_1^{35}$正面（前篇）//lei$_2^{24-21}$p^{h}in$_1^{35}$反面（后篇）

< **p‘i̯en* 篇

p'iền prêt. 便 $p^{h}ien_{4}^{21}$　按：原文认为本字是"偏"，误。

zóng p'iền, désavantageux. 不便 $zaŋ_{5}^{55}\ p^{h}ien_{4}^{21}$（口语音）//= $zaŋ_{5}^{55}\ p^{h}aŋ^{33}$ $ʔbien_{3}^{33}$（读书音）　按：法语解释是"不利的"。

p'iền oí, prédilection. 偏爱 $p^{h}ien_{1}^{35-21}\ ai_{5}^{55}$（不说）//$p^{h}ian^{33}\ ai_{5}^{55}$（常说）按：这是按官话读了。

<* *p'i̯en* 偏

p'iển 品 $p^{h}ien^{21}$

p'iển òng, rouge d'aniline. 一品红（品红）$p^{h}ien^{21}\ aŋ^{21}$（海南话）//= $p^{h}ien^{21}hoŋ_{2}^{24}$（普通话）

<ᶜ *p'im* 品

miển (face) 面/脸面 $mien^{33}$/$mien_{4}^{21}$

miển mao, aspect. 面貌 $mien^{33}mau^{33}$

tí miển, alentour. 四面 $ti_{5}^{55}mien_{4}^{21}$

miển tẫk, apparence, aspect. 面色 $mien^{33}tek_{7}^{55}$

miên mao = *miên tẫk*, maintien. 面貌 $mien^{33}mau^{33}$ = 面色 $mien^{33}tek_{7}^{55}$

miên p'ưởn, cuvette. 面盆 $mien^{33}p^{h}ən_{2}^{24}$

tiễt miên, déshonorer. 丢面子/丢脸（失面）$tiet_{7}^{55-33}mien^{33}$

<H. *miên*　* *mienᵓ* 面

miền 棉 min_{2}^{24}

miền p'ai, coton, ouate. 棉花（棉棉）　按：汉语临高语合璧词。$min_{2}^{24-21}p^{h}ai_{3}^{33}$

don miền p'ai, cottonier. 木棉树（树棉）$ʔdɔn_{3}^{33}min_{2}^{24-21}p^{h}ai_{3}^{33}$

<H.　* *mien* 棉

miển 免 $mian^{21}$/$mien^{21}$

miển zóng zai, obligatoire. 必须的（免不得）$mian^{21}zaŋ_{5}^{55}zai_{3}^{33}$

miển zóng zoi, fatal, forcément. 注定的/强制的（免不得）$mian^{21}zaŋ_{5}^{55}$ zai_{3}^{33}

miển năn, esquiver une difficulté. 避免困难（免难）$mian^{21}nan_{5}^{55}$

<H.　*ᶜ *mien* 免

diến 电 $ʔdien_{5}^{55}$

diến sêa, automobile. 电车 $ʔdien_{5}^{55}\ sia_{1}^{35}$　按：长流话今指电动车（= $ʔdien_{5}^{55}haŋ^{33}sia_{1}^{35}$，海南话）

diến dêi, électrique. 电灯 ʔdien$_{5}^{55}$ʔdei$_{3}^{33}$　按：法语解释是"点的"，应该是 lampe électrique(电灯)。

diến bố, télégramme. 电报 ʔdien$_{5}^{55}$ʔbo$_{5}^{55}$

kĩt diến, télégraphier. 打电报(击电报) kit$_{7}^{55-33}$ʔdien$_{5}^{55}$ʔbo$_{5}^{55}$

<H. *diến* **den*ˀ 電

diến réprimander 骂 ʔdien$_{1}^{35}$

diền zống, blâmer. 骂人(骂别人) ʔdien$_{1}^{35-21}$zoŋ$_{1}^{35}$

diền 石 ʔdien$_{2}^{24}$

diền kai, aborner. 边界(石界) ʔdien$_{2}^{24-21}$kai$_{3}^{33}$//kai$_{3}^{33}$mɑt$_{8}^{21}$地界

diển 线 tin$_{3}^{33}$　按：*diển* 是 *tiển* 之误。

diển tóm, complaisant. 顺民心/钓人心(线心) tin$_{3}^{33}$tɔm$_{1}^{35}$//tin$_{3}^{33}$ʔba$_{1}^{35}$钓鱼(线鱼)//ʔdən$_{1}^{35-21}$ʔba$_{1}^{35}$笼鱼　按：竹编渔具，长条广口，放在流水口，鱼儿进去出不来。//zit$_{8}^{21}$ʔba$_{1}^{35}$罟鱼　按：用网捕鱼。//k^{h}ɔm$_{3}^{33}$ʔba$_{1}^{35}$罩鱼　按：类似锅盖的竹编渔具，直接把鱼扣在水里，然后用手抓。//sɑk$_{7}^{55-33}$ʔba$_{1}^{35}$扎鱼(戳鱼，多说)　按：用尖头木棍或竹竿扎。//=ts^{h}uak$_{7}^{55-33}$ʔba$_{1}^{35}$(戳鱼，少说)

diển 虱(衣虱) ʔdien$_{2}^{24}$

mài diển, pou d'habit. 衣虱 mai$_{4}^{21-24}$ʔdien$_{2}^{24}$衣虱//mai$_{4}^{21-24}$kɑt$_{7}^{55}$头虱

diển 石 mɑk$_{8}^{21}$ʔdien$_{2}^{24}$

nề diển, pierre à aiguiser. 磨刀石 ne$_{2}^{24-21}$ʔdien$_{2}^{24}$

mọk diển k'uổn aù, tas de pierres. 一堆石头(石头群一) mɑk$_{8}^{21}$ʔdien$_{2}^{24}$k^{h}un$_{2}^{24}$ɔu$_{4}^{21}$//miŋ$_{2}^{24-21}$sɑŋ$_{3}^{33}$k^{h}un$_{2}^{24}$ɔu$_{4}^{21}$一群蜜蜂(蜜蜂群一)

mọk diển, pierre. 石头 mɑk$_{8}^{21}$ʔdien$_{2}^{24}$

sổi kiễt diển, pic. 打石锤(锤击石) sui$_{2}^{24-21}$kit$_{7}^{55-33}$ʔdien$_{2}^{24}$

mạk diển zóm, basalte. 玄武岩/黑石(石黑) mɑk$_{8}^{21}$ʔdien$_{2}^{24-21}$zɑm$_{1}^{35}$

diển kái, borne. 界石(石界) ʔdien$_{2}^{24-21}$kai$_{3}^{33}$界石(田埂两头各竖一块石头)//kai$_{3}^{33}$mɑt$_{8}^{21}$地界

mọk diển nê, bloc de pierre. 大石头(石头大) mɑk$_{8}^{21}$ʔdien$_{2}^{24}$ne$_{3}^{33}$

diển tsáo-tám mọ aù, un trépied. 一个三块石头的灶(石灶三个一)

ʔdien$_2^{24-21}$ ts^{h}au$_3^{33}$ tam$_5^{55}$ mɔʔ$_8^{21}$ ɔu$_4^{21}$ 按：一般不加 ɔu$_4^{21}$。//= ts^{h}au$_3^{33}$ ʔdien$_2^{24-21}$ tam$_5^{55}$mɔʔ$_8^{21}$三块石头做的灶（灶石三个，一个灶）//≠ ts^{h}au$_3^{33}$ ʔdien$_2^{24}$ tam$_5^{55}$ mɔʔ$_8^{21}$三个石头灶（灶石三个，三个灶）//=ʔdien$_2^{24-21}$ ts^{h}au$_3^{33}$tam$_5^{55}$mɔʔ$_8^{21}$三个石头灶（石灶三个，三个灶）

hang mạk diển=*bì mạk diển*=*tôi mạk diển*=*lèo mạk diển*=*bạt mạk diển*= jeter une pierre. 扔石头（抛石头=甩石头=丢石头=撂石头=弃石头）haŋ$_3^{33}$ mak$_8^{21}$ ʔdien$_2^{24}$抛石头（抛大石头）；ʔbi$_1^{35-21}$ mak$_8^{21}$ ʔdien$_2^{24}$甩石头（一定要远）；toi$_3^{33}$ mak$_8^{21}$ ʔdien$_2^{24}$丢石头（动作轻）；lɛu$_3^{33}$ mak$_8^{21}$ ʔdien$_2^{24}$撂石头（在水面上水平甩）；ʔbat$_8^{21}$ mak$_8^{21}$ ʔdien$_2^{24}$丢石头（丢弃）//om$_3^{33}$ mak$_8^{21}$ ʔdien$_2^{24}$弃石头（远近皆可）//ʔbat$_8^{21}$ keu$_4^{21-24}$luak$_7^{55}$丢垃圾 按：mak$_8^{21}$与"聋"同音。

=T. *hrin* =C.-D. หิน（石头）

tiên, *tin* 线 tin$_3^{33}$

hêẫt tiên, fil de fer. 铁丝（铁线）hiat$_7^{55-33}$tin$_3^{33}$铁线//hoŋ$_2^{24-21}$tin$_3^{33}$铜线

tin mưởi aù, un hameçon. 一个钓鱼钩（鱼钩枚一）tin$_3^{33}$mui$_2^{24}$ɔu$_4^{21}$

tiên bá, pêcher à la ligne. 钓鱼（线鱼）tin$_3^{33}$ ʔba$_1^{35}$//ko$_1^{35-21}$ tin$_3^{33}$ ʔba$_1^{35}$钓鱼钩（钩线鱼）

<**sienˀ* 線

tiên 新 tien^{33}（海南话）

tsêi tiên bườn, journal. 报纸（纸新闻）ts^{h}ei$_3^{33}$tien^{33}ʔbun^{21}

tiên 新 tien^{33}（海南话）

ing tiên bườn, colporter une nouvelle. 卖新闻 iŋ$_3^{33}$tien^{33}ʔbun^{21}

mưởn tiển bươn tương kơi, quelle nouvelle y a-t-il? 有什么新闻（有新闻什么）mən$_2^{24}$tien^{33}ʔbun^{21}təŋ$_3^{33}$kəi$_3^{33}$

kang tiên bưởn, débiter une nouvelle. 讲新闻 kaŋ$_3^{33}$tien^{33}ʔbun^{21}

tsêi tiên bưởn, gazette. 报纸（纸新闻）ts^{h}ei$_3^{33}$tien^{33}ʔbun^{21}

ziàng bỏn bố tiến, messager. 报信人（人报信）ziaŋ$_2^{24-21}$ ʔban$_2^{24-21}$ ʔbo$_5^{55}$ tien$_5^{55}$

<H. *tiển* *si̯in 新

tín 鲜/新 tin$_1^{35}$

bá tín, poisson frais. 鲜鱼（鱼鲜）ʔba$_1^{35-21}$tin$_1^{35}$//tin$_5^{55}$tin$_1^{35}$新鲜

<**sien* 鲜

tiến échanger 换/交换 tien$_1^{35}$　按：tien$_1^{35}$换≠tin$_1^{35}$新/鲜。

tiến k'ô zoa, changer d'habits. 换衣服 tien$_1^{35-21}$k^{h}o$_3^{33}$zua$_3^{33}$

tiến bêa, changer d épaule. 换肩（换臂） tien$_1^{35-21}$ ʔbia$_3^{33}$换肩（换人去挑）//=ʔbən$_4^{21-24}$ʔbia$_3^{33}$换肩（同一人）

tiến kởn, permuter, substituer un objet à un autre, troquer. 互换/对调（换互相） tien$_1^{35-21}$kɔn$_2^{24}$

hê tiến, remplacer. 替换 he$_3^{33}$tien$_1^{35}$

tiến bao, renouveler. 更新（换新） tien$_1^{35-21}$nau$_4^{21}$　按：*bao* 是 *nao* 之误。

tiến zỏa, transborder. 换船/换乘船 tien$_1^{35-21}$zua$_2^{24}$

tiên 信 tien$_5^{55}$

têa tiên, faire son courrier. 写信 tia$_3^{33}$tien$_5^{55}$

têa tiến p'ổng aù=*têa tiến bóng aù*, écrire une lettre. 写一封信（写信封一） tia$_3^{33}$tien$_5^{55}$p^{h}oŋ$_5^{55}$ɔu$_4^{21}$//=tia$_3^{33}$tien$_5^{55}$ʔbaŋ$_5^{55}$ɔu$_4^{21}$//tia$_3^{33}$tien$_5^{55}$ʔbun$_5^{55}$p^{h}oŋ$_1^{35}$写两封信（写信两封）//=tia$_3^{33}$tien$_5^{55}$ʔbun$_5^{55}$ʔbaŋ^{33}　按：ʔbaŋ^{33}是海南话"封"。

lai tiên, adresser une lettre. 寄信（赖你） lai$_3^{33}$tien$_5^{55}$

ziàng bỏn doi tiến, courrier（facteur）. 邮差/带信人（人带信） ziaŋ$_2^{24-21}$ʔban$_2^{24-21}$ʔdai$_3^{33}$tien$_5^{55}$//=ziaŋ$_2^{24-21}$ʔban$_2^{24-21}$hoŋ$_3^{33}$tien$_5^{55}$送信人（人送信）

têa tiên nóng, écrire une adresse. 写信封/写地址（写信皮） tia$_3^{33}$tien$_5^{55}$naŋ$_1^{35}$（写信皮，不说）//tia$_3^{33}$ʔdaŋ$_4^{21-24}$tien$_5^{55}$（写信筒，常说）//ʔdaŋ$_4^{21-24}$tien$_5^{55}$信封/信皮（信筒）

tiến k'ọk, la poste. 邮局（信局） tien$_5^{55}$k^{h}ok$_8^{21}$

<H. *tiến*　*si̯inʾ*　信

tiến（croire）信/相信 tien$_5^{55}$

zóng tiến mưởn Hiến Tsô, athéc. 不信有天主 zaŋ$_5^{55}$tien$_5^{55}$mən$_2^{24-21}$hien$_1^{35-21}$ts^{h}o$_3^{33}$

<*si̯inʾ*　信

tiên 辰 tien^{21}

ti tiên tsiang, horloge. 时钟（时辰钟） ti^{21}tien^{21}tsiaŋ^{33}　按：法语意思是"钟表"。

tì tiền tsíang, pendule. 时钟（时辰钟） ti^{21}tien^{21}tsiaŋ^{33}　按：法语意思是"摆钟"。

<H. *ti̯ền*　**ǰi̯in*　辰

tiền (verrou) 闩/门闩 tien$_1^{35}$

tiền dảu, bâcler la porte. 闩门 tien$_1^{35-21}$ ʔdɔu$_2^{24}$

tiên dảu, fermer la porte. 关门(闩门) tien$_1^{35-21}$ ʔdɔu$_2^{24}$//ʔdum$_1^{35-21}$ ʔdɔu$_2^{24}$ 关门(上锁)//hɑʔ$_8^{21}$ ʔdɔu$_2^{24}$关门(掩上)

tiền dáu, barrer la porte. 闩门 tien$_1^{35-21}$ ʔdɔu$_2^{24}$

< ***ṣan* 門

niến 狸猫 nien$_1^{35}$ 按：nien$_1^{35}$狸猫≠nin$_1^{35}$姩。

niến háu aù, une civette. 一只狸猫/麝猫(狸猫只一) nin$_1^{35}$ hɔu$_2^{24}$ ɔu$_4^{21}$// nin$_3^{33}$/hɔt$_7^{55-33}$nin$_3^{33}$刺猬(箭猪)

= T. *hṅen*, C.-D. *hñien*, Sek *ñel* เหน

niến 姩 nin$_1^{35}$

p'ườn niến tsồng tỗk=*p'ườn níên tsoàng ziàng*, atours. 女人化妆(婆姩妆饰 p^{h}e$_2^{24-21}$nin$_1^{35-21}$ts^{h}uaŋ$_1^{35-21}$tek$_7^{55}$ = 婆姩妆样 p^{h}e$_2^{24-21}$ nin$_1^{35-21}$ ts^{h}uaŋ$_1^{35-21}$ ziaŋ$_4^{21}$) 按："婆姩"记错。又，*tsồng tỗk* 是 *tsòang tãk* 之误，参看 *p'ườn* 条。

niên 姩 nin$_1^{35}$

p'ườn nién lồi, sexe féminin. 女人/女性(婆姩类) p^{h}e$_2^{24-21}$nin$_1^{35-21}$loi$_3^{33}$//= p^{h}e$_2^{24-21}$nin$_1^{35-21}$lui$_3^{33}$

mướn mải niến, marié. 已婚/有老婆(有母姩) mən$_2^{24-21}$mai$_4^{21-24}$nin$_1^{35}$

dềi mải niến, se marier, prendre femme. 娶老婆(找母姩) ʔdei$_1^{35-21}$ mai$_4^{21-24}$nin$_1^{35}$

niền nĩ, concubine, épouse secondaire. 妾/小老婆(姩小) nin$_1^{35-21}$niʔ$_7^{55}$

pườn niến tsồng kéo, femmes en couches. 坐月子的女人(婆姩蹲月) p^{h}e$_2^{24-21}$nin$_1^{35-21}$ts^{h}oŋ$_1^{35-21}$kɛu$_1^{35}$

p'ừn niển mướn lẹk, femme enceinte. 孕妇(婆姩有子) p^{h}e$_2^{24-21}$nin$_1^{35-21}$ mən$_2^{24-21}$lɛk$_8^{21}$

niên số, épouse légitime. 大老婆/正妻(姩大) nin$_1^{35-21}$so$_1^{35}$

mải niến, épouse. 妻子(姩) mai$_4^{21-24}$ nin$_1^{35}$ 妻子//p^{h}e$_2^{24-21}$ nin$_1^{35}$ 女人// suan$_1^{35-21}$p^{h}oʔ$_8^{21}$ 儿媳妇(新妇)

bưởn no dể niến, les deux époux. 夫妻俩/两口子(两人爹姩) ʔbun$_5^{55}$ nɑ$_3^{33}$ ʔde$_1^{35-21}$nin$_1^{35}$

pườn niến, femme. 女人(婆姩) p^{h}e$_2^{24-21}$nin$_1^{35}$

niến tếi, veuve. 寡妇 nin$_1^{35-21}$tei$_3^{33}$　按：tei$_3^{33}$音同“水牛”。

tểi mài niến, répudier sa femme. 休妻(赶走妻子) tei$_1^{35-21}$mai$_4^{21-24}$nin$_1^{35}$//= lɛi$_2^{24-21}$mai$_4^{21-24}$nin$_1^{35}$休妻(离老婆)//tei$_1^{35}$抛弃/赶走　按：tei$_1^{35}$，因厌恶而抛弃。

niền mềi, tante maternelle. 姨/母之妹(奸妹) nin$_1^{35-21}$mɛi$_4^{21}$姨(奸妹)//nin$_1^{35-21}$ʔbo$_3^{33}$父母之姐(奸姆)//hai$_4^{21}$姑姑/父之妹

<H. *niên* **nio-ñin* 女人

liên 练 lien$_3^{33}$

sau liên, s'aguerrir, faire de l'exercice. 操练 sɑu^{33} lien$_5^{55}$//lien$_3^{33}$ ts^{h}ip$_8^{33}$练习

liên bíng, exercer des soldats. 练兵 lien$_5^{55}$ʔbiŋ$_1^{35}$//=lian$_5^{55}$ʔbiŋ$_1^{35}$//=sɑu^{33}ʔbiŋ$_1^{35}$操兵

<H.*liển* **lenʾ* 練

liên 链 lien$_3^{33}$

liên hẻô aù, une chaîne. 一条链子(链条一) lien$_3^{33}$hɛu$_2^{24}$ɔu$_4^{21}$//lien$_3^{33}$zəŋ$_5^{55}$ɔu$_4^{21}$一根链子//lien$_3^{33}$ʔbun$_5^{55}$zəŋ$_3^{33}$两根链子

<H. *liên* **lien* 鏈

liên 麟 lin$_2^{24}$

ki liền, licorne. 麒麟 k^{h}e$_2^{24}$lin$_2^{24}$

<H. *liền* **li̯in* 麟

liền 舌 lien$_4^{21}$

liền hẻo aù, langue. 一条舌(舌条一) lien$_4^{21}$hɛu$_2^{24}$ɔu$_4^{21}$一条舌(不说)//lien$_4^{21}$hien$_4^{21-24}$ɔu$_4^{21}$一片舌(常说)//lien$_4^{21-24}$hien$_4^{21}$ʔdɔk$_8^{21}$舌头疼(舌片疼)//=lien$_4^{21}$ʔdɔk$_8^{21}$(舌疼)

tẹ liền ũk nêa, tirer la langue. 伸出舌头(伸舌出来) tɛʔ$_8^{21}$lien$_4^{21}$uk$_7^{55}$nia$_3^{33}$

k'òm liền, curer la langue. 刮舌 k^{h}ɔm$_2^{24-21}$lien$_4^{21}$刮舌//k^{h}ɔm$_2^{24-21}$ʔbɑn$_2^{24}$刮毛

=T. ᶜ*lin*　C.-D. ลิ้น(舌头)

mềng h'ò liền, libellule. 蜻蜓 miŋ$_2^{24-21}$k^{h}ɑ$_2^{24-21}$lien$_4^{21}$　按：*h'ò*是*k'ò*之误。

liên 连 lien$_2^{24}$

liên kỏn, cohérent. 相连(连互相) lien$_2^{24}$kɔn$_2^{24}$　按：不变调。

liển aù = liển kỏn, consécutif. 一连（连一）lien$_2^{24}$ɔu$_4^{21}$；相连 lien$_2^{24}$kɔn$_2^{24}$

liền hũk, continuer（à travailler）. 连续做（连做）lien$_2^{24-21}$huk$_7^{55}$

liền kỏn, contigu, continu, successif, se toucher. 相连 lien$_2^{24}$kɔn$_2^{24}$

<H. *liền* **li̯en* 連

liên 怜 lien^{21}；连 lien$_2^{24}$　按：lien^{21}音同“舌头”lien$_4^{21}$。

zóng liển tóm, impitoyable. 无怜悯心（无怜心）zaŋ$_5^{55}$ lien^{21} tɔm$_1^{35}$（无怜心）//tɔm$_1^{35}$lien$_2^{24-21}$tɔm$_1^{35}$（心连心）

k'ổ liền, compatir. 可怜 k^{h}o^{21}lien^{21}（少说）//nan$_2^{24-21}$ʔbɛi$_4^{21}$可怜（难味，常说）

liên lứng, unir（d'amitié）. 连住（指友情）lien$_2^{24}$ləŋ$_1^{35}$　按：述补结构不变调。

liền tóm, commisération. 同情/怜悯（怜心）lien^{21}tɔm$_1^{35}$

<H. *liền* **len* 憐

tsin 照 ts^{h}iu$_3^{33}$；转 ts^{h}in$_3^{33}$　按：原文认为本字是“闪”，误。

tsin dá, éblouir. 耀眼（照眼）ts^{h}iu$_3^{33}$ʔda$_1^{35}$　按：*tsin* 是 *tsiu* 之误。

tsin hau, tourner la tête. 转头 ts^{h}in$_3^{33}$ hau$_3^{33}$//= ts^{h}uan$_4^{21-24}$ hau$_3^{33}$//ts^{h}in$_3^{33}$ hɔu$_2^{24}$转身//= ts^{h}uan$_4^{21-24}$hɔu$_2^{24}$//ts^{h}in$_3^{33}$ na$_3^{33}$转脸//= ts^{h}uan$_4^{21-24}$na$_3^{33}$　按：是晚期汉借词上声的“转”，本读 ts^{h}uan^{21}，跟随第 4 调变调。

< ^{*c}*ši̯em* 閃

tsin 珍 ts^{h}in$_1^{35}$

tsin tsố, maïs. 玉米（珍珠）ts^{h}in$_1^{35-21}$ts^{h}o$_1^{35}$

< ***ṭi̯in* 珍

tsin 钻 ts^{h}ui$_3^{33}$/ts^{h}ui$_1^{35}$　按：*tsin* 是 *tsui* 之误。

tsin dòn, trouer, percer un trou. 钻洞/打洞（钻洞）ts^{h}ui$_3^{33}$ ʔdɔn$_4^{21}$//= ts^{h}ui$_1^{35-21}$ʔdɔn$_4^{21}$

< **tsuân* 鑽

tsién 转 ts^{h}in$_3^{33}$　按：这是上声的“转”。去声的“转”用“旋”sien^{21}。

tsiến na zóng liú, détourner les yeux pour ne pas voir. 转脸不看 ts^{h}in$_3^{33}$ na$_3^{33}$zaŋ$_5^{55}$liu$_1^{35}$//sien^{21} ʔbien$_2^{24}$转圈（旋圆）//= sien^{21} ts^{h}uan^{21} 旋转//sien^{21} nia$_3^{33}$ sien^{21}ʔbəi$_1^{35}$转来转去（旋来旋去）

< ^{*c}*ṭ^{w}ien* 轉

siên 亲 sien^{33}

siên ói, affectionner. 亲爱 sien^{33}ɑi$_5^{55}$

hản siên, vulgaire. 寒贱 han$_{2}^{24}$sien$_{4}^{21}$（寒贱） 按：指被人看不起。//= han$_{2}^{24-21}$ts^{h}ien$_{3}^{33}$（寒贱） 按：指下贱（尤其是女人）。//sien$_{4}^{21}$ = ts^{h}ien$_{3}^{33}$贱 按：ts^{h}ien$_{3}^{33}$指价格贱。

<H. *siển* **ts'i̯in* 親

siến 千 sien$_{1}^{35}$

siến aù, mille. 一千（千一） sien$_{5}^{55}$ɔu$_{4}^{21}$//sien$_{1}^{35}$ʔbek$_{7}^{55}$ʔban$_{4}^{21}$千百万

<* *ts'en* 千

siền à prix réduit. 贱 sien$_{4}^{21}$

ziàng-bỏn hản siền, personne de basse condition. 寒贱的人（人寒贱） 按：指被人看不起。ziaŋ$_{2}^{24-21}$ʔbɑn$_{2}^{24-21}$han$_{2}^{24}$sien$_{4}^{21}$寒贱的人（被人看不起的人）//=ziaŋ$_{2}^{24-21}$ʔbɑn$_{2}^{24-21}$han$_{2}^{24-21}$ts^{h}ien$_{3}^{33}$寒贱的人（指女人下贱）

hũk hản siền, avilir. 堕落/使卑贱（做寒贱） huk$_{7}^{55-33}$han$_{2}^{24}$sien$_{4}^{21}$（不说）// huk$_{7}^{55-33}$han$_{2}^{24-21}$ts^{h}ien$_{3}^{33}$（常说）

ziàng-bỏn hản siền, personne de basse extraction. 寒贱的人（人寒贱） ziaŋ$_{2}^{24-21}$ʔbɑn$_{2}^{24-21}$han$_{2}^{24}$sien$_{4}^{21}$

<* *dzi̯en*ˀ 賤

siển 旋 sien^{21}

sói siển k'oang p'ỏn nĩ dỗk, quand la lune a un halo, il est près de pleuvoir. 月亮有晕要下雨（月旋框雨要下） sɑi$_{1}^{35}$sien$_{4}^{21-24}$k^{h}uaŋ^{33}p^{h}ɑn$_{1}^{35}$ʔdi$_{5}^{55}$ʔdok$_{7}^{55}$ 按：跟随第4调变调。//=sɑi$_{1}^{35}$kit$_{7}^{55-33}$zuk$_{8}^{21}$p^{h}ɑn$_{1}^{35}$ʔdi$_{5}^{55}$ʔdok$_{7}^{55}$（月击巢雨要下）

ziên 仁 zien$_{2}^{24}$

ziên tóm, clément (voir *diêm*). 仁慈（仁心；参看 *diêm*）zien$_{2}^{24-21}$tɔm$_{1}^{35}$ 按：*ziên* 声调记错。//zien$_{2}^{24-21}$nɑm$_{4}^{21}$滗米汤（滗水）

<* *ñi̯in* 仁

ziên haïr, exécrer. 恨恶 zien$_{5}^{55}$

kẹk ziên, agacer, exaspérer. 非常恨（极恨） kek$_{8}^{21}$zien$_{5}^{55}$

hau ziên, détestable. 可恨（好恨） hɑu$_{3}^{33}$zien$_{5}^{55}$//hɑu$_{3}^{33}$hən$_{5}^{55}$可恨/可爱（好恨） 按："可爱"义只用于小孩，贵者以贱称。

ziến, abhorrer. 恨 zien$_{5}^{55}$

ziên, se crevasser. 裂开 zien$_{3}^{33}$//zien$_{3}^{33}$sɑu$_{2}^{24}$裂槽 按：墙壁、地板、石头皆可。

ziến 沉（石头沉） zien$_1^{35}$

ziến zỏng dảu dêi，s'affaisser. 沉底（沉下下底） zien$_1^{35}$ zɔŋ$_2^{24-21}$ ʔdɑu$_2^{24-21}$ ʔdei$_3^{33}$/＝zien$_1^{35}$zɔŋ$_2^{24-21}$ʔdei$_3^{33}$（沉下底）

ziền 然 zian$_2^{24}$

p'ỡt ziền kản，à l'improviste. 突然间（不然间） p^{h}ut$_7^{55}$zian$_2^{24}$kan^{33}

p'ữt ziền kón，au dépourvu. 突然间/忽然间（不然间） p^{h}ut$_7^{55}$ zian$_2^{24}$ kan^{33}//＝p^{h}ɔp$_7^{55}$əŋ$_5^{55}$kəi$_3^{33}$突然这样

<*ñi̯en 然

ziển 仁 zien$_2^{24}$

ziển tóm，bienveillance. 仁慈（仁心） zien$_2^{24-21}$tɔm$_1^{35}$

kiên 巾 kin^{33}

siủ-kiên，mouchoir. 手巾 siu$_4^{21-24}$kin^{33}//＝siu^{21}p^{h}ɛ$_5^{55}$手帕（海南话）

<*ki̯in 巾

kiên 肝 kien$_1^{35}$

kiên máu，foie de porc. 猪肝（肝猪） kien$_1^{35-21}$ mou$_1^{35}$//tek$_7^{55-33}$ kien$_1^{35-21}$ mou$_1^{35}$猪肝色（色肝猪）

kiến 肝 kien$_1^{35}$（≠kin$_1^{35}$瓶子）

tóm kiến zoa，cœur dur. 心硬（心肝硬） tɔm$_1^{35}$kien$_1^{35}$zuaʔ$_8^{21}$

<*kân 肝

kiển 紧 kien^{21}/坚 kien$_1^{35}$

tọp p'òn kiển êáo，absolument. 十分紧要 tɔp$_8^{21}$p^{h}ɑn$_4^{21}$kien^{21}iau$_5^{55}$ 按：法语意思是"绝对、完全"，不确。

kiển êáo zổng，avoir besoin de. 紧用（紧要用） kien^{21}iau$_5^{55}$zoŋ$_4^{21}$

kiển êáo，nécessaire. 紧要 kien$_2^{24}$iau$_5^{55}$（不说）//kien^{21}iau$_5^{55}$（常说）

ziàng-bỏn kiển tóm，individu décidé. 坚定的人（人坚心） ziaŋ$_2^{24-21}$ ʔbɑn$_2^{24-21}$kien$_1^{35-21}$tɔm$_1^{35}$

kiển tóm，fermeté. 坚定（坚心） kien$_1^{35-21}$tɔm$_1^{35}$

tsúi kiển êáo，essentiel. 最紧要 ts^{h}ui$_5^{55}$kien^{21}iau$_5^{55}$

<*ᶜki̯in 紧

kiên (numéral de menbre). 只(量词) kien$_2^{24}$只 按:用于耳朵、腿、脚、手、眼睛、翅膀、筷子、蹄子等的量词。

mể kiển aù, un bras. 一只手 me$_2^{24}$kien$_2^{24}$ɔu$_4^{21}$ 按:法语解释是"一只胳膊"。

kiền zoa, manche d'habit. 衣袖 kien$_1^{35-21}$ zua$_3^{33}$// = kien$_1^{35-21}$ me$_2^{24}$ 手袖(袖手)

kỗk tí kiển tam, ramper. 爬行(脚四只走) kok$_7^{55-33}$ ti$_5^{55}$ kien$_2^{24}$ tam$_3^{33}$// = kok$_7^{55-33}$ti$_5^{55}$kien$_2^{24}$zən$_2^{24}$四只脚爬(脚四只爬)

dá kiển aù, un œil. 一只眼(眼只一) ʔda$_1^{35}$kien$_2^{24}$ɔu$_4^{21}$

dá bướn kiển, les deux yeux. 两只眼(眼两只) ʔda$_1^{35}$ʔbun$_5^{55}$kien$_2^{24}$

sá kiển aù, une oreille. 一只耳(耳只一) sa$_1^{35}$kien$_2^{24}$ɔu$_4^{21}$

sá bướn kiển, les deux oreilles. 两只耳(耳两只) sa$_1^{35}$ʔbun$_5^{55}$kien$_2^{24}$

=T. *khe:n*, C.-D. *ke:n* แขน(臂/胳膊)

k'in exhorter 劝 k^{h}in$_3^{33}$

kao k'in=*k'in kón*, exhorter. 劝告 kau$_3^{33}$k^{h}in$_3^{33}$(告劝,不说);劝告 k^{h}in$_3^{33}$ kau$_3^{33}$ =相劝(劝相) k^{h}in$_3^{33}$kɔn$_2^{24}$// =k^{h}in$_3^{33}$kaŋ$_3^{33}$劝说(劝讲)

k'iên kao, conseiller. 劝告 k^{h}in$_3^{33}$kau$_3^{33}$

k'iên zống zóng hũk, déconseiller de iaire. 劝阻(劝别人不做) k^{h}in$_3^{33}$ zoŋ$_1^{35}$zaŋ$_5^{55}$huk$_7^{55}$

k'iên zóng bới, dissuader de partir. 劝别去 k^{h}in$_3^{33}$zaŋ$_5^{55}$ʔbəi$_1^{35}$

<* *k'^{w}i̯en*ˀ 勸

k'iến (grave), lourd, pesant. 重 k^{h}ien$_1^{35}$(比较:k^{h}ei$_3^{33}$轻)

hãp k'iến, charge lourde. 负重/挑重(荷重) hap$_7^{55-33}$k^{h}ien$_1^{35}$

hũk k'iến = *tsẻng k'iến*, aggraver. 加重 huk$_7^{55-33}$ k^{h}ien$_1^{35}$ 做重 = ts^{h}ɛŋ$_1^{35-21}$ k^{h}ien$_1^{35}$增重

p'ìng zoi k'iến, le mal s'est aggravé. 病得重 p^{h}iŋ$_4^{21}$zɑi$_3^{33}$k^{h}ien$_1^{35}$

tỏ hoi k'iến, affaire grave. 大事情/重要事(事会重) tə$_4^{21-24}$hoi$_3^{33}$k^{h}ien$_1^{35}$

p'ìng k'iến, maladie grave. 病重 p^{h}iŋ$_4^{21}$k^{h}ien$_1^{35}$//≠p^{h}iŋ$_4^{21-24}$k^{h}ien$_1^{35}$重病

p'ìng k'iến kua, la maladie empire. 病重过 p^{h}iŋ$_4^{21}$ k^{h}ien$_1^{35}$ kuo$_3^{33}$//p^{h}iŋ$_4^{21}$ k^{h}ei$_3^{33}$kuo$_3^{33}$mɔ$_3^{33}$病轻过你// = p^{h}iŋ$_4^{21-24}$ zia$_3^{33}$ k^{h}ei$_3^{33}$ kuo$_3^{33}$ p^{h}iŋ$_4^{21-24}$ mɔ$_3^{33}$(我病轻过你病) 按:法语解释是"病情恶化",不确。

k'ién số, considérable. 重大(重粗) k^{h}ien$_1^{35}$so$_1^{35}$ 按:联合结构不变调。

mướn kí k'iến, combien cela pèse-t-il. 有多重(有几重) mən$_2^{24}$ki$_5^{55}$k^{h}ien$_1^{35}$

bêang lềi k'iến, usurier. 放高利贷/放重利(放利重) $ʔbiaŋ_3^{33}lɛi_4^{21}k^hien_1^{35}$ =Li (s) *khwm.*

k'iền 勤 $k^hin_2^{24}$/kin_2^{24} 按：现在长流话多说 kin_2^{24}，少说 $k^hin_2^{24}$。

k'iền zïng =*k'iền kống*, actif. 勤力=勤工

$k^hin_2^{24-21}zeŋ_2^{24}$//=$kin_2^{24-21}zeŋ_2^{24}$；$k^hin_2^{24-21}koŋ_1^{35}$//=$kin_2^{24-21}koŋ_1^{35}$

k'iền dẻng hũk kống, laborieux. 勤劳做工(勤力做工) $k^hin_2^{24-21}zeŋ_2^{24}huk_7^{55-33}koŋ_1^{35}$//=$kin_2^{24-21}zeŋ_2^{24}huk_7^{55-33}koŋ_1^{35}$ 按：*dẻng* 是 *zẻng* 之误，转换漏掉。

k'iền hoạk, bûcheur, studieux. 勤学 $k^hin_2^{24-21}huak_8^{21}$//=$kin_2^{24-21}huak_8^{21}$ 勤学//$k^hin_2^{24-21}huk_7^{55}$勤做//=$kin_2^{24-21}huk_7^{55}$

k'iền zẻng, diligent. 勤奋(勤力) $k^hin_2^{24-21}zeŋ_2^{24}$//=$kin_2^{24-21}zeŋ_2^{24}$

k'iền tóm hoạk, studieux. 勤奋学(勤心学) $k^hin_2^{24-21}tɔm_1^{35}huak_8^{21}$//=$kin_2^{24-21}tɔm_1^{35}huak_8^{21}$

<* *gi̯ən* 勤

k'iển pouvoir (subst.) 权(名词) $k^hian_2^{24}$ 按：原文认为本字是"拳"，误。

k'iển bểng, autorité. 权柄 $k^hian_2^{24-21}ʔbiŋ_3^{33}$//$ʔbəŋ_3^{33}ts^hɔu_2^{24}$扫把柄(柄帚)

m'ưon k'iển, compétent. 有权 $mən_2^{24-21}k^hian_2^{24}$ 按：*m'ưon* 是 *mưon* 之误。

<* *k^w i̯en* 拳

ngiên 银 $ŋin^{21}$/$ŋien^{21}$

ngiền hồng, banque. 银行 $ŋin^{21}haŋ^{21}$

ng'iền bao, porte-monnaie. 钱包(银包) $ŋin^{21}ʔbau_3^{33}$

<* *ŋi̯in* 銀

ngiển 泉 $ŋin_2^{24}$/$ŋien_2^{24}$

ngiển nòm, eau de source. 泉水(水泉) $nam_4^{21-24}ŋin_2^{24}$//=$nam_4^{21-24}saŋ_1^{35}$山水(水山)

in puisque. 完 in_1^{35}/因 $ən^{33}$

dản zóm ín, il fait déjà nuit. 天全黑了(天黑完了) $ʔdan_2^{24}zam_1^{35}in_1^{35}$(不说)//$ʔdan_2^{24}zu_5^{55}zam_1^{35}$天已经黑了

in nưởn p'ìng, à cause de la maladie. 病因(因有病) $in_3^{33}mən_2^{24-21}p^hiŋ_4^{21}$(怨有病)//≠$ən^{33}mən_2^{24-21}p^hiŋ_4^{21}$(因有病) 按：*nưởn* 是 *mưởn* 之误。

<* *ʔiin* 因

iên doux (affable). 好吃/甜 ien_3^{33}（≠in_3^{33} 怨）；安 ien_1^{35}　按：好吃/甜 ien_3^{33} ≠ $liam_2^{24}$甜（味道）。

iên iên tsĩ, douceâtre. 有点好吃（甜甜些） ien_5^{55} ien_3^{33} $ts^hit_7^{55}$//=$mən_2^{24}$ $ts^hit_7^{55}ien_3^{33}$（有些好吃）//≠$ts^hit_7^{55}ts^hit_7^{55-33}ien_3^{33}$样样都好吃（些些好吃）//$zaŋ_5^{55}$ $k^hə ʔ_7^{55-33}ien_3^{33}$不那么好吃

lõp soán iên, s'endormir. 睡得甜/睡得好（躺睡甜） lap_7^{55-33} $suan_1^{35}$ ien_3^{33}

iền tóm, gaieté. 安心 ien_1^{35-21} $tɔm_1^{35}$//$tɔm_1^{35}$ ien_1^{35}心安

dá hoa dá iên, aigre-doux. 酸甜（半酸半甜） $ʔda_5^{55}$ hua_3^{33} $ʔda_5^{55}$ ien_3^{33}（不说）按：ien_3^{33}是好吃，与海南话的“甜”意思一样。//$ʔda_5^{55}$ hua_3^{33} $ʔda_5^{55}$ $liam_2^{24}$（半酸半甜）//=$p^han_4^{21}$ hua_3^{33} $p^han_4^{21}$ $liam_2^{24}$

<* *ʔən*　恩

ín 完 in_1^{35}

kua ín, (au temps) passé. 过完/时间过完 kua_3^{33} in_1^{35}

hũk ín, terminer (achever). 做完 huk_7^{55} in_1^{35}

<* *ɣuân*　完

ín tabac 烟 in_1^{35}

lẹk ín, cigarette. 香烟（子烟） $lɛk_8^{21}$ in_1^{35}

kẹk ín, se désaccoutumer (de l'opium). 戒烟/戒鸦片烟（隔烟） kek_7^{55-33} in_1^{35}

kón ín, fumer (du tabac). 抽烟（吃烟） $kɔn_1^{35-21}$ in_1^{35}

<* *ʔen*　煙

iến 安 ien_1^{35}（≠in_1^{35} 完/烟）

iên tóm=*tóm iến*, aisance. 安心 ien_1^{35-21} $tɔm_1^{35}$=心安 $tɔm_1^{35}$ ien_1^{35}

têi iến, bonjour, présenter ses hommages. 时安（问候语）$tɛi_2^{24-21}$ ien_1^{35}// $p^heŋ_2^{24-21}$ ien_1^{35}平安

sing iến, souhaiter le bonjour. 请安 $siŋ^{21}$ ien_1^{35}请安//≠$siŋ^{21}$ in_1^{35}请人抽烟（请烟）

iến tóm, tranquille. 安心 ien_1^{35-21} $tɔm_1^{35}$

tóm zóng iến, soucieux. 心不安 $tɔm_1^{35}$ $zaŋ_5^{55}$ ien_1^{35}

<* *ʔân*　安

iền 铅 ien^{21}/en^{21}

iền bĩt k'ón aù, un crayon. 一杆铅笔（铅笔杆一） ien^{21} $ʔbit_7^{55}$ $k^han_5^{55}$ $ɔu_4^{21}$//$ʔbat_7^{55-33}$ $p^han_1^{35}$ $k^han_5^{55}$ $ɔu_4^{21}$ 一杆铅笔（笔番杆一）//$ʔbat_7^{55-33}$ $p^han_1^{35}$ $ʔbun_5^{55}$

k^{h}ɑn$_{3}^{33}$两支铅笔(笔番杆二)//k^{h}ɑn$_{3}^{33}$sia$_{1}^{35}$开车/骑车

< * ^{w}*i̯en* 鉛

iền 鞍 ien$_{1}^{35}$

iền mọ, selle de cheval. 马鞍(鞍马) ien$_{1}^{35-21}$mɑʔ$_{8}^{21}$

< T. *ʔa:n* อาน(鞍) **ʔân* 鞍

hiến ciel 天 hien$_{1}^{35}$

hiến k'êi, air. 天气 hien$_{1}^{35-21}$k^{h}ei$_{3}^{33}$

hiến báng, aube. 天亮(天光) hien$_{1}^{35}$ʔbaŋ$_{1}^{35}$//=ʔdan$_{2}^{24}$ʔbaŋ$_{1}^{35}$

hiến dông, hiver. 冬天(天冬) hien$_{1}^{35-21}$ʔdoŋ$_{1}^{35}$ʔdoŋ$_{1}^{35-21}$hien$_{1}^{35}$

hiến tỏn, esprit céleste. 天神 hien$_{1}^{35-21}$tɔn$_{2}^{24}$

kiáo Hiến Tsô, catholicisme. 天主教(教天主) kiau$_{5}^{55}$hien$_{1}^{35-21}$ts^{h}o$_{3}^{33}$

hiến hềi, univers (ciel et terre). 天地/宇宙(天地) hien$_{1}^{35-21}$hɛi$_{4}^{21}$

hiến mưởn bà, ciel nébuleux. 天有云 hien$_{1}^{35}$mən$_{2}^{24-21}$ʔba$_{4}^{21}$//=ʔda$_{3}^{33}$p^{h}a$_{3}^{33}$ mən$_{2}^{24-21}$ʔba$_{4}^{21}$天空有云//hien$_{1}^{35}$zɑm$_{1}^{35}$天黑//hien$_{1}^{35}$huak$_{8}^{21}$ʔbɑn$_{3}^{33}$天刮风//hien$_{1}^{35}$ huk$_{7}^{55-33}$ŋon$_{2}^{24}$天刮台风

Hiến Tsồ Tếng Mải, Mère de Dieu. 天主圣母 hien$_{1}^{35-21}$ts^{h}o$_{3}^{33}$teŋ$_{5}^{55}$mai$_{4}^{21}$

hiến bưởn-di lề, cosmographie. 天文地理 hien$_{1}^{35-21}$ʔbən$_{2}^{24}$ʔdi^{55}le^{21}

ziàng-bỏn tuồn hiến. hà, cosmopolite. 周游四海的人(人巡天下) ziaŋ$_{2}^{24-21}$ʔbɑn$_{2}^{24-21}$tun$_{2}^{24-21}$hien$_{1}^{35-21}$ha$_{4}^{21}$

< แถน **t'en* 天

hiền vestige 显 hien$_{3}^{33}$/痕 hien$_{2}^{24}$

hiên ũk p'ãt hiên, apparaître. 显出发现 按:应该是两个词。hien$_{3}^{33}$uk$_{7}^{55}$ 显出//hian$_{3}^{33}$uk$_{7}^{55}$现出;p^{h}at$_{7}^{55-33}$hien$_{3}^{33}$(不说)//p^{h}at$_{7}^{55-33}$hian$_{3}^{33}$发现(常说)// hɔu$_{4}^{21-24}$hien$_{2}^{24}$见痕

hiền kỗk, empreinte de as, trace de pieds. 脚印(痕脚) hien$_{2}^{24-21}$kok$_{7}^{55}$(少说)//tuk$_{8}^{21}$kok$_{7}^{55}$踪迹(脚印,常说)//tuk$_{8}^{21}$me$_{2}^{24}$手印(无意中留下的印记)// k^{h}im$_{4}^{21-24}$hɑu$_{3}^{33}$me$_{2}^{24}$摁手印(揿头手)//k^{h}im$_{4}^{21-24}$ɔn$_{3}^{33}$盖印(揿印)

hiền 汗 hien$_{4}^{21}$

ũk hiền, suer. 出汗 uk$_{7}^{55-33}$hien$_{4}^{21}$

lềi hiền, transpirer. 流汗 lei$_{1}^{35-21}$hien$_{4}^{21}$

< **ɣânʾ* 汗

hiền 片/块(量词) hien$_{4}^{21}$ 按:原文认为本字是"片",误。这是临高语词。

siàng hiến aù, un mur. 一片墙(墙片一) $siaŋ_2^{24}$ $hien_4^{21-24}$ $ɔu_4^{21}$(不说)// $siaŋ_2^{24}$ $mien_4^{21-24}$ $ɔu_4^{21}$一面墙(常说)

<* *p'en*ᵓ 片

hiển 痕 $hien_2^{24}$

hiển têáng, balafre. 伤痕(痕伤) $hien_2^{24-21}$ $tiaŋ_1^{35}$//$ʔbak_7^{55-33}$ tuk_8^{21} $tiaŋ_1^{35}$伤口(口印伤)//tuk_8^{21} kok_7^{55}踪迹(脚印)

<* *ɣən* 痕

hiển (num.) 块/片/张(量词) $hien_4^{21}$ 按:原文认为本字是"片",误。

mũk-lồ hiển aù, champignon. 一片木耳(木耳片一) 按:法语解释是"蘑菇",误。muk_7^{55-33} lo^{21} $hien_4^{21-24}$ $ɔu_4^{21}$ 按:"木耳"是海南话。//=$ʔbɑi_2^{24-21}$ sa_1^{35-21} miu_1^{35}木耳(耳朵猫)//$hɔt_8^{21}$/$hɔt_8^{21}$ sin_3^{33}/蘑菇//$lɔt_8^{21}$青苔

piến tsỉ hiển aù, une carte de visite. 一张名片(片子张一) $p^hian_5^{55}$ ts^hi^{21} $hien_4^{21-24}$ $ɔu_4^{21}$

tsêi hiển aù, une feuille de papier. 一张纸(纸张一) $ts^hei_3^{33}$ $hien_4^{21-24}$ $ɔu_4^{21}$

biên hiển aù, une planche. 一块板(板块一) $ʔbien_3^{33}$ $hien_4^{21-24}$ $ɔu_4^{21}$

mi bao hiến aù, une tranche de pain. 一片面包 mi^{33} $ʔbɑu^{33}$ $hien_4^{21-24}$ $ɔu_4^{21}$

<* *p'en*ᵓ 片

hiển 捲 $hien_2^{24}$;痕 $hien_2^{24}$

hiển lứng, enrouler. 捲住 $hien_2^{24-21}$ $ləŋ_1^{35}$

hiển zêàu, enrouler une natte. 捲席子 $hien_2^{24-21}$ ziu_4^{21}

hiển kỗk, piste. 脚印(痕脚) $hien_2^{24-21}$ kok_7^{55}(少说)//tuk_8^{21} kok_7^{55}踪迹(脚印,常说)

<* *g^wien* 痕

hiển 现 $hien_4^{21}$/$hian_3^{33}$

hiển sẻn bêắn, acheter au comptant. 现钱买 $hien_4^{21-24}$ $sɛn_2^{24}$ $ʔbian_1^{35}$// $hien_4^{21-24}$ $teŋ_2^{24}$现成

<* *en*ᵓ 現

有几个台语和壮语的对应词是确定的:

	临高	台语	壮语	石家	莫语	水语	侗语	黎萨	黎王
langue 舌	*liền*	*'lin*	*'lin*	*lin*	(*ma*	*ma*	*ma*)	*diên tliên*	*hli:n*
pierre 石頭	*diền*	*hrin*	*hrin*	*ril*	/	/	*tyin*	*siên*	*č'i:n*
civette 麝貓	*niên*	*hṅen*	*hñan*	*ñel*	*hñan*	/	*hñan*	/	/
membre 肢	*kiền*	*khe:n*	*ke:n*	*ke:n*	*hin*	/	*hin*	*khiển*	/

	临高	台语	壮语	石家	莫语	水语	侗语	黎萨	黎王
bague 圈/环	*biến*	*hwe:n*	(*klo:k*)	*ve:n*	*'ʔvi:n*	*'fyan*	*'pya:n*	*va*	/
aiguiser 磨(磨刀)	*biến*	(*lap*)	*ban*	/	* *byan*	/	* *ban*	(*dra*	/
lourd 重	*k'iến*	(*hnak*	*hnak*	*nak*	*ʔran*	*ʔzan*	*hñə:t*	*khɯm*	*kheṅ*
semer 种子	*biển*	*hwa:n'*	*fan*	*val*	/	/	/	/	/

EN

men 面 mɛn$_4^{21}$

bing mèn, pain de froment. 面饼(饼面) ʔbiŋ$_3^{33}$mɛn$_4^{21}$

kùa mèn, pétrir la farine. 捞面 按：法语解释是"揉面"，误。kua$_1^{35-21}$mɛn$_4^{21}$捞面//kua$_1^{35-21}$ʔba$_1^{35}$捞鱼

<* *mi̯en*ˀ 麺

nẻn 年 nɛn$_2^{24}$

hũk nẻn, célébrer le nouvel an. 贺年(做年) huk$_7^{55-33}$nɛn$_2^{24}$ 按：指正月里有人去世，以后补过年，亲友来贺年。

nẻn nào = kua nẻn, nouvelle année. 新年 nɛn$_2^{24-21}$nau$_4^{21}$(年新，公历新年)≠kua$_3^{33}$nɛn$_2^{24}$过年

nẻn káu, année dernière. 旧年(年古) nɛn$_2^{24-21}$kɑu$_3^{33}$旧年(农历新年，长流只算初一到初三)//ʔbɛi$_2^{24-21}$zai$_2^{24}$去年 按：法语解释是"去年"，误。

nèn dống mải, année d'abondance. 丰收年(年冬好) nɛn$_2^{24-21}$ʔdoŋ$_1^{35}$mai$_2^{24}$

hổng nẻn, égal en âge. 同年 hoŋ$_2^{24-21}$nɛn$_2^{24}$

nẻn dóng mêàu, année de famine. 歉收年(年冬坏) nɛn$_2^{24-21}$ʔdoŋ$_1^{35}$meu$_4^{21}$歉收年 按：音同"庙"。//= nɛn$_2^{24-21}$ ʔdoŋ$_1^{35}$ k^{h}iap$_7^{55}$//huk$_7^{55-33}$ meu$_4^{21}$ 使坏(做坏)

<* *nen* 年

sẻn argent, monnaie 钱 sɛn$_2^{24}$

taù sẻn, accepter de l'argent. 收钱 tɔu$_1^{35-21}$sɛn$_2^{24}$

aú sẻn sế bới ziàng bỏn k'ô, faire l'aumône aux pauvres. 周济穷人(要钱给去人苦) ou$_1^{35-21}$sɛn$_2^{24}$se$_1^{35}$ʔbəi$_1^{35}$ziaŋ$_2^{24-21}$ʔbɑn$_2^{24}$k^{h}o$_3^{33}$

bưởn sẻn, mise de fonds. 本钱/赌本 ʔbun$_3^{33}$sɛn$_2^{24}$

bươn sẻn, capital. 本钱 ʔbun$_3^{33}$sɛn$_2^{24}$

zóng mưởn sẻn, manquer d'argent. 没有钱 zɑŋ$_5^{55}$mən$_2^{24-21}$sɛn$_2^{24}$

tiu sẻn bưởn mưởn, il manque deux sopèques. 少两文钱(少钱两文) tiu_3^{33} $s\varepsilon n_2^{24}$ $ʔbun_5^{55}$ mun_2^{24} 按：法语 sopèques 应该是 sapèques(铜钱)之误。

sẻn ũk lảu, recettes et dépenses. 收支款(钱出入) $s\varepsilon n_2^{24-21}$ uk_7^{55} $l\mathrm{ɔ}u_4^{21}$

tsẹk sẻn = dêi sẻn, coûter. 值钱 $ts^hek_8^{21}$ $s\varepsilon n_2^{24}$ = 值钱(抵钱) $ʔdei_3^{33}$ $s\varepsilon n_2^{24}$

sẻn tở zêa ũk, à mes dépends. 我出钱(钱是我出) $s\varepsilon n_2^{24}$ $tə_4^{21}$ zia_3^{33} uk_7^{55}

zản mưởn sẻn, famille riche. 有钱人家(家有钱) zan_2^{24-21} $mən_2^{24-21}$ $s\varepsilon n_2^{24}$

sẻn ngỏn, richesses. 钱财(钱银) $s\varepsilon n_2^{24}$ $\mathrm{ŋ}\mathrm{ɔ}n_2^{24}$

sẻn kống, salaire. 工钱(钱工) $s\varepsilon n_2^{24-21}$ $ko\mathrm{ŋ}_1^{35}$

zản bọ sẻn, maison de jeu. 赌钱屋(屋博钱) zan_2^{24-21} $ʔb\alpha ʔ_8^{21}$ $s\varepsilon n_2^{24}$

< * *dzi̯in* 錢

hẻn 填 $h\varepsilon n_2^{24}$

hẻn háng tsĩ, exhausser. 填高些 $h\varepsilon n_2^{24}$ $ha\mathrm{ŋ}_1^{35}$ $ts^hiʔ_7^{55}$

hẻn són p'ỉng, remblayer un chemin. 把路填平(填路平) $h\varepsilon n_2^{24-21}$ $s\mathrm{ɔ}n_1^{35}$ $p^he\mathrm{ŋ}_2^{24}$

< * *den* 填

没有台语对应词。

ÊAN-ÊĂN-IAN

bêán acheter. 买 $ʔbian_1^{35}$ 按：原文认为本字是"办"，误。这是临高语词。

bêán mọt nêả, acquérir des terres. 买田地(买地田) $ʔbian_1^{35-21}$ $m\alpha t_8^{21}$ nia_3^{33}

bêắn k'ẽk, client. 买客 $ʔbian_1^{35-21}$ $k^hek_7^{55}$ (不说)//$k^hek_7^{55-33}$ $ʔbian_1^{35}$ (常说)// = $ts^ho_3^{33}$ $ʔbian_1^{35}$ 买主(主买)

hiển sẻn bêắn, acheter au comptant. 现钱买 $hien_4^{21-24}$ $s\varepsilon n_2^{24}$ $ʔbian_1^{35}$// $hien_4^{21-24}$ $te\mathrm{ŋ}_2^{24}$ 现成

bêắn tương kơi, faire des emplettes. 买什么? $ʔbian_1^{35-21}$ $tə\mathrm{ŋ}_3^{33}$ $kəi_3^{33}$// $ʔbian_1^{35-21}$ keu_4^{21} 买东西(买物)

< * *baənˀ* 辦

bêắn (devenir). 变 $ʔbian_5^{55}$

bêắn hoa = bêắn kỏm, s'aigrir. 变酸 $ʔbian_5^{55}$ hua_3^{33} ≠ $ʔbian_5^{55}$ $k\alpha m_2^{24}$ 变苦/变辣 按：法语解释是"变酸"。

kòi bêắn mải = hũk bêắn mải, améliorer. 改变好 $k\alpha i^{21}$ $ʔbian_5^{55}$ mai_2^{24} = 做变好 huk_7^{55} $ʔbian_5^{55}$ mai_2^{24} (指人)//$k\alpha i^{21}$ $ʔbian_5^{55}$ $m\varepsilon\mathrm{ŋ}_3^{33}$ = huk_7^{55} $ʔbian_5^{55}$ $m\varepsilon\mathrm{ŋ}_3^{33}$ (指事)

zóng bêăn, invariable, constant. 不变 zaŋ$_{5}^{55}$ʔbian$_{5}^{55}$

bêăn p'êặk, devenir blanc. 变白 ʔbian$_{5}^{55}$p^{h}iak$_{8}^{21}$

bêăn bới, disparaître. 消失/不见(变去) ʔbian$_{5}^{55}$ʔbəi$_{1}^{35}$

bêăn sáo, muer, changer de voix. 变声 ʔbian$_{5}^{55}$sau$_{1}^{35}$

bêăn zóm, devenir noir. 变黑 ʔbian$_{5}^{55}$zɑm$_{1}^{35}$

bêăn tìng mọk diển = biến tìng mọk diển, se pétrifier. 变成石头 ʔbian$_{5}^{55}$ teŋ$_{2}^{24-21}$mɑk$_{8}^{21}$ʔdien$_{2}^{24}$

bêăn tẫk, décolorer, déteindre. 变色 ʔbian$_{5}^{55}$tek$_{7}^{55}$

bêăn hoa, décomposer. 变化/变酸 ʔbian$_{5}^{55}$hua$_{3}^{33}$变化//ʔbian$_{5}^{55}$hua$_{3}^{33}$变酸 按：法语解释是“分解、腐烂”。

bêăn lêào, variable, versatile. 多变(变多) ʔbian$_{5}^{55}$liau$_{4}^{21}$

bêăn laù, vieillir. 变老 ʔbian$_{5}^{55}$lau$_{4}^{21}$

< *p^{w}i̯en' 變

p'êăn (plat) 扁 p^{h}ian$_{3}^{33}$

kĩt p'êăn = tsòn p'êăn, aplatir. 打扁(击扁) kit$_{7}^{55}$p^{h}ian$_{3}^{33}$ = 攥扁 ts^{h}ɑn$_{4}^{21}$ p^{h}ian$_{3}^{33}$// = kɑn$_{4}^{21}$p^{h}ian$_{3}^{33}$//kɛk$_{8}^{21}$p^{h}ian$_{3}^{33}$挤扁

mạk hêàu p'êăn, lentille. 扁豆(豆扁) mak$_{8}^{21}$heu$_{4}^{21-24}$p^{h}ian$_{3}^{33}$//mak$_{8}^{21}$heu$_{4}^{21}$ 花生// = heu$_{4}^{21-24}$tsiaŋ$_{3}^{33}$

bá p'êăn, brême. 扁鱼(鱼扁) ʔba$_{1}^{35-21}$p^{h}ian$_{3}^{33}$

hau zóng p'êăn, nez camarcl, épaté. 扁鼻头/塌鼻子(头鼻扁) hɑu$_{3}^{33}$ zɔŋ$_{1}^{35}$p^{h}ian$_{3}^{33}$// = hɑu$_{3}^{33}$zɔŋ$_{1}^{35}$mɑʔ$_{7}^{55}$

zẫk p'êắn, omoplate. 肩胛骨(扁骨) zək$_{7}^{55-33}$p^{h}ian$_{1}^{35}$// = zək$_{7}^{55-33}$p^{h}ian$_{3}^{33}$

< *ᶜpen 扁

p'êắn 片 p^{h}ian$_{5}^{55}$

ín p'êắn-iển, opium. 鸦片烟(烟片烟) in$_{1}^{35-21}$p^{h}ian$_{5}^{55}$ien^{33}

kón ín p'êấn iển, fumer l'opium. 抽鸦片烟(吃烟片烟) kɔn$_{1}^{35-21}$in$_{1}^{35-21}$ p^{h}ian$_{5}^{55}$ien^{33}// = kɔn$_{1}^{35-21}$p^{h}ian$_{5}^{55}$ien^{33}

< *p'en' 片

lêăn 倒(做补语) lian$_{3}^{33}$

sá lêăn, faire une chute. 摔倒 sa$_{1}^{35}$lian$_{3}^{33}$//haŋ$_{3}^{33}$lian$_{3}^{33}$跌倒/摔倒//əi$_{2}^{24}$ lian$_{3}^{33}$推倒

lêăn laủ nòm, tomber dans l'eau. 跌倒进水 lian$_{3}^{33}$lɔu$_{4}^{21-24}$nɑm$_{4}^{21}$

lêăn 练 lian$_3^{33}$

lêăn kông, lutter. 练功 lian$_3^{33}$koŋ$_1^{35}$

< **len'* 練

tsiăn (fendre) 毡 ts^{h}ian^{33}　按:法语解释是"劈开",误。

tsiăn p'ăn aù, couverture. 一块毡(毡幡一) ts^{h}ian^{33}p^{h}an$_5^{55}$ɔu$_4^{21}$

< **čịin* 氈

tsêăn 小青蛙 ts^{h}ian$_1^{35}$

noạk tsêăn haủ aù, crapaud. 一只青蛙 nuak$_8^{21}$ts^{h}ian$_1^{35}$hɔu$_2^{24}$ɔu$_4^{21}$青蛙(小,能吃)//kɔp$_8^{21}$青蛙(大青蛙)//ʔba$_1^{35-21}$ʔduŋ$_1^{35-21}$ts^{h}ian$_1^{35}$蝌蚪(鱼凸蛙)

sêăn 喘 sian$_3^{33}$

sêăn k'êi, respirer avec difficulté. 呼气(喘气) sian$_3^{33}$k^{h}ei$_3^{33}$

< *č'^{w}*ịen* 喘

siăn 千 sian^{33}　按:原文认为本字是"迁",不确。

ka siu siăn, balançoire. 秋千架(架秋千) ka$_3^{33}$siu^{33}sian^{33}(少说)//ka$_3^{33}$ŋau$_2^{24-21}$ts^{h}ɑu$_3^{33}$(架摇锄,常说)　按:ts^{h}ɑu$_3^{33}$锄≠ts^{h}au$_3^{33}$灶。//ts^{h}ɑu$_3^{33}$mɑt$_8^{21}$翻土/锄地//ts^{h}ɑu$_3^{33}$ʔdɔn$_4^{21}$挖树坑//ts^{h}ɑu$_3^{33}$ʔbɑt$_7^{55}$锄草

< ^{*c}*ts'ịen* 遷

ziăn 仁 zian$_1^{35}$

ziăn iù tsư, poumon. 肾/腰子(仁腰子)　按:法语解释是"肺",误。zian$_1^{35-21}$iu$_1^{35-21}$ts^{h}ɯ$_3^{33}$(仁腰子)//zian$_1^{35-21}$nɑŋ$_1^{35-21}$hɑm$_1^{35}$睾丸(仁阴囊)//=nɑŋ$_1^{35-21}$hɑm$_1^{35}$阴囊(皮□)

zêăn 仁 zian$_1^{35}$

zêăn hóa, graines de fleurs. 花种子(仁花) zian$_1^{35-21}$hua$_1^{35}$

zọp zêăn aù, un grain de riz. 一粒米(米仁一) zɑp$_8^{21}$zian$_1^{35}$ɔu$_4^{21}$

mạk zêăn, pépin. 果核/籽/仁(果仁) mak$_8^{21}$zian$_1^{35}$

zián, *zêăn* 沸/水开了 zian$_1^{35}$

nòm zêăn, eau bouillante. 沸水(水沸) nɑm$_4^{21-24}$zian$_1^{35}$//≠nɑm$_4^{21}$zian$_1^{35}$水沸

nòm zián, eau bouillie. 水沸/水开了(水沸) nɑm$_4^{21}$zian$_1^{35}$

ziàn 元 $zian_2^{24}$

kúng tsô ziàn k'au, aïeux. 祖宗/祖先（公祖元考） $ku\eta_1^{35-21}$ $ts^ho_3^{33}$ $zian_2^{24-21}k^hau_3^{33}$

< * *ṅʷi̯an* 元

kiăn 捐 $kian^{33}$

kiăn ngỏn, se cotiser. 捐钱（捐银） $kian^{33}\eta ɔn_2^{24}$// = $kian^{33}sɛn_2^{24}$

< ** *kʷi̯en* 捐

kiẳn 见 $kian_5^{55}$

í kiẳn, opinion. 意见 $i_5^{55}kian_5^{55}$

< * *kenᵓ* 見

ngêẳn, *ngiẳn* 嚼（齦） ηian_2^{24}

ngêằn tón, grincer des dents. 咬牙/嚼牙（齦牙） $\eta ian_2^{24-21}tɔn_1^{35}$

kón kiaù zóng ngêẳn, dévorer, manger sans mâcher. 吃东西不嚼（吃物不齦） $kɔn_1^{35-21}keu_4^{21}zɑ\eta_5^{55}\eta ian_2^{24}$

ngêẳn zẫk, ronger un os. 嚼骨（齦骨） $\eta ian_2^{24-21}zək_7^{55}$// ≠ $kɑʔ_7^{55-33}zək_7^{55}$啃骨// $\eta ian_2^{24-21}mɑi_3^{33}$嚼甘蔗（齦蔗）// ≠ $kɑʔ_7^{55-33}mɑi_3^{33}$啃甘蔗

ngêẳn kua, ruminer. 嚼过（齦过） $\eta ian_2^{24}kua_3^{33}$

<? *ᶜ *k'ən* 齦

êăn 燕 ian_3^{33}

noạk êăn, hirondelle. 燕子（鸟燕） $nuak_8^{21}ian_3^{33}$// = $nuak_8^{21}ts^hiu_3^{33}te\eta_1^{35}$燕子（鸟照生）// = $nuak_8^{21}ts^hiu_3^{33}te\eta_1^{35-21}zɑm_1^{35}$黑燕（鸟照生黑）

noạk êẳn p'êăk, canari. 白燕/金丝燕（鸟照白） $nuak_8^{21}ts^hiu_3^{33}p^hiak_8^{21}$// = $nuak_8^{21}ts^hiu_3^{33}te\eta_1^{35-21}p^hiak_8^{21}$白燕（鸟照生白）

< * *ʔenᵓ* 燕

没有台语对应词。

ƯN-ƯƠN

bươn 园/园子 $ʔbun_3^{33}$

bươn sõk, jardin potager, (voir *buôn*). 菜园（参看 *buôn*）$ʔbun_3^{33}sɑk_7^{55}$菜园// $ʔbun_3^{33}mak_8^{21}$果园

bươn 本 $ʔbun_3^{33}$

p'ười bươn, vendre au prix d'achat. 赔本 $p^həi_2^{24-21}$ $ʔbun_3^{33}$// = $p^hai_4^{21-24}$

ʔbun$_3^{33}$坏本(败本)

tiệt bươn, vendre à perte. 亏本(折本) tiet$_8^{21}$ʔbun$_3^{33}$折本//tiet$_8^{21}$nɑm$_4^{21}$失水(折水)

<*ᶜ*puən* 本

bươn 笨 ʔbən$_4^{21}$;两 ʔbun$_5^{55}$　按:ʔbən$_4^{21}$音同“翻/鹅”。

bươn p'ẻang tsúng n ă n, pénible alternative. 两难选择(两旁重难) ʔbun$_5^{55}$p^{h}iaŋ$_2^{24}$ts^{h}uŋ$_5^{55}$nan$_2^{24}$

bươn p'êang nẳn, perplexe. 两难(两旁难) ʔbun$_5^{55}$p^{h}iaŋ$_2^{24}$nan$_2^{24}$

ziàng-bỏn bướn, automate. 笨人(人笨) ziaŋ$_2^{24-21}$ʔbɑn$_2^{24-21}$ʔbən$_4^{21}$

ziàng-bỏn buờn, imbécile. 笨人(人笨) ziaŋ$_2^{24-21}$ʔbɑn$_2^{24-21}$ʔbən$_4^{21}$

<*ᶜ*buən* 笨

bứn 两/二 ʔbun$_5^{55}$　按:原文认为本字是“半”,误。这是临高语词。

kuà ngô aù bứn mọ êi, ambiguïté, (faible (num.) une diviser chose deux). 一语双关(话语一两个意) kua$_4^{21}$ŋo$_5^{55}$ɔu$_4^{21}$ʔbun$_5^{55}$mɔʔ$_8^{21}$ei$_3^{33}$

<**pânᵓ* 半

bướn (changer) 两/二 ʔbun$_5^{55}$;换/翻 ʔbən$_4^{21}$;肩椎 ʔbun$_1^{35}$

mưởn bướn tóm, désaccoutumé. 有二心/有贰心 mən$_2^{24-21}$ʔbun$_5^{55}$tɔm$_1^{35}$ 按:法语解释是戒除。

bưởn bêa, changer d'épaule. 换肩(换臂)　按:挑东西累了换肩膀。参看 *bêa* 韵。ʔbən$_4^{21-24}$ ʔbia$_3^{33}$ 换肩//ʔbən$_4^{21-24}$ hɔu$_2^{24}$ 翻身//ʔbən$_4^{21}$ kua$_3^{33}$ nia$_3^{33}$ 换过来

bõk bướn, épaule. 肩椎　按:法语解释为“肩膀”,不确。ʔbɑk$_7^{55-33}$ʔbun$_1^{35}$肩椎　按:指颈椎下面的部位。≠ʔbɑk$_7^{55-33}$ʔbia$_3^{33}$肩膀　按:指挑东西的部位。//ʔbun$_1^{35-21}$ŋɔu$_2^{24}$牛肩峰

<**pân* 擊

bườn, *bưởn* 闻 ʔbun^{21}

tsêi tiên bườn, journal (gazette). 报纸(纸新闻) ts^{h}ei$_3^{33}$tien^{33}ʔbun^{21}

ing tiên bừơn, colporter une nouvelle. 卖新闻 iŋ$_3^{33}$tien^{33}ʔbun^{21}

kang tiên bưởn, débiter une nouvelle. 讲新闻 kaŋ$_3^{33}$tien^{33}ʔbun^{21}

<H.*vùn* **mi̯uən* 聞

bưởn 本 ʔbən^{21}

bưởn ting, propre nature. 本性 ʔbən^{21}tiŋ$_3^{33}$

zóng lể bưởn-sứ, laisser ses affaires à l'abandon. 不理自己的事情(不理

本事）zaŋ$_5^{55}$le$_4^{21-24}$ʔbən$^{21-24}$si^{33}　按：le$_4^{21}$ = li$_4^{21}$理。// = zaŋ$_5^{55}$le$_4^{21-24}$tə$_4^{21-24}$hoi$_3^{33}$sa$_5^{55}$ ɔu$_4^{21}$（不理事情自己）

búởn tở hoi, adresse, habileté. 有事情（有事会）mən$_2^{24-21}$tə$_4^{21-24}$hoi$_3^{33}$ 按：*bưởn* 是 *mưởn* 之误。法语解释也有误。

bưởn p'ươn, attribution, devoir. 本分 ʔbən^{21}p^{h}ən^{33}

ziàng bỏn bưởn-di, aborigène. 本地人（人本地）ziaŋ$_2^{24-21}$ʔban$_2^{24}$ʔbən^{21} ʔdi^{55}

mưởn bưởn si, compétent. 有本事 mən$_2^{24-21}$ʔbən^{21}si^{33}

bưởn bê, village natal. 本村 ʔbən^{21}ʔbe$_3^{33}$

kang ũk bưởn êi, déclarer sa volonté. 讲出本意 kaŋ$_3^{33}$uk$_7^{55}$ʔbən^{21}ei$_3^{33}$

bưởn kũk, patrie. 本国 ʔbən^{21}kuk$_7^{55}$

bưởn tẫk, couleur naturelle. 本色 ʔbən^{21}tek$_7^{55}$

kuà bưởn di, dialecte. 本地话（话本地）kua$_4^{21-24}$ʔbən^{21}ʔdi^{55}// = kua$_4^{21-24}$ ʔdɛi$_2^{24}$ʔdou$_3^{33}$（话隶我们）

bươn sẻn, capital. 本钱 ʔbun$_3^{33}$sɛn$_2^{24}$　按：只有"本钱"是 ʔbun$_3^{33}$。

bưởn sẻn, mise de fonds. 本钱 ʔbun$_3^{33}$sɛn$_2^{24}$

< ^{*c}*puən*　本

bướn (deux) 两 ʔbun$_5^{55}$

tiu sẻn bướn mưởn, il manque deux sapèques. 少两文钱（少钱两文） tiu$_3^{33}$sɛn$_2^{24}$ʔbun$_5^{55}$mun$_2^{24}$

bướn p'ểang, les deux côtés. 两边/两旁（两旁）ʔbun$_5^{55}$ p^{h}iaŋ$_2^{24}$// = ʔbun$_5^{55}$p^{h}iaŋ$_4^{21}$

bướn tóm, duplicité. 贰心/表里不一（两心）ʔbun$_5^{55}$tɔm$_1^{35}$

bõk bướn bướn p'ểang, les deux épaules. 肩椎两旁 ʔbak$_7^{55-33}$ʔbun$_1^{35}$ ʔbun$_5^{55}$p^{h}iaŋ$_2^{24}$// ≠ ʔbak$_7^{55-33}$ʔbia$_3^{33}$ʔbun$_5^{5}$p^{h}iaŋ$_2^{24}$

bướn mọ tóm = *bướn êi*, équivoque. 三心二意（两个心 ʔbun$_5^{55}$mɔʔ$_8^{21}$tɔm$_1^{35}$ = 两意 ʔbun$_5^{55}$ei$_3^{33}$）

dá bướn kiên, les deux yeux. 两只眼睛（眼两只）ʔda$_1^{35}$ʔbun$_5^{55}$kien$_2^{24}$ 按：kien$_2^{24}$只（指器官）。

nẻng bướn p'ểang, (les) trottoirs. 路两旁/人行道（岸两旁）niŋ$_2^{24}$ʔbun$_5^{55}$ p^{h}iaŋ$_2^{24}$// = niŋ$_2^{24}$ʔbun$_5^{55}$p^{h}iaŋ$_4^{21}$

bướn mọ, l'un et l'autre. 两个 ʔbun$_5^{55}$mɔʔ$_8^{21}$　按：法语解释是"这一个

和那一个”,误。

k'oai na bưởn bỏn, l'avant-veille. 前两天 k^{h}ai$_{3}^{33}$na$_{3}^{33}$ʔbun$_{5}^{55}$ʔbɑn$_{2}^{24}$

bưởn 分 ʔbən^{33} 按:原文认为本字是“辨”,误。这是海南话。

bưởn biệt tsón kẻ, discerner le vrai du faux. 分别真假 ʔbən^{33} ʔbiet$_{8}^{33}$ ts^{h}ən$_{1}^{35}$kɛ$_{2}^{24}$(文读)//p^{h}ɑn$_{1}^{35-21}$p^{h}iet$_{8}^{21}$ts^{h}ən$_{1}^{35}$kɛ$_{2}^{24}$(白读)

bưởn biệt, distinction. 分别 ʔbən^{33}ʔbiet$_{8}^{33}$(海南话)

<*ᶜ *bi̯en* 辨

bưởn bois de chauffage. 柴 ʔbən$_{2}^{24}$

dóa bưởn, fendre du bois. 劈柴 ʔdua$_{4}^{21-24}$ʔbən$_{2}^{24}$劈柴(小木头)//ts^{h}ak$_{8}^{21}$ ʔbən$_{2}^{24}$劈柴(大木头)//ʔdua$_{4}^{21-24}$mɑi$_{3}^{33}$劈甘蔗

zữt bưởn, brûler du bois. 烧柴(动宾结构)zut$_{7}^{55-33}$ʔbən$_{2}^{24}$

ziàng bỏn họp bưởn, bûcheron. 伐木人/担柴人(人担柴) ziaŋ$_{2}^{24-21}$ ʔbɑn$_{2}^{24-21}$hap$_{7}^{55-33}$ʔbən$_{2}^{24}$担柴人//ziaŋ$_{2}^{24-21}$ ʔbɑn$_{2}^{24-21}$ ts^{h}ak$_{8}^{21}$ ʔbən$_{2}^{24}$伐木人/砍柴人 按:*họp* 是 *hạp* 之误。

hổi bưởn, écuelle. 碗盆 hui$_{4}^{21}$碗;p^{h}ən$_{2}^{24}$盆//p^{h}ən$_{2}^{24-21}$hui$_{4}^{21}$洗碗盆

sổi bướn, maillet. 木槌(槌柴) soi$_{2}^{24-21}$ʔbən$_{2}^{24}$

sím dóm bưởn, coin pour fendre le bois. 砍木楔(签砍柴) sim$_{1}^{35-21}$ ʔdɑm$_{4}^{21-24}$ʔbən$_{2}^{24}$伐木楔(签砍柴)//= sim$_{1}^{35-21}$ ʔdua$_{4}^{21-24}$ ʔbən$_{2}^{24}$劈柴楔(签劈柴)//sim$_{1}^{35-21}$ko$_{1}^{35}$抽签(签估)

bưởn mể aù = bưởn p'óng aù, un fagot. 一手柴(柴手一)= 一把柴(柴捧一) 按:法语意思是“一捆柴”。ʔbən$_{2}^{24}$ me$_{2}^{24}$ ɔu$_{4}^{21}$ 一手柴(不说);ʔbən$_{2}^{24}$ p^{h}ɑŋ$_{5}^{55}$ɔu$_{4}^{21}$一把柴(常说)

bưởn zỏng bểi, tison. 燃烧的木柴/木炭(柴焦火) ʔbən$_{2}^{24-21}$zoŋ$_{1}^{35-21}$ʔbɛi$_{2}^{24}$ 柴焦火(烧火的柴)//≠ʔbən$_{2}^{24}$zoŋ$_{1}^{35-21}$ʔbɛi$_{2}^{24}$柴焦火(柴正在烧)

= T. *vwn* =C.-D., Sek *vul* ฟืน(柴)

p'ươn 分 p^{h}ən^{33}

bưởn p'ươn, devoir (subst.). 本分 ʔbən^{21}p^{h}ən^{33}

<* *bi̯uən*ᵓ 分

p'ướn 奋 p^{h}ən$_{5}^{55}$ 按:原文认为本字是“拌”,误。

p'ươn ming, hasarder sa vie. 拼命(奋命) p^{h}ən$_{3}^{33}$meŋ$_{4}^{21}$拼命(奋命)//= p^{h}ət$_{8}^{21}$meŋ$_{4}^{21}$拼命(噗命)//nɑm$_{4}^{21}$ p^{h}ət$_{8}^{21}$ 水噗出来//p^{h}ət$_{8}^{21}$ so$_{1}^{35}$噗大(小孩或动

植物很快长大）

kang p'ườn mềng, expliquer. 讲分明 kaŋ$_{3}^{33}$p^{h}ən^{33}meŋ$_{2}^{24}$

p'ướn mềng, défier le danger (affronter la mort). 拼命（奋命）p^{h}ən$_{5}^{55}$ meŋ$_{4}^{21}$

<* *p'ân'* 拌

p'ườn 婆 p^{h}e$_{2}^{24}$ 按：萨维纳记音有误。

p'ừơn niến, femme. 女人（婆姩）p^{h}e$_{2}^{24-21}$nin$_{1}^{35}$

kún p'ườn niến, séduire une femme. 骗女人（骗婆姩）kun$_{5}^{55}$p^{h}e$_{2}^{24-21}$nin$_{1}^{35}$

p'ườn niến tsòang tẫk=*p'ườn niến tsòang ziàng*, atours. 女人化妆（婆姩妆饰 p^{h}e$_{2}^{24-21}$nin$_{1}^{35-21}$ts^{h}uaŋ$_{1}^{35-21}$tek$_{7}^{55}$ = 婆姩妆样 p^{h}e$_{2}^{24-21}$nin$_{1}^{35-21}$ts^{h}uaŋ$_{1}^{35-21}$ziaŋ$_{4}^{21}$）

按：记音问题参看 *niến* 条。

p'ừn 婆 p^{h}e$_{2}^{24}$ 按：萨维纳记音有误。

p'ừn niển mướn lẹk, femme enceinte. 孕妇（婆姩有子）p^{h}e$_{2}^{24-21}$nin$_{1}^{35-21}$ mən$_{2}^{24-21}$lɛk$_{8}^{21}$

p'ừởn (récipient) 盆 p^{h}ən$_{2}^{24}$

p'ườn hồng zon, alembic. 熬酒盆（盆熬酒）p^{h}ən$_{2}^{24-21}$hoŋ$_{1}^{35-21}$zɑn$_{3}^{33}$

p'ườn tũk hảu, baignoire. 洗头盆（盆洗头）p^{h}ən$_{2}^{24-21}$tuk$_{7}^{55-33}$hɑu$_{3}^{33}$

p'ưởn bưởn, baquet. 木盆（盆柴）p^{h}ən$_{2}^{24-21}$ʔbən$_{2}^{24}$

p'ưởn mọ aù, un bassin, une cuvette. 一个盆（盆个一）p^{h}ən$_{2}^{24}$mɔʔ$_{8}^{21}$ɔu$_{4}^{21}$

按：实际读为 mɔ$_{4}^{21-24}$ɔu$_{4}^{21}$。

miên p'ưởn, cuvette. 面盆（指洗脸盆）mien^{33}p^{h}ən$_{2}^{24}$//=mien$_{4}^{21-24}$p^{h}ən$_{2}^{24}$// nɛ$_{1}^{35-21}$mien$_{4}^{21}$这面//ʔbəi$_{5}^{55}$mien$_{4}^{21}$那面

p'ưởn hóa, vase à fleurs. 花盆（盆花）p^{h}ən$_{2}^{24-21}$hua$_{1}^{35}$

p'ưởn zẩu, vase de nuit. 尿盆（盆尿）p^{h}ən$_{2}^{24-21}$zou$_{1}^{35}$

<* *buən* 盆

mườn 闷 mən$_{4}^{21}$

tóm mườn, triste, affligé. 心闷 tɔm$_{1}^{35}$mən$_{4}^{21}$

kệ mườn, chasser l'ennui. 解闷 keʔ$_{7}^{55-33}$mən$_{4}^{21}$

saù mườn, mélancolique. 愁闷 sɔu$_{2}^{24-21}$mən$_{4}^{21}$

kẽ saù sẽ mườn, dissiper la tristesse. 解愁解闷 keʔ$_{7}^{55-33}$sɔu$_{2}^{24}$keʔ$_{7}^{55-33}$mən$_{4}^{21}$ <**muən*ˀ 悶

mưởn posséder, avoir 有 mən$_{2}^{24}$;文 mun$_{2}^{24}$

zóng mưởn, non solvable. 没有 zaŋ$_{5}^{55}$mən$_{2}^{24}$

mướn lẹk, gestation (avoir enfant). 怀孕(有子) mən$_{2}^{24-21}$lɛk$_{8}^{21}$

zóng mưởn tương kơi kón, rien à manger. 没有东西吃(没有什么吃) zaŋ$_{5}^{55}$mən$_{2}^{24-21}$təŋ$_{3}^{33}$kəi$_{3}^{33}$kɔn$_{1}^{35}$

zóng mưởn sẻn, manquer d'argent. 没有钱 zaŋ$_{5}^{55}$mən$_{2}^{24-21}$sɛn$_{2}^{24}$

hiến mưởn bà, (ciel) nuageux. 天有云 hien$_{1}^{35}$mən$_{2}^{24-21}$ʔba$_{4}^{21}$//=ʔda$_{3}^{33}$ p^{h}a$_{3}^{33}$mən$_{2}^{24-21}$ʔba$_{4}^{21}$天空有云//hien$_{1}^{35}$zam$_{1}^{35}$天黑//hien$_{1}^{35}$huak$_{8}^{21}$ʔban$_{3}^{33}$天刮风// hien$_{1}^{35}$huk$_{7}^{55-33}$ŋon$_{2}^{24}$天刮台风

lẹk lõk zóng mưởn tsồ, enfant abandonné, sans maître. 孤儿/弃儿(小孩没有主) lɛk$_{8}^{21}$lak$_{7}^{55}$zaŋ$_{5}^{55}$mən$_{2}^{24-21}$ts^{h}o$_{3}^{33}$

zóng mưởn tóm = *zóng mưởn zẻng*, abattu. 没有心 = 没有力 zaŋ$_{5}^{55}$ mən$_{2}^{24-21}$tɔm$_{1}^{35}$没有心≠zaŋ$_{5}^{55}$mən$_{2}^{24-21}$zeŋ$_{2}^{24}$没有力

mưởn lêào, abonder. 丰富(有多) mən$_{2}^{24-21}$liau$_{4}^{21}$

zóng mưởn êi, accidentel. 偶然的/非故意的(没有意) zaŋ$_{5}^{55}$mən$_{2}^{24-21}$ei$_{3}^{33}$

mưởn p'òn, actionnaire. 股东(有份) mən$_{2}^{24-21}$p^{h}an$_{4}^{21}$

mưởn sểng mưởn lêi, affable. 有情有礼 mən$_{2}^{24-21}$seŋ$_{2}^{24}$mən$_{2}^{24-21}$lɛi$_{3}^{33}$

mưởn bĩk, ailé. 有翅 mən$_{2}^{24-21}$ʔbik$_{7}^{55}$

mưởn sỉng, aimable. 有情 mən$_{2}^{24-21}$siŋ$_{2}^{24}$//=mən$_{2}^{24-21}$seŋ$_{2}^{24}$

zu mưởn = *á mưởn* = *tsúng mưởn*, il y en a aussi. 都有 zu$_{5}^{55}$mən$_{2}^{24}$ = 也有 a$_{5}^{55}$mən$_{2}^{24}$ = 重有 ts^{h}uŋ$_{5}^{55}$mən$_{2}^{24}$

mưởn hón; lucratif. 有赚(有趁) mən$_{2}^{24-21}$han$_{5}^{55}$//han$_{5}^{55}$sɛn$_{2}^{24}$赚钱(趁钱)

mưởn tóm, merci. 有心/谢谢(有心) mən$_{2}^{24-21}$tɔm$_{1}^{35}$

zóng mưởn tsìng tỏn, malaise. 没有精神 zaŋ$_{5}^{55}$mən$_{2}^{24}$ts^{h}iŋ$_{1}^{35-21}$tɔn$_{2}^{24}$

tiu sẻn bướn mưởn, il manque deux sapèques. 少两文钱(少钱两文) tiu$_{3}^{33}$sɛn$_{2}^{24}$ʔbun$_{5}^{55}$mun$_{2}^{24}$

sẻn mưởn aù, une sapèquc. 一文钱(钱文一) sɛn$_{2}^{24}$mun$_{2}^{24}$ɔu$_{4}^{21}$

mưẩn 蕉 mən$_{2}^{24}$　按：mən$_{2}^{24}$与"有"同音。

mạk mưẩn, banane. 香蕉 mak$_{8}^{21}$mən$_{2}^{24}$香蕉

mạk mưẩn hái aù, un régime de bananes. 一串香蕉（香蕉串一） mak_8^{21} $mən_2^{24}hai_5^{55}ɔu_4^{21}$ 一串香蕉//mak_8^{21} $mən_2^{24}$ $ʔbun_5^{55}hai_1^{35}$ 两串香蕉

dươn dưn[1]（peu profond） 浅 $ʔdɯn_3^{33}$

nòm dưn, gué. 浅水（水浅） $nam_4^{21-24}ʔdɯn_3^{33}$ 浅水//$nam_4^{21}ʔdɯn_3^{33}$ 水浅//≠ $nam_4^{21-24}lak_8^{21}$ 深水

nòm dươn, eau basse, bas-fond. 浅水（水浅） $nam_4^{21-24}ʔdɯn_3^{33}$

dưn lọk, profondeur（peu profond, profond） 深浅（浅深） $ʔdɯn_3^{33}lak_8^{21}$

=T.ᶜ *twn* ตื้น（浅）

1. 手稿中是 *z*，表明他忘掉了带横杠的 *d*。按：奥德里古尔是对的，手稿中 *dưn* 是 *đưn* 之误（奥德里古尔统一将 *d* 改作 *z*，将 *đ* 改作 *d*）。

lưn, *lươn* 翻（衣服里子）$lɯn_3^{33}$

zoa dáo lưn, doublure d'habit. 把衣服翻过来（衣倒翻） zua_3^{33} $ʔdau_5^{55}$ $lɯn_3^{33}$

họp dáu lưn, l'envers d'une étoffe. 布里子（布倒翻） $hap_8^{21}ʔdau_5^{55}lɯn_3^{33}$

zoa dáu lươn, tourner, retourner un habit. 衣服里子翻过来（衣倒翻） $zua_3^{33}ʔdau_5^{55}lɯn_3^{33}$

tsưn trembler 震 $ts^hɯn_1^{35}$ 按：原文认为本字是"颤"，误。

tsòm tsứn, chatouiller. 胳肢（□震） $ts^ham_2^{24-21}ts^hɯn_1^{35}$

mảng tsứn, trembler de peur. 怕胳肢（惝震） $maŋ_2^{24-21}ts^hɯn_1^{35}$ 怕胳肢（惝震）//$ts^hɯn_1^{35}$ 难受/不稳（震）

< **čịenˀ* 顫

zươn 兔子 $zɯn_3^{33}$

zươn hảu aù, lapin（de garenne） 一只兔子（兔只一） $zɯn_3^{33}hɔu_2^{24}ɔu_4^{21}$

zươn sóng hảu aù, lièvre. 一只野兔（兔山只一） $zɯn_3^{33}hɔu_2^{24}ɔu_4^{21}$

zưởn 爬行 $zən_2^{24}$ 按：原文认为本字是"蜿"，不如说是"蜒"。

ngểa zưởn bới, le serpent rampe. 蛇爬行（蛇蜒去） $ŋia_2^{24}zən_2^{24}ʔbəi_1^{35}$

< ** ᶜ *ʔịʷan* 蜿

kừn 敢 kom_3^{33} 按：记音错误或者整理时放错地方。

kừn dam hũk, oser faire. 敢做（敢胆做） kom_3^{33} $ʔdam_3^{33}$ huk_7^{55}//= $kuŋ_3^{33}$

ʔdam$_{3}^{33}$huk$_{7}^{55}$

zóng kừn dam, ne pas oser. 不敢(无敢胆) zaŋ$_{5}^{55}$kom$_{3}^{33}$ʔdam$_{3}^{33}$

hướn (avant-dernier) 上一个之前 hɯn$_{1}^{35}$

bòn hướn, avant hier. 前天 ʔbɑn$_{2}^{24-21}$hɯn$_{1}^{35}$//ʔbɛi$_{2}^{24-21}$hɯn$_{1}^{35}$前年

=C.-D. *bo: n*, Sek *pho: n*, T. *drɯn* ขึน

几个台语对应词:

	临高	台语	壮语	石家	莫语	水语	侗语	黎萨	黎王
bois de chauffage 柴	*bưởn*	*vɯn*	*vɯn*	*vut*	(*dit*	*dyət*	*tyət*)	*ngun*	*kun koṅ*
peu profond 浅	*dươn*	*'tɯn*	(*ʔbok*	/	*ʔdyay'*	/	/	*gan*)	*thɯṅ*
après-demain 后天	*hươn*	*drɯn*	(*ʔan*) (*bo: n*	*phon*)	(*kun*	/	*ʔun*)	(*duí*	*plií*)

ĂN

kân monter 升/登/上 kun$_{3}^{33}$

kân nòm, aller en amont. 逆流而上/往上游走(上水) kun$_{3}^{33}$nɑm$_{4}^{21}$//=ŋek$_{8}^{21}$nɑm$_{4}^{21}$逆流(逆水)

kẩn don, grimper sur un arbre. 上树 kun$_{3}^{33}$ʔdɔn$_{3}^{33}$

kẩn sóng, gravir la montagne. 登山 kun$_{3}^{33}$saŋ$_{1}^{35}$

kân lảu, monter à l'étage. 上楼 kun$_{3}^{33}$lɔu$_{2}^{24}$//zɔŋ$_{2}^{24-21}$lɔu$_{2}^{24}$下楼

p'ảu kân bọk bềa, charger sur les épaules. 扛在肩上(扶上肩膀) p^{h}ɔu$_{2}^{24}$kun$_{3}^{33}$ʔbɑk$_{7}^{55-33}$ʔbia$_{3}^{33}$

kẩn tàng, se mettre au lit. 上桌 kun$_{3}^{33}$taŋ$_{2}^{24}$ 按:法语解释是"上床",应该是被发音人误导。海南话桌床不分,长流话桌床不混。kun$_{3}^{33}$taŋ$_{2}^{24}$上桌//≠kun$_{3}^{33}$lɛŋ$_{1}^{35}$上床。

kân zỏng, monter et descendre. 上下 kun$_{3}^{33}$zɔŋ$_{2}^{24}$

tuốn kẩn, rejaillir. 泼上(一盆水) tun$_{1}^{35}$kun$_{3}^{33}$泼上//tun$_{1}^{35-21}$nɑm$_{4}^{21}$泼水//tun$_{1}^{35}$ʔbat$_{8}^{21}$泼掉//tam$_{3}^{33}$kun$_{3}^{33}$tun$_{1}^{35}$走上坡

ngệk nòm kẩn, remonter le courant. 逆水上 ŋek$_{8}^{21}$nɑm$_{4}^{21}$kun$_{3}^{33}$

=T. ᶜ*khɯn*, C.-D. ᶜ*hɯn* ขึ้น(上/升/登)

ấn 这里/那里 ən$_{1}^{35}$

ziàng-bỏn né ấn, ceux-ci. 这里人(人这里) ziaŋ$_{2}^{24-21}$ʔbɑn$_{2}^{24-21}$nɛ$_{1}^{35-21}$ən$_{1}^{35}$

ziàng-bỏn bới ấn, ceux-là. 那里人(人那里) ziaŋ$_2^{24-21}$ʔbɑn$_2^{24-21}$ʔbəi$_5^{55}$ən$_1^{35}$

nè ấn bới ấn, çà et là. 到处(这里那里) nɛ$_1^{35-21}$ən$_1^{35}$ʔbəi$_5^{55}$ən$_1^{35}$

=T. *ʔan* =C.-D. =Sek *ʔal* อัน

ấn 这么 ən$_5^{55}$ 按:是 ən$_1^{35}$的变调。

ấn lêào, tant. 如此多/这么多 ən$_5^{55}$liau$_4^{21}$这么多//ən$_5^{55}$tiu$_3^{33}$这么少//ən$_5^{55}$so$_1^{35}$这么大//ən$_5^{55}$niʔ$_7^{55}$这么小//ən$_5^{55}$huk$_7^{55}$ən$_5^{55}$liau$_4^{21}$越做越多//ən$_5^{55}$huk$_7^{55}$ən$_5^{55}$sɛi$_2^{24}$越做越慢//=na$_2^{24}$huk$_7^{55}$na$_2^{24}$sɛi$_2^{24}$

此韵在台语中有两个对应词:

	临高	台语	壮语	石家	莫语	水语	侗语	黎萨
monter 上	*kân*	*khɯn*	*hɯn*	*hɯn*	(*sa'*	*sa'*	*tyha'*)	*khan*
ce que 这/那	*ần*	*ʔan*	*ʔan*	*ʔal*	/	/	/	/

ĂN-AN

băn 板 ʔban$_3^{33}$

băn hải, semelle de soulier. 鞋底(板鞋) ʔban$_3^{33}$hai$_2^{24}$//ʔban$_3^{33}$kok$_7^{55}$脚底(板脚)

<v. n.

băn 办 ʔban$_3^{33}$

băn hoa, approvisionner. 办货 ʔban$_3^{33}$hua$_3^{33}$

băn sứ=băn tở-hói, arranger une affaire. 办事 ʔban$_3^{33}$sɿ$_5^{55}$=办事情(办事会) ʔban$_3^{33}$tə$_4^{21-24}$hoi$_3^{33}$

hổng zống băn tớ-hoi, coopérer. 同别人办事情(同别人办事会) hoŋ$_2^{24-21}$zoŋ$_1^{35}$ʔban$_3^{33}$tə$_4^{21-24}$hoi$_3^{33}$

băn tờ-hoi, vaquer à ses affaires. 办事情(办事会) ʔban$_3^{33}$tə$_4^{21-24}$hoi$_3^{33}$

<H. *ban* **banʾ* 辦

bàn (troupe) 班 ʔban$_1^{35}$

bản-hêi, comédien. 戏班(班戏) ʔban$_1^{35-21}$hei$_3^{33}$

bàn-hếi bán aù, une troupe de comédiens. 一个戏班(班戏班一) ʔban$_1^{35-21}$hei$_3^{33}$ʔban$_5^{55}$ɔu$_4^{21}$

bàn-hêi, acteur. 戏班(班戏) ʔban$_1^{35-21}$hei$_3^{33}$

<**pɯan* 班

bản 万 ʔban$_4^{21}$

bản kìau, la nature, la création. 万物 ʔban$_4^{21-24}$keu$_4^{21}$(不说)//ʔbɑn$_5^{55}$

ʔbət$_7^{55}$(常说)// = ʔban$_4^{21-24}$ʔbət$_7^{55}$//ʔbɑn$_5^{55}$ʔbət$_7^{55}$kui^{33}mɑt$_8^{21}$万物归土

p'an 叛 p^{h}an$_3^{33}$　按：原文认为本字是“频”，应该是“叛”。

p'an-lan, déconcerté. 叛乱 p^{h}an$_3^{33}$luan$_4^{21}$//tei$_3^{33}$kan$_1^{35}$p^{h}an$_3^{33}$luan$_4^{21}$世间叛乱　按：p^{h}an$_3^{33}$luan$_4^{21}$指发生混乱，如瘟疫、灾难等情况。法语解释是“破坏、打乱”。

<* *bi̯in*　頻

p'án (numéral) 幡(量词) p^{h}an$_1^{35}$　按：原文认为本字是“编”，误。

soi p'án aù, un hamac. 一幡网(网幡一) sɑi$_3^{33}$p^{h}an$_5^{55}$ɔu$_4^{21}$//sɑi$_3^{33}$ʔbun$_5^{55}$p^{h}an$_1^{35}$　按：法语解释是“吊床”，不确。

zêàu p'án aù, natte. 一幡席(席幡一) ziu$_4^{21}$p^{h}an$_5^{55}$ɔu$_4^{21}$

p'àn zêàu, étendre une natte. 铺席 p^{h}ɔu$_1^{35-21}$ziu$_4^{21}$　按：*p'àn* 是 *p'àu* 之误，动宾结构。

<* *pɯen*　編

p'án (étranger). 番 p^{h}an$_1^{35}$

hau mạk sùng p'án, oignon (tête fruit ail étranger). 葱头/番葱头(头果葱番) hɑu$_3^{33}$mɑk$_8^{21}$suŋ$_1^{35-21}$p^{h}an$_1^{35}$

don ziả p'án, papayer (arbre cocotier étranger). 番木瓜树(树椰番) ʔdɔn$_3^{33}$zia$_2^{24}$p^{h}an$_1^{35}$

zâù p'án, pétrole. 煤油(油番) zɔu$_2^{24-21}$p^{h}an$_1^{35}$

<*p'i̯ən*　番

lộ nõ ngảu p'án, traire. 挤牛奶(撸奶牛番) luʔ$_8^{21}$noʔ$_7^{55-33}$ŋɔu$_2^{24-21}$p^{h}an$_1^{35}$// = kɑn$_4^{21-24}$noʔ$_7^{55-33}$ŋɔu$_2^{24-21}$p^{h}an$_1^{35}$　按：ŋɔu$_2^{24-21}$p^{h}an$_1^{35}$番牛(牛番)指外国牛。

p'ằn bỏng, se vautrer dans la boue. 在泥里打滚(翻泥) p^{h}an$_1^{35-21}$ʔbɔŋ$_2^{24}$在泥里翻滚/翻泥(翻泥)//p^{h}an$_1^{35-21}$mɑt$_8^{21}$在土里翻滚/翻土(翻土)　按：p^{h}an$_1^{35}$翻≠p^{h}ɑn$_1^{35}$雨。

p'ắn-p'ằn-p'o, intimer un ordîe. 吩咐 p^{h}an$_1^{35-21}$p^{h}o$_3^{33}$

p'ắn-p'o, enjoiadre. 吩咐 p^{h}an$_1^{35-21}$p^{h}o$_3^{33}$

< ** *pi̯uən-pi̯ouˀ*　吩

p'àn, *p'ản* 翻 p^{h}an$_1^{35}$；反 p^{h}ɑn^{21}

p'àn kùa, contradiction. 反话(翻话) p^{h}an$_1^{35-21}$kua$_4^{21}$

p'an kỏn, contraire. 相反(翻互相) p^{h}an$_{1}^{35-21}$kɔn$_{2}^{24}$相反//≠p^{h}ɑn$_{1}^{35-21}$kɔn$_{2}^{24}$相分

tọ p'án kua nêa, contre-coup. 跳翻过来 tɑʔ$_{7}^{55}$p^{h}ɑn$_{1}^{35}$kua$_{3}^{33}$nia$_{3}^{33}$

p'àn bãk, se contredire. 还嘴/反驳 p^{h}an$_{1}^{35-21}$ʔbak$_{7}^{55}$还嘴/顶嘴(翻嘴)//=p^{h}ɑn^{21}ʔboʔ$_{7}^{55}$反驳

p'àn tóm, désaffectionné. 变心(翻心) p^{h}an$_{1}^{35-21}$tɔm$_{1}^{35}$

p'àn p'ìng, rechute de maladie. 犯病(翻病) p^{h}an$_{1}^{35-21}$p^{h}iŋ$_{4}^{21}$

p'ản bãk = p'ản kang, se dédire. 顶嘴(翻嘴 p^{h}an$_{1}^{35-21}$ ʔbak$_{7}^{55}$ = 翻讲 p^{h}an$_{1}^{35-21}$kaŋ$_{3}^{33}$)//≠p^{h}ɑn^{21}kaŋ$_{3}^{33}$反过来讲

p'ản kỏn, antipathique. 相反(翻互相) p^{h}an$_{1}^{35-21}$kɔn$_{2}^{24}$

hũk p'ản, se mutiner, sédition. 兵变/造反(做反) huk$_{7}^{55-33}$p^{h}ɑn^{21}

<*^{c} *pi̯ən* 反

mản (dix-mille) 万 ʔban$_{4}^{21}$/man$_{4}^{21}$

mản aù, dix mille. 一万(万一) man$_{4}^{21-24}$ɔu$_{4}^{21}$(老派)//=ʔban$_{4}^{21-24}$ɔu$_{4}^{21}$(新派)

tọp mản, cent mille (dix dix-mille). 十万 tɔp$_{8}^{21}$man$_{4}^{21}$(老派)//=tɔp$_{8}^{21}$ʔban$_{4}^{21}$(新派)

<* *mi̯ən^{ɔ}* 萬

dán 单 ʔdan$_{1}^{35}$/ʔdan^{33}

táu dán, récépissé, reçu, quittance. 收条(收单) tou$_{1}^{35-21}$ʔdan$_{1}^{35}$

dan hảu = dan mọ aù, être seul. 单身 ʔdan^{33}hɔu$_{2}^{24}$ = 单个(单个一) ʔdan^{33}mɔʔ$_{8}^{21}$ɔu$_{4}^{21}$　按：实际读为 mɔ$_{4}^{21-24}$ɔu$_{4}^{21}$。

dán mọ aù, un seul. 单个(单个一) ʔdan$_{1}^{35}$mɔʔ$_{8}^{21}$ɔu$_{4}^{21}$　按：数双剩下的单个。

lẹk dán, fils unique. 独子(子单) lɛk$_{8}^{21}$ʔdan$_{1}^{35}$

<* *tân* 單

dản 日(旦) ʔdan$_{2}^{24}$

dản tsểu, après-midi. 下午(旦朝) ʔdan$_{2}^{24}$ts^{h}eu$_{2}^{24}$

dản zóm in, il fait déjà nuit. 天全黑了(天黑完了) ʔdan$_{2}^{24}$zɑm$_{1}^{35}$in$_{1}^{35}$(不说)//ʔdan$_{2}^{24}$zu$_{5}^{55}$zɑm$_{1}^{35}$天已经黑了

bỏn tsẹk dản zóm, demain soir. 明天晚上(明天天黑) ʔbɑn$_{2}^{24-21}$ts^{h}ɛk$_{8}^{21}$ʔdan$_{2}^{24}$zɑm$_{1}^{35}$

lõp sóan dản tsiảu, faire la Sieste. 睡午觉(躺睡旦朝) lap_7^{55-33} $suan_1^{35-21}$ $ʔdan_2^{24}$ $ts^heu_2^{24}$ 睡下午觉(躺睡旦朝)// lap_7^{55-33} $suan_1^{35-21}$ $ʔdan_2^{24}$ $ts^hin_3^{33}$ hau_3^{33} 睡午觉(躺睡旦正头)

<* *tânˀ* 旦

tan 伞 tan_3^{33}

tan bíng aù, une ombrelle, un parapluie. 一柄伞(伞柄一) tan_3^{33} $ʔbiŋ_5^{55}$ $ɔu_4^{21}$

<*ˁ*sân* 傘

tan 散 tan_3^{33} 按:清上字与清去字同调。

tản, dissiper, éparpiller. 散 tan_3^{33}

huôn-p'ễk tan, s'affoler (âmes éparpiller). 魂魄散 hun_2^{24-21} $p^hek_7^{55}$ tan_3^{33} // = hon_2^{24-21} $p^hek_7^{55}$ tan_3^{33}

bíng tan bới, soldats en déroute. 兵散去 $ʔbiŋ_1^{35}$ tan_3^{33} $ʔbəi_1^{35}$

tản k'ếi, disperser, disséminer. 散开 tan_3^{33} $k^hei_1^{35}$

k'êi tan, s'évaporer. 蒸发(汽散) $k^hei_3^{33}$ tan_3^{33} // ≠ $k^hei_1^{35-21}$ tan_3^{33} 打开伞(开伞)

kĩt tan, fracasser. 打散(击散) kit_7^{55} tan_3^{33}

<*ˁ*sân* 散

tán répondre 答/(鸡)叫 tan_1^{35}

kói tán, chant du coq. 鸡鸣/鸡叫 kai_1^{35-21} tan_1^{35}

têi tán, demande et réponse. 问答 tei_3^{33} tan_1^{35}

dan 丹 $ʔdan^{33}$

hoa mảu dan, camélia. 牡丹花(花牡丹) hua_1^{35-21} $mɔu^{21}$ $ʔdan^{33}$ 按:法语解释是山茶花,误。

hóa mảu dan, pivoine. 牡丹花(花牡丹) hua_1^{35-21} $mɔu^{21}$ $ʔdan^{33}$

dan mể, paume de la main. 手掌/手心(掌手) $ʔdan_3^{33}$ me_2^{24} 手心// $ʔbau_3^{33}$ me_2^{24} 手背(包手)// $ʔban_3^{33}$ kok_7^{55} 脚掌(板脚)// $ʔbau_3^{33}$ kok_7^{55} 脚背(包脚)// $ʔbau_3^{33}$ hau_3^{33} 轻拍头// $ʔbau_3^{33}$ $taŋ_2^{24}$ 轻拍桌子

năn 难 nan_2^{24}

kẳn năn, adversité. 艰难 kan^{33} nan_2^{24} // kan^{33} k^ho^{21} 艰苦

bướn p'êảng tsúng năn, pénible alternative. 两难选择(两旁重难)

$ʔbun_5^{55}p^hiaŋ_2^{24}ts^huŋ_5^{55}nan_2^{24}$

năn tsun, improbable. 不可信的(难遵) $nan_2^{24-21}ts^hun^{33}$

hoang năn = tsoi năn, calamité. 患难 $huan_3^{33}nɑn_3^{33}$ = 灾难 $ts^hɑi^{33}nɑn_3^{33}$

按：$nɑn_3^{33}=nɑn_5^{55}$ 难。

<* *nânˀ* 難

nàn 肉 nan_4^{21}

miệt nàn, lame de couteau. 肉刀(刀肉) 按：法语解释是“刀片”,误。$mit_8^{21}nan_4^{21}$ 肉刀(不说) 按:“刀”二李读作 $miet_8^{21}$。//$ʔbak_7^{55-33}mit_8^{21}$ 刀刃(口刀)//$mit_8^{21}siat_7^{55-33}nan_4^{21}$ 切肉刀(常说)//$mit_8^{21}siat_7^{55-33}sɑk_7^{55}$ 菜刀//$mit_8^{21}ko_1^{35}$ 钩刀//$mit_8^{21}ʔdam_4^{21-24}ʔbən_2^{24}$ 柴刀//$mit_8^{21}ʔdua_4^{21-24}ʔbən_2^{24}$ 柴刀

<* *ñi̭inˀ* 刀

nằn 难 nan_4^{21}

k'ô nằn, tourment. 苦难 $k^ho_3^{33}nan_4^{21}$

ka k'ô nằn, tourmenter. 折磨(加苦难) $ka_1^{35-21}k^ho_3^{33}nan_4^{21}$

nằn 难 nan_2^{24}

nằn tõk = nằn hóng, abstrus. 难懂(难识 $nan_2^{24-21}tɔk_7^{55}$ = 难通 $nan_2^{24-21}hoŋ_1^{35}$)//=$ŋɑi_2^{24-21}tɔk_7^{55}$ 难识//=$ŋɑi_2^{24-21}hoŋ_1^{35}$ 难通

năn hũk, difficile à faire. 难做 $nan_2^{24-21}huk_7^{55}$//=$ŋɑi_2^{24-21}huk_7^{55}$

nằn hũk ardu. 难做 $nan_2^{24-21}huk_7^{55}$ 按：法语解释是“艰难的”。

tờ hoi nằn kẽ, affaire compliquée. 难解的事情(事会难解) $tə_4^{21-24}hoi_3^{33}nan_2^{24-21}kɛʔ_7^{55}$

nằn tàu, accablant. 难受 $nan_2^{24-21}tou_4^{21}$//=$ŋɑi_3^{33}ʔdek_8^{21}$

nằn bềi, s'apitoyer, gêner. 可怜(难味) $nan_2^{24-21}ʔbɛi_4^{21}$

bứơn p'êảng nằn, perplexe. 两难的(两旁难) $ʔbun_5^{55}p^hiaŋ_2^{24}nan_2^{24}$

<H. * *nân* 難

nàn nằn chair, viande. 肉 nan_4^{21}//$mak_8^{21}nan_4^{21}$ 肉//$mən_2^{24-21}mak_8^{21}$ 有肉/有果//$zɑŋ_5^{55}mən_2^{24-21}mak_8^{21}$ 没有肉/没有果//$ʔbian_1^{35-21}nan_4^{21}$ 买肉(带骨或不带骨)//$ʔbian_1^{35-21}mak_8^{21}$ 买果/买肉(不带骨)

按：mak_8^{21} 可以指树上的果实,也可以指动物身上不同部位的肉,如：$mak_8^{21}ʔba_2^{24}$ 大腿(大腿肚),$mak_8^{21}lɛu_3^{33}$ 小腿(小腿肚)。还引申出一些词,如：$mak_8^{21}kɑp_8^{21}$ 耳环,$mak_8^{21}ma_4^{21}$ 纽扣。但“脖子”不说 $mak_8^{21}liŋ_4^{21}$,而说 $mɑk_8^{21}liŋ_4^{21}$。mak_8^{21} 果≠$mɑk_8^{21}$ 聋。

nằn mạk zêá, chair de coco. 椰子肉(肉果椰) nan$_{4}^{21-24}$mak$_{8}^{21}$zia$_{2}^{24}$

ziàng-bỏn kón nàn ziàng-bỏn, anthropophage. 人吃人(人吃肉人) ziaŋ$_{2}^{24-21}$ʔbɑn$_{2}^{24}$kɔn$_{1}^{35-21}$nan$_{4}^{21-24}$ziaŋ$_{2}^{24-21}$ʔbɑn$_{2}^{24}$

hồng nàn zẫk, consanguin. 同胞(同肉骨) hoŋ$_{2}^{24-21}$nan$_{4}^{21}$zək$_{7}^{55}$

nằn nòm sô, bouillon de viande. 肉汤(肉水汤) nan$_{4}^{21-24}$nɑm$_{4}^{21-24}$so$_{3}^{33}$

nàn p'ưởi, lard. 肥肉(肉肥) nan$_{4}^{21}$ p^{h}əi$_{2}^{24}$//=nan$_{4}^{21-24}$ p^{h}iak$_{8}^{21}$ 肥肉(肉白)//nan$_{4}^{21-24}$ziŋ$_{1}^{35}$瘦肉(肉红)

nằn têang, viande boucanée. 肉干(肉饷) nan$_{4}^{21-24}$ tiaŋ$_{3}^{33}$//mɑk$_{8}^{21}$ sɑk$_{7}^{55}$ tiaŋ$_{3}^{33}$萝卜干//ʔba$_{1}^{35-21}$ʔdak$_{7}^{55-33}$tiaŋ$_{3}^{33}$干鱼(鱼晒饷)　按：不加盐晒干。

nàn zau=nàn téng, chair vive. 鲜肉(肉生/肉活) nan$_{4}^{21-24}$zou$_{3}^{33}$//nan$_{4}^{21-24}$ ʔdai$_{1}^{35}$死肉(肉死)//nan$_{4}^{21-24}$zɔp$_{7}^{55}$生肉//nan$_{4}^{21-24}$ŋɑu$_{3}^{33}$熟肉//nan$_{4}^{21-24}$teŋ$_{1}^{35}$生肉(肉生,说法不对)

nằn nát=nằn zọa, viande coriace. 肉韧 nan$_{4}^{21}$nɑt$_{7}^{55}$=肉硬 nan$_{4}^{21}$zuaʔ$_{7}^{55}$ 按：主谓结构不变调。//nan$_{4}^{21-24}$nɑt$_{7}^{55}$韧肉(肉韧)//nan$_{4}^{21-24}$zuaʔ$_{7}^{55}$硬肉(肉硬)

nằn hảu, corps. =M.-T. na:n. 肉身(=现代泰语 na:n)nan$_{4}^{21-24}$hɔu$_{2}^{24}$

=M.-T. *na:n*, T. '*nɯə* เนื้อ(肉)

lan p'an-lan, déconcerté. 迷茫/纷乱 p^{h}an$_{3}^{33}$luan$_{4}^{21}$叛乱//tei$_{3}^{33}$kan$_{1}^{35}$p^{h}an$_{3}^{33}$luan$_{4}^{21}$世间叛乱　按：p^{h}an$_{3}^{33}$luan$_{4}^{21}$指发生混乱,如瘟疫、灾难等情况。

<** *bi̯in-li̯uən* 喻

lản 懒 lan$_{4}^{21}$

ziàng-bỏn lản tếi=ziàng-bỏn lản sỗk, fainéant, paresseux. 懒汉(人懒尸 ziaŋ$_{2}^{24-21}$ʔbɑn$_{2}^{24-21}$lan$_{4}^{21-24}$tei$_{1}^{35}$=人懒缩 ziaŋ$_{2}^{24-21}$ʔbɑn$_{2}^{24-21}$lan$_{4}^{21-24}$sok$_{7}^{55}$)

lản sỗk=lản tếi, indolent. 懒缩 lan$_{4}^{21-24}$sok$_{7}^{55}$=懒尸 lan$_{4}^{21-24}$tei$_{1}^{35}$//ke$_{2}^{24}$sok$_{7}^{55}$嘴馋(喉缩)

<*ᶜ *lân* 懶

làn 孙 lan$_{1}^{35}$

làn lẹk k'iàng, petit-fils. 孙子(孙男) lan$_{1}^{35-21}$lɛk$_{8}^{21}$k^{h}iaŋ$_{4}^{21}$

làn lẻ lẹk, petite-fille. 孙女(孙女) lan$_{1}^{35-21}$lɛ$_{4}^{21-24}$lɛk$_{8}^{21}$

=T. *hla:n* หลาน(侄/甥/孙)

lản 栏/拦 lan$_{2}^{24}$

hũk lản, contrecarrer. 做栏杆(做栏) huk$_{7}^{55-33}$lan$_{2}^{24}$

lản lứng, empêcher (mettre obstacle). 拦住 lan$_{2}^{24}$ləŋ$_{1}^{35}$

<* *lân* 闌

sàn 溅 san_4^{21}

nòm sàn, éclabousser. 水溅 $nɑm_4^{21}san_4^{21}$

<* *tsən'* 濽

zản famille 家/屋 zan_2^{24}

tở-hoi zản, affaires (ustensiles) de ménage. 家务事(事会家) $tə_4^{21-24}hoi_3^{33}$ zan_2^{24}(少说)//$tə_4^{21-24}hoi_3^{33}ze_1^{35-21}zan_2^{24}$(常说)

kờ zóng zau zản, il n'est pas à la maison. 他不在家 $kə_4^{21}zɑŋ_5^{55}zou_3^{33}zan_2^{24}$

zản kản aù, une maison. 一间屋子(屋间一) $zan_2^{24}kan_5^{55}ɔu_4^{21}$//$zan_2^{24}$ $ʔbun_5^{55}kan_1^{35}$两间屋子(屋两间)

zản tềa, baraque. 茅屋(屋茅) $zan_2^{24-21}tia_2^{24}$

lẹk zản, case (petite maison). 小屋 $lɛk_8^{21}zan_2^{24}$

tsồ zản, louer une maison. 租房 $ts^ho_1^{35-21}zan_2^{24}$//$ts^ho_3^{33}zan_2^{24}$房主(主屋)

hũk zản=k'ếi zản, faire une maison. 盖房子(做屋 $huk_7^{55-33}zan_2^{24}$ =起屋 $k^hei_3^{33}zan_2^{24}$)

soản zản, la famille entière. 全家 $suan_2^{24-21}zan_2^{24}$

na zản, façade maison. 房子正面(面屋) $na_3^{33}zan_2^{24}$

zóng mưởn zản zau, sans domicile. 没有房子住(没有屋在) $zɑŋ_5^{55}$ $mən_2^{24-21}zan_2^{24}zou_3^{33}$

zản dom, la maison s'est éboulée. 房屋倒 $zan_2^{24}ʔdɔm_3^{33}$//≠$zan_2^{24-21}ʔdɔm_3^{33}$ 倒掉的屋子//$zan_2^{24}hop_7^{55}$房屋塌

=C.-D. *ra:n*, T. *rɯən* **เรือน**(*房屋*)

kán lin (sic) (chanvre) 麻 kan_1^{35}

kán dón aù, plant de chanvre. 一株麻(麻株一) $kan_1^{35}ʔdɔn_5^{55}ɔu_4^{21}$

zệk nóng kán, teiller le chanvre. 剥麻皮(剥皮麻) $zik_8^{21}nɑŋ_1^{35-21}kan_1^{35}$

zóng kẳn tờ zea, cela ne me concerne pas. 不关我事(不干是我) $zɑŋ_5^{55}$ $kan_1^{35-21}tə_4^{21-24}zia_3^{33}$//$zɑŋ_5^{55}kan_1^{35-21}tə_4^{21}$ 不干是//=$zɑŋ_5^{55}tə_4^{21}$ 不是//$kan_1^{35-21}tə_4^{21}$ $zɑŋ_5^{55}kan_1^{35-21}tə_4^{21}$是不是(干是不干是)? //$kan_1^{35-21}tə_4^{21}mɔ_3^{33}kou_5^{55}$干你什么事? (干是你事)

<* *kɯan* 關

kẳn 艰 $kɑn^{33}$

kẳn năn, adversité. 艰难 $kɑn^{33}nan_2^{24}$//$kɑn^{33}k^ho^{21}$艰苦

<H. *kẳn* * *kaən* 艱

kản 间 kan$_1^{35}$/kan^{33}

p'ỡt ziền kản, à l'improviste. 突然间(不然间) p^{h}ut$_7^{55}$zian$_2^{24}$kan^{33}

zản kán aù, travée d'une maison. 一间房(房间一) zan$_2^{24}$kan$_5^{55}$ɔu$_4^{21}$//zan$_2^{24}$ʔbun$_5^{55}$kan$_1^{35}$

mền kán aù, une pagode. 一间庙(庙间一) meu$_4^{21}$kan$_5^{55}$ɔu$_4^{21}$　按：*mền* 是 *mêù* 之误。参看 *mêù* 条。

kan 间 kan$_1^{35}$

zản nè kán tờ dểi dea, cette maison m'appartient. 这间房是我的(房这间是隶我) zan$_2^{24-21}$nɛ$_1^{35-21}$kan$_1^{35}$tə$_4^{21}$ʔdɛi$_2^{24}$zia$_3^{33}$　按：*dea* 是 *zea* 之误，转换不彻底。ʔdɛi$_2^{24}$zia$_3^{33}$隶我，ʔdɛi$_2^{24}$同"烂"。

kán 间 kan$_1^{35}$

zan zổng tềi kán, en ce monde. 在世上(在上世间) zou$_3^{33}$zuŋ$_1^{35-21}$tei$_3^{33}$kan$_1^{35}$//=zou$_3^{33}$tei$_3^{33}$kan$_1^{35}$在世间(常说)//zou$_3^{33}$zoŋ$_1^{35-21}$tei$_3^{33}$kan$_1^{35}$在别世间(少说)//zou$_3^{33}$ʔdau$_2^{24-21}$ɔm$_1^{35-21}$kan$_1^{35}$在阴间(在下阴间)//=zou$_3^{33}$ɔm$_1^{35-21}$kan$_1^{35}$在阴间(常说)　按：*zan* 是 *zau* 之误。参看 *têi* 韵"在阴间"(en ce bas monde)条。

bọk zùng tềi kán, temporel. 埋世间上(埋上世间) ʔbok$_7^{55-33}$zuŋ$_1^{35-21}$tei$_3^{33}$kan$_1^{35}$　按：指死人埋在石堆中。附近的石山一带都是火山岩石。法语解释是"暂时的"。//=hok$_7^{55-33}$zuŋ$_1^{35-21}$tei$_3^{33}$kan$_1^{35}$放世间上(放上世间)//zuŋ$_1^{35}$上(方位词)

<* *kaən*　閒

sêàu kản aù, un fusil. 一杆枪(枪杆一) seu$_1^{35}$kan$_2^{24}$ɔu$_4^{21}$//seu$_1^{35}$ki$_5^{55}$ɔu$_4^{21}$一支枪(更常说)

<* *kân*　干

án (tellement) 这么/如此 ən$_5^{55}$

án số, si grand. 这么大 ən$_5^{55}$so$_1^{35}$//ən$_5^{55}$niʔ$_7^{55}$这么小

han souder. 焊 han$_3^{33}$//han$_3^{33}$ka$_3^{33}$hiat$_7^{55}$焊铁架(焊架铁)//han$_3^{33}$lei$_2^{24}$焊犁//ʔdien$_5^{55}$han$_3^{33}$电焊

<H. *han*　* *ân*　釬

han □han$_3^{33}$

lẹk hăn = *lẹk han*, orphelin, enfant délaissé. 孤儿 lɛk$_8^{21}$han$_3^{33}$

han charbon. 碳 han$_3^{33}$

diển hán, anthracite. 无烟煤(石炭) ʔdien$_2^{24-21}$han$_3^{33}$

zữt tèng han, carboniser. 烧成碳 zut$_7^{55}$teŋ$_2^{24-21}$han$_3^{33}$

bưởn han, charbon dite bois. 木炭(柴炭) ʔbən$_2^{24-21}$han$_3^{33}$

< =T. *t'a: n'* ถ่าน(炭) * *t'ân'* 炭

hản hẳn 寒 han$_2^{24}$ 按:原文认为本字是"闲",误。

ziàng-bỏn hẳn siền, personne de basse condition. 寒贱的人(人寒贱) ziaŋ$_2^{24-21}$ʔbɑn$_2^{24-21}$han$_2^{24}$sien$_4^{21}$寒贱的人(被人看不起的人)//= ziaŋ$_2^{24-21}$ ʔbɑn$_2^{24-21}$ han$_2^{24-21}$ts^{h}ien$_3^{33}$寒贱的人(指女人下贱)

<* *ɣaən* 閒

hản kai, circonscrire. 限界(动宾结构)han$_4^{21-24}$kai$_3^{33}$// = ʔdiŋ$_3^{33}$kai$_3^{33}$定界// mən$_2^{24-21}$han$_4^{21}$有限//zɑŋ$_5^{55}$han$_4^{21-24}$tɛi$_2^{24-21}$heu$_4^{21}$不限时间(不限时候)

zóng hăn zóng lêang, illimité. 无限量(无限无量) zɑŋ$_5^{55}$han^{33}zɑŋ$_5^{55}$liaŋ^{33} (不说)//zɑŋ$_5^{55}$han^{33}liaŋ^{33}无限量(常说)

<*ᶜ *ɣaən* 限

有三个恰当的对应词,与壮语、莫语和台语都接近:

	临高	台语	壮语	石家	莫语	水语	侗语	黎萨	黎王
chair 肉	*nàn*	(*'nɯə*	*no'*	*mlo*)	*'na: n*	*'na: n*	*'na: n*	*mam*	*am ham*
petit-fils 孙子	*làn*	*hla: n*	*hla: n*	*la: n*	*hla: n*	*kha: n*	*khɯa: n*	*la: l*	*la: l*
maison 屋/家	*zản*	*rɯən*	*ra: n*	*ra: n*	*ra: n*	*Ra: n*	*ya: n*	*dɯən*	(*ploṅ ploṅ*)

UN-ÔN UÔN

buôn jardin. 园/园子

buôn sõk, jardin potager (voir *bươn*). 菜园(园菜) ʔbun$_3^{33}$sɑk$_7^{55}$//ʔbun$_3^{33}$ mak$_8^{21}$果园

p'uôn 吩 p^{h}an$_1^{35}$

p'uôn-p'ú, commander. 吩咐 p^{h}an$_1^{35-21}$p^{h}o$_3^{33}$

<H. *phủn-phú* ** *pi̯uən-pi̯ouᵓ* 吩

duốn 顿 ʔdon$_3^{33}$

kón tềa duốn aù, prendre un repas. 吃一顿饭(吃饭顿一) kɔn$_1^{35-21}$tia$_4^{21}$

$ʔdon_5^{55}ɔu_4^{21}$ // = $kɔn_1^{35-21}tia_4^{21}ʔdon_3^{33}$

tềa duốn aù, un repas. 一顿饭(饭顿一) $tia_4^{21}ʔdon_5^{55}ɔu_4^{21}$

< * *tuən*ʾ 頓

dún dốn 阉(騬) $ʔdon_1^{35}$ 按：本字应该是“騬”。《集韵》:“都昆切。《字林》：去畜势也。”

dún kói, châtrer, chaponner. 阉鸡(动宾结构) $ʔdon_1^{35-21}kɑi_1^{35}$

kói dốn, chapon. 阉鸡/阉过的鸡(鸡阉) $kɑi_1^{35-21}ʔdon_1^{35}$ // $ŋɔu_2^{24-21}ʔdon_1^{35}$ 阉过的牛(牛阉)

= T. *to:n* ตอน(阉)

dốn 墩 $ʔdɔn_4^{21}$

dốn aù, un monceau. 一堆(墩一) $ʔdɔn_4^{21-24}ɔu_4^{21}$ // $ʔbun_5^{55}ʔdɔn_4^{21}$ 两堆(两墩)

<H. *duổn* * *tuən* 墩

dồn □$ʔdɔn_4^{21}$ 按：与“洞”同音。

zau dồn dá, milieu, entre. 在中间 $zou_3^{33}ʔdɔn_4^{21}ʔda_3^{33}$ 按：不合变调规律。没有 $ʔdɔn_1^{35}$ 和 $ʔdɔn_2^{24}$。

ziàng bỏn dồn da, entremetteur. 中间人(人中间) $ziaŋ_2^{24-21}ʔbɑn_2^{24-21}ʔdɔn_4^{21}ʔda_3^{33}$

<*dỏn*

dổn 洞 $ʔdɔn_4^{21}$

dổn kể, gorge. 喉咙/食道(洞喉) $ʔdɔn_4^{21-24}ke_2^{24}$ // $ke_2^{24-21}suŋ_1^{35}$ 喉管/气管(喉囱) // $mɑk_8^{21}ke_2^{24}$ 脖子前部 // $mɑk_8^{21}leŋ_4^{21}$ 脖子后部/整个脖子 // $ʔdɑu_2^{24}ke_2^{24}$ 下巴(下喉) // $ke_2^{24-21}suŋ_1^{35}zuaʔ_7^{55}$ 喉结(喉囱硬)

dổn kể dọk, avoir mal à la gorge. 嗓子疼/喉咙痛(洞喉疼) $ʔdɔn_4^{21-24}ke_2^{24}ʔdɔk_8^{21}$ 按：不说 $ke_2^{24-21}suŋ_1^{35}ʔdɔk_8^{21}$。

tun 遵 ts^hun^{33}

tun sổng, condescendre. 遵从 $ts^hun^{33}soŋ_2^{24}$ // $ts^hun^{33}soŋ_2^{24-21}zoŋ_1^{35}$ 遵从别人

tuôn 顺 tun_3^{33}；泼 tun_1^{35}

tuôn biên = *tuôn mể*, commode. 顺便 $tun_3^{33}ʔbien_3^{33}$ = 顺手 $tun_3^{33}me_2^{24}$ // = $p^hien_5^{55}p^hien_4^{21}$ 便便

tuôn nòm zỏng, descendre le courant. 顺流下(顺水下) $tun_3^{33}nɑm_4^{21}zɔŋ_2^{24}$

tuôn nòm, courant favorable. 顺流(顺水) tun$_3^{33}$ nɑm$_4^{21}$//tun$_3^{33}$ lei$_1^{35}$ 顺流//ŋek$_8^{21}$ nɑm$_4^{21}$ 逆流

tuôn bon, vent favorable. 顺风 tun$_3^{33}$ ʔbɑn$_3^{33}$//ŋek$_8^{21}$ ʔbɑn$_3^{33}$

tuốn kẩn, rejaillir. 泼上(一盆水) tun$_1^{35}$ kun$_3^{33}$ 泼上//tun$_1^{35-21}$ nɑm$_4^{21}$ 泼水//tun$_1^{35}$ ʔbat$_8^{21}$ 泼掉

<H.*tuôn* **žɯinˀ* 顺

tuồn 巡 tun$_2^{24}$

ziàng-bỏn tuồn hiến hà, cosmopolite. 周游四海的人/四海为家的人(人巡天下) ziaŋ$_2^{24-21}$ ʔbɑn$_2^{24-21}$ tun$_2^{24-21}$ hien$_1^{35-21}$ ha$_4^{21}$

tuổn 巡 tun$_2^{24}$

tuổn da kiểm, faire la ronde nocturne. 巡夜(巡夜晚) tun$_2^{24-21}$ ʔda$_3^{33}$ kim$_4^{21}$// = tun$_2^{24-21}$ keŋ$_1^{35}$ 巡更

tuổn nám, faire un tour de promenade. 游玩(巡玩) tun$_2^{24}$ nam$_1^{35}$

tuổn mươn léng, vagabonder. 流浪/漂流(巡有地) tun$_2^{24}$ mən$_2^{24-21}$ lɛŋ$_1^{35}$ 巡有地(不说)//mən$_2^{24-21}$ lɛŋ$_1^{35}$ tun$_2^{24}$ 有地方巡(常说)//tun$_2^{24}$ min$_5^{55}$ lɛŋ$_1^{35}$ 遍地逛/游玩(巡遍地)//min$_5^{55}$ lɛŋ$_1^{35}$ mən$_2^{24-21}$ ziaŋ$_2^{24-21}$ ʔbɑn$_2^{24}$ 到处有人

<H. *tuồn* **zɯin* 巡

tuổn autoriser, admettre, approuver, consentir, permettre. 准 ton$_2^{24}$(≠tun$_2^{24}$ 巡)

hoán bới tuổn, badauder. 看热闹(闲去巡) huan$_2^{24}$ ʔbəi$_1^{35-21}$ tun$_2^{24}$ 按:"闲"不变调。

hoắn tuổn, flâner. 闲逛(闲巡) huan$_2^{24-21}$ tun$_2^{24}$// = tun$_2^{24}$ nam$_1^{35}$(巡玩)// = tam$_3^{33}$ nam$_1^{35}$(走玩)// = ʔbəi$_1^{35}$ nam$_1^{35}$(去玩)// = tun$_2^{24}$ tam$_3^{33}$(巡走)

tuổn hiến hà, parcourir le monde. 走遍天下(巡天下) tun$_2^{24-21}$ hien$_1^{35-21}$ ha$_4^{21}$

tuổn tam, rôder. 闲逛/游荡(巡走) tun$_2^{24}$ tam$_3^{33}$

liú tuổn, viser. 看准 liu$_1^{35}$ ton$_2^{24}$

<H. *tuỗn* *ᶜ*čɯin* 准

nủn 暖 non$_3^{33}$/non$_2^{24}$(non$_3^{33}$ 暖≠nɔn$_3^{33}$ 忍/引)

nòm ùn nủn, eau tiède. 暖水(水温暖) nɑm$_4^{21-24}$ un$_1^{35-21}$ non$_2^{24}$ 按:注意"暖"的声调。//hien$_1^{35}$ non$_3^{33}$ 天暖

<H. *nùn* *ᶜ*nuân* 暖

lun, *luôn* chaud. 热 lun$_3^{33}$

nòm lun, eau chaude. 热水(水热) nɑm$_4^{21-24}$ lun$_3^{33}$//≠nɑm$_4^{21}$ lun$_3^{33}$ 水热//

lun$_3^{33}$tia$_4^{21}$热饭（热剩饭）

hiên luôn, été, temps chaud. 热天（天热）hien$_1^{35-21}$lun$_3^{33}$//≠hien$_1^{35}$lun$_3^{33}$天热

luôn lêào, très chaud. 太热（热多）lun$_3^{33}$liau$_4^{21}$//=hɑi$_5^{55}$lun$_3^{33}$太热//=hɑi$_5^{55}$zit$_8^{21}$太热

zóng nĩt zóng luôn, ni froid ni chaud. 不冷不热 zɑŋ$_5^{55}$nit$_7^{55}$zɑŋ$_5^{55}$lun$_3^{33}$//=zɑŋ$_5^{55}$nit$_7^{55}$zɑŋ$_5^{55}$zit$_8^{21}$

hũk luôn, réchauffer. 搞热/弄热（做暖）huk$_7^{55}$lun$_3^{33}$

luôn 论 lun$_3^{33}$/lən$_3^{33}$/lin$_4^{21}$

biên luôn, argument. 辩论 ʔbien$_3^{33}$lun$_3^{33}$（少说）//ʔbien$_3^{33}$lən$_3^{33}$（多说）

hàm luôn, converser. 谈论 ham$_2^{24-21}$lən$_3^{33}$

zóng luồn zêàng kơi, de toute façon. 不论怎样 zɑŋ$_5^{55}$lin$_4^{21-24}$ziɑŋ$_4^{21-24}$kəi$_3^{33}$ 按：不说 lun$_4^{21}$。

zóng luồn bỏn no, quiconque. 无论谁/无论任何人（不论天人）zɑŋ$_5^{55}$lin$_4^{21-24}$ʔbɑn$_2^{24}$nɑ$_3^{33}$

< * *luən* 論

luôn (nu) 裸/秃 lon$_3^{33}$

luồn kỗk bới, aller pieds nus. 光脚去/赤脚去 lon$_3^{33}$kok$_7^{55}$ʔbəi$_1^{35}$

hau luôn, calvitie. 秃头（头秃）hɑu$_3^{33}$lon$_3^{33}$//=hɑu$_3^{33}$luɑŋ$_1^{35}$秃顶

luôn 轮 lun$_2^{24}$

luổn lếi, alternativement. 轮流 lun$_2^{24-21}$lei$_1^{35}$（少说）//lun$_2^{24-21}$kɔn$_2^{24}$轮流（轮互相，多说）

luổn lếi hũk, alterner. 轮流做 lun$_2^{24-21}$kɔn$_2^{24}$huk$_7^{55}$

luổn bểi kề, par rang d'ancienneté. 论资排辈（论辈纪）lun$_2^{24-21}$ʔbəi$_3^{33}$ke$_4^{21}$

luổn kỏn hũk, se relayer au travail. 轮流做（轮相做）lun$_2^{24-21}$kɔn$_2^{24}$huk$_7^{55}$

luổn sêá, roue de voiture. 车轮（轮车）lun$_2^{24-21}$sia$_1^{35}$//p^{h}ɑi$_4^{21-24}$sia$_1^{35}$ 按：p^{h}ɑi$_4^{21}$同"篦子"≠p^{h}ɑi$_2^{24}$扇子。

hói lêào luổn, souvent. 很多轮（太多轮）hɑi$_5^{55}$liau$_4^{21}$lun$_2^{24}$//ʔbəi$_5^{55}$lun$_2^{24}$那次（去轮）//hɑi$_5^{55}$liau$_4^{21}$p^{h}əi$_2^{24}$很多下（太多回） 按：p^{h}əi$_2^{24}$有几"下"的意思。//hɑi$_5^{55}$liau$_4^{21}$siu$_2^{24}$很多次（太多次）//=hɑi$_5^{55}$liau$_4^{21}$sɔn$_1^{35}$很多趟（太多

亲）//siu$_2^{24}$ɔu$_4^{21}$mɔ$_3^{33}$kit$_7^{55-33}$zia$_3^{33}$hɑi$_5^{55}$liau$_4^{21}$siu$_2^{24}$他一次打了我太多下

luổn kỏn hũk, travailler chacun son tour. 轮流做（论相做）lun$_2^{24-21}$kɔn$_2^{24}$huk$_7^{55}$

zóng luôn, sans distinction. 不论 zɑŋ$_5^{55}$lun$_3^{33}$（不说）//zɑŋ$_5^{55}$lin$_4^{21}$（常说）

<H. *luồn*　**lwín*　輪

tsun croire 相信（遵）ts^{h}un^{33}

k'ỏ tsun, admissible. 可信（可遵）k^{h}o$_3^{33}$ts^{h}un^{33}

loàn tsun, crédule. 轻信（乱遵）luan$_5^{55}$ts^{h}un^{33}

tsun zoi kua, croyable. 信得过（遵得过）ts^{h}un^{33}zɑi$_3^{33}$kua$_3^{33}$

zóng tsun, discréditera. 不信（不遵）zɑŋ$_5^{55}$ts^{h}un^{33}

tsun dẫk, la foi. 信德（遵德）ts^{h}un^{33}ʔdek$_7^{55}$

dá tsun dá ngẻi, hésiter（œil confiant œil méfiant）. 半信半疑（半遵半疑）ʔda$_5^{55}$ts^{h}un^{33}ʔda$_5^{55}$ŋei$_2^{24}$

nàn tsun, improbable. 难信（难遵）nan$_2^{24-21}$ts^{h}un^{33}

<* *si̯in*ʾ　信

tsuôn tsùn 尊 ts^{h}un^{33}

tsuôn kuí, noble. 尊贵 ts^{h}un^{33}kui$_5^{55}$

tsuôn kíng, estime. 尊敬 ts^{h}un^{33}kiŋ$_5^{55}$

ziàng-bỏn tsùn kúi, personne de haute condition. 尊贵的人（人尊贵）ziaŋ$_2^{24-21}$ʔbɑn$_2^{24-21}$ts^{h}un^{33}kui$_5^{55}$

<* *tsuən*　尊

sun（honteux）hideux. 丑/羞（蠢）sun$_3^{33}$　按：与海南话同。

mảng sun, rougir. 怕羞（恾蠢）maŋ$_2^{24-21}$sun$_3^{33}$

zóng hàu sun, éhonté. 无耻（不知羞）zɑŋ$_5^{55}$hɔu$_4^{21-24}$sun$_3^{33}$

bõt mảng sun, sensitive. 含羞草（草恾羞）ʔbɑt$_7^{55-33}$maŋ$_2^{24-21}$sun$_3^{33}$

na sun, visage laid. 丑脸（脸蠢）na$_3^{33}$sun$_3^{33}$

ziàng-bỏn sun, contrefait, difforme. 丑人（人蠢）ziaŋ$_2^{24-21}$ʔbɑn$_2^{24-21}$sun$_3^{33}$

<H. *šuỗn*

suôn（disgracieux, difforme）. 丑（蠢）sun$_3^{33}$

nói suôn, mal famé. 臭名/恶名（名蠢）nɔi$_1^{35-21}$sun$_3^{33}$

na nóng ná zóng hàu suôn, déhonté. 脸皮厚不知羞 na$_3^{33}$nɑŋ$_1^{35}$na$_1^{35}$zɑŋ$_5^{55}$hɔu$_4^{21-24}$sun$_3^{33}$

na suôn, visage difforme. 丑脸（脸蠢）na$_3^{33}$sun$_3^{33}$

sun 衬 sɔn$_{5}^{55}$

ziàng-bỏn lêào bong sún, achalandé. 顾客多的(人多帮衬) ziaŋ$_{2}^{24-21}$ ʔbɑn$_{2}^{24}$ liau$_{4}^{21}$ ʔbɑŋ^{33} sɔn$_{5}^{55}$

<H. *sún* **ts'i̯in'* 襯

sồn 伸 sɔn$_{1}^{35}$

sồn mể, avancer la main, étendre le bras. 伸手 sɔn$_{1}^{35-21}$ me$_{2}^{24}$//sɔn$_{1}^{35-21}$ kok$_{7}^{55}$伸腿/伸脚

<**ši̯in* 伸

zuốn 站立 zun$_{1}^{35}$

zuốn laủ, debout. 站起 zun$_{1}^{35}$lɔu$_{2}^{24}$

zuốn dọ, vertical. 站直 zun$_{1}^{35}$ʔdɑʔ$_{8}^{21}$

zún (se tenir) 站立 zun$_{1}^{35}$

zún zóng un, chanceler. 站不稳 zun$_{1}^{35}$zɑŋ$_{5}^{55}$un$_{3}^{33}$

=T. *ʔyɯn* ยืน(站立)

zuôn 熨 zon$_{3}^{33}$

zuôn dảu, fer à repasser. 熨斗 zon$_{3}^{33}$ʔdou$_{3}^{33}$

zuổn 闰 zun$_{4}^{21}$

zuổn bểi, année bissextile. 闰年 zun$_{4}^{21-24}$ʔbɛi$_{2}^{24}$//ʔbɛi$_{2}^{24-21}$ nɛi$_{4}^{21}$ka$_{1}^{35-21}$ kɛu$_{2}^{24}$ 闰年(今年加月)//zun$_{4}^{21-24}$kɛu$_{2}^{24}$闰月

<H. *zuổn* **ñɰin'* 閏

kuôn 棍 kun$_{5}^{55}$

aù kuôn kĩt bõk mề, donner la bastonnade. 拿棍打屁股(要棍击屁股) ou$_{1}^{35-21}$kun$_{5}^{55}$kit$_{7}^{55-33}$ʔbɑk$_{7}^{55-33}$me$_{4}^{21}$

kun, *kuốn* 骗/棍 kun$_{5}^{55}$

kun hẻo aù, un bâton. 一根棍(棍条一) kun$_{5}^{55}$hɛu$_{2}^{24}$ɔu$_{4}^{21}$

lẹk kuẳn kún, coquin. 骗子 lɛk$_{8}^{21}$kuaŋ$_{4}^{21}$kun$_{5}^{55}$　按: *kuẳn* 是 *kuẳng* 之误。kuaŋ$_{4}^{21}$kun$_{5}^{55}$不单说。

kún zống, duper les gens. 骗人(骗别人) kun$_{5}^{55}$zoŋ$_{1}^{35}$//=kuaŋ$_{4}^{21}$kun$_{5}^{55}$zoŋ$_{1}^{35}$

kuốn zống, tromper. 骗人(骗别人) kun$_{5}^{55}$zoŋ$_{1}^{35}$//=tɯ$_{3}^{33}$huaŋ$_{3}^{33}$zoŋ$_{1}^{35}$骗人

(损人不利己)

kún p'ươn niến, séduire une femme. 诱骗女人(骗婆姩) kun$_5^{55}$ p^{h}e$_2^{24-21}$ nin$_1^{35}$ 按：*p'ươn* 记音错误。

<H. *kun* * *kuən*ʾ 棍

kun kùn 军 kun^{33}

sung-kun, déporter. 流放(充军) suŋ^{33}kun^{33}

sùng-kùn, bannissement. 放逐(充军) suŋ^{33}kun^{33}

sông-kuôn, exiler. 流放(充军) suŋ^{33}kun^{33}

<H. *kuôn* * *kɯin* 軍

k'un, *k'uổn* 群 k^{h}un$_2^{24}$

ziàng-bỏn k'ủn aù hũk kống, équipe d'ouvriers. 一群干活的人(人群一做工) ziaŋ$_2^{24-21}$ʔbɑn$_2^{24}$k^{h}un$_2^{24}$ɔu$_4^{21}$huk$_7^{55-33}$koŋ$_1^{35}$

mềng són k'ủn aù, essaim d'abeilles. 一群蜜蜂(虫蜜蜂群一) miŋ$_2^{24-21}$ sɑŋ$_3^{33}$k^{h}un$_2^{24}$ɔu$_4^{21}$ 按：*són* 是 *sóng* 之误，标调也错误。

tềng k'ùn, rassembler. 成群 teŋ$_2^{24-21}$k^{h}un$_2^{24}$

ziàng-bỏn k'ún aù, une foule. 一群人(人群一) ziaŋ$_2^{24-21}$ʔbɑn$_2^{24}$k^{h}un$_2^{24}$ɔu$_4^{21}$

bõt k'uổn aù, amas d'herbes. 一捆草(草捆一) ʔbɑt$_7^{55}$ k^{h}un$_2^{24}$ ɔu$_4^{21}$//=ʔbɑt$_7^{55}$ts^{h}um$_5^{55}$ɔu$_4^{21}$一堆草(草抓一) 按：ts^{h}um$_3^{33}$抓(抓豆子、米粒)。

ngảu k'uổn aù, troupeau de buffles. 一群牛(牛群一) ŋɔu$_2^{24}$k^{h}un$_2^{24}$ɔu$_4^{21}$

mọk diển k'uổn aù, tas de pierres. 一堆石头(石群一) mɑk$_8^{21}$ ʔdien$_2^{24}$ k^{h}un$_2^{24}$ɔu$_4^{21}$

<H. *k'ùn* * *gi̯uən* 群

un, *ún* fin, ténu. 年轻/嫩 un$_3^{33}$

ziàng-bỏn un, jeune. 年轻人(人年轻) ziaŋ$_2^{24-21}$ʔbɑn$_2^{24-21}$un$_3^{33}$

bỏn un, duvet. 绒毛(毛嫩) ʔbɑn$_2^{24-21}$un$_3^{33}$

=T. *ʔo:n*ʾ อ่อน(嫩/不成熟)

un, *ún* (épine) 刺 un$_1^{35}$

kuản ún, bambou épineux. 有刺的竹子(竹刺) kuan$_2^{24-21}$ un$_1^{35}$//hɑn$_4^{21}$刺竹//kuan$_2^{24}$粉竹

ún tsếi aù, une épine. 一支刺(刺支一) un$_1^{35}$ ts^{h}ei$_5^{55}$ ɔu$_4^{21}$//un$_1^{35}$ ʔbun$_5^{55}$ ts^{h}ei$_1^{35}$

k'ẹa ún, arracher une épine. 挑刺 k^{h}iaʔ$_7^{55-33}$un$_1^{35}$挑刺

don ún, (une) ronce. 荆棘(刺树) ʔdɔn$_3^{33}$un$_1^{35}$

=Sek *ʔo:n*, C.-D. *ʔon*.

ùn 温 un$_1^{35}$/un^{33}

nòm ùn nủn, eau tiède. 温暖水（水温暖） nɑm$_4^{21-24}$ un$_1^{35-21}$ non$_3^{33}$// un$_1^{35-21}$ non$_2^{24}$ 温暖//=un^{33}non^{21} 按：暖 nun$_3^{33}$（王录尊），non$_3^{33}$（二李）。

nòm ùn, eau croupissante. 死水（水稳） nɑm$_4^{21-24}$ on$_3^{33}$ 死水//nɑm$_4^{21-24}$ lei$_1^{35}$ 活水（水流）

nòm ùn, eau stagnante. 死水（水稳） nɑm$_4^{21-24}$ on$_3^{33}$ 死水（水稳）//nɑm$_4^{21-24}$ non$_3^{33}$ 温水（水暖）

<H. ủn = T. *ʔunˀ* **อุ่น**（温）* *ʔuən* 溫

ủn (ferme) 隐 un^{21}

tỏ-hoi ủn sòng, secret (affaire ferme cachée). 隐藏的事情（事会隐藏） tə$_4^{21-24}$hoi$_3^{33}$un^{21}sɑŋ$_2^{24}$

ủn ổn 稳 un^{21}/on$_3^{33}$（稳 un^{21} = on^{21}）

hũk ủn dóng, affermir. 加固/巩固（做稳当） huk$_7^{55}$un^{21}ʔdɑŋ$_5^{55}$

hũk ổn dóng, raffermir. 加固/巩固（做稳当） huk$_7^{55}$un^{21}ʔdɑŋ$_5^{55}$

ủn dóng, garanti, assuré. 稳当 un^{21}ʔdɑŋ$_5^{55}$

zùn zóng un, chanceler. 站不稳 zun$_1^{35}$zɑŋ$_5^{55}$on$_3^{33}$

zóng ủn dong, branlant pas solide. 不稳当 zɑŋ$_5^{55}$un^{21}ʔdɑŋ$_5^{55}$

ổn dóng, inébranlable (voir *on*). 稳当 un^{21}ʔdɑŋ$_5^{55}$

<*ᶜ *ʔuən* 穩

hún 训 hun$_1^{35}$ 按：来自海口话"训"，阴去，调值35。

kao hún. hún mềng, divination. 教训，算命（训命） kau$_3^{33}$ hun$_1^{35}$ 教训 hun$_1^{35-21}$miŋ$_4^{21}$ 算命（训命）

hun mềng, tirer l'horoscope. 算命（训命） hun$_1^{35-21}$miŋ$_4^{21}$

<H.*hún* * *i̯uənˀ* 訓

huốn 发髻 hun$_1^{35}$ 按：原文认为本字是"粉"，误。

huốn mọ aù, un chignon. 一个发髻（发髻个一） hun$_1^{35}$ mɔʔ$_8^{21}$ ɔu$_4^{21}$ 按：实际读为 mɔ$_4^{21-24}$ ɔu$_4^{21}$//hien$_2^{24-21}$ hun$_1^{35}$ 扎发髻/盘头发//hien$_2^{24-21}$ hɑp$_8^{21}$ 卷布//hien$_2^{24-21}$ ts^{h}ei$_3^{33}$ 卷纸（动宾结构）//ts^{h}ei$_3^{33}$hien$_2^{24}$ 卷纸/厕纸（纸卷）

kủi huốn, cosmétique. 假发髻（东西发髻） keu$_4^{21-24}$hun$_1^{35}$ 按：指琼剧表

演者戴的装饰性发髻。*kủi* 是 *kiảu* 之误。

<^{*c}*pi̯uən* 粉

huồn 断 hon$_4^{21}$（王录尊）/hun$_4^{21}$（孔庆葳、二李）

bửi huồn, trancher. 割断 ʔbui$_1^{35}$hon$_4^{21}$

huồn, *hồn* 魂 hon$_2^{24}$；断 hon$_4^{21}$

hồn-p'ẽk, âme. 魂魄 hen$_2^{24-21}$p^{h}ek$_7^{55}$//liŋ$_2^{24}$hon$_2^{24}$灵魂

huồn-p'ẽk tan, s'affoler. 魂魄散 hon$_2^{24-21}$ p^{h}ek$_7^{55}$ tan$_3^{33}$（不说）//hen$_2^{24-21}$ p^{h}ek$_7^{55}$tan$_3^{33}$（常说）

ní huồn k'éi, agoniser. 临终/临死（将断气）ʔdiʔ$_7^{55}$hon$_4^{21-24}$k^{h}ei$_3^{33}$ 按：*ní* 应该是喉塞尾 niʔ$_7^{55}$，今读 ʔdiʔ$_7^{55}$。

huồn mềng, augurer. 占卜/算命（训命）hun$_1^{35-21}$miŋ$_4^{21}$

huồn-p'ẽk zóng miẽt, l'âme est immortelle. 魂魄不灭 hon$_2^{24-21}$p^{h}ek$_7^{55}$zaŋ$_5^{55}$ miet$_7^{55}$（不说）//hen$_2^{24-21}$p^{h}ek$_7^{55}$zaŋ$_5^{55}$miat$_7^{55}$（常说）

k'êi huồn, décéder. 死亡（气断）k^{h}ei$_3^{33}$hon$_4^{21}$

<H. *hủ̀n* **ɣuən* 魂

huổn 粉 hon$_2^{24}$

huổn biẽt, craie pour écrire. 粉笔 hon$_2^{24}$ʔbit$_7^{55}$//tu^{21}hon$_2^{24}$薯粉

sí huổn, vermicelle. 粉丝（丝粉）si$_5^{55}$hon$_2^{24}$

<H. *huỗn* ^{*c}*pi̯uən* 粉

几个台语对应词：

	临高	台语	壮语	石家	莫语	水语	侗语	黎萨	黎王
châtrer 阉	*dún*	*io:n*	*to:n*	/	*ton*	/	（*ʔyim*）	*dɯən*	/
jeune tendre 年轻;嫩	*un*	*ʔo:n'*	*ʔo:n* '*ʔun*'	/	（'*ʔma*	/	'*ʔma*）	*p'uôt*	*fôk* *pu:k*
épine 刺	*ún*	（*hna:m*）	*ʔon*	*ʔo:n*	/	/	/	*hɯən*	/
debout 站立	*zún*	*ʔyɯn*	*ʔdɯn* （*droṅ*	*ʔyoṅ*）	'*ʔyun*	*ʔyon*	*ʔyun*	*cuô*	*čŭ:n*
se lever 起床	*ùn*	*ʔun'*	/	/	/	/	/	/	/

ON

bon (dix-mille). 万 ʔban^{33}/ʔban$_4^{21}$

bon kũk di hổ, atlas (dix-mille, pays, terre, carte). 世界地图（万国地图）ʔban$_5^{55}$kuk$_7^{55}$ʔdi^{33}ho$_2^{24}$//ʔban$_4^{21-24}$ ɔu$_4^{21}$一万（数钱）//ʔbun$_5^{55}$ ʔban$_4^{21}$//ziak$_7^{55}$

$ʔban_2^{24}$一万(麻将用语,海南话)//=$ziak_7^{55}$ man_2^{24}

bon bọt, toutes les choses. 万物 $ʔban^{33}$ $ʔbət_7^{55}$//=$ʔban_4^{21-24}$ $ʔbət_7^{55}$//$ʔban_5^{55}$ $ʔbət_7^{55}$ kui^{33} mat_8^{21}万物归土//=$ʔban_4^{21-24}$ $ʔbət_7^{55}$ kui^{33} mat_8^{21}

<H. *vản* **m^w^i̯ân*ᵓ 萬

bon 办 $ʔban_3^{33}$

bon tở-hoi bon zoi k'oai, expéditif (en affaires). 办事情办得快(办事会办得快) $ʔban_3^{33}$ $tə_4^{21-24}$ hoi_3^{33} $ʔban_3^{33}$ zai_3^{33} $k^huai_3^{33}$

bon tở-hoi, traiter une affaire. 办事情(办事会) $ʔban_3^{33}$ $tə_4^{21-24}$ hoi_3^{33}

<H. *ban* **ban*ᵓ 辦

bon vent 风 $ʔban_3^{33}$

têẳm bon p'ón, s'abriter contre le vent et la pluie. 躲风雨(闪风雨) $tiam_4^{21-24}$ $ʔban_3^{33}$ $p^han_1^{35}$

bon k'ỏm, harmonium. 风琴 $ʔban_3^{33}$ $k^hɔm_2^{24}$//=$ʔban_3^{33}$ $k^him_2^{24}$

p'òi bon bíng aù, un panka. 一柄风扇(扇风柄一) $p^hai_2^{24-21}$ $ʔban_3^{33}$ $ʔbiŋ_5^{55}$ $ɔu_4^{21}$

bon số, typhon. 台风(风大) $ʔban_3^{33}$ so_1^{35}大风//$ŋon_2^{24}$台风

bon bón ngọ, baromètre. 气压记(风飞针) $ʔban_3^{33}$ $ʔban_1^{35}$ $ŋaʔ_8^{21}$(发音人不会说)//$ʔban_3^{33}$ $ʔban_2^{24}$ $ŋaʔ_8^{21}$很细的针(风毛针)

bon số p'ón số, bourrasque. 大风大雨(风大雨大) $ʔban_3^{33}$ so_1^{35} $p^han_1^{35}$ so_1^{35}

bon p'ón số, orage. 暴风雨(风雨大) $ʔban_3^{33}$ $p^han_1^{35}$ so_1^{35}

bon nĩ, brise. 微风(风小) $ʔban_3^{33}$ $niʔ_7^{55}$

bỏn nĩ, zéphir. 微风(风小) $ʔban_3^{33}$ $niʔ_7^{55}$ 按:法语 zéphir 应是 zéphire/zéphyr。

bỏn siễp, rhumatisme. 风湿病(风湿) $ʔban_3^{33}$ sip_7^{55}(不说)//$huaŋ^{33}$ sip_7^{55}(常说,海南话)

kuạk bỏn, siffler. 刮风 $huak_8^{21}$ $ʔban_3^{33}$刮风//huk_7^{55-33} $ŋon_2^{24}$刮台风 按:*kuạk* 应该是 *huạk* 之误。

bón 飞 $ʔban_1^{35}$

zoả mọ bón, aérostat, aéroplane, avion. 飞机(船个飞) zua_2^{24} $mɔʔ_8^{21}$ $ʔban_1^{35}$(不说)//zua_2^{24} hau_5^{55} $ʔban_1^{35}$船艘飞(常说)//$p^həi^{33}$ ki^{33}(常说) 按:hau_5^{55}是hau_1^{35}(艘)的变调。

bón bới, s'envoler. 飞去 ʔban$_{1}^{35}$ʔbəi$_{1}^{35}$

=T. *ʔbin*, L.-D. บิน(飞)

bỏn (jour) 天/日 ʔban$_{2}^{24}$

dóng bỏn tểi, jusqu'à maintenant. 到现在(到天时) ʔdɔŋ$_{1}^{35-21}$ ʔban$_{2}^{24-21}$ tɛi$_{2}^{24}$

bỏn bỏn, quotidien. 天天/日日 ʔban$_{5}^{55}$ ʔban$_{2}^{24}$(少说)//ʔban$_{5}^{55}$ ʔban$_{4}^{21}$(多说)

hau tảm bỏn, surlendemain (3e jour). 第三天(头三天) hau$_{3}^{33}$ tam$_{5}^{55}$ ʔban$_{2}^{24}$

bỏn tsẹk tsói nêa=bỏn tsẹk no nêa, revenez demain de nouveau. 明天再来 ʔban$_{2}^{24-21}$tsʰɛk$_{8}^{21}$tsʰɑi$_{5}^{55}$nia$_{3}^{33}$明天再来(又来一次)//ʔban$_{2}^{24-21}$ tsʰɛk$_{8}^{21}$ tsʰuŋ$_{2}^{24-21}$ nia$_{3}^{33}$明天再来(明天重来)//ʔban$_{2}^{24-21}$ tsʰɛk$_{8}^{21}$ na$_{3}^{33}$nia$_{3}^{33}$明天才来

sểi kí bỏn, dans peu de.jours. 迟几天 sɛi$_{2}^{24}$ki$_{5}^{55}$ʔban$_{2}^{24}$

bỏn tểi, actuellement contemporain. 现在(日时) ʔban$_{2}^{24-21}$tɛi$_{2}^{24}$

ding bỏn k'ề, assigner un jour. 定日期 diŋ$_{3}^{33}$ʔban$_{2}^{24-21}$kʰe$_{2}^{24}$(不说)//ʔdiŋ$_{3}^{33}$ ʔban$_{2}^{24}$定日(常说)

bòn nểi, aujourd'hui. 今天 ʔban$_{2}^{24-21}$nɛi$_{4}^{21}$

bỏn tểi kón têà, en train de manger. 现在吃饭 ʔban$_{2}^{24-21}$tɛi$_{2}^{24}$kɔn$_{1}^{35-21}$tia$_{4}^{21}$

bỏn aù, un jour. 一天 ʔban$_{2}^{24}$ ɔu$_{4}^{21}$一天//kɛu$_{2}^{24}$ ɔu$_{4}^{21}$一月//ʔbɛi$_{2}^{24}$ ɔu$_{4}^{21}$一年//tɛi$_{2}^{24}$ɔu$_{4}^{21}$一时//hɛu$_{2}^{24}$ɔu$_{4}^{21}$一条//hɔu$_{2}^{24}$ɔu$_{4}^{21}$一只 按:第二调在 ɔu$_{4}^{21}$前不变调。

dà bỏn báng, lumière du soleil. 太阳亮/太阳光 ʔda$_{1}^{35-21}$ ʔban$_{2}^{24}$ ʔbaŋ$_{1}^{35}$ 按:主谓结构。

dà bỏn ũk le soleil se lève. 太阳出 ʔda$_{1}^{35-21}$ʔban$_{2}^{24}$uk$_{7}^{55}$

bỏn hấu, jour de marché. 赶集日(天墟) ʔban$_{2}^{24-21}$hou$_{1}^{35}$//ʔbəi$_{1}^{35-21}$ hou$_{1}^{35}$赶集(去墟)

bỏn tểi, moderne. 现在/现时(天时) ʔban$_{2}^{24-21}$tɛi$_{2}^{24}$

=T. *wǎn* วัน(天/日)

bỏn plume, poil. 毛/头发 ʔban$_{2}^{24}$

dỗk bỏn, perdre son poil. 掉毛/掉头发 ʔdok$_{7}^{55-33}$ʔban$_{2}^{24}$

bỏn toảng =bỏn mẽ, laine. 羊毛(毛羊) ʔban$_{2}^{24-21}$ tuaŋ$_{2}^{24}$ = 羊毛(毛羊) ʔban$_{2}^{24-21}$mɛʔ$_{7}^{55}$

bòn sô, cheveux. 头发 ʔban$_{2}^{24-21}$so$_{3}^{33}$头发

bòn da, cil. 睫毛（眼毛<毛眼） ʔban$_{2}^{24-21}$ʔda$_{1}^{35}$睫毛

oa bỏn, muer. 换毛 ua$_{3}^{33}$ʔban$_{2}^{24}$

bỏn un, duvet. 绒毛（毛嫩） ʔban$_{2}^{24-21}$un$_{3}^{33}$

kẻ bỏn sô, faux cheveux. 假发（毛发假） ʔban$_{2}^{24-21}$so$_{3}^{33}$kɛ$_{2}^{24}$

bỏn miú, poil follet. 细毛/绒毛//猫毛（毛猫） ʔban$_{2}^{24-21}$miu$_{1}^{35}$//ʔban$_{2}^{24-21}$hɔu$_{2}^{24}$体毛/汗毛

bỏn kói, plume de poule. 鸡毛（毛鸡） ʔban$_{2}^{24-21}$kai$_{1}^{35}$

tợ bỏn kói, plumer un poulet. 拔鸡毛 təʔ$_{8}^{21}$ ʔban$_{2}^{24-21}$kai$_{1}^{35}$（一根一根地拔）//=ʔbɛŋ$_{1}^{35-21}$ ʔban$_{2}^{24-21}$ kai$_{1}^{35}$//=sim$_{2}^{24-21}$ ʔban$_{2}^{24-21}$ kai$_{1}^{35}$//pʰoʔ$_{8}^{21}$ ʔban$_{2}^{24-21}$ kai$_{1}^{35}$（大把地拔）//pʰoʔ$_{8}^{21}$ʔban$_{2}^{24}$拔毛

bỏn mêi dá, sourcil. 眉毛（眼眉毛<毛眉眼） ʔban$_{2}^{24-21}$mei$_{2}^{24-21}$ʔda$_{1}^{35}$//=mei$_{2}^{24-21}$ʔda$_{1}^{35}$眉毛//ʔban$_{2}^{24-21}$ʔda$_{1}^{35}$睫毛

mưởn bỏn, velu. 有毛 mən$_{2}^{24-21}$ʔban$_{2}^{24}$

ké bỏn sô, perruque. 假发（毛发假） ʔban$_{2}^{24-21}$so$_{3}^{33}$kɛ$_{2}^{24}$

=C.-D. *pwn*, Sek *pul*, T. *khon* ขน（毛）

bỏn 扁 ʔban$_{2}^{24}$

bỏn mõt aù, perche de porteurs, palanche. 一根扁担（扁担根一） ʔban$_{2}^{24}$mat$_{7}^{55}$ɔu$_{4}^{21}$//hap$_{7}^{55-33}$ʔban$_{2}^{24-21}$zɯi$_{1}^{35}$挑空担子//hap$_{7}^{55-33}$hap$_{7}^{55}$挑担子

bỏn 天/人 ʔban$_{2}^{24}$

bỏn no, lequel? 哪个/谁 ʔban$_{2}^{24}$na$_{3}^{33}$谁//ziaŋ$_{2}^{24-21}$ʔban$_{2}^{24}$人（音同"阳天"）

（*ziàng*）-*bỏn* 人 ziaŋ$_{2}^{24-21}$ʔban$_{2}^{24}$

ziàng-bỏn táu, perdant. 输家（人输） ziaŋ$_{2}^{24-21}$ʔban$_{2}^{24-21}$tou$_{1}^{35}$输家//ziaŋ$_{2}^{24-21}$ʔban$_{2}^{24-21}$zeŋ$_{2}^{24}$赢家（人赢）

dôi hau ziàng-bỏn, adversaire. 对手（对头人） ʔdoi$_{3}^{33}$hau$_{3}^{33}$ziaŋ$_{2}^{24-21}$ʔban$_{2}^{24}$/ziaŋ$_{2}^{24-21}$ʔban$_{2}^{24-21}$ʔdoi$_{3}^{33}$hau$_{3}^{33}$（更地道）//ʔdoi$_{3}^{33}$hau$_{3}^{33}$ʔdoi$_{3}^{33}$kok$_{7}^{55}$旗鼓相当（对头对脚） 按：长流成语。

ziàng-bỏn lêào bong sún, achalandé, affluence. 顾客多/多人帮衬（人多帮衬） ziaŋ$_{2}^{24-21}$ʔban$_{2}^{24}$liau$_{4}^{21}$ʔbaŋ^{33}sɔn$_{5}^{55}$

ziàng-bỏn bưởn di, aborigène. 本地人（人本地） ziaŋ$_{2}^{24-21}$ʔban$_{2}^{24}$ʔbən^{21}ʔdi^{55}

=C.-D. *wun*, *Gwun*, T. *Gon* คน（人）

kẽ bỏn p'ìng, déraciner un vice. 戒毛病(解毛病) $keʔ_7^{55-33}$ $ʔban_2^{24-21}$ $p^hiŋ_4^{21}$(不说) 按：$ʔban_2^{24-21}$ $p^hiŋ_4^{21}$是"有病的日子"。//$keʔ_7^{55-33}$ mau_2^{24} $ʔbiŋ_5^{55}$(解毛病，多说)//kek_7^{55-33} in_1^{35}戒烟(隔烟)//kek_7^{55-33} zan_3^{33}戒酒(隔酒)//kek_7^{55} $k^hei_1^{35}$隔开 按：原文认为本字是"本"，误。$ʔban_2^{24}$仍然是"毛"，临高语词。

<H. *bũn* **ᶜpuən* 本

p'on tordre. 拧(拧干水) $p^han_3^{33}$//$p^han_3^{33}$ nam_4^{21}拧水//$p^han_3^{33}$ $ziaŋ_3^{33}$拧干 按：$p^han_3^{33}$与"粪"(肥料)同音。

=T. *ᶜphan*, *ᶜfan* (搓绳) ฟั่น

p'on pluie. 雨 $p^han_1^{35}$

p'on số, tempête. 大雨/暴雨(雨大) $p^han_1^{35-21}$ so_1^{35}大雨//≠ $p^han_1^{35}$ so_1^{35}雨大

têẳm bon p'ón, s'abriter contre le vent et la pluie. 躲风雨(闪风雨) $tiam_4^{21-24}$ $ʔban_3^{33}$ $p^han_1^{35}$

p'ón sỏn aù, averse. 一阵雨(雨阵一) $p^han_1^{35}$ $sɔn_4^{21-24}$ $ɔu_4^{21}$//$sɔn_5^{55}$ $ɔu_4^{21}$一次(= siu_2^{24} $ɔu_4^{21}$)

bon p'ón số, orage. 暴风雨(风雨大) $ʔban_3^{33}$ $p^han_1^{35}$ so_1^{35}风雨大//≠ $ʔban_3^{33}$ $p^han_1^{35-21}$ so_1^{35}大风雨

p'on dỗk, pleuvoir. 下的雨(雨下) $p^han_1^{35-21}$ $ʔdok_7^{55}$//$ʔdok_7^{55-33}$ $p^han_1^{35}$下雨

p'on nĩ dỗk, il va pleuvoir. 要下雨(雨要下) $p^han_1^{35}$ $ʔdi_5^{55}$ $ʔdok_7^{55}$

p'on hẻng, la pluie a cessé. 雨停 $p^han_1^{35}$ $hɛŋ_2^{24}$//= $p^han_1^{35}$ $ʔbun_3^{33}$

nòm p'on, eau de pluie. 雨水(水雨) nam_4^{21-24} $p^han_1^{35}$

p'ỏn tểi, saison pluvieuse. 雨季(雨时) $p^han_1^{35-21}$ $tɛi_2^{24}$雨时(不说)//$ʔdok_7^{55-33}$ $p^han_1^{35-21}$ kui_5^{55} tat_7^{55}下雨季节(常说) 按："季节"是海南发音。

=T. *fon* ฝน(雨)

p'òn part. 份 $p^han_4^{21}$；分 $p^han_1^{35}$

tọp p'òn meng, parfait. 十分好(十份好) $tɔp_8^{21}$ $p^han_4^{21}$ $mɛŋ_3^{33}$

tọp p'òn kiển êáo, absolument. 十分紧要 $tɔp_8^{21}$ $p^han_4^{21}$ $kien^{21}$ iau_5^{55} 按：法语意思是"绝对、完全"，不确。

mưởn p'òn, actionnaire. 股东(有份) $mən_2^{24-21}$ $p^han_4^{21}$

p'ỏn k'éi, distinguer. 分开 $p^han_1^{35}$ $k^hei_1^{35}$//= se_1^{35} $k^hei_1^{35}$

ká tọp p'òn, décupler. 加十倍(加十份) ka_1^{35} $tɔp_8^{21}$ $p^han_4^{21}$

ka sõt p'on, septupler. 加七倍(加七份) ka_1^{35} $sɔt_7^{55}$ $p^han_4^{21}$

ka tám p'òn, tripler. 加三倍(加三份) $ka_1^{35}tam_1^{35}p^h an_4^{21}$

ká bễk aù p'òn, centuple. 加倍(加百一倍) ka_1^{35}ʔbek_7^{55}ɔ$u_4^{21}p^h$ɑn_4^{21}//=ka_1^{35}ʔ$bek_7^{55}p^h$ɑn_4^{21}

<* *buịən*ˀ 分

p'òn 矾 $p^h an_2^{24}$

p'òn p'ệặk, alun. 白矾(矾白) $p^h an_2^{24-21}p^h iak_8^{21}$

<* *bian* 礬

p'ỏn (tombeau). 坟 p^hɑn_2^{24}

kộ p'ỏn, creuser une tombe. 挖坟 koʔ$_8^{21}p^h$ɑn_2^{24}

sùm p'ỏn, superstition devant les tombeaux. 祭坟(拜坟) $som_1^{35-21}p^h$ɑn_2^{24}//som_1^{35}祭拜≠sum_1^{35}瘦(人瘦)

<H. *phùn* * *biuən* 墳

p'ỏn excrément, fumier 粪(肥料) p^hɑn_3^{33}(与"拧"同音)

hãp p'ỏn lảu nểa, porter du fumier aux champs. 挑粪进田 $hap_7^{55-33}p^h$ɑn_3^{33}lɔ$u_4^{21-24}nia_2^{24}$//≠$hap_7^{55-33}p^h$ɑn_3^{33}lɔ$u_4^{21}nia_3^{33}$挑粪进来　按:p^hɑn_3^{33}"粪/粉"同音。

<* *piuən*ˀ 糞

p'ỏn moitié. 份 p^hɑn_4^{21}　按:原文认为本字是"判",误。

p'ỏn số, la généralité. 大份(份大) p^hɑ$n_4^{21-24}so_1^{35}$大份//≠p^hɑ$n_4^{21}so_1^{35}$份大//p^hɑn_4^{21-24}niʔ$_7^{55}$小份//≠p^hɑn_4^{21}niʔ$_7^{55}$份小　按:法语解释是"概要",误。

p'ỏn lêào, la majeure partie, la plupart. 多半/多份(份多) p^hɑ$n_4^{21-24}liau_4^{21}$

lêào p'ỏn aù, moitié plus. 一多份(多份一) $liau_4^{21}p^h$ɑn_4^{21-24}ɔu_4^{21}

p'òn zau aù, demi. 半份 ʔ$da_5^{55}p^h$ɑn_4^{21}//=ʔda_5^{55}ɔu_4^{21}

ká p'ỏn aù, doubler. 加一倍(加份一) $ka_1^{35}p^h$ɑn_4^{21-24}ɔu_4^{21}

<* *p'ân*ˀ 判

món 慢 man_5^{55}

k'êi món zổng, mépriser les gens. 轻视别人(轻慢别人) $k^h ei_3^{33}man_5^{55}zo$ŋ$_1^{35}$

mỏn　按:*mỏn*,今发音人一律读为ʔban_2^{24}(音同"天")。

mỏn no, lequel. 哪个/谁人 ʔ$ban_2^{24}na_3^{33}$

mỏn no zú zoi, sans distinction de personne, n'importe qui. 不偏待人(谁人都得) ʔ$ban_2^{24}na_3^{33}zu_5^{55}zai_3^{33}$

nè no tờ mỏn no, quel est cet homme? 这人是谁(这人是天人) nε$_1^{35-21}$ nɑ$_3^{33}$tə$_4^{21}$ʔbɑn$_2^{24}$nɑ$_3^{33}$

mỏn 满 mɑn^{21}

mỏn k'ể, temps accompli. 满期 mɑn^{21}k^{h}i^{21}

< *ᶜ *mân* 滿

don 树/株/棵 ʔdɔn$_3^{33}$

sá don, planter un arbre. 种树 sa$_1^{35-21}$ʔdɔn$_3^{33}$

sà don, boiser, planter des arbres. 种树 sa$_1^{35-21}$ʔdɔn$_3^{33}$

don dón aù, un arbre. 一株树(树株一) ʔdɔn$_3^{33}$ʔdɔn$_5^{55}$ɔu$_4^{21}$

don mạk, arbre fruitier. 果树(树果) ʔdɔn$_3^{33}$mak$_8^{21}$

lẹk don, arbuste. 灌木/小树 lεk$_8^{21}$ʔdɔn$_3^{33}$

don zẫk, jointure des os. 树结(树骨) ʔdɔn$_3^{33}$zək$_7^{55}$ 按：法语解释是"骨节",不确。

don dòn, arbre creux. 树洞 ʔdɔn$_3^{33}$ʔdɔn$_4^{21}$

hau don, souche, tronc d'arbre. 树木(头树) hɑu$_3^{33}$ʔdɔn$_3^{33}$ 按：法语解释是"树墩、树干"。

dỏm don, abattage d'arbres. 砍树/伐木 ʔdɑm$_4^{21-24}$ʔdɔn$_3^{33}$

dóm don ngeng, ébrancher un arbre. 剪树枝 ʔdɑm$_4^{21-24}$ʔdɔn$_3^{33}$ŋεŋ$_3^{33}$(二李)//=ʔdɑm$_4^{21-24}$ʔdɔn$_3^{33}$nεŋ$_3^{33}$(王录尊)

= T. ʻ*ton* ต้น(树/树干)

don 树/株/棵 ʔdɔn$_3^{33}$

don mống kồ, manguier. 芒果树(树芒果) ʔdɔn$_3^{33}$moŋ$_5^{55}$ko^{21}

don dỏn court, bref. 短 ʔdɔn$_3^{33}$ 按：ʔdɔn$_3^{33}$"短/树/株/棵"同音。

k'êi don, asthme, haleine courte, essouflé. 气短 k^{h}ei$_3^{33}$ʔdɔn$_3^{33}$

bọt don, chaussette. 短袜/袜短(袜短) ʔbɑt$_8^{21}$ʔdɔn$_3^{33}$//ʔbɑt$_8^{21}$lɔi$_1^{35}$长袜/袜长

dỏn kua, trop court. 短过 ʔdɔn$_3^{33}$kua$_3^{33}$//lɔi$_1^{35}$kua$_3^{33}$长过

dỏn lêào, très court. 短得多/太短(短多) ʔdɔn$_3^{33}$liau$_4^{21}$

hũk don, raccourcir. 弄短/搞短(做短) huk$_7^{55}$ʔdɔn$_3^{33}$

dà bỏn don, les jours décroissent. 日子短了(太阳短) ʔda$_1^{35-21}$ ʔban$_2^{24}$

ʔdɔn$_3^{33}$

bỏn sô don, cheveux ras. 短发(头发短) ʔbɑn$_2^{24-21}$so$_3^{33}$

bọt don toáng aù, une paire de chaussettes. 一双短袜(袜短双一) ʔbɑt$_8^{21}$ ʔdɔn$_3^{33}$tuaŋ$_5^{55}$ɔu$_4^{21}$

họp sõt don, étoffe qui se raccourcit au lavage. 布缩水/缩水布(布缩短) hɑp$_8^{21}$sɔt$_7^{55}$ʔdɔn$_3^{33}$//=hɑp$_8^{21}$tiak$_7^{55-33}$nɑm$_4^{21}$布缩水(布削水)

kang zổng lói don, médire des gens (parler gens long court). 讲人长短 kaŋ$_3^{33}$zoŋ$_1^{35}$lɔi$_1^{35-21}$ʔdɔn$_3^{33}$//=kaŋ$_3^{33}$lɔi$_1^{35}$kaŋ$_3^{33}$ʔdɔn$_3^{33}$(讲长讲短)

bòn sô dỏn, cheveux courts. 短发(头发短) ʔbɑn$_2^{24-21}$so$_3^{33}$ʔdɔn$_3^{33}$

<C.-D. ᶜ*tin* *ᶜ*tuân* 短

don attendre 等 ʔdɔŋ$_3^{33}$ 按:"等"记为前鼻音,误。应为 *dong*。

don tsón p'ong, attendre longtemps. 等很久(等真久) ʔdɔŋ$_3^{33}$sɔn$_1^{35}$p^{h}ɔŋ$_3^{33}$

don tsón k'ưới aù, attendre un instant. 等一会儿(等路期一) 按:*tsón* 参看 *són* 条。ʔdɔŋ$_3^{33}$sɔn$_1^{35}$k^{h}əi$_5^{55}$ɔu$_4^{21}$//=ʔdɔŋ$_3^{33}$sɔn$_1^{35}$k^{h}ək$_7^{55}$ɔu$_4^{21}$(等路刻一)

don soằn-p'ộ, se marier, prendre femme. 娶亲/娶妻(等新妇) ʔdɔŋ$_3^{33}$ suan$_1^{35-21}$p^{h}oʔ$_8^{21}$//=ʔdei$_1^{35-21}$suan$_1^{35-21}$p^{h}oʔ$_8^{21}$找老婆(找新妇)//ʔdei$_1^{35-21}$keu$_4^{21}$找东西

<H. *dân*

don eau-de-vie (erreur pour *zon*). 酒 zɑn$_3^{33}$//kɔn$_1^{35-21}$zɑn$_3^{33}$喝酒(吃酒) 按:奥德里古尔已经指出 *don* 是 *zon* 之误。

dón (numéral)(量词)株/棵 ʔdɔn$_3^{33}$ 按:萨维纳记为高调,实为 ʔdɔn$_3^{33}$在"一"前的变调。

don dón aù, un arbre. 一棵树(树棵一) ʔdɔn$_3^{33}$ʔdɔn$_5^{55}$ɔu$_4^{21}$//ʔdɔn$_3^{33}$ ʔbun$_5^{55}$ʔdɔn$_3^{33}$两棵树

kuản dón aù, un bambou. 一棵竹(竹棵一) kuan$_2^{24}$ʔdɔn$_5^{55}$ɔu$_4^{21}$//kuan$_2^{24}$ ʔbun$_5^{55}$ʔdɔn$_3^{33}$两棵竹

=T. *ton* (corps) **ต้น** (树/树干)

dòn fosse, trou. 坑/洞 ʔdɔn$_4^{21}$

sóng dòn, caverne. 山洞 saŋ$_1^{35-21}$ʔdɔn$_4^{21}$(少说)//ʔdɔn$_4^{21-24}$saŋ$_1^{35}$(常说)

dòn sóng, antre. 山洞(洞山) ʔdɔn$_4^{21-24}$saŋ$_1^{35}$

dòn diển, caverne. 岩洞(洞石) ʔdɔn$_4^{21-24}$ʔdien$_2^{24}$

ũt dòn, combler un trou. 填洞(塞洞) ut_7^{55-33} $ʔdɔn_4^{21}$

don dòn, arbre creuxr. 树洞 $ʔdɔn_3^{33}$ $ʔdɔn_4^{21}$(不说)//$ʔdɔn_4^{21-24}$ $ʔdɔn_3^{33}$(洞树,常说)

dau dòn, estomac creux. 空腹(肚洞) $ʔdɔu^{33}$ $ʔdɔn_4^{21}$(不说)//$hoŋ_4^{21}$ $k^hoŋ_1^{35}$ 肚空(胴空,常说)//=$ʔdɔu^{33}$ $k^hoŋ_1^{35}$//$ʔdɔn_4^{21-24}$ $ʔdou_2^{24}$ 凹坑　按:$ʔdɔn_4^{21}$是洞,$ʔdɔu^{33}$ $ʔdɔn_4^{21}$这个搭配像"肚脐"。

tsui dòn =*tson dòn*, trouer, percer un trou. 钻洞 $ts^hui_1^{35-21}$ $ʔdɔn_4^{21}$ 锥洞//=$ts^hui_3^{33}$ $ʔdɔn_4^{21}$ 钻洞

dỏn 洞 $ʔdɔn_4^{21}$

dỏn da, milieu. 中间/当中/中央 $ʔdɔn_4^{21-24}$ $ʔda_3^{33}$//$nɛ_1^{35-21}$ $ʔdɔn_4^{21}$ 这里　按:没有 $ʔdɔn_1^{35}$和 $ʔdɔn_2^{24}$。

dỏn dá ók, sûreté de coup d'oeil. 目光锐利/一看就懂(洞眼恶) $ʔdɔn_4^{21-24}$ $ʔda_1^{35}$ $ɔk_7^{55}$//$ʔdɔn_4^{21-24}$ $ʔda_1^{35}$ 眼窝(洞眼)//$ts^hien_2^{24-21}$ $ʔda_1^{35}$ 眼睛

dỏn 洞 $ʔdɔn_4^{21}$

dỏn zông, marine. $ʔdɔn_4^{21-24}$ $zɔŋ_2^{24}$ 筛子洞//$zɔŋ_3^{33}$ 簸箕　按:法语解释是"海、海水",误。

tón tỏn (dent) 牙/齿 $tɔn_1^{35}$

tón siàng, ivoire. 象牙(牙象) $tɔn_1^{35-21}$ $siaŋ_4^{21}$

tỏn mểng, gencive. 虫牙(牙虫) $tɔn_1^{35-21}$ $miŋ_2^{24}$　按:法语解释是"齿龈",误。

tón kón mẻng, dent cariée (dent manger ver). 虫牙(牙吃虫) $tɔn_1^{35-21}$ $kɔn_1^{35-21}$ $miŋ_2^{24}$

tón dọk, mal de dents. 牙疼 $tɔn_1^{35}$ $ʔdɔk_8^{21}$

tón sêàng, défense d'éléphant. 象牙(牙象) $tɔn_1^{35-21}$ $siaŋ_4^{21}$

tỏn ngảng, molaires, dents. 臼齿/大牙(牙颏) $tɔn_1^{35-21}$ $ŋaŋ_2^{24}$

tỏn Saint-Esprit. 神 $tɔn_2^{24}$

sôm tỏn, adorer les esprits. 拜神 som_1^{35-21} $tɔn_2^{24}$//=som_1^{35-21} $kuŋ_1^{35}$ 拜公

tỏn zản, dieux lares (domestiques). 家神(神家) $tɔn_2^{24-21}$ zan_2^{24}

tỏn dảu, dieux lares. 门神(神门) $tɔn_2^{24-21}$ $ʔdɔu_2^{24}$

hiến tỏn, céleste. 天神 hien$_1^{35-21}$tɔn$_2^{24}$　按：词序也按汉语。

bố tsìng tỏn, ranimer. 恢复勇气(补精神) ʔbo$_3^{33}$ts^{h}iŋ$_1^{35-21}$tɔn$_2^{24}$

kống tỏn, œuvres spirituelles. 神工(工神) koŋ$_1^{35-21}$tɔn$_2^{24}$

tsìng tỏn mải, vigoureux. 精神好 ts^{h}iŋ$_1^{35-21}$tɔn$_2^{24}$mai$_2^{24}$(少说)//=ts^{h}iŋ$_1^{35-21}$tɔn$_2^{24}$mɛŋ$_3^{33}$(常说)

< * *ži̯in*　神

non 难 nan$_3^{33}$/nan$_2^{24}$

hoang non, malheur. 患难 huan$_3^{33}$nan$_3^{33}$　按：nan$_3^{33}$=nan$_5^{55}$。

kỏn non, adversité. 艰难 kan^{33}nan$_2^{24}$//kan^{33}k^{h}o^{21}艰苦

<H. *năn*　* *nânˀ*　難

non nỏn 抖 nan$_3^{33}$　按：nan$_3^{33}$抖≠nɔn$_3^{33}$忍≠non$_3^{33}$暖

nĩt non, grelotter de froid. 冷得发抖 nit$_7^{55}$nan$_3^{33}$冷得发抖//≠nit$_7^{55}$nɔn$_3^{33}$冷忍//≠nit$_7^{55}$non$_3^{33}$冷暖//maŋ$_2^{24}$nan$_3^{33}$怕得发抖(恺抖)

nỏn nả, contraction des nerfs. 抽搐(抖掩) nan$_3^{33}$ha$_1^{35}$　按：*nả* 应该是 *hả* 之误。

nòn avouer, reconnaître. 认 nɔn$_4^{21}$

zóng nòn, contester, désavouer, nier, renier, dénier. 不认 zaŋ$_5^{55}$nɔn$_4^{21}$

nòn soãk, avouer son erreur. 认错 nɔn$_4^{21-24}$suak$_7^{55}$(动宾结构，向人认错)//≠nɔn$_4^{21}$suak$_7^{55}$(述补结构，认错人)

zóng nòn zoi, méconnaître. 不认得 zaŋ$_5^{55}$nɔn$_4^{21}$zai$_3^{33}$//=zaŋ$_5^{55}$tɔk$_7^{55}$zai$_3^{33}$//=zaŋ$_5^{55}$hɔu$_4^{21}$zai$_3^{33}$

nòn soãk ziàng-bỏn, confondre avec un autre. 认错人 nɔn$_4^{21}$suak$_7^{55}$ziaŋ$_2^{24-21}$ʔban$_2^{24}$

nòn sề, avouer ses torts. 认罪 nɔn$_4^{21-24}$se$_4^{21}$

< * *ñi̯in*　認

tson 钻 ts^{h}uan$_5^{55}$

tson dòn, trouer. 钻洞 ts^{h}ui$_1^{35-21}$ʔdɔn$_4^{21}$钻洞(锥洞)//=ts^{h}ui$_3^{33}$ʔdɔn$_4^{21}$钻洞

< * *tsuân*　鑽

tsón 路 sɔn$_1^{35}$　按：原文认为本字是"阵"，误。这是临高语词。

don-tsón p'ong, attendre longtemps. 等很久(等路久) ʔdɔŋ$_3^{33}$sɔn$_1^{35}$p^{h}ɔŋ$_3^{33}$等路久//ʔdɔŋ$_3^{33}$ts^{h}sɔn$_1^{35}$p^{h}ɔŋ$_3^{33}$等真久　按：*don* 是 *dong* 之误。

don-tsón k'ưới aù, attendre un instant. 等片刻(等路刻一) $ʔdɔŋ_3^{33}sɔn_1^{35}k^hɔi_5^{55}ɔu_4^{21}$//=$ʔdɔŋ_3^{33}sɔn_1^{35}k^hɔk_7^{55}ɔu_4^{21}$

<*ḍịin' 陣

tsón vrai. 真 $ts^hɔn_1^{35}$;亲 $sɔn_1^{35}$

kang tsón, affirmer, parler sans ambages. 直说/讲话不拐弯抹角(讲真) $kaŋ_3^{33}ts^hɔn_1^{35}$

kang kuà tsón, assurer. 讲真话(讲话真) $kaŋ_3^{33}kua_4^{21}ts^hɔn_1^{35}$

tsón tọt, véracité, authenticité, franc. 真实 $ts^hɔn_1^{35}tɔt_8^{21}$

tsón mể têa = *tsón bõt têa*, autographe. 亲手写 $sɔn_5^{55}me_2^{24}tia_3^{33}$ = $sɔn_5^{55}ʔbɑt_7^{55}tia_3^{33}$亲笔写//≠$sɔn_1^{35-21}me_2^{24}$伸手//$sɔn_1^{35}$亲 按:$sɔn_5^{55}$是 $sɔn_1^{35}$的变调。

tsón tọt zóng kẻ, candeur. 真实不假 $ts^hɔn_1^{35}tɔt_8^{21}zɑŋ_5^{55}kɛ_2^{24}$

bưởn biệt tsón kẻ, discerner le vrai du faux. 分别真假 $ʔbən^{33}ʔbiet_8^{33}ts^hɔn_1^{35}kɛ_2^{24}$(文读)//$p^hɑn_1^{35-21}p^hiet_8^{21}ts^hɔn_1^{35}kɛ_2^{24}$(白读)

heng tsón, entendre bien. 听清楚(听真) $hɛŋ^{33}ts^hɔn_1^{35}$

tsón tóm, franchise, sincère. 真心 $ts^hɔn_1^{35-21}tɔm_1^{35}$

sả tsón =*nêăm tsón*, véracité. 查真 $sa_2^{24}ts^hɔn_1^{35}$;念真 $nem_4^{21-24}ts^hɔn_1^{35}$(不说)

tson tọt to, vraiment. 真正地(真实实) $ts^hɔn_1^{35}tɔt_8^{21}tɔt_8^{21}$ 按:末字 *to* 是 *tọt* 之误。

<*č̣ịin 真

tsòn 攥 $ts^hɑn_4^{21}$

tsòn pêăn, aplatir. 压扁(攥扁) $ts^hɑn_4^{21}p^hian_3^{33}$

tsỏn lô, masser les reins. 按摩腰(攥腰) $ts^hɑn_4^{21-24}lo_3^{33}$

tsòn dái, étouffer. 闷死(攥死) $ts^hɑn_4^{21}ʔdai_1^{35}$

son (enfiler)穿 $sɔn_1^{35}$

son sẻn, enfiler des sapèques. 穿钱 $sɔn_1^{35-21}sɛn_2^{24}$

son zong ngọ, enfiler une aiguille. 穿针眼/穿针鼻(穿鼻针) $sɔn_1^{35-21}zɔŋ_1^{35-21}ŋɑʔ_8^{21}$

<*č'ʷien 穿

sòn 阵 $sɔn_4^{21}$ 按:原文认为本字是"战",误。

kĩt sòn, livrer bataille. 打仗(击阵) $kit_7^{55-33}sɔn_4^{21}$ 按:法语解释是"开战"。

kiễt sòn, combattre. 打仗(击阵) $kit_7^{55-33}sɔn_4^{21}$

táu sỏn, défaite. 战败(输阵) $tou_1^{35-21}sɔn_4^{21}$

<*$\check{c}$i̯en˒ 戰

són 亲 $sɔn_1^{35}$　按:"亲/路/穿"同音。

són ká, affinité. 亲家 $sɔn_1^{35-21}ka_1^{35}$

dêa són, mariage, alliance. 订婚(定亲) $ʔdia_3^{33}sɔn_1^{35}$(少说)//$ʔdia_3^{33}sɔn_1^{35-21}ka_1^{35}$(多说)

són sĩk, allié. 亲戚 $sɔn_1^{35-21}sik_7^{55}$

sỏn sĩk, parent de la parenté. 亲戚 $sɔn_1^{35-21}sik_7^{55}$

mải són, mère. 母亲 $mai_4^{21-24}sɔn_1^{35}$(不说)//mai_4^{21}母/雌性//$mai_4^{21-24}zia_3^{33}$我妈

kón zon sỏn ká, noce. 婚宴(吃酒亲家) $kɔn_1^{35-21}zɑn_3^{33}sɔn_1^{35-21}ka_1^{35}$(吃酒亲家)//$zɔm_4^{21-24}zɑn_3^{33}sɔn_1^{35-21}ka_1^{35}$(饮酒亲家,男人吃婚宴)//$kɔn_1^{35-21}ŋai_2^{24-21}sɔn_1^{35-21}ka_1^{35}$(吃饭亲家,女人吃婚宴)

són dá haù, témoin oculaire. 亲眼见 $sɔn_5^{55}ʔda_1^{35}hɔu_4^{21}$

<* tsʻi̯in 親

són (chemin) 路/穿 $sɔn_1^{35}$

són nòm, chenal, cours de l'eau. 水路(路水) $sɔn_1^{35-21}nɑm_4^{21}$

són nĩ, sentier. 小路(路小) $sɔn_1^{35-21}niʔ_7^{55}$

són kua, transpercer. 穿过 $sɔn_1^{35}kua_3^{33}$

tam són bới, aller à pied. 走路去 $tam_3^{33}sɔn_1^{35}ʔbəi_1^{35}$

hũk p'ểng són hẻo, aplanir la route. 修平一条路(做平路条) $huk_7^{55}p^heŋ_2^{24}sɔn_1^{35}hɛu_2^{24}$

tam soạk són, se tromper de chemin. 走错路(走路错) $tam_3^{33}sɔn_1^{35}suak_7^{55}$

k'ếi són hẻo, frayer un chemin. 开条路(开路条) $k^hei_1^{35-21}sɔn_1^{35}hɛu_2^{24}$

ãt són, barrer la route. 堵路 $ŋɑt_7^{55-33}sɔn_1^{35}$堵路(路拥挤)//$ut_7^{55-33}sɔn_1^{35}$塞路(故意拦堵)　按:ãt 是 ngãt 之误。

da són, à moitié chemin. 半路 $ʔda_3^{33}sɔn_1^{35}$

són oắn oắn, chemin en zigzag. 路弯弯 $sɔn_1^{35}uan_5^{55}uan_1^{35}$//=$sɔn_1^{35}eu_5^{55}eu_1^{35}$

p'ãt nĩt són aù, accès de fièvre. 发冷一阵(发冷阵一) $p^hat_7^{55-33}nit_7^{55}sɔn_4^{21-24}ɔu_4^{21}$发冷一阵//≠$p^hat_7^{55-33}nit_7^{55}sɔn_5^{55}ɔu_4^{21}$发冷一次//=$p^hat_7^{55-33}nit_7^{55}siu_2^{24}ɔu_4^{21}$

sỏn p'ô aù, une lieue. 一铺路(路铺一) $sɔn_1^{35}p^ho_5^{55}ɔu_4^{21}$一铺路(不变调)//$sɔn_1^{35}p^hɔu_4^{21-24}ɔu_4^{21}$一步路

són hẻo aù, chemin, route. 一条路(路条一) $sɔn_1^{35}hɛu_2^{24}ɔu_4^{21}$

=T. *hron* C.-D. หน

són 阵 $sɔn_4^{21}$;亲 $sɔn_1^{35}$

sỏn moment. 阵 $sɔn_4^{21}$

sỏn aù, un moment. 一阵(阵一) $sɔn_4^{21-24}ɔu_4^{21}$//≠$sɔn_5^{55}ɔu_4^{21}$一次

p'ón sỏn aù, une averse. 一阵雨(雨阵一) $p^hɑn_1^{35}sɔn_4^{21-24}ɔu_4^{21}$//=$p^hɑn_1^{35}sɔn_5^{55}ɔu_4^{21}$//$ʔdok_7^{55-33}p^hɑn_1^{35}ne_3^{33}sɔn_4^{21}$下了一阵大雨(下雨大阵)

mỏi bểi són aù, une fois l'an. 每年一趟(每年亲一) $məi_2^{24}ʔbɛi_2^{24}sɔn_5^{55}ɔu_4^{21}$//=$məi_2^{24}ʔbɛi_2^{24}siu_2^{24}ɔu_4^{21}$

hỏi lêào són, souvent. 很多次/很多趟(太多亲) $hɑi_5^{55}liau_4^{21}sɔn_1^{35}$很多趟(太多亲)//=$hɑi_5^{55}liau_4^{21}sɔn_4^{21}$很多阵(太多阵)//$hɑi_5^{55}liau_4^{21}lun_2^{24}$很多轮(太多轮)//$ʔbəi_5^{55}lun_2^{24}$那次(去轮)//$hɑi_5^{55}liau_4^{21}p^həi_2^{24}$很多下(太多回) 按:$p^həi_2^{24}$有几“下”的意思。//$hɑi_5^{55}liau_4^{21}siu_2^{24}$很多次(太多次)//$siu_2^{24}ɔu_4^{21}mɔ_3^{33}kit_7^{55-33}zia_3^{33}hɑi_5^{55}liau_4^{21}siu_2^{24}$你一次打了我太多下(次一你击我太多次)

sỏn mọ aù, une pelle, une bêche. 一个铲(铲个一) $suan_3^{33}ʔbai_5^{55}ɔu_4^{21}$(王录尊)//$sɑn_2^{24}mɔʔ_8^{21}ɔu_4^{21}$(二李) 按:实际读为 $mɔ_4^{21-24}ɔu_4^{21}$。

don són k'ưới aù, attendre un moment, un instant. 等一会儿(等路期一) $ʔdɔŋ_3^{33}sɔn_1^{35}k^həi_5^{55}ɔu_4^{21}$//=$ʔdɔŋ_3^{33}sɔn_1^{35}k^hək_7^{55}ɔu_4^{21}$(等路刻一) 按:参看 *don* 条。

< *tsón*.

zon 引 $zɔn_3^{33}$

zon bới, guider, emmener. 带领/引领(引去) $zɔn_3^{33}ʔbəi_1^{35}$

ziàng-bỏn zon hau, conducteur. 引头人(人引头) $ziaŋ_2^{24-21}ʔbɑn_2^{24-21}zɔn_3^{33}hɑu_3^{33}$

zon són, conduire. 引路 $zɔn_3^{33}sɔn_1^{35}$

zon p'ài, dévoyer. 引入歧途/领坏(引败) $zɔn_3^{33}p^hai_4^{21}$

zậk na zon, tibia. 胫骨/小腿骨(骨前引) $zək_7^{55-33}na_3^{33}zɔn_3^{33}$

>*ᶜi̯in 引

zon vin, alcool 酒 $zɑn_3^{33}$

kẹk zon, s'abstenir de vin. 戒酒(隔酒) $kek_7^{55-33}zɑn_3^{33}$

pườn hồng zon, alambic. 熬酒盆(盆熬酒) $p^h ən_2^{24-21} hoŋ_1^{35-21} zan_3^{33}$

zon kỗk, bouteille de vin. 酒瓶(酒角) $zan_3^{33} kok_7^{55}$ // = $kok_7^{55-33} zan_3^{33}$

zon dêắm, cabaret, restaurant. 酒店 $zan_3^{33} ʔdiam_5^{55}$ // $p^h o_3^{33} zan_3^{33} tia_4^{21}$ 小吃店(铺酒饭)

kêạk zon, lie de vin. 酒渣/沉淀物(脚酒) $kiak_7^{55-33} zan_3^{33}$ 酒渣(脚酒)

kón zon sỏn ká, noce. 婚宴(吃酒亲家) $kɔn_1^{35-21} zan_3^{33} sɔn_1^{35-21} ka_1^{35}$ // $zɔm_4^{21-24} zan_3^{33} sɔn_1^{35-21} ka_1^{35}$(饮酒亲家,男人吃婚宴)// $kɔn_1^{35-21} ŋai_2^{24-21} sɔn_1^{35-21} ka_1^{35}$(吃饭亲家,女人吃婚宴)

bing zon, ferment pour le vin. 酒饼/酒酵(饼酒) $ʔbiŋ_3^{33} zan_3^{33}$

zôn 活 zou_3^{33} 按:*zôn* 是 *zôu*(活的)之误。

tếng zỏn, animé. 成活 $teŋ_1^{35} zou_3^{33}$

kon 干

bêa kon, biscuit. 饼干 $ʔbia^{21} kan^{33}$(海南话)// = $ʔbia^{21-24} kan^{33}$ // $ʔbiŋ_3^{33}$ 饼(月饼)

* *kân* 乾

kon 间 kan^{33}

p'oảng kon, appartement. 房间 $p^h uaŋ_2^{24-21} kan^{33}$

* *kaən* 間

kon, *kón* 赶 $kɔn_3^{33}$;干 kan_5^{55}

kông hũk hói kon, travail absorbant. 工作太忙(工作太赶) $koŋ_1^{35-21} huk_7^{55} hai_5^{55} kɔn_3^{33}$ 工作太忙// $kɔn_5^{55} kɔn_3^{33}$ 急急忙忙(赶赶)

sư kon, affaire. 事件 $sɯ_3^{33} kɔn_3^{33}$(不说)// $sɯ_5^{55} ken_3^{33}$(常说)// = $sɯ_5^{55} kien_3^{33}$

nừng kón, savoir faire. 能干 $nəŋ_2^{24-21} kan_5^{55}$

sòi kón, talent. 才干 $sai_2^{24-21} kan_5^{55}$

mưởn nừng kón, habile. 有能干 $mən_2^{24-21} nəŋ_2^{24-21} kan_5^{55}$

< * *kânʾ* 幹

kón manger. 吃 $kɔn_1^{35}$

au nõ lẹk kón, allaiter un enfant. 给小孩喂奶(给奶小孩吃) $ou_1^{35-21} noʔ_7^{55} lɛk_8^{21} kɔn_1^{35}$

kón têà, manger du riz. 吃饭 $kɔn_1^{35-21} tia_4^{21}$

zóng kón zoi, ne pouvoir manger. 不能吃/吃不得（不吃得） zaŋ$_5^{55}$ kɔn$_1^{35}$zai$_3^{33}$

kón zoi, comestible. 能吃（吃得） kɔn$_1^{35}$zai$_3^{33}$

biến kón, affiler, affûter. 磨快/磨锋利 ʔbien$_1^{35}$ kɔn$_1^{35}$ 磨快//kɔn$_1^{35}$ 快/锋利

kiàu kón, aliment. 食物（物吃） keu$_4^{21-24}$kɔn$_1^{35}$

p'ệặk kón, sans assaisonnement. 不加调料吃（白吃） p^{h}iak$_8^{21}$ kɔn$_1^{35}$（不说）//kɔn$_1^{35-21}$ zɯi$_1^{35}$ 免费吃/白吃（常说）//≠ kɔn$_1^{35-21}$ tiam$_3^{33}$ 不加调料吃（吃淡）

kón bõt, brouter. 吃草 kɔn$_1^{35-21}$ʔbat$_7^{55}$

ziàng-bỏn kón nàn ziàng-bỏn, anthropophage. 人吃人（人吃肉人） ziaŋ$_2^{24-21}$ʔban$_2^{24}$kɔn$_1^{35-21}$nan$_4^{21-24}$ziaŋ$_2^{24-21}$ʔban$_2^{24}$

kón nê kón sô, faire bombance. 大摆宴席（吃大吃粗） kɔn$_1^{35}$ ne$_3^{33}$ kɔn$_1^{35}$ so$_1^{35}$//=kɔn$_1^{35}$so$_1^{35}$kɔn$_1^{35}$ne$_3^{33}$

kón zếa, prendre des medicaments. 吃药 kɔn$_1^{35-21}$zia$_1^{35}$

tsêi kón nòm mọk, papier buvard. 吸墨水纸（纸吃水墨） ts^{h}ei$_3^{33}$ kɔn$_1^{35-21}$ nam$_4^{21-24}$mɔk$_8^{21}$

kiàu zóng hau kón, mauvais aliments. 难吃的东西（东西不好吃） keu$_4^{21-24}$ zaŋ$_5^{55}$hau$_3^{33}$kɔn$_1^{35}$

ím kón, mendier. 乞讨/讨饭（讨吃） im$_1^{35-21}$kɔn$_1^{35}$

zóng mưởn tưởng kơi kón, il n'y a rien à manger. 没有什么吃 zaŋ$_5^{55}$ mən$_2^{24-21}$təŋ$_3^{33}$kəi$_3^{33}$kɔn$_1^{35}$

=T. *kin* กิน（吃/喝）

kỏn 赶 kɔn$_3^{33}$

kỏn kõp, exigeant, pressé. 紧急（赶急） kɔn$_3^{33}$ kɔp$_7^{55}$（不说）//kɔn$_3^{33}$ kep$_7^{55}$（常说）//=kɔn$_3^{33}$kip$_7^{55}$//tɛ^{33}ua^{33}kɔp$_7^{55}$生活拮据（生活急）

kỏn kõp hũk, agir avec précipitation. 紧急做（赶急做） kɔn$_3^{33}$kɔp$_7^{55}$huk$_7^{55}$（不说）//kɔn$_3^{33}$kep$_7^{55}$huk$_7^{55}$（常说）//=kua^{21}kin^{21}huk$_7^{55}$赶紧做

tsỉ kỏn=*tsí kỏn*, pressant. 挤紧 ts^{h}i$_5^{55}$ kɔn$_3^{33}$ 挤紧//=kɛk$_8^{21}$ kɔn$_3^{33}$ 挤紧//=kɛk$_8^{21}$zɔt$_8^{21}$挤紧//kɛk$_8^{21}$kɔn$_2^{24}$拥挤

kon kõp, urgent. 紧急（赶急） kɔn$_3^{33}$kɔp$_7^{55}$（不说）//kɔn$_3^{33}$kep$_7^{55}$（常说）

<^{*c} *ki̯in*

kởn 互相 $kɔn_2^{24}$

bong kởn, s'entraider. 互相帮助（帮互相） $ʔbaŋ^{33}kɔn_2^{24}$

hiểm kởn mải, être d'accord. 大家好（添相好） $him_1^{35-21}kɔn_2^{24}mai_2^{24}$//= $him_1^{35-21}kɔn_2^{24}mɛŋ_3^{33}$//$him_1^{35}kɔn_2^{24}mai_2^{24}$双方好/和睦

oí kởn, s'aimer, amour mutuel. 相爱（爱互相） $ai_5^{55}kɔn_2^{24}$

p'ản kởn, antipathique. 反感 $p^han^{21}kam^{21}$

hòa kởn, concorde. 相和/和谐（和互相） $hua_2^{24-21}kɔn_2^{24}$

p'ải lê kởn, juxtaposer. 并列（排近互相） $p^hai_2^{24}le_3^{33}kɔn_2^{24}$

tsón kọp kởn, carrefour. 十字路口/岔路口（路咬相） $sɔn_1^{35-21}kap_8^{21}kɔn_2^{24}$ 路咬相（不说）//$sɔn_1^{35-21}a^{33}sa^{33}$交叉路（路椏杈，常说）//= $sɔn_1^{35-21}kiau^{33}sa^{33}$交叉路（路交叉，常说）

kang kởn, dialogue. 对话（讲互相） $kaŋ_3^{33}kɔn_2^{24}$

bảng kởn = *tộ kởn*, entr'aide, entortiller. 相帮 $ʔbaŋ^{33}kɔn_2^{24}$ = 相捋 $toʔ_8^{21}$ $kɔn_2^{24}$//$toʔ_8^{21}$捋（捋胡子）

= T. *kan* กัน（互相）

kởn 斤 $kɔn_1^{35}$

kởn aù, une livre. 一斤（斤一） $kɔn_5^{55}ɔu_4^{21}$

luổn kởn ing, vendre au poids. 论斤卖 $lən_4^{21-24}kɔn_1^{35}iŋ_3^{33}$论斤卖（少说）// $tui_5^{55}kɔn_1^{35}iŋ_3^{33}$算斤卖（常说）

<* *kịən* 斤

kởn 艰 kan^{33}

kởn non, adversité. 艰难 $kan^{33}nan_2^{24}$//$kan^{33}k^ho^{21}$艰苦

<* *kaən* 艱

k'ón 困 $k^hun_5^{55}$

dỗk k'ón, appauvrir. 变穷（掉困） $ʔdok_7^{55}k^hun_5^{55}$//= $ʔdok_7^{55}k^ho_3^{33}$变穷（掉苦）

k'ởn (numéral) 杆 $k^han_5^{55}$/$k^han_3^{33}$ 按：原文认为本字是“竿”，误。

iên bĩt k'ởn aù, un crayon. 一杆铅笔（铅笔杆一） $ien^{21}ʔbit_7^{55}k^han_5^{55}ɔu_4^{21}$//= $ʔbat_7^{55-33}p^han_1^{35}k^han_5^{55}ɔu_4^{21}$一杆铅笔（笔番杆一）//$ʔbat_7^{55-33}p^han_1^{35}ʔbun_5^{55}k^han_3^{33}$两支铅笔（笔番两杆） 按：$ʔbat_7^{55-33}p^han_1^{35}$番笔（笔番）即外国来的笔，指铅笔。

<* *kân* 竿

k'òn 拳 kʰɔn$_{2}^{24}$

kĩt k'òn hêảu, boxer, donner un coup de poing. 打拳/拳击(击拳头) kit$_{7}^{55-33}$kʰɔn$_{2}^{24-21}$heu$_{2}^{24}$//kʰɔn$_{2}^{24-21}$heu$_{2}^{24}$拳头//kok$_{7}^{55-33}$ʔda$_{1}^{35-21}$heu$_{2}^{24}$膝盖(脚眼头)

k'òn hểu, poing. 拳头 kʰɔn$_{2}^{24-21}$heu$_{2}^{24}$

kĩt k'òn dêu, faire la culbute. 翻跟斗(击跟斗) kit$_{7}^{55-33}$kʰɑn$_{2}^{24-21}$ʔdeu$_{3}^{33}$击跟斗(不说)//ʔdɛŋ^{21}kʰɑn$_{2}^{24-21}$ʔdeu$_{3}^{33}$顶跟斗(常说)//pʰan^{33}kʰɑn$_{2}^{24-21}$ʔdeu$_{3}^{33}$翻跟斗//mɔk$_{8}^{21}$deu$_{5}^{55}$ɔu$_{4}^{21}$一斗谷子(谷斗一)//mɔk$_{8}^{21}$ʔbun$_{5}^{55}$ʔdeu$_{3}^{33}$两斗谷子(谷两斗)//ʔdɑŋ$_{3}^{33}$kʰɑn$_{2}^{24}$头脚倒置 按:ʔdɑŋ$_{3}^{33}$与"瓶子"同音。//liu$_{1}^{35-21}$ʔdɑŋ$_{3}^{33}$kʰɑn$_{2}^{24}$把书倒过来看

<* *gʷi̯en* 拳

ngòn (fermer la majn). 攥 ŋɔn$_{1}^{35}$

ngòn k' ồn hểu kĩt p'ướ aù, donner un coup de poing. 攥拳头打一下(攥拳头击一回) ŋɔn$_{1}^{35-21}$kʰɔn$_{2}^{24-21}$heu$_{2}^{24}$kit$_{7}^{55}$pʰəi$_{2}^{24}$ɔu$_{4}^{21}$//ŋɔn$_{1}^{35-21}$me$_{2}^{24}$攥拳

ngỏn argent, monnaie. 银 ŋɔn$_{2}^{24}$/ŋin^{21}

ngỏn hồng, alliage. 铜钱(银铜) ŋɔn$_{2}^{24-21}$hoŋ$_{2}^{24}$//=ŋin^{21}hoŋ$_{2}^{24}$

p'ạt ngỏn, infliger une amende en argent. 罚款(罚银) pʰat$_{8}^{21}$ŋɔn$_{2}^{24}$

ngỏn p'ái, médaille en argent. 银牌 ŋɔn$_{2}^{24-21}$pʰai$_{2}^{24}$银牌(祖宗的银质牌位)//ŋin$_{2}^{24}$pʰai$_{2}^{24}$银牌(运动员的奖牌)//kim^{33}pʰai$_{2}^{24}$金牌(运动员的奖牌)

tsêi ngỏn, billet de banque. 纸币(纸银) tsʰei$_{3}^{33}$ŋɔn$_{2}^{24}$

ká ngỏn, cours de l'argent. 银价(价银) ka$_{3}^{33}$ŋɔn$_{2}^{24}$

ngỏn số mọ aù, une piastre, un dollar. 一块银元(银粗个一) ŋɔn$_{2}^{24-21}$so$_{1}^{35}$mɔʔ$_{8}^{21}$ɔu$_{4}^{21}$一块大银元(银粗个一) 按:实际读为mɔ$_{4}^{21-24}$ɔu$_{4}^{21}$。//ŋɔn$_{2}^{24-21}$niʔ$_{7}^{55}$mɔʔ$_{8}^{21}$ɔu$_{4}^{21}$一块小银元(银小个一)//ŋɔn$_{2}^{24-21}$so$_{1}^{35}$hien$_{4}^{21-24}$ɔu$_{4}^{21}$一张大纸币(一百元)//ŋɔn$_{2}^{24-21}$niʔ$_{7}^{55}$hien$_{4}^{21-24}$ɔu$_{4}^{21}$一张小纸币(一元)//ŋon$_{2}^{24-21}$so$_{1}^{35}$大台风(台风粗)//ŋon$_{2}^{24-21}$niʔ$_{7}^{55}$小台风(台风小)

nai ngỏn, emprunter de l'argent. 借钱(借银) nai$_{3}^{33}$ŋɔn$_{2}^{24}$//=nai$_{3}^{33}$sɛn$_{2}^{24}$

tsồ ngỏn, revenu des loyers. 租金(租银) tsʰo$_{1}^{35-21}$ŋɔn$_{2}^{24}$

ngỏn kổng, salaire. 工钱(银工) ŋɔn$_{2}^{24-21}$koŋ$_{1}^{35}$

nòm ngỏn, vif-argent. 水银 nɑm$_{4}^{21-24}$ŋɔn$_{2}^{24}$//≠nɑm$_{4}^{21-24}$ŋin$_{2}^{24}$泉水

<* *ṅi̯in* 銀

on sceau 印/印章 ɔn$_{3}^{33}$

on sẽk, imprimer un livre. 印书(印册) ɔn$_{3}^{33}$sek$_{7}^{55}$印书//ɔn$_{3}^{33}$sɛn$_{2}^{24}$印钱

on mộ aù, un cachet. 一枚印章(印个一)ɔn$_3^{33}$mɔʔ$_8^{21}$ɔu$_4^{21}$　按：实际读为 mɔ$_4^{21-24}$ɔu$_4^{21}$。//k^{h}im$_4^{21-24}$ɔn$_3^{33}$盖章(揿印)

<* *ʔi̯in˒*　印

on ỏn 安 ɔn^{33}

on p'ải, agencer. 安排 ɔn^{33}p^{h}ai$_2^{24}$(不说)//an^{33}ʔbɑi^{21}(常说,海南话)

ỏn bòi, disposer. 安排 ɔn^{33}ʔbɑi^{21}(不说)

on bòi, arranger. 安排 ɔn^{33}ʔbɑi^{21}(不说)

ỏn p'ói, distribuer. 安排 ɔn^{33}p^{h}ai$_2^{24}$(不说)

Hiến tsô ỏn p'òi, Providence. 天意/天命(天主安排) hien$_1^{35}$ts^{h}o$_3^{33}$ɔn^{33}p^{h}ai$_2^{24}$(不说)//hien$_1^{35}$ts^{h}o$_3^{33}$an^{33}ʔbɑi^{21}(常说)

ỏn dóng, stable. 安定(安当)ɔn^{33}ʔdɑŋ$_5^{55}$(不说)//an^{33}ʔdɑŋ^{33}(常说)

<H. *ản*　* *ʔân*　安

hón 捆 hɔn$_5^{55}$/hɔn$_3^{33}$

ngào hón aù, une gerbe de riz. 一捆稻(稻捆一) ŋau$_4^{21}$hɔn$_5^{55}$ɔu$_4^{21}$//ʔdi$_5^{55}$hɔn$_3^{33}$ʔdi$_5^{55}$hɔn$_3^{33}$一捆一捆

<^{*c} *k'uən*　捆

hòn 恨 hɔn$_4^{21}$

hau hòn, détestable. 可恨(好恨) hɑu$_3^{33}$hɔn$_4^{21}$//＝hɑu$_3^{33}$hən$_5^{55}$可恨/可爱(好恨)//hɑu$_3^{33}$hɑn$_4^{21}$刺竹头(首刺竹)

<* *ɣən˒*　恨

hòn 喊 hɑn^{21};震动 hɔn$_4^{21}$

hòn óng, éveiller quelqu'un. 喊醒 hɑn^{21}ɑŋ$_1^{35}$//＝ʔbeu$_1^{35}$ɑŋ$_1^{35}$叫醒

mẹk hồn, pulsation du pouls. 脉象(脉震) mɛk$_8^{21}$hɔn$_4^{21}$脉震//hɛi$_4^{21}$hɔn$_4^{21}$地震

hòn 刺竹 hɑn$_4^{21}$

nàng hòn, pousse de bambou. 竹笋/竹芽 naŋ$_2^{24-21}$hɑn$_4^{21}$(naŋ$_2^{24}$笋≠nɑŋ$_1^{35}$皮)

hòn 分 hon^{33}(份)/份 p^{h}ɑn$_4^{21}$

tạp hòn, complètement. 十分 tɔp$_8^{21}$hon^{33}十分(海南话)//＝tɔp$_8^{21}$p^{h}ɑn$_4^{21}$十分(十份)

tam són hòn nè p'ẻảng hòn bới p'ẻảng, se dandiner en marchant. 走路摇

摇晃晃(走路昏这边昏那边) tam$_{3}^{33}$ sɔn$_{1}^{35}$ hɔn$_{1}^{35-21}$ nɛ$_{1}^{35-21}$ p^{h}iaŋ$_{2}^{24}$ hɔn$_{1}^{35-21}$ ʔbəi$_{5}^{55}$ p^{h}iaŋ$_{2}^{24}$

hón 赚(趁) han$_{5}^{55}$

mưởn hón=*hón lêào*, lucratif. 有赚(有趁) mən$_{2}^{24-21}$ han$_{5}^{55}$ =赚多(趁多) han$_{5}^{55}$ liau$_{4}^{21}$

hón sẻn, profit. 赚钱(趁钱) han$_{5}^{55}$ sɛn$_{2}^{24}$

< **ɣwan* 赚

这个韵可以与台语的-*an*, -*on*, -*in* 韵对应,如:

	临高	台语	壮语	石家	莫语	水语	侗语	黎萨	黎王
même 互相	*kỏn*	*kan*	*gan*	*kan*	/	/	*taṅ*	*thaṅ*	/
tordre 拧	*p'on*	*'fan* *'phan*	*ʔban*	/	/	/	/	(*nau*)	/
jour 日/天	*bỏn*	*ɯan*	*ṅan*	*ñan*	*ɯan*	*man*	*man*	*vên*	*vaṅ*
chemin 路	*són*	*hron* (*da:ṅ*)	*hron*	(*tha:ṅ*)	*khun*	*khɯən*	*khɯən*	*kuôn*	/
(num)株	*dón*	*ton*[1] *ko*	*ko*	*ko*	*ko*, *dun*[1]	/	/	*thuôn*	/
arbre 树	*don*	*'ton*[2] *'may*	*'mɯay* >*'vay*	*may*	*'may*	*'may*	*'may*	*say*	*č'ay*
poil 毛	*bỏn*	(*khon*)	*pɯn*	*pul*	(*run'*)	/	*pyən*	*hun*	*ṅoṅ*
pluie 雨	*p'on*	*fon*	*fɯn*	*vɯin*	*ʔvin*	*ʔɯən*	*pyən*	*pun*	*fun foṅ*
voler 飞	*bón*	*ʔbin*	*ʔbin*	*ʔbɯil*	*'ʔvin*	*'ʔɯin*	*'pən*	*bin*	*pen*
court 短	*don*	*'ten*	*'tin*	/	*'din*	/	*'thən*	*thet*	*that*
manger 吃	*kón*	*kin*	*kɯn*	*kin*	*si:n*	*tsya:n*	*tya:n*	(*lau*	*loʔ*)
homme 人	*bỏn*	(*gon*)	*ɯ un* <*Gɯon*	*hun*	(*'ʔay*	*ʔay*)	/	(*ra: ɯ*	*ṅaɯ*)
dent 牙	*tón*	(*khieɯ*)	*van*	(*ne:ṅ*)	(*ʔyəu'*)	*ʔɯyan*	*pyan*	*phen*	*fa:ṅ*

OAN-OĂN

doǎn 端 ʔduan^{33}

zóng doǎn tsêá, immodeste. 不端正 zaŋ$_{5}^{55}$ ʔduan^{33} ts^{h}ia$_{1}^{35}$ 按:"端正"是海口话,"正"阴去35调,随第1调参与连读变调。

ziàng-bỏn doản tséa, correct. 端正人(人端正) ziaŋ$_{2}^{24-21}$ ʔban$_{2}^{24-21}$ ʔduan^{33}ts^{h}ia$_{1}^{35}$

doản tsing, décemment. 端正 ʔduan^{33}ts^{h}iŋ$_{5}^{55}$

<H. *doản* **tuân* 端

toan 蒜 tuan$_3^{33}$

hau mạk toan, ail. 蒜头(头果蒜) hɑu$_3^{33}$mɑk$_8^{21}$tuan$_3^{33}$蒜头//=mɑk$_8^{21}$tuan$_3^{33}$蒜//mɑk$_8^{21}$suŋ$_1^{35}$葱//mɑk$_8^{21}$sɑk$_7^{55}$萝卜

<* *suân*ᵓ 蒜

loàn 乱 luan$_4^{21}$

loàn tam toàn hũk, se mal comporter, déréglé. 乱走乱做 luan$_4^{21}$tam$_3^{33}$luan$_4^{21}$huk$_7^{55}$//=luan$_5^{55}$tam$_3^{33}$luan$_5^{55}$huk$_7^{55}$//tei$_3^{33}$kan$_1^{35}$luan$_4^{21}$世间乱//hoŋ$_4^{21}$luan$_4^{21}$心乱(肚子乱<胴乱)//=tɔm$_1^{35}$luan$_4^{21}$

loàn kang loàn lọp, déraisonner. 胡说八道(乱讲乱立) luan$_4^{21}$kaŋ$_3^{33}$luan$_4^{21}$lɔp$_8^{21}$//=luan$_5^{55}$kaŋ$_3^{33}$luan$_5^{55}$lɔp$_8^{21}$

lọp loàn, en désordre. 愁睡(躺乱)　按:法语解释是"凌乱"。lɑp$_7^{55}$luan$_4^{21}$愁睡(躺乱)//kɔn$_1^{35}$luan$_4^{21}$愁吃(吃乱)//diŋ$_1^{35}$luan$_4^{21}$愁穿(穿乱)//k^{h}ia$_3^{33}$luan$_4^{21}$愁住(住乱)//zoŋ$_4^{21}$luan$_4^{21}$愁用(用乱)

loàn kùa, paroles diffuses. 流言(乱话) luan$_4^{21}$kua$_4^{21}$//=kua$_4^{21-24}$ziu^{21}乱话(话由)//ziu^{21} ziu^{21} kaŋ$_3^{33}$乱讲(由由讲)//ziu^{21} ziu^{21} huk$_7^{55}$乱做(由由做)//ziu^{21}mɔ$_3^{33}$随便你(由你)

loàn zổng, abuser de. 乱用 luan$_4^{21}$zoŋ$_4^{21}$//=luan$_5^{55}$zoŋ$_4^{21}$

tóm lòan, ahuri. 心乱 tɔm$_1^{35}$luan$_4^{21}$//=hoŋ$_4^{21}$luan$_4^{21}$(胴乱)//it$_7^{55}$mət$_8^{21}$一愣　按:法语解释是"惊愕、发呆"。

hũk loàn, tracasser, ameuter. 制造麻烦/制造混乱(做乱) huk$_7^{55}$luan$_4^{21}$

ziàng bởn kiau loàn, anarchiste. 捣乱的人(人搅乱) ziaŋ$_2^{24-21}$ ʔbɑn$_2^{24-21}$kiau$_3^{33}$luan$_4^{21}$//tei$_3^{33}$kan$_1^{35}$kiau$_3^{33}$luan$_4^{21}$世间混乱(世间搅乱)

kiau loàn, brouiller. 搅乱 kiau$_3^{33}$luan$_4^{21}$搅乱/踩乱//tei$_3^{33}$kan$_1^{35}$kiau$_3^{33}$luan$_4^{21}$世间搅乱//kiau$_3^{33}$luak$_7^{55}$踩脏//kiau$_3^{33}$ʔbɔŋ$_2^{24}$踩泥

loản zông, gaspiller. 乱用 luan$_4^{21}$zoŋ$_4^{21}$//=luan$_5^{55}$zoŋ$_4^{21}$　按:法语解释是"浪费"。

loàn náu, bagarre. 乱闹 luan$_4^{21}$nɑu$_5^{55}$//=luan$_5^{55}$nɑu$_5^{55}$　按:法语解释是"打架斗殴"。nɑu$_5^{55}$闹≠nɑu$_3^{33}$盐≠nau$_4^{21}$新。

kiau loàn = *kĩt loàn*, désorganiser. 搅乱 kiau$_3^{33}$ luan$_4^{21}$ = 打乱(击乱)/kit$_7^{55}$luan$_4^{21}$

loàn tsun, crédule. 乱信/轻信(乱遵) luan$_4^{21}$ts^{h}un^{33}(少说)//luan$_5^{55}$ts^{h}un^{33}(常说)

<* *luân*ᵓ 亂

tsoan 钻 $ts^{h}uan_{3}^{33}$

tsêà tsoan, villebrequin. 曲柄钻（车钻）sia_{1}^{35-21} $ts^{h}uan_{3}^{33}$　按：法语 villebrequin 是 vilebrequin 之误。

<* *tsuân*　鑽

tsoán carreau, brique. 砖 $ts^{h}uan_{1}^{35}$

p'aù tsoán, carreler. 铺砖 $p^{h}ɔu_{1}^{35-21}ts^{h}uan_{1}^{35}$

<* *čwien*　磚

tsỏằn 转 $tsuan_{4}^{21}$

tsỏan hảu, faire volte-face. 转头 $ts^{h}uan_{4}^{21-24}hɑu_{3}^{33}$//=$ts^{h}in_{3}^{33}hɑu_{3}^{33}$

tsoằn tóm kẹ ếi, changer d'idée. 回心转意（转心解意）$tsuan_{4}^{21}$ $tɔm_{1}^{35}$ $keʔ_{7}^{55-33}ei_{1}^{35}$（少说）//$keʔ_{7}^{55-33}ts^{h}o_{3}^{33}ei_{3}^{33}$改主意（解主意）

<^{*c} *ṭwien*　轉

soằn 闩 $suan_{5}^{55}$；铲 $suan_{3}^{33}$

soằn mưởi aù, lance. 一枚闩（闩一枚）$suan_{5}^{55}$ $məi_{2}^{24}$ $ɔu_{4}^{21}$//$ʔbak_{7}^{55-33}$ $ʔdɔu_{2}^{24-21}suan_{5}^{55}$门闩//=$ʔbak_{7}^{55-33}ʔdɔu_{2}^{24-21}tien_{1}^{35}$

soằn mới aù, une pique. 一枚铲/铁锹（铲枚一）$suan_{3}^{33}$ $ʔbai_{5}^{55}$ $ɔu_{4}^{21}$（王录尊）//$sɑn_{2}^{24}mɔʔ_{8}^{21}ɔu_{4}^{21}$（二李）　按：实际读为 $mɔ_{4}^{21-24}ɔu_{4}^{21}$。

soán dormir 睡 $suan_{1}^{35}$

p'oảng lãp soán, chambre à coucher, dortoir. 卧室/宿舍（房躺睡）$p^{h}uaŋ_{2}^{24-21}lɑp_{7}^{55-33}suan_{1}^{35}$

dá kaủ soắn, avoir envie de dormir. 瞌睡/睏（眼低睡）$ʔda_{1}^{35}$ $kɑu_{4}^{21-24}$ $suan_{1}^{35}$睏//=$kɑu_{4}^{21-24}suan_{1}^{35}$睏

zóng soắn zoi, insomnie. 睡不着（不睡得）$zɑŋ_{5}^{55}suan_{1}^{35}zɑi_{3}^{33}$

lãp soán=lõp soán, se coucher. 睡觉（躺睡）$lɑp_{7}^{55-33}suan_{1}^{35}$

dá kaủ soắn, yeux assoupis. 瞌睡/睏（眼低睡）$ʔda_{1}^{35}kɑu_{4}^{21-24}suan_{1}^{35}$

nõp soán biển=nõp soán biển lau, rêver en dormant. 做梦（躺睡梦）$lɑp_{7}^{55-33}suan_{1}^{35}ʔbien_{2}^{24}$　按：*nõp* 是 *lõp* 之误。

soằn 新 $suan_{1}^{35}$

soằn-p'ộ, bru. 儿媳 $suan_{1}^{35-21}p^{h}u_{4}^{21}$儿媳//=$suan_{1}^{35-21}p^{h}oʔ_{8}^{21}$新妇

soằn-p'ộ nao, nouvelle mariée. 新娘（新新妇<新妇新）$suan_{1}^{35-21}$

p^{h}oʔ$_{8}^{21}$nau$_{4}^{21}$

dông soằn-p'ụ, convoi de nouvelle mariée. 娶亲（等新妇）ʔdɔŋ$_{3}^{33}$ suan$_{1}^{35-21}$p^{h}oʔ$_{8}^{21}$//=ʔdei$_{1}^{35-21}$suan$_{1}^{35-21}$p^{h}oʔ$_{8}^{21}$//ʔdei$_{1}^{35-21}$keu$_{4}^{21}$找东西

soằn-p'ồ, belle-fille. 儿媳（新妇）suan$_{1}^{35-21}$p^{h}oʔ$_{8}^{21}$

soằn soằn（tout）entier. 全 suan$_{2}^{24}$

soằn zản, la famille entière. 全家 suan$_{2}^{24-21}$zan$_{2}^{24}$

soằn nưng, omnipotence. 全能 suan$_{2}^{24-21}$nəŋ$_{2}^{24}$

soằn hau, omniscience. 全知 suan$_{2}^{24-21}$hɔu$_{4}^{21}$

zoằn soán, complètement. 完全 zuan$_{2}^{24}$suan$_{2}^{24}$

zoằn soằn, absolu. 完全/绝对 zuan$_{2}^{24}$suan$_{2}^{24}$

zóng zoi zoằn soằn, défectueux. 不能完全（不得完全）zɑŋ$_{5}^{55}$zɑi$_{3}^{33}$zuan$_{2}^{24}$ suan$_{2}^{24}$//=zɑŋ$_{5}^{55}$zuan$_{2}^{24}$suan$_{2}^{24}$

p'ươn zoằn soán, compléter. 完整/使完全（有完全）mən$_{2}^{24-21}$zuan$_{2}^{24}$ suan$_{2}^{24}$ 按：*p'ươn* 有问题。

soằn hảu zẫk dọk, courbaturé dans tout le corps. 全身痛（全身骨痛）suan$_{2}^{24-21}$hɔu$_{2}^{24-21}$zək$_{7}^{55}$ʔdɔk$_{8}^{21}$

soằn hảu mưởn tsái, criblé de dettes. 一身债（全身有债）suan$_{2}^{24-21}$ hɔu$_{2}^{24-21}$mən$_{2}^{24-21}$ts^{h}ai$_{3}^{33}$

zóng soằn, tronqué. 不全 zɑŋ$_{5}^{55}$suan$_{2}^{24}$

<H.*soằn* **dzɯien* 全

sỏằn 传 suan$_{2}^{24}$

soản haù, annoncer. 宣布（传知）suan$_{2}^{24}$hɔu$_{4}^{21}$

soằn kiáo, évangéliser. 传教 suan$_{2}^{24}$kiau$_{5}^{55}$//lɔu$_{4}^{21-24}$kiau$_{5}^{55}$入教

bẵk soằn, tradition orale. 口传 ʔbak$_{7}^{55}$suan$_{2}^{24}$//ʔbak$_{7}^{55}$kaŋ$_{3}^{33}$口说

<H.*soằn* **ḍwienʾ* 傳

zoăn 院 zuan$_{3}^{33}$

i zoăn, hôpital. 医院 i^{33}zuan$_{3}^{33}$

zoăn ziảng p'ìng, sanatorium. 疗养院（院养病）zuan$_{3}^{33}$ziaŋ$_{4}^{21-24}$p^{h}iŋ$_{4}^{21}$//= ziaŋ$_{4}^{21-24}$p^{h}iŋ$_{4}^{21}$zuan$_{3}^{33}$

<H. *zoăn* **ɣwienʾ* 院

zoàn 眼 zuan^{21}

zoàn-kíng, lunettes. 眼镜 zuan^{21}kiŋ$_{5}^{55}$

dìng zoàn-kíng, porter des lunettes. 戴眼镜 ʔdiŋ$_1^{35-21}$zuan^{21}iŋ$_5^{55}$

<*ᶜ *ṅaən* 眼

zoǎn vœu, vouer, consentir. 愿 zuan$_3^{33}$

sềng zoǎn, spontanément. 情愿 seŋ$_2^{24-21}$zuan$_3^{33}$

<H. *zoǎn* **ṅʷiânʾ* 願

zoǎn 丸 zuan$_4^{21}$

zoǎn p'ãt nĩt, pillule de quinine. 发冷丸(丸发冷) zuan$_4^{21-24}$ pʰat$_7^{55-33}$ nit$_7^{55}$//zuan$_4^{21-24}$zɛ$_4^{21-24}$kai$_4^{21}$泻药(丸泄屎) 按:法语 pillule 是 pilule 之误。

<* *yuân* 丸

zoẳn 完 zuan$_2^{24}$

zoẳn soẳn, absolu, complètement. 完全 zuan$_2^{24}$suan$_2^{24}$

hũk zoẳn, achever, réaliser. 做完 huk$_7^{55}$zuan$_2^{24}$(不说)//huk$_7^{55}$in$_1^{35}$(常说)

hũk zoẳn kống, réaliser. 做完工 huk$_7^{55}$zuan$_2^{24}$koŋ$_1^{35}$(不说)//huk$_7^{55}$in$_1^{35}$koŋ$_1^{35}$(常说)

hũk zoẳn, terminer. 做完 huk$_7^{55}$zuan$_2^{24}$(不说)//huk$_7^{55}$in$_1^{35}$(常说)

<H. *zoẳn* * *yuân* 完

kuẳn 灌 kuan$_5^{55}$ 按:原文认为本字是"贯",误。

kuẳn dồ, andouille. 猪肉香肠(灌肠) kuan$_5^{55}$ʔdo^{21}//kuan$_5^{55}$nɑm$_4^{21}$灌水//ʔdiʔ$_8^{21}$nɑm$_4^{21}$浇水(淋水)

<H. *kuẳn* * *kuânʾ* 貫

kuẳn 惯 kuan$_5^{55}$

kuẳn toạk, accoutumé, habitude. 习惯(惯熟) kuan$_5^{55}$tuak$_8^{21}$

zóng kuẳn toạk di p'ang, dépayser. 不习惯地方(不惯熟地方) zaŋ$_5^{55}$ kuan$_5^{55}$tuak$_8^{21}$ʔdi^{33}pʰaŋ^{33}

<H. *kuẳn* * *kwanʾ* 惯

kuàn 官 kuan$_1^{35}$

hũk kuàn p'ô, faire un procès. 做证人(做官府) huk$_7^{55-33}$kuan$_1^{35-21}$pʰo$_3^{33}$ 按:指为纠纷做现场证人。//= huk$_7^{55-33}$ tsʰəŋ$_3^{33}$ 作证//kuan$_1^{35-21}$ pʰo$_3^{33}$ 证人(官府)

<* *kuân* 官

kuẳn 棺 kuan$_1^{35}$

kuẳn sể, cercueil. 棺材 kuan$_1^{35-21}$se$_2^{24}$

<* *kuân* 棺

kuǎn 罐 $kuan_5^{55}$

kuǎn hổng, bouilloire. 铜壶(罐铜) $kuan_5^{55}hoŋ_2^{24}$

kuǎn mọ aù, marmite. 一个罐(罐个一) $kuan_5^{55}mɔʔ_8^{21}ɔu_4^{21}$ 按:实际读为 $mɔ_4^{21-24}$ $ɔu_4^{21}$。//$ts^hin_3^{33}$ $ʔbuaʔ_7^{55}$ 瓦锅//$ʔdou_1^{35}$ 金属锅 按:法语解释是"锅"。

<* *kuanˀ* 罐

bo kuǎn, artère. 血管 $ʔbaʔ_7^{55-33}kuan^{21}$ 血管(不说)//$na_2^{24-21}ʔbaʔ_7^{55}$ 血管(根血,常说) 按:*bo* 是 *bõ* 之误。

<*ᶜ *kuân* 管

kuǎn 竹子 $kuan_2^{24}$ 按:$kuan_2^{24}$是粉竹或竹子统称。

kuản dón aù, un bambou. 一株竹 $kuan_2^{24}ʔdɔn_5^{55}ɔu_4^{21}$ 一株竹(活的)//$kuan_2^{24}mat_7^{55}ɔu_4^{21}$一根竹(砍下来的)//$ʔdɔn_3^{33}kuan_2^{24}$竹树//$hɛŋ_4^{21-24}kuan_2^{24}$竹棍

kuản ún, bambou épineux. 竹刺 $kuan_2^{24-21}un_1^{35}$//han_4^{21}刺竹

lẹk kuǎn kún, coquin. 小流氓/小混混 $lɛk_8^{21}kuaŋ_4^{21}kun_5^{55}$

zổng kuǎn mọ aù, tubes en bambou. 一个竹筒(筒竹个一) $ʔdaŋ_4^{21-24}$ $kuan_2^{24}mɔʔ_8^{21}ɔu_4^{21}$//$ʔdaŋ_4^{21-24}ʔbɛi_2^{24}$烟囱 按:*zổng* 是 *dổng* 之误。$mɔʔ_8^{21}$ $ɔu_4^{21}$ 实际读为 $mɔ_4^{21-24}$ $ɔu_4^{21}$。

kuǎn 灌 $kuan_5^{55}$

kuǎn-dố, boudin. 灌肠/灌猪肠 $kuan_5^{55}ʔdo^{21}$ 按:这是海南话。

kuǎn-dồ. 灌肠 $kuan_5^{55}ʔdo^{21}$ 按:原文没有解释,意思应该也是"灌肠",记音更准确。

kuǎn 烟 $kuan_2^{24}$($kuan_2^{24}$"烟/竹"同音)

bểi kuǎn, fumée. 烟(火烟) $ʔbɛi_2^{24}kuan_2^{24}$ 火冒烟//$ʔbɛi_2^{24-21}kuan_2^{24}$ 炊烟(火烟)//$ʔdaŋ_4^{21-24}ʔbɛi_2^{24}kuan_2^{24}$烟囱

=T. *khwan*, C-D. *Gon* ควัน (烟)

kuan 关 $kuan^{33}$

kiau kuan, qui a des conséquences, effrayant. 事关重要的(交关) $kiau^{33}kuan^{33}$

p'ing zoi kiảu kuǎn, danger de mort. 病危(病得交关) $p^hiŋ_4^{21}zai_3^{33}kiau^{33}$ $kuan^{33}$//$zaŋ_5^{55}kiau^{33}kuan^{33}$差得远/不过关(不交关)

<* *kwan* 關

k'oằn 宽 k^{h}uan$_1^{35}$/k^{h}uan^{33}

k'oằn tóm = *k'oằn zùng*, clément 宽心 k^{h}uan$_1^{35-21}$ tɔm$_1^{35}$ = 宽容 k^{h}uan^{33} zoŋ$_2^{24}$//zoŋ$_2^{24}$nap$_7^{55}$容纳

k'oán zổng, radieux. 宽容 k^{h}uan^{33}zoŋ$_2^{24}$

<* *k'uân* 寬

oắn 弯 uan$_1^{35}$

oắn oắn (zigzag). 弯弯 uan$_5^{55}$uan$_1^{35}$

són oắn oắn, chemin en zigzag. 路弯弯 sɔn$_1^{35}$ uan$_5^{55}$ uan$_1^{35}$// = sɔn$_1^{35}$ eu$_5^{55}$eu$_1^{35}$

tam són oắn, détour. 走弯路(走路弯) tam$_3^{33}$sɔn$_1^{35-21}$uan$_1^{35}$走弯路(走路弯)//≠am$_3^{33}$sɔn$_1^{35}$uan$_1^{35}$绕路(走路弯)

oan 弯 uan$_1^{35}$

kang oắn k'iăk, biaiser (en parlant). 讲话绕弯(讲话弯曲) kaŋ$_3^{33}$kua$_4^{21}$ uan$_1^{35}$k^{h}iak$_7^{55}$

oắn éu, courbe. 弯曲 uan$_1^{35}$eu$_1^{35}$

<*ʔwan* 彎

hoán 番 huan$_1^{35}$ 按：与果实相连的 huan$_1^{35}$ 为临高语词。p^{h}an$_1^{35}$/p^{h}ɑn^{33}/huan$_2^{24}$(番)为汉借词。

mạk hoán, litchi. 荔枝(果番) mak$_8^{21}$huan$_1^{35}$//mak$_8^{21}$huan$_1^{35-21}$p^{h}ien$_4^{21}$龙眼(果番便)//p^{h}ien$_4^{21-24}$me$_2^{24}$顺手(便手)//p^{h}ien$_4^{21-24}$sɔn$_1^{35}$顺路(便路)

hoán loisir, vacant. 闲 huan$_2^{24}$

zoi hoán, avoir le temps, avoir des loisirs. 有空/有时间(得闲) zai$_3^{33}$ huan$_2^{24}$(zɑi$_3^{33}$不可以)

zóng zoi hoán, accablé de besogne, affairé, occupé. 没有空/没时间(不得闲) zɑŋ$_5^{55}$zai$_3^{33}$huan$_2^{24}$

lèng hoán, disponible (endroit). 空地/闲地(地方闲) lɛŋ$_1^{35-21}$huan$_2^{24}$

hoán bới tuổn, badauder. 闲逛(闲去巡) huan$_2^{24-21}$ʔbəi$_1^{35-21}$tun$_2^{24}$

kang kuà hoán, dire des balivernes. 讲闲话(讲话闲) kaŋ$_3^{33}$kua$_4^{21-24}$huan$_2^{24}$

mể hoán, désœuvré. 游手好闲(手闲) me$_2^{24}$huan$_2^{24}$

hoắn tuổn, flâner. 闲逛(闲巡) huan$_2^{24-21}$tun$_2^{24}$// = tun$_2^{24}$nam$_1^{35}$(闲玩)// =

tam$_3^{33}$nam$_1^{35}$(走玩)//=ʔbəi$_1^{35}$nam$_1^{35}$(去玩)//=tun$_2^{24}$tam$_3^{33}$(巡走)

kuà hoán, paroles oiseuses. 闲话(话闲) kua$_4^{21-24}$huan$_2^{24}$

kuà hoán, cancan. 闲话/流言(话闲) kua$_4^{21-24}$huan$_2^{24}$

hoǎn 闲 huan$_2^{24}$

kuà hoǎn, bavarder, babil. 闲话/废话(话闲) kua$_4^{21-24}$huan$_2^{24}$

hoǎn 番 huan^{24}/p^{h}ɑn^{33} 按:原文认为本字是“碗”,误。huan^{24}是海口话“番”。“番”海南话多数读 huan^{33}。

nòm hoǎn kiàm, lessive. 肥皂水/番碱水(水番碱) nɑm$_4^{21-24}$huan^{24}kiam^{21}(少说)//nɑm$_4^{21-24}$p^{h}ɑn^{33}kiam^{21}(多说)

hoǎn kêǎm, savon. 肥皂(番碱) huan^{24}kiam^{21}(少说,海南话)//p^{h}ɑn^{33}kiam^{21}(多说)

<H. *hoǎn* *‘*ʔuân* 碗

一条可靠的对应词:

	临高	台语	壮语	石家	莫语	水语	侗语	黎萨
fumée 烟	*kuǎn*	*khɯan*	*Gon*	*gon*	*kɯan*	/	*gɯan*	*han*

ING

bing gâteau, galette. 饼 ʔbiŋ$_3^{33}$

zàu bing, beignet. 油饼 zɔu$_2^{24-21}$ ʔbiŋ$_3^{33}$//liaŋ$_1^{35-21}$ zɔu$_2^{24}$ 油饼(糖油)//=liaŋ$_1^{35-21}$ ʔbiŋ$_3^{33}$ zɔu$_2^{24}$(糖饼油)//liaŋ$_1^{35-21}$ ts^{h}ik$_7^{55}$ 油糕/烧饼(糖炸)//=liaŋ$_1^{35-21}$ ʔbiŋ$_3^{33}$ts^{h}ik$_7^{55}$(糖饼炸)

bing zon, ferment pour le vin. 酒饼(饼酒) ʔbiŋ$_3^{33}$zɑn$_3^{33}$

nõ ngau bing, fromage. 奶酪(奶牛饼) noʔ$_7^{55-33}$ ŋɔu$_2^{24-21}$ ʔbiŋ$_3^{33}$(不说)//ʔbiŋ$_3^{33}$noʔ$_7^{55-33}$ŋɔu$_2^{24}$(常说)

bing nóm kói, omelette. 鸡蛋饼(饼蛋鸡) ʔbiŋ$_3^{33}$nɔm$_1^{35-21}$kɑi$_1^{35}$

bing zũk, pain croquant. 酥饼/脆饼(饼脆) ʔbiŋ$_3^{33}$zuk$_7^{55}$

bing mèn, pain de froment. 面饼(饼面) ʔbiŋ$_3^{33}$men$_4^{21}$

=T. *ʼpe:ṅ* <*ᶜ *pi̯eṅ* 餅

bíng 柄/本 ʔbiŋ$_3^{33}$

sẽk bíng aù, un livre, un volume. 一本书(册本一) sek$_7^{55}$ ʔbiŋ$_5^{55}$ ɔu$_4^{21}$//

sek$_{7}^{55}$ ʔbun$_{5}^{55}$ ʔbiŋ$_{3}^{33}$两本书（册两本）

hũk sẽk bing, composer un livre. 写书（做册本）huk$_{7}^{55-33}$ sek$_{7}^{55-33}$ ʔbiŋ$_{3}^{33}$// huk$_{7}^{55-33}$sek$_{7}^{55-33}$ʔbiŋ$_{5}^{55}$ ɔu$_{4}^{21}$写一本书（做册本一）

tan bíng aù, ombrelle, parapluie. 一柄伞（伞柄一）tan$_{3}^{33}$ ʔbiŋ$_{5}^{55}$ ɔu$_{4}^{21}$

p'òi bíng aù, un éventail. 一柄扇（扇柄一）p^{h}ɑi$_{2}^{24}$ ʔbiŋ$_{5}^{55}$ ɔu$_{4}^{21}$

p'òi bon bíng aù, un panka. 一柄风扇（扇风柄一）p^{h}ɑi$_{2}^{24-21}$ ʔbɑn$_{2}^{24}$ ʔbiŋ$_{5}^{55}$ ɔu$_{4}^{21}$

<* *pi̯aṅ*ˀ 柄

bíng troupe de soldats. 兵 ʔbiŋ$_{1}^{35}$；柄 ʔbiŋ$_{3}^{33}$

ting k'ểi bíng aù, arborer un drapeau. 升一面旗（升旗柄一）teŋ^{33} k^{h}ɛi$_{2}^{24}$ ʔbiŋ$_{5}^{55}$ ɔu$_{4}^{21}$ 升一面旗（升旗柄一） 按：teŋ^{33} 升 ≠ tiŋ$_{3}^{33}$ 姓。//nip$_{7}^{55-33}$ k^{h}ɛi$_{2}^{24}$ ʔbiŋ$_{5}^{55}$ ɔu$_{4}^{21}$插一面旗（插旗柄一）// = sip$_{7}^{55-33}$ k^{h}ɛi$_{2}^{24}$ ʔbiŋ$_{5}^{55}$ ɔu$_{4}^{21}$（插旗柄一）

p'oảng bíng = *zản bíng*, caserne. 兵营（房兵）p^{h}uaŋ$_{2}^{24-21}$ ʔbiŋ$_{1}^{35}$ = 兵营（家兵）zan$_{2}^{24-21}$ ʔbiŋ$_{1}^{35}$

bíng mọ, cavalerie. 骑兵（兵马）ʔbiŋ$_{1}^{35-21}$ mɑʔ$_{8}^{21}$

tsiàu bíng, enrôler des soldats. 招兵 ts^{h}iau$_{1}^{35-21}$ ʔbiŋ$_{1}^{35}$

hau bíng, officier. 兵头/军官（头兵）hɑu$_{3}^{33}$ ʔbiŋ$_{1}^{35}$

<*pi̯aṅ* 兵

bíng 水蚂蟥 ʔbiŋ$_{1}^{35}$

mải bíng, sangsue. 水蚂蟥 mai$_{4}^{21-24}$ ʔbiŋ$_{1}^{35}$ 水蚂蟥//mai$_{4}^{21-24}$ ʔdak$_{7}^{55}$ 山蚂蟥

= T. *pliṅ* **ปลิง**（蚂蟥）

p'ìng 病 p^{h}iŋ$_{4}^{21}$

p'ìng zoi k'iến, le mal s'est aggravé, gravement malade. 病得重 p^{h}iŋ$_{4}^{21}$ zɑi$_{3}^{33}$ k^{h}ien$_{1}^{35}$

p'ìng p'ong loi, maladie chronique (voir maladie). 慢性病（病久长）p^{h}iŋ$_{4}^{21}$ p^{h}ɔŋ$_{3}^{33}$ lɔi$_{1}^{35}$

ziàng bỏn p'ìng, un malade. 病人（人病）ziaŋ$_{2}^{24-21}$ ʔbɑn$_{2}^{24-21}$ p^{h}iŋ$_{4}^{21}$

kễ bỏn p'ìng, déraciner un vice. 戒毛病（解毛病）keʔ$_{7}^{55-33}$ ʔbɑn$_{2}^{24-21}$ p^{h}iŋ$_{4}^{21}$（不说）//keʔ$_{7}^{55-33}$ mɑu$_{2}^{24}$ ʔbiŋ$_{5}^{55}$（多说） 按：ʔbɑn$_{2}^{24-21}$ p^{h}iŋ$_{4}^{21}$ 是"病的日子"。

kẻ p'ìng, feindre la maladie. 装病（假病）kɛ$_{2}^{24}$ p^{h}iŋ$_{4}^{21}$// = p^{h}iŋ$_{4}^{21-24}$ kɛ$_{2}^{24}$// kɛ$_{5}^{55}$ p^{h}iŋ$_{4}^{21}$病假//siŋ^{21} kɛ$_{5}^{55}$ p^{h}iŋ$_{4}^{21}$请病假

niểm p'ìng, maladie contagieuse. 染病 nim$_{4}^{21-24}$ p^{h}iŋ$_{4}^{21}$（不说）//ziam$_{4}^{21-24}$

p^{h}iŋ$^{21}_{4}$（常说）

p'ìng tsùng p'ãt, retomber dans la maladie. 病复发（病重发）p^{h}iŋ$^{21}_{4}$ ts^{h}uŋ$^{24-21}_{2}$ p^{h}at$^{55}_{7}$//=ts^{h}uŋ$^{24-21}_{2}$ p^{h}at$^{55-33}_{7}$ p^{h}iŋ$^{21}_{4}$ 复发病（重发病）

< **bi̯aṅʾ* 病

p'ìng 平 p^{h}eŋ$^{24}_{2}$

doi p'ìng, contrepoids. 吊起使秤平衡（吊平）loi$^{21}_{4}$ p^{h}eŋ$^{24}_{2}$//loi$^{21}_{4}$ ʔdɑʔ$^{21}_{8}$ 吊起使垂直（吊直） 按：*doi* 又读为 *lồi*。见 *lồi i* 条。

són zóng p'ỉng, chemin raboteux. 路不平 sɔn$^{35}_{1}$ zɑŋ$^{55}_{5}$ p^{h}eŋ$^{24}_{2}$

p'ìng têằng, habituellement, communément. 平常 p^{h}eŋ^{21} tiaŋ^{21}（海南话）

p'ìng tểi, communément. 平时 p^{h}eŋ$^{24-21}_{2}$ tɛi$^{24}_{2}$（不说）//p^{h}eŋ^{21} tiaŋ^{21}（常说）

<H.*phềng* **bi̯aṅ* 平

mìng 明 meŋ$^{24}_{2}$

kang mìng bẹ, parler carrément. 讲明白 kaŋ$^{33}_{3}$ meŋ$^{24-21}_{2}$ ʔbɛʔ$^{33}_{8}$//=kaŋ$^{33}_{3}$ meŋ$^{24-21}_{2}$ p^{h}ɛk$^{21}_{8}$

mìng mìng p'êạk p'êạk, parler catégoriquement. 明明白白 meŋ$^{24-21}_{2}$ meŋ$^{24-21}_{2}$ p^{h}iak$^{21}_{8}$ p^{h}iak$^{21}_{8}$（不说）//meŋ$^{24-21}_{2}$ meŋ$^{24-21}_{2}$ p^{h}ɛk$^{21}_{8}$ p^{h}ɛk$^{21}_{8}$（常说）

mìng hàu, pertinemment. 明知 meŋ$^{24-21}_{2}$ hɔu$^{21}_{4}$

mìng p'ek, net. 明白 meŋ$^{24-21}_{2}$ p^{h}ɛk$^{21}_{8}$//se$^{35}_{1}$ meŋ$^{24-21}_{2}$ p^{h}ɛk$^{21}_{8}$ 分清楚（分明白）

<H.*mềng* **mi̯aṅ* 明

mìng 虫（螟）miŋ$^{24}_{2}$

mìng màng, mouche. 苍蝇（螟蠓）miŋ$^{24-21}_{2}$ maŋ$^{21}_{4}$

mìng zộk dàu lé, dard d'abeille. 黄蜂蜇人（螟窝蜂蜇）miŋ$^{24-21}_{2}$ zuk$^{21}_{8}$ ʔdɑu$^{21}_{4}$ tɛ$^{33}_{3}$//=miŋ$^{24-21}_{2}$ ʔdɑu$^{21}_{4}$ tɛ$^{33}_{3}$ 蜂蜇人//miŋ$^{24-21}_{2}$ zuk$^{21}_{8}$ ʔdɑu$^{21}_{4}$ 黄蜂//=miŋ$^{24-21}_{2}$ ʔdɑu$^{21-24}_{4}$ laŋ$^{35}_{1}$//miŋ$^{24-21}_{2}$ ʔdɑu$^{21-24}_{4}$ oŋ^{33} 马蜂（蜂嗡）//miŋ$^{24-21}_{2}$ ʔdɑu$^{21}_{4}$ 蜂//miŋ$^{24-21}_{2}$ sɑŋ$^{33}_{3}$ 蜜蜂

niếm mìng màng, émoucher. 驱赶苍蝇（撵苍蝇）nim$^{35-21}_{1}$ miŋ$^{24-21}_{2}$ maŋ$^{21}_{4}$

mèng hĩt, sauterelle. 蝗虫/蚂蚱（螟跳）miŋ$^{24-21}_{2}$ hit$^{55}_{7}$

mẻng zái, taon. 金龟子 按：法语解释是"牛虻"，误。miŋ$^{24-21}_{2}$ zai$^{24}_{2}$//miŋ$^{24-21}_{2}$ zai$^{24-21}_{2}$ siaŋ$^{33}_{3}$ 蝉//miŋ$^{24-21}_{2}$ k^{h}ɑŋ$^{24-21}_{2}$ ʔdut$^{55}_{7}$ 蜣螂 按：滚屎球的虫子。//miŋ$^{24-21}_{2}$ maŋ$^{21-24}_{4}$ tei$^{33}_{3}$ 牛虻/牛蝇（螟蠓水牛）//k^{h}ia$^{24}_{2}$ 蜱虫/软蜱

mèng kòi tsêẫk, scorpion. 蝎子（螟鸡雀）miŋ$^{24-21}_{2}$ kɑi$^{35-21}_{1}$ ts^{h}iak$^{55}_{7}$

=T. *mle:ṅ* แมลง（虫）

mìng mìng lìng, décret. 命令 meŋ$^{24-21}_{2}$ meŋ$^{24-21}_{2}$ leŋ^{21} 明白承认（明明领）//mɔ$^{33}_{3}$

leŋ$_4^{21}$zaŋ$_5^{55}$leŋ$_4^{21}$你承认不承认(你领不领)//meŋ^{33}leŋ^{33}命令(海南话文读)

<**mi̯aṅʾ* 命

ding destiné 定/顶 ʔdiŋ$_3^{33}$

zóng ding dêô, aléatoire. 偶然的/侥幸的(不定着) zaŋ$_5^{55}$ʔdiŋ$_3^{33}$ʔdeu^{33}

ding ka, apprécier, évaluer. 定价 ʔdiŋ$_3^{33}$ka$_3^{33}$

ding bỏn k'ề, assigner un jour. 定日期 ʔdiŋ$_3^{33}$ ʔban$_2^{24-21}$ k^{h}e$_2^{24}$(不说)// ʔdiŋ$_3^{33}$ʔban$_2^{24}$(常说)

ding lứng, étayer. 顶住 ʔdiŋ$_3^{33}$ləŋ$_1^{35}$//ʔduʔ$_7^{55}$ləŋ$_1^{35}$撑住(拄住)

zêa ding mo bới, j'irai à votre place. 我替你去(我顶你去) zia$_3^{33}$ ʔdiŋ$_3^{33}$ mɔ$_3^{33}$ʔbəi$_1^{35}$

ding ká, convenir du prix, établir un prix. 定价 ʔdiŋ$_3^{33}$ka$_3^{33}$

ding ka sẻn, fixer le prix. 定价钱 ʔdiŋ$_3^{33}$ka$_3^{33}$sɛn$_2^{24}$

ding tọt, déterminer. 定实/确定(定实) ʔdia$_3^{33}$tɔt$_8^{21}$//=ʔdiŋ$_3^{33}$tɔt$_8^{21}$

dìng décider 定 ʔdiŋ$_3^{33}$

dìng sê dái, condamner à mort. 定死罪(定罪死) ʔdiŋ$_3^{33}$se$_4^{21-24}$ʔdai$_1^{35}$定死罪/顶死罪//ʔdiŋ$_3^{33}$se$_4^{21}$顶罪

<**deṅ* 定

dìng (mettre) 穿/戴 ʔdiŋ$_1^{35}$ 按：原文认为本字是"顶"，误。这是临高语词。

dìng ká, porter la cangue. 戴枷 ʔdiŋ$_1^{35-21}$ka$_1^{35}$//=ʔdiŋ$_1^{35-21}$ka^{33}

dìng màu, porter un chapeau. 戴帽 ʔdiŋ$_1^{35-21}$mau$_5^{55}$

dìng hải, se chausser. 穿鞋 ʔdiŋ$_1^{35-21}$hai$_2^{24}$

dìng zoàn kíng, porter des lunettes. 戴眼镜 ʔdiŋ$_1^{35-21}$zuan^{21}kiŋ$_5^{55}$

dìng k'ô zoa, mettre ses habits. 穿衣服(穿裤衣) ʔdiŋ$_1^{35-21}$k^{h}o$_3^{33}$zua$_3^{33}$

dìng k'ô zoa kãt, déguenillé. 穿破衣服(穿衣裤破) ʔdiŋ$_1^{35-21}$ k^{h}o$_3^{33}$ zua$_3^{33}$ kat$_7^{55}$//=ʔdiŋ$_1^{35-21}$zua$_3^{33}$kat$_7^{55}$(穿破衣)

dìng lang, se coiffer. 戴斗笠/草帽 ʔdiŋ$_1^{35-21}$laŋ$_3^{33}$

<H. *dễng* **teṅ* 頂

díng 镫 ʔdiŋ$_1^{35}$

mạ díng, étrier. 马镫 maʔ$_8^{21}$ʔdiŋ$_1^{35}$//ʔbak$_7^{55-33}$ʔdei$_3^{33}$灯

<H. *dếng* **təṅʾ* 鐙

ting 性 tiŋ$_3^{33}$

zóng mưởn sềng ting, apathique. 无精打采(没有情性) zaŋ$_5^{55}$ mən$_2^{24}$ seŋ$_2^{24-21}$tiŋ$_3^{33}$

bưởn ting, propre nature. 本性 ʔbən^{21}tiŋ$_3^{33}$

ting ziang-bon (nature humaine). 人性(性人) tiŋ$_3^{33}$ziaŋ$_2^{24-21}$ʔbɑn$_2^{24}$

ting kiễp=ting bẻi, *ting kiễp=tìng bểi*, caractère emporté. 性格暴躁 tiŋ$_3^{33}$ kʰiap$_7^{55}$性格暴躁;tiŋ$_3^{33}$ʔbɛi$_2^{24}$性子火//ziaŋ$_2^{24-21}$ʔbɑn$_2^{24-21}$kʰiap$_7^{55}$易怒的人

<* *si̯eṅ*ᵓ　性

ting nom de famille. 姓 tiŋ$_3^{33}$

kang tìng nói, décliner son nom. 讲姓名 kaŋ$_3^{33}$tiŋ$_3^{33}$nɔi$_1^{35}$　按:法语解释是“拒绝姓名”,误。

bễk tíng, peuple. 百姓(人) ʔbek$_7^{55-33}$tiŋ$_3^{33}$//ʔbek$_7^{55-33}$tiŋ$_3^{33}$庄稼(百姓)//ɑŋ^{33}ʔbek$_7^{55-33}$tiŋ$_3^{33}$庄稼人(翁百姓)//huk$_7^{55-33}$ʔbek$_7^{55-33}$tiŋ$_3^{33}$种庄稼(做百姓)

hổng tíng, même nom de famille. 同姓 hoŋ$_2^{24-21}$tiŋ$_3^{33}$

hồng ting, homonyme. 同姓 hoŋ$_2^{24-21}$tiŋ$_3^{33}$

<* *si̯eṅ*ᵓ　姓

ting 升 teŋ^{33}　按:teŋ^{33}升≠tiŋ$_3^{33}$姓。原文本字写作“扯”,应该是笔误。

ting k'ểi bíng aù, arborer un drapeau. 升一面旗(升旗柄一) teŋ^{33}kʰɛi$_2^{24}$ ʔbiŋ$_5^{55}$ɔu$_4^{21}$升一面旗(升旗柄一)//nip$_7^{55-33}$kʰɛi$_2^{24}$ʔbiŋ$_5^{55}$ɔu$_4^{21}$插一面旗(插旗柄一)//=sip$_7^{55-33}$kʰɛi$_2^{24}$ʔbiŋ$_5^{55}$ɔu$_4^{21}$

<H. *tểng*　**ši̯əṅ*　扯

tíng 圣 teŋ$_5^{55}$

Hiến-Tsồ tíng mải, la Mère de Dieu. 天主圣母 hien$_1^{35-21}$tsʰo$_3^{33}$teŋ$_5^{55}$mai$_4^{21}$

<**ši̯eṅ*ᵓ　聖

tíng 腥 tiŋ$_1^{35}$

zảu tíng, huile rance. 油腥 zɔu$_2^{24}$tiŋ$_1^{35}$

<* *seṅ*　腥

tỉng aboutir, réussir. 成 teŋ$_2^{24}$

tìng ká, conclure un marché. 成家 teŋ$_2^{24-21}$ka$_1^{35}$

biến tìng mọk diển = bêắn tìng mọk diển, pétrifier. 变成石头 ʔbian$_5^{55}$ teŋ$_2^{24-21}$mɑk$_8^{21}$ʔdien$_2^{24}$

<* *ǰi̯eṅ*　成

nìng 虫(螟) $miŋ_2^{24}$ 按:*nìng* 是 *mìng* 之误,按变调记音。

nìng nổng bêáu, bourdonnement de moustiques. 蚊子叫 $miŋ_2^{24-21}$ $nuŋ_2^{24}$ $ʔbeu_1^{35}$

nìng nổng kọp, piqué par les moustiques. 蚊子咬 $miŋ_2^{24-21}nuŋ_2^{24}kap_8^{21}$

nìng nổng, moustique. 蚊子 $miŋ_2^{24-21}nuŋ_2^{24}$

=T. *mle:ṅ*, C.-D. *neṅ* แมลง(虫)

ling 领 $leŋ_4^{21}$

p'ông ling, col d'habit. 衣领(缝领) $p^hoŋ_2^{24-21}leŋ_4^{21}$(纽扣衣服的领子)//$p^hɑŋ_1^{35-21}leŋ_4^{21}$(套头衣服的领子)//$p^hɑŋ_1^{35}ləŋ_1^{35}$套上/套住

< *ˤlieṅ 領

ling 岭 $liŋ_3^{33}$

ling sóng, cime de montagne. 山岭(岭山) $liŋ_3^{33}saŋ_1^{35}$

<*ˤlieṅ 嶺

lìng 令 $liŋ_4^{21}$

ũk lìng, décréter. 出令 $uk_7^{55-33}liŋ_4^{21}$

mìng lìng, décret. 命令 $miŋ_4^{21}liŋ_4^{21}$(不说)//$meŋ^{33}leŋ^{33}$(常说,海南话文读)

<* l̯ieṅ˒ 令

líng 铃 $liŋ_5^{55}$

mọ líng, sonnettes des chevaux. 马的铃铛(马铃) $maʔ_8^{21}liŋ_5^{55}$

<*ˤ l̯ieṅ 鈴

tsing 正 $ts^hiŋ_3^{33}$

dà bỏn tsing hau, midi. 中午(太阳正头) $ʔda_1^{35-21}$ $ʔban_2^{24}ts^hiŋ_3^{33}hau_3^{33}$// $ʔda_1^{35-21}ʔban_2^{24}$太阳(天眼)

<*č̯ieṅ˒ 正

tsíng 争 $ts^hiŋ_1^{35}$

tsíng kỏn, se quereller. 相争(争互相) $ts^hiŋ_1^{35-21}kɔn_2^{24}$

<* ṭṣaṅ 爭

tsíng 正 $ts^hiŋ_5^{55}$/$ts^hiŋ_3^{33}$;精 $ts^hiŋ_1^{35}$

kễ tsing, s'amender, corriger, retoucher. 改正(解正) $keʔ_7^{55}ts^hiŋ_3^{33}$

tsíng king, moral. 正经 $ts^hiŋ_5^{55}kiŋ_3^{33}$

lẹk tsíng, avisé. 机灵鬼/人精(子精) $lɛk_8^{21}ts^hiŋ_1^{35}$机灵鬼(指小孩)// $ziaŋ_2^{24-21}ʔban_2^{24-21}ts^hiŋ_1^{35}$(指大人)

tsìng kỏn, compétition, se disputer. 相争(争互相) ts^{h}iŋ$_{1}^{35-21}$kɔn$_{2}^{24}$

doẳn tsing, décemment. 端正 ʔduan^{33}ts^{h}iŋ$_{5}^{55}$// = ʔduan^{33}ts^{h}ia$_{1}^{35}$

tsíng dọ, véracité. 正直 ts^{h}iŋ$_{3}^{33}$ʔdɑʔ$_{8}^{21}$直

< * *či̯eṅ* 正

tsìng 精 ts^{h}iŋ$_{1}^{35}$

zóng mưởn tsìng tỏn, languissant. 没有精神 zɑŋ$_{5}^{55}$mən$_{2}^{24}$ts^{h}iŋ$_{1}^{35-21}$tɔn$_{2}^{24}$

zóng mưởn tsìng tỏn, malaise. 没有精神 zɑŋ$_{5}^{55}$mən$_{2}^{24}$ts^{h}iŋ$_{1}^{35-21}$tɔn$_{2}^{24}$

mể tsíng lẻng, versé dans un art. 巧手(手精灵) me$_{2}^{24-21}$ts^{h}iŋ$_{1}^{35-21}$lɛŋ$_{2}^{24}$// ≠ me$_{2}^{24}$ts^{h}iŋ$_{1}^{35-21}$lɛŋ$_{2}^{24}$手巧(手精灵)

tsìng tỏn mải, vigoureux. 精神好 ts^{h}iŋ$_{1}^{35-21}$tɔn$_{2}^{24}$mai$_{2}^{24}$(少说)// = ts^{h}iŋ$_{1}^{35-21}$ tɔn$_{2}^{24}$mɛŋ$_{3}^{33}$(常说)

< * *tsi̯eṅ* 精

tsỉng 整 ts^{h}eŋ$_{2}^{24}$

tsỉng meng = *tsỉng ngóm*, ajuster. 修好(整好) ts^{h}eŋ$_{2}^{24}$mɛŋ$_{3}^{33}$ = 整合适 ts^{h}eŋ$_{2}^{24}$ŋɑm$_{5}^{55}$

tsing kang, préciser (en parlant). 讲清楚(清讲) kaŋ$_{3}^{33}$siŋ$_{1}^{35}$

sing 正 ts^{h}iŋ$_{3}^{33}$

da bỏn sing hau, le soleil est au zénith. 中午(太阳正头) ʔda$_{1}^{35-21}$ʔbɑn$_{2}^{24}$ ts^{h}iŋ$_{3}^{33}$hɑu$_{3}^{33}$ 按:*sing* 是 *tsing* 之误。

sing convier, inviter. 请 siŋ$_{3}^{33}$

sing ngẩu, inviter à s'asseoir. 请坐 siŋ$_{3}^{33}$ŋou$_{1}^{35}$

sing sả, inviter à boire le thé. 请茶 siŋ$_{3}^{33}$sa$_{2}^{24}$//siŋ$_{3}^{33}$kek$_{7}^{55}$

sing mo nêa, daignez venir. 请你来 siŋ$_{3}^{33}$mɔ$_{3}^{33}$nia$_{3}^{33}$

sing iến, souhaiter le bonjour. 请安 siŋ$_{3}^{33}$ien$_{1}^{35}$

< ᶜtsʻi̯eṅ 請

nìng 堤/坝/堰/边 niŋ$_{2}^{24}$

nìng nểa, digues de rizière. 田埂/田堤(边田) niŋ$_{2}^{24-21}$nia$_{2}^{24}$田埂//niŋ$_{2}^{24-21}$ sək$_{7}^{55}$旁边(边侧)

sing 清 siŋ$_{1}^{35}$/siŋ^{33} 按:原文认为本字是"净",误。

nòm síng, eau claire, eau limpide, pure. 水清 nɑm$_{4}^{21}$siŋ$_{1}^{35}$// ≠ nɑm$_{4}^{21-24}$ siŋ$_{1}^{35}$清水(水清)

< * *dzi̯eṅ*ᵓ 淨

hiến síng, temps découvert, rasséréné. 天晴（天清）$hien_1^{35}$ $si\eta_1^{35}$//≠ $hien_1^{35-21}$ $si\eta_1^{35}$晴天（天清）

<*dzi̯eṅ 晴

kang sing sủ, parler correctement. 讲清楚 $ka\eta_3^{33}$ $si\eta^{33}$ so_2^{24}//= $ka\eta_3^{33}$ $si\eta_1^{35}$（讲清）

kang zoi sing sủ, parler distinctement. 讲得清楚 $ka\eta_3^{33}$ zai_3^{33} $si\eta^{33}$ so_2^{24}

<*ts'ieṅ 清

bòn síng, jour d'abstinence. 斋戒日（日清）$ʔban_2^{24-21}$ $si\eta_1^{35}$ 斋戒日（日清）//$ʔban_2^{24}$ $si\eta_1^{35}$吉日/不是忌日（日清）

kón síng, abstinence. 吃斋（吃清）$k\text{ɔ}n_1^{35-21}$ $si\eta_1^{35}$ 按：海口市区人正月初一吃斋，祭拜用水果和斋菜，不用肉。

síng 青 $si\eta_1^{35}$

na síng tẫk p'ê̩ăk, visage livide. 脸色苍白（脸青色白）na_3^{33} $si\eta_1^{35}$ tek_7^{55-33} $p^hiak_8^{21}$（脸青色白，少说）//na_3^{33} heu_1^{35} tek_7^{55-33} $p^hiak_8^{21}$（脸绿色白，常说）

bõt síng, herbe verte. 青草（草青）$ʔbat_7^{55-33}$ $si\eta_1^{35}$

<*ts'i̯eṅ 青

sìng 乘 $s\varepsilon\eta_2^{24}$

ziàng-bỏn sìng sếa, cocher. 车夫（人乘车）$zia\eta_2^{24-21}$ $ʔban_2^{24-21}$ $s\varepsilon\eta_2^{24-21}$ sia_1^{35} 按：长流话“乘车”是坐推车（人力车）。//$zia\eta_2^{24-21}$ $ʔban_2^{24-21}$ ηou_1^{35-21} sia_1^{35}乘车人（人坐车）//$zia\eta_2^{24-21}$ $ʔban_2^{24}$ $ts^he\eta_2^{24-21}$ sia_1^{35} 修车的人（人整车）//$ts^he\eta_2^{24}$修（整）

<*ži̯ən 乘

sỉng 情 $si\eta_2^{24}$

mưởn sỉng, aimable. 有情 $m\text{ə}n_2^{24-21}$ $si\eta_2^{24}$

ziàng-bỏn mưởn sỉng, amabilité. 有情人（人有情）$zia\eta_2^{24-21}$ $ʔban_2^{24-21}$ $m\text{ə}n_2^{24-21}$ $si\eta_2^{24}$

sỉng lêào, obligeant. 殷勤/客气（情多）$si\eta_2^{24}$ $liau_4^{21}$

mưởn lêi sỉng, avoir de la délicatesse. 有礼貌（有礼情）$m\text{ə}n_2^{24-21}$ lei_3^{33} $si\eta_2^{24}$

<*dzi̯eṅ 情

zing (secouer) 吊 $zi\eta_3^{33}$（≠hau_1^{35}挂） 按：原文认为本字是“磬”，误。这是临高语词。

zing lảu, accrocher, pendre. 吊起 $zi\eta_3^{33}$ $l\text{ɔ}u_2^{24}$

p'oàng zing k'ô zoa, vestiaire. 衣帽间(房吊裤衣) p^{h}uaŋ$_{2}^{24-21}$ ziŋ$_{3}^{33}$ k^{h}o$_{3}^{33}$zua$_{3}^{33}$

** *χeṅ* 磬

zíng 红/紫红 ziŋ$_{1}^{35}$红

nòm zíng, déluge. 洪水 nɑm$_{4}^{21-24}$ ziŋ$_{1}^{35}$红水　按:此条法语解释为"洪水",记音为"红水",可能发音人听错说错,因而记错。//teŋ$_{1}^{35-21}$ nɑm$_{4}^{21-24}$ ne$_{3}^{33}$发洪水(生水大)

zíng rouge 红/紫红 ziŋ$_{1}^{35}$　按:临高语中的 ziŋ$_{1}^{35}$一般不指大红色。

mọ tẫk zíng, cheval bai. 红棕马/枣红马(马色红) mɑʔ$_{8}^{21}$ tek$_{7}^{55}$ziŋ$_{1}^{35}$

mạk sõk zíng, betterave, radis. 红萝卜(果菜红) mɑk$_{8}^{21}$ sɑk$_{7}^{55-33}$ziŋ$_{1}^{35}$红皮萝卜/胡萝卜　按:长流话不分。//mɑk$_{8}^{21}$ sɑk$_{7}^{55}$白萝卜

=T. *ʔde:ṅ*, C.-D. *'diṅ* แดง(红)

zỉng 赢 zeŋ$_{2}^{24}$

kĩt zỉng, conquérir, vaincre. 打赢(击赢) kit$_{7}^{55}$zeŋ$_{2}^{24}$

kang zỉng, convaincre. 说服(讲赢) kaŋ$_{3}^{33}$zeŋ$_{2}^{24}$

<* *i̯eṅ* 赢

king 指/趾(胫/茎) kiŋ$_{3}^{33}$

lẹk king zóng mưởn nói, doigt annulaire. 无名指(指头没有名) lɛk$_{8}^{21}$ kiŋ$_{3}^{33}$ zɑŋ$_{5}^{55}$ mən$_{2}^{24-21}$ nɔi$_{1}^{35}$

lẹk king nĩ, auriculaire. 小指(指头小) lɛk$_{8}^{21}$ kiŋ$_{3}^{33}$ niʔ$_{7}^{55}$

lẹk king kỗk, orteil. 脚趾(指头脚) lɛk$_{8}^{21}$ kiŋ$_{3}^{33}$ kok$_{7}^{55}$//lɛk$_{8}^{21}$ kiŋ$_{3}^{33}$ me$_{2}^{24}$手指(指头手)

âú lẹk king k'ố, compter sur les doigts. 掐指算(拿指头叩) ou$_{1}^{35-21}$ lɛk$_{8}^{21}$ kiŋ$_{3}^{33}$ k^{h}o$_{5}^{55}$//k^{h}o$_{5}^{55}$ to$_{3}^{33}$算数(叩数)

ao lẹk king mể, craquer. 弄断手指(拗手指) ɑu$_{3}^{33}$ lɛk$_{8}^{21}$ kiŋ$_{3}^{33}$ me$_{2}^{24}$

=Li (S.) *giểng*, Li (w. l.) *ži:n*

king 经 kiŋ$_{1}^{35}$/kiŋ$_{3}^{33}$/kiŋ^{33}

zóng tsíng king, immoral. 不正经 zɑŋ$_{5}^{55}$ ts^{h}iŋ$_{5}^{55}$ kiŋ$_{3}^{33}$

tsùng king, honorer. 尊敬 ts^{h}un^{33} kiŋ$_{5}^{55}$　按:*tsùng* 是 *tsùn* 或 *tsuôn* 之误。参看 *kíng* 条。

Hiến tsồ king, le Pater Nosier. 天主经 hien$_{1}^{35}$ ts^{h}o$_{3}^{33}$ kiŋ^{33}

nèm kíng, prier. 念经 nem$_{4}^{21-24}$ kiŋ$_{1}^{35}$

sẽk kíng, livre de prières. 经书(册经) sek$_7^{55-33}$kiŋ$_1^{35}$

<H.*kẻng* **keṅ* 經

kíng 镜 kiŋ$_5^{55}$/kiŋ$_3^{33}$

zoàn kíng, lunettes. 眼镜 zuan^{21}kiŋ$_5^{55}$

dìng zoàn kíng, porter des lunettes. 戴眼镜 ʔdiŋ$_1^{35-21}$zuan^{21}kiŋ$_5^{55}$

king liú na, miroir. 镜子(镜看脸) kiŋ$_3^{33}$liu$_1^{35-21}$na$_3^{33}$

kíng bố lì, vitre. 玻璃镜(镜玻璃) kiŋ$_3^{33}$ʔbo^{33}li^{24}

<* *kiaṅ*ᐣ 鏡

kíng 敬 kiŋ$_3^{33}$;耕 keŋ$_1^{35}$

tsuôn kíng, considérer, estimer. 尊敬 ts^{h}un^{33}kiŋ$_5^{55}$//=kuŋ$_1^{35-21}$kiŋ$_3^{33}$

kùng king = *hêáo king*, amour filial. 恭敬 kuŋ$_1^{35-21}$kiŋ$_3^{33}$ = 孝敬 hiau$_3^{33}$kiŋ$_3^{33}$//=hiau$_3^{33}$keŋ^{21}孝敬//keŋ^{21}sat$_7^{55}$警察

kúng king, respecter. 恭敬 kuŋ$_1^{35-21}$kiŋ$_3^{33}$//kuŋ^{33}hi^{21}恭喜

kông kíng, vénérer. 恭敬 kuŋ$_1^{35-21}$kiŋ$_3^{33}$//kuŋ$_1^{35-21}$kiŋ$_3^{33}$kuŋ$_1^{35-21}$teŋ$_1^{35}$尊敬老师(恭敬公生)

hau tàu kíng, bonne récolte. 好收成(好收耕) hɑu$_3^{33}$tou$_1^{35-21}$keŋ$_1^{35}$

<* *ki̯aṅ*ᐣ 敬

k'ìng 轻 k^{h}iŋ$_1^{35}$

k'ìng k'oai, agile. 轻快 k^{h}iŋ$_1^{35-21}$k^{h}uai$_3^{33}$

<* *k'i̯eṅ* 輕

k'ìng tứ, souligner un caractère. 在字下划线 按：*k'ìng* 不明白。*tứ* 是"字(书)",tɯ$_1^{35}$。

ing vendre. 卖 iŋ$_3^{33}$

ing bếan, acheter et vendre. 买卖(卖买) iŋ$_3^{33}$ʔbian$_1^{35}$

ing ũk, aliéner. 卖出 iŋ$_3^{33}$uk$_7^{55}$

p'ô ing sẽk, librairie. 书店(铺卖册) p^{h}o$_3^{33}$iŋ$_3^{33}$sek$_7^{55}$//=p^{h}o$_3^{33}$sek$_7^{55}$(铺册)

ing tiên bườn, colporter une nouvelle. 卖新闻 iŋ$_3^{33}$tien^{33}ʔbun^{21}

ing lẻng, vendre au détail, débiter. 零卖(卖零) iŋ$_3^{33}$lɛŋ$_2^{24}$

p'ài ũk ing, exhiber pour la vente. 摆出卖 p^{h}ai$_2^{24}$uk$_7^{55}$iŋ$_3^{33}$

luổn kỏn ing, vendre au poids. 论斤卖 lən$_4^{21-24}$kɔn$_1^{35}$iŋ$_3^{33}$论斤卖(少说)//tui$_5^{55}$kɔn$_1^{35}$iŋ$_3^{33}$算斤卖(常说)

ing hau ing tũ, vendre à bas prix. 低价卖/贱卖(卖头卖尾) iŋ$_3^{33}$hɑu$_3^{33}$iŋ$_3^{33}$

tuʔ$^{55}_{7}$//iŋ$^{33}_{3}$hɑu$^{33}_{3}$zɑŋ$^{55}_{5}$iŋ$^{33}_{3}$tuʔ$^{55}_{7}$卖头不卖尾(开头贵最后贱)

ing 鹦 iŋ^{33}

noạk ing kồ, perroquet. 鹦鹉(鸟鹦哥) nuak$^{21}_{8}$iŋ^{33}ko^{33}

<H. *ẻng* **ʔaṅ* 鸚

ing (devoir) 应 iŋ^{33}

no no ỉng kỏi dái, tout le monde doit mourir. 人总要死(人人应该死) nɑ$^{55}_{5}$nɑ$^{33}_{3}$iŋ^{33}kɑi^{33}ʔdai$^{35}_{1}$//=ziaŋ$^{24-21}_{2}$ʔban$^{24}_{2}$ts^{h}uŋ$^{55}_{5}$ʔdi$^{55}_{5}$ʔdai$^{35}_{1}$人总要死(更地道)

< **ʔi̯əṅ* 應

hing 兴 hiŋ^{33} 按:原文认为本字是"行",误。

zóng ti hing, démodé. 不时兴 zɑŋ$^{55}_{5}$ti^{21}hiŋ^{33}

<H. *hẻng* **ɣaṅ* 行

híng oblique 倾 hiŋ$^{35}_{1}$

mọk lèng híng, torticolis. 落枕(脖子倾) mɑk$^{21}_{8}$leŋ$^{21}_{4}$hiŋ$^{35}_{1}$

<* *k‘ʷi̯eṅ* 傾

这个韵与台语的*-e: ṅ* 韵和*-iṅ* 韵对应,如:

	临高	台语	壮语	石家	莫语	水语	侗语	黎萨	黎王
rouge 红	*zíng*	*ʔde: n*	*ʔdiṅ*	*riṅ*	*hlaṅ*	/	*hya*)	*deng*	*tleṅ* *toṅ*
gâteau 饼	*bing*	*‘pe: ṅ*	*‘piṅ*	/	/	/	/	/	/
insects 虫(螟)	*mìng*	*mle: ṅ>* *me: ṅ*	*mleṅ* *>neṅ*	*meʔ*	(*nuy*	/	*nuy*)	/	*ding*[1] *naṅ*
vers 蛆虫	*ning*[2]	/	/	/	/	/	/	/	/
sangsue d'eau 水蚂蟥	*bíng*	*pliṅ*	*pliṅ* *>piṅ*	*pliṅ*	*piṅ*	/	*mi: ṅ*	/	/
doigt 手指	*king*	(*niɯ*)[3]	*nieṅ* *>yieṅ*	*nieṅ*	*vəṅ*	/	*taṅ*)	*žieng*	*tleaṅ* *ži: ṅ*

1. *ding*:蛆,幼虫。2. *ning*:这个同源双形词(doublet)证实有一个古代声母 *ml-*。3. (*niɯ*):应该更接近台语的 kiṅ' 枝,手指是手的枝或者手的孩子。

ÊNG

bểng 拉(绷) ʔbɛŋ$^{35}_{1}$

bếng bỏn kói, déplumer un poulet. 拔鸡毛(绷鸡毛) ʔbɛŋ$^{35-21}_{1}$ʔban$^{24-21}_{2}$kai$^{35}_{1}$(一根一根地拔)//=sim$^{24-21}_{2}$ʔban$^{24-21}_{2}$kai$^{35}_{1}$//=təʔ$^{21}_{8}$ʔban$^{24-21}_{2}$kai$^{35}_{1}$//p^{h}oʔ$^{21}_{8}$ʔban$^{24-21}_{2}$kai$^{35}_{1}$(大把地拔)//p^{h}oʔ$^{21}_{8}$ʔban$^{24}_{2}$拔毛

bểng mể bới, traîner. 拉手去

<H. *hểng*

bểng 柄 ʔbiŋ$_{3}^{33}$

k'iển bểng, autorité. 权柄 kʰian$_{2}^{24-21}$ʔbiŋ$_{3}^{33}$

<H. *bểng* **pi̯aṅ*ʾ 柄

p'ềng 凭 pʰɛŋ$_{2}^{24}$

p'ềng ki, attestation. 凭据 pʰɛŋ$_{2}^{24-21}$ki$_{5}^{55}$ 按：萨维纳记音是 pʰɛŋ$_{2}^{24-21}$ki$_{3}^{33}$。

p'ềng kí, prevue. 凭据 pʰɛŋ$_{2}^{24-21}$ki$_{5}^{55}$

heng p'ềng, ausculter. 听诊(听病) hɛŋ^{33}pʰiŋ$_{4}^{21}$

tsêi p'ềng tsứng, certificat. 证书(纸凭证) tsʰei$_{3}^{33}$ pʰɛŋ$_{2}^{24-21}$ tsʰəŋ$_{3}^{33}$//pʰɛŋ$_{2}^{24-21}$tsʰəŋ$_{3}^{33}$tu^{33}证书(凭证书)

<H. *phềng* **bi̯ən* 憑

p'ềng 凭 pʰɛŋ$_{2}^{24}$

p'ềng kí, preuve. 凭据 pʰɛŋ$_{2}^{24-21}$ki$_{5}^{55}$

p'ểng uni, plein, de niveau. 平 pʰeŋ$_{2}^{24}$

lồi p'ểng, contrebalancier. 吊起使秤平衡(吊平) loi$_{4}^{21}$pʰeŋ$_{2}^{24}$ 按：又作 *doi p'ìng*。见 *p'ìng* 条。//loi$_{4}^{21}$ʔdɑʔ$_{8}^{21}$吊起使垂直(吊直)

sể p'ểng, équilibre. 平分(分平) se$_{1}^{35}$pʰeŋ$_{2}^{24}$

hềi p'ểng, plaine. 平地(地平) hɛi$_{4}^{21}$ pʰeŋ$_{2}^{24}$(不说)//mɑt$_{8}^{21}$ pʰeŋ$_{2}^{24}$(常说)//pʰeŋ$_{2}^{24-21}$mɑt$_{8}^{21}$平整土地

na mọt, terrain accidenté. 地面不平 按：这条漏了 *zóng p'ểng*，参看 *mọt* 条。na$_{3}^{33}$mɑt$_{8}^{21}$zɑŋ$_{5}^{55}$pʰeŋ$_{2}^{24}$(不说)//ʔda$_{3}^{33}$mɑt$_{8}^{21}$zɑŋ$_{5}^{55}$pʰeŋ$_{2}^{24}$(常说)

zóng p'ểng, âpre au toucher. 不平 zɑŋ$_{5}^{55}$pʰeŋ$_{2}^{24}$

hũk p'ểng, aplanir, égaliser un terrain. 平整(做平) huk$_{7}^{55}$pʰeŋ$_{2}^{24}$

p'ềng na, horizontal. 平面(平面) pʰeŋ$_{2}^{24-21}$na$_{3}^{33}$(不说)//pʰeŋ$_{2}^{24-21}$men^{33}(常说)//kɔn$_{1}^{35-21}$men$_{4}^{21}$吃面

sưng p'ểng, balance à deux plateaux. 天平称(秤平) səŋ$_{3}^{33}$pʰeŋ$_{2}^{24}$

p'ểng ki, argument. 凭据 pʰeŋ$_{2}^{24-21}$ki$_{3}^{33}$

kông p'ểng, equitable. 公平 koŋ^{33}pʰeŋ$_{2}^{24}$

p'ếng têàng, ordinaire. 平常 pʰeŋ^{21}tiaŋ^{21}(海南话)

p'ềng tam, parallèle. 平行走/并排走(平走) $p^{h}eŋ_{2}^{24}tam_{3}^{33}$

<* *bi̯aṅ* 平

mềng 虫(螟) $miŋ_{2}^{24}$

mềng hòa hẹp, papillon. 蝴蝶(螟花蝶) $miŋ_{2}^{24-21}hua_{1}^{35-21}hep_{8}^{21}$

mềng hảu aù, un ver. 一只虫(螟只一) $miŋ_{2}^{24}hɔu_{2}^{24}ɔu_{4}^{21}$

mềng ò lẹk, mante religieuse. 螳螂(螟摇子) $miŋ_{2}^{24-21}o_{3}^{33}lɛk_{8}^{21}$(摇子螟)//= $miŋ_{2}^{24-21}i_{5}^{55}o_{3}^{33}$

mềng song hảu, abeille. 一只蜜蜂(虫山只一) $miŋ_{2}^{24-21}saŋ_{3}^{33}hɔu_{2}^{24}ɔu_{4}^{21}$

mềng k'ò liền, libellule. 蜻蜓 $miŋ_{2}^{24-21}k^{h}a_{2}^{24-21}lien_{4}^{21}$

mềng mộk, charançon. 谷虫(螟谷) $miŋ_{2}^{24-21}mɔk_{8}^{21}$ 按:法语解释是"象鼻虫"。

mềng má, chenille. 毛毛虫(螟狗) $miŋ_{2}^{24-21}ma_{1}^{35}$

mềng sóng k'ủn aù, un essaim d'abeilles. 一群蜜蜂(螟蜜蜂群一) $miŋ_{2}^{24-21}saŋ_{3}^{33}k^{h}un_{2}^{24}ɔu_{4}^{21}$

tón kón mếng, dent cariée. 虫牙/蛀牙(牙吃螟) $tɔn_{1}^{35-21}kɔn_{1}^{35-21}miŋ_{2}^{24}$

tỏn mếng, gencives. 虫牙(牙螟) $tɔn_{1}^{35-21}miŋ_{2}^{24}$ 按:法语解释是"齿龈",误。

zaù mếng, blatte. 按:法语解释是"蟑螂",与记音对不上。$zɔu_{2}^{24-21}miŋ_{2}^{24}$虫油(油螟)//$zou_{1}^{35-21}miŋ_{2}^{24}$虫尿(尿螟)//$miŋ_{2}^{24-21}k^{h}a_{2}^{24-21}lap_{7}^{55}$蟑螂

mềng zọp lề, ver luisant. 萤火虫(螟熄近) $miŋ_{2}^{24-21}zap_{8}^{21}le_{4}^{21}$(孔庆葳) $miŋ_{2}^{24-21}ziap_{8}^{21}le_{4}^{21}$(王录尊、二李)

mềng nêảng, ver à soie. 蚕(螟娘) $miŋ_{2}^{24-21}niaŋ_{2}^{24}$蚕

=T. *mle:ng* แมลง(虫)

mềng mải, bonne fortune. 命好 $miŋ_{4}^{21}mai_{2}^{24}$ = $miŋ_{4}^{21}mɛŋ_{3}^{33}$命好//$miŋ_{4}^{21-24}mai_{2}^{24}$=$miŋ_{4}^{21-24}mɛŋ_{3}^{33}$好命

<* *mi̯aṅʾ* 命

mêng 明 $meŋ_{2}^{24}$

mềng p'êặk, intelligible. 明白 $meŋ_{2}^{24-21}p^{h}iak_{8}^{21}$(不说)//$meŋ_{2}^{24-21}p^{h}ɛk_{8}^{21}$(常说)

mềng p'ẹk, manifestement. 明白/显然(明白) $meŋ_{2}^{24-21}p^{h}ɛk_{8}^{21}$

kang p'ườn mềng, expliquer. 讲分明 $kaŋ_{3}^{33}p^{h}ən^{33}meŋ_{2}^{24}$

sống mếng, dégourdi. 聪明 $soŋ^{33}miŋ_{2}^{24}$

mềng mềng hàu, à bon escient. 明明知 meŋ$_{2}^{24-21}$meŋ$_{2}^{24-21}$hɔu$_{4}^{21}$//meŋ$_{2}^{24-21}$meŋ$_{2}^{24-21}$huk$_{7}^{55}$明着做

ziàng-bỏn bươn mềng, élégant. 文明的人（人文明） ziaŋ$_{2}^{24-21}$ ʔbɑn$_{2}^{24-21}$ ʔbən$_{2}^{24}$meŋ$_{2}^{24}$

ziàng-bỏn tsâng mếng, érudit. 精明的人（人精明） ziaŋ$_{2}^{24-21}$ ʔbɑn$_{2}^{24-21}$ ts^{h}eŋ$_{1}^{35-21}$meŋ$_{2}^{24}$//ziaŋ$_{2}^{24-21}$ʔbɑn$_{2}^{24-21}$ts^{h}eŋ$_{1}^{35-21}$liŋ$_{2}^{24}$精灵的人（人精灵） 按：法语意思是“博学的人”。

<H. *mềng* **mi̯aṅ* 明

mềng 命 miŋ$_{4}^{21}$

hun mềng, tirer l'horoscope. 占卜/算命（训命） hun$_{1}^{35-21}$miŋ$_{4}^{21}$

p'ươn mềng = tsêang mềng, défier le danger. 拼命（奋命） p^{h}ən$_{3}^{33}$miŋ$_{4}^{21}$ = 将命 ts^{h}iaŋ^{33}miŋ$_{4}^{21}$// = p^{h}ət$_{8}^{21}$miŋ$_{4}^{21}$拼命（噗命）

kùng tếng huồn mềng, devin. 算命先生（公生训命） kuŋ$_{1}^{35-21}$ teŋ$_{1}^{35-21}$ hun$_{1}^{35-21}$miŋ$_{4}^{21}$算命公生（公生训命） 按：公生看风水，也主祭祀。

mềng tsìêm, mauvaise fortune. 坏命（命坏） miŋ$_{4}^{21}$ ts^{h}im$_{4}^{21}$ 命坏//miŋ$_{4}^{21-24}$ ts^{h}im$_{4}^{21}$坏命

liêu kô mềng, donner l'alarme. 报警（叫救命） ʔbeu$_{1}^{35}$ko$_{3}^{33}$miŋ$_{4}^{21}$（ʔbeu$_{1}^{35}$不变调）// = uaŋ$_{4}^{21}$ko$_{3}^{33}$miŋ$_{4}^{21}$ 按：*liêu* 是 *bêu* 之误。

huồn mềng, augurer. 占卜/算命（训命） hun$_{1}^{35-21}$miŋ$_{4}^{21}$

<**mi̯aṅ*ʾ 命

mểng 名 miŋ$_{2}^{24}$

têang kùng mểng, décerner une récompense. 论功行赏（赏功名） tiaŋ$_{3}^{33}$ kuŋ$_{1}^{35-21}$miŋ$_{2}^{24}$（不说）//tiaŋ$_{3}^{33}$kuŋ^{33}miŋ$_{2}^{24}$（多说）

<H.*mền* **mieṅ* 名

dểng 顶 ʔdeŋ$_{2}^{24}$

dểng tsêăm, dé à coudre. 顶针 ʔdeŋ$_{2}^{24-21}$ts^{h}iam^{33}//ʔbɑi$_{1}^{35-21}$ʔdeŋ$_{2}^{24}$屋顶// = ʔbɑi$_{1}^{35-21}$zan$_{2}^{24}$屋顶 按：与“批墙/抹墙”同音。//kit$_{7}^{55-33}$ ts^{h}iam^{33}打针（击针）//ts^{h}iam^{33}kiu$_{5}^{55}$针灸

<H. *dểng* *ᶜ*teṅ* 頂

dểng 灯 ʔdeŋ^{33}

dểng k'óm, abat-jour. 灯罩 ʔdeŋ^{33}k^{h}ɔm$_{3}^{33}$// = ʔdei$_{3}^{33}$k^{h}ɔm$_{3}^{33}$

dểng húi, verre de lampe. 灯碗 ʔdeŋ^{33}hui$_{5}^{55}$//hui$_{5}^{55}$ʔdei$_{3}^{33}$

<**təṅ* 燈

tếng animé. 生 teŋ$_1^{35}$

tếng zỏn, animé. 成活 teŋ$_1^{35}$zou$_3^{33}$　按：*zỏn* 是 *zỏu*(活的)之误。

hau tếng, adolescent. 青年(后生) hɑu$_3^{33}$teŋ$_1^{35}$未婚青年男子(后生)//= hɑu$_3^{33}$teŋ$_1^{35-21}$ka$_1^{35}$(后生家)

kùng tếng líu mọk mọt, aéromancien. 风水先生(公生看块土) kuŋ$_1^{35-21}$ teŋ$_1^{35-21}$liu$_1^{35-21}$mɑk$_8^{21}$mɑt$_8^{21}$//mɑk$_8^{21}$mɑt$_8^{21}$土块(块土)

sũk tếng, animal. 畜牲 suk$_7^{55}$teŋ$_1^{35}$

tếng zọt, anniversaire de la naissance. 生日 teŋ$_1^{35-21}$zɔt$_8^{21}$

kung tếng, catéchiste. 老师/先生(公生) kuŋ$_1^{35-21}$ teŋ$_1^{35}$//kuŋ$_1^{35-21}$ teŋ$_1^{35-21}$ kau$_3^{33}$tɯ$_1^{35}$教书先生//kuŋ$_1^{35-21}$teŋ$_1^{35-21}$liu$_1^{35-21}$p^{h}eŋ$_4^{21}$医生(公生看病)

têi ế tếng, consultation médicale. 问医生 tei$_3^{33}$e$_1^{35-21}$teŋ$_1^{35}$//zia^{21}p^{h}eŋ^{21}

tếng p'ìng, contracter, une maladie. 生病 teŋ$_1^{35-21}$p^{h}eŋ$_4^{21}$//=teŋ$_1^{35-21}$p^{h}eŋ$_4^{21}$

tếng lói=tếng háng=tếng sô, croître. 生长(生长 teŋ$_1^{35}$lɔi$_1^{35}$=生高 teŋ$_1^{35}$ haŋ$_1^{35}$=生大 teŋ$_1^{35}$so$_1^{35}$)

tếng sô, grandir. 生大(生粗) teŋ$_1^{35}$so$_1^{35}$

tam tềng dôi, défiler. 成对走(走成对) tam$_3^{33}$teŋ$_1^{35-21}$ʔdoi$_3^{33}$//tam$_3^{33}$teŋ$_1^{35-21}$ ʔdəi$_5^{55}$成队走(走成队)

<* *ṣaṅ* 生

tếng (sacré) 圣 teŋ$_5^{55}$

kiau tếng, objet sacré. 圣物(物圣) keu$_4^{21-24}$teŋ$_5^{55}$

zẽ sủ tếng dóng, Noël. 耶稣圣诞 zɛʔ$_7^{55}$su$_2^{24}$teŋ$_5^{55}$ʔdɑŋ$_5^{55}$(海口话)

<* *ši̯eṅ* 聖

têng grade 升 teŋ^{33}　按：原文认为本字是“登”，误。

dau têng, anoblir, avancer en grade. 高升 kɑu^{33}teŋ^{33}　按：*dau* 是 *kau* 之误。参看 *tưng* 条。

<H. *tếng* * *təṅ* 登

tềng 生 teŋ$_1^{35}$

tềng zạk, corroder la rouille. 生锈 teŋ$_1^{35-21}$ak$_8^{21}$(读书音)//kɔn$_1^{35-21}$zak$_8^{21}$(口语音)//p^{h}at$_7^{55-33}$zak$_8^{21}$

têng 性 tiŋ$_3^{33}$

sềng têng, caractère, nature de l'âme. 成性 seŋ^{21}tiŋ$_3^{33}$//ki$_5^{55}$liau$_4^{21-24}$seŋ^{21}多

少成(几多成)

bưởn tểng, essence(nature). 本性 $ʔbən^{21}tiŋ_3^{33}$

<* *si̯eṅ*ᵓ 性

têng 成 $teŋ_2^{24}$

tềng kông, réaliser. 成功 $teŋ_2^{24-21}koŋ_1^{35}$

hũk tểng, accomplir. 做成 $huk_7^{55}teŋ_2^{24}$

hũk tểng kông, achever un ouvrage. 做成功 $huk_7^{55}teŋ_2^{24-21}koŋ_1^{35}$

zũt tèng han, carboniser. 烧成炭 $zut_7^{55}teŋ_2^{24-21}han_3^{33}$ 按：*zũt* 是 *zũt* 之误。

zũt têng dều, réduire en cendres. 烧成灰 $zut_7^{55}teŋ_2^{24-21}ʔdeu_4^{21}$ 按：*zũt* 是 *zũt* 之误。

tềng sồng = *tềng k'ùn*, rassemblement. 成丛 $teŋ_2^{24-21}soŋ_2^{24}$ = 成群 $teŋ_2^{24-21}k^hun_2^{24}$

<* *ʒ̆i̯eṅ* 成

nêng 边 $niŋ_2^{24}$

nềng bẵk, lèvre. 嘴唇(边嘴) $niŋ_2^{24-21}ʔbak_7^{55}$//$niŋ_2^{24-21}nia_2^{24}$ 田埂

nẻng kông, rivage de la mer. 海边(边海) $niŋ_2^{24-21}koŋ_3^{33}$

dọp nếng họp, ourler une pièce de toile. 缲边(叠边布) $ʔdap_8^{21}niŋ_2^{24-21}hap_8^{21}$

lềng 伶 $leŋ^{21}$

lềng li, adroit. 伶俐 $leŋ^{21}li^{33}$

lềng sì, avance. 提前 按：长流话意思不明，应该记录有误。

<H. *lềng* * *li̯ən* 凌

lềng 领 $leŋ_4^{21}$

mạk lềng, cou. 脖子/颈 $mak_8^{21}liŋ_4^{21}$(王录尊)//$mak_8^{21}leŋ_4^{21}$(二李)

kỏn mạk lềng, étrangler. 卡脖子 $kan_4^{21-24}mak_8^{21}liŋ_4^{21}$// = $kan_4^{21-24}ke_2^{24}$(卡喉)

<*ᶜ*lieṅ* 領

lềng (recevoir) 领 $leŋ_4^{21}$

lềng tũk lêi, recevoir le baptême. 领洗礼/领受洗礼 $leŋ_4^{21}huk_7^{55-33}lei_3^{33}$

<*ᶜ*lieṅ*

tsếng 证 $ts^həŋ_3^{33}$

hũk tsếng, attester, témoigner. 作证(做证) $huk_7^{55-33}ts^həŋ_3^{33}$// = huk_7^{55-33}

kuan$_1^{35-21}$p^{h}o$_3^{33}$　按：萨维纳记音是 ts^{h}eŋ$_5^{55}$。

<H. *chếng*　**čiəṅ*ʾ 證

tsẻng 整 ts^{h}eŋ$_2^{24}$

tsẻng biển, arrondir. 整圆 ts^{h}eŋ$_2^{24}$ʔbien$_2^{24}$

tô tsẻng, décorer. 装饰(装整) to^{33}ts^{h}eŋ$_2^{24}$

<H. *chẽng*　^{*c}*či̯eṅ* 整

sềng 橙 seŋ^{21}

mạk sềng, mandarine. 橙子(果橙) mak$_8^{21}$seŋ^{21}

<**ḍaṅ* 橙

sềng 撑 sɛŋ$_1^{35}$　按：原文认为本字是"成",误。

sềng zỏa, appareiller. 撑船 sɛŋ$_1^{35-21}$zua$_2^{24}$//k^{h}ei$_1^{35-21}$zua$_2^{24}$开船

<**ǰi̯eṅ* 成

sềng 争 ts^{h}eŋ$_1^{35}$(= ts^{h}iŋ$_1^{35}$争)

sềng kỏn, se chamailler. 相争(争互相) ts^{h}eŋ$_1^{35-21}$kɔn$_2^{24}$相争　按：长流话意思是骂架。// ts^{h}im^{33}kɔn$_2^{24}$相侵(侵互相)　按：长流话意思是争夺。//ts^{h}im^{33}kɔn$_2^{24}$ou$_1^{35-21}$p^{h}e$_2^{24-21}$nin$_1^{35}$争女人(侵互相要女人)//ts^{h}im^{33}kɔn$_2^{24}$ʔbian$_1^{35}$争相买(侵互相买)

<**ṭṣaṅ* 爭

sềng, *sẻng* 情 seŋ$_2^{24}$(seŋ$_2^{24}$=siŋ$_2^{24}$情)

ẻng nê tỗk tsơ sẻng, fraternité. 兄弟之情 eŋ$_1^{35-21}$ne$_3^{33}$tok$_7^{55}$t^{h}ə^{33}seŋ$_2^{24}$

ziáng mưởn sềng lêi, déraisonnable. 不合情理(没有情理) zaŋ$_5^{55}$mən$_2^{24-21}$seŋ$_2^{24-21}$lei$_3^{33}$　按：*ziáng* 是 *zóng* 之误。

zóng mưởn sềng ting, apathique. 无精打采(没有情性) zaŋ$_5^{55}$mən$_2^{24}$seŋ$_2^{24-21}$tiŋ$_3^{33}$

mưởn sẻng mưởn lêi, affable. 有情有礼 mən$_2^{24-21}$seŋ$_2^{24}$mən$_2^{24-21}$lɛi$_3^{33}$

kàn sẻng p'oàng zau, amitié. 旧情朋友(古情朋友) kɑu$_3^{33}$seŋ$_2^{24}$p^{h}uaŋ$_2^{24-21}$zou$_3^{33}$(少说)//=seŋ$_2^{24-21}$kɑu$_3^{33}$p^{h}uaŋ$_2^{24-21}$zou$_3^{33}$(多说)　按：*kàn* 是 *kàu* 之误。

kang sẻng sủ, bien articuler. 讲清楚 kaŋ$_3^{33}$siŋ^{33}so$_2^{24}$//=kaŋ$_3^{33}$siŋ$_1^{35}$

oí sẻng, attachement. 爱情 ɑi$_5^{55}$seŋ$_2^{24}$

mưởn oí sẻng, charitable. 有爱情 mən$_2^{24-21}$ɑi$_5^{55}$seŋ$_2^{24}$

ziàng bỏn sẻng, bienveillance. 人情 ziaŋ$_2^{24-21}$ʔbɑn$_2^{24}$seŋ$_2^{24}$

sềng têng, caractère, nature de l'âme. 成性 seŋ^{21}tiŋ$_3^{33}$

sểng ná =*sểng lọk*, bienfaisant. 情厚 seŋ$_{2}^{24}$na$_{1}^{35}$ = 情深 seŋ$_{2}^{24}$lɑk$_{8}^{21}$

<* *dzi̯ân* 情

zểng 赢 zeŋ$_{2}^{24}$

zểng sẻn, gagner au jeu. 赢钱 zeŋ$_{2}^{24-21}$sen$_{2}^{24}$//tou$_{1}^{35-21}$sen$_{2}^{24}$输钱/收钱

zểng vaincre 赢 zeŋ$_{2}^{24}$

zểng kua, prévaloir. 赢过/曾经赢过 zeŋ$_{2}^{24}$kua$_{3}^{33}$

zoi zểng, triompher. 得胜（得赢） zai$_{3}^{33}$ zeŋ$_{2}^{24}$（不说）//zeŋ$_{2}^{24}$ la$_{4}^{21}$ 赢了（常说）//kit$_{7}^{55}$zɑi$_{3}^{33}$zeŋ$_{2}^{24}$打得赢（击得赢）

<* *i̯eṅ* 赢

kếng 更 keŋ$_{1}^{35}$

kĩt kếng, battre les veilles. 打更（击更） kit$_{7}^{55-33}$keŋ$_{1}^{35}$

ziàng-bỏn líu kếng, veilleur de nuit. 巡夜人/守夜人（人看更） ziaŋ$_{2}^{24-21}$ ʔbɑn$_{2}^{24}$liu$_{1}^{35-21}$keŋ$_{1}^{35}$

<* *kaṅ* 更

k'ềng 倾 k^{h}eŋ$_{1}^{35}$

k'ềng ká, confisquer. 没收/充公（倾家） k^{h}eŋ$_{1}^{35-21}$ ka$_{3}^{33}$// = mɑt$_{7}^{55}$ tiu^{33}没收//k^{h}eŋ$_{1}^{35-21}$tɔm$_{1}^{35}$倾心

ngềng 昂/仰 ŋeŋ$_{2}^{24}$

ngềng hau líu, lever la tête pour voir. 仰头看 ŋeŋ$_{2}^{24-21}$ hɑu$_{3}^{33}$ liu$_{1}^{35}$ 仰头看（昂首看）// = ʔdoŋ$_{2}^{24-21}$ hɑu$_{3}^{33}$ liu$_{1}^{35}$ 抬头看（竖首看）//hɑu$_{3}^{33}$ ŋeŋ$_{2}^{24}$ 用头顶（首昂）

<* *ṅâṅ* 昂

êng 鹦 iŋ^{33}

zống êng kô, nez aquilin. 鹦哥鼻（鼻鹦哥） zɔŋ$_{1}^{35-21}$ iŋ^{33} ko^{33}（不说）// = zɔŋ$_{1}^{35-21}$ko$_{1}^{35}$钩鼻（常说）

<H. *ềng* *ʔaṅ* 鶯

êng 应 eŋ^{33}

êng koi, falloir. 应该 eŋ^{33}kɑi^{33}

êng koi zêàng kơi hũk, comment faut-il faire? 应该怎样做（应该样几做） eŋ^{33}kɑi^{33}ziaŋ$_{4}^{21-24}$kəi$_{3}^{33}$huk$_{7}^{55}$//eŋ^{33}kɑi^{33}əŋ$_{5}^{55}$kəi$_{3}^{33}$huk$_{7}^{55}$应该这样做

<H. *ềng* *ʔi̯əṅ* 應

êng-nê 哥哥 eŋ$_{1}^{35-21}$ne$_{3}^{33}$ 按：背称，不单说；tok$_{7}^{55}$弟弟（背称）。

hãk bễ ểng-nê tỗk, cousins germains. 叔伯兄弟/堂兄弟 hak$_{7}^{55}$ ʔbeʔ$_{7}^{55}$ eŋ$_{1}^{35-21}$ne$_{3}^{33}$tok$_{7}^{55}$//hak$_{7}^{55}$叔叔//ʔbeʔ$_{7}^{55}$伯父

sồn ềng-nê tỗk, cousins. 亲兄弟 sɔn$_{5}^{55}$eŋ$_{1}^{35-21}$ne$_{3}^{33}$tok$_{7}^{55}$

ểng-nê tỗk tsơ sểng, fraternité. 兄弟之情 eŋ$_{1}^{35-21}$ne$_{3}^{33}$tok$_{7}^{55}$tʰə^{33}seŋ$_{2}^{24}$

ểng-nê, frère aîné. 哥哥（背称）eŋ$_{1}^{35-21}$ne$_{3}^{33}$

ếng-nê tõk hỗng hồng, frères utérins. 同胞兄弟/孪生兄弟（兄弟同肚）eŋ$_{1}^{35-21}$ne$_{3}^{33}$tok$_{7}^{55}$hoŋ$_{2}^{24-21}$hoŋ$_{4}^{21}$

hêng 听 hɛŋ^{33}

hêng zoi, comprendre. 听得 hɛŋ^{33}zɑi$_{3}^{33}$//hɛŋ^{33}zɑi$_{3}^{33}$hɔu$_{4}^{21}$听得见//hɛŋ^{33}zɑi$_{3}^{33}$tɔk$_{7}^{55}$听得懂

hêng 兴 hiŋ^{33} 按：原文认为本字是“行”，误。

tì-hêng, mode. 时兴 ti^{21}hiŋ^{33}

< *ɣaṅ˒ 行

hềng 形 heŋ$_{2}^{24}$/heŋ^{21}

mưởn hềng mưởn têáng, corporel (avoir forme, avoir image). 有形有象 mən$_{2}^{24-21}$heŋ$_{2}^{24}$mən$_{2}^{24-21}$tiaŋ$_{3}^{33}$//=mən$_{2}^{24-21}$heŋ^{21}mən$_{2}^{24-21}$tiaŋ$_{3}^{33}$

hềng tam kuãk, triangle (forme trois angle). 三角形（形三角）heŋ^{21}tam$_{5}^{55}$kuak$_{7}^{55}$（不说）//tam$_{5}^{55}$kuak$_{7}^{55}$heŋ^{21}（常说）

zóng mưởn hềng zóng mưởn têang, immatériel. 没形没象 zɑŋ$_{5}^{55}$mən$_{2}^{24-21}$heŋ$_{2}^{24}$zɑŋ$_{5}^{55}$mən$_{2}^{24-21}$tiaŋ$_{3}^{33}$//=zɑŋ$_{5}^{55}$mən$_{2}^{24-21}$heŋ^{21}zɑŋ$_{5}^{55}$mən$_{2}^{24-21}$tiaŋ$_{3}^{33}$

<H. *hềng* *ɣeṅ 形

hềng 行 heŋ^{21}

hềng-lí, bagage. 行李 heŋ^{21}li^{24}

< *ɣaṅ 行

hểng (arrêter) 停 hɛŋ$_{2}^{24}$

líu tứ zóng hểng, s'absorber dans l'étude. 看书不停 liu$_{1}^{35-21}$tɯ$_{1}^{35}$zɑŋ$_{5}^{55}$hɛŋ$_{2}^{24}$

zóng hềng, sans désemparer. 不停 zɑŋ$_{5}^{55}$hɛŋ$_{2}^{24}$//zɑŋ$_{5}^{55}$hɛŋ$_{4}^{21}$热闹//hɛŋ$_{4}^{21}$不热闹//ʔda$_{3}^{33}$kim$_{4}^{21}$hɛŋ$_{4}^{21}$ʔda$_{3}^{33}$ʔban$_{2}^{24}$zɑŋ$_{5}^{55}$hɛŋ$_{4}^{21}$晚上不热闹白天热闹

hểng noai, (récupérer), se reposer. 休息（停累）hɛŋ$_{2}^{24-21}$nuai$_{3}^{33}$//=

$hɛŋ_2^{24-21}k^hei_3^{33}$停气

<H. *hềng* **ɣaṅ* 停

与台语接近的唯一的词是 *mêng*，只有一个同源对似词 *ming/ning* 我们在前一个韵中见过。

ENG

beng 拉(绷) $ʔbɛŋ_1^{35}$

bèng zỏa bới, haler une barque. 拉船去(绷船去) $ʔbɛŋ_1^{35-21}zua_2^{24}ʔbəi_1^{35}$//$=ha_1^{35-21}zua_2^{24}ʔbəi_1^{35}$拉船去(拖船去)

béng dạk dọ, tendre une ficelle. 拉绳直(绷绳直) $ʔbɛŋ_1^{35-21}ʔdak_8^{21}ʔdɑʔ_8^{21}$

béng dạk, tirer une ficelle. 拉绳(绷绳) $ʔbɛŋ_1^{35-21}ʔdak_8^{21}$

<H. *bểng*.

bèng lac 池塘 $ʔbɛŋ_4^{21}$(在水田旁边，用于灌溉) 按：法语解释是"湖"，误。

bèng bá, étang à poissons. 鱼塘(塘鱼) $ʔbɛŋ_4^{21-24}ʔba_1^{35}$池塘(小)//$huaŋ_2^{24-21}ʔba_1^{35}$池塘(大)

nòm bèng, flaque d'eau. 池水(水池) $nɑm_4^{21-24}ʔbɛŋ_4^{21}$

p'èng p'ẻng 壶(瓶) $p^hɛŋ_2^{24}$

p'ẻng mọ aù, pot. 一个壶(瓶个一) $p^hɛŋ_2^{24}mɔʔ_8^{21}ɔu_4^{21}$ 按：实际读为$mɔ_4^{21-24}ɔu_4^{21}$。

p'èng nòm, amphore. 水壶(瓶水) $p^hɛŋ_2^{24-21}nɑm_4^{21}$水壶 按：$p^hɛŋ_2^{24}$指带把手带嘴的烧水壶(陶罐)。

p'ẻng zảu mọ au, bidon d'huile. 一个油壶(瓶油个一) $p^hɛŋ_2^{24-21}zɔu_2^{24}mɔʔ_8^{21}ɔu_4^{21}$ 按：实际读为 $mɔ_4^{21-24}ɔu_4^{21}$。

p'é p'ẻng, pot cassé. 打破罐子(破瓶) $p^hɛ_1^{35-21}p^hɛŋ_2^{24}$(瓦罐)//$p^hɛ_1^{35-21}ʔdɑŋ_3^{33}$(玻璃瓶)

p'èng sả, théière. 茶壶(瓶茶) $p^hɛŋ_2^{24-21}sa_2^{24}$

< **beṅ* 瓶

meng beau, joli. 美/好 $mɛŋ_3^{33}$

bểi meng, goût agréable. 味好/好味 $ʔbɛi_4^{21}mɛŋ_3^{33}$

tsỉng meng, ajuster. 修好(整好) $ts^heŋ_2^{24}mɛŋ_3^{33}$修好(整好)

zồng mao mèng, avenant. 容貌好 $zoŋ_2^{24-21}mɑu_3^{33}mɛŋ_3^{33}$//$=na_3^{33}ʔda_1^{35}mɛŋ_3^{33}$(脸眼好)

tầk meng, beauté. 美色/美女（色好） tek$_7^{55}$mɛŋ$_3^{33}$

mạk bõt meng, calligraphe. 书法好 ʔbak$_7^{55-33}$ʔbɑt$_7^{55}$mɛŋ$_3^{33}$书法好（笔头好）

按：ʔbak$_7^{55-33}$ʔbɑt$_7^{55}$是毛笔中的毛。//=mak$_8^{21}$ʔbɑt$_7^{55}$mɛŋ$_3^{33}$书法好/笔画好//=ʔbɑt$_7^{55-33}$mɔk$_8^{21}$mɛŋ$_3^{33}$书法好（笔墨好）//=siu^{21}ʔbit$_7^{55}$mɛŋ$_3^{33}$书法好（手笔好）

lêạk zoi meng, faire un bon choix. 选得好 liak$_8^{21}$zɑi$_3^{33}$mɛŋ$_3^{33}$

nói zóng meng, mal famé. 名声不好（名不好） nɔi$_1^{35}$zɑŋ$_5^{55}$mɛŋ$_3^{33}$

meng kua, meilleur, mieux. 好过 mɛŋ$_3^{33}$kua$_3^{33}$

si liú meng zóng meng, déguster. 尝尝看好不好（试试看好不好） si$_5^{55}$liu$_1^{35}$mɛŋ$_3^{33}$zɑŋ$_5^{55}$mɛŋ$_3^{33}$

sáo meng, euphonie. 声音好 sau$_1^{35}$mɛŋ$_3^{33}$

tsí meng, excellent. 至好 tsʰi$_5^{55}$mɛŋ$_3^{33}$//kek$_8^{21}$mɛŋ$_3^{33}$极好//tsʰui$_5^{55}$mɛŋ$_3^{33}$最好

tsóang meng, orner. 装漂亮/装好 tsʰuaŋ$_1^{35}$mɛŋ$_3^{33}$

meng zoi lềao, beaucoup mieux. 好得多 mɛŋ$_3^{33}$zɑi$_3^{33}$liau$_4^{21}$

meng tsĩ aù, un peu mieux. 好一点/好一些 mɛŋ$_3^{33}$tsʰiʔ$_7^{55}$ɔu$_4^{21}$//=mɛŋ$_3^{33}$tsʰit$_7^{55}$u$_4^{21}$

mèng (vie) 命 miŋ$_4^{21}$

hiến mèng, destin, fatalité. 天命 hien$_1^{35}$miŋ$_4^{21}$

tsiang mèng, exposer sa vie. 豁出自己的命（将命） tsʰiaŋ^{33} miŋ$_4^{21}$//tsʰiaŋ^{33}sɛn$_2^{24}$ʔbɑʔ$_8^{21}$拿钱赌（将钱博）

kô mèng, sauver sa vie. 救命 ko$_3^{33}$miŋ$_4^{21}$

mèng zóng mải, malheureux (destin pas bon). 命不好 miŋ$_4^{21}$zɑŋ$_5^{55}$mai$_2^{24}$//=miŋ$_4^{21}$zɑŋ$_5^{55}$mɛŋ$_3^{33}$

mèng don, mort prématurée. 命短 miŋ$_4^{21}$ ʔdɔn$_3^{33}$命短//miŋ$_4^{21}$ lɔi$_1^{35}$命长//miŋ$_4^{21}$kʰo$_3^{33}$命苦

<div align="right"><*<i>mịaṅ</i>ʾ 命</div>

mẻng 虫（螟） miŋ$_2^{24}$

tón kón mẻng, dent cariée. 虫牙（牙吃虫） tɔn$_1^{35-21}$kɔn$_1^{35-21}$miŋ$_2^{24}$

mểng (ver). 虫（螟） miŋ$_2^{24}$

deng 顶 ʔdiŋ$_3^{33}$/ʔdiŋ$_2^{24}$

deng sóng, cime de montagne. 山顶（顶山） ʔdiŋ$_3^{33}$sɑŋ$_1^{35}$//=ʔdiŋ$_2^{24}$sɑŋ$_1^{35}$//=

ʔbai$_{1}^{35-21}$ saŋ$_{1}^{35}$//ʔbai$_{1}^{35-21}$ zan$_{2}^{24}$屋顶

→ *dêng* *ᶜ *teṅ* 頂

déng 钉 ʔdɛŋ$_{1}^{35}$

boạk déng ũk=siẻm déng ũk, arracher un clou. 拔钉出 ʔbuak$_{8}^{21}$ ʔdɛŋ$_{1}^{35}$ uk$_{7}^{55}$ = sim$_{2}^{24-21}$ ʔdɛŋ$_{1}^{35}$ uk$_{7}^{55}$

déng mời aù, un clou. 一枚钉（钉枚一） ʔdɛŋ$_{1}^{35}$ məi$_{2}^{24}$ ɔu$_{4}^{21}$

déng sẽk, relier un livre. 订书（订册） ʔdɛŋ$_{1}^{35-21}$ sɛk$_{7}^{55}$ 订册//≠ʔdɛŋ$_{2}^{24-21}$ sɛk$_{7}^{55}$装书//ʔdɛŋ$_{2}^{24-21}$ nam$_{4}^{21}$装水

bõt déng lô si, visser. 拧螺丝钉（拧钉螺丝） ʔbɔt$_{7}^{55-33}$ ʔdɛŋ$_{1}^{35-21}$ lui^{21} si^{33}

按：王录尊 ʔbɔt$_{7}^{55}$ 拧（螺丝）≠ʔbat$_{7}^{55}$ 鸭子/笔/草，二李已经同音。

<*teṅ* 釘

téng naître, vivre (voir *têng*). 牲/生 teŋ$_{1}^{35}$

kua sũk téng, paroles obscènes. 畜牲话/下流话（话畜牲） kua$_{4}^{21-24}$ suk$_{7}^{55-33}$ teŋ$_{1}^{35}$

téng lói=téng háng=téng sô, croître. 生长（生长 teŋ$_{1}^{35}$ lɔi$_{1}^{35}$ =生高 teŋ$_{1}^{35}$ haŋ$_{1}^{35}$ =生大 teŋ$_{1}^{35}$ so$_{1}^{35}$）

téng lẹk, accoucher. 生孩子 teŋ$_{1}^{35-21}$ lɛk$_{8}^{21}$//=zai$_{3}^{33}$ lɛk$_{8}^{21}$

zụt téng dóng dái, depuis la naissance jusqu'à la mort. 从生到死 lok$_{8}^{21}$ teŋ$_{1}^{35}$ ʔdɔŋ$_{5}^{55}$ ʔdai$_{1}^{35}$ 从生到死//=lok$_{8}^{21}$ zou$_{3}^{33}$ ʔdɔŋ$_{5}^{55}$ ʔdai$_{1}^{35}$ 从活到死//=lok$_{8}^{21}$ zou$_{3}^{33}$ hɛŋ$_{5}^{55}$ ʔdai$_{1}^{35}$

sũk téng, bête, animal. 牲畜（畜牲） suk$_{7}^{55-33}$ teŋ$_{1}^{35}$

nàn téng, chair vive. 生肉（肉生） nan$_{4}^{21-24}$ teŋ$_{1}^{35}$（不说）//nan$_{4}^{21-24}$ zou$_{3}^{33}$ 鲜肉//nan$_{4}^{21-24}$ ʔdai$_{1}^{35}$ 死肉//nan$_{4}^{21-24}$ zɔp$_{7}^{55}$ 生肉（没有煮熟的肉）//nan$_{4}^{21-24}$ ŋau$_{3}^{33}$ 熟肉

kùng téng, maître d'école. 教书先生/老师（公生） kuŋ$_{1}^{35-21}$ teŋ$_{1}^{35}$

mể téng, débutant. 新手/生手（手生） me$_{2}^{24}$ teŋ$_{1}^{35}$ 手生//me$_{2}^{24-21}$ teŋ$_{1}^{35}$ 新手/生手

hoạk téng, élève, étudiant. 学生 huak$_{8}^{21}$ teŋ$_{1}^{35}$

tẻng lẹk lõk, enfanter. 生孩子 teŋ$_{1}^{35-21}$ lɛk$_{8}^{21}$ lak$_{7}^{55}$

zêá téng, médecin. 医生 zia$_{1}^{35-21}$ teŋ$_{1}^{35}$//e$_{1}^{35-21}$ teŋ$_{1}^{35}$

tèng hêằt, fonte. 生铁 teŋ$_{1}^{35-21}$ hiat$_{7}^{55}$（少说）//hiat$_{7}^{55-33}$ zɔp$_{7}^{55}$（常说）//haŋ$_{1}^{35}$ 生铁（最常说）

kùng téng kao tứ, professeur. 教书先生(公生教字) $kuŋ_1^{35-21}$ $teŋ_1^{35-21}$ $kau^{33}tɯ_1^{35}$

téng lẹk toáng téng, avoir deux jumeaux. 生双胞胎(生子双生) $teŋ_1^{35-21}$ $lɛk_8^{21}tuaŋ_1^{35-21}teŋ_1^{35}$

tẻng engendrer. 生/生殖 $teŋ_1^{35}$

tèng 成 $teŋ_2^{24}$/生 $teŋ_1^{35}$

zữt tèng dềô, calciner. 烧成灰 $zut_7^{55}teŋ_2^{24-21}ʔdeu_4^{21}$(ʔ$deu_4^{21}$草木灰) 按:*zữt* 是 *zũt* 之误。

zữ tèng dềô, incinérer (brûler engendrer cendres). 烧成灰 zut_7^{55} $teŋ_2^{24-21}$ $ʔdeu_4^{21}$ 按:*zữ* 是 *zữt* 之误,*zữt* 是 *zũt* 之误。

tèng dung, se former un abcès. 生疮 $teŋ_1^{35-21}ʔduŋ_3^{33}$

tèng tsọt bàng, barbouiller. 生痱子 $teŋ_1^{35-21}ts^hɔt_8^{21}ʔbaŋ_4^{21}$

mể tèng dá, mains calleuses. 手生茧/生茧的手(手生眼) me_2^{24-21} $teŋ_1^{35-21}$ $ʔda_1^{35}$//$me_2^{24}teŋ_1^{35-21}ʔda_1^{35}$手生茧

dêó kồng tèng lẹk, fécond. 生殖力强(会工生子) $ʔdiau_1^{35}koŋ_1^{35-21}$ $teŋ_1^{35-21}$ $lɛk_8^{21}$ 按:指女人生殖力强,会工即工于、善于。//$koŋ_1^{35-21}$ $kɔn_1^{35}$口壮/口粗(工吃) 按:工吃即工于吃,什么都吃。//$kɛn_4^{21-24}$ $kɔn_1^{35}$口细(紧吃)// $mou_1^{35}kɛn^{21}$口细的猪/不肯吃的猪(猪紧) 按:"紧"本是 $kɛn^{21}$,跟随第 4 调变调。//$ʔdiau_1^{35}koŋ_1^{35-21}nɔm_1^{35}$会下蛋//$nɔm_1^{35-21}nɔm_1^{35}$下蛋

téng zoi lềao, prolifique. 生得多 $teŋ_1^{35}zɑi_3^{33}liau_4^{21}$

<* *saṅ* 生

téng 胜 $teŋ_5^{55}$ 按:原文认为本字是"乘",误。

téng p'ải, médaille. 奖牌(胜牌) $teŋ_5^{55}p^hai_2^{24}$//$ts^hiaŋ_5^{55}ʔbɑi_4^{21}$(海南话)

<* *ṣi̯eṅ*ᵓ 乘

tèng surplus 剩 $tɛŋ_4^{21}$ 按:原文认为本字是"圣",误。

mưởn tèng, excèdent, surplus, superflu 有剩 $mɔn_2^{24-21}tɛŋ_4^{21}$

kón tèng, reste de repas. 吃剩 $kɔn_1^{35}tɛŋ_4^{21}$

<H. *têng* **ži̯əṅ*ᵓ 聖

tèng 生 $teŋ_1^{35}$

tèng p'úng, lèpre. 生麻风(生疯) $teŋ_1^{35-21}p^huŋ_1^{35}$

tèng 成 $teŋ_2^{24}$；剩 $tɛŋ_4^{21}$

kang tèng ká, clôre un marché. 讲成价 $kaŋ_3^{33}teŋ_2^{24-21}ka_3^{33}$

hũk tèng zêàng, façonner. 加工成形（做成样）$huk_7^{55}teŋ_2^{24-21}ziaŋ_4^{21}$

tèng hoa, débris. 剩货 $tɛŋ_4^{21-24}hua_3^{33}$

*ʝi̯eṅ 成

tẻng 成 $teŋ_2^{24}$

hũk tẻng, consommer. 做成 $huk_7^{55}teŋ_2^{24}$

neng 边/岸 $niŋ_2^{24}$

nèng ngá, berge du fleuve. 江边/江岸 $niŋ_2^{24-21}ŋa_1^{35}$ 江边//$niŋ_2^{24-21}he_2^{24}$ 河边//$niŋ_2^{24-21}koŋ_3^{33}$ 海边

nẻng bướn p'êảng, trottoir.→*nềng* 马路两边 $niŋ_2^{24}ʔbun_5^{55}p^hiaŋ_2^{24}$//=$niŋ_2^{24}ʔbun_5^{55}p^hiaŋ_4^{21}$

léng

k'ò-léng, lézard. 壁虎 $miŋ_2^{24-21}k^hɑ_2^{24-21}lien_4^{21}$ 蜻蜓//$k^hɑ_3^{33}lək_7^{55}$ 壁虎（长流话）//$kuan_3^{33}k^hək_7^{55}$壁虎（西秀话） 按：法语解释是“壁虎/蜥蜴”，发音是“蜻蜓”。

léng (là-bas) 地方/处 $lɛŋ_1^{35}$ 按：法语解释是“那儿”，误。

kạk léng, ailleurs. 别的地方 $kak_8^{21}lɛŋ_1^{35}$//=$kak_8^{21}hɛ_1^{35}$

zêi léng, déloger. 移出/迁出（移地方）$zɛi_2^{24-21}lɛŋ_1^{35}$

léng léng, partout. 处处 $lɛŋ_5^{55}lɛŋ_1^{35}$

léng léng zu mưởn, il y en a partout. 处处都有 $lɛŋ_5^{55}lɛŋ_1^{35}zu_5^{55}mən_2^{24}$//=$lɛŋ_5^{55}lɛŋ_1^{35}ts^huŋ_5^{55}mən_2^{24}$（处处重有）

zóng mưởn léng zóng mưởn, ubiquité. 无所不在（没有地方没有）$zɑŋ_5^{55}mən_2^{24-21}lɛŋ_1^{35}zɑŋ_5^{55}mən_2^{24}$

tủôn mươn léng, vagabonder. 游玩（巡有地）$tun_2^{24}mən_2^{24-21}lɛŋ_1^{35}$ 巡有地（不说）//$mən_2^{24-21}lɛŋ_1^{35}tun_2^{24}$ 有地方巡（常说）//$tun_2^{24}min_5^{55}lɛŋ_1^{35}$ 遍地逛/游玩（巡遍地）//$min_5^{55}lɛŋ_1^{35}mən_2^{24-21}ziaŋ_2^{24-21}ʔbɑn_2^{24}$ 到处有人

lèng ka ngảu, abattoir. 屠宰场（地方杀牛）$lɛŋ_1^{35-21}ka_3^{33}ŋɔu_2^{24}$

sặk zản lèng-lê, les voisins, maisons adjacentes. 屋子附近（屋侧地方近）$sək_7^{55-33}zan_2^{24-21}lɛŋ_1^{35-21}le_3^{33}$

lèng zế, antiquité. 古代/以前(地方里) $lɛŋ_1^{35-21}ze_1^{35}$

lèng-lê, adjacent (là près). 近处(处近) $lɛŋ_1^{35-21}le_3^{33}$

kùa lèng-zế=tở-hoi lèng zể, légende. 故事(话古代 $kua_4^{21-24}lɛŋ_1^{35-21}ze_1^{35}$ = 事会古代 $tə_4^{21-24}hoi_3^{33}lɛŋ_1^{35-21}ze_1^{35}$)

tở-hoi lèng-zế, conte (affaire antique). 故事(事会古代) $tə_4^{21-24}hoi_3^{33}lɛŋ_1^{35-21}ze_1^{35}$

lèng 冷 $lɛŋ^{21}$ 按:原文认为本字是"京(凉)",误。

nòm lèng, eau froide. 冷水 $nɑm_4^{21-24}lɛŋ^{21}$冷水//$nɑm_4^{21}lɛŋ^{21}$水冷

<* *li̯âṅ* 京

lèng

mọk lèng híng, torticolis. 落枕(脖子倾) $mɑk_8^{21}leŋ_4^{21}hiŋ_1^{35}$

leng 伶/灵 $lɛŋ_2^{24}$

lẻng li=tsỉng lẻng, finesse. 伶俐 $leŋ^{21}li^{33}$=精灵 $ts^hiŋ_1^{35-21}lɛŋ_2^{24}$

mể tsíng lẻng, versé dans un art. 精通艺术/精灵手(手精灵) $me_2^{24-21}ts^hiŋ_1^{35-21}lɛŋ_2^{24}$

hàu hể lèng li, tenue (maintien). 身体伶俐 $hɔu_2^{24-21}he_2^{24}leŋ^{21}li^{33}$(没听说过)

<H. *lềng* * *leṅ* 伶

leng déchet 零碎/零 $lɛŋ_2^{24}$

ing lẻng, débiter, vendre au détail. 零售(卖零) $iŋ_3^{33}lɛŋ_2^{24}$

kiàu lẻng, objets de rebut. 废物(物零) $keu_4^{21-24}lɛŋ_2^{24}$零碎东西(物零)//$keu_4^{21-24}ʔbat_8^{21}$丢弃的东西(物弃)//$keu_4^{21-24}ʔdɛi_2^{24}$烂掉的东西(物烂)//$keu_4^{21-24}luak_7^{55}$脏东西/垃圾(物脏)

mưởn lèng hau, excédent. 盈余(有零头) $mən_2^{24-21}lɛŋ_2^{24-21}hɑu_3^{33}$

<* *leṅ* 零

tséng 踭 $ts^hɛŋ_1^{35}$

tséng mọ, corne de cheval (talon cheval). 马掌(踭马) $ts^hɛŋ_1^{35-21}mɑʔ_8^{21}$

tsèng 踭 $ts^hɛŋ_1^{35}$ 按:原文认为本字是"睁",误。

tsèng kỗk, talon du pied. 脚后跟(踭脚) $ts^hɛŋ_1^{35-21}kok_7^{55}$脚后跟

tsèng hải, talon du soulier. 鞋跟(踭鞋) $ts^hɛŋ_1^{35-21}hai_2^{24}$

<** *dzi̯eṅ* 睁

tsẻng 层 $ts^{h}\varepsilon\eta_{2}^{24}$

tsẻng aù tsẻng aù, par couches. 一层一层（层一层一） $ts^{h}\varepsilon\eta_{2}^{24}\ \mathrm{ɔ}u_{4}^{21}\ ts^{h}\varepsilon\eta_{2}^{24}\mathrm{ɔ}u_{4}^{21}$

<** *tsəṅ* 層

seng 清 $si\eta^{33}$

（*síng*） *seng sí*, propre. 爱干净/洁净（清细） $si\eta^{33}si_{5}^{55}$（清细）//$lak_{8}^{21}ka_{2}^{24}$ 邋遢

séng 清 $si\eta_{1}^{35}$

séng bõt, sarcler l'herbe. 清理草（清草） $si\eta_{1}^{35-21}\mathrm{ʔ}b\alpha t_{7}^{55}$

sèng 撑 $s\varepsilon\eta_{1}^{35}$

sèng zỏa, faire avancer la barque à la gafle. 撑船 $s\varepsilon\eta_{1}^{35-21}zua_{2}^{24}$

<* *ṭ'aṅ* 撑

sẻng 成 $se\eta_{2}^{24}$

ká sẻng sù, doubler. 加倍（加成数） $ka_{1}^{35-21}se\eta_{2}^{24-21}tiau_{5}^{55}$

zẻng force 力/赢 $ze\eta_{2}^{24}$

keẳm zẻng, affaiblir. 减力 $kiam_{2}^{24-21}ze\eta_{2}^{24}$

zóng mưởn zẻng, abattu, affaiblissement. 没有力 $z\alpha\eta_{5}^{55}m\mathrm{ə}n_{2}^{24-21}ze\eta_{2}^{24}$

zẻng noai, alanguir. 力弱（力累） $ze\eta_{2}^{24}nuai_{3}^{33}$（不说）//$huk_{7}^{55}nuai_{3}^{33}$（常说）

mưởn zẻng, fort. 有力 $m\mathrm{ə}n_{2}^{24-21}ze\eta_{2}^{24}$

zẻng dá meng, bonne vue. 眼力好（力眼好） $ze\eta_{2}^{24-21}\mathrm{ʔ}da_{1}^{35}m\varepsilon\eta_{3}^{33}$

bòi zẻng, s'efforcer. 留下力气（留力） $\mathrm{ʔ}b\alpha i_{4}^{21-24}ze\eta_{2}^{24}$ 留下力气//$uk_{7}^{55-33}ze\eta_{2}^{24}$努力（出力） 按：法语解释是"努力"，误。

tẻang zẻng, énervant. 伤力 $tia\eta_{1}^{35-21}ze\eta_{2}^{24}$

zẻng k'êi, vigueur. 力气 $ze\eta_{2}^{24}k^{h}ei_{3}^{33}$ 按：联合结构不变调。

ũk zẻng, se dépenser pour, s'efforcer. 努力（出力） $uk_{7}^{55-33}ze\eta_{2}^{24}$

hẹp zẻng, s'évertuer. 竭力/添力（贴力） $hep_{7}^{55-33}ze\eta_{2}^{24}$贴力//$h\varepsilon k_{8}^{21}ze\eta_{2}^{24}$够力气

tóm zẻng, force (d'âme), vigueur. 心力 $t\mathrm{ɔ}m_{1}^{35-21}ze\eta_{2}^{24}$

kĩt zẻng, remporter une victoire. 打赢（击赢） $kit_{7}^{55}ze\eta_{2}^{24}$

k'iền zẻng hũk kồng, laborieux. k^{h}in$_{2}^{24-21}$zeŋ$_{2}^{24}$huk$_{7}^{55-33}$koŋ$_{1}^{35}$

k'iển zẻng, diligent. 勤力 k^{h}in$_{2}^{24-21}$zeŋ$_{2}^{24}$//=kin$_{2}^{24-21}$zeŋ$_{2}^{24}$

=T. *re:ṅ* แรง(力/力气)

kẻng 更 keŋ$_{1}^{35}$

tảm kẻng, minuit. 三更 tam^{33}keŋ$_{1}^{35}$//ʔda$_{5}^{55}$kim$_{4}^{21}$tam^{33}keŋ$_{1}^{35}$半夜三更//ʔda$_{3}^{33}$kim$_{4}^{21}$夜晚

kẻng lọk, nuit avancée. 深夜(更深) keŋ$_{1}^{35}$lɑk$_{8}^{21}$(不说)//ʔda$_{5}^{55}$kim$_{4}^{21}$半夜(常说)//=ʔda$_{5}^{55}$kim$_{4}^{21}$lɑk$_{8}^{21}$(lɑk$_{8}^{21}$深≠lak$_{8}^{21}$乐)

<* *kaṅ* 更

kẻng 景 keŋ$_{2}^{24}$

kuang kẻng, circonstance. 光景 kuaŋ^{33}keŋ$_{2}^{24}$//tun$_{2}^{24-21}$kuaŋ^{33}keŋ$_{2}^{24}$逛风景(巡光景)//=kuaŋ^{33}keŋ^{21}//kuaŋ^{33}keŋ^{21}mɛŋ$_{3}^{33}$风景好(光景好)

<^{*c} *ki̯aṅ* 景

ngeng branche 枝丫 ŋɛŋ$_{3}^{33}$

don ngeng, branche d'arbre, rameau. 树枝 ŋɛŋ$_{3}^{33}$ʔdɔn$_{3}^{33}$(二李)//=nɛŋ$_{3}^{33}$ʔdɔn$_{3}^{33}$(王录尊)

dóm don ngeng, élaguer, ébrancher un arbre. 砍树枝 ʔdɑm$_{4}^{21-24}$ʔdɔn$_{3}^{33}$ŋɛŋ$_{3}^{33}$//=ʔdɑm$_{4}^{21-24}$ʔdɔn$_{3}^{33}$nɛŋ$_{3}^{33}$(王录尊)

eng 罂 ɛŋ^{33}

eng nòm, cruche d'eau. 水壶(罂水)ɛŋ^{33}nɑm$_{4}^{21}$//hap$_{7}^{55-33}$ɛŋ^{33}挑罂//kiŋ$_{1}^{35}$(小陶罐,形似罂,但比罂小)//kuaŋ$_{1}^{35}$缸

<** *ʔi̯eṅ* 罌

heng 停 hɛŋ$_{2}^{24}$

zóng zóng heng, incessant. 不停 zɑŋ$_{5}^{55}$hɛŋ$_{2}^{24}$ 按:应该只有一个 *zóng*。

zụt záu héng dái, depuis la naissance jusqu'à la mort. 从生到死(从生停死) lok$_{8}^{21}$zou$_{3}^{33}$hɛŋ$_{5}^{55}$ʔdai$_{1}^{35}$//=lok$_{8}^{21}$zou$_{3}^{33}$ʔdɔŋ$_{5}^{55}$ʔdai$_{1}^{35}$从活到死//=lok$_{8}^{21}$teŋ$_{1}^{35}$ʔdɔŋ$_{5}^{55}$ʔdai$_{1}^{35}$从生到死

zóng hẻng, continuer. 不停 zɑŋ$_{5}^{55}$hɛŋ$_{2}^{24}$

<^{**c} *χi̯âṅ* 停

heng 兴 hiŋ^{33};听 hɛŋ^{33};行 hɛŋ$_{2}^{24}$

zóng tì heng, suranné (*hing*). 不时兴 zɑŋ$_{5}^{55}$ti^{21}hiŋ^{33}//hiŋ^{33}loŋ^{21}兴隆

tềi tềi heng zồng, d'un usage constant. 时时听用 tɛi$_5^{55}$tɛi$_2^{24-21}$hɛŋ^{33}zoŋ$_4^{21}$

heng zông, usage, emploi. 使用(听用) hɛŋ^{33}zoŋ$_4^{21}$

heng hề zông, serviteur. 伺候人(听候别人) hɛŋ^{33}heu$_4^{21-24}$zoŋ$_1^{35}$ 按：*hề* 是 *hều* 之误。

hèng zồng, dépenses. 开支(行用) hɛŋ$_2^{24-21}$zoŋ$_4^{21}$//hɛŋ$_2^{24-21}$zoŋ$_4^{21}$so$_1^{35}$开支大(行用粗)//hɛŋ$_2^{24-21}$zoŋ$_4^{21}$ʔbɑŋ$_3^{33}$房间收拾得干净(行用干净)//zan$_2^{24-21}$zia$_3^{33}$ou$_1^{35}$mɔ$_3^{33}$heŋ$_2^{24-21}$zoŋ$_4^{21}$我的房子给你使用(屋我给你行用)

<**ɣaṅ*ʾ 行

heng entendre, écouter. 听 hɛŋ^{33}

hau heng, agréable, mélodieux. 好听 hɑu$_3^{33}$hɛŋ^{33}

heng zống kang, apprendre, entendre dire. 听人讲(听别人讲) hɛŋ^{33}zoŋ$_1^{35}$kaŋ$_3^{33}$

heng p'ềng, ausculter. 听诊(听病) hɛŋ^{33}p^{h}iŋ$_4^{21}$

heng soãk mal entendre. 听错 hɛŋ^{33}suak$_7^{55}$

heng dêô = *heng tsón*, bien entendre. 听到(听着) hɛŋ^{33}ʔdeu^{33} = hɛŋ^{33}ts^{h}ɔn$_1^{35}$听清楚(听真)//hɛŋ^{33}ʔdɔŋ$_1^{35}$听到=hɛŋ^{33}ʔdeu^{33}(海南话)

heng kùa=*heng kao*, obéir, docile. 听话 hɛŋ^{33}kua$_4^{21}$=听教 hɛŋ$_3^{33}$kau$_3^{33}$

heng hều zống, serviteur. 伺候人(听候别人) hɛŋ^{33}heu$_4^{21}$zoŋ$_1^{35}$伺候人(听候别人)

zóng heng kùa, désobéir. 不听话 zɑŋ$_5^{55}$hɛŋ^{33}kua$_4^{21}$

zóng heng lêi, ne pas entendre raison. 不听理 zɑŋ$_5^{55}$hɛŋ^{33}lei$_3^{33}$

heng dế mài káo, soumis à ses parents. 听爹妈教 hɛŋ^{33}ʔde$_1^{35-21}$mai$_4^{21}$kau$_3^{33}$//=hɛŋ^{33}ʔde$_1^{35-21}$mai$_4^{21}$kua$_4^{21}$

<**t'eṅ* 聽

hẻng 行 hɛŋ$_2^{24}$

dẽ ng'ể hẻng, fiancé. 未婚夫(押五行) ʔdɛʔ$_7^{55-33}$ŋe$_4^{21-24}$hɛŋ$_2^{24}$押五行 按：指把未婚妻生辰八字押给男方。

hẻng 杆/篙(梃) hɛŋ$_4^{21}$ 按：本字是“梃”。《广韵》：“梃，木片。徒鼎切。”《广雅·释器》：“梃，杖也。”《说文》：“梃，一枚也。”段注：“凡条直者曰梃，梃之言挺也。”《说文通训定声》：“竹曰竿，屮曰莛，木曰梃。”

hẻng k'ểi, hampe du drapeau. 旗杆(梃旗) hɛŋ$_4^{21-24}$k^{h}ɛi$_2^{24}$

hẻng zỏa mõt aù, une gaffe. 一根船篙(梃船根一) hɛŋ$_4^{21-24}$zua$_2^{24}$mɑt$_7^{55}$

ɔu$_4^{21}$(梃船根一)

hẻng sương, fléau de la balance romaine. 秤杆(梃秤) hɛŋ$_4^{21-24}$səŋ$_3^{33}$

hẻng 形 heŋ$_2^{24}$

zóng mưởn hẻng zóng mưởn têảng, sans forme et sans figure. 没有形没有象 zaŋ$_5^{55}$mən$_2^{24-21}$heŋ$_2^{24}$zaŋ$_5^{55}$mən$_2^{24-21}$tiaŋ$_3^{33}$//=zaŋ$_5^{55}$mən$_2^{24-21}$heŋ^{21}zaŋ$_5^{55}$mən$_2^{24-21}$tiaŋ$_3^{33}$

<*ɣeṅ 形

hẻng 停 hɛŋ$_2^{24}$ 按:原文认为本字是"亭",误。

hẻng dọk, apaiser la douleur. 不痛(停痛) hɛŋ$_2^{24-21}$ʔdɔk$_8^{21}$//ts^{h}e$_4^{21-24}$ʔdɔk$_8^{21}$止疼

hẻng zõk, apaiser la faim. 不饿(停饿) hɛŋ$_2^{24-21}$zak$_7^{55}$//ts^{h}e$_4^{21-24}$zak$_7^{55}$止饿 按:指画饼止饿。//=ut$_7^{55-33}$zak$_7^{55}$塞饿(遏饿)

p'on hẻng, la pluie a cessé. 雨停 p^{h}an$_1^{35}$hɛŋ$_2^{24}$//=p^{h}an$_1^{35}$ʔbun$_3^{33}$ 按:ʔbun$_3^{33}$只用来说雨停。

hũk kống zóng hẻng, travailler d'arrachépied. 做工不停 huk$_7^{55-33}$koŋ$_1^{35}$zaŋ$_5^{55}$hɛŋ$_2^{24}$

hèng p'àu, s'arrêter. 停步 hɛŋ$_2^{24-21}$p^{h}ɔu$_4^{21}$//=ts^{h}ei$_4^{21-24}$p^{h}ɔu$_4^{21}$止步

hẻng kống, chômer. 停工 hɛŋ$_2^{24-21}$koŋ$_1^{35}$

<H. *hền* **deṅ* 亭

有两个可能的对应词:

	临高	台语	壮语	石家	莫语	水语	侗语	黎萨	黎王
force 力气	*zẻng*	*re: ṅ*	*reṅ*	*reṅ*	*hriṅ*	/	/	*khâu*	/
branche[1] 树枝	*ngeng*	*kiṅ'*	(*hṅa' hṅei'*) *hñieṅ'*	*ṅa*	*hṅa'*	/	*hlei*	*a)ṅam*	*kha*

1. "树枝"的概念在这些语言中比较含混,可以区别出:树枝、分叉和棍子。

ÊANG-IANG

bêang libérer 放 ʔbiaŋ$_3^{33}$ 按:ʔbiaŋ$_3^{33}$(放开、放走)≠hok$_7^{55}$(放下)。

bêang hoạk, licencier une école. 放学 ʔbiaŋ$_3^{33}$huak$_8^{21}$

bêang k'éi, délivrer. 放开 ʔbiaŋ$_3^{33}$k^{h}ei$_1^{35}$

bêang zỏng nêa, défendre. 放下来/放手 ʔbiaŋ$_3^{33}$zɔŋ$_2^{24}$nia$_3^{33}$ 按:法语解释是"防守",误。

bêang túng tsĩ, détendre. 放松些 ʔbiaŋ$_3^{33}$tuŋ$_1^{35}$ts^{h}iʔ$_7^{55}$

bêang tóm tsĩ, détendre. 放心些 ʔbiaŋ$_3^{33}$tɔm$_1^{35}$ts^{h}iʔ$_7^{55}$

bêang tóm, déposer tout souci. 放心 ʔbiaŋ$_3^{33}$tɔm$_1^{35}$

bêắng dĩk, remplir. 放满（水放满） ʔbiaŋ$_3^{33}$ʔdik$_7^{55}$

bêáng kống, suspendre le travail. 放工 ʔbiaŋ$_3^{33}$koŋ$_1^{35}$（koŋ$_1^{35}$工≠kuŋ$_1^{35}$公）

bêang lềi k'iến, usurier. 放高利贷/放重利（放利重） ʔbiaŋ$_3^{33}$lɛi$_4^{21}$k^{h}ien$_1^{35}$

bêắng tóm, se rassurer. 放心 ʔbiaŋ$_3^{33}$tɔm$_1^{35}$

bêắng ũk bới, relâcher. 放出去 ʔbiaŋ$_3^{33}$uk$_7^{55}$ʔbəi$_1^{35}$

bêang zổng, déposer, baisser. 放下 ʔbiaŋ$_3^{33}$zɔŋ$_2^{24}$//=hok$_7^{55}$zɔŋ$_2^{24}$

bêáng zổng, abaisser. 放下 ʔbiaŋ$_3^{33}$zɔŋ$_2^{24}$

bêáng tóm, être à l'aise, épancher son coeur. 放心 ʔbiaŋ$_3^{33}$tɔm$_1^{35}$

bêáng mế, détendre. 松手（放手） ʔbiaŋ$_3^{33}$me$_2^{24}$//=hok$_7^{55-33}$me$_2^{24}$放手　按：指把手放在某处。//hok$_7^{55-33}$me$_2^{24}$kun$_3^{33}$taŋ$_2^{24}$把手放桌子上（放手上桌）//hok$_7^{55-33}$me$_2^{24}$ləŋ$_1^{35-21}$lei$_2^{24}$背着手（放手回后）　按：指把手放在身后面。

bêang sêàu, tirer. 放枪 ʔbiaŋ$_3^{33}$seu$_1^{35}$

bêáng kống, chômer. 放工 ʔbiaŋ$_3^{33}$koŋ$_1^{35}$

bêáng hoạk, donner congé aux élèves. 放学 ʔbiaŋ$_3^{33}$huak$_8^{21}$

bêáng hãp zổng, décharger, ôter la charge. 放下担子（放担下） ʔbiaŋ$_3^{33}$hap$_7^{55}$zɔŋ$_2^{24}$//=hok$_7^{55-33}$hap$_7^{55}$zɔŋ$_2^{24}$

bêáng hải, se déchausser. 放鞋 ʔbiaŋ$_3^{33}$hai$_2^{24}$放鞋（少说）//hok$_7^{55-33}$hai$_2^{24}$放鞋（常说）//keʔ$_7^{55-33}$hai$_2^{24}$脱鞋（解鞋）

bêang bới, desserrer. 放松（放去） ʔbiaŋ$_3^{33}$ʔbəi$_1^{35}$

bêảng lảu kảm, emprisonner. 放进监 ʔbiaŋ$_3^{33}$lɔu$_4^{21}$kam$_1^{35}$//hɑp$_7^{55-33}$lɔu$_4^{21}$kam$_1^{35}$关进监//hɑp$_7^{55-33}$mou$_1^{35}$关猪//hɑp$_7^{55-33}$kɑi$_1^{35}$关鸡

bêang hõp zổng, déposer un fardeau. 放下担子（放担下） ʔbiaŋ$_3^{33}$hap$_7^{55}$zɔŋ$_2^{24}$//=hok$_7^{55-33}$hap$_7^{55}$zɔŋ$_2^{24}$

<**pi̯âṅ˒* 放

bêang mince. 薄/疏 ʔbiaŋ$_1^{35}$

hũk bêáng, amincir. 做薄/弄薄 huk$_7^{55}$ʔbiaŋ$_1^{35}$//huk$_7^{5}$na$_1^{35}$做厚

bêáng ténu, fin, mince. 细/薄

họp bêáng, étoffe mince. 薄布（布薄） hɑp$_8^{21}$ʔbiaŋ$_1^{35}$//hɑp$_8^{21}$na$_1^{35}$厚布（布

厚） 按：hɑp$_8^{21}$布≠hɔp$_8^{21}$合。

=T. ʔbâ: ṅ บาง（薄/淡）

bêáng 薄 ʔbiaŋ$_1^{35}$

mạk bêáng hoa, carambole, averrhoa. 杨桃（果薄酸）mak$_8^{21}$ʔbiaŋ$_1^{35}$hua$_3^{33}$

=T. *vɯəṅ* เฟือง

p'êàng 旁 p^{h}iaŋ$_2^{24}$ 按：原文认为本字是"方"，误。

p'êàng kái, confins. 边界（旁界）p^{h}iaŋ$_2^{24-21}$kai$_3^{33}$（不说）//niŋ$_2^{24-21}$kai$_3^{33}$（常说）

<* *pi̯âṅ* 方

p'êảng côté 旁 p^{h}iaŋ$_2^{24}$

bới p'êảng, là-bas. 那边（去旁）ʔbəi$_5^{55}$p^{h}iaŋ$_2^{24}$//p^{h}iaŋ$_2^{24}$ɔu$_4^{21}$一半（旁一）按：p^{h}iaŋ$_2^{24}$有一半的意思，比如西瓜的一半。

bướn p'êảng tsúng nặn, pénible alternative. 两难选择（两旁重难）ʔbun$_5^{55}$p^{h}iaŋ$_2^{24}$ts^{h}uŋ$_5^{55}$nan$_2^{24}$

sói p'êảng aù, croissant de la lune. 月牙儿/半边月/一旁月（月旁一）sɑi$_1^{35}$p^{h}iaŋ$_2^{24}$ɔu$_4^{21}$//sɑi$_1^{35-21}$p^{h}iaŋ$_2^{24}$zɑŋ$_5^{55}$ʔbaŋ$_1^{35}$半月不亮（月旁不光）

tói p'êảng, occident. 西方/西边（旁西）tɔi$_1^{35-21}$p^{h}iaŋ$_2^{24}$//=tɔi$_1^{35-21}$p^{h}iaŋ$_4^{21}$

p'êảng ngá, berge du fleuve, bord d'une rivière. 江边（旁江）p^{h}iaŋ$_2^{24-21}$ŋa$_1^{35}$（不说） 按：这是"一半江/半边江"。//niŋ$_2^{24-21}$ŋa$_1^{35}$（常说）

kống p'êảng, rivage de la mer. 海边 koŋ$_3^{33}$p^{h}iaŋ$_2^{24}$（不说）//niŋ$_2^{24-21}$koŋ$_3^{33}$（常说）

tam són hòn nè p'êảng hòn bới p'êảng, se dandiner en marchant. 走路摇摇晃晃（走路昏这旁昏那旁）tam$_3^{33}$ sɔn$_1^{35}$ hɔn$_1^{35-21}$ nɛ$_1^{35-21}$ p^{h}iaŋ$_2^{24}$ hɔn$_1^{35-21}$ ʔbəi$_5^{55}$ p^{h}iaŋ$_2^{24}$//=hɔn$_1^{35-21}$hiaŋ$_3^{33}$昏向

hàu na p'êảng aù, voir de profil. 看脸一边（知脸旁一）hɔu$_4^{21-24}$ na$_3^{33}$ p^{h}iaŋ$_2^{24}$ɔu$_4^{21}$

nẻng bướn p'êảng, trottoirs. 路两旁/人行道（岸两旁）niŋ$_2^{24}$ ʔbun$_5^{55}$ p^{h}iaŋ$_2^{24}$//=niŋ$_2^{24}$ʔbun$_5^{55}$p^{h}iaŋ$_4^{21}$

kồng p'êảng, plage. 海边 koŋ$_3^{33}$p^{h}iaŋ$_2^{24}$（不说）//niŋ$_2^{24-21}$koŋ$_3^{33}$（常说）

<* *bân* 旁

têang récompense 赏 tiaŋ$_3^{33}$

têang kùng mểng, décerner une récompense. 赏功名 tiaŋ$_3^{33}$kuŋ$_1^{35-21}$miŋ$_2^{24}$（不说）//tiaŋ$_3^{33}$kuŋ^{33}miŋ$_2^{24}$（常说）

<^{*c} *ši̯âṅ* 賞

têang 饷 $tiaŋ_3^{33}$

nằn têang, viande boucanée. $nan_4^{21-24}tiaŋ_3^{33}$//$mɑk_8^{21}sɑk_7^{55}tiaŋ_3^{33}$萝卜干

<*ᶜ *si̯âṅ* 餉

têang 象 $tiaŋ_3^{33}$

mưởn hềng mưởn têáng, corporel. 有形有象 $mən_2^{24-21}heŋ_2^{24}mən_2^{24-21}tiaŋ_3^{33}$//=$mən_2^{24-21}heŋ^{21}mən_2^{24-21}tiaŋ_3^{33}$

kộk têang, photographier. 照相/摄像(吸像) $koʔ_7^{55-33}tiaŋ_3^{33}$//$koʔ_7^{55-33}nɑm_4^{21}$吸水

zóng mưởn hềng zóng mưởn têang, immatériel. 无形的(没有形没有象) $zɑŋ_5^{55}mən_2^{24-21}heŋ_2^{24}zɑŋ_5^{55}mən_2^{24-21}tiaŋ_3^{33}$//=$zɑŋ_5^{55}mən_2^{24-21}heŋ^{21}zɑŋ_5^{55}mən_2^{24-21}tiaŋ_3^{33}$

zóng mưởn hểng zóng mưởn têảng, sans forme et sans figure. 没有形没有象 $zɑŋ_5^{55}mən_2^{24-21}heŋ_2^{24}zɑŋ_5^{55}mən_2^{24-21}tiaŋ_3^{33}$//=$zɑŋ_5^{55}mən_2^{24-21}heŋ^{21}zɑŋ_5^{55}mən_2^{24-21}tiaŋ_3^{33}$

<*ᶜ *zi̯âṅ* 像

têang 箱 $tiaŋ_1^{35}$

têáng mọ aù, une caisse, une malle. 一个箱(箱个一) $tiaŋ_1^{35}mɔʔ_8^{21}ɔu_4^{21}$

按：实际读为 $mɔ_4^{21-24}ɔu_4^{21}$。

k'èi têáng, déballer. 开箱 $k^hei_1^{35-21}tiaŋ_1^{35}$

têáng ngỏn, tronc pour l'argent. 钱箱(箱银) $tiaŋ_1^{35-21}ŋɔn_2^{24}$

<* *si̯âṅ* 箱

têáng 伤 $tiaŋ_1^{35}$

têâng tóm ziàng-bỏn, affecter, affliger q. qu'un. 伤人心(伤心人) $tiaŋ_1^{35-21}tɔm_1^{35-21}ziaŋ_2^{24-21}ʔbɑn_2^{24}$

têảng tóm ziàng-bỏn, contrister. 伤人心(伤心人) $tiaŋ_1^{35-21}tɔm_1^{35-21}ziaŋ_2^{24-21}ʔbɑn_2^{24}$

tau têáng, se blesser. 受伤 $tou_4^{21-24}tiaŋ_1^{35}$

hiển têáng, balafre. 伤痕(痕伤) $hien_2^{24-21}tiaŋ_1^{35}$

kĩt têáng, blesser. 打伤(击伤) $kit_7^{55}tiaŋ_1^{35}$

têảng tóm, déchirant. 伤心 $tiaŋ_1^{35-21}tɔm_1^{35}$

têáng hói, dommage. 伤坏 $tiaŋ_1^{35}huai_5^{55}$

têáng zẻng, énervant. 伤力 $tiaŋ_1^{35-21}zeŋ_2^{24}$

têáng kùa ziàng bỏn, parole caustique. 伤人话(伤话人) $tiaŋ_1^{35-21}kua_4^{21-24}$

ziaŋ$_2^{24-21}$ʔbɑn$_2^{24}$(少说)//kua$_4^{21-24}$tiaŋ$_1^{35-21}$ziaŋ$_2^{24-21}$ʔbɑn$_2^{24}$(常说)

têàng tóm zổng, attrister les gens. 伤人心(伤心别人) tiaŋ$_1^{35-21}$tɔm$_1^{35-21}$ zoŋ$_1^{35}$

têáng tóm, désolé. 伤心 tiaŋ$_1^{35-21}$tɔm$_1^{35}$

< ^{*c}*şi̯âṅ* 傷

têàng 长/常 tiaŋ^{21}

têàng tóm, persévérant. 恒心(常心) tiaŋ^{21}tɔm$_1^{35}$

têàng têàng, constamment. 常常 tiaŋ^{21}tiaŋ^{21}

têằng téng, vie éternelle. 长生 tiaŋ^{21}teŋ$_1^{35}$

têằng tòm, assidu. 长心/持续不断的

têằng têằng, assidûment. 常常 tiaŋ^{21}tiaŋ^{21}(海南话)

têằng teng, immortalité. 长生 tiaŋ^{21}teŋ$_1^{35}$(海南话)

p'ìng têằng, habituellement. 平常 p^{h}eŋ^{21}tiaŋ^{21}(海南话)

zòng têàng, casuel. 意外的(无常) zɑŋ$_5^{55}$tiaŋ^{21}

tì têằng bới lứng, fréquenter. 时常来往(时常去回) ti^{21}tiaŋ^{21}ʔbəi$_1^{35-21}$ ləŋ$_1^{35}$

têàng zau, permanent. 常在 tiaŋ^{21}zou$_3^{33}$

p'ếng tèang, ordinaire. 平常 p^{h}eŋ$_2^{24-21}$tiaŋ^{21}

têàng têàng zóng hẻng, sans cesse. 常常不停 tiaŋ^{21}tiaŋ^{21}zɑŋ$_5^{55}$hɛŋ$_2^{24}$

**ǰi̯âṅ* 常

têàng (contenir) 箱 tiaŋ$_1^{35}$

têàng nè mọ dẻng zoi kí lêào kêù nĩ, combien cette caisse peut-elle contenir d'objets? 这个箱子能装多少东西呢(箱这个盛得几多东西呢) tiaŋ$_1^{35-21}$nɛ$_1^{35-21}$mɔʔ$_8^{21}$ʔdɛŋ$_2^{24}$ki$_5^{55}$liau$_4^{21}$keu$_4^{21}$ni$_5^{55}$

têàng nourrir 养 tiaŋ^{21} 按：本是海口话上声调(调值21)，按第4调参与连读变调。

dế têàng, père adoptif. 养父(爹养) ʔde$_1^{35-21}$tiaŋ^{21}(少说)//ʔdɛ^{33}tiaŋ^{21}(多说)

lẹk têàng, fils adoptif. 养子(子养) lɛk$_8^{21}$tiaŋ^{21}养子(收养的)//=lɛk$_8^{21}$ hɔm$_1^{35}$捡子(捡来的)

têàng zoi toạk, apprivoiser. 驯养(养得熟) tiaŋ^{21}zɑi$_3^{33}$tuak$_8^{21}$//tiaŋ^{21}tuak$_8^{21}$ 驯养(养熟)//≠tiaŋ$_1^{35-21}$tuak$_8^{21}$相熟(= tuak$_8^{21}$kɔn$_2^{24}$)

lẹk lõk têàng ngảu, berger. 放牛娃(小孩养牛) lɛk$_8^{21}$lɑk$_7^{55}$tiaŋ$_4^{21-24}$ŋɔu$_2^{24}$

kao têàng, discipliner. 教养 kau$_3^{33}$tiaŋ^{21}

têáng noạk, élever des oiseaux. 养鸟 tiaŋ$_4^{21-24}$nuak$_8^{21}$

têáng máu, élever des porcs. 养猪 tiaŋ$_4^{21-24}$mou$_1^{35}$

têàng zoi téng, viable. 养得活(养得成) tiaŋ^{21} zɑi$_3^{33}$ teŋ$_2^{24}$(动物)//sa$_1^{35}$ zɑi$_3^{33}$teŋ$_2^{24}$(植物)

kĩt kổng têang mèng, travailler pour subsister. 打工养命 kit$_7^{55-33}$koŋ$_1^{35}$ tiaŋ$_4^{21-24}$meŋ$_4^{21}$//kit$_7^{55-33}$koŋ$_1^{35}$打工(击工)　按：kit$_7^{55-33}$koŋ$_1^{35}$打工、比武、对打的意思都有。

nêang 娘 niaŋ$_3^{33}$

lẹk nêang, prostituée. 娼妓(子娘) lɛk$_8^{21}$niaŋ$_3^{33}$

<* *ṇi̯ân* 娘

nêàng (céder) 让 niaŋ$_4^{21}$

nêàng zóng âú, se dessaisir de (céder pas tenir). 不要了让给人(让不要) niaŋ$_4^{21}$zɑŋ$_5^{55}$ou$_1^{35}$

nêang 让 niaŋ$_4^{21}$

zêa nêàng bới mo, je vous l'abandonne, je vous le cède (moi céder aller vous). 我让你(我让去你) zia$_3^{33}$ niaŋ$_4^{21}$ ʔbəi$_1^{35}$ mɔ$_3^{33}$ 我让给你(给你)//zia$_3^{33}$ niaŋ$_4^{21-24}$mɔ$_3^{33}$我让你(退让)//mɔ$_3^{33}$niaŋ$_4^{21}$tsʰit$_7^{55}$你让一点

nêảng són=nêảng da són bới, céder (chemin). 让路 niaŋ$_4^{21-24}$sɔn$_1^{35}$=让路去 niaŋ$_4^{21-24}$ʔda$_3^{33}$sɔn$_1^{35}$ʔbəi$_1^{35}$

<* *ñi̯âṅ*ʾ 讓

nêảng 娘 niaŋ$_2^{24}$

mểng nêảng, ver à soie. 蚕(螟娘) miŋ$_2^{24-21}$niaŋ$_2^{24}$

lêang 量 liaŋ$_4^{21}$　按：原文认为本字是"諒",误。

lêang k'oãt, généreux. 大量(量阔) liaŋ$_4^{21}$kʰuat$_7^{55}$//zɑŋ$_5^{55}$mən$_2^{24}$liaŋ$_4^{21}$没有气量(没有量)

<* *li̯âṅ*ʾ 諒

lêáng 亮 liaŋ$_5^{55}$

báng lêáng, brillant. 光亮 ʔbaŋ$_1^{35}$ liaŋ$_5^{55}$(不说)//ʔbaŋ$_1^{35}$ tɯʔ$_7^{55}$ 光闪(常

说)//tɯʔ$_7^{55-33}$ʔdian$_5^{55}$闪电//tɯʔ$_7^{55-33}$ʔbɛi$_2^{24}$火一闪一闪(闪火)

< * li̯âṅ˒ 亮

lêáng (num.) 辆(量词) liaŋ$_5^{55}$

p'ả lêáng aù, une herse. 一辆耙 p^{h}a$_2^{24}$ liaŋ$_5^{55}$ ɔu$_4^{21}$(机械耙)//p^{h}a$_2^{24}$ mai$_2^{24}$ ɔu$_4^{21}$(手耙)

< * li̯âṅ˒ 辆

lêàng 良 liaŋ$_2^{24}$

lêàng tóm, conscience. 良心 liaŋ$_2^{24-21}$tɔm$_1^{35}$(少说)//ʔbun$_3^{33}$tɔm$_1^{35}$本心(常说)//huk$_7^{55}$kua$_3^{33}$ʔbun$_3^{33}$tɔm$_1^{35}$按良心去做(做过本心)

ziàng-bỏn p'ài lêàng tóm, dépravé. 良心坏的人(人败良心) ziaŋ$_2^{24-21}$ ʔban$_2^{24-21}$ p^{h}ai$_4^{21-24}$ liaŋ$_2^{24-21}$ tɔm$_1^{35}$(少说)//ziaŋ$_2^{24-21}$ ʔban$_2^{24-21}$ p^{h}ai$_4^{21-24}$ ʔbun$_3^{33}$ tɔm$_1^{35}$(常说)

zóng mưởn lêàng tóm, de mauvaise foi. 没有良心 zaŋ$_5^{55}$mən$_2^{24-21}$liaŋ$_2^{24-21}$tɔm$_1^{35}$//zaŋ$_5^{55}$mən$_2^{24-21}$ʔbun$_3^{33}$tɔm$_1^{35}$没有二心

<H. lêang * li̯âṅ 良

lêáng 粮 liaŋ$_2^{24}$

ziàng-bỏn niệp lêáng, contribuable. 纳税人/纳粮人(人纳粮) ziaŋ$_2^{24-21}$ʔban$_2^{24-21}$nip$_8^{21}$liaŋ$_2^{24}$//nip$_8^{21}$liaŋ$_2^{24}$纳粮(长流口语)//nap$_8^{33}$liaŋ$_2^{24}$纳粮(读书音,海南话)

ngỏn lêáng, contribution, impôt. 捐税(银粮) ŋɔn$_2^{24}$liaŋ$_2^{24}$

<div align="right"><<i>li̯âṅ</i> 糧</div>

lêang (sucre) 糖 liaŋ$_1^{35}$

lêàng song, miel. 蜂蜜(糖蜂) liaŋ$_1^{35-21}$saŋ$_3^{33}$

lêàng p'êặk zồng, le sucre a fondu. 白糖溶 liaŋ$_1^{35-21}$p^{h}iak$_8^{21}$zoŋ$_2^{24}$

nòm lêáng, sirop. 糖水(水糖) nam$_4^{21-24}$liaŋ$_1^{35}$

moi lêáng, sucre de canne. 蔗糖 mai$_3^{33}$liaŋ$_1^{35}$//liaŋ$_1^{35-21}$mai$_3^{33}$

lêáng p'êạk, sucre blanc. 白糖(糖白) liaŋ$_1^{35-21}$p^{h}iak$_8^{21}$

tễk lêáng laù = âú lêáng laù, sucrer. 扔糖进 tek$_7^{55-33}$ liaŋ$_1^{35}$ lɔu$_4^{21}$ = 拿糖进 ou$_1^{35-21}$liaŋ$_1^{35}$lɔu$_4^{21}$去

zong lêáng = zỗk lảu lêáng, confire au sucre. 溶糖 zoŋ$_2^{24-21}$liaŋ$_1^{35}$ = 泡进糖(把东西泡进糖) zɔk$_7^{55}$ lɔu$_4^{21-24}$ liaŋ$_1^{35}$//≠ zɔk$_7^{55-33}$ liaŋ$_1^{35}$ lɔu$_4^{21}$ 泡糖进(把糖泡进去)

lêang (numer.) 辆(量词) liaŋ$_4^{21}$

sêá lêảng aù, un char. 一辆车(车辆一) sia$_1^{35}$liaŋ$_4^{21-24}$ɔu$_4^{21}$

<ˣ *li̯âṅʾ* 輛

kiáu lêảng aù, une paire de ciseau. 一辆剪刀(铰辆一) keu$_1^{35}$liaŋ$_4^{21-24}$ɔu$_4^{21}$(不说)//keu$_1^{35}$ʔbai$_5^{55}$ɔu$_4^{21}$(常说)

lêáng aù, une once. 一两(两一) liaŋ$_5^{55}$ɔu$_4^{21}$

ngỏn lêáng aù, un taël (une once d'argent). 一两银子(银两一) ŋɔn$_2^{24}$ liaŋ$_5^{55}$ɔu$_4^{21}$

kô lêảng aù, une scie. 一辆锯(锯辆一) ko$_3^{33}$liaŋ$_4^{21-24}$ɔu$_4^{21}$(不说)//ko$_3^{33}$ ʔbai$_5^{55}$ɔu$_4^{21}$(常说)

<ˣ *li̯âṅ* 兩

lêảng 梁 liaŋ$_2^{24}$

lêảng hẻo aù, une poutre. 一条梁(梁条一) liaŋ$_2^{24}$hɛu$_2^{24}$ɔu$_4^{21}$

<ˣ *li̯âṅ* 梁

lêảng frais, rafraîchissant 凉 liaŋ$_2^{24}$

sì lêảng, désolé. 凄凉 si^{33}liaŋ^{21}(不说)//nan$_2^{24-21}$ʔbɛi$_4^{21}$难味(常说)

bỏn lêảng, vent froid. 凉风(风凉) ʔban$_2^{24-21}$liaŋ$_2^{24}$

si lêảng, pitoyable. 凄凉 si^{33}liaŋ^{21}(不说)//nan$_2^{24-21}$ʔbɛi$_4^{21}$难味(常说)

tũk lêảng, se baigner. 冲凉(洗凉) tuk$_7^{55-33}$liaŋ$_2^{24}$

p'òi lêảng, éventer. 扇凉 p^{h}ɑi$_2^{24-21}$liaŋ$_2^{24}$

<ˣ *li̯âṅ* 涼

lêảng 量 liaŋ$_4^{21}$/liaŋ$_2^{24}$/liaŋ^{21}

kua lêảng, abusif. 过量 kua$_3^{33}$liaŋ$_4^{21}$

kón lêảng, approvisionnement. 口粮(吃粮) kɔn$_1^{35-21}$liaŋ$_2^{24}$

lêảng hềi =*lêảng mọt*, arpenter un terrain. 量地 liaŋ$_2^{24-21}$hɛi$_4^{21}$(不说)=量地 liaŋ$_2^{24-21}$mɑt$_8^{21}$(常说)//=sik$_8^{21}$mɑt$_8^{21}$尺地

sêảng lêảng, délibérer. 商量 siaŋ^{33}liaŋ^{21}//=ts^{h}ɑm$_1^{35-21}$tsiak$_7^{55}$商量(斟酌)

<ˣ *li̯âṅ* 量

tsiang 掌 ts^{h}iaŋ^{21}

kĩt ba tsiang, gifler, donner une claque. 打巴掌(击巴掌) kit$_7^{55-33}$ʔba^{33} ts^{h}iaŋ^{21}//tat$_8^{21}$me$_2^{24}$鼓掌//tat$_8^{21}$ʔdan$_3^{33}$me$_2^{24}$两人击掌//p^{h}ɑi$_4^{21}$p^{h}əi$_2^{24}$ɔu$_4^{21}$搧一巴掌

<ˣᶜ *či̯âṅ* 掌

tsiang 将 ts^{h}iaŋ^{33}

tsêang mềng, défier le danger. 拼命（将命） ts^{h}iaŋ^{33}miŋ$_{4}^{21}$

tsiang mèng, exposer sa vie. 豁出自己的命（将命） ts^{h}iaŋ^{33} miŋ$_{4}^{21}$// ts^{h}iaŋ^{33}sɛn$_{2}^{24}$ʔbɑʔ$_{8}^{21}$拿钱赌（将钱博）

tèng tsọt tsiang, avoir la gale. 生痤疮 teŋ$_{1}^{35-21}$ts^{h}ɔt$_{7}^{55-33}$ts^{h}iaŋ$_{3}^{33}$　按：都长在屁股上。

tisáng (num.) 张（量词） tsiaŋ$_{5}^{55}$

tàng tsiáng aù, lit. 一张桌（桌张一） taŋ$_{2}^{24}$tsiaŋ$_{5}^{55}$ɔu$_{4}^{21}$　按：法语解释是"一张床"，误。

bạk tsiáng aù, une couche, un lit de camp. 一张床（床张一） ʔbak$_{8}^{21}$ tsiaŋ$_{5}^{55}$ɔu$_{4}^{21}$一张床（有顶有围的旧式床）//lɛŋ$_{1}^{35}$tsiaŋ$_{5}^{55}$ɔu$_{4}^{21}$一张床（临时搭的床）

don tsiáng aù, un banc. 一张凳（凳张一） ʔdɔŋ$_{3}^{33}$tsiaŋ$_{5}^{55}$ɔu$_{4}^{21}$

liểm tsiáng aù, une faucille. 一张镰（镰张一） lim$_{2}^{24}$tsiaŋ$_{5}^{55}$ɔu$_{4}^{21}$

lẹk miệt tsiáng aù, un canif. 一张小刀（小刀张一） lɛk$_{8}^{21}$mit$_{8}^{21}$tsiaŋ$_{5}^{55}$ɔu$_{4}^{21}$

êi tsiáng aù, une chaise. 一张椅（椅张一） ei$_{3}^{33}$tsiaŋ$_{5}^{55}$ɔu$_{4}^{21}$

<*ṭi̯ân 張

tsiang 钟 tsiaŋ^{33}（海南话）

tì tiền tsiáng, pendule. 时辰钟 ti^{21}tien^{21}tsiaŋ^{33}

ti tiên tsiang, horloge. 时辰钟 ti^{21}tien^{21}tsiaŋ^{33}

<*tsi̯ân˒ 鐘

tsiáng sauce de soja. 酱 tsiaŋ$_{5}^{55}$

ʔbian$_{1}^{35-21}$tsiaŋ$_{5}^{55}$买酱油（买酱）//ʔbɛʔ$_{8}^{33}$tseu$_{5}^{55}$生抽（白酱，海南话）//ou^{33} tseu$_{5}^{55}$老抽（乌酱，海南话）

*tsi̯ân˒ 醬

tsiàng coller. 粘（浆） tsiaŋ$_{1}^{35}$

tsiàng k'ô zoa, amidonner les habits, empeser des effets. 给衣服上浆（浆裤衣） tsiaŋ$_{1}^{35-21}$k^{h}o$_{3}^{33}$zua$_{3}^{33}$

<*si̯ân 漿

sêang 相 tiaŋ^{33}

zóng sêang kon, sans conséquence, cela ne fait rien. 没关系（不相干） zɑŋ$_{5}^{55}$tiaŋ^{33}kɑn^{33}　按：套用海南话说法。

<*si̯ân˒ 相

sêang 商 siaŋ^{33}

sêáng lêáng, se comporter. 商量 siaŋ^{33}liaŋ^{21}//≠tiaŋ^{33}liaŋ$_{4}^{21}$双倍(双量)

sêảng lêảng, délibérer. 商量 siaŋ^{33}liaŋ^{21}

<H. *sêảng* **šịâṅ* 商

sêáng 枪 siaŋ$_{1}^{35}$ 按：原文认为本字是“松(鬆)”,误。

bỏn sêáng, poils hérissés. 毛发竖起(毛枪) ʔbɑn$_{2}^{24}$siaŋ$_{1}^{35}$ 按：指小孩调皮要挨打。//= nɑŋ$_{1}^{35}$ kɔm$_{2}^{24}$ 皮痒//ek$_{7}^{55-33}$ siaŋ$_{1}^{35}$ ek$_{7}^{55-33}$ mit$_{8}^{21}$ 拿枪拿刀//ʔdɑm$_{4}^{21-24}$siaŋ$_{1}^{35}$kit$_{7}^{55-33}$tuaŋ^{33}砍树打桩(砍枪打桩) 按：指渔民在水里打桩。//siaŋ$_{1}^{35}$标枪/投枪(枪)

<**sịuṅ* 鬆

sêàng, *siàng* 匠 siaŋ$_{4}^{21}$

mộk sêàng, charpentier, menuisier. 木匠 mɔk$_{8}^{21}$siaŋ$_{4}^{21}$木匠(墨匠)

tả bẹ tek siàng, maçon. 石匠师傅(师傅石匠) ta^{33}ʔbɛ^{33}tek$_{8}^{21}$siaŋ$_{4}^{21}$//ta^{33}ʔbɛ^{33}ts^{h}ok$_{7}^{55-33}$siaŋ$_{2}^{24}$泥瓦匠(师傅筑墙) 按：ta^{33}ʔbɛ^{33}是海南话。

tsỗk siàng, maçonner. 砌墙(筑墙) ts^{h}ok$_{7}^{55-33}$siaŋ$_{2}^{24}$筑墙//tek$_{8}^{21}$siaŋ$_{4}^{21}$石匠

=T. *ǰa:ṅ'* ช่าง(匠人) <**dzịâṅ*ˀ 匠

siàng 樯 siaŋ$_{2}^{24}$

siàng zỏa, mât de vaisseau. 船樯(樯船) siaŋ$_{2}^{24}$zua$_{2}^{24}$

<**dzịâṅ* 樯

siang 墙 siaŋ$_{2}^{24}$

siàng hiến aù, un mur. 一张墙(墙张一) siaŋ$_{2}^{24}$hien$_{2}^{24}$ɔu$_{4}^{21}$(不说)//siaŋ$_{2}^{24}$min$_{4}^{21-24}$ɔu$_{4}^{21}$一面墙(常说) 按：min$_{4}^{21}$面(脸面)≠men$_{4}^{21}$麵(吃的面)

mải siảng, mur en pisé. 土墙 mai$_{4}^{21-24}$siaŋ$_{2}^{24}$

<**dzịâṅ* 牆

sêàng 象 siaŋ$_{4}^{21}$

sêàng hảu aù, un éléphant. 一只象(象只一) siaŋ$_{4}^{21}$hɔu$_{2}^{24}$ɔu$_{4}^{21}$

=T.ᶜ*ǰa:ṅ* ช้าง(象/大象) <^{*c}*zịâṅ* 象

sêàng □siaŋ$_{4}^{21}$

sảu sêàng, brusquement, à l'improviste. 立刻/马上 sou$_{4}^{21-24}$siaŋ$_{4}^{21}$//siaŋ$_{4}^{21}$siaŋ$_{4}^{21}$慢慢//tiaŋ^{21}tiaŋ^{21}常常

sảu sêàng nêa, venir à l'improviste. 马上来 sou$_{4}^{21-24}$siaŋ$_{4}^{21}$nia$_{3}^{33}$

sêảng aire 场/墙 siaŋ$_{2}^{24}$

sêảng mọk, aire pour sécher le riz. 晒谷场(场谷) siaŋ$_{2}^{24-21}$mɔk$_{8}^{21}$谷场(场

谷)//siaŋ$_2^{24-21}$ ʔbɑʔ$_8^{21}$赌场(场博)//lɔu$_4^{21-24}$ siaŋ$_2^{24}$进赌场(入场)//lɛŋ$_1^{35-21}$ ʔdak$_7^{55}$ mɔk$_8^{21}$晒谷场

mô seảng, s'appuyer contre le mur. 扶墙 mo$_3^{33}$siaŋ$_2^{24}$　按:mo$_3^{33}$与"想"同音。

kẽk siảng, cloison. 隔墙 kek$_7^{55-33}$siaŋ$_2^{24}$　按:名词动词都可以。

<* *dzi̯âṅ*　牆

zêang 干 ziaŋ$_3^{33}$

sãt zêang bong = *tũk zêang bong*, nettoyer. 擦干净 sat$_7^{55}$ziaŋ$_3^{33}$ʔbɑŋ$_3^{33}$(少说)=洗干净 tuk$_7^{55}$ziaŋ$_3^{33}$ʔbɑŋ$_3^{33}$(少说)　按:这是生硬翻译。//sat$_7^{55}$ziaŋ$_3^{33}$擦干//sat$_7^{55}$ʔbɑŋ$_3^{33}$擦干净//tuk$_7^{55}$ʔbɑŋ$_3^{33}$洗干净

ziang 干(炀) ziaŋ$_3^{33}$　按:原文认为本字是"阳",误;应该是"炀"。《集韵》去声"漾"韵:"炀,弋亮切。《说文》:'燥也。'"

hêì ziang, terrain aride. 旱地/干地(地干) hɛi$_4^{21}$ ziaŋ$_3^{33}$(不说)//mɑt$_8^{21}$ ziaŋ$_3^{33}$(常说)

hũk zêang, dessécher, épuiser. 弄干(做干) huk$_7^{55}$ziaŋ$_3^{33}$

dẵk ziang, sécher au soleil. 晒干 ʔdak$_7^{55}$ziaŋ$_3^{33}$

hong ziang = *tsưng ziang*, sécher au feu. 煮干 hoŋ$_2^{24}$ziaŋ$_3^{33}$=蒸干 ts^{h}əŋ$_3^{33}$ ziaŋ$_3^{33}$　按:把衣服/纸等晒干或烤干。//≠ts^{h}əŋ$_1^{35}$ziaŋ$_3^{33}$蒸干　按:指水蒸干了。//ts^{h}əŋ$_1^{35-21}$ʔba$_1^{35}$蒸鱼

zóng zêang, puits tari. 枯井(井干) zɑŋ$_1^{35-21}$ziaŋ$_3^{33}$枯井//zɑŋ$_1^{35}$ziaŋ$_3^{33}$井枯

* *i̯aṅ*　陽

ziàng-bỏn (individu) 人 ziaŋ$_2^{24-21}$ʔbɑn$_2^{24}$

ziàng-bỏn p'ìng, un malade. 病人(人病) ziaŋ$_2^{24-21}$ʔbɑn$_2^{24}$p^{h}iŋ$_4^{21}$

ziàng-bỏn bưởn di, aborigène, autochtone. 本地人(人本地) ziaŋ$_2^{24-21}$ ʔbɑn$_2^{24}$ʔbən^{21}ʔdi$_5^{55}$

ziàng-bỏn tsồ, maître. 主人(人主) ziaŋ$_2^{24-21}$ʔbɑn$_2^{24}$ts^{h}o$_3^{33}$

ziàng-bỏn zóng tỗk tứ, illettré. 不识字的人(人不识书) ziaŋ$_2^{24-21}$ ʔbɑn$_2^{24}$ zɑŋ$_5^{55}$tɔk$_7^{55-33}$tɯ$_1^{35}$

mưởn ziàng-bỏn zau, habité. 有人住(有人在) mən$_2^{24-21}$ziaŋ$_2^{24-21}$ʔbɑn$_2^{24}$zou$_3^{33}$

ziàng 样 ziaŋ$_4^{21}$

kí zêàng = *lêào zêàng*, articles variés. 几样 ki$_5^{55}$ziaŋ$_4^{21}$ =多样 liau$_4^{21-24}$ziaŋ$_4^{21}$

nè zêàng, de cette sorte. 这样 nɛ$_1^{35-21}$ziaŋ$_4^{21}$//=nɛ$_1^{35-21}$eu^{33}(eu^{33}是海南话)

nè ziàng, ainsi, comme ceci. 这样 nɛ$_1^{35-21}$ziaŋ$_4^{21}$

ziàng aù lêào, autant. 一样多(样一多) ziaŋ$_4^{21}$ɔu$_4^{21}$liau$_4^{21}$(不说)//ziak$_8^{21}$eu^{33}liau$_4^{21}$(常说) 按：ziak$_8^{21}$eu^{33}“一样”是海南话。//sɛŋ$_4^{21-24}$kɔn$_2^{24}$一样(称相,常说) 按：sɛŋ$_4^{21}$≠tɛŋ$_4^{21}$剩。//zɑŋ$_5^{55}$sɛŋ$_4^{21}$不如(不称)

zóng hồng zêàng, différent. 不同样 zɑŋ$_5^{55}$hoŋ$_2^{24-21}$ziaŋ$_4^{21}$

hồng zêàng hũk, faire de la même manière. 同样做 hoŋ$_2^{24-21}$ziaŋ$_4^{21}$huk$_7^{55}$(不说)//hoŋ$_2^{24-21}$ziaŋ$_5^{55}$huk$_7^{55}$(常说)

hồng zêảng, égal, pareil. 同样 hoŋ$_2^{24-21}$ziaŋ$_5^{55}$

ziàng bỏn lêào, affluence. 多人(人多) ziaŋ$_2^{24-21}$ʔbɑn$_2^{24}$liau$_4^{21}$

bởi ziàng, comme cela. 那样 ʔbəi$_5^{55}$ziaŋ$_4^{21}$

ziàng aù, conforme. 一样(样一) ziaŋ$_4^{21}$ɔu$_4^{21}$(不说)//sɛŋ$_4^{21-24}$kɔn$_2^{24}$称相(常说)

zêàng aù, semblable, pareil. 一样(样一) ziaŋ$_4^{21}$ɔu$_4^{21}$(不说)//ziak$_8^{21}$eu^{33}(常说)

zóng hàu ziàng kơi hũk, être dérouté. 不知怎样做(不知样几做) zɑŋ$_5^{55}$hɔu$_4^{21}$ziaŋ$_4^{21-24}$kəi$_3^{33}$huk$_7^{55}$

zóng hồng zêàng=*kạk zêàng*, autrement. 不同样 zɑŋ$_5^{55}$hoŋ$_2^{24-21}$ziaŋ$_4^{21}$=别样 kak$_8^{21}$ziaŋ$_4^{21}$

ziảng hảu, prénom. 杨桃 按：法语解释是“名称”,不确。ziaŋ$_2^{24}$hau$_2^{24}$杨桃(汉字音)//mak$_8^{21}$ʔbiaŋ$_1^{35}$杨桃(口语音)//=mak$_8^{21}$ʔbiaŋ$_1^{35}$hua$_3^{33}$(果薄酸)

nói mo ziảng kơi bêâu, comment vous appelez-vous? 你叫什么名(名你样几叫) nɔi$_1^{35-21}$mɔ$_3^{33}$ziaŋ$_4^{21-24}$kəi$_3^{33}$ʔbeu$_1^{35}$

zêàng 样 ziaŋ$_4^{21}$

tsiáu zêàng hũk, faire d'après modèle. 照样做 tsʰiau$_5^{55}$ziaŋ$_4^{21}$huk$_7^{55}$

hũk p'ài lẹk zêàng, déformer. 做坏样子(做坏子样) huk$_7^{55-33}$pʰai$_4^{21-24}$lɛk$_8^{21}$ziaŋ$_4^{21}$(不说)//=huk$_7^{55-33}$pʰai$_4^{21-24}$ziaŋ$_4^{21}$毁形象(做坏样)//=huk$_7^{55-33}$pʰai$_4^{21-24}$hiŋ$_4^{21}$毁形象(做坏形)

lẹk zêàng, forme (figure). 样子(子样) lɛk$_8^{21}$ziaŋ$_4^{21}$(不说)//ziaŋ$_4^{21-24}$mɔʔ$_8^{21}$ziak$_8^{21}$eu^{33}样子一样(样个一样)//=ziaŋ$_4^{21-24}$mɔʔ$_8^{21}$ʔdei$_3^{33}$kɔn$_2^{24}$(样个抵相)

mo zêàng koi kang, que dites-vous? 你说什么(你怎么说) mɔ$_3^{33}$ziaŋ$_4^{21-24}$

kəi$_3^{33}$ kaŋ$_3^{33}$ 你怎么说//mɔ$_3^{33}$ kaŋ$_3^{33}$ ziaŋ$_4^{21-24}$ kəi$_3^{33}$ 你说怎样//mɔ$_3^{33}$ kaŋ$_3^{33}$ təŋ$_3^{33}$ kəi$_3^{33}$ 你说什么　按：*koi* 是 *kơi* 之误。

kàng lẹk ziàng zống, dépeindre les gens. 描绘别人(讲子样别人) kaŋ$_3^{33}$ lɛk$_8^{21}$ ziaŋ$_4^{21}$ zoŋ$_1^{35}$(不说)//kaŋ$_3^{33}$ hiŋ$_4^{21-24}$ zoŋ$_1^{35}$ 讲形别人(常说)

hải zêàng, forme de cordonnier. 鞋样 hai$_2^{24-21}$ ziaŋ$_4^{21}$(不说)//eu$_3^{33}$ hai$_2^{24}$(常说)　按：这是海南话。

zêàng zêàng zu kón, omnivore. 样样都吃 ziaŋ$_5^{55}$ ziaŋ$_4^{21}$ zu$_5^{55}$ kɔn$_1^{35}$

zêàng sù, uniforme. 一样的(样似) ziaŋ$_4^{21}$ su$_4^{21}$(不说)//ziak$_8^{33}$ eu^{33} 一样(海南话)//sɛŋ$_4^{21-24}$ kɔn$_2^{24}$ 一样(称相,常说)//huk$_7^{55}$ sɛŋ$_4^{21-24}$ zoŋ$_1^{35}$ 做得跟别人一样(做称别人)

= T. *ʔya: ṅ*ʾ อย่าง(样式) <* *i̯âṅ*ʾ 樣

zêảng 养 ziaŋ$_2^{24}$

zoăn ziảng p'ìng, sanatorium. 养病院(院养病) zuan$_3^{33}$ ziaŋ$_2^{24}$ p^{h}iŋ$_4^{21}$(不说)//ziaŋ$_2^{24}$ p^{h}iŋ$_4^{21}$ zuan$_3^{33}$(常说)

ziảng hảu, soigner sa santé. 养好 ziaŋ$_2^{24}$ hɑu$_3^{33}$(不说)//ziaŋ$_2^{24}$ mɛŋ$_3^{33}$(常说)//tiaŋ$_4^{21-24}$ mou$_1^{35}$ 养猪//tiaŋ$_4^{21-24}$ lɛk$_8^{21}$ 养孩子

<

kiáng gingembre. 姜/生姜 kiaŋ$_1^{35}$

kiàng láng, curcuma. 黄姜(姜黄) kiaŋ$_1^{35-21}$ laŋ$_1^{35}$ 姜黄//≠kiaŋ$_1^{35-21}$ ziŋ$_1^{35}$ 吝啬(姜红)

biển kiáng láng, poudre de safran. 黄姜粉(粉姜黄) ʔbien$_4^{21-24}$ kiaŋ$_1^{35-21}$ laŋ$_1^{35}$

<* *ki̯ân* 薑

k'iàng □k^{h}iaŋ$_4^{21}$

lẹk k'iàng, garçon, fils. 男孩子、儿子 lɛk$_8^{21}$ k^{h}iaŋ$_4^{21}$

làn lẹk k'iàng, petit-fils. 孙子 lan$_1^{35-21}$ lɛk$_8^{21}$ k^{h}iaŋ$_4^{21}$//lan$_1^{35-21}$ lɛ$_4^{21-24}$ lɛk$_8^{21}$

dong lẹk k'iàng, marier un garçon. 嫁给男孩子(等男孩) ʔdɔŋ$_3^{33}$ lɛk$_8^{21}$ k^{h}iaŋ$_4^{21}$(有人说对,有人说不对)//ʔdɔŋ$_3^{33}$ suan$_1^{35-21}$ p^{h}oʔ$_8^{21}$ 娶老婆(等新妇)//=ʔdei$_1^{35-21}$ suan$_1^{35-21}$ p^{h}oʔ$_8^{21}$ 娶老婆(找新妇)

hêang 乡 hiaŋ^{33}/hiaŋ$_1^{35}$　按：原文认为本字是"行",误。

hồng hêang, compagnon d'études. 同乡　按：法语解释是"同学/学伴",误。hoŋ$_2^{24-21}$ hiaŋ^{33}//hiaŋ^{33} ts^{h}iaŋ^{21} 乡长//ləŋ$_1^{35-21}$ hiaŋ$_1^{35}$ 回乡//luk$_8^{21}$ hiaŋ$_1^{35}$

nia$_3^{33}$从乡下来(从乡来)

< **ɣâṅ* 行

hêáng parfum, bonne odeur, sentir bon. 香 hiaŋ$_1^{35}$

zaù hêáng, huile aromatique. 香油(油香) zɔu$_2^{24-21}$hiaŋ$_1^{35}$

bềi hêáng, arôme. 香味(味香) ʔbɛi$_4^{21-24}$hiaŋ$_1^{35}$

sòm hêáng, clou de girofle. 沉香 som$_2^{24-21}$hiaŋ$_1^{35}$ 按:法语意思是“丁香”,误。

hêáng mới aù, un bâtonnet d'encens. 一枚香(香枚一) hiaŋ$_1^{35}$mɔi$_2^{24}$ɔu$_4^{21}$

kuà hêáng, melon. 香瓜(瓜香) kua$_1^{35-21}$ hiaŋ$_1^{35}$(不说)//mɑk$_8^{21}$ kua$_1^{35-21}$ hiaŋ$_1^{35}$(常说)

hêáng ũk, parfumer. 散发香味(香出) hiaŋ$_1^{35}$uk$_7^{55}$

tsoàng hêáng, brûler de l'encens. 烧香/上香(装香) ts^{h}uaŋ$_1^{35-21}$hiaŋ$_1^{35}$

< **χi̯âṅ* 香

hêáng 向 hiaŋ$_5^{55}$/hiaŋ$_3^{33}$

tóm hêáng, tendance. 心向 tɔm$_1^{35}$hiaŋ$_5^{55}$

< **χi̯âṅ*ˀ 向

hêảng 享 hiaŋ$_4^{21}$ 按:原文本字误作“亨”。

hêảng p'ũk, jouir du bonheur. 享福 hiaŋ$_4^{21-24}$p^{h}ok$_7^{55}$//hiaŋ$_4^{21-24}$tiu$_3^{33}$享受 按:tiu$_3^{33}$与“少”同音。

<H. *hêãng* ^{*c}*χi̯âṅ* 亨

以下关系词中,只有第一个不是汉语借词:

	临高	台语	壮语	石家	莫语	水语	侗语	黎萨	黎王
mince 薄	*bêang*	*ʔba:ṅ*	*ʔba:ṅ*	*va:ṅ*	*ʔba:ṅ*	*ʔba:ṅ*	*ʔma:ṅ*	(*dəɯ*	*ʔəɯ həɯ*)
ouvrier 匠	*sêang*	*ǰa:ṅ'*	*ǰa:ṅ'*	*sa:ṅ*	*hra:ṅ'*	*ha:ṅ'*	*sa:ṅ*	/	/
éléphan 象	*sêang*	*'ǰa:ṅ*	*'ǰa:ṅ*	*sa:ṅ*	/	/	/	/	/
Espèce 样	*ziang*	*ʔya:ṅ'*	*ʔya:ṅ*	/	/	/	/	/	/
carambole 杨桃	*bêang*	*vɯə:ṅ*	/	/	/	/	/	/	/

ƯNG-ƯƠNG

bưng glace. 冰 ʔbəŋ^{33}//kiat$_7^{55-33}$ʔbəŋ^{33}结冰

< **pi̯əṅ* 冰

bưng 柄 ʔbəŋ$_3^{33}$

bưng sêá, brancard de voiture. 车把(柄车) ʔbəŋ$_3^{33}$sia$_1^{35}$ 按:指手推车

的车把。//ʔbɑu$_2^{24-21}$ sia$_1^{35}$车把(角车)　按：指自行车把，似牛角，故称。

bưng miệt, manche de couteau. 刀把(柄刀) ʔbəŋ$_3^{33}$ mit$_8^{21}$

bưng koãk, emmancher. 锄把(柄镬) ʔbəŋ$_3^{33}$ kuak$_7^{55}$　按：法语解释是"装柄"。

bưng mể, poignet. 手柄(柄手) ʔbəŋ$_3^{33}$ me$_2^{24}$

< * *pi̯aṅ˒* 柄

p'ương raccommoder. 补/缝(缝) p^{h}əŋ$_2^{24}$//p^{h}əŋ$_2^{24-21}$ k^{h}o$_3^{33}$ zua$_3^{33}$补衣服(缝裤衣)//ʔdɑʔ$_7^{55-33}$k^{h}o$_3^{33}$zua$_3^{33}$缝新衣/裁新衣//ʔdɑʔ$_7^{55-33}$nɔi$_1^{35}$签名(如婚宴上送礼的客人签名)

p'ửng 补(缝) p^{h}əŋ$_2^{24}$

p'ửng zoa kãt, rapiécer des habits. 补破衣(缝衣破) p^{h}əŋ$_2^{24-21}$zua$_3^{33}$kat$_7^{55}$

p'ường tón p'ó aù, un dentier. 补一副牙(缝牙副一) p^{h}əŋ$_2^{24-21}$ tɔn$_1^{35}$ p^{h}o$_5^{55}$ɔu$_4^{21}$

p'ương zẻng, fortifier (le tempérament). 补力(缝力) p^{h}əŋ$_2^{24-21}$zeŋ$_2^{24}$缝力(不说)//ʔbo$_3^{33}$zeŋ$_2^{24}$补力(常说)

p'ương k'ô zoa, raccommoder des habits. 补衣服(缝裤衣) p^{h}əŋ$_2^{24-21}$ k^{h}o$_3^{33}$zua$_3^{33}$

p'ường hải, ressemeler. 补鞋(缝鞋) p^{h}əŋ$_2^{24-21}$hai$_2^{24}$//p^{h}əŋ$_2^{24-21}$sia$_1^{35}$补车胎(缝车)　按：法语解释是"换鞋底"，不确。

< * *bi̯oṅ˒* 縫

tưng (grade) 升 təŋ^{33}/teŋ^{33}　按：原文认为本字是"登"，误。

kao tưng, avancement (voir têng). 高升(参看 *têng*)kɑu^{33}təŋ^{33}(不说)//kɑu^{33}teŋ^{33}(常说)

< * *təṅ* 登

tưng 什么 təŋ$_3^{33}$　按：单个意思不明。

tưng kơi, quoi? 什么 təŋ$_3^{33}$kəi$_3^{33}$　按：连读听起来是[təŋ$_3^{33}$ŋəi$_3^{33}$]。

tương 什么 təŋ$_3^{33}$

mưởn tiển bườn tương kơi, quelle nouvelle y a-t-il? 有什么新闻(有新闻什么) mən$_2^{24}$tien^{33}ʔbun^{21}təŋ$_3^{33}$kəi$_3^{33}$

mo dêí tương kơi, que cherchez-vous? 你找什么 mɔ$_3^{33}$ʔdei$_1^{35-21}$təŋ$_3^{33}$kəi$_3^{33}$

zóng mảng tương kơi, ne rien craindre. 不怕什么（不怆什么） zaŋ$_5^{55}$ maŋ$_2^{24-21}$təŋ$_3^{33}$kəi$_3^{33}$

bêẳn tương kơi, faire des emplettes. 买什么 ʔbian$_1^{35}$təŋ$_3^{33}$kəi$_3^{33}$

mo hũk tương kơi, que faites-vous? 你做什么 mɔ$_3^{33}$huk$_7^{55-33}$təŋ$_3^{33}$kəi$_3^{33}$

tương 什么 təŋ$_3^{33}$

zóng mưởn tưởn kơi kón, il n'y a rien à manger. 没有吃的（没有什么吃） zaŋ$_5^{55}$mən$_2^{24}$təŋ$_3^{33}$kəi$_3^{33}$kɔn$_1^{35}$

kón tương kởi zóng mưởn bềi, dégoûté de la nourriture. 没胃口（吃什么没有味） kɔn$_1^{35-21}$təŋ$_3^{33}$kəi$_3^{33}$zaŋ$_5^{55}$mən$_2^{24-21}$ʔbɛi$_4^{21}$

ziáng mưởn tương kơi, rien. 没有什么 zaŋ$_5^{55}$ mən$_2^{24-21}$ təŋ$_3^{33}$ kəi$_3^{33}$ 按：*ziáng* 是 *zóng* 之误。

nưng 宁 nəŋ$_3^{33}$

nưng ói, préférer. 宁可（宁爱） nəŋ$_3^{33}$ai$_5^{55}$

< * *neṅ* 寧

nừng puissance. 能 nəŋ$_2^{24}$

hau hế zóng nừng p'êà laủ, alité. 卧病（身体不能起来） hɔu$_2^{24-21}$ he$_2^{24}$ zaŋ$_5^{55}$nəŋ$_2^{24-21}$pʰia$_4^{21}$lɔu$_2^{24}$

sòi nừng, aptitude. 才能 sai$_2^{24-21}$nəŋ$_2^{24}$

soẳn nừng, omnipotence. 全能 suan^{21}nəŋ^{21}

nừng kón, savoir faire. 能干 nəŋ$_2^{24-21}$kan$_5^{55}$ 按：对"这事情能不能干"的回答。// = nəŋ$_2^{24-21}$ huk$_7^{55}$//nəŋ$_2^{24}$ kan$_5^{55}$ 按："这人很能干"。// = nəŋ$_2^{24}$ huk$_7^{55}$ 能做

mưởn nừng kỏn, habile. 能干（有能干） mən$_2^{24-21}$nəŋ$_2^{24}$kan$_5^{55}$

< * *nəṅ* 能

lứng (retour) 回/住 ləŋ$_1^{35}$ 按："回"与做补语的"住"同音。

bêáu ziàng-bỏn lứng, rappeler quelqu'un. 叫人回 ʔbeu$_1^{35-21}$ziaŋ$_2^{24-21}$ʔban$_2^{24}$ ləŋ$_1^{35}$

zoi lứng, récupérer. 应该回（得回） zai$_3^{33}$ləŋ$_1^{35}$

ding lứng = *dụ lứng*, étayer. 撑住（顶住 ʔdiŋ$_3^{33}$ləŋ$_1^{35}$ = 拄住 ʔduʔ$_7^{55}$ləŋ$_1^{35}$） 按：ʔduʔ$_7^{55}$是拄拐杖的拄。

tì têằng bới lứng, fréquenter. 时常来往(时常去回) ti^{21} tiaŋ^{21} ʔbəi$_1^{35-21}$ ləŋ$_1^{35}$

tsếa lứng, offusquer la vue. 遮住/盖住 ts^{h}ia$_1^{35}$ləŋ$_1^{35}$遮住//ts^{h}ia$_1^{35-21}$ləŋ$_1^{35}$被遮住/被挡住

p'êàu lứng, préserver. 保住(守住) p^{h}eu$_3^{33}$ləŋ$_1^{35}$

lướng 回/住 ləŋ$_1^{35}$

bới lướng, aller et venir. 来去(去回) ʔbəi$_1^{35}$ləŋ$_1^{35}$去回//≠ʔbəi$_1^{35-21}$ləŋ$_1^{35}$来往/往来

bểi lướng, faire le blocus, assiéger. 围住(围回) ʔbɛi$_2^{24}$ləŋ$_1^{35}$

lứng bê, retourner au village. 回村 ləŋ$_1^{35-21}$ʔbe$_3^{33}$

mô lứng, s'adosser à. 扶住 mo$_3^{33}$ləŋ$_1^{35}$扶住//p^{h}ɔu$_2^{24}$ləŋ$_1^{35}$扶起来

dũ lô lứng, poing sur la hanche. 以手拄腰(拄腰住) ʔduʔ$_7^{55-33}$lo$_3^{33}$ləŋ$_1^{35}$拄腰住//ts^{h}uʔ$_7^{55-33}$hɛŋ$_4^{21-24}$ts^{h}o$_3^{33}$拄拐杖(拄梃祖)//≠ts^{h}am$_1^{35-21}$lo$_3^{33}$叉腰

bểi lứng, cerner, enclaver. 围住 ʔbɛi$_2^{24}$ləŋ$_1^{35}$

sím lứng, cheviller. 楔住(签住) sim$_1^{35}$ləŋ$_1^{35}$

lứng zản, retourner chez soi. 回家 ləŋ$_1^{35-21}$zan$_2^{24}$

k'iềm lứng, comprimer. 按住(揿住) k^{h}im$_4^{21}$ləŋ$_1^{35}$

hỗk lứng, mettre de côté. 放回 hok$_7^{55}$ləŋ$_1^{35}$ 按:hok$_7^{55}$放≠huk$_7^{55}$做。

p'ưởi lứng, dédommager. 赔回 p^{h}əi$_2^{24}$ləŋ$_1^{35}$

lản lứng, empêcher. 拦住 lan$_2^{24}$ləŋ$_1^{35}$

kọt lứng, enlacer. 扎住 kɑt$_8^{21}$ləŋ$_1^{35}$

k'iệp lứng, en embuscade. 劫住 k^{h}ip$_7^{55-33}$ləŋ$_1^{35}$

dụp lẹk lõk lứng, emmailloter un enfant. 把小孩包住(包小孩住) ʔdup$_7^{55-33}$lɛk$_8^{21}$lɑk$_7^{55}$ləŋ$_1^{35}$ 按:ʔdup$_7^{55}$包/ʔduk$_7^{55}$包。

hiển lứng, enrouler. 缠住 hien$_2^{24}$ləŋ$_1^{35}$

liên lứng, unir d'amitié. 交朋友(链住) lien$_3^{33}$ləŋ$_1^{35}$(不说)//lien$_2^{24}$ləŋ$_1^{35}$(联住/连住,常说)

= Li *lɯən̉*

tsưng 蒸 ts^{h}əŋ$_1^{35}$/ts^{h}əŋ^{33}

tsưng ziang, sécher au feu. 蒸干 ts^{h}əŋ^{33}ziaŋ$_3^{33}$//=ts^{h}əŋ$_1^{35}$ziaŋ$_3^{33}$//nan$_4^{21-24}$mou$_1^{35-21}$ts^{h}əŋ$_1^{35}$蒸猪肉(肉猪蒸)//nan$_4^{21-24}$mou$_1^{35-21}$ts^{h}ik$_7^{55}$烤猪肉(肉猪炙)

tsưng 证 $ts^hə ŋ_3^{33}$

hũk tsưng, certifier, témoigner. 作证（做证） $huk_7^{55-33}ts^hə ŋ_3^{33}$ // = huk_7^{55-33} $kuan_1^{35-21}p^ho_3^{33}$（做官府）

tsêi p'ềng tsưng, certificat. 凭证纸（纸凭证） $ts^hei_3^{33}$ $p^heŋ_2^{24-21}$ $ts^hə ŋ_3^{33}$// $p^heŋ_2^{24-21}ts^hə ŋ_3^{33}tu^{33}$证书（凭证书）

lọp pềng tsưng, prouver. 立凭证 $lɔp_8^{21}p^heŋ_2^{24-21}ts^hə ŋ_3^{33}$

< *čịəṅ˒ 證

ũk tsứng, primer. 出众 $uk_7^{55-33}ts^huŋ_5^{55}$// = $uk_7^{55-33}k^hon_2^{24}$出群 按：*tsứng* 应该是 *tsúng* 之误。

< * čịuṅ˒ 眾

sưng (voir *sâng sương*) 秤 $sə ŋ_3^{33}$

sưng p'ểng, balance à deux plateaux. 天平称（秤平） $sə ŋ_3^{33}p^heŋ_2^{24}$

sưng kẻ, faux poids. 假秤（秤假） $sə ŋ_3^{33}kε_2^{24}$

hòa sưng, poids de balance romaine. 秤砣（砣秤） $hua_4^{21}sə ŋ_3^{33}$// = ham_1^{35-21} $sə ŋ_3^{33}$（睾丸秤）

sưng bái aù, une balance romaine. 一把秤 $sə ŋ_3^{33}ʔbai_5^{55}ɔu_4^{21}$

hẻng sương, fléau de balance romaine. 秤杆 $hεŋ_4^{21-24}sə ŋ_3^{33}$

*˓ čịəṅ˒ 秤

sưng 生 $sə ŋ^{33}$

hũk sưng í, trafiquer. 做生意 $huk_7^{55-33}sə ŋ^{33}i_5^{55}$

sưng í, négoce. 生意 $sə ŋ^{33}i_5^{55}$

< * *saṅ* 生

ứng $ə ŋ_5^{55}$

ứng kơi hũk, faire de cette manière. 这样做 $ə ŋ_5^{55}kəi_3^{33}huk_7^{55}$//$tə_4^{21}ə ŋ_5^{55}kəi_3^{33}$是这样的

ưng agréer. 答应/同意（肯） $hə ŋ_3^{33}$//$mɔ_3^{33}hə ŋ_3^{33}zaŋ_5^{55}hə ŋ_3^{33}$你肯不肯

ứng plaisir, délectation, allégresse. 高兴 $ə ŋ_1^{35}$// = $hau_3^{33}lak_8^{21}$好乐

tóm ứng, content. 心里高兴 $tɔm_1^{35}ə ŋ_1^{35}$// = $tɔm_1^{35}hau_3^{33}lak_8^{21}$心好乐

hau ứng, enchanté. 好高兴 $hau_3^{33}ə ŋ_1^{35}$// = $hau_3^{33}lak_8^{21}$好乐

ứng nêa hàu mo, vous êtes le bienvenu. 欢迎你/（高兴来见你）$ə ŋ_1^{35}nia_3^{33}$

hɔu$_{4}^{21-24}$mɔ$_{3}^{33}$//əŋ$_{1}^{35}$hɔu$_{4}^{21-24}$mɔ$_{3}^{33}$nia$_{3}^{33}$(更地道)

ứng dóng tõ, exulter. 大喜/狂喜(高兴到跳)əŋ$_{1}^{35}$ʔdɔŋ$_{1}^{35}$tɑʔ$_{7}^{55}$

na ứng, visage épanoui, réjoui. 脸上高兴 na$_{3}^{33}$əŋ$_{1}^{35}$//tɔm$_{1}^{35-21}$əŋ$_{1}^{35}$心乐

zễk tóm ứng, ravi (de joie). 狂喜/高兴(满心高兴) ʔdik$_{7}^{55-33}$tɔm$_{1}^{35}$əŋ$_{1}^{35}$

按: *zễk* 是 *dễk* 之误。

zóng ứng, rhume de cerveau (pas content). 不高兴 zɑŋ$_{5}^{55}$əŋ$_{1}^{35}$

<*xi̯əṅ˒　興

hưng consentir, approuver, autoriser, gréer. 答应/同意(肯) həŋ$_{3}^{33}$

zóng hưng, ne pas admettre, refuser, veto. 不肯 zɑŋ$_{5}^{55}$həŋ$_{3}^{33}$

zọa zóng hưng hỏa, irréconciliable. 硬不肯(硬不肯和) zuaʔ$_{7}^{55-33}$zɑŋ$_{5}^{55}$həŋ$_{3}^{33}$hua$_{2}^{24}$

zêa lêáo kờ zóng hưng, je suppose qu'il ne voudra pas. 我料他不肯 zia$_{3}^{33}$liau$_{5}^{55}$kə$_{4}^{21}$zɑŋ$_{5}^{55}$həŋ$_{3}^{33}$

zóng hường kẽ kua, incorrigible. 不肯改过(不肯解过) zɑŋ$_{5}^{55}$həŋ$_{3}^{33}$keʔ$_{7}^{55}$kua$_{3}^{33}$

<*ᶜk‘əṅ　肯

没有对应词。

ANG

dâng (classe, rang). 等 ʔdəŋ^{21}

ziàng-bỏn hêá-dâng, les basses, classes. 下等人(人下等) ziaŋ$_{2}^{24-21}$ʔbɑn$_{2}^{24-21}$hia$_{5}^{55}$ʔdəŋ^{21}

sêáng dâng, de première qualité. 上等 siaŋ$_{5}^{55}$ʔdəŋ^{21}

tsung dâng, qualité moyenne. 中等 ts^{h}uŋ^{33}ʔdəŋ^{21}

hêá dâng, qualité inférieure. 下等 hia$_{5}^{55}$ʔdəŋ^{21}

<*ᶜtəṅ　等

tsâng (se chauffer au feu). 烤 ts^{h}əŋ$_{3}^{33}$;精 ts^{h}eŋ$_{1}^{35}$

tsâng mể, se chauffer les mains au feu. 烤手 ts^{h}əŋ$_{3}^{33}$me$_{2}^{24}$

ziàng-bỏn tsâng mếng, érudit. 精明的人(人精明) ziaŋ$_{2}^{24-21}$ʔbɑn$_{2}^{24-21}$ts^{h}eŋ$_{1}^{35-21}$meŋ$_{2}^{24}$　按:法语解释是"博学"。

sâng peser. 秤 səŋ$_{3}^{33}$

<*č‘i̯əṅ　秤

sâng 生 $sə\eta^{33}$

ziàng-bỏn hũk sấng-í, marchand. 做生意的人（人做生意） $zia\eta_2^{24-21}$ $ʔban_2^{24-21}huk_7^{55-33}sə\eta^{33}i_5^{55}$

ziàng-bỏn sâng-í, commerçant. 生意人（人生意） $zia\eta_2^{24-21}$ $ʔban_2^{24-21}$ $sə\eta^{33}i_5^{55}$

<* *saṅ* 生

kâng 羹 $kə\eta^{33}$

hêàu kâng mọ aù, une cuiller. 一个调羹（调羹个一） $hiau^{21}kə\eta^{33}mɔʔ_8^{21}$ $ɔu_4^{21}$ 按：实际读为 $mɔ_4^{21-24}ɔu_4^{21}$。

<** *kaṅ* 羹

没有对应词。

ANG

bang 方 $ʔba\eta^{33}$

daù bang, aire, cour. 院子/空地（下方） $ʔdau_2^{24-21}ʔba\eta^{33}$ 前院（下方） 按：$ʔba\eta^{33}$ 方 ≠ $ʔba\eta_3^{33}$ 干净。// $ʔdau_2^{24-21}lei_2^{24}$ 后院（下后） 按：法语解释是“空地、庭院”。

<* *pi̯âṅ* 方

báng clair, lumineux. 亮 $ʔba\eta_1^{35}$

hiến báng, aube. 天亮 $hien_1^{35}ʔba\eta_1^{35}$

tsiu báng, illuminer, éclairer. 照亮 $ts^hiu_3^{33}ʔba\eta_1^{35}$

báng lêáng, brillant. 光亮 $ʔba\eta_1^{35}lia\eta_5^{55}$

p'ãt báng, briller, étinceler, rayonner. 发亮 $p^hat_7^{55-33}ʔba\eta_1^{35}$

dà bỏn báng, lumière du soleil. 太阳光（太阳亮） $ʔda_1^{35-21}ʔban_2^{24}ʔba\eta_1^{35}$

sói báng, clair de lune. 月亮亮 $sai_1^{35}ʔba\eta_1^{35}$

lảu báng, se lever tard. 起得晚/天亮才起（起亮） $lɔu_2^{24}ʔba\eta_1^{35}$//$lɔu_2^{24}$ $ts^hau_3^{33}$起得早（起早）

báng kua, transparent. 亮过 $ʔba\eta_1^{35}kua_3^{33}$

báng □$ʔba\eta_4^{21}$

báng láng, millet. 小米（黄米） $ʔba\eta_4^{21-24}la\eta_1^{35}$ 小米（狗尾黍）// $ʔbəi_1^{35-21}$ $mut_7^{55-33}ʔba\eta_4^{21}$ 去掐小米穗// $kɔn_1^{35-21}tia_4^{21-24}ʔba\eta_4^{21}$ 吃小米粥// $mɔʔ_8^{21}tei_3^{33}$ 黄米 按：$mɔʔ_8^{21}$ 应该是 $mɔk_8^{21}$ 的音变。

=T. ʿ*va:ṅ* ฟ่าง

bảng 绑 ʔbaŋ$_2^{24}$ 按:原文认为本字是“纺”,误。

bảng kổn, entortillé. 绑在一起(绑互相) ʔbaŋ$_2^{24}$kɔn$_2^{24}$//=kɑt$_8^{21}$kɔn$_2^{24}$捆扎在一起(扎互相)//p^{h}ɑŋ^{21}ts^{h}ik$_7^{55}$纺织

<*ᶜ *p‘iâṅ* 紡

p’ang 芳/方 p^{h}aŋ^{33}

p’ang-lêao, aromate, condiment, épice. 香料(芳料) p^{h}aŋ^{33}liau^{33}(芳料,海南话) 按:p^{h}aŋ^{33}是海南话训读字“芳”。//=hiaŋ^{33}liau^{33}香料

âú p’ang-lêao laù, aromatiser. 加香料(拿芳料进) ou$_1^{35-21}$ p^{h}aŋ^{33} liau^{33} lɔu$_4^{21}$

<* *p‘iâṅ* 芳

p’ang mể, commode. 顺手(方手) p^{h}aŋ^{33}me$_2^{24}$(不说)p^{h}ien$_4^{21-24}$me$_2^{24}$顺手(便手,常说)//p^{h}ien$_5^{55}$p^{h}ien$_4^{21}$顺便(便便) 按:法语解释是“方便、容易”。

zóng p’ang biên, gênant. 不方便 zɑŋ$_5^{55}$p^{h}aŋ^{33}ʔbien$_3^{33}$

di p’ang, contrée, lieu. 地方 ʔdi^{33}p^{h}aŋ^{33}

di p’ang zé hé, en tout lieu. 哪里 zɛ$_5^{55}$ hɛ$_1^{35}$ 按:法语解释是“任何地方”。

zản tị p’ang, autour de la maison. 房子四周(屋四方) zan$_2^{24-21}$ti$_5^{55}$p^{h}aŋ^{33}(不说)//zan$_2^{24-21}$ti$_5^{55}$ʔbɑŋ^{33}(常说,海南话)

<* *pi̯âṅ* 方

p’àng (précaution) 防 p^{h}ɑŋ$_2^{24}$

p’àng bi, s’observer. 防备 p^{h}ɑŋ$_2^{24-21}$ʔbi$_3^{33}$

p’àng bi sọk, prècautionner contre les voleurs. 防备贼 p^{h}ɑŋ$_2^{24-21}$ ʔbi$_3^{33}$ sɔk$_8^{21}$//zɔk$_8^{21}$偷//ɑŋ^{33}sɔk$_8^{21}$大贼(翁贼)//lɛk$_8^{21}$sɔk$_8^{21}$小偷(小贼)

* *bi̯âṅ* 防

màng 蠓 maŋ^{21}(海南话)

mìng màng, mouche. 苍蝇(螟蠓) miŋ$_2^{24-21}$maŋ^{21}

mảng redouter, avoir peur, craindre 惊/怕(恾) maŋ$_2^{24}$

loàn mảng, s’alarmer. 惊慌(乱恾) luan$_4^{21}$maŋ$_2^{24}$

zóng mảng, imperturbable, braver. 不惊/不怕(不恾) zɑŋ$_5^{55}$maŋ$_2^{24}$

biển mảng, cauchemar. 噩梦(梦恾) ʔbien$_2^{24-21}$maŋ$_2^{24}$

hau mảng, effrayant. 好怕(好恾) hɑu$_3^{33}$maŋ$_2^{24}$

zóng mảng tương kơi, ne rien à craindre. 不怕什么(不恾什么) zɑŋ$_5^{55}$

maŋ$_2^{24-21}$təŋ$_3^{33}$kəi$_3^{33}$

mảng nĩt, frileux. 怕冷(怔冷) maŋ$_2^{24-21}$nit$_7^{55}$冷

mảng sun, rougir. 怕羞(怔蠢) maŋ$_2^{24-21}$sun$_3^{33}$

dàng 旱 ʔdaŋ$_4^{21}$

hiến dàng, temps sec. 天旱 hien$_1^{35}$ʔdaŋ$_4^{21}$

táng sable. 沙子 taŋ$_1^{35}$

mọt táng, terrain, sablonneux. 沙土(土沙) mɑt$_8^{21}$ taŋ$_1^{35}$//mɑt$_8^{21}$ ziaŋ$_3^{33}$ 干土//mɑt$_8^{21}$lɛŋ$_1^{35}$地皮

tàng 桌 taŋ$_2^{24}$ 按:原文认为本字是"橙",误。

tàng têa tứ, bureau pour écrire. 写字桌(桌写书) taŋ$_2^{24}$tia$_3^{33}$tɯ$_1^{35}$

tàng tsiáng aù, lit. 一张桌(桌张一) taŋ$_2^{24}$tsiaŋ$_5^{55}$ɔu$_4^{21}$//ʔbak$_8^{21}$tsiaŋ$_5^{55}$ɔu$_4^{21}$ 一张床(有顶有围的旧式床)//lɛŋ$_1^{35}$tsiaŋ$_5^{55}$ɔu$_4^{21}$一张床(临时搭的床) 按:法语解释是"一张床",误。

kẩn tàng, se mettre au lit. 上桌 kun$_3^{33}$taŋ$_2^{24}$ 按:法语解释是"上床",应该是被发音人误导。海南话桌床不分,长流话桌床不混。kun$_3^{33}$taŋ$_2^{24}$上桌//≠kun$_3^{33}$lɛŋ$_1^{35}$上床。

< * *daṅ* 橙

tảng 桌 taŋ$_2^{24}$ 按:原文认为本字是"凳",误。

tảng tsiáng aù, une table. 一张桌(桌张一) taŋ$_2^{24}$ts^{h}iaŋ$_5^{55}$ɔu$_4^{21}$

ngảo tảng, agiter la table. 摇桌子 ŋau$_2^{24-21}$taŋ$_2^{24}$

tĩp kỗk tảng, caler les pieds de la table. 垫桌脚(垫脚桌) tip$_7^{55-33}$ kok$_7^{55-33}$taŋ$_2^{24}$

p'ài táng, mettre le couvert. 摆桌子/摆餐具(排桌子) p^{h}ai$_2^{24-21}$taŋ$_2^{24}$

sạt tảng, essuyer la table. 擦桌子 sat$_7^{55-33}$taŋ$_2^{24}$

zau zùng tảng bọk na, sur la table. 脸埋在桌子上(在上桌埋脸) zou$_3^{33}$ ʔbok$_7^{55-33}$na$_3^{33}$

* *təṅ*ʾ 凳

nàng 笋 naŋ$_2^{24}$(≠nɑŋ$_1^{35}$皮)

nàng hòn, pousse de bambou. 竹笋(笋竹) naŋ$_2^{24-21}$hɑn$_4^{21}$//naŋ$_2^{24-21}$mɑi$_3^{33}$ 才出土的甘蔗(笋甘蔗) 按:法语解释是"竹芽"。

=C.-D, *ra: ṅ*, M.-T. *na: ṅ*.

lang (chapeau) 斗笠/草帽 $laŋ_3^{33}$ 按:法语解释是"帽子",不确。

dìng lang, se coiffer, se couvrir, mettre son chapeau. 戴斗笠 $ʔdiŋ_1^{35-21}$ $laŋ_3^{33}$

hỗk lang=*kệ lang*, se décoiffer. 脱斗笠(放下斗笠 $hok_7^{55-33}laŋ_3^{33}$ =解斗笠 $keʔ_7^{55-33}laŋ_3^{33}$)

láng jaune 黄 $laŋ_1^{35}$

hồng láng, airain. 黄铜(铜黄) $hoŋ_2^{24-21}$ $laŋ_1^{35}$ 按:法语解释是"青铜",误。

mọt láng, argile. 黄土(土黄) $mɑt_8^{21}laŋ_1^{35}$

ngảu láng, bœuf. 黄牛(牛黄) $ŋɔu_2^{24-21}laŋ_1^{35}$//=$ŋɔu_2^{24}$

lạp láng, cire d'abeille. 黄蜡(蜡黄) lap_8^{21} $laŋ_1^{35}$ 按:法语解释是"蜂蜡"。

báng láng, millet. 小米(黄米) $ʔbaŋ_4^{21-24}$ $laŋ_1^{35}$ 小米(狗尾黍)//$kɔn_1^{35-21}$ $tia_4^{21-24}ʔbaŋ_4^{21}$吃小米粥//$mɔʔ_8^{21}tei_3^{33}$黄米 按:$mɔʔ_8^{21}$应该是$mɔk_8^{21}$的音变。

mạk kúa láng nĩ, cornichon. 腌小黄瓜(瓜黄小) $mɑk_8^{21}$ kua_1^{35-21} $laŋ_1^{35}$ $niʔ_7^{55}$//$kua_1^{35-21}ʔbien_1^{35}$黄瓜(可以生吃)//$kua_1^{35-21}keŋ_1^{35}$黄瓜(不能生吃)

nóm láng, jaune d'œuf. 黄水(水黄) $nɑm_4^{21-24}laŋ_1^{35}$黄水 $nɑm_4^{21}laŋ_1^{35}$水黄

biển kiáng láng, poudre de safran. 黄姜粉(粉姜黄) $ʔbien_4^{21-24}$ $kiaŋ_1^{35-21}$ $laŋ_1^{35}$

=T. *hlɯəṅ* เหลือง(黄)

lảng 榔 $laŋ_2^{24}$

mạk lảng, noix d'arec. 槟榔(果榔) $mak_8^{21}laŋ_2^{24}$

<* *lâṅ* 榔

kang dire parler, conter 讲 $kaŋ_3^{33}$

kang kuà ngố aù, dire un mot. 讲一句话(讲话句一) $kaŋ_3^{33}kua_4^{21}ŋo_5^{55}ɔu_4^{21}$

kang ũk nêa, déclarer, divulguer, ébruiter. 讲出来 $kaŋ_3^{33}uk_7^{55}nia_3^{33}$

kang kuà, conter. 讲话 $kaŋ_3^{33}kua_4^{21}$

kang ká, débattre le prix. 讲价 $kaŋ_3^{33}ka_5^{55}$

mưởn ziàng-bỏn kang, on dit (avoir individu dire). 有人讲 $ziaŋ_2^{24-21}$ $ʔbɑn_2^{24}kaŋ_3^{33}$

k'êi kang=*hỏi kang*, aborder une question. 开讲 $k^hei_1^{35}kaŋ_3^{33}$(常说)= 开

讲 $hɔi_2^{24}kaŋ_3^{33}$（不说） 按：后一种混合了粤语说法。

kang hỏa, mettre d'accord, accommoder. 讲和 $kaŋ_3^{33}hua_2^{24}$

bới hông zẩng kang, aborder quelqu'un pour causer. 去同别人讲 $ʔbəi_1^{35-21}hoŋ_2^{24-21}zoŋ_1^{35}kaŋ_3^{33}$（少说）// = $ʔbəi_1^{35-21}hem_1^{35}zoŋ_1^{35}kaŋ_3^{33}$（去和别人讲，常说） 按：*zẩng* 应该是 *zống* 之误。hem_1^{35} 和（添）不变调。

dôi zống kang, adresser la parole aux gens. 对别人讲 $ʔdoi_3^{33}zoŋ_1^{35-21}kaŋ_3^{33}$

kang kuà kẻ = *kang kuà số*, altérer la vérité. 讲假话（讲话假） $kaŋ_3^{33}kua_4^{21-24}kɛ_2^{24}$ ≠ 讲大话（讲话粗） $kaŋ_3^{33}kua_4^{21-24}so_1^{35}$

kang kuà mải, amadouer. 哄骗（讲好话<讲话好） $kaŋ_3^{33}kua_4^{21-24}mai_2^{24}$ 讲好话（说善意话/吉利话）// ≠ $kaŋ_3^{33}kua_4^{21-24}mɛŋ_3^{33}$ 讲好话（说话漂亮）

kang dọ = *kang tsón*, sans ambages. 讲直 $kaŋ_3^{33}ʔdɑʔ_8^{21}$ = 讲真 $kaŋ_3^{33}ts^hɔn_1^{35}$

kang p'ài zống, calomnier. 说别人坏话（讲败别人） $kaŋ_3^{33}p^hai_4^{21}zoŋ_1^{35}$

kang sêng sủ, parler clairement. 讲清楚 $kaŋ_3^{33}siŋ^{33}so_2^{24}$

kang zống lói don, médire des gens. 议论人（讲别人长短） $kaŋ_3^{33}zoŋ_1^{35}lɔi_1^{35-21}ʔdɔn_3^{33}$ // = $kaŋ_3^{33}lɔi_1^{35}kaŋ_3^{33}ʔdɔn_3^{33}$（讲长讲短）

dối bõk tsúng kang, haranguer. 对大众讲 $ʔdoi_3^{33}ʔbɑk_7^{55-33}ts^huŋ_3^{33}kaŋ_3^{33}$ // $ʔbɑk_7^{55-33}ts^huŋ_3^{33}$ 大众/大伙// = $hem_1^{35-21}kɔn_2^{24}$ 大家（添互相）

= C.-D. < ^{*c} *kauṅ* 講

ngảng menton. 颏/下巴 $ŋaŋ_2^{24}$

bãk ngảng, menton. 下巴 $ʔbak_7^{55-33}ŋaŋ_2^{24}$

tỏn ngảng, molaires. 臼齿/大牙（牙颏） $tɔn_1^{35-21}ŋaŋ_2^{24}$ // $ŋaŋ_2^{24}zuaʔ_7^{55}$ 牙床硬 按：$ŋaŋ_2^{24}$ 指牙床里面的部分。

<H. *ngàng*. T. = *Ga: ṅ* คาง（下巴）

hang（jeter） 扔/投/掷 $haŋ_3^{33}$

hang bới zóng aú, se défaire de. 扔去不要 $haŋ_3^{33}ʔbəi_1^{35}zɑŋ_5^{55}ou_1^{35}$ 按：法语解释是"松开、摆脱"。

hang mạk diển, jeter une pierre. 扔石头 $haŋ_3^{33}mɑk_8^{21}ʔdien_2^{24}$ 抛石头（抛大石头）// $ʔbi_1^{35-21}mɑk_8^{21}ʔdien_2^{24}$ 甩石头（一定要远）// $toi_3^{33}mɑk_8^{21}ʔdien_2^{24}$ 丢石头（动作轻）// $lɛu_3^{33}mɑk_8^{21}ʔdien_2^{24}$ 撂石头（在水面上水平甩）// $ʔbat_8^{21}mɑk_8^{21}ʔdien_2^{24}$ 丢石头（丢弃）// $om_3^{33}mɑk_8^{21}ʔdien_2^{24}$ 弃石头（远近皆可）// $ʔbat_8^{21}keu_4^{21-24}luak_7^{55}$ 丢垃圾 按：$mɑk_8^{21}$ 与"聋"同音。

háng 高 haŋ$_1^{35}$

niếm hề-háng, exorciser. 赶鬼(撵鬼) nim$_1^{35-21}$ he$_2^{24-21}$ haŋ$_1^{35}$//=nim$_1^{35-21}$ hi$_2^{24-21}$haŋ$_1^{35}$

bểi hề-háng, feu follet. 鬼火(火鬼) ʔbɛi$_2^{24-21}$ hi$_2^{24-21}$ haŋ$_1^{35}$ 鬼//liŋ$_2^{24-21}$ loŋ$_2^{24}$ 玲珑(灯笼,转义为鬼火)

bạt hề-háng bới, abjurer le paganisme. 弃绝异教(弃鬼去) ʔbat$_8^{21}$ he$_2^{24-21}$ haŋ$_1^{35}$ʔbəi$_1^{35}$

háng haut, élevé 高 haŋ$_1^{35}$

mưởn kí (*lêáo*) *háng*, quelle altitude? 有多高(有几多高) mən$_2^{24}$ ki$_5^{55}$ liau$_4^{21}$haŋ$_1^{35}$(少说)//=kia$_5^{55}$haŋ$_1^{35}$(常说)

tếng háng, croître. 长高(生高) teŋ$_1^{35}$haŋ$_1^{35}$

háng hau õt, culminant. 第一高(高头一) haŋ$_1^{35}$hɑu$_3^{33}$ɔt$_7^{55}$

háng kua, plus haut, dépasser en hauteur. 高过 haŋ$_1^{35}$kua$_3^{33}$

sóng háng, montagne élevée. 高山(山高) sɑŋ$_1^{35-21}$haŋ$_1^{35}$

hũk ka háng, enchérir. 涨价(做价高) huk$_7^{55-33}$ ka$_3^{33}$ haŋ$_1^{35}$(少说,不地道)//hɔi$_2^{24-21}$ka$_3^{33}$haŋ$_1^{35}$提价高(常说)

háng dom, stature. 高低/高矮 haŋ$_1^{35}$ʔdom$_3^{33}$　按:指身材。

sáo háng, ton élevé. 高声(声音高) sau$_1^{35}$haŋ$_1^{35}$

háng kua hau, trop haut. 太高(高过头) haŋ$_1^{35}$kua$_3^{33}$hɑu$_3^{33}$

háng dom, haut et bas. 高低/高矮 haŋ$_1^{35}$ʔdom$_3^{33}$

teng háng, grandir. 长高(生高) teŋ$_1^{35}$haŋ$_1^{35}$

=T. *suṅ*, G.-D. *sə: ṅ*　สูง(高)

这个韵可以确信的台语关系词少:

	临高	台语	壮语	石家	莫语	水语	侗语	黎萨	黎王
pousse de bambou 竹笋	*nàng*	…	*ra: ṅ*	*na: ṅ*	*ʔna: ṅ*	* *ʔna: ṅ*	*na: ṅ*	*nɯəṅ*	*nɯṅ*
jaune 黄	*láng*	*hlɯəṅ*	(*'hen*)[1]	(*va: ṅ*)	(*'hṅa: n*	*'hṅa: n*	*'hma: n*)	*žieṅ*	*žieṅ*
haut 高	*háng*	*suṅ*	*sa: ṅ*	*sa: ṅ*	*hvuṅ*	/	/	(*phaʔ phet*	*phek*)
menton 下巴	*ngàng*	*Ga: ṅ*	*Ga: ṅ*	*ka: ṅ*	*ga: ṅ*	*Ga: ṅ*	/	/	/
parler 讲	*kang*	(*kla: w*)	*'ka: ṅ*	(*tla: w*)	*'tya: ṅ*	/	*ʔa: ṅ*	*dien khuôṅ*	*khu: ṅ*
millet 黍	*báng*	*'va: ṅ*	*'fwəṅ*	/	*'ʔvi: ṅ*	/	*'pya: ṅ*	/	/

1. (*‘hen*)：这个词更接近壮语的 *luoṅ*(黄铜)，石家语 *luoṅ*，莫语 *lu: ṅ*，或者莫语的 *loṅ*(红)。

UNG

p’úng 疯 p^{h}uŋ$_1^{35}$

tèng p’úng, avoir la lèpre. 长大麻风(生疯) teŋ$_1^{35-21}$p^{h}uŋ$_1^{35}$

<**pi̯uṅ* 瘋

dung abcès 脓肿/疮 ʔduŋ$_3^{33}$

lêau dung, cicatrice. 疤痕(疤疮) leu$_3^{33}$ʔduŋ$_3^{33}$//leu$_3^{33}$ tiaŋ$_1^{35}$伤痕//leu$_3^{33}$ mit$_8^{21}$刀疤

duông, ulcère. 疮/溃疡 ʔduŋ$_3^{33}$//= leu$_3^{33}$(疮好以后留下的疤)//= ʔbak$_7^{55-33}$tuk$_8^{21}$tiaŋ$_1^{35}$(伤好以后留下的印子)//tuk$_8^{21}$kok$_7^{55}$踪迹(脚印)

dung dữt, l’abcès a crevé. 疮裂 ʔduŋ$_3^{33}$ʔdɯt$_7^{55}$

dung lữ, croûte de plaie. 疮疤(疮鳞) ʔduŋ$_3^{33}$lɯʔ$_7^{55}$

tèng dung, se former un abcès, avoir des furoncles. 生疮 teŋ$_1^{35-21}$ʔduŋ$_3^{33}$

dung mọ aù, une plaie. 一个疮(疮个一) ʔduŋ$_3^{33}$mɔʔ$_8^{21}$ɔu$_4^{21}$ 按：实际读为 mɔ$_4^{21-24}$ɔu$_4^{21}$。

dung dểi, cancer. 烂疮(疮烂) ʔduŋ$_3^{33}$ʔdei$_3^{33}$

dung 凸 ʔduŋ$_1^{35}$

dùng k’om, toupet des jeunes filles. 锅盖/刘海儿(凸盖) ʔduŋ$_1^{35-21}$k^{h}ɔm$_3^{33}$ 按：指竹制大锅盖。

tuống mọ, crinière de cheval. 马鬃(鬃马) tuŋ$_1^{35-21}$mɑʔ$_8^{21}$ 按：不该放到这里。

<H. *tảng*.

tung 松 tuŋ$_1^{35}$

bêang túng tsĩ, détendre. 放松些 ʔbiaŋ$_3^{33}$tuŋ$_1^{35}$ts^{h}iʔ$_7^{55}$

<**si̯uṅ* 鬆

núng 脓/胶(植物的) nuŋ$_1^{35}$

don núng, sève des arbres. 树胶(树脓) ʔdɔn$_3^{33}$nuŋ$_1^{35}$

ũk núng=*lềi núng*, suppurer. 出脓 uk$_7^{55-33}$nuŋ$_1^{35}$=流脓 lei$_1^{35-21}$nuŋ$_1^{35}$

=T. *hno: ṅ* **หนอง**(脓) **noṅ* 膿

lung 珑 luŋ$_3^{33}$ 按：luŋ$_3^{33}$laŋ$_3^{33}$珑琅(近音字)指讲话“清楚、流利”。

kang zoi lung làng, (parler) distinctement. 讲得清楚(讲得珑琅) kaŋ$^{33}_{3}$ zɑi$^{33}_{3}$luŋ$^{33}_{3}$laŋ$^{33}_{3}$// 按：luŋ$^{33}_{3}$luaŋ$^{33}_{3}$指婴幼儿健康。//=kaŋ$^{33}_{3}$zɑi$^{33}_{3}$miak$^{21}_{8}$(讲得滑)//=kaŋ$^{33}_{3}$zɑi$^{33}_{3}$siŋ^{33}so$^{24}_{2}$(讲得清楚)

tsung 中 ts^{h}uŋ$^{35}_{1}$/ts^{h}uŋ^{33}

tsung êi, agréable, approuver. 中意 s^{h}uŋ^{33}ei$^{55}_{5}$

ziàng bỏn tsung, arbitre. 中间人(人中) ziaŋ$^{24-21}_{2}$ ʔbɑn$^{24-21}_{2}$ ts^{h}uŋ$^{35}_{1}$// ts^{h}uŋ$^{35-21}_{1}$ ŋɔu$^{24}_{2}$买卖牛的中介(中牛)//ts^{h}uŋ$^{35-21}_{1}$ mou$^{35}_{1}$买卖猪的中介(中猪)

tsung kũk, Chine. 中国 ts^{h}uŋ^{33}kuk$^{55}_{7}$

mưởn tsung, concevoir, être enceinte. 动物怀孕(有种) mən$^{24-21}_{2}$ ts^{h}uŋ$^{33}_{3}$//mən$^{24-21}_{2}$lɛk$^{21}_{8}$人怀孕(有子)

ũk tsung, distingué. 出众 uk$^{55-33}_{7}$ts^{h}uŋ$^{55}_{5}$//=uk$^{55-33}_{7}$k^{h}on$^{24}_{2}$出群

<* *ṭi̯uṅ* 中

tsung (semence). 种 ts^{h}uŋ$^{33}_{3}$

lẹk tsọp tsung, bâtard (enfants mêler semence). 杂种(小杂种) lɛk$^{21}_{8}$ sap$^{21}_{8}$ts^{h}uŋ$^{33}_{3}$

<*ᶜ *či̯oṅ* 種

tsung 铳 suŋ^{33} 按：原文认为本字是"枪(鎗)",误。

tsung nế, canon. 大炮(铳大) suŋ^{33}ne$^{33}_{3}$

<* *ts'i̯âṅ* 鎗

tsung 钟 ts^{h}uŋ^{33}

tsung hóm, balancier d'horloge. 吊钟(钟吊) ts^{h}uŋ^{33} hɑm$^{35}_{1}$//hɑm$^{35-21}_{1}$ ts^{h}əŋ$^{33}_{3}$秤砣(吊秤)//hɑm$^{35-21}_{1}$mak$^{21}_{8}$mən$^{24}_{2}$香蕉花骨朵(吊香蕉) 按：吊的意思是从"阴囊"引申而来。

<**či̯oṅ* 鐘

tsung 终 ts^{h}uŋ^{33}

liểm tsung, agonie. 临终 lim$^{24}_{2}$ts^{h}uŋ^{33}

<* *či̯uṅ* 終

tsung (horloge, montre). 钟 ts^{h}uŋ^{33}/ts^{h}uŋ$^{35}_{1}$

kí lêào diêm tsúng, quelle heure est-il? 几点钟(几多点钟) ki$^{55}_{5}$ liau$^{21}_{4}$ ʔdem$^{33}_{3}$ts^{h}uŋ$^{35}_{1}$

ngá siêm tsúng, à cinq heures. 五点钟 ŋa$^{55}_{5}$ ʔdim$^{33}_{3}$ts^{h}uŋ$^{35}_{1}$(读书音) 按：*siêm* 应是 *diêm* 之误。

tsúng mọ aù, cloche. 一个钟(钟个一) ts^{h}uŋ$_{1}^{35}$mɔʔ$_{8}^{21}$ɔu$_{4}^{21}$ 按：实际读为 mɔ$_{4}^{21-24}$ɔu$_{4}^{21}$。

tsúng laủ, clocher. 钟楼 ts^{h}uŋ^{33}lɔu$_{2}^{24}$//≠ts^{h}uŋ$_{5}^{55}$lɔu$_{2}^{24}$都起来

no tsúng, cadran d'horloge. 钟面盘(面钟) na$_{3}^{33}$ ts^{h}uŋ$_{1}^{35}$(不说)//na$_{3}^{33}$ ts^{h}iaŋ$_{3}^{33}$(常说) 按：ts^{h}iaŋ$_{3}^{33}$是海南话"钟"。

kĩt tsúng, sonner la cloche. 敲钟/打钟(击钟) kit$_{7}^{55-33}$ts^{h}uŋ$_{1}^{35}$

ngào tsúng, sonner la cloche en tirant. 摇钟 ŋau$_{2}^{24-21}$ts^{h}uŋ$_{1}^{35}$

<* *čioṅ* 鐘

tsùng 众 ts^{h}uŋ$_{5}^{55}$

ũk tsúng, remarquable, émérite. 出众 uk$_{7}^{55-33}$ts^{h}uŋ$_{5}^{55}$

ũk tsùng, exceller. 出众 uk$_{7}^{55-33}$ts^{h}uŋ$_{5}^{55}$

<**čịuṅ*ʾ 眾

tsùng 重 ts^{h}uŋ$_{5}^{55}$/ts^{h}uŋ$_{2}^{24}$

bướn p'êang tsúng nắn, embarrassé. 两难选择(两旁重难) ʔbun$_{5}^{55}$p^{h}iaŋ$_{2}^{24}$ ts^{h}uŋ$_{5}^{55}$nan$_{2}^{24}$

bướn p'êảng tsúng năn, pénible alternative. 两难选择(两旁重难) ʔbun$_{5}^{55}$p^{h}iaŋ$_{2}^{24}$ts^{h}uŋ$_{5}^{55}$nan$_{2}^{24}$

tsúng mưởn, il y en a encore. 还有(重有) ts^{h}uŋ$_{5}^{55}$mən$_{2}^{24}$

kang tsùng kang, redire. 重复讲(讲重讲) kaŋ$_{3}^{33}$ts^{h}uŋ$_{2}^{24-21}$kaŋ$_{3}^{33}$

ziàng-bỏn hũk tsúng, s'entremettre pour concilier. 调解人(人做重) ziaŋ$_{2}^{24-21}$ʔban$_{2}^{24-21}$huk$_{7}^{55-33}$ts^{h}uŋ$_{1}^{35}$

<* *ḍịoṅ* 重

tsùng 盅 ts^{h}uŋ$_{1}^{35}$

tsùng sả mọ aù, tasse à thé. 一个茶盅(盅茶个一) ts^{h}uŋ$_{1}^{35-21}$ sa$_{2}^{24}$ mɔʔ$_{8}^{21}$ ɔu$_{4}^{21}$ 按：实际读为 mɔ$_{4}^{21-24}$ɔu$_{4}^{21}$。

tsúng bô lể, verre à boire. 玻璃杯(盅玻璃) ts^{h}uŋ$_{1}^{35-21}$ʔbo^{33}li^{24} 按：大小杯子都叫 ts^{h}uŋ$_{1}^{35}$。

<* *ḍịuṅ* 盅

tsùng 崇/重 ts^{h}uŋ$_{2}^{24}$;众 ts^{h}uŋ$_{3}^{33}$ 按：原文认为本字是"忠",误。

tsùng king, honorer. 崇敬 ts^{h}uŋ$_{2}^{24-21}$kiŋ$_{3}^{33}$//=ts^{h}uŋ$_{2}^{24-21}$kiŋ$_{5}^{55}$

p'ìng tsùng p'ãt, retomber dans la maladie. 病复发(病重发) p^{h}iŋ$_{4}^{21}$

$ts^hu\eta_2^{24-21}p^hat_7^{55}$//=$ts^hu\eta_2^{24-21}p^hat_7^{55-33}p^hi\eta_4^{21}$复发病(重发病)

ziàng-bỏn tsúng, tous les hommes. 众人(人众) $zia\eta_2^{24-21}$ $ʔban_2^{24-21}$ $ts^hu\eta_3^{33}$//≠$zia\eta_2^{24-21}ʔban_2^{24-21}ts^hu\eta_1^{35}$中间人(人中)

tsùng hiểm, surajouter. 添加(重添) $ts^hu\eta_2^{24-21}hem_1^{35}$

tsung mươn hiêm, et coetera. 等等/还有(重有添) $ts^hu\eta_2^{24-21}mən_2^{24}hem_1^{35}$

* *ḍi̯uṅ* 忠

sung 囱 $su\eta_1^{35}$ 按:原文认为本字是"肿",误。

kể súng, bronche. 喉管/气管(喉囱) $ke_2^{24-21}su\eta_1^{35}$//$ʔdɔn_4^{21-24}ke_2^{24}$喉咙/食道(洞喉)//$mak_8^{21}ke_2^{24}$喉结(块喉) 按:$mak_8^{21}$(块状物)≠$mak_8^{21}$(果蔬类),但有时可以互换。

kề súng, pomme d'adam. 喉管/气管(喉囱) $ke_2^{24-21}su\eta_1^{35}$

*ᶜ *či̯oṅ* 腫

sung 葱 $su\eta_1^{35}$

hau mạk sùng p'án, oignon. 葱头/洋葱(首果葱番) hau_3^{33} mak_8^{21} $su\eta_1^{35-21}p^han_1^{35}$

* *ts'uṅ* 葱

sung 充 $su\eta^{33}$

sùng-kùn, bannissement. 充军/流放 $su\eta^{33}kun^{33}$

sung-kun, déporter. 充军/流放 $su\eta^{33}kun^{33}$

<H. *sổng* *ᶜ *či̯uṅ* 充

zúng 上 $zu\eta_1^{35}$

zau-zúng da p'a, en l'air, aérien. 在空中/在天上(在上天空) zou_3^{33} $zu\eta_1^{35-21}ʔda_3^{33}p^ha_3^{33}$

zau-zúng, dessus. 在上面 $zou_3^{33}zu\eta_1^{35}$

báu zau-zúng na nòm, flotter sur l'eau. 浮在水面上(浮在上埋面水) $ʔbau_1^{35}zou_3^{33}zu\eta_1^{35-21}ʔbak_7^{55-33}na_3^{33}nam_4^{21}$//$ʔbak_7^{55-33}na_3^{33}$表面(埋面)

zau-zùng tảng bọk na, sur la table. 在桌子上(在上桌埋面) $zou_3^{33}zu\eta_1^{35-21}$ $ta\eta_2^{24-21}ʔbak_7^{55-33}na_3^{33}$

zau-zúng sóng, sur la montagne. 在山上(在上山) $zou_3^{33}zu\eta_1^{35-21}sa\eta_1^{35}$

zùng 容 $zu\eta_2^{24}$

k'oǎn zùng, clément. 宽容 $k^huan^{33}zo\eta_2^{24}$

<* *i̯oṅ* 容

kung 公/恭 $kuŋ_1^{35}$/$kuŋ^{33}$

kung tếng, catéchiste. 公生 $kuŋ_1^{35-21}teŋ_1^{35}$ 按：法语意思是“讲授教理者，传授基本教义者”。

kúng king, respecter. 恭敬 $kuŋ_1^{35-21}kiŋ_3^{33}$

kung hêi, complimenter. 恭喜 $kuŋ^{33}hei_3^{33}$

<H. *kổng* **kịoṅ* 恭

kúng aïeul. 公(祖父)/恭 $kuŋ_1^{35}$

kúng tsố ziàu k'au, aïeux. 祖宗/祖先(公祖元考) $kuŋ_1^{35-21}ts^ho_3^{33}zian_2^{24-21}k^hau_3^{33}$

mưởn kúng mưởn mài, il y a mâle et femelle. 有公有母 $mən_2^{24-21}kuŋ_1^{35}mən_2^{24-21}mai_4^{21}$

kùng tsố, ancêtres. 祖公(公祖) $kuŋ_1^{35-21}ts^ho_3^{33}$

kùng king, amour filial. 恭敬 $kuŋ_1^{35-21}kiŋ_3^{33}$ 按：法语解释是“孝敬”，不确。

<**kuṅ* 公

kùng 公 $kuŋ_1^{35}$

kùng-tếng liú mọk mọt, aéromancien. 风水先生(公生看块土) $kuŋ_1^{35-21}teŋ_1^{35-21}liu_1^{35-21}mak_8^{21}mat_8^{21}$//$mak_8^{21}mat_8^{21}$ 土块(块土)

kùng-tếng huồn mềng, devin. 算命先生(公生训命) $kuŋ_1^{35-21}teŋ_1^{35-21}hun_3^{33}miŋ_4^{21}$ 算命公生(公生训命)//≠$kuŋ_1^{35-21}teŋ_1^{35}hun_3^{33}miŋ_4^{21}$ 先生算命(公生训命) 按：公生看风水，也主祭祀。

kùng 公 $kuŋ_1^{35}$

kùng teng, maître d'école. 先生/教书先生(公生) $kuŋ_1^{35-21}teŋ_1^{35}$

kùng 功 $koŋ_1^{35}$/$kuŋ^{33}$

têang kùng mếng, décerner une récompense. 赏功名 $tiaŋ_3^{33}koŋ_1^{35-21}miŋ_2^{24}$(不说)//$tiaŋ_3^{33}kuŋ^{33}miŋ_2^{24}$(多说)

<**kuṅ* 功

ngúng 嗡 $ŋuŋ_1^{35}$

sa ngúng, les oreilles tintent. 耳鸣(耳嗡) $sa_1^{35}ŋuŋ_1^{35}$

ngùng 芒 ŋuŋ$_1^{35}$

ngùng ngào, épi de riz. 稻芒 ŋuŋ$_1^{35-21}$ ŋau$_4^{21}$ 稻芒//ŋuŋ$_1^{35-21}$ mɔk$_8^{21}$ 谷芒// zəŋ$_1^{35-21}$ ŋau$_4^{21}$ 稻穗

hung 送 hoŋ$_3^{33}$ 按：本字就是"送",s->h-音变。

hung sể, funérailles. 丧事(送材) hoŋ$_3^{33}$ se$_2^{24}$

hống sể, faire les obsèques. 做丧事(送材) hoŋ$_3^{33}$ se$_2^{24}$

húng 通 huŋ$_1^{35}$

mể zóng húng, maladroit, gauche. 笨手/左手(手不通) me$_2^{24-21}$ zɑŋ$_5^{55}$ huŋ$_1^{35}$ 左手(手不通)//≠me$_2^{24}$ zɑŋ$_5^{55}$ huŋ$_1^{35}$ 手坏了/不好使(手不通)//me$_2^{24-21}$ mɛŋ$_3^{33}$ 右手/好手(手好)//≠me$_2^{24}$ mɛŋ$_3^{33}$ 手好使(手好)//huŋ$_1^{35}$ zɑŋ$_5^{55}$ huŋ$_1^{35}$ 好不好(通不通)//huŋ$_1^{35-21}$ kɔn$_1^{35}$ zɑŋ$_5^{55}$ huŋ$_1^{35-21}$ kɔn$_1^{35}$ 好吃不好吃(通吃不通吃)// huŋ$_1^{35-21}$ zoŋ$_4^{21}$ zɑŋ$_5^{55}$ huŋ$_1^{35-21}$ zoŋ$_4^{21}$ 好用不好用(通用不通用)

只有一个可能的关系词：

	临高	台语	壮语	石家	莫语	水语	侗语	黎萨	黎王
pus 脓	*núng*	*hno:ṅ*	*hno:ṅ*	/	*hnoṅ*	/	/	(*dêw*)	/

ONG

bổng boue. 泥 ʔbɔŋ$_2^{24}$/ʔboŋ$_2^{24}$

záu zúng són mưởn bổng, chemin boueux (cf.→*bỏng*, fange).(参看：*bỏng* 烂泥)泥路(在上路有泥) zou$_3^{33}$ zuŋ$_1^{35-21}$ sɔn$_1^{35}$ mən$_2^{24-21}$ ʔbɔŋ$_2^{24}$//=sɔn$_1^{35-21}$ zuŋ$_1^{35}$ mən$_2^{24-21}$ ʔbɔŋ$_2^{24}$ 路上有泥(上路有泥)

p'ống 碰 p^{h}uŋ$_1^{35}$ 按：与"疯"同音。实际上是海口话阴去调(调值 35),直接参与变调。

p'ống kỏn, se heurter, se rencontrer, choc. 相碰 p^{h}uŋ$_1^{35-21}$ kɔn$_2^{24}$

p'ống dêô, heurter, rencontrer, choc. 碰到(碰着) p^{h}uŋ$_1^{35}$ ʔdeu^{33}

<H. *phổng* ** *p'i̯uṅ* 揰

p'ồng 篷/棚 p^{h}oŋ$_2^{24}$ 按：原文认为本字是"帆",误。

p'ồng zỏa, voile de navire. 船帆(篷船) p^{h}oŋ$_2^{24-21}$ zua$_2^{24}$ 船帆 按：早期海

南、两广一带船帆用竹子做。//zua$_{2}^{24-21}$ p^{h}oŋ$_{2}^{24}$帆船(船篷)//ʔdap$_{7}^{55-33}$ p^{h}oŋ$_{2}^{24}$ 搭棚

<* *biam* 帆

p'ống (num. de lettre). 封 p^{h}oŋ$_{1}^{35}$/ʔbaŋ^{33} 按:ʔbaŋ^{33}是海南话。

têa tiến p' ống aù, écrire une lettre. 写一封信(写信封一) tia$_{3}^{33}$ tien$_{5}^{55}$ p^{h}oŋ$_{5}^{55}$ ɔu$_{4}^{21}$//tia$_{3}^{33}$ tien$_{5}^{55}$ ʔbun$_{5}^{55}$ p^{h}oŋ$_{1}^{35}$//tia$_{3}^{33}$ tien$_{5}^{55}$ ʔbaŋ$_{5}^{55}$//tia$_{3}^{33}$ tien$_{5}^{55}$ ʔbun$_{5}^{55}$ ʔbaŋ^{33}

<* *pi̯oṅ* 封

p'ông 缝 p^{h}oŋ$_{2}^{24}$

p'ồng ling, col d'habit. 衣领(缝领) p^{h}oŋ$_{2}^{24-21}$ leŋ$_{4}^{21}$ 按:有纽扣衣服的领子。//p^{h}aŋ$_{1}^{35-21}$ leŋ$_{4}^{21}$ 按:套在身上的衣服的领子。//p^{h}aŋ$_{1}^{35}$ ləŋ$_{1}^{35}$ 套上/套住

sòi p'ồng, tailleur. 裁缝 sai^{21} p^{h}oŋ^{21}

<H. *phồng* * *bioṅ* 縫

p'ồng 风 p^{h}oŋ$_{1}^{35}$

p'ông-tộk, usage. 风俗 p^{h}oŋ$_{1}^{35-21}$ tok$_{8}^{21}$

p'ồng-tộk, coutume. 风俗 p^{h}oŋ$_{1}^{35-21}$ tok$_{8}^{21}$

<H. *phổng* * *pi̯uṅ* 風

mống 檬 moŋ$_{2}^{24}$

nòm mống tủi, citronnade. 柠檬水(水柠檬) nam$_{4}^{21-24}$ niŋ$_{2}^{24}$ moŋ$_{2}^{24}$

<* *muṅ* 檬

mồng (mangue) 芒果 moŋ$_{5}^{55}$

don mồng kồ, manguier. 芒果树(树芒果) ʔdɔn$_{3}^{33}$ moŋ$_{5}^{55}$ ko^{21}

mồng barbe, chaume, paille. 胡子/稻草 muŋ$_{4}^{21}$

ngào mồng, paille de riz. 稻草 ŋau$_{4}^{21-24}$ muŋ$_{4}^{21}$(不说)//muŋ$_{4}^{21-24}$ ŋau$_{4}^{21}$(常说)//muŋ$_{4}^{21-24}$ men$_{4}^{21}$麦草(草面)

mồng 胡子/茎杆/稻草 muŋ$_{4}^{21}$

mồng ngào, tige de riz. 稻草 muŋ$_{4}^{21-24}$ ŋau$_{4}^{21}$//=muŋ$_{4}^{21}$

mông 懵 moŋ$_{4}^{21}$

dá mồng, amaurose. 眼懵 ʔda$_{1}^{35}$ moŋ$_{4}^{21}$

p'ìng mồng, être dans le coma. 病到头晕(病懵) p^{h}iŋ$_{4}^{21}$ moŋ$_{4}^{21}$

mổng dái, tomber en défaillance. 昏死(懵死) moŋ$_{4}^{21}$ ʔdai$_{1}^{35}$

p'ãt mổng, s'évanouir. 发懵 p^{h}at$_{7}^{55-33}$ moŋ$_{4}^{21}$

kang kuà mổng, délirer. 讲话糊涂(讲话懵) kaŋ$_{3}^{33}$ kua$_{4}^{21-24}$ moŋ$_{4}^{21}$//kaŋ$_{3}^{33}$ kua$_{4}^{21-24}$ ʔbien$_{2}^{24}$讲梦话(讲话梦,醒来记得)//kaŋ$_{3}^{33}$ kua$_{4}^{21-24}$ lɑp$_{7}^{55-33}$ suan$_{1}^{35}$讲梦话(讲话躺睡,醒来不记得)

< * *muṅ'* 夢

dông 冬 ʔdoŋ$_{1}^{35}$

hiến dông, hiver. 冬天(天冬) hien$_{1}^{35-21}$ ʔdoŋ$_{1}^{35}$(不说)//ʔdoŋ$_{1}^{35-21}$ hien$_{1}^{35}$(常说)

< * *toṅ* 冬

dổng est. 东 ʔdoŋ$_{1}^{35}$

dổng p'ẻang, orient. 东边(东旁) ʔdoŋ$_{1}^{35-21}$ p^{h}iaŋ$_{2}^{24}$// = p^{h}iaŋ$_{2}^{24-21}$ ʔdoŋ$_{1}^{35}$东边(旁东)

dổng p'ẻang, à l'est. 东边/向东(东旁) ʔdoŋ$_{1}^{35-21}$ p^{h}iaŋ$_{2}^{24}$// = p^{h}iaŋ$_{2}^{24-21}$ ʔdoŋ$_{1}^{35}$东边(旁东)

< * *tuṅ* 東

dông 栋 ʔdoŋ$_{3}^{33}$

hêàu-dông, pilier. 栋梁/柱子(柱栋) heu$_{1}^{35-21}$ ʔdoŋ$_{3}^{33}$//zan$_{2}^{24}$ ʔdoŋ$_{5}^{55}$ ɔu$_{4}^{21}$一栋房//heu$_{1}^{35}$木料/木头(柱)

hêàu-dông mọ aù, colonne. 一个柱子(柱栋个一) heu$_{1}^{35-21}$ ʔdoŋ$_{3}^{33}$ mɔʔ$_{8}^{21}$ ɔu$_{4}^{21}$ 按:实际读为 mɔ$_{4}^{21-24}$ ɔu$_{4}^{21}$

< * *tuṅ'* 棟

dống 冬 ʔdoŋ$_{1}^{35}$

nèn dống mải, année d'abondance. 丰收年(年冬好) nen$_{2}^{24-21}$ ʔdoŋ$_{1}^{35}$ mai$_{2}^{24}$//nen$_{2}^{24-21}$ ʔdoŋ$_{1}^{35}$ meu$_{4}^{21}$歉收年(年冬坏)//huk$_{7}^{55-33}$ meu$_{4}^{21}$使坏(做坏) 按:meu$_{4}^{21}$音同"庙"。

dống kón dống díng = *dống kón dống dồng*, confortable. 等吃等穿 ʔdɔŋ$_{3}^{33}$ kɔn$_{1}^{35}$ ʔdɔŋ$_{3}^{33}$ ʔdiŋ$_{1}^{35}$ 按:法语解释是"舒服",但记音意思不同。

dống hau háng, dresser la tête. 高抬头/举头高(抬首高) ʔdɔŋ$_{2}^{24-21}$ hɑu$_{3}^{33}$ haŋ$_{1}^{35}$//ʔdɔŋ$_{2}^{24-21}$ me$_{2}^{24}$举手

dồng 堆 ʔdoŋ$_{2}^{24}$

bõt dồng aù, amas d'herbes. 一堆草(草堆一) ʔbɑt$_{7}^{55}$ ʔdoŋ$_{2}^{24}$ ɔu$_{4}^{21}$

hẹp hũk dồng aù, amasser. 叠做一堆 hep$_8^{21}$huk$_7^{55}$ʔdoŋ$_2^{24}$ɔu$_4^{21}$

hẹp diển hũk dồng, mettre des cailloux en tas. 叠石做堆 hep$_8^{21}$ ʔdien$_2^{24}$ huk$_7^{55}$ʔdoŋ$_2^{24}$

taú dồng aù, entasser. 收一堆 tou$_1^{35}$ʔdoŋ$_2^{24}$ɔu$_4^{21}$

tềng dồng, rassemblement. 成堆 teŋ$_2^{24-21}$ʔdoŋ$_2^{24}$

dổng 堆 ʔdoŋ$_2^{24}$

hũk dổng aù =*hẹp dổng aù*, amonceler. 堆积(做堆一 huk$_7^{55-33}$ʔdoŋ$_2^{24}$ɔu$_4^{21}$ = 叠堆一 hep$_8^{21}$ʔdoŋ$_2^{24}$ɔu$_4^{21}$)

dổng aù, un monceau. 一堆(堆一) ʔdoŋ$_2^{24}$ɔu$_4^{21}$

ngỏn dổng aù, pile de piastres. 一堆钱(银堆一) ŋɔn$_2^{24}$ʔdoŋ$_2^{24}$ɔu$_4^{21}$

tông 忠 toŋ^{33}

tông tóm, loyal. 忠心 toŋ^{33}tɔm$_1^{35}$//zaŋ$_5^{55}$toŋ^{33}不忠

<H. *tổng* *ṭi̯uṅ 忠

tông-zông (utile). 中用/有用 toŋ^{33}zoŋ^{33}

zóng tông-zông, d'aucune utilité. 不中用 zaŋ$_5^{55}$toŋ^{33}zoŋ^{33}(指人)。//= zaŋ$_5^{55}$mən$_2^{24-21}$zoŋ$_4^{21}$没有用

zóng tông-zồng, inutile. 不中用 zaŋ$_5^{55}$toŋ^{33}zoŋ$_4^{21}$(不说)//zaŋ$_5^{55}$toŋ^{33}zoŋ^{33}(常说)

ziàng-bỏn zóng tổng-zồng, homme nul. 不中用的人(人不中用) ziaŋ$_2^{24-21}$ʔban$_2^{24-21}$zaŋ$_5^{55}$toŋ^{33}zoŋ^{33}

<H. *tổngziông* *ṭi̯uṅˀ 中

tồng □toŋ$_5^{55}$ 按:原文认为本字是"肿",未必是。

na tồng tồng, visage bouffi. 脸胖乎乎 na$_3^{33}$toŋ^{21}toŋ^{21}(不说)//na$_3^{33}$toŋ$_5^{55}$toŋ$_5^{55}$(常说) 按:多指小孩脸胖乎乎。

<*ᶜči̯oṅ 腫

tổng 松 toŋ$_2^{24}$

tổng bới, desserrer. 松开(松去) toŋ$_2^{24}$ʔbəi$_1^{35}$ 按:读成松树的"松"了。//ʔdɔn$_3^{33}$toŋ$_2^{24}$松树(树松)//ʔdon$_4^{21}$kʰei$_1^{35}$松开//ha$_1^{35}$kɔŋ$_1^{35}$拉紧(拖紧)

<H. *tổng* *si̯uṅ 鬆

nồng 皮 naŋ$_1^{35}$

nồng nằn máu, couenne.→*nóng*. 猪肉皮(皮肉猪) naŋ$_1^{35-21}$nan$_4^{21-24}$mou$_1^{35}$

按：*nồng* 是 *nòng* 之误。

nồng 脓 noŋ$_2^{24}$

don nồng kũt, cactus. 仙人掌（树脓骨） ʔdɔn$_3^{33}$noŋ$_2^{24-21}$kut$_7^{55}$　按：无刺，树脓有毒，入眼会瞎。//=ʔdɔn$_3^{33}$me$_2^{24-21}$tin$_1^{35}$仙人掌（树手仙）

nổng 脓 noŋ$_2^{24}$

nòm nổng, eau trouble. 浑水/浊水（水浓） nɑm$_4^{21-24}$noŋ$_2^{24}$//≠nɑm$_4^{21}$noŋ$_2^{24}$水浑（水浓）

**noṅ*　濃

nổng (moustique) 蚊子 nuŋ$_2^{24}$

nìng nổng bếau, bourdonnement de moustiques. 蚊子叫 miŋ$_2^{24-21}$nuŋ$_2^{24}$ʔbeu$_1^{35}$

=T. *ñuṅ*　ยุง（蚊子）

lông 龙 loŋ$_2^{24}$　按：loŋ$_1^{35}$鼓≠loŋ$_2^{24}$龙≠lɔŋ$_2^{24}$笼。

lổng hảu aù, un dragon. 一只龙（龙只一） loŋ$_2^{24}$hɔu$_2^{24}$ɔu$_4^{21}$

zoàng lống, homard. 龙虾（虾龙） zuaŋ$_2^{24-21}$loŋ$_2^{24}$//zuaŋ$_2^{24-21}$mət$_8^{21}$小虾（淡水虾）//zuaŋ$_2^{24-21}$ŋai$_2^{24}$小虾（海水虾，用以就饭）

<**li̯oṅ*　龍

lồng 鼓 loŋ$_1^{35}$

lồng mọ aù, un tambour. 一个鼓（鼓个一） loŋ$_1^{35}$mɔʔ$_8^{21}$ɔu$_4^{21}$一个　按：实际读为 mɔ$_4^{21-24}$ɔu$_4^{21}$

=T. *klo:ṅ*, C.-D.　กลอง（鼓）

lồng 笼 lɔŋ$_2^{24}$

lồng noạk, cage d'oiseau. 鸟笼（笼鸟） lɔŋ$_2^{24-21}$nuak$_8^{21}$

<**luṅ*　籠

tsồng 装 ts^{h}uaŋ$_1^{35}$

tsồng hóa zỏn zỏa, charger un bateau. 装货下船 ts^{h}uaŋ$_1^{35-21}$hua$_3^{33}$zɔŋ$_2^{24-21}$zua$_2^{24}$（少说）//ts^{h}uaŋ$_1^{35-21}$hua$_3^{33}$kun$_3^{33}$zua$_2^{24}$装货上船//tua$_2^{24-21}$hua$_3^{33}$zɔŋ$_2^{24-21}$zua$_2^{24}$卸货下船　按：*zỏn* 是 *zỏng* 之误。

<**ṭsi̯âṅ*　装

sông 充 suŋ^{33}

sông kuôn, exil. 充军 suŋ^{33}kun^{33}

<H. *sổng*　**č'i̯uṅ*　充

sồng 从 soŋ$_2^{24}$

sồng èng-nê tỗk, cousins. 从兄弟/堂兄弟 soŋ$_2^{24-21}$eŋ$_1^{35-21}$ne$_3^{33}$tok$_7^{55}$//eŋ$_1^{35-21}$ne$_3^{33}$兄//tok$_7^{55}$弟(叔)

sổng 聪 soŋ^{33}

sổng mếng, dégourdi. 聪明 soŋ^{33}miŋ$_2^{24}$

<H. *sổng* **ts'uṅ* 聰

sổng 从 soŋ$_2^{24}$

tun sổng,condescendre. 遵从 tun^{33}soŋ$_2^{24}$

sổng k'óai, délices. 高兴/快乐(爽快) suaŋ^{21}k^{h}uai$_3^{33}$//kui$_5^{55}$zin$_5^{55}$过瘾//zin$_5^{55}$zɑn$_3^{33}$酒瘾(瘾酒)//zin$_5^{55}$in$_1^{35}$烟瘾(瘾烟)

<H. *sông* **dzi̯oṅ* 從

zống gens. 人/别人 zoŋ$_1^{35}$

kang zống lói don, médire des gens. 议论人(讲别人长短) kaŋ$_3^{33}$zoŋ$_1^{35}$lɔi$_1^{35-21}$ʔdɔn$_3^{33}$//=kaŋ$_3^{33}$lɔi$_1^{35}$kaŋ$_3^{33}$ʔdɔn$_3^{33}$讲长讲短

hẽ zống, menacer les gens. 吓唬人(吓别人) hɛʔ$_7^{55-33}$zoŋ$_1^{35}$

liú zống k'êi, mépriser (regarder gens air). 轻看别人(看别人轻) liu$_1^{35-21}$zoŋ$_1^{35}$k^{h}ei$_3^{33}$//liu$_1^{35}$zɑŋ$_5^{55}$lɔu$_2^{24}$看不起　按：括弧内法文逐字对应为“看别人气”，误。因“轻”“气”同音而误。

k'im ngỏn zống, devoir de l'argent, redevable (dette argent gens). 欠别人钱(欠银别人) k^{h}im$_3^{33}$ŋɔn$_2^{24-21}$zoŋ$_1^{35}$

kang p'ài zống, calomnier (dire taré gens). 说别人坏话(讲败别人) kaŋ$_3^{33}$p^{h}ai$_4^{21}$zoŋ$_1^{35}$

zoi sề zống, mécontenter. 得罪别人 zai$_3^{33}$se$_4^{21}$zoŋ$_1^{35}$

âú zống liú, montrer le chemin. 给人指路(给别人看) ou$_1^{35-21}$zoŋ$_1^{35}$liu$_1^{35}$

ziảo zống, se moquer des gens. 笑话别人(笑别人) ziau$_2^{24}$zoŋ$_1^{35}$

dôi zống kang, adresser la parole aux gens. 对别人讲 ʔdoi$_3^{33}$zoŋ$_1^{35-21}$kaŋ$_3^{33}$

heng zống kang, entendre dire. 听别人讲 hɛŋ^{33}zoŋ$_1^{35}$kaŋ$_3^{33}$

kòm tóm zống, attendrir les cœurs. 感动人心(感心别人) kɑm^{21}tɔm$_1^{35-21}$zoŋ$_1^{35}$

tèàng tóm zống, attrister les gens. 伤别人心(伤心别人) tiaŋ$_1^{35-21}$tɔm$_1^{35-21}$zoŋ$_1^{35}$

hổng zống hũk kông = *hổng zống băn tớ hoi*, coopérer. 同别人做工 hoŋ$_2^{24-21}$zoŋ$_1^{35}$huk$_7^{55-33}$koŋ$_1^{35}$ = 同别人办事情 hoŋ$_2^{24-21}$zoŋ$_1^{35}$ʔban$_3^{33}$tə$_4^{21-24}$hoi$_3^{33}$

zoi tóm zống, gagner les cœurs. 得人心(得心别人) zai$_3^{33}$tɔm$_1^{35-21}$zoŋ$_1^{35}$

oí zống dêi dâu, aimer le prochain comme soi-même. 爱人如己(爱别人抵我们) ɑi$_5^{55}$zoŋ$_1^{35}$ʔdei$_3^{33}$ʔdou$_3^{33}$　按：ʔdo$_3^{33}$在末尾读为 ʔdou$_3^{33}$。

zống 人/别人 zoŋ$_1^{35}$

p'ài nói zống, ternir la réputation (corrompre nom gens). 坏别人名(败名别人) p^{h}ai$_4^{21-24}$nɔi$_1^{35-21}$zoŋ$_1^{35}$

zống 焦(烧焦) zoŋ$_1^{35}$(音同"别人")

bểi zống, flamber. 燃烧/冒火焰(火焦) ʔbɛi$_2^{24-21}$zoŋ$_1^{35}$燃烧的火(火焦)//ʔbɛi$_2^{24}$zoŋ$_1^{35}$火燃烧(火焦)

zồng (nez) 鼻子/鼻头 hɑu$_3^{33}$zɔŋ$_1^{35}$　按：zɔŋ$_1^{35}$鼻≠zoŋ$_1^{35}$焦。

zống êng kô, nez aquilin. 鹰钩鼻(鼻鹦哥) zɔŋ$_1^{35-21}$iŋ^{33}ko^{33}(不说)//= zɔŋ$_1^{35-21}$ko$_1^{35}$钩鼻(常说)

hau zống tsím, bout du nez. 鼻子尖(首鼻尖) hɑu$_3^{33}$zɔŋ$_1^{35}$ts^{h}im$_1^{35}$//≠ hɑu$_3^{33}$zɔŋ$_1^{35-21}$ts^{h}im$_1^{35}$尖鼻子

hau zống p'êăn, nez camard. 鼻子扁(首鼻扁) hɑu$_3^{33}$zɔŋ$_1^{35}$p^{h}ian$_3^{33}$鼻子扁//=hɑu$_3^{33}$zɔŋ$_1^{35}$mɑʔ$_7^{55}$//≠hɑu$_3^{33}$zɔŋ$_1^{35-21}$p^{h}ian$_3^{33}$扁鼻子(首鼻扁)

dỏn zống, narine. 鼻孔(洞鼻) ʔdɔn$_4^{21-24}$zɔŋ$_1^{35}$

zống ữt, nez bouché. 鼻塞 zɔŋ$_1^{35}$ut$_7^{55}$

=T. *ʔdaṅ* ด้ง

zồng 筛子 zɔŋ$_2^{24}$

zống zọp, tamiser le riz. 筛米 zɔŋ$_2^{24-21}$zɑp$_8^{21}$

zống biền, tamiser la farine. 筛粉 zɔŋ$_2^{24-21}$ʔbien$_4^{21}$

zống mọ aù, un tamis.→*zóng*. 一个筛(筛个一) zɔŋ$_2^{24}$mɔʔ$_8^{21}$ɔu$_4^{21}$　按：实际读为 mɔ$_4^{21-24}$ɔu$_4^{21}$。

zồng 容 zoŋ$_2^{24}$;别人 zoŋ$_1^{35}$　按：zoŋ$_2^{24}$容≠zɔŋ$_2^{24}$下/筛子。

zồng mao, contenance, maintien. 容貌 zoŋ$_2^{24-21}$mɑu$_3^{33}$

kàng lẹk ziàng zống=kang hìng mao zống, dépeindre. 描绘别人(讲别人样子<讲子样别人 kaŋ$^{33}_{3}$lɛk$^{21}_{8}$ziaŋ$^{21}_{4}$zoŋ$^{35}_{1}$=讲别人形貌<讲形貌别人 kaŋ$^{33}_{3}$hiŋ^{21} mau$^{33}_{3}$zoŋ$^{35}_{1}$)

k'oân zổng, visage radieux. 宽容 k^{h}uan^{33}zoŋ$^{24}_{2}$ 按:法语解释是"发光的脸",误。

zồng zị, facile. 容易 zoŋ$^{24-21}_{2}$zi$^{21}_{4}$

zồng zì hũk, aisé à faire. 容易做 zoŋ$^{24-21}_{2}$zi$^{21}_{4}$huk$^{55}_{7}$

<H. *ziồng* **i̯oṅ* 容

zồng 镕 zoŋ$^{24}_{2}$

zồng hêẵt, fondre du fer. 镕铁/熔铁 zoŋ$^{24-21}_{2}$hiat$^{55}_{7}$熔铁//hiat$^{55}_{7}$zoŋ$^{24}_{2}$铁熔化

<H. *ziồng* **i̯oṅ* 鎔

zông employer. 用 zoŋ$^{21}_{4}$;容 zoŋ$^{24}_{2}$

loàn zồng, abuser de. 乱用/滥用 luan$^{21}_{4}$zoŋ$^{21}_{4}$//=luan$^{55}_{5}$zoŋ$^{21}_{4}$

loản zồng, gaspiller. 乱用/浪费 luan$^{21}_{4}$zoŋ$^{21}_{4}$

ziàng bỏn zóng tống zồng, homme nul. 废物/不中用的人(人不中用) ziaŋ$^{24-21}_{2}$ʔban$^{24-21}_{2}$zaŋ$^{55}_{5}$toŋ^{33}zoŋ^{33}

zóng tông zồng, bon à rien. 无能(不中用) zaŋ$^{55}_{5}$toŋ^{33}zoŋ^{33}

zóng tông zông, d'aucune utilité. 没有用处(不中用) zaŋ$^{55}_{5}$toŋ^{33}zoŋ^{33}

zồng mao mải =zồng mao mèng, figure avenante. 容貌好 zoŋ$^{24-21}_{2}$mau$^{33}_{3}$mai$^{24}_{2}$(不说)//zoŋ$^{24-21}_{2}$mau$^{33}_{3}$mɛŋ$^{33}_{3}$(常说)//=na$^{33}_{3}$ʔda$^{35}_{1}$mɛŋ$^{33}_{3}$(脸眼好,口语常说)

ũk p'ói zông, débourser. 出费用 uk$^{55-33}_{7}$p^{h}əi$^{55}_{5}$zoŋ$^{21}_{4}$

zồng són p'ói, dépenses de voyage. 路费/盘缠(用路费) zoŋ$^{21}_{4}$sɔn$^{35-21}_{1}$p^{h}əi$^{55}_{5}$用路费(不说)//zoŋ$^{21-24}_{4}$sɛn$^{24-21}_{2}$sɔn$^{35}_{1}$用钱路(常说)

zồng sẻn, dépenser. 花钱(用钱) zoŋ$^{21-24}_{4}$sɛn$^{24}_{2}$

heng zông, emploi (usage). 使用(听用) hɛŋ^{33}zoŋ$^{21}_{4}$

tềi tềi heng zồng =tềi tềi ní zồng =tềi tềi zú zồng, d'un usage courant (usuel). 时时听用 tɛi$^{55}_{5}$tɛi$^{24-21}_{2}$hɛŋ^{33}zoŋ$^{21}_{4}$=时时将用 tɛi$^{55}_{5}$tɛi$^{24-21}_{2}$ʔdi$^{55}_{5}$zoŋ$^{21}_{4}$=时时都用 tɛi$^{55}_{5}$tɛi$^{24-21}_{2}$zu$^{55}_{5}$zoŋ$^{21}_{4}$ 按:萨维纳记录的 ní 现在都读为 ʔdi$^{55}_{5}$。

p'ói zồng, dépense. 费用 p^{h}əi$^{55}_{5}$zoŋ$^{21}_{4}$

zồng zoi, applicable. 可用(用得) zoŋ$^{21}_{4}$zai$^{33}_{3}$

zồng tóm, application. 用心 zoŋ$_4^{21-24}$tɔm$_1^{35}$

zóng zông, hors de service. 不用 zaŋ$_5^{55}$zoŋ$_4^{21}$

mưởn zồng, utile. 有用 mən$_2^{24-21}$zoŋ$_4^{21}$

zóng zồng kang, il ne faut pas le dire. 不用讲 zaŋ$_5^{55}$zoŋ$_4^{21-24}$kaŋ$_3^{33}$

<H. *ziông* **iʷoṅ*ʾ 用

zồng (trou). 鼻子 hau$_3^{33}$zɔŋ$_1^{35}$(鼻头)

zồng ngạ, trou de l'aiguille. 针眼/针鼻(鼻针) zɔŋ$_1^{35-21}$ŋaʔ$_8^{21}$

sòn zồng ngạ, enfiler une aiguille. 穿针眼/穿针鼻(穿鼻针) sɔn$_1^{35-21}$ zɔŋ$_1^{35-21}$ŋaʔ$_8^{21}$

按: zuŋ$_1^{35}$上面 ≠ zoŋ$_1^{35}$焦(烧焦)/别人 ≠ zɔŋ$_1^{35}$鼻子 ≠ zaŋ$_1^{35}$井(水井、旱井)

zổng 筒 daŋ^{21} 按: *zổng* 是 *dổng* 之误。来自海南话,随第4调变调。

zổng kuẳn mọ aù, tubes en bambou. 一个竹筒(筒竹个一) ʔdaŋ$_4^{21-24}$ kuan$_2^{24}$mɔʔ$_8^{21}$ɔu$_4^{21}$ 按: 实际读为 mɔ$_4^{21-24}$ɔu$_4^{21}$//ʔdaŋ$_4^{21-24}$ʔbɛi$_2^{24}$烟囱(筒火)

= C.-D. *jo:ṅ'*. ? T. « vide » *bro:ṅ'* พร่อง

zổng se dissoudre. 融/溶 zoŋ$_2^{24}$

<**i̯uṅ* 融

kông 公 kuŋ^{33};工 koŋ$_1^{35}$

kông si, agence. 公司 kuŋ^{33}si^{33}

kông dao = kông tséa = kông p'ểng, équitable. 公道 kuŋ^{33}ʔdau^{33} = 公正 kuŋ^{33}tsʰia$_1^{35}$ = 公平 kuŋ^{33}pʰeŋ$_2^{24}$// = kuŋ^{33}tsʰiŋ$_5^{55}$公正//kuŋ^{33}tsʰiŋ$_3^{33}$工整

k'êi kông, mettre quelque chose en train. 开工 kʰei$_1^{35-21}$koŋ$_1^{35}$//kʰei$_1^{35-21}$ ʔdɔu$_2^{24}$开门

<H. *kổng* **kuṅ* 公

kống 功 koŋ$_1^{35}$

lêẳn kống, lutter. 练功 lian$_3^{33}$koŋ$_1^{35}$

kống lêảu số, exploits. 功劳大(功劳粗) koŋ$_1^{35-21}$leu$_2^{24}$so$_1^{35}$

<H. *kổng* **kuṅ* 功

kông 恭 kuŋ^{33}/koŋ$_1^{35}$

kông hêi, féliciter. 恭喜 kuŋ^{33}hei$_3^{33}$

ũk kống, aller aux besoins naturels. 如厕/解手(出恭) uk$_7^{55-33}$koŋ$_1^{35}$// = ʔbəi$_1^{35-21}$huaŋ$_2^{24-21}$tɯ$_1^{35}$(去坑字)

<H. *kổng* **kioṅ* 恭

kống œuvre (travail). 工 koŋ$_1^{35}$

tsì sẻn kống, rétribuer. 支工钱(支钱工) ts^{h}i^{33}sɛn$_2^{24-21}$koŋ$_1^{35}$

kống lểô, travail, tâche. 工劳 koŋ$_1^{35-21}$leu$_2^{24}$

kống lếô, tâche. 工劳 koŋ$_1^{35-21}$leu$_2^{24}$

kống hũk hói kon, travail absorbant. 工作太忙(工作太赶) koŋ$_1^{35-21}$huk$_7^{55}$ hɑi$_5^{55}$kɔn$_3^{33}$

k'iền kống, actif. 勤工 k^{h}in$_2^{24-21}$koŋ$_1^{35}$//=kin^{21}koŋ$_1^{35}$//k^{h}in$_2^{24-21}$zeŋ$_2^{24}$勤力//= kin^{21}zeŋ$_2^{24}$

kống mải, bonne action. 工干得好(工好) koŋ$_1^{35}$ mai$_2^{24}$(不说)//koŋ$_1^{3}$ mɛŋ$_3^{33}$(常说)

tsúi bĩk hũk kống, activer les travaux. 催逼做工 ts^{h}ui$_5^{55}$ʔbik$_7^{55-33}$huk$_7^{55-33}$ koŋ$_1^{35}$//=soi$_1^{35}$ʔbik$_7^{55-33}$huk$_7^{55-33}$koŋ$_1^{35}$ 按:后文说 *bĩk* 本字是"迫",误。

mưởn kống lêào, affairé. 忙碌(有工多) mən$_2^{24-21}$koŋ$_1^{35}$liau$_4^{21}$

k'iền dẻng hũk kống, laborieux. 勤劳(勤力做工) k^{h}in$_2^{24-21}$zeŋ$_2^{24}$huk$_7^{55-33}$ koŋ$_1^{35}$ 按:*dẻng* 是 *zẻng* 之误。

hũk kống sẻi sẻi, lambiner. 做工迟迟 huk$_7^{55-33}$koŋ$_1^{35}$sɛi$_2^{24-21}$sɛi$_2^{24}$

ba kống = bêang kống, cesser le travail. 罢工 ʔba$_3^{33}$koŋ$_1^{35}$ = 放工 ʔbiaŋ$_3^{33}$ koŋ$_1^{35}$ 按:指下班。//hok$_7^{55-33}$koŋ$_1^{35}$放工 按:指放下手头工作/活儿。

hũk tểng kống, achever un ouvrage. 做成功 huk$_7^{55}$teŋ$_2^{24-21}$koŋ^{33}

k'ếi hau hũk kống, entreprendre un travail. 开头做工 k^{h}ei$_1^{35-21}$hɑu$_3^{33}$ huk$_7^{55-33}$koŋ$_1^{35}$

hũk kống = kĩt kống, travailler. 做工 huk$_7^{55-33}$koŋ$_1^{35}$ = 打工(击工) kit$_7^{55-33}$ koŋ$_1^{35}$//huk$_7^{55-33}$koŋ$_1^{35}$做工(给自己做事)//kit$_7^{55-33}$koŋ$_1^{35}$打工(给别人做事)

< **kuṅ* 工

kống mâle 公 kuŋ$_1^{35}$(≠koŋ$_1^{35}$工)

kống lối hiên, tonnerre. 打雷(公雷显) kuŋ$_1^{35-21}$loi$_2^{24}$hien$_3^{33}$//=kuŋ$_1^{35}$hien$_3^{33}$ 打雷(公显)//=kuŋ$_1^{35-21}$ loi$_2^{24}$ zɔk$_7^{55}$ 打雷(公雷响)//tia$_3^{33}$ tɯ$_1^{35}$ hien$_3^{33}$ 写字清楚(写字显)//tuk$_8^{21}$kok$_7^{55}$hien$_3^{33}$脚印清楚(脚印显)//kuŋ$_1^{35}$tɯʔ$_7^{55}$打闪(公闪)

kồng tsao, dieu du foyer. 灶公(公灶) kuŋ$_1^{35-21}$ts^{h}au$_3^{33}$//kuŋ$_1^{35-21}$tiaŋ$_4^{21}$道公(主祭祀)//kuŋ$_3^{33}$ hɛi$_4^{21}$ 土地神(公地)//kuŋ$_1^{35-21}$ ʔde$_1^{35}$ 男人(公爹)//kuŋ$_1^{35-21}$ ʔda$_4^{21}$岳父//ʔde^{33}ŋɔi$_4^{21-24}$ka$_1^{35}$岳父(爹外家)//kuŋ$_1^{35-21}$ ŋɔi$_4^{21-24}$ka$_1^{35}$外祖父(公外家)//kuŋ$_1^{35}$祖父(公)

< **kuṅ* 公

kổng mer 海 koŋ$^{33}_{3}$

nòm kông, eau de mer. 海水(水海) nɑm$^{21}_{4}$koŋ$^{33}_{3}$

kông sế, océan. 渔民丰收(海分) 按：法语解释是“海洋”，误。koŋ$^{33}_{3}$ se$^{35}_{1}$渔民丰收(海分)//hien$^{35}_{1}$se$^{35}_{1}$农民丰收(天分)

kông zóng mưởn bon = *zóng mưởn mải loàng*, mer calme. 海没有风 koŋ$^{33}_{3}$ zɑŋ$^{55}_{5}$ mən$^{24-21}_{2}$ ʔbɑn$^{33}_{3}$ = 没有浪 zɑŋ$^{55}_{5}$ mən$^{24-21}_{2}$ mai$^{21-24}_{4}$ luaŋ$^{21}_{4}$//mai$^{21-24}_{4}$ luaŋ$^{21}_{4}$浪

bẵk kông, goulet. 入海口/海口(口海) ʔbak$^{55-33}_{7}$koŋ$^{33}_{3}$

bõt kông, plantes marines, algues. 海草(草海) ʔbɑt$^{55-33}_{7}$koŋ$^{33}_{3}$

kua kông, traverser la mer. 过海 kua$^{33}_{3}$koŋ$^{33}_{3}$

kông p'êảng, côtes (rivage de la mer). 海边(海旁) koŋ$^{33}_{3}$p^{h}iaŋ$^{24}_{2}$

kồng 功 koŋ$^{35}_{1}$

kồng lêáu, mérite. 功劳 koŋ$^{35-21}_{1}$leu$^{24}_{2}$

k'ồng 孔 k^{h}oŋ^{21}

noạk k'ồng sêẵk, paon. 孔雀鸟(鸟孔雀) nuak$^{21}_{8}$k^{h}oŋ^{21}siak$^{55}_{7}$

<H. *khồng-sêẵk* *ᶜ*k'uṅ* 孔

k'ống vide, vacant 空 k^{h}oŋ$^{35}_{1}$

k'ồng k'í, atmosphère. 空气 k^{h}oŋ$^{35-21}_{1}$k^{h}i$^{55}_{5}$//k^{h}oŋ$^{35-21}_{1}$k^{h}ei$^{33}_{3}$

mể k'ống nêa, revenir bredouille. 空手回来(手空来) me$^{24}_{2}$k^{h}oŋ$^{35}_{1}$nia$^{33}_{3}$

<**k'uṅ* 空

ông 人/男人(翁) ɑŋ^{33}

lẹk ông p'án, étranger, européen, «inconnu». 外国人/番人子(子翁番) lɛk$^{21}_{8}$ɑŋ^{33}p^{h}an$^{35}_{1}$番人子//=ɑŋ^{33}p^{h}an$^{35}_{1}$番人(翁番)

ông bê,→*hông bê*, compatriote.→村人(翁村) ɑŋ^{33}ʔbe$^{33}_{3}$//hoŋ$^{24-21}_{2}$ʔbe$^{33}_{3}$同村

hông 送 hoŋ$^{33}_{3}$ 按：本字就是“送”，这是临高语中的 s->h-音变。

hông ziàng-bỏn dái, enterrer. 送死人(送人死) hoŋ$^{33}_{3}$ziaŋ$^{24-21}_{2}$ʔbɑn$^{24-21}_{2}$ ʔdai$^{35}_{1}$送死人//≠hoŋ$^{33}_{3}$ziaŋ$^{24-21}_{2}$ʔbɑn$^{24}_{2}$ʔdai$^{35}_{1}$送人死

hông présenter (offrir) 送 hoŋ$^{33}_{3}$;同 hoŋ$^{24}_{2}$ 按：原文认为本字是“行”，误。

hông k'ẽk, accompagner un hôte, reconduire un visiteur. 送客 hoŋ$^{33}_{3}$

k^{h}ek$_7^{55}$

bới hông zẩng kang, accoster quelqu'un pour causer. 去同别人讲 ʔbəi$_1^{35-21}$hoŋ$_2^{24-21}$zoŋ$_1^{35}$kaŋ$_3^{33}$（去同别人讲，少说）//ʔbəi$_1^{35-21}$hem$_1^{35}$zoŋ$_1^{35}$kaŋ$_3^{33}$（去和别人讲，常说） 按：hem$_1^{35}$和（添）不变调。*zẩng* 应该是 *zổng* 之误。

hông hàu, annoncer. 通知 hoŋ^{33}hɔu$_4^{21}$

hông nêa, apporter. 送来 hoŋ$_3^{33}$nia$_3^{33}$

hông hóa, livrer des marchandises. 送货 hoŋ$_3^{33}$hua$_3^{33}$

hông lêi kiàu, envoyer un cadeau. 送礼物 hoŋ$_3^{33}$ lei$_3^{33}$ keu$_4^{21}$// = hoŋ$_3^{33}$ lei$_3^{33}$ʔbɑt$_8^{21}$

<**ɣaṅ* 行

hông 桶 hoŋ$_3^{33}$

hông dệ hóa, arrosoir. 浇花桶（桶滴花） hoŋ$_3^{33}$ʔdiʔ$_8^{21}$hua$_1^{35}$

hông tũk hảu, baignoire. 洗澡桶（桶洗身） hoŋ$_3^{33}$huk$_7^{55-33}$hɔu$_2^{24}$

hông mọ aù, un baril. 一个桶（桶个一） hoŋ$_3^{33}$mɔʔ$_8^{21}$ɔu$_4^{21}$ 按：实际读为 mɔ$_4^{21-24}$ɔu$_4^{21}$。

hông zon, barrique de vin. 酒桶（桶酒） hoŋ$_3^{33}$ɑn$_3^{33}$

hũk k'ố hồng, cercler un tonneau. 箍桶（做箍桶） huk$_7^{55-33}$k^{h}o$_1^{35-21}$hoŋ$_3^{33}$

hông zẩu, pissotière. 尿桶（桶尿） hoŋ$_3^{33}$zou$_1^{35}$

hống nòm, seau pour l'eau. 水桶（桶水） hoŋ$_3^{33}$nɑm$_4^{21}$

<^{*c}*t'uṅ* 桶

hống 通 hoŋ$_1^{35}$ 按："通"也读为 huŋ$_1^{35}$。

hống k'êi lảu p'oảng, aérer une chambre. 通气进房 hoŋ$_1^{35-21}$ k^{h}ei$_3^{33}$ lɔu$_4^{21-24}$p^{h}uaŋ$_2^{24}$

hống tõk =*hống zoi*, comprendre. 懂得（通识 hoŋ$_1^{35}$tɔk$_7^{55}$ = 通得 hoŋ$_1^{35}$ zai$_3^{33}$）

<H. *hổng* ^{*c}*tuṅ* 通

hông 同 hoŋ$_2^{24}$

hống dòng =*hống*, affidé. 同党 hoŋ$_2^{24-21}$ʔdɑŋ^{21} = 同 hoŋ$_2^{24}$

hồng tóm họp êi, de concert. 同心合意 hoŋ$_2^{24-21}$tɔm$_1^{35}$hɔp$_8^{21}$ei$_3^{33}$

hồng ziàng = *hồng kỏn*, conforme. 同样 hoŋ$_2^{24-21}$ziaŋ$_4^{21}$ = 相同 hoŋ$_2^{24-21}$ kɔn$_2^{24}$

<**duṅ* 同

hồng (cuire) 煮 hoŋ$_{2}^{24}$　按：hoŋ$_{2}^{24}$煮≠hoŋ$_{1}^{35}$通，但"煮"壮语是第 1 调。

hồng tềa, cuire le riz. 煮饭 hoŋ$_{2}^{24-21}$tia$_{4}^{21}$

hồng zon, distiller de l'alcool. 熬酒(煮酒) hoŋ$_{2}^{24-21}$zɑn$_{3}^{33}$

=T. *hruṅ*　หุง

hồng 肚/肠(胴) hoŋ$_{4}^{21}$　按：本字是"胴"。《玉篇・肉部》："胴，徒栋切，大肠也。"

hồng tóm sẽk, mesquin. 心胸窄/气量小(胴心窄) hoŋ$_{4}^{21-24}$tɔm$_{1}^{35}$ts^{h}ek$_{7}^{55}$//=liaŋ$_{4}^{21}$ts^{h}ek$_{7}^{55}$量窄

hồng ventre, entrailles. 肚/肠(胴) hoŋ$_{4}^{21}$　按：hoŋ$_{4}^{21}$=huŋ$_{4}^{21}$(二李)。

hổng hẻo aù, intestin. 一条肠子(胴条一) hoŋ$_{4}^{21}$ hɛu$_{2}^{24}$ ɔu$_{4}^{21}$//=hoŋ$_{4}^{21-24}$ts^{h}ɛ$_{4}^{21}$hɛu$_{2}^{24}$ɔu$_{4}^{21}$//hoŋ$_{4}^{21-24}$hiak$_{8}^{21}$下水(内脏肠肚)

hồng mọ, abdomen. 腹部(胴个) hoŋ$_{4}^{21}$ mɔʔ$_{8}^{21}$//hoŋ$_{4}^{21-24}$mɔʔ$_{8}^{21}$ne$_{3}^{33}$肚子大(胴个大)

k'êi hồng aù, accès de colère. 一肚子气(气胴一) k^{h}ei$_{3}^{33}$hoŋ$_{4}^{21-24}$ɔu$_{4}^{21}$

hồng zõk, affamé, avoir faim. 肚子饿(胴饿) hoŋ$_{4}^{21}$zɑk$_{7}^{55}$

hồn dọk dọ kài nòm, colique. 拉肚子(胴痛拉屎水) hoŋ$_{4}^{21}$ ʔdɔk$_{8}^{21}$ ʔdɔʔ$_{8}^{21}$kai$_{4}^{21-24}$nɑm$_{4}^{21}$　按：*hồn* 是 *hồng* 之误。

hồng kọt, ventre ballonné. 肚子肿(胴肿) hoŋ$_{4}^{21}$kɔt$_{8}^{21}$(不说)　按：法语解释是"肚子胀"，误。这是很严重的疾病，如癌症。

hồng dọk, mal au ventre. 肚子痛(胴痛) hoŋ$_{4}^{21}$ ʔdɔk$_{8}^{21}$

hồng kổm, ventre plein. 肚子饱(胴饱) hoŋ$_{4}^{21}$kom$_{2}^{24}$

hồng mâú, saucisse. 香肠/猪肠(胴猪) hoŋ$_{4}^{21-24}$mou$_{1}^{35}$

hổng hồng, fièvres utérines. 同胞(同胴) hoŋ$_{2}^{24-21}$hoŋ$_{4}^{21}$

=T. *'do:ṅ*　ท้อง(肚子)

hồng cuivre 铜 hoŋ$_{2}^{24}$

hồng láng, airain, bronze. 黄铜(铜黄) hoŋ$_{2}^{24-21}$laŋ$_{1}^{35}$

ngỏn hồng, alliage argent et cuivre. 银铜 ŋɔn$_{2}^{24-21}$hoŋ$_{2}^{24}$//=ŋin^{21}hoŋ$_{2}^{24}$

=T. *do:ṅ*　**duṅ*　銅

hồng 同 hoŋ$_{2}^{24}$　按：原文认为本字是"当"，误。

hồng tểi, dans le même temps. 同时 hoŋ$_{2}^{24-21}$tei$_{2}^{24}$

hổng tóm, d'accord. 同心 hoŋ$_{2}^{24-21}$tɔm$_{1}^{35}$

<**duṅ*　當

hông 通 hoŋ$_1^{35}$/同 hoŋ$_2^{24}$

hồng tứ, almanach. 历书(通书) hoŋ$_1^{35-21}$tɯ$_1^{35}$

hồng sáu, en cadence. 同声 hoŋ$_2^{24-21}$sau$_1^{35}$

hông kồng, préméditation. 通共 hoŋ^{33}koŋ$_5^{55}$ 按：法语解释是预谋。

tsúi hống, perforer. 钻通 ts^{h}ui$_1^{35}$hoŋ$_1^{35}$

nằn hống, abstrus. 难懂(难通) nan$_2^{24-21}$hoŋ$_1^{35}$

<* *t'uṅ'* 通

hông 同 hoŋ$_2^{24}$

zóng hồng êi=zóng hồng tóm, dissenssion. 不同意 zaŋ$_5^{55}$hoŋ$_2^{24-21}$ei$_3^{33}$=不同心 zaŋ$_5^{55}$hoŋ$_2^{24-21}$tɔm$_1^{35}$

hồng kỏn, ressemblant. 相同 hoŋ$_2^{24-21}$kɔn$_1^{35}$

hồng zêàng, homogène. 同样 hoŋ$_2^{24-21}$ziaŋ$_4^{21}$

hồng zêàng, pareil. 同样 hoŋ$_2^{24-21}$ziaŋ$_4^{21}$

hồng hêang, compatriote. 同乡 hoŋ$_2^{24-21}$hiaŋ^{33}

ziàng bỏn hồng bê, concitoyen. 同村人(人同村) ziaŋ$_2^{24-21}$ ʔban$_2^{24-21}$ hoŋ$_2^{24-21}$ʔbe$_3^{33}$

hồng im, consonnance. 同音 hoŋ$_2^{24-21}$im^{33}

zóng hồng tóm, désunion. 不同心 zaŋ$_5^{55}$hoŋ$_2^{24-21}$tɔm$_1^{35}$

hồng ziàng, analogue. 同样 hoŋ$_2^{24-21}$ziaŋ$_4^{21}$

hổng avec 同 hoŋ$_2^{24}$

hổng im =hổng sáo, unisson. 同音 hoŋ$_2^{24-21}$im^{33}=同声 hoŋ$_2^{24-21}$sau$_1^{35}$

hổng tíng, nom de famille. 同姓 hoŋ$_2^{24-21}$tiŋ$_3^{33}$

họp hổng, accommodement. 合同 hɔp$_8^{21}$hoŋ$_2^{24}$(不说)//hɔp$_8^{21}$ʔdaŋ^{21}合同(常说,海南话)

hổng zâu, cohabiter. 同住(同在) hoŋ$_2^{24-21}$ zou$_3^{33}$//=hoŋ$_2^{24-21}$ k^{h}ia$_3^{33}$ 同住(同寄)

hổng sểng, sympathie. 同情 hoŋ$_2^{24-21}$seŋ$_2^{24}$

dêi hổng, comme. 如同(抵同) ʔdei$_3^{33}$hoŋ$_2^{24}$

hổng ziàng bới lứng, avoir des rapports avec quelqu'un. 同样来往(同样去回) hoŋ$_2^{24-21}$ziaŋ$_4^{21}$ʔbəi$_1^{35-21}$ləŋ$_1^{35}$//ʔbəi$_1^{35-21}$ləŋ$_1^{35}$来往//≠ʔbəi$_1^{35}$ləŋ$_1^{35}$去回

<* *duṅ* 同

可能的对应词如下：

	临高	台语	壮语	石家	莫语	水语	侗语	黎萨	黎王
moustique 蚊子	*nổng*	*ñuṅ*	*ñuṅ*	*ñuṅ*	*ñuṅ*	(*ṅwoṅ*)	*myuṅ*	*ñuôṅ*	*ñuṅ*
cuire le riz 煮米饭	*hồng*	*hruṅ*	*hruṅ*	*ruṅ*	*tuṅ*	*tuṅ*	*tuṅ*	*daṅ*	/
tambour 鼓	*lông*	*klo: ṅ*	*klo: ṅ>* *kyo: ṅ*	*tlo: ṅ*	*tyuṅ*	/	*kuṅ*	*lôṅ*	/
ventre 肚子	*hồng*	*do: ṅ*	*do: ṅ* *'duṅ*	*tho: ṅ*	(*loṅ*	*loṅ*	*loṅ*	(*boṅ*	/
trou 窟窿	*zồng*	(*ru*)[1]	*ǰo: ṅ'*	*so: ṅ*	/	/	/	/	/
nez 鼻子	*zống*	*ʔdaṅ*	*ʔdaṅ*	*ʔdaṅ*	*ʔnaṅ*	*ʔnaṅ*	*ʔnaṅ*	(*khet*[2]	*khak*)
cuivre 铜	*hồng*	*do: ṅ*	(*luoṅ*	*luoṅ*	*lu: ṅ*	*doṅ*	*doṅ*	*duôṅ*	/
paille 稻草	*mồng*	*va: ṅ*	*vɯən*	*viaṅ*	*hva: ṅ*	*hwa: ṅ*	*pa: ṅ*	(*ṅên*)	/

1. (ru)：但“空”是 *bro: ṅ** 。2. khet：但“脸”是 *dôṅ*，*taṅ*。

ONG

bong net (clair) 干净 ʔbaŋ$^{33}_{3}$/光亮 ʔbaŋ$^{35}_{1}$

zóng bong, impur. 不纯/不干净 zaŋ$^{55}_{5}$ʔbaŋ$^{33}_{3}$

tũk zêang bong = *tũk sêáu bong*, nettoyer, décrasser en lavant. 洗干净 tuk$^{55}_{7}$ziaŋ$^{33}_{3}$ʔbaŋ$^{33}_{3}$(不说) = tuk$^{55}_{7}$seu$^{35}_{1}$ʔbaŋ$^{33}_{3}$(不说)　按：都是生硬翻译。// tuk$^{55}_{7}$ʔbaŋ$^{33}_{3}$洗干净//ziaŋ$^{33}_{3}$ = seu$^{35}_{1}$干

hau bong, calvitie. 光头/秃头(首光亮) hau$^{33}_{3}$ʔbaŋ$^{35}_{1}$// = ʔbaŋ$^{35}_{1}$lon$^{33}_{3}$// hɔi$^{33}_{3}$lon$^{33}_{3}$剃光

sãt zêang bang, nettoyer. 擦干净(刷干净) suat$^{55}_{7}$ziaŋ$^{33}_{3}$ʔbaŋ$^{33}_{3}$// = suat$^{55}_{7}$ seu$^{35}_{1}$ʔbaŋ$^{33}_{3}$

teãk nóng zóm bong, éplucher les taros. 把黑皮削净(削皮黑净) tiak$^{55-33}_{7}$ naŋ$^{35-21}_{1}$zam$^{35}_{1}$ʔbaŋ$^{33}_{3}$//tiak$^{55-33}_{7}$naŋ$^{35-21}_{1}$sak$^{55}_{7}$ʔbaŋ$^{33}_{3}$削芋头皮净　按：法语解释为“削芋头皮”。

bong 帮 ʔbaŋ^{33}

bong kỏn, aide, assistance, s'entr'aider, se rendre de bons offices. 相帮(帮互相) ʔbaŋ^{33}kɔn$^{24}_{2}$

bong mể, donner un coup de main. 帮手(动宾结构) ʔbaŋ^{33}me$^{24}_{2}$

bong tô, aider. 帮助 ʔbaŋ^{33}to$^{33}_{3}$

ziàng-bỏn bong tô, auxiliaire. 助手(人帮助) ziaŋ$_2^{24-21}$ʔbɑn$_2^{24-21}$ʔbɑŋ^{33}to$_3^{33}$

bong tô, seconder. 帮手(帮助) ʔbɑŋ^{33}to$_3^{33}$

ziàng bỏn bong kỏn, collaborateur. 合作者(人帮互相) ziaŋ$_2^{24-21}$ʔbɑn$_2^{24-21}$ʔbɑŋ^{33}kɔn$_2^{24}$

ziàng bỏn lêào bong sún, achalandé. 顾客多的(人多帮衬) ziaŋ$_2^{24-21}$ʔbɑn$_2^{24}$liau$_4^{21}$ʔbɑŋ^{33}sɔn$_5^{55}$

<H. *bảng* **pân* 幫

bong 方 ʔbɑŋ^{33}

tí bong, carré. 四方 ti$_5^{55}$ʔbɑŋ^{33}(海南话)

<**piận* 方

bóng 芝麻 ʔbɔŋ$_2^{24}$(ʔbɔŋ$_2^{24}$"芝麻/泥/肺"同音)

mạk bóng, sésame. 芝麻 mɑk$_8^{21}$ʔbɔŋ$_2^{24}$

=Sek *vɯṅ*, v.n. *vừng*.

bong 封 ʔbɑŋ^{33} 按：海南话。

têa tiên bóng aù, écrire une lettre. 写一封信(写信封一)//tia$_3^{33}$tien$_5^{55}$ʔbɑŋ$_5^{55}$ɔu$_4^{21}$//=tia$_3^{33}$tien$_5^{55}$p^{h}oŋ$_5^{55}$ɔu$_4^{21}$//tia$_3^{33}$tien$_5^{55}$ʔbun$_5^{55}$ʔbɑŋ^{33}写两封信(写信两封)//tia$_3^{33}$tien$_5^{55}$ʔbun$_5^{55}$p^{h}oŋ$_1^{35}$

táu tiến bong, recevoir une lettre. 收一封信(收信封) tou$_1^{35-21}$tien$_5^{55}$ʔbɑŋ^{33}//=tou$_1^{35-21}$tien$_5^{55}$p^{h}oŋ$_5^{55}$ɔu$_4^{21}$//tou$_1^{35-21}$tien$_5^{55}$ʔbun$_5^{55}$p^{h}oŋ$_1^{35}$收两封信(收信两封)

bong zỏa, réquisitionner une barque. 征用船(封船) ʔbɑŋ^{33}zua$_2^{24}$封船//ʔbɑŋ^{33}zan$_2^{24}$封房子//=p^{h}oŋ$_1^{35-21}$zan$_2^{24}$//=p^{h}oŋ$_1^{35-21}$ʔbak$_7^{55-33}$ʔdɔu$_2^{24}$封门

<H. *bỏng* **piọṅ* 封

bỏng fange (→*bông*) 泥 ʔbɔŋ$_2^{24}$

bỏng dẻi, limon. 烂泥/淤泥(泥烂) ʔbɔŋ$_2^{24-21}$ʔdɛi$_2^{24}$

k'ô zoa loạk bỏng, habits fangeux. 衣服沾上泥/沾上泥的衣服(裤衣脏泥) k^{h}o$_3^{33}$zua$_3^{33}$luak$_7^{55-33}$ʔbɔŋ$_2^{24}$//luak$_7^{55-33}$lɛu$_4^{21}$脏色//=luak$_7^{55-33}$tek$_7^{55}$脏色

bỏng mọt, vase de boue. 土泥(泥土) ʔbɔŋ$_2^{24-21}$mɑt$_8^{21}$(干土加水变成的泥)//ʔbɔŋ$_2^{24-21}$nia$_2^{24}$田泥(水田里的泥)

p'ằn bỏng, se vautrer dans la boue. 在泥里打滚(翻泥) p^{h}an$_1^{35-21}$ʔbɔŋ$_2^{24}$在泥里翻滚/翻泥(翻泥)//p^{h}an$_1^{35-21}$mɑt$_8^{21}$在土里翻滚/翻土(翻土) 按：p^{h}an$_1^{35}$翻≠p^{h}ɑn$_1^{35}$雨。

? =T. *boṅ*, *ʔbuṅ*. C.-D: *boṅ*

p'ong longtemps 久 p^{h}ɔŋ$_3^{33}$

zóng p'ong, incessamment, récemment. 不久 zaŋ$_5^{55}$p^{h}ɔŋ$_3^{33}$

zóng kí p'ong, bientôt, prochainement, pas bien longtemps. 没多久(不几久) zaŋ$_5^{55}$ki$_5^{55}$p^{h}ɔŋ$_3^{33}$

zóng ế zoi p'ong, mémoire courte. 记得不久(不忆得久) zaŋ$_5^{55}$e$_1^{35}$zai$_3^{33}$ p^{h}ɔŋ$_3^{33}$

mưởn p'ong lêào, depuis longtemps. 有很久(有久多) mən$_2^{24}$p^{h}ɔŋ$_3^{33}$liau$_4^{21}$

mưởn kí p'ong, depuis combien de temps. 有多久(有几久) mən$_2^{24}$ki$_5^{55}$ p^{h}ɔŋ$_3^{33}$

kí p'ong zóng kễ, définitif. 几久不解 ki$_5^{55}$p^{h}ɔŋ$_3^{33}$zaŋ$_5^{55}$keʔ$_7^{55}$//=hai$_5^{55}$p^{h}ɔŋ$_3^{33}$ zaŋ$_5^{55}$keʔ$_7^{55}$太久不解　按：法语解释是"最后的，决定性的"。

zóng zoi kí p'ong, éphémère. 短暂的/短命的(不得几久) zaŋ$_5^{55}$zai$_3^{33}$ ki$_5^{55}$p^{h}ɔŋ$_3^{33}$

p'ong loi, éternel, toujours. 长久(久长) p^{h}ɔŋ$_3^{33}$lɔi$_1^{35}$

p'óng (num.) 把/捧/抱(捧)量词 p^{h}aŋ$_3^{33}$

bưởn p'óng aù, un fagot. 一把柴(柴捧一) ʔbən$_2^{24}$p^{h}aŋ$_5^{55}$ɔu$_4^{21}$一把柴// am$_2^{24-21}$ʔbən$_2^{24}$ʔbun$_5^{55}$p^{h}aŋ$_3^{33}$抱两抱柴(抱柴两捧)//ts^{h}um$_3^{33}$muŋ$_4^{21}$p^{h}aŋ$_5^{55}$ɔu$_4^{21}$抓一把稻草(抓稻草捧一)

bểi p'óng aù, un flambeau, une torche. 一个火把(火捧一) ʔbɛi$_2^{24}$p^{h}aŋ$_5^{55}$ ɔu$_4^{21}$一个火把(火捧一)//ʔbɛi$_2^{24-21}$ʔbak$_7^{55}$火焰(火幅)//ʔban$_3^{33}$ʔbak$_7^{55}$一阵一阵的风(风幅)

bõt p'óng aù, poignée d'herbes. 一把草(草捧一) ʔbat$_7^{55}$p^{h}aŋ$_5^{55}$ɔu$_4^{21}$// ʔbat$_7^{55}$ʔbun$_5^{55}$p^{h}aŋ$_3^{33}$

kĩt p'óng lếi, battre le tam-tam. 打锣(击锣) kit$_7^{55-33}$p^{h}aŋ$_2^{24-21}$lei$_2^{24}$// p^{h}aŋ$_2^{24-21}$lei$_2^{24}$锣

p'òng 防 p^{h}aŋ$_2^{24}$

p'òng bi, se tenir sur ses gardes. 防备 p^{h}aŋ$_2^{24-21}$ʔbi$_3^{33}$

<H. *phàng* **bi̯âǹ* 防

p'òng-kọp(衣服)口袋 p^{h}aŋ$_2^{24-21}$kɔp$_8^{21}$

dói lảu p'òng-kọp, mettre dans sa poche. 放进口袋(带进口袋) ʔdai$_3^{33}$

lɔu$_4^{21-24}$p^{h}ɑŋ$_2^{24-21}$kɔp$_8^{21}$　按：lɔu$_4^{21}$进≠lɔu$_2^{24}$起。

p'òng-kọp, poche d'habit. 衣服口袋 p^{h}ɑŋ$_2^{24-21}$kɔp$_8^{21}$

mỏng 蚊(蠓) mɑŋ$_2^{24}$　按：原文认为本字是“蚊”，误。

mỏng-dểau, moustiquaire. 蚊帐(蠓帐) mɑŋ$_2^{24}$ʔdiau$_5^{55}$(海南话)

= T. *ñuṅ*　?　**mi̯uən*　蚊

dong 咸的 zɑŋ$_3^{33}$　按：*dong* 是 *zong* 之误。奥德里古尔注释“可能是 *zong*”，他是对的。

nòm dong, eau salée (lapsus prob. → *zong*). 咸水(水咸) nɑm$_4^{21-24}$ zɑŋ$_3^{33}$//sɑk$_7^{55-33}$zɑŋ$_3^{33}$咸菜(菜咸)//≠sɑk$_7^{55}$zɑŋ$_3^{33}$菜咸

dong 凳 ʔdɔŋ$_3^{33}$

dong tsiáng aù, un banc. 一张凳(凳张一) ʔdɔŋ$_3^{33}$ts^{h}iaŋ$_5^{55}$ɔu$_4^{21}$

lẹk dong, escabeau. 小凳子(子凳) lɛk$_8^{21}$ ʔdɔŋ$_3^{33}$//ʔdɔŋ$_3^{33}$凳子=ei$_3^{33}$椅子(长流话不区分)

lẹk dong tsiáng aù, un tabouret. 一张凳子(子凳张一) lɛk$_8^{21}$ ʔdɔŋ$_3^{33}$ ts^{h}iaŋ$_5^{55}$ɔu$_4^{21}$

< **təṅʾ*　凳

dong 嫁/娶(等) ʔdɔŋ$_3^{33}$　按：海南话。

dong lẹk-k'iàng, marier un garçon. 嫁男孩子(等男孩) ʔdɔŋ$_3^{33}$ lɛk$_8^{21}$ k^{h}iaŋ$_4^{21}$(有人说对，有人说不对)//ʔdɔŋ$_3^{33}$lɛ$_4^{21-24}$lɛk$_8^{21}$嫁女孩子(等女孩，有人说对，有人说不对)//ʔdɔŋ$_3^{33}$ suan$_1^{35-21}$ p^{h}oʔ$_8^{21}$ 娶老婆(等新妇)//=ʔdei$_1^{35-21}$ suan$_1^{35-21}$p^{h}oʔ$_8^{21}$娶老婆(找新妇)

dóng suffisant, parvenir, arriver. 到 ʔdɔŋ$_1^{35}$;粘贴 ʔdɑŋ$_1^{35}$

bỏn dóng, terme, le terme est arrivé. 时间到(日子到) ʔbɑn$_2^{24}$ʔdɔŋ$_1^{35}$

dóng bỏn tểi, jusqu'à maintenant. 到现在(到时日<到日时) ʔdɔŋ$_5^{55}$ ʔbɑn$_2^{24-21}$tɛi$_2^{24}$

bơi zoi dóng, abordable. 去得了(去得到) ʔbəi$_1^{35}$zai$_3^{33}$ʔdɔŋ$_1^{35}$

dóng zọt, adhérer. 粘紧/贴紧 ʔdɑŋ$_1^{35}$zɔt$_8^{21}$

zụt hau dóng tụ, d'un bout à l'autre. 从头到尾 luk$_8^{21}$hɑu$_3^{33}$ʔdɔŋ$_5^{55}$tuʔ$_7^{55}$

zụt tsao dóng zóm, depuis le matin jusqu'au soir. 从早到晚(从早到黑) luk$_8^{21}$ts^{h}au$_3^{33}$ʔdɔŋ$_5^{55}$zɑm$_1^{35}$//=luk$_8^{21}$ts^{h}au$_3^{33}$ʔdɔŋ$_5^{55}$zɑm$_1^{35}$

kĩt dóng, atteindre. 赶上/到达(打到) kit$^{55}_{7}$ ʔdɔŋ$^{35}_{1}$ 打到(战争打到某地)//kua$^{24}_{2}$ ʔdɔŋ$^{35}_{1}$ 赶到/赶上

zóng dóng, insuffisant. 不到/不够/不足 zaŋ$^{55}_{5}$ ʔdɔŋ$^{35}_{1}$//zaŋ$^{55}_{5}$ ʔdɔŋ$^{35-21}_{1}$ səŋ$^{33}_{3}$ 不够秤

zụt téng dóng dái, depuis la naissance jusqu'à la mort. 从生到死 lok$^{21}_{8}$ teŋ$^{35}_{1}$ ʔdɔŋ$^{55}_{5}$ ʔdai$^{35}_{1}$ 从生到死//=lok$^{21}_{8}$ zou$^{33}_{3}$ ʔdɔŋ$^{55}_{5}$ ʔdai$^{35}_{1}$ 从活到死//=lok$^{21}_{8}$ zou$^{33}_{3}$ hɛŋ$^{55}_{5}$ ʔdai$^{35}_{1}$(从生停死)

zẽ sủ tếng dóng, Noël. 耶稣圣诞 zɛʔ$^{55}_{7}$ su$^{24}_{2}$ teŋ$^{55}_{5}$ ʔdaŋ$^{55}_{5}$ 按:“圣诞”是按海口音读。

zóng dóng zống, défaut (insuffisant). 不够用(不到用) zaŋ$^{55}_{5}$ ʔdɔŋ$^{55}_{5}$ zoŋ$^{21}_{4}$ 不够用(不到用)//=zaŋ$^{55}_{5}$ zai$^{33}_{3}$ zoŋ$^{21}_{4}$(不得用)//zaŋ$^{55}_{5}$ ʔdɔŋ$^{55}_{5}$ ŋau$^{33}_{3}$ 不够熟(不到用)//=zaŋ$^{55}_{5}$ zai$^{33}_{3}$ ŋau$^{33}_{3}$(不得熟)

zụt bỏn tểi dóng dà lểi, dorénavant. 从今往后(从现在到以后) luk$^{21}_{8}$ ʔban$^{24-21}_{2}$ tɛi$^{24}_{2}$ ʔdɔŋ$^{55}_{5}$ ʔda$^{24-21}_{2}$ lei$^{24}_{2}$

dóng zể, après-demain. 后天 ʔdɔŋ$^{55}_{5}$ ze$^{24}_{2}$(常说)//=ʔban$^{24-21}_{2}$ ze$^{24}_{2}$(少说)

dóng lô, après après-demain. 大后天 ʔdɔŋ$^{55}_{5}$ lo$^{33}_{3}$(常说)//=ʔban$^{24-21}_{2}$ lo$^{33}_{3}$(少说)

ứng dóng tõ, exulter. 狂喜(高兴到跳) əŋ$^{35}_{1}$ ʔdɔŋ$^{35}_{1}$ taʔ$^{55}_{7}$

no nêa dóng, nouvellement arrivé. 刚到(才来到) na$^{33}_{3}$ nia$^{33}_{3}$ ʔdɔŋ$^{35}_{1}$//na$^{33}_{3}$ na$^{33}_{3}$ ʔdɔŋ$^{35}_{1}$ 刚刚到 按: na$^{33}_{3}$ 才 ≠ na$^{33}_{3}$ 脸/前; ʔdaŋ$^{35}_{1}$ 粘 ≠ ʔdɔŋ$^{35}_{1}$ 到 ≠ ʔdoŋ$^{35}_{1}$ 东 ≠ ʔduŋ$^{35}_{1}$ 凸出。

bô dóng, suppléer. 补充(补到) ʔbo$^{33}_{3}$ ʔdɔŋ$^{35}_{1}$

dóng k'oai na, devancer, arriver avant. 先到(到先) ʔdɔŋ$^{35}_{1}$ kʰai$^{33}_{3}$ na$^{33}_{3}$

=T. *thưṅ*, C.-D. *daṅ* ถึง(到/至)

dong dóng 当 ʔdaŋ$^{55}_{5}$/ʔdaŋ^{33}

hũk ủn dóng, affermir. 加固(做稳当) huk$^{55}_{7}$ un^{21} ʔdaŋ$^{55}_{5}$

ủn dóng, assuré, garanti. 稳当 un^{21} ʔdaŋ$^{55}_{5}$

zóng ủn dong, branlant, pas solide. 不稳当 zaŋ$^{55}_{5}$ un^{21} ʔdaŋ$^{55}_{5}$

dong tểi, alors. 当时 ʔdaŋ^{33} tɛi$^{24}_{2}$

<* *tâṅ* 當

dòng 党 ʔdaŋ^{21}

hồng dòng, congénère. 同党 hoŋ$^{24-21}_{2}$ ʔdaŋ^{21}

hống dòng, affidé. 同党 hoŋ$_2^{24-21}$ʔdɑŋ^{21}

kiẵt dỏng, se coaliser. 结党 kiat$_7^{55-33}$ʔdɑŋ^{21}

kiễt dòng, comploter. 结党 kiat$_7^{55-33}$ ʔdɑŋ^{21}//kiat$_7^{55-33}$ mak$_8^{21}$ 结果子//≠ kiat$_7^{55-33}$kua^{21}结果 按：法语解释是“密谋策划”。

kón tềi dòng lểi, après avoir mangé. 后吃（吃饭后） kɔn$_1^{35-21}$tia$_4^{21}$ʔdɑŋ$_1^{35-21}$ lei$_2^{24}$后吃（吃饭后）//kɔn$_1^{35-21}$ tia$_4^{21}$ ʔda$_1^{35-21}$ lei$_2^{24}$//kɔn$_1^{35-21}$ tia$_4^{21}$ k^{h}ai$_3^{33}$ na$_3^{33}$ 先吃（吃饭先） 按：*tềi* 是 *têà* 之误。法语解释是“吃饭以后”，误。

<H. *dãng* *ᶜ *tân* 黨

dong 筒 ʔdɑŋ^{21}（海南话）

tiến dòng, enveloppe de lettre. 信筒 tien$_5^{55}$ ʔdɑŋ^{21}（海南话）//ʔdɑŋ$_4^{21-24}$ tien$_5^{55}$（长流话） 按：ʔdɑŋ^{21}按第 4 调规律变调。

dỏng ín mọ aù, une pipe. 烟筒一个（筒烟个一） ʔdɑŋ$_4^{21-24}$in$_1^{35}$mɔʔ$_8^{21}$ ɔu$_4^{21}$ 按：实际读为 mɔ$_4^{21-24}$ ɔu$_4^{21}$//ʔdɑŋ$_4^{21-24}$ʔbɛi$_2^{24}$mɔʔ$_8^{21}$ ɔu$_4^{21}$烟囱一个

dỏng ín nòm, pipe à eau. 水烟筒（筒烟水） ʔdɑŋ$_4^{21-24}$in$_1^{35-21}$nɑm$_4^{21}$

<H. *dàng* * *duṅ* 筒

dỏng 举 ʔdɔŋ$_2^{24}$

dỏng hau líu, lever la tête. 举头看（举首看） ʔdɔŋ$_2^{24-21}$hɑu$_3^{33}$liu$_1^{35}$

dỏng dọ, vertical. 举直 ʔdɔŋ$_2^{24}$ʔdɑʔ$_8^{21}$

nóng peau, cuir (non tanné) 皮 nɑŋ$_1^{35}$（不是革）

têa tiên nóng, écrire une adresse. 写信封（写信皮） tia$_3^{33}$ tien$_5^{55}$ nɑŋ$_1^{35}$（不说）//tia$_3^{33}$ ʔdɑŋ$_4^{21-24}$tien$_5^{55}$写信筒（常说）//ʔdɑŋ$_4^{21-24}$tien$_5^{55}$信封（信筒）

ziàng bỏn nóng p'ệạk, albinos. 白化病人（人皮白） ziaŋ$_2^{24-21}$ ʔbɑn$_2^{24}$ nɑŋ$_1^{35-21}$p^{h}iak$_8^{21}$

nóng hẻo aù, lanière de cuir. 一条皮/一条皮带（皮条一） nɑŋ$_1^{35}$hɛu$_2^{24}$ɔu$_4^{21}$（不说）//ʔba$_3^{33}$lo$_3^{33}$nɑŋ$_1^{35}$hɛu$_2^{24}$ɔu$_4^{21}$（常说）

nóng tsêi, carton. 纸板/纸盒（皮纸） nɑŋ$_1^{35-21}$ts^{h}ei$_3^{33}$

na nóng ná, dévergondé. 脸皮厚 na$_3^{33}$nɑŋ$_1^{35}$na$_1^{35}$//=nɑŋ$_1^{35}$na$_1^{35}$ 皮厚

nóng dá, paupières. 眼皮（皮眼） nɑŋ$_1^{35-21}$ʔda$_1^{35}$

nòng mạk sềng, peau de la mandarine. 橘子皮/橙子皮（皮果橙） nɑŋ$_1^{35-21}$ mak$_8^{21}$seŋ^{21}

=T. *hnaṅ* หนัง

nỏng □$naŋ_4^{21}$

nỏng kõk, patate douce. 红薯/地瓜 $naŋ_4^{21-24}kɔk_7^{55}$红薯//＝$p^han_1^{35}$番 按：长流墟以南"红薯"都是 $p^han_1^{35}$。

long 朗 $laŋ_3^{33}$

hũk ng'e long, affermir. 加固（做硬朗）$huk_7^{55}\ ŋɛ_3^{33}\ laŋ_3^{33}$ 按：$ŋɛ_3^{33}\ laŋ_3^{33}$（硬朗）是海南话。

lóng 毛线 $laŋ_5^{55}$

zoa ta-lóng, gilet. 背心（衣衫毛线）$zua_3^{33}ta^{33}laŋ_5^{55}$//＝$ta^{33}laŋ_5^{55}$

ta-lóng, veste. 上衣（衫毛线）$ta^{33}laŋ_5^{55}$

<H. *tả-láng*.

lòng（piège）笼 $lɔŋ_2^{24}$

lòng mái zệ, piège à rats. 老鼠笼（笼老鼠）

$lɔŋ_2^{24-21}mai_4^{21-24}zi_4^{21}$

<* *luṅ* 籠

lòng 笼 $lɔŋ_2^{24}$ 按：$lɔŋ_2^{24}$笼≠$lɔŋ_2^{24}$龙。

lòng kói, basse-cour. 鸡笼（笼鸡）$lɔŋ_2^{24-21}kai_1^{35}$

lòng toáng, bercail. 羊笼（笼羊）$lɔŋ_2^{24-21}tuaŋ_2^{24}$

lòng mọ, écurie. 马笼（笼马）$lɔŋ_2^{24-21}maʔ_8^{21}$//$zuk_8^{21}maʔ_8^{21}$马厩 按：马厩不说笼。

＝T. *la: ṅ* ล่าง（下面）

lòng 浪 $laŋ_5^{55}$ 按：$laŋ_5^{55}$音同"毛线"，原文本字误作"通"，应该是笔误。

lòng p'ói sẻn lêào, prodigue. 浪费钱多 $laŋ_5^{55}p^həi_5^{55}sɛn_2^{24}liau_4^{21}$//$zua_3^{33}laŋ_5^{55}$毛衣//$kiat_7^{55-33}laŋ_5^{55}$织毛衣（结毛线）

<H. *lang* * *lâṅ*ʾ 通

long 笼 $lɔŋ_2^{24}$

hau lòng mọ, bride de cheval. 马笼头（头笼马）$hau_3^{33}lɔŋ_2^{24-21}maʔ_8^{21}$

<H. *làng* * *luṅ* 轆

tsong 撞 $ts^haŋ_3^{33}$

tsong kỏn, se bousculer. 相撞（撞互相）$ts^haŋ_3^{33}kɔn_2^{24}$//$ts^haŋ_3^{33}kiak_7^{55}$打夯（撞脚）//$koʔ_8^{21}kiak_7^{55}$挖地基（挖脚）//$kiak_7^{55}zaŋ_5^{55}zɔt_8^{21}$地基不稳（脚不稳）//

=luŋ$_3^{33}$kɔn$_2^{24}$相撞//luŋ$_3^{33}$hau$_3^{33}$撞头

<* ḍauṅˀ 撞

song (abeille) 蜂 saŋ$_3^{33}$

lêàng song, miel. 蜂蜜(糖蜂) liaŋ$_1^{35-21}$saŋ$_3^{33}$

mềng song hảu, abeille. 一只蜜蜂(螟只一) meŋ$_2^{24}$hɔu$_2^{24}$ɔu$_4^{21}$

=T. *phrɯṅ* ผึ้ง

sóng 山 saŋ$_1^{35}$

sóng mọ aù, montagne (Sauvage). 一座山(山个一);野的 saŋ$_1^{35}$mɔʔ$_8^{21}$ɔu$_4^{21}$

noạk p'è kỗk sóng, pigeon ramier. 野鸽子(山鸽<鸟破脚山) nuak$_8^{21}$pʰɛ$_1^{35-21}$kok$_7^{55}$saŋ$_1^{35}$//nuak$_8^{21}$pʰɛ$_1^{235-21}$kok$_7^{55}$鸽子(鸟破脚)//pʰɛ$_1^{35-21}$ʔbɔŋ$_2^{24}$甩泥巴上墙//pʰɛ$_1^{35-21}$na$_3^{33}$甩一个耳光//hui$_4^{21}$pʰɛ$_1^{35}$碗破了

sóng bểi, volcan. 火山(山火) saŋ$_1^{35-21}$ʔbɛi$_2^{24}$

dòn sóng, antre, caverne. 山洞(洞山) ʔdɔn$_4^{21-24}$saŋ$_1^{35}$

sóng háng, montagne haute. 高山(山高) saŋ$_1^{35-21}$haŋ$_1^{35}$

zươn sóng hảu aù, lièvre. 一只野兔(兔山只一) zɯn$_3^{33}$saŋ$_1^{35}$hɔu$_2^{24}$ɔu$_4^{21}$

nòm sóng, eau de source. 山泉水(水山) nam$_4^{21-24}$saŋ$_1^{35}$//=nam$_4^{21-24}$ŋin$_2^{24}$

sóng dom hềi lêẫt, cataclysme. 山崩地裂(山倒地裂) saŋ$_1^{35}$ ʔdɔm$_3^{33}$ hɛi$_4^{21}$liat$_7^{55}$

niú sóng, lynx. 猞猁(猫山) miu$_1^{35-21}$saŋ$_1^{35}$ 按:*niú* 是 *miú* 之误。

lẹk sóng, mamelon (colline). 山丘(子山) lɛk$_8^{21}$saŋ$_1^{35}$

mả sóng, loup. 狼(狗山) ma$_1^{35-21}$saŋ$_1^{35}$

kâů sóng, gravir une montagne. 登山(上山) kun$_3^{33}$saŋ$_1^{35}$

ling sóng, cime de montagne. 山岭(岭山) liŋ$_3^{33}$saŋ$_1^{35}$

kói sóng, coq de bruyère. 野鸡(鸡山) kai$_1^{35-21}$saŋ$_1^{35}$

kỏi sóng, faisan. 野鸡(鸡山) kai$_1^{35-21}$saŋ$_1^{35}$

sóng chanter 唱 saŋ$_5^{55}$

họp sóng, chanter en chœur. 合唱 hɔp$_7^{55}$saŋ$_5^{55}$大家一起唱(合唱)//≠hɔp$_8^{21}$saŋ$_5^{55}$适合唱(合唱)

k'ếi hau sóng ko, entonner un chant. 开头唱歌 kʰei$_1^{35-21}$hau$_3^{33}$saŋ$_5^{55}$ko$_3^{33}$

<* č'i̯âṅˀ 唱

sòng 藏 saŋ$_{2}^{24}$

tở-hoi ủn sòng, secret. 隐藏的事情(事会隐藏) tə$_{4}^{21-24}$hoi$_{3}^{33}$un^{21}saŋ$_{2}^{24}$

zong salé 咸 zaŋ$_{3}^{33}$

sõk kong, légumes salés. 咸菜 sak$_{7}^{55-33}$ zaŋ$_{3}^{33}$//nam$_{4}^{21-24}$ zaŋ$_{3}^{33}$ 咸水　按：*kong* 是 *zong* 之误。

=T. *ʔdaṅ*ʾ ด้ง

zóng 焦/烧 zoŋ$_{1}^{35}$

bểi zóng, le feu a pris. 燃烧/冒火焰(火焦) ʔbɛi$_{2}^{24-21}$ zoŋ$_{1}^{35}$ 燃烧的火// ʔbɛi$_{2}^{24}$zoŋ$_{1}^{35}$ 火燃烧

zóng ne (ne... pas, sans) 不 zaŋ$_{5}^{55}$

zóng mưởn ziàng-bỏn no, aucun, il n'y a personne (ne pas avoir homme ici). 没有人/一个人也没有(没有谁人) zaŋ$_{5}^{55}$mən$_{2}^{24}$ziaŋ$_{2}^{24-21}$ʔban$_{2}^{24}$na$_{3}^{33}$

zóng zau zảu, absent. 不在家 zaŋ$_{5}^{55}$zou$_{3}^{33}$zan$_{2}^{24}$　按：*zảu* 是 *zản* 之误。

zóng tông zông, d'aucune utilité. 不中用 zaŋ$_{5}^{55}$toŋ^{33}zoŋ^{33}(指人)。//= zaŋ$_{5}^{55}$mən$_{2}^{24-21}$zoŋ$_{4}^{21}$没有用

zóng hổ sỏi, malchance. 不走运(不好彩) zaŋ$_{5}^{55}$ho$_{2}^{24}$sai$_{2}^{24}$

zóng tõk tứ, illettré. 不识字(不识书) zaŋ$_{5}^{55}$tɔk$_{7}^{55-33}$tɯ$_{1}^{35}$

zóng tõk lêi, malappris. 不懂礼 zaŋ$_{5}^{55}$tɔk$_{7}^{55-33}$lei$_{3}^{33}$

zóng nêa =*zóng zòng nêa*, ne venez pas. 不来 zaŋ$_{5}^{55}$nia$_{3}^{33}$ ≠不用来 zaŋ$_{5}^{55}$ zɔŋ$_{2}^{24}$nia$_{3}^{33}$

zóng âú, abandonner. 不要 zaŋ$_{5}^{55}$ou$_{1}^{35}$

zóng kô zoi =*zóng zêá zoi*, abandonné par les médecins. 无法医治(不救得 zaŋ$_{5}^{55}$ko$_{3}^{33}$zai$_{3}^{33}$=不医得 zaŋ$_{5}^{55}$zia$_{1}^{35}$zai$_{3}^{33}$)

mô zóng zóng, fortuit. 想不到 mo$_{3}^{33}$ zaŋ$_{5}^{55}$ ʔdɔŋ$_{1}^{35}$ 想不到//= zaŋ$_{5}^{55}$ mo$_{3}^{33}$ ʔdɔŋ$_{1}^{35}$没想到　按：后一个 *zóng* 是 *dóng* 之误。

zóng họp tểi, mal à propos. 不合时 zaŋ$_{5}^{55}$hɔp$_{8}^{21}$tɛi$_{2}^{24}$

zóng lể bưởn sứ=*zóng lể tở hoi sã aù*, laisser ses affaires à l'abandon. 不理本事=不理自己事情(不理事会自己) zaŋ$_{5}^{55}$ le$_{4}^{21-24}$ ʔbən$^{21-24}$ si^{33}//= zaŋ$_{5}^{55}$ le$_{4}^{21-24}$tə$_{4}^{21-24}$hoi$_{3}^{33}$sa$_{5}^{55}$ɔu$_{4}^{21}$　按：le$_{4}^{2}$=li$_{4}^{21}$ 理。

ziàng-bỏn zỏng mưởn na dá, effronté. 厚颜无耻(人没有脸眼) ziaŋ$_{2}^{24-21}$ ʔban$_{2}^{24-21}$zaŋ$_{5}^{55}$mən$_{2}^{24-21}$na$_{3}^{33}$ʔda$_{1}^{35}$

zóng sế sề =*zóng mưởn tsìng tỏn*, malaise. 不舒服(不自在 zaŋ$_{5}^{55}$se$_{3}^{33}$se$_{4}^{21}$ =

没有精神 zaŋ$_5^{55}$mən$_2^{24}$ts^{h}iŋ$_1^{35-21}$tən$_2^{24}$）

nòn zong zòng bô, malsain, l'eau du puits ne fortifie pas. 不健康的/井水不补（水井不补） nam$_4^{21-24}$zaŋ$_1^{35}$zaŋ$_5^{55}$ʔbo$_3^{33}$　按：*nòn* 是 *nòm* 之误。指有的井水不补养人。

zóng（puits）井 zaŋ$_1^{35}$

uăt zóng = *k'êi zóng*, creuser un puits. 挖井 uat$_7^{55-33}$zaŋ$_1^{35}$ = 开井 k^{h}ei$_1^{35-21}$zaŋ$_1^{35}$// = koʔ$_8^{21}$ zaŋ$_1^{35}$ 挖井 //zaŋ$_1^{35}$ k^{h}ei$_1^{35}$//kuan$_1^{35-21}$ se$_2^{24}$ k^{h}ɔm$_3^{33}$ zaŋ$_5^{55}$ k^{h}ei$_1^{35}$, ʔbak$_7^{55-33}$zaŋ$_1^{35}$k^{h}ei$_1^{35}$zaŋ$_5^{55}$k^{h}ɔm$_3^{33}$（谚语：棺材盖不开，井口开不盖。）　按：长流人传统，水井不盖盖子，否则不吉利。

dêi zóng, fonds du puits. 井底（底井） ʔdei$_3^{33}$zaŋ$_1^{35}$

nòm zóng mọ aù, puits. 一个井水（水井个一） nam$_4^{21-24}$zaŋ$_1^{35}$mɔʔ$_8^{21}$ɔu$_4^{21}$ 按：实际读为 mɔ$_4^{21-24}$ɔu$_4^{21}$。

zóng zêang, puits tari. 干井/枯井（井干） zaŋ$_1^{35}$ziaŋ$_3^{33}$井枯//zaŋ$_1^{35-21}$ziaŋ$_3^{33}$枯井

< ?　*ᶜ*tsieṅ*　井

zong zɔŋ$_2^{24}$筛子≠zɔŋ$_3^{33}$簸箕　按：萨维纳把"筛子"和"簸箕"记乱了。

zòng zọp, cribler le riz. 筛米 zɔŋ$_2^{24-21}$zap$_8^{21}$

zỏng mộk mọ aù, van. 一个簸箕（箕谷个一） zɔŋ$_3^{33}$mok$_8^{21}$mɔʔ$_8^{21}$ɔu$_4^{21}$ 按：实际读为 mɔ$_4^{21-24}$ɔu$_4^{21}$。

zỏng mộk, vanner (le riz) →*zông* zɔŋ$_3^{33}$mok$_8^{21}$簸谷//≠zɔŋ$_2^{24-21}$mok$_8^{21}$筛谷　按：法语解释是"簸谷"。

= T. *khrɯṅ*, C.-D. *raṅ*　ขึง

zỏng descendre 下（下山） zɔŋ$_2^{24}$

zau zỏng tềi kản, en ce monde. 在世上（在上世间） zou$_3^{33}$zuŋ$_1^{35-21}$tei$_3^{33}$kan$_1^{35}$在世上（在上世间）// = zou$_3^{33}$tei$_3^{33}$kan$_1^{35}$在世间（常说）//zou$_3^{33}$zɔŋ$_1^{35-21}$tei$_3^{33}$kan$_1^{35}$在别世间（少说）//zou$_3^{33}$ʔdau$_2^{24-21}$ɔm$_1^{35-21}$kan$_1^{35}$在阴间（在下阴间）// = zou$_3^{33}$ɔm$_1^{35-21}$kan$_1^{35}$在阴间（常说）

kẩn zỏng, monter et descendre. 上下 kun$_3^{33}$zɔŋ$_2^{24}$

zỏng sóng, descendre de la montagne. 下山 zɔŋ$_2^{24-21}$saŋ$_1^{35}$

kĩt zống diễt zỏng mọt, terrasser. 把人打倒在地（击别人跌下地） kit$_7^{55-33}$zɔŋ$_1^{35}$ʔdiet$_7^{55}$zɔŋ$_2^{24-21}$mat$_8^{21}$

bêáng zỏng, abaisser. 放下 ʔbiaŋ$_3^{33}$zɔŋ$_2^{24}$//=hok$_7^{55}$zɔŋ$_2^{24}$

ziến zỏng dảu dêi, s'affaisser. 沉下到底 zien$_1^{35}$zɔŋ$_2^{24}$ʔdɔŋ$_5^{55}$ʔdei$_3^{33}$//zien$_1^{35}$ 沉(石头沉)

lêí zỏng kông, affluer vers la mer. 流下海 lei$_1^{35}$zɔŋ$_2^{24-21}$koŋ$_3^{33}$

k'ải zỏng, s'agenouiller, faire la génuflexion. 跪下 k^{h}oi$_4^{21}$zɔŋ$_2^{24}$

ziàng bỏn zỏng mể k'oai na, agresseur. 进攻者/先下手的人(人下手先) ziaŋ$_2^{24-21}$ʔbɑn$_2^{24-21}$zɔŋ$_2^{24-21}$me$_2^{24}$k^{h}ai$_3^{33}$na$_3^{33}$

dọ dọ zỏng, d'aplomb, droit. 直直下 ʔdɑʔ$_8^{21}$ʔdɑʔ$_8^{21}$zɔŋ$_2^{24}$//ʔdɑʔ$_8^{21}$ʔdɑʔ$_8^{21}$ ʔbəi$_1^{35}$直直去

lữ zỏng, avaler. 咽下 lɯʔ$_7^{55}$zɔŋ$_2^{24}$

zỏng nòm, en aval. 下游(下水) zɔŋ$_2^{24-21}$nɑm$_4^{21}$

zõk zỏng nòm, macérer dans l'eau. 浸下水 zɔk$_7^{55}$zɔŋ$_2^{24-21}$nɑm$_4^{21}$

tuôn nòm zỏng, descendre le courant. 顺流下(顺水下) tun$_3^{33}$ nɑm$_4^{21-24}$ zɔŋ$_2^{24}$

hôk zỏng =*bêang zỏng*, baisser. 放下 hok$_7^{55}$zɔŋ$_2^{24}$=放下 ʔbiaŋ$_3^{33}$zɔŋ$_2^{24}$

hôk hãp zỏng =*bêáng hãp zỏng*, décharger, ôter la charge. 放下担子(放担下) hok$_7^{55-33}$hap$_7^{55}$zɔŋ$_2^{24}$=ʔbiaŋ$_3^{33}$hap$_7^{55}$zɔŋ$_2^{24}$//hap$_7^{55}$挑(挑担子)/担子

zỏng zỏa bới, s'embarquer. 装上船(下船去) zɔŋ$_2^{24-21}$zua$_2^{24}$ʔbəi$_1^{35}$//kun$_3^{33}$ zua$_2^{24}$ʔbəi$_1^{35}$上船去

zỏng mạ, descendre de cheval. 下马 zɔŋ$_2^{24-21}$mɑʔ$_8^{21}$

zỏng sếa, descendre de voiture. 下车 zɔŋ$_2^{24-21}$sia$_1^{35}$

=T. *loṅ*, C.-D. *roṅ* ลง(下)

zỏng 下 zɔŋ$_2^{24}$

bòk zỏng, léguer. 留下/传下 ʔbɑi$_4^{21}$zɔŋ$_2^{24}$

zỏng dọk, empoisonner. 下毒 zɔŋ$_2^{24-21}$ʔdɑk$_8^{33}$ 按:ʔdɑk$_8^{33}$是海南话读法。

ong 擤/拉 ɔŋ$_3^{33}$

ong mụk, se moucher. 擤鼻涕 ɔŋ$_3^{33}$muk$_8^{21}$//ɔŋ$_3^{33}$kai$_4^{21}$(用力拉屎)//uŋ$_3^{33}$ k^{h}ei$_3^{33}$憋气/鼓气(使气)

óng 醒 ɑŋ$_1^{35}$

bêáu óng =*hòn óng*, éveiller quelqu'un, réveiller. 叫醒 ʔbeu$_1^{35}$ɑŋ$_1^{35}$=喊醒

hɑn^{21}ɑŋ$_1^{35}$

óng soằn kiềm, veiller toute la nuit. 熬夜(醒睡夜) ɑŋ$_1^{35}$suan$_1^{35-21}$kim$_4^{21}$

bêáu óng, réveiller en appelant. 叫醒 ʔbeu$_1^{35}$ɑŋ$_1^{35}$

kĩt óng, réveiller en frappant. 打醒(击醒) kit$_7^{55}$ɑŋ$_1^{35}$

òng 人/男人(翁) ɑŋ^{33}

òng ím, mendiant. 乞丐(人乞) ɑŋ^{33}im$_1^{35}$乞丐

òng 红 ɑŋ^{21}

p'iển òng, rouge d'aniline. 一品红(品红) p^{h}ien^{21} ɑŋ^{21}(海南话)// p^{h}ien^{21}hoŋ$_2^{24}$

<**γuṅ* 紅

hòng 行 hɑŋ^{21}

ng'ìên hòng, banque. 银行 ŋin^{21}hɑŋ^{21}

<**γâṅ* 行

hòng 堂 hɑŋ^{21}

hiến hòng, paradis. 天堂 hien$_1^{35}$hɑŋ^{21}

kẩn hiến hòng, monter au ciel. 升天堂 kun$_3^{33}$hien$_1^{35}$hɑŋ^{21}

<**dâṅ* 堂

与台语对应的词在这些韵中:*-aṅ*, *-ɯṅ*, *-oṅ*:

	临高	台语	壮语	石家	莫语	水语	侗语	黎萨	黎王
peau 皮	*nóng*	*hnaṅ*	*hnaṅ*	*naṅ*	(*dya*	*'Ga*	* *huk*)	*naṅ*	*nuaṅ*
salé 咸	*zong*	*ʔdaṅ'*	/	*ʔdaṅ'*	*ʔdaṅ'*	*ʔnaṅ'*	*ʔnaṅ'*	(*ha:n van*	*huam*)
se lever 起床	*dỏng*	*'taṅ*	*'taṅ*[1]	/	/	/	/	(*əɯ vəɯ*)	/
arriver à 到	*dóng*	*thɯṅ*	*daṅ*	/	(*thaw*	*thaw*	*thaw*)	(*dan*)	/
vanner 簸	*zỏng*	*khrɯṅ*	*hraṅ*	*raṅ*	/	/	/	(*žaw*)	/
abeille 蜂	*song*	*prɯṅ*	(*dɯən*)	*sɯṅ*	/	/	/	(*voṅ*)	*fok*)
sésame 芝麻	*bóng*	(*ṅa*	*ra*)	*vwiṅ*	(*ʔṅa*	*ʔṅa*	/	/	/
descendre 下	*zỏng*	*loṅ*	*roṅ*	*roṅ*	(*hla*	/	*lui'*	*luoi*	/
écurie 笼子	*lòng*	*la:ṅ'*	/	/	*ruṅ'*	/	/	/	/

1. *'taṅ* 应该与壮语的 *droṅ*"起来"有关系,与石家语的 *ʔyoṅ* 声调相合。

OANG-UANG

boàng 皇 ʔbuaŋ$_2^{24}$

boàng dếi, roi, souverain. 皇帝 ʔbuaŋ$_2^{24-21}$ʔdei^{33}//huk$_7^{55-33}$ʔbuaŋ$_2^{24}$做皇帝

按：*boàng* 声母没有错。

<* *ɣwân*　皇

p'oang 房 p^{h}uaŋ$_{2}^{24}$

hống k'êi lảu p'oảng, aérer une chambre. 通气进房 hoŋ$_{1}^{35-21}$ k^{h}ei$_{3}^{33}$ lɔu$_{4}^{21-24}$p^{h}uaŋ$_{2}^{24}$

hau p'oảng, antichambre. 前厅/门厅(首房) hɑn$_{3}^{33}$p^{h}uaŋ$_{2}^{24}$

p'oảng kon, appartement. 房间 p^{h}uaŋ$_{2}^{24-21}$kɑn^{33}(少说)//=p^{h}uaŋ$_{2}^{24}$(常说)

p'oảng mọ aù, une chambre. 一个房(房个一) p^{h}uaŋ$_{2}^{24}$mɔʔ$_{8}^{21}$ɔu$_{4}^{21}$

p'oảng bíng, caserne. 兵营(房兵) p^{h}uaŋ$_{2}^{24-21}$ʔbiŋ$_{1}^{35}$

lẹk p'oảng, cellule. 小房子 lɛk$_{8}^{21}$p^{h}uaŋ$_{2}^{24}$

p'oảng lõp sóan =p'oảng lãp sóan, chambre à coucher, dortoir, alcôve. 睡房(房躺睡) p^{h}uaŋ$_{2}^{24-21}$lɑp$_{7}^{55-33}$suan$_{1}^{35}$

p'oàng k'ẽk, parloir. 客房(房客) p^{h}uaŋ$_{2}^{24-21}$k^{h}ek$_{7}^{55}$

p'oàng kón téà, réfectoire. 吃茶房(房吃茶) p^{h}uaŋ$_{2}^{24-21}$kɔn$_{1}^{35-21}$tia$_{4}^{21}$

<* *bi̯ân*　房

p'oàng-zau ami, camarade. 朋友 p^{h}uaŋ$_{2}^{24-21}$zou$_{3}^{33}$

kỗp p'oàng záu, se lier d'amitié. 交朋友(佮朋友) kop$_{7}^{55-33}$p^{h}uaŋ$_{2}^{24-21}$zou$_{3}^{33}$

kàu sềng p'oàng zau, amitié. 旧情朋友(古情朋友) kɑu$_{3}^{33}$seŋ$_{2}^{24}$p^{h}uaŋ$_{2}^{24-21}$ zou$_{3}^{33}$(少说)//=seŋ$_{2}^{24-21}$kɑu$_{3}^{33}$p^{h}uaŋ$_{2}^{24-21}$zou$_{3}^{33}$(多说)

kao p'oàng zau, associer. 交朋友 kiau^{33}p^{h}uaŋ$_{2}^{24-21}$zou$_{3}^{33}$

<* *bən*　朋

doang 当(典当) ʔduaŋ$_{3}^{33}$

doang k'ô zoa, mettre ses habits en gages. 典当衣服(当裤衣) ʔduaŋ$_{3}^{33}$ k^{h}o$_{3}^{33}$zua$_{3}^{33}$

<* *tân'*　當

doàng 食槽 ʔduaŋ$_{2}^{24}$

doàng mâú, auge à porcs. 猪槽/猪食槽(食槽猪) ʔduaŋ$_{2}^{24-21}$mou$_{1}^{35}$

doàng mọ, râtelier. 马槽(食槽马) ʔduaŋ$_{2}^{24-21}$mɑʔ$_{8}^{21}$

toáng (nombre) pair 双 tuaŋ$_{1}^{35}$

bọt toáng aù, paire de bas. 一双袜(袜双一) ʔbɑt$_{8}^{21}$ tuaŋ$_{5}^{55}$ ɔu$_{4}^{21}$//ʔbɑt$_{8}^{21}$ ʔbun$_{5}^{55}$tuaŋ$_{1}^{35}$两双袜

dá toáng aù, les deux yeux. 一双眼(眼双一) ʔda$_1^{35}$tuaŋ$_5^{55}$ɔu$_4^{21}$(不说)// ʔda$_1^{35}$ʔdoi$_5^{55}$ɔu$_4^{21}$一对眼睛(常说)

hài toáng aù, une paire de souliers. 一双鞋 hai$_2^{24}$tuaŋ$_5^{55}$ɔu$_4^{21}$

zóng mưởn toáng, sans pareil. 没有双/无双 zaŋ$_5^{55}$mən$_2^{24-21}$tuaŋ$_1^{35}$

téng lẹk toáng téng, avoir deux jumeaux. 生双胞胎(生子双生) teŋ$_1^{35-21}$ lɛk$_8^{21}$tuaŋ$_5^{55}$teŋ$_1^{35}$

sồ toàng aù, baguettes pour manger, une paire de bâtonnets. 一双筷子(箸双一) so$_4^{21}$tuaŋ$_5^{55}$ɔu$_4^{21}$

< =T. *so:ṅ* สอง(双) **sauṅ* 雙

toang 羊/山羊 tuaŋ$_2^{24}$

sáo toáng, bêlement. 羊叫声(声音羊) sau$_1^{35-21}$tuaŋ$_2^{24}$(少说)//sau$_1^{35-21}$ mɛʔ$_7^{55}$(常说)

zộk toáng =*lòng toáng*, bercail. 羊圈(圈羊) zuk$_8^{21}$tuaŋ$_2^{24}$=羊笼(笼羊) lɔŋ$_2^{24-21}$tuaŋ$_2^{24}$//=zuk$_8^{21}$mɛʔ$_7^{55}$//=lɔŋ$_2^{24-21}$mɛʔ$_7^{55}$ 按：mɛʔ$_7^{55}$比 tuaŋ$_2^{24}$多说。

hộk toang, bélier. 公羊/公山羊(特羊) hɔk$_8^{21}$tuaŋ$_2^{24}$//=hɔk$_8^{21}$mɛʔ$_7^{55}$

bỏn toáng, laine. 羊毛(毛羊) ʔbɑn$_2^{24-21}$tuaŋ$_2^{24}$//=ʔbɑn$_2^{24-21}$mɛʔ$_7^{55}$

mài toảng, chèvre. 母羊/母山羊 mai$_4^{21-24}$tuaŋ$_2^{24}$

lẹk toảng, agneau, chevreau. 小羊/小山羊 lɛk$_8^{21}$tuaŋ$_2^{24}$//=lɛk$_8^{21}$mɛʔ$_7^{55}$

kêồ bỏn toảng, tondre des chèvres. 剪羊毛(铰毛羊) keu$_3^{33}$ʔbɑn$_2^{24-21}$ tuaŋ$_2^{24}$//=keu$_3^{33}$ʔbɑn$_2^{24-21}$mɛʔ$_7^{55}$

<**ʔi̯ân* 羊

tóang 桩 tuaŋ^{33}

sũt tóang hể noạk (piège), lacet pour prendre des oiseaux. 捉鸟机关(缩桩捉鸟) sot$_7^{55-33}$tuaŋ^{33}he$_2^{24-21}$nuak$_8^{21}$

loang (vague) 浪 luaŋ$_4^{21}$

kông mái loang, flot de la mer. 海浪(海大浪) koŋ$_3^{33}$mai$_4^{21-24}$luaŋ$_4^{21}$ 按：mai$_4^{21}$引申为"大"。

kông zóng mưởn bon zóng mưởn mải loàng, mer calme (mer pas avoir vent, pas avoir vague) 海无风无浪(海无风无大浪) koŋ$_3^{33}$zaŋ$_5^{55}$mən$_2^{24-21}$ ʔbɑn$_3^{33}$zaŋ$_5^{55}$mən$_2^{24-21}$mai$_4^{21-24}$luaŋ$_4^{21}$

<**lâṅ'* 浪

tsóang faire sa toilette 装/装扮 ts^{h}uaŋ$_{1}^{35}$

ziàng bỏn tsóang hau siễt, coquet. 卖俏的人(人装可惜) ziaŋ$_{2}^{24-21}$ ʔbɑn$_{2}^{24}$ ts^{h}uaŋ$_{1}^{35}$hɑu$_{3}^{33}$sit$_{7}^{55}$

hểi tsóang, de propos délibéré, avec préméditation. 假装(故意装) hɛi$_{2}^{24}$ ts^{h}uaŋ$_{1}^{35}$//=hɛi$_{2}^{24}$koŋ$_{1}^{35}$

tsóang hau sĩt = *tsóang meng*, s'endimancher. 卖俏(装好惜 ts^{h}uaŋ$_{1}^{35}$ hɑu$_{3}^{33}$ sit$_{7}^{55}$ =装漂亮 ts^{h}uaŋ$_{1}^{35}$mɛŋ$_{3}^{33}$)

tsóang meng, orner. 装漂亮/装好 ts^{h}uaŋ$_{1}^{35}$mɛŋ$_{3}^{33}$

< * *ṭṣi̯âṅ* 装

tsóang 装 ts^{h}uaŋ$_{1}^{35}$

hểi-tsóang, avec préméditation. 假装(故意装) hɛi$_{2}^{24}$ts^{h}uaŋ$_{1}^{35}$

tsòang-zóm 装黑 ts^{h}uaŋ$_{1}^{35-21}$zɑm$_{1}^{35}$(非常黑)

hiến tsòang-zóm tsòang-zóm, crépuscule. 黄昏时(天装黑装黑) hien$_{1}^{35}$ ts^{h}uaŋ$_{1}^{35-21}$ zɑm$_{1}^{35}$ ts^{h}uaŋ$_{1}^{35-21}$ zɑm$_{1}^{35}$//hien$_{1}^{35}$ ts^{h}uaŋ$_{1}^{35-21}$ ʔbaŋ$_{1}^{35}$ ts^{h}uaŋ$_{1}^{35-21}$ ʔbaŋ$_{1}^{35}$ 黎明时(天装亮装亮)

tsóang 装 ts^{h}uaŋ$_{1}^{35}$

tsóang hêáng, brûler de l'encens. 烧香/上香(装香) ts^{h}uaŋ$_{1}^{35-21}$hiaŋ$_{1}^{35}$

sóang 窗 suaŋ$_{1}^{35}$

dảu sóang, croisée, fenêtre. 窗子(门窗) ʔdɔu$_{2}^{24-21}$suaŋ$_{1}^{35}$窗户 按:窗子总称。//ʔda$_{1}^{35-21}$suaŋ$_{1}^{35}$窗户 按:指窗扇(窗子的门)。//=ʔdɔn$_{4}^{21-24}$ʔda$_{1}^{35-21}$ suaŋ$_{1}^{35}$

* *ṭṣ'auṅ* 窗

zoàng 虾 zuaŋ$_{2}^{24}$

zoàng lống, homard (crevette dragon). 龙虾(虾龙) zuaŋ$_{2}^{24-21}$ loŋ$_{2}^{24}$// zuaŋ$_{2}^{24-21}$ ŋai$_{2}^{24}$小虾(用来腌制做蘸料)//zuaŋ$_{2}^{24-21}$ mɯɯt$_{8}^{21}$虾米

zoảng hảu aù, une crevette. 一只虾(虾只一) zuaŋ$_{2}^{24}$hɔu$_{2}^{24}$ɔu$_{4}^{21}$

kuang 光 kuaŋ^{33}

kuang kẻng, circonstances. 光景 kuaŋ^{33}keŋ$_{2}^{24}$//tun$_{2}^{24-21}$ kuaŋ^{33}keŋ$_{2}^{24}$逛风景

(巡光景)// = $kua\eta^{33}ke\eta^{21}$//$kua\eta^{33}ke\eta^{21}m\varepsilon\eta_3^{33}$风景好(光景好)

<* *kwâṅ* 光

kuáng 缸 $kua\eta_1^{35}$

kuáng mọ aù, bocal. 一个缸(缸个一) $kua\eta_1^{35}m\text{ɔ}ʔ_8^{21}\text{ɔ}u_4^{21}$ 按:实际读为 $m\text{ɔ}_4^{21-24}\text{ɔ}u_4^{21}$//$kua\eta_1^{35-21}n\text{ɑ}m_4^{21}$水缸//$\varepsilon\eta^{33}n\text{ɑ}m_4^{21}$水罂//$hap_7^{55-33}\varepsilon\eta^{33}$挑罂//$ki\eta_1^{35}$小陶罐(形似罂,但比罂小)

<* *kauṅ* 缸

k'oang (tombe) 墓坑(圹) $kua\eta_3^{33}$

k'ei k'oang, creuser une tombe. 挖墓坑(开圹) $k^hei_1^{35-21}kua\eta_3^{33}$

<* *k'ʷâṅ'* 壙

k'oang (halo) 晕(框) $k^hua\eta^{33}$ 按:原文认为本字是"圈",误。

sói siển k'oang p'ỏn nĩ dỗk, quand la lune a un halo il est près de pleuvoir. 月亮有晕要下雨(月旋框雨要下) $s\text{ɑ}i_1^{35}sien_2^{24}k^hua\eta^{33}p^h\text{ɑ}n_1^{35}ʔdi_5^{55}ʔdok_7^{55}$// = $s\text{ɑ}i_1^{35}kit_7^{55-33}zuk_8^{21}p^h\text{ɑ}n_1^{35}ʔdi_5^{55}ʔdok_7^{55}$(月击巢雨要下)

<* *k'ʷi̯eṅ* 圈

ngoang 笨(顽) $\eta ua\eta_3^{33}$

ziàng-bỏn ngoang, sot, stupide, bête, idiot. 傻子(人顽) $zia\eta_2^{24-21}ʔb\text{ɑ}n_2^{24-21}\eta ua\eta_3^{33}$

lẹk ngoang, maladroit. 笨蛋/傻瓜(子顽) $l\varepsilon k_8^{21}\eta ua\eta_3^{33}$//$\eta ua\eta_3^{33}\eta\varepsilon^{33}\eta\varepsilon^{33}$傻呆呆(顽硬硬,海南话)

ziàng-bỏn ngòang, bête. 笨人/愚顽人(人顽) $zia\eta_2^{24-21}ʔb\text{ɑ}n_2^{24-21}\eta ua\eta_3^{33}$

<* *ṅwan* 頑

hoang 荒 $hua\eta^{33}$

hoang năn, calamité. 荒难 $hua\eta^{33}n\text{ɑ}n_5^{55}$

hoang non, malheur. 荒难 $hua\eta^{33}n\text{ɑ}n_5^{55}$

<* *xwâṅ* 荒

hoang 谎 $hua\eta_3^{33}$

tư hoang zống, tromper les gens. 说谎/骗人(诱谎别人) $t\text{ɯ}_3^{33}hua\eta_3^{33}zo\eta_1^{35}$

<H. *hoãng* * *χwâṅ* 謊

hoang 风 $hua\eta^{33}$ 按:原文认为本字是"炕",误。这是海南话。

daù dêi hoang laù, âtre. 风炉最底层(下底风炉) $ʔd\text{ɑ}u_2^{24-21}ʔdei_3^{33}hua\eta^{33}l\text{ɔ}u^{21}$ 按:风炉是海南话。

hoang laù, poêle. 火炉(风炉) huaŋ^{33} lɔu^{21} 风炉(铁匠用,有风箱)//haŋ$_3^{33}$lɔu^{21}烫炉/火炉(日常用的炉子)

hoáng laù, réchaud. 火炉(风炉) huaŋ^{33}lɔu^{21}

$<^{***}$ *k‘âṅ* 炕

hoàng 塘/坑 huaŋ$_2^{24}$池塘(大的)//ʔbɛŋ$_4^{21-24}$ʔba$_1^{35}$鱼塘(小的)

hoàng tử, cabinet d’aisance. 厕所(坑书) huaŋ$_2^{24-21}$tɯ$_1^{35}$

hoàng tứ, fosse d’aisance. 厕所(坑书) huaŋ$_2^{24-21}$tɯ$_1^{35}$

* *k‘aṅ* 坑

hoàng 烫 huaŋ$_1^{35}$

hoàng kói, ébouillanter un poulet. 烫鸡 huaŋ$_1^{35-21}$kɑi$_1^{35}$

hoàng k’ô zoa, empeser des effets, repasser les habits. 熨衣服(烫裤衣) huaŋ$_1^{35-21}$k^{h}o$_3^{33}$zua$_3^{33}$ 按:给衣服上浆、熨衣服。

hoáng hoảng 行 huaŋ$_2^{24}$

hoáng aù, une enfilade. 一行(行一) huaŋ$_2^{24}$ɔu$_4^{21}$

tìng hoảng, mettre par rangées. 成行 teŋ$_2^{24-21}$huaŋ$_2^{24}$

hoảng aù, rangée. 一行(行一) huaŋ$_2^{24}$ɔu$_4^{21}$

hỗk hoáng, mettre de travers. 放横 hok$_7^{55}$huaŋ$_1^{35}$放横//hok$_7^{55}$ʔdɑʔ$_8^{21}$放直 按:法语解释是“弄歪了”。

$<^{*}$ *ɣâṅ* 行

只有一个可能的关系词,还是古代汉语借词:

	临高	台语	壮语	石家	莫语	水语	侗语	黎萨	黎王
deux 双	*tóang*	*so:ṅ*	*so:ṅ*	*so:ṅ*	(*ra*	*Ra*	*ya*)	(*daw traw*	*hlau*)

IP-EP-IÊP

dịp 闭 ʔdip$_7^{55}$

dịp dá, cligner des yeux, fermer les yeux. 闭眼 ʔdip$_7^{55-33}$ ʔda$_1^{35}$ 闭眼//niap$_7^{55-33}$ʔda$_1^{35}$眨眼//=ʔdɑŋ$_3^{33}$ʔda$_1^{35}$眨眼

tịp caler 垫 tip$_7^{55}$

tịp kỗk tảng, caler les pieds de la table. 垫桌脚(垫脚桌) tip$_7^{55-33}$kok$_7^{55-33}$ taŋ$_2^{24}$//tip$_7^{55-33}$kok$_7^{55-33}$ʔdɔu$_2^{24}$垫门脚//tip$_7^{55-33}$k^{h}o$_3^{33}$提裤子(垫裤)//tip$_7^{55-33}$zua$_3^{33}$ 提衣服(垫衣)

tịp 垫/插 tip$_7^{55}$

tịp laủ sọp lễk, porter, mettre sous l'aisselle. 夹进腋下/插进腋下（垫进腋下去）tip$_7^{55}$lɔu$_4^{21-24}$sɑp$_7^{55-33}$lik$_7^{55}$ʔbəi$_1^{35}$//=kɛp$_8^{21}$lɔu$_4^{21-24}$sɑp$_7^{55-33}$lik$_7^{55}$ʔbəi$_1^{35}$//tip$_7^{55}$ lɔu$_4^{21-24}$p^{h}ɑŋ$_2^{24-21}$kɔp$_8^{21}$插进口袋//=sap$_7^{55}$lɔu$_4^{21-24}$p^{h}ɑŋ$_2^{24-21}$kɔp$_8^{21}$插进口袋

<** *sep* 揲

niệp 纳 nip$_8^{21}$

ziàng-bỏn niệp lêáng, contribuable. 纳粮人（人纳粮）ziaŋ$_2^{24-21}$ ʔbɑn$_2^{24-21}$ nip$_8^{21}$liaŋ$_2^{24}$//nip$_8^{21}$liaŋ$_2^{24}$纳粮（长流口语）//nap$_8^{33}$liaŋ$_2^{24}$纳粮（读书音，海南话）

<* *nəp* 納

niễp 插 nip$_7^{55}$

niễp zỏng mọt, ficher en terre. 插下土 nip$_7^{55}$zɔŋ$_2^{24-21}$mɑt$_8^{21}$//nip$_7^{55-33}$k^{h}ɛi$_2^{24}$插旗子

<* *ñip* 入

liệp 立 lip$_7^{55}$

liệp k'ỗk bới, partir aussitôt. 立刻去 lip$_7^{55}$k^{h}ək$_7^{55}$ʔbəi$_1^{35}$//=sɔu$_4^{21-24}$siaŋ$_4^{21}$ʔbəi$_1^{35}$马上去//siaŋ$_4^{21}$siaŋ$_4^{21}$ʔbəi$_1^{35}$慢慢去//=lɑi$_5^{55}$siaŋ$_4^{21}$ʔbəi$_1^{35}$慢慢去

<H. *liêp* * *lip* 立

tsịp 接 ts^{h}ip$_7^{55}$/ts^{h}iap$_7^{55}$

tsịp k'ẽk, accueillir un visiteur. 接客 ts^{h}ip$_7^{55-33}$k^{h}ek$_7^{55}$（老派）//=ts^{h}ip$_7^{55-33}$ me$_1^{35}$//ts^{h}iap$_7^{55-33}$k^{h}ek$_7^{55}$（新派） 按：me$_1^{35}$指亲友。

tsiễp 接 ts^{h}ip$_7^{55}$

tsiễp k'ẽk, recevoir un visiteur. 接客 ts^{h}ip$_7^{55-33}$k^{h}ek$_7^{55}$

<H. *cheạp* * *tsi̯ep* 接

tsiệp 习 sip$_8^{21}$

tsiệp tứ, apprendre à lire. 学字（习书）sip$_8^{21}$tɯ$_1^{35}$习字//huak$_8^{21}$tɯ$_1^{35}$识字（学书） 按：法语解释是"学习读"。

hoạk tsiệp, s'exercer. 学习 huak$_8^{21}$sip$_8^{21}$（长流话）//=o^{33}ts^{h}ip$_8^{33}$（海南话）

<* *zip* 習

siễp 湿 sip$_7^{55}$

sáo siễp, enroué, voix rauque. 声音嘶哑（声音湿）sau$_1^{35}$sip$_7^{55}$//siau$_2^{24}$sip$_7^{55}$潮湿

bỏn siễp, rhumatisme. 风湿 ʔbɑn$_3^{33}$sip$_7^{55}$（少说）//huaŋ^{33}sip$_7^{55}$（多说）

<* *šip* 濕

kẹp touffu 峡 hiap$_7^{55}$　按：法语解释是“繁密的”，误。

sóng kẹp, défilé dans les montagnes. 山峡 saŋ$_1^{35}$kɛp$_8^{21}$（不说）//san^{33}hiap$_7^{55}$山峡//loʔ$_7^{55-33}$saŋ$_1^{35}$山谷（常说）　按：kɛp$_8^{21}$是读半边字了。

kống kẹp, détroit. 海峡　按：kɛp$_8^{21}$读半边字。koŋ$_3^{33}$kɛp$_8^{21}$（不说）//hai^{21}hiap$_7^{55}$（常说）

bôt kẹp, herbe épaisse, drue, touffue. 浓密的草 ʔbɑt$_7^{55-33}$kɛp$_8^{21}$（不说）//ʔbɑt$_7^{55-33}$na$_1^{35}$茂密的草（草厚，常说）//=ʔbɑt$_7^{55-33}$ɔp$_7^{55}$

< **gaəp* 峡

kẹp 夹 kɛp$_8^{21}$

kẹp bới, porter sur la hanche. 夹去 kɛp$_8^{21}$ʔbəi$_1^{35}$

kẹp lảu sạp lẽk bới, porter sous l'aisselle. 夹进腋下去 kɛp$_8^{21}$lɔu$_4^{21-24}$sɑp$_7^{55-33}$lik$_7^{55}$ʔbəi$_1^{35}$//=tip$_7^{55}$lɔu$_4^{21-24}$sɑp$_7^{55-33}$lik$_7^{55}$ʔbəi$_1^{35}$插进腋下去

< **gep* 挾

kiễp 急 kep$_7^{55}$

ting kiễp = *ting kiếp*, caractère emporté. 性急 tiŋ$_3^{33}$kep$_7^{55}$//=tiŋ$_3^{33}$kɔn$_3^{33}$（性赶）

tìng kiễp, fougueux. 性急 tiŋ$_3^{33}$kep$_7^{55}$

<H. *kiệp*　**kip* 急

k'iệp 躲避 k^{h}ep$_8^{21}$

k'iệp lứng, en embuscade. 躲起来（藏住）k^{h}ep$_8^{21}$ləŋ$_1^{35}$//=mɛ$_3^{33}$ləŋ$_1^{35}$//k^{h}ep$_8^{21}$um$_3^{33}$躲猫猫（躲捂）

k'iệp năn, éviter le malheur. 避难 k^{h}ep$_8^{21}$nɑn$_5^{55}$（不说）//ʔdɛu$_2^{24-21}$nɑn$_5^{55}$逃难（常说）//ʔdɛu$_2^{24-21}$ts^{h}ai$_3^{33}$逃债//ts^{h}ai$_3^{33}$债≠ts^{h}ɑi$_3^{33}$钉/打//ts^{h}ɑi$_3^{33}$ʔdɛŋ$_1^{35}$钉（钉钉子）

k'iệp sề, éviter le péché. 避罪/逃罪 k^{h}ep$_8^{21}$se$_4^{21}$//=ʔdɛu$_2^{24-21}$se$_4^{21}$

ngiệp 孽/业 ŋip$_8^{21}$

zóng sế ngiệp, déshériter. 剥夺继承权（不分业）zaŋ$_5^{55}$se$_1^{35-21}$ŋip$_8^{21}$不分业（不说）//zaŋ$_5^{55}$se$_1^{35-21}$zan$_2^{24-21}$zou$_3^{33}$不分家住//=zaŋ$_5^{55}$se$_1^{35-21}$kɛ^{33}kui^{33}不分家规（海南话）　按：“家规”即家当。

<H. *ñêặp*　**ṇiap* 業

hẹp 协 hep$_7^{55}$

hẹp zểng, s'évertuer. 协力 hep$_7^{55-33}$zeŋ$_2^{24}$//hiap$_7^{55-33}$hui^{33}协会

< **gep* 協

mềng hoà-hẹp, papillon. 蝴蝶(花蝶虫<螟花蝶) miŋ$_2^{24-21}$hua$_1^{35-21}$hep$_8^{21}$

hẹp 叠 hep$_8^{21}$

hẹp lảu, agglomérer. 叠起 hep$_8^{21}$lɔu$_2^{24}$

hẹp hũk dồng aù, amasser. 叠做一堆(叠做堆一) hep$_8^{21}$huk$_7^{55}$ʔdoŋ$_2^{24}$ɔu$_4^{21}$

hẹp diển hũk dồng, mettre des cailloux en tas. 叠石做堆 hep$_8^{21}$ʔdien$_2^{24}$ huk$_7^{55}$ʔdoŋ$_2^{24}$

hiệp 叠 hep$_8^{21}$

hiệp lảu, agglomérer. 叠起/堆起 hep$_8^{21}$lɔu$_2^{24}$

hẹp empiler 叠/堆 hep$_8^{21}$

hẹp lảu, superposé. 叠起 hep$_8^{21}$lɔu$_2^{24}$

<* *dep* 疊

hiễp 帖/帖子 hep$_7^{55}$

sồm hiễp, cartes de visite. 拜访的名帖(拜帖) som$_1^{35-21}$hep$_7^{55}$//som$_1^{35-21}$ kuŋ$_1^{35}$拜公//siŋ$_3^{33}$hep$_7^{55}$请帖

hiễp coller 贴 hep$_7^{55}$

hiễp tsếô bòi, coller des affiches. 贴招牌 hep$_7^{55-33}$ts^{h}iau^{33}ʔbɑi^{21}

hiệp tsêi, coller des papiers. 贴纸 hep$_7^{55-33}$ts^{h}ei$_3^{33}$

<H. *hêặp* * *t'ep* 帖

没有对应词。

ÊAP-IAP

dêạp 钢 ʔdiap$_8^{21}$

dêạp hêẵt, acier. 钢铁 ʔdiap$_8^{21}$hiat$_7^{55}$//ʔbak$_7^{55-33}$mit$_8^{21}$mən$_2^{24-21}$ʔdiap$_8^{21}$刀口有钢

<** *dep* 鍱

tsiẵp 接 tsiap$_7^{55}$

tsiẵp lứng, unir. 接住 tsiap$_7^{55}$ləŋ$_1^{35}$

<* *tsi̯ep* 接

ziạp 指甲 $ziap_8^{21}$

ziạp mể, ongle. 手指甲（指甲手） $ziap_8^{21}me_2^{24}$手指甲//$ziap_8^{21}kok_7^{55}$脚趾甲（指甲脚）

= T. *lep*, C.-D. *rip*. เล็บ（指甲）

kiặp 劫 $kiap_7^{55}$

kĭt kiặp, brigandage, dévaliser, piller, rapine. 打劫（击劫） $kit_7^{55}kiap_7^{55}$//$kiap_7^{55}kɔn_1^{35}$抢着吃（劫吃）//≠$kiap_7^{55-33}kɔn_1^{35}$抢吃的（劫吃）//≠$kiap_7^{55-33}kɔn_2^{24}$互相抢（劫互相）

<H. *kêâp* **kiap* 刦

ng'iặp 业 $ŋiap_8^{21}$

zản ng'iặp, patrimoine. 家业 $zan_2^{24-21}ŋiap_8^{21}$（不说）//$zan_2^{24-21}ŋip_8^{21}$（常说）//=$kɛ^{33}kui^{33}$家业（家规） 按："家规"即家当。//$se_1^{35-21}kɛ^{33}kui^{33}$分家产//$kɛ^{33}ŋiap_8^{33}$//=$kɛ^{33}ŋiep_8^{21}$//$ŋiap_8^{21}ɔt_7^{55}$廿一//=$ŋiep_8^{21}ɔt_7^{55}$

<* *n̊iap* 業

ng'iảp ng'ề, vingt-cinq. 二十五（廿五） $ŋiep_8^{21}ŋe_4^{21}$二十五//$ŋɛi_4^{21-24}tɔp_8^{21}$二十

< **n̊iip* 廿

ñiặp égratigner. 抠（用指甲抠） $ŋiap_7^{55}$//$ŋiap_7^{55-33}leu_3^{33}$抠伤疤//$ŋiap_7^{55-33}lɯʔ_7^{55-33}ʔba_1^{35}$抠鱼鳞

有一个对应词：

	临高	台语	壮语	石家	莫语	水语	侗语	黎萨	黎王
ongle 指甲	*zêap*	*lep*	*rip*	*li:p*	*rip*	*ʔdyap*	*ʔñəp*	*liêp*	*li:p*

AP

dạp plier 折叠 $ʔdɑp_8^{21}$

dạp tiu zoa, border un habit. 给衣服锁边（叠绣衣） $ʔdɑp_8^{21}tiu_3^{33}zua_3^{33}$

dạp k'ô zoa, plier des'h'àbits. 折衣服（叠裤衣） $ʔdɑp_8^{21}k^ho_3^{33}zua_3^{33}$

<* *tâp* 摺

dãp (poser sur) 搭 $ʔdap_7^{55}$

dãp zỏa bới, aller en barque. 搭船去 $ʔdap_7^{55-33}zua_2^{24}ʔbəi_1^{35}$

dãp k'iểu, construire un pont. 搭桥 $ʔdap_7^{55-33}keu_2^{24}$

<* *tâp* 搭

tạp 十 $tɔp_8^{21}$

tạp hòn =*tạp tsũk*, complètement. 十分 $tɔp_8^{21}hon^{33}$ = 十足 $tɔp_8^{21}ts^huk_7^{55}$ // $tɔp_8^{21}hon^{33}mɛŋ_3^{33}$ 十分好 // $tɔp_8^{21}p^hɑn_4^{21}$ 十份

<H. *tạp* ** tžəp* 十

nãp âpre au goût. 粗糙/表面粗 nap_7^{55}

tóm nãp, remords. 心里不舒服/内疚(心粗) $tɔm_1^{35}nap_7^{55}$ // ≠ $tɔm_1^{35}sɔu^{33}$ 心粗 // $tɔm_1^{35}nɛʔ_8^{21}$ 心细 // $ʔbɑk_7^{55-33}na_3^{33}nap_7^{55}$ 表面粗糙 // $na_3^{33}nap_7^{55}$ 脸粗糙

nãp ordures, immondices. 谷壳/垃圾 nap_7^{55} 按：法语解释是"垃圾"。

nãp tsàu zản, balayures. 扫屋垃圾(垃圾帚屋) $nap_7^{55-33}ts^hɔu_2^{24-21}zan_2^{24}$

< ** *li̯əp* 垃

nãp 粗/涩 nap_7^{55}

dá nãp, avoir sommeil. —? →*lãp*. 瞌睡(眼粗/眼涩) 参看：*lãp* 躺。$ʔda_1^{35}nap_7^{55}$ 眼涩 // $ne_2^{24}nap_7^{55}$ 手粗糙 // $nɑŋ_1^{35}nap_7^{55}$ 皮肤粗糙

lạp 蜡 lap_8^{21}

lạp tsũk, cierge. 蜡烛 $lap_8^{21}ts^huk_7^{55}$

lạp láng, cire. 黄蜡(蜡黄) $lap_8^{21}laŋ_1^{35}$

lạp p'ệặk, cire végétale. 植物蜡/白蜡(蜡白) $lap_8^{21}p^hiak_8^{21}$

tsêi lạp =*họp lạp*, papier ciré. 蜡纸 $ts^hei_3^{33}lap_8^{21}$ = 蜡布 $hɑp_8^{21}lap_8^{21}$

< * *lâp* 蠟

lãp (*lõp*) 躺 $lɑp_7^{55}$

p'oảng lãp soán, dortoir. 睡觉房(房躺睡) $p^huaŋ_2^{24-21}lɑp_7^{55-33}suan_1^{35}$

lãp soán, se coucher. 睡觉(躺睡) $lɑp_7^{55-33}suan_1^{35}$

=T. *hlap* **หลับ**(躺/睡)

lãp 蟑螂 lap_7^{55} 按：本字不明。

k'à lãp háu aù, cancrelat. 一只蟑螂(蟑螂只一) $k^hɑ_2^{24-21}lap_7^{55}hɔu_2^{24}ɔu_4^{21}$ // $miŋ_2^{24-21}k^hɑ_2^{24-21}lap_7^{55}$ 蟑螂(螟蟑螂)

sạp 腋下 $sɑp_7^{55}$ 按：本字不明。

kẹp lảu sạp lẽk bới, porter sous l'aisselle.→*sop* 夹进腋下去 $kɛp_8^{21}lɔu_4^{21-24}sɑp_7^{55-33}lik_7^{55}ʔbəi_1^{35}$ // = $tip_7^{55}lɔu_4^{21-24}sɑp_7^{55-33}lik_7^{55}ʔbəi_1^{35}$ 插进腋下去

ạp 盒 $ɑp_8^{21}$

ạp mọ aù, une boîte. 一个盒子(盒个一) $ɑp_8^{21}$ $mɔʔ_8^{21}$ $ɔu_4^{21}$//$ɑp_8^{21}$ $ts^hei_3^{33}$ 纸盒(盒纸) 按: $mɔʔ_8^{21}$ $ɔu_4^{21}$ 实际读为 $mɔ_4^{21-24}$ $ɔu_4^{21}$。

<H. *ạp*. **ɣâp* 盒

hạp 合 $hɔp_8^{21}$

vồ hạp tểi, intempestif. 不合时 $zɑŋ_5^{55}$ $hɔp_8^{21}$ $tɛi_2^{24}$

<H. *ạp* **ɣâp* 合

hạp 挑/担子 hap_7^{55}

ziàng-bỏn hạp kiãk =*ziàng-bỏn hạp hãp*, coolie. 苦力/挑夫(人挑脚 $ziaŋ_2^{24-21}$ $ʔbɑn_2^{24-21}$ hap_7^{55-33} $kiak_7^{55}$ = 人挑担 $ziaŋ_2^{24-21}$ $ʔbɑn_2^{24-21}$ hap_7^{55-33} hap_7^{55}) 按: *hạp hãp*,前字按变调记录。

hãp porter à la palanche 用扁担挑 hap_7^{55}

hạp aù, un fardeau, une charge. 一担(挑一) hap_7^{55} $ɔu_4^{21}$

hãp k'iến, charge lourde. 重担(挑重) hap_7^{55-33} $k^hien_1^{35}$ 重担//≠ hap_7^{55} $k^hien_1^{35}$ 担子重//hap_7^{55} $k^hei_3^{33}$ 担子轻

bưởn hãp aù, une charge de bois. 一担柴(柴挑一) $ʔbən_2^{24}$ hap_7^{55} $ɔu_4^{21}$

bêáng hãp zỏng =*hỗk hãp zỏng*, décharger, ôter la charge. 放下担子(放担下 $ʔbiaŋ_3^{33}$ hap_7^{55} $zɔŋ_2^{24}$ = 放担下 hok_7^{55-33} hap_7^{55} $zɔŋ_2^{24}$)

ziàng-bỏn hãp hãp, porteur (de palanque). 挑夫(人挑担) $ziaŋ_2^{24-21}$ $ʔbɑn_2^{24-21}$ hap_7^{55-33} hap_7^{55}

hãp kân hảu hể, prendre la responsabilité. 负起责任(挑上身体) hap_7^{55} kun_3^{33} $hɔu_2^{24-21}$ he_2^{24}

=T. *hra:p* หาบ

有一个对应词:

	临高	台语	壮语	石家	莫语	水语	侗语	黎萨	黎王
porter à la palanche 挑	*hãp*	*hra:p*	*hra:p*	*ra:p*	*hra:p*[1] *ta:p*	*ta:p*	*ta:p*	*sa:p*	*č'a:p*

1. *hra:p*: 包/包裹。

UP

dụp emballer 包/裹 $ʔdup_7^{55}$ 按: 原文认为本字是"紮",误,这是临高语词。

dụp lẹk lõk lứng, emmailloter un enfant. 包住小孩(包小孩住) $ʔdup_7^{55-33}$ $lɛk_8^{21}$ $lɑk_7^{55}$ $ləŋ_1^{35}$

dụp k'ô zoa，empaqueter des habits. 包衣服（包裤衣）ʔdup$_7^{55-33}$ k^{h}o$_3^{33}$ zua$_3^{33}$//lak$_7^{55-33}$k^{h}o$_3^{33}$zua$_3^{33}$脱衣服

< ***dị̯ip* 縶

dũp envelopper. 包/裹 ʔdup$_7^{55}$//ʔdup$_7^{55}$ləŋ$_1^{35}$包起来//=ʔdup$_7^{55}$ lɔu$_2^{24}$

kũp 冬瓜 mak$_8^{21}$kup$_7^{55}$（不单说）

mạk kũp，citrouille，courge，potiron. 冬瓜 mak$_8^{21}$ kup$_7^{55}$//mak$_8^{21}$ p^{h}ɔu$_2^{24}$葫芦瓜//kɔm$_1^{35-21}$kua$_1^{35}$南瓜（金瓜，多说）//kua$_1^{35-21}$hɔp$_8^{21}$南瓜（少说）

? =Tong *tyu:p*.

没有确信的对应词。

ÔP-OP

dọp 折叠 ʔdap$_8^{21}$

dọp nếng，ourler. 缲边/锁边（叠边）ʔdap$_8^{21}$niŋ$_2^{24}$

tõp 喘 tap$_7^{55}$

k'êi tõp，essouflé. 喘气（气喘）k^{h}ei$_3^{33}$ tap$_7^{55}$ 气喘//tap$_7^{55-33}$ k^{h}ei$_3^{33}$ 喘气//tap$_7^{55-33}$ʔdɔu$_2^{24}$猛地关门（如风）//tap$_7^{55-33}$kua$_4^{21}$乱说话//tap$_7^{55-33}$ ʔbak$_7^{55}$嘴巴一张一合（如出水的鱼）//tap$_7^{55-33}$me$_2^{24}$夹着手了（如门）//tap$_7^{55}$ləŋ$_1^{35}$夹住

tọp dix 十 tɔp$_8^{21}$

tọp p'òn kiển êáo，absolument. 十分紧要 tɔp$_8^{21}$ p^{h}an$_4^{21}$kien^{21}iau$_5^{55}$ 按：法语意思是“绝对、完全”，不确。

tọp tsũ，adéquat. 十足 tɔp$_8^{21}$ts^{h}uk$_7^{55}$ 按：*tsũ* 是 *tsũk* 之误。

tọp mản，cent mille. 十万 tɔp$_8^{21}$man$_4^{21}$（老派）//=tɔp$_8^{21}$ ʔban$_4^{21}$（新派）

tọp õt，onze. 十一 tɔ（p）$_8^{21}$ɔt$_7^{55}$

són tọp tứ =*són tọp tờ*，croisement. 十字路（路十字）sɔn$_1^{35-21}$ tɔp$_8^{21}$ tɯ$_1^{35}$//sɔn$_1^{35-21}$ a^{33}sa^{33}三岔路（路桠杈）

tọp kô，dix-neuf. 十九 tɔp$_8^{21}$ko$_3^{33}$

<**ǰị̯ip* 十

nõp 躺 lap$_7^{55}$ 按：*nõp* 是 *lõp* 之误。参看 *lõp* 条。

nõp soán biển=*nõp soán biển hàu*，rêver en dormant.→*nãp*→*lõp*. 做梦

（躺睡梦 lɑp$_{7}^{55-33}$ suan$_{1}^{35}$ ʔbien$_{2}^{24}$ = 躺睡梦见 lɑp$_{7}^{55-33}$ suan$_{1}^{35}$ ʔbien$_{2}^{24}$ hɔu$_{4}^{21}$） 按：ʔbien$_{2}^{24}$“梦/圆/种子”同音。

lọp 立 lɔp$_{8}^{21}$/躺 lɑp$_{7}^{55}$

lọp k'õk, immédiatement. 立刻 lɔp$_{8}^{21}$k^{h}ək$_{7}^{55}$立刻（不说）//lip$_{7}^{55}$k^{h}ək$_{7}^{55}$立刻（多说）//sou$_{4}^{21-24}$siaŋ$_{4}^{21}$立刻/马上//lɑp$_{7}^{55}$k^{h}ək$_{7}^{55}$躺一会儿（躺刻）

lọp loàn, en désordre. 愁睡（躺乱） lɑp$_{7}^{55}$ luan$_{4}^{21}$//kɔn$_{1}^{35}$ luan$_{4}^{21}$愁吃（吃乱）//ʔdiŋ$_{1}^{35}$luan$_{4}^{21}$愁穿（穿乱）//k^{h}ia$_{3}^{33}$ luan$_{4}^{21}$愁住（寄乱）//zoŋ$_{4}^{21}$ luan$_{4}^{21}$愁用（用乱） 按：法语解释是“凌乱”。

lọp tsồ êi, former un dessein. 立主意 lɔp$_{8}^{21}$ts^{h}o$_{3}^{33}$ei$_{3}^{33}$// = lɔp$_{8}^{21}$tu^{21}i$_{5}^{55}$

kang kua lọp loàn, discours décousu. 说梦话（讲话躺睡） kaŋ$_{3}^{33}$kua$_{4}^{21-24}$ lɑp$_{7}^{55-33}$suan$_{1}^{35}$讲梦话（醒来不记得）//kaŋ$_{3}^{33}$kua$_{4}^{21-24}$ʔbien$_{2}^{24}$讲梦话（醒来记得） 按：*lọp loàn* 是 *lọp soàn* 之误。

lọp dêa, déterminer. 立定/决定 lɔp$_{8}^{21}$ʔdia$_{3}^{33}$（立定）// = ʔdia$_{3}^{33}$tɔt$_{8}^{21}$（定实，海南话）

lọp p'ềng tsưng, prouver. 立凭证 lɔp$_{8}^{21}$p^{h}eŋ$_{2}^{24-21}$ts^{h}əŋ$_{3}^{33}$

loàn kang loàn lọp, déraisonner. 乱讲乱立 luan$_{4}^{21}$ kaŋ$_{3}^{33}$ luan$_{4}^{21}$ lɔp$_{8}^{21}$// = luan$_{5}^{55}$kaŋ$_{3}^{33}$luan$_{5}^{55}$lɔp$_{8}^{21}$

lọp loàn, désarroi. 愁睡（躺乱） lɑp$_{7}^{55}$luan$_{4}^{21}$ 按：法语解释是“凌乱”。

lọp constituer, fonder. 立 lɔp$_{8}^{21}$

lọp zản hoạk, fonder une école. 建学校（立屋学） lɔp$_{8}^{21}$zan$_{2}^{24-21}$huak$_{8}^{21}$

<* *lịip* 立

lọp 邋 lɔp$_{7}^{55}$

lọp sọp, allier, mélanger. 混杂/杂乱（邋杂） lɔp$_{7}^{55}$sɔp$_{7}^{55}$//keu$_{4}^{21}$lɔp$_{7}^{55}$sɔp$_{7}^{55}$东西混杂//lak$_{8}^{21}$ka$_{2}^{24}$不讲卫生/邋遢

<** *lâp* 邋

lõp (dormir) 躺 lɑp$_{7}^{55}$ 按：法语解释为“睡”，误。

p'oảng lãp soán, chambre à coucher, dortoir. 卧室/睡觉房（房躺睡） p^{h}uaŋ$_{2}^{24-21}$lɑp$_{7}^{55-33}$suan$_{1}^{35}$

lõp soán iên, s'endormir. 入睡/睡着（躺睡完） lɑp$_{7}^{55-33}$suan$_{1}^{35}$in$_{1}^{35}$

lõp soán dản tsiảu, faire la sieste. 睡下午觉（躺睡下午） lɑp$_{7}^{55-33}$suan$_{1}^{35-33}$

ʔdan$_2^{24}$ts^{h}eu$_2^{24}$　按：*dản tsiảu* 又作 *dản tsểu*，参看 *dản* 条。

ziàng-bỏn ũk bới lõp kua kiềm zóng lảu zản lõp, bivouaquer, passer la nuit à la belle étoile. (homme sortir aller dormir passer nuit ne-pas entrer maison dormir). 露营（人出去躺过夜不进屋躺） ziaŋ$_2^{24-21}$ ʔbɑn$_2^{24}$ uk$_7^{55}$ ʔbəi$_1^{35}$ kua$_3^{33}$kim$_4^{21}$zaŋ$_5^{55}$lɔu$_4^{21}$zan$_2^{24}$lɑp$_7^{55}$

=T.*hlap*　หลับ（躺/睡）

lõp 睡（躺） lɑp$_7^{55}$　按：原文认为本字是"衲"，误。这是临高语词。

êi lõp, dossier d'une chaise. 躺椅（椅躺） ei$_3^{33}$lɑp$_7^{55}$

<* *nəp*　衲

tsọp fouler aux pieds 斩/剁 ts^{h}ɑp$_7^{55}$　按：法语解释是"践踏/脚踩"，误。

tsọp dểi, écraser sous les pieds. 斩烂/剁烂 ts^{h}ɑp$_7^{55}$ ʔdɛi$_2^{24}$//sɔp$_8^{21}$ ʔdɛi$_2^{24}$踩烂（用脚直踩）//=ʔdɔk$_7^{55}$ ʔdɛi$_2^{24}$踩烂（用脚直踩）//sɛʔ$_8^{21}$ ʔdɛi$_2^{24}$踩烂（用脚来回踩）　按：法语解释是"踩烂"，误。

tsọp (mêler) 杂 sap$_8^{21}$

lẹk tsọp tsung, bâtard, métis (enfant mêler semence). 杂种（小杂种） lɛk$_8^{21}$sap$_8^{21}$ts^{h}uŋ$_3^{33}$//ʔbien$_2^{24-21}$sɑk$_7^{55-33}$sap$_8^{21}$混杂的菜种

<* *dzəp*　雜

tsõp 斩 ts^{h}ɑp$_7^{55}$

tsõp zọp, décortiquer le riz, piler le riz. 舂米（斩米） ts^{h}ɑp$_7^{55-33}$zɑp$_8^{21}$舂米（常说）

tsõp nàn, découper de la viande. 斩肉 ts^{h}ɑp$_7^{55-33}$nan$_4^{21}$

tsõp don ngeng, ébvancher un arbre. 斩树枝 ts^{h}ɑp$_7^{55-33}$ ʔdɔn$_3^{33}$ ŋɛŋ$_3^{33}$（少说）//ts^{h}ɑp$_7^{55-33}$ŋɛŋ$_3^{33}$ʔdɔn$_3^{33}$（常说）

sọp 腋窝 sɑp$_7^{55}$（≠sap$_7^{55}$插）

sọp lễk, aisselle. 腋下/腋窝 sɑp$_7^{55-33}$ lik$_7^{55}$//sɑp$_7^{55-33}$ mou$_1^{35}$ 猪笼//sɑp$_7^{55-33}$ mou$_1^{35}$p^{h}ia$_4^{21}$lɔu$_2^{24}$把猪关进笼子里//sɑp$_7^{55-33}$kuaŋ$_4^{21}$很窄/难转身

sọp hau, décapiter. 插头发（插头） sap$_7^{55-33}$ hɑu$_3^{33}$（用簪子插头发）//=sap$_7^{55-33}$ʔbɑn$_2^{24-21}$so$_3^{33}$//sat$_7^{55-33}$hɑu$_3^{33}$擦头//ts^{h}ɑp$_7^{55-33}$hɑu$_3^{33}$斩头　按：法语解释是"斩首"，误。

lọp sọp, allier, mélanger. 混杂/杂乱（邋杂） lɔp$_7^{55}$sɔp$_7^{55}$

zọp riz décortiqué (blanc) 米/去了壳的白米 zap_8^{21}米

sào zọp, mesurer le riz. 舀米(抄米) sau_1^{35-21} zap_8^{21} 舀米(抄米)//kai_3^{33} zap_8^{21}量米(界米)//$sɛn_2^{24}$ $zaŋ_5^{55}$ $maŋ_2^{24-21}$ $tuan_3^{33}$, zap_8^{21} $maŋ_2^{24-21}$ sau_1^{35} 谚语:钱不怕数,米怕舀。

tsõp zọp, piler du riz. 舂米 $ts^hap_7^{55-33}$ zap_8^{21}(常说)

nòm zọp, piler du riz. 舂米 nam_2^{24-21} zap_8^{21}(去皮,少说)

zòng haù ka sẻn zọp, sans expérience. 不知道米价(不知价钱米) $zaŋ_5^{55}$ $hɔu_4^{21-24}$ ka_3^{33} $sɛn_2^{24-21}$ zap_8^{21}//$mɔ_3^{33}$ $kɔn_1^{35}$ $zaŋ_5^{55}$ $hɔu_4^{21-24}$ ka_3^{33} $sɛn_2^{24-21}$ zap_8^{21} 你吃不知道米价钱(你吃不知价钱米) 按:谚语,意为不知道行情。法语解释是"没有经验"。

=Li(S.) *dop*.

zọp 蜈蚣 $zɔp_8^{21}$蜈蚣 ($\neq zap_8^{21}$米)

zọp hảu aù, scolopendre, mille-pieds. 一只蜈蚣(蜈蚣只一) $zɔp_8^{21}$ $hɔu_2^{24}$ $ɔu_4^{21}$

zõp 熄灭 zap_7^{55}

zõp dêi, éteindre la lampe. 熄灯/灭灯 zap_7^{55-33} $ʔdei_3^{33}$//$sɔt_7^{55-33}$ $ʔdei_3^{33}$ 点灯(刷灯)

bêảu dêi zõp, éteindre la lampe en soufflant. 把灯吹灭(吹灯灭) $ʔbeu_4^{21-24}$ $ʔdei_3^{33}$ zap_7^{55}

mẻng zọp lề, ver luisant (insecte éteindre près). 萤火虫(螟□□) $miŋ_2^{24-21}$ $ziap_8^{21}$ le_4^{21} 萤火虫(王录尊/二李)//=$miŋ_2^{24-21}$ zap_8^{21} le_4^{21} 萤火虫(孔庆葳)//$le_4^{21} \neq le_3^{33}$近

按:萨维纳认为萤火虫的构词理据是"近熄虫",来自"虫熄近",但"熄"读 zap_7^{55},变调读 zap_7^{55-33},"近"今读 le_3^{33},都不相合。也许因为年代久远,当地人已经不知其义,将音节末尾的平调读成降调。

=T. *ʔdap* ดับ(熄灭)

zõp vert (pas sec) 生的/青的 $zɔp_7^{55}$

nàn zõp, viande crue, fraiche. 生肉(肉生) nan_4^{21-24} $zɔp_7^{55}$//$zɔp_7^{55}$生的、潜水、趴地上

mạk hề zõp, pois vert. 生花生(花生生) mak_8^{21} heu_4^{21-24} $zɔp_7^{55}$生花生

sõk zõp, salade. 生菜(菜生) sak_7^{55-33} $zɔp_7^{55}$生菜//sak_7^{55-33} $ŋau_3^{33}$熟菜(菜熟)

= T. *ʔdip* ดิบ(生/鲜)

kộp 袷/合/佮 kop$_{7}^{55}$

kộp zoa, habit doublé. 袷衣 kop$_{7}^{55-33}$zua$_{3}^{33}$//kop$_{7}^{55-33}$kɔn$_{2}^{24}$合伙(佮互相)//kop$_{7}^{55-33}$p^{h}uaŋ$_{2}^{24-21}$zou$_{3}^{33}$交朋友(佮朋友)

<H.*kặp* ** *kaəp* 袷

kọp 咬 kɑp$_{8}^{21}$

kọp tón, grincer des dents. 咬牙 kɑp$_{8}^{21}$tɔn$_{1}^{35}$

má kọp, mordu par un chien. 狗咬 ma$_{1}^{35}$kɑp$_{8}^{21}$//ma$_{1}^{35-21}$kɑp$_{8}^{21}$咬人的狗(狗咬)

nìng nổng kọp, piqué par les moustiques. 蚊子咬 miŋ$_{2}^{24-21}$nuŋ$_{2}^{24}$kɑp$_{8}^{21}$

=C.-D. *Gap*, Sek *gap* ขับ

kọp 咬 kɑp$_{8}^{21}$

tsón kọp kỏn, carrefour. 十字路口/岔路口(路咬相) sɔn$_{1}^{35-21}$kɑp$_{8}^{21}$kɔn$_{2}^{24}$路咬相(不说)//sɔn$_{1}^{35-21}$a^{33}sa^{33}路桠杈(常说)//sɔn$_{1}^{35-21}$kiau^{33}sa^{33}交叉路(路交叉)

kọp 青蛙/田鸡(蛤) kɔp$_{8}^{21}$

kọp nểa, grenouille. 青蛙(蛤田) kɔp$_{8}^{21}$nia$_{2}^{24}$田鸡(大,能吃)//≠nuak$_{8}^{21}$ts^{h}ian$_{1}^{35}$青蛙(小,能吃)//ʔba$_{1}^{35-21}$ʔduŋ$_{1}^{35-21}$ts^{h}ian$_{1}^{35}$蝌蚪(鱼凸蛙)

=T. *kop* กบ(蛙/青蛙)

kọp 口袋 kɔp$_{8}^{21}$ 按:本字未明。

dói lảu p'òng kọp, mettre dans la poche. 放进口袋(带进口袋) ʔdɑi$_{3}^{33}$lɔu$_{4}^{21-24}$p^{h}ɑŋ$_{2}^{24-21}$kɔp$_{8}^{21}$ 按:lɔu$_{4}^{21}$进≠lɔu$_{2}^{24}$起。

p'òng kọp, poche d'habit. 口袋/衣服口袋 p^{h}ɑŋ$_{2}^{24-21}$kɔp$_{8}^{21}$衣服口袋

kõp 合(佮) kop$_{7}^{55}$

kõp lểi, confluer. 合流 kop$_{7}^{55}$lei$_{1}^{35}$

kõp sẻn, quêter. 合钱 kop$_{7}^{55-33}$sɛn$_{2}^{24}$ 按:法语解释是"搜寻",误。

kỗp 合(佮) kop$_{7}^{55}$

kỗp p'oàng zâu, se lier d'amitié. 交朋友(佮朋友) kop$_{7}^{55-33}$p^{h}uaŋ$_{2}^{24-21}$zou$_{3}^{33}$//kop$_{7}^{55-33}$kɔn$_{2}^{24}$合伙(佮互相)

kỗp lứng, unir. 合起来(佮住) kop$_{7}^{55}$ləŋ$_{1}^{35}$//=kop$_{7}^{55}$lɔu$_{2}^{24}$合起//=kop$_{7}^{55}$p^{h}ia$_{4}^{21}$lɔu$_{2}^{24}$合起来

=T. *kap* กับ(跟/和/与)

kõp 急 kɔp$_7^{55}$

kỏn kõp, urgent. 紧急 kɔn$_3^{33}$kɔp$_7^{55}$(不说)//kɔn$_3^{33}$kep$_7^{55}$(常说)//tɛ^{33}ua^{33} kɔp$_7^{55}$生活拮据(生活急)　按：tɛ^{33}ua^{33}是海南话。

kõp bĩk =*kỏ kõp*, exigeant. 急迫 kep$_7^{55}$ʔbik$_7^{55}$≠救急 ko$_3^{33}$kep$_7^{55}$

kỏn kõp hũk, agir avec précipitation. 紧急做 kɔn$_3^{33}$kɔp$_7^{55}$huk$_7^{55}$(不说)//kɔn$_3^{33}$kep$_7^{55}$huk$_7^{55}$(常说)//=kua^{21}kin^{21}huk$_7^{55}$赶紧做

<* *ki̯ip*

k'õp 盖 k^{h}ɔp$_7^{55}$　按：原文本字误作"盍"。

k'õp kêi, mettre le couvercle. 盖盖子 k^{h}ɔp$_7^{55-33}$kei$_3^{33}$(常说)　按：随便拿东西遮盖。//k^{h}ɔm$_3^{33}$kei$_3^{33}$(常说)　按：配套的盖子，盖得紧。

<* *ɣâp*　盍

zỏa k'õp, la barque chavire. 船翻(船盖) zua$_2^{24}$k^{h}ɔp$_7^{55}$//zua$_2^{24}$hɔm$_2^{24}$船沉

âu sồ k'õp, prendre avec les bâtonnets. 用筷子夹(拿筷子夹) ou$_1^{35-21}$so$_4^{21}$ k^{h}ɑp$_7^{55}$//=ek$_7^{55-33}$so$_4^{21}$k^{h}ɑp$_7^{55}$

<* *kaəp*　□

ngọp 哑巴 ŋɔp$_7^{55}$

kang kuà ngọp lõk, bredouiller. 讲话结巴 kaŋ$_3^{33}$ kua$_4^{21-24}$ ŋɔp$_7^{55-33}$ lɑk$_7^{55}$//kaŋ$_3^{33}$kua$_4^{21-24}$ ɑŋ$_3^{33}$ ŋɔp$_7^{55-33}$ lɑk$_7^{55}$说话结巴的男人//mai$_4^{21-24}$ ŋɔp$_7^{55}$哑巴//ŋɔp$_7^{55-33}$lɑk$_7^{55}$结巴

ngọp lõk, bégayer. 结巴 ŋɔp$_7^{55-33}$lɑk$_7^{55}$//=ɑŋ$_3^{33}$ŋɔp$_7^{55-33}$lɑk$_7^{55}$结巴(男人)

mọk ngộp, sourd-muet. 聋哑 mɑk$_8^{21}$ŋɔp$_7^{55}$//sa$_1^{35-21}$mɑk$_8^{21}$聋子//sa$_1^{35}$mɑk$_8^{21}$耳聋//ʔda$_1^{35-21}$lɑk$_7^{55}$瞎子//ʔda$_1^{35}$lɑk$_7^{55}$眼瞎//ʔda$_1^{35}$mɔ$_3^{33}$lɑk$_7^{55}$你眼瞎了？(眼你瞎?)

lẹk ngõp, muet. 哑巴/哑子(子哑) lɛk$_8^{21}$ ŋɔp$_7^{55}$(小孩哑巴)//=lɛk$_8^{21}$ lɑk$_7^{55-33}$mai$_4^{21-24}$ŋɔp$_7^{55}$//ɑŋ$_3^{33}$mai$_4^{21-24}$ŋɔp$_7^{55}$(大人哑巴)

ọp 盒/匣 ɑp$_8^{21}$

ọp mọ aù, coffret. 一个盒子/一个匣子 ɑp$_8^{21}$ mɔʔ$_8^{21}$ ɔu$_4^{21}$//ɑp$_8^{21}$ ts^{h}ei$_3^{33}$纸盒//ɑp$_8^{21}$ʔbən$_2^{24}$木盒　按：mɔʔ$_8^{21}$ɔu$_4^{21}$实际读为 mɔ$_4^{21-24}$ɔu$_4^{21}$。

<H. *ạp*　* *ɣap*　匣

hỗp 塔(宝塔) hop$_7^{55}$

hỗp mọ aù, un tour. 一个塔(塔个一) hop$_7^{55}$mɔʔ$_8^{21}$ɔu$_4^{21}$//hop$_7^{55-33}$p^{h}ət$_7^{55}$佛

塔//zan$_2^{24}$hop$_7^{55}$房塌了//hien$_1^{35}$hop$_7^{55}$天塌了　按：mɔʔ$_8^{21}$ɔu$_4^{21}$实际读为 mɔ$_4^{21-24}$ ɔu$_4^{21}$。

hợp exact 合 hɔp$_8^{21}$

hồng tóm hợp êi, de concert. 同心合意 hoŋ$_2^{24-21}$tɔm$_1^{35}$hɔp$_8^{21}$ei$_3^{33}$

hợp tẫk, convenir, convenable, se correspondre. 合适（合式）hɔp$_8^{21}$tek$_7^{55}$ 按：把"合适"读为"合式"。参看 *tẫk* 条。

zóng hợp, désaccord. 不合 zaŋ$_5^{55}$hɔp$_8^{21}$

hợp tểi, opportun. 合时 hɔp$_8^{21}$tɛi$_2^{24}$

hợp lêi, rationnel. 合理 hɔp$_8^{21}$lei$_3^{33}$

nêa zoi hợp tểi, arriver à temps. 来得及时（来得合时）nia$_3^{33}$zai$_3^{33}$hɔp$_8^{21}$tɛi$_2^{24}$//nia$_3^{33}$zai$_3^{33}$ʔdeu^{33}tɛi$_2^{24}$

zóng hợp lêi, absurde. 不合理 zaŋ$_5^{55}$hɔp$_8^{21}$lei$_3^{33}$

hợp nòm mọt, acclimaté. 服水土（合水土）hɔp$_8^{21}$nam$_4^{21}$mat$_8^{21}$

hợp hẳng, accommodement. 合同 hɔp$_8^{21}$hoŋ$_2^{24}$（不说）//hɔp$_8^{21}$ʔdaŋ^{21}（常说，海南话）

hũk hợp, adapter. 做的事对大家有利（做合）huk$_7^{55}$hɔp$_8^{21}$//huk$_7^{55}$hɔp$_8^{21}$hem$_1^{35-21}$kɔn$_2^{24}$做合大家

káo hợp, adjoindre. 掺合/加入（交合）kau$_1^{35}$hɔp$_8^{21}$//kau$_5^{55}$hɔp$_8^{21}$早合

hợp tóm, conformité, union agréable. 心合（合心）hɔp$_8^{21}$tɔm$_1^{35}$

kang hỏa hợp, s'entendre à l'amiable. 讲话投机（讲话合互相）kaŋ$_3^{33}$kua$_4^{21-24}$hɔp$_8^{21}$kɔn$_2^{24}$

zóng hợp tóm êi, antipathique. 不合心意 zaŋ$_5^{55}$hɔp$_8^{21}$tɔm$_1^{35-21}$ei$_3^{33}$

hợp mể, joindre les mains. 双手合掌（合手）hɔp$_8^{21}$me$_2^{24}$　按：手套合适也是 hɔp$_8^{21}$me$_2^{24}$。

hợp p'ãt, légal. 合法 hɔp$_8^{21}$p^{h}at$_7^{55}$（不说）//hɔp$_8^{21}$p^{h}ap$_7^{55}$（常说）

hợp kỏn, coïncider, se correspondre. 相合（合相）hɔp$_8^{21}$kɔn$_2^{24}$

hợp sóng, chanter en chœur. 合唱 hɔp$_7^{55}$saŋ$_5^{55}$大家一起唱（合唱）//=kop$_7^{55}$saŋ$_5^{55}$//≠hɔp$_8^{21}$saŋ$_5^{55}$适合唱（合唱）

zóng hợp nòm mọt, climat contraire. 不服水土（不合水土）zaŋ$_5^{55}$hɔp$_8^{21}$nam$_4^{21}$mat$_8^{21}$

hợp tóm hợp êi, sympathique. 合心合意 hɔp$_8^{21}$tɔm$_1^{35}$hɔp$_8^{21}$ei$_3^{33}$

zóng họp êi, mécontent. 不满意（不合意） $zaŋ_5^{55}hɔp_8^{21}ei_3^{33}$

họp êi, se complaire. 满意（合意） $hɔp_8^{21}ei_3^{33}$

< * *ɣəp* 合

họp toile 布 hap_8^{21}；挑 hap_7^{55}

ziàng-bỏn họp bưởn, bûcheron. 担柴人（人担柴） $ziaŋ_2^{24-21}$ $ʔban_2^{24-21}$ $hap_7^{55-33}ʔbən_2^{24}$//$ziaŋ_2^{24-21}ʔban_2^{24-21}ts^hak_8^{21}ʔbən_2^{24}$伐木人/砍柴人（人砍柴） 按：*họp* 是 *hạp* 之误。

họp bêáng, étoffe mince. 细布/薄布（布薄） $hap_8^{21}ʔbiaŋ_1^{35}$//$hap_8^{21}na_1^{35}$厚布（布厚）

họp kẵt, chiffon. 破布 $hap_8^{21}kat_7^{55}$//=$na_3^{33}kat_7^{55}$破布（脸破）//$zan_2^{24-21}kat_7^{55}$破屋//$ʔbe_3^{33}kat_7^{55}$破村子

họp dáu lưn, l'envers d'une étoffe. 布的反面/布里子（布倒翻） hap_8^{21} $ʔdau_5^{55}lɯn_3^{33}$

họp dáu mải, l'endroit d'une étoffe. 布的正面/布面子（布倒好） hap_8^{21} $ʔdau_5^{55}mai_2^{24}$

họp p'iễt aù, une pièce de toile. 一匹布（布匹一） $hap_8^{21}p^hiet_7^{55}ɔu_4^{21}$（少说）//$hap_8^{21}p^hat_7^{55}ɔu_4^{21}$（常说）

họp lúi dêào, étoffe rayée. 条绒布/灯芯绒布（布螺条） $hap_8^{21}lui_5^{55}$ $ʔdiau^{21}$//=$hap_8^{21}lui_5^{55}$

họp lạp, papier ciré. 蜡布（布蜡） $hap_8^{21}lap_8^{21}$

họp iù dui, satin. 缎子（布绸缎） $hap_8^{21}ʔdiu^{21}ʔdui^{33}$（"绸缎"是海南话） 按：*iù* 是 *diù* 之误。

hũk họp, tisser de la toile. 织布（做布） $huk_7^{55-33}hap_8^{21}$

=Li（S.）*dop*.

台语和黎语的主要对应词：

	临高	台语	壮语	石家	莫语	水语	侗语	黎萨	黎王
éteindre 熄灭	*zõp*	*ʔdap*	*ʔdap*	*ʔdap*	*ʔdap*	*ʔdap*	*ʔdap*	（*ta:w*）	/
dormer 睡	*lõp*	*hlap*	*hlap*	/	*hlap*	*khap*	/	*ñap*	/
joint 合	*kỗp*	*kap*	*ka:p*	/	/	/	/	/	/
mordre 咬	*kọp*	*khop*	*Gap*	*gap*	（'*tyam*	/	*zam*, *Gap*	（*than*	/
grenouille 蛙	*kọp*	*kop*	*kop*	/	（*kwe*	/	/	/	*ka:l*
riz poli 米	*zọp*	（'*khaw-sa:n*）	（'*gaw-sa:n*）	（*gaw-sa:l*）	（*həɯ-sa:n*）	/	/	*dop*	（*may*）

	临高	台语	壮语	石家	莫语	水语	侗语	黎萨	黎王
pas mûr, cru 生的	*zõp*	*ʔdip*	*ʔdip*	/	*ʔdip*	*ʔdyup*	/	(*diêp fiêp*	*fi:p*)
millepatte 蜈蚣	*zọp*	*khep*	*sip*	/	*sip*	/	/	*drip*	*rip*
étoffe 布	*họp*	(*hu:k*	*hro:k*	*ro:k*	*ʔi*	*ʔya*	*ʔya*)	*dop*	/

IT-IÊT

biệt 别 ʔbiet$_8^{33}$/p^{h}iet$_8^{21}$　按：ʔbiet$_8^{33}$是海南话读法，不是 ʔbiet$_8^{21}$。

bưởn biệt tsón kẻ, discerner le vrai du faux. 分别真假 ʔbən^{33} ʔbiet$_8^{33}$ ts^{h}ɔn$_1^{35}$ kɛ$_2^{24}$//=p^{h}ən^{33} ʔbiet$_8^{33}$ ts^{h}ɔn$_1^{35}$ kɛ$_2^{24}$//=p^{h}ɑn$_1^{35-21}$ p^{h}iet$_8^{21}$ ts^{h}ɔn$_1^{35}$ kɛ$_2^{24}$//p^{h}ən^{33} ʔbiet$_8^{33}$ ʔbəi$_1^{35-21}$ zan$_2^{24}$ 分别回家//p^{h}ən^{33} ts^{h}o^{21} 分组//=p^{h}ɑn$_1^{35-21}$ ts^{h}o^{21} 分组//p^{h}ɑn$_1^{35}$ teŋ$_2^{24-21}$ tam^{33} ts^{h}o^{21} 分成三组

<H. *biệt* **bi̯et* 别

biễt 笔 ʔbit$_7^{55}$

huổn biễt, la craie pour écrire. 粉笔 hon$_2^{24}$ ʔbit$_7^{55}$//tu^{21} hon$_2^{24}$ 薯粉

bĩt 笔 ʔbit$_7^{55}$

iền bĩt k'ổn aù, un crayon. 一杆铅笔（铅笔杆一） ien^{21} ʔbit$_7^{55}$ k^{h}ɑn$_5^{55}$ ɔu$_4^{21}$//ʔbɑt$_7^{55-33}$ p^{h}an$_1^{35}$ k^{h}ɑn$_5^{55}$ ɔu$_4^{21}$ 一杆铅笔（笔番杆一）//ʔbɑt$_7^{55-33}$ p^{h}an$_1^{35}$ ʔbun$_5^{55}$ k^{h}ɑn$_3^{33}$ 两支铅笔（铅笔两杆）

<H. *biệt* **pi̯it* 筆

bĩt huit 八 ʔbiet$_7^{55}$//ʔbiet$_7^{55}$ mɔʔ$_8^{21}$ 八个//ʔbiet$_7^{55}$ nɑ$_3^{33}$ 八人//ʔbiet$_7^{55}$ ʔdɔn$_3^{33}$ 八棵树//ʔbiet$_7^{55}$ kɛu$_2^{24}$ 八个月//≠ʔbat$_7^{55}$ ŋit$_8^{21}$ 八月份

=T. *pe:t*. <**pat* 八

biễt 必 ʔbit$_7^{55}$；拔 ʔbiet$_7^{55}$　按：必/笔 ʔbit$_7^{55}$≠ʔbiet$_7^{55}$ 八/拔。原文认为本字是"必"，误。

biễt dêa, absolument certain. 必定 ʔbit$_7^{55}$ ʔdia^{33}

biễt dêa mưởn, avéré. 必定有 ʔbit$_7^{55}$ ʔdia^{33} mən$_2^{24}$

biễt nòm, nager. 游水/划水（拔水） ʔbiet$_7^{55-33}$ nɑm$_4^{21}$

<H. *biễt* **pi̯it* 必

p'ĩt 砍/斜砍（撆）p^{h}it$_7^{55}$　按：原文认为本字是"撇"，误。本字应该是"撆"，《集韵》："撆，削也。匹蔑切。"

p'ĩt don ngeng, ébrancher. 砍树枝(剪树枝) $p^{h}it_{7}^{55-33}$ $ʔdɔn_{3}^{33}$ $ŋɛŋ_{3}^{33}$//= $p^{h}it_{7}^{55-33}$ $ŋɛŋ_{3}^{33}$ $ʔdɔn_{3}^{33}$//$p^{h}it_{7}^{55-33}$ mai_{3}^{33}砍甘蔗

<*p'et 撇

p'iẽ̆t 匹 $p^{h}iet_{7}^{55}$/$p^{h}at_{7}^{55}$

họp p'iẽ̆t aù, une pièce d'étoffe. 布匹 hap_{8}^{21} $p^{h}iet_{7}^{55}$ $ɔu_{4}^{21}$(文读)//=hap_{8}^{21} $p^{h}at_{7}^{55}$ $ɔu_{4}^{21}$(白读)//$k^{h}ei_{1}^{35-21}$ $p^{h}o_{3}^{33}$ $p^{h}at_{7}^{55-33}$ hap_{8}^{21}开布店//$p^{h}at_{7}^{55-33}$ tuk_{7}^{55-33} $p^{h}a_{3}^{33}$甩搭毛巾(在绳子或肩膀上)//$p^{h}at_{7}^{55-33}$ hap_{8}^{21}把布甩搭到绳子上//$p^{h}at_{7}^{55-33}$ $ʔdak_{8}^{21}$甩绳子(玩跳绳时)

< H. *phiêt* **p'i̯it* 匹

miẽ̆t 灭 $miet_{7}^{55}$

huồn p'ẽ̆k zóng miẽ̆t, l'âme est immortelle. 魂魄不灭 hon_{2}^{24-21} $p^{h}ek_{7}^{55}$ $zaŋ_{5}^{55}$ $miet_{7}^{55}$//=hen_{2}^{24-21} $p^{h}ek_{7}^{55}$ $zaŋ_{5}^{55}$ $miat_{7}^{55}$//hun_{2}^{24-21} $p^{h}ek_{7}^{55}$ $zaŋ_{5}^{55}$ tan_{3}^{33} 魂魄不散//=hen_{2}^{24-21} $p^{h}ek_{7}^{55}$ $zaŋ_{5}^{55}$ tan_{3}^{33}

<H. *miệt* **mi̯et* 滅

miệt 刀 mit_{8}^{21}

miệt tsiáng aù, couteau. 一张刀(刀张一) mit_{8}^{21} $tsiaŋ_{1}^{35}$ $ɔu_{4}^{21}$

biến lẹk miệt, aiguiser un couteau. 磨刀(磨小刀) $ʔbien_{1}^{35-21}$ $lɛk_{8}^{21}$ mit_{8}^{21}

miệt nàn, lame de couteau. 肉刀(刀肉) 按:法语解释是刀片,误。mit_{8}^{21} nan_{4}^{21}肉刀(不说) 按:"刀"二李都读作 $miet_{8}^{21}$。//$ʔbak_{7}^{55-33}$ mit_{8}^{21} 刀刃(口刀)//mit_{8}^{21} $siat_{7}^{55-33}$ nan_{4}^{21}切肉刀//mit_{8}^{21} $siak_{7}^{55-33}$ sak_{7}^{55}菜刀//mit_{8}^{21} ko_{1}^{35}钩刀//mit_{8}^{21} $ʔdam_{4}^{21-24}$ $ʔbən_{2}^{24}$柴刀//mit_{8}^{21} $ʔdua_{4}^{21-24}$ $ʔbən_{2}^{24}$柴刀

lẹk miệt tsiáng aù, un canif. 一把小刀(小刀张一) $lɛk_{8}^{21}$ mit_{8}^{21} $tsiaŋ_{5}^{55}$ $ɔu_{4}^{21}$//$ɛk_{8}^{21}$ mit_{8}^{21} $ʔbun_{5}^{55}$ $tsiaŋ_{1}^{35}$两把小刀

bưng miệt, manche de couteau. 刀柄(柄刀) $ʔbəŋ_{3}^{33}$ mit_{8}^{21}

miệt tsím, couteau pointu. 尖刀(刀尖) mit_{8}^{21} $ts^{h}im_{1}^{35}$尖刀//$ʔbai_{1}^{35-21}$ mit_{8}^{21} 刀尖(梢刀)//$ʔbai_{1}^{35-21}$ $ʔdɔn_{3}^{33}$树梢//$ʔbai_{1}^{35-21}$ hau_{3}^{33}头顶//$ʔbai_{1}^{35-21}$ zan_{2}^{24}屋顶

bãk miệt lẽ̆ât, couteau ébréché. 刀缺口(刀裂口<口刀裂) $ʔbak_{7}^{55-33}$ mit_{8}^{21} $liat_{7}^{55}$

=T. *mi:t* มีด(刀)

dịt 热 zit_{8}^{21} 按:*dịt* 是 *zịt* 之误。

ziàng-bỏn dịt tóm nèm kíng, dévot (probl. lapsus pour *zịt*) 热心念经的人(人热心念经) zit_{8}^{21} $tɔm_{1}^{35}$ nem_{4}^{21-24} $kiŋ_{1}^{35}$ 按:原文注释说"*dịt* 可能是 *zịt* 之

误”。这是 d 没有转换成 z 所致。

diệt 热 zit_8^{21} 按：二李读成 $ziet_8^{21}$。

p'ăt nĩt p'ăt diệt, avoir la fièvre (accès froid, accès chaud) (lapsus pour *ziệt*). 发冷发热 $p^hat_7^{55-33}nit_7^{55}p^hat_7^{55-33}zit_8^{21}$ 按：原文注释说“*diệt* 是 *ziệt* 之误”。也是 d 没有转换成 z 所致。

diệt (un peu) 偷偷/悄悄 $ʔdiet_8^{21}$ 按：法语解释为“一点点”，误。

zéáo diệt diệt, sourire (v.). 偷偷笑（笑偷偷）$ziau_2^{24}ʔdiet_8^{21}ʔdiet_8^{21}$// $ʔdiet_8^{21}ʔdiet_8^{21}ziau_2^{24}$偷偷笑//$ʔdiet_8^{21}ziau_2^{24}$笑话（偷笑） 按：法语解释是微笑。

diệt diệt liú = diệt diệt p'oạk, épier. 窥视（偷偷看 $ʔdiet_8^{21}ʔdiet_8^{21}liu_1^{35}$ ≠偷偷伏 $ʔdiet_8^{21}ʔdiet_8^{21}p^huak_8^{21}$）//$lɛk_8^{21}sɔk_8^{21}p^huak_8^{21}$小偷伏

diễt faire une chute, tomber 跌 $ʔdiet_7^{55}$

kĩt zống diễt zỏng mọt, terrasser. 把人打倒在地（击别人跌下地）kit_7^{55-33} $zɔŋ_1^{35}ʔdiet_7^{55}zɔŋ_2^{24-21}mɑt_8^{21}$//$ʔdiet_7^{55}ʔdɔm_3^{33}$跌倒//$hoʔ_8^{21}ʔdɔm_3^{33}$垮倒（房墙等）// $ʔdɔn_3^{33}ʔdɔm_3^{33}$树倒//$haŋ_3^{33}lian_3^{33}$跌倒（人）

k'ởi mọ diễt, tomber de cheval. 骑马跌 $k^həi_4^{21-24}mɑʔ_8^{21}ʔdiet_7^{55}$

diễt zòng nòm, tomber dans l'eau. 跌下水 $ʔdiet_7^{55}zɔŋ_2^{24-21}nɑm_4^{21}$（不说）// $lian_3^{33}zɔŋ_2^{24-21}nɑm_4^{21}$（常说）

dĩt nòm dái, se noyer. 跌水死 $ʔdiet_7^{55-33}nɑm_4^{21}ʔdai_1^{35}$（不说）//$ʔdok_7^{55-33}$ $nɑm_4^{21}ʔdai_1^{35}$落水死（常说）// = $zɔk_7^{55-33}nɑm_4^{21}ʔdai_1^{35}$// = $lian_3^{33}zɔŋ_2^{24-21}nɑm_4^{21}$ $ʔdai_1^{35}$摔下水死

<* *det* 跌

tiệt 折 $tiet_8^{21}$ 按：原文认为本字是“贴”（通“蚀”），误。应该是“食列切”的“折”。

tiệt bươn, perdre le capital, vendre à perte. 折本 $tiet_8^{21}ʔbun_3^{33}$折本//$tiet_8^{21}$ $nɑm_4^{21}$失水（折水）

<** *dzi̯et* 贴

tiễt 失 $tiet_7^{55}$ 按：原文将本字误作“矢”。

tiễt liú = tiễt tóm, se décourager. 泄气（失看 = 失心）$tiet_7^{55}liu_1^{35}$（失看，不说）$tiet_7^{55}tɔm_1^{35}$（失心，不说）//$tiet_7^{55}ʔbɑi^{33}$失败

tiễt miên, déshonorer. 丢面子（失面）$tiet_7^{55}mien^{33}$

<H. *tiễt* * *śi̯ĭt* 矢

nĭt froid 冷 nit$_7^{55}$

p'ăt nĭt nón aù, accès de fièvre. 发烧(发冷暖) p^{h}at$_7^{55-33}$nit$_7^{55}$

nĭt non, grelotter. 冷得发抖 nit$_7^{55}$nɑn$_3^{33}$冷得发抖//≠nit$_7^{55}$nɔn$_3^{33}$冷忍//≠nit$_7^{55}$non$_3^{33}$冷暖//maŋ$_2^{24}$ nɑn$_3^{33}$怕得发抖(怔抖)　按：nɑn$_3^{33}$抖≠nɔn$_3^{33}$忍≠non$_3^{33}$暖。

zóng nĭt zóng luôn, ni froid ni chaud. 不冷不热 zɑŋ$_5^{55}$nit$_7^{55}$zɑŋ$_5^{55}$lun$_3^{33}$//=zɑŋ$_5^{55}$nit$_7^{55}$zɑŋ$_5^{55}$zit$_8^{21}$

mảng nĭt, frileux. 怕冷(怔冷) maŋ$_2^{24-21}$nit$_7^{55}$

p'ăt nĭt p'ăt diệt, avoir la fièvre. 发冷发热 p^{h}at$_7^{55-33}$nit$_7^{55}$p^{h}at$_7^{55-33}$zit$_8^{21}$　按：*diệt*是*ziệt*之误,转换不彻底。

nĭt dái, périr de froid. 冻死(冷死) nit$_7^{55}$ʔdai$_1^{35}$//=lɛŋ^{21}ʔdai$_1^{35}$

hau nĭt, froid rigoureux. 好冷 hɑu$_3^{33}$nit$_7^{55}$

p'ăt nĭt són aù, accès de fièvre. 发一阵冷(发冷阵一) p^{h}at$_7^{55-33}$nit$_7^{55}$sɔn$_4^{21-24}$ɔu$_4^{21}$(一阵)//p^{h}at$_7^{55-33}$nit$_7^{55}$sɔn$_5^{55}$ɔu$_4^{21}$(一次)

= C.-D. *hnit*, T. *hnet*　**เหน็ด**

tsiễt 脊 ts^{h}ik$_7^{55}$

tsiễt zảu, toit (de la maison). 屋脊(脊屋) ts^{h}ik$_7^{55-33}$zan$_2^{24}$//ʔbɑi$_1^{35-21}$zan$_2^{24}$屋顶　按：*zảu*是*zản*之误。

siễt 惜 sit$_7^{55}$　按：原文认为本字是“切”,误。

ói siễt, affectionner, chérir. 爱惜 ɑi$_3^{33}$sit$_7^{55}$//ʔdɔk$_8^{21}$sit$_7^{55}$疼惜(常说)

hau siễt, apparat. 可爱(好惜) hɑu$_3^{33}$sit$_7^{55}$

ziàng-bỏn tsoáng hau siễt, coquet. 卖俏的人/装可惜的人(人装好惜) ziaŋ$_2^{24-21}$ʔbɑn$_2^{24}$ts^{h}uaŋ$_1^{35}$hɑu$_3^{33}$sit$_7^{55}$

< * *ts'et*　切

ói sĭt=*dọk sĭt*, tendresse. 爱惜 ɑi$_3^{33}$sit$_7^{55}$=疼惜 ʔdɔk$_8^{21}$sit$_7^{55}$

sĭt embrasser, baiser 爱(惜) sit$_7^{55}$

kẹk sĭt, bien-aimé. 很爱(极惜) kek$_8^{21}$sit$_7^{55}$

sĭt regretter, se repentir 惜 sit$_7^{55}$　按：原文认为本字是“恤”,误。

k'ò sĭt, regrettable. 可惜 k^{h}o$_3^{33}$sit$_7^{55}$

* *siuet*　恤

zịt ziệt 热 zit$_8^{21}$　按：热二李读为 ziet$_8^{21}$。

zịt họk, chaleur accablante. 高温(阳光烈) zit$_8^{21}$hɔk$_8^{21}$(不说)//zit$_8^{21}$huak$_8^{21}$

阳光烈//ʔbɛi$_2^{24}$huak$_8^{21}$火旺

k'êi ziệt, chaleur. 气热 k^{h}ei$_3^{33}$zit$_8^{21}$气热//ziat$_7^{55}$k^{h}i$_5^{55}$热气

ziệt tóm, cœur ardent. 热心 zit$_8^{21}$tɔm$_1^{35}$//ziat$_7^{55}$tim^{33}

ziệt ói, amour ardent. 热爱 ziat$_7^{55}$ɑi$_5^{55}$

<H. ziệt *ñi̯et 熱

ziệt calme 静/悄悄 ʔdiet$_8^{21}$

ziệt ziệt zóng ngà kang, taisez-vous. 住嘴(悄悄不要讲) ʔdiet$_8^{21}$ʔdiet$_8^{21}$zɑŋ$_5^{55}$ŋa$_2^{24}$kaŋ$_3^{33}$//ʔdiet$_8^{21}$ʔdiet$_8^{21}$tam$_3^{33}$悄悄走//ʔbak$_7^{55}$ʔdiet$_8^{21}$不爱说话(嘴静)

kĭt frapper, battre, (aller à la chasse). 打(击) kit$_7^{55}$

kĭt nòm, puiser de l'eau. 打水/汲水 kit$_7^{55-33}$nɑm$_4^{21}$

kĭt sêàu, tirer un coup de fusil. 打枪 kit$_7^{55-33}$seu^{33}

ziàng bỏn kĭt kống, ouvrier. 打工的人(人打工) ziaŋ$_2^{24-21}$ʔbɑn$_2^{24-21}$kit$_7^{55-33}$koŋ$_1^{35}$//kit$_7^{55-33}$koŋ$_1^{35}$打工/练功夫(击功)

kĭt hêẵt, forger. 打铁 kit$_7^{55-33}$hiat$_7^{55}$

kĭt túi bòa, se servir de l'abaque. 打算盘 kit$_7^{55-33}$tui$_5^{55}$ʔbua^{21}

kĭt p'ĕăn, aplatir. 打扁 kit$_7^{55}$p^{h}ian$_3^{33}$

kĭt dái, assommer. 打死 kit$_7^{55}$ʔdai$_1^{35}$

kĭt dóng, atteindre. 打到/到达(打到) kit$_7^{55}$ʔdɔŋ$_1^{35}$

kĭt ba tsiang, gifler. 打巴掌 kit$_7^{55-33}$ʔba^{33}tsiaŋ^{21}拍掌/鼓掌//tat$_8^{21}$me$_2^{24}$鼓掌//tat$_8^{21}$ʔdan$_3^{33}$me$_2^{24}$两人击掌//p^{h}ɑi$_4^{21}$p^{h}əi$_2^{24}$ɔu$_4^{21}$搧一巴掌

kĭt k'iu, jouer au ballon. 打球 kit$_7^{55-33}$k^{h}iu^{21}　按:"球"二李读为 k^{h}eu^{21}。

kĭt sòn, livrer bataille. 打仗/开战(击阵) kit$_7^{55-33}$sɔn$_4^{21}$

aù kuôn kĭt bõk mề, donner la bastonnade. 拿棍打屁股(拿棍击屁股) ou$_1^{35-21}$kun$_3^{33}$kit$_7^{55-33}$ʔbɑk$_7^{55-33}$me$_4^{21}$

hau kĭt zống, belliqueux. 好打人(好击别人) hɑu$_3^{33}$kit$_7^{55-33}$zoŋ$_1^{35}$

kĭt têáng, blesser. 打伤(击伤) kit$_7^{55}$tiaŋ$_1^{35}$

kĭt k'òn hêảu, boxer. 打拳/拳击(击拳头) kit$_7^{55-33}$ k^{h}ɔn$_2^{24-21}$ heu$_2^{24}$//k^{h}ɔn$_2^{24-21}$heu$_2^{24}$拳头//kok$_7^{55-33}$ʔda$_1^{35-21}$heu$_2^{24}$膝盖(脚眼头)

kĭt dểi, casser. 打烂(击烂) kit$_7^{55}$ʔdɛi$_2^{24}$

kĭt tsúng, sonner la cloche. 打钟(击钟) kit$_7^{55-33}$ts^{h}uŋ$_1^{35}$

kĭt zỉng, conquérir, défaire (vaincre). 打赢(击赢) kit$_7^{55}$zeŋ$_2^{24}$

kĩt zống dái, frapper à mort. 打人死/打死人(击别人死) kit_7^{55-33} $zoŋ_1^{35}$ $ʔdai_1^{35}$打死人

kĩt k'òn dên, faire la culbute. 翻跟斗(击跟斗) kit_7^{55-33} $k^hɑn_2^{24-21}$ $ʔdeu_3^{33}$(不说)//$lian_3^{33}$ $k^hɑn_2^{24-21}$ $ʔdeu_3^{33}$翻跟斗(摔跟斗)//$ʔdɛŋ^{21}$ $k^hɑn_2^{24-21}$ $ʔdeu_3^{33}$顶跟斗(常说)//p^han^{33} $k^hɑn_2^{24-21}$ $ʔdeu_3^{33}$ 翻跟斗//$mɔk_8^{21}$ deu_5^{55} $ɔu_4^{21}$ 一斗谷子(谷斗一)//$mɔk_8^{21}$ $ʔbun_5^{55}$ $ʔdeu_3^{33}$两斗谷子(谷两斗)//$ʔdɑŋ_3^{33}$ $k^hɑn_2^{24}$头脚倒置($ʔdɑŋ_3^{33}$与"瓶子"同音)//liu_1^{35-21} $ʔdɑŋ_3^{33}$ $k^hɑn_2^{24}$把书倒过来看　按：*dên* 是 *dêu* 之误。

kiệt 击 kit_7^{55}

tsèo kau kiệt na, se farder le visage. 涂脂抹粉/化妆(石膏击脸) ts^hiu^{21} $kɑu^{33}$ kit_7^{55-33} na_3^{33}　按：ts^hiu^{21} $kɑu^{33}$ 是海南话"石膏"的变音。//ts^hiu^{21} $kɑu^{33}$ hua_4^{21-24} na_3^{33}(石膏画脸)//ts^hiu^{21} $kɑu^{33}$石膏(点豆腐用)

kiễt 结 $kiat_7^{55}$

bo kiễt, le sang se caille, se coagule. 血块/血凝固(血结) $ʔbɑʔ_7^{55-33}$ $kiat_7^{55}$//$ʔbɑʔ_7^{55}$ $kiat_7^{55}$ 血凝固(血结)//$kiat_7^{55-33}$ $ʔbɑʔ_7^{55-33}$ $ʔdai_1^{35}$ 淤血(受击打后)//$ʔbɑʔ_7^{55-33}$ $kɔt_8^{21}$ 血块(流出的血结块)//$kiat_7^{55}$ hon^{33}结婚　按：*bo* 是 *bõ* 之误。参看 *bõ* 条。

< * *ket*　結

kiễt 打(击) kit_7^{55}

sổi kiễt diẻn, pic (pioche). 打石锤(锤击石) sui_2^{24-21} kit_7^{55-33} $ʔdien_2^{24}$

ngiệt 月 $ŋit_8^{21}$

tám ngiệt, mois. 三月 tam_5^{55} $ŋit_8^{21}$ 三月//$ts^hi_5^{55}$ $ŋit_8^{21}$ 正月//$ŋɛi_4^{21-24}$ $ŋit_8^{21}$ 二月//tam_5^{55} $ŋit_8^{21}$ 三月//ti_5^{55} $ŋit_8^{21}$ 四月//$ŋe_4^{21-24}$ $ŋit_8^{21}$ 五月//$lɔk_8^{21}$ $ŋit_8^{21}$ 六月//$sɔt_7^{55}$ $ŋit_8^{21}$ 七月//$ʔbat_7^{55}$ $ŋit_8^{21}$ 八月//ku_5^{55} $ŋit_8^{21}$ 九月//$tɔp_8^{21}$ $ŋit_8^{21}$ 十月//tɔ(p)$_8^{21}$ $ɔt_7^{55}$ $ŋit_8^{21}$ 十一月//$tɔp_8^{21}$ $ŋɛi_4^{21-24}$ $ŋit_8^{21}$ 十二月

< * *ñ*^{w}*i̯at*　月

hĩt 跳 hit_7^{55}

mèng hĩt, sauterelle. 蚂蚱/蚱蜢(螟跳) $miŋ_2^{24-21}$ hit_7^{55}

有两个好的对应词和一个中古汉语借词：

	临高	台语	壮语	石家	莫语	水语	侗语	黎萨	黎王
couteau 刀	*miệt*	*mi:t*	*mit*	(*ta:w*)	*mit*	*mit*	*mi:t*	(*da:w*)	/
froid 冷	*nĩt*	(*hna:w*)[1]	*hnet* *hnit*	*nek*	*ʔñit*	*ʔñit*	*ʔyi:t*	(*kha:y*	*kha:y*)
huit 八	*bĩt*	*pe:t*	*pe:t*	*pe:t*	*pa:t*	*pa:t*	*pə:t*	(*du*	*how*)

1. (*hna:w*)：台语里 *hnet* 的意思是“迟钝、麻木”。

ÊAT-IAT

lêắt se crevasser 裂 $liat_7^{55}$

bãk miệt lêắt, couteau ébréché. 刀缺口(刀裂口<口刀裂) $ʔbak_7^{55-33}mit_8^{21}liat_7^{55}$

lêắt k'ếi, se gercer, exploser, se fendiller. 裂开 $liat_7^{55}k^hei_1^{35}$

lêắt k'êi, se lézarder. 裂开 $liat_7^{55}k^hei_1^{35}$

bãk miệt lêắt, couteau bréché. 刀缺口(刀裂口<口刀裂) $ʔbak_7^{55-33}mit_8^{21}liat_7^{55}$

sóng dom hềi lêắt, cataclysme. 山崩地裂(山倒地裂) $saŋ_1^{35}ʔdɔm_3^{33}hɛi_4^{21}liat_7^{55}$

lêạt káo, protestantisme. 分裂教/基督教新教(裂教) $liat_7^{55-33}kau_5^{55}$

<* *liet* 裂

sêạt (hacher) 切 $siat_7^{55}$

sêạt nàn, découper la viande. 切肉 $siat_7^{55-33}nan_4^{21}$

sêạt nàn toi, dépecer la viande. 把肉切碎(切肉细) $siat_7^{55-33}nan_4^{21}tɔi_3^{33}$

sêạt nàn, hacher la viande. 切肉 $siat_7^{55-33}nan_4^{21}$

<* *ts'et* 切

zêạt 臭虫 $ziat_8^{21}$

zêạt háu aù, une punaise. 一只臭虫(臭虫只一) $ziat_8^{21}hɔu_2^{24}ɔu_4^{21}$

=T. *rɯət* เรือด(臭虫)

kiắt 结 $kiat_7^{55}$

kiắt dỏng, se coaliser. 结党 $kiat_7^{55-33}ʔdaŋ^{21}$

kiắt tô, énumérer. 结账(结数) $kiat_7^{55-33}to_3^{33}$

<* *ket* 結

k'iăt □$k^hiat_7^{55}$ 按：本字、本义不明。

bêi k'iăt, dans quatre ans. 大大后年 $ʔbɛi_2^{24-21}k^hiat_7^{55}$大大后年

hêăt fer 铁 hiat$_7^{55}$

dêạp hêăt, acier. 钢铁 ʔdiap$_8^{21}$hiat$_7^{55}$

sỏi hêăt, marteau en fer. 铁锤(锤铁) sui$_2^{24-21}$hiat$_7^{55}$//=soi$_2^{24-21}$hiat$_7^{55}$

hêăt băk mọ, le mors. 马嘴铁/马嚼环(嘴铁马) hiat$_7^{55-33}$ʔbak$_7^{55-33}$maʔ$_8^{21}$

hêăt p'êặk, fer-blanc. 白铁(铁白) hiat$_7^{55-33}$p^{h}iak$_8^{21}$

kồ hêăt, crampon en fer. 铁钩(钩铁) ko$_1^{35-21}$hiat$_7^{55}$

sồi hêăt, enclume. 铁锤(锤铁) soi$_2^{24-21}$hiat$_7^{55}$//ts^{h}ɔm$_1^{35-21}$hiat$_7^{55}$铁砧　按：法语解释是"铁砧",误。

aú hêăt kón nòm, tremper le fer. 把铁浸湿(拿铁吃水) ou$_1^{35-21}$hiat$_7^{55}$ kɔn$_1^{35-21}$nam$_4^{21}$//ou$_1^{35-21}$ hiat$_7^{55}$ ts^{h}ɔm$_3^{33}$ nam$_4^{21}$(拿铁浸水)//ou$_1^{35-21}$ hiat$_7^{55}$ sɔm$_2^{24-21}$ nam$_4^{21}$(拿铁蘸水)//ou$_1^{35-21}$ʔbat$_7^{55}$sɔm$_2^{24}$(拿笔蘸)

hêăt kón zặk, le fer se rouille. 铁生锈(铁吃锈) hiat$_7^{55}$kɔn$_1^{35-21}$zak$_8^{21}$// hiat$_7^{55}$zak$_8^{21}$铁锈了

tèng hêăt, fonte. 生铁 teŋ$_1^{35-21}$hiat$_7^{55}$(少说)//hiat$_7^{55-33}$zɔp$_7^{55}$(常说)//haŋ$_1^{35}$生铁(最常说)

zông hêăt, fondre du fer. 熔铁 zoŋ$_2^{24-21}$hiat$_7^{55}$熔铁//hiat$_7^{55}$zoŋ$_2^{24}$铁熔化// nam$_4^{21-24}$hiat$_7^{55}$铁水

<* *t'et*　鐵

有一个对应词：

	临高	台语	壮语	石家	莫语	水语	侗语	黎萨	黎王
punaise 臭虫	*zêạt*	*rɯət*	*rɯət*	*ruot*	(*dyi: ṅ*	/	*nya'*	/	*kop*

ƠT

bỡt 物 ʔbət$_7^{55}$

sũk bỡt, animal. 畜牲(畜物) suk$_7^{55}$ʔbət$_7^{55}$//lɛk$_8^{21}$suk$_7^{55}$ʔbət$_7^{55}$小畜物(骂人话)//=lɛk$_8^{21}$suk$_7^{55}$teŋ$_1^{35}$小畜牲

<H. *vựt*　* *mi̯əut*　物

p'ỡt 勿/不 p^{h}ut$_7^{55}$

p'ỡt ziền kản, à l'improviste. 突然间(不然间) p^{h}ut$_7^{55}$ zian$_2^{24}$kan^{33}//= p^{h}ɔp$_7^{55}$əŋ$_5^{55}$kəi$_3^{33}$突然这样

<H. *phựt*　* *mi̯uət*　勿

AT

bạt 丢/弃　ʔbat$_8^{21}$（≠ʔbɑt$_8^{21}$袜）　按：原文认为本字是“拨”，误。

bạt mạk diển, jeter une pierre. 扔石头（丢石头）ʔbat$_8^{21}$ mɑk$_8^{21}$ ʔdien$_2^{24}$丢石头（丢弃）//haŋ$_3^{33}$ mɑk$_8^{21}$ ʔdien$_2^{24}$抛石头（抛大石头）//ʔbi$_1^{35-21}$ mɑk$_8^{21}$ ʔdien$_2^{24}$甩石头（一定要远）//toi$_3^{33}$ mɑk$_8^{21}$ ʔdien$_2^{24}$丢石头（动作轻）//lɛu$_3^{33}$ mɑk$_8^{21}$ ʔdien$_2^{24}$撂石头（在水面上水平甩）//om$_3^{33}$ mɑk$_8^{21}$ ʔdien$_2^{24}$弃石头（远近皆可）//ʔbat$_8^{21}$ keu$_4^{21-24}$ luak$_7^{55}$丢垃圾（mɑk$_8^{21}$与“聋”同音）

bạt bới zóng aú, se défaire de. 丢弃不要（弃去不要）ʔbat$_8^{21}$ ʔbəi$_1^{35}$ zɑŋ$_5^{55}$ ou$_1^{35}$　按：法语解释是“拆开/解开”，不确。

bặt bới = *lêáo bặt*, rejeter. 弃去 ʔbat$_8^{21}$ ʔbəi$_1^{35}$ = 撂弃 lɛu$_3^{33}$ ʔbat$_8^{21}$　按：参看 *lêáo* 条。

hiểm bạt, répugnant. 嫌弃 him$_2^{24}$ ʔbat$_8^{21}$

bạt hề háng bới, abjurer le paganisme. 弃绝鬼/弃绝异教（弃鬼去）ʔbat$_8^{21}$ he$_2^{24-21}$ haŋ$_1^{35}$ ʔbəi$_1^{35}$

<* *pât*　撥

bặt 袜 ʔbɑt$_8^{21}$

bặt mể, gants. 手套（袜手）ʔbɑt$_8^{21}$ me$_2^{24}$//≠ʔbat$_8^{21}$ me$_2^{24}$甩手（走路时前后甩手）//ʔbɑt$_8^{21}$ kok$_7^{55}$袜子（袜脚）

bãt（huit）八 ʔbat$_7^{55}$

mạk bãt koãk, badiane, anis étoile. 八角/大茴香（果八角）mak$_8^{21}$ ʔbat$_7^{55}$ kuak$_7^{55}$

bãt ngiệt, huitième mois. 八月 ʔbat$_7^{55}$ ŋit$_8^{21}$

<* *pat*　八

p'ạt punir, châtier 罚 p^{h}at$_8^{21}$

p'ạt ngỏn, infliger une amende en argent. 罚款（罚银）p^{h}at$_8^{21}$ ŋɔn$_2^{24}$//= p^{h}at$_8^{21}$ sɛn$_2^{24}$罚钱

<* *bi̯at*　罰

p'ăt 法 p^{h}ap$_7^{55}$　按：“法”二李都读为 p^{h}ap$_7^{55}$。p^{h}ap$_7^{55}$法≠p^{h}at$_7^{55}$发。

lựt p'ăt, loi. 法律（律法）lot$_8^{33}$ p^{h}ap$_7^{55}$

zóng họp p'ẵt, illégal. 不合法//zɑŋ$_5^{55}$ hɔp$_8^{21}$ p^{h}at$_7^{55}$（不说）//zɑŋ$_5^{55}$ hɔp$_8^{21}$

$p^hap_7^{55}$(常说)

ziàng-bỏn p'ẵt kũk, un Français. 法国人(人法国) $zia\eta_2^{24-21}$ $ʔb\alpha n_2^{24-21}$ $p^hap_7^{55}kuk_7^{55}$

< * *pi̯ap* 法

p'ãt 发 $p^hat_7^{55}$

p'ãt p'ìng, contracter une maladie, la maladie se déclare. 发病 $p^hat_7^{55-33}$ $p^hi\eta_4^{21}$

p'ãt nĩt són aù, accès de fièvre. 发一阵冷(发冷阵一) $p^hat_7^{55-33}$ nit_7^{55} $s\text{ɔ}n_4^{21-24}$ $\text{ɔ}u_4^{21}$(一阵)//$p^hat_7^{55-33}$ nit_7^{55} $s\text{ɔ}n_5^{55}$ $\text{ɔ}u_4^{21}$(一次)

p'ãt bẫk, aliéné. 发疯(发北) $p^hat_7^{55-33}$ $ʔbək_7^{55}$ 发疯//$\alpha\eta^{33}$ $p^hat_7^{55-33}$ $ʔbək_7^{55}$ 疯子(翁发北)

p'ãt hiên, apparaître. 发现 $p^hat_7^{55-33}$ $hien_3^{33}$

p'ãt ziảo, hilarité. 发笑 $p^hat_7^{55-33}$ $ziau_2^{24}$

p'ãt ngả, germer. 发芽 $p^hat_7^{55-33}$ ηa_2^{24}//=uk_7^{55-33} ηeu_4^{21} 出芽

p'ãt báng, briller. 发光/发亮 $p^hat_7^{55-33}$ $ʔba\eta_1^{35}$

p'ãt k'êi, colère. 发怒(发气) $p^hat_7^{55-33}$ $k^hei_3^{33}$

p'ãt p'ỗk, moisir. 发霉(发灰) $p^hat_7^{55-33}$ $p^hok_7^{55}$

p'ãt noai, mollir. 发软 $p^hat_7^{55-33}$ $nuai_3^{33}$(少说)//$p^hat_7^{55-33}$ $nəi_2^{24}$ 发软(常说)//kok_7^{55} $nəi_2^{24}$ 脚软//$nəi_2^{24}$ $nuai_3^{33}$ 又软又累(软累)

p'ãt sể, devenir riche, prospère. 发财 $p^hat_7^{55-33}$ se_2^{24}//$kuan_1^{35-21}$ se_2^{24} 棺材

p'ãt k'êi số, emportement. 暴怒(发气粗) $p^hat_7^{55-33}$ $k^hei_3^{33}$ so_1^{35}

má p'ãt bẫk, chien enragé. 疯狗(狗发北) ma_1^{35} $p^hat_7^{55-33}$ $ʔbək_7^{55}$ 狗发疯// ma_1^{35-21} $p^hat_7^{55-33}$ $ʔbək_7^{55}$ 发疯狗

p'ãt mổng, s'évanouir. 发懵 $p^hat_7^{55-33}$ $mo\eta_4^{21}$

p'ìng tsùng p'ãt, retomber malade. 病复发(病重发) $p^hi\eta_4^{21}$ $ts^hu\eta_2^{24-21}$ $p^hat_7^{55}$//=$ts^hu\eta_2^{24-21}$ $p^hat_7^{55-33}$ $p^hi\eta_4^{21}$ 复发病(重发病)

< * *pi̯at* 發

tạt 节 tat_7^{55} 按:海南话白读。

lẹk tạt tũ, dernier-né. 末胎孩子(子节尾) $lɛk_8^{21}$ tat_7^{55-33} $tuʔ_7^{55}$//$nuak_8^{21}$ tat_7^{55} 鸟栖息在树上

nát 韧 $n\alpha t_7^{55}$

nằn nát, viande coriace. 老肉/咬不动的肉(肉韧) nan_4^{21-24} $n\alpha t_7^{55}$ 老肉//

nan$_{4}^{21}$nɑt$_{7}^{55}$肉老//ts^{h}ei$_{3}^{33}$nɑt$_{7}^{55}$结实有韧性的纸

sạt sãt (brosser) 擦 sat$_{7}^{55}$;刷 suat$_{7}^{55}$/tuat$_{7}^{55}$ 按：原文认为本字是“刷”,误。

sạt nòm dá, essuyer des larmes. 擦眼泪(擦水眼) sat$_{7}^{55-33}$nɑm$_{4}^{21-24}$ʔda$_{1}^{35}$

sạt na, essuyer la figure, se laver, se débarbouiller. 擦脸 sat$_{7}^{55-33}$na$_{3}^{33}$

sạt tảng, essuyer la table. 擦桌子 sat$_{7}^{55-33}$taŋ$_{2}^{24}$

sạt tứ, biffer un caractère. 擦字(擦书) sat$_{7}^{55-33}$tɯ$_{1}^{35}$

toãt sạt tón, brosse à dent. 刷牙(刷牙) tuat$_{7}^{55-33}$tɔn$_{1}^{35}$

sãt zêang bong, nettoyer (en lavant). 擦干净(刷干亮) sat$_{7}^{55}$ ziaŋ$_{3}^{33}$ ʔbɑŋ$_{3}^{33}$//=sat$_{7}^{55}$seu$_{1}^{35}$ʔbɑŋ$_{3}^{33}$//ziaŋ$_{3}^{33}$=seu$_{1}^{35}$干

hỏi sãt, allumette (feu frotté). 火柴(火擦) hoi$_{2}^{24}$sat$_{7}^{55}$//=hoi$_{2}^{24}$suat$_{7}^{55}$火刷//=hoi$_{2}^{24}$kuat$_{7}^{55}$火刮

họp sãt tảng, torchon. 擦桌布(布擦桌) hɑp$_{8}^{21}$sat$_{7}^{55-33}$taŋ$_{2}^{24}$

<* *ṣ^{w}at* 刷

sãt frictionner, frotter 擦 sat$_{7}^{55}$

sãt zảu, huiler, oindre, vernir. 擦油 sat$_{7}^{55-33}$zɔu$_{2}^{24}$

sãt hải, cirer les souliers, décrotter les souliers. 擦鞋 sat$_{7}^{55-33}$hai$_{2}^{24}$

sãt bởi, effacer. 擦去 sat$_{7}^{55}$ʔbəi$_{1}^{35}$

sãt zạk dérouiller. 擦锈 sat$_{7}^{55-33}$zak$_{8}^{21}$//ts^{h}ɑi$_{3}^{33}$zak$_{8}^{21}$敲锈//ts^{h}ɑi$_{3}^{33}$ʔdien$_{2}^{24}$敲石头

<* *tṣ'at* 擦

kẵt 破/褴褛 kat$_{7}^{55}$

hoa tiu kẵt, balsamine. 凤仙花/鸡冠花(花首鸡) hua$_{1}^{35-21}$tiu$_{3}^{33}$kɑi$_{1}^{35}$ 按：*kẵt*是*kái*之误。

họp kẵt =*k'ô zoa kẵt*, chiffon. 破布 hɑp$_{8}^{21}$kat$_{7}^{55}$=破衣服 k^{h}o$_{3}^{33}$zua$_{3}^{33}$kat$_{7}^{55}$

dìng k'ô zoa kẵt, déguenillé. 衣衫褴褛(穿衣裤破) ʔdiŋ$_{1}^{35-21}$ k^{h}o$_{3}^{33}$ zua$_{3}^{33}$ kat$_{7}^{55}$/=ʔdiŋ$_{1}^{35-21}$zua$_{3}^{33}$kat$_{7}^{55}$(穿破衣)

zỏa kẵt, haillons. 破衣 zua$_{3}^{33}$kat$_{7}^{55}$

p'ửng zoa kãt, rapiécer des habits. 补破衣(缝衣破) p^{h}əŋ$_{2}^{24-21}$zua$_{3}^{33}$kat$_{7}^{55}$

ngạt 轧 ŋat$_{8}^{21}$ 按：原文认为本字是“压”,误。

ngạt dểi, broyer. 轧碎(轧烂) ŋat$_{8}^{21}$ʔdɛi$_{2}^{24}$

ngạt moi, presser la canne à sucre. 轧甘蔗/榨甘蔗 ŋat$_{8}^{21}$mɑi$_{3}^{33}$

<(C. *ʔa:t*) * *ʔap* 壓

ăt 阻/塞(遏) ut_7^{55} 按：本字当为“遏”。《尔雅·释诂》：“遏，止也。”郭注：“以逆相止曰遏。”《广韵》：“遏，遮也，绝也，止也。乌割切。”

ăt són, obstruer le chemin.→*ŏt* 塞路/阻塞路(遏路)参看 ŏt 条。ut_7^{55-33} $sɔn_1^{35}$//$kɔʔ_8^{21}$ ut_7^{55}馊味 按：$ɔt_7^{55}$一≠ot_7^{55}粽子≠ut_7^{55}馊/塞(遏)。

除了 *ŏt* 这个同源对似词，没有台语对应词。

ƯT

p'ư̆t 不 $p^hut_7^{55}$

p'ư̆t ziền kón, au dépourvu. 突然间/忽然间(不然间) $p^hut_7^{55}zian_2^{24}kan^{33}$

mựt pincer 掐(掐花)/摘 mut_7^{55}

mựt bể, effeuiller. 掐叶子 mut_7^{55-33} $ʔbe_2^{24}$//mut_7^{55-33} heu_4^{21-24} su_4^{21} 摘豆角// $mut_7^{55-33}mak_8^{21}kua_1^{35}$摘瓜

mựt mỉ bảo dểi dểi, émietter. 掐面包碎碎(掐面包烂烂) $mut_7^{55-33}mi^{33}$ $ʔbau^{33}ʔdɛi_2^{24-21}ʔdɛi_2^{24}$(掐面包烂烂)//=$nua^{33}mi^{33}ʔbau^{33}ʔdɛi_2^{24-21}ʔdɛi_2^{24}$揉面包烂烂 按：$mi^{33}ʔbau^{33}$是海南话。

=Li (S.) *miêt*, Li (W-l.) *mi: t.*

mư̆t (cueillir) 摘/掐 mut_7^{55}

mư̆t mạk don, cueillir des fruits. 摘果子(摘果树) $mut_7^{55-33}mak_8^{21}ʔdɔn_3^{33}$//= $mut_7^{55-33}mak_8^{21}$摘果

mựt sók, cueillir des légumes. 摘菜/掐菜 $mut_7^{55-33}sak_7^{55}$ 按：地里摘、买回来掐短都可以。

mư̆t hóa, cueillir des fleurs. 摘花/掐花 $mut_7^{55-33}hua_1^{35}$

dư̆t se crevasser, éclater. 裂/裂开 $ʔdɯt_7^{55}$

dung dư̆t, l'abcès a crevé. 疮裂 $ʔduŋ_3^{33}ʔdɯt_7^{55}$

p'ườì hồng dư̆t, embonpoint. 肥(肥胴裂) $p^hɔi_2^{24-21}hoŋ_4^{21}ʔdɯt_7^{55}$

hổi dư̆t dổi, tasse fêlée. 碗裂行(碗裂列) $hoi_4^{21}ʔdɯt_7^{55}zoi_2^{24}ɔu_4^{21}$(碗裂了一行)//$hoi_4^{21-24}ʔdɯt_7^{55}zoi_2^{24}ɔu_4^{21}$裂了一行的碗//$hoi_4^{21}liat_7^{55}$碗缺口(碗裂)// $ʔbak_7^{55}liat_7^{55}$兔唇/嘴缺(嘴裂) 按：*dổi* 是 *zổi* 之误。

dũt 屁 ʔdut$_7^{55}$ 按：ʔdut$_7^{55}$屁≠ʔdot$_7^{55}$啄。但二李都读 ʔdot$_7^{55}$。

dọ dũt, faire un pet. 放屁 ʔdɔʔ$_8^{21}$ ʔdut$_7^{55}$

=T. *tot* ตด(放屁)

lũt (bobine) 松脱 lut$_7^{55}$/绕线轴 lot$_7^{55}$ 按：法语解释是"缠绕"。

nòm mạk lũt, écume (sur l'eau). 水泡沫(水果脱) nam$_4^{21-24}$ mak$_8^{21}$ lut$_7^{55}$// mak$_8^{21}$ lut$_7^{55}$泡沫//ʔbeu$_4^{21-24}$ mak$_8^{21}$ lut$_7^{55}$吹泡泡

lũt ũk kố, décrocher. 脱钩(脱出钩) lut$_7^{55}$ uk$_7^{55}$ ko$_1^{35}$

sêá lũt, rouet (roue, bobine). 纺车(车轴) sia$_1^{35-21}$ lot$_7^{55}$//=mak$_8^{21}$ lot$_7^{55}$绕线轴

<H. *lụt* =T. *hlo:t*, C.-D. *hlut* หลอด(管子)

sũt 缩 sot$_7^{55}$

sũt tóang hể noạk, lacet pour prendre des oiseaux. 捉鸟机关(缩桩捉鸟) sot$_7^{55-33}$ tuaŋ^{33} he$_2^{24-21}$ nuak$_8^{21}$

zụt (dès) 从 luk$_8^{21}$(介词) 按：萨维纳的 *zụt* 现在都读为 luk$_8^{21}$。

zụt hau dóng tụ, d'un bout à l'autre (dès tête arriver queue). luk$_8^{21}$ hau$_3^{33}$ ʔdɔŋ$_5^{55}$ tuʔ$_7^{55}$

zụt záu héng dái=zụt téng dóng dái, depuis la naissance jusqu'à la mort. 从生到死 lok$_8^{21}$ zou$_3^{33}$ ʔdɔŋ$_5^{55}$ ʔdai$_1^{35}$从活到死//=lok$_8^{21}$ teŋ$_1^{35}$ ʔdɔŋ$_5^{55}$ ʔdai$_1^{35}$从生到死//=lok$_8^{21}$ zou$_3^{33}$ hɛŋ$_5^{55}$ ʔdai$_1^{35}$(从生停死)

zụt 从 luk$_8^{21}$

zụt téng, toute la vie. 整个一生(从生) lok$_8^{21}$ teŋ$_1^{35}$//tɛi$_5^{55}$ ɔu$_4^{21}$一生(世一)//tɛi$_5^{55}$ ɔu$_4^{21}$ zu$_5^{55}$ hau$_3^{33}$ lak$_8^{21}$一生都快乐(世一都好乐) 按：lok$_8^{21}$ teŋ$_1^{35}$不单说。

zụt tsao dóng zóm, depuis le matin jusqu'au soir. 从早到晚(从早到黑) luk$_8^{21}$ ts^{h}au$_3^{33}$ ʔdɔŋ$_5^{55}$ ʔdan$_4^{21-24}$ zam$_1^{35}$//=luk$_8^{21}$ ts^{h}au$_3^{33}$ ʔdɔŋ$_5^{55}$ ʔdan$_4^{21-24}$ zam$_1^{35}$

zụt hau dao, se doucher. 洗淋浴从头浇(从头倒) luk$_8^{21}$ hau$_3^{33}$ ʔdau$_3^{33}$// ʔdau$_3^{33}$ nam$_4^{21}$倒水//luk$_8^{21}$ hau$_3^{33}$ ʔdɔŋ$_5^{55}$ kok$_7^{55}$从头到脚

zụt téng, la vie entière. 整个一生(从生) lok$_8^{21}$ teŋ$_1^{35}$//tɛi$_5^{55}$ ɔu$_4^{21}$一生(世一) 按：lok$_8^{21}$ teŋ$_1^{35}$不单说。

zụt zé hé nêa, d'où venez-vous? 从哪里来 luk$_8^{21}$ zɛ$_5^{55}$ hɛ$_1^{35}$ nia$_3^{33}$//=luk$_8^{21}$

$zɛ_1^{35} nia_3^{33}$

zụt bỏn tểi dóng dà lểi, dorénavant. 从今往后(从今时到以后) $luk_8^{21} ʔbɑn_2^{24-21} tɛi_2^{24} ʔdɔŋ_5^{55} ʔda_2^{24-21} lei_2^{24}$ // = $luk_8^{21} ʔbɑn_2^{24-21} tɛi_2^{24} ʔdɔŋ_5^{55} ʔdaŋ_2^{24-21} lei_2^{24}$

zũt 烧 zut_7^{55}(烧山、成堆地烧)

zữt brûler, chauffer (au feu), embraser. 烧 zut_7^{55} 按: *zữt* 是 *zũt* 之误。

zũt zíng, ardent, incandescent. 烧红 $zut_7^{55} ziŋ_1^{35}$ // = $zut_7^{55} hɔŋ_2^{24}$

zưt tèng dềô, incinérer, calciner. 烧成灰 $zut_7^{55} teŋ_2^{24-21} ʔdeu_4^{21}$

zưt bưởn, brûler du bois. 烧柴/烧炭(烧柴) $zut_7^{55-33} ʔbən_2^{24}$

zụt bểi, enflammer. 烧火 $zut_7^{55-33} ʔbɛi_2^{24}$(大堆地烧)

na zữt, rougir. 脸烧 $na_3^{33} ut_7^{55}$

= T. *cut* จุด(点燃)

kũt 骨 kut_7^{55}

don nồng kữt, cactus, euphorbe. 仙人掌(树脓骨) $ʔdɔn_3^{33} noŋ_2^{24-21} kut_7^{55}$ 按: 无刺,树脓有毒,入眼会瞎。// $ʔdɔn_3^{33} me_2^{24-21} tin_1^{35}$ 仙人掌(树手仙)

kĩt kữt bòi, jouer aux dominos. 打骨牌(击骨牌) $kit_7^{55-33} kut_7^{55} ʔbai^{21}$

<H. *kụt* **kuət* 骨

kũt mể, se croiser les bras. 抱手(两臂交叉抱) $kut_7^{55-33} me_2^{24}$

= T. *ko: t* กอด(搂/抱)

k'ụt 钝 $k^hut_8^{21}$

miệt k'ụt, couteau émoussé. 钝刀 $mit_8^{21} k^hut_8^{21}$

ũt 堵/塞(遏) ut_7^{55}

ũt són, barrer la route, le passage. 塞路/堵路(遏路) $ut_7^{55-33} sɔn_1^{35}$ 塞路(故意拦堵)// $ŋɑt_7^{55-33} sɔn_1^{35}$ 堵路(路拥挤)

ũt dòn, combler un trou. 塞洞(遏洞) $ut_7^{55-33} ʔdɔn_4^{21}$

zống ũt, nez bouché. 鼻塞(鼻遏) $zɔŋ_1^{35} ut_7^{55}$ // = $zɔŋ_1^{35} ŋɑt_7^{55}$ 鼻塞

ũt nòm, endiguer l'eau. 拦水/堵水(遏水) $ut_7^{55-33} nɑm_4^{21}$

ũt dễk, engorgé. 堵塞(塞满)(遏满) $ut_7^{55} ʔdik_7^{55}$

ũt lảu, se précipiter dans. 塞起来(遏起) $ut_7^{55} lɔu_2^{24}$ 塞起 // $ut_7^{55} lɔu_4^{21}$ 塞进

ũt kờ hũk, pressez-le de faire. 催他做(遏他做) $ut_7^{55-33} kə_4^{21} huk_7^{55}$ 塞给他做 // $soi_1^{35-21} kə_4^{21} huk_7^{55}$ 催他做

au ũt, recourber. 弄弯(拗遏) ɑu$_3^{33}$ut$_7^{55}$拗塞(不说)//ɑu$_3^{33}$eu$_1^{35}$拗弯(常说)//=ɑu$_3^{33}$uan$_1^{35}$

dón don ũt nả, arbre rabougri. 棵棵塞密(棵棵遏密) ʔdon$_5^{55}$ʔdon$_3^{33}$ut$_7^{55}$na$_1^{35}$棵棵塞密//ʔdom$_5^{55}$ʔdom$_3^{33}$ut$_7^{55}$na$_1^{35}$矮矮塞密　按：法语解释是"矮树"。

ụt 塞(遏) ut$_7^{55}$

ụt kỗk, boucher une bouteille. 塞住瓶子(遏角) ut$_7^{55-33}$kok$_7^{55}$//=ut$_7^{55-33}$ʔdɑŋ$_3^{33}$//=ut$_7^{55-33}$luan$_4^{21}$

=T. *ʔut*　อูด

hũt nœud 结/结节(突) hut$_7^{55}$

hũt mọ aù, un nœud. 一个结(突个一) mɑk$_8^{21}$hut$_7^{55}$mɔʔ$_8^{21}$ɔu$_4^{21}$//hut$_7^{55-33}$ʔdak$_8^{21}$接绳子(突绳)//kɑt$_8^{21}$mɑk$_8^{21}$hut$_7^{55}$打结(扎果突)　按：mɔʔ$_8^{21}$ɔu$_4^{21}$实际读为 mɔ$_4^{21-24}$ɔu$_4^{21}$。

=T. *kho:t*　ขอด

bỏn sô hũt hũt, cheveux crépus. 头发卷卷(头发突突) ʔbɑn$_2^{24-21}$so$_3^{33}$hut$_7^{55}$hut$_7^{55}$

lẹk king mể hut, doigts crochus. 手指不直(小指突) lɛk$_8^{21}$kiŋ$_3^{33}$me$_2^{24}$hut$_7^{55}$//=kiŋ$_3^{33}$me$_2^{24}$hut$_7^{55}$//lo$_3^{33}$hut$_7^{55}$驼背(腰突)//hut$_7^{55-33}$lo$_3^{33}$弓腰(突腰)

hữt 脱 hut$_7^{55}$

hữt máu =*hữt lang*, se découvrir. 脱帽 hut$_7^{55-33}$mɑu$_5^{55}$(不说)≠脱斗笠 hut$_7^{55-33}$laŋ$_3^{33}$(不说)//keʔ$_7^{55-33}$mɑu$_5^{55}$解帽(常说)//keʔ$_7^{55-33}$laŋ$_3^{33}$解斗笠(常说)

<H. *hụt*　**t'uât*　脱

对应词：

	临高	台语	壮语	石家	莫语	水语	侗语	黎萨	黎王
bouché 塞住	*ũt*	*ʔut*	*ʔot*	/	/	/	/	(*ʔiêm*	/
pet 屁	*dũt*	*tot*	*rot*	*ret*	*tut*	*tət*	*tət*	*thuôt*	*thu:t*
brûler 烧	*zũt*	*čut*	*čut*	/	/	/	/	(*sui*)	/
nœud 结	*hũt*	*kho:t*	*hot*	*ho:t*	/	/	/	(*khap*)	/
pince 掐	*mụt*	(*gi:p*	*ge:p*)	/	/	/	/	*miêt*	*mi:t*
embrasser 拥抱	*kũt*	*ko:t*	(*ʔum*	/	/	/	/	*ôm*	/
roue 轮子	*lũt*	*hlo:t*	*hlut*	*lut*	/	/	*khuəp*	…	/

OT-ÔT

bọt 袜 ʔbɑt$_{8}^{21}$

bọt dóa, jarretière. 袜带 ʔbɑt$_{8}^{21}$ ʔduɑ$_{2}^{24}$//ʔbɑt$_{8}^{21}$ ʔdɑi$_{3}^{33}$//ʔbɑ$_{3}^{33}$ ʔbɑt$_{8}^{21}$ 袜带（ʔbɑt$_{8}^{21}$ ≠ ʔbɑt$_{8}^{21}$ 丢弃）

bọt tóang aù = *bọt dồi aù*, paire de bas. 一双袜子 ʔbɑt$_{8}^{21}$ tuɑŋ$_{5}^{55}$ ɔu$_{4}^{21}$ = 一对袜子 ʔbɑt$_{8}^{21}$ ʔdoi$_{5}^{55}$ ɔu$_{4}^{21}$

bọt don, chaussette. 短袜（袜短）ʔbɑt$_{8}^{21}$ ʔdɔn$_{3}^{33}$//ʔbɑt$_{8}^{21}$ lɔi$_{1}^{35}$ 长袜

<H. *vặt* **mi̯at* 韈

bọt 物 ʔbɑt$_{8}^{21}$ 按：ʔbɑt$_{8}^{21}$ 与"袜/富/摇甩"同音。

hống lêi bọt, faire un cadeau, offrir un don. 送礼物 hoŋ$_{3}^{33}$ lei$_{3}^{33}$ ʔbɑt$_{8}^{21}$// = hoŋ$_{3}^{33}$ lei$_{3}^{33}$ ʔbət$_{7}^{55}$// = hoŋ$_{3}^{33}$ lei$_{3}^{33}$ keu$_{4}^{21}$（少说）

bon bọt, toutes les choses, tous les êtres. 万物 ʔbɑn$_{5}^{55}$ ʔbət$_{7}^{55}$// = ʔbɑn$_{4}^{21-24}$ ʔbət$_{7}^{55}$//ʔbɑn$_{5}^{55}$ ʔbət$_{7}^{55}$ kui^{33} mɑt$_{8}^{21}$ 万物归土

kiàu bọt, objets de rebut. 丢弃物（东西丢弃）keu$_{4}^{21-24}$ ʔbɑt$_{8}^{21}$//keu$_{4}^{21-24}$ lɛŋ$_{2}^{24}$ 零碎东西//keu$_{4}^{21-24}$ luɑk$_{7}^{55}$ 脏东西/垃圾

<H. *vụt* **mi̯uət* 物

bõt 笔 ʔbɑt$_{7}^{55}$

bọt têa tứ, pinceau pour écrire. 写字笔 ʔbɑt$_{7}^{55-33}$ tiɑ$_{3}^{33}$ tɯ$_{1}^{35}$

tũ bõt, pointe du pinceau. 笔尖（尾笔）tuʔ$_{7}^{55-33}$ ʔbɑt$_{7}^{55}$ 笔尾（少说）//ʔbɑk$_{7}^{55-33}$ ʔbɑt$_{7}^{55}$ 笔尖（口笔，常说）//hɑu$_{3}^{33}$ ʔbɑt$_{7}^{55}$ 笔帽（首笔）

bõt k'ón aù, porte-plume. 一支笔（笔管一）ʔbɑt$_{7}^{55-33}$ kʰɑn$_{5}^{55}$ ɔu$_{4}^{21}$（少说）//ʔbɑt$_{7}^{55-33}$ ki$_{5}^{55}$ ɔu$_{4}^{21}$（常说）

tsón bõt têa, autographe. 亲笔写 sɔn$_{5}^{55}$ ʔbɑt$_{7}^{55}$ tiɑ$_{3}^{33}$（不变调）// = sɔn$_{5}^{55}$ me$_{2}^{24}$ tiɑ$_{3}^{33}$ 亲手写//sɔn$_{1}^{35-21}$ sik$_{7}^{55}$ 亲戚//ziɑ$_{3}^{33}$ hem$_{1}^{35-21}$ kə$_{4}^{21}$ sɔn$_{1}^{35}$ 我和他亲（我添他亲）

mạk bõt meng, calligraphie. 书法好 mɑk$_{8}^{21}$ ʔbɑt$_{7}^{55}$ mɛŋ$_{3}^{33}$ 草果好 按：指有芒的草籽，粘人裤腿。//ʔbɑk$_{7}^{55-33}$ ʔbɑt$_{7}^{55}$ mɛŋ$_{3}^{33}$ 书法好（口笔好） 按：ʔbɑk$_{7}^{55-33}$ ʔbɑt$_{7}^{55}$ 是毛笔的笔尖。// = ʔbɑt$_{7}^{55-33}$ mɔk$_{8}^{21}$ mɛŋ$_{3}^{33}$ 书法好（笔墨好）

<**pi̯it* 筆

bõt herbe 草 ʔbɑt$_{7}^{55}$

bôt p'óng aù, poignée d'herbes. 一把草（草捧一）ʔbɑt$_{7}^{55}$ pʰɑŋ$_{5}^{55}$ ɔu$_{4}^{21}$//ʔbɑt$_{7}^{55}$ ʔbun$_{5}^{55}$ pʰɑŋ$_{3}^{33}$

bõt kông, algues (herbe mer). 海草/藻类(草海) ʔbat$_7^{55-33}$koŋ$_3^{33}$

bõt k'ùôn=*bõt dồng aù*, amas d'herbes. 一群草 ʔbat$_7^{55}$k^{h}un$_2^{24}$ɔu$_4^{21}$一群草/一群鸭=一堆草 ʔbat$_7^{55}$ʔdoŋ$_2^{24}$ɔu$_4^{21}$

bửi bõt, faucher l'herbe. 割草 ʔbui$_1^{35-21}$ʔbat$_7^{55}$//ʔbui$_1^{35-21}$ŋau$_4^{21}$割稻

bõt siáu, foin. 干草(草干) ʔbat$_7^{55-33}$seu$_1^{35}$

hềi mưởn bõt, prairie. 草地(地有草) hɛi$_4^{21}$mən$_2^{24-21}$ʔbat$_7^{55}$(不说) 按：hɛi$_4^{21}$是天地之地(hien$_1^{35}$hɛi$_4^{21}$)，不是土地之地。//mat$_8^{21}$mən$_2^{24-21}$ʔbat$_7^{55}$(常说)

bõt kông, plante. 海草(草海) ʔbat$_7^{55-33}$koŋ$_3^{33}$

bõt hềi, gazon. 草地 ʔbat$_7^{55-33}$hɛi$_4^{21}$(不说)//ʔbat$_7^{55-33}$mat$_8^{21}$(常说)

hải bõt, souliers de paille[1]. 草鞋(鞋草) hai$_2^{24-21}$ʔbat$_7^{55}$

(1) *hải bõt* 接近孟-高棉语(Mon-Khmer)：Soo 语，Poong 语 *bat*；克木语(Khmu) *bit*.

bõt 鸭 ʔbat$_7^{55}$ 按："鸭、草、笔"同音。

bõt hảu aù, un canard. 一只鸭(鸭只一) ʔbat$_7^{55}$hɔu$_2^{24}$ɔu$_4^{21}$

=T. *pet* เป็ด(鸭)

bõt (tourner) 拧(螺丝) 按：美德村王录尊 ʔbɔt$_7^{55}$拧≠ʔbat$_7^{55}$鸭子。美李村二李已经同音。

bõt k'ếi, détordre. 拧开 ʔbɔt$_7^{55}$k^{h}ei$_1^{35}$

bõt déng lồ-si, visser. 拧螺丝钉(拧钉螺丝) ʔbɔt$_7^{55-33}$ʔdɛŋ$_1^{35-21}$lui^{21}si^{33}//ʔdɛŋ$_1^{35-21}$lui^{21}si^{33}螺丝钉

mọ p'ằn bõt, le cheval se roule. 马在草地上打滚(马翻草) maʔ$_8^{21}$p^{h}an$_1^{35-21}$ʔbat$_7^{55}$

bõt tũ, agiter la queue. 摇尾 ʔbɔt$_7^{55-33}$tuʔ$_7^{55}$(不说) 按：此说法有问题。//ʔbai^{21}tuʔ$_7^{55}$摆尾(常说)//=ŋau$_2^{24-21}$tuʔ$_7^{55}$摇尾

bá lum bõt, seiche. 乌贼/墨鱼 ʔba$_1^{35-21}$lum$_3^{33}$ʔbat$_7^{55}$墨鱼/鱿鱼

mọt (terre) 土/地 mat$_8^{21}$

na mọt zóng p'ểng, terrain accidenté. 地面不平 na$_3^{33}$mat$_8^{21}$zaŋ$_5^{55}$p^{h}eŋ$_2^{24}$(不说)//ʔda$_3^{33}$mat$_8^{21}$zaŋ$_5^{55}$p^{h}eŋ$_2^{24}$(常说)

họp nòm mọt, acclimaté. 服水土(合水土) hɔp$_8^{21}$nam$_4^{21}$mat$_8^{21}$

beán mọt nêả, acquérir des terres. 买土地(买地田) ʔbian$_1^{35-21}$mat$_8^{21}$nia$_3^{33}$

kùng tếng liú mọk mọt, aéromancien. 风水先生(公生看块土) kuŋ$_1^{35-21}$teŋ$_1^{35-21}$liu$_1^{35}$mak$_8^{21}$mat$_8^{21}$

mọt láng, argile, terre glaise. 黄土(土黄) $mat_8^{21}la\eta_1^{35}$

oăt mọt =*kọ mọt* =*sỗk mọt*, bêcher la terre. 挖土 $uat_7^{55-33}mat_8^{21}$ =挖土 $ko?_8^{21}mat_8^{21}$ =铲土 $sak_7^{55-33}mat_8^{21}$

mọt nẻa, champs, domaine. 田地(土田) $mat_8^{21}nia_3^{33}$

lềi mọt, cultiver. 犁地 $lei_2^{24-21}mat_8^{21}$//=$lei_2^{24-21}zuai_2^{24}$

tsáu biển mọt =*bọ biển mọt*, épousseter. 扫尘土 $ts^h\mathrm{ɔ}u_2^{24-21}$ $?bien_4^{21-24}mat_8^{21}$(帚粉土)= 拍尘土 $?ba?_8^{21}$ $?bien_4^{21-24}mat_8^{21}$(拍粉土)//=$?ba?_8^{21}$ $?bien_4^{21-24}$ $\mathrm{ɔ}i_1^{35}$拍尘(拍粉埃)//=$ts^h\mathrm{ɔ}u_2^{24-21}san_2^{24-21}\mathrm{ɔ}i_1^{35}$扫尘埃(帚尘埃)

mọt pưới, terrain fécond. 肥地(地肥) $mat_8^{21}p^h\mathrm{ə}i_2^{24}$

biển mọt, poussière. 尘土(粉土) $?bien_4^{21-24}mat_8^{21}$

mõt 跳蚤 $mai_4^{21-24}mat_7^{55}$ 按:mat_7^{55}也是"根(棍子)"。

mõt hảu aù, une puce. 一只跳蚤(跳蚤只一) $mat_7^{55}h\mathrm{ɔ}u_2^{24}\mathrm{ɔ}u_4^{21}$//=$mai_4^{21-24}$ $mat_7^{55}h\mathrm{ɔ}u_2^{24}\mathrm{ɔ}u_4^{21}$//$h\varepsilon\eta_4^{21-24}mat_7^{55}\mathrm{ɔ}u_4^{21}$一根棍子

=T. *hmat* หมัด(跳蚤)

mõt 根/条 mat_7^{55}

hẻng zỏa mõt aù, une gaffe. 一根船篙(船篙根一) $h\varepsilon\eta_4^{21-24}zua_2^{24}mat_7^{55}$ $\mathrm{ɔ}u_4^{21}$(棍船根一)

dỗt 啄 $?dot_7^{55}$($?dot_7^{55}$啄≠$?dut_7^{55}$屁)

kói dỗt, la poule becquette. 鸡啄 kai_1^{35} $?dot_7^{55}$//$k^hau_1^{35-21}$ $?dot_7^{55}$钉桩(敲桩) 按:指短桩。

=T. *to:t* ตอด

tọt 实 $t\mathrm{ɔ}t_8^{21}$

kang tọt, affirmer. 肯定(讲实) $ka\eta_3^{33}t\mathrm{ɔ}t_8^{21}$//$ka\eta_3^{33}kua_4^{21}t\mathrm{ɔ}t_8^{21}$讲话实在// $ka\eta_3^{33}kua_4^{21-24}t\mathrm{ɔ}t_8^{21}$讲实话

hàu tọt, assurance, certitude. 眼见为实(知实/见实) $h\mathrm{ɔ}u_4^{21}t\mathrm{ɔ}t_8^{21}$知实(不说)//$h\mathrm{ɔ}u_4^{21}ts^h\mathrm{ɔ}n_1^{35}$知真(常说)

tọt tô, décidément, assurance, certitud. 诚实(实数) $t\mathrm{ɔ}t_8^{21}to_3^{33}$(海南话)

tsón tọt zóng kẻ, candeur. 真实不假 $ts^h\mathrm{ɔ}n_1^{35}t\mathrm{ɔ}t_8^{21}za\eta_5^{55}k\varepsilon_2^{24}$

làu tọt, bonne foi, bonasse. 老实 $lau_4^{21}t\mathrm{ɔ}t_8^{21}$//=$lau_4^{21}tit_8^{21}$

haù zoi tọt, être convaincu. 信服的/确信的(见得实) $h\mathrm{ɔ}u_4^{21}zai_3^{33}t\mathrm{ɔ}t_8^{21}$(不说)//$h\mathrm{ɔ}u_4^{21}zai_3^{33}ts^h\mathrm{ɔ}n_1^{35}$(常说)

tọt tóm, cordialement, franchise. 真心(实心) tɔt$_{8}^{21}$tɔm$_{1}^{35}$//tɔm$_{1}^{35}$tɔt$_{8}^{21}$//tɔm$_{1}^{35}$kʰoŋ$_{1}^{35}$空心　按:指树木、萝卜、人等。

zóng lảu tọt, déloyal. 不老实 zɑŋ$_{5}^{55}$lɑu$_{4}^{21}$tɔt$_{8}^{21}$(老文读)//=zɑŋ$_{5}^{55}$lɑu$_{4}^{21}$tit$_{8}^{21}$(海南话)

ding tọt =*dêa tọt*, déterminer. 定实 ʔdiŋ$_{3}^{33}$tɔt$_{8}^{21}$=定实 ʔdia$_{3}^{33}$tɔt$_{8}^{21}$

<* *ži̯it* 實

lọt 律 lot$_{8}^{33}$

lọt lêi, code. 律例 lot$_{8}^{33}$lei$_{3}^{33}$//pʰap$_{7}^{55}$lot$_{8}^{33}$法律

<* *lwit* 律

tsọt 侄 tsʰɔt$_{8}^{21}$

tsọt tsư, neveu. 侄子 lɛk$_{8}^{21}$tsʰɔt$_{8}^{21}$tsʰɿ$_{3}^{33}$

<* *ḍi̯it* 姪

tsọt 痱子/瘊子 tsʰɔt$_{8}^{21}$

tèng tsọt, bourbouille, durillon. 生痱子 teŋ$_{1}^{35-21}$tsʰɔt$_{8}^{21}$ ʔbaŋ$_{4}^{21}$//teŋ$_{1}^{35-21}$tsʰɔt$_{7}^{55}$生瘊子//mai$_{4}^{21-24}$tsʰɔt$_{7}^{55}$母瘊子　按:指第一个瘊子,能引发一系列瘊子。

kỗk tềng tsọt, cor au pied. 脚生瘊子 kok$_{7}^{55}$teŋ$_{1}^{35-21}$tsʰɔt$_{7}^{55}$

tsọt kói, ergot de coq. 鸡冠上长的瘊子 tsʰɔt$_{7}^{55-33}$kɑi$_{1}^{35}$

tèng tsọt tsiang, avoir la gale. 生痤疮 teŋ$_{1}^{35-21}$tsʰɔt$_{7}^{55-33}$tsʰiaŋ$_{3}^{33}$　按:都长在屁股上。//tsʰian$_{2}^{24-21}$ʔda$_{1}^{35-21}$ʔba$_{1}^{35}$鸡眼(□眼鱼)//kok$_{7}^{55}$teŋ$_{1}^{35-21}$ʔda$_{1}^{35-21}$ʔba$_{1}^{35}$脚生鸡眼(脚生眼鱼)//me$_{2}^{24}$teŋ$_{1}^{35-21}$ʔda$_{1}^{35-21}$ʔba$_{1}^{35}$手生鸡眼(手生眼鱼)

sõt sept 七 sɔt$_{7}^{55}$/sit$_{7}^{55}$(读书音)

sõt ngiệt, septième mois. 七月 sɔt$_{7}^{55}$ŋit$_{8}^{21}$七月

sõt tọp tui, septuagénaire. 七十岁 sɔt$_{7}^{55}$tɔp$_{8}^{21}$tui$_{3}^{33}$

ka sõt p'on, septupler. 加七倍(加七份) ka$_{1}^{35}$sɔt$_{7}^{55}$pʰɑn$_{4}^{21}$

=T.*cet* เจ็ด(七) * *ts'i̯it* 七

sọt 擦 sɔt$_{7}^{55}$

sọt dêi, allumer la lampe. 点灯(擦灯) sɔt$_{7}^{55-33}$ʔdei$_{3}^{33}$点灯(擦灯,用火柴点)//tsʰiu$_{3}^{33}$ʔdei$_{3}^{33}$引火点灯(照灯,用已燃的火点)　按:这里 sɔt$_{7}^{55}$不能说 tuat$_{7}^{55}$。

sọt bểi, allumer le feu. 点火(擦火) sɔt$_{7}^{55-33}$ʔbɛi$_{2}^{24}$点火//ʔdo$_{3}^{33}$ʔbɛi$_{2}^{24}$生火//tsʰiu$_{3}^{33}$ʔbɛi$_{2}^{24}$引火(就火/照火)//zut$_{7}^{55-33}$ʔbɛi$_{2}^{24}$烧火(大堆)//kʰei$_{3}^{33}$ʔbɛi$_{2}^{24}$

hoŋ$_{2}^{24-21}$ ŋai$_{2}^{24}$起火煮饭(干饭)　按：这里 sɔt$_{7}^{55}$不能说 tuat$_{7}^{55}$。

tsói sót kua, rallumer. 再点燃(再擦过) ts^{h}ɑi$_{5}^{55}$ sɔt$_{7}^{55}$ kua$_{3}^{33}$//= ts^{h}ɑi$_{5}^{55}$ ʔdem$_{3}^{33}$kua$_{3}^{33}$(再点过)

= T. *cut*　จูด

sõt p'ụk, dompter. 说服 sɔt$_{7}^{55}$ p^{h}uk$_{8}^{21}$(不说)//kaŋ$_{3}^{33}$ p^{h}uk$_{8}^{21}$说服(讲服，常说)

zọt 日 zɔt$_{8}^{21}$

tếng zọt, anniversaire de naissance. 生日 teŋ$_{1}^{35-21}$zɔt$_{8}^{21}$

kệ bỏn zọt tsư, atermoyer. 延期/改期(解天日子) keʔ$_{7}^{55-33}$ʔbɑn$_{2}^{24-21}$zit$_{7}^{55-33}$tsi^{21}另改日子(解天日子)//=kak$_{8}^{21}$ ʔbɑn$_{2}^{24-21}$ zit$_{7}^{55-33}$ tsi^{21}其他日子(别天日子)//keʔ$_{7}^{55-33}$ʔbɑn$_{2}^{24}$改日子(解日子)//liak$_{8}^{21}$ ʔbɑn$_{2}^{24}$选日子

dêa zọt tsư, fixer un jour précis. 定日子 ʔdia$_{3}^{33}$zit$_{7}^{55-33}$tsi^{21}

<* *ñịit*　日

zọt dru 密/紧 zɔt$_{8}^{21}$

dóng zọt, adhérer. 贴紧/粘紧 ʔdaŋ$_{1}^{35}$ zɔt$_{8}^{21}$ 粘紧//hep$_{7}^{55}$ zɔt$_{8}^{21}$ 贴紧//ts^{h}iaŋ^{35}zɔt$_{8}^{21}$贴紧//ts^{h}iaŋ^{35}浆糊//heu$_{4}^{21-24}$ts^{h}iaŋ^{33}豆浆

kọt zọt, serrer, attacher serré. 扎紧/绑紧 kɑt$_{8}^{21}$zɔt$_{8}^{21}$//hut$_{7}^{55}$zɔt$_{8}^{21}$系紧(突紧)//həi$_{2}^{24}$zɔt$_{8}^{21}$拴紧(系紧)//hut$_{7}^{55-33}$ʔba$_{3}^{33}$lo$_{3}^{33}$k^{h}o$_{3}^{33}$系裤带　按：指传统系裤子的绳子。//kɑt$_{8}^{21}$ʔba$_{3}^{33}$lo$_{3}^{33}$k^{h}o$_{3}^{33}$扎裤带　按：可以指现在的皮带。

kọt se tuméfier. 肿 kɔt$_{8}^{21}$//hoŋ$_{4}^{21}$ts^{h}iaŋ$_{3}^{33}$肚子胀(胴胀)//=hoŋ$_{4}^{21}$kom$_{2}^{24}$肚子胀(胴胀)　按：法语解释是“胀”，误。kɔt$_{8}^{21}$不是胀，是肿。ts^{h}iaŋ$_{3}^{33}$是海南话。

kột 肿 kɔt$_{8}^{21}$

hồng kọt, ventre ballonné. 肚子肿(胴肿) hoŋ$_{4}^{21}$kɔt$_{8}^{21}$(不说)　按：法语解释是“肚子胀”，误。参看上条。

na kột, visage boursouflé. 脸肿 na$_{3}^{33}$kɔt$_{8}^{21}$

kọt k'êi, se dilater. 胀气 kɔt$_{8}^{21}$k^{h}ei$_{3}^{33}$(不说)//kom$_{2}^{24-21}$ʔbɑn$_{3}^{33}$肚胀(胀风，常说)　按：kɔt$_{8}^{21}$k^{h}ei$_{3}^{33}$发音是“肿气”。

kỗk kột, pieds enflés. 脚肿 kok$_{7}^{55}$kɔt$_{8}^{21}$

kột 肿 kɔt$_{8}^{21}$

p'ãt kột, se gonfler. 发肿 p^{h}at$_{7}^{55-33}$kɔt$_{8}^{21}$

kỗk kat, béri-béri. 脚肿 kok$^{55}_{7}$kɔt$^{21}_{8}$//kok$^{55}_{7}$kɔʔ$^{21}_{8}$脚气(脚臭) 按：法语解释是"脚气"，误。长流人自称无脚气。

kột tiu zổng, se dégonfler. 肿消了(肿少下) kɔt$^{21}_{8}$tiu$^{33}_{3}$zɔŋ$^{24}_{2}$

kọt attacher 扎/捆/绑 kat$^{21}_{8}$

kọt zỏa, amarrer la barque. 系船/泊船(系船/绑船) kat$^{21}_{8}$zua$^{24}_{2}$(不说)//həi$^{24-21}_{2}$zua$^{24}_{2}$系船(常说)

kọt ngáu, attacher le buffle. 拴牛(绑牛) kat$^{21}_{8}$ ŋɔu$^{24}_{2}$绑牛(不说)//həi$^{24-21}_{2}$ŋɔu$^{24}_{2}$拴牛/系牛(常说)

kọt mọk hũt, faire un nœud. 打结(扎果突) kat$^{21}_{8}$ mak$^{21}_{8}$ hut$^{55}_{7}$//hut$^{55-33}_{7}$ʔba$^{33}_{3}$lo$^{33}_{3}$kʰo$^{33}_{3}$系裤带(突把腰裤) 按：指传统系裤子的绳子。//kat$^{21}_{8}$ʔba$^{33}_{3}$lo$^{33}_{3}$kʰo$^{33}_{3}$扎裤带(扎把腰裤) 按：可以指现在的皮带。

âú ba lô kọt lô, se ceindre. 扎腰带(拿/要把腰扎腰) ou$^{35-21}_{1}$ ʔba$^{33}_{3}$ lo$^{33}_{3}$ kat$^{21}_{8}$lo$^{33}_{3}$

kọt bới, entraver. 绑起来带去(绑去) kat$^{21}_{8}$ʔbəi$^{35}_{1}$//kat$^{21}_{8}$ləŋ$^{35}_{1}$绑住

kọt kỗk kọt mể, lier les pieds et les mains. 绑手绑脚 kat$^{21}_{8}$kok$^{55}_{7}$kat$^{21}_{8}$me$^{24}_{2}$

kọt lưng, enlacer. 绑住(绑回) kat$^{21}_{8}$ləŋ$^{35}_{1}$

kọt zọt, serrer, attacher. 绑紧/扎紧 kat$^{21}_{8}$zɔt$^{21}_{8}$//hut$^{55}_{7}$zɔt$^{21}_{8}$系紧(突紧)//həi$^{24}_{2}$zɔt$^{21}_{8}$拴紧(系紧)

tụk p'a kọt hau, turban pour la tête. 头巾/头帕(洗帕扎首) tuk$^{55-33}_{7}$pʰa$^{33}_{3}$ kat$^{21}_{8}$hau$^{33}_{3}$

kõt 头虱 kat$^{55}_{7}$

sọ kõt, écraser avec l'ongle. 挤虱子(挤虱子) saʔ$^{21}_{8}$ kat$^{55}_{7}$//saʔ$^{21}_{8}$ mat$^{55}_{7}$挤跳蚤

mài kõt, pou de tête. 虱子 mai$^{21-24}_{4}$kat$^{55}_{7}$//mai$^{21-24}_{4}$mat$^{55}_{7}$

=Malais *kutu*.(马来语 *kutu*)

k'õt 段 kʰat$^{55}_{7}$

k'ô k'ỗt, caleçon. 短裤(裤段) kʰo$^{33}_{3}$kʰat$^{55}_{7}$//ak$^{55-33}_{7}$kʰat$^{55}_{7}$折成段

õt un, une 一 ɔt$^{55}_{7}$

lẹk hau õt, le premier né. 长子/长女/头胎(子头一) lɛk$^{21}_{8}$hau$^{33}_{3}$ɔt$^{55}_{7}$

hũk hau õt p'ới, un coup d'essai. 做第一回/试一次 huk_7^{55-33} $hɑu_3^{33}$ $ɔt_7^{55}$ $p^hәi_2^{24}$//=$huk_7^{55-33}$$hɑu_3^{33}$$ɔt_7^{55}$$siu_2^{24}$

hau õt, extra, premier. 第一（首一） $hɑu_3^{33}$$ɔt_7^{55}$

tọp õt, onze. 十一 $tɔp_8^{21}$$ɔt_7^{55}$//=$tɔ(p)_8^{21}$$ɔt_7^{55}$

tạp õt ngiệt, onzième mois. 十一月（农历十一月）$tɔ(p)_8^{21}$$ɔt_7^{55}$$ŋit_8^{21}$

sế õt tsí ngiệt, premier jour du premier mois. 正月初一（初一正月） $se_1^{35-21}$$ɔt_7^{55}$$ts^hi_5^{55}$$ŋit_8^{21}$（少说）//=$ts^hi_5^{55}$$ŋit_8^{21}$$se_1^{35-21}$$ɔt_7^{55}$（常说）

hau õt meng, très bon. 第一好/最好（首一好） $hɑu_3^{33}$$ɔt_7^{55}$$mɛŋ_3^{33}$

=T. *ʔet* เอ็ด（一） <* *ʔi̯it* 一

hot 星星 $hɔt_7^{55}$

mạk hõt, aster, étoile. 星星 $mɑk_8^{21}$$hɔt_7^{55}$

mạk hõt tsúm aù, constellation. 一簇星（星簇一） $mɑk_8^{21}$ $hɔt_7^{55}$ $ts^hum_5^{55}$ $ɔu_4^{21}$//$mɔk_8^{21}$$ts^hum_5^{55}$$ɔu_4^{21}$一堆谷子

mạk hõt mọ aù, une étoile. 一个星（星个一） $mɑk_8^{21}$$hɔt_7^{55}$$mɔʔ_8^{21}$$ɔu_4^{21}$ 按：实际读为 $mɔ_4^{21-24}$$ɔu_4^{21}$。

mạk hõt bểi, flammèche. 火星（星火） $mɑk_8^{21}$ $hɔt_7^{55}$ $ʔbɛi_2^{24}$ 火星//$mɑk_8^{21}$ $hɔt_7^{55}$$nɑm_4^{21}$水星//$mɑk_8^{21}$ $hɔt_7^{55}$ $mɑt_8^{21}$土星 按：其他星只会用普通话说。//$mɑk_8^{21}$$hɔt_7^{55}$$ʔda_1^{35-21}$ $ʔbɑn_2^{24}$启明星/金星（星太阳）//$mɑk_8^{21}$ $hɔt_7^{55}$ $zɔk_8^{21}$ $ŋɔu_2^{24}$黄昏星/金星（星偷牛） 按：偷牛贼在半夜黄昏星下去时才出动。

对应词与古代汉语借词：

	临高	台语	壮语	石家	莫语	水语	侗语	黎萨	黎王
puce 跳蚤	*mõt*	*hmat*	*hmat*	*mat*	*hmat*	*hmat*	*hṅwat*	*mat*	*paʔ*
becqueter 啄	*dỗt*	*to:t*	*to:t*	/	/	/	/	/	/
allumer 擦火	*sọt*	*cut*	*cit/cut*	/	/	/	/	（*ʒiên*	*thaw*
canard 鸭	*bõt*	*pet*	*pit*	*pit*	（*ʔe:p*）	/	*pət*	（*ʔe:p*）	*pet*
attacher 扎	*kọt*	*klat*[1]	/	/	/	/	/	/	/
sept 七	*sõt*	*cet*	*cat*	*cet*	*sit*	*šət*	*sət*	（*thu thaw*	*thow*）
un 一	*õt*	*ʔet*	*ʔit*	/	*ʔit*	*ʔyət*	*ʔət*	/	/

1. *klat*：别住/固定。

OAT

toat 刷 $tuat_7^{55}$ 按：原文认为本字是"擦"，误。$tuat_7^{55}$是来回刷，$tuat_7^{55}$刷≠

$sɔt_7^{55}$擦。

toăt mọ aù, une brosse. 一把刷子（刷个一） $tuat_7^{55} mɔʔ_8^{21} ɔu_4^{21}$ 按：实际读为 $mɔ_4^{21-24} ɔu_4^{21}$。

toăt sạt tón, brosse à dents. 刷擦牙 $tuat_7^{55-33}$ sat_7^{55-33} $tɔn_1^{35}$//= $tuat_7^{55-33}$ $tuat_7^{55-33} tɔn_1^{35}$

kêàu toạt tón, curé - dents. 牙刷（物刷牙） 按：法语解释是“牙签”，误。$keu_4^{21-24} tuat_7^{55-33} tɔn_1^{35}$ 牙刷//$keu_4^{21-24} k^hiat_7^{55-33} tɔn_1^{35}$ 牙签（物挑牙）

<H. *toặt* **ṭṣ'at* 擦

k'oăt 宽（阔） $k^huat_7^{55}$

k'êi k'oăt, agrandir. 开宽（开阔） $k^hei_1^{35} k^huat_7^{55}$ 开宽（开阔）//$k^hei_1^{35} ne_3^{33}$ 开大

k'oăt số, ample, vaste. 宽大（阔粗） $k^huat_7^{55} so_1^{35}$//$k^huaŋ_5^{55} ne_3^{33}$ 扩大

mưởn kí lói kí k'oăt, quelle dimension? 有多长多宽（有几长几阔） $mən_2^{24-21} ki_5^{55} lɔi_1^{35} ki_5^{55} k^huat_7^{55}$//= $mən_2^{24-21}$ kia_5^{55} $lɔi_1^{35}$ kia_5^{55} $k^huat_7^{55}$（有几多长几多阔） 按：kia_5^{55} 为 $ki_5^{55} liau_4^{21}$ 合音。

lêang k'oăt, généreux. 宽宏大量（量阔） $liaŋ_4^{21} k^huat_7^{55}$//=$liaŋ_4^{21} ne_3^{33}$

<* *k'uât* 闊

k'oăt 渴 $k^huat_7^{55}$

kể k'oăt, altéré par la soif. 口渴（喉渴） $ke_2^{24} k^huat_7^{55}$ 口渴

kệ k'oăt, étancher la soif. 解渴 $keʔ_7^{55-33} k^huat_7^{55}$

<* *k'ât* 渴

oăt uăt 挖 uat_7^{55}

oăt lọk, approfondir. 挖深 $uat_7^{55} lɑk_8^{21}$//=$koʔ_8^{21} lɑk_8^{21}$

oăt hềi =*oăt mọt*, bêcher la terre. 挖地 $uat_7^{55-33} hei_4^{21}$（不说）≠挖土 uat_7^{55-33} $mɑt_8^{21}$（常说）

uăt dóng, creuser un puits. 挖井 $uat_7^{55-33} zɑŋ_1^{35}$ 按：*dóng* 是 *zóng* 之误。

oăt sá, se curer les oreilles. 挖耳 $uat_7^{55-33} sa_1^{35}$

oăt tềi hải, déterrer un cadavre. 挖尸体（挖尸骸） $uat_7^{55-33} tei_1^{35-21} hai_2^{24}$

oặt tềi hải ũk, exhumer un cadavre. 挖出尸体（挖尸骸出） $uat_7^{55-33} tei_1^{35-21}$ $hai_2^{24} uk_7^{55}$

<* *ʔuât* 挖

没有台语对应词。

IK-IÊK

bĩk 逼 $ʔbik_7^{55}$ 按:原文认为本字是"迫",误。

tsúi bĩk hũk kổng, activer les travaux. 催逼做工 $ts^hui_5^{55}$ $ʔbik_7^{55-33}$ huk_7^{55-33} $koŋ_1^{35}$ // = soi_1^{35} $ʔbik_7^{55-33}$ huk_7^{55-33} $koŋ_1^{35}$

kõp bĩk, exigeant. 苛求(合逼) kop_7^{55} $ʔbik_7^{55}$ 按:此条记音有问题,长流话意思不明。

<H. *bêk* **pak* 迫

bĩk 翼/翅膀 $ʔbik_7^{55}$

bĩk noạk, aile d'oiseau. 鸟翅膀(翅鸟) $ʔbik_7^{55-33}$ $nuak_8^{21}$

mưởn bĩk, ailé. 有翼 $mən_2^{24-21}$ $ʔbik_7^{55}$

bĩk bá, nageoire. 鱼翅(翅鱼) $ʔbik_7^{55-33}$ $ʔba_1^{35}$

sối bĩk, dépêche. 催逼 soi_1^{35} $ʔbik_7^{55}$ // = $ts^hui_5^{55}$ $ʔbik_7^{55}$

= T. *pik* ปีก(翼/翅膀)

dĩk complet, plein 满/溢 $ʔdik_7^{55}$

dĩk ũk nêa, déborder. 溢出来 $ʔdik_7^{55}$ uk_7^5 nia_3^{33}

hỗk dĩk, emplir. 放满 hok_7^{55} $ʔdik_7^{55}$ // = $ʔbiaŋ_3^{33}$ $ʔdik_7^{55}$

bêẳng dĩk, remplir. 放满 $ʔbiaŋ_3^{33}$ $ʔdik_7^{55}$

liễk (? six) 六 $lɔk_8^{21}$ 按:记音有问题。

ngể kỗk liễk mạk, produit de la terre. 五谷六果 $ŋe_4^{21-24}$ kok_7^{55} $lɔk_8^{21}$ mak_8^{21} // men_4^{21} 面/麦 // zan_2^{24-21} $mɛk_8^{21}$ 姓麦(家麦)

* *li̭uk* 六

tsịk (frire) 炸/煎/烤(炙) $ts^hik_7^{55}$ 按:本字是"炙"。《说文》:"炙,炮肉也。从肉在火上。"《广韵·昔韵》:"炙,之石切。"

tsịk nàn, frire de la viande. 烤肉/炸肉(炙肉) $ts^hik_7^{55-33}$ nan_4^{21}

tsịk bá, frire du poisson. 烤鱼/炸鱼(炙鱼) $ts^hik_7^{55-33}$ $ʔba_1^{35}$

sịk rôtir 烤/炸(炙) $ts^hik_7^{55}$

sịk kói, rôtir un poulet. 烤鸡/炸鸡(炙鸡) $ts^hik_7^{55-33}$ kai_1^{35}

sĩk 戚 sik_7^{55}

sỏn sĩk, parent, de la parenté. 亲戚 $sɔn_1^{35-21}$ sik_7^{55}

són sĩk, allié par affinité. 亲戚 $sɔn_{1}^{35-21}sik_{7}^{55}$

<H. *sĩk* **ts'i̯sək* 戚

kĩk chiquenaude, donner une chiquenaude. 弹指//han_{2}^{24-21} $kiŋ_{3}^{33}$ me_{2}^{24} 弹指//$kik_{7}^{55-33}k^{h}ei_{3}^{33}$激气 按：惹人生气。//=$k^{h}ək_{7}^{55-33}k^{h}ei_{3}^{33}$

ĩk 益 ik_{7}^{55}

mưởn ĩk, profitable, utile. 有益 $mən_{2}^{24-21}ik_{7}^{55}$

tau ĩk, profiter (d'une occasion). 受益 $tou_{4}^{21-24}ik_{7}^{55}$ 按：记音不对，tau^{33}是"遭"。

mưởn léng ĩk, utile. 有益处(有处益) $mən_{2}^{24-21}$ $lɛŋ_{1}^{35-21}$ ik_{7}^{55}//$mən_{2}^{24-21}$ $lɛŋ_{1}^{35-21}zoŋ_{4}^{21}$有用处

<H. *ệʔ* **ʔi̯ek* 益

一个对应词：

	临高	台语	壮语	石家	莫语	水语	侗语	黎萨	黎王
aile 翅膀	*bĩk*	*pi: k*	*vwət*	*viet*	(*ʔva'*	*ʔwa'*	*pa'*)	*phi: ʔ*	/

ÊK

bẽk (cent) 百 $ʔbek_{7}^{55}$

bẽk tíng, peuple. 百姓 $ʔbek_{7}^{55-33}tiŋ_{3}^{33}$(百姓/庄稼)

bẽk aù kỏm. tous les métaux. 一百金 $ʔbek_{7}^{55}ɔu_{4}^{21}kɔm_{1}^{35}$

bẽk aù bểi, un siècle. 一百年 $ʔbek_{7}^{55}ɔu_{4}^{21}ʔbɛi_{2}^{24}$

ká bẽk aù p'òn, centuple. 加一百倍 ka_{1}^{35} $ʔbek_{7}^{55}$ $ɔu_{4}^{21}$ $p^{h}an_{4}^{21}$//= ka_{1}^{35} $ʔbek_{7}^{55}p^{h}an_{4}^{21}$

bẽk bểi=bẽk bểi di p'ưởi, séculaire. 百年 $ʔbek_{7}^{55}ʔbɛi_{2}^{24}$=百年一次 $ʔbek_{7}^{55}$ $ʔbɛi_{2}^{24}ʔdi_{5}^{55}p^{h}əi_{2}^{24}$(不说 $p^{h}əi_{2}^{24}$)//$ʔbek_{7}^{55}ʔbɛi_{2}^{24}ʔdi_{5}^{55}siu_{2}^{24}$(常说)

<**pak* 百

bẽk 逼 $ʔbik_{7}^{55}$ 按：原文认为本字是"迫"，误。

bẽk hũk, forcer à faire, astreindre à faire. 逼做 $ʔbik_{7}^{55}huk_{7}^{55}$//$ʔbik_{7}^{55-33}kə_{4}^{21}$ huk_{7}^{55}逼他做

<**pak* 迫

p'ẽk 魄 $p^{h}ɛk_{7}^{55}$

huồn-p'ẽk tan, s'affoler. 魂魄 $hon_{2}^{24-21}p^{h}ek_{7}^{55}$

hồn-p'ễk, âme. 魂魄 $hon_2^{24-21}p^hek_7^{55}$

<* *p'ak* 魄

dệk 特 $ʔdek_8^{33}$ 按：萨维纳记音是 $ʔdek_8^{21}$，$ʔdek_8^{33}$ 是海南话读法。

dệk êi, exprès. 特意 $ʔdek_8^{33}ei_3^{33}$//=$hoŋ_3^{33}koŋ_1^{35}$ 特意/故意(送工)

<* *dək* 特

dễk 满 $ʔdik_7^{55}$

ũt dễk, engorgé. 塞满 $ut_7^{55}ʔdik_7^{55}$

tệk lancer des cailloux. 扔/丢(掷) tek_7^{55}

tệk lêáng laù, sucrer. 加糖(掷糖进) $tek_7^{55-33}liaŋ_1^{35}lɔu_4^{21}$(少说) 按：$tek_7^{55}$ 是更老派说法。//$ʔbiaŋ_3^{33}liaŋ_1^{35}lɔu_4^{21}$(多说)//$ʔbiaŋ_3^{33}mɑk_8^{21}ziu_4^{21}$ 放风筝//$tek_7^{55-33}mɑk_8^{21}ʔdien_2^{24}$ 丢石头(掷石头) 按：指近距离丢过去。

<* *ḍi̯ek* 擲

tễk étain 锡 tik_7^{55} 按：tik_7^{55} 锡≠tek_7^{55} 色。

tễk p'ệăk, zinc. 锡(锡白) $tik_7^{55-33}p^hiak_8^{21}$

<* *sek* 錫

lễk lécher 舔 lek_7^{55}

lễk mể, se lécher les mains. 舔手 $lek_7^{55-33}me_2^{24}$//$lek_7^{55-33}ʔbak_7^{55}$ 舔嘴

lễk □ lik_7^{55}

sọp lễk, aisselle. 腋下/腋窝 $sɑp_7^{55-33}lik_7^{55}$//$sɑp_7^{55-33}mou_1^{35}$ 猪笼 按：$sɑp_7^{55}$≠sap_7^{55} 插。

tsễk 值 $ts^hek_8^{21}$

zóng tsễk sển, déprécier (pas valoir argent). 不值钱 $zɑŋ_5^{55}ts^hek_8^{21}sɛn_2^{24}$//=$zɑŋ_5^{55}ʔdei_3^{33}sɛn_2^{24}$ 不抵钱

<* *ḍi̯k* 值

tsễk 蟋 $ts^hek_7^{55}$ 按：原文认为本字是“蟀”，误。

tsễk tsŭ̃t hảu aù, un grillon. 一只蟋蟀 $ts^hek_7^{55}ts^hut_7^{55}hɔu_2^{24}ɔu_4^{21}$(不说) 按：误读为“蟋卒”。//$miŋ_2^{24-21}k^hɑ_2^{24-21}lɔt_8^{21}$ 蟋蟀(常说)

<H. *chẹk* ** *ṣwit* 蟀

sễk 拆 sek_7^{55}

sễk k'ểi, défaire. 拆开/揭开/扒开 $sek_7^{55}k^hei_1^{35}$ 掀开(如台风揭瓦)//

sek_7^{55-33} $ŋua_4^{21}$ 揭瓦//sek_7^{55-33} $naŋ_1^{35-21}$ $ŋɔu_2^{24}$ 剥牛皮//= zik_8^{21} $naŋ_1^{35-21}$ $ŋɔu_2^{24}$//= $ʔbɛʔ_7^{55-33}$$naŋ_1^{35-21}$$ŋɔu_2^{24}$

sẽk zẫk bới, désosser. 去骨(拆骨去) $sek_7^{55-33}$$zək_7^{55}$$ʔbəi_1^{35}$//$sek_7^{55-33}$$zək_7^{55-33}$ $ŋɔu_2^{24}$去牛骨//$hiaʔ_7^{55-33}$$zan_2^{24}$拆房子//$ʔbən^{33}$ $hiaʔ_7^{55}$ 分析//$hiaʔ_7^{55-33}$$hau_3^{33}$ lei_3^{33}分析道理

<*ṭʻak 拆

zệk 剥/揭 zik_8^{21}

zệk bới, décoller. 剥去/揭下 $zik_8^{21}$$ʔbəi_1^{35}$

zệk nóng, dépouiller, enlever la peau, éeorcher. 剥皮 $zik_8^{21}$$naŋ_1^{35}$

zệk don nóng, écorcer. 剥树皮 zik_8^{21} $ʔdɔn_3^{33}$ $naŋ_1^{35}$(少说)//zik_8^{21} $naŋ_1^{35-21}$ $ʔdɔn_3^{33}$(常说)

zệk bau mạk hềô, écosser. 剥花生(剥包花生) zik_8^{21} $ʔbau^{33}$$mak_8^{21}$$heu_4^{21}$//= $zik_8^{21}$$ʔbau^{33}$$lɔk_7^{55}$$səŋ^{33}$//=$zik_8^{21}$$lɔk_7^{55}$$səŋ^{33}$

zệk nóng kán, teiller le chanvre. 剥麻皮 $zik_8^{21}$$naŋ_1^{35-21}$$kan_1^{35}$

zệk tsìn tsó, égrener le maïs. 剥玉米 $zik_8^{21}$$ts^hin_1^{35-21}$$ts^ho_1^{35}$

zẽk 满 $ʔdik_7^{55}$ 按：*zẽk* 是 *dẽk* 之误。

zẽk tóm ứng, ravi (de joie). 狂喜/高兴(满心高兴) $ʔdik_7^{55-33}$$tɔm_1^{35}$$əŋ_1^{35}$

kệk 极 kek_8^{21}/隔 kek_7^{55}

kệk số, enlever (voler, piller). 极大(极粗) $kek_8^{21}$$so_1^{35}$ 按：法语解释是“拿走/偷窃”,误。

kệk nõ, sevrer. 断奶(隔奶) $kek_7^{55-33}$$noʔ_7^{55}$

kệk 极 kek_8^{21}

niểm kệk, pôle austral. 南极 $nem_2^{24}$$kek_8^{21}$(不说)//$nam_2^{24}$$kek_8^{21}$(常说)

kệk sô, immense. 极大(极粗) $kek_8^{21}$$so_1^{35}$ 按：应该是 *kệk số*。

kệk lêào, copieux, à profusion. 极多 $kek_8^{21}$$liau_4^{21}$

<*gi̯ək 極

k'ệk sabot (chaussure). 屐 $k^hek_8^{21}$//$ʔdiŋ_1^{35-21}$$k^hek_8^{21}$//$k^hek_8^{21}$ hua_1^{35}花屐(有花的木屐,女人穿)//$k^hek_8^{21}$ $p^hiak_8^{21}$ 白屐(无花的木屐,男人穿)

<C.kʻek *g- 屐

ngệk 逆 ŋek$_8^{21}$

bon ngệk, vent contraire. 逆风（风逆）ʔban$_3^{33}$ŋek$_8^{21}$//tun$_3^{33}$ʔban$_3^{33}$顺风

ngệk nòm kẩn, remonter le courant. 逆水而上（逆水升）ŋek$_8^{21}$nam$_4^{21}$kun$_3^{33}$

ngệk tóm, réfractaire. 不顺人心/逆人的心（逆心）ŋek$_8^{21}$tɔm$_1^{35}$//kə$_4^{21}$ ŋek$_8^{21}$tɔm$_1^{35-21}$zia$_3^{33}$他不顺我的心（他逆心我）

<H. *ngệk*　**ṇi̯ak*　逆

ễk avantage 益 ik$_7^{55}$/拿 ek$_7^{55}$

ễk lảu, soulever. 拿起/拿着 ek$_7^{55}$lɔu$_2^{24}$// = ek$_7^{55}$ləŋ$_1^{35}$拿着

ễk nêa, attirer. 拿来 ek$_7^{55}$nia$_3^{33}$// = ou$_1^{35}$nia$_3^{33}$拿来//zaŋ$_5^{55}$ek$_7^{55}$不拿//zaŋ$_5^{55}$ ou$_1^{35}$不给/不要　按：法语解释是"吸、拉"，误。

zóng ễk, désavantageux. 不利（不益）zaŋ$_5^{55}$ik$_7^{55}$不益// = zaŋ$_5^{55}$mən$_2^{24-21}$ik$_7^{55}$ 没有益

mưởn ễk = *mưởn li ễk*, avantageux. 有益 mən$_2^{24-21}$ik$_7^{55}$ = 有利益 mən$_2^{24-21}$ li$_3^{33}$ik$_7^{55}$

<H. *êk*　**ʔi̯ek*　益

没有对应词。

EK

p'ẹk 白 p^{h}ɛk$_8^{21}$

mìng p'ẹk, net. 干净/清楚（明白）meŋ$_2^{24-21}$p^{h}ɛk$_8^{21}$//huk$_7^{55}$meŋ$_2^{24-21}$p^{h}ɛk$_8^{21}$ 彻底做完了/做好了（做明白）//meŋ$_2^{24-21}$ʔbɛʔ$_8^{33}$懂了（明白）// = tɔk$_7^{55}$懂/认识

mêng p'ẹk, manifestement. 明显（明白）meŋ$_2^{24-21}$p^{h}ɛk$_8^{21}$//tə$_4^{21-24}$hoi$_3^{33}$huk$_7^{55}$ meŋ$_2^{24-21}$p^{h}ɛk$_8^{21}$事情弄清楚了（事会做明白）

<**bak*　白

mẹk 脉 mɛk$_8^{21}$

mẹk mể, pouls. 手脉（脉手）mɛk$_8^{21}$me$_2^{24}$手脉　按：指脉搏。//mɛk$_8^{21}$ kok$_7^{55}$脚脉//zɔk$_8^{21}$mɛk$_8^{21}$点穴（偷脉）

tsẫk mẹk = *zồm mẹk* = *liú*, *mẹk* tâter le pouls. 测脉 ts^{h}ək$_7^{55-33}$mɛk$_8^{21}$ = 摸脉 zom$_2^{24-21}$mɛk$_8^{21}$ = 看脉 liu$_1^{35-21}$mɛk$_8^{21}$// = zop$_8^{21}$mɛk$_8^{21}$摸脉

mẹk hồn, pulsation du pouls. 脉象（脉震）mɛk$_8^{21}$hɔn$_4^{21}$脉震//hɛi$_4^{21}$hɔn$_4^{21}$ 地震

<**maək*　脈

mẹk 麦 mɛk$_8^{21}$

mọk mẹk, blé. 小麦（谷麦）mɔk$_8^{21}$mɛk$_8^{21}$谷麦（不说）//men$_4^{21}$面/麦子（常说） 按：长流人"麦/面"不分。//sa$_1^{35-21}$mɛk$_8^{21}$种麦子

mạk mẹk tảm koãk, sarrazin. 荞麦/三角高粱（高粱三角）mɑk$_8^{21}$mɛk$_8^{21}$tam$_5^{55}$kuak$_7^{55}$//mɑk$_8^{21}$mɛk$_8^{21}$高粱

<* *maək* 麥

tẹk 石 tek$_8^{21}$

mạk tẹk, goyavier. 番石榴（果石）mak$_8^{21}$tek$_8^{21}$（口语音）//=tek$_8^{21}$lɔu$_2^{24}$（文读音） 按：长流人称北方石榴为番石榴，称南方番石榴为石榴。

tẹk 石 tek$_8^{21}$

tả-bẹ tẹk siàng, maçon. 石匠师傅（师傅石匠）ta^{33}ʔbɛ^{33}tek$_8^{21}$siaŋ$_4^{21}$师傅石匠//ta^{33}ʔbɛ^{33}ts^{h}ok$_7^{55-33}$siaŋ$_2^{24}$师傅筑墙//mɔk$_8^{21}$siaŋ$_4^{21}$木匠（墨匠） 按：ta^{33}ʔbɛ^{33}是海南话"师傅"。

<* *i̯ek* 石

tẹk 丢下/放下 tek$_7^{55}$ 按：原文认为本字是"谪"，误。这是临高语词。

tẹk tóm, antipathie. 省心/放心 tek$_7^{55-33}$tɔm$_1^{35}$//=ʔbat$_8^{21}$tɔm$_1^{35}$放心（弃心） 按：法语解释是"反感"，误。

<* *ṭak* 謫

tek 肋 tek$_7^{55}$

zậk tẽk, côtes (os). 肋骨（骨肋）zək$_7^{55-33}$tek$_7^{55}$

=C.-D. *hrek.*

lẹk 子/小 lɛk$_8^{21}$

lẹk lõk, enfant. 儿童/小孩 lɛk$_8^{21}$lɑk$_7^{55}$

lẹk ngõp, muet. 哑巴/哑子（子哑）lɛk$_8^{21}$ŋɔp$_7^{55}$

lẹk tsọp tsung, métis. 小杂种 lɛk$_8^{21}$sap$_8^{21}$ts^{h}uŋ$_3^{33}$

lẹk sóng, mamelon. 乳头（小山）lɛk$_8^{21}$sɑŋ$_1^{35}$

lẹk lế nao, nouveau marié. 新郎（小郎新）lɛk$_8^{21}$le$_1^{35}$nau$_4^{21}$

dong lẹk k'iàng, marier un garçon. 嫁人/等小伙子 ʔdɔŋ$_3^{33}$lɛk$_8^{21}$k^{h}iaŋ$_4^{21}$

ha lẻ lẹk, marier sa fille. 嫁女儿 ha$_3^{33}$lɛ$_4^{21-24}$lɛk$_8^{21}$

lẹk zóng mưởn tsồ, enfant abandonné, sans maître. 无主人的孩子（子没有主）lɛk$_8^{21}$lɑk$_7^{55}$zɑŋ$_5^{55}$mən$_2^{24-21}$ts^{h}o$_3^{33}$

téng lẹk, accoucher. 生孩子（生子）teŋ$_1^{35-21}$lɛk$_8^{21}$

lẹk têàng, fils adoptif. 养子（子养） lɛk$_8^{21}$ tiaŋ$_4^{21}$ 养子（收养的）//=lɛk$_8^{21}$ hɔm$_1^{35}$ 养子（捡来的）

lẹk toảng, agneau. 小羊 lɛk$_8^{21}$ tuaŋ$_2^{24}$//lɛk$_8^{21}$ mɛʔ$_7^{55}$

lẹk lế, aigrefin, beau-fils. 女婿 lɛk$_8^{21}$ le$_1^{35}$ 按：aigrefin 的意思是骗子，女婿并无“骗子”的意思。

biến lẹk miệt, aiguiser un couteau. 磨刀（磨小刀） ʔbien$_1^{35-21}$ lɛk$_8^{21}$ mit$_8^{21}$

lẹk ngoang, maladroit. 笨蛋/傻瓜（子顽） lɛk$_8^{21}$ ŋuaŋ$_3^{33}$//ŋuaŋ$_3^{33}$ ŋɛ^{33} ŋɛ^{33} 傻呆呆（顽硬硬，海南话）

lẹk dôm, nain. 矮子 lɛk$_8^{21}$ ʔdom$_3^{33}$

lẹk bá, alevin. 鱼苗/小鱼 lɛk$_8^{21}$ ʔba$_1^{35}$

mềng ô lẹk, mante religieuse. 螳螂（摇子虫） miŋ$_2^{24-21}$ o$_3^{33}$ lɛk$_8^{21}$（摇子虫/摇子螟）//=miŋ$_2^{24-21}$ i$_5^{55}$ o$_3^{33}$

lẹk tạt tũ, le dernier né. 末胎孩子（子末尾） lɛk$_8^{21}$ tat$_7^{55-33}$ tuʔ$_7^{55}$

lẹk số, fils aîné. 长子（子大） lɛk$_8^{21}$ so$_1^{35}$ 孩子大了//lɛk$_8^{21}$ k^{h}iaŋ$_4^{21-24}$ so$_1^{35}$ 长子//≠lɛk$_8^{21}$ k^{h}iaŋ$_4^{21}$ so$_1^{35}$ 儿子大了//lɛ$_4^{21-24}$ lɛk$_8^{21}$ so$_1^{35}$ 长女/女儿大了

lẹk mể, doigt. 手指（子手） lɛk$_8^{21}$ me$_2^{24}$ 小手/小指//=lɛk$_8^{21}$ kiŋ$_3^{33}$ me$_2^{24}$ 小指//hɑu$_3^{33}$ me$_2^{24}$ 大拇指

lẹk ngảu =*lẹk têi*, veau. 小黄牛 lɛk$_8^{21}$ ŋɔu$_2^{24}$ ≠小水牛 lɛk$_8^{21}$ tei$_3^{33}$

lẹk dán, fils unique. 独子（子单） lɛk$_8^{21}$ ʔdan$_1^{35}$ 按：只有一个孩子。//≠ʔdan^{33} ʔdiŋ^{33} 单丁 按：只有一个男孩。

au nõ lẹk kón, allaiter un enfant. 给小孩喂奶（给奶小孩吃） ou$_1^{35-21}$ noʔ$_7^{55}$ lɛk$_8^{21}$ kɔn$_1^{35}$

kàng lẹk ziàng zống, dépeindre les gens. 描绘别人（讲别人样子） kaŋ$_3^{33}$ lɛk$_8^{21}$ ziaŋ$_4^{21}$ zoŋ$_1^{35}$ 讲别人样子（不说）//kaŋ$_3^{33}$ hiŋ$_4^{21-24}$ zoŋ$_1^{35}$ 讲别人形（常说）

lẹk zêàng, forme (figure). 样子（子样） lɛk$_8^{21}$ ziaŋ$_4^{21}$

lẹk nà hãk, singe. 猴子 lɛk$_8^{21}$ nɑʔ$_8^{21}$ hak$_7^{55}$//=nɑʔ$_8^{21}$ hak$_7^{55}$//lɛk$_8^{21}$ nuak$_8^{21}$ hak$_7^{55}$

lẹk nêang, prostituée. 妓女（子娘） lɛk$_8^{21}$ niaŋ$_3^{33}$（不说）//niaŋ$_3^{33}$（常说） 按：海南话说法。

=T. *lu:k*, C.-D. *luk* ลูก（孩子）

按：泰语เด็ก dèk（儿童）与 lɛk$_8^{21}$ 也对应。

tsẹk □ ts^{h}ɛk$_8^{21}$

bỏn tsẹk tsói nia =*bỏn tsẹk no nêa*, revenez demain de nouveau. 明天再

来 ʔbɑn$_2^{24-21}$ts^{h}ɛk$_8^{21}$ts^{h}ɑi$_5^{55}$nia$_3^{33}$ ≠明天才来 ʔbɑn$_2^{24-21}$ts^{h}ɛk$_8^{21}$nɑ$_3^{33}$nia$_3^{33}$

tsęk 值 ts^{h}ek$_8^{21}$

tsęk sẻn, valoir（coûter）. 值钱 ts^{h}ek$_8^{21}$sɛn$_2^{24}$

tsęk zoi, valoir. 值得 ts^{h}ek$_8^{21}$zai$_3^{33}$

<H. *chęk* **d̦i̯ək* 值

tsẽk étroit 窄 ts^{h}ek$_7^{55}$

són tsẽk, chemin étroit. 路窄 sɔn$_1^{35}$ts^{h}ek$_7^{55}$//sɔn$_1^{35}$k^{h}uat$_7^{55}$路宽（路阔）

sek 窄 ts^{h}ek$_7^{55}$

hồng tỏm sẽk, mesquin. 心胸窄/气量小（胴心窄）hoŋ$_4^{21-24}$tɔm$_1^{35}$ts^{h}ek$_7^{55}$// = liaŋ$_4^{21}$ts^{h}ek$_7^{55}$量窄

<H. *sęk* **ţşak* 窄

sẽk 书（册）sek$_7^{55}$

hũk sẽk bing, composer un livre. 写一本书（做册本）huk$_7^{55-33}$sek$_7^{55-33}$ʔbiŋ$_3^{33}$//huk$_7^{55-33}$sek$_7^{55}$ʔbiŋ$_5^{55}$ɔu$_4^{21}$

sẽk 书（册）sek$_7^{55}$

p'ô ing sẽk, librairie. 书店（铺卖册）p^{h}o$_3^{33}$iŋ$_3^{33}$sek$_7^{55}$// = p^{h}o$_3^{33}$sek$_7^{55}$

sẽk bíng aù, un livre. 一本书（册本一）sek$_7^{55}$ʔbiŋ$_5^{55}$ɔu$_4^{21}$

< **ţş'aək* 冊

kęk 极 kek$_8^{21}$

kęk ói kęk sĩt, bien-aimé. 极爱极惜 kek$_8^{21}$ɑi$_5^{55}$kek$_8^{21}$sit$_7^{55}$

kęk lêào, trop. 极多 kek$_8^{21}$liau$_4^{21}$//kek$_8^{21}$tiu$_3^{33}$极少

< **gi̯ək* 極

kęk 革 kek$_7^{55}$

kęk lảu dế, destituer un mandarin. 革职（革老爹）kek$_7^{55-33}$lau$_4^{21-24}$ʔde$_1^{35}$

kẽk 革/隔/kek$_7^{55}$（≠kik$_7^{55}$激）

kẽk làu dé, dégrader, destituer, révoquer un mandarin. 革职（革老爹）kek$_7^{55-33}$lau$_4^{21-24}$ʔde$_1^{35}$

**kaək* 革

kęk zon, s'abstenir de vin. 戒酒（隔酒）kek$_7^{55-33}$zɑn$_3^{33}$// = kɑi$_3^{33}$zɑn$_3^{33}$戒酒

kẹk ín, se désaccoutumer de l'opium. 戒烟/戒鸦片烟(隔烟) kek$_7^{55-33}$ in$_1^{35}$//=kɑi$_3^{33}$in$_1^{35}$戒烟

kẹk tóm, antipathie. 激发(激心) kik$_7^{55-33}$ tɔm$_1^{35}$//tek$_7^{55-33}$ tɔm$_1^{35}$省心/放心　按:法语解释是"反感",误。

kẹk tiu, moins (adv.). 极少 kek$_8^{21}$tiu$_3^{33}$

kẹk ziên, agacer, exaspérer, provoquer la colère. 激忿(激恨)/很恨(极恨) kek$_8^{21}$zien$_5^{55}$很恨(极恨)//kik$_7^{55-33}$zien$_5^{55}$激忿(激恨)

<** *kek*　激

kẽk 隔 kek$_7^{55}$

kẽk bểi aù, intervalle d'un an. 隔一年(隔年一) kek$_7^{55}$ʔbɛi$_2^{24}$ɔu$_4^{21}$

kẽk zễãk=*kẽk siảng*, cloison. 隔篱 kek$_7^{55-33}$ziak$_7^{55}$=隔墙 kek$_7^{55-33}$siaŋ$_2^{24}$

kẽk nòm, filtrer l'eau. 过滤水(隔水) kek$_7^{55-33}$nɑm$_4^{21}$隔水(不说)　按:发音人不知道"过滤"怎么说。//hɑk$_8^{21}$ kiak$_7^{55}$沉淀(降脚,常说)　按:hɑk$_8^{21}$是"下降",kiak$_7^{55}$本字是"脚"。

<* *kaək*　隔

k'ẽk visiteur, hôte, convive. 客 k^{h}ek$_7^{55}$(= me$_1^{35}$客,多指亲戚之间)

hông k'ẽk, accompagner un hôte. 送客 hoŋ$_3^{33}$k^{h}ek$_7^{55}$

tsịp k'ẽk = *bởi k'ẽk*, accueillir un visiteur. 接客 ts^{h}ip$_7^{55-33}$ k^{h}ek$_7^{55}$//= ts^{h}ip$_7^{55-33}$ me$_1^{35}$//ʔbɑi$_1^{35-21}$ k^{h}ek$_7^{55}$留客//=ʔbɑi$_1^{35-21}$ me$_1^{35}$　按:*bởi* 是 *bỏi* 之误。"接"老派说 ts^{h}ip$_7^{55}$,新派说 ts^{h}iap$_7^{55}$。

k'ẽk dêắm, auberge. 客店 k^{h}ek$_7^{55}$ʔdiam$_5^{55}$

k'ẽk ka mấn, un boucher. 屠夫/杀猪的(客杀猪) k^{h}ek$_7^{55-33}$ka$_3^{33}$mou$_1^{35}$(不说)//ɑŋ^{33}ka$_3^{33}$mou$_1^{35}$(翁杀猪,常说)　按:*mấn* 是 *mấu* 之误。

bòi k'ẽk, loger des étrangers. 留客 ʔbɑi$_1^{35-21}$k^{h}ek$_7^{55}$

tsiễp k'ẽk = *bòi k'ẽk*, recevoir un visiteur. 接客 ts^{h}ip$_7^{55-33}$ k^{h}ek$_7^{55}$ = 留客 ʔbɑi$_1^{35-21}$k^{h}ek$_7^{55}$

bêắn k'ẽk, client. 买主(买客) ʔbian$_1^{35-21}$ k^{h}ek$_7^{55}$(不说)//k^{h}ek$_7^{55-33}$ ʔbian$_1^{35}$(常说)//=ts^{h}o$_3^{33}$ʔbian$_1^{35}$买主

k'ẽk mấu, marchand de cochons. 买卖猪的人/猪客(客猪) k^{h}ek$_7^{55-33}$ mou$_1^{35}$//k^{h}ek$_7^{55-33}$ ŋɔu$_2^{24}$牛客//k^{h}ek$_7^{55-33}$ʔdon$_1^{35-21}$kɑi$_1^{35}$阉鸡客

da lêi k'ẽk, traiter des convives. 待客(打理客) ʔda$_3^{33}$lei$_3^{33}$k^{h}ek$_7^{55}$//=ʔda$_3^{33}$ lei$_3^{33}$me$_1^{35}$

=T. *khe:k*　แขก(客人)　* *k'âk*　客

ẽk 益 ik$_7^{55}$

zóng mưởn ẽk, improductif. 没有益 zaŋ$_5^{55}$mən$_2^{24-21}$ik$_7^{55}$

<H. *êk*. **ʔi̯eu* 益

ẽk 轭 ɛk$_7^{55}$

kúa ẽk ngảu, atteler le buffle. 挂牛轭 kua$_5^{55}$ɛk$_7^{55-33}$ŋɔu$_2^{24}$//ɛk$_7^{55-33}$ŋɔu$_2^{24}$牛轭(黄牛)//ɛk$_7^{55-33}$tei$_3^{33}$牛轭(水牛)　按：长流多用黄牛。

>=T. *e:k* แอก(轭)　**ʔaək* 軛

hẽk (ruer) 踢 hɛk$_7^{55}$(海南话)

hẽk k'iù, jouer au ballon. 踢球 hɛk$_7^{55-33}$k^{h}iu^{21}//=tiau$_4^{21-24}$k^{h}iu^{21}

hẹk kỗk aù, donner un coup de pied. 踢一脚(踢脚一) hɛk$_7^{55-33}$kok$_7^{55}$ɔu$_4^{21}$(不说)//hɛk$_7^{55-33}$kok$_7^{55}$p^{h}əi$_2^{24}$ɔu$_4^{21}$踢一脚(踢脚回一)//hɛk$_7^{55-33}$kok$_7^{55}$走路踢到脚(踢脚)

kỗk hẹk, lancer un coup de pied. 用脚踢 kok$_7^{55}$hɛk$_7^{55}$

< **t'ek* 踢

可能的对应词和古代汉语借词：

	临高	台语	壮语	石家	莫语	水语	侗语	黎萨	黎王
enfant 儿童	*lêk*	*lu:k*	*lɯk*	*lɯk*	*la:k*	*la:k*	*la:k*	*lek*	*hlek*
côtes 肋骨	*tek*	/	*hrik/hrek*	/	*hik*	/	/	/	*ket*
hôte 客	*k'ẽk*	*khe:k*	*he:k*	…	*he:k*	*khək*	**he:k*	/	(*faw*)
jouguet 轭	*ẽk*	*ʔe:k*	*ʔe:k*	*ʔe:k*	*ʔe:k*	*ʔe:k*	/	(*huôṅ*	/

ÊAK-ÊĂK

p'ệăk blanc 白 p^{h}iak$_8^{21}$

hêãt p'ệăk, 1er blanc. 白铁(铁白) hiat$_7^{55-33}$p^{h}iak$_8^{21}$

nòm kói p'ệak, albumine, blanc d'œuf. 鸡蛋白 nɔm$_1^{35-21}$kɑi$_1^{35}$p^{h}iak$_8^{21}$

nồm p'ệăk, blanc d'œuf. 蛋白 nɔm$_1^{35-21}$p^{h}iak$_8^{21}$

na síng tẫk p'ệăk, visage livide. 脸色苍白(脸青色白) na$_3^{33}$siŋ$_1^{35}$tek$_7^{55-33}$p^{h}iak$_8^{21}$(少说)//na$_3^{33}$heu$_1^{35}$tek$_7^{55-33}$p^{h}iak$_8^{21}$(常说)

na lảm tẫk p'ệăk, visage pale. 脸色苍白(脸蓝色白) na$_3^{33}$lam$_2^{24}$tek$_7^{55-33}$p^{h}iak$_8^{21}$脸蓝色白　按：因有病而苍白。//na$_3^{33}$heu$_1^{35}$tek$_7^{55-33}$p^{h}iak$_8^{21}$脸绿色白　按：因害怕而吓白。

ziàng-bỏn nóng p'ệak, albinos. 白化病人(人皮白) ziaŋ$_2^{24-21}$ʔban$_2^{24}$nɑŋ$_1^{35-21}$p^{h}iak$_8^{21}$

bêắn p'ệăk, pâlir. 变白 ʔbian$_{5}^{55}$p^{h}iak$_{8}^{21}$

p'òn p'ệăk, alun. 白矾（矾白） p^{h}an$_{2}^{24-21}$p^{h}iak$_{8}^{21}$

p'ệăk tẫk, couleur blanche. 白色 p^{h}iak$_{8}^{21}$tek$_{7}^{55}$//tek$_{7}^{55-33}$p^{h}iak$_{8}^{21}$

tsũk p'ệăk hẻo aù, bougie. 一条白烛（烛白条一） ts^{h}uk$_{7}^{55-33}$ p^{h}iak$_{8}^{21}$ hɛu$_{2}^{24}$ɔu$_{4}^{21}$

tễk p'ệăk, zinc. 白锡/锌（锡白） tik$_{7}^{55-33}$p^{h}iak$_{8}^{21}$

mềng p'ệăk, intelligible, avisé, évident. 明白 meŋ$_{2}^{24-21}$p^{h}iak$_{8}^{21}$（不说）// meŋ$_{2}^{24-21}$p^{h}ɛk$_{8}^{21}$（常说）

mìng mìng p'ệăk p'ệăk, catégoriquement. 明明白白 meŋ$_{2}^{24-21}$ meŋ$_{2}^{24-21}$ p^{h}iak$_{8}^{21}$p^{h}iak$_{8}^{21}$（不说）//meŋ$_{2}^{24-21}$meŋ$_{2}^{24-21}$p^{h}ɛk$_{8}^{21}$p^{h}ɛk$_{8}^{21}$（常说）

lạp p'ệăk, cire végétale. 白蜡（蜡白） lap$_{8}^{21}$p^{h}iak$_{8}^{21}$

kang mềng p'ệăk, définir. 讲明白 kaŋ$_{3}^{33}$ meŋ$_{2}^{24-21}$ p^{h}iak$_{8}^{21}$（不说）//kaŋ$_{3}^{33}$ meŋ$_{2}^{24-21}$p^{h}ɛk$_{8}^{21}$（常说）//kaŋ$_{3}^{33}$miŋ$_{2}^{24-21}$ʔbɛʔ$_{8}^{21}$

=T. *phɯək* เผือก？ **bak* 白

p'ệăk 白 p^{h}iak$_{8}^{21}$

p'ệăk p'ệăk zóng au sẻn, gratis. 白白不要钱 p^{h}iak$_{8}^{21}$ p^{h}iak$_{8}^{21}$ zɑŋ$_{5}^{55}$ ou$_{1}^{35-21}$ sɛn$_{2}^{24}$（不说）//ou$_{1}^{35-21}$ zɯi$_{1}^{35}$ zɑŋ$_{5}^{55}$ ou$_{1}^{35-21}$ sɛn$_{2}^{24}$ 白拿不要钱（常说）//se$_{1}^{35-21}$ zɯi$_{1}^{35}$ zɑŋ$_{5}^{55}$ou$_{1}^{35-21}$ sɛn$_{2}^{24}$白给不要钱（常说）

p'êạk p'êạk p'ài, dilapider. 浪费（白白败） p^{h}iak$_{8}^{21}$p^{h}iak$_{8}^{21}$p^{h}ai$_{4}^{21}$（不说）// ʔbɛ^{33}ʔbɛ^{33} p^{h}ai$_{4}^{21}$（常说） 按：p^{h}ai$_{4}^{21}$是海南话“坏（败）”，读送气了。// meŋ$_{2}^{24-21}$meŋ$_{2}^{24-21}$p^{h}ai$_{4}^{21}$任其坏掉（明明败）

p'êạk 白 p^{h}iak$_{8}^{21}$

p'ệăk kón, sans assaisonnement. 不加调料吃（白吃） p^{h}iak$_{8}^{21}$ kɔn$_{1}^{35}$（不说）//kɔn$_{1}^{35-21}$zɯi$_{1}^{35}$免费吃/白吃（常说）//≠kɔn$_{1}^{35-21}$ tiam$_{3}^{33}$不加调料吃（吃淡）//huk$_{7}^{55-33}$koŋ$_{1}^{35-21}$zɯi$_{1}^{35}$白干了（做工空）//tia$_{4}^{21-24}$zɯi$_{1}^{35}$白粥（不放盐不放料的粥）//ts^{h}ɛi$_{3}^{33}$zɯi$_{1}^{35}$空白纸

mêạk poli lisse 滑 miak$_{8}^{21}$

sỏn mêạk, chemin glissant. 路滑 sɔn$_{1}^{35}$miak$_{8}^{21}$

nể mêạk, polir. 打磨（磨光/磨滑） ne$_{2}^{24}$miak$_{8}^{21}$磨滑//ne$_{2}^{24}$liem$_{3}^{33}$磨光

kang zoi mêạk, parler distinctement. 讲得清楚（讲得滑） kaŋ$_{3}^{33}$ zai$_{3}^{33}$

miak$_8^{21}$//=kaŋ$_3^{33}$zai$_3^{33}$siŋ^{33}so$_2^{24}$//=kaŋ$_3^{33}$zai$_3^{33}$luŋ$_3^{33}$laŋ$_3^{33}$

bãk mêạk, avoir de la faconde. 有口才/油嘴滑舌(嘴滑) ʔbak$_7^{55}$miak$_8^{21}$

zóng mêạk, rugueux. 不滑 zɑŋ$_5^{55}$miak$_8^{21}$

=C.-D. *mla: k.*

têãk 削 tiak$_7^{55}$

têãk iền bĩt, tailler un crayon. 削铅笔 tiak$_7^{55-33}$ ien^{21} ʔbit$_7^{55}$//= tiak$_7^{55-33}$ ʔbɑt$_7^{55-33}$p^{h}an$_1^{35}$削番笔

têãk nóng zóm bong, éplucher les taros. 把黑皮削净(削皮黑净) 按:法语解释为"削芋头皮"。tiak$_7^{55-33}$nɑŋ$_1^{35-21}$zɑm$_1^{35}$ʔbɑŋ$_3^{33}$

<*sịâk 削

nêọk 弱 niak$_8^{21}$

noai nêọk, débile. 软弱 nuai$_3^{33}$niak$_8^{21}$

nêạk 弱 niak$_8^{21}$

noai nêạk, abattement, fatigue, alanguir. 软弱 nuai$_3^{33}$niak$_8^{21}$

ziàng-bỏn laà noai nêạk, vieillard décrépit. 软弱老人(人老软弱) ziaŋ$_2^{24-21}$ʔbɑn$_2^{24-21}$lau$_4^{21}$nuai$_3^{33}$niak$_8^{21}$ 按:*laà* 是 *laò* 之误。

noai nêạk, délicat, santé faible. 软弱 nuai$_3^{33}$niak$_8^{21}$

<H. *nêọk* *ñịâk 弱

lêạk choisir, trier 挑/选(掠) liak$_8^{21}$

lêạk zoi meng, faire un bon choix. 选得好 liak$_8^{21}$zai$_3^{33}$mɛŋ$_3^{33}$

lêặk kón, délicat dans le manger. 挑食(挑吃) liak$_8^{21}$kɔn$_1^{35}$

=T. *lɯək* เลือก (挑选)

tsêẵk 酌 ts^{h}iak$_7^{55}$

tsòm tsêẵk, délibérer. 斟酌 ts^{h}ɑm$_1^{35-21}$ts^{h}iak$_7^{55}$

<*čịâk 酌

tsêẵk □ts^{h}iak$_7^{55}$

mèng kòi tsêẵk, scorpion. 蝎子(螟鸡雀) miŋ$_2^{24-21}$kɑi$_1^{35-21}$ts^{h}iak$_7^{55}$

sêẵk 雀 siak$_7^{55}$

noạk k'ồng-sêẵk, paon. 孔雀(鸟孔雀) nuak$_8^{21}$ k^{h}oŋ^{21} siak$_7^{55}$//nuak$_8^{21}$ ts^{h}iat$_8^{21}$麻雀(少说)//nuak$_8^{21}$lei$_3^{33}$麻雀(多说)//nuak$_8^{21}$sɑi$_1^{35}$麻雀(鸟月)

<H. *không-sêẵk* *tsịâk 雀

noạk sêẵk, pie. 喜鹊(鸟鹊) nuak$_8^{21}$siak$_7^{55}$

<H. *sêãk* * *ts'iâk* 鵲

zêạk 一 ziak$_7^{55}$(海南话)

zêặk dêa mưởn, avéré. 一定有 ziak$_7^{55-33}$ʔdia^{33}mən$_2^{24}$//=ʔbit$_7^{55}$ʔdia^{33}mən$_2^{24}$必定有

zêặk dêa, certain, sans conteste, sans doute, assuré, garanti. 一定 ziak$_7^{55-33}$ʔdia^{33}(海南话)

<H. *zeặk* * *ʔi̯it* 一

zêạk 药 ziak$_8^{21}$

kau zêặk, cataplasme. 膏药(胶药) kɑu$_1^{35-21}$ziak$_8^{21}$

kao zêạk, onguent. 膏药(胶药) kɑu$_1^{35-21}$ziak$_8^{21}$

<* *i̯âk* 藥

zêãk 篱笆 ziak$_7^{55}$

kẽk zêãk, cloison. 隔板(隔篱) kek$_7^{55-33}$ziak$_7^{55}$

kêạk 沉淀物/沉渣(脚) kiak$_7^{55}$ 按:本字是"脚"。

kêạk zon, lie de vin. 酒渣(脚酒) kiak$_7^{55-33}$zɑn$_3^{33}$//hɑk$_8^{21}$kiak$_7^{55}$沉淀(降脚) 按:hɑk$_8^{21}$意思是"下降"。

<* *kaək* 腳

hêạk □hiak$_8^{21}$ 按:本义不明。

hổng hêạk, boyau. 肠子(胴□) hoŋ$_4^{21-24}$hiak$_8^{21}$

三条可能的对应词:

	临高	台语	壮语	石家	莫语	水语	侗语	黎萨	黎王
blanc 白	*p'êạk*	*phɯək*	*pɯək*	*hu:k*	[1]*phu:k*	/	*phu:k*	(*kha:ɯ*	*khaɯ*)[2]
glissant 滑	*mệak*	/	*mla:k*	(*tliaṅ*)	/	/	/	(*kiêt*	/
choisir 挑选	*lệak*	*lɯək*	*le:k,liek*	/	*le'*	/	**ʔlyai*)	*ka:n*	/

1. 灰白色。2. 这几个词与泰语的 *qha:w*、共同台语的 *ha:w*(白色)有关系,与*phɯək*(白化病)相反。

ƯK-ƯƠK

mựk 默 mək$_8^{21}$/məʔ$_8^{21}$

mựk mô, méditer. 默想 mək$_8^{21}$mo$_3^{33}$(少说)//məʔ$_8^{21}$məʔ$_8^{21}$mo$_3^{33}$(多说)

ngụơk 鳃/腮(腭) ŋak$_8^{21}$

ngươk bá, branchies. →*ngạk.* 鱼鳃 ŋak$_8^{21}$ʔba$_1^{35}$鱼鳃(腭鱼)

ÂK

bẫk démence 北/疯狂 ʔbək$_7^{55}$

p'ãt bẫk, aliéné, atteint de folie. 发疯(发北) p^{h}at$_7^{55-33}$ʔbək$_7^{55}$发疯//ɑŋ^{33} p^{h}at$_7^{55-33}$ʔbək$_7^{55}$疯子

má p'ât bẫk, chien enragé. 疯狗(狗发北) ma$_1^{35}$p^{h}at$_7^{55-33}$ʔbək$_7^{55}$狗发疯(狗发北)//ma$_1^{35-21}$p^{h}at$_7^{55-33}$ʔbək$_7^{55}$发疯狗(狗发北)//ʔdoŋ$_1^{35}$tɔi$_1^{35}$nem$_2^{24}$ʔbək$_7^{55}$东南西北(东西南北)

= Mak *ba: k.* C.-D. *bẫk* nord. < **pək* 北

dẫk (vertu) 德 ʔdək$_7^{55}$

tsun dẫk, la foi. 信德(遵德) ts^{h}un^{33}ʔdək$_7^{55}$

< **tək* 德

tẫk 息 tek$_7^{55}$

buôn tẫk, capital et intérêt. 本息 ʔbun$_3^{33}$tek$_7^{55}$

mườn lềi tẫk, fructueux. 有利息 mən$_2^{24-21}$lɛi$_4^{21-24}$tek$_7^{55}$

<H. *tệk* **si̯ək* 息

tẫk 式 tek$_7^{55}$

họp tâk, convenable, décent. 合式 hɔp$_8^{21}$tek$_7^{55}$ 按：把“合适”读为“合式”。

<H. *tệk* **ši̯ək* 式

tẫk couleur 色 tek$_7^{55}$

bưởn tẫk, couleur naturelle. 本色 ʔbən^{21}tek$_7^{55}$

ngê tẫk, les cinq couleurs. 五色 ŋe$_4^{21-24}$tek$_7^{55}$(不说)//ŋa$_5^{55}$tek$_7^{55}$(常说)//ŋe$_4^{21-24}$kok$_7^{55}$五谷//ŋe$_4^{21-24}$ ŋit$_8^{21}$ 五月份//ŋa$_5^{55}$ kɛu$_2^{24}$ 五个月 按：kɛu$_2^{24}$ 月 ≠ keu$_2^{24}$是。

tẫk kiểu máu, brun. 棕色/褐色/猪肝色(色肝猪) tek$_7^{55-33}$ kien$_1^{35-21}$ mou$_1^{35}$// = kien$_1^{35-21}$mou$_1^{35}$tek$_7^{55}$

miển tẫk, apparence. 面色 mien^{33}tek$_7^{55}$

tẫk meng, beauté. 美色(色美) tek$_7^{55}$mɛŋ$_3^{33}$颜色美//tek$_7^{55}$tui$_2^{24}$色水 按：指女人美。// = p^{h}ai^{21}siaŋ^{21}排场//heŋ^{21}mɛŋ$_3^{33}$形美 按：男女皆可。

k'êi tã̂k, odeur. 气色 $k^hei_3^{33}tek_7^{55}$

dều tã̂k, couleur cendrée. 灰色 $ʔdeu_4^{21-24}tek_7^{55}$(不说)　按：$ʔdeu_4^{21}$是草木灰。灰色要说 $p^hok_7^{55}$。//$tek_7^{55-33}p^hok_7^{55}$(常说)

na síng tã̂k p'ê̆ạk, visage livide. 脸色苍白(脸青色白) $na_3^{33}siŋ_1^{35}tek_7^{55-33}p^hiak_8^{21}$(少说)//$na_3^{33}heu_1^{35}tek_7^{55-33}p^hiak_8^{21}$(常说)

bọ tã̂k, dé à jouer. 骰子(博色) $ʔbaʔ_8^{21}mak_8^{21}tek_7^{55}$// = $mak_8^{21}tek_7^{55}$

tã̂k na, expression du visage. 脸色(色脸) $tek_7^{55-33}na_3^{33}$

<H. *tệk*　**ṣi̯ək*　色

tsã̂k 测 $ts^hək_7^{55}$

tsã̂k mẹk, tâter le pouls. 摸脉/号脉(测脉) $ts^hək_7^{55-33}mɛk_8^{21}$// = $zop_8^{21}mɛk_8^{21}$摸脉// = $zom_2^{24-21}mɛk_8^{21}$摸脉

sậk 侧 $sək_7^{55}$

sậk zảu lèng lê, maisons adjacentes, les voisins. 屋子附近(屋侧地方近) $sək_7^{55-33}zan_2^{24-21}lɛŋ_1^{35-21}le_3^{33}$　按：*zảu* 是 *zản* 之误。

zậk zã̂k os 骨 $zək_7^{55}$

zậk bá, arête de poisson. 鱼骨(骨鱼) $zək_7^{55-33}ʔba_1^{35}$鱼骨//$k^hak_7^{55-33}ʔba_1^{35}$鱼刺

zã̂k mề, cartilages. 软骨(骨软) $zək_7^{55}me_4^{21}$

zã̂k ngạk, mâchoire. 颌骨(骨腮) $zək_7^{55}ŋak_8^{21}$

zậk tồi, moelle des os. 骨髓(髓骨) $zək_7^{55-33}tui_2^{24}$// = $tui_2^{24-21}zək_7^{55}$

hồng nàn zã̂k, consanguin. 同骨肉/同胞(同肉骨) $hoŋ_2^{24-21}nan_4^{21}zək_7^{55}$

zã̂k da lểi, épine dorsale. 后背骨(骨背) $zək_7^{55-33}ʔda_3^{33}lei_2^{24}$后背骨//$ts^hik_7^{55-33}ʔda_3^{33}lei_2^{24}$脊椎骨

au zã̂k, entorse. 骨折(拗骨) $au_3^{33}zək_7^{55}$

zã̂k mạk bả số, fémur. 股骨/大腿骨(骨大腿粗) $zək_7^{55-33}mak_8^{21}ʔba_2^{24-21}so_1^{35}$// = $zək_7^{55-33}mak_8^{21}ʔba_2^{24}$

zã̂k na zon, tibia. 胫骨/小腿骨(骨前引) $zək_7^{55-33}na_3^{33}zɔn_3^{33}$

= T. *ʔdu:k*, C.-D. *ʔdo:k*　ดูก(骨)

k'ã̂k 刻 $k^hək_7^{55}$

k'ã̂k aù, une fois. 一刻 $k^hək_7^{55}ɔu_4^{21}$　按：法语解释是"一次",误。

一条确信的对应词：

	临高	台语	壮语	石家	莫语	水语	侗语	黎萨	黎王
os 骨	*zā̆k*	*ʔdu:k*	*ʔdo:k*	*ro:k*	*ʔdo:k*	*ʔda:k*	*ʔla:k*	*drɯʔ fɯək*	*fɯk*
fou 疯	*bā̆k*	(*ʔba*)	*ba:k*	/	*ba:k*	/	/	/	/

AK

bạk 床 ʔbak$_{8}^{21}$

bạk tsiáng aù, lit de camp, couche. 一张床(床张一) ʔbak$_{8}^{21}$ts^{h}iaŋ$_{5}^{55}$ ɔu$_{4}^{21}$ 一张床(有顶有围的旧式床)//lɛŋ$_{1}^{35}$tsiaŋ$_{5}^{55}$ ɔu$_{4}^{21}$一张床(临时搭的床)

bā̆k 嘴/口 ʔbak$_{7}^{55}$

p'àn bā̆k, démentir. 否认(翻嘴) p^{h}an$_{1}^{35-21}$ ʔbak$_{7}^{55}$

bak kẻ, erroné. 假的(的假) ʔbɑk$_{7}^{55-33}$ kɛ$_{2}^{24}$假的//ʔbɑk$_{7}^{55-33}$ ts^{h}ɔn$_{1}^{35}$真的 按：ʔbɑk$_{7}^{55}$(名词前缀)≠ʔbak$_{7}^{55}$(嘴)

bā̆k tờ tóm p'òi, fourberie. 口是心非(嘴是心非) ʔbak$_{7}^{55}$ tə$_{4}^{21}$ tɔm$_{1}^{35}$ p^{h}əi^{33}//ʔbak$_{7}^{55}$keu$_{2}^{24}$tɔm$_{1}^{35}$zɑŋ$_{5}^{55}$keu$_{2}^{24}$口是心不是

bā̆k □(词缀,表示……的)ʔbɑk$_{7}^{55}$;ʔbak$_{7}^{55}$嘴 按：参考 *bọk* 条。

bā̆k miệt lêā̆t, couteau ébréché. 刀缺口(口刀裂) ʔbak$_{7}^{55-33}$mit$_{8}^{21}$liat$_{7}^{55}$

nòm bā̆k aù, une gorgée d'eau. 一口水(水口一) nɑm$_{4}^{21}$ʔbak$_{7}^{55}$ɔu$_{4}^{21}$

bā̆k miệt, tranchant du couteau. 刀口/刀刃(口刀) ʔbak$_{7}^{55-33}$ mit$_{8}^{21}$ 刀口//≠ʔbɑk$_{7}^{55-33}$mit$_{8}^{21}$刀

bā̆k kỏm, avoir des aigreurs. 辣的/苦的 ʔbɑk$_{7}^{55}$kɑm$_{2}^{24}$ 按：法语解释"烧心/胃灼热",不确。

bā̆k dảu dôi kỏn, alliance bien assortie. 门对门(门口对互相) ʔbak$_{7}^{55-33}$ ʔdɔu$_{2}^{24}$ʔdoi$_{3}^{33}$kɔn$_{2}^{24}$ 按：ʔdɔu$_{2}^{24}$门≠ʔdɑu$_{2}^{24}$下。

bā̆k noạk, bec d'oiseau. 鸟嘴(嘴鸟) ʔbak$_{7}^{55-33}$nuak$_{8}^{21}$

ziàng bỏn bā̆k lêā̆t, bec de lièvre. 兔唇的人(人嘴裂) ziaŋ$_{2}^{24-21}$ ʔbɑn$_{2}^{24}$ ʔbak$_{7}^{55}$liat$_{7}^{55}$

bā̆k mọ aù, bouche. 一张嘴/一个人(嘴个一) ʔbak$_{7}^{55}$mɔʔ$_{8}^{21}$ɔu$_{4}^{21}$ 按：实际读为 mɔ$_{4}^{21-24}$ ɔu$_{4}^{21}$。

têa bā̆k aù, bouchée de riz. 一口饭(饭嘴一) tia$_{4}^{21}$ʔbak$_{7}^{55}$ɔu$_{4}^{21}$

k'èi bãk, diète. 开口/张口 k^{h}ei$_{1}^{35-21}$ʔbak$_{7}^{55}$　按：法语解释是“禁食”，误。参看 *k'êi* 条。

bãk lềao=*bãk mêạk*, avoir de la faconde. 口若悬河（嘴多 ʔbak$_{7}^{55}$liau$_{4}^{21}$=嘴滑 ʔbak$_{7}^{55}$miak$_{8}^{21}$）

bãk dảu, ouverture. 门 ʔbak$_{7}^{55-33}$ʔdɔu$_{2}^{24}$（口门）

bẵk mề, cul. 屁股（软的）ʔbɑk$_{7}^{55-33}$me$_{4}^{21}$

bãk tsào, cuisine. 灶房（口灶）ʔbak$_{7}^{55-33}$ts^{h}au$_{3}^{33}$//p^{h}e$_{2}^{24-21}$nin$_{1}^{35-21}$ʔbak$_{7}^{55-33}$ts^{h}au$_{3}^{33}$煮饭婆/无知女人（婆姩口灶）

bãk dảu dá k'ếi dá dúm, porte entr'ouverte. 门半开半掩 ʔbak$_{7}^{55-33}$ʔdɔu$_{2}^{24}$ ʔda$_{3}^{33}$k^{h}ei$_{1}^{35}$ʔda$_{3}^{33}$ʔdum$_{1}^{35}$//ko$_{3}^{33}$ʔdɔu$_{2}^{24}$门开一条缝（锯门）//ko$_{3}^{33}$ʔbən$_{2}^{24}$锯木（锯柴）

bãk kông, port. 海口（口海）ʔbak$_{7}^{55-33}$koŋ$_{3}^{33}$

nềng bẵk, lèvre. 嘴唇（边嘴）niŋ$_{2}^{24-21}$ʔbak$_{7}^{55}$

hêẳt bãk mọ, mors. 马嘴铁/马嚼环（嘴铁马）hiat$_{7}^{55-33}$ʔbak$_{7}^{55-33}$mɑʔ$_{8}^{21}$

ziàng bỏn líu bẵk dảu, concierge. 看门人（人看口门）ziaŋ$_{2}^{24-21}$ʔbɑn$_{2}^{24-21}$ liu$_{1}^{35-21}$ʔbak$_{7}^{55-33}$ʔdɔu$_{2}^{24}$

=T. *pa:k*　ปาก（口/嘴）

mak 果/果实 mak$_{8}^{21}$

hau mạk tuan, bulbe d'ail. 蒜头（头果蒜）hɑu$_{3}^{33}$mɑk$_{8}^{21}$tuan$_{3}^{33}$蒜头//=mɑk$_{8}^{21}$tuan$_{3}^{33}$蒜

hau mạk toan, ail. 蒜（头果蒜）hɑu$_{3}^{33}$mɑk$_{8}^{21}$tuan$_{3}^{33}$

mạk hóan, litchi. 荔枝（果番）mak$_{8}^{21}$huan$_{1}^{35}$//mak$_{8}^{21}$huan$_{1}^{35-21}$p^{h}ien$_{4}^{21}$龙眼（果番便）

mạk sềng, mandarine. 橙子（果橙）mak$_{8}^{21}$seŋ^{21}

mạk hêàu p'êăn, lentille. 扁豆（豆扁）mak$_{8}^{21}$heu$_{4}^{21-24}$p^{h}ian$_{3}^{33}$

mạk mể, avant-bras. 小胳膊（果手）mak$_{8}^{21}$me$_{2}^{24}$上臂/大胳膊//liŋ$_{4}^{21-24}$me$_{2}^{24}$小胳膊//lum$_{3}^{33}$me$_{2}^{24}$手腕

dẫk mạk bả số, femur. 股骨/大腿骨（骨大腿粗）zək$_{7}^{55-33}$mak$_{8}^{21}$ʔba$_{2}^{24}$so$_{1}^{35}$　按：*dẫk* 是 *zẫk* 之误，转换不彻底。

mạk leo, le mollet. 小腿肚子 mak$_{8}^{21}$lɛu$_{3}^{33}$小腿肚子//mak$_{8}^{21}$kok$_{7}^{55}$小腿

mạk bõt meng, calligraphie. 书法好 mak$_{8}^{21}$ʔbɑt$_{7}^{55}$mɛŋ$_{3}^{33}$草果好（不说）按：草果指有芒的草籽，粘人裤腿。//ʔbak$_{7}^{55-33}$ʔbɑt$_{7}^{55}$mɛŋ$_{3}^{33}$书法好　按：

ʔbak$_7^{55-33}$ʔbat$_7^{55}$是毛笔中的毛。//=ʔbat$_7^{55-33}$mɔk$_8^{21}$mɛŋ$_3^{33}$书法好(笔墨好)

zẫk mạk mể, cubitus. 尺骨(大胳膊骨) zək$_7^{55-33}$mak$_8^{21}$me$_2^{24}$

mạk lềng, cou. 脖子 mɑk$_8^{21}$liŋ$_4^{21}$(王录尊)//mɑk$_8^{21}$leŋ$_4^{21}$(二李)

kỏn mạk lềng, étrangler. 掐脖子 kɑn$_4^{21-24}$mɑk$_8^{21}$liŋ$_4^{21}$//=kɑn$_4^{21-24}$ke$_2^{24}$(卡喉咙) 按:kɑn$_4^{21}$是单手攥紧。

nòm mạk zếa, eau de coco. 椰子水(水椰子) nɑm$_4^{21-24}$mak$_8^{21}$zia$_2^{24}$

nằn mạk zếa, (chair) de coco. 椰子肉(肉椰子) nan$_4^{21-24}$mak$_8^{21}$zia$_2^{24}$

mạk mọ aù, un fruit. 一个果子(果个一) mak$_8^{21}$mɔʔ$_8^{21}$ɔu$_4^{21}$ 按:实际读为 mɔ$_4^{21-24}$ɔu$_4^{21}$。

don mạk, arbre fruitier. 果树(树果) ʔdɔn$_3^{33}$mak$_8^{21}$

mũt mạk don, cueillir un fruit. 摘果子(摘果树) mut$_7^{55-33}$mak$_8^{21}$ʔdɔn$_3^{33}$//=mut$_7^{55-33}$mak$_8^{21}$摘果

mạk mẹk tảm koãk, sarrazin. 荞麦/三角高粱(高粱三角) mɑk$_8^{21}$mɛk$_8^{21}$tam$_5^{55}$kuak$_7^{55}$//mɑk$_8^{21}$mɛk$_8^{21}$高粱

mạk bóng, sésame. 芝麻 mɑk$_8^{21}$ʔbɔŋ$_2^{24}$

mạk mưẩn hái aù, un régime de bananes. 一串香蕉 mak$_8^{21}$mən$_2^{24}$hɑi$_5^{55}$ɔu$_4^{21}$ 按:一串香蕉像梳子(hɑi$_1^{35}$),故称。//mak$_8^{21}$mən$_2^{24}$ʔbun$_5^{55}$hɑi$_1^{35}$两串香蕉//tuat$_7^{55}$ɔu$_4^{21}$mak$_8^{21}$huan$_1^{35}$一串荔枝(串一果番) 按:龙眼、黄皮、葡萄等都是tuat$_7^{55}$。

=T. *hma:k* หมาก(槟榔树)

dạk 绳子 ʔdak$_8^{21}$ 按:中等粗,家用,麻制。

dạk hẻo aù, une corde, ficelle. 一条绳子(绳条一) ʔdak$_8^{21}$hɛu$_2^{24}$ɔu$_4^{21}$

kĩt dạk, corder. 搓绳子/打绳子(击绳) kit$_7^{55-33}$ʔdak$_8^{21}$

béng dạk dọ, tendre une ficelle. 拉绳直(绷绳直) ʔbɛŋ$_1^{35-21}$ʔdak$_8^{21}$ʔdɑʔ$_8^{21}$

=T. *ǰɯk*, C.-D. *ǰa:k* เชือก(绳/线)

dặk (chauffer au soleil) 晒 ʔdak$_7^{55}$

dẵk sến = dẵk ziang, sécher au soleil. 晒干 ʔdak$_7^{55}$seu$_1^{35}$ = 晒干 ʔdak$_7^{55}$ziaŋ$_3^{33}$//ʔdak$_7^{55-33}$tin$_1^{35}$晒鲜 按:指鱼、肉、菜等不加料,趁新鲜直接晒。

dặk k'ô zoa, sécher les habits au soleil. 晒衣服(晒裤衣) ʔdak$_7^{55-33}$k^{h}o$_3^{33}$zua$_3^{33}$

=T. *ta:k* ตาก(使……干)

sẵk taro. 芋头 sak$_7^{55}$//=mɑk$_8^{21}$sak$_7^{55}$//≠mɑk$_8^{21}$sɑk$_7^{55}$萝卜 按:sak$_7^{55}$芋头≠

sak_7^{55}菜。

=T. *phrɯək* เผือก(芋头)

zạk 锈 zak_8^{21}

sãt zạk, dérouiller. 擦锈 $sat_7^{55-33}zak_8^{21}$

hêẵt kón zặk, le fer se rouille. 铁生锈(铁吃锈) $hiat_7^{55}$ $kɔn_1^{35-21}$ zak_8^{21}// $hiat_7^{55}zak_8^{21}$

kón zạk, se rouiller. 生锈(吃锈) $kɔn_1^{35-21}zak_8^{21}$

kạk (autre) 别的 kak_8^{21}

ziàng-bỏn kặk no, un autre individu. 别人(人别的人) $ziaŋ_2^{24-21}$ $ʔban_2^{24}$ $kak_8^{21}na_3^{33}$

zêa kặk bỏn bới, j'irai un autre jour. 我改天去(我别日去) zia_3^{33} kak_8^{21} $ʔbɔn_2^{24}ʔbəi_1^{35}$

kặk no, autrui. 别人 $kak_8^{21}na_3^{33}$//=kak_8^{21} $zoŋ_1^{35}$

kạk léng=*kạk hé*, ailleurs. 别的地方 $kak_8^{21}lɛŋ_1^{35}$=kak_8^{21} $hɛ_1^{35}$

ngạk joue 腮(腭) $ŋak_8^{21}$

zẫk ngạk, mâchoire. 颌骨(骨腭) $zək_7^{55}ŋak_8^{21}$//$ŋak_8^{21}$ $ʔba_1^{35}$鱼鳃(腭鱼)

= T. *hṅɯək* เหือก

ạk 鸦 ak_8^{21}

noạk ạk, corbeau. 乌鸦(鸟鸦) $nuak_8^{21}ak_8^{21}$

noạk ạk bến ạk ạk, croasser. 乌鸦叫鸦鸦 $nuak_8^{21}ak_8^{21}ʔbeu_1^{35}ak_8^{21}ak_8^{21}$ 按:*bến* 是 *bếu* 之误。

=Li *ʔaʔ*.

ãk □ ak_7^{55}

mái ãk, escargot. 蜗牛 $mai_4^{21-24}ak_7^{55}$

mải ãk hảu aù, limace. 一只蜗牛(蜗牛只一) $mai_4^{21-24}ak_7^{55}hɔu_2^{24}ɔu_4^{21}$

hãk oncle (maternel) 叔父/姨父 hak_7^{55} 按:hak_7^{55}同"杵/官员"。

hãk bễ ểng nê tỗk, cousins germains. 叔伯兄弟/堂兄弟 hak_7^{55} $ʔbeʔ_7^{55}$ $eŋ_1^{35-21}ne_3^{33}tok_7^{55}$//$huk_7^{55-33}hak_7^{55}$做官//$mɔk_8^{21}hak_7^{55}$杵(谷杵)

lẹk nà hãk, singe. 猴子 $lɛk_8^{21}$ $naʔ_8^{21}$ hak_7^{55}//=$naʔ_8^{21}$ hak_7^{55}//=$lɛk_8^{21}$ $nuak_8^{21}$

hak_7^{55}

众多对应词：

	临高	台语	壮语	石家	莫语	水语	侗语	黎萨	黎王
bouche 嘴	*bak*	*pa:k*	*pa:k*	*pa:k*	(*ʔbup*)	*pa:k*	*pa:k*	(*mom*	*pam pom*)
corbeau 鸦	*ʔạk*	*ka*	*ka/ʔa*	*ka*	*ʔa*	*qa*	*ʔa*	*ʔaʔ*	/
fruit 果	*mạk*	*hma:k*[1]	*hma:k*	*ma:k*	*hma:k*[2]	/	/	(*ša:m*)[3]	(*hoe*)
sécher 晒	*dãk*	*ta:k*< *phya:k*	*ta:k*	/	/	/	/	/	/
corde 绳子	*dạk*	*ǰɯək*	*ja:k*	*sa:k*	*ʔra:k*	*ʔla:k*	*ʔla:k*	(*day*	*tuay*)
mâchoire 腮	*ngạk*	*hṅɯək*[4]	*ṅɯək*[4]	/	/	*ʔña:k*	/	/	/
taro 芋头	*sak*	*phrɯək*	*plɯək*> *pyɯək*	(*ʔbon*)	*pə:k*	*ʔRa:k*	*ʔya:k*	/	/

1. 台语是"槟榔果"。2. 莫语是李子。3. 黎语(萨)是类别。4. "牙龈"。

UK

p'ụk 复 $p^huk_8^{21}$

p'ụk téng, ressusciter. 复活(复生) $p^huk_8^{21}teŋ_1^{35}$

< * *p'uk* 復

p'ụk 服 $p^huk_8^{21}$

sõt p'ụk, dompter. 说服 $sɔt_7^{55}p^huk_8^{21}$(不说)//$kaŋ_3^{33}p^huk_8^{21}$说服(讲服)

< * *bi̯uk* 服

p'ũk (bonheur) 福 $p^huk_7^{55}$/$p^hok_7^{55}$

mưởn p'ũk, bienheureux, félicité, prospère. 有福 $mən_2^{24-21}$ $p^huk_7^{55}$(文读)//=$mən_2^{24-21}p^hok_7^{55}$(白读)//$hiŋ_3^{33}p^huk_7^{55}$幸福//$hiaŋ_4^{21-24}p^hok_7^{55}$享福//$hiaŋ_4^{21}$ tiu_3^{33}享受 按：不变调。

< * *pi̯uk* 福

ziàng-bỏn mưởn p'ũk, fortuné. 有福的人(人有福) $ziaŋ_2^{24-21}$ $ʔban_2^{24-21}$ $mən_2^{24-21}p^huk_7^{55}$

< * *pi̯uk*

mụk 鼻涕/痢疾 muk_8^{21}

ong mụk, se moucher. 擤鼻涕 $ɔŋ_3^{33}muk_8^{21}$//$lei_1^{35-21}muk_8^{21}$流鼻涕

dọ mụk, dysenterie. 拉痢疾 $ʔdɔʔ_8^{21}muk_8^{21}$//=$ʔdɔʔ_8^{21}kai_4^{21-24}muk_8^{21}$

=T. *mu:k* มูก(鼻涕)

mũk 木 muk_7^{55} 按:海南话文读。

mũk lồ hiển aù, un champignon. 一片木耳 $muk_7^{55-33} lo^{21} hien_4^{21-24} ɔu_4^{21}$ 一片木耳(“木耳”是海南话)//=$ʔbai_2^{24-21} sa_1^{35-21} miu_1^{35}$ 木耳(耳朵猫)//$hɔt_8^{21}$ = $hɔt_8^{21} sin_3^{33}$/蘑菇//$lɔt_8^{21}$ 青苔 按:法语解释是“蘑菇”,误。$hɔt_8^{21}$ 蘑菇(王录尊);$lɔt_8^{21}$ 蘑菇(孔庆葳)。

tụk 洗 tuk_7^{55}

tụk p'a kọt hau, turban pour la tête. 头巾/头帕(洗帕扎头) $tuk_7^{55-33} p^ha_3^{33} kat_8^{21} hau_3^{33}$

tũk tụk (laver) 洗 tuk_7^{55}

tũk zêang bong, nettoyer, décrasser (en lavant). 洗干净 $tuk_7^{55} ziaŋ_3^{33} ʔbaŋ_3^{33}$(少说) 按:生硬翻译。$tuk_7^{55} seu_1^{35} ʔbaŋ_3^{33}$(少说)//$tuk_7^{55} ʔbaŋ_3^{33}$洗干净(常说)//$ziaŋ_3^{33}$ = seu_1^{35} 干

tũk bòa, laver une assiette. 洗盘 $tuk_7^{55-33} ʔbua^{21}$

tụk bắk, se gargariser, se rincer la bouche. 洗嘴/漱口 $tuk_7^{55-33} ʔbak_7^{55}$

tũk hảu = *tũk lêảng*, se baigner. 洗澡(洗身 $tuk_7^{55-33} hɔu_2^{24}$ = 洗凉 $tuk_7^{55-33} liaŋ_2^{24}$)

lềng tũk, recevoir le baptême. 领洗/受洗(领洗) $leŋ_2^{24-21} tuk_7^{55}$

p'ườn tũk hảu, baignoire (récipient laver corps). 洗澡盆(盆洗身) $p^hən_2^{24-21} tuk_7^{55-33} hɔu_2^{24}$

tụk mể, se laver les mains. 洗手 $tuk_7^{55-33} me_2^{24}$

tụk k'ô zoa, laver les habits. 洗衣服 $tuk_7^{55-33} k^ho_3^{33} zua_3^{33}$

tũk p'êặk, blanchir en lavant. 洗白 $tuk_7^{55} p^hiak_8^{21}$

tũk sêáu bong, décrasser. 洗干净 $tuk_7^{55} seu_1^{35} ʔbaŋ_3^{33}$(少说) 按:生硬翻译。$tuk_7^{55} ziaŋ_3^{33} ʔbaŋ_3^{33}$(少说)//$tuk_7^{55} ʔbaŋ_3^{33}$洗干净(常说)//$ziaŋ_3^{33}$ = seu_1^{35} 干

=T. *drak* ซัก(洗)

nụk

mạk nụk, froment (fruit? extérieur = T. *no: k*) 小麦/小麦麦粒 $mak_8^{21} nuk_8^{21}$(没听说过) 按:记录有问题。奥德里古尔认为与台语นอก(外面)对应。

tsũk 烛 ts^{h}uk$_{7}^{55}$

tsũk p'ê̩ăk hẻo aù, bougie. 一条白烛（烛白条一） ts^{h}uk$_{7}^{55-33}$ p^{h}iak$_{8}^{21}$ hɛu$_{2}^{24}$ɔu$_{4}^{21}$

lạp tsũk, cierge. 蜡烛 lap$_{8}^{21}$ts^{h}uk$_{7}^{55}$

zảu tsũk, chandelle de suif. 油烛 zɔu$_{2}^{24}$ts^{h}uk$_{7}^{55}$（不说）//ts^{h}uk$_{7}^{55}$烛（常说）

<* *či̯ok* 燭

tsũk 粥 ts^{h}uk$_{7}^{55}$

tề̩a tsũk, bouillie (de riz). 粥饭 tia$_{4}^{21-24}$ts^{h}uk$_{7}^{55}$//=ts^{h}uk$_{7}^{55}$粥//tia$_{4}^{21}$稀饭/饭统称//nɑm$_{4}^{21-24}$tia$_{4}^{21}$米汤　按：ts^{h}uk$_{7}^{55}$加调料、酱料。tia$_{4}^{21}$不加料，可以加红薯。nɑm$_{4}^{21-24}$tia$_{4}^{21}$是从稀饭里滗出来的汤，没有米粒，用作饮料。

<* *či̯uk* 粥

tsũk 足 ts^{h}uk$_{7}^{55}$

tạp tsũk, complètement. 十足 tɔp$_{8}^{21}$ts^{h}uk$_{7}^{55}$

sũk 足 ts^{h}uk$_{7}^{55}$

sũk tóm, satisfait. 心满意足（足心） ts^{h}uk$_{7}^{55-33}$ tɔm$_{1}^{35}$//kɔn$_{1}^{35}$ ts^{h}uk$_{7}^{55}$吃足了//suan$_{1}^{35}$ts^{h}uk$_{7}^{55}$睡足了

kùa sũk téng, paroles obscènes. 畜牲话/下流话（话畜牲） kua$_{4}^{21-24}$ suk$_{7}^{55-33}$teŋ$_{1}^{35}$

<* *tsiok* 足

sũk 畜 suk$_{7}^{55}$

sũk bõ̆t, animal. 畜物/动物 suk$_{7}^{55}$ʔbət$_{7}^{55}$

sũk téng, bétail, animal. 畜牲 suk$_{7}^{55-33}$teŋ$_{1}^{35}$

têàng sũk téng, animaux domestiques. 养畜牲 tiaŋ$_{4}^{21-24}$suk$_{7}^{55-33}$teŋ$_{1}^{35}$

<H. *šuk* * *ṭ'i̯uk* 畜

zụk 圈/巢/窝 zuk$_{8}^{21}$

zụk sọk, repaire de brigands. 贼窝（窝贼） zuk$_{8}^{21}$ sɔk$_{8}^{21}$贼窝//zuk$_{8}^{21}$ kɑi$_{1}^{35}$鸡窝//zuk$_{8}^{21}$mɛʔ$_{7}^{55}$羊圈//zuk$_{8}^{21}$ŋɔu$_{2}^{24}$牛圈//zuk$_{8}^{21}$mɑʔ$_{8}^{21}$马厩

zũk 脆/酥 zuk$_{7}^{55}$

zũk dểi, cassant. 脆烂 zuk$_{7}^{55}$ʔdɛi$_{2}^{24}$

bing zũk, pain croquant. 脆饼（饼脆） ʔbiŋ$_{3}^{33}$zuk$_{7}^{55}$

<H. *ziộk*.

kũk nation 国 kuk$_7^{55}$

bon kũk di hổ, atlas. 万国地图 ʔban^{33}kuk$_7^{55}$ʔdi^{33}ho$_2^{24}$

Tsung kũk, Chine. 中国 ts^{h}uŋ^{33}kuk$_7^{55}$//kɔk$_7^{55-33}$kuk$_7^{55}$各国

kũk kô, chant national. 国歌 kuk$_7^{55}$kɔ^{33} 按:不变调。//kuk$_7^{55-33}$ka$_1^{35}$国家

bưởn kũk, patrie. 本国 ʔɓən^{21}kuk$_7^{55}$

lểi bưởn kũk, émigrer. 离开本国(离本国) lɛi$_2^{24-21}$ʔbən^{21}kuk$_7^{55}$//lɛi$_2^{24-21}$ kɔn$_2^{24}$离别/离开(离互相)

<H. *kôk* **kwaək* 國

ũk sortir 出 uk$_7^{55}$

ziàng bỏn ũk hau, coryphée. 领唱(出头人<人出头) ziaŋ$_2^{24-21}$ʔbɑn$_2^{24}$ uk$_7^{55}$hɑu$_3^{33}$

zau ũk, dehors, à l'extérieur. 在外 zou$_3^{33}$uk$_7^{55}$

dà bỏn ũk, le soleil se lève. 日出/太阳出 ʔda$_1^{35-21}$ʔbɑn$_2^{24}$uk$_7^{55}$

ũk làu, entrer et sortir. 进出(出进) uk$_7^{55}$lɔu$_4^{21}$

ũk nói, célèbre, connu. 出名 uk$_7^{55}$nɔi$_1^{35}$

ing ũk, aliéner. 出卖(卖出) iŋ$_3^{33}$uk$_7^{55}$

hiên ũk, apparaître. 显出/现出 hien$_3^{33}$uk$_7^{55}$

boạk ũk, arracher. 拔出 ʔbuak$_8^{21}$uk$_7^{55}$// = sim$_2^{24}$uk$_7^{55}$// = təʔ$_8^{21}$uk$_7^{55}$

ũk ngả, germer. 出芽 uk$_7^{55-33}$ŋa$_2^{24}$uk$_7^{55-33}$ŋeu$_4^{21}$种子发芽//uk$_7^{55-33}$lɛk$_8^{21}$孵出小鸡

ũk têi, naître. 出世 uk$_7^{55-33}$tei$_3^{33}$

uk bới, évacuer, s'absenter. 出去 uk$_7^{55}$ʔbəi$_1^{35}$

sẻn tờ zêa ũk, à mes dépens. 钱是我出 sɛn$_2^{24}$tə$_4^{21}$zia$_3^{33}$uk$_7^{55}$

nom kói ũk lẹk, éclore en parlant des œufs. 小鸡出壳(鸡蛋出子) nɔm$_1^{35-21}$kɑi$_1^{35}$uk$_7^{55-33}$lɛk$_8^{21}$

ũk tsúng, émérite. 出众 uk$_7^{55-33}$ts^{h}uŋ$_5^{55}$

ũk nả, s'enraciner. 出根/生根 uk$_7^{55-33}$na$_2^{24}$

ũk kổng, aller aux besoins naturels. 如厕/解手(出恭) uk$_7^{55-33}$koŋ$_1^{35}$// = ʔbəi$_1^{35-21}$huaŋ$_2^{24-21}$tɯ$_1^{35}$去坑字

=T. *ʔo:k* ออก(出去)

hũk faire, agir 做 huk$_7^{55}$

kổng hũk hói kon, travail absorbant. 工作太忙(工作太赶) koŋ$_1^{35-21}$huk$_7^{55}$ hɑi$_5^{55}$kɔn$_3^{33}$

mưởn kống hũk lêào, accablé de besogne. 工作劳累(有工做多) $mən_2^{24-21}koŋ_1^{35}huk_7^{55}liau_4^{21}$

hũk zoi, faisable. 做得/可做 $huk_7^{55}zai_3^{33}$

loàn tam loàn hũk, déréglé. 胡搞(乱走乱做) $luan_4^{21}tam_3^{33}luan_4^{21}huk_7^{55}$

hũk loàn, faire une émeute. 作乱(做乱) $huk_7^{55}luan_4^{21}$

hũk mói, filer. 纺线(做线) $huk_7^{55-33}mai_1^{35}$

ziàng-bỏn hũk kống, ouvrier (individu faire travail). 工作的人(人做工) $ziaŋ_2^{24-21}ʔban_2^{24}huk_7^{55-33}koŋ_1^{35}$

hũk nề sể, (être) asservi, esclave. 做奴才 $huk_7^{55-33}ne_3^{33}se_2^{24}$//$huk_7^{55-33}lɛk_8^{21}neʔ_7^{55}$做佣人

zọk zọk hũk, agir en cachette. 偷偷做 $zɔk_8^{21}$ $zɔk_8^{21}$ huk_7^{55}//$zɔk_8^{21}$ 偷 ≠ $sɔk_8^{21}$贼

hổng zêàng hũk, faire de la même manière. 同样做 $hoŋ_2^{24-21}$ $ziaŋ_4^{21}$ huk_7^{55}(不说)//$hoŋ_2^{24-21}ziaŋ_5^{55}huk_7^{55}$(常说)

tsiáu ziàng hũk, faire d'après modèle. 照样做 $ts^hiau_5^{55}ziaŋ_4^{21}huk_7^{55}$

hũk p'ài =*hũk dểi*, abîmer. 做坏(做败) $huk_7^{55}p^hai_4^{21}$ =做烂 $huk_7^{55}ʔdɛi_2^{24}$

hũk tểng, accomplir. 做成 $huk_7^{55}teŋ_2^{24}$

hũk zoẳn, achever. 做完 $huk_7^{55}zuan_2^{24}$(不说)//$huk_7^{55}in_1^{35}$(常说)

hũk họp, adapter. 做的事对大家有利(做合) $huk_7^{55}hɔp_8^{21}$//$huk_7^{55}hɔp_8^{21}hem_1^{35-21}kɔn_2^{24}$做合大家

hồng hũk, de connivence. 串通/同犯(同做) $hoŋ_2^{24-21}$ huk_7^{55}//$hoŋ_2^{24-21}kɔn_1^{35}hoŋ_2^{24-21}k^hia_3^{33}$同吃同住//$hoŋ_2^{24-21}p^ham_4^{21}$同犯

hũk zản, bâtir une maison. 盖房子(做屋) $huk_7^{55-33}zan_2^{24}$

hũk p'ảu, se mutiner. 兵变/造反(做反) huk_7^{55-33} p^han^{21}　按:*p'ảu* 是 *p'ản* 之误。

hũk số =*hũk k'oãt*, élargir. 做大(做粗) huk_7^{55} so_1^{35} = 做宽(做阔) $huk_7^{55}k^huat_7^{55}$

mo hũk eáu =*mo hũk tương kơi*, que faites-vous? 你做什么 $mɔ_3^{33}huk_7^{55-33}kou_5^{55}$ =你做什么 $mɔ_3^{33}huk_7^{55-33}təŋ_3^{33}kəi_3^{33}$　按:*eáu* 是 *cáu* 之误。

kẻ hũk, simuler, affecter. 假装(假做) $kɛ_2^{24}huk_7^{55}$假装//$huk_7^{55-33}keu_4^{21-24}kɛ_2^{24}$造假

ziàng-bỏn hũk tsúng, s'entremettre pour concilier. 调解人(人做中)

$zia\eta_2^{24-21}$ $ʔbɑn_2^{24-21}$ huk_7^{55-33} $ts^hu\eta_1^{35}$

对应词：

	临高	台语	壮语	石家	莫语	水语	侗语	黎萨	黎王
sortir 出	*ũk*	*ʔo:k*	*ʔo:k*	*ʔo:k*	*ʔuk*	*ʔuk*	*ʔuk*	（*thɯən*	*thɯṅ*）
extérieur 外	*nụk*	*no:k*	*ro:k*	*lo:k*	*ʔnuk*	*ʔnuk*	*ʔnu:k*	（*žɯən*）	/
morve 鼻涕	*mụk*	*mu:k*	*muk*	/	*muk*	*muk*	*mu:k*	/	/
faire 做	*hũk*	（*dam*）	*dɯk*	/	/	/	/	*vuʔ*	/
laver 洗	*tũk*	*drak*	*drak*	（*so:y*）	*ʔruk*	/	*ʔsyu:k*	（*ʔuot*	*č'u:p*

按："出"，原文临高语误作 *nũk*。

ÔK

bộk 孵 $ʔbɑk_8^{21}$；盖 $ʔbok_7^{55}$

bộk nóm, couver des œufs. 孵蛋 $ʔbɑk_8^{21}$ $nɔm_1^{35}$孵

bộk kúm, se couvrir d'une couverture. 盖被子 $ʔbok_7^{55-33}$ kum_3^{33}

=T. *vak* ฟัก（冬瓜）

p'ỗk 灰 $p^hok_7^{55}$

p'ẫt p'ỗk, moisir. 发霉（发灰） $p^hat_7^{55-33}$ $p^hok_7^{55}$

mộk（noir）墨 $mɔk_8^{21}$

mộk kúa hải, cirage. 黑鞋油（墨刮鞋） $mɔk_8^{21}$ kua_5^{55} hai_2^{24}墨刮鞋（不说）// $zɔu_2^{24-21}$ $zɑm_1^{35-21}$ kua_5^{55} hai_2^{24}黑鞋油（油黑刮鞋，常说）

<* *mək* 墨

mộk（bois）墨 $mɔk_8^{21}$ 按：原文认为本字是"木"，误。长流话"木"是 $ʔbən_2^{24}$（柴）。

mộk sêàng, charpentier. 木匠（墨匠） $mɔk_8^{21}$ $sia\eta_4^{21}$ 按：木匠用墨斗，故称墨匠。

<* *muk* 木

mộk, paddy. 谷/稻谷 $mɔk_8^{21}$//$mɔk_8^{21}$ lip_8^{21}秕谷 按：原文无例词。

=Li（S.）*môk.*

mộk 谷 $mɔk_8^{21}$

mềng mộk, charançon. 谷虫/米虫（螟谷） $mi\eta_2^{24-21}$ $mɔk_8^{21}$ 按：法语解释是"象鼻虫"，误。

dọk 松鼠 ʔdok$_8^{21}$　按：ʔdok$_8^{21}$ ≠ ʔdɔk$_8^{21}$ 痛(疼)。

noạk dọk, belette. 松鼠(鸟独) nuak$_8^{21}$ ʔdok$_8^{21}$　按：法语解释是“黄鼠狼”,误。

<H. *ʔdọk*

dỗk (perdre une bataille) 丢/失/掉落 ʔdok$_7^{55}$

dỗk k'ón = *dỗk k'ô*, s'appauvrir. 变穷(掉困 ʔdok$_7^{55-33}$ k^{h}ɔn$_5^{55}$ = 掉苦 ʔdok$_7^{55-33}$k^{h}o$_3^{33}$)

dỗk lẹk, avorter. 流产(掉子) ʔdok$_7^{55-33}$lɛk$_8^{21}$

dỗk tẫk, décoloré. 掉色 ʔdok$_7^{55-33}$tek$_7^{55}$

dỗk huồn p'ễk, perdre son âme. 失魂落魄(掉魂魄) ʔdok$_7^{55-33}$ hun$_2^{24-21}$ p^{h}ek$_7^{55}$// = ʔdok$_7^{55-33}$hon$_2^{24-21}$p^{h}ek$_7^{55}$

dọk 掉/落 ʔdok$_7^{55}$

k'êi ní dọk, affres de l'agonie. 气快断了(气快掉落) k^{h}ei$_3^{33}$ʔdi$_5^{55}$ʔdok$_7^{55}$// = ʔdi$_5^{55}$ʔdok$_7^{55-33}$k^{h}ei$_3^{33}$(更常说)

dỗk 掉/落 ʔdok$_7^{55}$

bể dỗk, chute des feuilles. 叶子掉落 ʔbe$_2^{24}$ʔdok$_7^{55}$

hau bòn sô dỗk, chute des cheveux. 头发掉落 hɑu$_3^{33}$ʔbɑn$_2^{24-21}$so$_3^{33}$

dà bỏn dỗk, le soleil se couche, chute du jour. 太阳落山 ʔda$_1^{35-21}$ʔbɑn$_2^{24}$ ʔdok$_7^{55}$

p'ón dỗk, pleuvoir. 下雨/雨下 p^{h}ɑn$_1^{35-21}$ʔdok$_7^{55}$//ʔdok$_7^{55-33}$p^{h}ɑn$_1^{35}$

nòm dỗk tiu, les eaux décroissent. 水落少/水退了 nɑm$_4^{21}$ʔdok$_7^{55}$tiu$_3^{33}$

dỗk tẫk, déteindre. 掉色 ʔdok$_7^{55-33}$tek$_7^{55}$

=T. *tok*　ตก(掉/落)

tọk 赎 tuk$_8^{21}$

tọk lứng, racheter. 赎回 tok$_8^{21}$ləŋ$_1^{35}$//tok$_8^{21}$nɔi$_1^{35}$恢复名誉(赎名)

tọk hềi = *tọk mọt*, racheter des terres. 赎地 tok$_8^{21}$ hɛi$_4^{21}$(不说)赎地 tok$_8^{21}$ mɑt$_8^{21}$(常说)　按:“土地”不说 hɛi$_4^{21}$。

< **zi̯ok*　贖

tọk 俗 tuk$_8^{21}$

kùa tọk, proverbe, langage populaire. 俗话(话俗) kua$_4^{21-24}$ tuak$_8^{21}$// = kua$_4^{21-24}$tuk$_8^{21}$// = tok$_8^{21}$kua$_4^{21}$//tɔk$_7^{55-33}$kua$_4^{21}$懂话

p'ồng tôk, coutume, usage, habitude. 风俗 $p^hoŋ_1^{35-21}tok_8^{21}$

<H. *tộk* **ẓịok* 俗

tỗk 识/懂 $tɔk_7^{55}$ 按：$tɔk_7^{55}$懂≠tok_7^{55}弟。

ziàng-bỏn zóng tỗk tứ, illettré (→*tõk*). 不识字的人(人不识字) $ziaŋ_2^{24-21}$ $ʔban_2^{24}zaŋ_5^{55}tɔk_7^{55-33}tɯ_1^{35}$

tỗk frère cadet 弟(叔) tok_7^{55}

sồng ềng-nê tỗk, cousins. 亲兄弟 $sɔn_5^{55}eŋ_1^{35-21}ne_3^{33}tok_7^{55}$ 按：*sồng* 是 *sồn* 之误。参看 *sồn* 条。

ểng-nê tỗk tsơ sẻng, fraternité. 兄弟之情 $eŋ_1^{35-21}ne_3^{33}tok_7^{55}t^hə^{33}seŋ_2^{24}$

ểng-nê tỗk, frères (aîné cadet). 兄弟 $eŋ_1^{35-21}ne_3^{33}tok_7^{55}$

lộk 睦 luk_7^{55};乐 lak_8^{21}

hòa lộk, concorde. 和睦 $hua_2^{24-21}lok_7^{55}$ 按：lok_7^{55}是"睦"的误读，至今犹然。

zóng hỏa lộk, discorde. 不和睦 $zaŋ_5^{55}hua_2^{24-21}lok_7^{55}$

tóm lộk, satisfait. 心乐/心满意足 $tɔm_1^{35}lak_8^{21}$

<H. *lộk*

lộk 绿 lok_8^{21}/luk_8^{21}

tẫk lộk, vert, couleur verte, bleue. 绿色(色绿) $tek_7^{55-33}lok_8^{21}$(少说)// $tek_7^{55-33}luk_8^{21}$(多说)

<* *liok* 綠

tsỗk 筑 $ts^huk_7^{55}$

tsỗk siàng, maçonner. 砌墙(筑墙) $ts^huk_7^{55-33}siaŋ_2^{24}$ 筑墙//tek_8^{21} $siaŋ_4^{21}$ 石匠//$mɔk_8^{21}siaŋ_4^{21}$ 木匠(墨匠)

<* *ṭịuk* 築

sỗk 缩 sok_7^{55}

ziàng-bỏn lảu sỗk, paresseux. 懒汉(人懒缩) $ziaŋ_2^{24-21}$ $ʔban_2^{24-21}$ lan_4^{21-24} sok_7^{55} 按：*lảu* 是 *lản* 之误。

zộk 圈/巢/窝 zuk_8^{21}

zộk kói, juchoir des poules. 鸡窝 $zuk_8^{21}kai_1^{35}$

zộk toáng bercail. 羊圈（圈山羊） zuk_8^{21} $tua\eta_2^{24}$（少说）// = zuk_8^{21} $m\varepsilon ʔ_7^{55}$（多说）

lẹk kói zộk aù, couvée de poussins. 一窝小鸡（小鸡窝一） $l\varepsilon k_8^{21}$ kai_1^{35} zuk_8^{21} $ɔu_4^{21}$

zộk mọ, écurie. 马棚/马厩 zuk_8^{21} $maʔ_8^{21}$ // = $lɔ\eta_2^{24-21}$ $maʔ_8^{21}$ 马笼

zôk ngảu, étable. 牛棚/牛圈 zuk_8^{21} $\eta ɔu_2^{24}$　按：*zôk* 是 *zộk* 之误。

? =T.*Go:k* คอก（圈/巢）

zộk 偷 $zɔk_8^{21}$

zộk zộk hũk, agir en cachette. 偷偷做 $zɔk_8^{21}$ $zɔk_8^{21}$ huk_7^{55}

mìng zộk dàu té, dard d'abeille. 黄蜂蜇人（螟窝蜂蜇） $mi\eta_2^{24-21}$ zuk_8^{21} $ʔdau_4^{21}$ $t\varepsilon_3^{33}$ 黄蜂蜇人// = $mi\eta_2^{24-21}$ $ʔdau_4^{21}$ $t\varepsilon_3^{33}$ 蜂蜇人// $mi\eta_2^{24-21}$ zuk_8^{21} $ʔdau_4^{21}$ 黄蜂// = $mi\eta_2^{24-21}$ $ʔdau_4^{21-24}$ $la\eta_1^{35}$ // $mi\eta_2^{24-21}$ $ʔdau_4^{21-24}$ $o\eta^{33}$ 马蜂（蜂嗡）// $mi\eta_2^{24-21}$ $ʔdau_4^{21}$ 蜂// $mi\eta_2^{24-21}$ $sa\eta_3^{33}$ 蜜蜂// $sa\eta_3^{33}$ $t\varepsilon_3^{33}$ 蜜蜂蜇人

zỗk 浸/泡 $zɔk_7^{55}$

zỗk lảu nòm = *zỗk zỏng nòm*, macérer dans l'eau, tremper dans l'eau. 浸/泡进水 $zɔk^5$ $lɔu_{74}^{21-24}$ nam_4^{21} = 浸/泡下水 $zɔk_7^{55}$ $zɔ\eta_2^{24-21}$ nam_4^{21}

zỗk lảu lêáng, confire au sucre. 泡进糖 $zɔk_7^{55}$ $lɔu_4^{21-24}$ $lia\eta_1^{35}$ // ≠ $zɔk_7^{55-33}$ $lia\eta_1^{35}$ $lɔu_4^{21}$ 泡糖进

hỏa zỗk, défleurir. 花谢了（花落） hua_1^{35} $ʔdok_7^{55}$　按：*zỗk* 是 *dỗk* 之误，转换过度。

zỗk nòm dái, se noyer. 淹死（浸水死） $zɔk_7^{55-33}$ nam_4^{21} $ʔdai_1^{35}$ // = $ʔdok_7^{55-33}$ nam_4^{21} $ʔdai_1^{35}$ 落水死

zỗk tsọk, mouiller. 浸湿 $zɔk_7^{55}$ $ts^h ak_8^{21}$

kộk 摄（吸） $koʔ_7^{55}$

kộk têang, photographier. 照相/摄像（吸像） $koʔ_7^{55-33}$ $tia\eta_3^{33}$ // $koʔ_7^{55-33}$ nam_4^{21} 吸水

kỗk 稻谷 kok_7^{55}

ngể kỗk liễk mạk, produits de la terre (cinq céréales six fruits). 五谷六果

$\eta e_4^{21-24} kok_7^{55} l\text{ɔ}k_8^{21} mak_8^{21}$

<* *kuk* 毂

kõ̉k jambe, pied. 腿/脚 kok_7^{55}

tịp kõ̉k tảng, caler les pieds de la table. 垫桌脚(垫脚桌) $tip_7^{55-33} kok_7^{55-33} ta\eta_2^{24}$

kõ̉k noạk, patte d'oiseau. 鸟爪(脚鸟) $kok_7^{55-33} nuak_7^{55}$

kọt kõ̉k kọt mể, lier les mains. 捆手捆脚(捆脚捆手) $k\alpha t_8^{21} kok_7^{55} k\alpha t_8^{21} me_2^{24}$

ziàng-bỏn kõ̉k dõk, bancal (homme pied malade). 跛子/瘸子(翁腿断) $zia\eta_2^{24-21}$ ʔ$b\alpha n_2^{24-21} kok_7^{55}$ ʔ$d\alpha k_7^{55}$ // = $\alpha\eta^{33} kok_7^{55}$ ʔ$d\alpha k_7^{55}$

kõ̉k dõk, éclopé, boiter. 跛子/瘸子(腿断) kok_7^{55} ʔ$d\alpha k_7^{55}$ // ≠ kok_7^{55-33} ʔ$d\alpha k_7^{55}$ 断的腿

noạk p'è kõ̉k, colombe (oiseau blanc pied). 鸽子(鸟破脚) $nuak_8^{21} p^h\varepsilon_1^{35-21} kok_7^{55}$

ziàng-bỏn bong tô kõ̉k mể, assistant. 帮手/助手(人帮助脚手) $zia\eta_2^{24-21}$ ʔ$b\alpha n_2^{24}$ ʔ$b\alpha\eta^{33} to_3^{33} kok_7^{55} me_2^{24}$

= Li *khok* ? <* *kịâk* 腳

kõ̉k 国 kuk_7^{55}

lểi bưởn kõ̉k, s'expatrier. 离本国 $l\varepsilon i_2^{24-21}$ ʔ$b\text{ə}n^{21} kuk_7^{55}$ // $l\varepsilon i_2^{24-21} k\text{ɔ}n_2^{24}$ 离别/离开

<* *kʷaək*

kõ̉k 瓶子(角) kok_7^{55};各 $k\text{ɔ}k_7^{55}$

ụt kõ̉k, boucher une bouteille. 塞住瓶子(遏角) $ut_7^{55-33} kok_7^{55}$ // = ut_7^{55-33} ʔ$d\alpha\eta_3^{33}$ // = $ut_7^{55-33} luan_4^{21}$

kõ̉k mọ aù, une bouteille. 一个瓶子(角个一) $kok_7^{55} m\text{ɔ}$ʔ$_8^{21}$ $\text{ɔ}u_4^{21}$ 按:实际读为 $m\text{ɔ}_4^{21-24} \text{ɔ}u_4^{21}$。

k'êi kêi kõ̉k, déboucher une bouteille. 开瓶盖(开盖角) $k^h ei_1^{35-21} kei_3^{33} kok_7^{55}$

kõ̉k nòm mọk, encrier. 墨水瓶(角水墨) $kok_7^{55-33} n\alpha m_4^{21-24} m\text{ɔ}k_8^{21}$

lẹk kõ̉k, fiole. 小瓶(子角) $l\varepsilon k_8^{21} kok_7^{55}$

zon kõ̉k, bouteille de vin. 酒瓶(酒角) $z\alpha n_3^{33} kok_7^{55}$ // = $kok_7^{55-33} z\alpha n_3^{33}$

<H. *kôk*

kõ̉k tở hoi têi mo, vous êtes responsable de tout. 一切由你负责(各事会问你) $k\text{ɔ}k_7^{55} t\text{ə}_4^{21-24} hoi_3^{33} tei_3^{33} m\text{ɔ}_3^{33}$

kõ̃k 各 kɔk$_{7}^{55}$

kõ̃k zêàng, de toutes sortes. 各样 kɔk$_{7}^{55}$ziaŋ$_{4}^{21}$

<* *kâk* 各

k'ọk 局 k^{h}uk$_{8}^{21}$

tiến k'ọk, la poste. 邮局(信局) tien$_{5}^{55}$k^{h}uk$_{8}^{21}$

<H. *k'ôk* * *gi̯ok* 局

k'õ̃k 盖/罩 k^{h}op$_{7}^{55}$ 按：记音有误。

k'õ̃k tsèa na, masque. 面罩(盖遮面) k^{h}op$_{7}^{55-33}$ts^{h}ia$_{1}^{35-21}$na$_{3}^{33}$

<

hộk 公/雄(特) hɔk$_{8}^{21}$

hộk toảng, bélier. 公羊/公山羊 hɔk$_{8}^{21}$tuaŋ$_{2}^{24}$// =hɔk$_{8}^{21}$mɛʔ$_{7}^{55}$

hộk niú, chat mâle. 公猫 hɔk$_{8}^{21}$miu$_{1}^{35}$

hộk má, chien. 公狗 hɔk$_{8}^{21}$ma$_{1}^{35}$

hộk ngảu hảu aù, un taureau. 一只公牛(公黄牛只一) hɔk$_{8}^{21}$ ŋɔu$_{2}^{24}$ hɔu$_{2}^{24}$ɔu$_{4}^{21}$

hộk toảng, bouc. 公羊/公山羊 hɔk$_{8}^{21}$tuaŋ$_{2}^{24}$

hộk mâú, verrat. 公猪/种公猪 hɔk$_{8}^{21}$mou$_{1}^{35}$

=T. *thɯk*, C.-D. *dak* ถึก * *dək* 特

hõ̃k (faire) 放下 hok$_{7}^{55}$ 按：法语解释是"做"，误。hok$_{7}^{55}$放≠huk$_{7}^{55}$做。

hõ̃k zỏng, déposer. 放下 hok$_{7}^{55}$zɔŋ$_{2}^{24}$

hõ̃k hãp zỏng, décharger, ôter la charge. 放下担子(放担下) hok$_{7}^{55-33}$ hap$_{7}^{5}$zɔŋ$_{2}^{24}$// =ʔbiaŋ$_{3}^{33}$hap$_{7}^{55}$zɔŋ$_{2}^{24}$

hõ̃k hải, déchausser. 脱鞋(放鞋) hok$_{7}^{55-33}$hai$_{2}^{24}$

hõ̃k lang, décoiffer. 脱帽(放帽) hok$_{7}^{55-33}$laŋ$_{3}^{33}$(斗笠/草帽)

hõ̃k zỏng nea, dépendre. 放下来 hok$_{7}^{55}$zɔŋ$_{2}^{24}$nia$_{3}^{33}$

hõ̃k lêì lảu, dresser, appliquer une échelle. 放梯子(放梯起) hok$_{7}^{55-33}$ lei$_{1}^{35}$lɔu$_{2}^{24}$

hõ̃k dĩk, emploi. 放满 按：法语解释是使用、利用，误。hok$_{7}^{55}$ʔdik$_{7}^{55}$放满 按：如水、东西放满。

hõ̃k lê, rapprocher. 靠近(放近) hok$_{7}^{55}$le$_{3}^{33}$

hõ̃k hoáng, mettre de travers. 放横 hok$_{7}^{55}$huaŋ$_{1}^{35}$放横//hok$_{7}^{55}$ʔdɑʔ$_{8}^{21}$放直 按：法语解释是"弄歪了"。

hỗk 放 hok_7^{55}

hỗk lứng, mettre de côté. → *hũk*.放着 $hok_7^{55}lən_1^{35}$ 按：法语解释是“放到一边”。

对应词：

	临高	台语	壮语	石家	莫语	水语	侗语	黎萨	黎王
tombre 掉落	*dỗk*	*tok*	*tok*	*tok*	*tok*	/	*tok*	*thok*	/
couver 孵	*bộk*	*vak*	*vak*	/	*ʔvak*	/	*pyam*	*phak*	/
écurie 圈/窝	*zộk*	*Go:k*	*Go:k*	*go:k*	/	/	/	/	/
pied 脚	*kỗk*	(*tin*	*tin*	*tin*	*tin*	*tin*	*tin*)	*khôk*	*khok*
paddy 稻谷	*mộk*	(…	…	…	…	/	/	*môk*	*kok mok*
mâle 公的	*hộk*	*thɯk*	*dak*	*thak*	**dak*	/	*dak*	/	/

OK

bọk □$ʔbak_8^{21}$/埋 $ʔbok_7^{55}$

kón bọk, déjeuner. 吃午饭 $kɔn_1^{35-21}ʔbak_8^{21}$吃午饭 按：$ʔbak_8^{21}$指整个上午。//$tɛi_2^{24-21}ʔbak_8^{21}$吃午饭时//$ʔda_5^{55}ʔbak_8^{21}$半晌/上午的一半 按：大约上午10点。//$kɔn_1^{35-21}ʔda_5^{55}ʔbak_8^{21}$吃半晌饭 按：请人盖房子，必须吃半晌饭。//$ʔbak_8^{21}ɔu_4^{21}$半天 按：实际读为 $ʔba_4^{21-24}ɣɔu_4^{21}$。//$ʔdan_2^{24}ts^hau_3^{33}ʔbak_8^{21}$上半天//$ʔdan_2^{24}ts^heu_2^{24-21}ʔbak_8^{21}$下半天

bọk zùng tềi kán, temporel. 暂时的(埋上世间) $zuŋ_1^{35}$上(方位词) $ʔbok_7^{55-33}zuŋ_1^{35-21}tei_3^{33}kan_1^{35}$ 按：死人埋在石堆中。附近的石山一带都是石头。//=$hok_7^{55-33}zuŋ_1^{35-21}tei_3^{33}kan_1^{35}$放世间上(放上世间)

bọk 的(词缀) $ʔbak_7^{55}$ 按：参考 *bãk* 条。

ziàng-bỏn bọk k'ô, dans le dénuement. 穷苦人(人苦的) $ziaŋ_2^{24-21}ʔban_2^{24-21}ʔbak_7^{55-33}k^ho_3^{33}$

hũk bọk kẻ, falsifier. 造假(做假的) $huk_7^{55-33}ʔbak_7^{55-33}kɛ_2^{24}$

bọk kẻ, prétendre (réclamer). 假的 $ʔbak_7^{55-33}kɛ_2^{24}$

bọk kẻ =*bạk kẻ*, apocryphe, factice. 假的 $ʔbak_7^{55-33}kɛ_2^{24}$

bok-dêi 灯 $ʔbak_7^{55-33}ʔdei_3^{33}$

bọk dêi mọ aù, lampe. 一个灯(灯个一) $ʔbak_7^{55-33}ʔdei_3^{33}mɔʔ_8^{21}ɔu_4^{21}$ 按：

实际读为 mɔ$_4^{21-24}$ɔu$_4^{21}$。

bõk dêi zóng báng, la lampe n'éclaire pas. 灯不亮 ʔbak$_7^{55-33}$ ʔdei$_3^{33}$ zaŋ$_5^{55}$ʔbaŋ$_1^{35}$

tóm bọk dêi, mèche de lampe. 灯芯(心灯) tɔm$_1^{35-21}$ʔbak$_7^{55-33}$ʔdei$_3^{33}$

bõk dêi tsiu són zỏa, phare. 灯塔/航标灯(灯照路船) ʔbak$_7^{55-33}$ ʔdei$_3^{33}$ tsiu$_3^{33}$sɔn$_1^{35-21}$ zua$_2^{24}$

bõk 帕 ʔbɔk$_7^{55}$ 按:ʔbɔk$_7^{55}$ ≠ ʔbok$_7^{55}$ 埋/盖。

bõk hẻo aù, un tablier. 一条帕子/头巾(帕条一) ʔbɔk$_7^{55}$hɛu$_2^{24}$ɔu$_4^{21}$//kat$_8^{21}$ ʔbɔk$_7^{55}$扎头巾//hien$_2^{24-21}$ʔbɔk$_7^{55}$围围巾

bõk 的(词缀,表示……的) ʔbak$_7^{55}$ 按:参考 *bãk* 条。

bõk mề, anus. 屁股(软的) ʔbak$_7^{55-33}$ me$_4^{21}$//ʔbak$_7^{55-33}$ zuaʔ$_7^{55}$ 硬的//≠ ʔbak$_7^{55}$zuaʔ$_7^{55}$嘴硬

aù kuôn kĩt bõk mề, donner la bastonnade.→*bãk*. 用棍打屁股(拿棍击屁股) ou$_1^{35-21}$kun$_3^{33}$kit$_7^{55-33}$ʔbak$_7^{55-33}$me$_4^{21}$

bõk bưởn =*bõk bêá*, épaule. 肩椎 ʔbak$_7^{55-33}$ʔbun$_1^{35}$ 按:指颈椎下面的部位。≠肩膀(膀臂) ʔbak$_7^{55-33}$ʔbia$_3^{33}$ 按:指挑东西的部位。//ʔbun$_1^{35-21}$ ŋɔu$_2^{24}$ 牛肩峰//ʔbak$_7^{55-33}$na$_3^{33}$表面//hak$_8^{21}$ ʔbun$_1^{35}$含胸//ʔbun$_1^{35-21}$ ta$_4^{21}$驼背

bõk 的(词缀) ʔbak$_7^{55}$

bõk kẻ, controuvé. 假的 ʔbak$_7^{55-33}$ kɛ$_2^{24}$//ʔbak$_7^{55-33}$ ts^{h}ɔn$_1^{35}$ 真的//ʔbak$_7^{55-33}$ un$_3^{33}$年轻的//ʔbak$_7^{55-33}$lau$_4^{21}$老的

dổi bõk tsúng kang, haranguer. 对大众讲 ʔdoi$_3^{33}$ ʔbak$_7^{55-33}$ ts^{h}uŋ$_3^{33}$ kaŋ$_3^{33}$// ʔbak$_7^{55-33}$ts^{h}uŋ$_3^{33}$大众/大伙//=hem$_1^{35-21}$kɔn$_2^{24}$大家(添互相)

p'ộk 服 p^{h}uk$_8^{21}$/p^{h}ok$_8^{21}$

k'ô zoa p'ộk, habits de deuil. 丧服/孝服(衣裤服) k^{h}o$_3^{33}$ zua$_3^{33}$ p^{h}uk$_8^{21}$ 按:指服丧期间的衣服。//siu^{33} p^{h}uk$_8^{21}$ 寿服//=k^{h}o$_3^{33}$ zua$_3^{33}$ p^{h}aŋ$_2^{24-21}$ lau$_4^{21}$ 防老服//hiau$_3^{33}$p^{h}uk$_8^{21}$孝服

p'ọk tờ zống, serviteur (cf. *p'oak*). 服侍别人 按:参看 p'oak 条。p^{h}uk$_8^{21}$tə$_4^{21-24}$zoŋ$_1^{35}$//=p^{h}uk$_8^{21}$ tə$_4^{21-24}$ ziaŋ$_2^{24-21}$ ʔban$_2^{24}$//=hɛŋ^{33} heu$_4^{21-24}$ zoŋ$_1^{35}$ 伺候人

(听候别人)//$hɛŋ^{33}heu_4^{21}$伺候(听候)

< * *bi̯uk* 服

p'ọk 袱 $p^huk_8^{21}/p^hok_8^{21}$

k'êi bao p'ọk, dépaqueter. 开包袱 $k^hei_1^{35-21}$ $ʔbau_1^{35-21}$ $p^huk_8^{21}$//= $k^hei_1^{35-21}$ $ʔba_1^{35-21}p^huk_8^{21}$

< * *bi̯uk* 袱

mọk 果 $mɑk_8^{21}$

mọk sõk, navet. 萝卜(菜果) $mɑk_8^{21}sɑk_7^{55}$

mọk 墨 $mɔk_8^{21}$

nòm mọk, encre. 墨水(水墨) $nɑm_4^{21-24}mɔk_8^{21}$

tsêi kón nòm mọk, papier buvard. 吸墨水纸(纸吃墨水) $ts^hei_3^{33}kɔn_1^{35-21}$ $nɑm_4^{21-24}mɔk_8^{21}$

< * *mək* 墨

mọk 聋/果状物/块状物/粒状物 $mɑk_8^{21}$

sá mọk, sourd (dur d'oreille). 耳聋 $sa_1^{35-21}mɑk_8^{21}$聋子//$sa_1^{35}mɑk_8^{21}$耳聋

mọk ngỗp, sourd-muet. 聋哑 $mɑk_8^{21}ŋɔp_7^{55}$

kùng tếng líu mọk mọt, aéromancien. 风水先生(公生看块土) $kuŋ_1^{35-21}$ $teŋ_1^{35-21}liu_1^{35-21}mɑk_8^{21}mɑt_8^{21}$//$mɑk_8^{21}mɑt_8^{21}$土块(块土)

mọk mà kố, agrafer. 裤子钩(纽扣钩) $mak_8^{21}ma_4^{21}ko_1^{35}$

mọk diển nê, bloc de pierre. 大石头(石头大) $mɑk_8^{21}ʔdien_2^{24}ne_3^{33}$

kọt mọk hũt, faire un nœud. 打结(扎果突) $kɑt_8^{21}mɑk_8^{21}hut_7^{55}$

mọk mói, bobine de fil, pelote. 线团 $mɑk_8^{21}mai_1^{35}$

mạk diển, pierre. 石头 $mɑk_8^{21}ʔdien_2^{24}$

mọk diển, roc, rocher. 岩石/石头 $mɑk_8^{21}ʔdien_2^{24}$

mạk lèng híng, torticolis.→ (*mạk*). 跛子斜(脖子倾) $mɑk_8^{21}liŋ_4^{21}hiŋ_1^{35}$

mọk 墨 $mɔk_8^{21}$

zóng tứ mọk, illettré. 不识字的人/文盲(没字墨) $zɑŋ_5^{55}tɯ_1^{35}mɔk_8^{21}$(少说)//$zɑŋ_5^{55}tɔk_7^{55-33}tɯ_1^{35-21}mɔk_8^{21}$(常说)

mọk 稻谷 $mɔk_8^{21}$

k'ủi mọk, tarare. 风车(柜风谷) $k^hui_4^{21-24}huaŋ^{33}mɔk_8^{21}$

dọk souffrir, douleur 疼/痛 ʔdɔk$_8^{21}$；毒 ʔdɑk$_8^{33}$(海南话)

zêć dọk, poison. 毒药(药毒) keʔ$_7^{55-33}$ zia$_1^{35-21}$ ʔdɑk$_8^{33}$//=keʔ$_7^{55-33}$ zia$_1^{35-21}$ ʔduk$_7^{55}$//ʔdɑk$_8^{33}$ p^{h}en$_4^{21}$毒品//=ʔduk$_7^{55}$ p^{h}en$_4^{21}$

mưởn dọk, vénéneux. 有毒 mən$_2^{24-21}$ ʔdɑk$_8^{33}$

kêẳm dọk, adoucir la douleur. 减痛 kiam$_2^{24-21}$ ʔdɔk$_8^{21}$

dọk ói, affectionner. 疼爱 ʔdɔk$_8^{21}$ ɑi$_5^{55}$

tsê zêá dọk = *kêẳm zếa dọk* = *tsêi zếa dọk*, remède anodin. 止痛药 ts^{h}e$_4^{21-24}$zia$_1^{35-21}$ ʔdɔk$_8^{21}$(不说)//zia$_1^{35-21}$ ts^{h}e$_4^{21-24}$ ʔdɔk$_8^{21}$(常说)；减痛药 kiam$_2^{24-21}$ zia$_1^{35-21}$ ʔdɔk$_8^{21}$(不说)//zia$_1^{35-21}$ kiam$_2^{24-21}$ ʔdɔk$_8^{21}$(常说)；止痛药 ts^{h}ei$_3^{33}$ zia$_1^{35-21}$ ʔdɔk$_8^{21}$(不对)　按：是 ts^{h}e$_4^{21}$ 不是 ts^{h}ei$_3^{33}$。

tsêi zêá dọk, calmant. 止痛药(止药痛) ts^{h}ei$_3^{33}$ zia$_1^{35-21}$ ʔdɔk$_8^{21}$(不对) ts^{h}e$_4^{21-24}$zia$_1^{35-21}$ ʔdɔk$_8^{21}$(不说)//zia$_1^{35-21}$ts^{h}e$_4^{21-24}$ʔdɔk$_8^{21}$(常说)

kễ dọk, désempoisonner. 解毒 keʔ$_7^{55-33}$ ʔdɑk$_8^{33}$

ke zếa dọk, antidote. 解毒药(解药毒) keʔ$_7^{55-33}$ zia$_1^{35-21}$ ʔdɑk$_8^{33}$//=keʔ$_7^{55-33}$ zia$_1^{35-21}$ ʔduk$_7^{55}$//ʔdɑk$_8^{33}$ p^{h}en$_4^{21}$毒品//=ʔduk$_7^{55}$ p^{h}en$_4^{21}$

tsêi dọk = *hẻng dọk*, apaiser la douleur. 止痛 ts^{h}ei$_3^{33}$ ʔdɔk$_8^{21}$ = 停痛 hɛŋ$_2^{24-21}$ ʔdɔk$_8^{21}$

tóng dọk, mal de dents. 牙疼 tɔn$_1^{35}$ ʔdɔk$_8^{21}$　按：*tóng* 是 *tón* 之误。

dọk lêào, avoir très mal. 疼多 ʔdɔk$_8^{21}$ liau$_4^{21}$

hồng dọk dọ kài nòm, colique. 肚疼拉稀(胴疼拉屎水) hoŋ$_4^{21}$ ʔdɔk$_8^{21}$ ʔdɔʔ$_8^{21}$ kai$_4^{21}$ nɑm$_4^{21}$

hau dọk, migraine. 头疼(首疼) hɑu$_3^{33}$ ʔdɔk$_8^{21}$

nóng dọk, maladie cutanée. 皮肤疼 nɑŋ$_1^{35}$ ʔdɔk$_8^{21}$

k'êi dọk, air délétère. 毒气(气毒) k^{h}ei$_3^{33}$ ʔdɑk$_8^{33}$//=k^{h}ei$_3^{33}$ ʔduk$_7^{55}$//=ʔdɑk$_8^{33}$ k^{h}ui$_5^{55}$

dá dọk, avoir mal aux yeux. 眼睛疼 ʔda$_1^{35}$ ʔdɔk$_8^{21}$

tóm dọk, perfide, malicieux, malveillant. 心毒 tɔm$_1^{35}$ ʔdɑk$_8^{33}$

soẳn hảu zẫk dọk, courbaturé dans tout le corps. 全身痛(全身骨痛) suan$_2^{24-21}$ hɔu$_2^{24-21}$ zɔk$_7^{55-33}$ ʔdɔk$_8^{21}$

dọk sĩt, tendresse. 爱惜(痛惜) ʔdɔk$_8^{21}$ sit$_7^{55}$

zỏng dọk, empoisonner. 下毒 zɔŋ$_2^{24-21}$ ʔdɑk$_8^{33}$下毒(少说)//ʔbiaŋ$_3^{33}$ ʔdɑk$_8^{33}$

放毒(多说)//=ʔbiaŋ$_3^{33}$zia$_1^{35}$放药//≠zɔŋ$_2^{24-21}$zia$_1^{35}$下药　按：指医生开药。

<H. *dǎk*　**dok*　毒

dọk 洗(洗衣服)　ʔdɑk$_8^{21}$洗(洗衣,捶打;≠tuk$_7^{55}$洗手/澡/菜)

dọk k'ô zoa, laver les habits. 洗衣服 ʔdɑk$_8^{21}$k^{h}o$_3^{33}$zua$_3^{33}$洗衣服

=T. *drak*　ซัก(洗)

dõk 断 ʔdɑk$_7^{55}$

mể dõk, main gauche. 左/左手 me$_2^{24-21}$ʔdɑk$_7^{55}$左//me$_2^{24-21}$mai$_2^{24}$右

mể dõk p'êang, côté gauche. 左边 me$_2^{24-21}$ ʔdɑk$_7^{55-33}$ p^{h}iaŋ$_4^{21}$/p^{h}iaŋ$_2^{24}$// me$_2^{24-21}$mai$_2^{24-21}$p^{h}iaŋ$_4^{21}$/p^{h}iaŋ$_2^{24}$

ziàng bỏn kỗk dõk, bancal. 跛子/瘸子(翁腿断) ziaŋ$_2^{24-21}$ ʔbɑn$_2^{24}$ kok$_7^{55}$ ʔdɑk$_7^{55}$//=ɑŋ^{33}kok$_7^{55-33}$ʔdɑk$_7^{55}$

kỗk dõk, boiter, éclopé. 跛/瘸(腿断) kok$_7^{55}$ʔdɑk$_7^{55}$腿断//kok$_7^{55-33}$ʔdɑk$_7^{55}$瘸子/左腿//kok$_7^{55-33}$me$_2^{24-21}$ʔdɑk$_7^{55}$左腿//kok$_7^{55-33}$me$_2^{24-21}$mai$_2^{24}$右腿

tõk connaître, savoir. 识/懂 tɔk$_7^{55}$

nằn tõk, abstrus. 难懂 nan$_2^{24-21}$tɔk$_7^{55}$//ŋɑi$_2^{24-21}$tɔk$_7^{55}$

zóng tõk lêi, discourtois. 不懂礼 zɑŋ$_5^{55}$tɔk$_7^{55-33}$lei$_3^{33}$

tõk zoi, connu. 懂得 tɔk$_7^{55}$zai$_3^{33}$

kang tõk=*mối tõk*=*káo tõk*, mettre au courant. 讲懂 kaŋ$_3^{33}$tɔk$_7^{55}$=教懂 mɑi$_1^{35}$tɔk$_7^{55}$=教懂 kau$_3^{33}$tɔk$_7^{55}$//mɑi$_1^{35-21}$kua$_4^{21}$教人说话

hống tõk, comprendre. 懂(训懂) hun$_5^{55}$tɔk$_7^{55}$//≠hun$_1^{35}$hɔu$_4^{21}$告知(训知) 按：*hống*是*hốn*之误。

ziàng-bỏn zóng tõk tứ, illettré (cf. *tôk*). 不识字的人/文盲(人不识字) ziaŋ$_2^{24-21}$ʔbɑn$_2^{24-21}$zɑŋ$_5^{55}$tɔk$_7^{55-33}$tɯ$_1^{35}$

ziàng-bỏn tõk lếi, qui a du tact. 懂理的人(人识礼) ziaŋ$_2^{24-21}$ ʔbɑn$_2^{24-21}$ tɔk$_7^{55-33}$lei$_3^{33}$

<**ši̯ək*　識

lọk 深 lɑk$_8^{21}$

sểng lọk, bienfaisant. 情深 seŋ$_2^{24}$lɑk$_8^{21}$//=seŋ$_2^{24}$na$_1^{35}$情厚

lọk 深 lɑk$_8^{21}$

kang kùa lọk k'ọk, balbutier. 讲话不清楚 kaŋ$_3^{33}$kua$_4^{21}$lɑk$_8^{21}$k^{h}ɑk$_8^{21}$//lɑk$_8^{21}$

k^{h}ɑk$_8^{21}$乱七八糟　按：法语解释是"结巴"，不确。

lọk six 六 lɔk$_8^{21}$

lọk ngiêt, sixième mois. 六月 lɔk$_8^{21}$ŋit$_8^{21}$六月//ŋip$_8^{21}$lɔk$_8^{21}$二十六

lọk tọp tui, sexagénaire. 六十岁 lɔk$_8^{21}$tɔp$_8^{21}$tui$_3^{33}$

=T. *hrok* หก(六)　**li̯uk* 六

lọk profond 深(水深) lɑk$_8^{21}$(≠lak$_8^{21}$乐)

kẻng lọk, nuit avancée. 深夜(更深) keŋ$_1^{35}$lɑk$_8^{21}$(不说)//ʔda$_5^{55}$kim$_4^{21}$(半夜)//=ʔda$_5^{55}$kim$_4^{21}$lɑk$_8^{21}$

nòm lọk, eau profonde. 水深 nɑm$_4^{21}$ lɑk$_8^{21}$//nɑm$_4^{21-24}$ lɑk$_8^{21}$深水//tɔk$_7^{55-33}$ tɯ$_1^{35}$lɑk$_8^{21}$识字多/文化程度深(识字深)//tɯ$_1^{35-21}$tə$_4^{21}$lɑk$_8^{21}$字很难/不认识字(字是难)　按：字变调不合规律。

dưn lọk, profondeur. 深浅(浅深) ʔdɯn$_3^{33}$lɑk$_8^{21}$

kộ lọk =*oắt lọk*, approfondir. 挖深 koʔ$_8^{21}$lɑk$_8^{21}$//=挖深 uat$_7^{55}$lɑk$_8^{21}$

=T. *lɯk*, *lak* ลึก(深)

lọk 乐 lak$_8^{21}$

k'oai lọk, allégresse. 快乐 k^{h}uai$_3^{33}$lok$_8^{33}$//hɑu$_3^{33}$lak$_8^{21}$好乐　按：lok$_8^{33}$是海南话。

lõk 瞎 lɑk$_7^{55}$

dá lõk, cécité. 眼瞎 ʔda$_1^{35}$lɑk$_7^{55}$//ʔda$_1^{35-21}$lɑk$_7^{55}$瞎眼//ʔdɔn$_4^{21-24}$ke$_2^{24}$lɑk$_7^{55}$喉咙瞎　按：比喻分不清好吃与不好吃。//zəŋ$_1^{35}$lɑk$_7^{55}$稻穗不结谷子(穗瞎)//zəŋ$_1^{35}$lip$_8^{21}$稻穗秕//zəŋ$_1^{35}$kiat$_7^{55}$稻穗结

ziàng-bỏn dá lõk, aveugle. 瞎子(瞎眼人) ziaŋ$_2^{24-21}$ʔbɑn$_2^{24-21}$ʔda$_1^{35-21}$lɑk$_7^{55}$//=ɑŋ$_3^{33}$ʔda$_1^{35-21}$lɑk$_7^{55}$瞎子

ngọp lõk, bégayer. 结巴(哑瞎) ŋɔp$_7^{55-33}$lɑk$_7^{55}$//=ɑŋ$_3^{33}$ŋɔp$_7^{55-33}$lɑk$_7^{55}$

kang kùa ngọp lõk, bredouiller. 结巴(哑瞎) ŋɔp$_7^{55-33}$lɑk$_7^{55}$

lẹk lõk, bambin, bébé. 儿童/小孩(小瞎) lɛk$_8^{21}$lɑk$_7^{55}$　按：临高语西部方言"儿童"是lək$_8^{55}$nɔk$_7^{33}$，瞎子是lak$_7^{33}$。

lẹk lõk têàng ngảu, berger. 放牛娃(儿童养牛) lɛk$_8^{21}$lɑk$_7^{55}$tiaŋ$_4^{21-24}$ŋɔu$_2^{24}$

lẹk lõk dôm, courtaud. 矮小孩(小孩矮) lɛk$_8^{21}$lɑk$_7^{55}$ʔdom$_3^{33}$

dụp lẹk lõk lứng, emmailloter un bébé. 包住小孩(包小孩住) ʔdup$_7^{55-33}$

lɛk$_8^{21}$ lɑk$_7^{55}$

lẹk lõk zóng mưởn tsồ, enfant abandonné, sans maître. 小孩没有主 lɛk$_8^{21}$ lɑk$_7^{55}$ zɑŋ$_5^{55}$ mən$_2^{24-21}$ tsʰo$_3^{33}$

lõk 辘 luk$_7^{55}$/lɑk$_8^{21}$

sêá ko lõk, brouette. 独轮车(车轱辘) sia$_1^{35-21}$ ko$_3^{33}$ luk$_7^{55}$(少说)//pʰɑi$_2^{24-21}$ sia$_1^{35}$ 车轮(常说)//=ʔbɑi$_2^{24-21}$ sia$_1^{35}$ 车轮(少说)

tsừ lõk, toupie. 木锥/陀螺 tsʰui$_1^{35-21}$ lɑk$_8^{21}$

<H. *lặk* **luk* 轆

tsọk humide 湿 tsʰɑk$_8^{21}$

zõk tsọk, imbiber, détremper. 浸湿 zɔk$_7^{55}$ tsʰɑk$_8^{21}$

hũk tsọk=*zõk tsọk*, mouiller. 做湿 huk$_7^{55}$ tsʰɑk$_8^{21}$ =浸湿 zɔk$_7^{55}$ tsʰɑk$_8^{21}$

p'on dỗk dệ hàu hể tsọk, trempé par la pluie. 身体淋雨湿了(雨落滴身体湿) pʰɑn$_1^{35}$ ʔdok$_7^{55-33}$ ʔdeʔ$_8^{21}$ hɔu$_2^{24-21}$ he$_2^{24}$ tsʰɑk$_8^{21}$

sọk 贼 sɔk$_8^{21}$　按：sɔk$_8^{21}$ 贼≠zɔk$_8^{21}$ 偷。

hề sọk, appréhender un voleur. 捉贼 he$_2^{24-21}$ sɔk$_8^{21}$

lẹk sọk, bandit, brigand, rebelle, voleur. 小偷/小贼 lɛk$_8^{21}$ sɔk$_8^{21}$ 小偷

sọk kống, corsaire. 海盗(贼海) sɔk$_8^{21}$ koŋ$_3^{33}$　按：*kống* 是 *kông* 之误。

hể sọk, prendre des valeurs. 捉贼 he$_2^{24-21}$ sɔk$_8^{21}$

<* *dzək* 賊

sõk légume (vert) 菜 sɑk$_7^{55}$(≠sak$_7^{55}$ 芋头)

sõk báo, plante aquatique qui surnage. 浮菜/水上浮的菜(菜浮) sɑk$_7^{55}$ ʔbɑu$_1^{35}$ 菜浮//sɑk$_7^{55-33}$ ʔbɑu$_1^{35}$//sɑʔ$_7^{55}$ ʔbɑu$_1^{35}$ 铲浮(插浮)　按：指把地上的赃物铲起来。

bươn sõk, jardin potager. 菜园(园菜) ʔbun$_3^{33}$ sɑk$_7^{55}$//ʔbun$_3^{33}$ mɑi$_3^{33}$ 甘蔗园//ʔbəi$_1^{35}$ ʔbun$_3^{33}$ 下地干活(去园)//ʔbun$_3^{33}$ ŋɑu$_4^{21}$ 稻田//=ʔbun$_3^{33}$ nia$_2^{24}$ 稻田

mạk sõk zíng, betterave, carotte, radis. 红菜头/红萝卜(萝卜红) mɑk$_8^{21}$ sɑk$_7^{55-33}$ ziŋ$_1^{35}$

mọk sõk, navet. 萝卜 mɑk$_8^{21}$ sɑk$_7^{55}$

sõk zõp, salade. 生菜(菜生) sɑk$_7^{55-33}$ zɔp$_7^{55}$//sɑk$_7^{55-33}$ ŋɑu$_3^{33}$ 熟菜

=T. *phrak* ผัก(蔬菜)

zọk voler, dérober 偷 zɔk$_8^{21}$

zọk zọk, furtivement. 偷偷地 zɔk$_8^{21}$ zɔk$_8^{21}$

zọk zọk hũk, agir en cachette, â la dérobée (cf. *zôk*). 偷偷做 $zɔk_8^{21}$ $zɔk_8^{21}huk_7^{55}$

zọk zọk déo bới, partir à la dérobée. 偷偷逃走(偷偷逃去) $zɔk_8^{21}zɔk_8^{21}$ $ʔdɛu_2^{24}ʔbəi_1^{35}$

zọk zọk heng, écouter furtivement. 偷偷听 $zɔk_8^{21}zɔk_8^{21}$

zọk zọk bời, partir secrètement. 偷偷去 $zɔk_8^{21}zɔk_8^{21}ʔbəi_1^{35}$

zọk tểi, clef. 钥匙 $zɑk_8^{21}tɛi_2^{24}$钥匙//≠$zɔk_8^{21}$偷

T. *lak*, C.-D. *rak*. ลัก(偷盗)

zõk (faim) 饿 $zɑk_7^{55}$

hồng zõk, affamé, avoir faim, ventre affamé. 肚子饿(胴饿) $hoŋ_4^{21}zɑk_7^{55}$

zõk dái, mourir de faim. 饿死 $zɑk_7^{55}ʔdai_1^{35}$

tsểi zõk, apaiser la faim. 止饿 $ts^hei_3^{33}zɑk_7^{55}$(不说)//$ts^he_4^{21-24}zɑk_7^{55}$(常说)//=$ut_7^{55-33}zɑk_7^{55}$(常说)

= T. *ʔya:k* อยาก(要/想)

zõk retentir 声音大/响 $zɔk_7^{55}$ 按:与"浸"同音。

hải zõk, sonore. 太响 $hɑi_5^{55}zɔk_7^{55}$

zõk tsọk, imbiber, détremper. 浸湿 $zɔk_7^{55}ts^hɑk_8^{21}$

kõk □ $kɔk_7^{55}$

nỏng kõk, patate douce. 红薯/地瓜 $nɑŋ_4^{21-24}kɔk_7^{55}$红薯//=$p^han_1^{35}$番 按:长流墟以南"红薯"都说 $p^han_1^{35}$。

k'ọk cher, coûteux 贵 $k^hɔʔ_8^{21}$

k'ọk lêào, très cher. 太贵(贵多) $k^hɔʔ_8^{21}liau_4^{21}$//$ka_3^{33}sɛn_2^{24}k^hɔʔ_8^{21}$价钱贵

k'ọk □ $k^hɑk_8^{21}$

kang kuà lọk k'ọk, balbutier. 讲话不清楚 按:法语解释是"结巴",不确。$kaŋ_3^{33}kua_4^{21}lɑk_8^{21}k^hɑk_8^{21}$//$lɑk_8^{21}k^hɑk_8^{21}$乱七八糟

k'õk 蛤蟆 $k^hok_7^{55}$

noạk k'õk hảu aù, un crapaud. 一只癞蛤蟆(蛤蟆只一) $nuak_8^{21}k^hok_7^{55}$ $hɔu_2^{24}ɔu_4^{21}$

k'õk 刻 k^{h}ək$_7^{55}$

liệp k'õk bới, partir aussitôt. 立刻去 lip$_7^{55}$k^{h}ək$_7^{55}$ʔbəi$_1^{35}$

lọp k'õk, immédiatement. 立刻 lɔp$_8^{21}$k^{h}ək$_7^{55}$立刻(不说)//lip$_7^{55}$k^{h}ək$_7^{55}$立刻(常说)

<* *k'ək* 刻

õk fèroce 恶/凶恶 ɔk$_7^{55}$

õk kua, le pire. 更凶(恶过)ɔk$_7^{55}$kua$_3^{33}$//ziaŋ$_2^{24-21}$ʔbɑn$_2^{24-21}$ɔk$_7^{55}$很凶的人(人恶)//≠ziaŋ$_2^{24-21}$ʔbɑn$_2^{24-21}$ts^{h}im$_4^{21}$坏人(人坏)

<* *ʔâk* 惡

õk 折 ɑk$_7^{55}$

õk êú, courber. 折弯 ɑk$_7^{55}$eu$_1^{35}$

kõ̂k õk, se démettre le pied. 脚崴了 kok$_7^{55}$ɑk$_7^{55}$

õk zoi, flexible. 折弯(折得) ɑk$_7^{55}$zai

họk 强烈 huak$_8^{21}$　按:与"白、读、刮(风)"同音。

zịt họk, chaleur accablante. 高温(阳光烈) zit$_8^{21}$hɔk$_8^{21}$(不说)//zit$_8^{21}$huak$_8^{21}$阳光烈(常说)//ʔbɛi$_2^{24}$huak$_8^{21}$火旺

台语对应词:

	临高	台语	壮语	石家	莫语	水语	侗语	黎萨	黎王
légume 菜	*sõk*	*phrak*	*plak>pyak*	*prak*	(*ʔma*	*ʔma*	*ʔma*)	/	/
dérober 偷	*zọk*	*lak*	*rak*	/	*hlak*	*hlyak*	*hlyak*	*žok*	*žok*
profond 深	*lọk*	*lɯk, lak*	*lak*	/	(*ʔyam*	/	*ʔyam*)	*dak*	*hlu:ʔ*
laver 洗	*dộk*	*drak*	*drak*	/	*ruk*	/	/*syuk*	/	/
faim 饿	*zõk*	*ʔya:k*	*ʔyɯək*	(*ha:t*)	*ʔi:k*	*ʔya:k*	*ʔya:k*	(*den*	*ra:ṅ*
sourd 聋	*mọk*	*hnu:k*	*hnu:k*	*nu:t*	*ʔduk*	*ʔnuk*	*ʔlak*	*dak*	*hlu:ʔ*
aveugle 瞎	*lõk*	*hmot*	*hmo:k*	(*lo*	*ʔbət*	*ʔmut*	(*'go*	(*la:w*	*plaw*)

按:临高语"洗(手、澡、菜)"是 tuk$_7^{55}$。

OAK-UAK

boạk 拔 ʔbuak$_8^{21}$　按:原文认为本字是剥,误。

boạk ũk, arracher, extirper. 拔出 ʔbuak$_8^{21}$uk$_7^{55}$//=sim$_2^{24}$uk$_7^{55}$//=təʔ$_8^{21}$uk$_7^{55}$

boạk bõt, arracher de l'herbe. 拔草 ʔbuak$_8^{21}$ʔbɑt$_7^{55}$

boạk déng ũk, arracher un clou. 拔出钉子(拔钉出) ʔbuak$_8^{21}$ ʔdɛŋ$_1^{35}$ uk$_7^{55}$//=sim$_2^{24-21}$ʔdɛŋ$_1^{35}$uk$_7^{55}$//=təʔ$_8^{21}$ʔdɛŋ$_1^{35}$uk$_7^{55}$

boạk nả ũk, déraciner. 拔出根(拔根出) ʔbuak$_8^{21}$na$_2^{24}$uk$_7^{55}$

boạk bỏn, épiler. 拔毛 ʔbuak$_8^{21}$ʔbɑn$_2^{24}$

boạk dếng ũk, déclouer. 拔出钉子(拔钉出) ʔbuak$_8^{21}$ʔdɛŋ$_1^{35}$uk$_7^{55}$

boạk la, arracher les plants. 拔苗 ʔbuak$_8^{21}$la$_3^{33}$

<**pauk* 剥

p'oạk 仆/伏 p^{h}uak$_8^{21}$

p'oạk tỏ ziàng-bỏn, domestique (serviteur cf. *p'ok*). 仆人(服侍人)。参看*p'ok*条。p^{h}uak$_8^{21}$ tə$_4^{21-24}$ ziaŋ$_2^{24-21}$ ʔbɑn$_2^{24}$(不说)//p^{h}ok$_8^{21}$ tə$_4^{21-24}$ ziaŋ$_2^{24-21}$ ʔbɑn$_2^{24}$(常说)//=p^{h}ok$_8^{21}$tə$_4^{21-24}$zoŋ$_1^{35}$(服侍别人)//=hɛŋ^{33}heu$_4^{21-24}$zoŋ$_1^{35}$伺候人(听候别人)//hɛŋ^{33}heu$_4^{21}$伺候(听候)//p^{h}uak$_8^{21}$zoŋ$_1^{35}$伏击别人//p^{h}uak$_8^{21}$lɛk$_8^{21}$sɔk$_8^{21}$伏击小偷　按:*tỏ*是*tở*之误。

<**bi̯uk*

p'oạk 埋伏(伏) p^{h}uak$_8^{21}$

diệt diệt p'oạk =p'oạk p'oạk liú, épier. 偷偷伏 ʔdiet$_8^{21}$ʔdiet$_8^{21}$p^{h}uak$_8^{21}$=偷偷看 ʔdiet$_8^{21}$ʔdiet$_8^{21}$liu$_1^{35}$//lɛk$_8^{21}$sɔk$_8^{21}$p^{h}uak$_8^{21}$小偷伏

p'oạk visiter 赴 p^{h}uak$_7^{55}$

p'oạk p'oàng zâu, visiter des amis. 赴朋友 p^{h}uak$_7^{55-33}$p^{h}uaŋ$_2^{24-21}$zou$_3^{33}$(不说)//p^{h}ok$_7^{55-33}$p^{h}uaŋ$_2^{24-21}$zou$_3^{33}$(常说)

doạk 吐/呕 ʔduak$_8^{21}$

doạk ũk, vomir, dégobiller. 吐出/呕出 ʔduak$_8^{21}$uk$_7^{55}$

doạk bõ, vomir le sang. 吐血 ʔduak$_8^{21}$ʔbɑʔ$_7^{55}$

doạk dam nòm, vomir de la bile. 吐胆汁(吐胆水) ʔduak$_8^{21}$ʔdam$_3^{33}$nɑm$_4^{21}$(不说)　按:ʔdam$_3^{33}$不指苦胆,只指胆量。//ʔduak$_8^{21}$ nɑm$_4^{21-24}$ zɔi$_1^{35}$吐胆汁(常说)

zêá doạk, vomitif. 催吐药(药吐) zia$_1^{35-21}$ʔduak$_8^{21}$

=T. *ra:k*, C.-D. *rɯək* ราก(吐)

toạk 踩 tuak$_8^{21}$　按:与"熟(熟悉)"同音。

toạk nêả, dégager des rizières. 踩田 tuak$_8^{21}$nia$_2^{24}$//tuak$_8^{21}$ʔbɔŋ$_2^{24}$踩泥　按:踩田是用牛和人把泥巴踩软,并将杂草踩到泥里,以利种稻。

toạk 熟(熟悉) tuak$_8^{21}$

kuắn toạk, accoutumé. 惯熟 kuan$_5^{55}$tuak$_8^{21}$

ziàng-bỏn zòng toạk mể, apprenti. 学徒/生手(人不熟手) ziaŋ$_2^{24-21}$ʔbɑn$_2^{24}$ zɑŋ$_5^{55}$tuak$_8^{21}$me$_2^{24}$(不说)//hu^{21} ʔdi^{33}徒弟//mai$_2^{24}$koŋ$_1^{35}$大工 → lɛk$_8^{21}$koŋ$_1^{35}$小工(徒弟)//lɛk$_8^{21}$neʔ$_7^{55}$佣人

têàng zoi toạk, apprivoiser. 驯养(养得熟) tiaŋ$_4^{21}$zai$_3^{33}$tuak$_8^{21}$//tiaŋ$_4^{21}$tuak$_8^{21}$ 驯养(养熟)//≠tiaŋ$_1^{35-21}$tuak$_8^{21}$相熟(= tuak$_8^{21}$kɔn$_2^{24}$)

ziàng-bỏn toạk, une connaissance, personne connue. 熟人(人熟) ziaŋ$_2^{24-21}$ ʔbɑn$_2^{24-21}$tuak$_8^{21}$

<**ǰi̯uk* 熟

kùa toạk, langage populaire. 俗话(话俗) kua$_4^{21-24}$ tuak$_8^{21}$//= kua$_4^{21-24}$ tok$_8^{21}$//=tok$_8^{21}$kua$_4^{21}$//tɔk$_7^{55-33}$kua$_4^{21}$懂话

<**zi̯ok* 俗

noạk 鸟 nuak$_8^{21}$

bĩk noạk, aile d'oiseau. 鸟翼(翅膀鸟) ʔbik$_7^{55-33}$nuak$_8^{21}$

bãk noạk, bec d'oiseau. 鸟嘴(嘴鸟) ʔbak$_7^{55-33}$nuak$_8^{21}$

sũt toáng hể noạk, lacet pour prendre les oiseaux. 捉鸟机关(缩桩捉鸟) sot$_7^{55-33}$tuaŋ^{33}he$_2^{24-21}$nuak$_8^{21}$

noạk sếu =*noạk sêáu*, merle. 八哥 nuak$_8^{21}$seu$_1^{35}$

noạk ạk, corbeau. 乌鸦 nuak$_8^{21}$ak$_8^{21}$

noạk hảu aù, un oiseau. 一只鸟(鸟) nuak$_8^{21}$hɔu$_2^{24}$ɔu$_4^{21}$

kĩt noạk, chasser les oiseaux. 打鸟(击鸟) kit$_7^{55-33}$nuak$_8^{21}$

mạk noạk, pamplemousse. 柚子(果鸟) mak$_8^{21}$nuak$_8^{21}$

=T. *nok* นก(鸟)

loãk sordide, sale (paroles), immonde, crasseux, malpropre. 脏 luak$_7^{55}$

k'ô zoa loạk bỏng, habits fangeux. 衣服沾上泥/沾上泥的衣服(裤衣脏泥) k^{h}o$_3^{33}$zua$_3^{33}$luak$_7^{55-33}$ʔbɔŋ$_2^{24}$//luak$_7^{55-33}$lɛu$_4^{21}$脏色//=luak$_7^{55-33}$tek$_7^{55}$脏色

hũk k'ô zoa loãk, salir les habits. 弄脏衣服(做裤衣脏) huk$_7^{55-33}$ k^{h}o$_3^{33}$ zua$_3^{33}$luak$_7^{55}$

hũk loãk, salir la réputation. 弄脏(做脏) huk$_7^{55}$luak$_7^{55}$　按：法语解释是"弄坏名声",不确。

tsoạk 戳 ts^{h}uak$_{7}^{55}$

tsoạk bá, harponner les poissons. 扎鱼(戳鱼) ts^{h}uak$_{7}^{55-33}$ ʔba$_{1}^{35}$(少说)//= sɑk$_{7}^{55-33}$ ʔba$_{1}^{35}$(多说) 按：指用尖头木棍或竹竿扎。

tsoạk soạk 鹿 ts^{h}uak$_{8}^{21}$ 按：萨维纳记录"鹿"有 suak$_{8}^{21}$音，今无。

mải tsoạk, biche. 母鹿 mai$_{4}^{21-24}$ts^{h}uak$_{8}^{21}$

soạk háu aù, un cerf. 一只鹿(鹿只一) ts^{h}uak$_{8}^{21}$hɔu$_{2}^{24}$ɔu$_{4}^{21}$

tsoạk hảu aù, un daim. 一只黄鹿(黄鹿只一) ts^{h}uak$_{8}^{21}$hɔu$_{2}^{24}$ɔu$_{4}^{21}$

lẹk tsoạk, chevreuil. 小鹿 lɛk$_{8}^{21}$ts^{h}uak$_{8}^{21}$

<H. *dêăk*.

soạk 镯 suak$_{8}^{21}$

soạk mể, bracelet. 手镯(镯手) suak$_{8}^{21}$me$_{2}^{24}$手镯

soak faute 错/戳/扎 suak$_{7}^{55}$

tam soạk són, se feompei de chemin, se dévoyer, errer. 走错路 tam$_{3}^{33}$ suak$_{7}^{55}$sɔn$_{1}^{35}$

soạk dá liú zổng, dévisager les gens. 盯着人看(戳眼看别人) suak$_{7}^{55-33}$ ʔda$_{1}^{35}$liu$_{1}^{35-21}$zoŋ$_{1}^{35}$戳眼看别人//lɛŋ$_{3}^{33}$ʔda$_{1}^{35}$liu$_{1}^{35-21}$zoŋ$_{1}^{35}$瞪眼看别人

k'ô tô soãk, erreur dans les comptes. 算错(估数错) k^{h}o$_{5}^{55}$suak$_{7}^{55}$

mưởn soãk, incorrect, erroné. 有错 mən$_{2}^{24-21}$suak$_{7}^{55}$

nòn soãk, avouer son erreur. 认错/承认错 nɔn$_{4}^{21-24}$suak$_{7}^{55}$(动宾结构)// nɔn$_{4}^{21}$suak$_{7}^{55}$(述补结构)

soãk số, grosse bévue. 大错(错大) suak$_{7}^{55}$so$_{1}^{35}$

heng soãk, malentendu, entendre de travers. 听错 hɛŋ$_{3}^{33}$suak$_{7}^{55}$

k'ố soãk, mécompte. 算错(估错) k^{h}o$_{5}^{55}$suak$_{7}^{55}$

zóng soãk, sans conteste, exact. 没错 zɑŋ$_{5}^{55}$suak$_{7}^{55}$

têa soãk, contresens en écrivant. 写错 tia$_{3}^{33}$suak$_{7}^{55}$

soãk nằn, brochette de viande. 肉串(戳肉) suak$_{7}^{55-33}$nan$_{4}^{21}$扎肉(戳肉)// ts^{h}ɑk$_{7}^{55-33}$kok$_{7}^{55}$硌脚(鞋里有石子儿)//sɑk$_{7}^{55-33}$kok$_{7}^{55}$扎脚(刺扎脚)

zon soãk són, être dérouté. 带错路(引错路) zɔn$_{3}^{33}$ suak$_{7}^{55-33}$ sɔn$_{1}^{35}$//= zɔn$_{3}^{33}$sɔn$_{1}^{35-21}$suak$_{7}^{55}$

kang zổng hàu soãk, désabuser. 使人醒悟/使人知错(讲别人知错)

kaŋ$_3^{33}$zoŋ$_1^{35}$hɔu$_4^{21-24}$suak$_7^{55}$

zoãk 凿 zuak$_7^{55}$

zoãk diển, tailler des pierres. 凿石 zuak$_7^{55-33}$ʔdien$_2^{24}$

<* *dzâk* 鑿

kuạk 刮 kuak$_7^{55}$

kuạk bỏn, siffler. 刮风 kuak$_7^{55-33}$ʔban$_3^{33}$(少说)//huak$_8^{21}$ʔban$_3^{33}$刮风(多说)//huk$_7^{55-33}$ʔban$_3^{33}$刮台风//huk$_7^{55-33}$ŋon$_2^{24}$刮台风

kuạk 锄(镬) kuak$_7^{55}$

kuạk ngêáo, râteau. 耙(镬耦) kuak$_7^{55-33}$ŋiau$_1^{35}$(猪八戒用的那种耙子) 按:长流话“耙”是 p^{h}a$_2^{24}$。

kuãk 锄(镬)kuak$_7^{55}$

kuãk mọ aù, houe. 一个锄(镬个一) kuak$_7^{55}$mɔʔ$_8^{21}$ɔu$_4^{21}$ 按:实际读为 mɔ$_4^{21-24}$ɔu$_4^{21}$。

=T. *kuok.*

koãk corne 角/锄(镬)kuak$_7^{55}$

koãk zản, angle de la maison, coin. 房角(角房) kuak$_7^{55-33}$zan$_2^{24}$

mạk bãt koãk, badiane, anis étoile. 八角/大茴香(果八角) mak$_8^{21}$ʔbat$_7^{55-33}$kuak$_7^{55}$

bưng koãk, emmancher. 锄柄(柄镬)ʔbəŋ$_3^{33}$kuak$_7^{55}$ 按:法语意思是“装柄”。

ngỏn kuãk aù, pièce de dix cents. 一角钱(银角一) ŋɔn$_2^{24}$kuak$_7^{55}$ɔu$_4^{21}$

koãk na zẫk, pommette. 颧骨(角脸骨) kuak$_7^{55-33}$na$_3^{33}$zək$_7^{55}$(不说)//ʔbau$_2^{24-21}$ŋak$_8^{21}$鳃角(腭角,常说)//ʔbau$_2^{24-21}$ŋak$_8^{21}$haŋ$_1^{35}$颧骨高(角腭高)

<* *kauk* 角

hoạk souffler 吹/刮 huak$_8^{21}$

bon hoạk, le vent souffle. 风刮/风吹 ʔban$_3^{33}$huak$_8^{21}$风吹//huak$_8^{21}$ʔban$_3^{33}$刮风

hoạk 学 huak$_8^{21}$

nàn hoạk, illisible. 难学 nan^{21}huak$_8^{21}$

k'iền hoạk, bûcheur, studieux. 勤学 $k^hin_2^{24-21}huak_8^{21}$

zản hoạk số, collège. 大学(屋学大) $zan_2^{24-21}huak_8^{21}so_1^{35}$

zản hoạk, école. 学校(屋学) $zan_2^{24-21}huak_8^{21}$

hoạk téng, écolier. 学生 $huak_8^{21}te\eta_1^{35}$

hoạk tứ, étudier. 学习(学书) $huak_8^{21}t\text{ɯ}_1^{35}$

hoạk nào, novice. 新手(学新) $huak_8^{21}nau_4^{21}$

hoạk tsiệp, s'exercer. 学习 $huak_8^{21}sip_8^{21}$(长流话)// = $o^{33}ts^hip_8^{33}$(海南话)

k'iền tóm hoạk tứ, studieux a. 勤奋学习(勤心学书) $k^hin_2^{24-21}t\text{ɔ}m_1^{35}$ $huak_8^{21}t\text{ɯ}_1^{35}$

zản hoạk số, université. 大学(屋学大) $zan_2^{24-21}huak_8^{21}so_1^{35}$

< * *ɣauk* 學

几个对应词：

	临高	台语	壮语	石家	莫语	水语	侗语	黎萨	黎王
oiseau 鸟	*nọak*	*nok*	*rok*	*rok*	*nok*	/	*mok*	(*ta:t*	*č'a:t*)
vomir 呕吐	*dọak*	*ra:k*	*rɯək*	*ruok*	/	/	/	*ʔeʔ*	/
houe 锄头	*kuăk*	*kuok*[1]	/	/	*ku:k*	*kwək*	*gu:k*	(*ka*	/

1. 只有越南语里是 *cuôc*。

后　　记

海南临高语属于侗台语族台语支的一支独立语言，与泰语、傣语、老挝语、掸语、壮语、布依语、岱依语、侬语等同属台语支。临高人属于台语人群。

《萨维纳的临高语词汇》是研究海南临高语的经典著作，国际上有关临高语的定名就来自此书。但是我国学者大多只闻其名，未见其书，对此书的真实情况以及所记录的方言知之甚少。

2005 年夏天，我调查完海南闽语（海南话）后，开始调查海南临高语，陆续调查了 12 个方言点。2007 年 7 月我有幸得到《萨维纳的临高语词汇》，我将书中记音材料与我调查过的临高语方言仔细对比后，发现萨维纳所记录的方言，就是海口市西郊的长流话。此后我花费大量时间，将原书材料录入电脑，做了翻译，然后抽空将这些记音材料逐一核对，发现了很多问题，写了一些研究文章，对萨维纳的临高语研究作了初步评介。因时间、经费的限制，自己也忙于翻译整理域外海南历史文献，当时的调查没有做完，有些问题还没有弄清楚。

2019 年 10 月，申请到国家社科基金后期资助，经费还没有到位，就遭遇世界性新冠大瘟疫。2020 年 3 月开学，5 月经费才到位。反复挑选物色好发音人后，从 8 月 1 日开始调查，持续好几个月，将原书材料逐个重新调查一遍。第二批发音人与 2005 年第一批发音人相差 15 岁左右，有些韵母已经开始相混，幸好有 15 年前的调查记录可以参考比较。

这次调查有几个进展：1. 补充完成了前期核对时没有调查到或没有弄清楚的全部词汇。2. 原书一个词条只有一条记录，这次调查尽量增加同义、反义及辨析的相关词条，有的词条扩充到 5—6 条甚至更多，大大丰富了词汇内容。3. 原书中不少词条释义不准确甚至错误，根据调查结果一一改正并说明。4. 原书中有很多本字认错，根据调查和研究一一改正并说明。

然后，我在前期研究的基础上，完成了分量很重的《萨维纳所记临高语的词汇》和《〈萨维纳的临高语词汇〉中的问题与错误》，又写了《萨维纳及其〈临高语词汇〉》《近百年来临高语长流话演变》及全书“总结”，使研究部分完整。原书中奥德里古尔整理列出的临高语本族词只有359条，我从萨维纳的记录中另整理出本族词288条，除去其中的个别早期汉借词，萨维纳记录的临高语本族词根词不少于600条。此次区分了早期汉借词与晚期汉借词的声调系统，记音材料中的标调法也做了修改。原书除了有一些量词，并不涉及语法内容。

以上工作完成后，我将翻译、注释并加入现代记音材料的《萨维纳的临高语词汇》当作下篇，将自己对此书的研究作为上篇，合成《〈萨维纳的临高语词汇〉整理与研究》。下篇完整保留原书中的越南“国语”字母记音和法语释义，以及奥德里古尔做的多语言对照表，同时附上我的记音材料加以对照。上篇不仅是对原书的整理和研究，也是下篇的导读。

我要感谢前后调查过的几位长流地区发音人，他们是：王录尊（1931年生，美德村人）、陈表梅（1933年生，荣山村人）、伍健凯（1937年生，博养村人）、孔庆葳（1941年生，长德村人）、李经任（1947年生，美李村人）、李焕才（女，1947年生，美李村人）。前4位是我2005—2007年调查时的发音人，后2位是我2020年调查时的发音人。合作时间最久的是王录尊和二李夫妇。他们的配合与耐心，使我得以调查到很多有价值的语料。我也感谢刘剑三教授，与他讨论临高语中的古汉语词，使我获益匪浅。

长流话处在急剧消亡中，很可能是最先消失的临高语方言。自2005年我调查以后，长流地区成为海口市政府新驻地，也成为海口市西部文体、旅游和交通中心。到处是宽阔的马路和高楼场馆，以前的农村、农田已经不见，以前的村民也找不到了。这时候，《萨维纳的临高语词汇》越发显得珍贵，它不仅保留了长流话的时间差异，也保留了长流话的空间差异，连我自己的调查也可能无法重复，成为绝响了！

辛世彪

2022年3月8日于海南大学

图书在版编目（CIP）数据
《萨维纳的临高语词汇》整理与研究 / 辛世彪著. 上海：上海教育出版社，2024.11. —（国际汉藏语研究译丛）. — ISBN 978-7-5720-3149-6
Ⅰ. H218.3
中国国家版本馆CIP数据核字第2024WX7934号

责任编辑　徐川山
封面设计　周　吉

国际汉藏语研究译丛
《萨维纳的临高语词汇》整理与研究
辛世彪　著

出版发行　上海教育出版社有限公司
官　　网　www.seph.com.cn
地　　址　上海市闵行区号景路159弄C座
邮　　编　201101
印　　刷　上海展强印刷有限公司
开　　本　700×1000　1/16　印张 42
字　　数　733 千字
版　　次　2024年11月第1版
印　　次　2024年11月第1次印刷
书　　号　ISBN 978-7-5720-3149-6/H·0094
定　　价　198.00 元
审 图 号　GS（2024）3375号